beck'sche reihe

Dieses Lexikon versteht sich als ein Wegweiser durch die Politikwissenschaft und als fachwissenschaftliches Nachschlagewerk. Es informiert umfassend in über 1300 vielfältig miteinander vernetzten Stichwörtern über die Theorien, Methoden und Begriffe des Faches. Die beiden vorliegenden Bände wenden sich an einen breiten Benutzerkreis in Forschung und Lehre, in Politik, Verwaltung und Medien sowie an alle politisch Interessierten. Die wissenschaftlich renommierten Autorinnen und Autoren bürgen für hohe Kompetenz auf dem neuesten Stand der Forschung.

Dieter Nohlen, geb. 1939, ist seit 1974 Professor für Politische Wissenschaft an der Universität Heidelberg und wurde für sein Wirken mit zahlreichen Preisen ausgezeichnet. Seit 2001 ist Nohlen wissenschaftlicher Leiter des Heidelberg Center Lateinamerika der Universität Heidelberg.
Zahlreiche in- und ausländische Veröffentlichungen, u. a. *Wahlrecht und Parteiensystem.* Herausgeber u. a. des siebenbändigen *Lexikons der Politik*, des *Lexikons Dritte Welt* sowie Mitherausgeber des achtbändigen *Handbuchs der Dritten Welt* und von *Elections in Africa* (in den USA 2000 «Outstanding Academic Book of the Year»).

Rainer-Olaf Schultze, geb. 1945, ist seit 1985 Professor für Politikwissenschaft und Geschäftsführender Direktor des Instituts für Kanada-Studien der Universität Augsburg, seit 1993 Vorsitzender des Kuratoriums der Stiftung für Kanada-Studien, von 1999–2002 Mitglied der Enquête-Kommission «Reform des Föderalismus – Stärkung der Landesparlamente» des Bayerischen Landtags.
Zahlreiche Veröffentlichungen zur vergleichenden Politikforschung, zu Föderalismusfragen und zur empirischen Wahlforschung. Mitherausgeber u. a. der *Politikwissenschaftlichen Paperbacks*, des *Lexikons der Politik* sowie der Reihe *Kanada-Studien.*

Lexikon der Politikwissenschaft

Theorien, Methoden, Begriffe

Herausgegeben von Dieter Nohlen
und Rainer-Olaf Schultze

Band 1: A–M

Verlag C.H. Beck

Die Deutsche Bibliothek – CIP-Einheitsaufnahme

Ein Titeldatensatz für diese Publikation ist bei
Der Deutschen Bibliothek erhältlich

Originalausgabe

Satz: Fotosatz Janß, Pfungstadt
Druck und Bindung: Druckerei C.H. Beck, Nördlingen
Umschlagentwurf: +malsy, Bremen
Printed in Germany
ISBN 3 406 47603 1

www.beck.de

Inhalt

Vorwort

Das vorliegende zweibändige Lexikon der Politikwissenschaft läßt den ersten Band von Pipers Wörterbuch zur Politik aus dem Jahre 1985 wiedererstehen, der etliche Auflagen erlebte, ehe die Teilbereiche Theorien, Methoden, Begriffe im Rahmen des siebenbändigen Lexikons der Politik, das 1992–1998 bei C.H. Beck erschien, in einzelnen Bänden getrennt behandelt wurden. In der Tradition der Erstausgabe knüpft es an die Idee an, die Thomas Ellwein hervorhob: die Zusammenführung einer großen Zahl von Autorinnen und Autoren der verschiedensten Richtungen und Schulen der Politikwissenschaft zu einer Gemeinschaftsleistung, welche das Fach Politische Wissenschaft zu repräsentieren und eine doppelte Funktion zu erfüllen vermag: nach innen für den wissenschaftlichen Diskurs innerhalb der Disziplin und über die engeren Fachgrenzen hinweg sowie nach außen für eine interessierte Öffentlichkeit in Politik und Verwaltung, Lehre und Ausbildung, Beratung und Publizistik.

Das Lexikon versteht sich als fachwissenschaftliches Nachschlagewerk, als ein lexikalischer Wegweiser durch die Politikwissenschaft. Wie dem Untertitel zu entnehmen ist, geht es um Theorien, Methoden, Begriffe und damit um die innere Struktur der Disziplin. Erschlossen wird der Zugang zu dem, was wissenschaftsintern als Begründungszusammenhang einer Fachwissenschaft angesehen werden kann. Im Mittelpunkt der lexikalischen Behandlung der einzelnen Gegenstände stehen weniger die Phänomene selbst. Zwar wird auch über Politik, über politische Ideen, politische Formen, politische Institutionen und Prozesse, Politikfelder, politische Problemkonstellationen und politische Ergebnisse informiert. Die vorrangige Perspektive ist jedoch die wissenschaftliche Bearbeitung der Gegenstände innerhalb der verschiedenen Teildisziplinen. Der Blick richtet sich auf die Theorien, Konzepte, Ansätze, Methoden und die Forschungstechniken, also auf das wissenschaftliche Instrumentarium, mit dessen Hilfe wissenschaftliche Ergebnisse erzielt werden. Dabei geht es einerseits um den Begriffs-, Methoden- und Theorienpluralismus, um die definitorische Erfassung und wissenschaftliche Leistungsfähigkeit der genannten Erkenntnisinstrumente und -träger im Einzelnen, andererseits um den Zusammenhang von Begriffen, Methoden und Theorien, deren wechselseitige Einflüsse und Abhängigkeiten sowie deren jeweilige Verbindungen mit Erkenntnisinteressen. Den Phänomenen wird schließlich insofern wieder Aufmerksamkeit zuteil, als auch die politischen Ergebnisse und die wissenschaftlichen Erkenntnisse vorgetragen werden, welche die politikwissenschaftliche Forschung über sie gewinnen konnte.

Das Lexikon versteht sich auch als alternative Einführung in die Politikwissenschaft. Die Auflage von 1985 hat sich in der Lehrpraxis bewährt. Im Gegensatz zu klassischen Einführungen anhand einer geradlinigen, i. d. R. metatheoretisch begrenzten Darstellung von Aufbau, Inhalten und Zielen des Faches wird hier nach dem Bausteinprinzip verfahren, das einem pluralistischen Wissenschaftsverständnis eher gerecht wird.

Entsprechend diesen Zielsetzungen wird die Politikwissenschaft in Theorie und Forschungspraxis umfassend in ca. 1300 Stichwörtern dargestellt. Ergänzend fungieren ca. 500 Verweisstichwörter, die helfen, durch Verweis auf die Fundstichwörter Informationen aufzufinden. Es sind teils Synonyma, teils Gegenstände, die unter dem Stichwort, auf das mit einem Pfeil verwiesen wird, mitbehandelt werden. An dem Werk haben 144 Autorinnen und Autoren mitgeschrieben, eine Zahl, die den wissenschaftlichen Pluralismus des Lexikons belegt und berechtigt, von einer Gemeinschaftsleistung der Fachdisziplin zu sprechen.

Das erste Wort des Dankes gilt wieder den Autorinnen und Autoren, die mit ihren eigenständig verantworteten Beiträgen für die wissenschaftliche Qualität des Lexikons bürgen. Dem C. H. Beck Verlag gebührt großer Dank dafür, daß er das umfangreiche Werk in die Beck'sche Reihe aufgenommen und damit für ein breites Publikum erschwinglich gemacht hat. Besonders wertvoll war erneut die organisatorische und redaktionelle Hilfe unserer Mitarbeiterinnen und Mitarbeiter in den Sekretariaten: in Heidelberg von Julia Leininger, Claudia Zilla M. A., Matthias Catón, Philip Stöver und Alexander Somoza, in Augsburg von Claudia Glöckner M. A., Dorothea Ritzel und Tanja Zinterer M. A. Ihnen sei herzlich für die gute und harmonische Zusammenarbeit gedankt.

Heidelberg und Augsburg, im Dezember 2001

Dieter Nohlen und Rainer-Olaf Schultze

Verzeichnis häufig verwendeter Abkürzungen

Abb.	Abbildung
Abs.	Absatz
allg.	allgemein
amerikan.	amerikanisch
amtl.	amtlich
Art.	Artikel
Bd.	Band
Bde.	Bände
bes.	besonders
Bev.	Bevölkerung
BRD	Bundesrepublik Deutschland
brit.	britisch
bzw.	beziehungsweise
ca.	circa
D	Deutschland
d. h.	das heißt
DDR	Deutsche Demokratische Republik
ders./dies.	derselbe/dieselbe
DFG	Deutsche Forschungsgemeinschaft
dt.	deutsch
durchschnittl.	durchschnittlich
ebd.	ebenda
ehem.	ehemalig
einschl.	einschließlich
engl.	englisch
entspr.	entsprechend
entw.	entweder
etc.	et cetera
europ.	europäisch
frz.	französisch
GB	Großbritannien
geschichtl.	geschichtlich
gesellschaftl.	gesellschaftlich
ggf.	gegebenenfalls
Ggs.	Gegensatz
griech.	griechisch
H.	Heft
Hdb.	Handbuch
i. d. R.	in der Regel
i. e. S.	im engeren Sinne

i. S.	im Sinne
i. w. S.	im weiteren Sinne
insbes.	insbesondere
internat.	international
ital.	italienisch
Jb.	Jahrbuch
Jh.	Jahrhundert
lat.	lateinisch
Lit.	Literatur
LW	Lenin-Werke, hrsg. vom Zentralinstitut für Marxismus-Leninismus beim ZK der SED, Berlin
MEW	Marx-Engels-Werke, hrsg. vom Zentralinstitut für Marxismus-Leninismus beim ZK der SED, Berlin
nat.	national
o. ä.	oder ähnliches
öff.	öffentlich
Öff.	Öffentlichkeit
ökolog.	ökologisch
ökon.	ökonomisch
polit.	politisch
priv.	privat
rechtl.	rechtlich
röm.	römisch
russ.	russisch
s.	siehe
SDG	Sowjetsystem und Demokratische Gesellschaft, hrsg. von C. D. Kernig, Freiburg u. a., Bd. 1 ff., 1966 ff.
sog.	sogenannt
staatl.	staatlich
Tab.	Tabelle
u. a.	unter anderem/und andere
u. U.	unter Umständen
ü. ä.	und ähnliches
usw.	und so weiter
urspr.	ursprünglich
vergl.	vergleiche
vs.	versus
v. a.	vor allem
v. Chr.	vor Christus
westl.	westlich
wirtschaftl.	wirtschaftlich
Wiss.	Wissenschaft
wiss.	wissenschaftlich
z. B.	zum Beispiel
z. T.	zum Teil
zus.	zusammen

Verzeichnis häufig verwendeter Abkürzungen von Ortsnamen

Bln.	Berlin
Camb.	Cambridge
Chic.	Chicago
Darmst.	Darmstadt
Düss.	Düsseldorf
Ffm.	Frankfurt
Freib.	Freiburg
Frib.	Fribourg
Gött.	Göttingen
Hamb.	Hamburg
Hdbg.	Heidelberg
L.	London
LA	Los Angeles
Lpz.	Leipzig
Mchn.	München
Mhm.	Mannheim
NY	New York
Opl.	Opladen
Ox.	Oxford
Rbk.	Reinbek
Stg.	Stuttgart
Tor.	Toronto
Tüb.	Tübingen
Wsb.	Wiesbaden

Verzeichnis der Abkürzungen von Zeitschriften

AEu. Soc.	Archives Européennes de Sociologie
AJPS	American Journal of Political Science
AöR	Archiv des öffentlichen Rechts
APSR	American Political Science Review
APuZ	Aus Politik und Zeitgeschichte. Beilage zur Wochenzeitung Das Parlament
ASR	American Sociological Review
BJPS	British Journal of Political Science
BJS	British Journal of Sociology
Blätter	Blätter für deutsche und internationale Politik
CPS	Comparative Political Studies
CP	Comparative Politics
Dtsch. Z. Philos.	Deutsche Zeitschrift für Philosophie
EA	Europa Archiv
EJPR	European Journal of Political Research
IO	International Organization
IPG	Internationale Politik und Gesellschaft
ISSJ	International Social Science Journal
JCR	Journal of Conflict Resolution
JIR	Jahrbuch für Internationales Recht
JoD	Journal of Democracy
JoP	The Journal of Politics
JoPP	The Journal of Public Policy
JPR	Journal of Peace Research
JTP	Journal of Theoretical Politics
KZfSS	Kölner Zeitschrift für Soziologie und Sozialpsychologie
ÖZP	Österreichische Zeitschrift für Politikwissenschaft
Pol.&Soc.	Politics and Society
Pol. Stud.	Politische Studien
POQ	Public Opinion Quarterly
PVS	Politische Vierteljahresschrift
RoP	Review of Politics
StGB	Strafgesetzbuch
WP	World Politics
ZfP	Zeitschrift für Politik
ZfS	Zeitschrift für Soziologie
ZGS	Zeitschrift für die gesamte Staatswissenschaft
ZParl	Zeitschrift für Parlamentsfragen

Verzeichnis der Tabellen und Abbildungen

Tabellen

Abbildungen

Abgabenquote, ein Maß für die Bestimmung des Umfangs der → Staatstätigkeit. A. bezeichnet das in Prozent ausgedrückte Verhältnis der → Steuern und anderer öff. Abgaben zur Wirtschaftskraft eines Landes, die ihrerseits gemessen wird über das BIP oder das BSP.

Häufig werden auch Sozialbeiträge auf Löhne bzw. → Einkommen, die nicht vom Staat selbst erhoben werden, in die Berechnung der A. einbezogen. Das gewährleistet eine Vergleichbarkeit der A. von Ländern, deren Sozialsysteme auf dem → Versicherungsprinzip beruhen, und solchen, in denen die entspr. Sozialleistungen über Steuern finanziert werden.

→ Sozialprodukte; Sozialstaat.

Bernhard Thibaut

Abgestufte Reaktion → Flexible response

Abhängige Variable → Variable

Abhängigkeit → Dependencia

Ablaufpolitik → Prozeßpolitik

Ableitung, in der Logik die Gewinnung von Aussagen und Ergebnissen mittels logischer Schlußregeln aus beliebig vorgegebenen anderen Aussagen (→ Deduktion).

Im neo-marxistischen Diskurs der 1970er Jahre in der BRD bezeichnete A. (auch der Begriff der Staatsableitung) den Versuch, die strukturellen Beziehungen zwischen Ökonomie und Politik (→ Basis und Überbau) aus der Struktur der kapitalistischen Produktion zu erklären. Derartige Ableitungsversuche erschöpften sich zumeist im begriffslogischen Streit um die Auslegung der marxistischen Klassiker und vermochten nicht, die notwendige Vermittlung von der allg. Ebene der Formbestimmung zur konkreten Analyse der Realität kapitalistischer Staaten zu liefern.

→ Kapitalismus; Kritische Theorie.

Rainer-Olaf Schultze

Abrüstung, Bezeichnung für die einseitige oder vereinbarte Reduzierung militärischer Potenziale mit der Perspektive ihrer Abschaffung, wie sie etwa in der innerhalb der UN seit Ende der 1950er Jahre diskutierten Vorstellung einer allg. und vollständigen A. artikuliert wurde. In einem weiten unscharfen Sprachgebrauch beinhaltet Abrüstung auch die → Rüstungskontrolle (*arms control*), die sich mit ihrem Bezug auf die Stabilität nuklearer Abschreckung jedoch wesentlich von der älteren Vorstellung der A. unterscheidet und nicht deren traditionell negative Sicht von Rüstung teilt.

Die Idee der Rüstungskontrolle war unter den Bedingungen der Abschreckungspolitik während des → Ost-West-Konflikts die vorherrschende Perspektive. Mit dem Ende des Ost-West-Konflikts eröffneten sich erstmals reale Aussichten für Abrüstung. So handelt es sich beim START II-Vertrag zwischen den USA und Rußland um kooperative Abrüstung; der Vertrag über «Konventionelle Streitkräfte in Europa» (KSE-Vertrag) ist die bislang umfassendste Abrüstungsvereinbarung.

Lit.: → Rüstungskontrolle.

Peter Rudolf

Abschreckung, allg. die Bezeichnung für Handlungsmuster von Staaten im System → Internationaler Beziehungen, das darauf beruht, daß ein rational handelnder potentieller Aggressor sich durch die Aussicht auf überlegene Gegenmacht oder – im Rahmen nuklearer A. – durch die Aussicht auf unkalkulierbaren Schaden von einer → Aggression abhalten läßt. Sowohl → Kollektive Sicherheit als auch Gleichgewichtspolitik setzen auf die Wirkung von Abschreckung.

Nach 1945 verengte sich der Begriff der A. stark auf die nukleare Abschreckungspolitik zwischen den USA und der UdSSR, innerhalb derer auf westl. Seite zwei Varianten konkurrierten und koexistierten: A. durch Bestrafung und A. durch die Verweigerung von Erfolgsaussichten. Im Rahmen wechselseitiger gesicherter Vernichtungsfähigkeit und des daraus entstehenden Glaubwürdigkeitsdilemmas war die Suche nach kontrolliert einsetzbaren Optionen ein wesentliches Kennzeichen der Abschreckungspolitik.

→ Gleichgewicht; Friedliche Koexistenz.

Lit.: *Senghaas, D.* [3]1981: Abschreckung und Frieden, Ffm. *Snyder, G. H.* 1961: Deterrence and Defense, Princeton.

Peter Rudolf

Absolute Mehrheit → Mehrheit/Mehrheitsprinzip

Absolute Monarchie → Monarchie

Absolutismus, geschichtswiss. Kategorie zur Bezeichnung derjenigen Variante der → Monarchie und des monarchischen polit. Denkens, in welcher der Herrscher beansprucht, ungeteilte und nicht durch Mitwirkung ständisch-parlamentarischer Körperschaften beschränkte Staatsgewalt aus eigenem Willen, wenngleich innerhalb der von Religion, Naturrecht und ggf. Staatsgrundgesetzen gezogenen Grenzen, auszuüben; systematisch auch Kennzeichnung jeglicher ungeteilten und unbeschränkten, aber (im Ggs. zu → Despotie und → Totalitarismus) grundnormengerechten → Staatsgewalt.

Die Entstehung der absoluten Monarchie geht auf die Emanzipation fürstlicher Herrschaftsträger von Beschränkungen durch vor-, gleich- und nachrangige Konkurrenten seit dem Spätmittelalter zurück. Ihr Durchbruch erfolgte im konfessionellen Zeitalter (16./17. Jh.) durch Aneignung kirchlicher Machtmittel (konfessioneller A.) und Steigerung monarchischer Herrschaft zur konfessionsneutralen Staatsgewalt; im 18. Jh. kam die herrschaftstechnisch-gemeinwohlbezogene modernisierte Variante des aufgeklärten A. auf; zu Anfang des 19. Jh. entfalteten sich in nichtrevolutionären Staaten neoabsolutistische Bestrebungen. Ideengeschichtliche Kernelemente des A. sind v. a. → Souveränität und → Staatsraison, daneben Aspekte der → Vertragstheorie.

→ Herrschaft; Staatsformen.

Lit.: *Asch, R. G./Duchhardt, H.* (Hrsg.) 1996: Der Absolutismus – ein Mythos?, Köln u. a. *Dreitzel, H.* 1992: Absolutismus und ständische Verfassung in Deutschland, Mainz. *Hinrichs, E.* (Hrsg.) 1986: Absolutismus, Ffm.

Wolfgang Weber

Abstimmung, Verfahren zur Ermittlung der Mehrheit bei Sachentscheidungen, während die Wahl der Bestellung von Personen dient (→ Wahlen). Die Stimmabgabe erfolgt nach gleichem oder gewichtetem Zählwert. Der jeweilige Modus der A. ist für Volksabstimmung in Verfassung und Gesetzen, für Parlamente darüber hinaus in Geschäftsordnungen, für andere Gremien (z. B. Parteien) meist in Satzungen niedergelegt.

Wichtige Formen der A. sind offene, geheime und namentliche. Bei geheimer A. kann das Ergebnis nicht zum einzelnen Abstimmenden zurückverfolgt werden, weil z. B. verdeckt, in Kabinen, mit anonymen Stimmzetteln votiert wird. Bei offener A. wird durch Handzeichen, Aufstehen oder Zuruf (→ Akklamation) entschieden, bei namentlicher A. werden Namenskarten mit der jeweils gewünschten Entscheidung abgegeben (z. B. im Deutschen Bundestag, § 52 GO) bzw. durch elektronische Verfahren die A. jedes einzelnen namentlich aufgezeichnet (z. B. im US-amerikan. Kongreß).

Suzanne S. Schüttemeyer

Abweichender Fall → Deviant case

Abweichendes Verhalten (Devianz), Handlungsform, die nicht den geltenden Regeln, → Normen, → Werten oder Gesetzen einer Gesellschaft entspricht, deren Mitglieder und/oder → Institutionen informell (z. B. durch Ablehnung) oder formal (z. B. strafrechtlich) reagieren und dieses Verhalten sanktionieren.

A. V. ist damit immer im Zusammenhang mit dem Normen- und Wertesystem der entspr. Gesellschaft zu sehen. Devianz kann auf den Erhalt und die weitere Entwicklung einer Gesellschaft nicht nur störend, sondern auch förderlich wirken, weil dadurch Innovationen und u. U. → Sozialer Wandel ausgelöst werden.

→ Adaptation; Anomie; Internalisierung; Politische Sozialisation.

Lit.: *Becker, H. S.* (Hrsg.) 1963: Outsiders. Studies in the Sociology of Deviance, NY. *Lamnek, S.* 1994: Neue Theorien abweichenden Verhaltens, Mchn.

Ulrike C. Wasmuth

Accountability, im politikwiss. Verständnis die Begrenzung der → Macht, die Kontrolle der Machtausübung und die Sanktionierung von Machtmißbrauch.

Zu unterscheiden sind zwei Typen: vertikale und horizontale *accountability*. Die vertikale *a.* bezieht sich auf das Verhältnis zwischen Wählern und Gewählten mittels → Wahlen. Im Wahlakt kann der Wähler einen Abgeordneten oder eine Partei für ihre Entscheidungen oder Nicht-Entscheidungen entweder belohnen (durch Wiederwahl) oder bestrafen (durch Wahl des Konkurrenten oder der konkurrierenden Partei). Dieser institutionelle Mechanismus erhöht die Bereitschaft der Gewählten, die polit. Präferenzen der Wähler zu berücksichtigen. Horizontale *a.* bezieht sich auf die Beziehungen zwischen staatl. Organen, insbes. zwischen Exekutive und Legislative im Präsidentialismus. Das Parlament sollte verfassungsrechtlich im Stande, polit. willens und fähig sein, seine Kontrollfunktion auszuüben und die entsprechenden Sanktionsmittel bis hin zum → Impeachment einzusetzen. Fehlende horizontale *a.* wurde v. a. für die jungen Demokratien nach dem → Systemwechsel diagnostiziert.

Lit.: *Przeworski, A./Stokes, S.* u. a. (Hrsg.) 1999: Democracy, Accountability and Representation, Camb.

Dieter Nohlen

Action directe (frz. für direkte Aktion), Kampfbegriff des (frz.) → Anarchismus für spontane Formen der Empörung und der polit. Aktion gegen jede Art gesellschaftl. und polit. Zwänge. Die Aktionsformen sind vielfältig; zu ihnen zählen → Demonstrationen, passiver → Widerstand, → Ziviler Ungehorsam, wilde → Streiks, häufig aber auch gewaltsamer Widerstand mittels Boykott, Fabrikbesetzung, Sabotage.

Rainer-Olaf Schultze

Actual vote, Begriff der → Wahlforschung, der die in Umfragen durch die Wahlabsichtsfrage ermittelten tatsächlichen Parteipräferenzen der Wähler oder auch das tatsächliche Wahlergebnis bezeichnet.

Die Gegenüberstellung von *a. v.* und *normal vote*, d. h. dem Ergebnis, das zu erwarten wäre, wenn die Entscheidungen der Wähler allein durch deren → Parteiidentifikation bestimmt würden (→ Normalwahl), läßt nach Auffassung der Vertreter der → *Michigan School* der US-amerikan. Wahlforschung Rückschlüsse auf intervenierende Einflußfaktoren der Wählerentscheidung zu und dient in der Wahlanalyse als Hilfsmittel zur Bestimmung von langfristig-strukturellen (→ Sozialstruktur, → Parteiidentifikation) und kurzfristig-konjunkturellen Determinanten (Kandidaten; → *Issues*) des → Wählerverhaltens.

Lit.: → Normalwahl.

Rainer-Olaf Schultze

Adaptation (von lat. *adaptare* = anpassen), flexible und schöpferische Anpassung eines Systems an Außenzustände nach eigenen Sollwerten, erster Quadrant im → AGIL-Schema von *T. Parsons*, Hauptfunktion des ökon. Systems einer → Gesellschaft. A. gehört neben der Zielerreichung, Integration und Strukturerhaltung zu den grundlegenden Bestandsproblemen der Gesamtgesellschaft.

Für das → Paradigma des evolutionären Wandels bei *Parsons* ist der systemische Prozeß der Steigerung adaptiver Kapazitäten (*adaptive upgrading*) entscheidend, der durch → Differenzierung (funktionale Spezifizierung) verursacht wird und auf einem jeweils neuen Systemniveau zu befestigen ist. In der polit. Kybernetik ist A. mit Lernfähigkeit gekoppelt. Bei *R. K. Merton* ist A. Situationsbewältigung von Individuen oder Gruppen (durch Konformität, Innovation, Ritualismus, Eskapismus, Rebellion).

→ Funktion/Funktionalismus; Strukturfunktionalismus; Systemtheorie.
Lit.: → AGIL-Schema.

Arno Waschkuhn

Adjudikation → Politisches System

Administration → Verwaltung

Advocacy coalition, Begriff aus der → Wissenspolitologie, der eine Koalition aus verschiedenen polit. Akteuren innerhalb eines *Policy*-Subsystems bezeichnet, die über ähnliche Ziele und Handlungsorientierungen verfügen.

Das von *P. Sabatier* (1988; 1993) entwickelte Konzept der *a. c.* geht davon aus, daß kollektive wie individuelle polit. Akteure, u. a. staatl. Bürokratien, Parteien, Interessengruppen, Bürgerinitiativen, aber auch Journalisten und Wissenschaftler mit ähnlichen Überzeugungen, Einstellungen und Zielen (*belief systems*) bezüglich eines Politikfelds sich zu *a. c.* zusammenschließen, um ihre Ziele gemeinsam gegen andere mögliche Koalitionen durchzusetzen. In Sabastiers Ansatz steht der Prozeß des *Policy*-Lernens im Vordergrund des Erkenntnisinteresses. Es geht also primär um die Frage, wie Wissen und Informationen in den *Policy*-Prozeß eingebracht werden und zu *Policy*-Wandel beitragen. Das Konzept der *a. c.* hat gegenwärtig großen Einfluß in der → Politikfeldanalyse.

→ Epistemic community.
Lit.: *Sabatier, P. A.* 1988: An Advocacy Coalition Framework of Policy Change and the Role of Policy-oriented Learning therein, in: Policy Sciences 21, 129–168; *ders.* 1993: Advocacy-Koalitionen, Policy-Wandel und Policy-Lernen, in: *Héritier, A.* (Hrsg.): PVS-Sonderheft Policy-Analyse, Opl., 116–148. → Wissenspolitologie.

Tanja Zinterer

Advocacy planning, Ansatz der US-amerikan. Sozial- und Verwaltungswiss., der (über die → Sozialplanung i. e. S. hinaus) Planungs- und Entscheidungsprozesse öff. Aufgaben zur → Demokratisierung und → Emanzipation (v. a. der armen und wenig einflußreichen Stadt-)Bevölkerung zu nutzen versucht.

Ziel ist es, die Dominanz der Experten einzuschränken und die Selbstbeteiligung der jeweils Betroffenen zu unterstützen, um damit sowohl (sozial-)kompensatorische Leistungen für benachteiligte Gruppen zu schaffen, als auch die Kontrolle über öff. Belange zu verbessern (z. B. bei der Stadtentwicklung, der Umweltplanung). Das advokatorische Element kann entw. darin bestehen, daß Repräsentanten der Betroffenen direkt in die Planungsprozesse einbezogen werden oder beauftragte Personen indirekt bzw. stellvertretend die Interessen derjenigen wahrnehmen, die dazu selbst nicht in der Lage sind.

→ Organisationsfähigkeit.

Lit.: *Davidoff, P.* 1965: Advocacy and Pluralism in Planning, in: Journal of the American Institute of Planners 31, 331–338. *Dienel, P. C.* [4]1997: Die Planungszelle, Opl. (zuerst 1978).

Klaus Schubert

Affektive/affektuelle Handlungsorientierung, Begriff der Polit. Verhaltens- und → Politischen Kulturforschung, der die subjektiven und emotional-gefühlsmäßigen Aspekte von → *attitudes* bezeichnet.

A.H. steht im Ggs. zu kognitiv-wissensmäßigen oder evaluativ-wertenden Komponenten von Einstellungen und Handlungsorientierungen. Affektive Komponenten spielen bei Aspekten sozialer und nat. Identifikation, aber auch bei milieubezogener → Parteiidentifikation eine wichtige Rolle.

Lit.: → Politische Kultur.

Dirk Berg-Schlosser

Affirmative action, Bezeichnung für die rechtlichen und faktischen Maßnahmen zur privilegierten Behandlung von Bevölkerungsgruppen zwecks Überwindung der trotz formaler Gleichheit bestehenden Ungleichheiten.

Zentraler Gesichtspunkt ist, durch «umgekehrte Diskriminierung» (Begriff der Kritiker der *a. a.*) bzw. kompensatorische Diskriminierung von Personengruppen (Frauen, ethnische und kulturelle → Minderheiten) die ungerechten Ungleichheiten abzubauen und die gesellschaftl. → Integration zu fördern.

Dieter Nohlen

Agenda/Agenda setting, aus der Massenkommunikations- und Medienwirkungsforschung übernommener Anglizismus für die Auf- und Feststellung einer Tagesordnung. Auf die Prozesse demokratischer Willensbildung und polit. Entscheidungsfindung angewandt, bezeichnet *agenda setting* i.w.S. die Fähigkeit eines polit. Akteurs, die Inhalte oder den Ablauf polit. Tagesordnungen zu bestimmen. Hierbei kann es sich sowohl um ein positives Vermögen handeln (z.B. dafür zu sorgen, daß ein bestimmtes Thema behandelt werden muß) als auch um eine Vetokraft (z.B. dafür zu sorgen, daß bestimmte Entscheidungen nicht getroffen werden).

In der → Politikfeldanalyse bezeichnet *a. s.* einen wichtigen Abschnitt der sog. Initiierungsphase des *policy-cycles*, d.h. jenen Teil des polit. Prozesses in dem (a) erkannt und anerkannt wird, daß ein zu lösendes Problem besteht, (b) diesem eine bestimmte Priorität beigemessen wird, (c) festgelegt wird, auf welche Art und Weise es erörtert wird und (d) nach welchen Kriterien und Verfahren schließlich abgestimmt werden soll. Die Beeinflussung und ggf. Definition des aktuellen polit. Geschehens setzt i.d.R. erhebliche Durchsetzungskraft bzw. polit. → Macht voraus. Hier läßt sich wiederum zwischen Kräften unterscheiden, denen dies punktuell gelingt (z.B. Bürgerinitiativen), bzw. denen, die diese mehr oder weniger kontinuierlich einsetzen können (z.B. Regierung, Opposition), und jenen, die eher als Katalysatoren wirken (z.B. die Medien).

→ Demokratie; Massenmedien; Non-decisions.

Lit.: *Bachrach, P./Baratz, M. S.* 1977: Macht und Armut, Ffm. (engl. 1970). *Beyme, K. von* 1997: Agendasetting und die Rolle der Medien, in: *ders.*: Der Gesetzgeber, Opl., 73–91. *May, J./Wildavsky, A. B.* 1978: The Policy Cycle, L. *McCombs, M. E./Shaw, D. L.* 1972: The Agenda Setting Function of Mass-Media, in: POQ 36, 176–187.

Klaus Schubert

Agenturtheorie, eine Variante innerhalb der marxistischen Staatstheorie, in der der moderne bürgerliche Staat durch die ökon. herrschende → Klasse für deren Zwecke instrumentalisiert wird, also nichts anderes darstellt als einen Agenten des Kapitals.

Die A. wird heute kaum mehr vertreten und insges. werden drei Argumente gegen sie vorgebracht: (1) berücksichtige sie nicht die bei *Marx* enthaltene Dialektik von → Basis und Überbau; (2) sei für *Marx* die relative Autonomie des Staates von allen Klassen für die Aufrechterhaltung kapitalistischer → Produktionsverhältnisse und polit.-ideologischer → Hegemonie des Kapitals unbedingt erforderlich; (3) seien ihre einflußtheoretischen Annahmen weder empirisch gewonnen worden noch empirisch belegbar.

→ Kapitalismus; Marxismus; Politische Ökonomie.

Josef Esser

Aggregatdaten/Aggregatdatenanalyse, gebündelte, zu Kollektivmerkmalen aufgehäufte → Individualdaten, z. B. Informationen über Merkmale der Wählerschaft eines → Wahlgebiets, wie → Wahlbeteiligung oder Stimmenanteil einer polit. Partei.

A. haben eine große Informationsverarbeitungskapazität. Auch eignen sie sich bes. zur komplexitätsreduzierenden Information über den Kontext individueller Fälle und deren Verhalten. Allerdings können sie individuelle Eigenheiten oder gruppenspezifische Unterschiede unterhalb des Aggregationsniveaus verhüllen und Fehlinterpretationen Vorschub leisten, wie beim → Ökologischen Fehlschluß (d. h. der irrtümlichen Schlußfolgerung von Beziehungen zwischen (hochaggregierten) Daten über Kollektive auf Beziehungen zwischen Merkmalen der Elemente dieser Kollektive). A. sind Gegenstand der Aggregatdatenanalyse. Das klassische Forschungsgebiet der A. in der Politikwiss. ist die Untersuchung der Zusammenhänge zwischen dem Wählerverhalten und dem Umfeld der Wähler («Wahlkeisgeographie»). Die A. wird mittlerweile auch in erheblichem Umfang in der Vergleichenden Politikwiss. angewandt, bes. häufig in Analysen von Staatstätigkeit und polit.-ökon. Entwicklungen.

Lit.: *Schmidt, M. G.* 1995: Vergleichende Politikforschung mit Aggregatdaten, in: *Alemann, U. von* (Hrsg.): Politikwissenschaftliche Methoden, Opl., 327–356.

Manfred G. Schmidt

Aggression, Handeln, das auf die Verletzung des Körpers, Status' oder Eigentums anderer Personen, Gruppen bzw. Staaten oder der eigenen Person gerichtet ist (→ Gewalt).

1. In der Sozialpsychologie steht die Analyse individuellen aggressiven Verhaltens und der Bereitschaft zur A. (Aggressivität) im Vordergrund. Dabei wird grundsätzlich zwischen konstruktiver A., die zum Selbsterhalt notwendig ist, und destruktiver A. mit zerstörerischer Absicht unterschieden. Zur Erklärung der Ursachen aggressiven Verhaltens existieren drei wiss. Hauptrichtungen: Ethologische und psychoanalytische Ansätze gehen von einem angeborenen Aggressionstrieb des Menschen aus, der zwar durch Erziehung kanalisiert, jedoch nicht beseitigt werden kann. Die Frustrations-Aggressions-Hypothese faßt A. als Reaktion auf ein Frustrationserlebnis auf. Nach der Lerntheorie ist A. das Ergebnis von Modellernen innerhalb familiärer und gesellschaftl. Zusammenhänge. Polit. relevant ist die Frage nach dem gesellschaftl. Umgang mit A. und nach der Behebungsmöglichkeit von deren Ursachen: A. muß negativ sanktioniert bzw. kanalisiert werden, um das soziale Gefüge zu erhalten. Bestimmte, v. a. latente Formen von A. und Gewalt (→ Strukturelle Gewalt) werden jedoch gesellschaftlich weithin akzeptiert (→ Macht). Zudem können soziale oder ökon. Mißstände, z. B. die Marginalisierung bestimmter Bevölkerungsgruppen, zu → Deprivation und zu einer Eskalation von aggressivem Verhalten führen. Die Interdependenz gesellschaftl. und individueller Aggressionspotenziale wird insbes. von der sozialanthropologischen Friedensforschung (→ Frieden/Friedenstheorien) thematisiert (vgl. *Horn* 1988).

2. Im Bereich der → Internationalen Beziehungen bezeichnet A. feindselige Handlungen gegenüber einem → Staat durch einen anderen, die auf dessen Machtminderung zielen. Das → Internationale Recht definiert A. eng als militärischen Erstangriff. Die Feststellung der A. durch den UN-Sicherheitsrat berechtigt den angegriffenen Staat zur Selbstverteidigung (Art. 51 UN-Charta) sowie die Vereinten Nationen zur Anwendung ihrer friedenssichernden Maßnahmen (→ Intervention). Völkerrechtlich umstritten ist, ob nichtmilitärische Eingriffe in die Handlungsmöglichkeiten eines Staates (z. B. Abschneidung der Wasserzufuhr, Wirtschaftsembargo) ebenfalls unter den Begriff der A. gefaßt werden können. So liegt es im Ermessen des Sicherheitsrates, auch gegen einen Staat, der einen anderen zum Erstangriff provoziert, Sanktionsmaßnahmen zu veranlassen (vgl. *Bothe* 1975).

Lit.: *Bothe, M.* 1975: Die Erklärung der Generalversammlung der Vereinten Nationen über die Definition der Aggression, in: JIR 18, 127–145. *Bruha, T.* 1980: Die Definition der Aggression, Bln. *Horn, K.* 1988: Gewalt – Aggression – Krieg, Baden-Baden.

Tanja Zinterer

AGIL-Schema, von *T. Parsons* entwickelt, gebildet aus den Anfangsbuchstaben der engl. Begriffe → *Adaptation* (Anpassung an die Umwelt, Ressourcenbereitstellung), → *Goal-attainment* (Zielerreichung und Zielselektion, *goal-selection*), *Integration* (Integration der Systemelemente), *Latent pattern maintenance and tension management* (Aufrechterhaltung der systemeigenen Handlungs- und Wertstrukturen sowie eine erfolgreiche Spannungsbewältigung). Es handelt sich um die vier Grundprobleme, die jedes System gleich welcher Größenordnung zu seiner Bestandserhaltung bewältigen muß.

Das AGIL-Funktionen-Schema als Vierfeldertableau wurde mannigfach variiert und erweitert sowie in anderer Phasenfolge verwendet (z. B. als LIGA-Schema für Sozialisations- und Enkulturationsprozesse). Der A-Quadrant wird auch als Aufgabenbereich der Wirtschaft verstanden, G als Funktionsbereich des → Politischen Systems, I als Funktionsbereich der sozialen Kontrolle und des Rechts, L gehört zu den Internalisierungsaufgaben des personalen Systems sowie den Institutionalisierungsleistungen des sozialen Systems und wird auf die → Werte des sozio-kulturellen Systems einer Gesellschaft bezogen. *Parsons* setzt auf eine normative Integration der Gesellschaft, der eine Hierarchisierung des grundlegenden Systemaufbaus entspricht: Das übergeordnete kulturelle Wertsystem als semantisch-symbolischer Komplex ist maßgeblich an der Prägung der sozialrelevanten Normenstrukturen beteiligt, auf die hin sich, unterstützt durch Sanktionen, die Bedürfnisausrichtungen und Einstellungen personaler Systeme zu beziehen haben.

→ Funktion/Funktionalismus; Norm(en); Sozialintegration; Strukturfunktionalismus; Systemtheorie.

Lit.: *Parsons, T.* u. a. 1953: Working Papers in the Theory of Action, NY. *Parsons, T.* 1969: Politics and Social Structure, NY. *Luhmann, N.* 1988: Warum AGIL?, in: KZfSS 40, 127–139.

Arno Waschkuhn

Akklamation, Verfahren der offenen Abstimmung über Personen oder Sachfragen in Versammlungen durch Zuruf oder Beifall. Wird gelegentlich bei Wahlen mit nur einem Kandidaten und Entscheidungen in überschaubaren Gremien angewandt, wobei kein präzises Ergebnis entsteht, da z. B. nicht zwischen Ablehnung und Enthaltung unterschieden werden kann.

A. ist unter demokratischen Gesichtspunkten problematisch, da abweichende Meinungen nicht zählen, Gegenstimmen möglicherweise gar nicht erst geäußert werden (z. B. wegen des offenen Gruppendrucks). A. kann von demagogischen Führern zur künstlichen

Erzeugung von Zustimmung und Unterdrückung von → Opposition benutzt werden. Deshalb ist A. ein häufig anzutreffendes Instrument zur Herrschaftslegitimation in → Autoritären und totalitären Regimen.

Suzanne S. Schüttemeyer

Akkommodation (von lat. *accommodare* = anpassen, entgegenkommen), allg. die Bezeichnung für die mehr oder minder passive Form der Anpassung an oder auch für das gewollte Entgegenkommen individueller oder kollektiver → Akteure gegenüber der jeweilige(n) Umwelt.

In der Politikwiss. wird der Begriff der A. meist verwandt im Sinne von *A. Lijphart* (1975) zur Charakterisierung von → Politischen Kulturen wie Handlungs- und Entscheidungsstilen, die (im Ggs. zu Konflikt und *adversary politics* in der Wettbewerbsdemokratie) bestimmt sind von konsensorientiertem Verhandeln und vom übergeordneten Interesse der gesellschaftl. und → Politischen Eliten am Ausgleich zum Zwecke des Systemerhaltes. Dies erklärt z. B., warum stark segmentierte (etwa multi-ethnische, multikulturelle) Gesellschaften trotz tiefgreifender Gegensätze ein hohes Maß an polit. Stabilität aufweisen können.

→ Consociational democracy; Demokratie; Konkordanzdemokratie; Korporatismus.

Lit.: *Lijphart, A.* ²1975: The Politics of Accommodation, Berkeley u. a. (zuerst 1968). → Konkordanzdemokratie.

Rainer-Olaf Schultze

Akkulturation, urspr. in der Ethnologie bzw. angelsächsischen Kultur- und Sozialanthropologie verwendeter Begriff, bezeichnet den Prozeß → Sozialen Wandels und interkultureller Angleichung, der durch → Kommunikation (Missionierung, Kolonisierung, aber auch moderne → Massenmedien, Tourismus, transnat. → Migration usw.) ausgelöst wird.

A. ist in der Politischen Kulturforschung (→ Politische Kultur) im Hinblick auf ethnisch, religiös usw. pluralistisch zusammengesetzte Gesellschaften von Bedeutung. Die urspr. «Schmelztiegel» (*melting pot*)-These für die multikulturellen USA bezüglich der fortschreitenden Homogenisierung mußte stark relativiert werden. Trotz weitergehender Tendenzen zur Globalisierung und z. T. Verwestlichung (negativ häufig als «McDonaldisierung» apostrophiert) ist auch internat. zwar mit einer gewissen Angleichung, nicht aber mit einer völligen Aufhebung wichtiger sozio-kultureller Identitäten zu rechnen. Solche Akkulturationsprozesse führen oft zu individuell-psychologischen wie auch zu sozialen und polit. Konflikten.

Lit.: → Politische Kultur.

Dirk Berg-Schlosser

Akkumulation (von lat. *accumulatio* = Anhäufung), in der *Marx*schen Theorie gebräuchlich für die Anhäufung von Kapital bei den einzelnen Unternehmern – und zwar → Produktionsmittel (vergegenständlichtes oder konstantes Kapital = c) und menschliche Arbeitskraft (lebendiges oder variables Kapital = v) –, um die Herstellung von Waren durchführen und diese mit Gewinn verkaufen zu können. Der Zweck dieser A. ist nur indirekt die Befriedigung von Käuferbedürfnissen, direkt geht es um die Verwertung des eingesetzten Kapitals, die Produktion von → Mehrwert.

Marx unterscheidet die urspr. A., in der c und v historisch, insbes. durch Gewalt, Vertreibung der Bauern von ihrem Land, Raub etc., geschaffen werden, von der eigentlich erweiterten A.: denn unter der Annahme des ständigen Verwertungszwangs des eingesetzten Kapitals als Ziel kapitalistischer → Reproduktion muß jeder einzelne Kapitalbesitzer unter Konkurrenzbedingungen sein Kapital fortwährend ausdehnen, um es zu erhalten. A. erzeugt sektorale Ungleichheiten, ökon. Krisen, Konzentration des Kapitals und arbeitslose Überschußbevölkerung (industrielle Reservearmee).

→ Arbeit; Arbeitslosigkeit; Kapitalismus; Marxismus.

Josef Esser

Akteur (von lat. *actor* = derjenige, der handelt oder etwas tut), in der Politik eine an polit. Entscheidungen handelnd beteiligte Person (individueller A.) oder Organisation (kollektiver A.).

Zu den wichtigsten polit. A. zählen die polit. → Parteien und → Interessengruppen sowie die → Regierung(en) und die entspr. → Verwaltung und Behörden bzw. die Personen, die diese Organisationen vertreten, die Parlamente und deren A., → Ausschüsse, → Fraktionen, Kommissionen etc. Aus handlungstheoretischer Sicht verfolgen A. ihre Interessen bzw. erfüllen ihre Aufgaben, indem sie sich am polit. Entscheidungsprozeß entspr. ihren je unterschiedlichen Wertorientierungen, Zielen, Präferenzen und situativen Möglichkeiten beteiligen. Von daher sowie gemäß der zur Verfügung stehenden Ressourcen können die A. unterschiedliche (Konflikt-, Konsens-, Verhandlungs-)Strategien einschlagen, die situativ (d. h. während des konkreten Entscheidungsprozesses) oder strukturell (d. h. bezogen auf das jeweilige Politikfeld) spezifische (Konkurrenz-, Koalitions-, Netzwerk-) Beziehungen zwischen den A. ausformen.

Klaus Schubert

Akteurzentrierter Institutionalismus, von *R. Mayntz* und *F. W. Scharpf* (1995) geprägter Begriff für einen → Ansatz (bzw. Forschungsheuristik) politikwiss. *Policy*-Analyse.

Während sich der problemorientierte Zweig der *Policy*-Forschung (häufig *ex ante*) mit Ursachen, Lösungsmöglichkeiten und Folgewirkungen von (Einzel-)Politiken beschäftigt, konzentriert sich der akteurzentrierte Ansatz auf die (*ex post*) Analyse der Interaktionsformen, Akteurskonstellationen, Handlungs- und Entscheidungsmuster im Politikprozeß. Er «sieht politisches Handeln (dabei) als Ergebnis der Interaktionen zwischen strategisch handelnden, aber begrenzt rationalen Akteuren, deren Handlungsmöglichkeiten, Präferenzen und Wahrnehmungen weitgehend, aber nicht vollständig, durch die Normen des institutionellen Rahmens bestimmt werden, innerhalb dessen sie agieren» (*Scharpf* 2000: 319). Den Positionen des → Neo-Institutionalismus verpflichtet, versteht der Ansatz Institutionen mit *D. North* (1990) als sozial und kulturell sanktionierte Regelsysteme, die die einer Gruppe von Akteuren offenstehenden Handlungen strukturieren (ebd.: 76 ff.), begreift Institutionen als abhängige wie unabhängige → Variablen und betont also deren Kontextgebundenheit und → Pfadabhängigkeit, aber auch deren Veränderbarkeit durch Akteurshandeln. Der Ansatz zielt folglich auf die Überwindung der Trennung von (handlungstheoretischen) ökon. (→ *Rational choice*-) Theorien und (institutionellen oder strukturellen) soziologischen Theorien und deren «Zusammenführung» unter dem Dach des a. I. (*Scharpf* 2000: 73 ff.). Es geht dabei über die historisch-deskriptive (Fall-) Analyse hinaus um → Erklärung durch systematisches Wissen, das Hilfestellung leisten könnte bei der Schaffung von → Gemeinwohl orientierter Institutionen und *Policy*-Problemlösungen in der Zukunft (vgl. ebd.: 84 ff.). Zu diesem Zweck bedienen sich die Untersuchungen des a. I. vielfach des analytischen Instrumentariums von → Spieltheorie und → Netzwerkanalyse. Die vielfach im Kölner Max-Planck-Institut für Gesellschaftsforschung durchgeführten Untersuchungen thematisieren Möglichkeiten und Grenzen polit. Steuerung, Institutionendynamik und -gestaltung mittlerweile in so unterschiedlichen Politikfeldern wie Energie- und Telekommunikation (*Schmidt* 1998), Gesundheit und Umwelt (*Wasem* 1997; *Grundmann* 1999), Forschungs- und Technologiepolitik (*Mayntz* 1994; *Jansen* 2000).

→ Governance; Handlungstheorien; Neo-Institutionalismus; Netzwerkanalyse; Politikfeldanalyse; Spieltheorie; Staatszentrierte Ansätze; Systemtheorie; Verhandlungssysteme.

Lit.: *Braun, D.* 1997: Politische Steuerung zwischen Akteurs- und Systemtheorie, in: PVS 38 (4), 844–854. *Grundmann, R.* 1999: Transnationale Umweltpolitik zum Schutz der Ozonschicht, Ffm. *Jansen, D.* 2000: Gesellschaftliche Selbstorganisation durch Technikdiskurse?, in: *Werle, R./Schimank, U.* (Hrsg.): Gesellschaftliche Komplexität und kollektive Handlungsfähigkeit, Ffm., 183–207. *Luthardt, W.* 1999: Politische Steuerung und akteurzentrierter Institutionalismus, in: Schweizerische Zeitschrift für Politikwissenschaft 5 (2), 155–166. *Mayntz, R.* 1994: Deutsche Forschung im Einigungsprozeß, Ffm. *Mayntz, R.* 1997: Soziale Dynamik und politische Steuerung. Ffm. *Mayntz, R./Scharpf, F. W.* 1995: Der Ansatz des akteurzentrierten Institutionalismus, in: *dies.* (Hrsg.): Gesellschaftliche Selbstregelung und politische Steuerung, Ffm., 39–72. *North, D. C.* 1990: Institutions, Institutional Change and Economic Performance, Camb. *Reckwitz, A.* 1997: Struktur. Zur sozialwissenschaftlichen Analyse von Regeln und Regelmäßigkeiten, Opl. *Scharpf, F. W.* 1987: Sozialdemokratische Krisenpolitik in Europa: Das Modell Deutschland im Vergleich, Ffm. *Scharpf, F. W.* 2000: Interaktionsformen. Akteurzentrierter Institutionalismus in der Politikforschung, Opl. (engl. 1997). *Schmidt, S. K.* 1998: Liberalisierung in Europa, Ffm. *Wasem, J.* 1997: Vom staatlichen zum kassenärztlichen System, Ffm. *Werle, R./Schimank, U.* (Hrsg.) 2000: Gesellschaftliche Komplexität und kollektive Handlungsfähigkeit, Ffm.

Rainer-Olaf Schultze

Aktionsforschung, spezifische Vorgehensweise im Rahmen der → Empirischen Sozialforschung, bei der die Beeinflussung des zu beforschenden «Gegenstandsbereichs» durch die Forschung nicht als möglichst zu vermeidender Fehler, sondern als intendiertes soziales Anliegen verstanden wird. Das Hauptanliegen der A. (auch Handlungsforschung genannt) betrifft somit eine stärkere Verbindung zwischen wiss. Forschung und praktisch-sozialer Arbeit, als dies in der empirischen Sozialforschung sonst üblich ist. Ein kooperatives, interaktives und koevolutionäres Konzept der Veränderung von Forschern und Beforschten steht im Zentrum der A.; die Lösung sozialer Probleme und polit. Handeln sollen also nicht erst aus den Ergebnissen (für andere) folgen, sondern sind bereits mit im Forschungsprozeß intendiert. Daraus ergibt sich auch, daß A. bes. im Bereich der Sozialpolitik, Gemeinde- und Organisationssoziologie zu finden ist (z. B. Stadtteilsanierung, Integration von Gastarbeitern, Aussiedlern und Asylbewerbern, Veränderung von Industriebereichen etc.).

Als eigenständige Forschungsmethodologie und -richtung wurde die A. ab etwa 1950 durch *K. Lewin* wesentlich etabliert und durch die US-amerikan. *Human-Relations*-Bewegungen stark gefördert, doch gehen die zugrundeliegenden Forschungstraditionen bis zum Anfang des 20. Jh. zurück. In D wurde die A. besonders im Kontext der 1968er Bewegung aufgegriffen und mit der methodologischen Diskussion der Kritischen Theorie verbunden. Diese Diskussion hat auch die Entwicklung qualitativer Forschungsansätze gefördert und beeinflußt, da dem Vorwurf, Forschung durch Sozialarbeit zu ersetzen, eine elaborierte Forschungsmethodologie entgegengehalten wurde. Dabei wurde z. B. mit Phasenmodellen zwischen Forschungs- und Aktionsphasen bzw. der Erzeugung und Reduktion von Handlungskomplexität versucht, der Dynamik von Veränderung und stabiler Metastruktur dieser Prozesse gerecht zu werden.

Die zunächst euphorischen Hoffnungen in die A. in der 68er Bewegung wurden allerdings durch die praktischen Erfahrungen relativiert. Es zeigte sich nämlich, daß im Zuge der Projektarbeiten häufig auf neue Weise Abhängigkeiten und Herrschaftsverhältnisse entstanden, die gerade durch die A. überwunden werden sollten – eine Folge der Paradoxie «Hilfe zur Autonomie». Die Kooperation zwischen Forscher und Beforschten wird heute stärker gegenüber einer Verschmelzung beider Sozialsysteme in gemeinsamem Aktionismus abgegrenzt (z. B. *Moser* 1985). Die Illusion, daß A. in größerem Ausmaß direkt etwas zum Fortschritt gesellschaftl. Praxis beitragen könne, ist daher heute einer stärkeren Besinnung auf ihre Möglichkeiten und Grenzen gewichen: aus einer Haltung der Solidarität heraus zur Aufklärung und Reflexion im jeweiligen Forschungsfeld beizutragen, ohne die Grenzen und besonderen Regeln des Sozialsystems Wiss. zu negieren oder zu ignorieren.

Lit.: *Cremer, C./Klemm, W.* 1978: Aktionsforschung, Weinheim. *Gunz, J.* 1986: Handlungsforschung: Vom Wandel der distanzierten zur engagierten Sozialforschung, Wien. *Haag, F.* u.a. 1972: Aktionsforschung, Mchn. *Horn, K. 1979:* Aktionsforschung, Ffm. *Lewin, K.* 1953: Die Lösung sozialer Konflikte, Bad Nauheim. *Moser, H.* 1985: Einführung in die Sozialforschung als Aktionsforschung, Hagen. *Moser, H./Ornauer, H.* (Hrsg.) 1978: Internationale Aspekte der Aktionsforschung, Mchn. *Nagel, A.* 1983: Aktionsforschung, Gesellschaftsstrukturen und soziale Wirklichkeit, Ffm.

Jürgen Kriz

Alford-Index, in der → Wahlforschung von *R. R. Alford* (1963) zuerst verwendeter → Index der Klassenwahl: Prozentpunktdifferenz der linke → Parteien wählenden Arbeiter und der diese Parteien wählenden Nicht-Arbeiter, d. h. Mittelschichtangehörigen. Je größer die Wahrscheinlichkeit von Angehörigen der Arbeiterschicht, linke Parteien zu wählen, im Vergleich zu dieser Wahrscheinlichkeit bei den Angehörigen der Mittelschicht, um so ausgeprägter ist der → Klassenkonflikt, soweit er sich im → Wählerverhalten äußert.

Heute ist das Maß in der Forschung nicht mehr üblich, weil man bei kategorialen abhängigen → Variablen wie der Wahlentscheidung für eine von mehreren Parteien Verfahren wie das multinomiale *Logit*-Modell anwendet. Unterscheidet man aber nur zwei → Klassen (→ Arbeiter- und Mittelklasse) und zwei Parteigruppen (linke und rechte Parteien), die sich größenmäßig in etwa die Waage halten, liefert der A.-I. zuverlässige Schätzwerte.

Lit.: *Alford, R. R.* 1963: Party and Society, Chic.

Franz Urban Pappi

Alienation → Entfremdung

Allaussage → Hypothese

Allerweltspartei → Volkspartei

Allgemeine Staatslehre. Auch wenn einige Belege noch ins 18. Jh. zurückweisen, so ist das Sprachsymbol Staatslehre (S.) im deutschen Sprachraum vornehmlich während des 19. Jh. zur Geltung gekommen. Exakte Entsprechungen in anderen europ. Sprachen, die sonst – wie das Englische und Französische – für die polit.-praktische und -theoretische Terminologieausbildung und -verbreitung einfluß- und bes. folgenreich waren, gibt es offensichtlich nicht. Zwei verschiedene, aber sachlich in einem engen Verweisungszusammenhang untereinander verbundene Bedeutungsvarianten dominieren im Begriffsfeld Staatslehre: Einmal ist S. die traditionelle Bezeichnung für eine wiss., vornehmlich rechtswiss. Disziplin und somit Teil des Systems des öff. Rechts *(ius publicum)*; zum anderen ist S. der Name für eine literarische Gattung von Büchern, die eine Reihe von klassischen Werken der Staatstheorie mit Titeln wie «Staatslehre» oder «Allgemeine Staatslehre», gelegentlich auch «Verfassungslehre» umfassen, die einen langanhaltenden und dominierenden Einfluß auf das wiss. und öff.

Staatsdenken in D ausgeübt haben und trotz allem immer noch ausüben.

1. Als (rechts-)wiss. Disziplin setzt S. natürlich die Existenz, d. h. Entstehung und Entfaltung des modernen → Staates mit seiner → Souveränität und Machtzentralisierung, mit seinem Institutionengefüge und Beamtenstab sowie seinen verschiedenen (ordnenden und leistenden) Aufgaben gegenüber der modernen bürgerlichen Gesellschaft prinzipiell wie entwicklungsgeschichtlich voraus. S. ist mithin die neuzeitliche Staatswissenschaft, die im Prozeß der Herausbildung des modernen Territorialstaates – gewissermaßen als dessen Reflexionsinstanz – im 17. und 18. Jh. entstanden und schließlich im 19. und 20. Jh. zu ihrer allseits überragenden Stellung und Blüte an den juristischen Fakultäten dt. Universitäten gelangt ist. Die Entwicklung dieser Disziplin ist indes nicht kontinuierlich verlaufen. Vielmehr markieren die Französische Revolution mit ihren europaweiten Veränderungen von Politik und polit. Denken sowie die diese Entwicklung fortsetzende napoleonische Epoche auch in der Geschichte der dt. S. einen tiefgreifenden Einschnitt und Wandel. Insofern unterscheidet die neuere Forschung sachlich die Epoche der «älteren dt. Staatslehre» *(Hans Maier)* von der S. des 19. und 20. Jahrhunderts. Die neuere Forschung *(H. Maier, M. Stolleis)* hat gezeigt, daß die ältere dt. S. zwischen den beiden dominierenden Entwicklungslinien der europ. Staatstheorie – der von *Machiavelli* ausgehenden «Machtstaats»-Theorie und der von *Locke* u. a. ausgehenden modernen Naturrechtslehre mit ihrer Betonung vorstaatl. Freiheitsrechte des Menschen – einen *eigenen*, durch die polit., sozialen und konfessionellen dt. Verhältnisse nach Reformation und Dreißigjährigem Krieg bedingten Weg genommen hat. Charakteristisch für die Tradition der älteren dt. S. ist ihre starke Orientierung an der Staats- und Verwaltungspraxis des zeitgenössischen dt. Territorialstaats, wofür *von Seckendorffs* «Teutscher Fürstenstaat» (1656) exemplarisch steht, insofern er zeigt, wie sehr «anders als die westl. Staatsräson- und Naturrechtslehre (…) die ältere dt. Staatslehre in hohem Maße *aus dem Staat heraus*» denkt (*Maier* 1985: 114). Durch diese starke Praxisorientierung erhält die ältere dt. S. über weite Strecken den Charakter einer «Staatsverwaltungslehre»; entsprechend wird sie vielfach zur «Polizeywiss.», die im Rahmen des Territorialstaats hauptsächlich die Vermittlung des praktischen Verwaltungswissens an den öff. Dienst und die Staatsbeamtenschaft zu leisten hatte. Das hatte zur unvermeidlichen Folge, daß diese ältere S. sich der schier unüberschaubaren Fülle der empirischen Staatstätigkeiten annehmen und sie systematisieren mußte. Das stark religiös motivierte Staatsethos führte zu einer bes. Akzentuierung der Wohlfahrtsaufgaben des Staates – auch gerade zum Zwecke der Legitimierung des Staates gegenüber der Bevölkerung. Demgegenüber trat die wiss. Behandlung von modernen Verfassungsfragen in den Hintergrund, wenn man einmal von der traditionellen Reichspublizistik absieht. Dieses Absehen der älteren dt. S. von den eigentlichen Verfassungsfragen, wie sie durch die amerikan. und die Französische Revolution sonst nahezu weltweit zum zentralen Thema staatstheoretischer Diskussionen geworden waren, hatte nicht zuletzt dadurch deutlich negative Auswirkungen, als von der älteren dt. S. eigentlich kein theoretisch fundierter, systematischer Weg zu den Bürgerrechten als polit. Partizipationsrechten und damit zur → Demokratie führte. Vielmehr galt weithin der Satz des preußischen Reformers *E. F. Klein*, daß man keine Ursache habe, «über den Mangel der *polit.* Freiheit zu klagen, so lange man die *bürgerliche* wirklich» genieße (*Klein* 1790: 164). Bürgerliche Freiheit(en) galt(en) als hinreichend gesichert in einem effizienten Verwaltungs- und Obrigkeitsstaat, wie er sich in D damals entwickelte und wie er sich in die ersten Jahrzehnten des 19. Jh. fast unangefochten fortsetzte. Noch versuchten Staatslehrer wie *L. von Stein, R. von Mohl* oder *C. Bluntschli* die Einheit der traditionellen Staatswiss. (Singular!) in D mit ihrer Integration polit.-gesellschaftl. Fragestellungen aufrechtzuerhalten. Spätestens von der Mitte des 19. Jh. an jedoch ging diese Einheit endgültig verloren; bemerkenswert ist, daß sich hinter dem (neuen) Titel «Staatswissenschaften» (Plural!) hinfort die (z. T. neuen) Sozial-

und Wirtschaftswiss. verbargen; die S. wurde demgegenüber zu einer juristischen Disziplin, die *C. F. von Gerber* und *P. Laband* mit ihrer theoretischen und begriffslogischen Konzeption begründeten, zur Staatsrechtslehre und der Staat zu einer Rechtsperson verengt, die allein mit den streng logischen Begriffen des Rechtspositivismus erfaßt werden konnte.

Im Kontext der stabilen Verfassungsverhältnisse des Bismarckreiches konnte diese Konzeption von S. als Garant der bestehenden polit. Ordnung noch unangefochten gelten. Gleichwohl wurden je länger je mehr die Begrenztheiten dieser S. deutlich. Kritisiert wurde v. a., daß dieser rechtspositivistisch und begriffslogisch ausgerichteten S. die polit. und soziale Wirklichkeit äußerlich blieb. Diesem eklatanten Mangel suchte *G. Jellinek* mit seiner «Allgemeinen Staatslehre» (1900) durch die Anerkennung eines theoretischen und methodischen Dualismus abzuhelfen und die rein begriffsjuristische Konstruktion des Staates durch die Einbeziehung der sozialen und polit. staatl. Realität zu ergänzen. So anerkennenswert dieser Gedanke angesichts der positivistischen S. auch war, befriedigen konnte diese Lösung nicht; verhinderte der so postulierte Dualismus von Rechtsnatur und Sozialstruktur des Staates doch, den Staat als integrative Wirkungseinheit zu begreifen. Hinzu kam, daß *Jellinek* letztlich doch nur die rechtliche Dimension des Staates im Detail ausarbeitete, seine soziale und polit. Dimension jedoch im Postulativen beließ.

An diesem Problem setzt die S. der Weimarer Republik an; sie sucht den *Jellinek*schen Dualismus zu überwinden, wozu sich zwei Vorgehensweisen anboten: einerseits die (gesteigerte) Rückkehr zum begriffslogischen Positivismus; das war der Weg, den *H. Kelsen* mit seiner «Reinen Rechtslehre» einschlug; seine kritische Unterscheidung des «soziologischen und des juristischen Staatsbegriffs» (1927) führte letztlich zu einer S. *ohne* Staat. «Kelsen hatte den Staat auf die dürren Schemen abstrakter Rechtsbegriffe reduziert» (*Sontheimer* 1963: 23); andererseits forderten die Gegner dieses abstrakten Normativismus «eine Besinnung auf die materiellen Gehalte der staatl. Rechtsordnung, die Wiederentdeckung des Politischen als des bewegenden Elementes des Staatslebens und die Analyse der wirklichen Verfassung im Verhältnis zur positiv-rechtlichen» (*ebd.*). In dieser Position, die sich gleichermaßen gegen den Dualismus *Jellineks* wie gegen die reine Rechtslehre *Kelsens* wandte, fanden sich so konträre Denker zusammen wie *H. Triepel, E. Kaufmann, R. Smend, C. Schmitt* und *H. Heller*, die – auch in ihrer Auseinandersetzung mit den führenden Vertretern des Rechtspositivismus im Weimarer Staatsrecht wie *R. Thoma* und *G. Anschütz* – Auswege aus der «Krisis der Staatslehre» (so der Titel einer Abhandlung von *Heller* von 1926) der Weimarer Republik suchten. *R. Smends* «Verfassung und Verfassungsrecht» (1928) und *C. Schmitts* «Verfassungslehre» (1928) markieren wichtige Positionen in dieser Krisenbewältigung der S., die noch intensiv in die ersten Jahrzehnte der BRD hineinwirkten.

Ähnliches gilt, wenn auch aus erheblich anderen Gründen, von *Hellers* «Staatslehre», die 1934 posthum im Exil erschien und die den entschiedensten Versuch darstellt, die dt. S. in den Kontext der westl. → Politikwissenschaft zu reintegrieren. Die S. hat nach *Heller* die Aufgabe, «die eigenartige Wirklichkeit des uns umgebenden staatl. Lebens zu erforschen. Sie will den Staat begreifen in seiner gegenwärtigen Struktur und Funktion, sein geschichtl. So-geworden-sein und seine Entwicklungstendenzen» (*Heller* 1983: 12). *Heller* wollte damit «jenen Begriff der Politik im Deutschen wiederherstellen, wie ihn auch die Romanen und Engländer kennen als *science politique, scienza politica, ciencia politica* und *political science*» (*ebd.*: 13). So wurde nach 1945 für die neueingerichtete Politikwiss. in D *Hellers* S. ein wichtiger Anknüpfungspunkt. Allerdings wurde nicht selten übersehen, daß für *Heller* S. und «Politikwiss.» nicht einfach zwei verschiedene Namen für ein und dieselbe Wiss. waren; vielmehr blieb für ihn eine Differenz bestehen dergestalt, daß die S. ein (zwar zentraler und unverzichtbarer) Teil der Politikwiss. sei. Politikwiss. sei «ohne eine ausdrückliche oder auch stillschweigend vorausgesetzte Staatslehre nicht möglich» (*ebd.*: 73); sie habe die unverzichtbare Aufgabe, die

leitenden Grundbegriffe der Politikwiss. zu klären.
Wenngleich diese *Heller*sche Zuordnung von S. und Politikwiss. letztlich kaum Zustimmung erfuhr, so hat doch seine Neuorientierung der S. deren Entwicklung nach dem II. Weltkrieg entschieden mitbeeinflußt. Darüber geben schon die wenigen größeren Versuche einer «Allgemeinen Staatslehre» von *H. Krüger* (1964) und *R. Herzog* (1971) Auskunft. Zwar bleiben sie in ihrer Begrifflichkeit der juristischen Tradition der S. deutlich verpflichtet, erweitern indes das Gegenstandsfeld um die Gesellschaft als Grundlage von Staat und Staatslehre. Eine gründlichere und weiterreichende Erneuerung der S. hat *M. Kriele* in seiner «Einführung in die Staatslehre» (¹1975) unternommen, indem er seine S. zu einer S. des «demokratischen Verfassungsstaates» ausgeformt und entsprechend dessen grundlegende Prinzipien und Ideen aus der Tradition der westl. (angloamerik. und frz.) Staatstheorie herleitet und so auch für den dt. Verfassungsstaat diese Tradition zurückgewinnt.

→ Recht und Politik; Rechtsstaat; Verfassungslehren.

Lit.: *Anschütz, G./Thoma, R.* (Hrsg.) 1930–1932: Handbuch des deutschen Staatsrechts, 2 Bde., Tüb. *Heller, H.* 1971: Die Krisis der Staatslehre, in: *ders.*: Gesammelte Schriften Bd. 2, Tüb. (zuerst 1926), 3–30. *Heller, H.* ⁶1983: Staatslehre, Tüb. (zuerst 1934). *Herzog, R.* 1971: Allgemeine Staatslehre, Ffm. *Jellinek, G.* 1928: Allgemeine Staatslehre, Darmst. (Nachdruck der 6. Aufl.; zuerst 1900). *Kelsen, H.* ²2000: Reine Rechtslehre, Wien (zuerst 1934). *Kelsen, H.* ²1923: Hauptprobleme der Staatsrechtslehre, Tüb. (zuerst 1911). *Koch, H.J.* (Hrsg.) 1977: Seminar: Die juristische Methode im Staatsrecht, Ffm. *Kriele, M.* ⁵1994: Einführung in die Staatslehre, Opl. (zuerst 1975). *Krüger, H.* ²1966: Allgemeine Staatslehre, Stg. (zuerst 1964). *Maier, H.* ²1980: Die ältere deutsche Staats- und Verwaltungslehre, Mchn. (zuerst 1966). *Maier, H.* ²1985: Politische Wissenschaft in Deutschland, Mchn. (zuerst 1969). *Sattler, M.* (Hrsg.) 1972: Staat und Recht. Die deutsche Staatslehre im 19. und 20. Jahrhundert, Mchn. *Smend, R.* 1928: Verfassung und Verfassungsrecht, Bln. *Sontheimer, K.* 1963: Politische Wissenschaft und Staatrechtslehre, Freib. *Stolleis, M.* 1990: Staat und Staatsräson in der frühen Neuzeit, Ffm. *Stolleis, M.* 1988–1999: Geschichte des öffentlichen Rechts in Deutschland, 3 Bde., Mchn. *Thoma, R.* 1948: Grundriß der allgemeinen Staatslehre, Bonn. *Weinacht, P. W.* 1968: Staat – Studien zur Bedeutungsgeschichte des Wortes von den Anfängen bis ins 19. Jahrhundert, Bln.

Theo Stammen

Allgemeines Wahlrecht → Wahlrecht

Allokation, [1] in der Ökonomie die raum-zeitlich optimale Verteilung der zum Wirtschaften erforderlichen, stets knappen Ressourcen/Produktionsfaktoren (→ Pareto-Optimum). [2] In den systemtheoretisch orientierten Sozialwiss. bezeichnet A. diejenige Anordnung, Verteilung und Beziehung von Elementen, Strukturen und Subsystemen innerhalb eines Gesamtsystems, die das Funktionsziel der Systemerhaltung des Ganzen wie seiner Teile garantieren (sollen).

→ Adaptation; System/Systemanalyse; Systemtheorie.

Lit.: *Easton, D.* ²1971: The Political System, NY (zuerst 1953). *Easton, D.* ³1979: A Systems Analysis of Political Life, NY u. a. (zuerst 1965).

Rainer-Olaf Schultze

Allparteienregierung, eine Regierung, an der nicht unbedingt alle → Parteien eines Landes beteiligt sind, der jedoch keine oder keine nennenswerte → Opposition mehr gegenübersteht.

Neben Fällen des → Notstandes (z. B. in Großbritannien während beider Weltkriege) findet A. als reguläre Form der Regierung in → Konkordanzdemokratien statt, in denen zum Schutze und zur → Integration struktureller → Minderheiten Proporzregeln die Beteiligung aller relevanten Parteien an der Regierung vorsehen (z. B. in der Schweiz). Über die förmliche Zusammensetzung der Regierung hinausgehend findet der Begriff A. inzwischen auch Verwendung für Konstellationen, bei denen durch nicht-identische Mehrheiten in zwei Parlamentskammern faktisch die Zustimmung aller relevanten Parteien zum effektiven Regierungshandeln gebraucht wird.

Suzanne S. Schüttemeyer

Alpha-Fehler → Testtheorie

Alte Politik → Neue Politik

Alternativbewegung, zur Selbstetikettierung von einem Teil der neueren → Sozialen Bewegungen seit den 1970er Jahren verwendeter Begriff. Vom sozialwiss. Bewegungsbegriff ausgehend muß jede soziale Bewegung als Alternative zu bestehenden Formen der → Interessenartikulation und Durchsetzung verstanden werden.

Mit der Selbstetikettierung A. wird zum einen der instrumentelle Charakter von traditionellen Bewegungen wie der → Arbeiterbewegung abgelehnt, zum anderen werden Produktions- und Lebensweisen propagiert, die als bewußte Alternative zu den Bedingungen moderner, kapitalistischer Gesellschaften formuliert werden.

Franz Urban Pappi

Alternativstimmgebung, Stimmgebungsverfahren, auch Eventualstimmgebung genannt, bei dem der Wähler nicht nur seine Kandidatenpräferenz, sondern auch seine Zweit-, Dritt- oder weitere Präferenz ausdrückt.

Per A. gibt der Wähler damit zu verstehen, welchen Kandidaten er gewählt sehen möchte, wenn sein Erstkandidat die geforderte Stimmenzahl nicht erreicht. Ggf. können auch die Überschußstimmen eines bereits gewählten Kandidaten auf die Zweit-, Dritt- oder weiteren Präferenzen übertragen werden (so beim → *Single transferable vote*).

→ Abstimmung; Stimmgebungsverfahren; Wahlsystem.
Lit.: → Wahlsystem.

Dieter Nohlen

Alternierendes Parteiensystem, Typus eines → Parteiensystems, in welchem sich die (beiden) großen Parteien regelmäßig oder zumindest recht häufig in der Regierungsausübung abwechseln.

Der Typus kann unterschieden werden von solchen Parteiensystemen, deren Struktur entw. praktisch keinen Regierungswechsel ermöglicht (etwa in Japan 1949–1993) oder allenfalls Veränderungen in der Zusammensetzung der Koalition zuläßt, ohne daß es zur Ablösung des größten Koalitionspartners kommt (Italien 1948–1993). In der Parteiensystemlehre, die verschiedene Klassifikations- und Typologisierungskriterien beachtet, spielt das Kriterium des Regierungswechsels eine bedeutende Rolle, um etwa hegemoniale Parteiensysteme von Zweiparteiensystemen abzugrenzen.

Lit.: → Parteiensystem.

Petra Bendel

Amendment, Änderung oder Ergänzung der → Verfassung oder eines bestehenden Gesetzes im angelsächsischen Rechtsraum, v. a. in den USA. Anders als bei Verfassungs- bzw. Gesetzesänderungen in Kontinentaleuropa wird mit einem *a.* nicht in den Ursprungstext einer vorhandenen Norm eingegriffen, sondern das *a.* wird an diese angehängt.

Bes. bekannt sind die mittlerweile 27 *a.* der US-amerikan. Verfassung von 1787/1788. Darin hebt z. B. das 21. *a.* die mit dem 18. *a.* verhängte Prohibition wieder auf, ohne daß das 18. *a.* förmlich aus der Verfassung gestrichen wird, und das 12. *a.* ändert das Verfahren für die Präsidentenwahl, dessen urspr. Form gemäß Art. II Bestandteil der Verfassung bleibt.

Suzanne S. Schüttemeyer

Amicabilis compositio, lat. für freundschaftliche Übereinkunft, aus dem Einigungsprozeß des Westfälischen Friedens (1648) übernommener Begriff für das Konfliktregelungsmuster des gütlichen Einvernehmens.

A.c. steht im Ggs. zu hierarischem oder mehrheitsdemokratischem Entscheiden, das in der Politikwiss. zur Charakterisierung von Konsensbildungsprozessen in Systemen der → Konkordanz-, → Proporz- bzw. → Verhandlungsdemokratie verwandt wird.

Rainer-Olaf Schultze

Amnestie, bezeichnet den allg. Erlaß von rechtskräftig verhängten, aber noch nicht vollstreckten Strafen für den gesamten jeweiligen Täterkreis oder den nachträglichen Verzicht auf die Strafbarkeit bestimmter Vergehen.

Im Ggs. zur Begnadigung, die für bestimmte einzelne Täter ausgesprochen wird (in D vom Bundespräsidenten), bezieht sich A. auf Fallgruppen. A. wird bes. im polit. Strafrecht (z. B. für Regimekritik) oder aus polit. Gründen (bei → Systemwechseln) in nicht-demokratischen Staaten angewandt; in → Rechtsstaaten ist sie nur durch förmliches Gesetz möglich.

Suzanne S. Schüttemeyer

Amt, der durch Rechtsvorschriften einer natürlichen Person zur pflichtgemäßen Wahrnehmung zugewiesene Wirkungskreis. Mit A. werden auch Einrichtungen zur Erfüllung öff. Aufgaben (z. B. Behörden) bezeichnet.

A. wird häufig im Begriffspaar mit → Mandat verwandt, von dem es grundsätzlich zu unterscheiden ist. In der repräsentativen Demokratie besteht → Inkompatibilität von A. und Mandat.

Lit.: *Blumenthal, J.* 2001: Amtsträger in der Parteiendemokratie, Wsb. *Patzelt, W. J.* 1993: Abgeordnete und Repräsentation. Amtsverständnis und Wahlkreisarbeit, Passau. → Mandat.

Suzanne S. Schüttemeyer

Amtsbonus, Vorteil, den ein Kandidat bei seinen Chancen auf Wiederwahl aufgrund der Tatsache seiner vorangegangenen Amtsinhabe hat.

Der A. entsteht nicht nur in Abhängigkeit von konkreter, von den Wählern als zufriedenstellend gewerteter Amtsführung, sondern ist oft eher das Ergebnis größerer Sichtbarkeit und gesteigerter Öffentlichkeitswirkung des Amtes als solchem; in D v.a. als Kanzlerbonus Gegenstand der → Wahlforschung.

Suzanne S. Schüttemeyer

Amtsperiode → Wahlperiode

Ämterrotation → Räte, Rotation

Analyse, im allg. Sprachgebrauch ist A. synonym mit Untersuchung (in der Medizin Diagnose). Der Begriff steht jedoch in weitverzweigtem Gebrauch, der nach wiss. Disziplinen und innerhalb der Sozialwiss. stark differiert. Historisch lassen sich Begriffs-, Beweis- und Sprachanalysen v. a. der Philosophie und Logik zuordnen, die Kausalanalyse den Naturwiss., die Funktionsanalyse der Biologie und der Medizin, die Zweckanalyse den Geistes- und Sozialwissenschaften. Die Methodenlehre der Sozialwiss. kennt eine Vielzahl spezieller Weiterentwicklungen der A. als → Ansatz, → Methode oder Forschungstechnik. Von den darauf abhebenden Analyseformen unterscheiden sich objektbezogene A. wie etwa die A. von → Gesellschaft, → Herrschaft, → Macht, → Konflikt etc.

1. In der Philosophie seit *Aristoteles* ist A. die Kunst der Begriffszergliederung, der Auflösung, Zerlegung eines Ganzen in seine Teile, eines → Begriffs in seine Elemente – im Gegensatz zur Synthese, der Zusammenfügung, Verknüpfung von Begriffen und Sätzen. A. und Synthese bilden innerhalb der philosophischen Methodenlehre bis *Kant* zentrale Begriffe, die notwendige Bestandteile des Beweises sind. Die A., die Erkenntnis des Einfachen (Zerlegten), bildet die Voraussetzung für die Synthese, die Erkenntnis des Komplexen (*Descartes*). In der Beweisanalyse sollen durch A. die angenommenen unzerlegbaren Grundelemente gefunden werden, mit deren Hilfe analytische Beweise zu umfassenderen Aussagen (zusammengesetzte Begriffe, Systeme) erbracht werden können (*Leibniz*). Beweistheoretische Bedeutung hat die A. als Methode, mittels Bekanntem Unbekanntes zu finden, v.a. in der Mathematik. Die analytische Philosophie verbindet mit der logischen A. die Intention, die grundlegenden Formen sprachlicher Ausdrücke ausfindig zu machen und damit das Werkzeug wiss. Erkenntnis zu klären. Ihr geht es um Aufbau einer exakten Wissenschaftssprache.

2. In der Politikwiss. wird mittels A. versucht, die unter der Oberfläche der Erscheinungsform eines Untersuchungsgegenstandes liegenden spezifischen Kausal-, Struktur-, Funktions- oder sonstigen Elemente und Relationen ausfindig zu machen. Durch zuordnende Bestimmung sollen weiterführende Aussagen ermöglicht werden, d.h. solche Aussagen, die logisch über das engere Untersuchungsfeld hinausweisen.

Die Wahl der Analyseart ist eher vom Gegenstand der A. und seiner Zugänglichkeit für bestimmte analytische Fragestellungen abhängig als von grundsätzlichen theoretischen oder metatheoretischen Positionen, wenngleich auch einige Analysearten eine höhere Affinität zu bestimmten metatheoretischen Annahmen aufweisen als andere. Auch sind Erkenntnistheorien ihrerseits selektiv hinsichtlich der Analysearten, die in ihren Forschungsprogrammen angewandt werden. Einige analytische Verfahren spiegeln unmittelbar das Wissenschaftsverständnis des Forschers bzw. der Forschungsrichtung wider. Insgesamt ist für die Politikwiss. jedoch die Pluralität der Analysearten kennzeichnend. Auch die Arbeit des einzelnen Forschers ist nicht durch die rigorose Festlegung auf eine Analyseart geprägt. Kombinationen unterschiedlicher analytischer Verfahren sind möglich und durchaus üblich (→ Methodenmix).

(1) Die kausale A. entstammt den Naturwiss., hier als Methode verstanden, die Ursachen von beobachteten Wirkungen aufzusuchen und möglichst in Form von Gleichungen eindeutig zu bestimmen. In der Politikwiss. besteht die kausale A. darin, Ursache-Wirkung-Beziehungen in der Weise zu erforschen, daß einzelne Faktoren isoliert und diese als Konstante(n) und Variable(n) – bzw. unabhängige und abhängige Variable – gesellschaftl. Prozesse klassifiziert werden. Kausalbeziehungen sind freilich in der sozialen Realität schwer zu identifizieren. In gesellschaftl. Prozessen überlagern sich zumeist unterschiedliche Bedingungsfaktoren, weshalb nur in den seltensten Fällen präzise Aussagen über die entscheidende(n) Ursache(n) bestimmter gesellschaftl. Entwicklungen möglich sind. Obwohl die kausale A. somit der Gefahr der unzulässigen Reduktion sozialer Komplexität unterliegt, ist die Suche nach → Kausalität heute die gebräuchlichste Analyseart in der politikwiss. Forschung.

Innerhalb der kausalen A. sind etliche Analysetechniken zu unterscheiden. Deren wichtigste, die multivariate A., ist wiederum ein Oberbegriff für die komplexe, auf mathematisch-statistischen Methoden (z.B. multiple Regression, → Pfadanalyse) basierende Inbeziehungsetzung unterschiedlicher Variablen eines Untersuchungsgegenstandes. Voraussetzung der Mehrvariablenanalyse ist ein Beziehungsmodell, das die Entscheidung über abhängige und unabhängige Variablen trifft. Gemessen werden → Korrelationen. Ziel der multivariaten A. sind also Aussagen über den statistisch deutlich werdenden Erklärungsanteil aller bzw. jeder einzelnen unabhängigen Variablen für die Ausprägung einer abhängigen Variablen. Die Form der Mathematisierung der A. sagt nichts über die Relevanz ihrer Ergebnisse aus. Korrelationen sind keine Kausalitäten. Sie sind um so plausibler, je plausibler das Untersuchungsmodell ist, welches ihnen zugrunde liegt. Von der multivariaten A. unterschieden wird die bivariat angelegte Analyse (→ Regressionsanalyse).

(2) In der Systemanalyse sind eine ganze Reihe von Analysearten zu unterscheiden: (a) Die funktionale A. geht von der Einbettung der Untersuchungsgegenstandes in einen gesellschaftl. Systemzusammenhang aus. Nicht seine formalen Qualitäten sind für die analytische Erfassung entscheidend, sondern sein Stellenwert für das entsprechende System. Er ergibt sich aus der Art und Weise, wie bestimmte Funktionserfordernisse der Selbstregulierung von Systemen erfüllt werden. Formal unterschiedliche Organisationsformen können gleichen Systemfunktionen dienen. (b) Die strukturale A. sieht auf die Struktur eines Systems, die sich als Konstante aus der vergleichenden Beobachtung verschiedener sozialer Einzelphänomene herausarbeiten läßt. Angewandt auf die Untersuchung eines einzelnen Phänomens, wird dessen Bedeutung innerhalb der Gesamtstruktur eines Systems zu bestimmen versucht. (c) Die struktur-funktionale A., wie sie etwa in Anlehnung an die Arbeiten *T. Parsons* entwickelt wurde, ordnet den Strukturbegriff dem Funktionsbegriff vor. Sie fragt nicht einfach nach den Systemfunktionen, in die ein bestimmter Untersuchungsgegenstand eingebettet ist, sondern stellt an ihn die Frage nach seiner Einbindung in die Grundstrukturen von Gesellschaftssystemen, deren Aufrechterhaltung die Systemfunktionen dienen. (d) Die funktional-strukturelle A., mit der Funktionen zur Erreichung von Systemzielen untersucht werden in der Absicht, → Funktionale Äquivalenzen festzustellen, so daß einzelne Funktionen bei der Lösung von Systemproblemen als austauschbar erkannt werden. (e) Die *Input-output*-A. als systematischer Ansatz zur Analyse der Austauschprozesse innerhalb eines Systems und zwischen Umwelt und System, der von *D. Easton* (^{3}1979) auf → Politische Systeme angewandt wurde und Fragen nach den *inputs*, den *supports* des Systems, im Vergleich zu den *outputs* motivierenden *demands*, den Forderungen an das System, zuließ. *Easton* überbetonte das Überleben des Systems (*persistence*) als Systemziel im Verhältnis zu Prozessen polit. Macht und Einflußnahme sowie des Wandels und des Zusammenbruchs von Systemen (→ Systemtheorie).

(3) Vielfältige Formen finden sich ebenfalls bei der Modellanalyse. → Modelle sind Konstruktionen oder vereinfachende Abstraktionen von Ausschnitten sozialer Realität, in denen die Beziehungen zwischen den einzelnen Variablen definitorisch festgelegt sind. Modellanalysen sollen Einsichten gewähren in die möglicherweise analogen Beziehungen (Abhängigkeit, Zusammenwirken, Wandel) von empirisch vorfindbaren Variablen. Wirklichkeitsnähe ist dabei neben Formalisierung und Präzision eine wichtige Anforderung an Modelle, das Verhältnis von empirischer Realität und Abstraktion ist jedoch nach Modellart verschieden. (a) In mathematisch-quantifizierenden Modellen wird mit Hilfe mathematischer Gleichungen empirische Realität beschrieben. (b) In qualitativen Modellen werden in formalisierter Form qualitative Aussagen über Interdependenzen mehrerer Variablen gemacht, wobei hier zwischen theoretischen und empirischen Modellen unterschieden wird. (c) In Simulationsmodellen (→ Simulationen) werden computergestützt empirische Sachverhalte (→ Daten) durchgerechnet mit dem Ziel, Prognosen abzugeben.

Theoretische Modelle sind eher reine Modelle, die in ihrer Reinheit in der empirischen Realität nicht nachweisbar, aber heuristisch sehr fruchtbar sind. Häufig werden die möglichen Beziehungen zwischen den Variablen in alternativen Modellen beschrieben und in den Analysen der Wirklichkeit deren Nähe zu den verschiedenen Modellen in Erfahrung gebracht; so erfolgte etwa die Unterscheidung in ein dezisionistisches, technokratisches und pragmatisches Modell zur Kennzeichnung von Entscheidungsmustern im Prozeß der → Politikberatung. Im Ggs. dazu dient das → Zentrum-Peripherie-Modell als eher empirisches Modell zur Erfassung der Abhängigkeitsstrukturen in der gegenwärtigen Weltgesellschaft – global, regional und innerstaatl. –, auch wenn es auf – nach Forschungsrichtung unterschiedlichen – theoretischen Grundannahmen fußte, welche empirische Daten auswählen und in eine bestimmte Interpretationsperspektive rücken. Theoretische und empirische Modellanalysen dienen der Erkenntnis von Realität.

Weitere Differenzierungen liegen in der ausgewählten Untersuchungseinheit: Ist diese klein (Interaktion von Kleingruppen) und die A. qualitativ individualisierend orientiert, spricht man von Mikroanalyse; ist sie groß (der Staat, Interaktion von Nationen) und die A. quantitativ und aggregierend angelegt, so spricht man von Makroanalyse (→ Mikro-Makro-Analyse).

(4) Die teleologische A. fragt nach dem Handlungszweck, nach Ziel und Mittel. Sie begreift sich methodisch als in der aristotelischen Tradition einer praktischen oder poetischen Wiss. stehend und ist stark verknüpft mit dem normativ-ontologischen Theoriebegriff (→ Normative Theorien).

(5) Die phänomenologische A. geht von der erfahrbaren Lebenssituation aus. Das Gegebene soll zu Wort kommen, sein Wesen entschlüsselt werden. Es wird nach Bewußtseinsinhalten, Eindrücken, subjektiven Gefühlen gefragt und in Anschauungen von den puren Phänomenen werden die Strukturen der Lebenswelt mitzuteilen versucht (→ Phänomenologie).

3. Auf einer zweiten Ebene können den genannten Analysearten unterschiedliche Analysetechniken zugeordnet werden: so etwa (a) die vergleichende A., angewandt in zwei Vergleichsrichtungen: Die diachrone A. arbeitet im historischen Längsschnitt. Der Untersuchungsgegenstand wird in seiner historischen Bedingtheit erfaßt und in seiner Bedeutung vor dem historischen Hintergrund relativiert. Die synchrone A. betrachtet den Untersuchungsgegenstand im Querschnitt. Im Gegensatz zur diachronen A. ist weniger der Kontrast interessant, den die vergangene Entwicklung eines Untersuchungsgegenstandes im Vergleich zu seinem heutigen Zustand markiert, als die Gegenüberstellung der vielfältigen unterschiedlichen zeitgenössischen Ausprägungen des Untersuchungsgegenstandes (→ Vergleichende Methode). (b) Die → Fallanalyse; (c) die Analyse abweichender Fälle (engl. → *deviant case analysis*), ebenfalls eine Fallanalyse, nämlich eines abweichenden Falles zum Zwecke: entweder der Kontrastierung bestimmter Regelmäßigkeiten des Untersuchungsgegenstandes mit den Merkmalen eines Sonderfalls; oder der Erforschung der Faktoren, welche die Abweichung vom Erklärungsmuster, das für die große Mehrzahl oder alle anderen untersuchten Fälle zutrifft, erklären können; innerhalb der statischen Methode der Verbesserung der Forschungstechniken, etwa der Meßoperationen. In der Politikwiss. hat sich die Analyse abweichender Fälle v. a. deshalb als ergiebig erwiesen, weil in der Suche nach den Gründen der Abweichung zusätzliche Variablen entdeckt werden, was zur Verfeinerung der urspr. Hypothesen führen kann. Spezielle Analysetypen stellen schließlich noch die (d) → Inhaltsanalyse und die (e) Kontextanalyse dar. Bei letzterer geht es um die Berücksichtigung zum einen des situativen und wertspezifischen → Kontextes des Erforschten, in welchem die ermittelten empirischen Daten zustande gekommen sind, und zum anderen um den perspektivischen Kontext des Forschenden, d. h. die Wertprämissen, → Erkenntnisinteressen und Theorieannahmen, die ihn bei der Forschungsarbeit leiten.

Lit.: *Easton, D.* ³1979: A Systems Analysis of Political Life, NY/Chic. *Gottman, J.* (Hrsg.) 1980: Centre and Periphery: Spatial Variations in Politics, Beverly Hills/L. *Kromphardt, J./Clever, P./Klippert, H.* 1979: Methoden der Wirtschafts und Sozialwissenschaften, Wsb. *Lakatos, I.* 1979: Beweise und Widerlegungen. Die Logik mathematischer Entdeckungen, Braunschweig. *Mainzer, K.* 1980: Analyse, in: *Mittelstraß, J.* (Hrsg.) 1980: Enzyklopädie Philosophie und Wissenschaftstheorie, Bd. 1, Mhm., 100–102. *Patzig, G.* 1970: Sprache und Logik, Gött. *Schleichert, H.* (Hrsg.) 1975: Logischer Empirismus, Mchn. *Stegmüller, W.* ²1983: Probleme und Resultate der Wissenschaftstheorie und Analytischen Philosophie, Bd. 1, Bln. u. a. *Waisman, F.* ²1973: Was ist logische Analyse?, hrsg. von *Reitzig, G. H.*, Ffm.

Dieter Nohlen

Anarchie (griech.), axiologisch mehrdeutig verwandter Begriff aus der →

Staatsformenlehre für Herrschaftslosigkeit (→ Herrschaft), Gesetzlosigkeit.

Positiv besetzt besagt A. herrschaftsfreie Ordnung, ein Zustand der Gesellschaft, den der → Anarchismus zu verwirklichen erstrebt, negativ besetzt Gesetzlosigkeit, Chaos, Unordnung. A. wird verwandt zur Beschreibung von Verhältnissen, in denen es innergesellschaftl. oder im System der → Internationalen Beziehungen an allg. akzeptierten Normen und Institutionen fehlt, die ein geregeltes Zusammenleben ermöglichen (sollen).

Rainer-Olaf Schultze

Anarchismus, eine soziale Bewegung, deren Grundgedanken anhand von drei immanenten Kriterien beschrieben werden können: Antistaatlichkeit, Ideologiekritik und herrschaftsfreie Gesellschaft.

(1) Anarchisten lehnen jede Form menschlicher Organisation ab, mit deren Hilfe ideologischer, polit., ökonom. oder gesellschaftl. Zwang ausgeübt wird. Sie streben vielmehr die freiwillige Assoziation der mündigen, emanzipierten Menschen an. Der A. ist konsequent antiinstitutionell, insoweit Institutionen Instrumente der Herrschaftsausübung sind, d. h. er ist antistaatl., antibürokratisch, antiparlamentarisch, antiparteilich, antiverbandlich, antikirchlich. (2) Ideologien sind im anarchistischen Verständnis Ausdruck bestehender und in Institutionen geronnener Herrschaftsverhältnisse (→ Herrschaft); sie dienen zu deren Stabilisierung. Ähnlich wie im → Marxismus und bei anderen Positionen der *Hegelschen* Linken beginnt im A. die Kritik der Gegenwart mit der Ideologiekritik. Sie wird dabei bis zur letzten Konsequenz fortgesetzt, nämlich bis zur Ablehnung auch jeder Theorie. (3) Das Ziel des A. ist die herrschaftsfreie Gesellschaft, eben die Anarchie, in der an die Stelle der Herrschaft von Menschen über Menschen die Verwaltung von Sachen tritt. Diese künftige Gesellschaft ist nicht «chaotisch», sondern nach dem Prinzip des → Föderalismus organisiert. Die Kommune ist die kleinste Einheit des Wohnens, das Syndikat die Basis der Produktion, Distribution und Dienstleistung. In autonomen, von unten nach oben strukturierten Assoziationen sollen, soweit es möglich ist, alle Entscheidungen getroffen und vollzogen und nur soweit funktional notwendig auf den verschiedenen Stufen der Föderation koordiniert werden. Als Organisationsmodell stellt A. also eine Föderation von Föderationen weitgehend autonomer Basiseinheiten dar.

Typologisierend können verschiedene Typen des A. unterschieden werden. So können Agrar- und Handwerkeranarchismus als zwei Arten des «klassischen» oder «älteren» A. begriffen werden, nämlich als soziale Protestbewegungen an der Schwelle vom Feudalismus zum → Kapitalismus. Hauptursache jenes sich im A. artikulierenden Konfliktes war das Nebeneinander und Überschneiden feudaler und kapitalistischer Strukturen. Von diesen älteren Formen des A. ist der moderne, städtisch-proletarisch-industrielle zu unterscheiden, der seinen deutlichsten Ausdruck im Syndikalismus gefunden hat.

→ Gewaltenteilung; Macht; Räte; Soziale Bewegungen.

Lit.: *Carter, A.* 1988: Die politische Theorie des Anarchismus, Bln. *Degen, H. J.* (Hrsg.) 1993 ff.: Lexikon der Anarchie, Bösdorf. *Lösche, P.* ²1987: Anarchismus, Darmst. *Marshall, P.* 1992: Demanding the Impossible: A History of Anarchism, L. *Stowasser, H.* 1995: Freiheit pur, Ffm.

Peter Lösche

Ancien régime, (frz. für «alte Regierungsform»), Bezeichnung speziell für das bourbonische absolutistische Frankreich bis 1789, generell für alle vorrevolutionären monarchischen Systeme Europas seit der Renaissance, übertragen auf die polit. und gesellschaftlich-wirtschaftl. Verhältnisse des ausgehenden 16., 17. und 18. Jh. oder sogar der vorrevolutionären Epoche insgesamt.

Als Kernmerkmale gelten die gesellschaftl. und polit. Privilegierung des Adels, die ständische Ordnung der Gesellschaft insges., die weitgehende Identität sozialer und polit. Herrschaft und die große Bedeutung informeller Macht, z. B. in Gestalt von Patronage und Klientel.

→ Absolutismus; Monarchie; Regime.

Lit.: *Tocqueville, A. de* 1989: Der alte Staat und die Revolution, Mchn. (frz. 1856).

Wolfgang Weber

Anciennität (aus frz. *ancienneté* = Dienstalter), bezeichnet – im Ggs. zum Leistungsprinzip – den allg. Grundsatz der Verteilung von Führungspositionen und des Aufstiegs in einer Organisation nach Dienstalter, also Zugehörigkeitsdauer.

Als Vorteil des Anciennitätsprinzips wird gesehen, daß organisationsinterne Erfahrung zum Tragen kommt und Konflikte bei der Personalauswahl wegen der Automatik des Kriteriums minimiert werden. Als Nachteil gilt v. a. die Nichtberücksichtigung vorhandener Leistungspotenziale. Auf der polit. Bühne, bes. im → Parlament, ist A. ausgeprägt als → Senioritätsprinzip.

Suzanne S. Schüttemeyer

Anerkennung, auf zwischenstaatl. Ebene ein völkerrechtlicher Hoheitsakt, der v. a. die A. von Staaten, Regierungen, geänderten Territorialgrenzen bzw. kriegführenden Gruppierungen (z. B. Aufstands- oder Befreiungsbewegungen) betrifft und i. d. R. zur regulären Aufnahme von diplomatischen Beziehungen zwischen Staaten führt; auf gesellschaftl. Ebene ist A. im polit.-philosophischen → Diskurs über den → Multikulturalismus verbunden mit dem Begriff der individuellen und kollektiven → Identität, ihrer Wahrnehmung und Gewährleistung (→ Anerkennungspolitik).
Die völkerrechtl. A. gilt als Voraussetzung für die Aufnahme von Staaten in → Internationale Organisationen. A. kann sowohl ausdrücklich erklärt werden als auch stillschweigend erfolgen, sie kann *de facto*, d. h. provisorisch und widerrufbar, oder *de jure*, d. h. dauerhaft und verbindlich, wirksam sein.

Umstritten ist die rechtliche Natur der Anerkennung. Nach der konstitutiven Lehre entsteht ein → Staat erst mit der A. durch andere Staaten; die neuere, deklaratorische Lehre geht davon aus, daß bei Vorliegen aller Elemente des völkerrechtlichen Staatsbegriffs (Staatsvolk, Staatsgebiet, Staatsgewalt) ein Staat auch unabhängig von der A. durch andere als Völkerrechtssubjekt gilt. Die Frage der A. ist damit für die Existenz oder Nicht-Existenz eines Staates unerheblich, sie stellt nur eine völkerrechtliche Willenserklärung dar, die geregelte bilaterale Beziehungen konstituiert; sie dient daher v. a. als polit. Instrument, da mit der offiziellen A. oftmals Bedingungen verbunden werden.

→ Internationale Beziehungen; Internationales Recht; Souveränität.

Lit.: *Hille, S.* 1996: Völkerrechtliche Probleme der Staatenanerkennung bei ehemaligen jugoslawischen Teilrepubliken, Mchn. *Lauterpacht, H.* 1947: Recognition in International Law, Camb. *Menon, P. K.* 1994: The Law of Recognition in International Law: Basic Principles, Lewiston. *Talmon, S.* 1997: Recognition of Governments in International Law, Ox.

Ulrich Schneckener

Anerkennungspolitik, ein im → Multikulturalismus verankertes Politikprogramm, das neben der Betonung des Rechts auf gleichen Respekt gegenüber allen identitätsbildenden Lebensformen der Menschen und der Forderung nach Ebenbürtigkeit der → Kulturen das Besondere kultureller Lebensformen und Traditionen anerkennen und fördern will.

A. geht von der These aus, «unsere → Identität werde teilweise von der Anerkennung oder Nicht-Anerkennung, oft auch der Verkennung durch die anderen geprägt, so daß ein Mensch oder eine Gruppe von Menschen wirklichen Schaden nehmen, eine wirkliche Deformation erleiden kann, wenn die Umgebung oder die Gesellschaft ein einschränkendes, herabwürdigendes oder verächtliches Bild ihrer selbst zurückspiegelt. Nichtanerkennung oder Verkennung kann Leiden verursachen, kann eine Form von Unterdrükkung sein, kann den anderen in ein falsches, deformiertes Dasein einschließen» (*Taylor* 1997: 13 f.). *C. Taylor* unterscheidet zwei Arten von → Liberalismus: den Liberalismus 1, den er als gleichmachenden Universalismus subjektiver Rechte, unabhängig von Geschlecht, Rasse oder Ethnie versteht, und den Liberalismus 2, der die Berücksichtigung bzw. Anerkennung der kulturellen Differenzen und der Besonderheit fordert. Beide Konzeptionen sieht er in Konkurrenz zueinander stehend, so daß über den Vorrang des einen gegenüber dem anderen zu entscheiden ist, in der A. für Liberalismus 2 optiert wird. Diese Gedanken sind auf viel Kritik gestoßen. *J. Habermas* (1997: 150) sieht die liberalen Grundsätze selbst angegriffen und den individualistischen Kern des modernen Freiheitsverständnisses in Frage gestellt. Bestritten wird, daß der Universalismus der Grundrechte die Unterschiede einebne, als würde im liberalen Rechtsstaat nicht Gleiches gleich und Ungleiches ungleich behandelt. Kritisch wird ebenfalls vermerkt, daß die A. sich nicht auf die Anerkennung bestehender Differenzen beschränkt, sondern eine Politik der Differenz verfolge, die unverwechselbare Identität eines Individuums oder einer Gruppe politisiert werde. Die A. «fabriziert und vervielfältigt die Differenzen, indem sie diese in die Köpfe bringt und potentielle Gruppeneinheiten in wirkliche verwandelt, sie isoliert und in sich zurückziehen läßt. Auf diese Weise betreibt sie den Ruin der pluralistischen Gesellschaft» (*G. Sartori* 2001: 89).

Lit.: *Gutmann, A.* (Hrsg.) 1994: Multiculturalism. Examining the Politics of Recognition, Princeton. *Habermas, J.* 1997: Anerkennungskämpfe im demokratischen Rechtsstaat, in: *Taylor, C.* (u. a.) 148–196. *Honneth, A.* 1992: Kampf um Anerkennung, Ffm. *Kymlicka, W.* 1999: Multikulturalismus und Demokratie, Bln. *Sartori, G.* 2001: La sociedad multiétnica. Pluralismo, multiculturalismo y extranjería, Madrid. *Taylor, C.* (u. a.) 1997: Multikulturalismus und die Politik der Anerkennung, Ffm. (engl. 1992).

Dieter Nohlen

Anfrage → Interpellation

Angebotsorientierte Wirtschaftspolitik (engl. *supply-side-economics*), richtet im Ggs. zur → Nachfrageorientierten Wirtschaftspolitik das Hauptaugenmerk wirtschaftspolit. Beeinflussung auf die Angebotsseite in einer → Marktwirtschaft.

Die Verfechter der a. W. neigen zu einer optimistischen Einschätzung der inhärenten Stabilität einer marktwirtschaftl. Ordnung. Sie fordern v. a. günstigere Rahmenbedingungen (→ Ordnungspolitik) für die Wirtschaft, die Reduzierung von administrativen Eingriffen und steuerlichen Belastungen, größere Mobilität der Arbeitskräfte und leistungsorientierte Differenzierung der Vergütungen. Davon versprechen sie sich eine größere wirtschaftl. Dynamik und verbunden damit auch einen Abbau der strukturellen → Arbeitslosigkeit. Während der Amtszeit von *R. Reagan* und *M. Thatcher* avancierte die a. W. in den USA bzw. in GB zur offiziellen Regierungspolitik (Reagonomics; Thatcherismus).

→ Neo-Klassik/Neo-klassische Theorie; Neue Politische Ökonomie; Wirtschaftspolitik.

Lit.: → Konjunktur/Konjunkturpolitik; Neo-Klassik/Neo-klassische Theorie.

Uwe Andersen

Angst, Grundkonstante menschlichen Verhaltens. Die Real-Angst ist eine Reaktion auf erkannte (lebensbedrohliche) Gefahren, denen man angemessen durch Angriff, Verteidigung oder

Flucht begegnen kann. Neben dieser unmittelbaren Angstreaktion gibt es die gesellschaftlich bedingten mittelbaren Gefahrenquellen und damit verbunden kollektive sowie individuelle Ängste.

Durch Hexen- und Aberglauben, Androhung harter Strafen bei Zuwiderhandlung gegen bestehende Macht- und Herrschaftsordnungen, den Entzug sinnstiftender Wertesysteme oder die Gefährdung der materiellen Existenz durch Kriege oder auch Arbeitslosigkeit wurden und werden Gefahrensituationen geschaffen, auf welche die Menschen mit kollektiven und individuellen Ängsten reagieren. Gesellschaftl. Gefahren und Bedrohungen sind allerdings nicht immer klar erkennbar und hinterlassen dann nur diffuse Angstgefühle. Wenn die Gefahrenursachen nicht aktiv bearbeitet und beseitigt werden können, ist die Wahrscheinlichkeit hoch, daß irrationales Verhalten die Reaktion ist: kollektive → Aggressionen und Wut, Suche nach Sündenböcken, von Emotionen geleitete Politik.

→ Abweichendes Verhalten; Entfremdung.

Lit.: *Anselm, S.* 1979: Angst und Solidarität, Mchn. *Ditfurth, H. v.* (Hrsg.) 1965: Aspekte der Angst, Mchn. *Gruen, E.* 1997: Angst und Gesellschaft, Ffm. *Horn, K./Rittberger, V.* (Hrsg.) 1987: Mit Kriegsgefahren leben, Opl.

Ulrike C. Wasmuth

Anhörung → Hearing

Anokratie, in der → Transitionsforschung verwendeter Begriff zur Bezeichnung eines Mischtyps widersprüchlicher polit. Systemelemente, der dem → Typus des → Autoritären Regimes nicht mehr und jenem der → Demokratie noch nicht entspricht.

Zur Bezeichnung des → Politischen Systems eines Landes angewandt, gibt der Begriff den momentanen, möglicherweise raschem Wandel unterworfenen Stand im Transitionsprozeß an. Festgemacht wird die Bewertung an verschiedenen Indikatoren für Demokratie (→ Institutionen, Gewährleistung der → Menschenrechte, → Politische Kultur etc.). Evolutionstheoretisch befinden sich A. auf dem Wege zur Demokratie. Doch ist keineswegs ausgemacht, ob das Resultat des Transitionsprozesses die westl. Form der Demokratie ist.

Dieter Nohlen

Anomie (aus griech. *anomía* = Gesetzlosigkeit), gesellschaftl. Zustand der Normen- und Orientierungslosigkeit, der sich auf das Verhalten der einzelnen Menschen negativ auswirkt.

E. Durkheim (1897) hat als erster erkannt, daß ganz persönliche Entscheidungen, wie der Selbstmord, gesamtgesellschaftl. Hintergründe und Ursachen haben. Anomische Persönlichkeiten reagieren mit → Abweichendem Verhalten auf generelle soziale Orientierungsprobleme und Veränderungen. Es gibt also den gesamtgesellschaftl. verobjektivierbaren Zustand der A., der v. a. in → Übergangsgesellschaften zu beobachten ist (etwa auch im Übergang vom → Real existierenden Sozialismus zur → Marktwirtschaft in Ost-Mittel- und Osteuropa nach 1989), und die individuell anomische Situation eines Menschen, der aus seinem gewohnten sozialen Umfeld gerissen wird (Scheidung, berufliche Veränderung, Krankheit). Gesellschaftl. A. ist eng verbunden mit der Entstehung kollektiver Ängste und irrationaler Volksbewegungen und Politik sowie individuell abweichendem Verhalten. Gesamtgesellschaftl. A. treten folglich insbes. zu Zeiten tiefgreifenden → Sozialen Wandels auf. Es wäre jedoch zu fragen, ob nur Prozesse beschleunigten sozialen Wandels anomische Zustände erzeugen können. Zahlreiche Diktaturen unseres Jahrhunderts liefern Beispiele dafür, daß auch der Wille nach polit. Machtkonzentration häufig mit dem Versuch einhergeht, die Menschen ihres moralischen Rückhalts zu berauben und ohne normative Stützen zu lassen. Generell scheint, wie *P. Waldmann* am Beispiel Lateinamerikas nachwies, der Staat in Entwicklungsregionen häufig eher eine Quelle der Regelunsicherheit und Desorientierung als der Garant der öff. Sicherheit und Ordnung zu sein.

→ Angst; Entfremdung.

Lit.: *Durkheim, E.* 1977: Über die Teilung der sozialen Arbeit, Ffm. (frz. 1893). *Durkheim, E.* 1997: Der Selbstmord, Ffm. (frz. 1897). *Maaz, H.-J.* 1990: Der Gefühlsstau. Ein Psychogramm der DDR, Bln. *Merton, R. K.* 1968: Social Theory and Social Structure, NY (engl. 1949). *Waldmann, P.* 2002: Der anomische Staat, Opl.

Ulrike C. Wasmuth/Peter Waldmann

ANOVA → Varianzanalyse

Anreize (engl. *incentives*), Begriff der behavioristischen Lerntheorie und der Wirtschaftswissenschaften, bezeichnet Belohnungen (oder Strafen) materieller wie nicht-materieller Art, durch die beim einzelnen (nicht) erwünschte Verhaltensweisen hervorgerufen (verhindert) werden sollen.

In der Wirtschaftswiss. versteht man unter einem Anreizmechanismus ein System von Regeln für eine Gruppe, das so ausgestaltet ist, daß bestimmte kollektive Ziele erreicht werden, wenn die Individuen sich rational verhalten. In der Politik dienen A. auch als staatl. Steuerungsmittel. Beispiele für Anreizmechanismen sind leistungsbezogene Einkommen, Steuervergünstigungen und → Subventionen oder Lenkungssteuern in der → Umweltpolitik. Zu den Problemen der → Politischen Steuerung durch A. gehören Mitnahmeeffekte, also etwa die Inanspruchnahme von Steuervergünstigungen, ohne die damit von der Politik verbundenen Erwartungen tatsächlich und/oder dauerhaft zu erfüllen.

Lit.: → Spieltheorie.

Katharina Holzinger

Ansatz (engl. *approach*), Terminus, der zur Kennzeichnung einer spezifischen wiss. Herangehensweise an den Forschungsgegenstand verwandt wird, die in einem System von Regeln besteht, welches aufeinander abgestimmte Elemente aus Theorie, Methode und Forschungstechnik miteinander kombiniert.

In der politikwiss. Literatur wird der sehr geläufige Begriff A. oft mehrdeutig und vage verwandt. Er wird manchmal mit → Theorie, manchmal mit → Methode gleichgesetzt; bei einigen Autoren wird er zwischen Theorie und Methode angesiedelt, bei anderen zwischen Methode und → Forschungstechnik. Auch finden sich Wortverbindungen wie Theorieansatz oder Methodenansatz. Der diffuse Sprachgebrauch läßt den Terminus immer adäquat erscheinen, leistet jedoch einer begrifflichen Verwirrung Vorschub. A. drückt jedoch sehr wohl etwas Spezifisches aus, das weder mit Theorie oder Methode synonym noch auf einer eigenen Ebene zwischen einer vertikal-hierarchisch gedachten Anordnung von Theorie, Methode und Forschungstechnik zu verorten ist. Da der Terminus i. d. R. Elemente der drei Ebenen kombiniert, besetzt er einen eigenen Raum neben bzw. längs der Achse Theorie-Methode-Forschungstechnik. Die nachfolgenden drei Beispiele machen diesen Sachverhalt deutlich:

(1) In der empirischen Erforschung des → Wählerverhaltens stehen sich zwei A. paradigmatisch gegenüber, der soziologische und der sozialpsychologische bzw. der Bezugsgruppenansatz und der Identifikationsansatz: (a) theoretisch: sozial-strukturelle Determiniertheit vs. Parteiidentifikation und polit. Rationalität (expressive vs. instrumentelle Theorien des Wählens), (b/c) methodisch/forschungstechnisch: deskriptive Statistik/Aggregatdaten/, qualitative Information vs. schließende Statistik/Individualdaten/quantitative Information (→ Wahlforschung). (2) Der historisch-genetische A. gründet sich auf: (a) theoretisch: die Erklärung der Erscheinungen aus dem historischen Entstehungszusammenhang und ihrer Entwicklung; (b) methodisch: das historisch hermeneutische Vorgehen; (c) forschungstechnisch: die innere und äußere Quellenkritik. (3) Ein weniger stringenter Gebrauch liegt beim → *area approach* vor: (a) theore-

tisch: die begrenzte Reichweite wiss. Aussagen (für eine soziokulturell definierte *area*); (b) methodisch: die vergleichende Methode unter der Annahme relativer Homogenität der Kontextvariablen; (c) die Forschungstechniken sind offen, da die vergleichende Methode nicht auf bestimmte standardisierte Verfahren festgelegt ist.

Dieter Nohlen/Rainer-Olaf Schultze

Antizyklische Wirtschaftspolitik (auch Stabilisierungpolitik), bezeichnet wirtschaftspolit. Aktivitäten des Staates zur Beseitigung oder Verhinderung der Schwankungen des Konjunkturzyklus. A. W. umfaßt eine → Fiskal- und → Geldpolitik, die die → Konjunktur in Phasen der Rezession durch expansiv wirkende Instrumente stimulieren und in der Aufschwungphase durch restriktive Maßnahmen drosseln soll.

Die A. W. stützte sich v. a. auf die Beschäftigungstheorie von *J. M. Keynes*. Sie wurde in Frage gestellt durch die These des → Monetarismus, daß sie durch die verzögerte Wirkung ihrer Maßnahmen und durch Täuschung der Wirtschaftssubjekte selbst Konjunkturschwankungen erzeuge. Expansive Fiskalpolitik sei unwirksam, weil sie priv. Ausgaben verdränge (→ *Crowding-out*-Effekt); Geldpolitik wirke nur, wenn sie nicht erwartet werde.

→ Keynesianismus; Nachfrageorientierte Wirtschaftspolitik; Wirtschaftspolitik.

Lit.: *Klatt, S.* 1989: Einführung in die Mikroökonomik, Mchn. *Streit, M. E.* 1991: Theorie der Wirtschaftspolitik, Düss. *Teichmann, U.* 1993: Wirtschaftspolitik, Mchn.

Katharina Holzinger

Anwaltsplanung → Advocacy planning

Apartheid, Bezeichnung für die Politik der Rassentrennung (engl. *apart* = getrennt, Afrikaans *heid* = sein) und Rassendiskriminierung in der Republik Südafrika, die (offiziell) von 1948 bis 1992 praktiziert wurde. Sie hatte die Aufrechterhaltung der Dominanz der weißen Bevölkerungsminderheit gegenüber der schwarzen Bevölkerungsmehrheit zum Ziel.

Zu unterscheiden waren die kleine oder *petty* A.: soziale Trennung der Rassengruppen, Schaffung getrennter öff. Einrichtungen auf allen Ebenen, und die große oder territoriale A.: räumliche Trennung durch Schaffung separater Siedlungsgebiete auf dem Land (*homelands*: Stammesgebiete) und getrennter städtischer Wohngebiete (*townships*) im weiß dominierten Südafrika. Polit. Rechte besaßen die Schwarzen nur in den *homelands*; Mischlinge und Asiaten verfügten über abgestufte Bürgerrechte. 1991 begann der Verhandlungsprozeß zwischen der Nationalen Partei der weißen Minderheit und der schwarzen Widerstandsbewegung des *African National Congress* (ANC) bzw. der Erosionsprozeß des Apartheid-Regimes, der 1994 zur Verabschiedung einer Verfassung mit gleichen Bürgerrechten für alle Südafrikaner führte.

→ Rassismus.

Dieter Nohlen

Apathie (von griech. *apátheia*), [1] allg. Teilnahmslosigkeit, Gleichgültigkeit eines Menschen, der, i. d. R. krankhaft bedingt, seiner Umwelt, seinen Mitmenschen oder sich selbst gegenüber keinerlei oder nur wenig Interesse, Emotionen oder Gefühle äußert; [2] in der polit. Soziologie Fachterminus für Indifferenz gegenüber den polit. und sozialen Institutionen der Gesellschaft, für Desinteresse an → Politischer Willensbildung.

Polit. A. wird demokratietheoretisch widersprüchlich bewertet. Für die normative, partizipatorische → Demokratietheorie gilt Interessenlosigkeit an polit. Vorgängen als Ausdruck fehlender demokratischer → Politischer Kultur in der Bev., als Indiz für die ausschließliche *Output*-Orientierung des → Politischen Systems und als Alarmzeichen für die Stabilität der Demokratie. Für die Vertreter der elitären, partizipationsskeptischen (realistischen) Demokratietheorie bildet polit. A. hingegen eine der Stabilitätsbedingungen für Demokratien, da sie die Stabilität demokratischer Herrschaft eher durch ein Übermaß an polit. → Mobilisierung und → Partizipation als durch zu geringe Beteiligung gefährdet sehen.

Lit.: → Partizipation.

Rainer-Olaf Schultze

APO → Außerparlamentarische Opposition

Apparatpartei, in der Parteienlehre Begriff für eine → Partei, deren Hauptmerkmal im effizient arbeitenden Parteiapparat liegt. Empirisch ist dieser Typus v. a. in den USA und Kanada ausfindig gemacht worden. Von der Partei als Wahlkampfmaschinerie sei hier der Schritt zur Verfestigung von Parteistrukturen in Form von Parteiapparaten gelungen.

→ Innerparteiliche Demokratie; Parteiensystem; Parteitypen.

Lit.: *Naßmacher, H.* 1992: Parteien in Nordamerika: Apparatparteien «neuen Typs»?, in: ZParl 23, 110–130. → Partei; Parteiensystem.

Petra Bendel

Appeasement (engl. für Beschwichtigung), Charakterisierung der brit. → Außenpolitik gegenüber D zwischen den beiden Weltkriegen. Diese setzte auf eine polit. Verständigung mit dem besiegten D und erhoffte sich davon die Stabilisierung friedlicher Verhältnisse in Europa. Ihren Höhepunkt erreichte die Appeasement-Politik mit der Reaktion Londons auf die expansive Gewaltpolitik *Hitlers*.

So nahm die brit. Regierung nicht nur die dt. Aufrüstung oder den Einmarsch in das entmilitarisierte Rheinland hin, sondern Premierminister *Chamberlain* akzeptierte auch den Einmarsch in Österreich und beteiligte sich am Münchener Abkommen vom Oktober 1938, mit dem D, Italien, Frankreich und GB die Aufteilung der Tschechoslowakei besiegelten. Der Begriff der *A.*-Politik wird seither kritisch verwandt für jedwede gescheiterte Beschwichtigungspolitik gegenüber totalitären → Diktaturen, deren Ziel nicht Frieden, sondern Machtausdehnung ist und die *a.* folglich als Schwäche des Gegners auslegen.

Dieter Wolf

Approach → Ansatz; Forschungsansatz

Äquivalenzprinzip, Grundsatz, wonach in Vertragsbeziehungen Leistungen und Gegenleistungen einander zu entsprechen haben. Inhaltliche Bestimmungen des Ä. kommen v. a. bei Privat- und Sozialversicherungen zur Geltung. Dabei wird das Ä. so gedeutet, daß Leistungsansprüche und Beiträge einander nicht absolut entsprechen.

So wird das Ä. bei Privatversicherungen bezogen auf das Verhältnis zwischen den Beiträgen des einzelnen Versicherten und dem jeweiligen Schadensrisiko, das sich wiederum aus der Schadensstatistik einer bestimmten («repräsentativen») Versichertengruppe ergibt – z. B. Altersjahrgänge in einer Krankenversicherung. In der Rentenversicherung bezieht sich das Ä. darauf, daß die an das Einkommen gekoppelte Beitragsleistung einen Anspruch darauf begründet, eine Rente zu beziehen, die in einem bestimmten Verhältnis zu dem gegen Ende des Berufslebens erzielten Einkommen steht (Prinzip der Statuserhaltung).

→ Sozialpolitik; Sozialstaat.

Bernhard Thibaut

Arbeit, Tätigkeit, die im weitesten Sinn auf die Herstellung von → Gütern und → Dienstleistungen ausgerichtet ist.

1. Geschichtlich dominierte lange eine Begriffsverwendung, die A. als dem Menschen auferlegte Mühsal deutete. Im Altertum und bis weit in die Frühe Neuzeit war der Begriff Tätigkeiten der niederen Schichten (Sklaven, abhängige Bauern, Handwerker) vorbehalten. Bei Mitgliedern der Führungsschicht war A. verpönt; sie gingen «edlen» (musischen oder kriegerischen) Beschäftigungen nach. Ein positiv-aktivistisches Verständnis von A. als eine den Arbeitenden mit Befriedigung erfüllende, in sich wertvolle Tätigkeit machte sich seit der Reformation (A. als Berufung und Gottesdienst) und der → Aufklärung breit, wenngleich das Spannungsfeld zwischen «auferlegter» und «erfüllender» A. in der weiteren Begriffsentwicklung erhalten blieb. Im Gefolge der → Industriellen Revolution gewann der Begriff starke sozialtheoretische und polit. Konnotationen, insoweit A. (gleichberechtigt neben Eigentum oder in revolutionärer Absicht an dessen Stelle) zur Grundlage legitimer Teilhabeansprüche erhoben wurde.

2. In den modernen Industriegesellschaften stehen lohn- oder einkommensbezogene produktive Tätigkeiten im Mittelpunkt des Begriffsverständnisses. Qua Unentgeltlichkeit wird der reproduktiven A. im Haushalt und bei der Kindererziehung in mehreren Hinsichten (Prestige, soziale Sicherheit) eine vergleichsweise geringe Anerkennung zuteil. In vielen Industrieländern (und in noch höherem Maß in zahlreichen Entwicklungsländern) stellt der Mangel an A. i. S. einkommensbezogener Beschäftigungsmöglichkeiten (→ Arbeitslosigkeit) ein zentrales polit. Problem dar, weil in der Arbeitsgesellschaft das Verfügen oder Nicht-Verfügen über eine Arbeitsstelle sowie die Art der ausgeübten Erwerbstätigkeit in hohem Maß Lebenschancen und sozialen Status des einzelnen bestimmen. Neben der klassischen Strategie, diesen Mangel durch beschäftigungsintensiven ökon. → Fortschritt abzubauen, werden Lösungen auch in einer Umdeutung des Arbeitsbegriffs gesucht, die materielle Entlohnung und gesellschaftl. Anerkennung nicht mehr an klassische erwerbsbezogene Tätigkeiten koppelt. Es bleibt jedoch paradox, daß die beklagte Knappheit der A. als Mittel der Existenzsicherung und Daseinserfüllung nicht zuletzt aus dem Streben der Menschen resultiert, sich durch rationale Planung und mit Hilfe technischer Mittel von den Mühen der A. zu entlasten.

→ Arbeitsmarktpolitik; Bürgertum; Eigentum; Kapitalismus; Tausch.

Lit.: *Conze, W.* 1972: Arbeit, in: *Brunner, O.* u. a. (Hrsg.): Geschichtliche Grundbegriffe, Bd. 1, Stg., 154–214. *Hoffmann, H./Weizsäcker, E. U. von* (Hrsg.) 1994: Arbeit ohne Sinn? Sinn ohne Arbeit?, Weinheim. *Lachmann, W.* (Hrsg.) 1995: Die Arbeitsgesellschaft in der Krise, Münster. *Offe, C.* 1994: Arbeitsgesellschaft, Ffm.

Bernhard Thibaut

Arbeiteraristokratie, historisch die Herausbildung einer Arbeiterelite in den sich industrialisierenden Ländern Westeuropas und Nordamerikas seit der Mitte des 19. Jahrhunderts.

Entspr. ist diese Kategorie von *Karl Marx* im ersten Band des «Kapital» für den «bestbezahlten Teil der Arbeiterklasse» verwandt worden. Bei *V. I. Lenin* wird A. zu einem Kampfbegriff, der sich gegen die westeurop. und nordamerikan. Gewerkschafts- und (sozialdemokratischen) Parteiführer richtet und im Zusammenhang seiner → Imperialismustheorie zu sehen ist. Danach ist die A. der Nutznießer kolonialer Ausbeutung und wird so zum sozialen Träger des «Arbeiterverrats» (u. a. am 4. August 1914).

Analytisch kann A. als interne → Differenzierung der → Arbeiterklasse angesehen werden, zu der hochqualifizierte Facharbeiter mit überdurchschnittlich hohen Einkommen zählen, die in den Organisationen der → Arbeiterbewegung (mittlere) Führungspositionen übernehmen.

Lit.: *Marx, K.* 1957 ff.: Das Kapital. Kritik der polit. Ökonomie, in: MEW, Bde. 23–25, Bln. (zuerst 1867–94). *Lenin, V. I.* 1960: Der Imperialismus als höchstes Stadium des Kapitalismus, in: LW, Bd. 22, Bln. (zuerst 1917), 189–309. → Arbeiterbewegung.

Peter Lösche

Arbeiterbewegung, zwei Begriffe von A. können unterschieden werden: i. w. S. jene soziale Massenbewegung in der historischen Periode von → Kapitalismus und Industrialisierung, die – von Lohnabhängigen und ihren Familien getragen – die polit. und soziale Emanzipation der Arbeiterschaft anstrebt; i. e. S. die Gesamtheit «der auf dem Prinzip des kollektiven Zusammenschlusses beruhenden Bemühungen der handarbeitenden Schichten, ihre soziale Lage zu verbessern und sich politische Rechte zu erkämpfen» (*Mommsen* 1966: 273). Dieser engere Begriff von A. ist der in Umgangssprache und historischer wie sozialwiss. Literatur gebräuchliche: Im Gegensatz zur allg. Begrifflichkeit setzt er Momente der Organisationsförmigkeit, ein Mindestmaß an Institutionalisierung voraus.

1. A. kann in vier verschiedenen Organisationsformen auftreten: (1) → Gewerkschaften als Interessenvertretung der Beschäftigten; (2) → Partei als polit. Organisation; (3) → Genossenschaften und wirtschaftl. Unternehmungen; (4) Freizeit- und Bildungsvereinigungen. Entspr. wird von den «vier Säulen» der A. gesprochen, die sich lokal, sektoral, nat. und internat. formieren können.

2. Die Sammlung jener sozialen Gruppen, die im 19. Jh. in Europa Arbeiterschaft und A. ausmachten, setzte bereits vor Beginn der Industrialisierung ein. Zu den Gründen, die zum Entstehen der Arbeiterschaft führten, gehörten: (1) Armut auf dem Lande, Abwanderung von Arbeitskräften vom Land in die Stadt; (2) Krise des Zunfthandwerks; (3) Absinken selbständiger Handwerker zu Lohnarbeitern; (4) allg. Bevölkerungszunahme; (5) einsetzende Industrialisierung. Im Vergleich zur vorkapitalistischen und vorindustriellen Gesellschaft war entscheidend, daß im bürgerlichen Recht die Beziehungen zwischen Unternehmer und Arbeiter auf das Lohnarbeitsverhältnis reduziert wurden, der Arbeiter seine Arbeitskraft gegen Lohn dem Unternehmer zur Verfügung stellte.

3. Proletarische Solidarität und Arbeiterorganisationen entstanden aufgrund der den Arbeitern gemeinsamen sozialen, wirtschaftl. und polit. Erfahrungen: (1) Ablösung aus einem in der Rückschau relativ stabil erscheinenden (oft agrarischen) Lebenszusammenhang; (2) der (Industrie-)Betrieb rückt in den Lebensmittelpunkt und wird zur Existenzbasis; (3) Arbeitsteilung im (Industrie-) Betrieb und Teilung zwischen Arbeit und (oft äußerst knapp bemessener) Freizeit; (4) Arbeiter leben in proletarischen Wohnquartieren zusammen, auch räumlich findet die gesellschaftl. «Ghettoisierung» ihren Niederschlag. Die ersten Träger der A. waren jedoch nicht Fabrikarbeiter, sondern die von der Proletarisierung bedrohten Handwerkergesellen. Die ersten Gewerkschaften wurden von den Handwerkerfacharbeitern gegründet: nämlich von Buchdruckern, Schriftsetzern, Zigarrenmachern. Die A. ist somit auch aus der Arbeiteraristokratie hervorgegangen.

4. A. wird je nach polit. Standpunkt und wissenschaftstheoretischem Zugang unterschiedlich interpretiert. Um die historische und soziale Vielfalt von A. nach verschiedenen zeitlichen Epochen, Richtungen, Strömungen, Lagern usw. unterscheiden und systematisieren zu können, wird in der sozialwiss. Literatur häufig das typologisierende Verfahren angewandt. Die dabei benutzten und in den Vordergrund gerückten Kriterien zur Typenbildung unterscheiden sich wiederum je nach polit. Motivation und erkenntnisleitender Fragestellung. Als Kriterien werden herangezogen: (1) die Programmatik; (2) Entwicklungsstufen der A. nach dem Stand ihrer Integration in die Gesellschaft und das entsprechende → Politische System; (3) die Organisationsstruktur bzw. der Institutionalisierungsgrad; (4) Solidaritätstypen; (5) *H. Mommsen* verbindet mehrere Kriterien und unterscheidet zwei Haupttypen, nämlich die angelsächsische und kontinentaleurop. A.; (6) im marxistisch-leninistischen Verständnis wird die Geschichte der A. linear interpretiert und teleologisch auf die Oktoberrevolution und das Entstehen einer Partei neuen Typs bezogen.

Lit.: *Cole, G. D. H.* 1953–1958: A History of Socialist Thought, 5 Bde., L. *Euchner,*

W./*Grebing, H.* 2000: Ideengeschichte des Sozialismus in Deutschland, in: *Grebing, H.* (Hrsg.): Geschichte der sozialen Ideen in Deutschland, Essen. *Grebing, H.* 1993: Die deutsche Arbeiterbewegung zwischen Revolution, Reform und Etatismus, Mhm. *Mayer, G.* 1969: Radikalismus, Sozialismus und bürgerliche Demokratie, hrsg. von *H. U. Wehler*, Ffm. *Mommsen, H.* 1966: Arbeiterbewegung, in: SDG, Bd. 1, 273–313. *Ritter, G. A.* (Hrsg.) 1984 ff.: Geschichte der Arbeiter und der Arbeiterbewegung in Deutschland seit dem Ende des 18. Jahrhunderts, Bonn. *Rosenberg, A.* 1962: Demokratie und Sozialismus, Ffm. *Schneider, M.* 2000: Kleine Geschichte der Gewerkschaften, Bonn. *Tenfelde, K.* 1986: Arbeiter und Arbeiterbewegung im Vergleich, Mchn.

Peter Lösche

Arbeiterklasse (→ Proletariat), die Gesamtheit der industriellen, i. d. R. handarbeitenden Lohnabhängigen, die als Folge der → Industrialisierung vom Verkauf ihrer Arbeitskraft an die Kapitalistenklasse lebt und aufgrund der gemeinsamen sozialen, wirtschaftl. und polit. Situation (kein Besitz an → Produktionsmitteln; häufig polit. Verfolgung) zu einem mehr oder minder einheitlichen → Klassenbewußtsein gelangt (→ Klasse).

Vier Gründe führten in Europa im 19. Jh. zunächst zur Entstehung der Arbeiterschaft und dann im Zuge ihrer Organisation zur A.: (1) die Industrialisierung; (2) das Bevölkerungswachstum; (3) die Landflucht; (4) die Ausbreitung des Fabriksystems, das aus selbständigen Handwerkern lohnabhängige Arbeiter machte. Bes. der letzte Punkt markiert die entscheidende Differenz zur vorindustriellen Gesellschaft: Indem nämlich das bürgerliche Recht nurmehr eine funktionale Beziehung zwischen Lohnarbeiter und Unternehmer herstellt, unterstellt es eine Gleichwertigkeit zwischen Lohnarbeit und Kapital. Aus der abhängigen Position wird der Lohnarbeiter für sein Schicksal selbst verantwortlich. Diese Unabhängigkeit des Lohnarbeiters zeigt ihre Widersprüchlichkeit in zwei Merkmalen, die die zukünftige *Marxsche* Theorieentwicklung und die Klassenkämpfe bestimmten: Er ist (a) frei von den Produktionsmitteln, (b) frei, seine Arbeitskraft als Ware auf dem → Markt verkaufen zu müssen.

→ Arbeiterbewegung; Arbeitsbeziehungen; Gewerkschaften; Kapitalismus; Klassengesellschaft; Marxismus.
Lit.: → Arbeiterbewegung; Klasse.

Peter Lösche

Arbeiterselbstverwaltung, Leitung eines Wirtschaftsunternehmens durch die beschäftigten Arbeiter und Angestellten. Die A. bildet ein Gegenkonzept sowohl zur Unternehmensführung durch priv. Eigentümer oder angestellte Manager (im → Kapitalismus oder im → Sozialismus) als auch zur betrieblichen → Mitbestimmung der Arbeitnehmer, wie sie in D in einigen Branchen existiert (z. B. Kohle und Stahl).

Praktische Bedeutung erlangte die A. vor allem in Jugoslawien in den 1960er Jahren im Zuge der Abwendung des Landes vom bürokratisch-sozialistischen Modell der Sowjetunion. In reiner, «direktdemokratischer» Form wurde sie freilich nur in Kleinbetrieben praktiziert, ansonsten wurde die Leitidee einer «freien Assoziation der Produzenten» (*Marx*) durch das Räteprinzip über mehrere Delegationsstufen hinweg gebrochen.

→ Betriebsverfassung; Räte.
Lit.: *Heise, A.* (Hrsg.) 1989: Arbeiterselbstverwaltung, Mchn. *Lilge, H.G.* 1978: Arbeiterselbstverwaltung, das Beispiel Jugoslawien, Bern. *Supek, R.* ²1978: Arbeiterselbstverwaltung und sozialistische Demokratie, Hamb.

Bernhard Thibaut

Arbeitsbeziehungen, umfassen die Akteure des Arbeitslebens, die Regeln ihrer Beziehungen und die daraus folgenden Handlungen der Akteure.

Zu den Akteuren gehören (a) die Arbeitgeber und ihre Vertreter, (b) die Arbeitnehmer und ihre Vertreter (→ Gewerkschaften) und (c) staatl. Instanzen, die für die Arbeitswelt zuständig sind. Die Regeln betreffen Verfahrensweisen in und zwischen den beteiligten Organisationen (z. B. Gewerkschaftssatzungen, Tarifvertragsrecht, → Betriebsverfassung, Streikrecht, Schlichtungsverfahren) und Regeln über materielle Leistungen (beispielsweise Höhe der Tariflöhne, Arbeitszeiten, Umfang des bezahlten Urlaubs). Handlungen können integrativ (z. B. Kooperation zwischen Betriebsräten und Arbeitgebern bei der Einführung einer technologischen Innovation im Produktionsprozeß) oder dissoziativ sein (Beispiel: → Streik und Aussperrung). A. werden als System betrachtet, das als solches Grenzen gegenüber seiner ökon. und polit. Umwelt hat und intern durch seine Elemente und die interdependenten Beziehungen zwischen ihnen charakterisiert ist (*Keller* 1993; *Müller-Jentsch* 1986; *Ferner* und *Hyman* 1998). Die Forschung über A. wurde v. a. im angelsächsischen Bereich vorangetrieben. Dort hat sich der Begriff *industrial relations* eingebürgert. Zuweilen wird diese Bezeichnung auch wörtlich ins Deutsche übernommen («industrielle Beziehungen»), obwohl damit nicht nur der sekundäre Sektor gemeint ist.

1. In der Literatur finden sich fünf prominente Annahmen über die langfristige Entwicklung der Arbeitsbeziehungen. Die erste stammt von *Dunlop* (1958). Er behauptete, die wichtigsten Merkmale eines Systems der A. entstünden in einer relativ frühen Phase des Industrialisierungsprozesses und würden danach – solange keine umfassenden Veränderungen durch → Revolutionen oder → Kriege stattfinden – beibehalten. Es gebe ansonsten nur evolutionären Wandel, der sich auf die Veränderungen von drei Rahmenbedingungen zurückführen lasse: die technologische Entwicklung, die ökon. Lage und die gesamtgesellschaftl. Machtverteilung. Da diese Bedingungen zwischen den Industrieländern immer ähnlicher würden, konvergierten die Systeme der A. zumindest tendenziell (*Kerr* u.a. 1962). Eine zweite These nimmt theoretische Anleihen beim → Neo-Institutionalismus auf. Ihr zufolge hätten A. nach ihrer Institutionalisierung eine große Beständigkeit. Selbst wenn sich die sozio-polit. Rahmenbedingungen änderten, paßten sich die Institutionen nicht oder nur sehr verzögert an die neue Umwelt an (*Armingeon* 1994). Zu einem ähnlichen Schluß kommt ein drittes Argument. Ihm zufolge reflektieren A. polit. Kräfteverteilungen im → Politischen System, die sich in kurz- und mittelfristiger Perspektive nur wenig ändern (*Korpi* 1983). Die vierte Annahme bezieht sich auf die Institutionalisierung der Arbeitsbeziehungen. Sie trenne den polit. vom industriellen Konflikt. A. würden institutionell von polit. Auseinandersetzungen isoliert (*Dahrendorf* 1959). Dies steht in Einklang mit modernisierungstheoretischen Argumenten, die funktionale Spezialisierung und Differenzierung im Prozeß gesellschaftl. Modernisierung behaupten. Die fünfte These bezieht sich auf einen grundlegenden Wandel westl. Gesellschaften, in denen die herkömmliche Arbeitswelt und ihre Institutionen durch Prozesse der → Globalisierung und Individualisierung einer massiven Veränderung unterzogen würden (ILO 1997). Die großen Organisationen der Arbeitswelt hätten ausgedient und kollektive A., wie sie das Industriezeitalter gekannt habe, würden verschwinden.

A. weisen im internat. Vergleich enorme Unterschiede auf. Dies wird alleine schon am Deckungsgrad der Tarifverträge deutlich. Um 1990 unterlagen mindestens 90 % aller Beschäftigten in Belgien, D, Finnland, F, Griechenland, Irland und Österreich einem Tarifvertrag. Hingegen betrug in GB, Japan, Kanada und den USA dieser Anteil weniger als die Hälfte der Arbeitnehmer. Ebenso stark unterscheiden sich das Ausmaß von Konflikt und Kooperation. In einigen Ländern (Schweiz, Österreich) arbeiten Gewerkschaften und Arbeitgeber im Rahmen der Sozialpartnerschaft zusammen, in anderen (z. B. USA) herrscht bitterer Konflikt, der bis zum Versuch der Vernichtung der Gewerkschaften führen kann («*union busting*»).

2. Die Forschung über A. konzentrierte sich häufig auf Arbeitgeber und Arbeitnehmer,

der → Staat als dritter Akteur wurde hingegen viel schwächer berücksichtigt. Die neuere sozialwiss. Forschung verringerte dieses Defizit v.a. in vier Bereichen: (1) Tripartismus/→ Korporatismus. In einer Reihe von Studien wurde gefragt, unter welchen Bedingungen auf Industrie- oder nat. Ebene sozialpartnerschaftliche oder korporatistische Beziehungen entstehen und wovon die Stabilität dieser Arrangements abhängt. *Siaroff* (1999) hat einen neueren Versuch zur Messung der Intensität dieser Zusammenarbeit von Staat und → Interessenverbänden vorgelegt. (2) Staatl. Regelungen der Beziehungen zwischen Gewerkschaften und Arbeitgebern. Diese sind in vergleichender Perspektive untersucht worden. Hierbei erwies sich v.a. die große Bedeutung von Traditionen und Grundsatzentscheidungen. Solche grundlegenden Strukturen sind gegenüber den kurz- und mittelfristigen Veränderungen der sozio-ökon. Rahmenbedingungen weitgehend resistent (*Armingeon* 1994; *Crouch* 1993; *Traxler* 1998). (3) Staatl. Stützung der Verbände der Arbeitswelt. Diese Verbände haben zahlreiche Organisationsprobleme, da sie häufig kollektive Güter produzieren. Der Anreiz zum Trittbrettfahren ist deshalb groß. Ein Beispiel sind die Gewerkschaften, von deren tarifvertraglichen Erfolgen i.d.R. alle Arbeitnehmer profitieren, unabhängig davon, ob sie Mitglied im Verband sind. So ist die staatl. Rolle in der Arbeitslosenversicherung (Subventionierung gewerkschaftl. Versicherung vs. staatl. Zwangsversicherung) von großer Bedeutung für die Stabilität und Ressourcenausstattung der Verbände (*Western* 1997). (4) Deregulierung und Desorganisation des → Kapitalismus. Die These des Rückzug des Staates aus den A. in den 1980er und 90er Jahren wurde mit Daten konfrontiert. Nur wenige, systematische empirische Befunde ließen sich für die Behauptung finden, Deregulierung und Desorganisation seien ubiquitäre Phänomene der gegenwärtigen westl. Arbeitsbeziehungen (*Traxler* 1995; 1998).

3. Die Folgen unterschiedlicher Systeme der A. wurden kontrovers diskutiert. Drei solcher Debatten sollen zur Illustration angeführt werden. (1) *M. Olson* (1982) argumentierte, fragmentierte und dezentrale Systeme der A. wirkten sich wirtschaft. wachstumshemmend aus. Er ging dabei davon aus, Organisationen würden ebenso wie Individuen rational handeln und ihren Nutzen maximieren. Organisationen kleiner Gruppen, wie beispielsweise Berufsgewerkschaften oder nur regional operierende Gewerkschaften, hätten zwar Interesse an → Kollektivgütern, wie Preisstabilität oder Wirtschaftswachstum. Andererseits sei einer kleinen Gewerkschaft aufgrund ihrer geringen zahlenmäßigen Bedeutung auch klar, daß ihre Politik für sich alleine keinen nachhaltigen Einfluß auf gesamtwirtschaftl. Größen habe. Es sei deshalb in dieser Situation rational, sich stabilitätswidrig zu verhalten. Da jedoch andere kleine Organisationen dieselbe Strategie (Teilhabe am Kollektivgut, ohne einen entsprechenden eigenen Beitrag zu leisten) verfolgten, werde das gewünschte Kollektivgut nicht hergestellt. Hinzu kämen weitere Nachteile: Je älter eine Demokratie sei, desto mehr solcher Sonderinteressen-Organisationen habe sie. Die Vielzahl der Gruppen führe zu überladenen Tagesordnungen der Politik und zu langsamen Entscheidungsfindungen. Länder, in denen es schon lange das Koalitionsrecht gebe und die dementsprechend viele dieser Sonderinteressen-Organisationen aufwiesen, hätten deshalb unter überzogenen Forderungen der Gruppen, langwierigen Entscheidungen und großen Rigiditäten sowie – in der Folge – unter geringem wirtschaftl. Erfolg zu leiden. Eine Ausnahme bildeten lediglich Fälle, in denen nicht Sonderinteressen-Organisationen, sondern umfassende Interessenorganisationen entstanden seien. Als Beispiel nennt *Olson* große Industriegewerkschaften, die Mitglieder in verschiedenen Statusgruppen, Berufen und Regionen vereinen. Diese hätten insbes. kein rationales Interesse an überzogenen Forderungen, da sie zahlenmäßig so bedeutsam seien, daß eine direkte Beziehung zwischen dem Handeln der Organisation und der Erreichung des Kollektivgutes bestehe. Ferner sind sie aus Interesse am Wohlergehen der Gesamtmitgliedschaft u. U. daran interessiert und dazu bereit, gemeinwohlschädliche Interessen einzelner Mitgliedergruppen zu verletzen. Aus dieser Argumentation folgt eine Hypothese zum Zusammen-

hang von A. und wirtschaftl. Entwicklung eines Landes: Je länger das Koalitionsrecht besteht und je weniger umfassend die Gewerkschaften sind, desto schlechter sind die wirtschaftl. Erfolgsaussichten eines Landes. Diese Hypothese ist in der empirischen Forschung umstritten. Sie erlangte in der Korporatismus-Diskussion große Bedeutung, weil sie eine Begründung für das kooperative Verhalten großer Gewerkschaften lieferte.

(2) Soweit A. ausreichend institutionalisiert sind und Gewerkschaften eine starke Mitgliederbasis haben, sind wichtige Voraussetzungen der polit. und ökon. Stabilität gegeben. Gering institutionalisierte A. sind hingegen in bezug auf die Folgen von Konfliktregulierungen schlecht berechenbar: Unklar ist jeweils, in welcher Form und in welcher Stärke diese Konflikte in anderen Arenen ausgetragen werden, weil es keine festgelegten Verfahren der Konfliktregulierung gibt. Zum zweiten sind die materiellen Folgen der Auseinandersetzungen schlecht vorhersehbar, weil in der Abwesenheit stabilisierender Institutionen momentane Kräfteverteilungen, Koalitionen und Wahrnehmungen ein großes Gewicht haben. Außerdem treten Gewerkschaften auf dem Arbeitsmarkt nicht nur als Forderer auf. Sie aggregieren und definieren die Interessen der Arbeitnehmerschaft und machen sie dadurch erst überschaubar und verhandelbar. Darüber hinaus zwingt die Interessenvertretung und → Mitbestimmung der Gewerkschaften die Arbeitgeber zu vernünftigeren und längerfristig angelegten Strategien. Gewerkschaftliche Mitbestimmung verhindert beispielsweise eine auf kurzfristige Wirtschaftsschwankungen reagierende Personalpolitik des Heuerns und Feuerns, die auf mittlere Sicht auch für die Unternehmen nachteilig ist. In der Korporatismusforschung wurde wiederholt gezeigt, daß bei korporatistischen Formen der Wirtschaftsregulierung das Ziel der Vollbeschäftigung und oft auch der Preisstabilität und des Wirtschaftswachstums eher erreicht wird als in Ländern mit konfliktuellen Arbeitsbeziehungen. Außerdem sind in korporatistischen Systemen der A. industrielle Streiks und Aussperrungen selten und von geringem Umfang. Zudem ist die Einkommensungleichheit geringer und der Sozialstaat stärker ausgebaut.

(3) Die wirtschaftl. und polit. Folgen eines Systems der A. hängen auch von dessen ökon. und polit.-institutionellem → Kontext ab. Es gibt nicht ein System, das allen anderen in jedem Kontext unbedingt überlegen ist. So setzt beispielsweise eine keynesianische Politik (→ Keynesianismus) der Nachfragesteuerung koordinationsfähige Gewerkschaften voraus, während eine neo-liberale Wirtschaftspolitik dann bes. gute Erfolgsaussichten hat, wenn es keine starken und zentralisierten Arbeitnehmerverbände gibt. Ferner sind die Chancen der erfolgreichen Abstimmung der Politiken von Regierung und Verbänden wesentlich davon bestimmt, ob die Zentralbank in ihrer Politik von der Exekutive unabhängig ist. Systeme der A., die unter Bedingungen geringer internat. Verletzbarkeit der nat. Ökonomie erfolgreich sind, können sich bei stärkerer Öffnung gegenüber dem Weltmarkt aufgrund ihrer Rigiditäten als nachteilig herausstellen (vgl. *Scharpf* 1987).

→ Demokratie; Industrielle Demokratie; Interessengruppen; Pluralismus; Ökonomische Theorien der Politik; Tarifkonflikt.

Lit.: *Armingeon, K.* 1994: Staat und Arbeitsbeziehungen, Opl. *Crouch, C.* 1993: Industrial Relations and European State Traditions, Ox. *Dahrendorf, R.* 1959: Class and Class Conflict in Industrial Society, Stanford. *Dunlop, J. T.* 1958: Industrial Relations Systems, NY. *Ferner, A./Hyman, R.* [2]1998: Changing Industrial Relations in Europe, Ox. *ILO* 1997: World Labour Report 1997–98, Genf. *Keller, B.* [3]1993: Einführung in die Arbeitspolitik, Mchn./Wien. *Kerr, C./Dunlop, J.T./Harbison, F./Myers, C.A.* 1962: Industrialism and Industrial Man, L. *Korpi, W.* 1983: The Democratic Class Struggle, L. *Müller-Jentsch, W.* 1986: Soziologie der industriellen Beziehungen, Ffm./NY. *Olson, M.* 1982: The Rise and Decline of Nations. Economic Growth, Stagflation and Social Rigidities, New Haven/L. *Scharpf, F. W.* 1987: Sozialdemokratische Krisenpolitik in Europa, Ffm./NY. *Siaroff, A.* 1999: Corporatism in 24 Industrial Democracies, in: EJPR, 36, 175–205. *Traxler, F.*

1995: Entwicklungstendenzen in den Arbeitsbeziehungen Westeuropas, in: *Mesch, M.* (Hrsg.): Sozialpartnerschaft und Arbeitsbeziehungen in Europa, Wien, 185–212. *Traxler, F.* 1998: Der Staat in den Arbeitsbeziehungen, in: PVS, 39(2), 235–260. *Western, B.* 1997: Between Class and Market. Postwar Unionization in the Capitalist Democracies, Princeton.

Klaus Armingeon

Arbeitshypothese → Hypothese

Arbeitskampf → Streik

Arbeitslosenquote, Quote zur Messung der → Arbeitslosigkeit oder der Nichtausschöpfung des Erwerbspersonenpotenzials. Statistisch erfaßt wird die A. anhand des Prozentanteils der Zahl der arbeitsfähigen, beim Arbeitsamt als arbeitslos registrierten und dem Arbeitsmarkt zur Verfügung stehenden Erwerbspersonen an der Gesamtzahl entw. aller abhängig Beschäftigten (Arbeiter, Angestellte und Beamte) oder der abhängig Beschäftigten und Arbeitslosen oder aller (zivilen) Erwerbspersonen (abhängige Erwerbspersonen und Selbständige).

Von der statistischen A. im oben erörterten Sinne ist die sog. «natürliche A.» der neueren Volkswirtschaftslehre (*non-accelerating inflation rate of unemployment*/NAIRU) zu unterscheiden. Diese ist die inflationsstabile A., d. h. jenes Unterbeschäftigungsniveau, bei dem die → Inflationsrate sich nicht beschleunigt.

→ Arbeitsmarktpolitik; Arbeitsmarktforschung; Beschäftigungspolitik.

Manfred G. Schmidt

Arbeitslosenversicherung, eine → Sozialversicherung abhängig Beschäftigter gegen Risiken des Einkommensausfalls infolge von → Arbeitslosigkeit.

In D wurde die A. 1927 eingerichtet, erheblich später als die Alters-, Invaliden- und Krankenversicherung und im Ggs. zu diesen auch später als in vielen anderen Industriestaaten. Träger der A. in D ist die Bundesanstalt für Arbeit. Finanziert wird die A. überwiegend aus Beiträgen, die je zur Hälfte vom Arbeitnehmer und vom Arbeitgeber zu tragen sind (2001 z. B. 6,5 % des Bruttoarbeitsverdienstes bis zur Beitragsbemessungsgrenze, davon je 3,25 % für Arbeitgeber und Arbeitnehmer), und aus Zuschüssen des Bundes. Diesem obliegt insbes. die Finanzierung der Arbeitslosenhilfe.

Die A. eines entwickelten Sozialstaats stellt Lohnersatzleistungen bereit. Die wichtigsten Instrumente hierzu sind (1) das Arbeitslosengeld (derzeit 60–67 % des durchschnittlichen Nettoarbeitsentgelts der letzten 6 Monate einer Beschäftigung), (2) die Arbeitslosenhilfe für anspruchsberechtigte bedürftige Arbeitslose, die keinen Anspruch auf Arbeitslosengeld haben (53–57 % des Nettoarbeitsentgelts), (3) Kurzarbeitergeld zur Überbrückung vorübergehenden Arbeitsausfalls, (4) Unterhaltsgeld zur Teilnahme an Maßnahmen der beruflichen Weiterbildung, (5) Förderung der ganzjährigen Beschäftigung in der Bauwirtschaft, (6) Konkursausfallgeld und (7) Kranken-, Unfall- und Rentenversicherungsbeiträge der Empfänger von Leistungen der Arbeitslosenversicherung.

→ Arbeitslosenquote; Arbeitsmarktpolitik.

Lit.: *Schmid, G.* u. a. 1993: Unemployment Insurance and Active Labour Market Policy, Aldershot.

Manfred G. Schmidt

Arbeitslosigkeit, allg. der Überschuß des Arbeitsangebots über die Arbeitsnachfrage. Arbeitslose i. S. der amtl. Statistik in D sind jene Personen im erwerbsfähigen Alter, die arbeitswillig und beim Arbeitsamt als erwerbslos registriert sind, keiner dauerhaften Beschäftigung nachgehen und dem Arbeitsmarkt zur Verfügung stehen. Die Größenordnung der A. wird durch die → Arbeitslosenquote erfaßt.

Man unterscheidet nach den hauptsächlichen Ursachen der A. zwischen (1) zyklischer oder konjunktureller, durch schwache Nachfrage bedingter A., (2) struktureller A., die durch dauerhafte Ungleichgewichte zwischen Arbeitsangebot und Arbeitsnachfrage verursacht wird (auch *Mismatch*-Arbeitslosigkeit genannt), (3) Such- oder Fluktuationsarbeitslosigkeit, die durch längeranhaltende Arbeitsplatzsuche und hohes Mobilitätsniveau gegeben ist, und (4) saisonaler A., die jahreszeitliche Schwankungen der Wirtschaftstätigkeit widerspiegelt. Nach wirtschaftspolit. Ursachen wird differenziert zwischen A. aufgrund von Nachfragemangel (keynesianische A.) bzw. Kostendruck (klassische A.).

→ Arbeitslosenversicherung; Arbeitsmarktpolitik; Beschäftigungspolitik.
Lit.: → Arbeitsmarktpolitik.

Manfred G. Schmidt

Arbeitsmarktforschung, die wiss. Beobachtung von Institutionen, Akteuren, Vorgängen und Ergebnissen des Arbeitsmarktes sowie der → Arbeitsmarktpolitik und → Beschäftigungspolitik.

Einer verbreiteten Sichtweise zufolge ist die Funktionsweise des Arbeitsmarktes der eines klassischen Gütermarktes ähnlich. In polit.-institutionalistischen Theorien hingegen wird der Arbeitsmarkt als ein Markt betrachtet, der sich von Gütermärkten v. a. dadurch unterscheidet, daß (1) die Marktteilnehmer Menschen sind, nicht hergestellte Produkte, (2) hier Leistungsprofile gehandelt werden, (3) die Produzenten des Arbeitsmarktes zugleich Konsumenten sind, (4) die Qualität der Arbeitskraft eine den Einfluß der Güterqualität weit übersteigende Bedeutung hat und (5) ein Arbeitsmarktgleichgewicht meist nur durch Koordination der Sozialpartner und durch Arbeitsmarkt- und Beschäftigungspolitik erreicht werden kann.

Lit.: *Schmid, G.* 1987: Zur politisch-institutionalistischen Theorie des Arbeitsmarktes, in: PVS 28, 133–161.

Manfred G. Schmidt

Arbeitsmarktpolitik, i. e. S. die institutionellen, prozessualen und entscheidungsinhaltlichen Dimensionen des polit. Handelns, das darauf gerichtet ist, Art und Umfang der «passiven» wie der «aktiven» A. verbindlich zu regeln.

Die «passive» A. regelt die kompensatorischen Leistungen für Einkommensausfälle infolge von → Arbeitslosigkeit, die «aktive» A. die – nach sozialen Gruppen, Regionen, Betrieben oder Industrien differenzierten – Maßnahmen zur Beeinflussung der Beziehungen zwischen dem Angebot und der Nachfrage auf und zwischen über- und innerbetrieblichen Arbeitsmärkten. A. im sehr weiten Sinn (→ Beschäftigungspolitik) ist darauf ausgerichtet, das Arbeitskräfteangebot und die Arbeitskraftnachfrage sowie die Beziehungen zwischen beiden Größen gesamtwirtschaftl. zu steuern, also ohne gezielte Differenzierung z. B. nach Betrieb, Industriezweig oder Region.

→ Arbeitsmarktforschung; Konjunktur/Konjunkturpolitik.
Lit.: *Schmid, G.* u. a. (Hrsg.) 1996: International Handbook of Labour Market Policy and Evaluation, Cheltenham u. a.

Manfred G. Schmidt

Arbeitsparlament, Ggs.: Redeparlament; auf *Max Weber* zurückgehende idealtypische Unterscheidung zur Charakterisierung von Selbstverständnis und Arbeitsweise von → Parlamenten.

Während im Redeparlament der Hauptakzent auf der Plenardebatte liegt und die Parlamentsarbeit sich primär medienwirksam an die Wähler-Öffentlichkeit richtet, steht im A. die detaillierte Gesetzesberatung in den → Ausschüssen im Mittelpunkt der Parlamentsarbeit. Prototypen eines A. sind die beiden Häuser des US-amerikan. Kongresses, eines Redeparlamentes das brit. Unterhaus.

Lit.: *Weber, M.* ^{5}1988: Parlament und Regierung im neugeordneten Deutschland, in: *ders.*: Gesammelte politische Schriften, Tüb. (zuerst 1921).

Rainer-Olaf Schultze

Arbeitsrecht, gebildet von den Rechtsnormen über die aufgrund freier Vereinbarung in nicht selbständiger Tätigkeit geleistete Arbeit. Es ist weithin vom Schutz des abhängig tätigen Arbeitnehmers geprägt, reicht aber zunehmend auch in andere Bereiche wie die Unternehmensverfassung hinein.

Das Individualarbeitsrecht betrifft das Verhältnis zwischen dem einzelnen Arbeitnehmer und dem einzelnen Arbeitgeber. Es regelt insbes. Zustandekommen und Beendigung, z. B. durch Kündigung, des Arbeitsverhältnisses sowie die Pflichten der Arbeitsvertragsparteien. Das kollektive A. umfaßt das Recht der Koalitionen (Gewerkschaften und Arbeitgeberverbände; → Koalitionsfreiheit), das Tarifvertragsrecht und, in engem Zusammenhang damit, das Arbeitskampfrecht, außerdem das Betriebsverfassungsrecht, welches die Einrichtung von Betriebsräten ermöglicht, sowie die Unternehmensmitbestimmung. Ein Arbeitschutzrecht besteht als bes. Schutzrecht bestimmter Arbeitnehmergruppen, z. B. Schwerbehinderter, und als technischer Gefahrenschutz. Das Sozialversicherungsrecht ist dagegen Bestandteil des → Sozialrechts. A. ist durch zahlreiche, abgestuft geltende Rechtsquellen teils privatrechtlicher, teils öff. rechtlicher Natur gekennzeichnet: Verfassung, einfache Gesetze, Tarifverträge (Ende 2000 galten 54 900), Betriebsvereinbarungen, Allgemeine Arbeitsbedingungen, Arbeitsverträge etc. und wird vielfach durch Richterrecht gestaltet. Europarechtliche Normen gelten nur punktuell, etwa beim Betriebsübergang oder beim Schutz vor geschlechtsspezifischer Diskriminierung. Seit 1926 sind Arbeitsgerichte errichtet, zu denen in Arbeitssachen ein eigenständiger Rechtsweg führt.

→ Arbeit; Arbeitsbeziehungen; Rechtsstaat; Tarifkonflikt.

Lit.: *Däubler, W.* [15]1998: Das Arbeitsrecht I und II, Leitfaden für Arbeitnehmer, Rbk. *Gamillscheg, F.* 1997: Kollektives Arbeitsrecht, Mchn. *Leinemann, W.* (Hrsg.) [2]2000: Kasseler Hdb. zum Arbeitsrecht, Bd. 1–2, Neuwied u. a. *Richardi, R./Wlotzke, O.* (Hrsg.) [2]2000: Münchner Hdb. zum Arbeitsrecht, Bd. 1–3, Mchn. *Schaub, G.* [9]2000: Arbeitsrecht-Handbuch, Mchn.

Martin Ahrens

Arbeitsteilung, Zerlegung von Arbeitsvorgängen nach technischen, räumlichen und/oder sozialen Gesichtspunkten. A. ist eng mit Prozessen der (freiwilligen oder unfreiwilligen) Spezialisierung derer verknüpft, die an den entspr. Arbeitsvorgängen beteiligt sind.

Jede technische und räumliche A. erzeugt soziale → Differenzierung i. S. einer Verteilung von Lebenschancen und der Definition der Einflußbeziehungen zwischen den beteiligten Individuen oder Kollektiven, sowohl innerhalb einer Gesellschaft als auch im Verhältnis zwischen verschiedenen Gesellschaften.

In ganz unterschiedlichen sozialwiss. Theorietraditionen (→ Marxismus; → Funktionalismus; → Feminismus; → Weltsystem-Ansatz) wird dem Begriff der A. eine zentrale Bedeutung als Motor der gesellschaftl. → Entwicklung zugewiesen. Seit der → Industriellen Revolution wurde der Grad der A. zum Maßstab für Modernität. In neueren Gesellschaftstheorien, v. a. in der → Systemtheorie, wird der Begriff weitgehend abgelöst durch den der funktionalen Differenzierung.

Lit.: → Arbeit.

Bernhard Thibaut

Arbeitsverfassung → Betriebsverfassung

Area Approach, bezeichnet einen → Ansatz innerhalb der → Vergleichenden Methode, der darauf zielt, die Auswahl untersuchter Fälle primär geographisch zu reduzieren. Dabei wird unterstellt, daß *areas* (etwa Westeuropa, Mittelamerika, frankophones westl. Afrika) eine Vielzahl gemeinsamer Merkmale aufweisen, etwa in demographischer, historisch-polit., polit.-kultureller, wirtschaftl., sozialer und anderer Hinsicht, so daß eine bessere Vergleichbarkeit der Fälle gewährleistet ist.

Einerseits nimmt diese Zweckbindung Rücksicht auf immer wieder erneuerte Bedenken gegen den Vergleich: Man könne nur Ähnliches miteinander vergleichen, bzw. verglichene Fälle müßten genug Gemeinsamkeiten aufweisen. Andererseits entspricht der *a.a.* der → *comparable cases-strategy*, die – der → Differenzmethode gleich – die Kontextvariablen möglichst homogen zu halten versucht, um die Beziehungen zwischen den unähnlichen operativen Variablen besser untersuchen zu können. Der *a.a.* ist für die Organisation von Forschung zuerst in den USA, dann auch in D einflußreich gewesen. Davon zeugen viele Institutionen, die auf die (meistens interdisziplinäre) Erforschung einer *area* gerichtet sind. Des weiteren ist er zutiefst im Selbstverständnis der meisten Sozialwissenschaftler verankert, die sich unausgesprochen als *Area*-Spezialisten begreifen (vielleicht sogar territorial reduziert auf zwei oder drei Länder) und ihre *area*-gebundene wiss. Sprache kaum reflektieren. Es scheint paradox, daß die eurozentrierte → Vergleichende Regierungslehre erst durch die Etablierung einer auf die Entwicklungsländer bezogenen *Area*-Forschung überwunden und in eine nicht mehr *area*-begrenzte → Vergleichende Analyse polit. Systeme überführt werden konnte.

→ Erklärung.
Lit.: → Vergleichende Methode.

Dieter Nohlen

Area-sample → Auswahlverfahren

Aristokratie (aus griech. *aristokratía* = Herrschaft der Besten), politikwiss. Bezeichnung für dic der → Demokratie und → Monarchie entgegengesetzte, dritte klassische → Staatsform, in der eine nach eigenem Anspruch und fremder Zuschreibung im Hinblick auf Abstammung, Besitz, Erfahrung, Bildung u.ä. hervorragende → Elite die → Herrschaft ausübt; geschichtswiss. auch Name dieser privilegierten Schicht selbst, d.h. vor allem des Adels.

Als Phänomen schon seit Urzeiten innerhalb und außerhalb Europas bekannt, gab ihr die antike griech. Staatslehre erstmals konzeptionell eine stringente Gestalt und normativ-funktional den Vorzug. Vor diesem ideengeschichtlich-theoretischen Hintergrund erhielten sich aristokratische Elemente nicht nur in der antiken römischen Republik, den mittelalterlich-frühneuzeitlichen Stadtstaaten Oberitaliens und dt. Reichsstädten, sondern auch in modernen Verfassungen.

→ Gemischte Verfassung.
Lit.: *Conze, W.* 1972: Adel, in: *Brunner, O.* u.a. (Hrsg.): Geschichtliche Grundbegriffe, Bd. 1., Stg., 1–48.

Wolfgang Weber

Arithmetisches Mittel → Univariate Statistik

Armut, gravierender Mangel in bezug auf die Chance, ein Leben zu führen, das gewissen Minimalstandards entspricht. Die gesellschaftl. anerkannten bzw. vorherrschenden Maßstäbe, die der Definition dieser Minimalstandards der Lebensführung zugrunde liegen, sowie die maßgeblichen Vorstellungen über die Ursachen von A. sind sowohl zeitlich als auch örtlich gebunden. Dementsprechend groß sind die Unterschiede zwischen verschiedenen Gesellschaften im Hinblick auf den polit. Umgang mit Armut. Die Konzeptualisierung von A. ist aber auch wiss. umstritten.

Unterschiede und Kontroversen lassen sich in zumindest drei Dimensionen identifizieren: (1) Im Hinblick auf das theoretische Grundverständnis des Phänomens stehen ökon. Konzepten, die A. im wesentlichen als Mangelversorgung mit materiellen → Gütern und Dienstleistungen begreifen, soziokulturell orientierte Betrachtungsweisen gegenüber, die auch die Befriedigung nicht-materieller Bedürfnisse thematisieren. (2) Auf methodologischer Ebene sind Subsistenz- und Deprivationsansätze bzw. absolute und relative Armutsbegriffe zu unterscheiden. Subsistenzansätze gehen davon aus, daß menschliche → Grundbedürfnisse und damit auch Mangellagen, die A. anzeigen, weitgehend unabhängig von dem in einer Gesellschaft vorherrschenden Lebensstandard, wenngleich unter Berücksichtigung grundlegender Konsumgewohnheiten (Ernährung, Kleidung), zu bestimmen sind. Deprivationsansätze legen Grenzen der A. hingegen unter ausdrücklichem Bezug auf das allg. Wohlstandsniveau und dessen Entwicklung fest. Subsistenzansätze implizieren i. d. R. den Anspruch, A. an objektiven Kriterien festzumachen, Deprivationsansätze eröffnen die Möglichkeit, die subjektiven Wahrnehmungen und Situationsdeutungen von Gesellschaftsmitgliedern bei der Konzeptualisierung von A. zu berücksichtigen. (3) Was die konkrete Messung von A. angeht, so können monetäre von nicht-monetären Operationalisierungen abgegrenzt werden. Im Rahmen monetärer Armutskonzepte gelten Personen oder Lebensgemeinschaften als arm, deren verfügbares Einkommen ein bestimmtes Niveau unterschreitet. Dieses Niveau ergibt sich aus dem Geldwert jener Güter und Dienstleistungen, deren Verfügbarkeit als minimaler Standard gilt. Nicht-monetäre Konzepte hingegen versuchen, das Ausmaß von A. über die tatsächliche Versorgungssituation von Personen bzw. Lebensgemeinschaften in bezug auf die fraglichen Güter und Dienstleistungen in verschiedenen Bereichen der Lebensführung zu messen.

Die genannten Dimensionen sind miteinander verknüpft, aber nicht ohne weiteres aufeinander reduzierbar. Forschungsansätze, die einen soziokulturell orientierten Armutsbegriff vertreten, tendieren häufig zu einer relativen Bestimmung der Armutsgrenze und favorisieren im Idealfall eine nicht-monetäre Operationalisierung, die auch subjektive Dimensionen des Phänomens erschließt. Ökon. Armutsbegriffe implizieren meist eine objektive, subsistenzorientierte Betrachtungsweise und werden i. d. R. monetär operationalisiert. In der Forschungspraxis spielen aber auch relative Armutskonzepte, die monetär operationalisiert werden, eine große Rolle. Beispielsweise wird in der internat. vergleichenden Armutsforschung, nicht zuletzt aus pragmatischen Gründen (relativ geringer Aufwand der Datenerhebung in der Umfrageforschung bzw. unmittelbare Verfügbarkeit von Aggregatdaten der Einkommensstatistik), die Armutsgrenze häufig auf 50 % oder 40 % des im jeweiligen nat. Kontext durchschnittlich verfügbaren Einkommens festgesetzt.

Bis ins 19. Jh. hinein wurde A. überwiegend nicht als gesellschaftl. verursacht, sondern als individuell verschuldet oder «gottgewollt» betrachtet. Im Zuge der → Industrialisierung und im Zusammenhang mit den Auseinandersetzungen um die → Soziale Frage setzte sich in den Industriegesellschaften die Auffassung durch, daß A. als Massenphänomen ein Ergebnis ökon. Verteilungsverhältnisse ist und durch staatl. Politik verhindert bzw. nachhaltig verringert werden kann. Armutsbekämpfung stand etwa in England am Ausgangspunkt der modernen → Sozialpolitik. Freilich blieb in vielen Ländern die Unterscheidung zwischen «würdigen» und «unwürdigen» Armen prägendes Element einer Armutspolitik, die Rechtsansprüche auf staatl. Unterstützung an eine tendenziell restriktive Bedarfsprüfung knüpft und die Höhe sozialer Leistungen für Arme im Spannungsfeld zwischen Mindestbedarf und Anreizen zur selbständigen Überwindung von A. durch Erwerbsarbeit bestimmt. Die universelle Wirksamkeit sozialpolit. Armutsbekämpfung wird in vielen Industrieländern durch vielfältige alte und neue Erscheinungsformen von A., die mit Veränderungen der Arbeitsmärkte und mit einer zunehmenden Differenzierung von Lebenslagen verbunden sind, in Frage gestellt. Als anhaltendes Massenphänomen in weiten Teilen der → Dritten Welt verweist A. auch auf ungelöste Verteilungsfragen in den → Internationalen Beziehungen.

In modernen Wohlfahrtsstaaten kann oftmals eine implizit polit. gesetzte Armutsgrenze identifiziert werden. In der BRD stellt beispielsweise die → Sozialhilfe dem Anspruch nach ein staatl. verbürgtes Mittel zur Bekämpfung und Verhinderung von individueller A. dar. Demnach wird aus offizieller polit. Sicht als arm betrachtet, wer sein Leben auf einem materiellen Niveau bestreitet, das unterhalb der Sozialhilfegrenze liegt. Auf welchem Niveau und nach welchen Kriterien diese Grenze polit. festgelegt wird, kann als vorherrschende Antwort auf Fragen nach der Existenz, dem Ausmaß und letztlich auch nach den Gründen von A. betrachtet werden. Für die internat. vergleichende politikwiss. und sozialhistorische Analyse können Untersuchungen auf der Basis dieser «offiziellen» Antworten u. U. aufschlußreicher sein als aufwendige empirische Studien, die auf vorab festgelegten armutstheoretischen Prämissen aufbauen, die ihrerseits in der Forschung stets umstritten sind.

→ Soziale Sicherheit.

Lit.: *Atkinson, A.* 1999: Poverty in Europe, Ox. *Hanesch, W.* (Hrsg.) 1995: Sozialpolitische Strategien gegen Armut, Opl. *Hauser, R./Tennstedt, F./Huster, E.-U.* 1996: Armut in Europa, Opl. *Leibfried, S./Voges, J.* (Hrsg.) 1992: Armut im modernen Wohlfahrtsstaat (KZfSS Sonderheft 32), Opl. *Townsend, P.* 1993: The International Analysis of Poverty, NY u. a. *Schmolling, P.* 1997: Armut in Deutschland, Aachen. *Müller, S. / Otto, U.* (Hrsg.) 1997: Armut im Sozialstaat, Neuwied. *Krämer, W.* 2000: Armut in der Bundesrepublik, Ffm. u. a. *Hutton, S./Redmond, G.* (Hrsg.) 2000: Poverty in Transition Economies, NY.

Bernhard Thibaut

Arrow-Paradoxon, auch: Unmöglichkeitstheorem, von dem Wirtschaftswissenschaftler *K. J. Arrow* bewiesenes Theorem, nach dem die Aggregation individueller Präferenzen zu einer vollständigen und widerspruchsfreien sozialen Wohlfahrtsfunktion unmöglich ist.

Es gibt kein Entscheidungsverfahren, das folgenden vier plausiblen Anforderungen genügt: (1) Alle denkbaren und logisch gerechtfertigten Präferenzordnungen der Individuen sollen zugelassen sein. (2) Wenn jeder einzelne eine Alternative A der Alternative B vorzieht, soll es auch die Gesellschaft tun. (3) Für die anstehende Entscheidung irrelevante Alternativen sollen die gesellschaftl. Rangordnung nicht beeinflussen. (4) Die soziale Rangordnung darf nicht durch ein Individuum ausschließlich bestimmt werden.

Lit.: → Ökonomische Theorien der Politik.

Katharina Holzinger

Artefakt → Methodenprobleme in der empirischen Sozialforschung

Assoziationsmaße, Einheiten, die die Existenz und die Stärke einer Beziehung zwischen zwei Variablen anzeigen. Als Oberbegriff umfaßt der Begriff der Assoziation jede Art von statistischer Kovariation, also auch Kontingenzen und Korrelationen.

Die Aussage, ältere Menschen seien polit. konservativer als jüngere, behauptet z. B., daß zwischen dem Lebensalter und der polit. Einstellung ein statistischer Zusammenhang existiert. Auf einer Konservatismusskala müßten demnach ältere häufiger als jüngere Personen überdurchschnittlich hohe Werte aufweisen.

Ob zwei Merkmale assoziiert sind, läßt sich bereits durch die Berechnung von Prozentpunktdifferenzen zwischen den Untergruppen (Zellen) einer → Kreuztabelle feststellen. Jedoch erlauben erst A. eine summarische Darstellung solcher Zusammenhänge in einer einzigen Zahl (Assoziationskoeffizient), die dann auch relativ leicht mit entsprechenden Angaben aus anderen bivariaten Analysen verglichen werden kann. Trotz der prinzipiellen Einheitlichkeit des Grundmodells der Assoziation unterscheiden sich die einzelnen Koeffizienten in den ihnen zugrundeliegenden Konzeptionen. Danach kann mit dem Grad der Assoziation gemeint sein (*Benninghaus* 1998): (1) Die Abweichung von der statistischen Unabhängigkeit. Auf der Basis der Randverteilung einer konkreten Kreuztabelle (Kontingenztabelle) wird zunächst berechnet, wie die Zellen der Tabelle besetzt sein müßten, wenn keine Beziehung zwischen den beiden Merkmalen existierte (Indifferenztabelle). Die summierten Differenzen zwischen den entsprechenden Zellen der Kontingenz- und der Indifferenztabelle bilden die Grundlage für die Bestimmung der Stärke der Assoziation. Je größer die relativen Differenzen sind, desto größer wird der Koeffizient. (2) Die Konsistenz beim paarweisen Vergleich der Untersuchungseinheiten. Bei allen Untersuchungseinheiten wird paarweise verglichen, ob die Werte, die eine Person auf den beiden betrachteten → Variablen aufweist, jeweils größer (oder kleiner) als die Werte der Vergleichsperson sind (Konkordanz) oder ob der eine Wert höher und der andere niedriger als bei der Vergleichsperson liegt (Diskordanz). Die Differenz der konkordanten und diskordanten Paare bildet die Grundlage für die Bestimmung der Stärke der Assoziation. Je relativ größer der Überschuß der konkordanten (diskordanten) Paare ist, desto stärker ist die positive (negative) Assoziation zwischen den betrachteten Merkmalen. (3) Die proportionale Fehlerreduktion. Wenn zwei Variablen assoziiert sind, ist es besser möglich, die Meßwerte der Untersuchungspersonen auf einer abhängigen Variablen mit Hilfe ihrer Messwerte auf einer unabhängigen Variablen vorherzusagen, als wenn nur die Randverteilung der abhängigen Variablen als Prognosegrundlage diente. Das Maß der Reduktion des Vorhersagefehlers durch die zusätzliche Berücksichtigung der unabhängigen Variablen bildet die Grundlage für die Bestimmung der Stärke der Assoziation. Je größer die relative Fehlerreduktion ist, desto stärker ist die Assoziation zwischen den beiden Variablen.

Die Leistungsfähigkeit der in der statistischen Literatur in verhältnismäßig großer Zahl aufzufindenden Assoziationskoeffizienten ist sehr unterschiedlich. Nicht alle nehmen den Wert + 1 oder – 1 an, wenn die Beziehung zwischen zwei Variablen gleichsinnig oder gegensinnig perfekt ist. Auch bilden die beiden Werte nicht immer die Ober- und Untergrenze der Koeffizienten, obwohl dies notwendig wäre, um die Kennwerte aus verschiedenen Tabellen zu vergleichen. Die Maßzahlen sind darüber hinaus teilweise von der Anzahl der untersuchten Fälle und von der Zahl der Werte (Merkmalsausprägungen) der Variablen abhängig. Außerdem setzt ihre Anwendung häufig ein bestimmtes Meßniveau voraus.

Die folgenden Assoziationskoeffizienten, in der Literatur oft auch Korrelationskoeffizienten genannt, werden in Analysen empirischer Daten relativ oft verwendet: (1) Nominales Meßniveau: Phi bei Vierfeldertafeln und der Kontingenzkoeffizient C (beide von *Pearson*) bei größeren Tabellen. C erreicht allerdings auch bei perfekter Assoziation nicht den Wert 1. Beiden Koeffizienten liegt die als erste vorgestellte Assoziationskonzeption zugrunde. (2) Ordinales Meßniveau: Gamma (von *Goodman* und *Kruskal*) sowie Tau (a) und Tau (b) (von *Kendall*). Alle basieren auf der zweiten Konzeption, wenngleich zumindest für Gamma auch eine Interpretation im Sinne der proportionalen Fehlerreduktion möglich ist (*Costner* 1965). Gamma erreicht bei konstanter Assoziation im allgemeinen die höchsten Werte unter den gängigen Koeffizienten. (3) Intervallniveau: Produkt-Moment-Korrelationskoeffizient (von *Pearson*). Der Koeffizient gibt die Stärke der linearen Beziehung zwischen zwei Variablen an. Er basiert auf der dritten Konzeption der Assoziation. Viele multivariate Analysen (z. B. Faktorenanalysen, multiple Regressionsanalysen, einfache Pfadanalysen) bauen auf einer Matrix solcher Korrelationskoeffizienten auf. Auch wenn – wie speziell in der Konzeption der proportionalen Fehlerreduktion – bei der Interpretation der Assoziationskoeffizienten zwischen unabhängigen und abhängigen Variablen unterschieden wird, sagt die bloße Existenz eines statistischen Zusammenhangs als solche nichts über Art oder Richtung einer kausalen Beziehung zwischen den beiden Merkmalen aus (*Kriz* 1983: 242 ff.).

→ Bivariate Statistik; Deskriptive Statistik; Korrelationsrechnung; Statistik.

Lit.: *Benninghaus, H.* [8]1998: Deskriptive Statistik, Stg. *Costner, H. L.* 1965: Criteria for Measures of Association, in: ASR 30, 341–353. *Kriz, J.* [5]1983: Statistik in den Sozialwissenschaften, Opl.

Raymund Werle

Asyl, die Gewährung von Schutz für Verfolgte vor dem Zugriff ihrer Verfolger.

A. hat eine lange, im religiösen Raum begründete Tradition, in vorchristlicher Zeit in Form der Freistätten, im Christentum in Form des Kirchenasyls, das man in neuester Zeit wiederzubeleben versucht. Moderne völkerrechtliche Regelungen des A. (Allgemeine Erklärung der Menschenrechte von 1948, Art. 14; Genfer Flüchtlingskonvention von 1951, Art. 1 A) beziehen sich auf den Schutz für Personen, die «aus begründeter Furcht vor Verfolgung wegen ihrer Rasse, Religion, Nationalität, Zugehörigkeit zu einer bestimmten sozialen Gruppe oder wegen ihrer politischen Überzeugung» verfolgt werden.

Ein völkerrechtlich garantiertes → Menschenrecht auf A. existiert nicht. In das Grundgesetz der BRD wurde das Asylrecht als individuelles → Grundrecht aufgenommen. Art. 16, Abs. 2, Satz 2 lautet: «Politisch Verfolgte genießen Asylrecht». Die starke Zunahme von Asylbewerbern und die damit verbundenen Probleme haben 1992/93 zu einer umstrittenen Grundgesetzänderung geführt, derzufolge A. den Personen verweigert werden kann, die aus einem verfolgungssicheren Drittstaat einreisen.

Lit.: *Huber, B.* (Hrsg.) 1994: Grundlagen des Asylrechts, Mainz. *Köfner, G./Nicolaus, P.* 1986: Ausländer- und Asylrecht (Kommentar), Mchn. *Barwig, K./Schumacher, C.* 2001: Asylrecht/Asylpolitik, in: *Nohlen, D.* (Hrsg.): Kleines Lexikon der Politik, Mchn., 17–20.

Dieter Nohlen

Asymmetrischer Föderalismus, urspr. von *C. D. Tarlton* (1965) geprägter Begriff für solche föderalen → Politischen Systeme, die von Nichtentsprechungen und Ungleichmäßigkeiten bestimmt werden.

Die Asymmetrien im → Föderalismus (→ Bundesstaat) können unterschiedlicher Natur sein: (1) gesellschaftlich aufgrund von Disparitäten in den Größen-, Bevölkerungs-, Ressourcen-, Entwicklungsrelationen zwischen den Gliedstaaten; (2) polit.-soziologisch aufgrund variierender Politikstile, polit. Regionalkulturen, ungleichmäßiger Interessenrepräsentation und Parteiensysteme; (3) polit.-institutionell aufgrund ungleicher Machtverteilungen und *Policy*-Kompetenzen im Verhältnis zwischen Bund und Gliedstaaten oder der Gliedstaaten untereinander, so daß z. B. in manchen Politikbereichen Symmetrie besteht, die Zuständigkeiten beim Bund für alle Teile des Bundes oder aber bei jedem Gliedstaat liegen, in anderen Politikbereichen der Bund nur für eine Teilmenge der Gliedstaaten handelt, während die restlichen Gliedstaaten die Aufgaben selber und in den Normierungen autonom wahrnehmen; (4) aufgrund fehlender vertikaler und/oder horizontaler Ausgleichsmechanismen (z. B. Finanzausgleich).

Im Ggs. zu föderalen Systemen, etwa dem Föderalismus der BRD, die die Gleichheit der Lebensverhältnisse i. d. R. mittels → Politikverflechtung näherungsweise herzustellen versuchen, nimmt der a. F. unterschiedliche Politikergebnisse nicht nur in Kauf, sondern strebt sie in gewissen Grenzen sogar an. Charakteristisch sind variierende Steuersysteme und Steuersätze, unterschiedliche Sozialsysteme, die Möglichkeit der Gliedstaaten zum → *opting out*, also zum freiwilligen Ausscheren aus gesamtstaatl. angebotenen Politikprogrammen. Beispiele für a. F. sind alle stärker auf Wettbewerb setzenden bundesstaatl. Systeme des dualen bzw. Trenn-/ → Interstaatlichen Föderalismus (u. a. USA, Kanada). Asymmetrische Verhältnisse kennzeichnen auch die EU (seit dem Vertrag von Maastricht verstärkt durch *Opting out*-Möglichkeiten, z. B. das Ausscheren GB aus der Sozial- und Währungsunion), was deren Sondercharakter als → Staatenverbund unterstreicht.

Lit.: *Schultze, R.-O.* 1998: Wieviel Asymmetrie verträgt der Föderalismus?, in: *Berg-Schlosser, D.* u. a. (Hrsg.): Politikwissenschaftliche Spiegelungen, Opl., 199–216. *Schultze, R.-O./Schneider, S.* (Hrsg.) 1997: Kanada in der Krise, Bochum. *Tarlton, C. D.* 1965: Symmetry and Asymmetry as Elements of Federalism: A Theoretical Speculation, in: JoP 27, 861–874. → Föderalismus.

Rainer-Olaf Schultze

Attentismus, (von lat. *attendere* = achtgeben, hinstrecken) Verzögerung von polit. Entscheidungen oder Auseinandersetzungen durch Abwarten.

Revolutionärer A. ist, bezogen auf die dt. → Sozialdemokratie, eine Haltung, bei der die revolutionäre Programmatik nicht von revolutionärem Handeln begleitet wurde. Die Sozialdemokratie, so *K. Kautsky*, sei zwar eine revolutionäre Partei, aber keine, welche die Revolution durchführe.

→ Reform; Reformismus; Revolution; Sozialismus.

Lit.: *Groh, D.* 1973: Negative Integration und revolutionärer Attentismus, Ffm. → Sozialdemokratie; Sozialismus.

Petra Bendel

Attitudes, zentraler Begriff der v. a. in den USA entwickelten empirisch orientierten Sozialpsychologie, aber auch der → Politischen Kulturforschung und → Wahlforschung. Er bezeichnet, mit unterschiedlichen Akzentuierungen bei verschiedenen Autoren, erworbene, dauerhaftere, häufig stärker gefühlsbezogene Orientierungen (Einstellungen) gegenüber Klassen von Personen oder Objekten, die wiederum wichtige Prädispositionen für tatsächliches Verhalten darstellen.

A. können als auf einer zentral-peripheren Achse zwischen relativ wenigen zentralen → Werten und sehr zahlreichen und oberflächlichen Meinungen (→ Beliefs) liegend angesehen werden (*Rokeach*). Es wurde häufig versucht, sie mit standardisierten → Skalen unterschiedlicher Meßgenauigkeit (z. B. *Thurstone-*, *Likert-*, *Guttman*-Skalen) zu erfassen. Ein bekanntes Beispiel ist die «F» – (für Faschismus) bzw. «Autoritarismus»-Skala von *Adorno* u. a. (1950).

Lit.: *Adorno, T. W.* u. a. 1950: The Authoritarian Personality, NY u. a. → Politische Kultur.

Dirk Berg-Schlosser

Aufklärung, als geistesgeschichtlicher Epochenbegriff umreißt A. eine gesamteurop. Bewegung, die sich im 18. Jh. konzentriert. Ihr praktisches Postulat und Programm, das technische, moralische und polit. Handeln durch die Entfaltung einer vorurteilsfreien, undogmatischen, selbstkritischen, sich aus vielfältigen Quellen speisenden → Rationalität anzuleiten, ist bis heute wirksam und gültig. Als «Ausgang des Menschen aus seiner selbst verschuldeten Unmündigkeit» (*I. Kant*) erhebt A. den humanen Imperativ, sich in Politik, → Gesellschaft, Religion, Moral, Weltanschauung von ungeprüft akzeptierten Autoritäten theoretisch wie praktisch zu emanzipieren und sich zu humaner → Autonomie zu entfalten.

Daraus resultieren Erziehungsprogramme sowie eine polit. Theorie, welche den → Staat – meist über vertragstheoretische Begründungsmodelle – funktional an vorgelagerte individuelle Interessen bindet (minimal an Schutz und → Frieden, maximal an das größtmögliche Lebensglück) und in der Menschenwürde sowie den Menschen- und Bürgerrechten normative Standards setzt. Gravierende Brüche der → Moderne und die Erfahrung des Preises, den der wiss.-technische Fortschritt einfordert, führen die → Kritische Theorie zur Einsicht in die «Dialektik der A.» (*Horkheimer/Adorno*). Das postmoderne Denken stellt mit dem Fortschrittsmythos, dem Humanismus der Subjektivität und dem → Universalismus der einen Vernunft den philosophischen Kern der A. in Frage. In der Notwendigkeit der Bescheidung erscheint der selbstkritische humane Impuls einer gegenwärtigen A. freilich um so dringlicher.

→ Emanzipation; Fortschritt; Idealismus; Ideologie/Ideologiekritik; Menschenrechte; Postmoderne; Vertragstheorien.

Lit.: *Cassirer, E.* 1932: Die Philosophie der Aufklärung, Tüb. *Horkheimer, M./Adorno, T. W.* 1993: Dialektik der Aufklärung, Ffm. (zuerst 1947). *Kant, I.* 1966: Beantwortung der Frage: Was ist Aufklärung? (zuerst 1784), in: *ders.*: Werke in sechs Bänden, Bd. VI, Darmst., 53–61. *Kondylis, P.* 1981: Die Aufklärung im Rahmen des neuzeitlichen Rationalismus, Stg. *Oelmüller, W.* 1972: Was ist heute Aufklärung?, Düss. *Sturke, H.* 1972: Aufklärung, in: *Brunner, O.* u. a. (Hrsg.): Geschichtliche Grundbegriffe, Bd. 1, Stg., 243–342.

Ulrich Weiß

Auftragsverwaltung, allg. das Verwaltungshandeln, das im Auftrag übergeordneter staatl. Instanzen von nachgeordneten Institutionen des → Politisch-administrativen Systems ausgeübt wird.

Im → Exekutivföderalismus der BRD mit seiner weitreichenden funktionalen Differenzierung nach Kompetenzarten, d. h. mit der Gesetzgebung beim Bund und der → Verwaltung bei den Ländern (bzw. Kommunen), führen (grundgesetzlich normiert) die Länder(regierungen) die Gesetze in einer Vielzahl von Politikfeldern im Auftrag des Bundes aus, z. B. auf den Feldern der Verkehrs-, Energie- und Umweltpolitik. Desgleichen erfolgt vielfach die Administration der Gemeinden und Gemeindeverbände im Auftrag der Länder oder auch des Bundes wie u. a. bei der → Sozialhilfe.

→ Föderalismus; Kooperativer Föderalismus; Politikverflechtung.
Lit.: → Föderalismus; Politikverflechtung.

Rainer-Olaf Schultze

Ausnahmezustand → Notstand

Ausschließliche Gesetzgebung → Gesetzgebung

Außenhandel/Außenhandelspolitik, Außenhandel (A.) ist zentrales Element der → Außenwirtschaft. Mit ihm kann die binnenwirtschaftl. → Arbeitsteilung internat. erweitert werden.

Gestützt auf das Gesetz der → Komparativen Kostenvorteile wird in der liberalen Theorie des → Freihandels für ein möglichst niedriges Niveau staatl. Eingriffe plädiert, da damit ein höheres Niveau an weltwirtschaftl. Wohlfahrt erreicht werde. Sind schon eindeutige Aussagen über die Verteilung der Vorteile der weltwirtschaftl. Arbeitsteilung wegen der Vielzahl beeinflussender Faktoren schwer möglich, fließen in nat. Entscheidungen der Außenhandelspolitik (Ap.) darüber hinaus polit. Faktoren ein, wie die Risikoeinschätzung asymmetrischer Abhängigkeiten – potentielle Erpreßbarkeit bei der Lieferung lebenswichtiger Güter, z. B. Energie, Nahrungsmittel – und die Durchsetzungschancen konkurrierender wirtschaftl. → Interessengruppen. Entspr. der Grundeinschätzung von Chancen und Risiken des A. hat die staatl. Steuerungsphilosophie historisch variiert, aber ein vollständiger Freihandel unter Verzicht auf staatl. Kontrollinstrumente ist nie erreicht worden. Die reichhaltige Palette traditioneller Instrumente der Ap. umfaßt u. a. bilaterale Wirtschaftsverträge (z. B. zur Sicherung der Rohstoffversorgung), mengen- und preispolit. Instrumente (Importkontingente und Zölle) zur Begrenzung und Verteuerung der Importe, aber auch exportfördernde Maßnahmen, z. B. Exportsubventionen. Alle Instrumente des → Protektionismus zielen darauf, die Wettbewerbsbedingungen zugunsten einheimischer Produzenten zu verschieben. Aus polit. und militärischen Gründen ist aber vereinzelt auch auf Exportverbote zurückgegriffen worden (z. B. Cocom-Verbotsliste militärisch relevanter Güter im Rahmen des → Ost-West-Konflikts).
Nach dem II. Weltkrieg hat eine insges. liberale Ap. insbes. der westl. Industriestaaten, gestützt u. a. auf internat. Organisationen wie das Allgemeine Zoll- und Handelsabkommen (GATT) – mehrere multilaterale Zollsenkungsrunden – eine verglichen mit der Binnenwirtschaft weit überproportionale Steigerung des internat. Handels begünstigt, der entgegen den Prognosen der → Imperialismustheorie (*V. I. Lenin*) insbes. zwi-

schen den westl. Industriestaaten stattgefunden hat. Kritisch diskutiert worden ist u. a. das Verhältnis von → Entwicklung und Außenhandel. Die Entwicklungsländer haben Mitte der 1970er Jahre mit dem Rückenwind der Ölkrise eine → Neue Weltwirtschaftsordnung gefordert, die insbes. an den Rohstoffen als wichtigsten Exportgütern der meisten Entwicklungsländer ansetzte, sind aber damit im wesentlichen gescheitert. Die Prioritäten dürften sich u. a. auch wegen der Erfolge einiger Länder mit betont exportorientierter Entwicklungsstrategie (z. B. Südkorea, Taiwan) verändert haben.

Der A. hat innerhalb regionaler Freihandelszonen und Wirtschaftsgemeinschaften bes. stark expandiert, womit aber auch das Risiko von Protektionismus gegenüber Dritten verbunden ist (z. B. Agrar»markt« der EU). So wickelt z. B. Deutschland als zweitwichtigster Weltexporteur nach den USA über zwei Drittel seiner Exporte innerhalb der EU ab, auf die auch die wichtigsten handelspolit. Regelungskompetenzen übergegangen sind. Bei den protektionistischen Maßnahmen ist eine Verschiebung weg von klassischen Instrumenten wie Zöllen hin zu Maßnahmen wie «freiwilligen» Vereinbarungen über Exportzurückhaltung oder → Nichttarifären Handelshemmnissen (z. B. gezielte Normungsvorgaben) zu beobachten. Die Anstrengungen zur Handelsliberalisierung im Rahmen des GATT bzw. der institutionell stärker ausgebauten Nachfolgeorganisation → WTO richten sich daher zunehmend auf diesen Bereich. Im Welthandel entfallen ungeachtet der wachsenden Bedeutung des Kapitalverkehrs noch fast 90 % auf den Handel mit Waren und → Dienstleistungen, wobei aber der Dienstleistungsbereich deutlich zunimmt (inzwischen etwa 20 %) und unternehmensbezogen die → Multinationalen Konzerne eine wachsende Rolle spielen, die sich staatl. Steuerungsmaßnahmen am leichtesten entziehen können.

→ Entwicklungspolitik; Imperialismus; Internationale Arbeitsteilung; Internationale Beziehungen; Marktwirtschaft

Lit.: *Berg, H.* [7]1999: Außenwirtschaftspolitik, in: *Bender, D.* u. a. (Hrsg.): Vahlens Kompendium der Wirtschaftstheorie und Wirtschaftspolitik, Mchn. *Bhagwati, J. N.* 1991: The World Trading System at Risk, NY. *Bletschacher, G./Klodt, H.* 1992: Strategische Handels- u. Industriepolitik, Tüb. *Frey, B. S.* 1985: Internationale Polit. Ökonomie, Mchn. *Glismann, H. H.* u. a. [4]1992: Weltwirtschaftslehre, Bd. 1: Außenhandels- und Währungspolitik, Gött. *Katzenstein, P. J.* 1986: Between Power and Plenty, Madison. *Lewis, W. A.* 1978: The Evolution of the International Economic Order, Princeton. *Rosecrance, R.* 1987: Der neue Handelsstaat. Herausforderungen für Politik und Wirtschaft, Ffm. *Siebert, H.* [7]2000: Außenwirtschaft, Stg. *Spero, J. E.* [5]1996: The Politics of International Economic Relations, L. *Verdier, D.* 1994: Democracy and International Trade, Princeton. *Weck-Hannemann, H.* 1992: Polit. Ökonomie des Protektionismus, Ffm. u. a.

Uwe Andersen

Außenpolitik, die Politik, mit Hilfe derer die im → Nationalstaat organisierte Gesellschaft ihre Interessen gegenüber anderen Staaten, d. h. im internat. System (→ Internationale Beziehungen) durchsetzt. A. im klassischen Sinn sind die Aktivitäten oder Unterlassungen einer Regierung gegenüber einer anderen, die in ihrer Gesamtheit ein Beziehungsmuster konstituieren. Unter A. wird auch die Mitarbeit einer Regierung in multi-, supra- und internat. Organisationen, z. B. UNO, OECD, WTO, EU, NATO, OSZE, bzw. bei Aktivitäten von *Global → Governance* verstanden.

A. im Sinne gouvernementalen Außenverhaltens unterliegt der Kompetenz der Außenministerien und äußert sich in Staatsbesuchen, Vertragsabschlüssen oder Übereinkünften mit anderen Regierungen und in den Erscheinungsformen des diplomatischen Verkehrs. Unter A. i. w. S. müssen auch diejenigen Aspekte von Wirtschafts-, Verteidigungs- und Kulturpolitik verstanden werden, die grenzüberschreitenden Charakter oder Folgen haben, da A. zunehmend als

Verbindung von Herrschafts-, Sicherheits- und Wohlfahrtsinteressen gegenüber dem äußeren Umfeld verstanden und realisiert wird. Ferner erstreckt sich A. auf nichtstaatl. Verhalten wie Tourismus, Tätigkeiten von transnat. Konzernen, Aktivitäten von nichtstaatl. polit. Organisationen wie Parteienzusammenschlüsse, sofern sie staatl. Interessen berühren. Zu ihrer Vorbereitung, Durchsetzung und Absicherung kann A. sich auch nichtgouvernementaler Akteure wie → Parteien, Parteienstiftungen, Wirtschaftsunternehmen usw. bedienen (z. B. Ostpolitik der BRD).

Die Trennung von → Innenpolitik und A. ist historisch und durch die Unterschiede der internat. und intranat. Ordnung erklärbar. A. war und ist das Reservat der Exekutive, d. h. mit der Verteidigungspolitik derjenige Bereich, den die Monarchie den Parlamentarisierungsstrategien des Bürgertums vorenthalten konnte. Auch beim Übergang zur Republik konnte A. von den in der Innenpolitik gebräuchlichen parlamentarischen Kontroll- und Initiativmöglichkeiten weitgehend freigehalten werden. Sie unterliegt zudem anderen Regeln. Während das innerstaatl. Leben durch Gesellschaftsvertrag, → Gewaltmonopol, sanktionierte Regelmechanismen und kontrollierte Kompetenzhierarchien geordnet ist (→ Gewaltenteilung), unterliegt A. aufgrund des geringeren Organisations- oder Vergemeinschaftungsgrades einer ungleich größeren Handlungsfreiheit. So erlaubt das internat. System z. B. bei der Konfliktlösung sowohl die kriegerische Unterwerfung als auch den friedlichen Kompromiß.

A. und internat. Politik sind in erster Linie analytisch bedingte Begriffe, die verschiedene Aspekte eines polit. Zusammenhangs erklären. Mit A. nimmt der staatl. Akteur im internat. System seine Interessen wahr, reagiert auf die aus den Strukturen, Entwicklungen und Handlungsspielräumen resultierenden Anreize. A. ist also die Verengung internat. Politik aus der Interessenlage des → Nationalstaates. Internat. Politik ist aber nicht nur die Summe aller Außenpolitiken, sondern auch der ihnen zugrundeliegenden und der von ihnen beeinflußten Ordnungsstrukturen, Verhaltensmuster und Systemtrends. Ein außenpolit. Vorgang muß also auf drei Analyseebenen untersucht werden: 1. in bezug auf seine innergesellschaftl. Zusammenhänge, 2. in bezug auf die nationalstaatl. Interessenlage und 3. in bezug auf Bedingungen und Folgen für das internat. System.

Die Theoriebildung ist in der noch jungen Teildisziplin Internat. Beziehungen noch wenig vorangekommen. Zur Analyse von A. haben sich bislang fünf Ansätze herausgeschält, die sich gegenseitig ergänzen. (1) Der machtpolit. Ansatz untersucht A. unter der Fragestellung, inwieweit diese dem Erhalt, dem Ausbau und der Absicherung von Machtpositionen dient. Regionale und internat. → Macht dient dabei den jeweiligen nationalstaatl. Interessen und hängt von den zur Verfügung stehenden wirtschaftl. und militärischen Kapazitäten ab, die durch Allianzbildung, polit. Strategie und diplomatische Taktik vergrößert werden können. Der machtpolit. Ansatz untersucht die Weltgesellschaft unter den nat. Herrschafts- und Ordnungsinteressen, vernachlässigt aber häufig die strukturellen Zusammenhänge des internat. Systems. (2) Der Aktions-Reaktions-Ansatz geht auf die behavioristische Denkschule zurück und findet sich häufig in quantitativ vorgehenden Arbeiten und der Ereignisanalyse. Er erklärt A. als Reaktion des Nationalstaates auf einen von außen kommenden, als solchen nicht mehr hinterfragten Anreiz. Er hat wichtige Beiträge zur Klassifizierung von Verhaltensweisen geliefert, wird aber wegen seines Mangels an inhaltlichen Fragestellungen, Herrschaftsanalyse und strukturellen Ursachen kritisiert. (3) Der Entscheidungsprozeßansatz geht hier weiter. Er konzentriert sich auf den außenpolit. Entscheidungsprozeß bzw. die Genese von A. in ihrem institutionellen Rahmen. Er untersucht i. d. R. auch, welche in- und ausländischen Gruppen bzw. Institutionen in welcher Weise ihre Interessen einbringen. (4) Der Ziel-Mittel-Ansatz, der die Ziele und die ihnen zugeordneten Mittel von A. untersucht, kann über die Erfassung empirischer Zusammenhänge hinaus die Zweckrationalität, die Kosten-Nutzen-Beziehung und schließlich den Wertbezug des außenpolit. Ziel-Mittel-Kataloges eines Landes analysieren. Er kann auch Aussagen über Erfolgsmöglichkeiten einer bestimmten A. treffen, wenn er Handlungsspielräume, Akteurskonstellationen und Systemtrends ausreichend berücksichtigt. Schließlich eignet sich der Ziel-Mittel-Ansatz auch zur Längsschnittanalyse und zum Vergleich. (5) Der Bedingungsstrukturansatz konzentriert sich auf die strukturellen Bedingungsfaktoren für A., die Inhalt, Ziele und Reichweite langfristig bestimmen. Zu solchen Faktoren gehören z. B. geographische Lage, Rohstoffabhängigkeit, Wirtschaftsstruktur und Entwicklungsdynamik, historische Bindungen, außenpolit. einsetzbare wirtschaftl. und militärische Kapazitäten usw.

Selbst in den modernen → Demokratien ist Außen- und → Sicherheitspolitik nach wie vor eines der letzten Reservate der Exekutive. Die Praxis der → Gewaltenteilung gibt der Regierung in diesem Bereich einen wesentlichen polit. Handlungsvorsprung, was mit dem geringen Maß an parlamentarischer Kontrolle und Einflußnahme, der kaum vorhandenen kritischen → Öffentlichkeit und dem geringen Informations- und Betroffenheitsgrad zusammenhängt. Dieses Demokratiedefizit kann mit der Geschichte der pluralistischen Demokratie erklärt werden: In der bürgerlichen Revolution gelang es der Monarchie, wenigstens die Diplomatie und das Militär der unmittelbaren Partizipation des Bürgertums zu entziehen. Dies blieb im wesentlichen auch beim Übergang zur Republik unverändert. Neuere Entwicklungen deuten aber auf eine stärkere Kontrolle bzw. Beschneidung dieses Regierungsmonopols hin. In den USA ist z. B. im Zusammenhang mit dem Vietnam-Krieg die außenpolit. und insbes. die Kriegsführungskompetenz des Präsidenten durch den Kongreß eingeschränkt worden. Friedensbewegungen haben in außen- und sicherheitspolit. Fragen Öffentlichkeit und Betroffenheit hergestellt und durch die von ihnen ausgelösten Akzeptanzkrisen polit. → Eliten und Parlamente zu einem stärkeren Engagement in diesen Fragen bewegt. Internat. Parteienkooperation und die Bemühungen des Europäischen Parlaments um gerade angesichts des GASP-Projektes mehr parlamentarische Kompetenzen sind weitere Anzeichen für diese Entwicklung.

Parlament, Öffentlichkeit, Parteien und polit. Bewegungen sind dabei nicht nur A. unmittelbar beeinflussende Akteure, sondern selbst Objekte und Bezugspunkte von A. anderer Länder geworden. So werden also auch Akteure im gouvernementalen Vorfeld für die außenpolit. Willensbildung wichtiger, wobei die Folgen für die institutionalisierte Kompetenzverteilung, Akzeptanzbereitschaft und demokratische Beteiligung noch nicht abzusehen sind. → Demokratisierung von A. ist aber nicht nur eine Frage der Willensbildung, sondern betrifft auch polit. Inhalte. Westl. Demokratien berufen sich traditionell auf ihren Friedenswillen, und auch die realsozialistischen Systeme hatten dies stets getan. Demnach ist die Schutzfunktion des Staates nach außen gleichzeitig eine positive Ordnungsfunktion in bezug auf die Weltgesellschaft. Insbes. Friedensforschung und Friedensbewegung haben diesen polit. Anspruch mit der sicherheits- und außenpolit. Wirklichkeit konfrontiert. Sie sind dabei zu dem Ergebnis gekommen, daß selbst angesichts der bestehenden Unvollkommenheiten des Staatensystems ein Mehr an konkreter → Friedenspolitik machbar sei. → Frieden wird dabei nicht nur als die Abwesenheit von → Gewalt, d. h. als Nichtkrieg, sondern auch als der Aufbau gerechter internat. Strukturen im wirtschaftl., polit. und gesellschaftl. Bereich verstanden. A. hat demnach die Aufgabe, z. B. durch eine stärkere Hinwendung zum zweiten, d. h. gemeinschaftlich orientierten Grundtypus auf der einen Seite militärische Gewalt – d. h. den Willen und die Fähigkeit dazu – aus der Staatenwelt schrittweise zu verbannen und gleichzeitig den polit. Willen und die Fähigkeit zur friedlichen Konfliktlösung und zum Abbau von Konfliktpotenzialen im Sinne von *better global governance* zu schaffen. Dabei wird in Anlehnung an den Begriff → Zivilgesellschaft neuerdings auch von «Zivilisierung» gesprochen (*Maull* 1992). Die Ersetzung des negativen durch den positiven Friedensbegriff bezieht sich dabei auf das Ost-West- und das innereurop. Verhältnis ebenso wie auf den Nord-Süd-Konflikt und die Frage einer internat. Neuen Politischen Ordnung. Ob und wieweit sich ein solches außenpolit. Erkenntnisinteresse durchsetzt und inwieweit der proklamierte Wertbezug moderner Politik in Wirklichkeit umgesetzt wird, bleibt abzuwarten. Die Menschenrechtspolitik der US-amerikan. *Carter*-Administration, die Nichteinmischungsforderungen der OSZE und internat. Eingriffe wie *peace-keeping* und *peace-establishing* sind Beispiele für diesen neuen Wert- und globalen Ordnungsbezug in der A., auch wenn sie damit allein nicht vollständig erklärt werden können.

Lit.: *Barrios, H.* 1999: Die Außenpolitik junger Staaten in Südamerika, Opl. *Czempiel, E.O.* 1981: Internationale Politik, Paderborn. *Czempiel, E. O.* ²1992: Weltpolitik im Umbruch, Mchn. *Czempiel, E. O.* 1999: Kluge Macht. Außenpolitik für das 21. Jahrhundert, Mchn. *Haftendorn, H.* 1978: Verwaltete Außenpolitik, Köln. *Maull, H. W.* 1992: Zivilmacht Bundesrepublik Deutschland, in: EA, 10, 269–278.

Reimund Seidelmann

Außenwirtschaft, die Gesamtheit der grenzüberschreitenden Wirtschaftsbeziehungen eines Landes, deren zahlenmäßiger Ausdruck die → Zahlungsbilanz ist.

Die A. unterliegt als Element → Internationaler Arbeitsteilung und der damit verbundenen Abhängigkeiten kontroversen Bewertungen und kann sowohl ökon. (Wohlstandssteigerung) wie auch polit. (offensiv internat. Machtsteigerung, defensiv z. B. nat. Sicherheit) Zielen dienen. Ein eingeengteres, eher technisches Ziel ist im Rahmen des → Magischen Vielecks das außenwirtschaftliche → Gleichgewicht.

Das Ausmaß staatl. Steuerungsversuche der A. ist von ökon. und polit. Grundwertungen wie auch nat. und internat. Interessenkonfigurationen abhängig und reicht idealtypisch vom staatl. Außenwirtschaftsmonopol (z. B. frühere Ostblockstaaten) bis zum vollständigen Verzicht auf Eingriffe (→ Freihandel). Instrumentell wird v. a. auf Außenhandels- und → Währungspolitik zurückgegriffen.

Die Bedeutung der A. ist seit der → Industriellen Revolution trotz Schwankungen tendenziell ständig gewachsen. Nach dem II. Weltkrieg hat das westl. dominierte, relativ liberale, marktorientierte Weltwirtschaftssystem verstärkt durch den Globalisierungsschub nach 1989 zu einem quantitativ wie qualitativ neuen Niveau internat. privatwirtschaftl. Integration geführt (→ Globalisierung). Damit sind zugleich die einzelstaatl. Steuerungschancen der A. stark reduziert und nur partiell durch regionale (insbes. EU) und globale Steuerungsorganisationen (insbes. die Trias IWF, Weltbank und GATT/WTO) kompensiert worden.

→ Außenhandel/Außenhandelspolitik.

Lit.: → Außenhandel/Außenhandelspolitik.

Uwe Andersen

Äußere Sicherheit → Sicherheit

Außerparlamentarische Opposition, polit. Gruppierung, die außerhalb des → Parlaments und d. h. regelmäßig auch außerhalb der etablierten Formen und Verfahren des → Politischen Systems auf grundlegende Veränderung zielt.

Als APO abgekürzt Bezeichnung für die Bewegung in der zweiten Hälfte der 1960er Jahre, in der sich v. a. Teile der Studentenschaft der Bundesrepublik (sowie in anderen westl. Demokratien) nach zunächst inneruniversitären Konflikten gegen die als autoritär bezeichneten Herrschaftsstrukturen in Staat und Gesellschaft wandten. Der Vietnamkrieg, die Auseinandersetzung mit dem → Nationalsozialismus der Elterngeneration, die als freiheitsgefährdend empfundene Pressekonzentration und die → Notstandsgesetzgebung der Großen Koalition, die als solche die kritisierten Verkrustungen im polit. «Establishment» verkörperte, die innerparlamentarische → Opposition wirkungslos machte und damit die parlamentarische Repräsentationsaufgabe verfehlte, motivierten die Bewegung zu Protesten und Demonstrationen mit begrenzten Regelverletzungen, z. T. unter Einschluß von → Gewalt. Die ohnehin gering organisierte APO zerfiel nach dem Regierungswechsel 1969. Viele Anhänger traten den «Marsch durch die Institutionen» der sozial-liberalen Ära an, andere bildeten den Kern der später erstarkenden Neuen → Sozialen Bewegungen, ein kleiner Teil schloß sich radikalsozialistischen und marxistisch-leninistischen Splittergruppen an, einzelne wurden zu Terroristen, insbes. der RAF (Rote Armee Fraktion).

Lit.: → Opposition.

Suzanne S. Schüttemeyer

Aussperrung, Instrument der Arbeitgeber im Bereich der Arbeitskampfmaßnahmen: Damit ist die von einem oder mehreren Arbeitgebern oder einem Arbeitgeberverband zielgerichtet und planmäßig durchgeführte, i. d. R. gegen einen von den → Gewerkschaften als Vertreter der Lohnabhängigen organisierten Streik gerichtete Ausschließung einer größeren Zahl von Arbeitnehmern von der → Arbeit und damit vom Lohn bzw. Gehalt gemeint, allerdings verbunden mit dem Willen, das Arbeitsverhältnis nach Beendigung des Arbeitskampfes fortzusetzen.

In D ist A. nur zur Abwehr eines → Streiks zulässig (Abwehraussperrung), nach der (allerdings selbst strittigen) Rechtsprechung des Bundesarbeitsgerichts ist die A. nicht erlaubt. A. hat sich am Verhältnismäßigkeitsprinzip zu orientieren und darf grundsätzlich die Grenzen eines Tarifgebiets, in dem gestreikt wird, nicht überschreiten.

Lit.: → Arbeitsbeziehungen.

Peter Lösche

Auswahlverfahren, Bezeichnung für die systematische Vorgehensweise zur Bestimmung der Einheiten einer Stichprobe. Üblicherweise werden diese nach dem zugrundeliegenden Auswahlprinzip in die zwei Gruppen der zufallsgesteuerten und der nichtzufallsgesteuerten Verfahren eingeteilt. Die folgende Abbildung 1 erfaßt die wichtigsten Varianten, die sich jeweils nach der Art der Anweisung für die Durchführung des Auswahlprozesses unterscheiden.

1. Nichtzufallsgesteuerte Auswahlverfahren: (1) Willkürliche Auswahl: Im Alltagsverständnis wird häufig «Zufallsauswahl» gleichgesetzt mit willkürlicher, «aufs Geratewohl» vorgenommener Wahl der zu untersuchenden Fälle (etwa Passanten, die «zufällig» vorbeikommen). Diese Alltagsvorstellung ist insofern irrig, als ja gerade nicht ein «kontrollierter Zufallsprozeß» darüber entscheidet, ob ein Element der Grundgesamtheit in die Stichprobe kommt, sondern ausschließlich die willkürliche, durch keinen Auswahlplan kontrollierte Entscheidung der auswählenden Person maßgebend ist. Willkürliche «Auswahlen» gelten für wiss. Zwecke im allgemeinen als wertlos; es existiert kein Kriterium für die Verallgemeinerbarkeit so gewonnener Daten.

(2) Auswahl «typischer Fälle»: Das *Sample* beschränkt sich auf relativ wenige, als «typisch» oder «charakteristisch» für die Grundgesamtheit angesehene Untersuchungsobjekte (etwa: Führung von Haushaltsbüchern zur Erhebung der Lebenshaltungskosten in ausgewählten 3- bis 4-Personen-Haushalten mit durchschnittlichem Einkommen).

(3) Auswahl von «Extremgruppen»: Die Stichprobe beschränkt sich auf solche Einheiten, bei denen das interessierende Untersuchungsmerkmal besonders stark bzw. besonders gering ausgeprägt ist (etwa Personen oder Personengruppen mit besonders intensiver und mit besonders geringer «politischer Teilhabe»).

(4) Auswahl nach dem Konzentrationsprinzip: Es werden für das Untersuchungsproblem besonders bedeutsame, ins Gewicht fallende Einheiten ausgewählt (z. B. Beschränkung auf Unternehmen mit großem Marktanteil, auf Zeitungen mit hoher Auflage).

Die Auswahlverfahren (2) bis (4) setzen Kenntnisse über die Grundgesamtheit voraus. Sie eignen sich insbesondere für eine erste Prüfung von Hypothesen sowie zur Untersuchung neuartiger Trends. Die «Extrem-

Abbildung 1: Auswahlverfahren

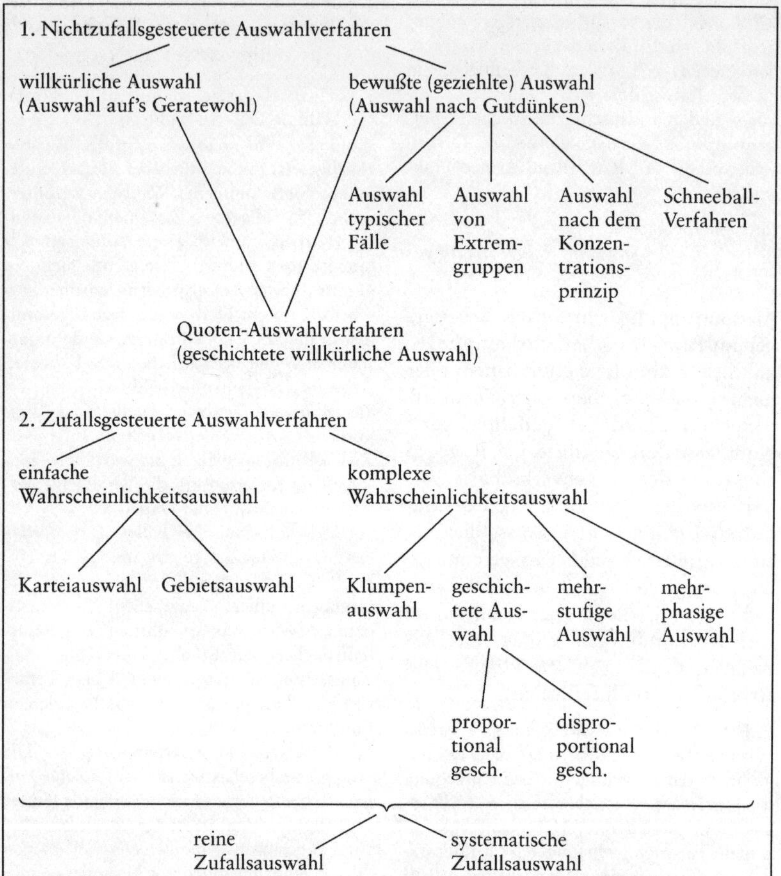

gruppen» -Auswahl bietet sich zudem für explorative Untersuchungen und für die Analyse von Minoritäten an.

(5) «Schneeball-Verfahren»: Ausgehend von einer ersten Zielperson läßt sich der Interviewer vom Befragten weitere Personen nennen, die bestimmte vorgegebene Merkmale aufweisen (sinnvoll z. B. zur Ermittlung sozialer Netzwerke).

(6) Quotenauswahl: Sie ist ein vor allem in der Markt- und Meinungsforschung (Demoskopie) häufig angewandtes Auswahlverfahren. Auch die Planung eines Quoten*samples* verlangt vorab Kenntnisse über die empirische Verteilung wichtiger Bevölkerungsmerkmale in der Grundgesamtheit («Quotierungsmerkmale»; üblicherweise soziodemographische Variablen). Anhand dieser Quotierungsmerkmale wird das angestrebte Sample so geschichtet, daß es in seiner Zusammensetzung die Struktur der Bev. widerspiegelt. Innerhalb der durch den Quoten-

plan festgelegten Verteilung von Merkmalen allerdings können die Interviewer ihre Zielpersonen willkürlich auswählen. Insofern ist dieses Verfahren charakterisierbar als «geschichtete willkürliche Auswahl». Um die Gefahr systematischer Verzerrungen zu minimieren, sind die Interviews auf eine Vielzahl von Interviewern mit möglichst unterschiedlichen Personenmerkmalen aufzuteilen. Ein Quoten*sample* ist zunächst nur hinsichtlich der verwendeten Quotierungsmerkmale als eine maßstäbliche Verkleinerung der Grundgesamtheit anzusehen. Für die darüber hinausgehende Verallgemeinerbarkeit der Ergebnisse muß gewährleistet sein, daß die eigentlich interessierenden Variablen möglichst eng mit den Quotenmerkmalen korrelieren. Als besondere Probleme dieses Verfahrens gelten: Der Auswahlfehler ist nicht berechenbar; es bestehen kaum Möglichkeiten der Interviewerkontrolle; es treten systematische Ausfälle auf (schwer erreichbare Personen und Personengruppen werden bei diesem Verfahren seltener erfaßt). Andererseits wird von kommerziellen Instituten auf repräsentative Resultate beim Einsatz von Quoten*samples* verwiesen.

2. Zufallsgesteuerte Auswahlverfahren: Jedes der folgenden Verfahren kann entweder als «reine» oder als «systematische» Zufallsauswahl durchgeführt werden. Bei der reinen Zufallsauswahl wird jedes einzelne Element der Stichprobe nach dem Zufallsprinzip bestimmt (Beispiele: Lostrommel, Verwendung von Zufallszahlen). Bei einer systematischen Zufallsauswahl dagegen wird nur das erste Element der Stichprobe zufällig ermittelt; dieses dient als Startpunkt für die dann folgende systematische Ziehung der weiteren Einheiten (so kämen bei einer 1%-Auswahl und z. B. der Ziffer 57 als zufällig bestimmter Startzahl der 57., 157., 257. usw. Fall in die Stichprobe).

Unter einfachen Zufallsauswahlen versteht man solche, bei denen das Verfahren unmittelbar auf die nicht vorab strukturierte Gesamtheit der Einheiten angewendet wird, die für die Auswahl in Betracht kommen. Bei komplexen Auswahlen dagegen wird entweder die Grundgesamtheit zur Erzielung präziserer Ergebnisse nach festgelegten Kriterien strukturiert (Schichtung) oder/und der Auswahlprozeß läuft in mehreren Durchgängen ab (mehrstufige Auswahl).

(1) Karteiauswahl: Hierbei fungieren Karteikarten oder Eintragungen in Listen als «symbolische Repräsentation» für die Einheiten der Grundgesamtheit. Der Auswahlplan wird auf die Gesamtheit der Karteikarten oder Listeneintragungen angewendet. Umfassende «Karteien» sind z. B. die Einwohnerdateien oder Verzeichnisse von Wahlberechtigten. Bei Karteiauswahlen ist insbesondere darauf zu achten, ob (a) alle Einheiten der angestrebten Grundgesamtheit tatsächlich (in der Kartei/in den Listen) erfaßt sind, (b) die Eintragungen dem aktuellsten Stand entsprechen, (c) keine Mehrfacheintragungen vorkommen. Im Falle einer systematischen Zufallsauswahl ist außerdem zu gewährleisten, daß eine eventuelle systematische Karteiorganisation nicht mit dem verwendeten Auswahlsystem kollidiert.

(2) Gebietsauswahl (Flächenstichprobe, *area sample*): Sie bietet sich v. a. dann an, wenn keine Kartei o. ä. als symbolische Repräsentation für die Erhebungseinheiten zur Verfügung steht. Bei diesem Verfahren wird ein Gebiet – z. B. Stadtgebiet – in eine Vielzahl kleiner, durchnumerierter Flächen (z. B. Planquadrate) unterteilt, die geeignet sind, die interessierenden Erhebungseinheiten (z. B. Gebäude, Flächennutzungen, aber auch Ereignisse oder dort wohnende Haushalte) zu identifizieren. Aus den so definierten Teilflächen wird nach dem Zufallsprinzip eine Teilmenge gezogen. Sollen nicht alle in den ausgewählten Gebieten existierenden Einheiten in die Untersuchung einbezogen werden, kann aus ihnen in einem weiteren Auswahlgang unter Verwendung eines anderen (zufalls- oder nicht zufallsgesteuerten) Verfahrens eine Teilmenge bestimmt werden. Gebietsauswahlen ermöglichen die Analyse von Kontexteffekten, da die Erfassung von Merkmalen zur Beschreibung der Umwelt der Untersuchungsobjekte leicht möglich ist.

(3) Klumpenauswahl *(cluster sample)*: Hier richtet sich der Auswahlvorgang nicht auf die einzelnen Einheiten einer Untersuchung, sondern auf Kollektive von Untersuchungseinheiten, auf zusammenhängende Teilmengen der Grundgesamtheit. Solche Kollektive

(cluster, «Klumpen» von Untersuchungseinheiten) können sein: Haushalte, Arbeitsteams, Nachbarschaften, Sportvereine usw. Charakteristisch ist, daß sich zwar der Auswahlplan auf die «Klumpen» bezieht; Gegenstand der Datenerhebung (Erhebungs-, Untersuchungseinheiten) sind dagegen *nicht* die «Klumpen», sondern deren einzelne Bestandteile, z. B. alle Mitglieder eines Arbeitsteams, alle Bewohner einer Nachbarschaft. Der Vorteil des Klumpenverfahrens liegt neben der Verringerung des Aufwands bei der Zusammenstellung der Stichprobe darin, daß die Einheiten der Untersuchung nicht von ihrem sozialen und räumlichen Kontext isoliert werden. So können zusätzlich zu den üblichen aggregierbaren Aussagen über Mengen von Merkmalsträgern auch darüber hinausgehende Erkenntnisse über spezifische Bedingungen in Teilkollektiven gewonnen werden.

(4) Geschichtete Auswahl *(stratified sample):* Bei einem geschichteten Auswahlverfahren wird zunächst die Grundgesamtheit in mehrere Teil-Gesamtheiten zerlegt, um dann aus ihnen jeweils eine einfache (reine oder systematische) Zufallsauswahl zu ziehen. Das Verfahren setzt Kenntnisse über die empirische Verteilung des Schichtungsmerkmals (der Schichtungsmerkmale) in der Grundgesamtheit voraus. Bei proportional geschichteten Auswahlen entsprechen die Anteile der Teilgruppen in der Stichprobe genau denen in der Grundgesamtheit (gleicher Auswahlsatz für alle Teil-Grundgesamtheiten). Bei disproportional geschichteten Auswahlen gelten dagegen für die definierten Teilgesamtheiten unterschiedliche Auswahlsätze: Gruppen, die in der Grundgesamtheit zahlenmäßig nur gering vertreten sind, werden in der Stichprobe überrepräsentiert; Gruppen, die in der Grundgesamtheit stark vertreten sind, werden unterrepräsentiert. So können auch für Bevölkerungsminderheiten Datenmengen erhoben werden, die in statistisch sinnvoller Weise auswertbar sind, ohne daß der benötigte Stichprobenumfang stark anwächst. Auch repräsentative Hochrechnungen auf die Grundgesamtheit bleiben weiterhin – bei geeigneter Gewichtung – möglich.

(5) Mehrstufige Auswahlverfahren *(multistage sample):* Bei einer mehrstufigen Auswahl wird der Auswahlplan nicht unmittelbar auf die «letzten» Auswahleinheiten angewendet. Der Auswahlprozeß umfaßt vielmehr mehrere Durchgänge bzw. «Stufen». Beispiel: erste Auswahlstufe – Bundestagswahlkreise; zweite Auswahlstufe – Stimmbezirke; dritte Auswahlstufe – wahlberechtigte Personen. Die Erhebungseinheiten (über die Daten gewonnen werden sollen) sind hierbei erst auf der letzten Stufe mit den Auswahleinheiten identisch. Der Vorteil eines mehrstufigen Verfahrens ist, daß nicht die vollständige Grundgesamtheit der Untersuchungsobjekte über eine Kartei (Datei, Liste) erfaßt sein muß.

(6) Mehrphasenauswahl *(multi-phase sample)*: Bei diesem Verfahren werden aus einer vorhandenen größeren Stichprobe weitere (kleinere) Stichproben gezogen. Dabei sind die Auswahleinheiten der aufeinander folgenden Auswahlphasen – im Unterschied zur mehrstufigen Auswahl – immer die gleichen (z.B. Haushalte). Der Vorzug der Mehrphasenauswahl besteht darin, daß zunächst auf der Basis einer großen Zahl von Untersuchungseinheiten (1. Auswahlphase) einige wenige besonders wichtige und/oder leicht erhebbare Merkmale gemessen und ausgewertet werden. Die Ergebnisse liefern die Kriterien für die Ziehung von Sub-Stichproben (2. oder weitere Auswahlphasen), bei denen umfangreichere, aufwendigere Erhebungsinstrumente verwendet und differenziertere Fragestellungen untersucht werden.

(7) Master sample und «Verfahren des Zufallswegs»: Für die praktische (kommerzielle) Marktforschung wäre es nicht nur sehr aufwendig, sondern auch problematisch, wenn jedes Institut unkoordiniert seinen eigenen Auswahlplan für Repräsentativstichproben erstellte. Zum Beispiel könnte es vorkommen, daß kurz aufeinanderfolgend Befragungen mehrerer Institute bei den gleichen Haushalten stattfinden. Daher hat sich schon frühzeitig ein Arbeitskreis Deutscher Marktforschungsinstitute (ADM) konstituiert und erstmals 1970/71 einen koordinierten Stichprobenplan *(master sample)* erstellt. Er umfaßt eine Vielzahl koordinierbarer, geschichteter, mehrstufiger Stich-

Tabelle 1: Vor- und Nachteile verschiedener Auswahlverfahren

Verfahren	Vorteile	Nachteile
nicht zufallsgesteuerte Auswahlen	geringer Aufwand, geringe Kosten; umfangreiche Informationssammlung über besonders «interessante» Fälle	keine statistische Kontrolle des Auswahlfehlers; unsichere Generalisierbarkeit der Ergebnisse
Quotenauswahl	schnelle Durchführung; aktuelle Ergebnisse; bei hinreichend großem und gut geschultem Interviewerstab relativ «repräsentative» Ergebnisse, sofern Standardfragestellungen analysiert werden	Verzerrung der Auswahl durch Persönlichkeitsmerkmale der Interviewer möglich; Interviewer nicht kontrollierbar (kaum Kontrollinterviews möglich); zur Vorgabe der Quoten sind Informationen über die Grundgesamtheit erforderlich; Quotierungsmerkmale müßten zur Sicherung generalisierbarer Ergebnisse mit den Untersuchungsmerkmalen korrelieren
zufallsgesteuerte Auswahlen	repräsentative Ergebnisse; Auswahlfehler kann statistisch berechnet und damit kontrolliert werden; Auswahl unabhängig von Ermessensentscheidungen der Interviewer	Zufallsstichproben schwierig durchzuführen; Ersetzen von «Ausfällen» problematisch; längere Vorbereitung und Durchführung, dadurch höhere Kosten, geringere Aktualität
einfache Wahrscheinlichkeitsauswahlen	leichte Berechnung des Auswahlfehlers durch direkte Schätzung der Größen für die Gesamtheit aus den Stichprobenwerten; keine Informationen über Merkmale der Grundgesamtheit erforderlich	keine Anpassung des Auswahlverfahrens an den Untersuchungsgegenstand, keine Berücksichtigung von «Extremgruppen» möglich (höhere Kosten, geringere Aussagekraft bei gegebender Stichprobengröße)
komplexe Wahrscheinlichkeitsauswahlen	Anpassung des Auswahlverfahrens an die Untersuchungsfragestellung möglich (Verringerung der Kosten, Erhöhung der Aussagekraft)	zum Teil komplizierte Berechnung des Auswahlfehlers, da die Einheiten der Gesamtheit unterschiedliche (aber bekannte) Auswahlchancen haben
geschichtete Wahrscheinlichkeitsauswahlen	durch Herstellung homogener Teilgesamtheiten vor der Auswahl kann der Auswahlsatz bei gleichbleibender Genauigkeit verringert werden bzw. bei gleichbleibendem Auswahlsatz wird die Genauigkeit erhöht	Schichtungsmerkmale (für die Fragestellung relevante, theoretisch bedeutsame Merkmale) müssen für die Grundgesamtheit vorliegen
mehrstufige Auswahlen (häufig Kombinationen von Flächen- mit Personenstichproben)	die Grundgesamtheit muß nicht symbolisch repräsentiert werden (z. B. durch Karteien); Informationen über Merkmalsverteilungen in der Grundgesamtheit sind nicht erforderlich; Einbeziehung des Raums als Untersuchungsgegenstand sowie Klumpenbildung möglich; Zeit- und Kostenersparnis, bessere Interviewerkontrolle	keine zusätzlichen spezifischen Nachteile erkennbar

proben zur Konstruktion eines «Riesen-Samples», aus dem die beteiligten Institute nach Bedarf *Teil-Samples* «abrufen» können. Da die Auswahleinheit auf der letzten Stufe ein räumlich zusammenhängendes Gebiet (Bundestagswahl-Stimmbezirk) ist, wird so verhindert, daß sich Erhebungs-Aktivitäten überschneiden. Erst auf dieser letzten Stufe wird die Auswahl der Zielobjekte (Haushalte oder Personen) von den einzelnen Instituten selbst organisiert. Dies kann dadurch geschehen, daß zunächst Adressendateien innerhalb der in Betracht kommenden Stimmbezirke (per Begehung durch Interviewer) erstellt werden, aus denen dann Zufallsstichproben gezogen werden können. Kostengünstiger und häufig angewandt ist das «Verfahren des Zufallswegs» (*Random-Route-Verfahren*). Hierbei werden dem Interviewer in seinem Befragungsbezirk ein (im allgemeinen zufällig ermittelter) Startpunkt sowie präzise Verhaltensanweisungen vorgegeben, wie er von diesem Startpunkt ausgehend seine Zielhaushalte und ggf. die zu befragenden Zielpersonen im Haushalt zu ermitteln hat. Das System ist so vollständig, daß es jeden Ermessensspielraum des Interviewers bei der Bestimmung der zu befragenden Person ausschließt. Werden die Anweisungen eingehalten, erreicht man auf diese Weise eine Art «systematischer Zufallsauswahl» der im Stimmbezirk wohnenden Haushalte bzw. Personen, ohne dabei auf eine Adressenkartei angewiesen zu sein.
In der Tabelle 1 auf Seite 51 sind die Vor- und Nachteile einzelner Auswahltypen stichwortartig zusammengefaßt.

→ Cluster-Analyse; Demoskopie/Umfrageforschung; Panelanalyse; Schätzen, statistisches; Statistik; Stichprobe; Wahrscheinlichkeit.

Lit.: *ADM, Arbeitskreis Deutscher Marktforschungsinstitute* 1979: Master-Stichproben-Pläne für Bevölkerungs-Stichproben in der Bundesrepublik, Mchn. *ADM/AG. MA, Arbeitskreis Deutscher Markt- und Sozialforschungsinstitute/Arbeitskreis Media-Analyse* 1999: Stichproben-Verfahren in der Umfrageforschung, Opl. *Berekoven, L./Ekkert, W./Ellenrieder, P.* 1977: Marktforschung. Methodische Grundlagen und praktische Anwendungen, Wsb. *Böltken, F.* 1976: Auswahlverfahren, Stg. *Fowler, F. J., jr.* 1988: Survey Research Methods, Newbury Park/Beverly Hills. *Friedrichs, J./Wolf, C.* 1990: Die Methode der Passantenbefragung, in: ZfS 19, 46–56. *Kish, L./Verma, V.* 1986: Complete Censuses and Samples, in: Journal of Official Statistics, Vol. 2, 381–395. *Konijn, H. S.* 1973: Statistical Theory and Sample Survey. Design and Analysis, Amsterdam u. a. *Kromrey, H.* [9]2000: Empirische Sozialforschung, Opl. *Noelle-Neumann, E./Petersen, Th.* 1996: Alle, nicht jeder. Einführung in die Methoden der Demoskopie, Mchn. *Schnell, R.* 1991: Wer ist das Volk? Zur faktischen Grundgesamtheit der «allgemeinen Bevölkerungsumfragen», in: KZfSS 43, 106–137.

Helmut Kromrey

Autarkie (von griech. *autárkeia* = Selbstgenügsamkeit, Unabhängigkeit), in der → Wirtschaftspolitik die auf Eigenproduktion setzende, möglichst austauschlose Bedarfsdeckung eines Landes, in den → Internationalen Beziehungen folglich seine wirtschaftl. Eigenständigkeit.

Als wirtschaftspolit. Zielsetzung hat A. infolge der wachsenden Internationalisierung der Wirtschaft (neuerdings → Globalisierung) für die nat. Ökonomien einschl. jener der Entwicklungsländer, denen zeitweilig → Dissoziation vom Weltmarkt empfohlen worden war, an Bedeutung eingebüßt.

Dieter Nohlen

Authentizität (von griech. *authentikós* = echt, den Tatsachen entsprechend; verbürgt), allg. Echtheit, Glaubwürdigkeit; in der Philosophie und Sozialpsychologie den Konzepten der → Identität und → Entfremdung eng verwandt.

Von *A. Etzioni* (1975) wurde der Begriff in die Politikwiss. eingeführt, um mit dem Gegensatzpaar von Authentizität und Inauthentizität die Diskrepanzen zwischen gesellschaftl. wie polit. Realität und deren normativen Grundlagen zu erfassen, die zur Passivität, → Apathie und Entfremdung des Bürgers und zur Instabilität und Desintegration gesellschaftl. Ordnungen führen können.

In der → Demokratie stellt sich A. dann ein, wenn die Prozesse und Institutionen der → Politischen Willensbildung und Entscheidungsfindung glaubwürdig sind, umfassende Partizipationschancen bestehen, der Grad der Wertberücksichtigung individueller und kollektiver Interessen und die Responsivität der Politik hoch sind, und es zu keinen schwerwiegenden Glaubwürdigkeitsproblemen aufgrund unterschiedlicher Situationsdeutungen von Regierenden und Regierten kommt (vgl. *Scharpf* 1993). Neben der (Verteilungs-) → Gerechtigkeit und Effizienz stellt die A. damit ein weiteres wichtiges Element der Integration und Stabilität gesellschaftl. Ordnungen dar.

Lit.: *Etzioni, A.* 1975: Die aktive Gesellschaft, Opl. (engl. 1968). *Scharpf, F. W.* 1993: Versuch über Demokratie im verhandelnden Staat, in: *Czada, R.* u. a. (Hrsg.): Verhandlungsdemokratie, Interessenvermittlung, Regierbarkeit, Opl., 25–50.

Rainer-Olaf Schultze

Autismus (aus griech. *autós* = selbst), allg. krankhafter Zustand extremer Selbstbezogenheit durch den Verlust des Kontaktes zur unmittelbaren und mittelbaren sozialen Umwelt.

Der aus der Psychologie stammende Begriff meint i. w. S. auch die Lernunfähigkeit von Kollektiven, polit. Organisationen und Staaten oder deren Resistenz gegenüber → Sozialem Wandel. In der Politikwiss. werden als autistisch v. a. jene Nationen, Staaten und Gesellschaften bezeichnet, die sich im System → Internationaler Politik und Beziehungen durch Selbstbezogenheit (Innenleitung) auszeichnen.

Das «Autismustheorem» wurde v. a. von *D. Senghaas* entwickelt, der eine Gesellschaft als autistisch bezeichnet, die im Rahmen eines internat. Konfliktes von kollektiven Feindbildern und Bedrohungsängsten geleitet wird, diese in den Konfliktpartner projiziert und entspr. Feindvorstellungen als polit. Realität deutet und so immun gegenüber gegensätzlichen Erfahrungen wird.

→ Angst; Apathie.

Lit.: *Bettelheim, B.* 1987: Die Geburt des Selbst, Ffm. (engl. 1967). *Senghaas, D.* [2]1981: Abschreckung und Frieden, Ffm. (zuerst 1969).

Ulrike C. Wasmuth

Autokephal (von spätgriech. *autoképhalos* = selbständig), allg. eine eigenständige, mit eigenem Oberhaupt versehene Herrschaft.

In *Max Webers* soziologischen Grundbegriffen die nach eigener Ordnung des Verbands (des polit. Körpers) geregelte Bestellung seiner Leiter sowie des Verbandsstabes, und nicht, wie bei der Heterokephalie, durch Außenstehende.

Dieter Nohlen

Autokorrelation → Korrelation

Autokratie (von griech. *autós* = selbst und *krátein* = herrschen), Selbstherrschaft bzw. selbstherrliche, an keine Schranken gebundene Machtausübung durch eine Einzelperson (Autokrat).

A. dient als klassifikatorischer bzw. Gattungsbegriff in der → Vergleichenden Regierungslehre. In Dichotomie zu Konstitutionalismus (geteilte und kontrollierte Machtausübung) umfaßt A. → Politische Systeme, in denen nur ein einziger Machtträger vorhanden ist. Nach *K. Lowenstein* (1968: 28) kann dieser «eine Einzelperson (Diktator), eine Versammlung, ein Komitee, eine Junta oder eine Partei sein. Weil es keine weiteren, von ihm unabhängigen Machtträger gibt, ist die Ausübung der Macht nicht geteilt, sondern in einer Hand vereinigt. Es bestehen auch keine wirksamen Kontrollen der Macht (…) seine Macht ist absolut (…) der Wettbewerb anderer Ideologien und der sie

vertretenden sozialen Kräfte ist ausgeschaltet.»
A. dient auch als komparativer bzw. Ordnungsbegriff zur Bewertung des Autokratie- oder Demokratiegehalts polit. Systeme, der mittels einer Autokratie-Skala (*T. R. Gurr* u. a.) zu messen versucht wird.

→ Staatsformen.

Lit.: *Loewenstein, K.* ²1968: Verfassungslehre, Tüb.

Dieter Nohlen

Automatische Methode, die Vergabe von Mandaten nach absoluten Zahlen der auf die Parteien entfallenen Stimmen (→ Wahlsystem).

Dieter Nohlen

Autonomie (von griech. *autonomía* = Selbständigkeit, Unabhängigkeit), allg. die Fähigkeit von Individuen, Gruppen, Organisationen, Unternehmen, Staaten, ihre Ziele und Entscheidungsprämissen im Verhältnis zur jeweiligen Umwelt soweit wie möglich selbst zu bestimmen.

Im → Internationalen Recht die vertraglich gesicherte → Selbstbestimmung eines Territoriums oder einer Bevölkerungsgruppe innerhalb eines Staates, meist aus Gründen des → Minderheitenschutzes. In der → Systemtheorie eine der Grundannahmen, derzufolge jedes gesellschaftl. ausdifferenzierte System eine relative A. in der Erfüllung bestimmter Funktionen besitzt und über ein symbolisch generalisiertes Austausch- und Steuerungsmedium als Zusatzcode zur Sprache verfügt. Die A. des → Polit. Systems besteht darin, daß es funktional auf die Herstellung allgemeinverbindlicher Entscheidungen zur Lösung öff. Probleme ausgerichtet und mit dem Durchsetzungsmittel für legitim gehaltener → Macht ausgestattet ist. Im → AGIL-Schema von *T. Parsons* wird das polit. System dem G-Quadranten der Zielerreichung und Zielselektion zugeordnet. Mit der funktionalen Differenzierung in Teilsysteme (→ Subsystem) ist zugleich konstatiert, daß kein Funktionssystem direkten Einfluß auf ein anderes ausüben kann oder einen Vorrang innehat.

→ Differenzierung; Goal attainment.

Rainer-Olaf Schultze/ Arno Waschkuhn

Autopoiesis, (griech.: selbst schaffend) steht im Kontext der → Erklärung von Entwicklungsprozessen in Natur und Gesellschaft, ihrer Entstehung, Ausdifferenzierung, Dynamik und ihres Wandels.

Entstanden in den 1930er Jahren im Zusammenhang mit neuen Ansätzen der Thermodynamik nichtlinearer Prozesse, die Entwicklungsprozesse als selbstorganisierende Prozesse thematisieren, charakterisiert A. seit den 1960er Jahren auch ein erfahrungswiss. Forschungsprogramm, in dem versucht wird, ohne Rückgriff auf Transzendentes die Entstehung von Ordnungen zu simulieren (Selbstorganisationsmodelle) und zu erklären (Selbstorganisationstheorien). Selbstorganisationsmodelle sind analytische → Konstrukte, deren naturwiss. Varianten (Synergetik, → Chaostheorie) in mathematischer Sprache abgefaßt sind, während sie in den Sozialwiss. zumeist «nur» in qualitativer Sprache verfaßt sind. Das am häufigsten rezipierte sozialwiss. Selbstorganisationsmodell ist die von den chilenischen Neurobiologen *H. Maturana* und *F. Varela* entwickelte «Theorie der Autopoiese», die sich auf alle «lebenden» Phänomene bezieht. Der Begriff der A. wird daher in der Politikwiss. primär als Kurzform für diese Konzeption verwendet.
Die Theorie der Autopoiese ist ein systemtheoretisches Modell, mit dessen Hilfe die Entstehung und die Dynamik komplexer sozialer Strukturen konstruiert und simuliert wird. Soziale Systeme gehören zur Teilmenge der autopoietischen Systeme, die sämtlich eine autopoietische Organisation aufweisen. Diese besteht darin, daß die Elemente autopoietischer Systeme von den Relationen (der Spezifität, der Konstitution und der Ordnung) des Systems selbst er-

zeugt werden, und umgekehrt erzeugen die Elemente die Relationen. Jedes autopoietische System bedarf zu seiner konkreten Realisierung eines Mediums (Umwelt). Die Ausgestaltung eines sozialen Systems wird nun mit dem Strukturbegriff umschrieben: Alle sozialen Systeme verfügen über die gleiche (autopoietische) Organisation, in ihrer Struktur unterscheiden sie sich jedoch. Die Struktur bestimmt daher die Individualität, die → Autonomie und die operationale Geschlossenheit eines jeden Systems. Entwicklung, Verhalten und Geschichtlichkeit ergeben sich über die strukturelle Kopplung eines sozialen Systems mit seinem Medium. Das Medium perturbiert das System, dessen Zustandsveränderungen sind jedoch nicht durch das Medium determiniert, sondern ausschließlich von der Struktur des Systems selbst abhängig.

Überträgt man dieses Modell auf soziale Systeme, so sind deren Elemente die einzelnen Gesellschaftsmitglieder (Individuen, Gruppen), und die Relationen sind Sprache und Handlung. Hieran läßt sich die autopoietische Organisation demonstrieren: Durch Sprache und Handlungen werden Menschen zu Elementen des Sozialsystems, und umgekehrt prägen die Gesellschaftsmitglieder Sprache und Handlungen. Die beiden zentralen Axiome des Autopoiesemodells lauten: (1) Soziale Systeme agieren immer nur im Rahmen ihrer Struktur, d. h. sie sind operational geschlossen; (2) Perturbationen werden strukturdeterminiert verarbeitet. Zur Konstruktion und Simulation von A. wird in den naturwiss. Modellen mit nichtlinearen stochastischen Differentialgleichungen gearbeitet. Chaostheorie, Katastrophentheorie, Synergetik oder Bifurkationsanalyse sind dafür Beispiele. Eine Anwendung dieser Verfahren in den Sozialwiss. ist derzeit nur partiell – etwa bei stochastischen Modellen zur öff. Meinungsbildung oder Phasenübergangsmodellen in der Wirtschaft – gegeben. Das Hauptproblem in der Anwendung mathematischer Simulationsverfahren besteht in der Bestimmung relevanter makroskopischer Variablen. In der Politikwiss. wird gegenwärtig versucht, den Selbstorganisationsansatz für Gesellschafts- und Steuerungsmodelle fruchtbar zu machen.

→ Postmoderne und Politik; Staatszentrierte Ansätze; Systemtheorie und Politik.

Lit.: *Beyme, K. von* ³1997: Theorie der Politik im 20. Jahrhundert, Ffm. *Druwe, U.* 1988: «Selbstorganisation» in den Sozialwissenschaften, in: KZfSS, 762–775. *Druwe, U.* 1989: Rekonstruktion der «Theorie der Autopoiese» als Gesellschafts- und Steuerungsmodell, in: *Görlitz, A.* (Hrsg.): Politische Steuerung sozialer Systeme, Paffenweiler. *Eigen, M.* 1971: Selforganisation of Matter and the Evolution of Biological Macromolecules, in: Die Naturwissenschaften, 58, 465–528. *Görlitz, A./Druwe, U.* (Hrsg.) 1990: Politische Steuerung und Systemumwelt, Paffenweiler. *Görlitz, A./Druwe, H.-P.* ²1998: Politische Steuerung, Opl. *Haken, H.* 1983: Synergetik, Bln. *Maturana, H./Varela, F.* 1985: Erkennen, Braunschweig. *Luhmann, N.* 2000: Soziale Systeme, Ffm (zuerst 1984). *Teubner, G.* 1989: Recht als autopoietisches System, Ffm.

Ulrich Druwe

Autoritäre Regime, politischer Systemtyp *sui generis*, nicht einfach eine Mischform totalitärer Regime und demokratischer Systeme. Typologisch relevante Untersuchungsdimensionen und trennscharfer Kriterien, die a. R. von → Totalitarismus und → Demokratie unterscheidbar machen, sind die Art der Machtausbildung, Organisationsformen, Glaubens- und Wertsysteme, die Verbindung von staatl. Macht und gesellschaftl. Sphäre sowie die Rollenzuweisung der Bev. im polit. Prozeß.

Ausgegrenzt bleiben dabei eine Analyse der Politikergebnisse ebenso wie die angestrebten Ziele oder die *raison d'être* der Regime. Vor dem Hintergrund dieser Einschränkungen lassen sich a. R. als Systeme kennzeichnen, die über einen nur begrenzten → Pluralismus verfügen, keine umfassend ausformulierte → Ideologie besitzen und, außer in ihren Entstehungsphasen, weder auf eine extensive noch intensive Mobilisierung zurückgreifen (vgl. *Linz* 2000).

1. Der eingeschränkte Pluralismus von a. R.

muß als zentrales Abgrenzungsmerkmal gegenüber Demokratien (und ihrem prinzipiell unbegrenzten Pluralismus) und totalitären Systemen (Monismus) gelten. Der begrenzte Pluralismus der a. R. ist nicht nur der Pluralismus der Organisation einer einzigen Partei oder des Staatsapparats, sondern von sozialen, wirtschaftl., institutionellen, polit. Strukturen, die vor dem a. R. existierten oder sich außerhalb des Regimes entwickelten und sich in dieser Hinsicht vom Interessenpluralismus in kommunistischen Systemen oder im NS-Staat (→ Nationalsozialismus) unterscheiden. Zulassung wie Handlungsspielräume der polit. und gesellschaftl. Akteure hängen weitgehend von der autoritären Staatsführung ab. Innerhalb der Grenzen des eingeschränkten Pluralismus variieren die Formen polit. → Partizipation. Sie reichen von polit. Apathie über semipluralistische, elitäre Beteiligungsformen bis hin zu intensiver organisierter Mobilisierung. Häufig erweist sich die Depolitisierung als sehr funktional, da eine anhaltende Massenmobilisierung, dirigiert durch eine Partei, von den herrschenden Gruppen wie der Bürokratie, der Armee, der Kirche und den Interessengruppen als Bedrohung empfunden werden könnte.

In Abgrenzung zum Totalitarismus ist es für a. R. zutreffender, von Mentalitäten als von Ideologien zu sprechen. Mentalität ist, wie es *T. Geiger* (1932) ausdrückt, «subjektiver», Ideologie dagegen «objektiver Geist». Ideologien sind Reflexionen, Mentalitäten psychische Prädispositionen, erstere sind fest umrissen und kodifiziert, letztere funktionieren formlos. Das Fehlen einer fest umrissenen Ideologie bezahlen a. R. mit dem Verlust an Mobilisierungsfähigkeit und affektiver Identifikation der Bev. mit dem System. Andererseits erlaubt der Rückgriff auf nur allg. Werte wie Patriotismus, → Nationalismus, Modernisierung, Ordnung etc. den autoritären Regimeführungen eine pragmatischere Orientierung in der Politikformulierung.

Autoritäre Regime sind solche, die nicht oder nicht nur auf traditioneller → Legitimität beruhen wie z. B. islamische Monarchien. Sie sind auch nicht mit rein persönlicher → Herrschaft gleichzusetzen, die auf Gewalt und → Korruption zum Vorteil des Herrschers, seiner Familie, Klienten (→ Klientelismus) und Prätorianer aufgebaut ist, die man als sultanistisch im Sinne *Max Webers* bezeichnen kann (z. B. *Trujillo, Somoza)*. Repression und Staatsterror sind nicht Unterscheidungsmerkmale von totalitären und a. R., obgleich totalitäre Regime oft zu einem erheblichen Ausmaß an Repression geführt haben und a. R. oft weniger repressiv sind. Die a. R. entstehen aus der Krise und dem Zusammenbruch von demokratischen Systemen, dem Übergang von traditioneller Herrschaft, der Instabilität nach der Dekolonisierung, den Konflikten in multi-ethnischen Gesellschaften, der «Veralltäglichung» des totalitären Utopismus.

2. Die drei zentralen Dimensionen – begrenzter Pluralismus, Depolitisierung oder begrenzte Partizipation, Mentalitäten – lassen nicht nur eine Abgrenzung von den monistischen, hoch mobilisierten und ideologisierten totalitären Regimen zu, sondern ermöglichen in einer komparativen Ausdifferenzierung auch eine feinere Typologisierung der a. R. selbst. Die daraus resultierende Klassifikation ist im *Weberschen* Sinne idealtypisch und korrespondiert nur selten deckungsgleich mit den real existierenden Regimen, da diese immer auch das Ergebnis widersprüchlicher Tendenzen sind.

(1) Bürokratisch-militärischer Typus. Dieser Typ von a. R. verfügt weder über komplexe Institutionen eines autoritativ verfügten Korporatismus noch über eine mobilisierungsfähige Partei, die für die Elitenrekrutierung und zur Kanalisierung der Partizipation dienen könnte. Er ist so etwas wie ein «paradigmatischer Typ» a. R., da er gleich weit von demokratischen wie totalitären Systemen entfernt ist. Geführt von meist acharismatischen Militärs, ist dieser Regimetypus innerhalb der Grenzen seiner bürokratisch-militärischen Mentalität pragmatisch orientiert. Nicht selten folgt er auf liberaldemokratische Systeme, in denen das → Parteiensystem nicht in der Lage war, Systemloyalitäten bzw. stabile Regierungen zu produzieren *(Stepan* 1973; *O'Donnell* 1973; *Collier* 1979).

(2) Autoritärer → Korporatismus. Diesen Typ kennzeichnet eine vom Staat verfügte Prozedur der Interessenrepräsentation. Die-

se Art von zwangsinstitutionalisiertem Konfliktschlichtungsmuster erlaubt die Repräsentation sozialer Interessen bei gleichzeitiger zwangsadministrativer Begrenzung der → Konflikte. Als «organische Demokratie» diente der autoritäre Korporatismus als eine ideologische Alternative für jene Gesellschaften, die infolge ihrer ökon. und sozialen Komplexität nicht allein mit technokratisch-autoritären Mitteln regiert werden konnten (*Stepan* 1978). *Salazars* «Estado Novo» verkörperte am deutlichsten diesen Typus. Aber auch das *Dollfuß*-Regime in Österreich (1934–1938), *Francos* Spanien nach der prätotalitären faschistischen Periode sind unter den Typ autoritärer Korporatismus subsumierbar.

(3) Mobilisierende a. R. in postdemokratischen Gesellschaften. Im Unterschied zu anderen autoritären Konzeptionen versucht der mobilisierende Typus über emotionale Legitimationsformen eine affektive Identifikation der Regierten mit den autoritär Regierenden herzustellen. Plebiszitäre Beteiligungsformen sollen dabei zusätzlich die Unterstützung der Massen sichern helfen. Diese faschistisch mobilisierenden a. R. sind weniger pluralistisch, dafür ideologischer und partizipationsoffener als bürokratisch-militärische oder zwangskorporatistische Regimes. Sie sind der Demokratie näher als dem → Liberalismus, versuchen den Verlust an individueller Freiheit durch kontrollierte Chancen der Partizipation zu kompensieren, sie sind weniger konservativ und begrenztem Wandel gegenüber aufgeschlossener.

(4) Nachkoloniale mobilisierende Regimes. Die simultane Schwäche traditioneller Autorität und das fehlende Verständnis für die komplexen Mechanismen einer rationalen, legalen Autorität ließen vornehmlich im nachkolonialen Afrika diese spezifische Variante entstehen. Der artifizielle Charakter postkolonialer Staatsgrenzen, die ethnischen, linguistischen und religiösen *cleavages* quer durch die Bev., die sozialen und ökon. Disparitäten zwischen urbanen Zentren und ländlicher Peripherie (→ Konfliktlinien) sowie die Schwäche administrativer Bürokratien ließen viele Führer der unabhängig gewordenen Staaten glauben, eine autoritär gelenkte Partei und Staatsführung wären die einzigen erfolgversprechenden Instrumente im Prozeß der Staatswerdung *(nation building)*. Diese a. R. sind meistens Opfer von Militärputschen geworden und/oder in rein persönliche Herrschaft umgewandelt worden (*Jackson/Osberg* 1982).

Der begrenzte Pluralismus, die relative Autonomie der Gesellschaft, die Heterogenität polit. Tendenzen und Kräfte führen öfter zu Liberalisierung und damit zu Krisen und unter besonderen Bedingungen zum endogenen Übergang zur Demokratie (→ Systemwechsel).

(5) Rassen- und ethnische «Demokratien». Dieser bewußt paradox gewählte Begriff bezieht sich auf Regime, die, wie Rhodesien vor 1980 und Südafrika vor 1994, einer rassisch definierten Gruppe (meist Minorität) die Partizipation an demokratischen Prozeduren zugestehen, während andere ethnische Gruppen von den demokratischen Rechten ausgeschlossen bleiben. Dabei bedeutet «Rassendemokratie» nicht nur autoritäre Herrschaft über die farbige Bev., sondern auch autoritärer Druck gegenüber jenen weißen Dissidenten, die die Rassenpolitik bekämpfen und in Frage stellen.

(6) Unvollständig totalitäre und prätotalitäre Regime. Mit dem Begriff *defective or arrested totalitarism* lassen sich jene Systeme kennzeichnen, in denen die Entwicklungstendenzen zum Totalitarismus gestoppt wurden, deren Vertreter jedoch zu einem bedeutsamen Machtfaktor innerhalb des Systems geworden sind. Prätotalitarismus sollte hingegen jenen Regimen vorbehalten bleiben, die sich in einer Übergangsphase zur Etablierung eines totalitären Systems befinden. So läßt sich Spanien in der Phase unmittelbar nach dem Bürgerkrieg als *defective totalitarism*, das Dritte Reich in der ersten Periode nach der Machtergreifung als «prätotalitäres Regime» kennzeichnen.

(7) Posttotalitäre a. R. Die Spätphase der kommunistischen Regime in Osteuropa unter der UdSSR wurde den a. R. angeglichen. Es gab bedeutende Unterschiede, die anraten, sie als einen differenzierten Typus posttotalitäre Regime zu charakterisieren, die sich aus der Erbschaft des Totalitarismus entwickelt haben. Der begrenzte Pluralismus

war nicht Teil der präkommunistischen Gesellschaft (mit der Ausnahme Polens, das als autoritär beschrieben worden ist), sondern der relativen Autonomie der Apparate des Systems und/oder der → Zivilgesellschaft, die unter- und außerhalb gewisse Freiräume eroberte. Formal wurde das Machtmonopol der Partei und ihrer Gliederungen, der alternden Nomenklatur, aufrechterhalten. Die Ideologie wurde eine «lebende Lüge» sowohl für die Bev. auch als einen Teil der Kader, aber war nicht mehr die Leitlinie. Man versuchte, sie durch Effizienz als Legitimierungsbasis zu ersetzen. Die Mobilisierung durch Massenorganisation wurde realisiert. Diese Entwicklungen waren Resultat einer Veralltäglichung des Parteicharismas von oben, der Krise des ideologischen Glaubens und des gesellschaftl. Wandels. Die unterschiedliche Entwicklung in den verschiedenen Ländern erlaubt es, eine Typologie zu entwickeln, die für die Transformationsprozesse und den Zusammenbruch bedeutend war (*Linz/Stepan* 1976; *Linz* 2000; *Thompson* 1998).

Lit.: *Chehabi, H. E./Linz, J. J.* 1998: Sultanistic Regimes, L. *Collier, D. (Hrsg.)* 1979: The New Authoritarianism in Latin America, Princeton. *Geiger, T.* 1932: Die soziale Schichtung des deutschen Volkes, Stg. *Huntington, S. P./Moore, C. M.* (Hrsg.) 1970: Authoritarian Politics in Modern Society, NY. *Linz, J. J.* 1964: An Authoritarian Regime: The Case of Spain, in: *Allardt, E./Rokkan, S.* (Hrsg.) 1970: Mass Politics: Studies in Political Sociology, NY. *Linz, J. J.* 2000: Totalitäre und autoritäre Regime, Bln. (engl. 1975). *Linz, J. J./Stepan, A.* (1996): Problems of Democratic Transition and Consolidation, Baltimore. *Nohlen, D.* 1997: Autoritäre Systeme, in: *Nohlen, D./Waldmann, P./Ziemer, K.* (Hrsg.): Die östlichen und südlichen Länder (Lexikon der Politik, Bd. 4), Mchn., 67–75. *Oberländer, E.* (Hrsg.) 2001: Autoritäre Regime in Ostmitteleuropa 1919–1944, Mainz. *O'Donnell, G.* 1973: Modernization and Bureaucratic Authoritarianism, Berkeley. *Schmitter, P. C.* 1973: Military Rule in Latin America, Beverly Hills. *Stepan, A.* (Hrsg.) 1973: Authoritarian Brazil, New Haven. *Stepan, A.* 1978: State and Society. Peru in Comparative Perspective, Princeton. *Thompson, M.* (1998): Weder totalitär noch autoritär: Post-Totalitarismus in Osteuropa, in: *Siegel, A.* (Hrsg.): Totalitarismustheorien nach dem Ende des Kommunismus, Köln, 309–339.

Juan J. Linz

Autorität, (aus lat. *auctoritas* = Ansehen, Geltung) bezeichnet [1] den als rechtmäßig anerkannten Einfluß – oder auch die «bejahte Abhängigkeit» (*Horkheimer* 1936: 24) von – einer Person, Gruppe oder sozialen Institution. [2] In der Herrschaftstypologie von *Max Weber*, der die Begriffe A. und legitime Herrschaft synonym verwendet (→ Legitimität), ermöglicht die Frage nach der Art der A. die Unterscheidung zwischen (1) traditionaler Herrschaft oder der «Autorität des ‹ewig Gestrigen›», (2) charismatischer Herrschaft oder der «Autorität der außeralltäglichen persönlichen *Gnadengabe* (Charisma)», (3) Herrschaft kraft → Legalität oder der A. «kraft des Glaubens an die Geltung legaler *Satzung*» (*Weber* 1971: 507).

Auf der Mikro-Ebene sozialer Interaktion entspricht dem *Weber*schen Typ der traditionalen Herrschaft der Begriff der natürlichen A., mit dem die Einflußbeziehungen in der Familie (die A. in der Hausherrschaft) oder in anderen Kleingruppen beschrieben werden; dem Typ der charismatischen Herrschaft entspricht die durch bes. Eigenschaften oder individuelle Leistungen gewonnene persönliche A.; dem Typ legaler Herrschaft entsprechen die funktionale oder die professionelle A., das durch berufliche und fachliche Qualifikation, durch herausgehobenen Sachverstand, Fachwissen, Kompetenz etc. erworbene Ansehen.

Lit.: *Eschenburg, T.* 1965: Über Autorität, Ffm. *Horkheimer, M.* (Hrsg.) 1936: Studien über Autorität und Familie, Paris. *Weber, M.* [3]1971: Politik als Beruf (1919), in: *ders.*:

Gesammelte politische Schriften, Tüb., 505–560. *Weber, M.* [5]1976: Wirtschaft und Gesellschaft, Studienausgabe, Tüb.

Rainer-Olaf Schultze

Autoritarismus, mit unterschiedlichen Bedeutungen verwendeter Begriff. Im allg. Sinne die Gültigkeit von Werten und die Praktizierung von Verhaltensmustern, die im Ggs. zu → Liberalismus, → Pluralismus, Individualismus, kurzum zur → Moderne stehen, die teilweise einfach traditional überkommen sind, teilweise aus verkürzter Rezeption der modernen Werte resultieren, teilweise sich jedoch bewußt gegen Modernisierungsprogramme abgrenzen bzw. wiederbelebt werden.

Im sozialpsychologischen Sinne ein Syndrom von Einstellungen und Persönlichkeitsprofilen, das gekennzeichnet ist durch hochgradige Autoritätshörigkeit, ausgeprägte Neigung zur Unterwerfung Schwächerer, gesteigerte Kontrolle des eigenen Gefühlslebens, allg. Intoleranz und im bes. → Ethnozentrismus und Antisemitismus.
Im herrschaftssoziologischen Sinne eine Herrschaftsordnung, die durch den Vorrang straffer, meist polizeistaatl. Züge tragender hierarchischer Steuerung durch den Staatsapparat oder durch die Institutionen einer polit. dominierenden oder alleinherrschenden Partei («Staatspartei») sowie durch die Schwäche oder das Fehlen einer wirksamen Verfassung und rechtsstaatl. Sicherungen gegen die Exekutive und gegen das Tun und Lassen polit. mobilisierter Anhängerschaften des Regimes charakterisiert ist. In der → Vergleichenden Regierungslehre entspricht A. einem Regimetyp, dem → Autoritären Regime. Der Begriff ist auch für einen polit. Führungsstil gebräuchlich, der die Autorität einer Person oder eines Amtes betont.

Lit.: *Adorno, T. W.* u. a. 1950: The Authoritarian Personality, NY. *Collier, D.* 1979: The New Authoritarianism in Latin America, Princeton. *Horkheimer, M.* (Hrsg.) 1936: Studien über Autorität und Familie, Paris. *Neumann, F.* 1986: Demokratischer und autoritärer Staat, Ffm. (engl. 1956).

Dieter Nohlen/Manfred G. Schmidt

Autoritarismus-Skala → Politische Soziologie

Autozentrierte Entwicklung, innerhalb der → *Dependencia* vertretene binnenmarktorientierte Entwicklungsstrategie für die → Dritte Welt. Ausgehend von der These, daß der Weltmarkt innerhalb der asymmetrischen Struktur der Austauschbeziehungen zwischen Industrie- und Entwicklungsländern die strukturelle Verkrüppelung der weniger produktiven Ökonomien vertiefe, empfahl sie den Aufbau sog. lebensfähiger Ökonomien, die sich auf die lokal verfügbaren → Ressourcen stützen und sich durch ökon. Verkoppelungen und Vermaschungen auszeichnen sollten.

Zum Aufbau vollständiger Wirtschaftskreisläufe sollten mehr oder weniger gleichzeitig folgende Maßnahmen in Angriff genommen werden: (1) Aufbau eines eigenen industriellen Sektors für die Herstellung von Produktionsmitteln und Zwischengütern; (2) Entwicklung angepaßter Technologien; (3) Produktivitätssteigerungen in der Landwirtschaft; (4) Industrieproduktion von Massenkonsumgütern zur Befriedigung der Grundbedürfnisse.

Lit.: *Senghaas, D.* 1977: Weltwirtschaftsordnung und Entwicklungspolitik. Plädoyer für Dissoziation, Ffm.

Dieter Nohlen

Avantgarde, (von frz. *avantgarde* = Vorhut) von *V. I. Lenin* in dessen Parteientheorie für das ökon. rückständige Rußland formulierte und unter *Stalin* für alle in der Kommunistischen III. Internationale zusammengeschlossenen Parteien zum Dogma erhobene Funktion marxistisch-leninistischer Parteien.

Demnach gelangen die Arbeiter auf Grund ihrer Lebenssituation «spontan» nur bis zu einem «tradeunionistischen» Bewußtsein ihrer unmittelbaren materiellen Interessen, wie sie v. a. durch → Gewerkschaften vertreten werden. Um sie auf eine höhere Bewußtseinsstufe zu heben und zur sozialistischen → Revolution zu befähigen, benötigen sie eine polit. und intellektuell geschulte Vorhut, die → Kaderpartei – bestehend aus Berufsrevolutionären –, die die sozialistische Revolution sowie den Weg in die klassenlose kommunistische Gesellschaft anführt. Bereits *R. Luxemburg* hat 1903 dagegen die theoretisch gehaltvollste Kritik formuliert und für die demokratische sozialistische Revolution «von unten» plädiert.

→ Leninismus; Partei neuen Typs; Stalinismus.

Lit.: *Lenin, V. I.* 1902: Was tun? in: LW, Bd. 5 (1959), 355–551. *Luxemburg, R.* 1904: Organisationsfragen der russischen Sozialdemokratie, in: *dies.*: Polit. Schriften, Bd. 3, Ffm. 1968, 83–105.

Josef Esser

Axiom, Postulat, ein unabhängiger Satz in einem Aussagensystem. Innerhalb einer → Theorie stellen ein oder mehrere A. die generellen → Hypothesen dar, die als logisch wahr vorausgesetzt werden.

Folgende Forderungen an A. werden erhoben: (1) sie müssen in sich und untereinander widerspruchsfrei sein, (2) sie müssen unabhängig sein, so daß sich kein A. aus einem anderen ableiten läßt, (3) die Menge der A. muß notwendig und hinreichend sein, um alle weiteren Aussagen einer Theorie daraus ableiten zu können (sie dürfen also nicht redundant sein). Eine Theorie, die derart axiomatisiert ist, stellt für *K. R. Popper* die strengste Form eines Aussagensystems dar. Die Umwandlung einer Theorie in ein System von A. und daraus ableitbare Theoreme nennt man Axiomatisierung.

→ Kritischer Rationalismus.

Jürgen Kriz

Balance of power, (engl. für Kräfte- bzw. Mächtegleichgewicht), empirisches wie normatives Konzept der Machtverteilung im System der → Internationalen Beziehungen.

In seinem klassischen (seit der Hochphase des europ. Gleichgewichtsdenkens nach dem Westfälischen Frieden von 1648 ausgeformten) Verständnis geht das Konzept von der Existenz konkurrierender souveräner (National-)Staaten bzw. Staatengruppen aus und zielt darauf, deren Konflikte durch die näherungsweise Herstellung von Gleichgewichtszuständen im internat. System zu neutralisieren.

→ Gleichgewicht; Macht; Realistische Schule.

Rainer-Olaf Schultze

Bandwagon effect, in der Kommunikations- und Wahlforschung als «Mitläufer-Effekt» (i. w. S.: das polit. erfolgreiche Lager) bezeichnete Anpassung abweichender Einstellungen und Verhaltensmuster an die Mehrheitsmeinung aus Furcht vor Isolation und zur Beseitigung als unangenehm empfundener → Kognitiver Dissonanzen.

Im Ggs. hierzu führt ein meist mitleidsmotiviertes Außenseiterverhalten zur Parteinahme und Unterstützung des Unterlegenen oder auch nur des vermeintlich Schwächeren (*underdog effect*). Auslöser für *b. e.* können sowohl die interpersonale Kommunikation in Primär- und Sekundärgruppen als auch durch Massenmedien vermittelte Informationen sein.

(1) *B. e.* interessieren v. a. bei der Untersuchung polit. Einstellungsveränderungen in der → Wahlforschung und beschreiben den Zuwachs an Unterstützung, den ein Kandidat/eine Partei aufgrund öff. Prognosen hinsichtlich Erfolg oder Niederlage erhält. Während des Wahlkampfes basieren Meinungsumschwünge bei Teilen der Wähler auf dem Wunsch, nach Stimmabgabe auf der Seite des vermeintlichen bzw. prognostizierten Siegers zu stehen. In der Kommunika-

tions- und Wahlforschung wird der stärker werdende Einfluß massenmedial verbreiteter Prognosen und Umfrageergebnisse zunehmend erkannt, die Bedeutung eines von → Demoskopie, Medien und/oder → *Opinion leader* vermittelten Meinungsklimas auf die individuelle Wählerentscheidung jedoch kontrovers diskutiert. Die wiss. Meinungen gehen insbes. dahingehend auseinander, ob und inwiefern repräsentative Wahltagbefragungen (*exit polls*), die (wie in den USA mindestens in Teilen des Landes) vor Schließung der Wahllokale über die Medien bekannt werden, Mitläufer- und/oder Mitleidseffekte oder beides auslösen und damit Einfluß auf Wählerverhalten und Wahlergebnis nehmen. In D gehören *E. Noelle-Neumann* und ihre Schule zu den Kommunikationswissenschaftlern, die bereits Anfang der 1980er Jahre prononciert die Auffassung vom prägenden Einfluß der Massenmedien und damit auch der Demoskopie auf das polit. Meinungsklima vertraten.

(2) *B. e.* sind außerdem als Überläufertum in polit. Organisationen auszumachen, deren innere Struktur von bahnbrechenden Richtungs- und Machtkämpfen erschüttert ist, die zum einen auf die künftige gesellschaftl. Entwicklung ausstrahlen und zum anderen die weitere Lebensgestaltung der als Überläufer erkennbaren Organisationsmitglieder nachhaltig beeinflussen.

→ Öffentliche Meinung; Parteiidentifikation.

Lit.: *Ginsberg, B./Stone, A.* (Hrsg.) [3]1996: Do Elections Matter?, NY u. a. *Jackson, J. E.* 1983: Election Night Reporting and Voter Turnout, in: AJPS 27, 615–635. *Lazarsfeld, P. F.* u. a. 1969: Wahlen und Wähler, Neuwied u. a. (engl. 1944). *Marsh, C.* 1985: Back on the Bandwagon, in: BJPS 15, 51–74. *Noelle-Neumann, E.* 1980: Wahlentscheidung in der Fernsehdemokratie, Freib. u. a. *Simon, H. A.* 1954: Bandwagon and Underdog Effects and the Possibility of Election Predictions, in: POQ 18, 245–253. *Tannenbaum, P. H./Kostrich, L. J.* 1983: Turned-on TV – Turned-off Voters: Policy Options for Election Projections, Beverly Hills.

Rainer-Olaf Schultze

Bargaining, aus dem Englischen übernommener Begriff der → Politischen Soziologie, der für das Aushandeln und Austauschen, die Absprachen und Vereinbarungen zwischen polit. Gruppen, → Parteien, → Fraktionen und → Interessen verwendet wird.

Prozesse des B. sind charakteristisch für die zahllosen pluralistischen → Verhandlungs- und Entscheidungssysteme moderner Demokratien, die sich üblicherweise dadurch auszeichnen, daß eine große Zahl unterschiedlicher Interessen am polit. Entscheidungsprozeß beteiligt werden muß (sei es um die erforderliche Expertise einzubinden, die polit.-administrative Umsetzung zu erleichtern oder vermeidbarem Widerspruch vorzubeugen). B. ist daher immer dann wichtigster Modus des Interessenausgleichs, der Bildung von Kompromissen und der Konfliktregulierung, wenn (formale) Mehrheitsverfahren – z. B. aufgrund der heterogenen Interessenlagen – nicht ausreichend Konsens schaffen oder hierarchische Entscheidungen (Befehle, Anordnungen) – z. B. mangels eines eindeutigen Machtzentrums – nicht getroffen werden können.

→ Konflikt/Konflikttheorien; Konsens; Korporatismus; Pluralismus.

Klaus Schubert

Basis-Überbau, grundlegende Annahme in der marxistischen Gesellschaftstheorie, nach deren Auffassung die vom Willen der einzelnen unabhängigen → Produktionsverhältnisse die ökonomisch-gesellschaftl. Struktur (die materielle Basis) der verschiedenen Gesellschaften bilden, auf deren Grundlage sich ein juristischer, polit. und ideologischer Überbau entwickelt.

Politik, Recht, Staat und → Ideologie mit ihren Normen und Institutionen können weder aus sich selbst noch aus der allg. Entwicklung des menschlichen Geistes begriffen werden, sondern nur aus der in der ökonomisch-gesellschaftl. Struktur enthaltenen Entwicklungs- und Widerspruchsdynamik.

Diese Strukturadäquanz ist jedoch von *Marx* und *Engels* nicht als einfacher Kausalzusammenhang gemeint (Vulgärmarxismus), sondern als komplexes, in seinen konkreten Strukturen und Vermittlungsprozessen (→ Dialektik) zu analysierendes Ganzes.

→ Historischer Materialismus; Klassengesellschaft; Marxismus; Produktionsweise.
Lit.: → Marxismus.

Josef Esser

Basisdemokratie, diffuser Sammelbegriff für unterschiedliche Formen und Praktiken → Direkter Demokratie, insbes. mit Blick auf innerparteiliche und innerverbandliche Partizipationsprozesse. Gemeinsam ist den Begriffsverwendungen der Bezug auf die unmittelbare Beteiligung der polit. Basis an der Willensbildung und Entscheidungsfindung einer Organisation bzw. einer Gemeinschaft, wobei häufig unklar bleibt, wer konkret zur sog. Basis (Mitglieder, Aktivisten, Betroffene usw.) zu zählen ist.

Mit dem Aufleben von → Bürgerinitiativen, → Neuen Sozialen Bewegungen und alternativen polit. Parteien in den westl. Industrienationen erhielt das Konzept der B. Konjunktur. B. wurde vielfach als (außerparlamentarische) Alternative zu repräsentativdemokratischen Strukturen gehandelt. Vorteile wurden v. a. in der höheren Legitimation des polit. Systems durch die Bürger gesehen. Als Nachteile wurden u. a. verzeichnet: die höheren Schwellen für die Konsensbildung und somit verzögerte Problemlösungen sowie die Tatsache, daß basisdemokratische Arrangements selbst im Innern von Organisationen die organisations- und konfliktfähigen Gruppierungen bevorteilten.

Lit.: *Bermbach, U.* 1973: Theorie und Praxis der direkten Demokratie, Opl. *Deubert, M.* 1987: Direkte Demokratie und unmittelbare Bürgerbeteiligung, Würzburg. *Koopmans, R.* 1995: Democracy from Below: New Social Movements and the Political System in West Germany, Boulder u. a. *Salomon, D.* 1992: Grüne Theorie und graue Wirklichkeit: die Grünen und die Basisdemokratie, Freib.

Petra Bendel

Basiskonsens (auch Grundkonsens), politikwiss. Bezeichnung für die grundlegende Übereinstimmung der Mitglieder demokratischer Gemeinwesen, ihrer Gruppen, Organisationen und Parteien hinsichtlich der geltenden polit. Ordnung, der demokratischen Institutionen und polit. Entscheidungsverfahren.

B. ist insofern ein demokratietheoretischer Schlüsselbegriff. Er verweist darauf, daß die Grundlagen demokratischer Ordnungen (Freiheit, Interessenvielfalt, Offenheit) immer wieder Gegensätze, Spannungsfelder und Konflikte erzeugen, die nur dann ausgehalten, ausgetragen und ggf. gelöst werden können, wenn ihnen die «Gemeinsamkeit der Demokraten» übergeordnet wird, die letztlich auch zu Schutz und Verteidigung der polit. Grundordnung bereit ist. Der B. ist somit ein konstituierendes Element demokratischer → Herrschaft. Da diese üblicherweise mittels des Mehrheitsprinzips ausgeübt wird, gilt der B. auch als «eigentliche Wurzel der Legitimität von Mehrheitsentscheidungen» (*Scheuner* 1973: 54).

→ Demokratie; Konsens; Mehrheitsprinzip.
Lit.: *Scheuner, U.* 1973: Das Mehrheitsprinzip in der Demokratie, Opl. *Vorländer, H.* 1981: Verfassung und Konsens, Bln.

Klaus Schubert

Battle of the Sexes, Geschlechterkampf, paradigmatisches Spiel, mit dem in der → Spieltheorie ein spezielles Koordinationsproblem abgebildet wird.

Ein Mann und eine Frau möchten gerne einen Abend gemeinsam verbringen, haben aber keine Möglichkeit (oder wagen es nicht), sich abzustimmen. Beide wissen, die Frau möchte am liebsten ins Ballett, der

Mann zum Fußballspiel. Was sollen sie tun? Der schlechteste Fall ist eingetreten, wenn die Frau alleine zum Fußballspiel geht, der Mann alleine ins Ballett. Die zweitschlechteste Lösung ist, daß beide allein ihrer Lieblingsunterhaltung nachgehen. Hinsichtlich der besten Lösung unterscheiden sich Mann und Frau: Er bevorzugt den gemeinsamen Fußballabend, sie den gemeinsamen Ballettbesuch. Beide Lösungen sind → Nash-Gleichgewichte. Die Koordination auf eines der beiden → Gleichgewichte gelingt nur, wenn ein Spieler sich egoistisch, der andere sich altruistisch verhält. B. ist kein reines Koordinationsspiel, da die Spieler die beiden → Gleichgewichte unterschiedlich bewerten. Es handelt sich folglich um ein sog. *mixed-motive-game*. Auch wenn Koordination und damit Kooperation der Spieler möglich ist, bleibt das Problem bestehen, daß sie je ein anderes Gleichgewicht anstreben. Es kann ein Kooperationsgewinn erzielt werden, bezüglich seiner Aufteilung sind die Interessen der Spieler jedoch gegensätzlich. Diese Situation entspr. der bei Verhandlungen, die deshalb grundsätzlich als kooperative Lösung von B.-Spielen aufgefaßt werden können.

→ Verhandlungssystem.
Lit.: → Spieltheorie.

Katharina Holzinger

Bayessches Theorem → Repräsentationsschluß, Wahrscheinlichkeit

Bedürfnis(se), unter B. wird jeder Mangelzustand verstanden, der vom einzelnen als solcher erfahren und aufzuheben gesucht wird. Zu unterscheiden ist (1) zwischen primären oder → Grundbedürfnissen und (2) sekundären oder gelernten B., die durch Interaktion mit der Umwelt im Prozeß der → Sozialisation vermittelt werden.

Erfahrungswiss. Versuche, B. im einzelnen zu definieren und zu klassifizieren, haben bisher zu keinem Konsens geführt. Normativ wird v. a. der Begriff der Grundbedürfnisse dazu gebraucht, fundamentale Rechte aller Menschen zu konstatieren, für deren Realisierung die gesellschaftl. und polit. → Institutionen zu sorgen hätten. In der Politikwiss. ist der Bedürfnisbegriff bes. im Kontext der → Wahlforschung sowie der polit. Beteiligung von Interesse. Bedürfnisforschung könnte die Interessen auch jener Bürger transparenter machen, die nicht zu den polit. Aktiven zählen.

→ Postmaterielle Wertdimension.

Suzanne S. Schüttemeyer

Bedürfnishierarchie, von *A. Maslow* konstruierte Hierarchie von → Bedürfnissen, 1954 zuerst veröffentlicht in seiner Persönlichkeits- und Motivationstheorie. Demnach folgt auf die untere Stufe materieller Bedürfnisse eine mittlere Stufe sozialer Bedürfnisse und oben jene, die nicht mehr auf die physische oder psychische Existenzsicherung zielen, sondern auf Selbstverwirklichung in eher intellektuellem oder ästhetischem Sinne. Nach *Maslow* kann die Befriedigung höherer Bedürfnisse, nach der alle Menschen streben, erst erreicht werden, wenn niedrigere Bedürfnisse erfüllt sind.

Diese Annahme, daß Progression in der B. durch Bedürfnisbefriedigung geschehe, diente z. B. *R. Inglehart* für seine Hypothese des → Wertewandels als Grundlage. Widersprochen wird der Annahme mit folgenden Argumenten: Höhere Bedürfnisse können auch entstehen, weil niedrigere unbefriedigt bleiben, und die Frustration höherer kann die niedrigeren verstärken. Fraglich ist ferner, ob die Reihenfolge der Bedürfnisbefriedigung reversibel ist und wie Bedürfnisverlagerung und -verflachung infolge der Konsumgesellschaft einzuordnen sind.

Lit.: *Inglehart, R.* 1977: The Silent Revolution, Princeton. *Maslow, A. H.* 1981: Motivation und Persönlichkeit, Rbk. (engl. 1954).

Suzanne S. Schüttemeyer

Befragung, Sammelbegriff für planvolle und zielgerichtete Verfahren zur Erhebung sozialwiss. Daten. B. setzt Zielpersonen dem Stimulus einer Frage aus mit dem Ziel, durch ihre Antwort das gesuchte Datum zu erhalten. Alle Befragungsvarianten haben den Zweck, valide und reliable Informationen über die soziale Realität zu liefern.

Da Befragungen in einer besonderen Weise akteurszentriert sind, können sie jedoch «objektive» Sachverhalte (etwa die Position einer polit. Partei in einer polit. Sachfrage) und Vorgänge (etwa das Wahlverhalten des Befragten) immer nur als «subjektive» Wahrnehmungen derselben beim Befragten ermitteln. Dieser der Demoskopie inhärente Filter ist in solchen Studien besonders zu beachten, wo Befragte als «Gewährsleute» fungieren; er ist weniger wichtig dort, wo sie selber als «Akteure» aufgefaßt werden, d. h., wo es um die Erklärung ihres Verhaltens geht. Deshalb ist die Befragung auch im Rahmen des → Behavioralismus in den Sozialwiss. besonders weit verbreitet.

1. Allein schon aufgrund der Häufigkeit ihrer Anwendung spielt die Befragung für die empirisch orientierte Politikwiss. eine hervorgehobene Rolle. Dies zeigt sich auch an der Vielzahl ihrer Varianten. Befragungen unterscheiden sich u. a. nach dem Grad der Strukturierung des Fragebogens (z. B. Leitfadeninterview vs. standardisierte Befragung), nach der Zielpopulation (z. B. Eliten-Interviews vs. Bevölkerungsumfragen), nach dem Auswahlverfahren zur Ermittlung der Befragten (z. B. Totalerhebung, Zufallsstichprobe, Quotenstichprobe), nach der Logistik der Befragung (schriftlich vs. mündlich, Telephon- vs. *face-to-face*-Interview, Einmal- vs. Wiederholungs- oder Panel-Befragung). Generell kann man sagen, daß die standardisierte, auf einer Stichprobe beruhende, mündliche Bevölkerungsumfrage, die neuerdings vermehrt telephonisch und immer seltener persönlich durchgeführt wird, den Löwenanteil aller Befragungen ausmacht.

Die einzelnen Befragungsvarianten haben spezifische Vor- und Nachteile. So können etwa Leitfadeninterviews und verwandte (mehr oder weniger unstrukturierte) Gesprächstechniken ein Forschungsfeld explorieren helfen, über das nur unzureichende Vorkenntnisse verfügbar sind. Sie dienen deshalb in einem forschungsstrategischen Sinne eher zur Deskription und zur Hypothesengenerierung, während das standardisierte Interview ein klassisches Instrument der Hypothesenprüfung darstellt.

Persönliche Befragungen haben gegenüber der schriftlichen Umfrage den Vorteil, daß der Interviewer motivierend auf ihr Zustandekommen und erklärend auf ihren Fortgang Einfluß nehmen kann. Dies hat zur Folge, daß bei der persönlichen Befragung generell leichter eine befriedigende Ausschöpfungsquote zu erreichen ist als bei der schriftlichen, obwohl sich seit der Mitte der 1980er Jahre auch hier zunehmend methodische Probleme stellen. Auch ist im persönlichen Interview leichter zu gewährleisten, daß die Antworten in der Tat von der Zielperson stammen und nicht z. B. als Familiengemeinschaftsproduktion nach dem Abendbrot zustande gekommen sind. Der Nachteil der persönlichen Befragung hängt eng mit ihren Vorteilen zusammen. Es handelt sich bei ihr um einen sozialen Interaktionsprozeß, der in zumeist unerwünschter Weise den generellen Regelmäßigkeiten solcher Prozesse folgt. Dies kann u. a. dazu führen, daß der Befragte seine Antworten weniger an seiner Wahrnehmung bzw. Erinnerung der Sachlage als an seiner Wahrnehmung ihrer sozialen Wünschbarkeit ausrichtet; deshalb findet sich z. B. in Wahlumfragen immer ein geringerer Anteil von Nichtwählern als bei der Wahl selbst.

2. Die Art der Ermittlung der Gesprächspartner hat Konsequenzen für die Sicherheit, mit der auf der Basis von Umfrageergebnissen Aussagen über die Realität formuliert werden können. Am sichersten ist eine Vollerhebung. Sollen z. B. Aussagen über die Vorstellungen der Mitglieder des Europäischen Parlaments zur künftigen Verfassung der Europäischen Gemeinschaft gemacht werden, so empfiehlt es sich, möglichst alle Parlamentarier zu befragen. Geht es dagegen um die Haltung der 80 Mio. Deutschen zur Wiedervereinigung, ist eine Vollerhebung –

sie käme einer Volkszählung gleich – aus wirtschaftl. und anderen Erwägungen nicht opportun. Es muß deshalb eine kleine Auswahl der Deutschen bestimmt werden, die zu befragen sind. Nach der Wahrscheinlichkeitstheorie kommen die Ergebnisse einer Stichprobenbefragung einer Vollerhebung dann nahe, wenn jedes Mitglied der Grundgesamtheit die gleiche Chance hat, in die Stichprobe zu gelangen (Zufallsstichprobe), und wenn die Stichprobe einen gewissen Umfang erreicht. Die weniger kostenaufwendige Quotenstichprobe, bei der über die amtl. Statistik ermittelte Quoten von Angehörigen bestimmter Sozialkategorien (definiert z. B. über das Alter, das Geschlecht und die Wohnregion) befragt werden, kann eine theoretisch fundierte Ermittlung der Ergebnissicherheit nicht vorweisen. Sie hat lange Zeit insbesondere in der Marktforschung eine große Rolle gespielt, ist aber heute von geringerer Bedeutung – was weniger mit guter Einsicht als mit dem Trend zu telephonischen Umfragen und dem dort verfügbaren Auswahlverfahren des *Random Digit Dialing* zu tun hat.

Die Bestimmung der Zielpopulation kann Konsequenzen für die Stabilität und Klarheit der Umfrageergebnisse haben. Umfragen unter polit. Eliten z. B. fördern regelmäßig recht klare Kognitionen und ideologisch ausgerichtete Orientierungsschemata *(constrained belief systems)* zutage. Bevölkerungsumfragen lassen diese Klarheit vermissen; auch hat sich dort in Wiederholungsbefragungen gezeigt, daß polit. Einstellungen der Bürger über die Zeit recht instabil sind. Dieses Phänomen ist verschieden gedeutet worden. Zunächst ging man davon aus, daß ein Großteil der Befragten in einer repräsentativen Bevölkerungsstichprobe, polit. wenig informiert und an Details kaum interessiert, zu Fragen über polit. Sachverhalte keine Meinung hat *(non-attitudes)* und diese auf gut Glück beantwortet. Diese für die Möglichkeiten demokratischer Regierungsweise eher ernüchternde Sichtweise wird aufgrund jüngerer Analysen dahin gehend modifiziert, daß die Bürger auf einige recht generelle Werte, Überzeugungen und Identifikationen zurückgreifen könnten und sich auf dieser Grundlage und unter dem Eindruck von Kontextfaktoren (z. B. *issue*spezifischer Informationen) zu Detailfragen eine Meinung ableiten, die kontextspezifisch plausiblerweise variieren kann.

3. Besondere Probleme ergeben sich für die Umfrageforschung (wie für die empirische Politik- und Sozialforschung allg.), wenn der nationalstaatl. Rahmen, der zumeist auch polit.-kulturelle Spezifika umfaßt, zum Zwecke des internationalen Vergleiches überschritten wird. Die Probleme beginnen bei der Fragebogenkonstruktion, wo nicht die wörtliche Übersetzung einer Frage in andere Sprachen, sondern ihre funktionale Äquivalenz in anderen institutionellen und kulturellen Kontexten gefragt ist; und sie hören bei der Berücksichtigung von kulturell bedingten Mustern im Antwortverhalten (z. B. brit. *understatement* vs. mediterranes *overstatement*) bei der Analyse und Interpretation der Umfrageergebnisse nicht auf.

→ Demoskopie/Umfrageforschung; Erhebungstechniken; Ethnomethodologie; Fragebogen; Hypothese; Methodenprobleme in der empirischen Sozialforschung; Qualitative Methoden; Stichprobe; Wahrscheinlichkeitsverteilungen.

Lit.: *Bortz, J.* 1984: Lehrbuch der empirischen Forschung, Bln. *Converse, P. E.* 1964: The Nature of Belief Systems in Mass Publics, in: *Apter, D. E.* (Hrsg.): Ideology and Discontent, NY, 206–261. *Erbslöb, E.* 1972: Interview. Stg. *Fowler, F. J.*, 1984: Survey Research Methods, in: Applied Social Research Methods Series (1), Beverly Hills. *Friedrichs, J.* [14]1990: Methoden empirischer Sozialforschung, Opl. *Holm, K.* (Hrsg.) 1975: Die Befragung, Mchn. *Joinville, G./Jowell, R.* u. a. 1977: Survey Research Practice, Aldershot. *König, R.* (Hrsg.) [7]1972: Das Interview, Köln. *Koolwijk, J. van/Wieken-Mayser, M.* (Hrsg.) 1974: Techniken der empirischen Sozialforschung, Bd. 4: Erhebungsmethoden: Die Befragung, Mchn. *Kriz, J.* 1981: Methodenkritik empirischer Sozialforschung, Stg. *Kromrey, H.* [9]2000: Empirische Sozialforschung, Opl. *Marsh, C.* 1982: The Survey Method, L. *Page, B. I./Shapiro, R. Y.* 1992: Rational Public, Chic./L. *Roth, E.* (Hrsg.) [4]1995: Sozialwissenschaftliche Methoden, Mchn. u. a. *Scheuch, E. K.* 1973:

Das Interview in der Sozialforschung, in: *König, R.* (Hrsg.): Handbuch der empirischen Sozialforschung, Bd. 2, Stg., 266–290. *Sudrnan, S./Bradburn, N. M.* 1982: Asking Questions, San Francisco.

Hermann Schmitt

Befreiungsbewegungen, bezeichnen v. a. antikoloniale und anti-imperialistische Bewegungen in der → Dritten Welt.

B. unterscheiden sich nach (1) ihrer Zielsetzung: Kampf gegen die koloniale Fremdherrschaft für die polit. Unabhängigkeit oder gegen die selbstdiagnostizierte neo-imperialistische Ausbeutung für sozioökon. und polit. Strukturveränderungen, oder zugleich Anti-Kolonialismus und Sozialismus als Entwicklungsweg; (2) dem Mittel ihres Kampfes: gewaltloser → Widerstand, bewaffnete → Gewalt (*guerilla*), → Terrorismus; (3) den jeweiligen internat. Unterstützungsgruppen: Dritte-Welt-Länder, ehemalige Ostblockländer, westl. Industrieländer; (4) den spezifischen historischen Rahmenbedingungen und Konstellationen ihres Kampfes. B. waren v. a. im Kampf gegen eine fremde Besatzungs- oder Kolonialmacht erfolgreich, weit weniger im Versuch, einheimische Regime zu stürzen.

Dieter Nohlen

Begleitforschung, legt das Zustandekommen, die Umfeldbedingungen und beteiligten Akteure, den Ressourcenaufwand und die Wirkung von Reformprojekten offen. Ähnlich der → Politikfeldforschung bemüht sich B. als gezielte problemorientierte Forschung um eine prozessuale Betrachtung mit einer Vermischung von *polity, politics* und *policy*. Üblich ist eine Einteilung des Programmablaufs in typische Phasen, die sich i. S. zyklischer Prozesse auch wiederholen können.

Es sind dies (a) Initiation: Wahrnehmung, Artikulation und Definition eines Problems durch polit. Akteure, (b) Estimation: genauere Analyse, Abwägen von Handlungsalternativen, Entwicklung von Zielen und Teilzielen, Optimierung anwendungsbezogener Programmalternativen, (c) Selektion: Aushandeln und Entscheidung über Alternativen, Festlegung von Zielgruppen, Qualifikationsprofilen, Akteuren und Ressourcenausstattung des Projekts, (d) Implementation: schrittweiser Umsetzungsversuch der festgelegten Strategie, erstes Zielgruppenfeedback, u. U. Zielkorrekturen, (e) Evaluation: zielbezogene Bewertung der Wirkungsweisen von Instrumenten und Maßnahmen, (f) Termination: Kriterienfestlegung für die Beendigung eines Programms. Bei Querschnittsaufgaben sind → Netzwerkanalysen üblich, da hier Reformen der Kooperation vielfältiger Akteure bedürfen. B. kommt nicht nur bei neuen Programmen zum Einsatz, sondern im Zuge des Neuen Steuerungsmodells vermehrt auch bei Modifikationen wie Produktdefinition, *Controlling* und Budgetierung, sowie *Change Management*. Neben demokratietheoretischen und organisationssoziologischen Verfahren werden zunehmend betriebswirtschaftsanaloge Instrumente verwendet, etwa *Best practice*-Vergleiche und *Benchmarking*, spieltheoretische und politökon. Ansätze.

Der Forscher zielt bei der B. auf die Vermessung von Interaktionsgeflechten ab, und legt dabei die Wahrnehmungsperspektiven und Interessenlagen beteiligter Akteure offen. Er gibt die Besonderheiten des Programm*designs* ebenso an wie die Charakteristika der Durchführungsinstanzen und spezifischen Rechtsformen der Projektträger, die Merkmale der Adressatengruppe(n), Strategien, konkrete Maßnahmen und Instrumente, sowie Ablaufstruktur und Hemmnisse bei der Maßnahmenumsetzung. Der Forscher wählt hierzu je nach Aufgabenstellung aus dem Pool der → Empirischen Sozialforschung geeignete → Methoden aus, meistens einen Mix aus qualitativen und quantitativen Verfahren. Da der Forscher im Regelfall auf die Kooperation und oft auch die Finanzierung durch die Projektdurchführenden bzw. deren Auftraggeber angewiesen ist, bedürfen die Forschungsziele wie die Auswahl der Methoden der gemeinsamen Verständigung, ebenso der Informationstransfer, die Partizipation des Forschers am Projekt und der

Praktiker an der Forschung, sowie die Verbreitung der Ergebnisse. Der Forscher befindet sich im Spannungsfeld von wiss. Anspruch und Praxisnutzen seiner Befunde, zwischen kritischer Distanz und Voranbringen seiner Forschungen einerseits, und dem Eingeflochtensein in die Projekttätigkeit und deren positiver Außendarstellung andererseits. Seine Rolle liegt zwischen Anwalt und Richter des Projekts, oft mit erheblichem Einfluß seiner Ergebnisse auf Fortbestehen, Modifikation, Beendigung oder Übertragung des Projektes auf andere Orte. Gütekriterien der Forschung sind das Offenlegen normativ-theoretischer Bezüge, angewandter Methoden und Instrumente sowie empirischer Befunde durch den Forscher, d. h. der Forschungsprozeß muß für alle Beteiligten transparent und nachvollziehbar sein. Günstige Faktoren für die Verwertung der Forschungsergebnisse sind die Praxisrelevanz des Forschungsdesigns und der Ergebnisse, die Kommunikation zwischen allen Beteiligten inklusive der Projektadressaten, die Art und Weise der Aufbereitung und Verbreitung der Ergebnisse, nicht selten aber auch deren polit. Opportunität.

→ Aktionsforschung; Implementation; Politikevaluierung; Politikfeldanalyse.

Lit.: *Dietzel, G. T. W./Troschke, J.* 1988: Begleitforschung bei staatlich geförderten Modellprojekten, Stg. *Heidenreich, K.* u. a. [5]1999: Sozialwiss. Methoden, Mchn./Wien, *Hellstern, G. M./Wollmann, H.* 1984: Hdb. zur Evaluierungsforschung, Opl. *Jansen-Schultze, M.-H.* 1997: Soziologie und polit. Praxis, Bielefeld. *Frick, H.-J.* (Hrsg.) 1999: KGSt-Handbuch Organisationsmanagement, Köln. *Rossi, P.* u. a. 1988: Programm-Evaluation. Einführung in die Methoden angewandter Sozialforschung, Stg.

Peter Guggemos

Begriff, auch Konzept (von lat. *conceptus*), eine allg., abstrakte Vorstellung von Gegenständen, im Ggs. zur direkten Anschauung von individuell Seiendem. Ein B. ist ein Ausdruck, der sich nicht auf nur einen Gegenstand, sondern auf mehrere Gegenstände bezieht, denen bestimmte Eigenschaften zugesprochen werden, die man anderen Gegenständen abspricht, wodurch sie von ihnen unterschieden und unter einen anderen B. subsumiert werden. B. liefern also Unterscheidungen, die das Universum der untersuchten Gegenstände sachlich gliedern.

B. lassen die mit ihnen bezeichneten, durch mannigfaltige Merkmale gekennzeichneten Gegenstände «begreifen». In der Politikwiss. verhelfen sie zur sprachlichen Erfassung von polit. Tatbeständen, Zusammenhängen, Prozessen und Strukturen. Das Vorliegen bzw. die Beschreibung bestimmter Begebenheiten in der polit. Wirklichkeit, etwa von polit. → Pluralismus und freien → Wahlen, führt zur Subsumption des konkret Erfaßten unter einen B., hier des durch die genannten Merkmale beschriebenen → Politischen Systems unter den B. der → Demokratie: Ohne den B. kein Erkenntnisgewinn. Ein B. «bündelt die Vielfalt geschichtlicher Erfahrung und eine Summe von theoretischen und polit. Sachbezügen in einem Zusammenhang, der als solcher nur durch den B. gegeben ist und wirklich erfahrbar wird» (*Koselleck* 1979: 29).

In der Begriffslehre wurde B. nach Umfang (Reichweite) und Inhalt (Prägnanz) unterschieden. Umfang bezieht sich auf die Geltung des B. für die Zahl (bzw. Größe der Klasse) von Gegenständen, die er umschließt, Inhalt hingegen auf die bestimmenden oder definitorischen Elemente (→ Definition). Umfang und Inhalt stehen in einem reziproken Verhältnis: Je größer der Umfang, desto inhaltsleerer der B., oder übertragen auf die Abstraktionsleiter von *Sartori* (1970), je höher der B. auf dieser Leiter, desto größer seine Reichweite und daher desto geringer seine empirische Präzision und Kontrollierbarkeit. Da der Inhalt das wesentliche Kriterium ist, empfiehlt *Sartori*, auf den Stufen der Abstraktionsleiter die B. darauf hin zu analysieren, ob die ihnen unterstellten Eigenschaften noch die gleichen sind.

Begriffsgeschichtlich kann zwischen B., deren Bedeutung konstant geblieben ist, solchen, deren Inhalt sich entschieden gewandelt hat, und Neologismen, Begriffsneuschöpfungen, unterschieden werden. B. sind i. d. R. mehrdeutig; zu unterscheiden ist zwischen Homonymie (ein B. hat mehrere Bedeutungen) und Synonymie (verschiedene Worte haben eine Bedeutung). In den verschiedenen → Theoriesprachen der Sozialwiss., etwa der systemtheoretischen, entscheidungstheoretischen (→ *Rational Choice*) und konflikttheoretischen, haben dieselben Begriffe jeweils eigene Inhalte und Funktionen. Weiterentwicklungen von B., sog. Explikationen, dienen dem wiss. Fortschritt. «Definitive historische B.» kommen laut *Max Weber* (1968: 255) «bei dem unvermeidlichen Wechsel der leitenden Wertideen als generelles Endziel nicht in Betracht». Per Adjektiv vollzogene Zusatzbestimmungen wie im Falle von → Repräsentativer Demokratie, → Plebiszitärer Demokratie, → Konsolidierter Demokratie tragen dazu bei, jene Prägnanz wiederzugewinnen, die durch Ausdehnung von B. in Zeit und Raum verloren geht. Typen von B. leisten einen ähnlichen Beitrag. Obwohl B. immer abstrakt sind, ist die Unterscheidung zwischen abstrakten bzw. theoretischen und empirischen B. nützlich, die in der empirisch-analytischen Wissenschaftslehre vertreten wird. Empirische B. repräsentieren konkret Beobachtbares, abstrakte B. Abstraktes (z. B. → Entwicklung, → Gemeinwohl, also → Konstrukte), das erst durch → Operationalisierung der empirischen Beobachtung zugänglich gemacht wird.

Lit.: *Koselleck, R.* (Hrsg.) 1979: Historische Semantik und Begriffsgeschichte, Stg. *Sartori, G.* 1970: Concept Misformation in Comparative Politics, in: APSR 64, 1033–1053. *Stötzel, G./Wengeler, M.* (Hrsg.) 1995: Kontroverse Begriffe, Bln./NY. *Weber, M.* 1968: Soziologie, Weltgeschichtliche Analysen, Politik, Stg.

Dieter Nohlen

Begründungszusammenhang, umfaßt im Forschungsprozeß die wissenschaftsimmanenten Aspekte von Forschung, im Ggs. zum → Entstehungszusammenhang, → Verwertungszusammenhang und → Wirkungszusammenhang.

Ein B. bildet ein relativ umfassendes, strukturiertes → Netzwerk wiss. Argumentationen, innerhalb dessen sowohl die → Erklärung von Phänomenen als auch die Rechtfertigung von → Normen, von wissenschaftstheoretischen Positionen und von methodischen Vorgehensweisen erfolgt. Im B. geht es um Begründung und kritische Prüfung der Aussagenzusammenhäge, in denen sich die Resultate der Forschung intersubjektiv vermitteln. Im engeren Verständnis des Begriffs ist die Begründung im wesentlichen formal auf logische Begründung eingegrenzt (diesen Vorwurf erhebt die → Kritische Theorie gegenüber dem → Kritischen Rationalismus), im weiteren Verständnis inhaltlich auf argumentatives Begründen schlechthin ausgedehnt.

→ Erkenntnisinteresse.
Lit.: → Erkenntnisinteresse.

Dieter Nohlen

Behavioralismus (von amerikan. *behavior* = Verhalten), die wichtigste Strömung der modernen amerikan. Politikwiss. Er kann als theoriegeleiteter → Empirismus charakterisiert werden, dessen Vorbild die Methodologie der Naturwiss. ist.

Urspr. als Ein-Campus-Revolte entstanden und in dieser Hinsicht untrennbar mit der Chicago-Schule *D. Lasswells* und *R. E. Merriams* verbunden, breitete er sich in den 1950er Jahren gegen anfangs erbitterte Widerstände an praktisch allen amerikan. Universitäten aus, um dann seit den frühen 1960er Jahren bis zum heutigen Tage das Bild der amerikan. Politikwiss. zu prägen. Es gibt praktisch kein Teilgebiet der Politikwiss., das nicht (auch) behavioralistisch (b.) betrieben würde. Lediglich auf dem Gebiet der polit. Theorie konnte die Strömung – vom Programm her verständlich – keine Dominanz erringen. Besonders stark geprägt vom b. Credo wurde die empirische Wahlforschung, deren schulenbildende Publikationen, wie etwa der *American Voter*, geradezu als paradigmatische Anwendung b. Forschung angesehen werden können. In D stehen die Kölner und Mannheimer Wahlstudien in der Tradition des B. Im Ggs. zu den USA nehmen jedoch b. orientierte Wissenschaftler in der dt. Politikwissenschaft nach wie vor eine Minderheitsposition ein.

Im Verlaufe der Auseinandersetzung um das b. Forschungsprogramm im Gefolge der Studentenrevolte und der Anti-Vietnamkriegsbewegung in den USA Ende der 1960er Jahre erhielt die b. Politikwiss. eine starke anwendungsorientierte Dimension, die in den *Policy*-Studien streng wiss. Vorgehensweise mit praktischer Relevanz zu verbinden sucht, um damit in verstärktem Maße der → Politikberatung zu dienen. Obwohl schon oft totgesagt, lebt das b. Forschungsprogramm nicht zuletzt in diesen und verwandten Forschungsrichtungen wie etwa der von *A. Downs* begründeten → Ökonomischen Theorie der Politik fort.

1. Im folgenden werden die wichtigsten Zielsetzungen und Annahmen des B. in zehn Punkten zusammengefaßt und kommentiert. Dieser Katalog b. Grundsätze dürfte den gemeinsamen Kern der verschiedenen verhaltenswiss. Strömungen innerhalb der amerikan. Politikwiss. umfassend darstellen, soweit sich in die Vielfalt der Ansätze überhaupt eine Einheit bringen läßt.

(1) Theoriegeleitetheit der Forschung: Ziel der b. Politikwiss. ist nicht die reine Beschreibung polit. Vorgänge, sondern in erster Linie ihre → Erklärung und Prognose. Die deskriptive Erfassung von Tatsachen stellt hierzu lediglich eine notwendige Voraussetzung dar.

(2) Suche nach Regelmäßigkeiten: Um polit. Vorgänge erklären und prognostizieren zu können, muß man nach b. Auffassung auf Gesetzesaussagen zurückgreifen. Gesetzesaussagen beschreiben empirische Regelmäßigkeiten. Eine pragmatische Voraussetzung für die Suche nach Regelmäßigkeiten ist die Annahme, daß soziale und polit. Vorgänge derartigen Gesetzmäßigkeiten unterliegen. Der B. beschränkt sich bei seiner Suche nach Gesetzmäßigkeiten aber nicht nur auf empirische Generalisierungen, sondern versucht, zu theoretischen Aussagen vorzustoßen.

Er unterscheidet sich hierin vom klassischen und vom radikalen → Behaviorismus *J. B. Watsons* und *B. F. Skinners*, mit dem er oft – zu Unrecht – gleichgesetzt wird. Diese zunächst nur verbale Gleichsetzung, die allerdings häufig genug den B. als «positivistisch» und damit als überholt abqualifizieren soll, verwischt wichtige, grundlegende Differenzen zwischen den beiden Strömungen. Der B., der Verhalten zwar auch erfahrungswiss. und mit empirisch-quantifizierenden Methoden untersucht, geht weit über die rein deskriptive Erfassung und Generalisierung des polit. Verhaltens des Behaviorismus hinaus, indem er (1) als theoriegeleiteter Empirismus primär nach Erklärungen und nicht nur nach empirischen Generalisierungen sucht und (2) intervenierende Variablen, die zwischen Reiz und Reaktion vermitteln, etwa auch kognitive Bewußtseinsprozesse, in Form theoretischer Konstrukte in seine Untersuchung einbezieht. Die theoretischen Aussagen des B. gehen im Ggs. zu rein empirischen Verallgemeinerungen folglich nicht nur auf direkt beobachtbare Vorgänge ein, sondern auch auf dispositionelle Faktoren wie Persönlichkeitszüge und Einstellungen, die sich empirisch nur indirekt, d. h. über Indikatoren, erschließen lassen. Diese latenten, der unmittelbaren Beobachtung entzogenen Dimensionen werden durch theoretische Begriffe, durch → Konstrukte, beschrieben. Ein solches theoretisches Konstrukt ist z. B. das Konzept der → Parteiidentifikation.

Theoretische Konstrukte hängen miteinander über definitorische Verbindungen und Gesetzesaussagen zusammen. Mit der Beobachtungsebene sind die theoretischen Begriffe über sog. Zuordnungs- oder Korrespondenzregeln verbunden, mit deren Hilfe die empirische Überprüfung einer Theorie überhaupt erst möglich wird. Nach b. Ansicht müssen folglich alle theoretischen Begriffe operationalisiert werden.

(3) Streben nach Nachprüfbarkeit und Objektivität: Wissenschaft im b. Sinne zeichnet sich dadurch aus, daß alle Aussagen nachprüfbar sein müssen. Nachprüfbar sind Aussagen nach empiristischer Ansicht nur, wenn

sie sich entweder unmittelbar auf beobachtbare Tatsachen beziehen oder zumindest auf beobachtungssprachlich formulierte Aussagen zurückführen lassen. Im Ggs. zur analytischen Wissenschaftstheorie, die nur noch die (zumindest indirekte) Bestätigungsfähigkeit oder die Falsifizierbarkeit von Aussagen fordert, hängt der B. noch dem Verifikationsprinzip des Neopositivismus an. Sätze, die sich nicht verifizieren lassen, sind für ihn aus dem Kanon der Wiss. auszuscheiden.

Um dem Kriterium der Nachprüfbarkeit zu genügen, müssen die Messungen des empirischen Forschers möglichst objektiv, d. h. von der Person des einzelnen Wissenschaftlers unabhängig sein. Objektive Forschungsergebnisse zeichnen sich dadurch aus, daß sie sich unter ansonsten gleichen Umständen von anderen Wissenschaftlern wiederholen lassen. Um nachprüfbar zu sein, müssen die verwendeten Forschungsinstrumente zuverlässige Meßwerte liefern. Ein Meßinstrument ist zuverlässig, wenn es bei wiederholter Messung der gleichen Ereignisse innerhalb bestimmter möglichst geringer Fehlerspielräume die gleichen Ergebnisse produziert. Damit weiß man jedoch nicht, ob ein zuverlässiges Meßinstrument, z. B. eine Einstellungsskala, auch das mißt, was man zu messen vermeint. Aus diesem Grunde müssen die Messungen nicht nur formal zuverlässig (Reliabilität), sondern auch inhaltlich gültig (Validität) sein. Die formale Meßgenauigkeit ist dabei eine notwendige, jedoch keine hinreichende Bedingung der inhaltlichen Meßgenauigkeit. Ein unzuverlässiges, ständig Schwankungen unterworfenes Instrument kann keine sinnvollen Meßergebnisse liefern. Allerdings werden die Meßinstrumente der empirischen Politikwiss. noch immer viel zu selten auf Reliabilität und Validität überprüft – dies v. a. in Hinsicht auf veränderte Stichproben.

Um die Nachprüfbarkeit und → Objektivität oder allgemeiner: die Aussagekraft ihrer Ergebnisse zu gewährleisten, muß die empirische Forschung nach b. Ansicht logisch widerspruchsfrei argumentieren, ihre Begriffe explizit definieren und konsistent verwenden sowie alle Konzepte, die sich nicht auf empirische Sachverhalte beziehen, aus der Wissenschaftssprache ausscheiden.

(4) Forschungstechniken: Die empirische Sozialforschung bedient sich einer Reihe von Instrumenten zur Datenerhebung und zur Datenauswertung. Hierzu zählen etwa die verschiedenen Verfahren der Einstellungsmessung, Befragungstechniken wie das Interview, die Methoden der quantitativen Inhaltsanalyse und standardisierte Beobachtungsschemata. Zu den wichtigsten Forschungstechniken der empirischen Politikwiss. zählen ferner diverse Stichprobenverfahren. Zu den statistischen Auswertungsverfahren gehören u. a.: → Regressionsanalyse, Varianz- und Kovarianz-, Faktoren- und → Pfadanalyse. Ziel der statistischen Auswertungsverfahren ist es, große Datenmengen zu bewältigen, Zusammenhänge zwischen den untersuchten Variablen festzustellen und die Sicherheit zu bestimmen, mit der ein gemessener Zusammenhang zu akzeptieren ist.

Die Anwendung ständig zu verbessernder, ausgefeilter Forschungstechniken ist für den B. kein Ziel an sich, sondern ein Mittel zur Erfüllung der im vorangehenden Punkt beschriebenen Qualitätskriterien von Forschung. Die empirische Forschungswirklichkeit steht allerdings manchmal im Verdacht, immer raffiniertere Techniken nur um ihrer selbst willen und nicht wegen der Eigenarten der Forschungsgegenstände oder zur Erfüllung der Qualitätspostulate einzusetzen.

(5) Der Trend zur Quantifizierung: Die Forderung nach höchstmöglicher Genauigkeit der Meßergebnisse führt zwangsläufig zu dem Versuch, Datenerhebung und Datenauswertung mittels mathematisch-statistischer Verfahren zu präzisieren und zu standardisieren. Damit wird nach b. Ansicht tendenziell die Nachprüfbarkeit und Vergleichbarkeit der Aussagen erhöht. Der Ruf nach Quantifizierung wird nicht als dogmatische Forderung verstanden, sondern als ein nützliches Ziel, das dort anzustreben ist, wo es der Gegenstandsbereich erlaubt. Andere Ziele, etwa die der theoretischen und praktischen Relevanz der Forschungsergebnisse, sollen darunter nicht leiden. Von den Gegnern des B. wird sein oftmals vom Forschungsgegenstand losgelöstes Streben nach maximaler Quantifizierung als eines seiner hervorste-

chendsten Kennzeichen moniert, nicht immer zu Unrecht.

(6) Konzentration auf individuelles Verhalten: B. Auffassung zufolge müssen sich alle Aussagen auf beobachtbares Verhalten zurückführen lassen. Im allg. ist hiermit das Verhalten von Individuen gemeint, da sich nur dieses zweifelsfrei beobachten lasse; seltener bezieht sich der b. Verhaltensbegriff auch auf Kleingruppen. Der b. Verhaltensbegriff ist allerdings sehr umfassend und erstreckt sich sowohl auf Verhaltensakte im engeren Sinne als auch auf die Äußerungen von Einstellungen, Verhaltensabsichten oder Werthaltungen, wie sie durch Fragebögen oder Skalierungsverfahren erhoben werden. Wurde noch zu Anfang der b. Bewegung von ihren Wortführern von einer Deckung von empirischer und theoretischer Analyseeinheit ausgegangen, d. h. von der Übereinstimmung von Beobachtungs- und Aussageebene, so wurde schon bald dieses behavioristisch-psychologische Restelement aufgegeben. Der Gegenstand der Politikwiss. erstreckt sich ja auch auf Gruppierungen, Verbände und Institutionen, die nicht wegen einer methodologischen Forderung aus dem Objektbereich der Politikwiss. gestrichen werden können. Andernfalls wäre die b. Politikwiss. tatsächlich auf eine Sozialpsychologie des polit. Verhaltens von Individuen zusammengeschrumpft, wie von ihren Kritikern immer wieder behauptet wird.

(7) Induktivismus: Ein weiterer kennzeichnender Zug der b. Forschungstätigkeit ist ihr induktivistisches Vorgehen. Der übliche Gang der Forschung besteht in der Beobachtung von empirischen Regelmäßigkeiten, z. B. daß Katholiken in Kontinentaleuropa häufiger christlich-konservative Parteien wählen als Protestanten; diese empirischen Regelmäßigkeiten werden mittels Gesetzesaussagen begrifflich ausgedrückt. Es werden auch durchaus theoretische Konstrukte verwendet, z. B. das der dogmatischen Persönlichkeit. Diese theoretischen Konstrukte, die zur Erklärung und Prognose polit. Verhaltens herangezogen werden, sind nach b. Ansicht stets direkt zu operationalisieren, was jedoch nach Auffassung der analytischen Wissenschaftstheorie keineswegs notwendig ist. Sie verbleiben auf diese Weise relativ nahe an der empirischen Oberfläche, was einer der Gründe für die relativ geringe Fruchtbarkeit b. Theorien sein könnte, die sich hierin allerdings kaum von den Theorien der Nachbarwiss. Soziologie und Sozialpsychologie unterscheiden.

In reichem Maße vorhanden sind empirische Einzelergebnisse und kulturspezifische Generalisierungen, die jedoch relativ unverbunden nebeneinanderstehen. Versuche wie die von *D. Easton und K. W. Deutsch*, mit umfassenden Theorien des → Politischen Systems begriffliche Bezugsrahmen für die Einordnung empirischer Ergebnisse und für die Anleitung neuer Forschungen zur Verfügung zu stellen, sind bisher von der Forschungspraxis, mit Ausnahme der → *Comparative Politics* und einiger Sozialisations- und Kommunikationsstudien, kaum honoriert worden. Nach b. Auffassung ergeben sich allmählich die für die Erklärung ihrer Gegenstände notwendigen Bereichstheorien aus der induktiven Zusammenstellung von einzelnen Forschungsergebnissen gewissermaßen von selbst.

(8) Wertrelativismus: Die b. Position teilt mit der Wissenschaftstheorie des Logischen Empirismus die Auffassung, daß sich Werturteile mit erfahrungswiss. Methoden nicht begründen lassen. Empirisch nachprüfbar sind nur kognitive Aussagen, d. h. Aussagen über die Welt, wie sie ist oder besser: wie sie sich dem Wissenschaftler darstellt, nicht jedoch Aussagen darüber, wie die Welt sein soll oder wie sie sich der Wissenschaftler wünscht. Werturteile sind daher nach b. Auffassung nicht wahrheitsfähig: Sie können nicht aus Tatsachenaussagen abgeleitet werden.

Zwischen Sein und Sollen klafft nach *A. Brecht* eine mit logischen Mitteln unüberbrückbare Kluft, die dem Wissenschaftler verbietet, Werturteile als Ergebnis seiner Forschung auszuweisen. Wertpositionen, die in erfahrungswiss. Aussagen einfließen, verzerren tendenziell die Resultate der Forschung. Der einzelne Wissenschaftler muß daher versuchen, seine Werttendenzen und Vorurteile zu neutralisieren. Empirische Wiss. ist aus diesem Grunde dem Ideal einer so verstandenen Wertfreiheit verpflichtet, wenn auch der einzelne Wissenschaftler es nie ganz erreichen kann. Auch nach b. Ansicht bleibt der einzelne stets zu einem gewissen Grad ein Gefangener seiner Wertpräferenzen. Der Verzicht auf erfahrungswiss. begründbare Werturteile schließt nicht aus, Werthaltungen empirisch als abhängige oder als unabhängige Variable zu untersuchen. Überdies ist die empirische Politikwiss. in der Lage, Systeme von Wertpräferenzen auf ihre Konsequenzen hin zu analysieren, Inkonsistenzen und Unverträglichkeiten aufzuzeigen, die Bedingungen ihrer Verwirklichung zu erforschen und technologische Empfehlungen in der Form von hypothetischen Imperativen zu geben.

(9) Grundlagenorientierung: Eine Anwendung wiss. Erkenntnisse für die Verwirklichung gesellschaftl. Ziele ist erst dann möglich, wenn genügend Grundlagenwissen vorhanden ist. Dies liegt aber in den meisten politikwiss. Teilbereichen auch heute noch nicht vor. Ausreichend bestätigte Theorien sind selbst nach nunmehr rund 50 Jahren b. Forschung eher die Ausnahme. Anwendungsorientierte Forschung trägt andererseits nur wenig zum Wachstum wiss. Grundlagenkenntnisse bei. Um stichhaltige Prognosen abgeben zu können, müssen dem b. Programm zufolge Kenntnisse von Verhaltensregelmäßigkeiten und Theorien vorliegen, die sich u. a. allgemeiner Begriffe bedienen. Die technologische Anwendung von wiss. Erkenntnissen setzt die Erkenntnis eines Wissensfundus voraus, der in grundlagenwiss. Orientierung zu erarbeiten ist. Daher vertritt der B. (zumindest urspr.) ein Programm «reiner Wissenschaft», obwohl im Gefolge der Auseinandersetzung um die «nachbehavioralistische Revolution» *(Easton)* in dieser Frage eine gewisse Auflockerung der Standpunkte zu beobachten ist: viele jüngere, forschungstechnisch durchaus noch dem B. verbundene Forscher versuchen heute theoretische und praktische Relevanz vor allem in den *Policy*-Studien miteinander zu verbinden.

(10) Integration und Interdisziplinarität: In ihrer Bemühung um Erarbeitung eines gesicherten und wachsenden Wissensfundus muß die Politikwiss. auf die Konzepte, Vorgehensweisen und Ergebnisse anderer Sozialwiss. zurückgreifen. Die Politik umfaßt nach b. Auffassung nur einen Teilbereich des Sozialen, und Persönlichkeitszüge im weitesten Sinne können für das polit. Verhalten ebenso von Bedeutung sein wie soziale oder wirtschaftl. Gegebenheiten. Der Rückgriff auf die Erhebungs- und Auswertungstechniken anderer Sozialwiss. ist notwendig, weil es nur wenige von der Politikwiss. selbst entwickelte empirische Verfahren gibt. Fast alle von ihr benutzten Forschungstechniken stellen Übernahmen oder Modifikationen von soziologischen, sozialpsychologischen, ökon. oder individualpsychologischen Verfahren dar und begründen die Forderung nach Interdisziplinarität und einer Integration der Forschungsergebnisse.

2. Ein grundlegender Unterschied besteht zwischen empirischem und theoretischem Behavioralismus. Beide basieren auf der gleichen Wissenschaftstheorie, dem logischen → Empirismus. Sie beschäftigen sich jedoch mit unterschiedlichen Fragestellungen und benutzen unterschiedliche theoretische Analyseeinheiten.

Während ein Großteil der empirischen Forschung sich noch immer auf die Erklärung individuellen Verhaltens bezieht, richtet sich das Interesse des theoretisch orientierten B. vornehmlich auf das polit. System. Beide Formen des B. wenden sich gegen philosophisch-normative, rein institutionalistisch orientierte oder gesellschaftskritisch ausgerichtete Ansätze der Politikwissenschaft. In der Auseinandersetzung mit diesen Ansätzen entspann sich der sog. Behavioralismus-Streit in der amerikan. Politikwiss., den die b. Forschungsrichtung relativ unbeschadet überstand. Auch wenn sich heute nur noch wenige Politikwissenschaftler als Behavioralisten im engeren Sinne einstufen, steht doch fest, daß die amerikan. Politikwiss. durch den B. in einem Maße geprägt und durchdrungen worden ist, daß man im *Kuhn*schen Sinne – *cum grano salis* – von einer wiss. Umwälzung sprechen kann, deren heuristische Möglichkeiten auch 40 Jahre danach noch keineswegs erschöpft zu sein scheinen.

→ Behaviorismus; Deduktion/Deduktive Methode; Empirische Sozialforschung; Induktion/Induktive Methode; Politikfeldanalyse; Szientismus; Wahlforschung.

Lit.: *Almond, G. A.* 1970: Political Development, Boston. *Bay, Ch.* 1965: Politics and Pseudo Politics: A Critical Evaluation of Some Behavioral Literature, in: APSR 59, 39–51. *Berelson, B.* 1968: Behavioral Sciences, in: International Encyclopaedia of the Social Sciences, Bd. 2, 21–45. *Brecht, A.* 1961: Politische Theorie, Tüb. *Dahl, R. A.* 1963: Modern Political Analysis, Englewood Cliffs. *Deutsch, K. W.* 1963: The Nerves of Government, NY. *Easton, D.* 1969: The New Revolution in Political Science, in: APSR 63, 1051–1061. *Eulau, H.* 1963: The Behavioral Persuasion in Politics, NY. *Falter, J. W.* 1982: Der «Positivismusstreit» in der amerikanischen Politikwissenschaft, Opl. *Falter, J. W.* 2001: Behavioralism: Political, in: International Encyclopaedia of the Social and Behavioral Sciences, Amsterdam, Bd. 2, 1125–1128. *Finifter, A. W.* (Hrsg.) 1989: Political Science, Washington. *Lasswell, H. G.* 1948: The Analysis of Political Behavior, NY. *Somit, A./Tanenhaus, J.* 1967: The Development of American Political Science, Boston. *Waldo, D. W.* 1975: Political Science, in: *Greenstein, S. I./Polsby, N. W.* (Hrsg.): Handbook of Political Science, Bd. 1, 1–130, Reading, Mass.

Jürgen W. Falter

Behaviorismus, eine streng erfahrungswiss., empirisch-quantifizierende Forschungsrichtung, die sich in verschiedenen → Sozialwissenschaften, aber auch in der Zoologie, Kybernetik und → Systemtheorie, mit der Gesamtheit der Lebensäußerungen und Verhaltensformen von Organismen und Systemen beschäftigt.

Der B. (= Verhaltensforschung) wurde in der amerikan. Psychologie zu Beginn des 20. Jh. v. a. von *J. B. Watson* entwickelt und untersucht insbes. die Verhaltensreaktionen der Menschen und Tiere auf Einflüsse (Reize) der Umwelt *(Stimulus-Response,* S-R-Prozesse). Er beschränkt sich innerhalb des klassischen behavioristischen Ansatzes auf die Analyse des direkt beobachtbaren und meßbaren (stimulierten) Verhaltens. Dabei werden Aussagen, die über die Deskription des Beobachtbaren und die Beschreibung konkreter Verhaltensweisen hinausgehen, die also beispielsweise von beobachtetem Verhalten auf motivationale und kognitive Prozesse rückschließen oder Bewußtseinsveränderungen zu erklären versuchen, als wiss. unzulässig verworfen. In späteren Ausformungen durch *E. V. Tolman, C. L. Hull* u. a. wurden derartige Rückschlüsse dann i. S. intervenierender Variablen zugelassen.

Lit.: → Behavioralismus.

Jürgen W. Falter

Beliefs (engl. für Glaube, Meinungen), im Verhältnis zu → *Attitudes* oberflächlichere, weniger dauerhafte, stärker kognitiv geprägte Orientierungen gegenüber Objekten und einzelnen Sachverhalten, insbes. den zahlreichen, häufig wechselnden Aspekten der Tagespolitik. Gegenstand v. a. der Meinungs- und → Umfrageforschung.

Lit.: → Politische Kultur.

Dirk Berg-Schlosser

Beobachtung, in den → Sozialwissenschaften die einem bestimmten Forschungszweck dienende geplante Kontrolle und Systematisierung der Wahrnehmung von Verhaltensäußerungen. B. ist ein Oberbegriff für zahlreiche unterschiedliche Ansätze in der empirischen Sozialforschung, die man ausgehend von der wiss. B. – wie in Abbildung 2 – folgendermaßen gliedern kann (Abb. 2 siehe S. 74).

Mit der Alternative teilnehmend/nicht-teilnehmend wird die Frage der Teilnahme des Beobachters an den Aktivitäten der beobachteten Personen angesprochen. Das Ausmaß der Strukturierung des Beobachtungsplans gibt Auskunft über die Detailliertheit der Anweisungen an den Beobachter: Bei der unstrukturierten B. erhält er nur allg. Anweisungen für sein Verhalten; was und wie beobachtet wird, entscheidet er weitgehend selbst, womit sich dieser Ansatz vor allem

Abbildung 2: Typen sozialwissenschaftlicher Beobachtung

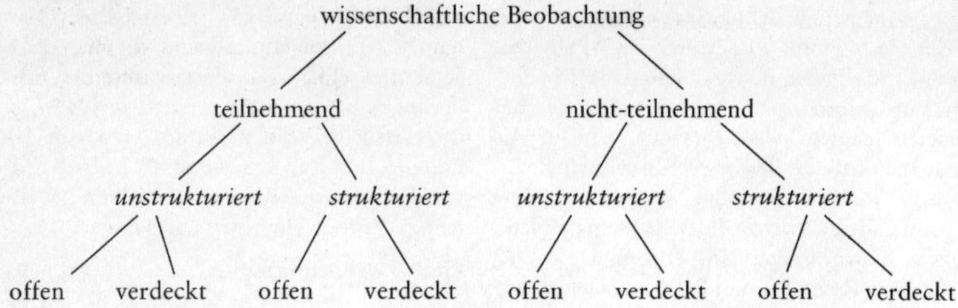

bei explorativen Studien anbietet. Demgegenüber sind die Aufzeichnungsformen und Verhaltensregeln für den Beobachter im Feld bei der strukturierten B. sehr detailliert festgelegt. Man spricht deshalb auch von systematischer bzw. kontrollierter Beobachtung. Ein Beispiel für eine starke Strukturierung bietet die Interaktionsanalyse von *Bales* (1950).

Alle diese Formen der B. können sowohl offen als auch verdeckt angelegt sein, d. h. der Beobachter kann seine Beobachterfunktion der Gruppe bekannt machen oder nicht, woraus sich weitreichende Konsequenzen für seine Beobachterrolle ergeben.

Das Problem der B. und – wenn auch häufig nicht so explizit – jeder anderen Methode der Datenerhebung liegt in der Sinnzuweisung der beobachteten Handlungen durch den Beobachter, der seine B. interpretieren, d. h. verstehen muß. Gleichzeitig will er das Beobachtete aber gerade erst näher kennenlernen und etwas darüber erfahren – denn würde er den Sinn der beobachteten Handlungen bereits vollständig verstehen, wäre seine Forschung weitgehend überflüssig. Dies belegt die Erfahrung, daß empirische Forschung um so besser funktioniert, je geringer die soziale Distanz zwischen Forscher und Untersuchungsgegenstand ist. Die Folge ist eine weitverbreitete Mittelschichtorientierung der empirischen Forschung.

Für die → Reliabilität (Zuverlässigkeit) und → Validität (Gültigkeit) von Beobachtungsdaten ist es damit eine zwingende Voraussetzung, daß sich der Beobachter mit den soziokulturellen Rahmenbedingungen des Untersuchungsgegenstandes vertraut macht und insbesondere die Sprache, die in dem beobachteten System verwendet wird, nicht nur in ihrer denotativen, sondern v. a. in ihrer konnotativen Bedeutung beherrscht. Dies gilt für alle Bereiche unserer Gesellschaft, die sich vom Forscher z. B. nur in der sozialen Schicht unterscheiden. Dabei muß der Beobachter aber weiterhin eine kritische Distanz zum Untersuchungsgegenstand wahren, d. h. es ist nicht i. S. der Forschung, wenn er die Eigenarten des beobachteten sozio-kulturellen Systems vollständig internalisiert, vielmehr muß die Sinnaneignung in einer ständigen Reflexion auf die Forschungsfrage erfolgen, indem die gewonnenen Erkenntnisse in der B. ständig wieder überprüft werden.

B. kann sich immer nur auf aktuelles Verhalten in einem zeitlich begrenzten Rahmen beziehen. Der Forscher ist deshalb darauf angewiesen, daß die beobachteten Situationen relevant, also typisch für den Untersuchungsgegenstand sind. Je nachdem, wie viel der Forscher bereits über den Untersuchungsgegenstand weiß, wird er die B. mehr oder weniger stark strukturieren. Insbes. bei explorativen Studien bietet es sich an, zunächst ohne feste Vorgaben B. anzustellen, um überhaupt Wissen über die Strukturen des Untersuchungsgegenstandes zu sammeln. Dies kann aber nur eine Vorstufe einer stärker systematisierten Untersuchung sein, da die Ergebnisse unstrukturierter B. kaum Verallgemeinerungen zulassen.

Die B. erfordert ein Beobachtungsschema, das den Rahmen für die B. absteckt. Es enthält die Beobachtungskategorien und eventuell Vorgaben für die möglichen Ausprägungen, so daß der Beobachter schnell und zuverlässig seine Aufzeichnungen vornehmen kann. Wie das Beobachtungsschema im konkreten Einzelfall aussieht, hängt von der Forschungsfrage ab. Wichtig ist, daß es die B. in ihrem jeweiligen Kontext widerspiegelt, denn nur so ist eine adäquate Interpretation der Wahrnehmungen möglich. Die Schwierigkeit für den Beobachter liegt in der praktischen Handhabung des Beobachtungsschemas. Der Vorgang des Aufzeichnens darf ihn nicht allzu sehr von der B. ablenken, er muß deshalb schnell und präzise möglich sein. Der Beobachter muß sein Kategorienschema vollständig internalisiert haben, was nur durch eine intensive Beobachterschulung erreicht wird.

B. werden in der → Empirischen Sozialforschung weitaus seltener eingesetzt als etwa Befragungen. Dies mag vor allem daran liegen, daß hier ebenso wie bei der → Inhaltsanalyse die Probleme der Bedeutungsrekonstruktion zwangsläufig explizit werden, während sie bei der → Befragung zwar genauso bestehen, aber verdeckt sind. Für den Forscher und den Rezipienten von Forschung ergibt sich so der (unberechtigte) Eindruck einer geringeren Genauigkeit. Auch die bei B. zu realisierenden Fallzahlen halten manchen Forscher, weil sie ihm zu gering erscheinen, von der Entscheidung für eine B. ab. Zwar ist es richtig, daß i. d. R. bei Befragungen mit geringerem Aufwand große Fallzahlen möglich sind, jedoch sollten große Fallzahlen nicht automatisch mit hoher Gültigkeit der Ergebnisse gleichgesetzt werden. B. hätte jedenfalls bei weitaus mehr Fragestellungen ihre Berechtigung, als dies ihre tatsächliche Anwendung widerspiegelt.

→ Daten; Methodenprobleme in der empirischen Sozialforschung; Qualitative Methoden.

Lit.: *Bales, R. F.* 1950: A Set of Categories for the Analysis of Small Group Interaction, ASR 15, 257–263. *Bales, R. F. / Coben, S. P.* 1982: SYMLOG – Ein System für die mehrstufige Beobachtung von Gruppen, Stg. *Diekmann, A.* [6]2000: Empirische Sozialforschung: Grundlagen, Methoden, Anwendungen, Rbk. *Garz, D./Kraimer, K.* 1995: Qualitativ-empirische Sozialforschung: Konzepte, Methoden, Analysen, Opl. *Grümer, K.-W.* 1974: Beobachtung, Stg. *Martin, E./Wawrinowski, U.* [2]1993: Beobachtungslehre: Theorie und Praxis reflektierter Beobachtung und Beurteilung, Weinheim. *Patry, J.-L.* (Hrsg.) 1982: Feldforschung, Bern.

Jürgen Kriz

Bereichsopposition, aus der österreichischen Regierungspraxis Großer Koalitionen ohne nennenswerte innerparlamentarische → Opposition in den 1950er Jahren geprägter Begriff. Er bezeichnet den auf bestimmte Sachgebiete beschränkten Wettbewerb zwischen den ansonsten gemeinsam regierenden Parteien in einer → Koalition.

Dabei gilt, daß eine polit. Position innerhalb des festgelegten Zuständigkeitsbereichs des Partners öff. kritisiert werden darf, aber letztlich mitgetragen werden muß. Dieser in → Konkordanzdemokratien gebräuchlichen Form von Opposition fehlt es v. a. an der Alternativfunktion: Der Öff. wird weder programmatisch noch personell ein Gegenvorschlag zur Wahl gestellt. Insofern erscheint es auch eher irreführend, den Begriff für Kontroversen zwischen Regierungspartnern in einem System anzuwenden, das alternierende Koalitionen zuläßt und keine Wettbewerbseinschränkungen durch konkordanzdemokratische Parteienkartelle vorsieht.

Lit.: → Opposition.

Suzanne S. Schüttemeyer

Bernoulli-Theorem → Gesetz der großen Zahl

Beschäftigung → Beschäftigungspolitik

Beschäftigungspolitik, Gesamtheit der polit. Entscheidungsverfahren und Maßnahmen, die darauf ausgerichtet sind, das Arbeitskräfteangebot und die

Arbeitskräftenachfrage sowie das Verhältnis und die Vermittlung zwischen diesen beiden Größen auf gesamtwirtschaftl. Ebene zu regulieren. Bei B. handelt es sich im wesentlichen um Steuerungsversuche mit den Mitteln der Finanz-, Geld-, Lohn- und der Bildungspolitik, wohingegen spezifische Anreiz- und Unterstützungsprogramme (z. B. Steuererleichterungen bzw. Lohnkostenzuschüsse für bestimmte Unternehmen, Weiterbildungs- und Umschulungsprogramme, Arbeitsbeschaffungsmaßnahmen) für einzelne Gruppen, Branchen oder Regionen zur → Arbeitsmarktpolitik zählen.

1. Grundlegend für die auf gesamtwirtschaftl. Ebene ansetzende B. waren zunächst theoretische Arbeiten des brit. Nationalökonomen *J. M. Keynes*, der in seinen durch die Weltwirtschaftskrise der 1930er Jahre und die damit einhergehende Massenarbeitslosigkeit angeregten Analysen auf Möglichkeiten einer makroökon. → Globalsteuerung zentraler Parameter der Wirtschaftsentwicklung (Wachstum, Inflationsrate, Beschäftigungsniveau) hinwies (→ Keynesianismus). Demnach kann und soll der Staat in Perioden stockenden Wachstums und steigender konjunktureller → Arbeitslosigkeit die gesamtwirtschaftl. Nachfrage mit ggf. kreditfinanzierten Ausgabenprogrammen stimulieren und auf diese Weise die Vollbeschäftigung sichern oder wieder herbeiführen.

2. B. als antizyklische Nachfragesteuerung nach keynesianischem Muster war in den ersten Jahrzehnten nach dem II. Weltkrieg ein latenter Bestandteil der wirtschaftspolit. Philosophie der meisten Regierungen westl. Industrieländer. In der BRD wurde sie ansatzweise und mit Erfolg in der Rezession Ende der 1960er Jahre angewandt, nachdem das Stabilitätsgesetz von 1967 die Sicherung eines hohen Beschäftigungsstandes (neben Preisstabilität, Wirtschaftswachstum und Außenhandelsgleichgewicht) als Aufgabe staatl. Politik deklariert hatte. Die sozialliberale Koalition unter Bundeskanzler *H. Schmidt* versuchte in den 1970er Jahren in der durch die erste Ölkrise ausgelösten Rezession vergeblich, an diese Erfolge anzuknüpfen. Mehrere umfangreiche, hinsichtlich *timing* und Feinabstimmung immer anspruchsvollere Beschäftigungsprogramme konnten die Arbeitslosigkeit nicht unter einen tendenziell immer höheren Sockel drükken.

3. Zu diesem Zeitpunkt waren die theoretischen Grundlagen keynesianischer B. bereits von seiten der Monetaristen um den amerikan. Ökonomen *M. Friedman* nachhaltig unter Beschuß genommen worden (→ Monetarismus). Deren Rezeptur einer angebotsorientierten, auf die Stabilisierung der Geldmenge gerichteten Politik (→ Angebotsorientierte Wirtschaftspolitik) ging von der theoretischen Überzeugung aus, daß eine expansive → Geldpolitik keinerlei Beschäftigungseffekte hervorzubringen vermag, der Staat also im Ggs. zum Befund der → Phillips-Kurve nicht die Möglichkeit habe, zwischen Inflationsbekämpfung und Sicherung der Vollbeschäftigung zu wählen. Auf breiter Front setzte sich die monetaristische Position in den 1980er Jahren durch, die Regierungspolitik bestimmte sie insbes. in den USA und in GB, während in den skandinavischen Ländern, insbes. Schweden, dem Vollbeschäftigungsziel weiterhin Priorität eingeräumt wurde, unterstützt durch korporatistische Strukturen der → Lohnpolitik (→ Korporatismus), die eine gewisse Eindämmung der gewerkschaftlichen Lohnforderungen garantierten. In D fanden Versuche einer globalen B. nach keynesianischem Muster stets ihre Grenze in der → Autonomie der Bundesbank (→ Zentralbanken) und der polit.-kulturell verankerten Tradition einer strikten Kontrolle der → Inflation.

4. Der Regierungswechsel zur bürgerlichen Koalition unter Kanzler *H. Kohl* 1982 sorgte für eine Abkehr der Staatstätigkeit von den hehren beschäftigungspolit. Zielsetzungen früherer Jahre und für eine verstärkte Orientierung an angebotstheoretisch inspirierten Politikprogrammen (freilich weitaus weniger radikal als in den USA und GB). Unter der Dominanz arbeitsmarktpolit. Maßnahmen blieben makropolit. ansetzende Steuerungsversuche in der Folgezeit im wesentlichen auf tariflich vereinbarte Arbeitszeitverkürzungen sowie auf Regelungen zum

Vorruhestand und andere Maßnahmen zur Reduzierung des Arbeitskräfteangebots beschränkt. In diesem Sinn läßt sich latent auch die ständige Ausweitung der Zahl der an Hochschulen und Universitäten Studierenden interpretieren. Die seit Beginn der 1990er Jahre und der dt. Vereinigung weiter gestiegene Arbeitslosigkeit hat den Ruf nach einer nachfrageseitig ansetzenden B. wieder lauter werden lassen.

Lit.: *Berger, J.* 1994: Vollbeschäftigung als Staatsaufgabe?, in: *Grimm, D.* (Hrsg.): Staatsaufgaben, Baden-Baden, 553–584. *Huckemann, S./Suntum, U. van* 1993: Beschäftigungspolitik im internationalen Vergleich, Gütersloh. *Mester, F./Suntum, U. van* 1997: Weichenstellungen für eine stabilitätsorientierte Beschäftigungspolitik, Gütersloh. *Rhein-Kress, G. von* 1996: Die polit. Steuerung des Arbeitsangebots, Opl. *Scharpf, F.* 1987: Sozialdemokratische Krisenpolitik in Europa, Ffm.

Bernhard Thibaut

Beschäftigungsstruktur, Verteilung der Erwerbstätigen auf verschiedene Wirtschaftszweige, insbes. die drei großen Bereiche (a) Land- und Forstwirtschaft sowie Fischerei, (b) Industrie und Bergbau, (b) → Dienstleistungen, die in der Wirtschaftsstatistik jeweils in Unterbereiche gegliedert werden (im Falle des Dienstleistungssektors etwa in Handel, Transport, Kommunikation, Banken, Versicherungen usw.).

Der Vergleich der B. mit der Struktur der Wertschöpfung ermöglicht eine Einschätzung der relativen → Produktivität der jeweiligen Wirtschaftsbereiche. Die Verteilung der Erwerbstätigen nach Altersgruppen, nach dem Beschäftigungsstatus (Selbständige, Beamte, Angestellte, Arbeiter, mithelfende Familienangehörige) oder nach Funktionen innerhalb eines Betriebs wird hingegen i. d. R. als Beschäftigtenstruktur bezeichnet.

→ Arbeit; Arbeitslosigkeit; Erwerbsquote.
Lit.: → Arbeit; Beschäftigungspolitik.

Bernhard Thibaut

Beschränktes Wahlrecht → Wahlrecht

Beschreibung → Deskription

Beta-Fehler → Wahrscheinlichkeit

Beta-Koeffizient → Regressionsanalyse

Beteiligungsföderalismus, Begriff aus der Föderalismus-Forschung zur Charakterisierung der Besonderheiten des → Föderalismus der BRD.

Er ist bestimmt von mehrfacher → Politikverflechtung: (1) durch die enge Verzahnung von Bundes- und Länderpolitiken aufgrund der funktionalen Differenzierung nach Kompetenzarten mit der → Gesetzgebung weitgehend beim Bund und der Verwaltung weitgehend bei Ländern und Kommunen; (2) durch die Kooperation der Länder untereinander und die Politikkoordination der sog. → Dritten Ebene; (3) durch die Beteiligung der Länder(-regierungen) an der Bundespolitik mittels deren Mitwirkung an der Gesetzgebung des Bundes über Bundesrat und Vermittlungsauschuß bei allen wichtigen Gesetzesmaterien, insbes. auch auf dem Felde der → Finanzverfassung und Steuergesetzgebung; (4) durch die Einführung von Mitwirkungsmöglichkeiten der Länder(-regierungen) an der Politikformulierung in den Institutionen der Europäischen Union.

Lit.: → Föderalismus; Politikverflechtung.

Rainer-Olaf Schultze

Betriebsverfassung, rechtliche und institutionelle Rahmenbedingungen der Beziehungen zwischen Arbeitgebern und Arbeitnehmern innerhalb eines privatwirtschaftl. Unternehmens.

I. e. S. bezieht sich der Begriff auf die in D im Betriebsverfassungsgesetz von 1952 (wichtige Reformen 1972 und 1988) niedergelegte Rechtsordnung der betrieblichen → Arbeitsbeziehungen, i. w. S. auch auf deren praktische Umsetzung. Im Zentrum der B. stehen

die institutionelle Struktur und die materielle Reichweite der Vertretung von Arbeitnehmerinteressen gegenüber der Unternehmensleitung.
In D sieht das BetrVG die verbindliche Einrichtung eines Betriebsrates in allen privatwirtschaftl. Unternehmen mit mehr als fünf abhängig Beschäftigten vor. Der Betriebsrat wird alle vier Jahre durch alle Arbeitnehmer (mit Ausnahme der leitenden Angestellten, die seit 1988 nicht mehr in den Geltungsbereich des BetrVG fallen und über eine eigenständige Interessenvertretung verfügen) gewählt. Er ist ein reines Repräsentationsorgan, an Weisungen der Wähler also nicht gebunden. In Betrieben mit mehr als fünf Auszubildenden unterhalb einer bestimmten Altersgrenze nimmt eine eigens gewählte Jugend- und Auszubildendenvertretung die Interessen ihrer Klientel gegenüber dem Betriebsrat, nicht direkt gegenüber der Unternehmensleitung wahr. Das Postulat einer vertrauensvollen Zusammenarbeit zwischen Arbeitgebern und Betriebsräten «zum Wohle der Arbeitnehmer und des Betriebes» (§ 2 BetrVG) verpflichtet die Sozialpartner zur Kompromißbereitschaft und Wahrung des Arbeitsfriedens und betont die Integrationsfunktionen des Betriebsrates gegenüber dem Aspekt der Bildung einer «Gegenmacht».

Lit.: *Keller, B.* [5]1997: Arbeitspolitik, Mchn. *Lampert, H.* [13]1997: Die Wirtschafts- und Sozialordnung der Bundesrepublik Deutschland, Mchn.

Bernhard Thibaut

Bevölkerung → Bevölkerungspolitik

Bevölkerungspolitik, direkte oder indirekte, innerstaatl. oder internat. Versuche bzw. Maßnahmen der Einflußnahme auf die nat., regionale oder globale Bevölkerungsentwicklung (Größe und Zusammensetzung der Bev.). Ausgangspunkt ist die jeweilige Bevölkerungsdynamik (Bevölkerungswachstum oder -schwund) als Folge generativer Einflußgrößen (Fruchtbarkeit gemessen anhand der Geburtenziffer, Sterblichkeit gemessen anhand der Sterbeziffer) oder des Migrationsgeschehens (Zu- oder Abwanderung von Menschen).

Angesichts der unterschiedlichen Bevölkerungsdynamiken in den Industrie- und den Entwicklungsländern ist die B. in den Industrieländern vornehmlich geburtenanimierend und immigrationsreduzierend, in den Entwicklungsländern primär geburtenreduzierend, die faktische wirtschaftl. und soziale Lage emigrationsanimierend. Direkte Maßnahmen erfolgen in den Industrieländern hinsichtlich der Migrationen (Beschränkung bzw. Steuerung der Immigration), in den Entwicklungsländern hinsichtlich des generativen Verhaltens (Programme der Familienplanung, Verhütungsmittel, Propagierung der Ein-Kind-Familie etc.), das stark von kulturellen und religiösen Traditionen abhängig ist. Direkte B. ist auch die Vermeidung der Geburt von Töchtern oder die Tötung neugeborener Mädchen (Infantizid) in einigen asiatischen Ländern. Indirekten Einfluß auf das generative Verhalten in den Industrieländern nehmen die jeweilige → Wirtschaftspolitik, → Sozialpolitik (Wohnen, Erziehung, Gesundheit), → Familien- bzw. → Frauenpolitik, auf das Migrationsgeschehen in den Entwicklungsländern die wirtschaftl. und soziale Entwicklung (Armuts- und Katastrophenmigration) sowie die ethnische und polit. Konfliktträchtigkeit der Länder (Vertriebene, → Flüchtlinge, Asylanten). Aufgrund der raschen Zunahme der Weltbevölkerung in den letzten Jahrzehnten (Bevölkerungsexplosion) nehmen sich der B. in immer stärkerem Maße internat. Organisationen und Konferenzen an (*United Nations Fund for Population Activities*/UNFPA; Weltbevölkerungskonferenzen).

Lit.: *Bade, K. J.* 2000: Europa in Bewegung, Mchn. *Bade, K.* 1994: Ausländer – Aussiedler – Asyl, Mchn. *Birg, H.* 2001: Die demographische Zeitenwende, Mchn. *Finkle, J. L./McIntosh, C. A.* (Hrsg.) 1994: New Politics of Population: Conflict and Consensus in Family Planning, NY. *Johnson, S. P.* 1994: World Population. Turning the Tide, L. *Münz, R.* 1999: Migration und Asyl, St. Ottilien. *Schmid, J.* (Hrsg.) 1994: Bevölkerung, Entwicklung, Umwelt, Opl.

Dieter Nohlen

Bewegung → Soziale Bewegungen

Bezugsgruppenansatz, in der amerikan. Sozialpsychologie und Soziologie der 1940er und 1950er Jahre entwickelte Theorie zur Erklärung der Identifikation mit einer Gruppe, zur Verwendung einer Gruppe als Vergleichsmaßstab oder zur normativen Orientierung an einer Gruppe, der man nicht als Mitglied angehören muß.

In der → Wahlforschung wird die Wahlentscheidung mit der Orientierung an der Wahlnorm einer Gruppe erklärt, die als solche wahrgenommen werden muß. Bei großen Gruppen wie z. B. bestimmten → Gewerkschaften oder Religionsgemeinschaften überprüft man auch die Einheitlichkeit in der Wahrnehmung der Wahlnorm in der Bev. allgemein. Nur Gruppen mit einheitlich wahrgenommener Wahlnorm wird die Fähigkeit zur Ausübung eines normativen Einflusses auf Mitglieder oder Nichtmitglieder zugeschrieben. Am schwierigsten ist die Gruppe zu bestimmen, die den normativen Einfluß ausüben soll. Sie kann entw. direkt erfragt werden oder indirekt z. B. aus der Zusammensetzung der persönlichen Kontakte aus Angehörigen der entspr. Gruppe erschlossen werden. Als Bezugsgruppen werden manchmal auch die polit. → Parteien direkt verstanden, dafür ist in der amerikan. Wahlforschung der Begriff → Parteiidentifikation eingeführt.

→ Politische Sozialisation; Wählerverhalten.
Lit.: → Parteiidentifikation.

Franz Urban Pappi

Bias (engl. für schiefe Ebene, Neigung, Geneigtheit), Begriff aus der → Wahlforschung, bezeichnet die Begünstigung einer Partei gegenüber einer anderen.

Sie erfolgt etwa in der Weise, daß die Partei A zum Erwerb derselben Mandatszahl eines höheren Stimmenanteils bedarf als die Partei B, oder gar, daß die Partei A, die mehr Stimmen als jede andere (also die relative → Mehrheit) erreicht, nach Mandaten einer Partei B unterliegt, die möglicherweise sogar die absolute Mehrheit der Parlamentssitze erringt.

→ Swing; Wahlsysteme.
Lit.: *Nohlen, D.* [3]2000: Wahlrecht und Parteiensystem, Opl.

Dieter Nohlen

Bikameralismus, aus zwei Kammern bestehende Parlamentsstruktur, die ihre Rechtfertigung findet entw. in der Notwendigkeit, Gebietsgliederungen auf der Ebene der nat. (föderal-)staatl. Entscheidungsfindung zu repräsentieren oder ethnische, religiöse, soziale etc. → Interessen in den Gesamtstaat zu integrieren.

Die Kompetenzen Zweiter Kammern reichen von Beratung ohne Beteiligung an der Letztentscheidung bis zur gleichberechtigten Mitentscheidung im Zusammenspiel mit der Ersten Kammer, wobei es unterschiedliche Verfahren der Streitschlichtung gibt. Fortbestehender B. trotz entfallener Legitimationsgrundlage (z. B. Ständevertretung) erlaubt nur schwache Zweite Kammern und vermag es nur schwer, seine Daseinsberechtigung nachzuweisen. Zweite Kammern, die wie die Ersten demokratisch über *«one person, one vote»* legitimiert sind, sind stark, können ihrer Abschaffung wegen unnötiger Verdoppelung der parlamentarischen Prozesse jedoch nur entgehen, wenn sie über eine zusätzliche akzeptierte (z. B. föderale) Legitimationsbasis verfügen.

Lit.: *Mastias, J./Grangé, J.* 1987: Les secondes chambres du parlement en Europe occidentale, Paris. *Money, J./Tsebelis, G.* 1997: Bicameralism. Political Economy of Institutions and Decisions, Camb. *Patterson, S. C./Mughan, A.* (Hrsg.) 1998: Senates: Bicameralism in the Contemporary World, Columbus/Ohio. *Riescher, G.* (Hrsg.) 2000:

Zweite Kammern, Mchn./Wien. *Riker, W. H.* 1992: The Justification of Bicameralism, in: IPSR 13, 101–116. *Schüttemeyer, S. S./Sturm, R.* 1992: Wozu Zweite Kammern?, in: ZParl 23, 517–536.

Suzanne S. Schüttemeyer

Bildungsökonomie, im Rahmen der ökon. → Wachstumstheorie interdisziplinär angelegte Bildungsforschung, welche von der Grundannahme ausgeht, daß Bildung ein Investitionsfaktor ist, der nach Kosten- und Ertragsgesichtspunkten (→ Kosten-Nutzen-Analyse) analysiert und → zweckrational geplant werden kann.

Lit.: *Tippelt, R.* [11]2000: Bildungsökonomie, in: *Nohlen, D.* (Hrsg.): Lexikon Dritte Welt, Rbk., 103–105.

Dieter Nohlen

Bill of Rights, die Wilhelm III. von Oranien vom engl. Parlament 1689 in der *Glorious revolution* abgerungene Erklärung zu Rechten des → Parlaments und der Abgeordneten, v. a. daß ohne die Zustimmung des Parlaments jede Gesetzgebung, Besteuerung oder Aufstellung eines stehenden Heers in Friedenszeiten unrechtmäßig ist.

Außerdem garantiert die *B. o. R.* die Redefreiheit der Abgeordneten im Parlament. Weil sie die königliche Herrschaft zugunsten des Parlaments beschränkte (→ Gewaltenteilung), wird die *B. o. R.* zu den wichtigsten Grundlagen der parlamentarischen Demokratie in England gezählt. [2] Bezeichnung für die im Rahmen des US-amerikan. Unabhängigkeitskrieges 1776 verkündete Erklärung der natürlichen und angeborenen → Grundrechte (*Bill of Rights* von Virginia).

Lit.: → Grundrechte; Parlamentarisches Regierungssystem.

Kristin Bergmann

Bimodale Verteilung, in der deskriptiven Statistik die zweigipflige Verteilung von Werten, also eine → Häufigkeitsverteilung, die im Ggs. zur → Unimodalen Verteilung zwei relative Maxima aufweist.

→ Deskriptive Statistik; Inferenzstatistik; Univariate Statistik; Wahrscheinlichkeitsverteilungen.

Rainer-Olaf Schultze

Binominalverteilung → Inferenzstatistik

BIP → Sozialprodukte

Bipolarität, eine Form der Machtverteilung zwischen den Akteuren im System → Internationaler Beziehungen. Im Ggs. zur → Multipolarität und zum → Polyzentrismus verteilt sich die → Macht nur auf zwei Akteure.

Bestes Beispiel einer bipolaren Machtverteilung war der Ost-West-Konflikt, in dem sich zwei von den beiden Vormächten USA und UdSSR geführte Konfliktlager gegenüberstanden (vgl. *Link* 1988). Die urspr. strikt bipolare Machtverteilung zwischen beiden Vormächten löste sich ab den 1970er Jahren zusehends auf, zunächst innerhalb der Lager (→ Polyzentrismus), dann durch blockübergreifende Machtdiffusion und den Zerfall des Ostblocks (→ Multipolarität).
In der Theorie der internat. Beziehungen wird zum einen die Position vertreten, daß ein bipolares System zur Stabilität beiträgt, da es klare Konfliktlager aufweist und damit Unsicherheit über das Verhalten anderer Staaten reduziert (*Waltz* 1964). Zum anderen wird argumentiert, daß multipolare Systeme stabiler sind, da heterogene Konfliktlager und unklare Allianzbeziehungen ein vorsichtiges Konfliktverhalten befördern (*Deutsch/Singer* 1964). Eine dritte Position verweist auf die Bedeutung, die den Handlungsstrategien der Akteure zukommt: je nachdem, ob diese eher risikobereit oder risikoscheu agieren, wirken sich Bi- bzw. Multipolarität stabilisierend oder konfliktfördernd aus (*Bueno de Mesquita* 1978).

Lit.: *Bueno de Mesquita, B.* 1978: Systemic Polarization and the Occurence and Duration of War, in: JCR 22, 241–267. *Deutsch, K. W. / Singer, J. D.* 1964: Multipolar Power Systems and International Stability, in: WP 16, 390–406. *Link, W.* ²1988: Der Ost-West-Konflikt, Stg. *Waltz, K. N.* 1964: The Stability of a Bipolar World, in: Daedalus 93, 881–909. *Waltz, K. N.* 1979: Theory of International Politics, NY u. a.

Lars Brozus

Biserielle (Rang-) Korrelation → Korrelationsrechnung

Bivariate Statistik, statistische Verfahren, die sich mit der Darstellung und Analyse von Zusammenhängen zwischen zwei Merkmalen befassen.

Während es in der univariaten Statistik darum geht, die Verteilung einer einzigen Variablen zu charakterisieren, ist es Ziel bivariater Ansätze, die gemeinsame Variation zweier Variablen herauszuarbeiten sowie Art und Stärke ihres statistischen Zusammenhangs zu kennzeichnen. Grundsätzlich gibt es drei Möglichkeiten der Analyse von Zusammenhängen: (1) die Berechnung sog. Beziehungszahlen, (2) die Darstellung von Assoziationen (Kontingenzen, Korrelationen) und (3) die Berechnung von Maßen für die Stärke der Assoziation.

1. Beziehungszahlen: Ein Sonderfall der bivariaten Statistik ist die Berechnung von «Beziehungszahlen», aufgrund unverbundener Beobachtungen. Sie finden insbesondere in der amtl. Statistik Anwendung.

Beispiele:

$$\text{Sterbeziffer} = \frac{\text{Anzahl der Todesfälle von (z. B.) über 60jährigen im Jahr } t}{\text{Anzahl der Personen im Alter von (z. B.) über 60 J. im Jahr } t}$$

$$\text{allgemeine Geburtenziffer} = \frac{\text{Anzahl der Geburten im Jahr } t}{\text{Mittlere Wohnbevölkerung im Jahr } t}$$

Ihre Verwendung ist unproblematisch, solange sie lediglich deskriptiv zwei Sachverhalte in Beziehung setzen. Problematisch dagegen ist der Versuch, aufgrund solcher Beziehungszahlen weitergehende Schlüsse empirisch zu begründen. So ist es z. B. unmöglich, aus Beziehungszahlen zugleich Aussagen über kausale (d. h. Ursache-Wirkungs-) Zusammenhänge von sozialen Gegebenheiten abzuleiten.

2. Darstellung bivariater Verteilungen: Für die eigentliche Analyse statistischer Zusammenhänge werden verbundene Beobachtungen benötigt; d. h. für jede Untersuchungseinheit sind *gleichzeitig* mehrere Merkmale zu erheben und so zu protokollieren, daß die verschiedenen Merkmale einander zugeordnet werden können.

Die Darstellung bivariater Verteilungen auf der Basis verbundener Beobachtungen ist auf zweierlei Weise möglich: (1) Eine einfache Möglichkeit der (graphischen) Darstellung einer bivariaten Häufigkeitsverteilung besteht – bei mindestens ordinalskalierten Daten – in der Erstellung eines Streudiagramms. Die beiden interessierenden Merkmale bilden die Achsen eines Koordinatensystems; die einzelnen Untersuchungseinheiten werden entsprechend ihren Ausprägungen auf den beiden Merkmalen als Punkt in dieses Koordinatensystem eingezeichnet. Der so entstehende «Punkteschwarm» gibt dann durch seine Form Auskunft über die Art der Beziehung zwischen den Merkmalen. (2) Die üblichere Form der Darstellung jedoch ist die Aufgliederung der Daten in einer Kontingenztabelle. Die Zuordnung der beiden Variablen geschieht dabei in folgender Weise: Die Ausprägungen der einen Variablen werden nebeneinander in die Kopfzeile, die der anderen Variablen untereinander in die Vorspalte der Tabelle eingetragen. Danach wird ausgezählt, wie häufig die Kombinationen beider Merkmale in der Menge der erhobenen Daten vertreten sind. Bei metrischen, d. h. mindestens intervallskalierten Daten sowie bei einer zu großen Zahl von Ausprägungen im Falle ordinalskalierter Daten sind die Einzelausprägungen zunächst zu klassieren, d. h. benachbarte Werte sind zu Intervallen zusammenzufassen.

Tabelle 2: Beispiel einer bivariaten statistischen Tabelle

Einstellungen von Zählern bei der Volkszählung 1987 zum zumutbaren Arbeitsumfang in Abhängigkeit von ihren Arbeitserfahrungen (Nach abgeschlossener Volkszählung gestellte Fragen: «Wie viele Haushalte und wie viele Arbeitsstätten hatten Sie in Ihrem Zählbezirk aufzusuchen?»/«Wie viele Erhebungseinheiten – d. h. Haushalte und Arbeitsstätten – sollten Ihrer Meinung nach einem Zähler zur Bearbeitung zugeteilt werden?»)

Zumutbarer Arbeitsumfang	Eigener Arbeitsumfang bei der Volkszählung 1987									
	Zahl der Erhebungseinheiten:								Befragte insgesamt	
	bis 60		61–80		81–100		101 u. m.			
	n	%	n	%	n	%	n	%	n	%
bis 60	381	66,4	215	25,5	82	13,1	50	8,8	728	27,9
61–80	100	17,4	300	35,6	95	15,1	59	10,4	554	21,2
81–100	80	13,9	292	34,6	367	58,4	199	35,0	938	35,9
101 u. m.	13	2,3	36	4,3	84	13,4	261	45,9	394	15,1
insgesamt	574	100	843	100	628	100	569	100	2614	100

Quelle: *H. Kromrey/H. Treinen* 1988: Begleitforschung zur Volkszählung 1987. Zusatzuntersuchung: Erhebungsstellen- und Zählerbefragung, Bd. 2, Bochum, S. 21.

In einer solchen Tabelle wird also die Gesamtheit der Untersuchungseinheiten (hier: der Befragten) auf der Basis der «unabhängigen» – der erklärenden – Variablen (hier: der eigene Arbeitsumfang) in Subgruppen eingeteilt (bis 60, 61–80, 81–100, mehr als 100 Erhebungseinheiten). Für jede dieser Subgruppen wird eine relative Häufigkeitsverteilung der «abhängigen» – der zu erklärenden – Variablen (hier: Einstellung zum zumutbaren Arbeitsumfang) erstellt. Diese relativen Häufigkeitsverteilungen pro Subgruppe nennt man bedingte oder konditionale Verteilungen. In der letzten Spalte der Tabelle wird die Häufigkeitsverteilung der abhängigen Variablen für die Gesamtheit aller Untersuchungseinheiten ausgewiesen; man nennt sie die Randverteilung der abhängigen Variablen. Sie ist identisch mit der univariaten Verteilung dieses Merkmals. Im obigen Beispiel erkennt man unmittelbar an den Prozentanteilen in jeder der Subgruppen, daß die Einschätzung des als zumutbar empfundenen Arbeitsumfangs von den in der letzten Volkszählung faktisch gemachten Erfahrungen abhängt: Personen, die als Zähler einen kleinen Bezirk zu bearbeiten hatten, halten auch nur einen geringen Arbeitsumfang für zumutbar, Personen mit großen Arbeitsbezirken dagegen halten weit überwiegend hohe Arbeitsumfänge für angemessen.

3. Assoziationsmaße: In der bivariaten Statistik interessiert jedoch nicht nur die auf solche Weise erreichbare Veranschaulichung der Art und der Richtung des statistischen Zusammenhangs zwischen zwei Merkmalen, sondern auch die Stärke dieses Zusammenhangs (Kontingenz, Korrelation, Assoziation). Entsprechende Koeffizienten können auf der Basis unterschiedlicher Modelle berechnet werden:

(1) Ein erstes Modell nimmt Bezug auf eine Definition von Assoziation, wie sie sich anhand der Darstellung der gemeinsamen Verteilung zweier Variablen in der Kontingenztabelle (s. o.) formulieren läßt. Danach besteht dann eine statistische Beziehung (Assoziation) zwischen zwei Variablen, wenn die konditionalen Verteilungen voneinander abweichen. Als Maß für die Stärke der Beziehung bietet sich hier die Größe der Subgruppendifferenzen (häufig ausgedruckt als Prozentsatzdifferenzen) an.

(2) Ein zweiter Typ von Assoziationsmaßen basiert auf dem Modell der proportionalen Fehlerreduktion (PRE-Maße; engl.: *propor-*

Tabelle 3: Beispiel einer 2 x 2-Kontingenztabelle

Zumutbarer Arbeitsumfang:	Arbeitsumfang bei der Volkszählung 1987					
	Zahl der Erhebungseinheiten				Befragte insgesamt	
	bis 80		81 u. m.			
	n	%	n	%	n	%
bis 80	996	70,3	286	23,9	1282	49
81 u. m.	421	29,7	911	76,1	1332	51,0
insgesamt	1417	100	1197	100	2614	100

tional reduction in *error measures*). Die Grundüberlegung ist hierbei: In dem Maße, wie zwei Merkmale in statistischer Beziehung stehen, enthalten sie redundante Informationen. Wenn z. B. gilt: «Je höher X (etwa Bildung), desto höher ist im Durchschnitt auch Y (etwa Einkommen)», dann kann man aufgrund der Kenntnis der Verteilung der einen (der unabhängigen) Variablen auf die Verteilung der anderen (der abhängigen) Variablen schließen. Je genauere Voraussagen oder Schätzungen der Ausprägung von Y nun auf der Basis der Ausprägung von X möglich sind, desto stärker ist die statistische Beziehung zwischen den beiden Merkmalen. Das Lambda-Maß sowie der Determinationskoeffizient (s. Korrelationsrechnung) gehören zu diesem Typ.

(3) Ein weiteres Modell zur Messung der Stärke der Beziehung zweier Variablen stützt sich auf die Abweichung von der statistischen Unabhängigkeit (→ Wahrscheinlichkeit, → Inferenzstatistik). Hier geht man von den empirischen Häufigkeitsverteilungen der beiden Variablen aus und fragt sich, wie deren gemeinsame Verteilung (d. h. die konditionalen Verteilungen, s. o.) aussehen müßte, falls die Merkmale unabhängig voneinander wären, also keine Assoziation bestünde. Aus dem Vergleich der empirisch beobachteten gemeinsamen Häufigkeiten in der Kontingenztabelle mit den hypothetisch bestimmten Häufigkeiten, die sich im Falle statistischer Unabhängigkeit hätten einstellen müssen (Indifferenztabelle), wird die Stärke der Assoziation berechnet.

(4) Ein viertes Modell schließlich basiert auf dem paarweisen Vergleich der Merkmalsausprägungen über alle Untersuchungseinheiten. Bei diesem Vergleich wird geprüft, ob bei je zwei Merkmalsträgern (Untersuchungseinheiten) die Variablenausprägungen in die gleiche Richtung weisen (X hoch und Y hoch bzw. X niedrig und Y niedrig = konkordante Paare) oder ob die Variablenausprägungen in unterschiedliche Richtungen weisen (X hoch und Y niedrig bzw. X niedrig und Y hoch = diskordante Paare). Das Überwiegen konkordanter (diskordanter) Paare ist dann ein Anzeichen für die Existenz einer positiven (negativen) statistischen Beziehung.

Das Vorgehen der Quantifizierung des Zusammenhangs sei am einfachsten Beispiel eines Assoziationsmaßes – der Prozentsatz-Differenz (d%; s. o.: Modell 1) – illustriert. Die Maßzahl d% ist für 2X2-Kontingenztabellen (also für den Zusammenhang zwischen zwei dichotomen Merkmalen) definiert als: Unterschied der Merkmalsanteile der abhängigen Variablen zwischen den Subgruppen, die sich aufgrund der unabhängigen Variablen ergeben. Im obigen Beispiel lassen sich die Zähler-Arbeitsbezirke bei der Volkszählung 1987 zusammenfassen als kleinere Bezirke (bis 80 Erhebungseinheiten) und größere Bezirke (über 80 Einheiten). Das gleiche gilt für die Aussagen der Zähler zur Angemessenheit der Arbeitsbezirksgröße. Damit ergibt sich die obenstehende 2 x 2-Kontingenztabelle.

Nach obiger Definition ergibt sich für den Anteil der Zähler, die kleinere Arbeitsbezirke (bis zu 80 Erhebungseinheiten) für angemessen halten: d% = 70,3 – 23,9 = 46,4 Prozentpunkte. Bezieht man die Definition auf den Anteil der Zähler, die größere Bezirke als angemessen einschätzen, so erhält man: d% = 29,7 – 76,1 = –46,4 Prozentpunkte. Verbalisiert: In der Zählergruppe mit kleineren Arbeitsbezirken sind Personen, die auch im Nachhinein für kleine Bezirke plädieren, stärker vertreten als in der Zählergruppe mit größeren Bezirken, und zwar überwiegt deren Anteil um 46,4 Prozentpunkte. Analog überwiegen in der Zählergruppe mit großen Bezirken die Befürworter eines höheren Arbeitsumfangs.

Andere auf die Tabellenanalyse zugeschnittene Maße zur Bestimmung der Stärke der Assoziation zwischen zwei Merkmalen sind: (a) Lambda nach *Guttman/Goodman/Kruskal,* entwickelt auf der Basis des Modells «proportionaler Reduktion des Vorhersagefehlers» (PRE-Maß), (b) Kontingenzkoeffizient C_P und Phi-Koeffizient nach *Pearson* und Kontingenz-Koeffizient C_T nach *Tschuprow,* entwickelt auf der Basis des Modells «Abweichung von der statistischen Unabhängigkeit», (c) Tau-Koeffizient nach *Kendall,* entwickelt auf der Basis des Modells «paarweiser Vergleich der Merkmalsausprägungen».

Der Anwendungsbereich der Tabellenanalyse beschränkt sich im übrigen nicht auf die Bestimmung bivariater Zusammenhänge, sondern umfaßt auch die simultane Untersuchung der Beziehungen zwischen drei Variablen. Man betrachtet in diesem Fall das dritte Merkmal (Z) als Kontrollvariable, teilt die Gesamtheit der Untersuchungseinheiten in Kontrollgruppen mit jeweils konstanten Z-Werten ein und berechnet für jede dieser Kontrollgruppen bivariate Kontingenztabellen der Variablen Y und X. Aus ihrem Vergleich wird dann ersichtlich, ob der Zusammenhang zwischen Y und X in den Kontrollgruppen in gleicher oder in unterschiedlicher Weise besteht und welcher Einfluß von der Variablen Z ausgeht.

Für die Bestimmung statistischer Zusammenhänge zwischen mehr als drei Merkmalen eignet sich dagegen die Tabellenanalyse weniger gut; die Ergebnisse werden dann zunehmend unüberschaubar.

→ Assoziationsmaße; Korrelationsrechnung; Skalierung; Statistik; Univariate Statistik.

Lit.: *Benninghaus, H.* 1990: Einführung in die sozialwissenschaftliche Datenanalyse, Mchn./Wien. *Benninghaus, H.* [8]1998: Deskriptive Statistik, Stg. *Kromrey, H.* [9]2000: Empirische Sozialforschung, Opl. *Zeisel, H.* 1970: Die Sprache der Zahlen, Köln. *Wolf, W.* 1994: Einführung in die Statistik, Marburg

Helmut Kromrey

Black box (engl. für schwarzer Kasten), Fachterminus für den Untersuchungsbereich, der, da nicht oder nur schwer einsehbar, aus der → Analyse ausgespart bleibt.

B. b. treten bei → *Input-output*-Analysen auf, wenn die Konversion, also die Prozesse der Umformung im Innern des Systems unberücksichtigt bleiben und dennoch Aussagen über die Zusammenhänge von *input* und *output/outcome* angestellt werden. Beispiel hierfür sind politikwiss. Untersuchungen zum Verhältnis der sozio-ökon. wie der sozio-polit. Voraussetzungen von → Staatstätigkeit und dem *output* staatl. Wirtschafts- und Sozialpolitik, ohne detailliert die Willensbildungs- und Konversionsprozesse im → Politischen System in die Analyse einzubeziehen. Gerechtfertigt werden kann ein solches Vorgehen sowohl mit fehlenden Zugangs- und damit Analysemöglichkeiten als auch mit zu großer Komplexität der Entscheidungsprozesse und damit der Notwendigkeit der Komplexitätsreduktion, zumal eigentlich jede → Systemanalyse (ob kenntlich gemacht oder nicht) Leerstellen bzw *b. b.* aufweist, die nicht oder nur unzureichend untersucht werden (können).

Rainer-Olaf Schultze

Block, Synonym für Allianz, → Bündnis, Vereinigung (frz. *bloc*). Der Begriff wird innen- und außenpolit. verwandt; er setzt i.d.R. eine dualistische Konfliktstruktur voraus oder führt sie herbei.

1. In den → Internationalen Beziehungen sowohl die nicht-militärische (polit., wirtschaftl.) als auch v. a. die militärische, bündnismäßige Zusammenarbeit polit. gleichgesinnter Staaten, etwa die Konfrontation während des → Ost-West-Konflikts im Kal-

ten Krieg ab 1947: (a) militärisch im Gegeneinander von → NATO und Warschauer Pakt; (b) ökon. im Gegeneinander von OECD (Organisation für Wirtschaftliche Zusammenarbeit)/EWG/EU und RGW (= Rat für Gegenseitige Wirtschaftshilfe).
2. In der Innenpolitik ist B. gebräuchlich für → Koalitionen oder koalitionsähnliche Gebilde, wobei zwischen B. in pluralistischen Systemen und B. in kommunistischen Systemen differenziert werden muß.
(a) In Wettbewerbssystemen dient die Blockbildung zu befristeten Wahlabsprachen verwandter → Parteien, die sich wechselseitig unterstützen, auf gemeinsame Kandidaturen einigen etc., vornehmlich zur Ausnützung institutioneller Regelungen – etwa in Stichwahlabkommen bei absoluter Mehrheitswahl, so im Deutschen Kaiserreich oder im Frankreich der V. Republik (→ Wahlsystem). (b) In den Volksdemokratien des → Real existierenden Sozialismus bildete das → Blocksystem den institutionellen (Zwangs-)Rahmen, in dem sich die nach Ende des II. Weltkriegs neu- bzw. wiedergegründeten Parteien zum engen, auf Dauer angelegten Bündnis zum Mehrparteiensystem ohne → Opposition unter Führung der Kommunistischen Partei als → Avantgarde der → Arbeiterklasse zusammenfanden, in der SBZ/DDR etwa in der Form der → Nationalen Front.

Rainer-Olaf Schultze

Blockfreiheit, Begriff aus der Zeit des → Ost-West-Konflikts, der prägend für eine polit. Zielsetzung und eine internat. Bewegung wurde, in der sich v. a. Länder der Dritten Welt engagierten.

Folgende Kriterien galten für B.: (1) Betreiben einer auf Unabhängigkeit gegenüber den Machtblöcken in Ost und West gerichteten und an der → Friedlichen Koexistenz orientierten Politik; (2) Nichtbeteiligung an Militärbündnissen, die sich aus dem Ost-West-Gegensatz herleiten; (3) beständige Unterstützung nat. → Befreiungsbewegungen.

Lit.: *Matthies, V.* 1985: Die Blockfreien, Opl.

Dieter Nohlen

Blocksystem, Begriff aus der Parteienlehre, der kommunistischen Herrschaftspraxis entlehnt, bezeichnet ein → Parteiensystem, in dem sämtliche polit. Parteien einer Staatspartei (bzw. verkappten → Einheitspartei) untergeordnet werden.

B. verfügen folglich nur über sehr begrenzte autonome Handlungsspielräume. Zwischen der kommunistischen Partei und den Blockparteien besteht kein Wettbewerb; sie treten vielmehr bei Wahlen mit einer → Einheitsliste an. Mit Ausnahme der Sowjetunion, wo die KPdSU die einzige zugelassene Partei blieb (→ Einparteisystem), waren B. in den sozialistischen Ländern die Regel. Im Prinzip beinhaltete dies, daß, wie in der DDR, die den Blockparteien zustehenden Sitze unabhängig vom Wahlausgang verbindlich zugeteilt wurden. Eine der ersten Maßnahmen im Prozeß des → Systemwechsels in Ost- und Mittelosteuropa nach 1989 war die Auflösung der Blocksysteme. In den kompetitiven Parteiensystemen traten nicht überall, wie zunächst in Ostdeutschland, quasi alle ehemaligen Blockparteien als nunmehr eigenständige Parteien auf; einige konnten sich unter den neuen Bedingungen behaupten.

Petra Bendel

Bolschewismus, Bezeichnung für Theorie und Praxis des → Leninismus, die auf dem Parteitag der Sozialdemokratischen Arbeiterpartei Rußlands (SDAPR) 1903 entstand.

Seinerzeit setzten sich *Lenin* und seine Anhänger zusammen mit der Mehrheit (russ.: *bolschinstwo*) gegen die Minderheitler (*Menschewiken*) um *Martow* u. a. mit ihren Vorstellungen von der → Partei neuen Typs durch (die SDAPR als → Avantgarde der → Arbeiterklasse, Kontrolle und Selektion bei der Aufnahme neuer Mitglieder, Organisationsprinzip des → Demokratischen Zentralismus). Diese unter den spezifischen Bedingungen Rußlands vorgenommene Adaptierung der Konzeptionen von *Marx* und *Engels* wurde später parteiintern als Leninismus kanonisiert. B. wurde von außen weitgehend mit dem ideologischen und dem Herrschaftssystem der Sowjetunion und der von ihr dominierten Staaten gleichgesetzt.

→ Marxismus; Real existierender Sozialismus.

Lit.: *Borke, A. von* 1977: Die Ursprünge des Bolschewismus, Mchn. *Russell, B.* 1987: Die Praxis und Theorie des Bolschewismus, Darmst.

Klaus Ziemer

Bonapartismus, zunächst zeitgenössische pejorative Bezeichnung für die Ideologie und Praxis der Herrschaft *Napoleons I.*, dann entspr. «Partei»(fremd)bezeichnung, schließlich insbes. nach *Marx* und *Engels* Benennung für die von *Napoleon* erstmals erfolgreich geübte Herrschaftsform relativer Verselbständigung der (militärischen) → Exekutive gegenüber den eigenständig nicht mehr (→ Bourgeoisie) oder noch nicht (→ Proletariat) machtfähigen → Klassen.

In diesem Sinne wurde der B. als transitorische, gewaltförmige Herrschaftsweise während einer Phase relativen Klassengleichgewichts in der marxistischen Deutung des → Faschismus und von Autoritarismen wie v. a. des Gaullismus und Peronismus neu belebt, ohne die Qualität einer politikwiss. hinreichend präzisen Konzeption anzunehmen.

→ Autoritarismus; Autoritäre Regime; Diktatur; Herrschaft; Klassengesellschaft.

Lit.: *Hammer, K.* (Hrsg.) 1977: Le Bonapartisme: phénomène historique et mythe politique, Zürich u. a. *Wippermann, W.* 1983: Die Bonapartismustheorie von Marx und Engels, Stg.

Wolfgang Weber

Bonum commune → Gemeinwohl

Bottom up-Ansatz, bezeichnet eine systemlogische Perspektive von unten nach oben, d. h. einen Blick auf polit. Zusammenhänge aus einer teilnehmenden, mit individuellen polit. Interessen verbundenen Akteurperspektive.

Wissenschaftslogisch ist diese Perspektive regelmäßig mit induktiven Verfahren verbunden; handlungstheoretisch zielt sie auf → Partizipation und verweist i. d. R. auf die Effekte polit. Handelns; ideologisch betont sie das Besondere und beruft sich üblicherweise auf spezifische → Interessen.

→ Induktion/Induktive Methode; Top down-Ansatz.

Klaus Schubert

Bounded rationality, engl. für begrenzte oder eingeschränkte → Rationalität. In Theorien der *b. r.* werden die Einschränkungen betont, denen rationales Handeln (→ *Rational Choice*) in der Realität unterliegt: Informationsdefizite, Wahrnehmungs- und Kapazitätsbegrenzungen, → Kognitive Dissonanzen und (empirisch nachgewiesene) Abweichungen vom Rationalverhalten bei Unsicherheit verhindern eine Optimierung i. S. der vollständigen Rationalität.

Eine radikale Abkehr vom klassischen Rationalitätsprinzip wurde von *H. Simon* vollzogen. Danach streben Individuen nicht die Maximierung ihrer Nutzenfunktion an (*optimizing*), sondern sie geben sich mit einem ihre persönlichen Ansprüche gerade befriedigenden Nutzenniveau zufrieden (*satisficing*).

Lit.: → Rational choice-Theorien.

Katharina Holzinger

Bourgeois/Bourgeoisie, im 16. Jh. in Frankreich entstandener Begriff für das städtische Besitzbürgertum, seit dem Ende des 17. Jh. auch pejorative Bezeichnung des unpolit. bzw. seiner polit.-sozialen Interessen und Möglichkeiten nicht bewußten Teils dieses → Bürgertums.

Anknüpfend daran erhob *Karl Marx* diese Kategorie zu einem Zentralbegriff seiner Geschichtsphilosophie und Klassenkampftheorie: Die B. ist die bestimmende → Klasse der kapitalistischen Gesellschaft, indem sie über deren → Produktionsmittel verfügt und die → Produktionsverhältnisse organisiert, den (Sonder-)Klassen der Handwerker und Kleinbauern lediglich die Option zum Aufstieg zu ihr oder den Abstieg zur Gegenklasse des → Proletariats läßt und im Zuge der unvermeidlichen proletarischen → Revolution entmachtet und mit der gesamten kapitalistischen Gesellschaft untergehen wird.

→ Arbeiterklasse; Klassengesellschaft; Marxismus.
Lit.: → Bürgertum; Marxismus.

Wolfgang Weber

Bretton-Woods-System, internat. → Währungssystem fester Wechselkurse, das auf der Konferenz von Bretton Woods (USA) 1944 konzipiert und durch die «Bretton-Woods-Zwillinge» – Internationaler Währungsfonds (IWF), Internationale Bank für Wiederaufbau und Entwicklung (Weltbank) – mit zwei neuen internat. Organisationen unterfüttert wurde.

In Reaktion auf die anarchischen Währungsbeziehungen der Zwischenkriegszeit wurde ein System mit prinzipiell festen Wechselkursen (auf Gold- oder US-Dollar-Basis) vereinbart, wobei größere Änderungen nur bei «fundamentalen Ungleichgewichten» in der → Zahlungsbilanz unter Aufsicht des IWF erfolgen durften. Als Hilfe bei Zahlungsbilanzungleichgewichten wurden konditionale Währungskredite des IWF (finanziert aus den unterschiedlichen Beiträgen der Mitgliedsländer) vorgesehen. Das faktisch lange von den USA dominierte Bretton-Woods-System (auch als «Gold-Dollar-Standard» bezeichnet) scheiterte endgültig mit dem Übergang zu flexiblen Wechselkursen 1973, und zwar primär deshalb, weil die bei festen Wechselkursen zwingend erforderliche Harmonisierung der → Wirtschaftspolitiken der beteiligten Länder global nicht durchzusetzen war.

Lit.: → Währungspolitik.

Uwe Andersen

Bruttoinlandsprodukt → Sozialprodukte

Bruttosozialprodukt → Sozialprodukte

Budget → Haushalt

Bundesbank → Zentralbanken

Bundespräsident → Staatsoberhaupt

Bundesrat → Bikameralismus; Föderalismus

Bundesratsprinzip, strukturiert die Repräsentation der Gliedstaaten im föderalen Verfassungsorgan eines Bundesstaates. Das B., für das der dt. Bundesrat als Modell gilt, versteht sich im Unterschied zum → Senatsprinzip.

Merkmale des B. sind: (1) Staffelung der Zahl der Mitglieder pro Land, abgestuft nach der Einwohnerzahl; (2) Bestellung der Mitglieder durch die Landesregierungen; (3) die Mitglieder sind bei Abstimmungen an die Weisungen der jeweiligen Landesregierung gebunden (imperatives Mandat), und die Stimmen müssen pro Land *en bloc* abgegeben werden; (4) der Bundesrat ist in seinen Kompetenzen der direkt gewählten Kammer nicht völlig gleichgestellt.

→ Bundesstaat; Föderalismus; Politikverflechtung.

Suzanne S. Schüttemeyer

Bundesregierung → Regieren/Regierungsorganisation

Bundessozialgericht → Rechtsprechende Gewalt

Bundesstaat (auch Föderation, föderaler Staat), ein Staat, in dem mehrere Länder (Gliedstaaten) zu einem Gesamtstaat vereinigt sind; in politikwiss. Terminologie ein vertikal ausdifferenziertes → Politisches System, in dem mit den Gliedstaaten neben der gesamtstaatl. und kommunalen eine zwischengeschaltete Systemebene des Regierens besteht.

Im B. liegt (im Ggs. zum → Staatenbund, → Staatenverbund) die → Souveränität letztlich beim Gesamt-(→ Zentral-)staat (Bund, Eidgenossenschaft, Union), aber die Gliedstaaten (Bundes-) Länder, Kantone, Provinzen, Staaten) besitzen (im Ggs. zum → Einheitsstaat) Staatsqualität. Die maßgeblichen Strukturelemente eines → Staates (Exekutive, Legislative, Gerichtsbarkeit, → Bürokratie, Polizei usw.) müssen also auf glied- wie zentralstaatl. Ebene vorhanden und ihre Existenz verfassungsrechtlich geschützt sein, so daß sie durch Eingriffe der jeweils anderen Ebene nicht beseitigt werden können. B. sind folglich definiert durch (1) die Gliederung des Staates in territoriale Einheiten; (2) die Aufteilung der exekutiven und legislativen Gewalt auf Bund und Gliedstaaten, wobei diese über ein bed. Maß an → Autonomie verfügen; (3) die Beteiligung der Gliedstaaten an der Willensbildung des Bundes; (4) Konfliktlösungsregelungen, die auf dem Prinzip des Aushandelns aufbauen und aus Gründen des → Minderheitenschutzes zusätzlich häufig qualifizierte Entscheidungsquoren erfordern; (5) → Verfassungsgerichtsbarkeit als Schiedsrichter bei Organstreitigkeiten zwischen beiden Ebenen (vgl. *Bothe* 1977). Die konkreten Aufgaben- und Machtverteilungen zwischen Bund und Gliedstaaten, der Grad der Autonomie der Subsysteme und die Art und Weise ihrer Wiederverflechtung variieren in den B. beachtlich; die Palette reicht von den eher dualistisch organisierten B. der Schweiz, Kanadas, der USA bis zu den hochintegrierten Verbundföderalismen Österreichs und der BRD; die Bundesrepublik ist nicht von ungefähr als «unitarischer Bundesstaat» (*Hesse* 1962) oder «verkappter Einheitsstaat» (*Abromeit* 1992) bezeichnet, am treffendsten jedoch mit dem Begriff der → Politikverflechtung charakterisiert worden.

→ Föderalismus; Interstaatlicher Föderalismus; Intrastaatlicher Föderalismus.

Lit.: *Abromeit, H.* 1992: Der verkappte Einheitsstaat, Opl. *Bothe, M.* 1977: Die Kompetenzstruktur des modernen Bundesstaates in rechtvergleichender Sicht, Hdbg./NY. *Hesse, K.* 1962: Der unitarische Bundestaat, Karlsruhe. *Kilper, H./Lhotta, R.* 1996: Föderalismus in der Bundesrepublik Deutschland, Opl. *Laufer, H./Münch, U.* 1997: Das föderative System der Bundesrepublik Deutschland, Bonn. → Föderalismus; Politikverflechtung.

Rainer-Olaf Schultze

Bundesverfassungsgericht → Verfassungsgerichtsbarkeit

Bundesverwaltungsgericht → Rechtsprechende Gewalt

Bündnis, allg. ein Zusammenschluß, eine Allianz von zwei oder mehr → Akteuren, mittels dessen gemeinsame Ziele verfolgt werden sollen.

In den → Internationalen Beziehungen werden B. vertraglich abgesichert (Bündnis-Verträge, z. B. NATO). Als Bündnisfall bezeichnet man den Eintritt eines Ereignisses, das die Vertragspartner zum Beistand im Rahmen des unterzeichneten Bündnisses verpflichtet.

In der Innenpolitik bedeutet B. die zeitlich begrenzte, aber fest vereinbarte Kooperation zwischen zwei oder mehreren Partnern, Parteien, gesellschaftl. Interessen und deren Organisationen zur Durchsetzung gemeinsamer oder miteinander kompatibler polit. oder sozialer Ziele. Auf der Regierungsebene spricht man auch von → Koalitionen, auf der parlamentarischen Ebene von Fraktionsgemeinschaften, auf der Ebene des Parteiensystems von → Block, bei Wahlen von Wählervereinigungen, etwa Bündnis 90/Die Grünen.

Petra Bendel/Rainer-Olaf Schultze

Bürger → Citoyen

Bürgerbegehren → Volksabstimmung

Bürgerentscheid → Volksabstimmung

Bürgergesellschaft → Zivilgesellschaft

Bürgerinitiativen, Vereinigungen von Bürgern zur Bekämpfung staatl. oder kommunaler Vorhaben mit Kollektivgutcharakter, von denen sie sich, z. B. wegen der räumlichen Nähe, unmittelbar negativ betroffen, d. h. überproportional an den Kosten beteiligt fühlen. Es handelt sich um Ein-Punkt-Bewegungen, die mit dem Anspruch auf Beteiligung an den Entscheidungen über diese Vorhaben auftreten und dabei auch unkonventionelle Beteiligungsformen als Druckmittel verwenden.

In D wurde die Mobilisierung von Teilen der Bev. in den neuen → Sozialen Bewegungen von den B. Anfang der 1970er Jahre vorbereitet. Mitte der 1970er Jahre kam es zu größeren überlokalen Zusammenschlüssen (z. B. Bundesverband Bürgerinitiativen Umweltschutz), die bei der Vorbereitung der Parteigründung der Grünen eine große Rolle spielten. B. sind generell aber nicht einer bestimmten ideologischen Richtung zuzuordnen, weil sich dieser Form der Ein-Punkt-Bewegung sowohl Progressive als auch Konservative bedienen. Gerade wegen der lokalen Betroffenheit folgen viele B. dem *Nimby*-Prinzip (*not in my backyard*) zur Verhinderung von kommunalen und staatl. Kollektivgütern.

→ Alternativbewegungen; Interessengruppen/Interessenverbände; Partizipation; Unkonventionelles Verhalten.

Lit.: *Roth, R./Rucht, D.* (Hrsg.) 1991: Neue soziale Bewegungen in der Bundesrepublik Deutschland, Bonn. *Rucht, D.* u. a. 1997: Soziale Bewegungen auf dem Weg zur Institutionalisierung, Ffm.

Franz Urban Pappi

Bürgerkrieg, der organisierte Einsatz von → Gewalt in größerem Umfang zwischen unterschiedlichen Gruppen im Rahmen eines Staates, sei es zwischen der Regierung und gegen sie gerichteten bewaffneten Kräften, sei es zwischen Gruppen in einer Situation, in der keine Regierung besteht (→ Anarchie).

B. werden entweder um die Herrschaft in einem Staat geführt oder zur Loslösung (Sezession) eines Gebietes aus dem Staatsverband. Bei der großen Mehrzahl der → Kriege seit 1945 handelt es sich um B., lange fast ausschließlich in der → Dritten Welt geführt, seit dem Zusammenbruch des → Real existierenden Sozialismus jedoch auch in Europa. Unter den Bedingungen des → Ost-West-Konflikts gingen B. oft einher mit der direkten oder indirekten Unterstützung der Großmächte.

Lit.: → Krieg.

Peter Rudolf

Bürgerkultur → *Civic culture*

Bürgermeisterverfassung → Gemeindeverfassungen

Bürgerrechtsbewegung (engl. *civil rights movement*), ein Begriff, der inhaltlich aufs engste verknüpft ist mit dem Kampf um polit. und soziale → Gleichberechtigung der schwarzen Bevölkerungsgruppe in den USA seit den 1950er Jahren. I. w. S. umfaßt der Begriff aber alle → Sozialen Bewegungen, deren erklärtes Ziel die Verteidigung oder Durchsetzung von Bürger- bzw. → Menschenrechten ist.

Während es im ersten Fall darum geht, ein bereits erreichtes Maß an bürgerlicher → Freiheit gegen Übergriffe des Staates zu schützen (Schutz der Privatsphäre, → Datenschutz usw.), geht es in letzterem, abhängig von der jeweiligen historischen Situation, entweder (a) um die volle, dem jeweiligen Bürgerstatus entspr. Inklusion bislang ausgegrenzter Bevölkerungsgruppen (die schwarze Bev. in den USA; die Überwindung der → Apartheid in Südafrika usw.) oder (b) um die allg. Durchsetzung bürgerlicher, polit. und sozialer → Grundrechte unter den Bedingungen sozialistischer oder → Autoritärer Regime (Tschechoslowakei: Charta 77; Polen: Solidarność usw.).

Im Ggs. zum bewaffneten Umsturz bzw. → Widerstand durch revolutionäre bzw. terroristische Gruppen sind B. durch den Einsatz friedlicher, wenngleich durchaus unorthodoxer Mittel gekennzeichnet. Streiks, öffentlichkeitswirksame → Demonstrationen (in Form von Massenkundgebungen wie gezielten Einzelaktionen, z. B. *Sit-In*, *Die-In*) gehören ebenso zum Repertoire der B. wie gezielte, als → Ziviler Ungehorsam zu bezeichnende Regelverletzungen.

→ Bürgerschaft; Emanzipation; Multikulturalismus; Political Correctness; Revolution/Revolutionstheorien.

Lit.: *Dudley, W.* (Hrsg.) 1996: The Civil Rights Movement, San Diego. *Herzka, M.* 1995: Die Menschenrechtsbewegung in der Weltgesellschaft, Bern. *Lawson, S. F.* 1991: Running for Freedom, Philadelphia. *Ward, B./Badger, T.* (Hrsg.) 1996: The Making of Martin Luther King and the Civil Rights Movement, L.

Günter Rieger

Bürgerschaft, die Gesamtheit der Mitglieder (Bürger) eines polit. Gemeinwesens (Gemeinde, Bundesland, Staat, Europäische Union) und deren Status als volle Mitglieder. B. dient auch als Bezeichnung für die Landesparlamente der Stadtstaaten Bremen und Hamburg.

1. Form und Inhalt der B. entsprechen Funktion und Bedeutung der jeweiligen polit. Einheit. Dabei ist die über die Staatsangehörigkeit geregelte Zugehörigkeit zum Nationalstaat von primärer Bedeutung. Die → Staatsbürgerschaft garantiert einen sicheren Status gleicher ziviler, polit. und sozialer Grundrechte (Gleichheit vor dem Gesetz, Gewissensfreiheit, Versammlungsfreiheit, → Wahlrecht, Sozialhilfeanspruch usw.), ihr Erwerb ist an strenge Kriterien (Abstammung, Einbürgerung) gebunden, und sie darf nicht entzogen werden.

Dagegen ist die Zugehörigkeit zu substaatl. polit. Einheiten von untergeordneter Bedeutung. Sie ist für alle Staatsbürger frei wählbar. Mit der Begründung eines Hauptwohnsitzes in einem Bundesland und einer Gemeinde erwirbt man die entspr. polit. Teilhaberechte (Wahlen zum Landtag, Stadt-, Gemeinderat) und erhält Zugang zu den über die jeweilige Einheit zur Verfügung gestellten sozialen Leistungen. Auf supranat. Ebene entwickelt sich mit der Integration der → Europäischen Union eine Unionsbürgerschaft. Alle Staatsbürger der Mitgliedsstaaten sind Unionsbürger und haben spezifische, mit diesem Status verbundene Rechte (Freizügigkeit (der Arbeitnehmer), gleiches Entgelt, kommunales und europ. Wahlrecht usw.).

2. Die politiktheoretische Debatte um ein angemessenes Konzept von B. wird vor dem Hintergrund fragmentierter postindustrieller Gesellschaften und nationalstaatl. Verlust an Souveränität in den 1990er Jahren wiederbelebt. Erneut strukturiert sich die Kontroverse entlang des traditionellen Ggs. eines liberalen und eines republikanischen Verständnisses von Bürgerschaft.

Der → Liberalismus sieht B. wesentlich durch individuelle Freiheitsrechte als Abwehrrechte des → *Bourgeois* gegen den → Staat definiert. Polit. Rechte erfüllen hier den instrumentellen Zweck der Machtbegrenzung und -kontrolle, und soziale Rechte werden mit der Notwendigkeit der Sicherung und Wiederherstellung individueller Autonomie gerechtfertigt. Dagegen begreift der → Republikanismus B. in der Tradition der griech. → *Polis* als Lebensform, in der sich der Bürger (→ *Citoyen*) durch das Engagement für das → Gemeinwohl und die →

Partizipation an der → Herrschaft verwirklicht. Entspr. betont der → Kommunitarismus in seiner Kritik am liberalen Konzept von B., daß liberale → Demokratie und → Wohlfahrtsstaat auf Voraussetzungen beruhen (gemeinsame Werte, → Politische Kultur usw.), die sie selbst in der Logik individueller Freiheit und des Vorrangs des Rechten vor dem Guten nicht erhalten bzw. herstellen können. B. erfordere die Rückbesinnung auf Bürgerengagement und Bürgertugend, die durch → Politische Bildung und → Direkte Demokratie zu fördern seien. Allerdings besteht bei Überbetonung der → Gemeinschaft umgekehrt die Gefahr eines Verlusts an individueller Freiheit. Für ein der modernen Welt angemessenes Konzept der B. bedarf es der Neujustierung der nichtaufhebbaren Spannung zwischen (a) → Freiheit, → Gleichheit und → Solidarität, (b) zwischen Gemeinwohlorientierung und individuellen Rechten (→ Zivilgesellschaft; → Verfassungspatriotismus), (c) zwischen → Menschen- und → Bürgerrechten und (d) zwischen B. als polit. Mitgliedschaft und konkurrierenden ethnischen, religiösen usw. Zugehörigkeiten (→ Multikulturalismus).

Lit.: *Beiner, R.* 1995 (Hrsg.): Theorizing Citizenship, NY. *Brink, B. van den/Reijen, W. van* (Hrsg.) 1995: Bürgergesellschaft, Recht und Demokratie, Ffm. *Brubaker, R.* 1994: Staats-Bürger. Frankreich und Deutschland im historischen Vergleich, Hamb. (engl. 1992). *Gebhardt, J.* 1996: Die Idee des Bürgers, in: *Beyme, K. von/Offe, C.* (Hrsg.): Politische Theorien in der Ära der Transformation, Opl., 349–361. *Heater, D.* 1990: Citizenship. The Civic Ideal in World History, Politics and Education, L./NY. *Koselleck, R./Schreiner, K.* (Hrsg.) 1994: Bürgerschaft, Stg. *Kymlicka, W.* 1995: Multicultural Citizenship, Ox. *Marshall, T. H.* 1992: Bürgerrechte und soziale Klassen, Ffm./NY (engl. 1950). *Riedel, M.* 1972: Bürger, Staatsbürger, Bürgertum, in: *Brunner, O.* u. a. (Hrsg.): Geschichtliche Grundbegriffe, Stg., 672–725. *Shklar, J.* 1991: American Citizenship, Chic. *Sternberger, D.* 1967: «Ich wünschte ein Bürger zu sein», Ffm.

Günter Rieger

Bürgertum, aus dem Schwurverband der mittelalterlichen Städte West- und Zentraleuropas erwachsene, urspr. zwischen Bauern und Adel angesiedelte, wirtschaftl. auf Gewerbe, → Dienstleistung, Bildung und Besitz beruhende Gesellschaftsschicht.

Die B. entfaltete seit der Selbstbewußtmachung ihrer spezifischen → Werte und → Interessen im ausgehenden 18. Jh. eine zunehmende historisch-polit. Wirkung und gilt jedenfalls im Hinblick auf ihren aktiven Teil (→ *Bourgeoisie*) bis heute trotz fortschreitender innerer Differenzierung als ökonomisch-soziopolit.-kulturell bestimmende Kraft. Relevant zunächst als Schöpfer stadtkommunal-republikanischer polit. Systeme (oberitalienische Städte, dt. Reichsstädte), unterlagen Teile des etablierten B. einem mehr oder weniger weitreichenden Oligarchisierungs- bzw. Aristokratisierungsprozeß (Patriziat, → Aristokratie), traten andere Teile ab dem Spätmittelalter in fürstliche Dienste (bürgerliche Juristen- bzw. Beamtenschaft) und ermöglichten dadurch den → Absolutismus. Als dieser dem B. trotz dessen u. a. im Zuge des absolutistischen → Merkantilismus gewachsener wirtschaftl. und kultureller Bedeutung keine echte polit. → Partizipation gewährte, entlud sich dieser Widerspruch nach dem Vorspiel der Amerikanischen Revolution (1776) in der Französischen Revolution von 1789. Die mit diesen umwälzenden Ereignissen verbundene Durchsetzung der allg. → Menschen- und Bürgerrechte, der bürgerlichen polit. Prinzipien (→ Volkssouveränität, → Freiheit, → Eigentum, → Verfassung, → Repräsentation, → Wahlen, nationale Einheit) und «Tugenden» (Arbeit, Leistung, Disziplin, Pflicht, Sparsamkeit, Ordnung, rationale Lebensführung) ermöglichte das «bürgerliche Zeitalter» des 19. Jh. mit dessen (in Zentraleuropa gescheiterter) bürgerlicher → Revolution 1848, aber auch die Entstehung der kapitalistischen → Industriegesellschaft, welche als neue → Klasse das → Proletariat bzw. die → Arbeiterklasse hervorbrachte. Entgegen den Erwartungen und Hoffnungen proletarisch-sozialistisch-kommunistischer Ideologen und Theoretiker (→ Kommunismus, → Sozialismus) konnte sich die Arbeiterklasse jedoch nicht ihrerseits revolutionär oder evolutionär gegen das B. durchsetzen, sondern sie unterlag und unterliegt einem fortschreitenden, dynamischen Aneignungs- und Durchdringungsprozeß seitens des B., auch wenn dessen Lebens- und Weltauffassung durch wechselnde Alternativkulturen und innere Widersprüche ständig herausgefordert und verändert wird. Zu den neuesten Hervorbringungen fortgeschrittenen bürgerlichen polit. Denkens unter bes. Berücksichtigung des Individualismus gehört der → Kommunalismus.

→ Bürgerschaft; Kapitalismus; Republikanismus.

Lit.: *Gall, L.* (Hrsg.) 1997: Bürgertum und bürgerlich-liberale Bewegungen in Mitteleuropa seit dem 18. Jahrhundert, Mchn. *Kocka, J.* u. a. (Hrsg.) 1988: Bürgertum im 19. Jahrhundert, Mchn. *Pilbeam, P. M.* 1990: The Middle Classes in Europe 1789–1914, Basingstoke.

Wolfgang Weber

Bürokratie/Bürokratietheoretische Ansätze, im polit.-soziologischen Bereich von *M. Weber* geprägte Bezeichnung für die spezifische Form sozialer Organisation, die auf die geregelte und reibungslose Erfüllung der Organisationsziele gerichtet ist. Charakterisierendes Merkmal einer bürokratischen Organisationsform ist ihre → Zweckrationalität.

1. Die erste bewußte Verwendung des Begriffs wird dem frz. Physiokraten *de Gournay* (1712–1759) zugeschrieben, der damit in kritischer Absicht die im → Absolutismus zunehmende Herrschaftsausübung durch hauptberufliche Beamte charakterisierte. Seit Beginn des 19. Jh. wird mit dem Begriff auch die hierarchisch-monokratische Behördenorganisation bezeichnet, die nach *Napoleons* Verwaltungsreform in Frankreich auch in anderen Staaten (z. B. in Preußen 1806) eingeführt wurde. Während der weiteren Entwicklung blieb die Begriffsverwendung vielfältig und ambivalent, da sie i. d. R. mit einem (auch vorher schon bestehenden) gesellschaftl. Gegenstandsfeld verknüpft wurde, das diese Ambivalenz auszeichnet: die sich durch Wachstum und → Differenzierung menschlicher Gesellschaften fast zwangsläufig herausbildenden Formen der gemeinsamen, arbeitsteilig organisierten Bewältigung von Gefahren und Herausforderungen. Spätestens dann, wenn die organisierte kollektive Gefahrenabwehr oder Problembewältigung (zunächst v. a. als öff. bzw. staatl. Aufgabe) zu einer Dauereinrichtung in einer Gesellschaft wird, zeigt sich die «Janusköpfigkeit» dieser «Errungenschaft»: Die Schaffung der erforderlichen Leistungsfähigkeit ist i. d. R. mit dem Aufbau einer Herrschaftsstruktur verknüpft *(Schluchter 1972)*.

Die grundlegenden historischen Entwicklungen sind auch heute noch in verschiedenen Bedeutungsnuancen des Begriffes B. enthalten (*Albrow* 1972): (a) Als Kennzeichen von staatl. (öff.) Institutionen und Entscheidungsprozessen, weil diese meist monopolistischen Formen der Aufgabenorganisation in Leistungsfähigkeit, Leistungsmängeln und Herrschaftscharakter besonders nachhaltig wahrgenommen werden können (in extremer Form im Absolutismus). (b) Diese (Negativ-)Erfahrungen führen oft zu einer pejorativen Verwendung des Bürokratiebegriffes (z. B. Leistungsmängel, Umständlichkeit, Willkür) – obwohl hierfür mit dem Begriff Bürokratismus eine Begriffsalternative verfügbar ist. (c) Weitere Varianten der Begriffsnutzung ergeben sich aus dem Zuschnitt des betrachteten Gegenstandsfeldes: → Verwaltung und Politik. Dominierend ist zwar die Vorstellung von einer bestimmten Organisationsform arbeitsteiliger Aufgabenerledigung (hier v. a. durch «staatl. Büros»), doch läßt sich ebenso nach den individuellen Handlungsträgern (z. B. Angestellten und Beamten) und deren Rolle in den Behörden fragen; darüber hinaus läßt die zunehmende Verbreitung dieser Organisationsmuster in fast allen Gesellschaftsbereichen (insbes. auch im Wirtschaftssystem) die Feststellung zu, daß B. bereits zu einem gesellschaftl. Phänomen geworden ist (*Jacoby* 1963).

2. Theoretische Perspektiven: Es war das

Verdienst von *Max Weber* (1864–1920), wesentliche Entwicklungs- und Diskussionslinien zum Thema Bürokratie (B.) zusammengeführt zu haben, indem er historisch vergleichend eine Herrschaftssoziologie entwickelte, Grundmuster (staatl.-)bürokratischer Organisationen unter dem Blickwinkel ihrer Leistungsfähigkeit beschrieb, auf die Bedeutung dieses Organisationsmusters auch in anderen gesellschaftl. Sektoren (hier insbesondere in der kapitalistischen Wirtschaft) hinwies und schließlich auch die Gefährdungen durch B. (z. B. Verlust ihrer demokratischen Kontrollierbarkeit) berücksichtigte. Obwohl in der wiss. Bearbeitung des Themas B. die verschiedenen Problemstellungen und Diskussionsrichtungen weitgehend erhalten sind, kann doch von einer relativen Dominanz der von *Weber* eingeführten Kennzeichnung von B. als einem bestimmten (eben bürokrat.) Typus von Organisation gesprochen werden. Die Merkmale der bürokrat. Organisation beschrieb er folgendermaßen (*Weber* 1976: 551 ff.): hauptamtl., fachlich ausgebildetes Personal; Trennung von Amt und Person; hierarchische Über- und Unterordnung von Dienstposten mit entsprechenden Weisungs- und Kontrollbefugnissen; formal festgelegte Arbeitsteilung und Spezialisierung; Regelgebundenheit der Aufgabenerledigung; Schriftlichkeit und Aktenmäßigkeit aller Vorgänge mit der Möglichkeit interner und externer (gerichtlicher) Kontrolle. Dieser Webersche Idealtypus einer bürokrat. (Verwaltungs-)Organisation wird als Modellfall legal-rationaler → Herrschaft sowie als effektivste Form der Erledigung von Verwaltungsaufgaben entwikkelt. Fortgesetzte Bürokratisierung wird damit zu einem Prozeß der (zweck-)rationalen Gestaltung des öff. Sektors (Staat) sowie anderer Lebensbereiche (vgl. *Schluchter* 1979).

Insbes. an den zuletzt genannten Kennzeichnungen entwickelten sich die wiss. Diskussion und Kritik und führten zu einer Vielzahl von empirischen Untersuchungen und Überprüfungen (*Mayntz* 1968). Die Kritik zielt u. a. auf die unzureichende Spezifikation der Rahmenbedingungen, unter denen bürokrat. Organisationen effektiv arbeiten können: nur bei relativ gleichbleibenden, gut durchstrukturierten und auf Routineabläufe angewiesenen Aufgaben sei – so das Fazit – das Modell der bürokrat. Organisation richtig adoptiert. Andere Aufgaben, neue Steuerungsverfahren (z. B. Zweckprogrammierung) und dynamische Umweltveränderungen – wie sie v. a. durch den Ausbau des → Wohlfahrtsstaates typisch sind – führen entweder zu Leistungsmängeln der bürokrat. Organisation oder zu einer notwendigen Variation des Organisationstypus (z. B. unter Einbeziehung von Professionellen mit relativ hoher Entscheidungsautonomie). Es läßt sich nun davon sprechen, daß Verwaltungsorganisationen in unterschiedlichem Maße bürokrat. Merkmale aufweisen und daß sich solche Charakteristika auch in privaten Unternehmungen, Parteien, Kirchenorganisationen und Verbänden entwickeln können (*Gouldner* 1954; *Blau* 1956).

Die Ergebnisse dieser empirischen Analysen wurden in verschiedenen Theorierichtungen fortentwickelt: (a) Im Rahmen des kontingenztheoretischen Ansatzes werden die Beziehungen zwischen organisationsinternen Strukturen und der Organisationsumwelt analysiert und systematisiert (*Lawrence/Lorsch* 1967). (b) Voraussetzungen und Effekte bestimmter organisatorischer Arrangements werden in Form von immer stärker verfeinerten (z. T. auch von den empirischen Ergebnissen unabhängigen) Organisations-Typologien zusammengefaßt (zuletzt: *Mintzberg* 1991). (c) Die zunehmend dichtere Einbindung jeder einzelnen Verwaltungsorganisation in globale Strukturen führte zudem zur Untersuchung interorganisatorischer Beziehungen und zur Analyse umfassender (bürokratischer) Organisationsnetzwerke (*Grunow* 1991). Untersucht werden dabei (1) der Bürokratisierungsprozeß im Sinne der Ausdehnung (Übertragung) bürokrat. Organisationsprinzipien auf immer größere Teile der Organisationsgesellschaft; (2) die «Bürokratisierung» der Beziehungen zwischen Organisationen (z. B. im Sinne globaler Hierarchien) und (3) Formen der Verbindung von bürokratischer Organisationsform und eher egalitären, konkurrenzförmigen Mustern der Arbeitsteilung und Kooperation (Konkurrenz zwischen bürokrat. Organisationen; Aushandlungsprozesse in Hierarchien usw.).

3. Daneben gibt es Ansätze, die man als Anwendung von anderweitig entwickelten Theorien auf das Gegenstandsfeld «bürokrat. Verwaltungsorganisation» bezeichnen kann. Dies betrifft v.a. die auf der Individualebene ansetzenden Entscheidungstheorien *(→ rational choice: → bounded rationality)* sowie die Ökonomische Theorie der B. *(Simone* 1981; *Roppel 1979)*. Sie prüfen, inwieweit es gelingt, mit ihren grundlegenden Theoriemodellen das Handeln in und von bürokrat. Organisationen zu erklären. Aufgrund der Breite des Ansatzes und der engen Verknüpfung mit der Analyse organisierter Sozialsysteme ist hier auch die → Systemtheorie zu nennen, die v.a. die Funktionen der Öff. Verwaltung (Festlegung bindender Entscheidungen) bestimmt und → Funktionale Äquivalente für die Funktionserfüllung untersucht *(Dammann/Grunow/Japp* 1994*)*. Ein Kennzeichen der nachhaltigen Bedeutung des Themas B. und seiner wiss. Analysen sind auch die kontinuierliche Bürokratiekritik durch die Öff. sowie die fortgesetzten praktischen Bemühungen um Entbürokratisierung, um eine «Verwaltung ohne B.» und ähnliches *(Wittkämper* 1982). Die eher geringen Erfolge zeigen, daß das Phänomen Bürokratie entweder noch immer nicht hinreichend wiss. durchschaubar ist oder daß die eine weitere Bürokratisierung fördernden Kräfte (praktisch) unterschätzt werden. Im Mittelpunkt der wiss. unterstützten praktisch-reformerischen Bemühungen steht dabei zunächst die Leistungsfähigkeit (Effizienz) bürokrat. (Verwaltungs-) Organisationen: Wirkungsforschung; Begleitforschung zur experimentellen Politik; Konzepte zur Deregulierung und Reprivatisierung öff. Dienstleistungen, Strategien organisationalen Lernens und *Controlling* gehören zu den neueren Ansätzen. Wie aktuell im Konzept des *New Public Management* werden häufig privatwirtschaftl. (Unternehmens-)Modelle als Referenz benutzt.

4. In engem Bezug zur Bürokratiekritik steht die für die Politikwiss. bes. bedeutsame Frage nach der demokratischen Legitimation und Kontrolle der als legal und rational konzipierten Herrschaftsausübung in bürokrat. (Verwaltungs-)Organisationen. In empirischen Untersuchungen spielt dabei zunächst die Frage eine Rolle, ob (insbes. die staatl.) Bürokratie ein Herrschaftsmittel der demokratisch legitimierten Politik ist, oder in welchem Maße bürokratische Organisationen (im öff. Bereich) zu einem eigenständigen, d.h. z.T. unkontrollierbaren Herrschaftsfaktor *sui generis* geworden sind (*Crozier* 1963; *Wollmann* 1980). Auch diese Fragestellung läßt sich in abgewandelter Form auf nichtstaatl. Organisationen beziehen, wobei es u.a. um die Entfremdung der Organisationsführung von ihren Mitgliedern, Kunden und Klienten geht (dieses bereits 1911 von *Michels* als «ehernes Gesetz der Oligarchie» beschriebene Prinzip ist gegenwärtig wieder für die polit. Parteien von Bedeutung). Bürokratietheoretische Überlegungen sind somit ein Kernelement fast aller politikwiss. Analysen: Dies betrifft (a) die Analyse der Organisation und Durchsetzung gesellschaftl. Interessen (bürokrat. oder demokratische Strukturen der Verbände?); (b) die Analyse von polit. Programmgestaltung und von einzelnen Entscheidungsprozessen (*Policy*-Analyse und *Politics*-Analyse) sowie (c) besonders die Analyse der maßgeblich von Verwaltungen getragenen Implementationsprozesse und des von ihnen erreichten Maßes an Bürgernähe *(Mayntz* 1983; *Grunow* 1988*)*. Die unvermeidlich scheinende Bezugnahme auf Bürokratie(theorie) in Politik- und Verwaltungswissenschaft *(Schmid/Treiber* 1975) tritt auch dann auf, wenn die Darstellung von «nicht-bürokratischen» Alternativen im Mittelpunkt steht. Dies schließt jedoch nicht aus, daß phasenweise andere Akzente gesetzt werden. So signalisieren Bezeichnungen wie → Neo-Korporatismus oder → Neo-Institutionalismus die Tatsache, daß man (zumindest vorübergehend) den bürokrat. Organisationsmustern von Verwaltungsorganisationen und polit. Institutionen zu wenig Beachtung geschenkt hat. Die Folge ist deshalb i.d.R. die «Wiederentdeckung» oder «Neubewertung» binnenstruktureller – und d.h. in aller Regel bürokratischer – Organisationsmuster in Politik und Verwaltung *(Fach/Grande 1988; Scharpf* 1991).

→ Entscheidungstheorie; Politikevaluierung; Ökonomische Theorien der Politik;

Rational choice-Ansätze; Steuerungstheoretische Ansätze.

Lit.: *Albrow, M.* 1972: Bürokratie, Mchn. *Crozier, M.* 1963: Le Phénomène Bureaucratique, Paris. *Dammann, K./Grunow, D./Japp, K. P.* (Hrsg) 1994: Die Verwaltung des politischen Systems, Opl. *Gouldner, A. W.* 1954: Patterns of Industrial Bureaucracy, Glencoe. *Grunow, D.* 1991: Development of the Public Sector, in: *Kaufmann, F. X.* (Hrsg.): The Public Sector, Bln., 89–116. *Jacoby, H.* 1969: Die Bürokratisierung der Welt, Neuwied. *Lawrence, J. D./Lorsch, J. W.* 1967: Organization and Environment: Managing Differentiation and Integration, Boston. *Mayntz, R.* (Hrsg.) 1968: Bürokratische Organisation, Köln u. a. *Michels, R.* 1911: Zur Soziologie des Parteiwesens, Lpz. *Mintzberg, H.* 1991: Mintzberg über Management, Wsb. *Roppel, U.* 1979: Ökonomische Theorie der Bürokratie, Freib. *Scharpf, F. W.* 1991: Die Handlungsfähigkeit des Staates am Ende des zwanzigsten Jahrhunderts, in: PVS 32, 621–634. *Schluchter, W.* 1972: Aspekte bürokratischer Herrschaft, Mchn. *Schmid, G./Treiber, H.* 1975: Bürokratie und Politik, Mchn. Verwaltung und Politik, Stg. u. a. *Simon, H. A.* 1981: Entscheidungsverhalten in Organisationen, Mchn. *Weber M.* [5]1972: Wirtschaft und Gesellschaft, Tüb.

Dieter Grunow

Bürokratischer Autoritarismus, Bezeichnung und Theorie der sog. neuen → Militärregime (der 1960er und 1970er Jahre) in Lateinamerika.

Dieser Untertyp eines → Autoritären Regimes wird hergeleitet aus den Notwendigkeiten einer vertieften → Industrialisierung, die stabiler repressiver Rahmenbedingungen bedürfe (→ Autoritarismus), um die erforderlichen in- und vor allem ausländischen Kapitalinvestitionen anzuregen. Der Modernisierungsprozeß wird gesteuert durch eine zivil-militärische → Bürokratie, von daher der synonyme Begriff bürokratisch-autoritärer Staat (BA-Staat). → Verschuldungskrise und → Systemwechsel haben die Erscheinungsform des BA-Staats obsolet werden lassen.

Lit.: *Collier, D.* (Hrsg.) 1979: The New Authoritarianism in Latin America, Princeton.

Dieter Nohlen

By-elections → Nachwahlen

Call-back → Rückerinnerungsfrage

Cäsarismus, Bezeichnung für diejenige Variante der Einherrschaft, in welcher der Herrschaftsträger dem Volk nominell die Verfügung über die Staatsgewalt beläßt, sich selbst jedoch durch → Akklamation oder → Plebiszit dauernd und/oder fallweise zu deren Ausübung legitimiert erklärt.

Die Herrschaftsform des Cäsarismus wurde im Hinblick auf die → Monarchie *Napoleons I.* entwickelt, rekurrierte auf die Herrschaftsform der antiken römischen Cäsaren und wurde später polemisch für viele Parallelphänomeme (v. a. die Herrschaft *Bismarcks* und *Wilhelms II.*) verwendet. Da die Sicherstellung der benötigten öff. Zustimmung i. d. R. faktisch durch das Militär und den Beamtenapparat oder später mittels spezifischer Anhängerorganisationen erfolgt, ist C. ein Vorläufer- bzw. Parallelbegriff des → Bonapartismus, mit dem er auch seine mangelnde Präzision teilt.

Lit.: *Groh, D.* 1972: Cäsarismus, in: *Brunner, O.* u. a. (Hrsg.), Geschichtliche Grundbegriffe, Bd. 1, Stg., 726–771. *Weber, M.* [5]1976: Wirtschaft und Gesellschaft, Tüb. (zuerst 1921).

Wolfgang Weber

Case study → Fallstudie

Catch-all-party → Volkspartei

Caucus, seit dem 18. Jh. polit. Versammlungen/Gremien von Parteien/Parteianhängern in den USA zur Nominierung von Kandidaten oder Vorbereitung von Wahlen auf lokaler, regionaler und (einzel-)staatl. Ebene; auch heute teilweise noch verwendet im Vorfeld von, selten (dann in Form von Delegiertenversammlungen) anstatt der *primaries* (→ Vorwahlen).

C. bezeichnet inzwischen den fraktionsähnlichen Zusammenschluß der Demokraten im US-Kongreß (bei den Republikanern *conference* genannt), der personalpolit. Festlegungen und organisatorischen Zwecken, zunehmend aber auch polit.-inhaltlicher Diskussion und Abstimmung dient. Außerdem sind *c.* informelle Gruppen im Kongreß, teilweise auch partei- und kammerübergreifend, in denen sich Abgeordnete mehr oder minder fest zusammenschließen gemäß z. B. regionaler oder ethnischer Herkunft, polit.-ideologischer Überzeugung oder ökon. Interessen etc.

Lit.: → Fraktion.

Suzanne S. Schüttemeyer

Caudillo/Caudillismo, im span. Sprachraum Bezeichnung für eine charismatische Herrscherfigur, deren → Herrschaft teils auf → Gewalt, teils auf freiwilliger Gefolgschaft beruhte und die in Lateinamerika v. a. im 19. Jh. häufig anzutreffen war.

Die hochgradig personalistische und kaum institutionalisierte Herrschaft war typisch für vorwiegend agrarisch geprägte Regionen mit starken Abhängigkeits- und Klientelstrukturen und existiert auch heute noch bei entspr. sozialen (→ Marginalität) und polit. Voraussetzungen (personalistische Parteien), wenngleich eine zunehmende Institutionalisierung von Herrschaft dem *caudillismo* den Boden entzieht. Als Stilelement der Politik ist der *caudillismo* aber nach wie vor wirksam und wird neuerdings wieder als zentrales Element postdemokratischer Politik beschworen (Venezuela unter Präsident *H. Chávez*).

→ Autoritäre Regime; Diktatur; Charisma.
Lit.: *Hamill, H. M.* (Hrsg.) 1992: Caudillos. Dictators in Spanish America, Norman/L.

Andreas Boeckh

Cepalismo, Bezeichnung einer für Lateinamerika bis in die 1970er Jahre sehr einflußreichen wirtschaftstheoretischen Schule, die unter der Federführung ihres ersten Leiters *R. Prébisch* aus der CEPAL (Wirtschaftskommission der Vereinten Nationen für Lateinamerika) Ende der 1940er/Anfang der 1950er Jahre hervorgegangen ist.

Anders als die klassische → Außenhandelstheorie ging die CEPAL von einer ungleichen Verteilung des Nutzens beim Handel zwischen den Zentren und der Peripherie aus (→ Zentrum-Peripherie-Modell, → *Terms of trade*). Wegen der Erfahrungen der Weltwirtschaftskrise, welche die extreme Verletzlichkeit der lateinamerikan. Exportökonomien belegt hatte, setzte die CEPAL auf eine importsubstituierende → Industrialisierung in Verbindung mit inneren Strukturreformen. Die Krise dieses Modells, die in der → Verschuldungskrise der 1980er Jahre offenbar wurde, verband sich mit einem Prestigeverlust der CEPAL und führte zum Umdenken in Fragen der → Außenwirtschaftspolitik, ohne daß die Forderungen nach Strukturreformen aufgegeben wurden («neue CEPAL», Neostrukturalismus).

→ Dependencia; Importsubstitution.
Lit.: *CEPAL* 2000: Equidad, desarollo y ciudadanía, Santiago de Chile. *Nohlen, D.* 1999: Raúl Prebisch (1901–1986), in: E+Z 40 (11), 316–320. *Prébisch, R.* 1968: Für eine bessere Zukunft der Entwicklungsländer, Bln. *Sunkel, O.* 1993: Development from Within, Boulder/L.

Andreas Boeckh

Ceteris-paribus-Klausel, Einschränkung in einer → Theorie dahingehend, daß die getroffenen Aussagen nur «unter sonst gleichbleibenden Bedingungen» der von der Theorie nicht näher thematisierten und unbestimmt bleibenden → Variablen gelten sollen.

Die *c.-p.*-K. wird allg. als Immunisierung und Alibi-Formel einer Theorie gegenüber einer Konfrontation mit empirischen Befunden angesehen, die sonst zu ihrer Revision oder Falsifizierung führen würden. Dies wurde von *H. Albert* zum Vorwurf des → «Modell-Platonismus» gegenüber dem neoklassischen Denkstil der Nationalökonomie verwendet, der durch die *c.-p.*-K. eine Anwendung auf konkrete Fälle und deren empirische Überprüfbarkeit verhindere.

→ Falsifikation; Neo-Klassik/Neo-klassische Theorie.

Jürgen Kriz

Chancengleichheit, Bestandteil liberaler, an individueller Leistung orientierter Vorstellungen von → Gerechtigkeit. Das Konzept der C. versucht, die divergierenden → Werte → Freiheit und → Gleichheit kompatibel zu machen, indem allen Bürgern gleiche polit. Rechte garantiert und allen Gesellschaftsmitgliedern gleiche Startchancen im ergebnisoffenen Wettbewerb um knappe Güter und Positionen eingeräumt werden.

Dabei ist mit *J. Rawls* zwischen formaler und fairer C. zu unterscheiden. Während erstere lediglich darauf zielt, für alle die gleichen Rechte auf Zugang zu Laufbahnen zu sichern, versucht letztere auch die aus früheren Akkumulationsprozessen resultierenden Selektionsmuster zu überwinden. Entspr. Maßnahmen der →Bildungspolitik variieren zwischen einer am Individuum orientierten Beseitigung von Einstiegshindernissen (Frühförderkurse; BaföG usw.) und der zugunsten benachteiligter Gruppen vorzunehmenden, positiven Diskriminierung (→ Quoten/Quotierung; → *Affirmative action*). Kritisch bleibt festzuhalten, daß (1) C. von → Klassen bzw. → Schichten und sozialen Gruppen (Ausländer; Behinderte; Frauen usw.) in den realexistierenden kapitalistischen Gesellschaften nach wie vor nicht verwirklicht ist und (2) C. ohne ein Mindestmaß an Ergebnisgleichheit im Hinblick auf soziale Sicherung und gesellschaftl. Teilhabe neue → Ungerechtigkeit erzeugt.

Lit.: *Jencks, C.* 1973: Chancengleichheit, Rbk. (engl. 1972). *Rawls, J.* [11]2000: Eine Theorie der Gerechtigkeit, Ffm. (engl. 1971). *Rothe, K.* 1981: Chancengleichheit, Leistungsprinzip und soziale Ungleicheit, Bln.

Günter Rieger

Chaostheorie, Gesamtheit von Annahmen bzw. Erklärungen zu dynamischen Prozessen von Ordnung und Chaos in komplexen Systemen.

1. Gemeinsames Kennzeichen solcher Systeme ist die Nichtlinearität der Wechselwirkungen zwischen den Teilen des Systems, welche zur Unberechenbarkeit der Ergebnisse der mit Selbstorganisation umschriebenen Vorgänge führt. Chaos ist also ein anderes Wort für die Unvorhersehbarkeit der Entwicklungen in dynamischen Systemen, obwohl weiterhin einfache deterministische Gesetze gültig sind («deterministisches Chaos»). Chaostheoretische → Ansätze werden in Natur- und Geisteswiss. verwandt, wobei freilich die Analogien zwischen autonomen Systemen organischer, psychischer und sozialer Natur begrenzt sind, u. a. aufgrund der Nicht-Determiniertheit der in den Geisteswiss. erforschten sozialen Prozesse und Ergebnisse. Der Fokus der Forschungsrichtung C. liegt zum einen auf der Abhängigkeit dynamischer, rückgekoppelter Systeme von Anfangsbedingungen, denen auch bei festen Regeln unvorhersehbare Entwicklungen zugeschrieben werden: Kleine Veränderungen/Eingriffe in historisch-dynamischer Perspektive (d. h. in Verbindungen mit dem Faktor Zeit) zeitigen große Folgewirkungen. Zum anderen richtet er sich auf den Prozeß, in welchem aus Gestaltlosigkeit und Chaos Komplexität und Ordnung hervorgeht: die Entstehung von Strukturen in Form von «Fraktalen» (von lat. *fractus* = in Stücke gebrochen, in verschiedenen Maßstäben ähnlich aussehende Strukturen), von gleichartigen Mustern («Selbstähnlichkeit»), in denen sich wieder lineare, also nicht-chaotische Aspekte (in den Naturwiss. von Naturgesetzen) offenbaren. Eine chaostheoretische Annahme ist, daß Chaos (zumal bei Störungen in biologischen Systemen) Reaktionsfähigkeit, Dynamik und Kreativität von Systemen erlaubt.

2. In den Sozialwiss. können unter chaostheoretischen Gesichtspunkten – in Verbindung

mit oder in der Weiterentwicklung von system-, modell-, spiel- oder akteurstheoretischen Ansätzen – u. a. individuelle und kollektive Verhaltensmuster (z. B. → Systemkrisen, → Systemwechsel) und allg. Prozesse der Entstehung von Wandel und Neuem untersucht werden. Bes. interessant sind chaostheoretische Gesichtspunkte in politikwiss. Zusammenhängen, in denen unerwarteten Gesten (Willy Brandts Kniefall in Warschau 1970) oder ungeplanten Vorgängen (Bresche in der Berliner Mauer 1989) enorme (Langzeit-) Wirkungen zugeschrieben werden müssen.

→ Systemtheorie.

Dieter Nohlen

Charisma (griech. für Gnadengabe), außergewöhnliche, magisch oder religiös begründete Ausstrahlung eines Menschen, die ihn in den Augen seiner Anhänger zum Führer (Propheten; Kriegsfürsten usw.) qualifiziert. *Max Weber* nennt C. als eine Quelle legitimer → Herrschaft. Als Antitypus zu traditionaler und legaler Herrschaft entspringt charismatische Herrschaft außeralltäglichen Situationen, kennt keine Regeln und wirkt revolutionär.

C. stiftet → Legitimität, weil ihr Träger mit seiner Befähigung (Körperkraft; Mut; Intelligenz; Weisheit usw.) als von Gott, dem Schicksal usw. auserwählt gilt und sein Erscheinen Rettung, Hilfe oder Leitung verspricht. Erfolg stabilisiert die charismatische → Autorität. Nachfolgeregelung wie Bestandserhaltungsinteressen der → Gefolgschaft drängen charismatische Herrschaft zur Veralltäglichung in Traditionen und Institutionen (Erbcharisma; Amtscharisma). Säkularisierung und Rationalisierung von Herrschaft in der → Moderne entkleiden das C. seiner magischen bzw. religiösen Fundierung und binden es an die Idee der Vernunft (*Breuer* 1994). Als Träger dieses C. der Vernunft qualifizieren sich Repräsentanten polit. Ideen und Amtsinhaber.

Lit.: *Breuer, S.* 1994: Bürokratie und Charisma. Zur politischen Soziologie Max Webers, Darmst. *Weber, M.* 51980: Wirtschaft und Gesellschaft, Tüb. (zuerst 1921).

Günter Rieger

Chauvinismus, nach der Komödienfigur des Rekruten *Chauvin* benannter, extrem übersteigerter Patriotismus und fanatisch-aggressiver → Nationalismus.

Der Begriff findet auch in den Geschlechterbeziehungen Verwendung («Chauvi») für überzogene männliche Selbstwertvorstellungen und Männlichkeitswahn.

Dieter Nohlen

Checks and balances, auf *Montesquieu* zurückgehendes, von den *Federalists* bei der US-amerikan. Verfassungsinterpretation weiterentwickeltes System gegenseitiger Kontrollen und Ausbalancierungen («Hemmnisse und Gegengewichte») von Legislative, Exekutive und Jurisdiktion.

In den USA gehört hierzu insbes. die → Gewaltenteilung; hinzu kommen → Föderalismus und Verfassungsgerichtsbarkeit sowie → *Impeachment.* Gewaltenteilung ist dabei i. S. institutionell-personeller Trennung (→ Inkompatibilität), nicht funktionaler Separation zu verstehen. Das Konzept der *c. a. b.* beruht gerade darauf, daß die Institutionen der Staatsgewalt in ihren Aufgaben und Entscheidungskompetenzen verschränkt sind («*separate institutions sharing power*»). Dazu dienen v. a. gegenseitige Initiativ- und Vetorechte sowie die Beteiligung an Organisations- und Personalentscheidungen (z. B. bei Stellenbesetzungen, Gerichtsorganisation etc.). Ziel ist die möglichst sichere Verhinderung von Machtmißbrauch.

Lit.: → Gewaltenteilung.

Suzanne S. Schüttemeyer

Chicken game → Entscheidungstheorie

Chi-Quadrat (C.-Q.; geschrieben: χ^2), in der Statistik die Bezeichnung für eine

Zufallsvariable, die wie folgt definiert ist: $X_1 \ldots X_n$ seien n unabhängige, standardnormalverteilte Zufallsvariablen; dann ist $\chi^2 = X_1^2 + X_2^2 + \ldots + X_n^2$ und die Dichtefunktion von χ^2 heißt C.-Q.-Verteilung; sie ist von n (der Anzahl der Freiheitsgrade) abhängig (und in gängigen Statistikbüchern tabelliert). Mit steigendem n nähert sie sich immer stärker der Normalverteilung an.

Ihre große praktische Bedeutung für die sozialwiss. Statistik ergibt sich insbesondere im Zusammenhang mit Prüfproblemen: In Form des χ^2 -Tests erlaubt sie u. a. die Prüfung der Übereinstimmung zwischen theoretisch erwarteten und empirisch beobachteten Verteilungen. In der wohl gebräuchlichsten Anwendungsart wird in jeder Klasse (Kategorie) i die erwartete Häufigkeit fe und die tatsächlich beobachtete Häufigkeit fb ermittelt und insgesamt die Prüfgröße $x^2 = \Sigma (fb_i\text{-}fe_i)^2/fe_i$ gebildet, wobei über alle k Klassen (Kategorien) summiert wird. Es läßt sich zeigen, daß für nicht zu kleine fe (Faustregel: kein fe < i und 3/4 der fe $\geq$ 5) x^2 hinreichend der C.-Q.-Verteilung angenähert ist (und damit können deren Tabellenwerte im Sinne der Teststatistik zur Signifikanzprüfung verwendet werden). Freiheitsgrade sind k abzüglich der Anzahl der für die Schätzung der fe notwendigen Parameter.
Der häufigste und elementarste Anwendungsfall des $\chi 2$ -Tests in der sozialwiss. Praxis ist die Prüfung der Unabhängigkeit (H_o) von zwei kategorialen Variablen in einer Kreuztabelle, wobei deren Randsummen zur Berechnung (Schätzung) der erwarteten Häufigkeitsverteilung unter H_o dienen. Gerade für solche Kreuztabellen wird die Größe x^2 auch zur Konstruktion diverser Korrelationsmaße verwendet – womit dann über eine Entscheidung hinsichtlich Annahme/Ablehnung der Unabhängigkeits-Hypothese hinausgehend die Stärke des Zusammenhanges quantifiziert wird. Abgesehen von dieser Standardanwendung hat die C.-Q.-Verteilung ein sehr großes Spektrum weiterer Anwendungsmöglichkeiten: In einer komplexen Erweiterung der Kreuztabellenanalyse können – z. B. als sog. Konfigurations-Frequenz-Analyse (KFA) – differenzierte Analysen vorgenommen werden *(Krauth/Lienert* 1973), ferner dient sie der Intervallschätzung und dem Testen von Varianzen (*Kriz* 1973); in Form der sog. $\chi 2$-Minimum-Methode können Punktschätzverfahren für unbekannte Parameter entwickelt werden; oder sie wird zur Anpassungsanalyse allgemeinster und komplexester multivariater linearer (oder auch nicht-linearer) Modelle verwendet *(Küchler* 1979; *Rochelt* 1983). In den letzteren Zusammenhängen spielt die Additivität von C.-Q.-Komponenten eine Rolle; aus diesem und anderen formalen Gründen wird zum Vergleich empirischer und theoretisch erwarteter Häufigkeit hier eine andere Prüfgröße gebildet, nämlich: $L^2 = 2\Sigma\ fb_i \ln(fb_i/fe_i)$. Diese Prüfgröße ist ebenfalls hinreichend C.-Q. verteilt und heißt: *Likelihood-Ratio-Chi-Quadrat.*

→ Schätzen, statistisches; Testtheorie.

Lit.: *Bortz, J.* [4]1993: Statistik für Sozialwissenschaftler, Bln. *Krauth, J./Lienert, G. A.* 1973: Die Konfigurationsfrequenzanalyse und ihre Anwendung in Psychologie und Medizin, Freib. *Küchler, M.* 1979: Multivariate Analyseverfahren, Stg. *Rochelt, H.* 1983: Planung und Auswertung von Untersuchungen im Rahmen des allgemeinen linearen Modells, Hdbg.

Jürgen Kriz

Chiliasmus, die Erwartung eines weltlich-überweltlichen Tausendjährigen Reiches (griech. *chiliasmós*) auf Erden vor Beginn der vollkommenen Gottesherrschaft (→ Theokratie).

Die Idee ist vorchristlichen Ursprungs, wurde vom frühen Christentum übernommen und verschiedentlich wiederbelebt, insbes. in Reformbewegungen des Mittelalters (Spirituale, Wiedertäufer), im Pietismus und in verschiedenen Sekten. Ihr Weiterwirken als profaner C. im polit. Raum (Französische Revolution, → Nationalsozialismus, → Kommunismus) ist nicht geklärt.

Lit.: *Löwith, K.* 1953: Weltgeschichte und Heilsgeschehen, Stg.

Dieter Nohlen

Choice, engl. Begriff für Wahl, Auswahl, Option, Entscheidungsalternativen, Entscheidung. Politikwiss. wird der Begriff v. a. in handlungs- und entscheidungstheoretischen Zusammenhängen verwandt.

Im handlungstheoretischen Kontext wurde *c.* von *D. Apter* (1971) in drei Komponenten zerlegt, in eine normative, eine strukturelle und eine verhaltensbestimmte (behavioristische) Komponente. → Werte ebenso wie außerhalb des Individuums liegende soziale Strukturen begrenzen die Optionsmöglichkeiten. *Choice*-Theorien können jedoch auf der Grundlage jedweder Kombination zweier Komponenten, welche die jeweilige dritte bestimmen, gebildet werden. Die Erweiterung der Optionsmöglichkeiten einer Gesellschaft in einem → Politischen System bedeutet nach *Apter* polit. Entwicklung, der inversive Prozeß, d. h. die Verringerung der *c.* von → Akteuren und Institutionen, kann ihm zufolge zu Krise und Zusammenbruch des polit. Systems führen. Als exemplarisch kann der Prozeß des Zusammenbruchs der Demokratie in Chile 1971–73 gelten.
In entscheidungstheoretischen Modellen wird *c.* an bestimmten Zielwerten orientiert, so etwa im *rational choice model*, in welchem das Entscheiden zwischen Alternativen von der Maximierung des eigenen Nutzen der Akteure abhängig gemacht wird (*Downs* 1957; *Olson* 1965).

→ Handlung; Rational choice-Theorien.
Lit.: *Apter, D. E.* 1991: Choice and the Politics of Allocation, New Haven/L. *Downs, A.* 1968: Ökonomische Theorien der Demokratie, Tüb. (engl. 1957). *Olson, M.* 1968: Die Logik des kollektiven Handelns, Tüb. (engl. 1965).

Dieter Nohlen

Christliche Soziallehre → Soziallehren

Circulus vitiosus (lat. = fehlerhafter Kreislauf), im allg. Sprachgebrauch: Teufelskreis, unterstellt den fortlaufenden Zusammenhang von Ursache und Wirkung (→ Kausalität), wobei einzelne Faktoren zugleich beide Funktionen erfüllen: Sie sind Ursache und Wirkung, unabhängige und abhängige → Variable.

In der Entwicklungsforschung ist z. B. folgender *c. v.* geläufig: Armut – Unterernährung – hohe Krankheitsanfälligkeit – Mangelkrankheiten – niedrige Arbeitsleistung/Produktivität – Armut. Die zirkuläre Verursachung trägt häufig das Merkmal eines sich negativ verstärkenden Prozesses, d. h. daß sich nach Durchlaufen des Teufelskreises die bereits kritische Ausgangsposition noch verschärft hat (in unserem Beispiel: größere Armut), und sie beinhaltet stets die Schwierigkeit, dem Teufelskreis zu entkommen.

Dieter Nohlen

Citizenship (engl. für → Staatsbürgerschaft/Bürgerrecht), bezeichnet (1) die Mitgliedschaft in einem polit. Gemeinwesen und meint (2) gleichzeitig die in demokratischen Verfassungsstaaten damit verbundenen zivilen, polit. und sozialen Bürgerrechte.

Als polit. Konzept ist *c.* von zwei konkurrierenden Traditionslinien geprägt. Im Verständnis des → Liberalismus sind die individuellen Abwehrrechte gegen den → Staat ausschlaggebend, dagegen verficht der → Republikanismus ein aktives, sich durch Partizipation am öff. Leben auszeichnendes Konzept. Die von → Multikulturalismus und → Kommunitarismus dominierte Kontroverse um *c.* aktualisiert diesen Ggs. in den Debatten um individuelle Freiheitsrechte vs. Gruppenrechte, Verrechtlichung der Politik vs. Bürgertugenden, neutraler Staat vs. homogene Nation, repräsentative vs. direkte Demokratie.

→ Bourgeoisie; Bürgerschaft; Zivilgesellschaft.
Lit.: → Bürgerschaft.

Günter Rieger

Citoyen, frz. für Bürger, bezeichnet im Ggs. zum auf priv. Zwecke und wirtschaftl. Angelegenheiten gerichteten → Bourgeois den polit., i. S. der öff. Belange handelnden Bürger.

C. und der geläufigere Begriff des Bourgeois (Stadtbürger/Besitzbürger) galten bis ins 18. Jh. als austauschbar. Erst mit der Französischen Revolution (1789) fand die durch *J.-J. Rousseau* und die Enzyklopädisten vorbereitete Bedeutungsdifferenzierung allg. Anerkennung. C. wurde von nun an (1) i. S. von → Staatsbürgerschaft auf die Zugehörigkeit zum → Staat bezogen, verlor (2) im Ggs. zur dt. Tradition die Bedeutungsüberschneidung mit Untertan und wurde (3) mit einer die alte Ständegesellschaft negierenden Vorstellung menschlicher → Gleichheit verknüpft.

→ Bürgerschaft; Citizenship.
Lit.: → Bürgerschaft.

Günter Rieger

Civic culture, von *Almond/Verba* (1963) geprägter Begriff der «Bürger-» bzw. «Staatsbürgerkultur». Er bezeichnet einen ausgewogenen Mischtyp → Politischer Kultur, in dem «politische Aktivität, Engagement und Rationalität durch Passivität, Traditionalität und Bindung an parochiale Werte ausgeglichen werden» (*Almond/Verba* 1963: 30).

Demokratietheoretisch sind die normativ positive Bewertung dieser Mischform und ihre urspr. weitgehende Gleichsetzung mit der angelsächsischen polit. Kultur jedoch sehr umstritten (vgl. z. B. *Pateman* 1980).

Lit.: *Almond, G. A./Verba, S.* 1963: The Civic Culture, Princeton. *Pateman, C.* 1980: The Civic Culture: A Philosophic Critique, in: *Almond, G. A./Verba, S.* (Hrsg.): The Civic Culture Revisited, Boston u. a., 57–102.
→ Politische Kultur.

Dirk Berg-Schlosser

Civil society → Zivilgesellschaft

Class-voting-Index → Alford-Index

Clausula rebus sic stantibus, Einschränkung hinsichtlich der Geltungsdauer eines Vertrages oder einer vertragsähnlichen Vereinbarung (oft ohne explizite Erwähnung, aber) unter Verweis auf «gleichbleibende Umstände» wie bei Vertragsabschluß.

Bei einer Änderung der Verhältnisse, die für den Vertragsabschluß wesentlich waren, verlöre dieser nach der *C.* seine Gültigkeit. Im Völkerrecht wird die *C.* kontrovers diskutiert, im Zivilrecht einheitlich abgelehnt und statt dessen der Grundsatz der Vertragstreue betont.

→ Internationales Recht.

Jürgen Kriz

Cluster sampling → Auswahlverfahren

Cleavage (engl. für Spaltung), in der Politikwiss. verwendet i. S. von Konfliktlinie, die die Befürworter und Gegner bei einer polit. Entscheidung trennt.

Man geht dabei von der Vorstellung aus, daß es nicht einfach zwei Gruppen von Befürwortern und Gegnern gibt, sondern eine mehr oder weniger kontinuierliche Anordnung der Abstimmenden oder Wähler auf einer *Policy*-Dimension (→ *Policy*), auf der auch die Abstimmungsgegenstände oder → Parteien angeordnet werden können. Der einzelne entscheidet sich bei Abstimmungen oder → Wahlen für die Lösung oder Partei, die seinem Idealpunkt am nächsten ist. Eine Konfliktlinie ist dann entspr. die rechtwinklig zur *Policy*-Dimension verlaufende Linie, die die Befürworter und Gegner bei einer konkreten Abstimmung trennt. Dauerhafte Konfliktlinien liegen vor, wenn die *Policy*-Dimensionen immer wieder für konkrete Entscheidungen relevant sind oder wenn sie auf ideologische Dimensionen mit abstrakterer Bedeutung rückführbar sind und wenn die Abstimmenden/Wähler immer wieder in die gleichen Gruppen von Befürwortern und Gegnern zerfallen. Bei mindestens zwei dauerhaften *Policy*-Dimensionen kann die Situation auftreten, daß die Idealpunkte der Abstimmenden/Wähler nicht über die ganze Ebene streuen, sondern Häufungen, z. B. entlang der Diagonallinie der Ebene auftreten, deren horizontale Achse die Dimension A und deren vertikale Achse die Dimension B bildet. Man spricht von sich verstärkenden Konfliktlinien (*superimposed c.*), wenn die Befürworter oder Gegner bei Dimension A auch die Einstellung zu Dimension B gemeinsam haben; von überlappenden C. (*overlapping c.*), wenn dies nicht der Fall ist, so daß z. B. die Befürworter bei Dimension A bei Dimension B teils zu den Gegnern und teils zu den Befürwortern gehören. Die Idealpunkte der Abstimmenden/Wähler auf den beiden Dimensionen zeigen in letzterem Fall keinen Zusammenhang, während sie bei sich verstärkenden Konfliktlinien korreliert sind.

1. In der → Wahlforschung haben insbes. soziale Konfliktlinien (*social c.*) Beachtung gefunden. Sie trennen soziale Gruppierungen (→ Klassen, Konfessionsgruppen, ethnische → Minderheiten etc.), deren ideelle oder materielle Interessen durch verschiedene Parteien vertreten werden. Zu einem bestimmten historischen Zeitpunkt kann es zu einer → Koalition zwischen einer sozialen Gruppierung bzw. ihren Repräsentanten und einer polit. Partei kommen. Beispiele dafür sind in D die Koalition der Katholiken mit der Zentrumspartei und der Arbeiter mit den Sozialdemokraten. Solche Koalitionen sind i. d. R. dauerhaft und finden bei Wahlen ihren Ausdruck in der überdurchschnittlichen Entscheidung der Gruppenangehörigen zugunsten der betreffenden Partei. Organisatorisch werden sie durch Mitgliedschaften z. B. in kirchlichen Vereinigungen oder in → Gewerkschaften abgestützt. Entscheidend ist dann, daß die Organisationsführer und die Parteiführer an dieser Koalition festhalten.

2. Für die Entstehung der europ. → Parteiensysteme war die Politisierung sozialer Spaltungen von großer Bedeutung. *S. M. Lipset* und *S. Rokkan* (1967) haben eine historische Genealogie der Entstehung der europ. Parteiensysteme entwickelt, die die verschiedenen Möglichkeiten auf vier grundlegende soziale Spaltungen zurückführt. Die Politisierung des Konflikts zwischen Staat und Kirche und zwischen einer dominanten und einer ethnisch-sprachlich abweichenden Bevölkerungsgruppierung gehen auf die Phase der Nationwerdung (→ *Nation building*) zurück. Die Spaltung zwischen den städtischen Zentren und der agrarisch geprägten Landbev. und die Spaltung zwischen Kapital und Arbeit hat sich als Folge der → Industrialisierung entwickelt. Welche Parteiensysteme konkret entstanden sind, hängt davon ab, welche Koalitionen die herrschende → Elite mit den einzelnen Gruppen eingegangen ist. In den protestantischen Ländern war die Kirche bereits seit der Reformation unter Staatseinfluß gekommen, die Gegner der herrschenden Elite waren die Nonkonformisten und Laizisten. In den katholischen Ländern konnte die herrschende Elite entw. eine Koalition mit der Kirche eingehen, wie in Belgien und Österreich, oder Stellung gegen die Kirche beziehen, wie in Frankreich nach der Französischen Revolution. Die andere Wahlmöglichkeit der herrschenden Elite vor der Phase der Hochindustrialisierung war entw. eine Koalition mit agrarischen Interessen, insbes. denen des Großgrundbesitzes, oder mit den Vertretern der Handelsinteressen der Städte. Sowohl in England als auch in Preußen war die Entscheidung zuerst zugunsten einer protestantischen Staatskirche und dann zugunsten einer Koalition mit dem Landadel gefallen. Die → Opposition zu diesem System wurde von städtischen, nicht kirchlich gebundenen Teilen des → Bürgertums in der polit. Form liberaler Parteien ausgeübt. Dagegen war die Hauptopposition in Frankreich ein ländlicher, klerikaler Konservativismus. Die letzte große historische Option für die Gestaltung des modernen Parteiensystems war die Koalitionsbildung im Hinblick auf die erstarkende → Arbeiterbewegung. In D entschied sich die Arbeiterbewegung sehr früh für einen autonomen Weg und schwächte damit den → Liberalismus, in anderen Staaten trat diese Entwicklung erst im 20. Jh. ein, wie z. B. in GB, bzw. gar nicht, wie in den USA.

3. Eine heute weit verbreitete Diagnose besagt, daß soziale Konfliktpotenziale in westl. Industriegesellschaften an Bedeutung verlie-

ren. Neue ideologische Spannungslinien wie der Ggs. zwischen den traditionellen Parteien und ökologischen Bewegungen ließen sich nicht mehr auf Interessengegensätze zwischen bestimmten sozialen Gruppen zurückführen. Träger dieser neuen → Sozialen Bewegungen seien deshalb eher Wertgemeinschaften und nicht über ihre Interessenlage abgrenzbare sozialstrukturelle Gruppierungen. Für → Post-industrielle Gesellschaften ist hier von *R. Inglehart* die Theorie des → Wertewandels entwickelt worden, nach der sich die Wertprioritäten von den ökon. und physischen Sicherheitsbedürfnissen weg zu nicht-materiellen Bedürfnissen wie Gemeinschaftsgefühl und → Lebensqualität verlagert haben (*Inglehart* 1989: 77). Die etablierten Parteiensysteme repräsentieren danach noch die traditionellen sozialen Spaltungen, so z. B. in D die Konflikte zwischen sozialen Klassen oder die zwischen religiösen Gruppierungen. Daneben treten neue Konflikte nicht-wirtschaftl. Art, die zunächst von neuen sozialen Bewegungen thematisiert werden (Anti-Kernkraft-Bewegung, Friedensbewegung, Frauenbewegung), um dann nach einer Mobilisierungsphase schließlich Ausdruck in Parteien wie der Partei der Grünen zu finden.

→ Konflikt/Konflikttheorien; Parteiidentifikation; Postmaterialismus; Postmaterielle Wertdimension.

Lit.: *Alford, R. R.* 1963: Party and Society, Chic. *Inglehart, R.* 1989: Kultureller Umbruch. Wertewandel in der westlichen Welt, Ffm./NY. *Lipset, S. M./Rokkan S.* (Hrsg.) 1967: Party Systems and Voter Alignments, NY.

Franz Urban Pappi

Cluster-Analyse, Sammelbezeichnung für eine recht heterogene Gruppe von mathematisch-statistischen Modellen (einschließlich der für jedes Modell spezifischen Algorithmen zur konkreten Berechnung), welche das Ziel haben, eine komplexe Datenmenge in kleinere Einheiten – Gruppen oder *cluster* – zu zerlegen, bzw. andersherum gesehen, von den einzelnen Daten ausgehend, diese zu solchen *clustern* zusammenzufassen.

Entsprechend der «üblichen» sozialwiss. Datenmatrix, deren Zeilen n Personen und deren Spalten m Variablen zugeordnet sind, lassen sich entweder die Variablen als Punkte im n-dimensionalen Personen-Raum oder die Personen als Punkte im m-dimensionalen Variablen-Raum repräsentieren. *Cluster* sind dann Teilmengen des Punkteschwarms, wobei die Punkte *in* einem *cluster* möglichst nahe beieinanderliegen, *zwischen* den *clustern* möglichst weit auseinanderliegen sollten. Ein *cluster* repräsentiert somit eine möglichst homogene Personen- (bzw. Variablen-) Gruppe, während zwischen diesen Gruppen möglichst gut differenziert werden kann. Bei den meisten Modellen wird jeder Punkt eindeutig einem *cluster* zugeordnet, d. h., die *cluster* überlappen sich nicht (andernfalls spricht man von Klumpung).

In der Fragestellung ist somit die *C.-A.* der Faktorenanalyse (ebenfalls eine Sammelbezeichnung für eine Reihe im Detail durchaus unterschiedlicher Modelle) recht ähnlich. Während letztere den Datenraum auf möglichst wenige, meist senkrecht (orthogonal) aufeinanderstehende Dimensionen oder Faktoren zu reduzieren sucht (die häufig als zugrundeliegende Variable gedeutet werden) und nach dem quantitativen Ausmaß des Beitrages der einzelnen theoretisch unanschaulichen Faktoren an der beobachteten Datenstruktur fragt, steht bei der *C.-A.* die Strukturierung nach (in sich) möglichst homogenen Gruppen im Vordergrund, womit sie stärker beschreibend auf der Ebene der Beobachtungen bleibt. Zudem wird in der praktischen Anwendung bei der Faktorenanalyse häufiger nach den Beziehungen zwischen den Variablen gefragt, bei der *C.-A.* häufiger nach Gruppen von Personen.

Bevor ein bestimmtes *cluster*analytisches Modell mit Hilfe der jeweils spezifischen mathematisch/statistischen Berechnungsverfahren interpretierbare Ergebnisse liefern kann, muß eine erhebliche Anzahl inhaltlicher Vorentscheidungen getroffen werden: Die wichtigsten betreffen die Auswahl der relevanten Variablen (bzw. Personen) und deren mögliche Gewichtungen, Fragen hinsichtlich des Distanzmaßes zwischen den Punkten, die Größe und Anzahl der *cluster* (bzw. der Kriterien, nach denen z. B. eine weitere Zusammenlegung oder Optimierung von Varianzanteilen etc. abgebrochen wird). Am weitesten verbreitet sind hierarchische Modelle der *C.-A.*, in denen schrittweise aus den einzelnen Punkten durch Zusammenlegung immer größere (und weniger) *cluster* entstehen (bis zum Extremfall: dem einen Gesamt-*cluster*) – hier liegt das Hauptproblem in einem sinnvollen Abbruchskriterium. Während bei diesen Modellen einmal gebildete *cluster* nicht mehr zerstört (sondern nur zusammengelegt) werden, können in anderen Modellen in einem ebenfalls schrittweisen Verfahren die Punkte immer wieder anderen *clustern* zugeordnet werden, um einem bestimmten Optimierungskriterium zu entsprechen. Andere Modelle wiederum suchen in dem m- bzw. n-dimensionalen Raum nach Unterräumen mit möglichst hoher Punktdichte. Letztlich gibt es die bereits erwähnten Modelle, bei denen sich *cluster* überlappen können (d. h. ein Punkt gehört dann ggf. mehr als einem *cluster* an), wobei solche *cluster* insbes. aufgrund inhaltlicher Interpretationsmöglichkeiten abgegrenzt und ausgesucht werden.

→ Faktorenanalyse; Matrizenrechnung.

Lit.: *Aldenderfer, M. S./Blashfield, R. K.* 1995: Cluster Analysis, Newbury Park/CA. *Deichsel, G./Trampisch, H. J.* 1985: Clusteranalyse und Diskriminanzanalyse, Stg. *Deimer, R.* 1986: Unscharfe Clusteranalysemethoden, Idstein. *Jahnke, H.* 1988: Clusteranalyse als Verfahren der schließenden Statistik, Gött. *Krauth, J./Lienert, G. A.* 1973: Die Konfigurationsfrequenzanalyse und ihre Anwendung in Psychologie und Medizin, Freib. *Opitz, O.* 1980: Numerische Taxonomie, Stg.

Jürgen Kriz

Cluster Sample → Auswahlverfahren

Coase-Theorem, von *R. H. Coase* 1960 entwickeltes, u. a. für die Umweltpolitik bedeutsames Theorem, nach dem bei Existenz von → Externalitäten eine effiziente → Allokation (→ Pareto-Optimum) der → Ressourcen durch Verhandlungen zwischen Verursacher und Empfänger der externen Effekte hergestellt werden kann.

Staatl. Umverteilungsmaßnahmen (z. B. Umweltabgaben) sind nicht nötig, der Staat kann sich auf die Zuschreibung der Verfügungsrechte über → Güter (z. B. durch Umweltzertifikate) beschränken. Die Effizienz des Verhandlungsergebnisses ist unabhängig davon, ob das Eigentumsrecht dem Verursacher oder dem Empfänger zugesprochen wird, nicht aber die Verteilungswirkung. Voraussetzung der Gültigkeit des C.-T. ist die Durchsetzbarkeit von Verträgen, die Möglichkeit frei transferierbaren Nutzens und die Absenz von → Transaktionskosten. Für die deutschsprachige politikwiss. *Policy*-Analyse wurde das C.-T. von *F. W. Scharpf* (1992) fruchtbar gemacht.

→ Policy; Policy analysis; Politikverflechtung.

Lit.: *Coase, R. H.* 1960: The Problem of Social Cost, in: Journal of Law and Economics 3, 1–44. *Scharpf, F. W.* 1992: Koordination durch Verhandlungssysteme, in: *Benz, A.* u. a.: Horizontale Politikverflechtung, Ffm., 51–96; → Transaktionskosten.

Katharina Holzinger

Cohabitation, bezeichnet eine Konstellation, bei welcher im → Präsidentialismus der direkt gewählte Staatspräsident mit einer parteipolit. entgegenstehenden Parlamentsmehrheit zusammenarbeiten und ihr folglich bes. bei der Ernennung des Premierministers entsprechen muß.

C. ist ein aus der Praxis des Regierungssystems der V. Französischen Republik gebildeter Begriff. 1986 bis 1988 und 1993 bis 1995 kam es zur *c.* unter dem sozialistischen Präsidenten *Mitterrand*, der mit einer bürgerlichen Regierungsmehrheit konfrontiert war, nach 1997 unter dem gaullistischen Präsidenten *Chirac*, der den Chef der bei den Parlamentswahlen siegreichen Sozialisten zum Premierminister ernannte. C. schwächt die faktische Vormachtstellung des frz. Präsidenten, stärkt die parlamentarische Komponente und fördert eine koalitionsähnliche, kompromißgeprägte Regierungspolitik.

Lit.: *Duverger, M.* 1987: La cohabitation des Français, Paris. *Hayward, J.* (Hrsg.) 1993: De Gaulle to Mitterand. Presidential Power in France, NY. *Kempf, U.* ³1997: Von de Gaulle bis Chirac. Das politische System Frankreichs, Opl.

Suzanne S. Schüttemeyer

Collective bargaining → Arbeitsbeziehungen

Collective self-reliance (engl. für kollektive Selbständigkeit), Entwicklungsstrategie der 1970er und 1980er Jahre, auf der → *Dependencia*-Theorie fußend, bezeichnet die Übertragung des Konzepts der → Self-reliance auf die Entwicklungsländer insges. bzw. auf Gruppen von ihnen.

Für *c. s.-r.* galten folgende strategische Ziele: (1) in den Nord-Süd-Beziehungen eine verstärkte Verhandlungsposition der Entwicklungsländer gegenüber den Industrieländern und den → Transnationalen Konzernen aufzubauen, um die Interessen der Länder der → Dritten Welt insbes. in den Verhandlungen über eine Neue Weltwirtschaftsordnung besser durchsetzen zu können; (2) in den Süd-Süd-Beziehungen eine über die bisherigen regionalen Integrationen hinausreichende Intensivierung der wirtschaftl., polit. und kulturellen Beziehungen der Entwicklungsländer untereinander.

Lit.: *Khan, K. M./Matthies, V.* 1978: Collective Self-Reliance, Mchn./L. *Matthies, V.* ²1982: Kollektive Self-Reliance, in: *Nohlen, D./Nuscheler, F.* (Hrsg.): Hdb. der Dritten Welt, Bd. 1, Hamb., 380–394.

Dieter Nohlen

Columbia School, in der → Wahlforschung Bezeichnung für eine Forschergruppe des früheren *Bureau of Applied Social Research* an der Columbia University unter der Leitung von *P. Lazarsfeld.*

Die Gruppe führte 1940 ihre erste Wahlstudie im Erie-County (Ohio) durch, der 1948 eine größere Studie in der Stadt Elmira im Staat New York folgte. Als Hauptbeitrag der *C. S.* wird die Erklärung des Wählerverhaltens mit Hilfe der sozialen Beeinflussungen aus der unmittelbaren persönlichen Umwelt (Primärgruppen), später: ego-zentrierten sozialen Netzwerken, gesehen. Die Mobilisierung im Wahlkampf führt in erster Linie zu einer Homogenisierung der polit. Einflüsse in den Netzwerken i. S. der für die jeweilige Bevölkerungsgruppe typischen längerfristigen Parteibindung (→ Parteiidentifikation).

→ Demoskopie/Umfrageforschung.

Franz Urban Pappi

Community development, Sammelbegriff für Entwicklungsstrategien, die auf die optimale Nutzung der Ressource Mensch in Form der Eigeninitiative abzielen und im Wege der Entwicklung von unten lokal ansetzen.

Für *c. d.* zentral sind: (1) auf Seiten der Bev. die Teilnahme an Maßnahmen zur Verbesserung ihrer Lebensbedingungen mittels Selbsthilfe oder gegenseitiger Hilfe; (2) auf staatlicher Seite die Bereitstellung zweckgebundener Finanzhilfen und technischer Dienste (vor Ort tätiges Fachpersonal).

Dieter Nohlen

Community power studies, empirische Untersuchungen kommunalpolit. Machtstrukturen und Entscheidungsprozesse.

In den 1950er bis 1970er Jahren waren *c. p. s.* insbes. in den USA ein wichtiges Forschungsfeld, in welchem kontroverse Ergebnisse erzielt wurden. Eine der ältesten Studien (*F. Hunter* 1953) ergab unter Verwendung des Reputationsansatzes, bei dem lokale Experten aus vorgegebenen Namenslisten Personen mit hohem polit. Einfluß identifizieren, den Befund einer kleinen lokalen → Machtelite, die im eigenen → Interesse stehende polit. Entscheidungen durchsetzen konnte. Als Antwort auf diese demokratietheoretisch problematischen Ergebnisse führte *R. A. Dahl* (1961) eine Gegenstudie zu kommunalpolit. Entscheidungsprozessen anhand des Entscheidungs- oder *Issue*-Ansatzes durch, die eine pluralistische, nach Politikfeldern variierende Machtstruktur ergab. Die Kontroverse um die adäquate Forschungsmethode konnte erst durch den Nachweis beigelegt werden, daß beide Ansätze Methodenartefakte mit sich bringen, unterschiedliche Machtdimensionen messen und zudem → *Non-decisions* (*Bachrach/Baratz* 1970), also die Fähigkeit zur Verhinderung von Entscheidungsprozessen, völlig ausblenden.

Heute werden kommunalpolit. Machtstrukturen kaum noch eigenständig, sondern im Zusammenhang mit anderen Forschungsaspekten untersucht, da der kommunale Sektor nurmehr begrenzt autonom ist. Daher verlagerte sich das Forschungsinteresse auf die Analyse von → Netzwerken und Verflechtungen zwischen → Kommunalpolitik, übergeordneten polit. Ebenen, Unternehmen und → Politischer Verwaltung. Zudem werden im Rahmen der *Policy*-Forschung neben den Entscheidungsfindungsprozessen auch die → Implementation und der → *Output* kommunaler → Policies untersucht.

→ Community development; Elite/Eliten; Macht; Pluralismus.

Lit.: *Bachrach, P./Baratz, M. S.* 1970: Power and Powerty, NY. *Dahl, R. A.* 1961: Who Governs?, New Haven. *Hunter, F.* 1953: Community Power Structure, Chapel Hill. *Waste, R. J.* 1986: Community Power, Beverly Hills u. a.

Tanja Zinterer

Comparable cases-Analyse → Vergleichende Methode

Comparable cases strategy, die Strategie vergleichbarer Fälle, von *A. Lijphart* (1975) favorisierte Forschungsstrategie innerhalb der → Vergleichenden Methode, die – wie die → Differenzmethode – die → Varianz in den Kontextvariablen zu reduzieren und die Varianz in den operativen (den unabhängigen und den abhängigen) Variablen zu steigern sucht.

Die *c. c. s.* benennt sich nach Merkmalen der Kontextvariablen, die Differenzmethode nach solchen der operativen Variablen. *Lijpharts* Bezeichnungsweise ist insofern unglücklich, als vergleichbar für ähnlich steht, unähnliche (besser heterogene) Fälle natürlich auch vergleichbar sind und mit der → Konkordanzmethode untersucht werden. Die *c. s. s.* ist einer der von *Lijphart* aufgezeigten Wege, das Problem einer Forschungssituation, die durch viele Variablen, wenige Fälle gekennzeichnet ist, zu minimieren. Sie legt entscheidenden Wert auf die Auswahl der Fälle. Die Identifikation vergleichbar ähnlicher Fälle ist insofern nicht ganz einfach, als solche Fälle dazu neigen, sich hinsichtlich der operativen Variablen ebenfalls zu ähneln. Für diese Variablen wird jedoch Differenz gefordert. Letztlich geht es folglich bei der Fallauswahl unter Berücksichtigung der Variablenkonstellation um das für eine Forschungsfragestellung günstigste Verhältnis von Ähnlichkeit und Unterschiedlichkeit.

Lit.: *Lijphart, A.* 1975: The Comparable-Cases Strategy in Comparative Research, in: CPS 8, 158–175. → Vergleichende Methode.

Dieter Nohlen

Comparative government, ältere Bezeichnung für den Bereich der → Vergleichenden Analyse politischer Systeme, vergleichbar dem dt. Begriff der → Vergleichenden Regierungslehre, deren Gegenstand auch nicht die Regierung, sondern das Regieren ist.

Im Zuge der Ausdifferenzierung der Politikwiss. und der stärkeren wiss. Bearbeitung der → *Output*-Aspekte des → Politischen Systems (→ Politikfeldanalyse) spielt der Begriff zur innerdisziplinären Gliederung des Faches eine zusehends geringere Rolle. Er wurde insbes. ersetzt durch den Terminus → *Comparative politics.*

Lit.: → Vergleichende Regierungslehre.

Dieter Nohlen

Comparative Politics, zentrales Forschungsfeld der → Politikwissenschaft, in welchem der Vergleich von polit. → Institutionen (Strukturen), polit. Prozessen und Politikergebnissen die Hauptressource für Generalisierungen und Theorien bildet.

C.p. kann als neuere Bezeichnung für den Bereich der → Vergleichenden Analyse politischer Systeme bzw. als Weiterentwicklung des → Comparative government (→ Vergleichende Regierungslehre) begriffen werden. Sie ist jedoch breiter angelegt, umfaßt alle Dimensionen des → Politikbegriffs und zeichnet sich durch ein stärkeres Bemühen um Theorien aus, die primär mittlerer Reichweite sind, indem etwa Generalisierungen für Komponenten des Politischen (einzelne Institutionen oder Funktionen) oder Gruppen (Familien) von Ländern erfolgen. *C.p.* ist nach den untersuchten Gegenständen, den angewandten Methoden und den gewählten Forschungsdesigns ein ausgesprochen heterogenes Forschungsfeld. Unterschieden werden kann (a) sachlich zwischen dem, was miteinander verglichen wird: Staaten, Nationen, → Politische Systeme als Makroeinheiten oder Teilelemente von ihnen, etwa einzelne Institutionen als Mikroeinheiten; (b) zahlenmäßig zwischen der Anzahl der Fälle, die miteinander verglichen werden: binäre (Zweiländer-) Studien, begrenzte Fallzahl bei Auswahl der Fälle nach qualitativen Gesichtspunkten, hohe Fallzahl; (c) methodologisch danach, wie die Fälle miteinander verglichen werden: qualitativ oder quantitativ bzw. nach welcher → Vergleichenden Methode; (d) quellenmäßig nach den → Daten, die dem Vergleich zugrundegelegt werden, u. a. zwischen → Aggregatdaten und → Individualdaten. In der Forschungspraxis ist häufig ein Mix anzutreffen, da für *c.p.* typisch ist, daß die Entscheidungen in den genannten Hinsichten in Verbindung mit dem jeweiligen Forschungsobjekt und → Erkenntnisinteresse getroffen werden. *C.p.* ist eine Wachstumsbranche in der Politikwissenschaft. Neuere Teilgebiete wie die → Transitionsforschung sind ihr zuzuordnen. Das Forschungsfeld expandiert v.a. als Folge von → Globalisierung und → Demokratisierung.

→ Area-approach; Cross-national studies; Demokratie; Politikfeldanalyse; Systemwechsel.

Lit.: *Almond, G.A./Powell, G.B.* 1966: Comparative Politics, Boston. *Almond, G.A.* [7]2000: Comparative Politics Today, NY. *Berg-Schlosser, D./Müller-Rommel, F.* (Hrsg.) [3]1997: Vergleichende Politikwissenschaft, Opl. *Peters, G.B.* 1998: Comparative Politcs, NY. → Vergleichende Regierungslehre, Vergleichende Methode.

Dieter Nohlen

Conference commitee → Vermitttlungsverfahren

Consociational democracy, von *A. Lijphart* (1968) am Beispiel des → Politischen Systems der Niederlande entfalteter Begriff der → Vergleichenden Regierungslehre für einen Typ von liberaler → Demokratie, in der die Konflikte (→ *Cleavages*) zwischen den großen gesellschaftl. Gruppierungen nicht durch Konkurrenz und Mehrheitsentscheid, sondern durch institutionalisierten Proporz und Elitenakkommodation über die Milieu- und Lagergrenzen hinweg geregelt werden (→ Akkommodation).

Dem für segmentierte Gesellschaften und fragmentierte polit. Systeme verwandten Begriff der *c.d.* entsprechen im Deutschen die zeitgleich von *G. Lehmbruch* (1967) am Beispiel der polit. Systeme Österreichs und der Schweiz entwickelten Begriffe der → Konkordanz- bzw. → Proporzdemokratie.

Lit.: → Demokratie.

Rainer-Olaf Schultze

Containment (engl. für In-Schach-Halten, Eindämmung), Bezeichnung für die maßgeblich von *G. F. Kennan* 1947 konzipierte Ausrichtung der amerikan. Außenpolitik auf die Eindämmung der expansiven Tendenzen des Weltkommunismus. Sie sollte v. a. durch → Bündnisse sowie Militär- und Wirtschaftshilfe erreicht werden, um so die Integrität und Stabilität der Staaten der westl. Welt zu gewährleisten.

Als wichtigste Instrumente des *c.* lassen sich identifizieren: die Truman-Doktrin, der Marshall-Plan sowie diverse bi- und multilaterale Beistandspakte (NATO, CENTO, SEATO). Höhepunkte dieser Politik zeigten sich in der Militär- und Wirtschaftshilfe für Griechenland 1947/48, der Berliner Luftbrücke 1948/49 und im Koreakrieg 1950–53. *C.* kann als Mittelweg zwischen antikommunistischen Kreuzzugsideen (*Rollback*) und neo-isolationistischen Tendenzen in der US-Außenpolitik angesehen werden. Spätestens die Berlin-Krise von 1958 machte indessen die Unzulänglichkeiten des *c.* deutlich und führte in langsamen Schritten zur Neuorientierung in Richtung auf die → Entspannungspolitik der 1970er Jahre.

Dieter Wolf

Content analysis → Inhaltsanalyse

Converting elections, in der US-amerikan. → Wahlforschung solche → Wahlen, bei denen die bisherige Mehrheitspartei (etwa infolge kurzfristiger Einflüsse) zwar nochmals gewinnen kann, sich jedoch grundlegende Änderungen in den langfristigen Parteibindungen der Wählerschaft (→ Parteiidentifikation) abzeichnen.

Nachfolgend führen *c. e.* zu einer stabilen Umorientierung im → Wählerverhalten, im → Parteiensystem und zur Ablösung der Mehrheitspartei durch die Minderheitspartei. Der Begriff gehört in die von der → *Michigan School* formulierte → Typologie der *maintaining, deviating, converting,* → *Realigning elections.*

→ Kritische Wahlen; Normalwahl.

Lit.: → Kritische Wahlen; Realigning elections.

Rainer-Olaf Schultze

Cost-benefit-analysis → Kosten-Nutzen-Analyse

Cournot'sches Gesetz → Wahrscheinlichkeit

Covering-law-Modell → Erklärung

Cramer's V → Korrelationsrechnung

Critical elections → Kritische Wahlen

Cronbach's Alpha → Testtheorie

Cross-national studies/research, ein in den 1960er Jahren entwickelter → Ansatz in der komparativen Forschung, welcher – zunächst auf der Grundlage des Vergleichs von wirtschaftl., sozialen und polit. → Aggregatdaten, später ausgedehnt auf → Individualdaten – der Strategie der → Konkordanzmethode folgt.

C.-n. s. sind im Zuge der Modernisierungsforschung aufgekommen. Sie galten der historischen (Zeitreihen-) und internat. vergleichenden Analyse des Zusammenhangs und v. a. der Sequenz wirtschaftl., sozialer und polit. Entwicklung, ausgehend von modernisierungstheoretischen Annahmen, etwa jener, daß ein bestimmtes sozioökon. Entwicklungsniveau die → Demokratie nach sich ziehe (→ Modernisierungstheorie). Es handelt sich um makro-quantitative Untersuchungen in dem Sinne, daß die verglichenen Einheiten Staaten oder → Politische Systeme sind und mit einer möglichst großen Zahl von Fällen gearbeitet wird, so daß eine größtmögliche Heterogenität in den Kontextvariablen gegeben ist. Die qualitativen Aspekte werden im Aggregatdatenvergleich eher vernachlässigt und forschungsstrategisch erst dann berücksichtigt, wenn die Auswahl der verglichenen Einheiten nach Gesichtspunkten der Homogenität oder Heterogenität bzw. durch die theoretische Fragestellung und die Bestimmung der operativen Variablen gesteuert wird. Verglichen wird mit Hilfe → Sozialer Indikatoren, wobei die Frage identischer oder bedeutungsäquivalenter Indikatoren Probleme aufwerfen kann, die aber bei der Aggregatdatenanalyse geringer ausfallen als bei der → Individualdatenanalyse (*Widmaier* 1997: 109). Die auf Umfragen gestützten *c.-n. s.*, die in *R. Ingleharts* Studie (1977) ihren eigentlichen Ausgangspunkt hatten, sehen sich in der Tat mit dem Problem der Bedeutungsäquivalenz sprachlicher Ausdrücke in unterschiedlichen gesellschaftlichen Kontexten konfrontiert. Hier kommt es sehr auf das kultursensible Feingefühl des Forschers an, um valide Vergleichsdaten erheben zu können. Für die individualdatengestützen *c.-n. s.* gilt mit besonderer Betonung *D. Sanders'* (1994: 513) Warnung: «Social researchers should be extremely cautious about engaging in cross-national comparative research unless the comparisons that they make are informed by extensive substantive knowledge of the systems that are being compared.»

Im Bereich der *c.-n. s.* auf Aggregatdatenbasis treten Probleme der Vergleichbarkeit der Daten durch nach Ländern und Zeiten differierende statistische Berechnungsgrundlagen auf, etwa indem die Indikatoren unterschiedliche Informationsaspekte umfassen oder die Daten sich auf ein anderes Basisjahr beziehen. Die Datenlage, zu Beginn der *c.-n. s.* als sehr unzureichend betrachtet, hat sich in der Zwischenzeit erheblich verbessert, sowohl hinsichtlich der Datenmenge (es wird gelegentlich von Datenflut gesprochen) als auch hinsichtlich der Standardisierung der Daten. Die Weltbank und andere internat. Organisationen veröffentlichen jährl. Berichte über die Weltentwicklung auf der Basis länderbezogener wirtschaftl. und sozialer → Indikatoren. Bes. Erwähnung verdient der *Human Development Index* (HDI) des Entwicklungsprogramms der Vereinten Nationen (UNDP). Zur Demokratieentwicklung sei auf die Datenserien von *Vanhanen* (1984, 1990, 1997) und *Nohlen* u. a. (1999, 2001, 2002) verwiesen. Trotzdem bestehen nach wie vor Mängel in der Datenqualität. Wiss. Bemühungen, sie zu verbessern, werden in der Politikwiss. in D viel zu wenig gewürdigt. Mit dieser Geringschätzung korrespondiert unter ungeübten «Komparatisten» ein relativ unkritischer Umgang mit publizierten Daten.

Im Bereich der *c.-n. s.* auf Individualdatenbasis haben die Erhebung und der Vergleich weltweiter Daten durch den → Systemwechsel einen mächtigen Aufschwung erfahren. In dem Maße freilich, wie die datenmäßige Erfassung der Welt zugenommen hat (sie lag 2001 bei rund 70 % der Weltbevölkerung), hat die Datenqualität und damit die Qualität des Vergleichs abgenommen. Die Umfrageforscher halten jedoch im allg. die mit diesem *trade-off* verbundenen Kosten der Qualitätseinbuße für geringer als den Informationsgewinn, zumal Umfragen, die nicht strikt den Standards folgen, in den Entwicklungsländern durchaus achtbare Ergebnisse erzielen konnten, beispielsweise in der Vorhersage von Wahlergebnissen. Unterschieden werden kann zwischen (a) regionalen *c.-n. s.*: Afrobarometer, Latinobarometro, Eurobarometer etc. und (b) themenspezifischen *c.-n. s.* unterschiedlicher geographischer Breite: *European Value Study*, *World Value Study*, *Monitor on Indicators of Globalization* etc. Der *International Social Survey* des Zentrums für Umfrageforschung (ZUMA) schließt nur Länder ein, deren Erhebungen den Vergleichsstandards von ZUMA entsprechen (zu Qualitätskriterien s. *Kaase* 1999). Mit dem *Corruption Perception Index* (PCT), den die → NGO *Transparency International* jährl. auf der Basis diverser Quellen und von Befragungen von Geschäftsleuten, Experten und der Öff. zum subjektiv empfundenen Ausmaß der Korruption innerhalb eines Landes zusammenstellt, wurden die *c.-n. s.* um eine Variante erweitert, die sich im Feld vergleichender Analyse bewährt, wo übliche sozialwiss. Methoden aus verständlichen Gründen nicht greifen.

→ Vergleichende Methode.

Lit.: *Banks, A. S.* 1971: Cross-Polity Time Series, Camb./Mass. *Banks, A. S./Textor, R. B.* 1963: A Cross-Polity Survey, Camb./Mass. *Dalton, R. J.* 1996: Citizen Politics in Western Democracies, Chatham, N.J./*Dogan, M./Kazancigil, A.* (Hrsg.) 1994: Comparing Nations, Ox./Camb., Mass. *Inglehart, R.* 1977: The Silent Revolution, Princeton, N. J. *Kaase, M.* 1999: Qualitätskriterien der Umfrageforschung (DFG-Denkschrift), Bln. *Kaase, M./Newton, K.* 1995: Beliefs in Government, Ox. *Klingemann, H.-D./Fuchs, D.* (Hrsg.) 1995: Citizens and the State, NY. *Merritt, R. L./Rokkan, S.* (Hrsg.) 1966: Comparing Nations, New Haven / L. *Nohlen, D.* (Hrsg.) 2002: Elections in the Americas, Ox. *Nohlen, D./Grotz, F./Hartmann, Ch.* (Hrsg.) 2001: Elections in Asia and the Pacific, Ox. *Nohlen, D./Krennerich, M./Thibaut, B.* (Hrsg.) 1999: Elections in Africa, Ox. *Rokkan, S.* u. a. (Hrsg.) 1969: Comparative Research Across Cultures and Nations, Paris. *Russett, B. M.* u. a. 1964: World Handbook of Political and Social Indicators, New Haven. *Sanders, D.* 1994: Methodological Considerations in Comparative Cross-national Research, in: International Social Science Journal 142 (46), 513–521. *Tilly, C.* 1984: Big Structures, Large Processes, Huge Comparisons, NY. *Vanhanen, T.* 1984: The Emergence of Democracy. A Comparative Study of 119 States, Helsinki. *Vanhanen, T.* 1990: The Process of Democratization. A Comparative Sudy of 147 States, NY. *Vanhanen, T.* 1997: Prospects of Democracy. A Study of 172 Countries, NY. *Widmaier, U.* [3]1997: Vergleichende Aggregatdatenanalyse, in: *Berg-Schlosser, D./Müller-Rommel, F.* (Hrsg.): Vergleichende Politikwissenschaft, Opl., 103–118. *World Bank* 1977 ff. (jährl.): World Development Report, Washington D. C./Ox. → Vergleichende Methode.

Dieter Nohlen

Cross-pressure, bezeichnet eine Situation, in der sich eine Person hinsichtlich ihrer → Werte, Einstellungen, Motive, Verhaltensbereitschaften oder Glaubensvorstellungen zwei oder mehreren gegensätzlichen (bzw. «sich kreuzenden») Richtungen der Beeinflussung ausgesetzt sieht.

Eine derartige Konfliktsituation kann durch die Einflußnahme von unterschiedlichen Bezugspersonen, Bezugs-, Mitgliedsgruppen, Schichten oder auch Medien zustande kommen. *L. Festinger* (1978) zufolge resultiert dieses «Hin-und-her-gerissen-Sein» aus sog. → Kognitiven Dissonanzen und widerspricht dem starken Bedürfnis des Menschen nach einem Zusammenklang von Bewußtseinsinhalten. Er wird sich daher um Dissonanzreduktion bzw. -vermeidung bemühen, um diesen als unkomfortabel empfundenen, labilen Zustand möglichst einfach und ohne großen Aufwand zu stabilisieren.

Das Phänomen des *c.-p.* ist zuerst in der US-amerikan. → Wahlforschung untersucht worden. Klassische *c.-p.*-Situationen treten z. B. dann auf, wenn sich Wähler gleichermaßen zu konkurrierenden Kandidaten oder → Parteien hingezogen fühlen und die damit verbundene Dissonanzbelastung durch → Wahlenthaltung oder Wechselwahl überwinden (→ Wechselwähler). Zudem kann eine unterschiedliche Bewertung oder Belohnung der sozialen Stellung eines Individuums/einer Gruppe und die damit verbundene Statusinkonsistenz zu feststellbarem *c.-p.* führen, etwa wenn die Position zwar mit Prestige, jedoch nicht mit → Macht und hohem Einkommen verbunden ist. Ähnlich konfliktär sind jene sozialen Positionen, an die sich divergierende Loyalitätserwartungen richten (*«Man-in-the-middle»*-Phänomen).

Lit.: *Bürklin, W./Klein, M.* [2]1998: Wahlen und Wählerverhalten. Eine Einführung, Opl. *Festinger, L.* 1978: Theorie der kognitiven Dissonanz, Bern (engl. 1957). *Ramsden, G. P.* 1996: Media Coverage of Issues and Candidates: What Balance is Appropriate in a Democracy?, in: PSQ 111, 65–81. *Roth, D.* 1998: Empirische Wahlforschung, Opl. *Semetko, H. A./Schoenbach, K.* 1994: Germany's «Unity Election». Voters and the Media, Cresskill, N. J.

Susanne Schäfer-Walkmann

Crowding-out-Effekt, Verdrängungseffekt, wirtschaftswiss. Begriff für die Verdrängung privatwirtschaftl. Aktivität durch Staatstätigkeit, insbes. die Verdrängung priv. durch staatl. Ausgaben.

Die monetaristische Schule vertritt die Ansicht, daß eine Erhöhung der staatl. Nachfrage dann die priv. Nachfrage in gleichem Ausmaß verdrängt, wenn (a) Vollbeschäftigung herrscht und (b) der Staat sich die benötigten Finanzmittel für die Ausgabenerhöhung am Kreditmarkt beschaffen muß. Folge des C. ist, daß die erwünschten expansiven Effekte ausbleiben. Unter der keynesianischen Annahme einer unterbeschäftigten Wirtschaft gilt der C. nicht, weil in diesem Fall die staatl. Nachfrage durch Produktionsausweitung befriedigt werden kann.

→ Antizyklische Wirtschaftspolitik; Keynesianismus; Monetarismus; Staatsinterventionismus.
Lit.: → Antizyklische Wirtschaftspolitik.

Katharina Holzinger

Daten, im allg. Sinne Tatsachen, Sinneserfahrungen und Informationen. In der Sozial- und Politikwiss. sind D. i. w. S. Informationen über qualitative und quantitative Aspekte gesellschaftl. bzw. polit. Sachverhalte und Prozesse und i. e. S. die Produkte eines systematischen, nach Regeln der Sozialforschung organisierten und durchgeführten Prozesses der Erhebung von Informationen zwecks Beschreibung (→ Deskription), → Erklärung und → Prognose von Sachverhalten.

Die Qualität der D. wird um so höher eingestuft, je stärker der Erhebungs- und Auswertungsprozeß nachprüfbar und reproduzierbar ist und je valider und reliabler die → Operationalisierung der zu den D. gehörenden Begriffe bzw. Indikatoren ist.
Aufgrund der Verfügbarkeit von D. aus der Umfrageforschung und der amtl. Statistik (und des begrenzten Zugangs zu anonymisierten D. des Mikrozensus) sowie der Zugänglichkeit leistungsfähiger Computer hat die systematische Auswertung von D. zugenommen. V. a. die Einstellungs- und Verhaltensforschung, insbes. die → Politische Soziologie des Wählerverhaltens und die Forschung über → Politische Kultur gehören zu den Zweigen der Politikwiss., in denen die systematische Erhebung und Analyse von → Individualdaten besonders weit verbreitet sind, während → Aggregatdaten v. a. in makropolit., makroökon. und makrogesellschaftl. Ansätzen zur Anwendung kommen.

→ Empirische Sozialforschung; Qualitative Methoden.
Lit.: *Galtung, J.* 1967: Theory and Methods of Social Research, Oslo. *Hoffmeyer-Zlotnik, J. H. P.* (Hrsg.) 1992: Analyse verbaler Daten, Opl. *Müller, W.* u. a. 1991: Die faktische Anonymität von Mikrodaten, Stg.

Manfred G. Schmidt

Datenmatrix → Matrix, Matrizenrechnung

Datenschutz, Begriff der Rechtssprache, der bestimmte Ziele und staatl. Maßnahmen im Bereich von Information und → Kommunikation bezeichnet. Zum einen soll ein rechtsstaatl. fairer Umgang mit personenbezogenen Informationen sichergestellt und dabei insbes. die Selbstbestimmung des einzelnen zur Geltung gebracht werden (Gegenbegriffe: «Verdatung», «Überwachungsstaat»). Das Recht auf «informationelle Selbstbestimmung» wird aus den Grundrechten der Artikel 2 Abs. 1 und 1 Abs. 1 GG hergeleitet. Zum anderen soll durch D. auch eine «informationelle Gewaltenteilung» verwirklicht werden.

Die Sicherung der Daten (d. h. der auf Datenträgern gespeicherten Informationen) gegen Kenntnisnahme Unbefugter oder gegen Veränderungen und Verlust stellt ein Teilziel dar. Komplementär zum Schutz vor unangemessener Informationsverarbeitung ist in einer Vielzahl von Ländern inzwischen ein allg. Bürgerrecht auf Information, d.h. auf Zugang zu den Akten und Daten der Verwaltung gesetzlich gewährleistet (Informationsfreiheit, *freedom of information*).

1. Die Forderung nach D. entstand als Reaktion auf den Einbruch der Informationstechnik in Verwaltung und Wirtschaft. Massenhaftigkeit, Schnelligkeit und Multifunktionalität der Datenverarbeitung wurden als Risiken für bisher geltende Informations- und Handlungskompetenzen erkannt. Pläne für nat. Datenzentren und allg. Personennummern, mit deren Hilfe sowohl die staatl. Statistik als auch eine Fülle von Verwaltungsaufgaben qualitativ entscheidend verändert werden sollten, stießen auf Kritik von Bürgerrechtlern und Medien. Daneben bestand die ältere Tradition des rechtlichen Schutzes von Persönlichkeits- und Privatsphäre. Die Zivilgerichte und das Bundesverfassungsgericht haben auf dieser Grundlage bestimmte Bereiche der Selbst- und Mitbestimmung der Individuen gewährleistet. Der Persönlichkeitsschutz steht auch in Verbindung zur Tradition der Amts- und Berufsgeheimnisse.

Wirtschaft und Verwaltung haben Reglementierungen der Informationsverarbeitung lange Zeit pauschal als aufwendige und unzumutbare Erschwerung ihrer Arbeit abgelehnt. Tatsächlich sind nirgends wesentliche Einbußen an Effektivität der Verwaltung eingetreten; D. hat sich vielmehr auch als Rationalisierungsinstrument erwiesen und ist heute ein selbstverständliches Regulativ technisierter Informationsverwaltung. In der Praxis ist deutlich geworden, daß Informations- und Geheimhaltungsinteressen tatsächlich in eine Balance gebracht werden können, daß also ein wirksamer Schutz der Individualinteressen mit einer wirksamen Wahrnehmung der Verwaltungsaufgaben sehr wohl vereinbar ist.

2. Das D.-Recht besteht aus dem Bundesdatenschutzgesetz (BDSG) als dem allg. Querschnittsgesetz (dazu *Simitis* u.a. 1992ff.), den Landesdatenschutzgesetzen, die sich an die Öffentliche Verwaltung der Länder richten, und den bereichsspezifischen Bundes- und Landesgesetzen, unter denen diejenigen über die Informationserhebung, -verarbeitung und -verwendung durch Polizeibehörden (Landespolizeigesetze) und Nachrichtendienste (Bundesverfassungsschutzgesetz, Gesetz über den Militärischen Abschirmdienst und BND-Gesetz) herausragende polit. Bedeutung besitzen und heftig umstritten waren – wie auch sonst bei allen Diskussionen über die Informationsbefugnisse der Sicherheitsbehörden immer wieder die Auseinandersetzung über deren verfassungsrechtliche und polit. Grenzen aufbricht. Die Gesetze über Statistik und Archivwesen sowie die datenschutzrelevanten Teile der Gesundheitsreform hingegen fanden geringere öff. Aufmerksamkeit.

Seit einiger Zeit mehren sich die Zweifel an der Eignung der rechtlichen Instrumente, die rasante technische Entwicklung wirksam zu beeinflussen. Der «neue D.» betont statt der rechtlichen Detailregelung Prinzipien wie das der Datenvermeidung, der Anonymisierung oder Pseudonymisierung sowie den «D. durch Technik», unterstützt durch freiwillige Selbstkontrolle mittels eines «D.-*Audit*» (*Bäumler* 1998; *Bäumler/von Mutius* 1999). Diese Prinzipien haben z.T. durch ein Änderungsgesetz vom Mai 2001 auch Eingang in das BDSG gefunden. In dieser Novelle ist das deutsche Recht auch an die Datenschutz-Richtlinie der EG von Oktober 1995 angepaßt worden. In einer zweiten Stufe soll das deutsche Datenschutzrecht noch einmal grundlegend neu gestaltet werden.

3. Der Bundesbeauftragte für den D. hat eine besondere rechtliche Stellung, die in die klassische → Gewaltenteilung nur schwer einzuordnen ist. Er wird vom Parlament gewählt, berichtet diesem unmittelbar und kann auch auf sein Ersuchen hin tätig werden. Doch ist er organisatorisch der Exekutive zugeordnet; er unterliegt der Dienstaufsicht des Bundesministers des Innern und der Rechtsaufsicht der Bundesregierung. Ihm können aber keine Weisungen erteilt werden. Tatsächlich haben der Bundesbeauftragte und ebenso die Landesbeauftragten für den D. ihre Unabhängigkeit gegenüber den zu kontrollierenden Stellen bewiesen und erheblichen Einfluß auf Verwaltungspraxis und → Gesetzgebung gewonnen; im internat. Vergleich

zählt das dt. Modell der Datenschutzkontrolle zu den erfolgreichsten (*Flaherty* 1989). Als besonders schwierig erweist sich die Datenschutzkontrolle der neuen Informations- und Kommunikationstechniken, insbes. ihrer Nutzung in globalen Netzen.

Lit.: *Bäumler, H.* (Hrsg.) 1998: Der neue Datenschutz, Neuwied u.a. *Bäumler, H./Mutius, A. von* (Hrsg.) 1999: Datenschutzgesetze der dritten Generation, Neuwied u.a. *Bull, H.P.* 1984: Datenschutz oder Die Angst vor dem Computer, Mchn. *Flaherty, D.H.* 1989: Protecting Privacy in Surveillance Societies, Chapel Hill/L. *Simitis, S.* u.a. 1992ff.: Kommentar zum Bundesdatenschutzgesetz, Baden-Baden.

Hans Peter Bull

Dealignment (*partisan d.*), bezeichnet die Lockerung, den Rückgang und/oder die Auflösung der über → Sozialstruktur, → Milieus und → Parteiidentifikation vermittelten strukturellen und stabilen Bindungen in der Wählerschaft an die → Parteien.

Es wird i.d.R. angenommen, daß es nach kurzfristigen Phasen des *d.* und der Umorientierung der Wählerschaft über → Kritische Wahlen zum (*partisan*) *realignment* (→ *Realigning elections*), also zur Herausbildung einer neuen und dauerhaften Formierung in Wählerschaft und → Parteiensystem kommt. Die These von der zyklischen Abfolge wird allerdings in der polit. Soziologie kontrovers diskutiert, ebenso wie die Frage der Übertragbarkeit dieser von der US-amerikan. → Wahlforschung formulierten Konzepte in andere polit. und gesellschaftl. Systemkontexte.

→ Wählerverhalten.
Lit.: → Kritische Wahlen; Wahlforschung.

Rainer-Olaf Schultze

Debatte → Parlament

Decision-making, nur unzureichend definierter Anglizismus für den Prozeß der Entscheidungsfindung, der vorwiegend in der → Politikfeldanalyse Anwendung findet und sich oft nur aus dem jeweiligen Kontext erklären läßt. Er bezeichnet entweder die abschließende polit. Entscheidung im dafür zuständigen Gremium (z.B. im Kabinett, bei klarer Regierungsmehrheit im Parlament) oder wird umfassend als Prozeß interpretiert.

Letzterer kann einerseits als Teil des sog. → *Policy cycle* aufgefaßt werden; er erstreckt sich dann auf alle unmittelbar zur polit. Entscheidung führenden Schritte und Auswahlprozesse. Andererseits wird der Begriff auch weiterreichend für den gesamten polit. Entscheidungsprozeß verwendet und kann z.B. die Entwicklung und Auswahl alternativer Entscheidungsinhalte umfassen bzw. die Bildung polit. (Abstimmungs-)Mehrheiten einbeziehen.

Klaus Schubert

Deduktion/Deduktive Methode, die Ableitung des Besonderen aus dem Allgemeinen bzw. derjenige Weg des Denkens, der von einer allg. Aussage zu einer speziellen führt. Die D. ist eine Form der logischen Beweisführung, seine allg. Denkform der Schluß, dessen Voraussetzung (Prämisse) das betreffende Allgemeine und dessen Schlußfolgerung (Konklusion) das betreffende Besondere ist.

1. Im Ggs. zur → Induktion ist die D. als wiss. Methode logisch rational gerechtfertigt und absolut sicher. Das Problem der Gültigkeit des Schließens verlagert sich freilich auf die Prämissen. Da D. logisch zwingend sind, kann mit der deduktiven Methode (d.M.) die Gültigkeit der allg. Aussage bzw. der Prämissen überprüft werden. Den früher gebräuchlichen letzten Prämissen, den Axiomen, wurde Wahrheitscharakter unterstellt. Axiome können aber auch evidente Sätze, implizite Definitionen oder hypothetische Annahmen sein, aus denen Sätze (Theoreme) abgeleitet werden. Bestehen Axiome aus hy-

pothetischen Annahmen, so kann die empirische Überprüfung von Theoremen die Gültigkeit der Annahmen testen. Ist ein Theorem empirisch falsch, so ist zumindest eine der Prämissen falsch. Die d. M. kann folglich als Methode der Kritik (Falsifikation von Theorien) eingesetzt werden.

2. Für den deduktiven Schluß unterscheidet man zwei Arten: (1) Wenn A, dann B, nun aber A, dann B *(modus ponens)*. (2) Wenn A, dann B, nun aber nicht A, also auch nicht B *(modus tollens)*. Diese strenge Form des Schließens ist aber nur möglich, wenn strikte oder deterministische Gesetze für eine Ableitung vorliegen; nur dann ist eine → Erklärung logisch deduzierbar. In diesem Fall spricht man von deduktiv-nomologischen Erklärungen. Diese nach dem *Hempel-Oppenheim-Modell* gewonnenen Erklärungen sind aber eher Fragen der Wissenschaftslogik als der → Sozialwissenschaften.

3. In den empirisch-analytischen Theorien des → Kritischen Rationalismus wird die Forschungspraxis von der weicheren Form der d. M. geleitet, die mit Wahrscheinlichkeitshypothesen und mit statistischen oder probabilistischen → Gesetzen arbeitet. Der Kritische Rationalismus versucht damit der Schwierigkeit gerecht zu werden, daß die Aufstellung von strikten Gesetzen in den Sozialwiss. immer noch ein Desiderat darstellt, hingegen probabilistische Gesetze für Teilbereiche der angewandten Sozialforschung und → Politikwissenschaft formulierbar sind.

4. Den deduktiv gewonnenen analytischen Aussagen wird gelegentlich vorgeworfen, daß sie als solche zwar notwendig wahr seien, aber nichts mit der Wirklichkeit zu tun hätten. In der Tat wird der deduktiv gebildeten Theorie das Auftreten empirischer Gegenbeweise schnell zum Verhängnis. → Kontexte, Kontingenzen sind Gift für die universalistisch geprägten deduktiven Theorien. Sie verharren zudem auch in einer statischen Betrachtungsweise. Diesen Begrenzungen und Gefahren der d. M. sollte sich die Politikwiss. als eine empirische Wissenschaft sehr bewußt sein. Im Prozeß der politikwiss. Theoriebildung führt kein Weg an der ständigen Abgleichung theoretischer Aussagen an der beobachteten und zu erklären gesuchten Wirklichkeit vorbei.

Lit.: *Kutschera, K. von* 1972: Wissenschaftstheorie, 2 Bde., Mchn. *Lakatos, I./Musgrave, A.* (Hrsg.) 1974: Kritik und Erkenntnisfortschritt, Braunschweig. *Peirce, Ch. S.* 1967: Schriften I, hrsg. von *Apel, K. O.*, Ffm. *Spinner, H. F.* 1974: Pluralismus als Erkenntnismodell, Ffm. *Stegmüller, W.* 1974: Das ABC der modernen Logik und Semantik, Bln. u. a.

Dieter Nohlen

Deficit spending, als Instrument einer → Nachfrageorientierten Wirtschaftspolitik der Versuch, die bei einem Abschwung der → Konjunktur entstehende Nachfragelücke durch zusätzliche Staatsausgaben teilweise zu kompensieren, statt auf zurückgehende Steuereinnahmen mit Ausgabenkürzungen zu reagieren und so den Konjunkturabschwung und die damit einhergehende → Arbeitslosigkeit zu verstärken.

Die Finanzierung soll nach *J. M. Keynes* im Wege zusätzlicher Staatsverschuldung erfolgen, die nach dem Modell aus den beim Konjunkturaufschwung zu erwartenden zusätzlichen Steuereinnahmen wieder zu tilgen wäre. Eine solche Symmetrie ist in der Realität bisher nicht erreicht worden.

→ Antizyklische Wirtschaftspolitik; Interventionsstaat; Keynesianismus; Politische Steuerung.

Lit.: → Konjunktur/Konjunkturpolitik.

Uwe Andersen

Definition, im weitesten Sinne jede Art der Feststellung oder Festsetzung des Gebrauchs eines sprachlichen Ausdrucks *(Gabriel* 1980: 439), dem somit eine exakte Bedeutung gegeben wird. Eine D. besteht aus zwei Gliedern: dasjenige, was definiert wird, das *Definiendum*, und dasjenige, was definiert, das *Definiens*. Explizite D. liegen nur dann vor, wenn das *Definiens* bereits vorher eingeführt und dabei das *Definiendum* noch nicht benutzt worden ist (sonst würde es sich um eine zirkuläre D. handeln).

1. In der Definitionslehre werden eine Reihe wesentlicher Unterscheidungen getroffen. Eine erste Unterscheidung ist die zwischen festgestellten D. (oder etymologischen D.), die dem Sprachgebrauch entsprechen, und festgesetzten D., die willkürlich sind, «nichts als Übereinkünfte darüber, wie man Ausdrücke gebrauchen soll» *(Rapoport 1967: 315)*. Eine weitere Unterscheidung wird zwischen Nominal- und Realdefinitionen getroffen: Nominale D. führen einen Begriff auf einen anderen zurück oder ersetzen einen Begriff durch einen anderen (Beispiel: westl. Demokratie durch pluralistische Demokratie). Es kann sich auch um sog. Abkürzungsdefinitionen handeln, die nach praktischen Gesichtspunkten gewählt werden. Gemeint ist dasselbe bzw. die Adäquanz muß gewährleistet bleiben. Es ist nicht sinnvoll zu fragen, ob diese D. wahr oder falsch ist. Reale D. (nicht gleichzusetzen mit essentialistischen D., die eine Art Wesensbestimmung vornehmen) geben die Merkmale des bezeichneten Gegenstandes an oder bezeichnen des näheren die Art seines Gebrauchs (Beispiel: Westl. Demokratie ist eine polit. Herrschaftsform, in der das Volk in Wahlen die polit. Führung jeweils auf Zeit bestellt). Reale D. beschreiben also einen empirischen Sachverhalt (beschreibende D.), der wahr oder falsch wiedergegeben sein kann bzw. die beschreibende D. kann von Raum und Zeit abhängen. Auf einer anderen Ebene wird zwischen deskriptiven und präskriptiven D. unterschieden. Deskriptive D. betreffen Seins-Aussagen, präskriptive D. enthalten eine ethisch-polit. Norm, eine Sollens-Aussage.

Eine spezielle Form deskriptiver D. ist die operationale D. Mit ihr werden theoretische Aussagen mit beobachtbaren und meßbaren Daten verbunden. Ihr Status ist allerdings umstritten. *Radnitzky* (1992: 31) bestreitet, daß es sich bei operationalen D. um D. handele: Es liege eine Konfusion von einerseits Begriff, Explikation, Definition, Sinn, Bedeutung und andererseits Feststellungsmethoden vor; D. und Feststellungsmethode würden vermengt bzw. D. von letzterer abhängig (mit der Konsequenz, daß es je nach Meßmethode einen anderen Begriff von der gleichen Sache gebe). Operationale D. geben an, welche Beobachtungsdaten für die Verifikation oder Falsifikation von Theorien herangezogen werden. Sie haben deshalb große Bedeutung in der erfahrungswiss. Forschung. *I. Adelmann* und *C. T. Morris* (1974: 296 ff.) schlagen als Verfahren der Annäherung von deskriptiven und komplexen (und ungenauen) theoretischen Begriffen die Methode der sukzessiven (operationalen) D. vor.

2. Für die politikwiss. Forschung hat *F. E. Oppenheim* (1975: 200) drei Arten von D. herausgestellt: (1) Nominale D., die weder wahr noch falsch seien. Dem Forscher bleibt freigestellt, welches Synonym er wählt. (2) Explikative D. (den realen D. ähnlich), bei denen das *Definiens* eine Erklärung des Begriffs liefert, seine Bedeutung präzisiert. Die Explikation könne als mehr oder weniger adäquat bewertet werden. (3) Berichtende D. (eine Kombination aus festgestellter und nominaler D., die Aussagen über die Bedeutung von Begriffen enthalten, wie sie in Schriften oder historischen Kontexten verwandt werden. Diese D. seien ebenfalls weder wahr noch falsch. *Oppenheim* macht sich damit ein naturwiss. Wissenschaftsverständnis zu eigen, für das kennzeichnend ist, daß D. – im Unterschied zu Hypothesen – keine Aussagen über die Realität enthalten, die daraufhin geprüft werden können, ob sie wahr oder falsch sind. Prüfkriterium ist vielmehr, ob D. zweckmäßig oder unzweckmäßig sind. Dieser Standpunkt muß jedoch für die Politikwiss. bestritten werden, da es ihr darum geht, polit. Wirklichkeit zu erfassen und auf den Begriff zu bringen.

Das Verhältnis von D. und Wirklichkeit ist zudem äußerst komplex, u. a. weil ein direkter Zusammenhang zwischen D. und Interessen besteht, der Ausdruck «Demokratie» etwa nicht einfach einen empirischen Sachverhalt beschreibt, «sondern bewertet, und diese Bewertung ist Ausdruck pragmatischer, hier polit. Interessen, weil sie auf die Erhaltung oder Veränderung bestimmter Verhältnisse abzielt» *(Gabriel 1972; 1976:*

446). Ein großer Teil der politikwiss. Forschung besteht in der Analyse von Begriffen wie → Demokratie, → Macht, → Konsens, → Konflikt, → Legitimität etc. Bereits *Max Weber* (1968: 255) hat angemerkt, daß «wirklich definitive historische Begriffe bei dem unvermeidlichen Wechsel der leitenden Wertideen als generelles Endziel nicht in Betracht kommen». Ausgehend von der Unterscheidung zwischen der Geschlossenheit der mathematischen Sprache und der Offenheit der täglichen Sprache ist für die politikwiss. Sprache festzustellen, daß Mehrdeutigkeit und Unbestimmtheit zu ihren wichtigsten Charakteristika gehören (vgl. *Ludz 1979:* 360). Sie bedient sich der Alltagsausdrücke der polit. Praxis, deren Präzisierung nicht dazu führen darf, die Disziplin von der Wirklichkeit zu entfernen, von der Offenheit und Unabgeschlossenheit von Politik. In einer sozialwiss. Definitionslehre kann es folglich nicht nur um logisch stringente D. und die Entwicklung eines sprachanalytischen Vokabulars der Politik gehen, sondern vielmehr nur darum, Mehrdeutigkeit und Unbestimmtheit von sprachlichen Ausdrücken unter Kontrolle zu bekommen.

→ Erklärung; Explikation; Operationalisierung.

Lit.: *Adelmann, I./Morris, C. T.* 1974: Die Messung institutioneller Merkmale von Nationen, in: *Nohlen, D./Nuscheler, F.* (Hrsg.): Handbuch der Dritten Welt, Bd. 1, Hamb., 286–307. *Gabriel, G.* 1972: Definitionen und Interessen. Über die praktischen Grundlagen der Definitionslehre, Stg.-Bad Cannstatt. *Gabriel, G.* 1976: Wissenschaftliche Begriffsbildung und Theorienwahldiskurse, in: *Badura, B.* (Hrsg.): Seminar: Angewandte Sozialforschung, Ffm., 443–455. *Gabriel, G.* 1980: Definition, in: *Mittelstraß, J.* (Hrsg.): Enzyklopädie Philosophie und Wissenschaftstheorie, Bd. 1, Mhm., 439–442. *Hempel, C. G.* 1952: Fundamentals of Concept Formation in Empirical Science, Chic. *Ludz, P. Ch.* 1978: Die sozialwissenschaftliche Konzeptanalyse, *in: Koselleck, R.* (Hrsg.): Historische Semantik und Begriffsgeschichte, Stg., 358–380. *Oppenheim, F. E.* 1975: The Language of Political Inquiry: Problems of Clarification, in: *Greenstein, F. I./Polsby, N. W.* (Hrsg.): Handbook of Political Science, Bd. 1, Reading, 283–333. *Radnitzky, G.* [2]1992: Definition, in: *Seiffert, H./Radnitzky, G.* (Hrsg.): Handlexikon zur Wissenschaftstheorie, Mchn., 27–33. *Rapoport, A.* 1967: Verschiedene Bedeutungen von Theorie, in: *Schmidt, R. H.* (Hrsg.): Methoden der Politologie, Darmst., 303–329. *Weber, M.* 1968: Die «Objektivität» sozialwissenschaftlicher Erkenntnis, in: *ders.*: Soziologie, Weltgeschichtliche Analysen, Politik, Stg., 186–262 (zuerst 1904).

Dieter Nohlen

Deflation, im Ggs. zur → Inflation eine Wirtschaftslage, in der die Geldnachfrage kleiner ist als das Güterangebot, die Preise im Durchschnitt sinken und damit die Kaufkraft des Geldes steigt.

D. ist meist mit einer starken Unterauslastung des Produktionspotenzials und in der Folge mit hoher → Arbeitslosigkeit verbunden, wie das klassische Beispiel der Weltwirtschaftskrise 1929 zeigt. Im Falle einer deflatorischen Lücke zwischen Angebot und Nachfrage werden im Rahmen der Konjunkturpolitik (→ Konjunktur) staatl. Gegenmaßnahmen, insbes. → *Deficit spending*, empfohlen.

Lit.: → Geld- und Kreditpolitik.

Uwe Andersen

Dekolonisation/Dekolonisierung, Prozeß der Auflösung der Kolonialherrschaft, der in die staatl. Unabhängigkeit der bisher unter Kolonialherrschaft stehenden Gebiete mündete.

In einem allg. Verständnis der D. lassen sich drei Phasen unterscheiden: (1) Die Erlangung der Unabhängigkeit früher Kolonien in Amerika (USA 1776, Lateinamerika 1810–1825), (2) die Umwandlung brit. Siedlerkolonien in *Dominions* und schließlich souveräne Mitglieder des *Commonwealth* (beginnend 1867 mit Kanada), sowie (3) die Dekolonisierungswelle nach dem II. Weltkrieg, die in Asien einsetzte (Philippinen 1946, Indien

1947) und 1957 (Ghana) auf Afrika übergriff. Dieser letzte Prozeß gilt als D. im engeren Sinne. Die staatl. Unabhängigkeit wurde teils erkämpft (USA, Lateinamerika, Indochina, Indonesien, Algerien), teils zwischen einheimischen Eliten und den Kolonialmächten ausgehandelt. Die D. gilt heute als im wesentlichen abgeschlossen. Die noch von ehemaligen Kolonialmächten abhängigen Gebiete werden fast ausschließlich von kleinen Inseln gebildet, die selbständig kaum lebensfähig wären.

Lit.: *Ansprenger, F.* 1966: Auflösung der Kolonialreiche, Mchn.

Andreas Boeckh

Dekommodifizierung, aus dem Engl. (*decommodification*, von *commodity* = Ware) entlehnter Fachterminus sozialwiss. Analyse von → Wohlfahrtsstaaten. Er bezeichnet allg. Prozeß und Ergebnis der Beseitigung des Warencharakters von Gütern und Dienstleistungen, die im Wohlfahrtsstaat jenseits der Marktmechanismen in Form von öff. Versorgung und Sicherung zur Verfügung gestellt werden.

D. zeigt damit an, ob, auf welche Art und Weise und in welchem Umfang die Existenz einer Person durch sozialstaatl. Leistungen gesichert wird, und spielt analytisch eine zentrale Rolle bei der Klassifikation und Differenzierung wohlfahrtsstaatl. Regime.

Lit.: *Esping-Andersen, G.* 1990: The Three Worlds of Welfare Capitalism, Princeton.

Rainer-Olaf Schultze

Dekonstruktion, eine Strategie der Subversion und Destabilisierung gegenüber den Geltungsansprüchen traditioneller – einschließlich kritischer – Theorien, Disziplinen und Paradigmen. Ohne ein bestimmter Gegenstand, eine bestimmte → Theorie oder → Methode zu sein, hat diese Strategie eine breite interdisziplinäre Wirksamkeit entfaltet und stellt ein unverzichtbares Strukturmoment des «postmodernen» Denkens dar.

1. Das von *J. Derrida* entworfene und angewandte Verfahren der D. bezieht sich nur mittelbar auf Konstruktivität und rekonstruktive Verfahren. Diese machen ein wesentliches Moment jenes «Logozentrismus» aus, den *Derrida* – anknüpfend an *M. Heideggers* Destruktion der Metaphysik – als das beherrschende Prinzip unserer Zeit diagnostiziert. In Abgrenzung von einer Kritik, die sich – etwa als dialektische Aufhebung – in aller Negation dem dominanten Logos verpflichtet weiß, leistet die D. Abbauarbeit von innen, wohl wissend um die Unmöglichkeit der Gewinnung eines echten Außen. *Derrida* sieht zwei Schritte der D.: Zum einen «den Ausgang und die D. zu versuchen, ohne den Standort zu wechseln, durch die Wiederholung des Impliziten in den grundlegenden Begriffen und in der urspr. Problematik, durch die Verwendung der Instrumente und Steine, die sich im Haus, das heißt auch in der Sprache, vorfinden, gegen eben dies Gebäude». Und zum zweiten «einen Wechsel des Standortes zu beschließen, auf diskontinuierliche und plötzliche Weise» (*Derrida* 1976: 122). Aktuell ist die D. überall dort, wo man «einem Axiom den Kredit entzieht oder aufkündigt» (*Derrida* 1991: 42) – freilich ohne einfach ein neues Axiom an die Stelle des alten zu setzen: Die «Aporien sind die bevorzugte Gegend, der bevorzugte Ort der D.» (*Derrida* 1991: 44).

2. Politiktheoretisch haben sich mehrere Diskussionsfelder herausgebildet: (1) In Frankreich wurde der Politikbegriff prinzipiell zur Diskussion gestellt. *Ph. Lacoue-Labarthe* und *J.-L. Nancy* diagnostizieren – angeregt durch *Heidegger*, aber auch durch *Hannah Arendt* – einen systemübergreifenden neuen → Totalitarismus, der wesentlich als ein Immanentismus ohne echte Alternativen zu verstehen ist. Er zeigt sich in der Omnipräsenz und Dominanz des Politischen einerseits, sofern darunter *«la politique»* als empirisch-faktischer polit. Prozeß gemeint ist, und einem korrespondierenden Rückzug des Politischen andererseits, sofern es angesichts des Verlusts von politikleitender Transzendenz keine metaphysisch-essentielle Poli-

tik *(«le politique»)* mehr gibt (vgl. *Lacoue-Labarthe/Nancy* 1981: 493–497; 1982; 1983). Die Diagnose des Rückzugs *(retrait)* des Politischen versteht sich zugleich als Versuch, im Nachfragen die Spur eines essentiell Politischen freizulegen. (2) Aus dem Kontext des literaturtheoretischen, von *Paul de Man* ausgehenden Dekonstruktivismus entwikkelte sich die Bewegung der *«Critical Legal Studies»*, die in den USA mit ihrer D. des praktizierten Rechts und seiner normativen Grundlagen eine Ideologiekritik des Rechts fortführen und umgestalten. (3) *Derrida* schlägt eine paradoxe Begründung des rechtlichen Regelsystems in einer Gerechtigkeit vor, die nach der D. der metaphysischen Ordnungssysteme in der Sphäre einer unberechenbaren, unbegründbaren, im Augenblick zu treffenden Entscheidung lokalisiert wird. Dabei kommt der Praxis der D. selbst eine Schlüsselrolle zu: «Die Dekonstruktion ist die Gerechtigkeit.» (*Derrida* 1991: 30). Man könnte in dieser dekonstruktivistischen Einheit von Theorie und Praxis die Form einer neu interpretierten, an der je situativen individuellen Unterschiedlichkeit – und nicht am Gleichheitsideal – orientierten demokratischen Politik sehen. (4) Aus der nordamerikan. Literaturwiss. und Komparatistik und aus einer dekonstruktivistisch gebrochenen Psychoanalyse entwickeln sich vielfältige Versuche, Geschichte und Politik einer geschlechterspezifischen Lektüre zu unterziehen (*Vinken* 1992). Die Aufkündigung der männlichen Axiome kommt auch in der polit. Theorie in Gang (vgl. *von Beyme* ^{3}1997).

Ob und inwieweit mit der D. ein echt neuer Theorietypus entfaltet wird – ob die D. also nicht bloß eine schwache Form von Rekonstruktion ist – und ob daraus ein arbeitsfähiges, d. h. praktisch vermitteltes und vermittelbares theoretisches Konzept von Politik schlüssig zu entwickeln ist – dies sind die ebensowenig entschiedenen wie übersehbaren Probleme der Dekonstruktion.

→ Autopoiesis; Feminismus; Lebensweltanalyse; Nihilismus; Postmoderne und Politik; Rationalitätstheorien; Systemtheorie.

Lit.: *Beyme, K. von* ^{3}1997: Theorie der Politik im 20. Jahrhundert, Ffm. (zuerst 1991). *Critchley, S.* 1992: The Ethics of Deconstruction: Derrida and Levinas, Ox./Camb., Mass. *Culler, J.* 1988: Dekonstruktion. Derrida und die poststrukturalistische Literaturtheorie, Rbk. (engl. 1982). *Derrida, J.* 1976: Randgänge der Philosophie, Ffm. u. a. (frz. 1972). *Derrida, J.* 1991: Gesetzeskraft, Ffm. (frz./engl. 1990). *Fraser, N.* 1994: Die französischen Derridarianer, in: *dies.*: Widerspenstige Praktiken, Ffm. (engl. 1989). *Haverkamp, A.* (Hrsg.) 1994: Gewalt und Gerechtigkeit. Derrida – Benjamin, Ffm. *Lacoue-Labarthe, P./Nancy, J.-L.* (Hrsg.) 1981: Les fins de l'homme. A partir du travail de Jacques Derrida (= Colloque de Cerisy 23 juillet-2 août 1980), Paris. *Lacoue-Labarthe, P./Nancy, J.-L.* (Hrsg.) 1982: Rejouer le politique, Paris. *Lacoue-Labarthe, P./Nancy, J.-L.* (Hrsg.) 1983: Le retrait du politique, Paris. *McCarthy, T.* 1993: Die Politik des Unsagbaren. Derridas Dekonstruktivismus; Postskriptum: Die Politik der Freundschaft, in: *ders.*: Ideale und Illusionen. Dekonstruktion und Rekonstruktion in der kritischen Theorie, Ffm. (engl. 1991), 146–189. *Vinken, B.* (Hrsg.) 1992: Dekonstruktiver Feminismus, Ffm. *Zima, P. V.* 1994: Die Dekonstruktion, Tüb./Basel.

Ulrich Weiß

Delegative democracy, von *G. O'Donnell* (1994) geprägtes Konzept, das die Machtkonzentration im Präsidentenamt ohne horizontale Kontrolle zum Inhalt hat und mit dem die präsidentielle Regierungspraxis in jungen Demokratien typologisch zu kennzeichnen versucht wird.

Das Konzept wurde am Fall Argentinien in der zeitlich begrenzten Phase der Delegation der gesetzgebenden Gewalt an den Präsidenten zu Anfang der Regierungszeit von *C. Menem* (s. *Panizza* 2000) und an Peru unter Präsident *A. Fujimori*, das seinerzeit keine Demokratie mehr war, entwickelt. Diese schwache empirische Basis hat seiner weitläufigen Rezeption nicht geschadet, entspricht *d. d.* doch einer weit verbreiteten defektologischen Tendenz, die durch den → Systemwechsel entstandenen neuen Demokratien mit Adjektiven zu versehen und typologisch auszugrenzen. Dabei wird in den Begriff der → Demokratie adjektivisch aufgenommen, was an gesellschaftl., rechtsstaatl. und politisch-kulturellen Bedingungen ihre Durchsetzung und ihren Erfolg erschwert, und konzeptionell die kategoriale Grenze zwischen demokratischen und nichtdemokratischen Herrschaftsformen verwischt.

→ Gewaltenteilung; Präsidentialismus.

Lit.: *O'Donnell, G.* 1994: Delegative Democracy, in: JoD 5 (1), 55–69. *Panizza, F.* 2000: Beyond ‹Delegative Democracy›, in: Latin American Studies 32, 737–764.

Dieter Nohlen

Deliberative Demokratie (von lat. *deliberare* = abwägen, beraten), normatives Demokratiemodell, das (der → Diskurstheorie von *J. Habermas* eng verwandt) auf die Überzeugungskraft systematischer Erwägungen und Schlußfolgerungen in öff. Debatte und auf verständigungsorientiertes, kommunikatives Handeln der Bürger setzt.

D. D. steht damit im Ggs. zum Alternativmodell liberaler Demokratie, unterscheidet sich aber auch vom Politikverständnis des → Republikanismus, dem es entlehnt ist, und versucht, Elemente beider Modelle zu integrieren.

1. Das Modell liberaler Demokratie, von Partizipationsskepsis und vom instrumentellen Politikverständnis der Durchsetzung individueller und/oder kollektiver Privatinteressen bestimmt, begreift Demokratie als Methode (des Mehrheitsentscheids) und marktanalog als sozialen Tausch, als Wettbewerb zwischen konkurrierenden Parteien und Parteiführern (→ Demokratie); der Angelpunkt ist «nicht die demokratische Selbstbestimmung deliberierender Bürger ..., sondern die rechtsstaatl. Normierung einer Wirtschaftsgesellschaft, die über die Befriedigung der priv. Glückserwartungen produktiv tätiger Bürger ein unpolitisch verstandenes Gemeinwohl gewährleisten soll» (*Habermas* 1996: 287). Dem Republikanismus (und auch der d. D.) geht es hingegen um Zusammenhandeln, um die «Gewährleistung eines inklusiven Meinungs- und Willensbildungsprozesses, in dem sich freie und gleiche Bürger darüber verständigen, welche Ziele und Normen im gemeinsamen Interesse aller liegen» (*ebd.*: 280). Dazu schlagen *J. Cohen* (1989), *B. Barber* (1984) u. a. umfassende Prozesse und abgestufte Verfahren öff. Beratung vor, frei von inneren und äußeren Zwängen, die, dialogisch angelegt, auf die Rückkopplungsmöglichkeiten der modernen Kommunikationstechnologien bauen, mit denen man hofft, den *«never-ending process of deliberation, decision, and action»* herstellen zu können (*Barber* 1984: 151).

2. Skeptischer als Republikanismus oder → Kommunitarismus, vertraut das Modell der d. D. allerdings weder auf die Tugendhaftigkeit der Bürger, stets gemeinwohlorientiert zu handeln, noch unterstellt es die Existenz apriorischer → Gemeinwohlvorstellungen, schon gar nicht in *Rousseaus* Fassung → Identitärer Demokratie. Gemeinsam mit dem liberalen Politikverständnis geht das Modell d. D. von der Unausweichlichkeit von Interessenkonflikten aus, lehnt Letztbegründungen ab und baut infolgedessen auf Grundrechte und Rechtsstaat «als konsequente Antwort auf die Frage, wie die anspruchsvollen Kommunikationsvoraussetzungen des demokratischen Verfahrens institutionalisiert werden können» (*Habermas* 1996: 287). Theoretisch ergibt sich der demokratische Konsens im Prozeß der Deliberation damit nicht nur «durch *ethische Selbstverständigung*» wie im Republikanismus, sondern gleichermaßen «durch Interessenausgleich und *Kompromiß*, durch *zweckrationale* Mittelwahl, *moralische Begründung* und rechtliche *Kohärenzprüfung*» (*ebd.*: 284). Wenig vielversprechend sind bislang die Vorschläge, wie man das abstrakte und komplexe Diskursmodell d. D. konkret auszugestalten hätte, um zu Ergebnissen zu gelangen, die den hohen Ansprüchen des Modells entsprechen und zugleich praktikabel sind.

Lit.: *Barber, B.* 1994: Starke Demokratie, Hamb. (engl. 1984). *Benhabib, S.* (Hrsg.)

1996: Democracy and Difference, Princeton. *Cohen, J.* 1989: Deliberation and Democratic Legitimacy, in: *Hamlin, A./Pettit, P.* (Hrsg.): The Good Polity, L., 17–34. *Fishkin, J. S.* 1991: Democracy and Deliberation, New Haven/L. *Gerstenberg, O.* 1997: Bürgerrechte und deliberative Demokratie, Ffm. *Habermas, J.* 1996: Drei normative Modelle der Demokratie, in: *ders.*: Die Einbeziehung des Anderen, Ffm., 277–292. *Habermas, J.* [5]1997: Faktizität und Geltung, Ffm. *Habermas, J.* [3]1999: Theorie kommunikativen Handelns, Ffm. *Miller, D.* 1993: Deliberative Democracy and Social Choice, in: *Held, D.* (Hrsg.): Prospects for Democracy, Stanford, 74–92. → Demokratie.

Rainer-Olaf Schultze

Demand, Forderung aus der Gesellschaft oder internat. Umwelten an das → Politische System (→ Input). Unter *d.* werden manifeste, artikulierte und aggregierte Forderungen und Handlungserwartungen verstanden, denen bestimmte Wünsche (*wants*) sowie Präferenzen und Meinungen latent zugeordnet sind.

Im Systemmodell von *D. Easton* (neben Unterstützung, *support*, und vom polit. System selbst ausgehenden *withinputs*) bilden *d.* die grundlegende Input-Komponente. Es werden indes nicht alle Forderungen und Interessen vom polit. System berücksichtigt (→ *Input-output*-Analyse). Ob das polit. System dem *d.* durch *Output*-Leistungen entsprochen hat, wird mittels Rückkoppelung (→ *Feedback*) deutlich, die positiv oder negativ ausfallen kann. Entscheidend ist bes. die Konflikt- und Durchsetzungsfähigkeit von Interessen und die Überwindung der Selektionsfilter im polit. System, das die → Allokation von → Werten und → Gütern in autoritativer Weise vornimmt, aber auch auf Legitimitätszufuhr angewiesen ist.

→ Funktion/Funktionalismus; Systemtheorie.

Lit.: *Easton, D.* [3]1979: A Systems Analysis of Political Life, NY u. a. (zuerst 1965).

Arno Waschkuhn

Democradura, Neologismus aus der Transitions- bzw. Demokratieforschung, bezeichnet → Politische Systeme, die formal polit. Institutionen nach Art einer → Demokratie ausgebildet haben, jedoch im Kern autoritär (geblieben) sind.

→ Systemwechsel.

Dieter Nohlen

Demographie, (von griech. *demos* = Volk und *gráphein* = (be)schreiben), Bevölkerungswiss., wird einerseits synonym mit Bevölkerungslehre oder -wiss. verwendet (*Hauser* 1972: 17); andererseits wird sie von Bevölkerungslehre, insbes. aber von Bevölkerungssoziologie oder Sozialer Morphologie streng unterschieden (*Mayer* 1974: 2): In letzterem Verständnis ist das Arbeitsgebiet der D. auf die quantitative, statistische Erfassung des Aufbaus einer Bevölkerung und ihrer Veränderungen begrenzt, während die Analyse von Ursachen und Folgen des Bevölkerungswandels der Bevölkerungslehre als multi- bzw. interdisziplinär orientiertem Forschungszweig zugerechnet wird.

Als formal-statistische, mit hoch entwickelten mathematischen Modellen operierende Disziplin wird die D. zwar nur als Hilfswiss. angesehen; ihr kommt aber für die Sozial-, Politik- und Wirtschaftswiss. wie für die Sozial- und Wirtschaftspolitik große Bedeutung zu.

Die Bevölkerungsstatistik bezieht sich auf die Außenseite sozialer Erscheinungen anhand zählbarer Merkmale. Die demographische Beschreibung der Bevölkerung, als der Gesamtheit von Personen in einem bestimmten (meist verwaltungstechnisch) abgegrenzten Raum, umfaßt dabei deren Größe und Verteilung sowie ihre Veränderung. (1) In der Beschreibung des Aufbaus der Bevölkerung (das bekannte Modell der Alters-/Bevölkerungspyramide) stützt sich die D. vor allem auf die Merkmale Geschlecht, Alter, Familienstand, Konfession, Nationalität, Regionale Einheiten, Ortsgrößen etc. Auch Variablen der Sozialstruktur, wie Einkommen, Vermögen, Erwerbstätigkeit, Stellung im Beruf werden einbezogen. Entspr. der großen Rolle staatl. Verwaltungszwecke und polit. Steuerungskalküle bei Anlage, Informationsinteresse und Veröffentlichung demographischer Statistiken («Amtliche Statistik») wird der weit überwiegende Teil der Daten über administrative Akte, wie Volkszählungen (als Vollerhebungen) oder Mikrozensen (1-%-Stichprobe der Bevölkerung), oder aus Dateien der Verwaltung (z. B. Melderegister) gewonnen (so wie die ersten Anfänge der D. Auswertungen von Kirchenbüchern darstellten). (2) Der dynamische Aspekt der Veränderung der Bevölkerung im Zeitverlauf konzentriert sich auf die biologische und geographische Seite des «Bevölkerungsprozesses»; hier wird häufig der Begriff der «natürlichen Bevölkerungsbewegung» verwendet, wobei in den Hintergrund tritt, daß diese Phänomene, wie etwa das generative Verhalten, «sozial-institutionell überformt» (*Mackenroth* 1953) sind. Im Zentrum der Betrachtung stehen dabei Fertilität (Geburten/-rate), Mortalität (Sterbefälle), Nuptualität (Heiratsalter und -häufigkeit, Eheschließungen, Scheidungen) sowie → Migration (sowohl Ein- und Auswanderung als auch Binnenwanderungen, wie Berufspendeln oder Stadt- bzw. Landflucht). Die demographische Analyse dieser Phänomene als D. i. e. S. erörtert die rein quantitative und, weitergehend, die strukturelle Interdependenz dieser Phänomene mit ausgefeilten mathematischen Modellen (z. B. die «Sterbetafeln»), die die Basis für Szenarien und → Prognosen der Bevölkerungsentwicklung bilden. Die gewonnenen Daten besitzen, wie die jüngste Diskussion in D zeigt, eine große Relevanz nicht zuletzt für die künftige Gestaltung der Sozialversicherungssysteme und für die staatl. Haushaltsplanung.

Lit.: *Birg, H.* 1990: Demographische Wirkungen polit. Handelns, Ffm./NY. *Birg, H.* 1992: Bevölkerungswissenschaft heute, Bielefeld. *Birg, H.* 1995: World Population Projections for the 21st Century, Ffm. *Bolte, K. M.* u. a. 1980: Bevölkerung, Opl. *Deutscher Bundestag* (Hrsg.) 1994: Zwischenbericht der Enquête-Kommission Demographischer Wandel, Bonn. *Hauser, J. A.* 1982: Bevölkerungslehre, Bern. *Hewings, G. J. D.* (Hrsg.) 1995: Social and Demographic Accounting, Camb. u. a. *Höpflinger, F.* 1997: Bevölkerungssoziologie, Weinheim u. a. *Mackenroth, G.* 1953: Bevölkerungslehre, Bln. u. a. *Mayer, K.* 1974: Bevölkerungslehre und Demographie, in: *König, R.* (Hrsg.): Hdb. der empirischen Sozialforschung, Bd. 4: Komplexe Forschungsansätze, Stg., 1–50. *Schmid, J.* 1976: Einführung in die Bevölkerungssoziologie, Rbk.

Hans-Jürgen Hoffmann

Demokratie (von griech. *demos* = Volk und *kratein* = herrschen), Volksherrschaft, Herrschaft der Mehrheit, der Vielen, in Abgrenzung zu anderen Formen von → Herrschaft bzw. anderen → Staatsformen, u. a. der → Monarchie oder → Aristokratie, des → Autoritären Regimes oder der → Diktatur. Nach der berühmten Gettysburg-Formel *Abraham Lincolns*, geprägt während des US-amerikan. Bürgerkrieges im Jahre 1863, ist D. «government *of* the people, *by* the people, *for* the people», d. h. in der D. geht die Herrschaft aus dem Volk hervor und wird durch das Volk selbst und in seinem Interesse ausgeübt.

1. Aus der Perspektive des 20. Jh. ergeben sich hieraus folgende Kriterien: (1) Demokratische Herrschaft gründet sich auf das Prinzip der → Volkssouveränität und der polit. → Gleichheit aller (und zwar unabhängig von Geschlecht, Rasse, Konfession usw.). (2) Sie ist gekoppelt an die Geltung bürgerlicher Grundrechte und an den rechtsstaatl. Schutz des einzelnen vor staatl. Willkür. (3) Die Partizipationsrechte und -chancen des Bürgers sind fundamentaldemokratisiert; dies setzt voraus: (a) allg. und gleiches → Wahlrecht; (b) effektive → Partizipation, d. h. die Möglichkeit, die eigenen Präferenzen zu for-

mulieren und in den Entscheidungsprozeß einzubringen, Chancengleichheit bei der Interessendurchsetzung; (c) eine aufgeklärte → Öffentlichkeit; (d) individuelle wie kollektive Partizipationsmöglichkeiten, konventionelle wie unkonventionelle Partizipationsformen; (e) Entscheidung auf Zeit; (f) unterschiedliche Zustimmungserfordernisse, je nach dem Grad der Reversibilität und/oder der Dauerhaftigkeit von Entscheidungen; (h) freie Entfaltungsmöglichkeiten für die → Opposition, verstanden als Minderheitenschutz und als alternative Regierung im Wartestand, inklusive der Möglichkeit der Abwahl der Regierenden durch den Bürger (vgl. *Dahl* 1971; 1985). Strittig bleiben allerdings Formen und Umfang der Beteiligungsmöglichkeiten. (4) D. im Interesse des Volkes erfordert nicht allein (a) die → Responsivität der Regierenden, sondern impliziert auch (b) soziale Teilhabe und ein bestimmtes, als legitim anerkanntes Maß an sozialer → Gerechtigkeit, deren Gestaltung und Umfang wiederum strittig bleiben.

2. Die Durchsetzung der drei unaufhebbar zusammengehörenden, aber auch widersprüchlichen Kernelemente moderner D., Schutz, Partizipation und Inklusion, ist in der europ. geprägten Welt eng mit der Entwicklung des modernen Verfassungsstaates verknüpft und seit dem 17. Jh. in Stufen, zeitlich unterschiedlich, ungleichzeitig, teilweise auch sequenzverschoben, erkämpft worden: (a) «Demokratie als Schutz» mittels liberalem → Rechts- und Verfassungsstaat, → Gewaltenteilung und der Parlamentarisierung von Herrschaft im 17., 18. und frühen 19. Jh.; (b) «Demokratie als Partizipation» mittels der → Fundamentaldemokratisierung, der polit. Integration der → Arbeiterbewegung und der → Parteiendemokratie (→ Parteienstaates) seit dem 19. Jh. (vgl. *Macpherson* 1983; *Held* ²1996); (c) «Demokratie als Inklusion» mittels sozialer Grundrechte und → Wohlfahrtsstaat im 20. Jh. (vgl. *Marshall* 1992).

3. Theoretisch lassen sich drei normative Modelle von D. unterscheiden: Dem Modell liberaler D. stehen die beiden eng verwandten Modelle republikanischer und → Deliberativer Demokratie gegenüber. (1) Letztere knüpfen an die Theorie und Praxis der griech. D. der Antike und das apriorische → Gemeinwohl der bürgerschaftlichen Republik an sowie an *Rousseaus* Modell der → Identitären Demokratie als Verwirklichung der → *Volonté générale* usw. Sie vertrauen auf die Überzeugungskraft rationaler Argumente in öff. Debatte und setzen darauf, daß sich die Bürger im Prozeß demokratischer Deliberation durch konsensorientiertes, kommunikatives Handeln (trotz Interessenvielfalt und auch ohne Letztbegründungen) auf gemeinschaftliche Normen und Ziele verständigen können und werden (*Habermas* 1996; *Barber* 1984). Solche Modelle sind kommunitär und basisdemokratisch, allerdings (jedenfalls bislang) für die Wirklichkeit der modernen, von gesellschaftl. Heterogenität und *mass politics* bestimmten D. nur wenig praktikabel. (2) Demgegenüber ist das Modell liberaler D. realistisch und elitär. Es beruht auf einem von individueller Interessendurchsetzung geleiteten, instrumentellen Verständnis von Politik und bezweifelt die Selbstverwandlungsmöglichkeit des Menschen im Prozeß demokratischer Partizipation vom eigennützigen *bourgeois* zum gemeinschaftlichen *citoyen*. Der Schutz des einzelnen und die Durchsetzungschancen seiner Privatinteressen als Wirtschaftssubjekt stehen folglich im Mittelpunkt. Sie haben Vorrang vor dem Zusammenhandeln zur Ermittlung gemeinschaftlicher Zwecke. Das Modell liberaler D. favorisiert entspr. (a) die Beschränkung der Beteiligung auf die Sphäre des Politischen und setzt (b) auf die Regulierung der gesellschaftlichen Konflikte durch → Repräsentation und andere Formen der Institutionalisierung und Mediatisierung der Beteiligung des Bürgers; es versteht (c) D. nicht als Herrschafts- *und* Lebensform, sondern als Methode und marktanalog als Wettbewerb zwischen konkurrierenden (Partei-)Eliten und sieht (d) den Bürger als mehr oder weniger rational seinen individuellen Nutzen verfolgenden Konsumenten, dessen Mitwirkungsmöglichkeiten in der Politik sich im wesentlichen auf die periodische Bestätigung bzw. Abwahl der Regierenden und ihrer (Partei-) Programme beschränken (→ Wahl; Wählerverhalten). Dieses sog. realistische Demokratiemodell wurde von *J. A. Schumpeter* (1942)

klassisch auf den Begriff gebracht, von den Theoretikern der → Neuen Politischen Ökonomie (u. a. *Downs* 1957; → *Rational choice*-Theorien) weiterentwickelt und v. a. anwendungsorientiert nutzbar gemacht. Es bestimmt die polit. Wirklichkeit der modernen Massendemokratien weithin.

4. D. gibt es in einer Vielfalt von Formen. Die Politikwiss. unterscheidet idealtypisch u. a. (1) nach der Gesellschaftskonzeption: → Identitäre D., totalitäre Einheitsdemokratie (von gesellschaftl. Homogenität und/oder einheitlicher Wertorientierung ausgehend) vs. pluralistische D. (von gesellschaftl. Interessenvielfalt ausgehend; → Polyarchie); (2) nach der Art der Beteiligung der Bürger: → Direkte D., → Plebiszitäre D. mittels Volksversammlung, → Räten bzw. → Volksabstimmungen vs. → Repräsentative D. mittels Wahl, Repräsentation und Parteiendemokratie; (3) nach dem Ausmaß und der Reichweite der Beteiligung: «starke» D. (möglichst viele gesellschaftl. Bereiche umfassend) vs. »schwache» D. (nur den Bereich des Polit. erfassend; vgl. *Barber* 1984); (4) nach dem Entscheidungsmuster: Mehrheitsdemokratie vs. Konsensdemokratie; (5) nach dem Politikstil: → Konkurrenz- bzw. Wettbewerbsdemokratie vs. → Konkordanz-, → Proporzdemokratie. Dabei besteht einerseits zwischen Demokratiemodellen und Demokratieformen ein innerer Zusammenhang: Direkte D. ist zumindest der Konzeption nach auch starke D., in der D. als Herrschafts- *und* Lebensform begriffen und aus den Modellen des → Republikanismus bzw. der deliberativen D. abgeleitet wird. Liberale bzw. pluralistische D. ist durchweg repräsentative D./Parteiendemokratie. Sofern diese um direkt-demokratische Elemente ergänzt wird, handelt es sich i. d. R. um das Institut der Volksabstimmung wie z. B. in der Referendumsdemokratie der Schweiz. Reine Formen kommen in der polit. Wirklichkeit nicht vor. Auch die repräsentativen D. weisen plebiszitäre Züge auf, z. B. allein schon durch die starke Personalisierung und Medienvermittlung von Politik und Wahlen. Seit der sog. partizipatorischen Revolution der 1970er Jahre kommt zudem der unkonventionellen und/oder direkt-demokratischen Partizipation, etwa der polit. Beteiligung in → Bürgerinitivativen, wachsende Bedeutung zu.

5. Der Erfolg der D. ist offensichtlich – und zwar nicht erst seit der sog. Dritten Welle der → Demokratisierung am Ende des 20. Jh. (vgl. *Huntington* 1991; → Systemwechsel). Im Vergleich mit nicht-demokratischen Systemen polit. Herrschaft verfügen D. i. d. R. über eine weitaus breitere Legitimationsbasis und ein relativ hohes Maß an Responsivität, häufig auch über die größere Effizienz. Allerdings weist die liberale D. auch Leistungsschwächen und Strukturprobleme auf, sind somit auch in der Zukunft Zusammenbrüche von D. nicht auszuschließen. Zu den Strukturproblemen zählen v. a.: (1) Demokratische Herrschaft ist in hohem Maße kontextabhängig, insbes. von den Bedingungen wirtschaftl. Entwicklung, sozialer Integration, → Politischer Kultur. Dies gilt v. a., treten *ethnos* und *demos* auseinander, wie in den durch → Globalisierung und → Migration zunehmend multi-kulturell(er)en/multinationalen polit. Systemen und fehlt es, wie u. a. in der EU (→ Europamodelle), an den kommunikativen Voraussetzungen einer gemeinsamen → Öffentlichkeit und damit auch an einer der wesentlichen Bedingungen für die solidarische Akzeptanz demokratischer Mehrheitsentscheidungen (→ Demokratiedefizit). (2) D. unterliegt der Gefahr der «Diktatur der Mehrheit» (*de Tocqueville*); damit droht die Ausgrenzung der Minderheit(en), worauf nicht zuletzt die Demokratiekritik des → Feminismus aufmerksam gemacht hat, und wird die «Einbeziehung des Anderen» (*Habermas*) zur dauerhaften Herausforderung. (3) Technokratie, Bürokratisierung und Selbstprivilegierung untergraben die Responsivität der Regierenden und können auch in der D. die Abgehobenheit der → Politischen Klasse zur Folge haben. (4) Die Ausrichtung am Terminkalender der Wahlen hat Konsequenzen für die Problemlösungs- und Leistungsfähigkeit der Politik; sie prämiert eine Politik kurzfristiger Wahlgeschenke und führt häufig dazu, daß Probleme langfristiger Natur nur unzulänglich bearbeitet werden. (5) Der Volkswille ist fiktiv, fehlbar und verführbar, was v. a. mit Blick auf die Volksgesetzgebung von Bedeutung ist und der Referendumsdemokratie

Grenzen setzt, die nicht zum Routine-, sondern nur zum Reserveverfahren und zur Ergänzung der repräsentativen D. taugt (vgl. *Offe* 1992). Zu begegnen gilt es folglich insbes. den Gefahren der polit. Unterforderung des Bürgers, der mangelnden Responsivität und der Manipulation des Volkswillens durch die Regierenden. Damit werden die Demokratisierung «von unten» durch direkt-demokratische Beteiligung, insbes. aber die Demokratisierung «im Innern» der polit. Institutionen, z. B. durch innerparteiliche und innerverbandliche D., wie «von außen» durch die Vitalisierung der polit. Diskurse in der → Zivilgesellschaft zur beständigen Aufgabe.

→ Demokratietheorien.

Lit.: *Barber, B.* 1994: Starke Demokratie, Hamb. (engl. 1984). *Benhabib, S.* (Hrsg.) 1996: Democracy and Difference, Princeton. *Bobbio, N.* 1988: Die Zukunft der Demokratie, Bln. (ital. 1984). *Dahl, R. A.* 1971: Polyarchy. Participation and Opposition, New Haven/L. *Dahl, R. A.* 1985: A Preface to Economic Democracy, Ox. *Dahl, R. A.* 1989: Democracy and its Critics, New Haven. *Dahl, R. A.* 1998: On Democracy, New Haven. *Downs, A.* 1968: Ökonomische Theorie der Demokratie, Tüb. (engl. 1957). *Habermas, J.* 1996: Drei normative Modelle der Demokratie, in: *ders.*: Die Einbeziehung des Anderen, Ffm., 277–292. *Held, D.* ²1996: Models of Democracy, Stanford. *Hirschman, A. O.* 1984: Engagement und Enttäuschung, Ffm. (engl. 1982). *Klingemann, H. D./Neidhardt, F.* (Hrsg.) 2000: Zur Zukunft der Demokratie, Bln. *Huntington, S. P.* 1991: The Third Wave. Democratization in the Late Twentieth Century, Norman/L. *Macpherson, C. B.* 1983: Nachruf auf die liberale Demokratie, Ffm. (engl. 1977). *Marshall, T. H.* 1992: Bürgerrechte und soziale Klassen, Ffm. (engl. 1950). *Offe, C.* 1992: Wider scheinradikale Gesten, in: *Hoffmann, G./Perger, W. A.* (Hrsg.): Die Kontroverse, Ffm., 126–142. *Phillips, A.* 1995: Demokratie und Geschlecht, Hamb. (engl. 1991). *Sartori, G.* 1992: Demokratietheorie, Darmst. (engl. 1987). *Scharpf, F. W.* 1975: Demokratietheorie zwischen Utopie und Anpassung, Kronberg/Ts. (zuerst 1970). *Schmidt, M. G.* ³2000: Demokratietheorien, Opl. *Schumpeter, J. A.* ⁷1992: Kapitalismus, Sozialismus und Demokratie, Tüb. (engl. 1942). *Waschkuhn, A.* 1998: Demokratietheorien, Mchn./Wien.

Rainer-Olaf Schultze

Demokratiedefizit, Begriff, der die Differenz polit. Entscheidungsprozesse auf nat. und supranat. Ebene zu normativen Vorstellungen von → Demokratie markiert.

Alltagssprachlich wird der Begriff vornehmlich zur Kritik des polit. Entscheidungsprozesses in der EU verwendet. Er hebt ab auf: (a) die asymmetrische Kompetenzverteilung zwischen Ministerrat, Kommission und Parlament, so daß selbst die maßgeblichen legislatorischen Kompetenzen beim Ministerrat liegen; (b) die nur eingeschränkten Wahlfunktionen und Sanktionsmöglichkeiten des Parlamentes; (c) die weithin fehlende Rückbindung der polit. Entscheidungen an die europ. Wähleröffentlichkeit.

Demokratietheoretisch unterstellt der Begriff des D. einen normativen Kernbestand von → Demokratie, der allerdings historisch kontingent und infolgedessen auch Raum-Zeit bezogen unterschiedlich zu bewerten ist (→ Demokratietheorien). Er verweist insofern auf die Bedeutung der Kontextbedingungen als Voraussetzung von Demokratie; am EU-Beispiel supranationaler → Integration insbes. auf die Fragen (a) nach dem Zusammenhang von → Nation(alstaat) und Demokratie und (b) nach den identitätsstiftende(n) Alternative(n) im Sinne einer Kommunikations-, Erinnerungs- und Erfahrungsgemeinschaft der Bürger, auf die demokratisches Entscheiden gerade in multinationalen/multi-kulturellen polit. Systemen legitimatorisch angewiesen ist; sowie (c) auf den Funktionsverlust von Parlamenten und die Gefahr der Entdemokratisierung polit. Handelns in verflochtenen Mehrebenen- → Verhandlungssystemen (→ Politikverflechtung).

Lit.: *Bach, M.* 2000: Die europäische Integration und die unerfüllten Versprechen der

Demokratie, in: *Klingemann, H.-D./Neidhardt, F.* (Hrsg.): Zur Zukunft der Demokratie. Herausforderungen im Zeitalter der Globalisierung, Bln., 185–213. *Kielmansegg, P. Graf* 1996: Integration und Demokratie, in: *Jachtenfuchs, M./Kohler-Koch, B.* (Hrsg.): Europäische Integration, Opl., 47–72.

Rainer-Olaf Schultze

Demokratietheorien, die begrifflichen, ideellen und systematischen Entwürfe der → Demokratie von der Antike bis zur Gegenwart samt ihrer normativen Begründungen sowie beschreibend-erklärende Aussagen über die Natur ihrer → empirischen Varianten.

1. Begriff und Sache der Demokratie waren in einem Maße erfolgreich, daß dieser Schlüsselbegriff moderner Politikwissenschaft sich nahezu unangefochten in der polit. Semantik etabliert hat. Selbst die Gegner der Demokratie sind terminologisch auf sie fixiert; ihre Einwände bringen sie nicht als gegen die Demokratie gerichtet vor, sondern kleiden sie in den Mantel der Kritik an aktuellen Erscheinungsformen der Demokratie. Was Demokratie ist – darüber gibt es keine allseits akzeptierte Lehrmeinung, die sich in einer einfachen Definitionsformel verdichten ließe. Es existiert eine Fülle gleichermaßen unbefriedigender Definitionsversuche, die meist jeweils ein Element als in besonderer Weise kennzeichnend herausstellen: → Volkssouveränität, Gleichheit, → Partizipation, Mehrheitsherrschaft, → Toleranz, Herrschaftslimitierung und -kontrolle, → Grundrechte, → Gewaltenteilung, → Rechts- und Sozialstaatlichkeit, → Mehrparteiensystem, allg. → Wahlen, → Öffentlichkeit, Meinungswettbewerb, → Pluralismus u. a. m.

Den noch immer fruchtbarsten Zugang zu den wesentlichen Vorstellungen, die sich mit dem Demokratiebegriff verbinden, bietet ein etymologischer und begriffsgeschichtlicher Rückblick. «Demokratie» setzt sich aus den griechischen Wortbestandteilen *demos* = Volk und *kratein* = herrschen zusammen. Demokratie ist «Volksherrschaft» oder, in der schon weitergehenden berühmten Gettysburg-Formel von *Abraham Lincoln* aus dem Jahr 1863: Demokratie ist «government of the people, by the people, for the people». Alle drei hier enthaltenen Präpositionen weisen mit unterschiedlichem Nachdruck auf Wesensmerkmale der Demokratie hin: daß in der Demokratie die Herrschaft aus dem Volk hervorgeht *(of)*, daß sie durch das Volk *(by)* und in seinem Interesse *(for)* ausgeübt wird.

Insbes. das letztgenannte Merkmal zielt über eine bloß statische Begriffsverwendung hinaus auf eine Sichtweise, in welcher Demokratie als inhaltlicher Auftrag, als ein im Rahmen einer polit. und sozialen Bewegung einzulösender Staatszweck erscheint. In der urspr. Wortverwendung, von der griechischen Antike bis zur Französischen Revolution, wurde Demokratie fast ausschließlich als Begriff der Staatsformenlehre gebraucht. Demokratie bezeichnete für *Herodot* (bei dem der Begriff erstmals auftaucht) wie für *Platon, Aristoteles, Cicero, Seneca* und andere klassische Autoren nicht eine besondere Form der Gesellschaft, sondern eine besondere Form ihrer staatl. Herrschaftsorganisation: jene nämlich, bei der nicht einer (wie in der Monarchie und ihrer Entartungsform, der Tyrannis), auch nicht einige (wie in der Artistokratie und ihren Entartungsformen, der Oligarchie und Plutokratie), sondern alle herrschen. V. a. *Aristoteles* hat mit seiner Sechser-Typologie der drei «guten» Staatsformen und ihrer Entartungen (Tyrannis, → Oligarchie, Demokratie oder Ochlokratie) neben dem numerisch-quantitativen Einteilungskriterium («Wer herrscht?») auch qualitative Merkmale geltend gemacht («Wie wird geherrscht?»). Dabei schneidet die Demokratie bei ihm schlecht ab. Als Entartungsform der *Politie* beschrieben, verbleibt sie für fast zwei Jahrtausende in der Folge dieses Verdikts im Bannkreis polemischer Begriffskonnotationen. Mit dem Begriff wurde jedoch keineswegs zugleich die Sache der Demokratie abgewertet. Man übersieht häufig, daß die von *Aristoteles* favorisierte *Politie* eine ganze Reihe von Elementen enthält, die der späteren positiven Sichtweise von Demokratie sehr nahekommen.

Die Aufwertung des Begriffs und die bereits

Tabelle 4: Stufen der Entwicklung des modernen Verfassungsstaates

Kernforderung	dominanter «Rechtstypus»	Angst vor …	Sehnsucht nach …	institutionenpolitische Konsequenzen
I «Frieden»	allgemeine Überlebens- und Sicherheitsrechte	gewaltsamem Tod, allgemeiner Unsicherheit, Bürgerkriegsterror, innerer Zerrissenheit	innerem Frieden, Sicherheit, Berechenbarkeit, klaren Herrschaftsverhältnissen	*Staat* Souveränität; Monopolisierung der legitimen physischen Gewaltmittel durch den Staat
II «Freiheit»	Persönliche Freiheitsrechte	Staatsterror, Gewissenszwang, obrigkeitsstaatlicher Gängelung	persönlicher Freiheit, Selbstbestimmung, Marktfreiheiten, staatsfreien Autonomieräumen	*Verfassungsstaat* unveräußerliche Grund- und Menschenrechte, Gewaltenteilung, parlamentarisches Mehrheitsprinzip
III «Gleichheit»	politische Teilhabe und Mitwirkungsrechte	Sklaverei, Unrecht, Benachteiligung, fehlender Allgemeinheit der bürgerlichen Freiheiten	Gleichberechtigung, gleicher Freiheit aller, politischer Mitbestimmung	*Rechtsstaat/politische Demokratie* allgemeines, gleiches Wahlrecht, parlamentarische Repräsentation, Volkssouveränität, Parteienmitwirkung
IV «Brüderlichkeit»	soziale (Bürger-)Rechte	sozialer Benachteiligung, materiellem Elend	materieller Besserung, Sicherung allgemeiner Chancengleichheit	*Sozialstaat/moderner Wohlfahrtsstaat*
V «Umwelt»/ökologische Unversehrtheit, globaler Friedenszustand	ökologische und globale (Über-)Lebensrechte (Umwelt- und Nachweltrechte, Eigenrechte der Natur)	allgemeiner Lebens- und Naturzerstörung, atomaren Katastrophen, Ökokatastrophen, Gefährdung der natürlichen Lebensbedingungen	befriedetem «Normalzustand», ökologischem Gleichgewicht, Allgemeinheit und Verbindlichkeit der Menschenrechte weltweit, globaler Abrüstung	*Neue Weltordnung* Systeme kollektiver Sicherheit, Arten-, Umwelt- und Lebensschutz als Verfassungsgrundrechte, Ethik-Kommissionen, TA-Institutionen, umweltpolitische Vetorechte, «ökologischer Rat»

erwähnte semantische Erweiterung des Wortfeldes setzen sich v. a. im Gefolge der Französischen Revolution durch. Demokratie wird zu einem Tendenzbegriff, der die Richtung einer sozialen Bewegung, ihr polit. und soziales Ziel bezeichnet. Sie bedeutet fortan nicht mehr bloß eine Verfassungsform, die der Monarchie und der Aristokratie alternativ gegenübersteht, sondern sie ist die geschichtsphilosophische und herrschaftssoziologische Chiffre für die Summe bürgerlich-liberaler Autonomie- und Mitbestimmungsforderungen wie für die Bestrebungen und Ideen zur sozialen Gleichheit. Sie wird zum zentralen Impuls und zu einem wesentlichen, der gesamten modernen Verfassungsentwicklung inhärenten Element. → Demokratisierung meint jenen Prozeß, der, vom engl. und US-amerikan. Frühkonstitutionalismus und der Französischen Revolution ausgehend, die gegenwärtigen Erscheinungsformen des demokratischen Verfassungsstaates heraufgeführt hat. Demokratie ist, gerade auch unter dem Aspekt des prozeßhaft Unabgeschlossenen, nur aus dem Strukturzusammenhang des modernen Verfassungsstaats zu erschließen. Dieser verkörpert kein «finales» Verfassungsereignis und kein «fertiges» Verfassungskonzept, sondern ein mehrstufiges, immer nur vorläufiges historisches Prozeßresultat (s. Tabelle 4).

2. Der moderne Verfassungsstaat begann mit der Bändigung und Entwaffnung der konfessionellen Bürgerkriegsparteien, mit der Durchsetzung hoheitlicher Staatlichkeit durch die Monopolisierung der Mittel «legitimer physischer Gewaltsamkeit» *(Max Weber)* beim → Staat. Auf dieser Stufe (I) wird – über die Klärung der Souveränitätsfrage und die Sicherung des inneren Friedens – der Staat als Staat im modernen Sinne überhaupt erst begründet. Für die Qualität seiner Herrschaftsorganisation indes besagte dies noch wenig. Erst auf der folgenden Stufe (II) wandelt sich der friedens- und überlebenssichernde «Leviathan» *(Th. Hobbes)* durch Gewaltenteilung und Gewährleistung von unveräußerlichen Grundrechten und → Menschenrechten zum Verfassungsstaat; und erst die sich anschließende Stufe (III) erbrachte mit der Durchsetzung des Prinzips der Volkssouveränität und mit der Erkämpfung des allg. Wahlrechts den demokratischen Verfassungsstaat, der in der weiteren Entwicklung durch die sozial- und wohlfahrtsstaatl. Komponente (IV) ergänzt wurde. Der Bogen spannt sich also von der Garantie allg. Überlebens- und Sicherheitsrechte (Frieden) über die Anerkennung persönlicher Freiheitsrechte (Freiheit) – die unveräußerlichen Grund- und Menschenrechte – bis zur Gewährleistung polit. Teilhabe- und Mitwirkungsrechte (Gleichheit) bis zur Durchsetzung wohlfahrtsstaatl. [Bürger-]Rechte (Brüderlichkeit). Die Entwicklungsdynamik des demokratischen Verfassungsstaates scheint damit jedoch keineswegs erschöpft: Hinter und jenseits der vierten Stufe der Sozialstaatlichkeit zeichnet sich bereits eine neue Dimension von Ansprüchen und Gewährleistungsforderungen ab: Umwelt- und Lebensrechte, ökolog. und lebensweltliche Unversehrtheitsansprüche gegenüber den Imperativen des ökon. Wachstums und der sozialen wie der militärischen → Sicherheit; hinzu treten Forderungen globaler Geltung und weltgemeinschaftlicher Verbindlichkeit (V.)

Die historische Zäsur der Vereinigung signalisierte Zeitpunkt und Gelegenheit einer Verfassungsrevision in D; die Gründe und der Stoff für eine Erneuerung indes sind v. a. die verfassungsrelevanten Veränderungen in Europa und der Welt nach dem Ende des Kalten Krieges, die, ebenso wie die neuartigen Krisen und ökolog. Großgefahren, zu einer Neuvermessung der polit. Kräftefelder und zu konstitutionellen Innovationen auffordern. Denn unter dem doppelten Gesichtspunkt der Verantwortung wie der Betroffenheit bildet der Nationalstaat längst nicht mehr die zulängliche polit. Organisationseinheit.

3. Auch wenn sich die D. im Gefolge dieser Entwicklung mehr und mehr an der demokratischen Praxis ausrichtet, ist sie nicht einfach mit Verfassungsgeschichte in eins zu setzen. Der historische Rückblick hat für sie primär die Funktion der Veranschaulichung. Sie erörtert ihre Probleme durchaus systematisch nach Maßgabe übergeordneter erkenntnisleitender Fragen.

Unter den d. Ansätzen lassen sich zunächst zwei Grundtypen unterscheiden: (a) normative und (b) empirisch-deskriptive Theorien. Während die ersten begründen, was Demokratie idealerweise ausmacht und warum sie anderen Regierungsformen überlegen ist, beschreiben die Ansätze des zweiten Typs, was Demokratie ist und wie sie wirklich funktioniert. Diese Differenzierung erlaubt jedoch nur eine ungefähre Orientierung; denn auch normative Begründungen berufen sich auf → Empirie, und umgekehrt beschreiben die empirischen Ansätze nie bloß die vorgefundene Wirklichkeit, sondern interpretieren und organisieren sie unter einem besonderen Frageaspekt. Innerhalb dieser beiden Grundmuster lassen sich verschiedene Richtungen ausmachen, die jeweils eigene Schwerpunkte setzen, jeweils andere Begriffe und Zusammenhänge in den Mittelpunkt rücken.

(1) Die traditionell-liberale D. geht vom zentralen Topos in der Beschreibung der repräsentativen Demokratie angelsächsischer Provenienz *(E. Burke)* aus: von ihrer Kennzeichnung als *responsible government (W. Bagehot* 1867), als Regierung, die Entscheidungen trifft und diese zugleich verantworten muß.

Nicht die Abschaffung der Differenz zwischen Herrschenden und Beherrschten – das Kernanliegen des identitären, an *Rousseau* orientierten Demokratieverständnisses – ist hier der Fokus, sondern das Zustandekommen verantwortlicher und zurechenbarer Entscheidungen. Die → Repräsentative Demokratie zielt zuvorderst auf die Ermöglichung und das Sichtbarmachen von Verantwortung, weniger auf Beteiligung, wenngleich die Einlösung der Rechenschaftspflichtigkeit der Regierung zumeist über Beteiligungsprozeduren erfolgt. Demokratisierung heißt in dieser Perspektive nicht allein «Maximierung von Beteiligungschancen», sondern zugleich «Maximierung von polit. Verantwortlichkeit». Konstituierung und Limitierung von polit. Herrschaft sind die Grundelemente des repräsentativen Demokratieverständnisses (vgl. *Mandt* 1974). Der Volkswille kommt nicht als ungeteilter unmittelbar zum Ausdruck, sondern bedient sich der vermittelnden Einschaltung von Repräsentanten, die die Willensbildung des Volkes selbst erst in Gang setzen und, im Falle polit. Entscheidung, eigenverantwortlich interpretieren und antizipieren. Zwischen Repräsentanten und Repräsentierten besteht ein Auftrags- bzw. Vertrauensverhältnis (*trust; Fraenkel* 1991), für welches beides gleichermaßen konstitutiv ist: die innerhalb verfassungsmäßig umschriebener Grenzen sich bewegende Unabhängigkeit und Ermessenskompetenz des Abgeordneten einerseits und die (Wahl-)Ermächtigung durch das Volk andererseits. Von den Vertretern der identitären Demokratie wird eben dies: Stellvertreterschaft, Bevollmächtigung, das Entstehen von Zwischengewalten, als strukturfremdes Element wahrer Demokratie zurückgewiesen. Für *Rousseau* war, ganz in der Konsequenz dieses Denkansatzes, das engl. Volk nur an einem einzigen Tag wirklich frei, nämlich an dem Tag, an dem es sein Parlament wählte. Haben die Parlamentswahlen stattgefunden, «dann lebt es wieder in Knechtschaft, ist es nichts». Das Volk darf sich also, will es frei bleiben, auf keinen Fall unter das Joch arbeitsteiliger Entscheidungsfindungsprozeduren begeben: «Jedes Gesetz, das das Volk nicht persönlich bestätigt hat, ist null und nichtig, es ist kein Gesetz» (*Rousseau* 1959: 107). Diese Rigidität beruht letztlich auf der empirisch nicht haltbaren Fiktion eines homogen gedachten Volkswillens. Nur im gemeinsamen Bezug auf ein *a priori* vorausgesetztes, gleichwohl nirgends belegbares Gemeinwohl sind Regierte und Regierende identisch, wird die Unterscheidung von Herrschenden und Beherrschten hinfällig, wie *Rousseau* dies fordert. An diesem Punkt läßt sich auch der Ggs. zur pluralistisch-repräsentativen Demokratie am besten verdeutlichen.

(2) Die Verfechter des Pluralismuskonzepts gehen davon aus, daß die vorrangige Wahrnehmung des eigenen Nutzens zur unaufhebbaren menschlichen Natur gehört. Von daher kann auch nicht die Homogenität des Denkens und Wollens das Ziel aller Politik sein, sondern die möglichst vollständige Widerspiegelung («Repräsentation») der mannigfachen gesellschaftl. Interessen- und Meinungsströmungen. Erst im Austragen der vorhandenen Gegensätze, in einem Prozeß des Mit- und Gegeneinander, entsteht eine Art «Gemeinwohl *a posteriori*» (*Fraenkel*

1991). Unter diesem Aspekt existiert eine strukturelle Übereinstimmung mit den Argumenten der Vertreter eines relativistischen und skeptizistischen Demokratieverständnisses (vgl. etwa *Radbruch* 1957; *Kelsen* 1929), welche Demokratie und Mehrheitsregel gerade aus der Unentscheidbarkeit der Wahrheit und der prinzipiellen Gleichwertigkeit aller Meinungen und Interessen herleiten.

Die Vertreter der pluralistischen D. in der Nachfolge des brit. Politikwissenschaftlers und Sozialisten *H. Laski* (1921) halten eine Monopolisierung der polit. Entscheidungsfindung durch eine einzelne gesellschaftl. Gruppe deshalb für unmöglich, weil der Entscheidungs- und Willensbildungsprozeß durch ein System von Kräften und Gegenkräften *(checks and balances)* stets auf einem «mittleren Weg» gehalten wird, der gleich weit entfernt von den jeweiligen partikularen Interessen und Positionen ist. Die Politik hört auf alle und folgt eben deshalb keiner Stimme uneingeschränkt. Die Pluralismuskonzeption unterstellt mithin ein Kräftegleichgewicht, welches die Funktionalisierung des polit. Handelns im Dienste einer gesellschaftl. Teilmacht ausschließt.

Die Anhänger der Repräsentationsidee neigen dazu, die Frage der Wünschbarkeit oder Nichtwünschbarkeit von polit. Partizipation eher nach Maßgabe der Funktionserfordernisse des Systems zu beantworten, die repräsentationskritischen Verfechter einer unmittelbaren Volkswillensbildung dagegen tendieren dahin, polit. Beteiligung zum «Wert an sich» zu stilisieren. Für *G. Leibholz,* der beide Konzeptionen zu kombinieren versucht, hat die moderne Demokratie einen «Strukturwandel» hin zum Parteienstaat durchgemacht: Die Parteien sind zu «Sprachrohren» geworden, deren sich das «mündig gewordene Volk bedient». Diese Entwicklung erlaubt es, Parteiwillen und Volkswillen gleichzusetzen und den plebiszitären Parteienstaat als «Surrogat der direkten Demokratie im modernen Flächenstaat» zu begreifen (*Leibholz* 1966: 93 f.).

(3) Die Anhänger der elitären D. wenden sich nicht zuletzt gegen die Übersteigerungen und Projektionen, welche den altliberalen Idealen der Demokratie zugrunde liegen. Aus den Diskrepanzen zwischen den demokratischen Idealvorstellungen des 19. Jh. und der Realität leiten sie jedoch nicht die Feststellung einer «falschen» Wirklichkeit ab. Die Beweislast wird gleichsam umgekehrt: Nicht die Wirklichkeit muß sich vor dem Ideal rechtfertigen, sondern das Ideal sich pragmatisch in der Wirklichkeit bewähren. In letzter Konsequenz führt diese Überlegung zur völligen Preisgabe einer eigenständigen Rolle normativer Sollensüberzeugungen. Es wirkt die normative Kraft des Faktischen. Was Demokratie leisten kann und soll, wird aus dem entwickelt, was sie objektiv feststellbar leistet. Aus der Not des enttäuschten Ideals wird die Tugend des illusionsfesten Realismus. Eine solche Orientierung vernachlässigt, daß neben der normativen Kraft des Faktischen auch die faktische Kraft des Normativen regulierend eingreift.

Die Anhänger der elitären D. gehen von der empirischen Erfahrung aus, daß auch unter der Bedingung demokratischer Mehrheitsherrschaft die polit. Entscheidungen überwiegend von Minderheiten gefällt werden. Anders als die Vertreter einer Kritischen Theorie der Demokratie, welche die Demokratiepostulate der Volkssouveränität, der Gleichheit und der polit. Selbstbestimmung durch Entscheidungsteilhabe radikal beim Wort nehmen, sehen sie in den Phänomenen der demokratischen Elitenherrschaft keinen Defekt, sondern ziehen aus ihnen eher die schlüssige Konsequenz, daß es weder ein wiss. einsichtiges und polit. verbindliches Gemeinwohlkonzept gebe noch ein strikt rationales Abstimmungsverhalten der Bürger bei Wahlen und Sachentscheidungen. Im Elitenmodell *J. A. Schumpeters* reduziert sich der demokratische Anspruch auf die Methode der Herrschaftsbestellung: «Die demokratische Methode ist diejenige Ordnung der Institution zur Erreichung polit. Entscheidungen, bei welcher einzelne die Entscheidungsbefugnis vermittels eines Konkurrenzkampfes um die Stimmen des Volkes erwerben» (1972: 428). Polit. handlungsfähig werden differenzierte Großgesellschaften nach diesem Modell nicht im Wege einer permanenten Mitbestimmung aller über alles, sondern allein durch eine Art «polit. Arbeitsteilung», bei welcher die gewählte Herrschaftselite auf Zeit polit. Stellvertreterfunktionen gegenüber der selbst nicht sprech- und handlungsfähigen Bevölkerungsmehrheit wahrnimmt. Der Vorzug der Demokratie gegenüber anderen Formen der faktischen Minderheitsherrschaft liegt also fast ausschließlich beim Modus der Herrschaftsbestellung durch die Mehrheit, welcher Durchlässigkeit, polit. Wechsel und auch eine Art reduzierter *Ex-post*-Kontrolle mindestens ermöglichen soll. Zu einer umfassenden Rechtfertigung polit. Herrschaft auf der Basis normativer Geltungsgründe befähigt ein solches Konzept nicht.

(4) *A. Downs* (1968) geht in seinem außerordentlich einflußreichen Ansatz einer «Ökonomischen Theorie der Demokratie» in der Nachfolge der nat.-ökon. Theoriebildung von der Grundannahme aus, daß jeder durch rationales Handeln seinen individuellen Nutzen maximieren möchte.

Dieser Vorstellung liegt das Leitbild des *homo oeconomicus* zugrunde, des umfassend informierten und einzig auf rationaler Grundlage entscheidungsfähigen Wirtschaftsmenschen. Es ist jedoch höchst fragwürdig, ob man tatsächlich die Wahlentscheidung mit einer Marktentscheidung vergleichen kann. Denn dieser Vergleich läßt außer acht, was die polit. vor beliebigen anderen Entscheidungen auszeichnet; daß in ihr sich Spuren einer kollektiven Handlungsrationalität finden, weil polit. Entscheidungen eine Fähigkeit zur Informationsverarbeitung voraussetzen, wie sie nur in gesellschaftl. Interaktionsprozessen zum Tragen kommt.

Die übersteigerte Individualisierung der Verhaltensrationalität läßt auch *J. M. Buchanan* und *G. Tullock* (1962) in der Fortführung des *Downs*schen Ansatzes für eine Begründung der Demokratie auf der Basis der älteren Sozialvertragslehren plädieren. Demokratie und Mehrheitsentscheid sind für sie diejenigen Entscheidungsregeln, auf welche sich rational handelnde Individuen zwangsläufig verständigen.

(5) Die Kritik der kritischen D. richtet sich gegen die in ihrer Sicht fatalen Konsequenzen der empirisch-deskriptiven Theorieansätze, der «Theorie demokratischer Elitenherrschaft» (*Bachrach* 1970) und der Pluralismustheorie: Die dominierende Forschungsrichtung in der D. verliere die kritische Distanz zur jeweiligen polit.-sozialen Realität. Die kritische D. konfrontiert die Wirklichkeit mit rigorosen normativen Postulaten, in deren Zentrum das Ideal der individuellen Selbstbestimmung steht. Diese Orientierung an der Autonomie des einzelnen kann zu zwei ganz unterschiedlichen, ja geradezu gegensätzlichen Konsequenzen führen: zur Forderung nach allseitiger polit. Partizipation und gesamtgesellschaftl. Demokratisierung einerseits und zur Forderung nach genereller Herrschaftsfreiheit andererseits.

Beide Varianten der kritischen D., die «partizipatorische» und die «anarchistische», sind in der Praxis oft schwer auseinanderzuhalten, da sie sich sowohl in der Kritik als auch in ihren Wertberufungen ähnlicher Argumente und *Topoi* bedienen. Das Partizipationskonzept faßt Selbstbestimmung als Mitbestimmung; sämtliche Lebensbereiche werden in der Tendenz als mitbestimmungsbedürftig begriffen. Es gibt keine unpolit. privaten oder gesellschaftl. Räume. Ziel ist die umfassende Demokratisierung aller Lebensbereiche (*Vilmar* 1973). Pendant dieses Demokratieverständnisses ist ein expansionistischer Politikbegriff, der auch die gesellschaftl. und privaten Lebensfelder mitumfaßt.

Liegt in der Konsequenz des partizipatorischen Demokratieverständnisses die «Totalpolitisierung», so zielt umgekehrt die anarchistische Variante eher auf «Totalprivatisierung» – Ziel und Funktion der Demokratie ist hier der Abbau von Herrschaft jedweder Art. Die Verfechter des Ideals der Herrschaftsfreiheit setzen auf den herrschafts- und repressionsfreien Diskurs, welcher das unverzichtbare Mindestmaß an Gemeinsamkeit erzeugen soll, indem er täuschungsfrei die Interessen aller Beteiligten offenkundig macht. Das Diskursmodell von *Jürgen Habermas* geht von der Wahrheitsfähigkeit praktischer Fragen aus und mündet konsequent in die Forderung nach konsensuellen Einigungsverfahren. Wo keiner mehr überstimmt wird, kann sich keiner mehr beherrscht und fremdbestimmt empfinden. An diesem utopischen Fluchtpunkt berühren sich die partizipatorische und die anarchistische Variante der kritischen Demokratietheorie: Die Partizipationsforderung setzt die Volkssouveränität absolut und begreift mit *Rousseauscher* Konsequenz das Volk als ein mit einem einheitlichen Willen ausgestattetes Subjekt; die Forderung nach Herrschaftsfreiheit setzt die individuelle Autonomie und Selbstentfaltung absolut, so daß es zu verbindlichen Kollektivaktionen nur kommen kann, wenn alle ein gemeinsamer Wille eint.

(6) Ganz ähnlich steht auch die sozialistische D. in einem doppelten Spannungsverhältnis zur Idee der Demokratie: Zum einen existiert in der Perspektive des staatslosen Kommunismus der gleichsam «natürliche» Vorbehalt einer Position, die sich dem Ideal der Herrschaftslosigkeit verschrieben hat, gegenüber jedweder Herrschaftsform; und zum anderen wird befürchtet, die Demokratie könne den «Klasseninhalt der bürgerlichen Demokratie» (*Lenin* 1959: 240) beschönigen und hierdurch die Bereitschaft zur Revolution vermindern.

Es gibt nach der marxistischen Doktrin nur Klassendemokratien. Hatte der «Revisionist» *E. Bernstein* (1899: 126) Demokratie als «Hochschule des Kompromisses» gepriesen, so ist eben diese konfliktdämpfende Wirkung und die mit ihr einhergehende Blindheit für den fortbestehenden Klassengegensatz den Orthodoxen ein Dorn im Auge: Die «bürgerliche Demokratie» verberge hinter der Fassade des Mehrheitsprinzips und der formalen Gleichheit nur ihren repressiven Klassencharakter; erst die «proletarische» oder «sozialistische» Demokratie bringe eine entscheidende Erweiterung über den pseudodemokratischen bürgerlichen Staat hinaus; erst die sozialistische Revolution lasse ein «sozial geeintes Volk» als Basis wirklicher Volksherrschaft entstehen. Zwar existieren noch immer unterschiedliche Klassen, doch sind – nach der *Stalinschen* Lehre – die durch sie bewirkten Interessengegensätze nicht mehr antagonistisch, so daß auch der Staat nicht mehr als Unterdrückungsinstrument im Dienste einer Klasse fungiert. Für die sozialistische D. ist Demokratie nur ein historisch-transitorisches Phänomen; der erste Entwicklungsabschnitt steht ganz im Zeichen der polit. Machteroberungs- und -behauptungsstrategie des Proletariats. *Lukács* hat für diese Phase den scheinbar paradoxen Begriff der «demokratischen Diktatur» geprägt. Erst in der zweiten Phase erweitert die Demokratie ihren Funktionskreis auf das ganze Volk. Und schließlich wird sie «in der kommunistischen Gesellschaft, sich umbildend und zur Gewohnheit werdend, absterben» (*Lenin* 1959: 240 f.).

Demokratie ist im Kontext der marxistischen Staatslehre Bestandteil einer umfassenden Gesellschaftstheorie mit geschichtsphilosophischer Perspektive und Periodisierung. Diese umschreibt ihren Zweck und ihre Funktion nahezu vollkommen. Ganz anders ist dieses Verhältnis in der westl. D. bestimmt. Demokratie ist hier nicht Übereinkunft auf der Basis weitgehender weltanschaulicher und sozialer Homogenität, sondern stets erneuerungsbedürftige polit. Übereinkunft gerade wegen der fortdauernden weltanschaulichen und sozialen Verschiedenheit. Die westl. D. kennt nicht die verbindliche Vorgabe eines Staatszwecks. Sie bedarf der fortgesetzten demokratischen Willensvereinheitlichung, die den Zweck des Gemeinwesens immer wieder neu definiert. Die Verpflichtung auf ein Verfahren, welches Pluralität, Wertekonkurrenz und Toleranz sicherstellt, tritt an die Stelle der Verpflichtung auf ein ideologisch fixiertes Geschichts- und Gesellschaftsziel.

(7) *N. Luhmann* (1969) versuchte in seiner systemtheoretischen Version, die normativen Voraussetzungen der Demokratie neu zu bestimmen. Er geht von einem historisch beispiellosen «Komplexitätsgrad» des polit. relevanten Wirklichkeitshorizontes aus: Die Zwecke individuellen wie kollektiven Handelns sind nicht mehr eindeutig vorgegeben. Wir befinden uns in einer prinzipiell offenen, äußerst komplexen und ontisch unbestimmten Welt. Die Politik muß sich die Grundlagen und Kriterien ihrer Entscheidung immer wieder selbst «erarbeiten». In diesen Situationen erscheint die Demokratie als angemessene Antwort, weil sie eine weitgehend inhaltsneutrale, d. h. von «wertenden Vorentscheidungen» freie Verfahrensstruktur

zur Produktion von Entscheidungen zur Verfügung stellt oder, in der Sprache der → Systemtheorie, weil sie zu einer «hohen Selektionsleistung» imstande ist. Vor anderen Staatsformen zeichnet sich die Demokratie dadurch aus, daß sie «trotz laufender Entscheidungsarbeit» die Bandbreite der Komplexität bewahrt (*Luhmann* 1969: 319 f.). Obgleich auch sie mit jeder getroffenen Entscheidung eine Vielzahl möglicher anderer Entscheidungen verwirft, also «Komplexität reduziert», sucht sie doch insges. einen möglichst umfassenden Selektionsbereich für künftige Entscheidungen zu erhalten. Demokratie kombiniert also die Fähigkeit, verbindliche Entscheidungen zu produzieren, mit der Erhaltung von Komplexität, d. h. mit der strukturellen Offenheit für künftige Handlungsalternativen.

Dies klingt zunächst ganz nach den Argumenten traditionell-liberaler Demokratiebegründung: Freiheit, Vielfalt, Pluralität, Offenheit, Partizipation, Meinungskonkurrenz. Dennoch bekommen diese Werte und Prinzipien im Kontext einer systemtheoretisch konzipierten Demokratiebegründung einen ganz anderen Sinn: Vielfalt wird nicht als psychologische Bereicherungschance vom einzelnen Subjekt her begründet; Adaptivität und Zielwandlungsfähigkeit sind positive Werte, weil sie unter den Bedingungen einer komplexen Umwelt am ehesten den Systemerhalt verbürgen; demokratische Partizipation gewinnt ihre Bedeutung nicht als Instrument der Verwirklichung individueller und kollektiver Autonomie, sondern als Garant eines möglichst weiten Selektionsbereichs für polit. Entscheidungen; und die Wahl schließlich als das klassische «Herzstück» der Demokratie dient im repräsentativen System weniger der Realisierung individueller Freiheit und Selbstbestimmung als vielmehr der Abschirmung der administrativen Entscheidungsebene von kurzatmigen Wählerstimmungen und polit.-kompetitiven Prozessen. Kurzum: In der funktionalistischen Demokratiebegründung der Systemtheorie werden subjektive Motivation und psychologische Gratifikation der Demokratie konsequent durch objektive, systemfunktionale Leistungen ersetzt: Partizipation bewirkt Vielfalt, «Komplexität»; und Komplexität sichert das langfristige Überleben des Systems. Demokratie wird nicht als «humanste» Form der Organisation von Herrschaftsprozessen gerechtfertigt, sondern als die Staatsform, welche unter modernen Bedingungen den Systemerhalt am ehesten verbürgt. Entgegen ihrem Anspruch bestimmt die systemtheoretisch konzipierte Demokratiebegründung nicht die normativen Prämissen der Demokratie neu, sondern macht eine genuin normative Begründung überflüssig. Die Ersetzung der traditionellen normativen, strukturellen und prozeduralen Merkmale von Demokratie durch funktionalistische Kriterien im Hinblick auf die Fähigkeit des Systems, sich selbst zu erhalten, schafft keine genuine Legitimitätsbasis für Demokratie. Prinzipiell jede Herrschaftsorganisation, welche die Selbstbehauptungschancen des Systems optimiert, ist auf dieser Basis rechtfertigungsfähig.

4. Das Pendeln der relevanten d. Orientierungen zwischen den Polen «Utopie» und «Anpassung» (*Scharpf* 1970) war der d. Diskussion der letzten zwei Dekaden nicht eben förderlich. Eine D., die aktuellen wiss. Standards genügt, müßte komplex und elastisch genug sein, beide Impulse zu integrieren, d. h. die spezifischen Fragen und Folgerungen auch unterschiedlicher Ansätze heuristisch sinnvoll aufeinander zu beziehen. Sie müßte die empirischen Daten und Erkenntnisse der → Parteien- und Verbändeforschung, der → Wahlforschung, der → Politischen Psychologie und anderer Spezialdisziplinen ebenso berücksichtigen wie die «relevanten Fragen», die gesellschaftl. Zielvorstellungen und Bewertungen, die Hoffnungen und Befürchtungen, welche sich mit der Demokratie jeweils verbinden. Sie darf sich nicht einem einzelnen Zielwert (Partizipation oder Effizienz, Freiheit oder Gleichheit, Rechts- oder Sozialstaatlichkeit, Minderheitenschutz oder Mehrheitsherrschaft, Autonomie oder Autorität) allein verschreiben, sondern muß eine möglichst große Zahl jener Zielvorstellungen kombinieren, welche sich in der westl. Demokratiephilosophie und Demokratiepraxis als sozial bedeutsam herausgestellt haben. Sie darf weder die Wirklichkeit bloß wiedergeben, noch darf sie sich in uneinholbar realitätsfernen Uto-

pien verlieren. Gefordert ist ein komplexer Theorieansatz, der eine mittlere Distanz zwischen Vision und Wirklichkeitsbezug hält; eine D., die ihrer Realität stets voraus ist, ohne sie jedoch aus dem Auge zu verlieren.

Zu den neuen Fragen zeitgenössischer D. wird v. a. auch gehören, ob Demokratie ohne wachsenden Wohlstand möglich ist. Demokratie war in der Vergangenheit meist als «soziale Zugewinngemeinschaft» angelegt. Dies hat nicht unwesentlich ihre Attraktivität und Dynamik begründet. Funktioniert sie auch als polit. Solidarverband zur Organisation des Verzichts und des Lastenausgleichs? Oder gilt es, die neuen ökolog. und globalen Pflichten den Unwägbarkeiten des Meinungsstreits zu entziehen und sie als verfassungsrechtliche Normvorgaben des polit. Prozesses festzuschreiben – gerade so, wie wir im Falle der allg. Grundrechte und der geläufigen Staatszielbestimmungen auch verfahren?

→ Diskurstheorie kommunikativen Handelns.

Lit.: *Adler, M.* 1926: Politische oder soziale Demokratie, Bln. *Agnoli, J./Brückner, P.* 1967: Die Transformation der Demokratie, Ffm. *Bachrach, P.* 1967: Theory of Democratic Elitism, Boston (dt. 1970). *Barber, B.* 1984: Strong Democracy, Berkeley u. a. *Bernstein, E.* 1899: Die Voraussetzungen des Sozialismus und die Aufgaben der Sozialdemokratie, Stg. *Bobbio, N.* 1988: Die Zukunft der Demokratie, Bln. *Buchanan, J. M./Tullock, G.* 1962: The Calculus of Consent. Logical Foundations of Constitutional Democracy, Ann Arbor. *Cunningham, F.* 1987: Democratic Theory and Socialism, Camb. *Dahl, R. A.* 1976: Vorstufen zur Demokratietheorie, Tüb. *Dahl, R. A.* 1989: Democracy and its Critics, New Haven. *Downs, A.* 1968: Ökonomische Theorie der Demokratie, Tüb. (engl. 1957). *Etzioni, A.* 1975: Die aktive Gesellschaft, Opl. (engl. 1968). *Fraenkel, E.* 1991: Deutschland und die westlichen Demokratien, Stg. (zuerst 1964). *Greven, M. Th.* (Hrsg.) 1998: Demokratie – eine Kultur des Westens? Opl. *Guggenberger, B./Meier, A.* (Hrsg.) 1994: Der Souverän auf der Nebenbühne, Opl. *Guggenberger, B./Offe, C.* (Hrsg.) 1984: An den Grenzen der Mehrheitsdemokratie, Opl. *Habermas, J.* 1973: Legitimationsprobleme im Spätkapitalismus, Ffm. *Hättich, M.* 1979: Demokratie als Gesellschaftsordnung, Köln/Opl. *Held, D.* ²1996: Models of Democracy, Stanford. *Kelsen, H.* ²1929: Vom Westen und Wert der Demokratie (Nachdruck Aalen 1963). *Kielmansegg, P. Graf* 1977: Volkssouveränität, Stg. *Kriele, M.* 1975: Einführung in die Staatslehre, Hamb. *Laski, H.* ²1968: Authority in the Modern State, New Haven u. a. (zuerst 1921). *Lauga, M.* 1999: Demokratietheorien in Lateinamerika, Opl. *Leibholz, G.* ³1966: Das Wesen der Repräsentation und der Gestaltwandel der Demokratie im 20. Jahrhundert, Bln. *Lenin, V. I.* 1959: Die proletarische Revolution und der Renegat Kautsky, in: LW, Bd. 28, 225 ff. *Luhmann, N.* 1969: Komplexität und Demokratie, in: PVS 10, 314–325. *Macpherson, C. B.* 1983: Nachruf auf die liberale Demokratie, Ffm. (engl. 1977). *Mandt, H.* 1974: «Responsible Government» und kontinentale Demokratietheorie, in: Civitas, XII, 84–103. *Matz, U.* (Hrsg.) 1973: Grundprobleme der Demokratie, Darmst. *Narr, W.-D./Naschold, F.* 1971: Theorie der Demokratie, Stg. *Naschold, F.* 1969: Organisation und Demokratie, Stg. *Oberndörfer, D./Jäger, W.* 1975: Die neue Elite. Eine Kritik der kritischen Demokratietheorie, Freib. *Radbruch, G.* 1957: Der Relativismus in der Rechtsphilosophie, in: Der Mensch im Recht, Gött., 80–87. *Sartori, G.* 1989: The Theory of Democracy Revisited, 2 Bde., Chatham, N. J. (dt. 1992). *Scharpf, F.* 1970: Demokratietheorie zwischen Utopie und Anpassung, Konstanz (Neuausgabe 1975: *Schmidt, M. G.* ³2001: Demokratietheorien, Opl. *Schumpeter, J. A.* ⁷1992: Kapitalismus, Sozialismus und Demokratie, Mchn. (engl. 1942). *Vilmar, F.* 1973: Strategien der Demokratisierung, 2 Bde., Darmst./ Neuwied. *Walzer, M.* 1992: Zivile Gesellschaft und amerikanische Demokratie, Bln. *Zolo, D.* 1992: Democracy and Complexity, Ox.

→ Demokratie.

Bernd Guggenberger

Demokratiewissenschaft, Charakterisierung der dt. Politikwiss. in ihrer Konstituierungsphase nach dem II. Weltkrieg.

D. beschreibt insbes. Selbstverständnis und Anspruch der Gründungsväter der westdt. Politikwiss., die nach der Niederlage des Hitler-Faschismus aus der (meist US-amerikan.) Emigration vielfach als Berater bzw. im Dienst der alliierten Besatzungsmächte nach D zurückkehrten.

→ Politikwissenschaft.

Rainer-Olaf Schultze

Demokratischer Sozialismus, gesellschaftstheoretische Position innerhalb des breiten Spektrums des → Sozialismus mit spezifischen Ziel- und Wegbestimmungen der Abgrenzung gegenüber Geschichtsdogmatik und Monismus des → Marxismus/Leninismus.

D. S. geht aus von der Anerkennung der Existenz des gesellschaftl. → Pluralismus, erteilt revolutionären Strategien eine Absage, sondern setzt demgegenüber zur Veränderung der gesellschaftl. Verhältnisse auf aktive Reformpolitik in der parlamentarischen → Demokratie (→ Reformismus). Orientiert an den Grundwerten → Freiheit, → Gerechtigkeit und → Solidarität, zielt(e) der D. S. auf eine Gesellschaft des → Dritten Weges zwischen → Kapitalismus und → Real existierendem Sozialismus mittels gesamtgesellschaftl. → Demokratisierung über den engeren Bereich des → Politischen Systems hinaus, v. a. durch → Mitbestimmung in der Wirtschaft (→ Wirtschaftsdemokratie). Während des Kalten Krieges bildeten die ideologischen Zielvorstellungen des D. S. das programmatische Bindeglied für die (west-)europ. (insbes. aber die deutsche) → Sozialdemokratie in der Auseinandersetzung und Abgrenzung mit dem → Totalitarismus des Staatssozialismus in Osteuropa. Sie gehörten zu den Kernbestandteilen der Konzepte der sozialistischen Reformopposition in den Ländern des Warschauer Paktes, u. a. auch während des sog. «Prager Frühlings» in der Tschechoslowakei («Sozialismus mit menschlichem Antlitz»). Nach dem Zusammenbruch des real existierenden Sozialismus haben sich eine Reihe postkommunistischer Parteien in Ost- wie Westeuropa das Gedankengut des D. S. angeeignet, einschließlich der Änderung des Parteinamens wie u. a in Italien oder in D, wo sich die SED der DDR (Sozialistische Einheitspartei Deutschlands) im Februar 1990 in PDS (Partei des Demokratischen Sozialismus) umbenannte.

→ Reformismus; Sozialdemokratie; Sozialismus.

Lit.: *Vilmar, F.* [4]1992: Demokratischer Sozialismus, in: *Nohlen, D./Schultze, R.-O.* (Hrsg.): Politikwissenschaft, Mchn./Zürich, 141–143.

Rainer-Olaf Schultze

Demokratischer Zentralismus, von *Lenin* als Teil seiner Parteitheorie noch vor der Revolution von 1917 entwikkeltes Organisationsprinzip (→ Partei neuen Typs), das demokratische (Wahlen von unten nach oben, Rechenschaftspflicht der Führungsorgane) mit Effizienzkriterien (Verbindlichkeit der Beschlüsse der höheren Organe, deren Umsetzung für die Parteimitglieder verpflichtend ist) verbinden sollte.

Nach der Machtübernahme der KP auch als Organisationsprinzip für Staat, Wirtschaft und Gesellschaft propagiert, wurde der d. Z. in der Praxis des → Real existierenden Sozialismus zu einem Herrschaftsinstrument der regierenden Parteielite, bei dem die zentralistischen Elemente dominierten, die demokratischen jedoch verkümmerten.

→ Diktatur des Proletariats; Marxismus; Zentralismus.

Lit.: *Schüßler, G.* (Leiter des Autorenkollektivs) 1981: Der demokratische Zentralismus. Theorie und Praxis, Bln.

Klaus Ziemer

Demokratisierung, Prozeß der Errichtung einer → Demokratie, in welchem von totalitären oder → Autoritären Regimen zu demokratischer Legitimierung und Ausübung der Macht übergegangen wird oder der Vertiefung einer Demokratie durch Erweiterung der Beteiligungsrechte der Bürger an polit. Entscheidungen auf allen Ebenen des polit. Systems (dessen Strukturtypus sich dabei nicht verändert) sowie darüber hinaus in allen relevanten gesellschaftl. Subsystemen.

Im ersten Verständnis verändert sich (im Ggs. zum zweiten) der Strukturtypus des → Politischen Systems. Die → Transition ist auf den polit.-institutionellen Bereich beschränkt und orientiert sich am liberalen Demokratiekonzept, dessen Minimaldefinition von *R. Dahl* (1971) stammt. Maßstab für das Gelingen der D. sind die Gewährleistung eines offenen polit. Wettbewerbs (polit. → Pluralismus, freie → Wahlen) sowie der → Menschenrechte und der Rechtsstaatlichkeit.
Im zweiten Verständnis kann sich D. auch am radikaldemokratischen Konzept der Demokratie ausrichten, das seinen Kern in der Abschaffung der Herrschaft von Menschen über Menschen hat. D. im wirtschaftl. und sozialen Bereich kann die Form der größeren Beteiligung an den Produktionsmitteln (Mitbestimmung, → Vergesellschaftung, Verstaatlichung) und der größeren Teilhabe an den erwirtschafteten Gütern (*Benhabib* 1996; → Sozialpolitik) annehmen.

→ Fundamentaldemokratisierung; Systemwechsel, Transformationsforschung.

Lit.: *Alemann, U. von* (Hrsg.) 1975: Partizipation, Demokratisierung, Mitbestimmung, Opl. *Benhabib, S.* (Hrsg.) 1996: Democracy and Difference, Princeton. *Dahl, R. A.* 1971: Polyarchy. Participation and Opposition, New Haven/L. *Hartmann, C.* 1999: Externe Faktoren im Demokratisierungsprozeß, Opl. *Huntington, S.P.* 1991: The Third Wave, Norman. *Potter, D.* u.a. (Hrsg.) 1997: Democratization, Camb. *Nohlen, D.* 1988: Mehr Demokratie in der Dritten Welt?, in: ApuZ 25–26, 3–18. *Vilmar, F.* 1973: Strategien der Demokratisierung, 2 Bde., Darmst./Neuwied.

Dieter Nohlen

Demonstration, öff. Kundgebung. Ein einzelner oder eine Gruppe wendet sich an ein Publikum (die → Öffentlichkeit; Betroffene; Wähler; Medien; Entscheider), um diesem die eigenen Überzeugungen kundzutun und dort Resonanz zu finden. D. versuchen (a) Problembewußtsein zu schaffen, (b) Zustimmung zu mobilisieren, (c) → Macht zu demonstrieren und (d) Druck auszuüben.

In demokratischen Staaten gelten D. als legitimes Mittel der → Opposition (Oppositionsparteien wie → Außerparlamentarische Opposition), um die → Politische Willensbildung abseits konventioneller Formen polit. → Partizipation zu beeinflussen. Die notwendige Versammlungsfreiheit wird in modernen Verfassungen als → Grundrecht garantiert. Sie darf nur unter eng begrenzten Voraussetzungen zur Gewährleistung von → Sicherheit und Ordnung (Gewaltverbot; Meldepflicht; Vermummungsverbot) sowie der Unabhängigkeit des Parlaments (Bannmeile) eingeschränkt werden. Dagegen werden D. in → Autoritären Regimen entw. (a) als regimefeindlich verfolgt oder dienen (b) in der Gestalt von Massenkundgebungen als Instrument der Herrschenden, um nach innen wie nach außen Zustimmung und Loyalität der Herrschaftsunterworfenen darzustellen.

→ Bürgerrechtsbewegung; Soziale Bewegungen; Wertewandel; Ziviler Ungehorsam.

Günter Rieger

Demoskopie/Umfrageforschung, griechisch-neulateinischer Begriff, bedeutet Abbildung, Darstellung des Volkes; was dabei im einzelnen abgebildet wird, ist damit nicht gesagt. Das dt. Sprachäquivalent ist i. d. R. Meinungsforschung. Im angelsächsischen Sprachraum spricht man von *public opinion research* oder auch, umfassender, von *survey research*. Dem entspricht im Deutschen der Begriff der Umfrageforschung.

1. Nach *Kant* bedeutet Meinung eine sowohl subjektiv wie objektiv unzureichende Fürwahrhaltung. Doch auch in der Psychologie und Sozialpsychologie gilt Meinung, etwa in Abgrenzung zur Einstellung (*attitude*), als etwas Flüchtigeres, als ein insbes. mit weniger Affekt besetzter Reaktionsmodus einer Person. Diese Art von Begriffsverständnis macht verständlich, warum bei vielen zeitgenössischen Beobachtern Meinungsforschung oder D. erhebliche Vorbehalte hervorruft.

2. Umfrageforschung (U.) ist ein Teilbereich der → Empirischen Sozialforschung. Die Literatur zur Geschichte der Empirischen Sozialforschung betont, daß ihre Grundlagen schon im 18. und insbes. im 19. Jh. entstanden (*Maus* 1973). Unter Berufung auf *Lazarsfeld* stellte *Scheuch* (1965: 20) fest, «daß die Grundzüge aller wesentlichen Techniken der Sozialforschung bis um die Zeit des Ersten Weltkrieges in Europa erarbeitet wurden». Dennoch kann man sagen, daß die Institutionalisierung der U. über die Herausbildung einer Forschungsinfrastruktur, standardisierter Erhebungs- und Analysetechniken bis hin zur Etablierung einer regelmäßigen Nachfrage nach ihren Dienstleistungen erst nach dem II. Weltkrieg erfolgte. Entscheidend für diese Entwicklung ist sicherlich die Verbindung der Befragungstechniken mit der systematischen Anwendung der Wahrscheinlichkeitstheorie auf stichprobentheoretische Überlegungen. Gleichzeitig wurden damit die Voraussetzungen für die Idee geschaffen, daß eine statistisch hoch zuverlässige Aussage über beliebig große Grundgesamtheiten (unter bestimmten zusätzlichen Bedingungen) schon auf der Grundlage einer im Verhältnis geringen Zahl von Fällen getroffen werden kann. Dieser Ansatz erfuhr z. B. in den USA 1936 eine erste spektakuläre Bewährung, als *G. Gallup* die Ergebnisse der Präsidentschaftswahl auf der Grundlage einer Stichprobe von einigen tausend Befragten wesentlich genauer voraussagte als die Zeitschrift *Literary Digest* mit ca. zwei Millionen Einsendungen, die aber gerade nicht repräsentativ für die amerikan. Wahlbevölkerung waren (*Kaase/Pfetsch* 2000). Die U. als systematische Methode der Informationsbeschaffung über wiss., polit., wirtschaftl. und gesellschaftl. Sachverhalte hat in diesen Bereichen inzwischen eine herausragende Bedeutung erlangt. Gerade deswegen hat die D. sowohl in sozialphilosophischer als auch in politikwiss. Betrachtung seit langem erhebliche Vorbehalte geweckt (*ebd.*).

3. Die Entwicklung und praktische Anwendung der U. geschah zunächst v. a. in den USA und war durch eine enge Kooperation zwischen akademischer und anwendungsbezogener Forschung gekennzeichnet. In D wurden erste Ansätze durch das Dritte Reich zerstört, so daß es erst nach dem II. Weltkrieg zu einer hinreichenden Institutionalisierung gekommen ist. Die dt. Entwicklung der U. hatte ihren Schwerpunkt lange Zeit in der privatwirtschaftl. verfaßten Markt- und Meinungsforschung; die theoretische und praktische universitäre Basis der U. erfuhr hingegen erst mit Beginn der 1960er Jahre eine nennenswerte Verbreiterung; seither belegen die jährlichen Forschungserhebungen des Bonner Informationszentrum Sozialwissenschaften überzeugend und kontinuierlich den Rang von Befragungen als Königsweg der akademisch verfaßten Empirischen Sozialforschung (*Klein/Rohlinger* 1998: XX–XXIII).

In ihren Anfängen sah sich die U. einer Reihe von Problemen gegenüber, die eine umfassende Forschungstätigkeit anregten. Darunter fallen Gebiete wie Formulierung von → Fragen/Fragebogen, von Stichprobenplänen, Meß- und Skalierungsverfahren, theoretische und praktische Fragen des → Interviews und der Datenerhebung allgemein sowie schließlich der Datenanalyse. Entscheidende Anstöße erfuhr die U. durch das Aufkommen der elektronischen Datenverarbeitung ab Mitte der 1960er Jahre, die v. a. der Datenaufbereitung, dem Datenmanagement und der Datenanalyse grundlegend neue Möglichkeiten eröffnete und damit letztlich ihren Durchbruch auf breiter Front ermöglichte.

Die stürmische Entwicklung der methodologischen und methodischen Grundlagen der U. in den 1940er und v. a. in den 1950er Jahren wurde durch eine Phase des relativen wiss. Stillstands in den 1960er und 1970er Jahren abgelöst. Seitdem ist die Diskussion wieder voll in Gang gekommen. Zu nennen ist hier z. B. die Anwendung kognitionspsychologischer Theorien auf Probleme der U., die eine große Herausforderung von lange Zeit nicht hinterfragten Grundlagen dieser Forschung darstellt (*Beniger/Gusek* 1995). Darüber hinaus sieht sich die U., die auf der freiwilligen Mitarbeit der Befragten beruht, zunehmend finanziellen (Kosten), praktischen (Ausschöpfungsraten) und rechtlichen (→ Datenschutz) Schwierigkeiten gegenüber. Über eine gewisse Zeit konnte zurecht vermutet werden, daß diese Probleme zumindest teilweise durch den zunehmenden Übergang zu telefonischen Befragungen gelöst werden könnten, die in der → Marktforschung inzwischen weit häufiger als persönliche Interviews in Form des direkten Kontakts zwischen Befragern und Befragten (*face-to-face*) eingesetzt werden. Diese Auffassung wird jedoch nicht durchgängig geteilt, zumal die rapide Entwicklung neuer Kommunikationsmedien wie des Internets hier schon wieder interessante innovative Optionen für die Empirische Sozialforschung zu eröffnen beginnt. So stellt sich zu Beginn des 21. Jh. der wiss. und forschungspraktische Status der U. als durchaus ambivalent dar, wie auch die 1999 von der Deutschen Forschungsgemeinschaft veranlaßte Denkschrift zu den «Qualitätskriterien der Umfrageforschung» (*Kaase* 1999) belegt.

4. Die U. bezieht sich nach gängigem Sprachgebrauch auf die empirische Untersuchung von repräsentativen Querschnitten (→ *Sample*) der nat. Bevölkerung oder deren Untergruppen mittels standardisierter Erhebungsinstrumente und mündlicher Befragung. Demoskopische (d.) Erhebungen können jedoch auch unter Einsatz anderer als standardisierter Meßinstrumente (z. B. qualitative Verfahren wie etwa leitfadengesteuerte Interviews) oder in Verbindung mit diesen erfolgen.

Die besonders für D typische kontroverse Bewertung der D. spiegelt sowohl historische als auch normativ-theoretische Gesichtspunkte wider. Zum einen ist hier eine von unterschiedlichen demokratietheoretischen Voraussetzungen gespeiste Bewertung zu nennen. Dabei stehen sich eine elitetheoretische Position, die eine über institutionelle Strukturen vermittelte und damit im Kern reduzierte Rolle des einzelnen Bürgers hinsichtlich der Gestaltung von Politik betont, sowie eine partizipatorisch-plebiszitäre Position, die die unmittelbaren und umfassenden Beteiligungsrechte des Bürgers in einer demokratischen Politik hervorhebt, gegenüber. Die Möglichkeit, mit den Verfahren der U. Meinungen der Bevölkerung zu öff. Angelegenheiten in Erfahrung zu bringen, eröffnet unter dem letztgenannten Blickwinkel die Chance einer ständigen Einbeziehung aller Bürger in den Prozeß der polit. Meinungsbildung. Möglich werden nun Aussagen über Struktur und Inhalte der → Öffentlichen Meinung.

Der schillernde Begriff der Öffentlichen Meinung war seit jeher Gegenstand besonderer wiss. Aufmerksamkeit. Der Versuch, Öffentliche Meinung zu bezeichnen als solche «Meinungen, Verhaltensweisen, die man in der Öffentlichkeit äußern oder zeigen *muß*, wenn man sich nicht isolieren will; in kontroversen, im Wandel begriffenen Bereichen oder in neu entstandenen Spannungszonen in der Öffentlichkeit äußern *kann* ohne Gefahr, sich zu isolieren» (*Noelle-Neumann* 1989: 257; → Schweigespirale), entspricht einem sozialpsychologischen Ansatz und kommt einer Erfassung durch die U. sehr entgegen. Er enthält aber nichts von einem Verständnis, das Öffentliche Meinung als die Meinung der besten, gebildetsten und urteilsfähigsten Bürger versteht und auf diesem Hintergrund die D., die nur gemeine Meinung als die der ganzen Bevölkerung erheben kann, aus einer Reihe von Gründen als Gefährdung des Verfassungssystems der repräsentativen Demokratie betrachtet (*Hennis* 1957; für einen kurzen Überblick über die Kontroversen zur gesellschaftl.-polit. Rolle der U. siehe *Kaase/Pfetsch* 2000).

Im Kern der demoskopiefeindlichen Position befindet sich die Annahme, daß die Ergebnisse der D. die verantwortungsbewußte Handhabung von Politik durch die dafür gewählten Repräsentanten bedrohe, wenn nicht zerstöre. Diese Bedrohung erfolge nicht nur durch eine qualitative Veränderung des polit. Entscheidungsprozesses – Politiker, die sich zunehmend nach d. Ergebnissen richten –, sondern auch durch die Gefahr der Verstärkung der plebiszitären Komponente im Verfassungssystem selber. Bemerkenswert ist die Tatsache, daß gerade die amerikan. Besatzungsmacht nach dem II. Weltkrieg erhebliche Anstrengungen unternommen hat, um den Aufbau einer Infrastruktur für d. Forschungen in D zu unterstützen. Aus authentischen Äußerungen wird dabei deutlich, daß diese Unterstützung auch aus einer ausgesprochen positiven Bewertung des demokratischen Potenzials der D. erfolgte (*Institut für öffentliche Angelegenheiten* 1952: 215). Diese Bewertung erscheint um so selbstverständlicher, als man aus den Möglichkeiten und Ergebnissen der Demoskopie z. B. im US-amerikan. Verfassungskontext zu keiner Zeit die Schlußfolgerung gezogen hat oder ziehen würde, deswegen bewährte Elemente der Verfassung in Frage zu stellen.

5. Die D. und ihre Ergebnisse können als ein Element der Informatisierung und Selbstbeobachtung moderner Gesellschaft aufgefaßt werden; sie sind aus diesen Gesellschaften nicht mehr wegzudenken. In Demokratien, in denen dem Bürger als Wähler die wichtigste polit. Entscheidung überhaupt – über die Regierung – als konstitutionelles Recht zugewiesen ist, wird man Vorbehalte gegenüber von ihm gehaltenen Meinungen und Einstellungen sowie deren Öffentlichmachung durch d. Verfahren nicht überzeugend begründen können. Daß gerade durch die U. erfaßte Meinungen, wie nicht zuletzt die Empirische Sozialforschung belegt hat, häufig wenig fundiert und informiert sind, erscheint wenig erheblich angesichts der Tatsache, daß aus strukturellen Gründen in komplexen, differenzierten Gesellschaften auch → Eliten, einschließlich der polit. Eliten, in vielen Gebieten wenig mehr als Laienmeldungen in die öff. Diskussion einbringen können, übrigens ein starkes Argument für eine repräsentative Demokratie.

Inwieweit die genannten Befürchtungen, die D. greife in den verfassungsmäßigen polit. Prozeß ein, gerechtfertigt oder nicht gerechtfertigt sind, ist zum einen Sache der polit. Akteure und ihres Politikverständnisses, zum anderen Sache der bestehenden Verfassungsregeln und ihrer Interpretation im polit. Prozeß selber. Hier ist nicht die D., sondern *Politeia* gefordert. Dazu gehört im übrigen auch die Herstellung einer breiten → Öffentlichkeit für d. Ergebnisse durch Offenlegung wie Kontrolle der Verfahren und Pluralität wie Zugänglichkeit der Forschungen (*Kaase* 1999). Angesprochen hingegen ist die D. in ihrem professionellen Selbstverständnis, wenn z. B. Schätzungen der relativen Parteistärken im Vorfeld von Wahlen an die Öffentlichkeit gebracht werden, ohne daß die Grundlagen der Berechnung nachvollziehbar dokumentiert werden. Sich insgesamt der polit. Verantwortung und der Reflexion ihrer soziopolit. Folgen zu entziehen, dieser Vorwurf an die Adresse der D. (*Hennis* 1957) erscheint gelegentlich nicht ungerechtfertigt, zumal die D. einen großen Teil ihrer öff. Aufmerksamkeit der empirischen → Wahlforschung verdankt (*Brettschneider* 1996).

Im Ergebnis bleibt festzuhalten, daß die zeitgenössische U. sich mit ihrem Potenzial zur wiss. fundierten Erhellung gesamt- und teilgesellschaftl. Strukturen und Prozesse trotz mancherlei Ambivalenzen als ein für komplexe demokratische Industriegesellschaften unverzichtbares Informationsmittel erwiesen hat.

Lit.: *Beniger, J. R./Gusek, J. A.* 1995: The Cognitive Revolution in Public Opinion and Communication Research, in: *Glasser, Th. L./Salmon, Ch. T.* (Hrsg.): Public Opinion and the Communication of Consent, NY/L., 217–248. *Brettschneider, F.* 1996: Wahlumfragen und Medien, in: PVS, 37, 475–493. *Hennis, W.* 1957: Meinungsforschung und repräsentative Demokratie, Tüb. *Institut zur Förderung öffentlicher Angelegenheiten* (Hrsg.) 1952: Empirische Sozialforschung, Ffm. *Kaase, M.* (Hrsg.) 1999: Qualitätskriterien der Umfrageforschung, Bln. *Kaase, M./Pfetsch, B.* 2000: Umfrageforschung und Demokratie, in: *Klingemann, H.-D./Neidhardt, F.* (Hrsg.): Die Zukunft der Demokratie. WZB-Jahrbuch 2000, Bln. *Klein, M./Rohlinger, M.* 1998: Empirische Sozialforschung 1997, Ffm./NY. *Maus, H.* 1973: Zur Vorgeschichte der empirischen Sozialforschung, in: *König, R.* (Hrsg.): Handbuch der empirischen Sozialforschung, Bd. 1, Stg., 21–56. *Noelle-Neumann, E.* 1989: Öffentliche Meinung. Die Entdeckung der Schweigespirale, Ffm. *Scheuch, E. K.* 1965: Sozialer Wandel und Sozialforschung, in: KZfSS 17, 1–48.

Max Kaase

Dependencia, Theorierichtung innerhalb der → Entwicklungstheorie, die v. a. auf die externe Verursachung der Unterentwicklung abhebt und sich als Gegenparadigma zur → Modernisierungstheorie begreift, welche die internen Entwicklungshemmnisse in den Mittelpunkt des Erklärungszusammenhangs gestellt hatte.

D. entstand in Lateinamerika Ende der 1960er Jahre als Reaktion auf die Erschöpfungserscheinungen des Entwicklungsmodells importsubstituierender → Industrialisierung und auf das polit. Ende von Reformversuchen (Scheitern der *Allianz für den Fortschritt*, Sturz von Reformregimen durch Militärputsch). Der am Begriff der Abhängigkeit orientierte Erklärungsansatz entwikkelte z. T. Theoreme der CEPAL (→ Cepalismo) fort (→ Zentrum-Peripherie-Modell, säkulare Verschlechterung der → *Terms of trade)*, z. T. bezog er sich auf unorthodoxe marxistische Ansätze, welche die Unterentwicklung in Lateinamerika nicht auf feudalistische Strukturen, sondern auf die Besonderheiten eines abhängigen, peripheren → Kapitalismus zurückführten. In einer teilweisen Symbiose mit Weltmarkttheorien (ungleicher Tausch) und Theorien des peripheren Kapitalismus (*S. Amin, D. Senghaas)* versuchte die D., die Unterentwicklung bzw. die Entwicklungsblockaden in Lateinamerika und in der Peripherie allg. auf Ausbeutung durch Handel und Gewinntransfers → Multinationaler Konzerne und/oder auf strukturelle Verflechtung mit den Ökonomien der Zentren zurückzuführen, welche der Peripherie die Chance für eine autozentrierte Entwicklung nach metropolitanem Muster verwehrten. Je nach polit. Standort konnten Abhängigkeit und Unterentwicklung entw. durch eine Dissoziation (partielle Abkoppelung) vom Weltmarkt und eine Veränderung der Regeln des Welthandels (→ Neue Weltwirtschaftsordnung) oder aber allein durch eine sozialistische Revolution überwunden werden. Mit der Theorie des kapitalistischen Weltsystems (*I. Wallerstein)* erfuhr die D. eine Fortentwicklung und ihre Apotheose als Theorie von Entwicklung und Unterentwicklung im globalen Maßstab.

Mit dem Erfolg der weltmarktorientierten Industrialisierungsstrategie der ost- und südostasiatischen → Schwellenländer geriet die D. in die Krise: Die Abkoppelung vom Weltmarkt bot keine Lösung, sondern sie war Teil des Problems. Spätestens mit der → Schuldenkrise wurde offenbar, daß man sich in Lateinamerika viel zu lange vom Weltmarkt abgeschirmt und dadurch den wirtschaftl. Anschluß verpaßt hatte.

→ Entwicklungspolitik.

Lit.: *Nohlen, D./Nuscheler, F.* (Hrsg.) [3]1992: Handbuch der Dritten Welt, Bd. 1, Bonn. *Senghaas, D.* (Hrsg.) 1974: Peripherer Kapitalismus, Ffm. *Wallerstein, I.* 1974 ff.: The Modern World System, 3 Bde., NY.

Andreas Boeckh

Dependenzanalyse → Pfadanalyse

Deprivation (aus mlat. *deprivatio* = Beraubung, Entzug, Verlust), bedeutet eine Benachteiligung, eine Entbehrung, einen Mangel an materiellen und immateriellen → Gütern oder Möglichkeiten zur Selbstentfaltung.

Von D. wird sowohl in der Psychologie (Behinderung des Gebrauchs von Motorik und Sinnen durch experimentelle Bedingungen, frühkindliche Vernachlässigung, Krankheit oder Folter) als auch in der Soziologie und Politikwiss. (Versorgungsmangel) gesprochen. Wichtig ist v. a. die Theorie der relativen D.; sie besagt, daß nicht die absolute D., die objektiv gegebene Benachteiligung (→ Verelendung) eines Menschen, einer Sozialgruppe oder eines Landes, ausschlaggebend für Unzufriedenheit oder Protest ist, sondern die subjektiv empfundene relative Benachteiligung. Sie ist Ergebnis des Vergleichs mit einer entspr. Bezugsgruppe oder der Diskrepanz zwischen Ist-Zustand und individuellen bzw. kollektiven Erwartungen (→ Gruppenbezugsansatz). *Gurr* (1970) versteht das Auseinanderklaffen von Erwartungen und Erfahrungen auch als Motor → Sozialer Bewegungen. Die Theorie der relativen D. unterscheidet sich damit fundamental von den klassischen Verelendungstheorien, etwa auch der von *Marx* und *Engels* (→ Marxismus).

→ Politische Psychologie; Politische Sozialisation.

Lit.: *Gurr, T. R.* 1970: Why Men Rebel, Princeton. *Runciman, W. G.* 1966: Relative Deprivation and Social Justice, L.

Ulrike C. Wasmuth

Deregulierung, allg. die Abschaffung als überflüssig erachteter Gesetze, Vorschriften und Regeln mit dem Ziel, Gesetzesflut, Verrechtlichungstendenzen etc. einzudämmen, um damit erneut Handlungsfreiheiten und Wahlmöglichkeiten zu eröffnen.

I. e. S. ist D. Teil des polit. Programms der liberal-konservativen Wende seit den 1970er Jahren, die (neben dem Übergang zur → Angebotsorientierten Wirtschaftspolitik) in den wichtigsten westl. Industriestaaten auf eine Verbesserung der Wettbewerbsfähigkeit und wirtschaftlichen Leistungskraft, v. a. aber auf eine massive Erhöhung der individuellen Flexibilität abzielt. D. ist insofern synonym mit einer (unterschiedlich erfolgreichen) Strategie der Entstaatlichung bzw. Entlassung des Staates aus wirtschaftspolit. Ordnungsaufgaben, sozialen Leistungs- und Sicherungsbereichen und übergeordneten Kontrollfunktionen.

→ Regulative Politik.

Klaus Schubert

Design → Institutional Design

Deskription/Deskriptive Ansätze, ein wesentlicher, in seiner Bedeutung für die wiss. Analyse gerne unterschätzter Teilbereich des politikwiss. Forschungsprozesses. Durch D. werden gesellschaftl.-empirische Sachverhalte geordnet erfaßt und der theoretischen Reflexion zugeführt. Funktion und Leistung der D. werden häufig durch die schroffe Trennung von der höher bewerteten Theorie verkannt, deren Charme die Politikwissenschaftler häufig zu Lasten der D. erliegen.

1. Die durch D. erfaßten Sachverhalte sind (historisch und statistisch) → empirisch und infolgedessen grundsätzlich empirisch überprüfbar. Kein anderer Tatbestand könnte der D. in einer sich empirisch verstehenden Politikwiss. größeres Gewicht verleihen. So ist etwa in der → Vergleichenden Regierungslehre empirisch verifizierbar, nach welchen Regeln Parlamente zustande kommen und wie sie parteipolit. zusammengesetzt sind. Auch Interaktionen polit. Akteure sowie Strukturen und Funktionen → Politischer Systeme lassen sich empirisch beschreiben. Die D. ist dabei mehr als die Sammlung und Anhäufung von Daten. D. erfolgt auf der Grundlage «vortheoretischer» Annahmen; Daten werden in einen erdacht geordneten Zusammenhang gestellt, oder es erfolgt eine klassifikatorische Beschreibung, die sich an systematischen übergreifenden Gesichtspunkten orientiert. In → Fallstudien *(case studies)* ist diese Funktion der D. lebendig. Schließlich: In einer guten D. steckt immer auch ein Stück Theorie; i. S. einer richtigen Anschauung von den Dingen wurde gelegentlich (etwa bei der Theorie parlamentarischer Regierung) D. sogar mit Theorie gleichgestellt.

2. Deskriptive Ansätze bezeichnen D., die durch spezifische Beschreibungsvorgaben oder -rahmen empirische Tatbestände ermitteln. Sie ergeben sich zum einen aus methodischen oder theoretischen Vorentscheidungen (etwa verstehende, handlungstheoretische, kontextbezogene Erfassung der Daten) und zum anderen aus sozial bedingten Perspektiven des Forschers (Werte, Interessen, Zeiten), welche in die D. i. S. einer interpretierenden Erfassung der Empirie einfließen.

3. Deskriptive Theorien werden dadurch gekennzeichnet, daß unmittelbar empirisch er-

mittelte Tatbestände zu relativ einfachen Generalisierungen verarbeitet werden. Wissenschaftslogisch gesehen handelt es sich um die Verallgemeinerung induktiv gewonnener Ergebnisse zu theoretischen Aussagen, unter die empirisch überprüfte Fälle subsumiert werden (→ Induktion). In der Parteiensoziologie beispielsweise schreibt die Forschung traditionell den sozialdemokratischen Parteien einen höheren Organisationsgrad zu als den konservativen Parteien. Im Rahmen einer deskriptiven Theorie wird das Ergebnis einer Einzeluntersuchung (sei diese monographisch oder intra- bzw. interkulturell vergleichend), das mit der theoretischen Aussage übereinstimmt, durch diese bekräftigt.
Da von empirischen Tatbeständen ausgegangen wird, ergibt sich das Induktionsproblem, das Schließen von Einzeltatbeständen auf allg. Sätze, das nach dem Wissenschaftsverständnis des → Kritischen Rationalismus nur einen geringen Erklärungswert der deskriptiven Theorie zuläßt. In der Vergleichenden Regierungslehre wird die Erklärungskraft der von Theorien auch konträren Fälle davon abhängig gemacht, daß unter Anwendung der → Vergleichenden Methode möglichst viele Fälle erfaßt und in die Untersuchung einbezogen werden. Ein deskriptiv-theoretisches Vorgehen tendiert dazu, nur mit der Theorie konforme Fälle zu berücksichtigen.

→ Dichte Beschreibung.
Lit.: → Analyse; Ansatz; Vergleichende Regierungslehre/Vergleichende Politische Systemlehre.

Dieter Nohlen

Deskriptive Statistik, auch beschreibende Statistik, beschränkt sich in ihren Aussagen auf die Menge von Fällen (Untersuchungseinheiten), für die unter Einsatz empirischer Erhebungsinstrumente Daten erhoben worden sind. Sie zielt darauf ab, die im Datensatz enthaltenen Informationen möglichst übersichtlich darzustellen und die relevanten Aussagen des empirischen Materials herauszuarbeiten. Ihre Beschreibungen können graphischer und/oder numerischer Art sein.

Die statistische Aufbereitung kann so geschehen, daß die ursprünglich in der Datenbasis enthaltenen Informationen weitestgehend erhalten bleiben. In diesem Fall wird lediglich die Redundanz verringert (= Informationsverdichtung). Die Datenbasis kann aber auch so transformiert werden, daß der im Hinblick auf die interessierende Fragestellung (Untersuchungsthema) nicht relevante Teil der urspr. Informationen «ausgefiltert» wird (= Informationsreduktion). Im Unterschied dazu begnügt sich die schließende (analytische, induktive, inferenzielle) Statistik nicht mit einer Beschreibung der erhobenen Datenmenge. Sie macht es sich zur Aufgabe, die bei einer begrenzten Zahl von Fällen gefundenen Ergebnisse auf eine größere Gesamtheit zu verallgemeinern oder Hypothesen mit generellem Geltungsanspruch anhand von Stichprobenbefunden zu testen (→ Inferenzstatistik, Statistik).
Innerhalb des Rahmens der d. S. existieren Verfahren zur univariaten, zur bivariaten und zur multivariaten Auswertung des Datenbestandes. Die → Univariate Statistik beschränkt sich auf die isolierte Beschreibung von Verteilungseigenschaften für jeweils nur eine Variable. Die → Bivariate Statistik analysiert den Zusammenhang von zwei Variablen durch Beschreibung der gemeinsamen Variation der Ausprägungen beider Merkmale. Durch → Multivariate Verfahren schließlich wird die Analyse auf statistische Zusammenhänge zwischen mehr als zwei Variablen ausgeweitet.

Lit.: → Bivariate Statistik; → Univariate Statistik.

Helmut Kromrey

Despotie (von griech. *despótes* = Hausherr), Herrschaftsform, die durch willkürliche Ausübung der → Macht gekennzeichnet ist.

Nach *Max Weber* (1956: 156) wird in der D. «die Herrschaft wie ein gewöhnliches Vermögensrecht des Herrn behandelt». Der Begriff wird v. a. mit Herrschaftsweisen im

Orient in Verbindung gebracht (orientalische, sultanistische D.).

→ Diktatur; Herrschaft; Staatsformen.

Lit.: *Chebabi, H. E./Linz, J. J.* (Hrsg.) 1998: Sultanistic Regimes, Baltimore/L. *Weber, M.* 1956: Die drei reinen Typen legitimer Herrschaft, in: *ders.*: Soziologie, Weltgeschichtliche Analysen, Politik, Stg., 131–166. *Wittfogel, K. A.* 1962: Die orientalische Despotie, Köln/Bln.

Dieter Nohlen

Détente → Entspannung

Determinismus, erkenntnistheoretische Position, behauptet im Ggs. zum Indeterminismus die Bestimmtheit von Geschehnissen und Abläufen und folglich auch die Möglichkeit, den weiteren Verlauf der Dinge vorauszusagen.

So unterstellt der D. die Vorherbestimmung des gesamten Weltgeschehens durch Gott (theologischer D.), des Naturgeschehens aufgrund der Gesetze der Mechanik (mechanisch-physikalischer D.), der Geschichte aufgrund von → Entwicklungsgesetzen (etwa im → Historischen Materialismus durch den dialektischen Zusammenhang von Notwendigkeit und Freiheit; dialektischer D.) oder in Form der Annahme, die Geschichte hätte nur so ablaufen können, wie sie sich *ex post* im historischen Moment ihrer Analyse darstellt (retrospektiver D.); schließlich in wiss. Erklärungen in Form von deduktiv-nomologischen Sätzen (wissenschaftstheoretischer oder methodischer D.).

Deduktiv-nomologische Erklärungen deterministischer Natur sind in den Naturwiss. zu Hause und werden für die Sozialwiss. i. d. R. verneint oder durch quasi-deterministische Argumente statistischer, probabilistischer oder stochastischer Natur ersetzt. Deshalb tritt der D. im politikwiss. Diskurs zumeist in der Figur des Vorwurfs auf, gerichtet hauptsächlich gegen Paradigmen, Ansätze, Theorien, Forschungsprogramme, die sich mehr oder weniger deterministische Positionen zu eigen machen, wie der Historische Materialismus, die in der *Annales*-Tradition stehende strukturalistische → Geschichtstheorie der *longue durée* oder Forschungsprogramme innerhalb der → Dialektisch-kritischen Theorien. Der D. ist jedoch nicht auf eine metatheoretische Position begrenzt. So arbeitet das dem → Behavioralismus verpflichtete Wissenschaftsprogramm zur Erklärung der strukturellen Zusammenhänge im Wahlverhalten durchaus mit deterministischen Annahmen, die analog dem mechanisch-physikalischen D. gewonnen wurden.

Dieter Nohlen

Deutscher Bundestag → Parlament

Deutscher Gewerkschaftsbund → Gewerkschaften

Deviant case (engl. für abweichender Fall), bezeichnet in vergleichenden Untersuchungen jenen Fall, der nicht in das allg. Erklärungsmuster paßt, welches für alle anderen untersuchten Fälle gefunden wurde.

Das Auftreten eines *d. c.* wird in der komparativ-falsifikationistischen Politikwiss. nicht als ausreichend betrachtet, eine → Theorie zu widerlegen. Im Ggs. zur illustrativ-verifizierenden → Methode, die nur mit der → Hypothese übereinstimmende Fälle berücksichtigt, dient die Analyse abweichender Fälle der Überprüfung und Verfeinerung von Theorien (→ Fallstudie). Freilich läßt sich in der Forschungspraxis beobachten, daß mit der Erklärung spezifischer Fälle zu *d. c.* die Aufmerksamkeit von ihnen abgelenkt wird und folglich Theorien gegen widersprechende Fälle immunisiert werden.

Lit.: → Vergleichende Methode.

Dieter Nohlen

Deviating elections, in der US-amerikan. → Wahlforschung Bezeichnung für solche → Wahlen, bei denen es im → Wählerverhalten zu kurzfristigen Abweichungen der Wähler von ihren traditionellen Parteibindungen kommt, ohne daß dadurch allerdings grundlegende Veränderungen in der → Parteiidentifikation ausgelöst werden, wie sie für → *Realigning elections* kennzeichnend sind.

Die → Typologie *maintaining, deviating, realigning elections* (→ Kritische Wahlen) dient der US-Wahlforschung zur Unterscheidung von langfristig-strukturellen und kurzfristig-konjunkturellen Einflußfaktoren des Wählerverhaltens, deren → Operationalisierung von der Datenlage abhängt. Sind Umfragedaten vorhanden, erfolgt die Operationalisierung meist mit Hilfe der Konzepte der Parteiidentifikation und der → Normalwahl.

Lit.: → Normalwahl; Kritische Wahlen.

Rainer-Olaf Schultze

Devolution (engl. für Übertragung, Verlagerung), begrenzte Form der → Dezentralisierung in Staaten, deren Regierungssystem stark zentralistisch aufgebaut ist (→ Zentralismus).

Charakteristisch ist, daß die Aufgaben- und Kompetenzzuweisung an die dezentralen administrativen Organe unter dem Vorbehalt einer möglichen Zurücknahme oder Änderung (u. U. sogar in bezug auf einzelne Entscheidungen bzw. administrative Vorgänge) seitens der Zentralgewalt steht. Der Begriff wird v. a. zur Bezeichnung von Dezentralisierungsbemühungen in GB seit den 1970er Jahren verwendet. Erst 1997 war ihnen mit den → Referenden in Schottland und Wales Erfolg beschieden.

Bernhard Thibaut

Dezentralisierung, Vorgang der Verlagerung von Zuständigkeiten vom Zentralstaat auf untergeordnete Ebenen der gebietskörperschaftlichen Staatsorganisation.

Im wesentlichen kann man zwischen administrativer und polit. D. unterscheiden. Bei der administrativen D. werden Verwaltungsbefugnisse dorthin übertragen, wo die entspr. Aufgaben anfallen, um eine möglichst effektive Erledigung «vor Ort» zu gewährleisten. Bei der polit. D. erhalten die unteren Ebenen darüber hinaus Regelungskompetenzen und Ressourcen zugewiesen, die es ihnen erlauben, im Rahmen eines definierten Bereiches der → Selbstverwaltung ihre Angelegenheiten eigenständig zu regeln.

→ Föderalismus; Gemeinde/Gemeindepolitik; Gemeindeverfassungen.

Bernhard Thibaut

Dezisionismus (von lat. *decidere* = entscheiden), die Dominanz der Entscheidung in Erkenntnis- und Handlungsprozessen gegenüber wert- und/oder rational begründeten Urteilen resp. Optionen.

Der D. widerspricht der Forderung nach Begründung von Entscheidungen durch Werterörterung und rationales Abwägen von Nutzen, Folgen und Nebenfolgen der Entscheidungsalternativen in diskursiven, ggf. auf Konsensbildung angelegten Prozessen. Er legt die Vorstellung einerseits von der Irrationalität von Entscheidungen, andererseits von der Zulässigkeit aller verfügbaren Mittel nahe, um die Realisierung des per D. angesteuerten Ziels zu erreichen.
Der dezisionistische Begriff der Politik wurde von *C. Schmitt* vertreten. Sein D. sei nichts anderes als die «Entscheidung für die Entschiedenheit, ganz gleich wofür» (*Löwith* 1960: 103). Der Inhalt ergebe sich aus der zufälligen *occasio* der jeweils gegebenen polit. Situation, nicht «aus der Kraft eines integren Wissens um das ursprünglich Richtige und Gute, wie in *Platons* Begriff vom Wesen der Politik» (ebd. 100).

Lit.: *Krockow, Ch. Graf von* 1958: Die Entscheidung. Stg. *Löwith, K.* 1960: Der okasionelle Dezisionismus, in: *ders.*: Gesammelte Abhandlungen, Stg., 93–126.

Dieter Nohlen

d'Hondt, auch d'Hondtsche Methode, Verfahren der Zuteilung der Mandate nach Proporz, in welchem nach Höchstzahlen entschieden wird.

Diese Höchstzahlen werden durch Division der von den Parteien jeweils erhaltenen abgegebenen gültigen Stimmen durch die Divisorenreihe 1, 2, 3, 4, 5 etc. gebildet. Die Mandate werden in der Reihenfolge der entstandenen Höchstzahlen vergeben.

→ Hare-Niemeyer; Verhältniswahl; Verrechnungsverfahren; Wahlsysteme.

Dieter Nohlen

Diachron → Vergleichende Methode

Dialektik, im Ggs. zur *platonischen* D. (dem Aufstieg zum höchsten Wissen) und der *Kantschen* D. (einer Grenzreflexion auf das Scheinwissen um die letzten metaphysischen Sinnfragen Gott, Welt, Seele, Freiheit) sind heute v. a. zwei Verständnisse von D. bedeutsam: die sokratische und die hegelianische Dialektik.

1. D. als die Kunst des sokratischen Gesprächs, das im wiederholten Durchgang durch Frage, Antwort, Prüfung und Widerlegung eine Sache erörtert. Praktisch-polit. resultiert daraus ein bewegliches, mehr fragendes als antwortendes, kritisch prüfendes, den Widerspruch suchendes Denken. 2. Die *Hegelsche* D., die in einer umfassenden → Theorie als die Bewegung des Absoluten begriffen wird, das sich geschichtlich mit den Theorien, Gesellschaften und Kulturen entfaltet, um in den Gestaltungen des subjektiven, objektiven und absoluten Geistes zu sich selbst zu kommen. Dabei bildet der Staat die höchste Form konkreter Sittlichkeit. D. wird zum identitären Dreischritt von These, Antithese (einfache Negation) und Synthese (doppelte Negation), die zugleich als «Aufhebung» eine neue, gegenüber dem Alten fortgeschrittene Position darstellt.
Diese dialektische Logik und Geschichtsdeutung wird von *Marx* und dem → Marxismus «materialistisch», d. h. politökon. zur revolutionären D. gewendet, welche → Klassengesellschaft und → Staat in die klassenlose Gesellschaft, das entfremdete in ein neues ganzheitliches Menschsein aufhebt. Angesichts des Scheiterns dieser großen universellen Theorien und ihrer Realisierungen wurden bescheidenere Modelle aktuell, in denen D. wieder als offene begriffen wird oder sich als «negative Dialektik» (*T. W. Adorno*) der Rehabilitierung des vernachlässigten und unterdrückten Individuellen und Nichtstimmigen zuwendet.

→ Dialektisch-kritische Theorien; Dialektischer Materialismus; Idealismus; Kritische Theorie.

Lit.: *Adorno, T. W.* 1966: Negative Dialektik, Ffm. *Diemer, A.* 1976: Elementarkurs Philosophie: Dialektik, Düss./Wien. *Heiss, R.* 1959: Wesen und Formen der Dialektik, Köln/Bln. *Kimmerle, H.* (Hrsg.) 1978: Modelle der Materialistischen Dialektik, Den Haag. *Röd, W.* [2]1986: Dialektische Philosophie der Neuzeit, Mchn. (zuerst 1974). *Simon-Schaefer, R.* 1973: Dialektik, Stg.-Bad Cannstatt.

Ulrich Weiß

Dialektisch-kritische Theorien, gesellschaftskritische Theorien, deren gemeinsamer Ausgangspunkt *Marx*' Politische Ökonomie und Geschichtstheorie ist.

Das dialektische Moment besteht in einer zunächst hegelianisch verstandenen Prozeßlogik, die in Widersprüchen (These – Antithese als Negation) und deren «Aufhebung» in einer fortschrittlicheren Position (Synthese als Negation der Negation) eine geschichtliche Selbstbewegung beschreibt. Das kritische Moment orientiert sich an deren Ziel – der Herstellung von → Identität und → Totalität als Zusichselbstkommen (des Geistes bei *Hegel*, des gesellschaftl. Menschen bei *Marx*) – und analysiert aus dieser Perspektive die bestehenden Verhältnisse, ihre geschichtliche Genese und theoretische Reflexion.
Dabei durchlaufen die d.-k. T. unterschiedliche, sich kritisch-reflexiv problematisierende Entwicklungsphasen. Die *Marx-Engelssche* Phase gilt der Analyse ökon. und klassenspezifischer Widersprüche in → Ka-

pitalismus und bürgerlicher Gesellschaft sowie der Erwartung der Aufhebung dieser Widersprüche in einer kommunistischen → Revolution (→ Kommunismus). Mit der Verhärtung der marxistischen Dialektik zum Dogma im → Dialektischen und → Historischen Materialismus und mit dem Scheitern des → Real existierenden Sozialismus stellte sich für eine → Kritische Theorie die Aufgabe, → Dialektik wieder auf ihren nichtsystematischen, undogmatischen, kritischen Charakter hin zu öffnen. Eine solche kritische Dialektik führt zu gesellschafts- und ideologiekritischen Analysen, zum Zweifel an den großen Sinnkonstruktionen der → Moderne und an der Möglichkeit gesellschaftsverändernder Praxis überhaupt (*M. Horkheimer, Th. W. Adorno*). Demgegenüber sucht *J. Habermas* die kritische Dialektik in einer → Diskurstheorie des kommunikativen Handelns neu zu beleben.

Lit.: *Kolakowski, L.* 1977–79: Die Hauptströmungen des Marxismus, 3 Bde., Mchn.

Ulrich Weiß

Dialektischer Materialismus, die auf *J. Dietzgen* und *G. Plechanow* zurückführbare Bezeichnung wird seit *Lenin* zum Programmbegriff für eine marxistische Philosophie und Weltanschauung, die wesentlich auf *F. Engels* (sog. «Anti-Dühring», 1878) basiert.

Während der → Historische Materialismus die ökon. fundierten Gesetzmäßigkeiten der geschichtlichen Entwicklung der → Klassengesellschaften und ihrer ideologischen Überbaustrukturen formuliert, thematisiert der umfassendere d. M. allg. Gesetze der Natur, der Gesellschaft und des Denkens. Kernstück ist eine Theorie der → Dialektik. Diese faßt die Bewegung der Materie und des Denkens in die Grundgesetze (1) des Umschlagens von Quantität in (neue) Qualität, (2) der Einheit und des Kampfes der Gegensätze, (3) der Negation der Negation (von *Stalin* nicht übernommen; beinhaltet Fortschritt zu Neuem und Beibehaltung des bewahrenswerten Alten).

Der d. M., → Theorie und → Methode zugleich, wurde durch *Lenin* und *Stalin* zur Parteidoktrin («Diamat») und «proletarischen Weltanschauung» ausgebaut, die sich als offizielle Ideologie und Moment revolutionärer Praxis verstand. Die Kritik am d. M. heftete sich an dessen ontologische (raumzeitlich unendliche Materie) und erkenntnistheoretische (Abbild- und Widerspiegelungstheorie der Erkenntnis) Grundmotive, an seinen dogmatischen Charakter und seine polit. Instrumentalisierung. Im marxistischen Kontext führte der Rückgriff auf *Marx'* humanistisch geprägtes Frühwerk zu einer Kritik des d. M. als Ausdruck einer entfremdeten Gesellschaft und Politik.

→ Idealismus; Leninismus; Marxismus; Stalinismus.

Lit.: *Fetscher, I.* [13]1968: Von Marx zur Sowjetideologie, Ffm. u. a. (zuerst 1956). *Kolakowski, L.* 1981: Die Hauptströmungen des Marxismus. Entstehung-Entwicklung-Zerfall, Mchn. (zuerst 1977–79). *Wetter, G. A.* 1952: Der dialektische Materialismus. Seine Geschichte und sein System in der Sowjetunion, Freib. *Wetter, G. A.* 1966: Dialektischer Materialismus, in: *Kernig, C. D.* (Hrsg.): Sowjetsystem und demokratische Gesellschaft, Bd. I, Freib., Sp. 1212–1233.

Ulrich Weiß

Diäten, alle Tagegelder zur Erstattung von Aufwendungen, in der Politik die finanzielle Entschädigung von Parlamentsabgeordneten.

D. in der Form von Tagegeldern wurden Abgeordneten bereits in vordemokratischen Parlamenten gezahlt. Darüber hinausgehende Entlohnung schien nicht vereinbar mit dem Bild vom → Mandat als Ehrenamt der Besitz- und Bildungsbürger. Im späten 19. und 20. Jh. leiteten die → Demokratisierung des → Wahlrechts und die Ausweitung der Staatsaufgaben die Entwicklung zum Vollzeitabgeordneten ein. So war das ausdrückliche Besoldungsverbot im Kaiserreich schon in der Weimarer Republik nicht mehr haltbar, und im GG der BRD wurde mit Art. 48 Abs. 3 den MdBs ausdrücklich eine «angemessene, ihre Unabhängigkeit sichernde

Entschädigung» garantiert. Abgeordnetengesetze in Bund und Ländern konkretisieren inzwischen diese Grundnorm. Auf Kritik stoßen die großzügige Altersversorgung sowie Umfang und Art der Meldepflichten für Nebeneinkünfte. V. a. aber das Verfahren der Festsetzung und Anhebung der D. durch die Empfänger der D. selbst ist strittig. Diskutiert werden die Koppelung an andere Bezüge oder die Indexierung, die Regelung durch GO, Haushaltsplan oder separates Gesetz, die Entscheidung im Parlament oder in «unabhängigen Kommissionen». Einigkeit besteht über die Notwendigkeit höchstmöglicher Öffentlichkeit und Transparenz.

Lit.: *Fischer, A.* 1995: Abgeordnetendiäten und staatliche Fraktionsfinanzierung in den fünf neuen Bundesländern, Ffm. *Landfried, C.* 1990: Parteifinanzen und polit. Macht, Baden-Baden. *Linck, J.* 1995: Indexierung der Abgeordnetendiäten, in: ZParl 26, 372–379.

Suzanne S. Schüttemeyer

Dichte Beschreibung, in der Ethnologie entwickelte Methode zur Erforschung kultureller Phänomene, insbes. zum besseren → Verstehen einer fremden Welt. Sie beruht auf der → Hermeneutik; ihr geht es um die Beschreibung der Bedeutungszusammenhänge sozialer Handlungen in verständlichen Begriffen.

Die Methode geht auf *C. Geertz* zurück, er hat ihr zumindest zu wiss. Weihe verholfen und sie popularisiert. Die d. B. will nicht nur wiedergeben, wie Menschen handeln (dies wäre eine dünne Beschreibung), sondern auch, warum sie so und nicht anders handeln, wie sie handeln. Sie will also eine Verknüpfung von motivational wirksamen Bedeutungsstrukturen mit den darauf beruhenden Handlungen liefern. In der Interpretation der Beobachtungen arbeitet die d. B. mit erfahrungsnahen Begriffen, die erst in solche erfahrungsferner Natur umschlagen, wenn die Methode zur Bildung von Theorien über generelle Eigenschaften von → Kulturen voranschreitet. In diesem Stadium soll die Anbindung der Theorie an die Faktizität der → Lebenswelt eng bleiben, da allg. Aussagen über die Kulturen eher trivial ausfallen und andernfalls der wirkliche Zugang zu den Inhalten der Kulturen verloren ginge. Trennt man die Theorie von ihrem Gegenstand, so büßt sie auch an Relevanz ein. Der reflexive Charakter der Theorie im *Geertz*schen Verständnis wird offenbar: D. B. führen zu Theorien, deren Aufgabe es ist, bessere, präzisere, verständnisintensivere d. B. zu ermöglichen. «Ihr Qualitätskriterium ist weder die Stringenz einer deduktiven Theorie noch die vermeintlich korrekte Abbildung eines Modells. Die d. B. gelingt in dem Maße, wie sie das Verständnis einer fremden Welt erweitert» (*Sofsky* 1999: 24). Der mikroskopische Fokus der d. B. ist dem Politikwissenschaftler meistens fremd. Eine Brücke bildet die → Fallstudie, auch wenn deren empirisch-analytisches Programm methodisch eher in die Richtung – in der *Geertz*schen Terminologie – dünner Beschreibung verweist.

→ Qualitative Methoden.

Lit.: *Gadamer, H.-G.* ²1993: Wahrheit und Methode, Tüb. *Geertz, C.* ⁶1999: Dichte Beschreibung, Ffm. *Sofsky, W.* 1999: Die Ordnung des Terrors: Das Konzentrationslager, Ffm.

Dieter Nohlen

Dictablanda, Neologismus aus der Forschung zu → Autoritarismus und → Systemwechsel.

D. bezeichnet → Politische Systeme, die diktatorial verfaßt sind, jedoch gewisse → Freiheiten (Meinungs- und Pressefreiheit, beschränkten polit. → Pluralismus) einräumen und sich in der Phase der Liberalisierung oder der Transition zur → Demokratie befinden.

Dieter Nohlen

Dienstleistung, ökon. → Güter, die im Ggs. zu Sachgütern aus immateriellen oder solchen wirtschaftl. Leistungen bestehen, die nicht transportierbar oder lagerbar sind.

Zentrales Charakteristikum für D. ist, daß Produktion und Verbrauch der Leistung unmittelbar zusammenfallen. D. werden üblicherweise vom Handwerk, den freien Berufen, im Gesundheitswesen, von Banken und Versicherungen, Wiss. und Kunst, dem Unterhaltungsgewerbe, der Gastronomie etc. angeboten. Zum tertiären bzw. Dienstleistungssektor zählen neben der priv. Wirtschaft und den öff. Unternehmen auch die öff. Verwaltung. Eine strikte Trennung zwischen Sachleistung (z. B. Maschinen) und D. wird zunehmend dadurch erschwert, daß Sachleistungen nur noch dann gute Absatzchancen haben, wenn sie auch immaterielle Vorzüge aufweisen (z. B. entspr. *design*) bzw. über eine hohe Integrationsfähigkeit (z. B. in den vorhandenen Bestand) verfügen, also ein Sach- und Dienst-Leistungsbündel darstellen.

→ Dienstleistungsgesellschaft.

Klaus Schubert

Dienstleistungsbilanz, die üblicherweise auf ein Jahr bezogene, rechnerische Gegenüberstellung aller Einnahmen und Ausgaben aus dem zwischenstaatl. Austausch von Dienstleistungen.

D. umfaßt die sog. unsichtbaren Exporte und Importe, z. B. im Bereich Tourismus, Post- und Fernmeldeverkehr, Transport- und Versicherungsleistungen, Zinsen für Auslandsschulden bzw. -guthaben, Lizenzen, Patente. Sie bildet zus. mit der Handels- und Übertragungsbilanz die Leistungsbilanz einer Volkswirtschaft und ist damit Teil der → Zahlungsbilanz.

→ Außenhandel/Außenhandelspolitik.

Klaus Schubert

Dienstleistungsgesellschaft, Bezeichnung für ein Wirtschafts- und Gesellschaftssystem, in dem Erwerbstätigkeit und wirtschaftl. Wertschöpfung maßgeblich vom Dienstleistungssektor geprägt sind.

Nach der «Drei-Sektoren-Hypothese» von *J. Fourastié* verschiebt sich im Verlauf der Entwicklung von Volkswirtschaften die relative Bedeutung der Wirtschaftssektoren vom primären (Landwirtschaft) über den sekundären (Industrie) zum tertiären (→ Dienstleistungen) Sektor. Die wachsende Bedeutung von Dienstleistungen in hochentwickelten → Industriegesellschaften führte daher zu der Annahme, daß sich damit eine Wandlung zur → Post-industriellen Gesellschaft vollziehe. Tatsächlich liegt der Anteil des Dienstleistungssektors an der Bruttowertschöpfung in D schon seit den 1950er Jahren über dem des industriellen Sektors, sein Anteil an der Erwerbstätigkeit übersteigt seit 1975 den des sekundären Sektors. Der Anteil der Beschäftigten im tertiären Sektor liegt inzwischen in allen OECD-Ländern über 50%. Nicht bestätigt hat sich jedoch die urspr. Annahme, die Aufnahmekapazität des Dienstleistungssektors sei ausreichend, um die Beschäftigungsrückgänge im industriellen Sektor aufzufangen. Rationalisierungszwänge im priv. Dienstleistungsbereich und die Krise der öff. Haushalte haben dazu geführt, daß die teuren, personalintensiven Dienstleistungen in vielen Bereichen zurückgehen (Supermärkte, Abbau von Sozialdienstleistungen, Automatisierung im Verkehrs- und Bankengewerbe usw.).

→ Dienstleistung; Dritter Sektor.

Lit: *Albach, H.* 1989: Dienstleistungen in der modernen Industriegesellschaft, Mchn. *Bell, D.* 1976: Die nachindustrielle Gesellschaft, Ffm. *Fourastié, J.* 1954: Die große Hoffnung des zwanzigsten Jahrhunderts, Köln-Deutz. *Gershuny, J.* 1981: Die Ökonomie der nachindustriellen Gesellschaft, Ffm.

Katharina Holzinger

Differenzierung (von lat. *differentia* = Unterschied), als funktionale D. Grundannahme einer evolutiven → System- und → Modernisierungstheorie. D. meint einen Prozeß der Trennung und Besonderung, horizontal wie vertikal.

I. w. S. ist D. Arbeitsteilung und Spezialisierung, um die Verarbeitungskapazität der Gesamtgesellschaft zu erhöhen. In systemtheoretischer Sicht werden Teilsysteme mit relativer → Autonomie ausdifferenziert und funktional spezifiziert. Nur die Interpenetration (wechselseitige Durchdringung) der Funktionssysteme untereinander kann in hochkomplexen Gesellschaften für den integrativen Zusammenhalt sorgen. Allerdings können Prozesse der D. auch dysfunktionale Folgen haben.

→ Funktion/Funktionalismus; Systemtheorie.

Arno Waschkuhn

Differenzmethode, Vergleichsprinzip innerhalb der → Vergleichenden Methode, das die Auswahl der untersuchten Fälle steuert. Die ausgewählten Fälle sind different bzw. unähnlich hinsichtlich der operativen, d.h. der abhängigen und der unabhängigen → Variablen, und homogen bzw. ähnlich hinsichtlich der Kontextvariablen.

Die idealtypische Form der D. stammt von *J. S. Mill*, der sie als weiche Form des → Experiments begriff. Die auf die operativen Variablen bezogene klassische Annahme lautet, daß A kausal B bewirkt und A1 kausal zu A2 führt. Beispielsweise bilden unterschiedliche Typen von → Wahlsystemen die unabhängigen, unterschiedliche Typen von Parteiensystemen die abhängigen Variablen. Die kausalen Annahmen setzen einen homogenen → Kontext voraus (z. B. Sozialstruktur, polit. Systemtypus). Die D. ist mit der → *Comparable cases strategy* identisch. Sie steht im Ggs. zur → Konkordanzmethode, für die idealtypisch Ähnlichkeit der operativen Variablen und Heterogenität des Kontextes gilt. Forscher, die differenzmethodisch vorgehen, sind häufig geneigt, die untersuchten Fälle auf jene zu beschränken, in denen sich die Kausalbeziehung zwischen A und B oder zwischen A1 und B1 bestätigt. Konträre Fälle (A koinzidiert mit B1 oder A1 mit B) finden seltener Aufnahme in das Forschungs*design*, sind jedoch zur kritischen Prüfung von Theorien unabdingbar. Des weiteren sind Voraussetzung und Annahme der Kontexthomogenität zu problematisieren. Zum einen ist fraglich, ob ausreichend ähnliche Fälle gefunden werden können. *Mill* verneinte dies für die Sozialwissenschaften. I. d. R. wird die Homogenitätsannahme auf einige Merkmale reduziert. Zum andern blendet die Homogenitätsvoraussetzung Faktoren aus, die im (homogenen) Kontext selbst liegen und erst durch dessen Heterogenisierung im Forschungs*design*, d.h. durch die Wahl kontextähnlicher und kontextunähnlicher Fälle, sichtbar werden. Kontexthomogenität bedeutet also nicht Kontextneutralität. Die Forschungsergebnisse sind für den Kontext gültig, aus dem die Fälle stammen, nicht für andersartige Kontexte. Für diese tragen sie allenfalls Hypothesencharakter. Als Beispiel kann die häufig angenommene kausale Beziehung zwischen relativer Mehrheitswahl in Einerwahlkreisen und Zweiparteiensystemen gelten. Sie ist hochgradig kontextabhängig.

Lit.: → Vergleichende Methode.

Dieter Nohlen

Differenzschätzung → Hochrechnung

Diffuse support → Support

Diffusion (von lat. *diffundere* = ausbreiten), bezeichnet die Verbreitung bzw. Übernahme von Neuerungen (Kulturelementen/Institutionen) durch eine Gesellschaft.

In der Ethnologie und Entwicklungssoziologie verbindet sich mit D. die These, daß kultureller und → Sozialer Wandel primär durch Ausbreitung kultureller Elemente und damit exogen vermittelt stattfindet (→ Differenzierung). In der Politikwiss. ist insbes. im Bereich der → Vergleichenden Regierungslehre von diffusionistischen Annahmen ausgegangen worden: das brit. Regierungssystem als → Modell, an dem sich in Europa Reformvorschläge zur Lösung von Funktionsproblemen kontinentaler → Politischer Systeme orientieren sollten, das in Übersee auf die jungen Staaten übetragen werden sollte. In der früheren Komparatistik wurde die Fruchtbarkeit des Vergleichens polit. Systeme von der Nähe fremder Systeme zum brit. Modell abhängig gemacht, die D. zu ihrer Voraussetzung. Die Kritik am Diffusionismus konzentrierte sich auf den normativen *bias*, auf das naive Vergleichen von institutionellen Phänomenen anstelle von Funktionen und → Funktionaler Äquivalente sowie auf die Konkordanzfixiertheit in der Anwendung der → Vergleichenden Methode.

Dieter Nohlen

Diktatur, Herrschaft einer Person, Gruppe, Partei oder Klasse, die die Macht im Staat monopolisiert hat und sie unbeschränkt (oder ohne große Einschränkung) ausübt.

1. Die historisch konkreten Erscheinungsformen der D. sind äußerst vielfältig und nur schwer untereinander wie gegenüber anderen Herrschaftsformen des → Autoritarismus (→ Autoritäre Regime, → Einparteisystem etc.) abzugrenzen. Sie reichen von der orientalischen → Despotie, der griech. Tyrannis (als der entarteten Form der → Monarchie) und der römischen D. über die D. der mittelalterlichen Stadtstaaten und Renaissance-Fürsten bis zu den D. während, im Gefolge und in Reaktion der bürgerlichen Revolution (*D. Cromwells*, *Robespierres*, *Napoleons I.*), der sozialistischen Revolution (→ Diktatur des Proletariats) und der Dekolonisierung (etwa die Einparteiregime Afrikas und Asiens seit den 1960er Jahren). Sie reichen ihrem Charakter nach von der D. als zeitlich befristeter Krisen- und Notstandsregierung (z. B. die römische D. bis *Sulla*, die «kommissarische» D. des Weimarer Reichspräsidenten, diktatorische Macht aufgrund des *War Measures Act* in GB) über den → Cäsarismus, → Bonapartismus und *caudillismo* (→ Caudillo) bis zur «totalitären D.» des → Faschismus und → Stalinismus (→ Totalitarismus).

2. Die moderne D. ist insbes. von folgenden Strukturmerkmalen gekennzeichnet: (1) die «Monopolisierung der Staatsgewalt» (*Heller*) und damit die Beseitigung der horizontalen wie vertikal/föderalen Gewaltenteilung und Machtdiffusion, (2) die Abschaffung der Opposition, die (völlige oder weitgehende) Aufhebung des gesellschaftl. und polit. → Pluralismus, der Pressefreiheit, (3) die Ersetzung des → Rechtsstaates durch den Polizeistaat. Im Typ der «totalitären D.» treten nach *Franz Neumann* (1967, 1977) als weitere Merkmale hinzu: (4) die Existenz einer monopolistischen Staatspartei, die in industriellen Gesellschaften (5) den Übergang zur totalitären Kontrolle u. a. durch die folgenden Herrschaftstechniken ermöglicht: (a) das Führerprinzip, (b) die Gleichschaltung, (c) die Schaffung «gestufter Eliten», um die «Kontrolle der Massen von innen zu ermöglichen und die Manipulation nach außen zu verschleiern» und den Dualismus von Partei- und Staatsbürokratie, (d) die Vereinzelung und Isolierung des einzelnen, (e) die Überführung von Kultur in → Propaganda sowie (6) den Terror in Form der «nicht berechenbare(n) Anwendung physischer Gewalt als permanenter Drohung gegen jeden» (*Neumann* 1967: 235 f.).

3. Die Frage nach den sozialen Ursachen moderner D. läßt sich differenzieren zwischen D., die die Aufrechterhaltung des sozialökon. *Status quo* oder der herrschenden gesellschaftl. Kräfte verfolgen, und D., die auf den Strukturwandel der Gesellschaft, auf Innovation und Entwicklung zielen, also zwischen «Beharrungs- und Entwicklungsdiktaturen». Nach den gleichen Merkmalen wird zwischen → Militärregimen unterschieden: nicht-partizipatorische, sog. *exclusionary regimes*, zum Schutze der privilegierten Oberschicht und sog. *inclusionary regimes*, bei denen das Militär die Unterprivilegierten für reformistische Entwicklungsziele zu mobilisieren versucht.

4. *Barrington Moore* (1969) hat im Anschluß an *K. A. Wittfogel* die «soziale(n) Ursprünge von Diktatur und Demokratie» auf die unterschiedlichen Reaktionen der grundbesitzenden Oberklassen und der Bauern auf die Erfordernisse einer kommerziellen, auf die Marktproduktion zielenden Landwirtschaft zurückgeführt. Entspr. der Verhaltensweise der Agrarbesitzer macht *Moore* drei Wege aus der vorindustriellen in die moderne Welt aus: Der erste führte über die bürgerlichen Revolutionen und die Verbin-

dung von Großgrundbesitz und Gewerbe- und Industriebürgertum der Städte zur kapitalistischen Demokratie (GB, Frankreich, USA), der zweite über eine «Revolution von oben» in die faschistischen D. von rechts (D, Japan), der dritte über die Bauernrevolution von unten in die kommunistischen D. von links (UdSSR, China).

5. Nicht erst durch den Zusammenbruch des → Real existierenden Sozialismus in der vormaligen Sowjetunion und in Ost-Mittel-Europa Ende der 1980er Jahre kam es weltweit zur Öffnung und Liberalisierung diktatorischer oder autoritärer Herrschaft. Vorangegangen waren seit Mitte der 1970er Jahre in Südeuropa, in Lateinamerika Transformationsprozesse, die zur → Demokratisierung der dortigen polit. Systeme führten. Die Geschlossenheit nach innen ließ die → Regime zusehends lern- und wandlungsunfähig werden und führte teils zur (tatkräftig von außen angestoßenen) Selbsttransfomation, teils zur Implosion der D. wie v. a. im vormaligen Ostblock. Die → Systemwechsel bedeuten indes nicht automatisch auch ein Weniger an → Gewalt; zudem ist aufgrund der markanten Ungleichzeitigkeiten wirtschaftl., sozialer und polit. Entwicklung fraglich, ob pluralistische und demokratische Herrschaftsformen die einstmals diktatorischen oder autoritären Regime werden dauerhaft ablösen können.

Lit.: *Hallgarten, G. W. F.* 1966: Dämonen oder Retter? Eine kurze Geschichte der Diktatur seit 600 v. Chr., Mchn. *Heller, H.* 1930: Rechtsstaat oder Diktatur?, Tüb. *Moore, B. jr.* 1969: Soziale Ursprünge von Diktatur und Demokratie, Ffm. (engl. 1966). *Neumann, F.* 1967: Demokratischer und autoritärer Staat, Ffm. u. a., 224–247. *Neumann, F.* 1977: Behemoth. Struktur und Praxis des Nationalsozialismus 1933–1944, Köln u. a. (engl. 1942/1944). *Schmitt, C.* [6]1994: Die Diktatur, Bln. (zuerst 1928). *Wittfogel, K. A.* 1962: Die orientalische Despotie, Köln u. a. (engl. 1957).

Rainer-Olaf Schultze

Diktatur des Proletariats, im sowjetsozialistischen Verständnis die Übergangsphase nach dem Sturz des → Kapitalismus auf dem Weg zur klassenlosen Gesellschaft.

Das von der KP geführte → Proletariat nutzt den Staatsapparat, um die materiellen Grundlagen (Besitz an → Produktionsmitteln) der bisherigen Herrschaft einer Minderheit (der Kapitalisten) über die Mehrheit der Bevölkerung (das → Proletariat) zu beseitigen. Insofern ist diese → Diktatur (a) «demokratisch» und (b) nur als Übergangsstadium gedacht. Von allen kommunistisch regierten Staaten beanspruchte aber nur die Sowjetunion in der *Breschnew*-Verfassung von 1977 (implizit), sie sei von einer «Diktatur des Proletariats» zu einem «Staat des gesamten Volkes» geworden, da die Klassenantagonismen überwunden und der «entwickelte Sozialismus» errichtet worden sei. Die übrigen regierenden kommunistischen Parteien bezeichneten ihre Staatsform bis zuletzt als D. d. P. und kritisierten heftig, daß die eurokommunistischen Parteien Italiens, Spaniens und Frankreichs diesen Begriff in den 1970er Jahren aus ihrem Programm strichen (→ Eurokommunismus).

→ Historischer Materialismus; Kommunismus.

Lit.: *Marx, K.* 1957 ff.: Der Bürgerkrieg in Frankreich, in: MEW, Bd. 17, 493–610. *Balibar, E.* 1977: Über die Diktatur des Proletariats, Hamb./Bln.

Klaus Ziemer

Diplomatie, im klassischen Sinne ausschließlich die Gestaltung nationalstaatl. → Außenpolitik bzw. Verhandlungstaktik, heute generell die Gestaltung der → Internationalen Beziehungen *(process of multilateral regime making)*.

Urspr. als Bezeichnung für die Politik Spartas und Athens gebraucht, wurde der Begriff in der Renaissance auf die ital. Stadtstaaten übertragen. Mit dem Wiener Kongreß von 1815 erfolgte erstmals eine Festschreibung diplomatischer Verfahren zur Handhabung durch den Territorialstaat. Für die D. der Gegenwart ist v. a. die Wiener Konvention von 1961 (Regelung der Akkreditierung von Diplomaten sowie ihrer → Immunität) maßgeblich. Die Entwicklung der internat. Beziehungen hin zum Verlust des Primats der → Außenpolitik haben Verständnis und Funktion von D. grundlegend verändert. Dem klassischen Diplomaten scheinen angesichts moderner Kommunikationsmittel (→ Globalisierung) nur noch Repräsentationspflichten als Residualkompetenz geblieben zu sein. Tatsächlich ist D. nicht überflüssig geworden, sondern diversifizierter. Die Lokalisierung von Außenpolitik zugunsten subnat. Regierungen und der *global cities* resultiert in der Notwendigkeit, insbes. in föderalistischen Systemen die internat. → Interessen des → Nationalstaats denen seiner Subeinheiten anzupassen. Als *multilayered diplomacy* ist D. das Substrat interner Aushandlungsprozesse, ein *management*-Problem. Die Erweiterung des Spektrums von D. um subnat. Formen (*paradiplomacy*) legt nahe, den jeweiligen Handlungsspielraum von D. nach Politikfeldern getrennt zu ermitteln.

→ Föderalismus; Nationalstaat; Politisches System; Territorialität.

Lit.: *Fry, E. H.* u. a. (Hrsg.) 1989: New International Cities Era, Provo. *Henrikson, A. K.* (Hrsg.) 1986: Negotiating World Order, Wilmington. *Hocking, B.* (Hrsg.) 1993: Localizing Foreign Policy, NY. *Iklé, F. C.* 1964: How Nations Negotiate, NY.

Ulrike Rausch

Direkte Aktion → Action directe

Direkte Demokratie, die unmittelbare → Herrschaft des Volkes – im Ggs. zur → Repräsentativen Demokratie, in der Herrschaft durch vom Volk gewählte Repräsentanten (→ Repräsentation) ausgeübt wird.

1. Konzeptionen der d. D. – etwa das reine Rätemodell – gehen von der prinzipiellen → Identität von Regierenden und Regierten aus (→ Räte). Dem Volk wird (zumindest die Vermutung) totale(r) Kompetenzzuständigkeit in allen Angelegenheiten zugesprochen: Die → *Volonté générale*, der Allgemeinwille des Volkes, stellt sich gleichsam automatisch immer wieder her. Dies hat die ständige Teilnahme aller Bürger an allen Entscheidungen zur Voraussetzung. Dabei ist der Bürger ein *homo politicus*; eine Unterscheidung von Staat und Gesellschaft, die sich in der Unterscheidung von → Citoyen und → Bourgeois niederschlägt, ist nicht möglich (→ Bürgertum). Der Bürger überwindet sein egoistisches Interesse bzw. eine Gruppe von Bürgern ihre partikularistischen Interessen immer wieder zugunsten des → Gemeinwohls. Die Bürger treffen ihre Entscheidungen «an der Basis», in Volksversammlungen oder Basisgruppen und durch Volksbegehren und Volksabstimmungen. Soweit es überhaupt aus Gründen, die mit der Größe eines Gemeinwesens zusammenhängen, ein → Parlament mit gewählten Delegierten geben muß, ist es Exekutor der *volonté générale*. Um die Verselbständigung der Parlamentarier zu einer polit. → Elite mit Eigengewicht zu vermeiden, werden diese mit Hilfe des imperativen Mandats, des → Rotationsprinzips und des → *Recall* und durch direkte Volkswahl an die Basis gebunden. Auf diese Weise soll die Identität von Regierenden und Regierten hergestellt werden. Die d. D. läuft also auf (tendenzielle) Aufhebung von Herrschaft hinaus. → Demokratie wird als gesellschaftl. Prinzip postuliert und nicht – wie in Konzeptionen der repräsentativen Demokratie – auf die polit. und staatl. Sphäre begrenzt.

2. In der Verfassungswirklichkeit sind Konzeptionen der d. D. bisher nicht verwirklicht worden, auch nicht das Rätemodell. Soll d. D. überhaupt funktionieren, so ist dies nur in einem relativ kleinen und überschaubaren (Stadt-)Staat denkbar, in dem eine sozial homogene Bevölkerung lebt. Selbst *J. J. Rousseau*, der Vater der direkten, der klassischen Demokratietheorie, empfahl z. B. für Korsika eine gemischte Verfassung – allein schon wegen der Größe des Landes. Auch sozialistische Theoretiker waren Konzeptionen der d. D. gegenüber skeptisch. So sind die 1868–72 veröffentlichten Vorschläge des Sozialdemokraten *M. Rittinghausen* (der das Repräsentativsystem für eine Entartung hielt), die direkte Gesetzgebung durch das Volk einzu-

führen, auf die scharfe Kritik *K. Kautskys* gestoßen; sie wurden in seiner eigenen Partei kaum rezipiert. Es liegt auf der Hand (so die Kritik von Vertretern der Pluralismustheorie an Theorien der d. D.), daß direkt-demokratische Verfahren gerade angesichts der Entwicklung moderner Kommunikationsmittel und Wahlkämpfe leicht in Demagogie ausarten und cäsaristische Züge annehmen könnten (→ Autoritäre Regime). Dennoch ist unbestritten, daß alle Verfassungen und Verfassungswirklichkeiten mehr oder minder stark Elemente der d. D., also eine plebiszitäre Komponente enthalten: Diese reichen von *town meetings* in Neu-England über die Volkswahl des Reichspräsidenten nach der Weimarer Reichsverfassung bis zur Volksabstimmung nach dem GG, die nur auf einen bestimmten Fall begrenzt ist. *G. Leibholz* gilt als Vertreter einer modifizierten Konzeption d. D.: Er sieht in der Entwicklung zum → Parteienstaat die «rationalisierte Erscheinungsform der plebiszitären Demokratie». Danach ist der Parteienstaat gleichsam Ersatz für die d. D., und die jeweilige Parteienmehrheit in Parlament und Regierung stellt die *volonté générale* dar.

→ Pluralismus.

Lit.: *Bermbach, U.* (Hrsg.) 1973: Theorie und Praxis der direkten Demokratie. Texte und Materialien, Opl. *Broder, D. S.* 2000: Democracy Derailed, NY. *Butler, D./Ranney, A.* (Hrsg.) 1978: Referendums: A Comparative Study of Practice and Theory, Washington. *Fetscher, I.* [7]1970: Die Demokratie, Stg. *Fraenkel, E.* [7]1979: Deutschland und die westlichen Demokratien, Stg. *Kirchgässner, G./Feld, L. P./Savioz, M. R.* 1999: Die direkte Demokratie, Mchn. *Leibholz, G.* 1958: Strukturprobleme der modernen Demokratie, Karlsruhe. *Jung, O./Evers, T.* u. a. (Hrsg.) 1991: Direkte Demokratie in Deutschland, Bonn. *Leibholz, G.* 1958: Strukturprobleme der modernen Demokratie, Karlsruhe. *Rittinghausen, M.* [5]1893: Die direkte Gesetzgebung durch das Volk, Zürich. *Schiller, T.* (Hrsg.) 1999: Direkte Demokratie in Theorie und kommunaler Praxis, Ffm. *Seidel, K.* 1998: Direkte Demokratie in der innerparteilichen Willensbildung, Ffm.

Peter Lösche

Direktmandat → Personalisierte Verhältniswahl

Diskontsatz → Zentralbanken

Diskrete Wahrscheinlichkeitsverteilungen → Wahrscheinlichkeitsverteilung

Diskriminanzanalyse, mathematisch-statistisches Verfahren für die Klassifikation von multivariaten Datenstrukturen.

Aufgrund von linearen und gewichteten Kombinationen der urspr. Variablen (Xi) werden dabei neue Variablen (T) konstruiert, welche die Personen-Gruppen (oder, seltener, auch Variablen-Gruppen) möglichst gut unterscheiden («diskriminieren»). So könnte man z. B. fragen, welche Variablen geeignet sind, möglichst gut zwischen den

Abbildung 3: Graphisches Beispiel einer Diskriminanzanalyse

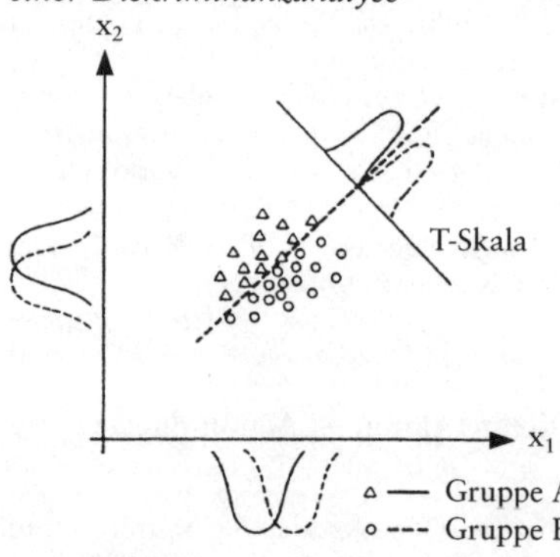

Die Projektionen der Punkte auf die Achsen x_1 und x_2 ergeben zwei sich überlappende Verteilungen. In der Projektion auf die *T*-Skala erscheinen die beiden Personengruppen völlig getrennt (Quelle: *Überla* 1968).

Wählergruppen der polit. Parteien zu unterscheiden. Solche Variablen hätten dann gleichzeitig einen Erklärungswert für das Wählerverhalten – allerdings nur als Hinweis, da hier dieselben Beschränkungen für

kausale Aussagen gelten wie bei der Interpretation von Korrelationskoeffizienten.
Der Erfolg einer Trennung der Gruppen wird um so größer sein, je geringer sich die zugrundeliegenden Verteilungen überlappen: Wenn die Verteilungen sich stark überlappen, werden zahlreiche falsche Zuordnungen vorliegen. Die Güte der Trennung zwischen den Gruppen ist somit um so besser, je größer das Verhältnis aus der Varianz *zwischen* den Gruppen und der Varianz *innerhalb* der Gruppen ist. Voraussetzung für die Anwendung der klassischen D. ist, daß die unabhängigen Variablen mindestens intervallskaliert und normalverteilt sind, während die abhängige Variable (Zuordnung zu den Gruppen) nur nominales Skalenniveau erfordert.

→ Korrelationsrechnung; Multivariate Statistik/Mehrvariablen-Analysen; Skalierung.
Lit.: *Lachenbruch, P. A.* 1975: Discriminant Analysis, NY. *Überla, P.* ²1977: Faktorenanalyse, Bln.

Jürgen Kriz

Diskurs/Diskursanalyse, Diskurse sind abgrenzbare Zusammenhänge von → Kommunikation oberhalb der Ebene situativ-singulärer Äußerungen. Als mehr oder weniger machtvolle, institutionalisierte und geregelte Formen mündlichen oder schriftlichen Sprachgebrauchs durch soziale Akteure konstituieren Diskurse die gesellschaftl. Wahrnehmung der Welt einschließlich verfügbarer Subjekt- und Sprecherpositionen. Sie produzieren gesellschaftl. Wirklichkeit.
Soziale Akteure artikulieren Diskurse und reproduzieren, modifizieren oder überschreiten sie. Diskurse können themen-, organisations- oder bereichsspezifisch analysiert werden (z. B. der Umweltdiskurs von *Greenpeace*, der Humangenetik-Diskurs der Medizin, der öff. Diskurs über BSE). Die Diskursanalyse (D.) untersucht solche Diskurse im Hinblick auf die Praktiken und Regelstrukturen ihrer Artikulation, ihre symbolische, semantische und kognitive Strukturierung, ihre Sprecher(gruppen) und deren Ressourcenausstattung sowie ihre gesellschaftl. Voraussetzungen und Effekte. Wichtig ist dabei die Einnahme diachroner und/oder synchroner Perspektiven, die Berücksichtigung des → Kontextes einzelner Diskursereignisse und die Situierung eines Diskurses im interdiskursiven Feld.

1. Seit Anfang der 1960er Jahre hat in den Sozial- und Geisteswiss. das → Erkenntnisinteresse an der sprach- bzw. diskursförmigen Konstitution von Welt zugenommen. Für die Berücksichtigung dieser Dimension sprechen verschiedene Faktoren: die Bedeutung symbolischer Ordnungen für die Vermittlung gesellschaftl. Weltverhältnisse, die zunehmende strategische Gestaltung und Nutzung von Kommunikationsprozessen in der → Wissensgesellschaft oder die gesellschaftl. Vermittlung von sozialer Kontrolle und → Macht über symbolische Praktiken und Kommunikationen. Die Entwicklung der Sprachanalyse zur D. speist sich aus unterschiedlichen Wissenschafts- und Forschungstraditionen, z. B. der Sprachphilosophie, der linguistischen Pragmatik, der sozialwiss. Konversationsanalyse, dem frz. → Strukturalismus und Poststrukturalismus. Dabei wird der Diskursbegriff unterschiedlich präzisiert und als Theorie- und Analysekonzept eingesetzt. Derzeit lassen sich vier Verwendungstraditionen unterscheiden: (1) Die angelsächsische *discourse analysis* bzw. die Soziolinguistik, linguistische Pragmatik und Konversationsanalyse betreibt D. als Analyse des konkreten Sprachgebrauchs in Kommunikationsprozessen, v. a. in mündlicher Rede. Deswegen ist hier eher von Gesprächsanalyse als von D. zu sprechen. (2) Im Anschluß an (post)strukturalistische und (post)marxistische Theorieansätze entwikkelte sich seit den 1960er Jahren zunächst in Frankreich ein Strang der D., zu dem insbesondere *M. Foucault* (1997; 1998) wichtige Arbeiten beigesteuert hat. Einerseits geht es hierbei um die Formulierung einer Diskurs- als Gesellschaftstheorie, andererseits um die

Analyse von Praktiken, formalen und inhaltlichen Strukturierungen des Sprachgebrauchs sowie um das Ineinandergreifen von diskursiven und Machtprozessen. (3) Aus dem Kontext des US-amerikan. sozialwiss. Symbolischen Interaktionismus und der politikwiss. Forschung über Mobilisierungsprozesse → Sozialer Bewegungen ist seit Mitte der 1980er Jahre eine Form der kulturalistischen D. entstanden, die insbes. öff. Auseinandersetzungen über gesellschaftl. relevante Themen im Hinblick auf die daran beteiligten Akteure und ihre kommunikativen Strategien untersucht. (4) Vermittlungsversuche der verschiedenen disziplinären Ansätze, wie etwa der Brückenschlag von der Linguistik zur Sozialwiss. zu einer Kritischen D., oder auch der Versuch, *discourse studies* als eigenständige Querschnittsdisziplin zu etablieren.

Im Unterschied dazu begreift *J. Habermas* Diskurse als kommunikative Verfahren, die spezifischen Regeln der Argumentation verpflichtet sind (→ Diskurstheorie). Seine Diskursethik ist deswegen nicht dem Feld der D. zuzurechnen. Diskurstheorie, D. und *discourse studies* bilden derzeit expandierende wiss. Bereiche, die sich auf die begrifflich-theoretische Präzisierung des Diskursbegriffs einerseits, die methodologische Grundlegung und methodische Umsetzung von D. andererseits konzentrieren. Bevorzugte empirische Analysegegenstände der letzten Jahre waren polit. umstrittene *issues* (etwa in der Umwelt-, Technik- und Risikodiskussion oder der Abtreibungsfrage), die Konstitution von Normalität und Abweichung (z. B. im Bereich der Sexualität bzw. der Biopolitik), Identitätspolitiken sozialer Bewegungen oder Erscheinungsformen des Rassismus.

2. Die Politikwiss. hat sich schon immer mit → Ideologie(kritik), → Symbolischer Politik, polit. Leitsemantiken oder dem Verhältnis von Ideen, Kognitionen und Interessen beschäftigt. Systematische Bemühungen um eine diskurstheoretische bzw. diskursanalytische Perspektive sind bislang allerdings eher randständig. Interessant für politikwiss. Fragestellungen sind insbes. drei diskursanalytische Ansätze. (1) Die kulturalistische D., die v. a. von *W. Gamson* (1988) entwickelt wurde, analysiert öff. bzw. polit. Diskurse als Definitionskämpfe zwischen unterschiedlichen sozialen Akteuren überwiegend auf der Grundlage der Medienberichterstattung. Dabei werden qualitative und quantitative Strategien der Datenerhebung und -auswertung kombiniert. Untersucht wurden z. B. Auseinandersetzungen über → *Affirmative action*, Umweltprobleme oder Abtreibung. (2) Aus der Diskussion über den *argumentative turn* der Politikwiss. sind verschiedene diskurstheoretisch verankerte Vorschläge entstanden, das Verhältnis von polit. Akteuren zu Ideen, Kognitionen und Interessen neu zu konzeptualisieren. Unter den Begriffen der → *Advocacy coalitions*, der → *Epistemic communities* oder der Diskurskoalitionen geht es bes. um die Stabilisierung polit. Akteurskoalitionen durch eine gemeinsame Problemdeutung, um die Durchsetzung legitimer Weltdeutungen in polit. Diskursen und um polit.-institutionelle Lernpotenziale und -prozesse (→ Politikfeldanalyse; → Wissenspolitologie). Datengrundlage sind in erster Linie Dokumente polit. Prozesse und Interviews mit beteiligten Akteuren. Empirische Untersuchungsgegenstände waren z. B. Prozesse der Bildung internat. → Regime oder die polit. Bearbeitung spezifischer Umwelt*issues*. (3) *E. Laclau* und *C. Mouffe* (1995) haben eine umfassende Diskurstheorie des Politischen entwickelt. Gesellschaft wird darin als kontingente symbolische Ordnung gedacht, die in Diskursen erzeugt wird. Diskurse setzen Bedeutungen als Differenzbildungen; sie konstituieren dadurch soziale (kollektive) Identitäten als unterschiedene Äußerungspositionen. Diskurse sind der stets prekäre, vorübergehend gelingende, aber im Laufe der Zeit immer wieder scheiternde Versuch, den Sinn der erwähnten symbolischen Ordnung zu fixieren. Datengrundlage sind v. a. Dokumente polit. Auseinandersetzungen. Empirisch untersucht wurden z. B. die Konstitution polit. Identitäten, rassistische oder umweltpolit. Diskurse.

3. Die sozial- bzw. politikwiss. D. untersucht mithin Prozesse der sozialen Konstruktion, → Legitimation und Kommunikation von Sinn, d. h. Deutungs- und Handlungsstrukturen auf der Ebene von institutionellen Feldern, Organisationen bzw. sozialen Akteu-

ren, die formalen und inhaltlichen Strukturierungen dieser Prozesse sowie ihre gesellschaftl. Folgen. Dieses Forschungsprogramm kann durch verschiedene sozialwiss. → Methoden und mit unterschiedlicher Tiefenschärfe umgesetzt werden. So unterscheiden sich vorliegende Verfahrensvorschläge nicht nur bzgl. der Bedeutung, die sie sozialen Akteuren zugestehen, sondern auch im Hinblick auf die benutzten Daten sowie die Strategien der Datenerhebung und -auswertung. Der Begriff Diskurs funktioniert als Ordnungs- bzw. Beobachtungskategorie zur Zusammenstellung dieser Daten. Datengrundlage sind in erster Linie von den Forschenden zusammengetragene natürliche Texte (u. a. Dokumente, Medientexte, Bücher, Gesprächsaufzeichnungen und -protokolle, Filme), aber auch bildhafte Visualisierungen, Beobachtungsprotokolle oder Interviews. Die Daten werden mit unterschiedlichen, quantitativen oder (z. T. *software*gestützten) qualitativen Auswertungsverfahren analysiert. Dabei unterscheidet sich D. von → Inhaltsanalysen oder Einzelfallrekonstruktionen durch die spezifische perspektivische Kontextualisierung der analysierten Materialien. Einzelne Daten (Diskursfragmente) gewinnen ihre Bedeutung in einem historisch diachron und/oder synchron auszubuchstabierenden Diskurszusammenhang. Als bes. methodische Probleme stellen sich angesichts der Fülle empirischer Daten insbes. Fragen der Zuordnung von Einzeldaten zu Diskursen, das Problem der begründeten Reduktion des Datenmaterials, der Schluß vom Einzeldokument auf den Gesamtdiskurs und die Frage der Sättigung einer Analyse. Das konkrete methodische Vorgehen hängt letztlich ab von jeweiligen Untersuchungsinteressen und -gegenständen sowie verfügbaren Forschungsressourcen.

→ Empirische Sozialforschung; Ethnomethodologie, Qualitative Methoden; Qualitative Politikforschung.

Lit.: *Chouliaraki, L./Fairclough, N.* 1999: Discourse in Late Modernity, Edinburgh. *Fischer, F./Forester, J.* (Hrsg.) 1993: The Argumentative Turn in Policy Analysis and Planning, L. *Foucault, M.* [8]1997: Archäologie des Wissens, Ffm (frz. 1969). *Foucault, M.* 1998: Die Ordnung des Diskurses, Ffm. (frz. 1970) *Gamson, W.* 1988: Political Discourse and Collective Action, in: International Social Movement Research Bd. 1, 161–174, L. *Howarth, D.* 2000: Discourse, Buckingham. *Jäger, S.* 1999: Kritische Diskursanalyse, Duisburg. *Keller, R.* 1997: Diskursanalyse, in: *Hitzler, R./Honer, A. (Hrsg.)*: Sozialwissenschaftliche Hermeneutik, Opl., 309–334. *Keller, R.* u. a. (Hrsg.) 2001: Handbuch Sozialwissenschaftliche Diskursanalyse. 2 Bde, Opl. *Laclau, E./Mouffe, C.* 1995: Hegemonie und radikale Demokratie. Zur Dekonstruktion des Marxismus, Wien. *Torfing, J.* 1999: New Theories of Discourse. Laclau, Mouffe and Zizek, Ox. *Van Dijk, T. A.* (Hrsg.) 1997: Discourse as Structure and Process, L. *Van Dijk, T. A.* (Hrsg.) 1997: Discourse as Social Interaction, L. *Williams, G.* 1999: French Discourse Analysis. The Method of Post-Structuralism, L.

Reiner Keller/Willy Viehöfer

Diskurstheorie kommunikativen Handelns, avancierteste Gestalt des rechtfertigungstheoretischen Konsentismus und Prozeduralismus, die den gesellschaftl. → Diskurs in den Rang einer öff. Arena der Überprüfung und Rechtfertigung von Geltungsfragen erhebt.

Für Diskursethiker besteht zwischen Legitimität und Wahrheit ein systematischer Zusammenhang. Der Legitimitätsglaube der Individuen, die Überzeugung von der moralisch-rechtlichen Güte der polit. Ordnung, in der sie leben, und von der verbindlichen Autorität ihrer Normen und Strukturen weist einen immanenten Wahrheitsbezug auf. Die Gründe, auf denen derartige empirisch zu ermittelnde Legitimitätsüberzeugungen beruhen, implizieren den Anspruch allg., rational verankerter Geltung, der auf seine Einlösbarkeit hin überprüft werden kann. Der Ort der Geltungsüberprüfung ist der Diskurs. Denn die der kulturellen Moderne angemessene, dem sich in ihr ausprägenden Reflexions- und Rechtfertigungsniveau allein gerechtwerdende Legitimationsinstanz ist der herrschaftsfreie Diskurs aller Betroffenen. In diesem prozeduralen Legitimations- und Normenbegründungstypus, in dem die herkömmlichen Legitimationsinstanzen Natur, Gott und Tradition durch die formalen Prozeduren einer vernünftigen Einigung gleichberechtigter Menschen ersetzt werden, manifestiert sich die neuzeitliche Gestalt des moralischen Bewußtseins. Es wird durch die Überzeugung konstituiert, daß nach dem geltungstheoretischen Zerfall der Traditionswelten normative Geltung nur auf dem Wege gemeinschaftlicher Zustimmung erzeugt werden kann, daß überkommene Geltungsansprüche von Handlungsnormen und Ordnungsstrukturen nur durch die Kommunikationsgemeinschaft der Betroffenen entschieden werden können.

1. Mit der alten und neuen Vertragstheorie, mit der konsentischen Legitimationstheorie und den Moralphilosophien des Kategorischen Imperativs und des *moral point of view* gehört die Diskursethik zur Theoriefamilie des rechtfertigungstheoretischen Prozeduralismus und Universalismus. Deren neuzeittypische Begründungsvorstellungen finden in ihr den radikalsten Ausdruck, weil sie zu keinen moralepistemologischen Operationalisierungen bereit ist, keine Kriterien und Gedankenexperimente an die Hand gibt, sondern die Einrichtung realer Diskurse verlangt; praktische Wahrheit wird zu einer Funktion der inneren Vernünftigkeit unbeschränkter demokratischer Deliberation. *K.-O. Apel* und *J. Habermas* gelten als Begründer der Diskursethik. Während *Apel* (1973; 1988) und seine Schüler *D. Böhler* (1985) und *W. Kuhlmann* (1985) sich v. a. der Entwicklung der inneren philosophischen Systematik und Architektonik der Diskursethik und der nimmermüden Verteidung ihres Letztbegründungsanspruchs gewidmet haben, baut *Habermas* eine vom Letztbegründungsanspruch entlastete Diskursethik zu einer universalpragmatischen Grundlage einer Rationalitäts- und Handlungstheorie aus, der ihrerseits dann die Begründung einer normativen kritischen Gesellschaftstheorie und Rechtstheorie zugemutet wird.

Der Diskursethiker deutet das Faktum der Vernunft über Sprach- und Verständigungskompetenzen. Das Faktum der Vernunft ist das Faktum der Sprache; die traditionellerweise dem ersteren zugesprochenen Mündigkeitsintentionen werden jetzt dem letzteren zugesprochen. Das führt zu einem emphatischen Sprachbegriff. Sprache ist für den Diskursethiker mit Mündigkeit, Vernünftigkeit und Verständigung wesentlich verbunden. Sprache kann unabhängig von der Verständigungsintention gar nicht begriffen werden. Verständigung ist das immanente Telos jeder Rede, das allerdings verfehlt werden kann, indem die mit diesem Verständigungstelos verbundenen notwendigen und universal gültigen Normen nicht respektiert werden: So sind alle Formen strategischen Sprachgebrauchs durch die illegitime Außerkraftsetzung der Wahrhaftigkeitsregel charakterisiert, die als unbedingt verpflichtende in die Sprache selbst eingelassen ist und durch Analyse als Bestandteil des Verständigungstelos ausgemacht werden kann. Im verständigungsorientierten Handeln und in der Konstituierung einer kommunikativen Lebensform findet die Sprache genau die Verwendung, für die sie nach Meinung der Diskursethiker an sich gemacht ist. Aufgrund dieser Voraussetzung kann der Diskursethiker dann ein Begründungsargument für die von ihm bevorzugte Ethikgestalt entwickeln, das die Vernunft in der Sprache zum Sprechen bringt und die expliziten normativen Bestimmungen der Diskursethik aus impliziten normativen und nicht moralspezifischen Argumentations- und Kommunikationsvoraussetzungen ableiten möchte. Dieses Begründungsargument gehört zum Typus der Präsuppositionsargumente. Es will den ausdrücklichen Nachweis liefern, daß zwischen der Explikationsfassung der normativen Bestimmungen der allg. Kommunikationsvoraussetzungen und dem diskursethischen Grundsatz ein Implikationsverhältnis derart besteht, daß derjenige, der an einer Argumentation überhaupt teilnimmt, mit der damit pragmatisch vollzogenen Anerkennung der Argumentationsvoraussetzungen immer auch die Anerkennung des diskursethischen Normenrechtfertigungsverfahrens vollzogen hat. Es ist ein Nachweis, der den Übergang von der trivialen Anerkennung der Argumentationsvoraussetzung im Argumentieren zur nichttrivialen Anerkennung des normativen diskursethischen Prozeduralismus argumentativ organisiert.

2. Auf der Grundlage der Diskurstheorie und des ihr eingeschriebenen Konzepts kommunikativer Vernunft hat *Habermas* seit der «Rekonstruktion des Historischen Materialismus» (1976) in immer wieder neuen Anläufen für einen Paradigmenwechsel in den Sozialwiss. argumentiert. Höhepunkt dieser kommunikationstheoretischen Umstellung der kategorialen Grundlagen der Gesellschaftstheorie ist die «Theorie des kommunikativen Handelns» (1981). Sie basiert auf einem praxeologischen Dualismus, der den Typus des erfolgsorientierten, instrumentell-strategischen Handelns vom Typus des verständigungsorientierten, kommunikativen Handelns unterscheidet, an die bekannte aristotelische Unterscheidung von Praxis und Poiesis anknüpft und in der Nachfolge *Hannah Arendts* steht (*Vollrath* 1989a). Auf der Grundlage dieses dualistischen Handlungskonzepts gewinnt sie einen unverkürzten, das gesellschaftl. Rationalitätsrepertoire um die Formen kommunikativer Vernunft erweiternden Rationalitätsbegriff, der die sich in den beiden Handlungssorten manifestierenden Rationalitätsdimensionen in ihrem Eigensinn wie in ihrem Verhältnis zueinander darstellt. Dieser unverkürzte Rationalitätsbegriff gestattet eine Rekonstruktion der Modernisierung als evolutionäre Entfaltung der Vernunftformen der gesellschaftl. Reproduktion im Zuge einer zweigleisigen Rationalisierung, in der sich die beiden für die materiellen und die symbolisch-kulturellen gesellschaftl. Reproduktionsbereiche zuständigen Rationalitäten ihrer immanenten Zielrichtung folgend optimieren. «Indem wir davon ausgehen, daß sich die Menschengattung über die gesellschaftl. koordinierten Tätigkeiten ihrer Mitglieder erhält, und daß diese Koordinierung durch Kommunikation, und in zentralen Bereichen durch eine auf Einverständnis zielende Kommunikation hergestellt werden muß, erfordert die Reproduktion der Gattung eben auch die Erfüllung der Bedingungen einer dem kommunikativen Handeln innewohnenden Rationalität» (*Habermas* ³1999, I: 532). Dieser unverkürzte Vernunftbegriff erlaubt, die «liegengebliebenen Aufgaben einer kritischen Gesellschaftstheorie» wieder aufzunehmen (ebd.: 528), da sich jetzt die Theorie mit Hilfe des Rationalitätsmusters der kommunikativen Vernunft ihrer normativen Grundlagen positiv versichern kann. Die Darstellung der gesellschaftl. Modernisierung als eines komplexen Rationalisierungsprozesses, als doppelgleisige Entwicklung zweier selbständiger, aufeinander irreduzibler Rationalitätsdimensionen ermöglicht es, dem faktisch ablaufenden Modernisierungsprozeß einen normativen Idealzustand vernünftiger Verständigungsverhältnisse gegenüberzustellen und die Schattenseiten des Modernisierungsprozesses rationalitätstheoretisch zu bestimmen und durch spezifische Störungen des kommunikativen Rationalisierungsprozesses zu erklären. Damit ist der emanzipatorische Fortschritt nicht mehr an die politökon. Struktur der gesellschaftl. Arbeitsverfassung geknüpft; der emanzipationstheoretischen Karriere des Arbeitsbegriffs wird durch die *Habermas*sche Theorie ein Ende bereitet: Seine Nachfolge tritt das Konzept der Interaktion und des kommunikativen Handelns an. Mit Hilfe der Konzeptionen des kommunikativen Handelns und der sprach- und intersubjektivitätsverankerten Vernunft befreit sich *Habermas* sowohl von der marxistischen Fixierung auf den angeblichen emanzipatorischen Gehalt des Arbeitskonzepts als auch von der totalitär-negativen Wirklichkeitssicht der Kritischen Theorie. Gesellschaftl. Handeln steht für ihn nicht mehr durchgängig unter dem verdinglichenden Bann instrumenteller Rationalität, sondern ist durch ein spannungsvolles Gegeneinander von strategischer und kommunikativer Rationalität geprägt. In der Gestalt vernünftiger Verständigungsverhältnisse überlebt das Autonomieprogramm der Moderne; in einer forcierten Demokratisierung aller Denk- und Lebensverhältnisse sieht *Habermas* einen Weg, an das Emanzipationsprojekt der Aufklärung anzuknüpfen. Indem die Gesellschaftstheorie diesen Paradigmenwechsel zur Kommunikationstheorie vollzieht, kann sie die negative Kritik durch eine positive, den normativen Gehalt immer schon anerkannter Verständigungsverhältnisse gegen eine zunehmende systemische Verdinglichung wendende Kritik ergänzen.

Der emanzipatorische Fortschritt wird jetzt vor dem Hintergrund einer herrschaftskritischen Rekonstruktion kommunikationsverhindernder Sozialformationen, als aufklärerisches Programm der Optimierung der gesellschaftl. Verständigungsverhältnisse bestimmt.

3. Dem praxeologischen Dualismus entspricht bei *Habermas* ein sozialtheoretischer Dualismus, der den beiden Handlungssorten eigenständige Sozialformationen zuordnet. Der gesellschaftl. Ort des erfolgsorientierten strategischen Handelns und der sich in ihm manifestierenden funktionalistischen Rationalität ist die Welt der Systeme des Marktes, der Verwaltung und der Politik. Der gesellschaftl. Ort des verständigungsorientierten kommunikativen Handelns ist hingegen die Lebenswelt. Reproduzieren sich die Systeme im Medium strategischen Handelns, so reproduziert sich die Lebenswelt im Medium kommunikativen Handelns. In der Lebenswelt dient das kommunikative Handeln der Überlieferung und Erneuerung kulturellen Wissens und damit der Kontinuierung des kulturellen Selbstentwurfs einer Gemeinschaft; außerdem dient es durch seine eigentümlichen, verständigungsverankerten Koordinationsleistungen der sozialen Integration und der Herstellung und Kontinuierung solidarischer Verhältnisse; und drittens ermöglicht es als Medium der Sozialisation die Ausbildung personaler Identitäten. Entscheidend ist nur, und das weist den Begriff des kommunikativen Handelns als Grundbegriff einer modernen, nachtraditionalen Gesellschaft aus, daß all diese Leistungen der kulturellen Selbstfindung, der sozialen Integration, der personalen und auch kollektiven Identitätsbildung nicht mehr auf einem soliden Sockel geteilter substantieller Wertüberzeugungen erbracht werden, sondern im fragilen, von Dissensrisiken unaufhörlich bedrohten Medium sprachlicher Verständigung, das als einzigen normativen Bezugsrahmen die formalen Bestimmungen kommunikativer Rationalität besitzt.

4. Die in der «Theorie des kommunikativen Handelns» vorgetragene «Theorie der kapitalistischen Modernisierung» (*Habermas* [3]1999, II: 549) basiert auf folgendem soziokulturellen Entwicklungsmuster: Durch den Prozeß der zunehmenden Rationalisierung der lebensweltlichen Handlungsfelder der materiellen und symbolisch-kulturellen gesellschaftl. Reproduktion wird eine Entkoppelung von Lebenswelt und System bewirkt. Im Zuge einer komplexen lebensweltlichen Rationalisierung haben sich die systemintegrativen Mechanismen der Systeme strategischen Handelns so stark aus dem Kontext der gesellschaftl. Lebenswelt herausgelöst, daß sie als selbständige Formen der Koordinierung sozialen Handelns wirksam werden und autonome Handlungssphären bilden; hier schließt sich *Habermas* eng der Sichtweise der Systemtheorie an. Die beiden Rationalitätsdimensionen des zweckrationalen und des kommunikativen Handelns entfalten ihr Koordinationspotenzial jetzt autonom in voneinander getrennten Handlungsdomänen. Dadurch entziehen sie sich nicht nur der gesamtgesellschaftl. Kontrolle durch die diskursiven Meinungs- und Willensbildungsprozesse der Gesellschaft; dadurch entsteht auch die Gefahr, daß sie sich im Zuge einer «Kolonialisierung der Lebenswelt» gegen die durch fortschreitende sittliche Ausbleichung geschwächte Lebenswelt selbst wenden und auch hier die Koordinationsroutinen des kommunikativen Handelns immer mehr durch die effizienten Programme des erfolgsorientierten Handelns ersetzen.

5. Wie weit sich auch die gegenwärtigen Theorieversuche auf den Feldern der Sozial-, Modernisierungs- und Demokratietheorie von den konzeptuellen Vorgaben der *Habermas*schen Theorie des kommunikativen Handelns entfernen mögen, sie bleiben zumeist alle den normativen Intuitionen dieses Konzepts verbunden. Es ist unbestreitbar, daß die sich kritisch gegen *Marx,* die Kritische Theorie und die eindimensionale *Weber*sche Rationalisierungsthese wendende Theorie des kommunikativen Handelns und der kommunikativen Vernunft die dem gegenwärtigen kulturellen Modernisierungsstand angemessene Reformulierung des Emanzipationsprojekts der Aufklärung ist. In den gesellschaftl. Formen des kommunikativen Handelns wird der normative Gehalt des menschenrechtlichen Egalitarismus der Aufklärung verbindlich aufbewahrt.

Freilich ist *Habermas'* Durchführung dieses Theorieprogramms im einzelnen auf heftige Kritik seitens der Philosophie, Sozialtheorie und Politikwiss. gestoßen. Der pessimistisch gefärbte System-Lebenswelt-Dualismus wird als allzu weitreichende theoretische und polit. Anlehnung an die Konzeption der Systemtheorie abgelehnt. Neoparsonianer wie *R. Münch* (1991) stellen diesem dichotomischen Modell ein Interperetrationsmodell gegenüber, das von der kommunikativen Vernetztheit aller Sozialbereiche ausgeht. Philosophen erheben methodische Einwände und kritisieren die *Habermas*sche Neigung, begriffliche Distinktionen realistisch zu interpretieren (*Dorschel* 1990). Auch viele Sozialtheoretiker haben sich an der starken systemtheoretischen Gravitation der *Habermas*schen Sozialphilosophie gestört und Konzepte einer handlungstheoretischen Soziologie entwickelt, die sich mehr an den theoretischen Intuitionen des Pragmatismus (*Joas* 1993) und an sozialevolutionären Konfliktmodellen (*Honneth* 1992) orientieren. Von politikwiss. Seite werden gegenüber der Diskurstheorie kommunikativen Handelns drei unterschiedliche Einwände vorgebracht. Die einen werfen *Habermas* ein unangemessenes, die normative Dimension verabsolutierendes «ideal- und metapolitische(s)» Politikverständnis vor (*Vollrath* 1989b: 192). Die Kritik anderer zielt in die gegenteilige Richtung: sie werfen *Habermas* vor, in der Theorie des kommunikativen Handelns seinen eigenen normativ anspruchsvollen Demokratie- und Politikbegriff dementiert zu haben. Sie werfen ihm Dogmatisierung der Systemdifferenzierung vor (*McCarthy* 1980; 1986), sehen gar einen «performativen Selbstwiderspruch im politischen Denken Habermas'» (*Greven* 1991: 230), da das Theoriegebäude der kommunikativen Handlungstheorie für die polit. Entfaltung und Institutionalisierung der gesellschaftl. kommunikativen Vernunft in der sich schließenden Zange von Lebenswelt und System keinen Raum läßt. Auf der Grundlage dieser Kritik kommt es zu diskursethischen Radikalisierungen des *Habermas*schen Theoriekonzepts, in denen diese «Kehre», diese «realpolitische Konzession der Kritischen Theorie» rückgängig gemacht werden soll (*Rödel* u.a. 1989: 159). Auch die Theoretiker der *civil society* greifen auf eine zugespitzte Konzeption des kommunikativen Handelns zurück, die von aller systemtheoretischen Realitätslastigkeit befreit ist (*Cohen/Arato* 1992); sie knüpfen damit an die frühe diskurstheoretische Konzeption der demokratischen Öff. an (*Calhoun* 1992). Die dritte Form politikwiss. Kritik an der Diskurstheorie kommunikativen Handelns richtet sich gegen deren unzureichenden Politikbegriff (*Willms* 1973; *Vollrath* 1989b). Der Einfluß der Diskurstheorie kommunikativen Handelns auf die Politikwiss. beschränkt sich in der Tat auf normative Grundsatzfragen; er macht sich v.a. in der Legitimitätsdiskussion (*Fach/Degen* 1978) bemerkbar und in demokratieethischen Debatten. Diesseits dieser Fundierungsleistung kann die Wiss. von der Politik bei ihrer Theoriearbeit keine Anregungen von der *Habermas*schen Theorie des kommunikativen Handelns erhalten. Die Diskurskonzeption verfügt über keinen hinreichend komplexen Politikbegriff und vermag so die konkreteren, System-, Macht- und Institutionsfragen gewidmeten Theorieinteressen der Politikwiss. nicht zuzuarbeiten. Dieses oft beklagte «politische Defizit» (*Willms* 1973) der Diskurstheorie hat *Habermas* freilich in «Faktizität und Geltung» (1993) abzubauen versucht und ein Argument für die Notwendigkeit von rechtlichen Institutionen und polit. Implementierungsmacht entwickelt. Die diskurstheoretische Grundidee ist in der gegenwärtigen polit. Philosophie sowohl von der Konzeption des polit. Liberalismus als auch von der Konzeption der deliberativen Demokratie aufgenommen und modifiziert worden. Polit. Liberalismus und deliberative Demokratie teilen mit der Diskurstheorie die Überzeugung, daß sich in der modernen Gesellschaft Geltungsprobleme nur im Rahmen diskursiver Auseinandersetzung lösen lassen. Anders als die Diskurstheorie jedoch trennen sie keine Real-Ebene des Diskurses von einer Ideal-Ebene des Diskurses, betrachten daher den Diskurs auch nicht als Wahrheitsgewinnungsverfahren. Für den polit. Liberalismus hat der Diskurs die Aufgabe, gemeinsamkeitsheuristisch die Überzeugungen zu ermitteln, auf die sich eine wert- und kulturpluralistische Gesellschaft einigen kann; für die deliberative Demokratie dient der Diskurs sowohl zur Rationalitätssteigerung der Problemlösungen als auch zur polit. Integration des Gemeinwesens. In beiden Fällen ist also der ursprünglich dem moralphilosophischen Theoriekorpus entstammende Diskursgedanke entethisiert und in ein genuin polit. Konzept verwandelt worden.

→ Handlungstheorien; Pragmatismus/Neo-Pragmatismus; Rationalitätstheorien; Systemtheorie.

Lit.: *Apel, K.-O.* 1973: Transformation der Philosophie, 2 Bde., Ffm. *Apel, K. O.* 1988: Diskurs und Verantwortung, Ffm. *Böhler, D.* 1985: Rekonstruktive Pragmatik. Von der Bewußtseinsphilosophie zur Kommunikationsreflexion, Ffm. *Bohman, J.* 1996: Public Deliberation, Camb./Mass. *Bohman, J./Regh, W.* (Hrsg.) 1997: Deliberative Democracy, Camb./Mass. *Calhoun, C.* (Hrsg.) 1992: Habermas and the Public Sphere, Camb./Mass. *Cohen, J. L./Arato, A.* 1992: Civil Society and Political Philosophy, Camb./Mass. *Fach, W./Degen, U.* (Hrsg.) 1978: Politische Legitimität, Ffm. *Dorschel, A.* 1990: Zu Habermas' «Theorie des kommunikativen Handelns», in: Zeitschrift für Philosophische Forschung 44, 220–252. *Elster, J.* (Hrsg.) 1998: Deliberative Democracy, NY. *Greven, M. Th.* 1991: Macht und Politik in der «Theorie des kommunikativen Handelns», in: *ders.* (Hrsg.): Macht in der Demokratie, Baden-Baden, 213–238. *Habermas, J.* 1976: Zur Rekonstruktion des Historischen Materialismus, Ffm. *Habermas, J.* 1984: Vorstudien und Ergänzungen zur Theorie des kommunikativen Handelns, Ffm. *Habermas, J.* 1985: Moralbewußtsein und kommunikatives Handeln, Ffm. *Habermas, J.* 1991: Erläuterungen zur Diskursethik, Ffm. *Habermas, J.* [5]1997: Faktizität und Geltung, Ffm. *Habermas, J.* [3]1999: Theorie des kommunikativen Handelns, Ffm. *Honneth, A./Jaeggi, U.* (Hrsg.) 1980: Arbeit, Handlung, Normativität. Theorien des historischen Materialismus 2, Ffm. *Honneth, A./Joas, H.* (Hrsg.) 1986: Kommunikatives Handeln, Ffm. *Honneth, A.* 1992: Kampf um Anerkennung, Ffm. *Jaeggi, U./Honneth, A.* (Hrsg.) 1977: Theorien des Historischen Materialismus, Ffm. *Joas, H.* 1993: Die Kreativität des Handelns, Ffm. *Kuhlmann, W.* 1985: Reflexive Letztbegründung, Freib. *McCarthy, T.* 1980: Kritik der Verständigungsverhältnisse. Zur Theorie von Jürgen Habermas, Ffm. *McCarthy, T.* 1986: Komplexität und Demokratie – die Versuchungen der Systemtheorie, in: *Honneth, A./Joas, H.* (Hrsg.): Kommunikatives Handeln, Ffm., 177–215. *Münch, R.* 1991: Dialektik der Kommunikationsgesellschaft, Ffm. *Larmore, Ch.* 1987: Patterns of Moral Complexitiy, o. O. *Rawls, J.* 1993: Political Liberalism, NY. *Rödel, U.* u. a. 1989: Die demokratische Frage, Ffm. *Vollrath, E.* 1989a: Überlegungen zur neueren Diskussion über das Verhältnis von Praxis und Poiesis, in: Allgemeine Zeitschrift für Philosophie 14, 1–26. *Vollrath, E.* 1989b: Metapolis und Apolitie. Defizite der Wahrnehmung des Polit. in der Kritischen Theorie und bei Jürgen Habermas, in: Perspektiven der Philosophie. Neues Jb. Bd. 15, 191–232. *Willms, B.* 1973: Kritik und Politik, Jürgen Habermas oder das polit. Defizit der «Kritischen Theorie», Ffm.

Wolfgang Kersting

Dispersionsmaße → Maßzahlen

Dissens-Paradigma, aus der → Konflikttheorie stammendes Konzept, das auf der Annahme basiert, daß → Politische Sozialisation in Auseinandersetzung und Gegnerschaft zu anderen sozialen Gruppen erfolge.

Das u. a. von *J. A. Merelman* (1975) entwickelte D.-P. wendet sich gegen den am Strukturfunktionalismus ausgerichteten und anpassungsmechanistischen Konzepten verhafteten Hauptstrom der polit. Sozialisationsforschung und dessen konsensorientiertes Sozialisationsverständnis. Es fordert von den Sozialisationsinstanzen, insbes. der Schule, die Erziehung zu Konfliktfähigkeit, die Förderung der Sozialisation in widerstreitende polit. Lager und die Einübung von Verhaltensmustern, die die Schüler befähigen, eigene Interessen zu erkennen und zu vertreten. Es wendet sich gegen die konsensorientierte Sozialisationspraxis der Schule, die durch die Tabuisierung struktureller gesellschaftl. Konflikte soziale Unterschiede zementiert.

Lit.: *Merelman, R.M.* 1975: Social Stratification and Political Socialization in Mature Industrial Societies, in: Comparative Education Review 19, 13 ff. → Konflikt/Konflikttheorien; Politische Sozialisation.

Rainer-Olaf Schultze

Dissoziation (von lat. *dissociatio* = Trennung), handlungsstrategisches Konzept im Rahmen der → *Dependencia*-Theorien, erhebt die Forderung nach einer Herauslösung von Entwicklungsländern aus dem Weltmarkt mit dem Ziel, eine eigenständige und lebensfähige Ökonomie und Gesellschaft aufzubauen.

Das Konzept der D. schließt an die Theorie von *F. List* an, der für die der brit. Ökonomie nachhinkenden Festlandökonomien Mitte des 19. Jh. der von GB ausgehenden klassischen liberalen Theorie die protektionistische Theorie der Produktion produktiver Kräfte zur Erschließung des eigenen Entwicklungspotenzials gegenüberstellte. Die auf D. fußende Entwicklungsstrategie reflektierte jedoch zu wenig die Entwicklungsvoraussetzungen der armen Länder, unterschätzte die Erfolgschancen weltmarktintegrativer Entwicklungsstrategien und blieb auch angesichts mangelnder sozialer Trägergruppen dissoziativer Politik ohne großen Einfluß auf die → Dritte Welt.

→ Außenhandel; Außenwirtschaft; Autozentrierte Entwicklung; Entwicklungspolitik.

Lit.: *Senghaas, D.* 1977: Weltwirtschaft und Entwicklungspolitik. Plädoyer für Dissoziation, Ffm. → Entwicklung/Entwicklungstheorie.

Dieter Nohlen

Distributive Politik, politikwiss. Fachterminus für solche polit. Maßnahmen, bei denen staatlicherseits → Güter oder → Dienstleistungen so verteilt werden, daß (idealerweise) alle Interessierten davon profitieren und niemandem Kosten oder Nachteile entstehen. D. P. ist insofern relativ konfliktfrei und ohne langwierige Konsensprozesse durchsetzbar.

Wesentliche Voraussetzung ist allerdings, daß das zur Verteilung Stehende in ausreichendem Maße vorhanden und entspr. (auf-) teilbar ist. Die Steuerungswirkung d. P. als Arena mit geringem staatl. Zwang und individueller Verhaltenseinwirkung ist i. d. R. unspezifisch und orientiert sich meist am ökon. (fiskalischen oder finanziellen) *Status quo*. Unter realpolit. Bedingungen ist eine Politik des Verteilens entweder nur sehr kurzfristig möglich (z. B. vor Wahlen, wenn die Kosten auf später aufgeschoben werden können) oder in dem von *T. Lowi*, dem Schöpfer des Begriffes, geschilderten, historisch seltenen Fall der Politik der Landvergabe in den USA des 19. Jh.

→ Politikfeldanalyse; Redistributive Politik; Verteilung.

Lit.: *Lowi, T.* 1964: American Business, Public Policy, Case-Studies and Political Theory, in: WP 16, 677–715. *Schubert, K.* 1991: Politikfeldanalyse, Opl.

Klaus Schubert

Divided government (engl. für geteilte Regierung), politikwiss. Fachterminus zur Charakterisierung der Regierungsverhältnisse im → Präsidentialismus unter den Bedingungen gegenläufiger parteilicher Mehrheiten in → Exekutive und → Legislative.

Während Präsident und Administration von der einen Partei (z. B. den Demokraten) gestellt werden, verfügt in beiden Kammern des Kongresses (Senat und Repräsentantenhaus) jedoch (mit den Republikanern) die andere Partei des US-amerikan. Zweiparteiensystems über die Mehrheit. *D. g.* erfordert bei der Gesetzgebung langwierige Prozesse des Aushandelns und die Bereitschaft zum

Kompromiß (*bi-partisanship*), soll polit. Immobilität verhindert werden. Im → Semipräsidentiellen Regierungssystem (z. B. der frz. V. Republik) mit seiner doppelten Exekutive führen gegenläufige Mehrheiten zur → *Cohabitation* von Präsident und Premierminister.

Lit.: *Cox, G. W./Kernell, S.* 1991: The Politics of Divided Government, Boulder. *Fiorina, M. P.* 1996: Divided Government, NY. *Galderisi, P. F.* (Hrsg.) 1996: Divided Government, Lanham.

Rainer-Olaf Schultze

Divisorenverfahren → Verrechnungsverfahren

Dokumentenanalyse → Qualitative Methoden

Doppelhaushalt → Haushalt

Dreiklassenwahlrecht → Wahlrecht

Dritte Ebene, Bezeichnung für Formen und Institutionen der → horizontalen Koordination und Kooperation der Gliedstaaten im → Föderalismus.

In D steht D. E. vor allem für die Zusammenarbeit der Bundesländer (und zwar insbes. der Länderregierungen). Deren wichtigste Institutionen sind: (1) Ministerpräsidenten-, (2) Fachminister-Konferenzen, u. a. die Ständige Kultusministerkonferenz (KMK), (3) gemeinsame ständige Einrichtungen der nachgeordneten Länderbürokratien, (4) informelle Koordinationstreffen, z. B. der (Länder-)Parlamentarier, Partei- und Fraktionsvorsitzenden usw. Zur horizontalen Koordination tritt im Föderalismus der BRD die davon nur analytisch zu unterscheidende vertikale Kooperation zwischen Bund und Ländern, u. a. mittels des Instituts der (a) Gemeinschaftsaufgaben, (b) Bund-Länder-Konferenzen der Ministerpräsidenten mit dem Bundeskanzler, der Fachminister und nachgeordneten Ministerialbürokratien, (c) spezialisierten Bund-Länder-Kommissionen, z. B. des Wissenschaftsrates. Im → Exekutivföderalismus der BRD wuchs mit dem stetigen Ausbau der horizontalen wie vertikalen Zusammenarbeit die Bedeutung der d. E. für Politikformulierung wie -implementierung; zus. mit dem Bundesrat bildet das institutionelle Geflecht der d. E. die Grundlage für das bundesrepublikanische System der → Politikverflechtung.

Lit.: *Scharpf, F. W.* 1989: Der Bundesrat und die Kooperation auf der dritten Ebene, in: *Bundesrat* (Hrsg.): Vierzig Jahre Bundesrat, Baden-Baden, 121–162. → Föderalismus; Politikverflechtung.

Rainer-Olaf Schultze

Dritte Welt, Gruppe von Ländern, die weitestgehend identisch sind mit den Entwicklungsländern (EL); sie wird gebildet von den Staaten, die sich zur D. W. zählen bzw. ihr zugeschrieben werden.

Die Herkunft des Begriffs geht auf das Jahr 1949 zurück und ist eng verknüpft mit Vorstellungen eines entwicklungspolit. → Dritten Weges zwischen → Kapitalismus und → Sozialismus und internat. der → Blockfreiheit im damals sich ausprägenden → Ost-West-Konflikt. In den 1950er Jahren wurden entspr. unter D. W. nur jene Länder subsumiert, die diesen doppelten Dritten Weg zu beschreiten gewillt schienen (Länder in Asien und Afrika). Erst in den 1960er Jahren, als die bestehende Weltwirtschaftsordnung von seiten der EL als entwicklungshinderlich problematisiert und zu reformieren versucht wurde, wurde der Begriff auf alle EL (also auch auf Lateinamerika und die Karibik) ausgedehnt und umfaßte damit höchst heterogene Länder und Ländergruppen. Auf dem bisherigen Höhepunkt der Macht der Dritte-Welt-Länder im → Nord-Süd-Konflikt konnte der Begriff wie folgt definiert werden: «Die Dritte Welt bilden strukturell heterogene Länder mit ungenügender Produktivkraftentfaltung (unabhängig vom Prokopfeinkommen), die sich zur Durchsetzung ihrer wirtschaftl. und polit. Ziele gegenüber dem ‹reichen Norden› und aufgrund gemeinsamer geschichtlicher Erfahrungen und Interessen polit. solidarisiert und in verschiedenen Aktionseinheiten lose organisiert haben» (*Nohlen/Nuscheler* 1982: 17). Begriffsfestlegungen, die darüber hinausgingen und der Kategorie D. W. Einheitlichkeit und Theoriefähigkeit unterstellten (etwa im «*tiersmondisme*»), sahen sich in den 1990er Jahren mit der tatsächlichen Heterogenität der Ländergruppe konfrontiert, als neue → Differenzierungen hinzutraten. Sie lösten dann die These vom «Ende der Dritten Welt» aus. Der Begriff D. W. ist jedoch nach wie vor der gebräuchlichste zur Bezeichnung der EL. Er ist weder deterministisch, so als könnten ihr bisher zugerechnete Länder nicht zu den Industrieländern aufsteigen und sich damit die Zahl der Dritte-Welt-Länder nicht wieder verringern, noch stößt er sich an dynamischen Prozessen weiterer interner Ausdifferenzierung, als deren Folge die Interessengegensätze zwischen den Dritte-Welt-Staaten zu- und die polit. Inhalte des Begriffs abgenommen haben.

Lit.: *Nohlen, D./Nuscheler, F.* (Hrsg.) [3]1993 ff.: Hdb. der Dritten Welt, 8 Bde., Bonn ([1]1974 ff.; [2]1982 ff.).

Dieter Nohlen

Dritter Sektor, auch *Nonprofit*-Sektor, dient zur Charakterisierung eines gesellschaftl. Bereichs, der durch die Pole → Staat, → Markt und → Gemeinschaft/Familie gebildet wird.

Dritte oder *Nonprofit*-Organisationen (NPO) bereiten aufgrund ihrer Handlungslogiken Zuordnungsprobleme: Im Vergleich zur öff. → Verwaltung zeichnen sie sich durch ein geringeres Maß an Amtlichkeit aus; im Unterschied zu priv. Unternehmen besteht ihr Organisationsziel nicht in Gewinnmaximierung; sie stellen aber auch keine gemeinschaftlichen Einrichtungen dar, da Mitgliedschaft und Mitarbeit in NPOs auf individueller Entscheidung beruht. In D deckt der D. S. ein weites Spektrum von Organisationen ab, das Verbände und Gewerkschaften ebenso einschließt, wie Vereine, → NGOs, Stiftungen und Selbsthilfegruppen. Die Diskussion über den D. S. war in Folge der Dominanz der Theorie des Neo-Korporatismus in der dt. Politikwiss. stark auf staatsentlastende Funktionen und damit auf die Dienstleistungsrolle von NPOs fokussiert. Demgegenüber werden von der angelsächsischen Forschung traditionell auch die zivilgesellschaftl. Relevanz der NPOs thematisiert und ihre Potenziale im Dienst von → *Empowerment* sowie im Hinblick auf die Entwicklung einer → Deliberativen Demokratie behandelt.

Lit.: *Anheier, H. K.* u. a. 2000: Zur zivilgesellschaftlichen Dimension des Dritten Sektors, in: *Klingemann, H.-D./Neidhardt, F.* (Hrsg.): Die Zukunft der Demokratie, Bln. *Salamon, L. M.* u. a. 2000: Global Civil Society – Dimensions of the Nonprofit Sector, Baltimore.

Klaus Schubert

Dritter Weg, Metapher, die in den 1990er Jahren erneut auftauchte und sich nun auf die innerhalb und im Umfeld der brit. *Labour*-Partei ausgelöste Debatte über eine Modernisierung der sozialen Demokratie durch die europ. Sozialdemokratie bezieht. In der Vergangenheit wurde sie meistens benutzt, um dritte Wege zwischen → Kapitalismus und → Kommunismus/Sozialismus zu suchen.

Die Metapher wurde beispielsweise bei der Gründung der Sozialistischen Internationale 1951 verwendet und spielte im Prager Frühling 1968 eine prominente Rolle. *O. Siks* Buch über den D. W. wollte den Wirtschaftsreformen Richtung geben. In D ist die D.-W.-Debatte besonders durch die Pioniere der → Sozialen Marktwirtschaft (*W. Eucken* und *L. Erhard*) entfacht worden. Noch im Jahreswirtschaftsbericht der Bundesregierung ist 1990 angesichts der Ost-West-Umbruchsereignisse zu lesen: «Die Soziale Marktwirtschaft *ist* der Dritte Weg zwischen Kapitalismus und Sozialismus.»

Das vom brit. Premierminister *Tony Blair* und seinem soziologischen Berater *A. Giddens* entwickelte theoretische und polit.-(wahl)strategische Konzept des D. W. will sich einer ideologischen Fundamentalpolari-

sierung enthalten. Es zielt spezifischer auf neue polit. Wege zwischen einem insbes. in den USA und GB in den 1980er Jahren praktizierten → Neoliberalismus und der in der Nachkriegszeit von der Sozialdemokratie verfolgten wohlfahrtsstaatl. Politik.
Ausgangspunkt der theoretisch-programmatischen Überlegungen ist die Akzeptanz der durch die → Globalisierung der Finanz-, Kapital- und Gütermärkte entstandenen neuen Bedingungen einer globalen Wettbewerbsökonomie. Der Staat soll diese Entwicklung fördern. Gleichzeitig, und damit kritisieren die Vertreter des D. W. den radikalen Neoliberalismus, hat der Staat weiterhin die Verantwortung für durch den Markt verursachte soziale Folgeprobleme zu übernehmen. Man will eine, so das Schlagwort, → Marktwirtschaft, nicht aber eine Marktgesellschaft unterstützen.
In der sozialpolit. Konzeption des D. W. finden sich die eigentlich umwälzenden Forderungen nach Neuorientierung der Sozialdemokratie. In Adaption an die amerikan. → Kommunitarismus-Debatte wird eine neue Gemeinschaftsorientierung als notwendig angesehen, die durch die bisherige, auf Geldleistungen und Anspruchsrechten basierende Sozialpolitik blockiert wurde. Die pure umverteilende Sozialdemokratie hat zur Individualisierung der Gesellschaft und einem passiven Staatsbürger geführt, der nicht mehr bereit und fähig ist, sich den veränderten Bedingungen der Wirtschaft und der Arbeitsmärkte anzupassen. Die neue → Sozialpolitik soll, auch unter Inkaufnahme einer ungerechten Vermögensverteilung, zum einen nur noch die wirklich Bedürftigen unterstützen und zum anderen sich auf die Voraussetzungen des Zugangs zur Erwerbsarbeit konzentrieren. Insbes. durch Investitionen in Bildung und Ausbildung soll die Erwerbsfähigkeit für jeden einzelnen gesichert und damit gleichzeitig → Armut und soziale Marginalisierung beseitigt und verhindert werden. Nicht der nachträglich helfende und ausgleichende Sozialstaat, sondern ein vorab aktiver Sozialstaat ist das neue Leitbild. Das bedeutet auch eine neue Sicht von → Gleichheit. Nicht mehr eine durch Umverteilung zu erreichende Gleichheit der Ergebnisse, sondern eine zu sichernde Start- und Chancengleichheit (v. a. auf dem Arbeitsmarkt) ist das primäre Ziel.
Das brit. Konzept des D. W. ist stark arbeitsmarktorientiert und in seinen Kategorien und seiner «Philosophie» sehr angelsächsisch geprägt. Es ist daher fraglich, ob es sich in dieser Form etwa nach D und Frankreich exportieren läßt. Die Regierungspraxis der sozialdemokratisch regierten Länder in Europa zeigt vielmehr, daß es nicht einen, sondern mehrere D. W. gibt. In der Konsequenz würde die Umsetzung des brit. Konzepts die Abkehr vom Modell eines universalistischen → Wohlfahrtsstaates bedeuten. Vorläufig steht jedoch noch mehr die wahlkampfstrategische Nutzung des Konzepts im Vordergrund, so bei den siegreichen Wahlen von *«New Labour»* 1997 und der dt. SPD 1998, wobei letztere das Konzept mit der Metapher der «Neuen Mitte» im dt. Kontext variierend anwendete. Offen bleibt, ob das brit. Konzept den Anstoß zu einer neuen Gesellschaftstheorie der Sozialdemokratie gegeben hat. Immerhin ist es gelungen, eine Programmdebatte in der europ. Linken auszulösen, in der bereits von einem neuen Revisionismusstreit in der Sozialdemokratie gesprochen wird.

Lit.: *Dörre, K. / Panitch, L. / Zeuner, B.* u. a. 1999: Die Strategie der «Neuen Mitte», Hamb. *Giddens, A.* 1998: Der dritte Weg, Ffm. *Grundwertekommission beim Parteivorstand der SPD* 1999: Dritte Wege – Neue Mitte. Sozialdemokratische Markierungen für Reformpolitik im Zeitalter der Globalisierung, Bonn. *Merkel, W.* 2000: Die Dritten Wege der Sozialdemokratie ins 21. Jahrhundert, in: Berliner Journal für Soziologie, 1, 99–124. *Sturm, R.* 2000: Der «Dritte Weg» – Demokratie im Zeitalter der Globalisierung, in: *Backes, U./Jesse, E.* (Hrsg.): Jahrbuch «Extremismus & Demokratie», 12, Baden-Baden, 53–72.

Axel Murswieck

Dualismus, allg. die Unterteilung von Substanzen, Elementen, Phänomenen in eine Zweiheit, in ein Nebeneinander oder einen Gegensatz von nur zwei nicht zur Einheit zu bringenden Elementen.

D. ist eine traditionelle Denkfigur in Religion (Diesseits und Jenseits), Philosophie (Sein und Bewußtsein, Notwendigkeit und Freiheit etc.), Geschichte (Rom und Karthago, Kaiser und Papst, Fortschritt und Beharrung etc.) und Politik (Staat und Gesellschaft, traditional und modern, Dogmatismus und Revisionismus etc.) und steht in Ggs. zu Monismus- und Trias-Vorstellungen.
Politikwiss. Theorien gesellschaftl. und polit. Entwicklung (Struktur und Handlung, Reform und Revolution etc.) arbeiten häufig implizit oder explizit mit dualistischen Grundannahmen. Die Elemente des D., deren Verhältnis nicht dialektisch bestimmt ist, sind nicht in jedem Fall symmetrisch: In einem dualistisch angelegten → Parteiensystem können z. B. die beiden Elemente ihrer inneren Struktur nach sehr unterschiedlich sein, das eine aus einer Partei, das andere aus einem Parteienbündnis bestehen. Asymmetrisch können auch die Chancen eines Elements sein, sich historisch gegenüber dem anderen durchzusetzen.
In entwicklungssoziologischen Studien wird D. nicht nur als eine Spaltung in der Wirtschafts- und Sozialstruktur einer Gesellschaft verstanden, sondern entwicklungsstrategisch auch als Durchdringung der autochthon traditionell-statischen Teilgesellschaft, deren Mitglieder nur begrenzte und von der Gemeinschaft geregelte Konsumbedürfnisse haben, keinen Geschäftssinn und Wettbewerbsgeist entwickeln und in Fatalismus und Resignation verharren, durch die importierte, modern-dynamische, kapitalistische Teilgesellschaft, deren Mitglieder unbegrenzte Konsumwünsche haben, rational handeln und von Eigennutz und Gewinnstreben zu Wirtschaftsaktivitäten getrieben werden. Diese Annahmen des modernisierungs-theoretischen Dualismuskonzepts wurden von dependenztheoretisch argumentierenden Wissenschaftlern im Gegenkonzept der → Strukturellen Heterogenität bestritten.

→ Dependencia; Dritte Welt; Modernisierungstheorie.

Lit.: *Nohlen, D./Nuscheler, F.* (Hrsg.) [3]1993 ff.: Hdb. der Dritten Welt, 8 Bde., Bonn ([1]1974 ff.; [2]1982 ff.).

Dieter Nohlen

Dummy-Variable → Variable

Dutch Disease, niederländische Krankheit, Begriff zur Bezeichnung des Zusammentreffens folgender makroökon. Tatbestände: tiefe wirtschaftl. Rezession (Unternehmensrentabilität gleich null), hohe Arbeitslosigkeit und hohes Staatsdefizit.

Der Begriff reflektiert die niederländische Wirtschaftslage zu Beginn der 1980er Jahre, bevor durch Kooperationsabkommen zwischen Arbeitgebern, Arbeitnehmern und Regierung eine restriktive Fiskalpolitik verbunden mit Lohnzurückhaltung und einschneidenden sozialpolit. Reformen den Boden für das *dutch miracle* bereitete.

Lit.: *Funk, L./Winkler, A.* 1997: Konsensmodell Niederlande, in: *Knappe, E./Winkler, A.* (Hrsg.): Sozialstaat im Umbruch, Ffm./NY., 151 ff.

Dieter Nohlen

Dynamische Rente, durch Indexierung regelmäßig an die allg. Einkommensentwicklung der Erwerbstätigen angepaßte Form der → Rente, um den Rentenbeziehern eine Teilhabe an gesamtgesellschaftl. Wohlstandsgewinnen zu sichern.

In der BRD wurde die d. R. im Rahmen der großen Rentenreform von 1957 eingeführt und seither in verschiedenen Berechnungsvarianten umgesetzt, die zunächst bei der Brutto- und dann bei der Nettolohnentwicklung ansetzten und derzeit neben der Entwicklung des (Brutto-)Lohnniveaus auch die Abgabenentwicklung sowie die Veränderungen in der → Demographie zu berücksichtigen suchen.

→ Index/Indexierung; Sozialpolitik; Sozialversicherung.

Lit.: → Sozialversicherung.

Bernhard Thibaut

Ecological fallacy → Ökologischer Fehlschluß

Economies of scale, zu- bzw. abnehmende (*diseconomies of scale*) Skalenerträge. *E. o. s.* entstehen, wenn bei einer Erweiterung der Betriebsgröße die gesamten Produktionskosten langsamer steigen als die produzierte Menge, also bei fallenden Stückkosten. Sie führen zu Vorteilen für große Unternehmen, da das größte Unternehmen den größten Gewinn erzielt.

Die Ursachen für *e. o. s.* liegen in der Technologie (Vorteile der Massenproduktion) oder in der günstigeren Beschaffung von Produktionsfaktoren. Der bei *e. o. s.* drohenden Gefahr der Monopolisierung des betreffenden Marktes muß i. d. R. durch staatl. Regulierung begegnet werden.

→ Economies of scope; Grenznutzen.
Lit.: → Grenznutzen.

Katharina Holzinger

Economies of scope, Verbundvor- bzw. -nachteile. *E. o. s.* treten auf, wenn verschiedene Produkte kostengünstiger in einem einzigen Unternehmen hergestellt werden können als in mehreren auf je ein Produkt spezialisierten Unternehmen.

Die Ursachen für *e. o. s.* können in der Technologie liegen (durch den Einsatz derselben Produktionsfaktoren für mehrere Produkte entstehen positive → Externalitäten) oder in der vergrößerten Autonomie und Marktmacht (die z. B. zu günstigeren Beschaffungsbedingungen führt). Daß Mehrproduktunternehmen häufiger sind als Einproduktunternehmen, läßt sich auf *E. o. s.* zurückführen.

→ Economies of scale.
Lit.: *Baumol, W. J.* u. a. 1988: Contestable Markets and the Theory of Industry Structure, San Diego.

Katharina Holzinger

Eigentum, im Unterschied zu Besitz als faktischer Verfügung bezeichnet E. eine rechtl. definierte Sachherrschaft. Deren legitimierender Grund, der in Antike und Mittelalter in den gesetzlichen Normen des öff. Raums zu suchen war, verschiebt sich in der Neuzeit in das emanzipierte, sich selbst gehörende menschliche Individuum, das durch seine → Arbeit Aneignungen vornimmt und darin eine wesentliche Dimension seiner Freiheit erfährt (*J. Locke*).
Dieses zunächst positiv gewertete Privateigentum wird bei *J.-J. Rousseau* und im sozialistischen Theorienzusammenhang wegen seiner sozialen Defizite kritisiert. Von der utopischen, kommunistischen, anarchistischen totalen oder partiellen Beseitigung des Privateigentums abgesehen, hat sich das E. als liberales Menschenrecht etabliert, das in verfassungsmäßige → Grundrechte eingeht. Der moderne → Sozialstaat hat nicht nur E. zu ermöglichen und zu achten, sondern auch die Sozialbindung des E. zu berücksichtigen.

→ Anarchismus; Emanzipation; Kommunismus; Liberalismus; Politische Utopie; Sozialismus.
Lit.: *Brocker, M.* 1992: Arbeit und Eigentum. Der Paradigmenwechsel in der neuzeitlichen Eigentumstheorie, Darmst. *Ryan, A.* 1984: Property and Political Theory, Ox. *Schwab, D.* 1975: Eigentum, in: *Brunner, O.* u. a. (Hrsg.): Geschichtliche Grundbegriffe, Bd. 2, Stg., 65–115.

Ulrich Weiß

Eindimensionale Skalierung → Skalierung

Einheitsgewerkschaft → Gewerkschaft

Einheitsliste, in der → Wahlbewerbung die Form der Liste, die Konkurrenz unter Listen und damit polit. Wettbewerb ausschließt.

Der Stimmzettel enthält nur einen Wahlvorschlag. Der Wähler kann diesen bestätigen oder verwerfen. Die E. ist ein Merkmal der sozialistischen Wahltheorie und Wahlpraxis. Im *de facto* → Einparteisystem oder → Blocksystem war sie die Regel. Die Kandidaten der Parteien und Massenorganisationen wurden nach einem festgelegten Schlüssel auf der E. plaziert. Die E. ist mit den Prinzipien freier → Wahlen unvereinbar; sie negiert deren grundlegende Merkmale: Auswahl und Wahlfreiheit.

→ Wahlbewerbung; Wahlsysteme.
Lit.: → Wahlen; Wahlsysteme.

Petra Bendel

Einheitsstaat, Begriff, der staatstheoretisch auf die in Anlehnung an *Rousseaus* Identitätstheorie in der Französischen Revolution entwickelte Doktrin verweist, die den Staat als Instrument der →*Volonté générale* sieht (→Identitäre Demokratie).

Als Ausdruck des gemeinschaftlichen Willens freier und gleicher Staatsbürger (→ Citoyen; Staatsbürgerschaft) ist der E. «unteilbar», weder horizontal durch Gewaltenteilung noch vertikal durch die («souveräne») Eigenständigkeit territorialer Kollektive unterhalb der Ebene des Gesamtstaates. Die praktische Umsetzung der Doktrin begünstigt autoritär-plebiszitäre Formen der Herrschaft (→ Autoritäre Regime; Totalitarismus).
In der Staatsformenlehre bezeichnet E. – im Ggs. zum → Bundesstaat (→ Föderalismus) – einen Staat, der nur eine Staatsgewalt und Rechtsordnung und keine staatl. Eigenständigkeit von Gebietskörperschaften unterhalb der gesamtstaatl. Ebene kennt, in dem der vertikale Staatsaufbau hierarchisch organisiert ist und die nachgeordneten Institutionen der regionalen und lokalen → Verwaltung damit weisungsabhängig sind.
Zu unterscheiden ist der zentralisierte E., in dem die gesamte Staatsgewalt in den zentralen Staatsorganen konzentriert ist, vom dezentralisierten E., in dem die nachrangigen Staatsaufgaben dezentralen Organen der Selbstverwaltung übertragen sind, territorial verschiedenen polit. Institutionen der regionalen/lokalen Ebene (z. B. Departements, Bezirken, Kommunen), funktional gesellschaftl. Institutionen des öff. Rechts (→ Quagos, z. B. Industrie- und Handelskammern); diese üben staatl. Aufgaben im Auftrag und unter Aufsicht des Zentralstaates aus, verfügen jedoch über keine eigenen Gesetzgebungs- und Verwaltungskompetenzen (→ Devolution). Dezentralisierte E. unterscheiden sich folglich von Bundesstaaten nicht durch den Tatbestand vertikaler Ausdifferenzierung des polit.-administrativen Systems, die beiden gemeinsam ist, sondern durch Art und Grad der Autonomie der Systemebenen (→ Politikverflechtung).

Lit.: → Föderalismus; Politikverflechtung; Staat.

Rainer-Olaf Schultze

Einkammersystem → Parlament

Einklammerung → Phänomenologie

Einkommen, Fachterminus für sämtliche Güter, Dienstleistungen (Naturaleinkommen) oder Geldbeträge (monetäre E.), die einer Person, einem Haushalt oder einem Unternehmen in einer bestimmten Zeiteinheit zufließen.

Volkswirtschaftl. wird zwischen E. unterschieden, die im Austausch oder als Entgelt für erbrachte Leistungen bezahlt werden (Faktor- bzw. Erwerbseinkommen), und solchen, denen keine Leistungen gegenüberstehen, die freiwillig zugewandt oder aufgrund rechtlicher Ansprüche (z. B. Renten) erworben werden (Transfereinkommen). Erwerbseinkommen sind wiederum nach E. aus unselbständiger Tätigkeit (z. B. Löhne, Gehälter, Bezüge) und E. aus selbständiger Tätigkeit und Vermögen (z. B. Zinsen) zu trennen.

Klaus Schubert

Einkommenspolitik, i. e. S. die Gesamtheit aller staatl. Maßnahmen und wirtschaftspolit. Aktivitäten, die auf die Änderung und Verteilung der E. aus Erwerbstätigkeit gerichtet sind (primäre Einkommensverteilung).

Die E. wird wesentlich durch die Lohnpolitik geprägt, die in D zwischen → Gewerkschaften und Arbeitgebern bzw. Arbeitgeberverbänden im Rahmen der Tarifautonomie ausgehandelt wird und staatlicherseits nur mäßig beeinflußt werden kann, z. B. durch Appelle, Unterstützung formeller und informeller Übereinkommen (z. B. → Konzertierte Aktion) bzw. durch Vorbildfunktion der Arbeitgeber des Öffentlichen Dienstes (Bund, Länder, Gemeinden).
I. w. S. meint E. alle staatl. Maßnahmen, die auf (Um-)Verteilung und Veränderung des Verhältnisses zwischen den verschiedenen Erwerbseinkommen und zwischen den Erwerbs- und den Transfereinkommen gerichtet sind (sekundäre Einkommensverteilung). E. beeinflußt maßgeblich die wirtschaftspolit. Ziele Preisstabilität und Aufrechterhaltung eines hohen Beschäftigungsniveaus.

→ Arbeitsbeziehungen; Tarifkonflikt.

Klaus Schubert

Einkommensteuer, eine → Steuer auf die Gesamtheit der Einkünfte natürlicher Personen. Ihre Erhebung nach dem Leistungsfähigkeitsprinzip führt zu einer progressiven Steuerlastverteilung mit unterschiedlichen Steuersätzen, Ausnahme- und Abzugsregelungen.

In die Gestaltung des Tarifs können eine Reihe von wachstums-, struktur- und verteilungspolit. Zielsetzungen einfließen. Die E. ist in den meisten entwickelten Ländern eine der wichtigsten Einnahmequellen der öff. Haushalte; in D. erbrachte sie im Jahr 2000 35,7 % der gesamten Steuereinnahmen. Als Gemeinschaftsteuer fließen ihre Erträge Bund, Ländern und → Gemeinden zu.

→ Finanzverfassung; Steuern; Steuerstruktur.
Lit.: → Steuern.

Andreas Busch

Einparteisystem, in Klassifikationen von → Parteiensystemen die nichtkompetitive Kategorie, in der nur eine Partei zugelassen ist.

E. steht im Ggs. zur kompetitiven, pluralistischen Kategorie, die ihrerseits in viele Systeme (prädominante Parteiensysteme, Zweiparteiensysteme, gemäßigter → Pluralismus, polarisierter Pluralismus) untergliedert werden kann.
G. Sartori (1976) unterschied ferner zwischen E. und hegemonialen Parteiensystemen sowie zwischen totalitären (Albanien, UdSSR) und autoritären E. (Spanien unter Franco). In E., in denen buchstäblich nur eine Partei legal existiert, werden ehemals konkurrierende Parteien als Blockparteien (→ Blocksystem) kooptiert bzw. gleichgeschaltet oder ganz verboten (so in der ehem. UdSSR, wo neben der KPdSU, und in Nazi-Deutschland, wo neben der NSDAP keine anderen Parteien zugelassen waren). Ein Einparteistaat ist i. d. R. durch eine bindende → Ideologie gekennzeichnet (China, Kuba). Auch in vielen afrikanischen Staaten hatten sich bald nach der Unabhängigkeit E. mit starker Verwischung der Grenzen zwischen Staat, Verwaltung und Partei sowie starker Konzentration auf einzelne Führungspersönlichkeiten etabliert, die erst in den 1990er Jahren mehrheitlich durch Mehrparteiensysteme abgelöst wurden. Im Ggs. zu den E. i. e. S. sind in hegemonialen Parteiensystemen – ihrerseits von *Sartori* (1976) differenziert in eine ideologische und eine pragmatisch orientierte Variante – konkurrierende Parteien zugelassen, ohne daß jedoch ein Machtwechsel über Wahlen in Frage käme (z. B. Mexiko bis zur Wahlreform von 1996).

Lit.: → Parteiensystem.

Petra Bendel

Einstellung → *Attitudes*

Einzelstimmgebung → Stimmgebungsverfahren

Electoral college, engl. für Wahlmännerkollegium zur Wahl von Präsident und Vizepräsident der USA.

Das *e. c.* besteht zur Zeit aus 538 Mitgliedern, wobei die Anzahl der Wahlmänner in jedem der 50 Einzelstaaten (und in Washington, D. C.) der Repräsentation des Staates in Repräsentantenhaus und Senat entspricht. Die Wahlmänner werden stellvertretend für den Präsidentschafts-/Vizepräsidentschaftskandidaten der Parteien nach dem Grundsatz des *winner-takes-all* gewählt, womit sämtliche Wahlmännerstimmen im Einzelstaat dem siegreichen Bewerber-Team zufallen (wahlsystematisch: relative Mehrheitswahl in Mehrmannwahlkreisen unterschiedlicher Größe; ausgenommen: Maine, Nebraska). In der US-amerikan. Wahlgeschichte hat es seit 1789 nur wenige sog. *faithless electors* gegeben, die nicht für das Bewerber-Team gestimmt haben, für das sie nominiert worden waren; nicht formal, aber faktisch besteht damit ein gebundenes Mandat, so daß es sich bei der Bestellung von Präsident/Vizepräsident trotz des zwischengeschalteten *e. c.* praktisch um direkte Volkswahl handelt. Dennoch ist das *e. c.* nicht bedeutungslos: (1) Das → Wahlsystem des *winner-takes-all* beeinflußt die Wahlstrategien der Bewerber. (2) Es kann unter bestimmten Umständen dazu führen, daß dasjenige Bewerber-Team mit der Mehrheit der Wahlmännerstimmen gewählt ist, das landesweit nicht die Mehrheit der Wählerstimmen erzielt hat (z. B. bei der Wahl des Jahres 2000 die Bewerber *Bush/Cheney*, die dem Team *Gore/Lieberman* nach Wählerstimmen knapp unterlegen waren; → *Bias*). (3) Erreicht bei der Wahl kein Bewerber-Team die absolute Mehrheit von 270 Stimmen im *e. c.*, wählt das Repräsentantenhaus den Präsidenten zwischen den drei Kandidaten mit den meisten Stimmenzahlen, wobei nach Staaten abgestimmt wird, jeder Einzelstaat nur eine Stimme besitzt, sich die Abgeordneten der Einzelstaaten also zunächst auf einen Kandidaten einigen müssen (so z. B. bei den Wahlen von 1800, 1824); der Vizepräsident wird vom Senat gewählt.

Lit.: *Cronin, T. E.* (Hrsg.) 1989: Inventing the American Presidency, Lawrence/Kans. *Pierce, N. R./Longley, L. D.* 1981: The People's President. The Electoral College in American History and the Direct-Vote Alternative, New Haven (zuerst 1968). *Longley, L. D./Dana, J. D.* 1992: The Biases of the Electoral College in the 1990s, in: Polity 25, 123–145. *Sundquist, J. L.* 1992: Constitutional Reform and Effective Government, Washington, D. C.

Rainer-Olaf Schultze

Elite/Eliten, sozialwiss. Begriffe, mit denen diejenigen Personen gekennzeichnet werden, die in einer Gesellschaft, in einem → Politischen System oder in einer → Institution eine herausgehobene Qualifikation haben, außergewöhnliche Leistungen erbringen oder über bes. Einfluß verfügen.

Unter E. kann einerseits eine soziale Schicht verstanden werden, also die Gesamtheit derjenigen, die in einem bestimmten Tätigkeitsbereich Spitzenleistungen erbringen (z. B. im Sport, in der Wiss. usw.). Gebräuchlicher ist andererseits heute die Verwendung als Gruppenbegriff, wobei sich in der → Politischen Soziologie der Begriff der Funktionselite durchgesetzt hat. Darunter versteht man Führungsgruppen, die bestimmte Aufgaben der Leitung, Koordination oder Planung haben und dabei unter formalisierter Verantwortlichkeit stehen und über mehr oder weniger Macht verfügen. Dazu zählen u. a. Regierungen, Partei-, Fraktions- oder Verbandsvorstände, aber auch Repräsentativgremien wie Parlamente oder Gemeinderäte, sowie Spitzengremien der Ministerialbürokratie. Mit dem Elitenbegriff wird – im Ggs. zum Institutionenbegriff – die Bedeutung von Personen als kollektive → Akteure ins Zentrum von Forschung und Theoriebildung gerückt. Die wiss. Fragestellungen sind sehr vielfältig. Sie richten sich u. a. auf die soziale Herkunft und Qualifikation der Akteure, ihre Wertvorstellungen und ihre Methoden der Machtgewinnung und -sicherung. Von bes. Bedeutung sind die Beziehungen zwischen den verschiedenen Funktionseliten. Sind sie eher kompetitiv und kooperativ, stärkt dies die Akzeptanz, → Integration und Effizienz eines demokratischen Systems; das Gegenteil ist wahrscheinlich, wenn sich die wichtigsten Führungseliten eher aggressiv oder sogar feindselig gegenüberstehen.

→ Demokratie; Herrschaft; Machtelite; Politische Elite/politische Klasse.

Lit.: *Best, H./Becker, U.* (Hrsg.) 1997: Elites in Transition. Elite Research in Central and Eastern Europe, Leverkusen. *Beyme, K. von* ²1995: Die polit. Klasse im Parteienstaat, Ffm. *Buerklin, W./Rebenstorf, H.* (Hrsg.) 1997: Eliten in Deutschland. Rekrutierung und Integration, Opl. *Herzog, D.* 1982: Politische Führungsgruppen, Darmst. *Leif, T.* u. a. (Hrsg.) 1992: Die polit. Klasse in Deutschland, Bonn/Bln. *Steiner, H.* (Hrsg.) 1997: DDR-Eliten. Woher – Wohin?, Leverkusen.

Dietrich Herzog

Emanzipation, aus dem römischen Recht stammender Begriff. Bezeichnet urspr. den Rechtsakt der Ent- oder Freilassung einer Person, z. B. des erwachsenen Sohnes oder auch eines Sklaven, aus persönlicher Abhängigkeit in die Freiheit. Während diese Bedeutung sich gerade auch im juristischen Sprachgebrauch bis ins 19. Jh. erhält, z. B. im Zusammenhang mit der Abschaffung der Leibeigenschaft und der Sklaverei, oder auch schon im Zusammenhang mit der Forderung nach der E. der Frauen aus väterlicher oder der Gewalt des Ehemanns (zur Geschichte der E. s. *Grass/Koselleck* 1985), bekommt der Begriff im Zusammenhang von bürgerlicher → Aufklärung und Revolution eine prozessurale und geschichtsphilosophische Dimension, die in engem Zusammenhang mit dem Geschichts- und Fortschrittsbegriff steht.

Die bürgerliche Revolution, urspr. die Gleichstellung und E. des dritten Standes durch die Aufhebung der Privilegien von Adel und Kirche, gibt dem Emanzipationsbegriff eine aktivische und prozessurale Bedeutung i. S. von Selbstbefreiung, die in *Kants* (1965: 1 ff.) berühmter «Beantwortung der Frage: Was ist Aufklärung?» von 1784 – ohne Verwendung des Wortes – bereits auf das Individuum ausgedehnt wurde. Individuelle E. ist danach «Ausgang aus selbstverschuldeter Unmündigkeit». Damit war geschichtsphilosophisch der Weg offen, die menschliche Geschichte insgesamt als E. von aller Fremdbestimmung, z. B. durch Religion, polit. Fremdherrschaft, aber auch des Körpers über den Geist oder die Seele oder der Lust bzw. der Sexualität durch Tradition oder Gesetz, zu interpretieren.

Trotz der schlagwortartigen Beliebigkeit des modernen Begriffs der E. hat dieser für verschiedene soziale Befreiungsbewegungen eine zentrale mobilisierende und legitimierende Rolle gespielt, so im 19. Jh. im Zusammenhang mit der «bürgerlichen Gleichstellung der Juden» (*Ben-Sasson* 1980: 94 ff.) und der Entstehung der Arbeiter- (*Abendroth* 1965) und Frauenbewegung (*Frevert* 1986).

Im 20. Jh. war der Begriff teilweise im Zusammenhang mit antiimperialistischen oder antikolonialistischen Befreiungsbewegungen der → Dritten Welt wichtig. In kulturellen Veränderungsprozessen und sich anschließenden institutionellen Reformen in den meisten westl. Industriegesellschaften in den 1960er und 1970er Jahren (*Inglehart* 1989), in D z. B. im Gefolge der APO (= außerparlamentarische Opposition) und der nachfolgenden sozialen Bewegungen, gewann E. als Inbegriff individueller Selbstverwirklichung wie als Zielbestimmung für die Gewinnung autonomer Lebensweisen sozialer → Minderheiten und ihrer öff. Anerkennung (z. B. «Schwulen- und Lesbenbewegung») erneut zentrale Bedeutung.

Allerdings findet der Begriff auch aggressive minderheiten- und fremdenfeindliche Verwendung in nationalistischen, völkischen oder gar rassistischen Strömungen (*Geiss* 1988) seit dem Ende des 19. Jh. sowie neuerdings im intellektuellen Diskurs der sog. Neuen Rechten i. S. einer E. von angeblich drohender «Überfremdung» oder auch von den «Lasten der deutschen Vergangenheit». Angesichts des formalen Charakters des Begriffs muß also jeweils geprüft werden, in welchem Zusammenhang von wem die Forderung nach E. erhoben und welche Zielbestimmung mit E. von bestimmten gesellschaftl. Bedingungen oder Akteuren angestrebt wird.

→ Fortschritt; Feminismus; Menschenrechte/Grundrechte/Bürgerrechte.

Lit.: *Abendroth, W.* 1965: Sozialgeschichte der europäischen Arbeiterbewegung, Ffm. *Ben-Sasson, H.-H.* (Hrsg.) 1980: Geschichte des jüdischen Volkes, Bd. 3: Vom 17. Jahrhundert bis zur Gegenwart, von *Shmuel Ettinger,* Mchn. *Grass, K. M./Koselleck, R.* 1985: Emanzipation, in: *Brunner, O.* u. a. (Hrsg.): Geschichtliche Grundbegriffe, Bd. 2, Stg., 153–197. *Greiffenhagen, M.* (Hrsg.) 1973: Emanzipation, Hamb. *Frevert, U.* 1986: Frauen-Geschichte, Ffm. *Geiss, I.* 1988: Geschichte des Rassismus, Ffm. *Inglehart, R.* 1989: Kultureller Umbruch, Wertwandel in der westlichen Welt, Ffm./NY. *Kant, I.* 1965: Politische Schriften, hrsg. von *O. H. von der Gablentz,* Köln/Opl. *Spaemann, R.* 1971: Autonomie, Mündigkeit, Emanzipation. Zur Ideologisierung von Rechtsbegriffen., in: *Oppolzer, S./Lassahn, R.* (Hrsg.): Erziehungswissenschaft 1971 zwischen Herkunft und Zukunft der Gesellschaft, Wuppertal u. a., 317–324.

Michael Th. Greven

Embargo (von span. *embargar* = beschlagnahmen), allgemein-polit., v. a. handelspolit. Maßnahme eines Landes oder einer Ländergruppe zur Unterbrechung der Außenbeziehungen bzw. des Warenverkehrs des mit einem E. belegten Staates.

Das E. gehört zum klassischen, nicht-kriegerischen Repertoire internat. Sanktionen, deren Wirksamkeit umstritten ist.

→ Außenhandel.

Dieter Nohlen

Emigration → Migration

Empirisch (von griech. *empeiría* = Erfahrung), mehrdeutig verwendeter Begriff. E. kann heißen: (a) das historisch Gegebene, die Wirklichkeit (im Ggs. zur bloßen Möglichkeit oder zur irrationalen, überempirischen Wirklichkeit); (b) auf Erfahrung beruhend, erfahrungsgemäß; ein e. Wissen gleicht dann einem aus der (alltäglichen) Erfahrung induktiv gewonnenen, natürlichen Vermögen, die Dinge richtig zu erkennen und zu beurteilen; (c) systematisch erworbene, methodisch gelenkte Erfahrung, beispielsweise im → Experiment oder im systematischen Vergleich.

Im Ggs. zur alltäglichen, nur bedingt übertragbaren subjektiven Erfahrung werden an die kontrollierte e. Erfahrung bestimmte methodische Anforderungen gestellt, die für die wiss. Erkenntnis als unabdingbar gelten: die Aussagen müssen intersubjektiv transmissibel und per → Verifikation oder → Falsifikation überprüfbar sein. Im → Kritischen Rationalismus bemißt sich der e. Gehalt von Theorien an Art und Umfang ihrer Falsifikationsmöglichkeiten. → Werturteile sind aus dem wiss. → Begründungszusammenhang auszuschließen; in dieser Hinsicht versteht sich e. im Ggs. zu normativ. «Eine empirische Wissenschaft vermag niemanden zu lehren, was er soll» (*Weber* 1956: 190). Schließlich kann e. heißen: auf Sinneswahrnehmung beruhend.

Im Empirismus wurde e. Erfahrung allein auf Beobachtung gegründet, im logischen Empirismus entw. auf diese oder auf Sätze der Logik und Mathematik, also den erfahrungsunabhängigen Formalwiss. Die verschiedenen Verständnisse von e. stehen nicht einfach nur nebeneinander, sondern sind konkurrierend. Das Prädikat e., seine Zu- und Aberkennung, ist wesentlicher Teil der wissenschaftstheoretischen Auseinandersetzung zwischen Natur- und Geisteswiss. sowie innerhalb der Sozialwiss. und zwischen verschiedenen → Metatheorien.

→ Szientismus.

Lit.: *Weber, M.* 1956: Die Objektivität sozialwissenschaftlicher Erkenntnis (zuerst 1904), in: *ders.*: Soziologie, weltgeschichtliche Analysen, Politik, Stg., 186–310.

Dieter Nohlen

Empirisch-analytische Theorie, i. w. S. der Typus von Erkenntnis, der in den Naturwiss. vorherrscht und der sich dadurch auszeichnet, die Zusammenhänge und Ereignisse der objektiven Welt kausal durch allg. Sätze zu erklären. Im politikwiss. Sinne Metatheorie, d. h., eine wissenschaftstheoretische Grundposition, der zufolge wiss. Erkenntnis auf Erfahrung i. S. von Beobachtung, Beschreibung (→ Deskription), Messung und → Erklärung entspr. dem naturwiss. Verständnis von Wiss. gründet.

Als → Metatheorie, die im Unterschied zur → Theorie nicht widerlegt werden kann, steht die e.-a. T. im Ggs. zur normativ-ontologischen und kritisch-dialektischen Metatheorie v. a. in der Wertfrage: das, was ist, und das, was sein soll, sind entschieden voneinander zu trennen. Werte lassen sich mit empirischen Methoden nicht begründen, sie sind Voraussetzung (→ Entstehungszusammenhang, Erkenntnisinteresse) und Objekt, nicht jedoch das Ergebnis erfahrungswiss. Analyse. «Wenn das normativ Gültige Objekt empirischer Untersuchung wird, so verliert es, als Objekt, den Norm-Charakter, es wird als ‚seiend' nicht als ‚gültig' behandelt» (*Weber* 1956: 299).
Des weiteren bezeichnet e.-a. T. einen Theorietypus, der soviel bedeutet wie empirisch gehaltvolle Theorie. An diese wird die Anforderung gestellt, sich der kritischen Prüfung zu unterwerfen, d. h. sich nicht gegenüber Falsifizierungs- und Testversuchen zu immunisieren, ihre tragenden Konzepte zu operationalisieren, empirische → Indikatoren auszuweisen etc., also empirisch beleg- und kontrollierbare Ergebnisse vorzuweisen.

→ Behavioralismus; Empirisch.
Lit.: *Beyme, K. von* [8]2000: Die politischen Theorien der Gegenwart, Opl. *Narr, W.-D.* 1969: Theoriebegriffe und Systemtheorie, Stg. *Weber, M.* 1956: Der Sinn der «Wertfreiheit» der Sozialwissenschaft, in: *ders.*: Soziologie, weltgeschichtliche Analysen, Politik, Stg., 263–310.

Dieter Nohlen

Empirische Sozialforschung, eine nicht sehr scharf umrissene Sammelbezeichnung für (zumindest teilweise) geplante, systematische Vorgehensweisen bei der Konstitution und Aufbereitung von Erfahrungen im sozialwiss. Bereich. Eingeengtere Definitionen sprechen von der Erhebung und Beschreibung sozialwiss. «Sachverhalte».

Solche Begriffe gehen jedoch von einer klassisch-naturwiss. Erfahrungs- und Empirie-Konzeption aus, welche die Möglichkeit zur Registrierung situations- und insbes. subjektunabhängiger, wiederholbarer und kontrollierbarer Fakten unterstellt. Diese Position wird keineswegs von allen empirischen Sozialforschern – geschweige denn Sozialwissenschaftlern insgesamt – geteilt. Vielmehr sind die Grenzen gegenüber hermeneutischen, gesellschaftskritischen, historischen und einzelfallanalytischen Ansätzen fließend.
1. Was wir empirische Methoden im Rahmen unserer heutigen Wiss. nennen, ist das Ergebnis einer relativ kurzen Episode in der Menschheitsgeschichte. Vor dem 16. Jh. wurde es als Aufgabe von wiss. Bemühungen angesehen, die Natur zu verstehen und mit ihr in Einklang zu sein. Zwar wurden schon im Altertum, von den griechischen Philosophen überliefert, Experimente durchgeführt, aber erst im 16. und 17. Jh. begann dann die eigentliche «wiss. Revolution» unseres Kulturkreises. Diese wurde beeinflußt durch Männer wie *R. Descartes,* auf den die Trennung von *res extenso und res cogitans* (vereinfacht: von dinglicher und geistiger Welt) sowie die mathematischen Grundlagen einer neuen Weltsicht wesentlich zurückgehen; ferner *F. Bacon,* der die eigentliche experimentelle Methode entwickelte – allerdings in Form von Induktion, d. h. dem Schluß von einzelnen Experimenten auf Theorien –, und nicht zuletzt *I. Newton,* der die Verbindung der einzelnen experimentellen Methoden mit der Mathematik der Differentialrechnung herstellte und damit diese Phase der Wissenschaftsentwicklung zu ihrem Höhepunkt brachte. Das Experiment wurde nun als die Methode der Wahl angesehen, um der Natur ihre Wahrheiten zu entlocken, welche dann,

strukturiert und geordnet, das System von Wiss. – als ein System von wahren Sätzen – ausmacht. Obwohl sich dieses Weltbild für die modernen Naturwiss. inzwischen radikal verändert hat und starke Strömungen in den Sozialwiss. immer schon diesen Zugang als Ausdruck für Wiss. in Frage stellten (z. B. die Frankfurter Schule), ist die Praxis heutiger e. S. immer noch von diesem Weltbild durchdrungen.

Vorläufer der heutigen e. S. gehen aber mindestens bis ins 17. und 18. Jh. zurück, wo im Rahmen der Polit. Arithmetik versucht wurde, Gesetzmäßigkeiten in gesellschaftl. und wirtschaftl. Erscheinungen zu finden. Im 19. Jh. wurden die sozialen Lebensverhältnisse von Arbeiterfamilien ausführlich erfaßt und dargestellt: in Frankreich erschien 1855 ein sechsbändiges Werk über die europ. Arbeiter von *F. Leplay*, in England untersuchte *C. Booth* in großangelegten Studien mit Befragung und teilnehmender Beobachtung die Arbeiterschaft; methodisch beachtenswerte Untersuchungen wurden auch in Dänemark und Norwegen durchgeführt. In D führte erst ab 1908 der *Verein für Socialpolitik* Erhebungen über «Auslese und Anpassung der Arbeiterschaft» durch – frühere Versuche waren am mangelnden Interesse und auch an der Obstruktion durch die Universitäten als Wahrer der offiziellen Wiss. gescheitert. Im 20. Jh. wurde in Amerika die e. S. schon bald in größerem Umfang institutionalisiert, während die in D gegen Ende der 1920er Jahre aufblühende Sozialforschung durch die nationalsozialistische Herrschaft einen Rückschlag erlitt. In den letzten Jahrzehnten konnte sich e. S. in der BRD durch ihre Verankerung an den Universitäten einerseits und die Gründung zahlreicher Markt- und Meinungsforschungsinstitute auf kommerziellem Sektor andererseits erneut etablieren. Im wiss. Bereich sind mit dem *Zentralarchiv für empirische Sozialforschung* (Köln), in dem Umfragen EDV-gerecht gespeichert werden, und dem *Zentrum für Umfragen, Methoden und Analysen* (ZUMA, Mannheim) zwei wichtige Institutionen zur Unterstützung der e. S. geschaffen worden.

2. Zu den Methoden der e. S. gehören hauptsächlich → Befragung, → Beobachtung, → Experiment, → Inhaltsanalyse sowie – eher am Rande – → Soziometrie, → Gruppendiskussion, → nichtreaktive Verfahren, → Sekundäranalyse u. a. Alle bezeichnen selbst wieder jeweils ein Bündel recht heterogener Konzepte und Vorgehensweisen. Die Verwendung des Begriffs «Methode» ist in diesem Zusammenhang – ähnlich wie innerhalb der Statistik – eher irreführend als zutreffend: Wenn ein bestimmter Gegenstandsbereich – z. B. Nachbarschaftshilfe – über eine Befragung der Bev., Beobachtungen in verschiedenen Wohngegenden, Experimente mit «Hilfesuchenden», Inhaltsanalyse von Zeitungstexten, soziometrische Erhebungen in verschiedenen Nachbarschaften, Gruppendiskussion von Sozialarbeitern usw. erfaßt wird (um jeweils nur eine Möglichkeit zu nennen), so haben diese Vorgehensweisen bei der Datenerhebung zwar den Gegenstandsbereich gemeinsam, doch hat jede Art der Datengewinnung eine andere Perspektive und liefert so ein anderes Teilbild. Durch die Auseinandersetzung mit dem Gegenstandsbereich wird jeweils nur ein Stück sozialer Realität konstituiert, das – gemessen am (idealtypischen) Bild aller möglichen Vorgehensweisen – bestimmte Aspekte hervorhebt und andere vernachlässigt. Von daher wäre es besser, von «Modellen der Wirklichkeitskonstitution» zu sprechen, denn dies würde dazu zwingen, Argumente hinsichtlich der Adäquatheit der gewählten Perspektive(n) in einen diskursiven Prozeß einzubringen, statt mechanisch «Methoden» zu verwenden. Ein solcher methodenkritischer Zugang beinhaltet auch die Forderung, daß zu Beginn einer Untersuchung eine möglichst genaue inhaltliche Spezifikation der zugrundeliegenden Forschungsfrage(n) steht, die weitgehend unabhängig von den später gewählten Erhebungsansätzen unter dem Gesichtspunkt theoretischer und praktischer Relevanz gestellt werden sollte(n). Erst danach kann die Frage erörtert werden, welche Ansätze zur Erfassung der sozialen Realität möglich und sinnvoll sind – und sofern es sich nicht um eine sehr eng umgrenzte Forschungsfrage handelt, wird die Antwort selten klar für nur einen Ansatz ausfallen, weshalb es i. d. R. wünschenswert ist, multimethodisch in der Form des Methodenmix vorzugehen.

(1) Beim Experiment, der reaktivsten Form der Forschung, werden die wirksamen Bedingungen als unabhängige Variable vom Forscher systematisch gemäß eines vorher erstellten Versuchsplanes variiert, und die Effekte dieser Veränderungen bei den abhängigen Variablen registriert und analysiert. Es besteht aber auch die Möglichkeit, die Veränderung von bestimmte Variablen nicht unmittelbar, sondern nachträglich über mathematisch-statistische Operationen vorzunehmen; hiervon wird bes. im Makro-Bereich umfangreich Gebrauch gemacht. Man spricht dann von einem *Ex-post-facto-Experiment* (bzw. *natural experiment).* Oft erfolgt die Rekonstruktion der unabhängigen Variablen erst im nachhinein – z. B. durch Interviews oder Aktenstudium – in bezug auf eine vollzogene Veränderung der abhängigen Variable. Beide experimentellen Vorgehensweisen setzen eine inhaltliche Theorie darüber voraus, welche Variablen wirksam sind (und somit verändert oder kontrolliert werden müssen) und welche nicht (und somit im Versuchsplan bzw. der Analyse keinerlei Berücksichtigung finden müssen). Gerade diese letztere Entscheidung bereitet zwangsläufig Schwierigkeiten, da jeder Situation unendlich viele Variablen zugeordnet werden können; ein expliziter Ausschluß ist somit praktisch nicht möglich. Gegen einen experimentellen Ansatz mit unabhängigen und abhängigen Variablen wird insbes. der Einwand erhoben, daß die meisten Phänomene weniger als Ursache-Wirkungs-Folge, sondern vielmehr in Form systemischer Vernetzungen adäquat erfaßbar seien. Experimente vor einem solchen systemischen Verständnis von Wirklichkeits-Strukturierung sind zwar prinzipiell möglich, werden in den Sozialwiss. aber noch nicht konkret angewendet. Auf der Modellebene allerdings kann über Simulation (meist am *Computer)* das Verhalten von Systemen verändert und untersucht werden.

(2) Der wohl immer noch häufigste Weg, in der e. S. zu Daten zu gelangen, besteht in einer → Befragung von Personen. Diese Befragung kann mündlich erfolgen (Interview), oder aber schriftlich. Zumindest letzteres setzt einen Fragebogen voraus, in dem die zu stellenden Fragen präzise und doch möglichst verständlich formuliert sein müssen. Ein per Post verschickter oder sonstwie verteilter Fragebogen (meist mit Rücksendeumschlag) hat gegenüber dem Aufsuchen der Befragten durch Interviewer den Vorteil wesentlich geringerer Kosten, aber den Nachteil einer höheren Verweigerungsrate bzw. Ausfallquote. Die Vorgaben für (i. d. R. geschulte) Interviewer und Befragte sind sehr unterschiedlich: sie reichen von einer groben Festlegung des Themenbereiches im ansonsten völlig offenen und freien Tiefeninterview über das gelenkte oder auch zentrierte Interview, bei dem nur ein Interviewleitfaden für die Abfolge der Themenbereiche, aber noch keine konkreten Fragen vorgegeben sind, bis hin zum strukturierten Interview, bei dem die Reihenfolge der Fragen und Themengebiete genau festgelegt ist, oder sogar dem standardisierten Interview, bei dem zusätzlich zu den Fragen auch das genaue Reaktionsverhalten des Interviewers («nächste Frage übergehen», «Schema A vorlegen und vorlesen» etc.) vorgegeben wird. Auch die Antwort-Vorgaben variieren sehr stark und gehen von völlig offenen Fragen – wo der Befragte sagen oder schreiben kann, was ihm als Antwort zu der Frage einfällt – bis hin zu geschlossenen Fragen mit unterschiedlichen Antwortvorgaben (z. B. Alternativ-Fragen, Listen-Fragen bzw. *multiple-choice-Fragen).*

Ihre große praktische Bedeutung hat die Befragung als fast ausschließliches Instrument der Demoskopie (Meinungs- oder Umfrage-Forschung). Damit werden Meinungen und deren Veränderungen innerhalb der breiten Bev. zu einer öff. Angelegenheit (öff. Meinung). Im Ggs. zur durchwegs positiven Bewertung der Demoskopie in den angelsächsischen Ländern ist deren Bewertung in D recht kontrovers. Sie reicht von der positiven Vorstellung, mit Hilfe der Demoskopie einen Zugang zur Einbeziehung des ganzen Volkes in den Prozeß der politischen Meinungsbildung zu eröffnen, bis hin zu den Befürchtungen, daß die Demoskopie eine verantwortungsvolle Handhabung der Politik durch die dafür gewählten Repräsentanten eher bedrohe, weil hier plebiszitäre und opportunistische Dynamiken in verhängnisvoller Weise zusammenspielen können. Unabhängig aber von solch kontroversen Bewertungen ist die Umfrageforschung aus dem polit. Leben moderner Industriegesellschaften nicht mehr wegzudenken und bildet somit die wohl wichtigste Verankerung der e. S. im Bewußtsein der Bevölkerung.

(3) Im Vergleich zur Befragung ist die Beobachtung aufwendiger, hat aber den Vorteil, daß die erfaßte soziale Situation oft auch ohne den Forscher (oder seinen Beauftragten) sich in ähnlicher Weise abgespielt hätte; die Beobachtung gilt also als vergleichsweise weniger reaktiver Ansatz. Da sich aber eine Beobachtung ohne ein Sichtbarwerden des Forschers (z. B. mittels einer Einweg-Scheibe) i. d. R. aus forschungsethischen Gründen verbietet, sind sehr wohl Einflüsse des Forschers auf die Untersuchten vorhanden. Allein das Bewußtsein, Teilnehmer an einer sozialwiss. Untersuchung zu sein, hat nämlich erhebliche Auswirkung auf das Verhalten der Person (sog. *Hawthorne-Effekt*). Bei der kontrollierten Beobachtung wird ein standardisiertes Beobachtungsschema verwendet, das vorschreibt, auf welche Kategorien zu achten ist (z. B. ein häufig verwendetes Schema von *Bales*, das 12 theoretisch begründete Kategorien zur Erfassung von Kleingruppendiskussionen enthält). Ferner wurden verschiedene Notationssysteme entwickelt, welche die Dokumentation der Beobachtungen erleichtern sollen. Eine Sonderform stellt die sog. teilnehmende Beobachtung dar: Der Beobachter nimmt dabei an den Aktivitäten der zu Beobachtenden teil, bis hin zur Übernahme bestimmter Rollen. Dabei wird davon ausgegangen, daß sich Wirklichkeit über gemeinsames Handeln konstituiert und somit nur durch Teilnahme daran letztlich verstanden werden kann. Ein Einwand ist allerdings, daß die Zuverlässigkeit der Beobachtung durch zu große Identifikation leiden kann. Zur Vermeidung allzu subjektiver Deutung und Selektion kann aber auch dieser Ansatz standardisiert durchgeführt werden.

(4) Der Begriff → Inhaltsanalyse (auch: Dokumentanalyse) ist eine Sammelbezeichnung für sehr unterschiedliche theoretische Konzeptionen und Vorgehensweisen, deren Gemeinsamkeit darin liegt, daß sie manifest gewordene Kommunikationsprozesse (Briefe, Filme, Zeitungstexte, Verträge usw.) zum Gegenstand haben. Üblicherweise wird der Inhaltsanalyse sowohl in der Theorie als auch in der Praxis e. S. eher eine Randstellung zugewiesen.

Dieses Problem, den Inhalt von sozialen Handlungssituationen zu bestimmen, stellt sich grundsätzlich in jedem empirisch-sozialwiss. Forschungsansatz. Die Frage, wie die mittels bestimmter Technik erhobene soziale Interaktion (Daten) überhaupt zu deuten ist, wird allerdings bei Experiment, Befragung und Beobachtung weitgehend in technisierte Handlungsanweisungen verdrängt und deren theoretischer Stellenwert in einer konkreten Untersuchung kaum je diskutiert. So entsteht nur zu oft der falsche Eindruck, diese Erhebungsmodelle würden objektive oder gar exaktere Ergebnisse liefern als die vergleichsweise vage Inhaltsanalyse. Tatsächlich aber werden bei der Inhaltsanalyse nur eine Reihe von Fragen explizit aufgeworfen, die bei anderen Ansätzen implizit – und damit i. d. R. unreflektiert – ebenfalls entschieden werden müssen.

(5) Ein anderer Teilbereich der e. S. behandelt die Frage, auf welche Weise Stichproben erhoben werden können (Aspekt der Repräsentativität); denn der Bereich, über den letztlich Aussagen gemacht werden sollen, läßt sich faktisch (z. B. aus Kostengründen) und theoretisch (z. B. zu allen möglichen Erhebungszeitpunkten 1990) nicht voll ausschöpfen (Grundgesamtheit). Zur e. S. gehören ferner forschungslogische und -praktische Fragen, wie die Formulierung von Hypothesen, die Entwicklung von Plänen (*Designs*), Aspekte der Operationalisierung (d. h. Übersetzung theoretischer Begriffe in praktisch untersuchbare und erfahrbare Phänomene), die Entwicklung der Instrumente selbst (z. B. Fragebogen) – ggf. einschließlich der statistischen Kriterien wie Gültigkeit (Validität) und Zuverlässigkeit (Reliabilität), Trennschärfe von einzelnen Frage-Items, Konsistenz von Kategorie-Systemen usw. Letztlich werden auch noch Fragen der Codierung und Messung (d. h. Überführung der erhobenen Information in Zahlen zum Zwecke der statistischen Auswertung) mit zur e. S. gerechnet. Hingegen wird die eigentliche Auswertung der Daten in der Literatur unter dem Fachgebiet der Statistik abgehandelt.

3. Gegenstand e. S. ist aber auch die Reflexion über ethische und methodologische Fragen. Zu letzterem gehört u. a. die Auseinandersetzung mit zahlreichen Problemen und Fehlerquellen. Gerade bei einer eher technisch-methodisch verstandenen Konzeption empirischer Forschung wird nur allzu leicht übersehen, daß es sich bei den empirischen Untersuchungen in den Human- und Sozialwiss. meist um soziale Interaktionen (mindestens) zweier Personen handelt, die üblicherweise als Versuchsleiter (VL) und Versuchspersonen (VPn) gekennzeichnet werden. Diese Personen verfügen wie alle Menschen über kognitive Fähigkeiten wie Erwartungen, Strategien, Hypothesen, Lernen etc., deren Einfluß auf die Versuchsplanung und -durchführung schwer vorhersehbar, systematisierbar und kontrollierbar ist. Es geht bei solchen Fehlerquellen nicht um «Mogeln» in irgendeinem vordergründigen Sinne, sondern um höchst diffizile und i. d. R. bei allen Beteiligten unbewußt ablaufende Prozesse, wobei z. B. paralinguistische Signale (Tonfall, Betonung, Pausen etc.), optische Hinweise (Lächeln, Zunicken, sichtbare Entspannung etc. bei einer «richtigen» Antwort), aber auch andere Einflußkanäle eine Rolle spielen. Selbst wenn der VL als Person gar nicht anwesend ist, sondern mit der VP nur über eine gedruckte oder eine auf Tonband gesprochene Anweisung in Kontakt tritt, macht sich die VP über die möglichen Ziele, erwünschtes Verhalten etc. ihre Gedanken, welche die Situation erheblich beeinflussen können. Neben solchen Fehlerquellen, die in der Literatur unter eigenen Kategorien behandelt werden (z. B. *Halo*-Effekte, *Response Sets,* sozial-demographische Effekte etc.), entstehen Forschungsartefakte (d. h. ungültige Ergebnisse) durch eine unreflektierte «Methoden-Gläubigkeit», bei der die inhaltliche Bedeutung der formalen Schritte und Entscheidungen sowie der begrenzte Gültigkeitskontext nicht diskutiert werden, sondern dem Forschungsprozeß irrtümlich eine algorithmisierbare Objektivität unterstellt (*Kriz* 1981).

→ Auswahlverfahren; Demoskopie/Umfrageforschung; Methodenprobleme in der empirischen Sozialforschung; Qualitative Methoden; Qualitative Politikforschung; Statistik.

Lit.: *Atteslander, P.* [7]1993: Methoden der empirischen Sozialforschung, Bln. *Berner, H.* 1983: Die Entstehung der empirischen Sozialforschung, Gießen. *Diekmann, A.* [6]2000: Empirische Sozialforschung: Grundlagen, Methoden, Anwendungen, Rbk. *Garz, D./Kraimer, K.* 1995: Qualitativ-empirische Sozialforschung: Konzepte, Methoden, Analysen, Opl. *Keats, D. M.* 2000: Interviewing: a practical guide for students and professionals, Buckingham. *Kriz, J.* 1981: Methodenkritik empirischer Sozialforschung, Stg. *Kromrey, H.* [9]2000: Empirische Sozialforschung, Opl. *Mayer, K. U.* 1980: Allgemeine Bevölkerungsumfrage der Sozialwissenschaften: Beiträge zu methodischen Problemen des ALLBUS, Ffm. *Noelle-Neumann, E./Petersen, T.* [3]2000: Alle, nicht jeder: Einführung in die Methoden der Demoskopie, Bln. *Rosnow, R. L./Rosenthal, R.* 1997: People studying people: artifacts and ethics in behavioral research, NY. *Roth, E.* (Hrsg.) 1986: Methoden empirischer Sozialforschung, Mchn. Schnell, R. u. a. [6]1999: Methoden der empirischen Sozialforschung, Mchn. *Spöhring, W.* [2]1995: Qualitative Sozialforschung, Stg.

Jürgen Kriz

Empirismus → empirisch

Empowerment, allg. die Befähigung gesellschaftl. benachteiligter Gruppen zu selbstbestimmtem Handeln zwecks aktiver Teilnahme an Entscheidungspozessen und Maßnahmen, die sie selbst betreffen, sowie gleichberechtigter Teilhabe an Wirtschaft, Gesellschaft und Politik.

Spezifisch im Bereich der → Entwicklungspolitik zählt zu *e.* der geschlechterdifferenzierte Ansatz (bzw. die Frauenförderung) zur Überwindung von Geschlechterdisparitäten (*gender and e.*) und der Ansatz zur Armutsbekämpfung (*e. of the poor*).

→ Entwicklungstheorie.

Dieter Nohlen

Enklave (von lat. *clavis* = Schlüssel), ein vom Territorium eines Landes eingeschlossener Teil eines fremden Staatsgebiets.

In der Entwicklungsländerforschung speziell verwendeter Begriff zur Bezeichnung der modernen, kapitalintensiven, hochproduktiven und internat. wettbewerbsfähigen Teile von Ökonomien, die im wesentlichen nur mit dem Weltmarkt verbunden sind, kaum jedoch mit den sie im eigenen Land umgebenden vormodernen, entwicklungsbedürftigen Teilen der Volkswirtschaft.

Dieter Nohlen

Enquete-Kommission, in der Parlamentsreform von 1969/70 eingeführtes Instrument des Bundestages «zur Vorbereitung von Entscheidungen über umfangreiche und bedeutsame Sachkomplexe» (§ 56 Abs. 1 GO-BT); später von einigen Landtagen der dt. Bundesländer eingeführt. Beispiele für E. des Bundestages: Gentechnologie, Technikfolgenabschätzung, Bildungspolitik, Aufarbeitung der SED-Diktatur.

Die E. ist als Minderheitsrecht ausgestaltet: auf Antrag eines Viertels seiner Mitglieder muß der Bundestag eine E. einsetzen, und als Gegengewicht zu den Informationsmöglichkeiten der Regierung intendiert: wiss. Informationsbeschaffung für die parlamentarische Bearbeitung großer Problemfelder soll v. a. durch die Einbeziehung externen Sachverstandes in die E. erreicht werden. Abgeordnete wie Sachverständige werden von den → Fraktionen benannt und haben gleiche Rede-, Antrags- und Stimmrechte. Ansonsten ähnlich im Verfahren wie reguläre → Ausschüsse sind E. jedoch stärker dialogisch orientiert und können dem Bundestag keine Beschlußempfehlungen, sondern nur einen Bericht geben, für dessen legislatorische Umsetzung weitere rechtsförmliche Verfahren des → Parlaments bzw. seiner Fraktionen nötig sind.

→ Ausschüsse, Politikberatung.

Lit.: *Braß, H.* 1990: Enquêtekommissionen im Spannungsfeld von Politik, Wirtschaft und Öffentlichkeit, in: *Petermann, T.* (Hrsg.): Das wohlberatene Parlament, Bln., 65–82. *Euchner, W.* u.a. 1993: Länder-Enquête-Kommissionen als Instrumente. Rechtliche Ordnung, Fallbeispiele und ihre Praxis im Urteil von Mitgliedern, Baden-Baden. *Hampel, F.* 1991: Politikberatung in der Bundesrepublik: Überlegungen am Beispiel von Enquêtekommissionen, in: ZParl 22, 111–133. *Hoffmann-Riem, W./Ramcke, U.* 1989: Enquêtekommissionen, in: *Schneider, H.-P./Zeh, W.* (Hrsg.): Parlamentsrecht und Parlamentspraxis, Bln./NY, 1261–1292. *Ismayr, W.* 1996: Enquête-Kommission des Deutschen Bundestages, in: APuZ, B27/96, 29–41.

Suzanne S. Schüttemeyer

Entdeckungszusammenhang → Verwertungszusammenhang

Entfremdung (von lat. *alienatio* = Entäußerung; Entfremdung), auf die psychische Befindlichkeit des Menschen wie auf gesellschaftl. Prozesse bezogener Begriff, allg. die Bezeichnung für den Prozeß oder Zustand, in dem die Beziehung zu sich selbst, zu anderen Menschen, einer Situation, einer Sache zerstört wird oder verlorengeht, etwa die E. des Menschen von seiner Arbeit und deren Produkt.

In Politikwiss. und Soziologie meint E. die innerliche Distanzierung vom Normen- und Institutionensystem der polit. Ordnung; sie äußerst sich insbes. in polit. → Apathie und → Politikverdrossenheit, im Rückzug ins Private, kann aber auch in → Abweichendes Verhalten und polit. → Gewalt umschlagen. Ursache sind häufig gesellschaftl. Normenlosigkeit und Werteverfall, individuelle Isolierung und subjektiv empfundene Machtlosigkeit (z. B. → Rechtsextremismus).
Eine zentrale Rolle spielt der Begriff der E. im → Marxismus. Bereits in den Frühschriften begreift *Marx* den Vorgang der Trennung zwischen Produzent und Produkt,

Natur und Kultur als notwendige Folge der kapitalistischen Eigentums- und Produktionsverhältnisse in der bürgerlichen Gesellschaft. Materielle (Waren) oder geistige (Religion) Produkte verselbständigen sich in Eigengesetzlichkeiten und deren Produzenten erkennen sich darin nicht wieder. Durch die «Verwertung der Sachenwelt» entwickelt sich die «Entwertung der Menschenwelt», der Mensch wird sich selbst und anderen gegenüber durch die ihm fremd gewordene Welt entfremdet. Dieser Mechanismus der E. zwischen Produzent und Produkt sollte im → Kommunismus aufgehoben werden.

→ Aggression; Anomie.

Lit.: *Ludz, P.C.* 1975: «Alienation» als Konzept der Sozialwissenschaften, in: KZfSS 27, 1–32. *Marcuse, H.* 1980: Der eindimensionale Mensch, Darmst. u.a. (zuerst 1964). *Marx, K.* 1981: Die Frühschriften (hrsg. von *S. Landshut*), Stg.

Rainer-Olaf Schultze/
Ulrike C. Wasmuth

Entideologisierung, allg. ein Prozeß, durch den polit. → Ideologien oder Sozialutopien an Einfluß auf das polit. Handeln und an Bedeutung für die → Sozialintegration von Individuen, Gruppen, → Klassen verlieren, da sie ihre Legitimationskraft zur Absicherung bestehender Herrschaftsverhältnisse einbüßen und/oder ihre Integrations- und Mobilisierungskraft zugunsten gesellschaftl. und/oder polit. Reformzwecke nachläßt.

1. Der Begriff spielte insbes. in den 1950er und 1960er Jahren eine Rolle. Die These vom «Ende der Ideologien» (*Bell* 1961) wurde u.a. begründet mit: (1) dem Trend zum Sachzwang aufgrund der wachsenden technischen und ökon. Komplexität in den Industriegesellschaften, die pragmatisches Handeln, ideologieferne Lösungen und die Abkehr von gesellschaftl. Utopien notwendig machten. Internat. entsprach dem die → Konvergenztheorie mit ihrer Annahme von der Annäherung zwischen den kapitalistischen und sozialistischen Wirtschafts- und Gesellschaftssystemen sowie die Handlungsstrategie des «Wandels durch Annäherung» (*E. Bahr*); (2) der Entwicklung zur nivellierten Mittelstandsgesellschaft (*Schelsky* 1961), wodurch ideologische Auseinandersetzungen zusehends an Bedeutung verlieren würden; (3) der polit.-ideologischen Mäßigung in Politik und Parteiensystem, insbes. der Anpassung der sozialdemokratischen/sozialistischen Parteien an den liberal-kapitalistischen Basiskonsens in den westl. Demokratien, unter endgültiger Aufgabe ihres marxistisch-revolutionären Erbes (z.B. Godesberger Programm der SPD, 1959).

2. Die Kritik an der These von der E. stammt v.a. aus dem Lager der neo-marxistischen → Kritischen Theorie, wobei man nicht nur die Tatsache der E. bestritt, sondern die These von der E. als Ideologie der Ideologielosigkeit kritisierte. Sie zeige die nicht einmal mehr in Frage gestellte → Hegemonie (*A. Gramsci*) des herrschenden Bewußtseins auf, dem es mit dem Argument der E. gelinge, richtungspolit. Grundsatzentscheidungen zu tabuisieren, um den gesellschaftl. *Status quo* zu zementieren. Die empirischen Untersuchungen zum → Wertewandel in den fortgeschrittenen kapitalistischen Demokratien legten zudem den Schluß nahe, nicht von E., sondern von Prozessen des ideologischen Wandels zu sprechen.

Lit.: *Bell, D.* 1961: The End of Ideology, rev. ed., NY. *Habermas, J.* 1968: Technik der Wissenschaft als «Ideologie», Ffm. *Inglehart, R.* 1989: Kultureller Umbruch, Ffm./NY. *Schelsky, H.* 1961: Der Mensch in der Wissenschaftlichen Zivilisation, Köln.

Rainer-Olaf Schultze

Entkolonisation → Dekolonisierung

Entscheidungstheorie, thematisiert Probleme und Aspekte der Entscheidung. Unter einer Entscheidung versteht man dabei im allg. Sinne den intentionalen Vorgang der Wahl einer Handlung aus mehreren Möglichkeiten im Hinblick auf einen bestimmten Zielwert. Die Ziele ergeben sich aus den Präferenzen des Entscheidungsträgers. Ergebnis der Entscheidung ist der Entscheid. Er besteht in einer Handlung oder im Verzicht auf eine Handlung. Verstanden als mehrstufiger Prozeß (*decision-making*), ist der Entscheid dann das Ergebnis mehrerer, sich aneinanderreihender Wahlvorgänge, wobei die Handlungsmöglichkeiten, die sich in einer Phase des Prozesses ergeben, von der Entscheidung auf der vorhergehenden Stufe bestimmt werden. Die kollektive, mehrstufige Entscheidung stellt sich folglich als Informationsverarbeitungsprozeß dar, der in mehrere Stufen aufgeteilt werden kann, die i. d. R. durch Rückkoppelungen aufeinander bezogen sind.

Von der E. werden deshalb insbes. Fragen der Informationsverarbeitung, der Risikoeinschätzung, der Nutzenmessung und der Präferenzordnung interdisziplinär behandelt. Wesentliche Beiträge sind von den Wirtschaftswiss., der Mathematik, der Psychologie, der Soziologie, der Politikwiss., der Kommunikationsforschung und der Philosophie geleistet worden. Ein einheitliches theoretisches Gerüst zeichnet sich jedoch nicht ab. E. kann normativ oder deskriptiv orientiert sein. Im ersten Fall geht es um die Klärung der Frage, wie Entscheidungsträger bei gegebenen Zielen und Situationen handeln sollen. Zweck kann die praktische Beratung und die Verbesserung der Entscheide sein. Die deskriptive E. will das tatsächliche Zustandekommen von Entscheidungen darstellen und erklären. Ablauf und Ergebnis des Entscheidungsprozesses stehen im Mittelpunkt des Interesses (*Robinson* 1968).

1. Theorie der rationalen Entscheidung: Die rationale E. stützt sich auf einige Grundannahmen. Sie geht von einem → Methodologischen Individualismus aus. Entscheidungsträger sind individuelle Akteure. Diese wählen Handlungsalternativen aufgrund ihrer Nutzenpräferenzen aus. Letztere erlauben es ihnen, die Konsequenzen von Handlungsalternativen zu bewerten und in Ordnung zu bringen (Zweck-Mittel-Relation). Gemäß der Gewißheit der eintretenden Folgen von bestimmten Alternativen werden drei Entscheidungssituationen unterschieden:

(1) Im Fall der Entscheidung unter Sicherheit sind alle Alternativen einschließlich ihrer Konsequenzen bekannt. Der theoretisch postulierte voll informierte, rationale und egoistische *homo oeconomicus* als Entscheidungsträger trachtet nach der Maximierung seines Nutzens, indem er aus seinen Zielvorstellungen heraus den Handlungsalternativen konsistent und transitiv Urteile über den zu erwartenden Nutzen zuordnet. Die Theorie der Sozialwahlfunktion (Wohlfahrtsfunktion der Ökonomie) versucht, aus den heterogenen individuellen Präferenzen mehrerer an der Entscheidung beteiligter Individuen eine eindeutige Präferenzordnung für die Mehrzahl der Individuen abzuleiten. Die Unmöglichkeit der Erstellung einer solchen aggregierten und konsistenten Präferenzordnung ist nach *Arrow* (1951) als → Arrow-Paradoxon bezeichnet worden.

(2) Bei Entscheidungen unter Risiko führen bekannte Handlungsalternativen nicht mehr zu eindeutigen Konsequenzen. Über den Eintritt von Konsequenzen liegt lediglich eine Wahrscheinlichkeitsannahme vor. Eine solche Entscheidung kann in einer Entscheidungsmatrix veranschaulicht werden:

(3) Bei der Entscheidung unter Ungewißheit können den Konsequenzen der Handlungsmöglichkeiten auch keine Wahrscheinlichkeiten mehr zugeordnet werden. Die v. a. durch *von Neumann* und *Morgenstern* (1973) entwickelte → Spieltheorie sowie die statistische E. versuchen hier neue, schwächere Entscheidungsregeln einzuführen. Dabei werden explizit auch die unbekannten, aber als rational angenommenen Entscheidungen eines Gegenspielers mit ins Kalkül einbezogen. Neuere Entwicklungen in der Spieltheorie versuchen, durch Einbeziehung der jeweiligen institutionellen Handlungskontexte komplexe → Modelle der strategischen Interaktionen zu entwickeln (z. B. *assurance game, prisoners dilemma, chicken game, battle of sexes*), um der Komplexität der Entscheidungsprozesse unter Ungewißheit gerecht zu werden (*Tsebelis* 1990). Durch die zunehmende Fähigkeit, die komplexen

Tabelle 5: Beispiel einer Entscheidungsmatrix

Alternativen	p_1	p_2	p_3	p_m	Wahrscheinlichkeit
	s_1	s_2	s_3	s_m	Situationen (Zustände)
a_1	e_{11}	e_{12}	e_{13}	e_{1m}	
a_2	e_{21}	e_{22}	e_{23}	e_{2m}	Ergebnisse
a_3	e_{31}	e_{31}	e_{33}	e_{3m}	
a_n	e_{1n}	e_{n12}	e_{n3}	e_{nm}	

Motivationen der Akteure in realistischen Situationen modellhaft zu analysieren, kann die Spieltheorie von wachsendem praktischen Nutzen für das Entscheiden der Akteure sein.

2. Empirisch-deskriptive Entscheidungstheorien: Sozialwiss. oder deskriptive E. gehen von einer Kritik am rationalen Modell aus. Sie stellen fest, daß in konkreten Entscheidungssituationen i. d. R. weder sämtliche Alternativen noch deren Konsequenzen bekannt sind und daß der Entscheidungsträger meist über kein geschlossenes System von Zielen und Präferenzen verfügt. Sie betonen dagegen den zeitlichen Ablauf einer Entscheidung und versuchen, das Zustandekommen von komplexen kollektiven Entscheidungen zu erklären. Dazu sind verschiedene Modelle entwickelt worden:

(1) In den kybernetischen (*Deutsch* 1970) oder organisatorischen (*Simon* 1966) Modellen wird die Entscheidung als *output* einer Organisation verstanden. Das Ziel der Entscheidungseinheit besteht darin, auf einzelnen kritischen Variablen tolerierbare Schwellenwerte zu erreichen oder beizubehalten. Abweichungen davon wird mit einem Repertoire standardisierter Verhaltensmuster begegnet, deren Auswahl dem Prinzip der begrenzten Rationalität folgt. Die Nutzenkalkulationen erfolgen über einen aus mehreren Schritten bestehenden Prozeß: Problemstellung-Aktion-/*Feedback*-/Anpassung. Dieser Prozeß wird als Lernen interpretiert, um Umfang und Varietät des Verhaltensrepertoires der Dynamik der Umwelt anzupassen. Dies geschieht in kleinen Schritten. Es resultiert eine Politik der inkrementalen Änderungen und des «Sich-Durchwurstelns» (*muddling-through*) i. S. *Lindbloms* (1965).

(2) Nach den psychologischen Modellen erfolgt die Auswahl eines Verhaltensmusters aufgrund eines etablierten, relativ stabilen Wertsystems. Individuelle Entscheidungsträger vermögen aufgrund festgefügter kognitiver Strukturen, Werte, Ziele, Überzeugungen und Einstellungen auch in neuen unbekannten Situationen Folgerungen zu ziehen und Verhaltensmuster zu formulieren, um so eine «gewisse» (sichere) Umwelt aufzubauen, Aktionen zu planen und gegen allfällige widersprüchliche Information zu verteidigen (→ Kognitive Dissonanz). Trotz an sich hoher Ungewißheit können Entscheidung in kurzer Zeit mit Vehemenz, Konsistenz und Entschlossenheit gefällt werden. Das psychologische Modelle untermauert so auf individueller Ebene die Stabilität und Standardisierung der Verhaltensmuster am kybernetischen Modell.

(3) Bürokratische Modelle (*Lindblom* 1977) stellen Entscheidungen im polit. Bereich als das Ergebnis eines Verhandlungsprozesses dar. Eine Mehrzahl von Akteuren mit unterschiedlichen Interessen, verschiedenen Problemperspektiven und ungleicher Macht beteiligt sich an einem solchen Prozeß, der durch organisationsspezifische Spielregeln strukturiert ist. Die Analyse von Entscheidungsprozessen erfolgt i. d. R. aufgrund von → Fallstudien. So postulierte *Dahl* (1961), daß eine Pluralität von Interessen und Einflußchancen den Ausgang des Entscheidungsprozesses wesentlich determiniert. *Bachrach/Baratz* (1977) haben diesen Ansatz kritisiert, indem sie auf die Möglichkeit verwiesen, daß einzelne mächtige Gruppen in der Lage sein können, die Auslösung von Entscheidungsprozessen zu verhindern und Nicht-Entscheidungen zu produzieren. Auch diese Kritik an *Dahls* pluralistischem Modell

der Entscheidungstheorie wurde macht- bzw. einflußtechnisch neu konzipiert (*Lukes* 1974). Das «dritte [unsichtbare] Gesicht der Macht» will Formen indirekter Machtausübung schon von intentionalen Handlungsstrategien erkennen. Neuere staatstheoretische Überlegungen stellen die entspr. Entscheidungsprozesse in den Rahmen der zunehmenden Verflechtung des entwickelten Wohlfahrtsstaates mit → Interessengruppen (*Cerny* 1990). Gegenstand der Analyse sind die polit. Entscheidungen des Wohlfahrtstaates, die weder pluralistisch (*Dahl*) noch machtelitentheoretisch (*Mills* 1962; *Hunter* 1953) genügend begriffen werden können.
3. Methodenprobleme: Seit der Debatte um Erklären und Verstehen (*von Wright* 1974) hat sich ein Methodenpluralismus entwikkelt.
Die in ihrem Selbstverständnis erklärende Sozialwiss. will soziale und kulturelle Phänomene wie z. B. Entscheidungen und Entscheidungsprozesse durch die Anwendung von Gesetzen «erklären». Am erfolgreichsten konnte sich dabei die Spieltheorie hervorheben. Dagegen postulierte die verstehende Sozialwiss., daß kulturelle Phänomene nicht wie in den Naturwiss. erklärt werden können, sondern «verstanden» werden müssen. Neuere Versuche, zwischen beiden Ansätzen zu vermitteln, werden gegenwärtig diskutiert (*Esser* 1991). Eine Lösung des Methodenstreits zeichnet sich indessen nicht ab (*Srubar* 1992). In der Praxis der Sozialforschung findet demgegenüber vermehrt ein pragmatisch orientierter → Methodenmix Verbreitung (*Denzin* 1978).

→ Dezisionismus; Handlungstheoretische Ansätze; Machttheoretische Ansätze; Ökonomische Theorien der Politik; Politische Kybernetik.

Lit.: *Allison, G. T.* 1971: Essence of Decision, Boston. *Arrow, K. J.* 1951: Social Choice and Individual Values, NY. *Bachrach, R./Baratz, M. S.* 1977: Macht und Armut, Ffm. (engl. 1970). *Cerny, Ph. G.* 1990: The Changing Architecture of Politics, L. *Dahl, R. A.* 1961: Who Governs?, New Haven. *Denzin, N. K.* 1978: The Research Act, NY. *Deutsch, K. W.* 1970: Politische Kybernetik, Freib. *Esser, H.* 1991: Alltagshandeln und Verstehen, Tüb. *Gäfgen, G.* 1963: Theorie der wirtschaftlichen Entscheidung, Tüb. *Hunter, F.* 1953: Community Power Structure, Chapel Hills. *Kirsch, W.* 1977: Einführung in die Theorie der Entscheidungsprozesse, Wsb. *Lindblom, Ch. E.* 1965: The Intelligence of Democracy, NY. *Lindblom, Ch. E.* 1977: Politics and Markets, NY. *Lukes, S.* 1974: Power: A Radical View, NY. *Meyers, R.* 1994: Entscheidungstheoretische Ansätze, in: *Boeckh, A.* (Hrsg.): Internationale Beziehungen (Lexikon der Politik, Bd. 6), Mchn., 103–108. *Mills, C. W.* 1962: Die amerikanische Elite, Hamb. *Neumann, J. von/Morgenstern, O.* ³1973: Spieltheorie und wirtschaftliches Verhalten, Würzburg. *Robinson, J. A.* 1968: Decision Making, Political Aspects, in: JESS, Bd. 5, 55–62, NY. *Simon, H. A.* ²1966: Administrative Behavior. A Study of Decision Making Processes in Administration Organization, NY/L. *Srubar, I.* 1992: Grenzen des «Rational-Choice»-Ansatzes, in: ZfS, 157–166. *Tsebelis, G.* 1990: Rational Choice in Comparative Politics, Ox. *Wright, G. H. von* 1974: Erklären und Verstehen, Ffm.

Ulrich Klöti

Entspannung/Entspannungspolitik, die Entschärfung oder der Abbau zwischenstaatl. Spannungen, die das Risiko eines → Krieges mit sich bringen, ohne daß die Konflikte aufgehoben werden.

Diese Begrifflichkeit herrschte in der klassischen Diplomatie und unter den Bedingungen eines multipolaren internat. Systems mit geringen ideologischen Differenzen vor (frz. = *détente*). E. konnte der erste Schritt in einem Prozeß sein, der über ein *Rapprochement* (Annäherung) zur *Entente* (Verständigung in bestimmten Bereichen) und schließlich zu einer Allianz führen konnte. Unter den Bedingungen des bipolaren internat. Systems nach 1945 und der ideologischen Gegnerschaft handelte es sich dagegen um Versuche, die Gefahr eines militärischen Konflikts zwischen Staaten und Bündnissystemen zu verringern, deren antagonistische

Interessen jeder Verständigung enge Grenzen setzten.

Lit.: *Bowker, M./Williams, P.* 1988: Superpower Détente: A Reappraisal, L. *Craig, G. A./George, A. L.* 1983: Zwischen Krieg und Frieden, Mchn. *Garthoff, R. L.* 1994: Détente and Confrontation, Washington. *Stevenson, R. W.* 1985: The Rise and Fall of Détente, 1953–84, Urbana/Chic.

Peter Rudolf

Entstehungszusammenhang, auch Entdeckungskontext, erfaßt im Prozeß der Genese von Erkenntnis den Zusammenhang von untersuchtem Gegenstand, forschendem Subjekt und gesellschaftl. Umwelt, insbes. die gesellschaftl. (im Ggs. zu den wissenschaftslogischen) Bedingungen wiss. Erkenntnis (→ Begründungszusammenhang).

Grundlegende Annahme ist die Geschichtlichkeit gesellschaftl. (ökon., polit., kultureller etc.) Tatbestände und ihrer wiss. Bearbeitung. Negiert wird die Möglichkeit der vollständigen Isolierung des untersuchten Objekts und des forschenden Subjekts von der Einflußgröße Gesellschaft.

→ Erkenntnisinteresse.

Lit.: → Erkenntnisinteresse.

Dieter Nohlen

Entwicklung, Begriff, dessen → Definition einen guten Teil der Entwicklungsproblematik selbst ausmacht. Er ist weder vorgegeben noch allgemeingültig definierbar noch wertneutral, sondern abhängig von Raum und Zeit sowie insbes. von individuellen und kollektiven Wertvorstellungen. E. ist folglich ein normativer Begriff, in den Vorstellungen über die gewünschte Richtung gesellschaftl. Veränderungen, Theorien über die Ursachen von Unterentwicklung, Aussagen über die sozialen Trägergruppen und Ablaufmuster sozioökon. Transformationen, Entscheidungen über das Instrumentarium ihrer Ingangsetzung und Aufrechterhaltung etc. einfließen.

Neben verschiedenen polit. Optionen (z. B. marktwirtschaftl.-kapitalistische oder planwirtschaftl.-sozialistische E.) verursachen auch Differenzen in der Sichtweise des Entwicklungsproblems, die zwischen den wiss. Disziplinen bestehen, die Vielfalt des Entwicklungsbegriffs. Dazu trägt ebenfalls bei, daß der Begriff historischem Wandel unterworfen ist. Schließlich berücksichtigt er auch Erfahrungen, die aus den objektiven Entwicklungsprozessen in den Entwicklungsländern gezogen werden, insbes. seit die Entwicklung der → Dritten Welt zu einer internat. Aufgabe erklärt wurde. Seither wurden bestimmte, internat. formulierte quantitative Vorgaben im Rahmen der Kritik an den gewählten Entwicklungsstrategien auch zum Maßstab der Angemessenheit der diesen zugrundeliegenden Entwicklungsbegriffe. Die Fehlschläge der → Entwicklungspolitik sowie neue Problemlagen haben entscheidend zur Weiterentwicklung des Entwicklungsbegriffs beigetragen.

1. Von der älteren → Entwicklungstheorie wurde das wirtschaftl. Wachstum in den Mittelpunkt des Entwicklungsbegriffs und aller entwicklungsstrategischen Überlegungen gestellt. Die Formel Entwicklung = Wachstum (→ Wachstumstheorien) findet sich im UN-Bericht von 1951, mit dem die internat. Entwicklungspolitik einsetzte. Mangelnde Wachstumserfolge und das Ausbleiben der an wirtschaftl. Wachstum geknüpften sozialen Entwicklungsfortschritte führten zu Beginn der 1960er Jahre im Rahmen der seinerzeit aufkommenden Modernisierungstheorien dazu, daß der Komponente sozialer Wandel Eigenberechtigung zugesprochen wurde; die Definition von E. lautete: Wachstum und Wandel. Mit Wandel wurden Veränderungen in den Wertsystemen und Verhaltensweisen der Bev., polit.-institutionelle Modernisierungen in Richtung auf eine größere Leistungsfähigkeit der polit. und administrativen Systeme, aber auch Investitionen im sozialen Bereich (Ernährung, Gesundheit, Bildung etc.) und gerechtere Verteilung (Agrarreform, Einkom-

mensverteilung) angesprochen. Während der 1960er Jahre stellten die Dependenztheorien in Frage, daß E. in der Peripherie in Abhängigkeit vom Zentrum möglich sei und betonten, daß Unterentwicklung weniger ein Stadium, welches Entwicklungsländer zu durchschreiten hätten, als vielmehr eine Struktur sei und die deformierten Entwicklungsländerökonomien nicht ohne ein gewisses Maß an Unabhängigkeit, an nat. Zuständigkeit für Fragen der Produktion, Diversifikation, Verteilung und des Konsums aus der Sackgasse der «Entwicklung der Unterentwicklung» (*A. G. Frank*) herausgeführt werden könnten. Wachstum, Wandel, Unabhängigkeit – dies waren die Elemente des Entwicklungsbegriffs, der die damals konkurrierenden Entwicklungstheorien, Modernisierung und *dependencia*, miteinander zu verknüpfen suchte. Zu Beginn der 1970er Jahre wurden entwicklungsstrategisch die → Grundbedürfnisse thematisiert, wobei die Selbstverwirklichung des Menschen als Leitidee diente. Die dazu notwendigen physischen und psychischen Voraussetzungen wurden zum Kern eines vieldimensionalen, an sozialen Werten und qualitativen Errungenschaften orientierten Entwicklungsbegriffs. E. bedeutete danach eine Verbesserung der Lebensbedingungen der Masse der Bevölkerung: Verbesserungen in der Ernährung, der Gesundheit, der Beschäftigung, im Wohnen etc. *D. Nohlen/F. Nuscheler* erhoben folgende komplementären Aspekte und Ziele von E. zum magischen Fünfeck des Entwicklungsbegriffs: Arbeit/Beschäftigung, wirtschaftl. Wachstum, soziale Gerechtigkeit/Strukturwandel, → Partizipation sowie polit. und wirtschaftl. Unabhängigkeit. Wirtschaftl. Wachstum wurde eingebunden in ein Geflecht von Entwicklungszielen, die wie die polit. Mitwirkung und die soziale Teilhabe am gesellschaftl. Fortschritt sogar mehr Eigenwert für sich in Anspruch nehmen können, instrumental jedoch ebenfalls als gleichberechtigt anzusehen sind. Auch wurde nach der Qualität des Wachstums gefragt. Der erste *Brandt*-Bericht von 1980 betonte: «Wenn die Qualität des Wachstums und soziale Veränderung außer acht gelassen werden, kann man nicht von Entwicklung sprechen.»

2. Im weiteren Verlauf der Debatte um den Entwicklungsbegriff wurden Adjektive vor den Terminus der E. gesetzt. Basierend auf der Idee der vorrangigen Befriedigung der Grundbedürfnisse wurden im Konzept alternativer E. die nat. Eigenständigkeit (*self-reliance*), die Rückbesinnung auf die kulturellen Werte und Traditionen der Entwicklungsländer, die Süd-Süd-Kooperation (*collective self-reliance*) und die Umweltverträglichkeit von E. betont. Der ökolog. Komponente wurde zum einen im Konzept der nachhaltigen E. (*sustainable development*) noch stärkere Beachtung zuteil. Der *Brundtland*-Bericht von 1987 führte die intergenerationale Perspektive ein bzw. die Idee der sozialen → Gerechtigkeit zwischen gegenwärtig lebenden und zukünftigen Generationen. Bei der nachhaltigen E. handelt es sich – nach der vielzitierten Definition des Berichts – um eine «Entwicklung, die die Bedürfnisse der Gegenwart befriedigt, ohne zu riskieren, daß künftige Generationen ihre eigenen Bedürfnisse nicht befriedigen können». Der Schutz der natürlichen Lebensgrundlagen der Menschheit wurde zu einen unabdingbaren Entwicklungsziel. Zum anderen wurde die globale Dimension der Entwicklungsproblematik immer entschiedener herausgestellt, d. h. konkret die Ökologieverträglichkeit und Zukunftsfähigkeit der E. in den Industrieländern. Damit gelangte der Begriff nachhaltiger E. im Kontext der allg. → Globalisierung zu dem Verständnis einer regulativen Idee neben der des Friedens in einer noch zu entwerfenden Weltordnungs- bzw. Weltinnenpolitik (→ *Global Governance*).

3. Mit der Vision einer nachhaltigen E. verlagerte sich freilich die normative Kontroverse auf den Begriff der Nachhaltigkeit, dem Vagheit und Leerformelhaftigkeit vorgeworfen wurden. In der Tat fügen sich in ihm die vorab im Entwicklungsbegriff strittig diskutierten Komponenten Ökonomie, Soziales und Ökologie aufs neue zusammen, wobei je nach Interessengruppe *ex ante* eine unterschiedliche Prioritätensetzung erfolgt. Eine mittlere Position verficht die Gleichrangigkeit der Nachhaltigkeitsdimensionen, dargestellt im sog. Drei-Säulen-Modell der Nachhaltigkeit und operationalisiert mit (1)

Ökologischer Nachhaltigkeit: Verbesserung der Umweltqualität, Verringerung des Rohstoffverbrauchs, Verringerung des Energieverbrauchs, Schutz der biologischen Vielfalt, Risikovermeidung für Mensch und Umwelt; (2) Sozialer Nachhaltigkeit: selbstbestimmte Lebensführung durch eigene Arbeit, umweltverträgliche Befriedigung der Grunbedürfnisse, Chancengleichheit und gesellschaftl. Grundsicherung, soziale Innovationen und Arbeitsgestaltung, aktive gesellschaftl. Teilhabe im Rahmen von Nachhaltigkeitsstrategien; (3) Ökon. Nachhaltigkeit: Funktionsfähigkeit des Wirtschaftssystems, Vollbeschäftigung und soziale Sicherung, ökon. Leistungsfähigkeit und Innovationskompetenz, intergenerationeller Ausgleich, internat. wirtschaftl. Stabilität. Betont wurden des weiteren der Prozeßcharakter der Konsensbildung und Entscheidungsfindungen in konkreten Projekten sowie pragmatische Anpassungen des ökon.-sozial-ökologischen Gleichrangigkeitspostulats an die spezifischen Gegebenheiten, so daß einer Dimension zeitweilig und/oder in bestimmten Bereichen durchaus stärkeres Gewicht eingeräumt werden kann (WZB 2000).

Lit.: *Biermann, F.* u. a. (Hrsg.) 1997: Zukunftsfähige Entwicklung, Bln. *Brandt-Kommission* 1980: Das Überleben sichern, Köln. *Hauff, V.* (Hrsg.) 1987: Unsere gemeinsame Zukunft. Der Brundtland-Bericht der Weltkommission für Umwelt und Entwicklung, Greven. *Nohlen, D.* [11]2000: Lexikon Dritte Welt, Rbk. *Nohlen, D./Nuscheler, F.* 1974: Entwicklungstheorien und Entwicklungsbegriff, in: *dies.* (Hrsg.): Handbuch der Dritten Welt, 1. Aufl., Bd. 1, 13–33. *Nohlen, D./Nuscheler, F.* 1992: Was heißt Entwicklung, in: *dies.* (Hrsg.): Handbuch der Dritten Welt, 3. Aufl., Bd. 1, Bonn, 55–75. *Nuscheler, F.* (Hrsg.) 2000: Entwicklung und Frieden im 21. Jahrhundert. Zur Wirkungsgeschichte des Brandt-Berichts, Bonn. *Petschow, U.* u. a. 1998: Nachhaltigkeit und Globalisierung, Bln. u. a. *Schmitz, A.* 1996: Sustainable Development: Paradigma oder Leerformel, in: *Messner, D./Nuscheler, F.* (Hrsg.): Weltkonferenzen und Weltberichte, Bonn, 103–119. *Süd-Kommission* 1991: Die Herausforderung des Südens, Bonn. *WZB* 2000: Nachhaltigkeit und Diskurs. Von der Vision zum politischen Konzept, in: *WZB* Mitteilungen 89: 23–26. → Entwicklungstheorien.

Dieter Nohlen

Entwicklungsdiktatur → Diktatur

Entwicklungsforschung → Entwicklungstheorien

Entwicklungsgesetze, enthalten Aussagen großräumiger und großzeitlicher Abläufe, i. d. R. über die Weltgeschichte, deshalb auch historische Gesetze genannt, auf der Grundlage einer Einteilung des Geschichtsablaufs nach Phasen entspr. der Entfaltung eines diesen bestimmenden Prinzips.

Bekannteste Beispiele sind das Dreistadiengesetz von *A. Comte* und der → Historische Materialismus, in welchem *K. Marx* die «Bewegungsgesetze der menschlichen Gesellschaft» auf den Begriff zu bringen versuchte.

Dieter Nohlen

Entwicklungsindikatoren, → Indikatoren zwecks → Operationalisierung des Entwicklungsbegriffs und zwecks Messung des Entwicklungsstands und des Entwicklungsprozesses.

Es gibt keinen einzigen → Indikator, der das theoretische Konstrukt → Entwicklung umfassend widerspiegelt. I. d. R. repräsentieren E. nur Teilaspekte (wirtschaftl., soziale, polit., ökolog. etc.) von Entwicklung. Wie viele und welche E. ausgewählt werden, hängt vom zugrundegelegten Entwicklungsbegriff ab. Zuerst wird also definiert, dann operationalisiert und schließlich gemessen. Die Entwicklungsindikatorenforschung befaßt sich damit, die bestmöglichen Indikatoren herauszufinden, d. h. solche, die das zu repräsentierende Phänomen am besten erfassen. Für Einzelaspekte konnten solche E. gefunden werden (Beispiel: die Lebenserwartung bei Geburt für das Konzept Gesundheit). Je komplexer der Entwicklungsbegriff, desto mehr E. sind erforderlich. Für Konzepte wie → Armut und menschliche Entwicklung werden bereits Bündel von E. benötigt und rechnerisch in Indexform ausgedrückt, bei deren Erstellung die Berücksichtigung verschiedener Indikatorentypen (Pro-Kopf-, Verteilungs-, *Input*-, *Output*-Indikatoren) wichtig ist. Der UNDP-Index für menschliche Entwicklung (HDI) z. B. bündelt rechnerisch das BIP pro Kopf nach Kaufkraftparitäten, die Lebenserwartung, die Analphabetenrate und die Einschulungsquote, der UNDP-Entbehrungsindex (CPM) zur Messung von Armut und Unterversorgung (mit Folgen für die Entfaltung produktiver Fähigkeiten von Menschen) bündelt den Anteil der untergewichtigen Kinder, die Geburten ohne fachliche Betreuung und die weibliche Analphabetenrate.

Lit.: *Nohlen, D./Nuscheler, F.* ³1992: Indikatoren für Unterentwicklung und Entwicklung, in: *dies.* (Hrsg.): Hdb. der Dritten Welt, Bd. 1, Bonn, 76–108.

Dieter Nohlen

Entwicklungsmodell, entw. eine theoretische Konstruktion oder eine an der Realität einer historischen → Entwicklung eines Landes/einer Ländergruppe orientierte Abstraktion, wobei ein gewisser Vorbildcharakter sowie i. d. R. die Übertragbarkeit in Raum und Zeit unterstellt wird.

Im Ggs. zu den Termini Entwicklungsweg bzw. Entwicklungsstil, die eine individualisierende Funktion haben, verbinden sich mit dem Begriff E. generalisierende Vorstellungen. Inhaltlich trifft ein E. Grundentscheidungen hinsichtlich verschiedener Sachverhalte von Entwicklung, etwa hinsichtlich der Produktionsstruktur der Ökonomie, der Kontrolle über die Produktionsmittel, der Art der Beziehungen zum Weltmarkt, der Art und des Umfangs der polit. Partizipation der Bev., der Verteilung der Wohlfahrtsgewinne etc.

→ Modell.

Dieter Nohlen

Entwicklungspolitik, die Summe aller Mittel und Maßnahmen, die von den Entwicklungsländern, den Industrieländern und der internat. Gemeinschaft eingesetzt bzw. ergriffen werden, um die wirtschaftl., soziale und polit. Entwicklung der Entwicklungsländer zu fördern.

Obwohl der Begriff → Entwicklung nicht mehr nur auf die Entwicklungsländer hin orientiert ist, wie im Konzept des → *Sustainable development* deutlich wird, geht es bei der E. nach wie vor um die Verbesserung der Lebensbedingungen der Menschen in der → Dritten Welt. I. e. S. ist die E. das, was auch mit Entwicklungshilfe (oder Entwicklungszusammenarbeit) bezeichnet wird, also die Kapitalhilfe in Form vergünstigter Kredite für Projekte und Programme in Entwicklungsländern sowie die technische Hilfe in Form der Entsendung von Beratern, Ausbildern, Sachverständigen und der Lieferung von Ausrüstungsgütern. I. w. S. umfaßt E. neben der einzelstaatl. und internat. (multilateralen) E. handels-, struktur-, rohstoff- und währungspolit. Maßnahmen, die etwa im Rahmen der *World Trade Organisation* (WTO; früher GATT) vereinbart werden, um die Position der Entwicklungsländer auf dem Weltmarkt zu stärken.

Lit.: *Nohlen, D.* (Hrsg.) ¹¹2000: Lexikon Dritte Welt, Rbk. *Nohlen, D./Nuscheler, F.* (Hrsg.) ³1992–1995: Hdb. der Dritten Welt, 8 Bde., Bonn. *Nuscheler, F.* ⁴1996: Lern- und Arbeitsbuch Entwicklungspolitik, Bonn.

Dieter Nohlen

Entwicklungstheorien, Theorien, welche den Entwicklungsprozeß der aus der → Dekolonisation hervorgegangenen Staaten der → Dritten Welt in seinen Voraussetzungen, darunter den Ursachen der Unterentwicklung, und in seinen Merkmalen zu erklären versuchen sowie in starker Praxisorientierung in Form von → Entwicklungsmodellen und Entwicklungsstrategien auf Veränderung der gesellschaftl. Wirklichkeit abzielen (s. *Nohlen/Nuscheler* 1993).

1. Die entwicklungstheoretische (e.) Diskussion wurde in den ersten Jahrzehnten von den gegensätzlichen → Paradigmen der → Modernisierungstheorie und der → *Dependencia* strukturiert und dominiert. Diese e. Phase mündete in der sog. Krise der E., die hauptsächlich zwei Ursachen zugeschrieben wurde. Zum einen den empirischen Tatsachen: Trotz allen e. Bemühungen und Empfehlungen verbesserte sich die Lage der Entwicklungsländer, gemessen an → Indikatoren des Wohlstands und seiner globalen Verteilung, nicht wesentlich, sieht man von wenigen Ländern (hauptsächlich in Südostasien) ab. Mit diesem ernüchternden Ergebnis wurden generell die modernisierungstheoretischen Annahmen für gescheitert erklärt. Die wenigen Länder freilich, die relativ erfolgreiche Prozesse nachholender Entwicklung durchliefen, hatten weltmarktintegrative Entwicklungsstrategien angewandt, welche die Dependenztheorien für kontraproduktiv gescholten hatten. Damit erschien auch die *Dependencia* generell als Entwicklungsparadigma entwertet. Zum anderen dem Charakter der E. als Großtheorien; solchen Theorien mangelt es grundsätzlich an Differenzierungsvermögen. Der Homogenität der jeweiligen Zielvorstellungen und Entwicklungsstrategien entsprach keine Homogenität der Ausgangsbedingungen und jener soziokulturellen Orientierungen der einzelnen Entwicklungsgesellschaften und -regionen, welche erheblichen Einfluß auf die Entwicklungschancen und -prozesse nehmen.

Die e. Diskussion war und ist jedoch durch weitere Merkmale ihrer Zeit in gesellschafts- und wissenschaftstheoretischen Hinsichten gekennzeichnet. Die besagte Krise der E. läßt sie in ein Vorher und ein Nachher unterscheiden: (a) Die frühe Entwicklungsdiskussion war eingebettet in die steuerungstheoretische Euphorie der 1960er bis 1970er Jahre, dies bes. markant im dt. Fall nicht zuletzt aufgrund der hierzulande traditionellen Staatszentriertheit der Gesellschaftstheorie. Dabei wurde die widerborstige Realität komplexer Sozialsysteme zumal eigendynamischer fremder → Kulturen unterschätzt. (b) Hinsichtlich der Forschungsmethoden wurde die → Fallstudie präferiert, die zu Generalisierung wenig geeignet ist, was jedoch nicht daran hinderte, unzulässig zu verallgemeinern (typischer Titel: Militärherrschaft in der Dritten Welt: Der Fall X). Die größte Resonanz erzielten deduktive Abhandlungen, für die empirische Fälle ausgesucht wurden, welche das Theoriegebäude zu bestätigen versprachen (bemerkenswertestes Programm: Dissoziationstheorie von *D. Senghaas* mit den Fällen VRChina, Albanien, Nordkorea und Kuba). Fast keine Konjunktur hatten komparative Untersuchungen nach den qualitativen Maßgaben der → Vergleichenden Methode. Allenfalls quantitative Vergleiche des Typs → *Cross national studies* wurden angestellt (s. *Boeckh* 1994). (c) Der e. Anspruch war sehr hochgeschraubt, insofern als in den großen gesellschaftl Alternativen gedacht und auf die Reform des Gesamtsystems abgezielt wurde, deren polit. Voraussetzungen kaum geprüft oder in eurozentrischer Bedenkenlosigkeit (hier leben, dort revolutionieren) für vernachlässigungsfähig gehalten wurden. (d) Die E. begab sich in eine aufgrund ihrer stark normativen oder kritisch-dialektischen Ansätze (→ Normative Theorien; → Kritisch-dialektische Theorie) verständliche, gleichwohl bedenkliche Nähe zur Politik, so als müsse die Theorie das Geschäft der Politik bzw. der polit. Akteure selbst betreiben: die Wahl zwischen und die Übernahme der polit. Verantwortung für entwicklungspolit. Grundentscheidungen. E. trumpfte mit entwicklungsstrategischen Imperativen auf (*Senghaas* 1977). So war es nur verständlich, daß sich die E. den Mißerfolg der Entwicklungspolitik selbst zuschrieb und bezeichnenderweise jene Entwicklungsforscher am tiefsten in Resignation verfielen, auf die die dargelegten Merkmale der Theorieentwicklung in geradezu idealtypischer Weise zutrafen. Es begann der «Ende von» -Diskurs, am exponiertesten durch *U. Menzel* (1992) vertreten: Das «Ende der Dritten Welt», weil sie sich als Vielfalt erwiesen hatte und sich nicht mehr als Subjekt einer Großtheorie eignete, das «Ende der E.», weil sie gescheitert sei und mit der Dritten Welt (auch als Ergebnis des Zusammenbruchs des sozialistischen Lagers, als Zweite Welt gezählt) in der «Neuen Weltordnung» ihr Objekt verloren habe. Die → Postmoderne, gegen die großen Theorien gerichtet, fügte ihr übriges zum Klima der Ratlosigkeit und Verunsicherung bei. Der Glaubensverlust an die Erklärungskraft der Großtheorien ist jedoch nicht gleichbedeutend mit einer Krise der E. allgemein (s. *Mürle* 1997). Bereits während der Hochphase der e. Kontroverse und der emphatischen Vertretung einer der beiden von ihnen durch ihre jeweiligen Protagonisten wurde der von beiden Seiten erhobene Ausschließlichkeitsanspruch hinterfragt und mit integrierenden Ansätzen gearbeitet (s. *Nohlen/Nuscheler* [1]1974, [2]1982, [3]1993). Des weiteren sind viele der modernisierungstheoretischen und der dependenztheoretischen Erkenntnisse aus der Entwicklungsforschung nicht mehr wegzudenken. Von ihnen zehrt die E. heute. Sie sind zu allg. e. Gedankengut avanciert, zumal nach Aufbrechen und Abbau der ideologischen Lagermentalitäten, die sich der beiden Großtheorien teilweise bemächtigt hatten. Seitdem macht sich kein Entwicklungstheoretiker mehr ideologisch verdächtig, wenn er die Entwicklungsprobleme auf externe *und* interne Faktoren zurückführt und deren komplexen Wirkungszusammenhang analysiert. Die Aufhebung des → Ost-West-Konflikts ist zudem ein auch für die E. wichtiges Datum. Dieser Einschnitt ermöglichte im Bereich polit. Entwicklung manchen Forschritt. Zu denken ist hier an die → Demokratisierung polit. Systeme (→ Systemwechsel) und an die Politik der Gewährleistung der → Menschenrechte. Auch konnten nun entwicklungspolit. einige e. Einsichten in die Praxis umzusetzen versucht werden. Im Konzept des *good governance* konnte etwa das Problem des schlechten Regierens in den Entwicklungsländern, der → Korruption, des → Klientelismus etc. angegangen werden. Zwischen den beiden Phasen veränderten sich also wichtige historisch-polit. Voraussetzungen der wie bereits festgestellt stark praxisorientierten Entwicklungstheorie.

2. Wie die *Dependencia* fast spiegelbildlich die Gegenposition zur Modernisierungstheorie einnahm, so kann auch von der neueren E. gesagt werden, daß sie in vielem als alternativ zur älteren E. gekennzeichnet werden kann. Der Wandel ist dabei nicht nur als eine Konsequenz aus dem «Scheitern der E.» zu begreifen, sondern ebenso Ausdruck allg. Veränderungen in der Weltpolitik, der Entwicklungsproblematik, der Gesellschaftstheorie und wissenschaftsinterner Prozesse. (a) Die jüngere e. Diskussion ist quasi paradigmenlos, entbehrt einer theoretischen Gesamtperspektive. Dementsprechend fällt der theoretische Anspruch einzelner Beiträge geringer aus. (b) Es werden nicht nur wie bisher kleindimensionierte Objekte (Länder, → Politische Systeme, Politikfelder) untersucht, sondern die e. Ergebnisse auch bewußt diesen zugerechnet; es wird weniger verallgemeinert. Forschungsstrategisch werden einerseits Vergleiche nach Ländergruppen bzw. nach dem → *Area approach* angestellt, die nicht mehr von der grundsätzlichen Ähnlichkeit, sondern von der Verschiedenheit von Ländern und Ländergruppen ausgehen. Mit der Frage, warum gelingt in einigen Ländern nachholende Entwicklung, in anderen nicht, wurde der An- bzw. Abwesenheit begünstigender bzw. hemmender Faktoren mehr Aufmerksamkeit geschenkt. In der induktiven, historisch-empirischen Vorgehensweise wird der von der *Dependencia* angemahnten, aber nicht eingelösten historischen Analyse entsprochen. Symptomatisch dafür ist die in der Raumdimension bescheidenere, aber in der Intensität weitaus fruchtbarere Erkenntnis der → Pfadabhängigkeit von Entwicklungsprozessen. (c) Aufgewertet wurde die Bedeutung des Faktors → Kultur in der politikwiss. E. (*Engels* 1994), wie insbes. in der Konfuzianismusdebatte zu den Entwicklungserfolgen südostasiatischer Länder deutlich wurde. Auch beginnt das → Sozialkapital (*Putnam* 1993) in seiner Bedeutung für den Fortschritt und den gesellschaftl. Wohlstand in den Entwicklungsländern erkannt zu werden. (d) In polit. praktischer Hinsicht werden Teilreformen im Rahmen kapitalistischer Entwicklung anvisiert, nachdem die große sozialistische Alternative weggebrochen ist. Damit einher geht eine größere steuerungstheoretische Bescheidenheit der E., die sich nun auf den Entwicklungsprozeß einzelner Länder oder allenfalls von Ländergruppen bezieht. Sie steht im Ein-

klang mit → Systemischen Denken, d. h. der Anerkennung systemischer Identität der sozialen Systeme der Entwicklungsgesellschaften. (e) In Übereinstimmung mit dem Vorhergehenden wird die stärkere Rolle gesellschaftl. Akteure im Entwicklungsprozeß betont. Damit wird der Einsicht entsprochen, daß die Menschen in den Entwicklungsländern Subjekte und Träger von Entwicklung sind. In diesem Zusammenhang ist das Konzept des → *Empowerment* aufgekommen. Die Menschen in den Entwicklungsgesellschaften sollen zur Selbstorganisation angeregt und zur Aktivierung ihrer eigenen Ressourcen und derjenigen ihrer Sozialsysteme befähigt werden. Neben dem ländlichen Sektor und dem städtisch-informellen Sektor, auf die immer schon fokussiert wurde, wird nun die Rolle der Frau im Entwicklungsprozeß unter dem *empowerment*-Ansatz hervorgehoben. Im Grunde wurde, erneut einer allg. gesellschaftstheoretischen Tendenz folgend, das → Subsidiaritätsprinzip wiederentdeckt, d. h. die Selbststeuerung der im Entwicklungsrückstand sich befindenden Sozialsysteme und die Aktivierung lokalen Wissens, lokaler Kompetenz. Diese Betonung ist nicht zu verwechseln mit der postmodernistischen Denkrichtung, welche das westl. Modernisierungsverständnis ablehnt, die den wiss. e. Diskurs als «metanarratives» disqualifiziert und vollends auf die Rückbesinnung der Entwicklungsländer auf ihre eigene Kultur pocht (→ Postmoderne und Politik). Allerdings fügt sich die geforderte Eigenverantwortlichkeit der sozialen Akteure in neoliberales Denken, insofern sie die Selbstzuschreibung von Erfolg oder Misserfolg zum Ergebnis hat, was angesichts struktureller Entwicklungshemmnisse nicht unproblematisch ist.

Im Vergleich der beiden e. Phasen liegt der Schluß nahe, daß die sog. Krise der E. die eines bestimmten Typus von E. im Zusammenhang der in seiner Epoche obwaltenden gesellschafts- und wissenschaftstheoretischen Überzeugungen war, eine Übergangskrise zu einem anderen Typus von E., der ebenfalls mit externen gesellschafts- und wissenschaftstheoretischen Entwicklungen liiert ist.

3. Indem in der neueren E. der Mikroebene und dem → Kontext mehr Bedeutung beigemessen wird, erreichen auch die abstrakteren bzw. verallgemeinerungsfähigen Konzepte nur mehr eine begrenzte (sektorale) Reichweite. Zu nennen sind hier zwei theoretische Ansätze oder Strategien. Zum einen die regulative Idee des → *Sustainable development* (s. *Harborth* 1993), eine Neuformulierung des Entwicklungsbegriffs mit der impliziten Aufforderung an Entwicklungs- und Industrieländer, sämtliche bestehenden Strukturen und Reformen auf Nachhaltigkeit zu befragen, d. h. daraufhin, ob sie ökologieverträglich und zukunftsfähig sind (→ Entwicklung). Zum anderen die → Systemische Wettbewerbsfähigkeit (*Eßer* u. a. 1994), in der steuerungstheoretischen Debatte ein Konzept, das aufzeigt, welche Voraussetzungen koordiniert auf miteinander vernetzten Ebenen herbeizuführen sind, um ländereigene Ressourcen per Integration in die Weltwirtschaft erfolgreich für den «Wohlstand der Nationen» nutzen zu können.

4. Seit der Wende in der E. sind neue Herausforderungen an sie durch → Neoliberalismus und → Globalisierung entstanden, erstens insofern, als beide Phänomene kontrovers diskutiert werden, und zweitens weil mit ihnen eine Problemdynamik verbunden ist, die sich in der Weise kennzeichnen läßt, daß mehr neuartige und komplexere Probleme entstehen, als bekannte und einfachere gelöst werden können. Die Koinzidenz beider Phänomene erschwert entwicklungspolit. Maßnahmen, da die Globalisierung mit einem Verlust an nationalstaatl. Kontrolle des Wirtschaftsgeschehens verbunden ist und der Neoliberalismus nicht angetreten ist, dies zu kompensieren, sondern mit ihm durch die Privatisierung zudem wichtige gesellschaftl. Bereiche der polit. Steuerung entzogen werden.

(a) Gelegentlich wird der Neoliberalismus als neue entwicklungspolit. Großtheorie gehandelt. Das Präfix groß rechtfertigt sich allenfalls durch die weltweite Ausdehnung neoliberaler Politik. Eine ökon. Theorie der Ressourcenallokation ohne theoretischen Bezug zu den weiteren Dimensionen des → Entwicklungsbegriffs, etwa zur sozialen →

Gerechtigkeit, verfehlt den Kern einer Entwicklungstheorie. Der Neoliberalismus ist also keine E., er bietet für die Entwicklungsprobleme keine dauerhafte Lösung, er ist in vielerlei Hinsicht hinzugekommener Teil des Problems. (b) Die → Globalisierung zeigt die bereits nachgewiesene Tendenz, die Reichen immer reicher und die Armen immer ärmer werden zu lassen. Sieht man von wenigen Entwicklungsländern ab, die ihre Ausbildungskapazitäten in der Informatik voll haben nutzen können und den neuen *brain drain* aufziehen, so sind internat. die Entwicklungsländer die Globalisierungsverlierer. Innergesellschaftlich wiederholt sich in den Entwicklungsländern der Prozeß der ungleichen Verteilung von Nutzen und Kosten der Globalisierung. Von beiden Phänomenen ist e. demnach nichts Gutes zu erwarten. E. hat sich nun mit der Abfederung ihrer Folgen zu befassen. Denn eine grundlegende Alternative ist nicht in Sicht, auch wenn die Kritik sich schärfer und der Widerstand sich vehementer zu artikulieren beginnen. Einen Ansatz dazu bietet allenfalls die → *Global governance*-Konzeption, die in ihrem Forderungskatalog aus e. Perspektive einige dependenztheoretische Momente ordnungspolit. Natur wieder aufleben läßt: gerechte Weltsozialordnung, Weltumweltordung, gerechtes Weltwährungs- und Finanzsystem, Wettbewerbsordnung, gerechte Welthandelsordnung (s. *Messner/Nuscheler* 1998: 359f.). Indem Entwicklung und → Frieden, Frieden und Entwicklung in immer stärkeren Zusammenhang gesehen werden, ist im wiss. Diskurs auch eine stärkere Verzahnung von E. und → Friedensforschung festzustellen.

Lit.: *Apter, D. E.* 1965: The Politics of Modernization, Chic. *Boeckh, A.* 1994: Entwicklungsforschung, in: *Kriz, J./Nohlen, D./Schultze, R.-O.* (Hrsg.): Politikwissenschaftliche Methoden (Lexikon der Politik, Bd. 2), Mchn., 100–105. *Cardoso, F. H./Faletto, E.* 1976: Abhängigkeit und Entwicklung in Lateinamerika, Ffm. (span. 1991). *Elsenhans, H.* 1996: Kein Ende der großen Theorie, in: Asien-Afrika-Lateinamerika 24 (2), 111–145. *Engels, B.* (Hrsg.) 1994: Die sozio-kulturelle Dimension wirtschaftlicher Entwicklung in der Dritten Welt, Hamb. *Eßer, K.* u.a. 1994: Systemische Wettbewerbsfähigkeit, Bln. *Harborth, H.-J.* 1993: Sustainable Development – Dauerhafte Entwicklung, in: *Nohlen, D./Nuscheler, F.* (Hrsg.): 231–247. *Mármora, L./Messner, D.* 1989: Theorieruinen der Entwicklungsforschung, in: Blätter 10, 1206–1219. *Menzel, U.* 1992: Das Ende der Dritten Welt und das Scheitern der großen Theorie, Ffm. *Menzel, U.* [3]1995: Geschichte der Entwicklungstheorie, Hamb. *Messner, D./Nuscheler, F.* (Hrsg.) 1997: Global Governance, in: *Senghaas, D.* (Hrsg.): Frieden machen, Ffm., 337–361. *Messner, D./Nuscheler, F.* 2002: Entwicklungspolitik und Globalisierung, in: *Hauchler, I.* u. a. (Hrsg.): Globale Trends 2002, Ffm. *Mürle, H.* 1997: Entwicklungstheorie nach dem Scheitern der «großen Theorie». INEF-Report 22, Duisburg. *Nohlen, D.* (Hrsg.) [11]2000: Lexikon Dritte Welt, Rbk. *Nohlen, D./Nuscheler, F.* (Hrsg.) [1]1973, [2]1982, [3]1992: Handbuch der Dritten Welt, Bd. 1, Hamb./Bonn. *Nohlen, D./Waldmann, P./Ziemer, K.* (Hrsg.) 1997: Die östlichen und die südlichen Länder (= Lexikon der Politik, Bd. 4), Mchn. *Nord-Süd-Kommission* (Hrsg.) 1981: Das Überleben sichern. Der Brandt-Bericht, Ffm. u. a. *Putnam, R. D.* 1993: Making Democracy Work, Princeton. *Senghaas, D.* (Hrsg.) 1972: Imperialismus und strukturelle Gewalt, Ffm. *Senghaas, D.* (Hrsg.) 1974: Peripherer Kapitalismus, Ffm. *Senghaas, D.* 1977: Weltwirtschaftsordnung und Entwicklungspolitik, Ffm. *Tetzlaff, R.* 1996: Theorien der Entwicklung der Dritten Welt nach dem Ende der Zweiten (sozialistischen) Welt, in: *Beyme, K. von / Offe, C.* (Hrsg.): Politische Theorien in der Ära der Transformation, Opl., 69–93.

Dieter Nohlen

Epistemic community, Gemeinschaft oder → Netzwerk aus Wissenschaftlern und Politikern mit ähnlichen Wissens- und Überzeugungssystemen, die eine betreffende → *Policy* prägt und gestaltet.

Das Konzept der *e. c.* wurde von *Adler* und

Haas (1992) im Bereich der → Internationalen Beziehungen entwickelt. *Haas* definiert *e. c.* als «*a network of professionals with recognized expertise and competence in a particular domain and an authoriative claim to policy-relevant knowledge within that domain or issues-area*» (1992, 3). Der → Ansatz soll eine genauere Erfassung des Prozesses der Verarbeitung von Wissen sowie der Entstehung und Durchsetzung kollektiver Interpretationen in der Politik ermöglichen und ist daher der → Wissenspolitologie zuzuordnen. Aufgrund seiner konzeptionellen Offenheit ist das Konzept der *e. c.* nicht auf das Feld der Internat. Beziehungen beschränkt; die → *Policy*-Forschung hat es mehrfach angewandt und in kognitive Ansätze integriert. An dem Konzept der *e. c.* ist v. a. eine Vernachlässigung nat. institutioneller Kontexte kritisiert worden (vgl. *Risse-Kappen* 1994).

→ Wissenspolitologie.

Lit: *Adler, E./Haas, P.M.* 1992: Conclusion: Epistemic Communities, World Order, and the Creation of a Reflective Research Program, in: International Organization 46, 1, 367–390. *Haas, P.M.* 1992: Introduction: Epistemic Communities and International Policy Coordination, in: International Organization 46, 1–35. *Risse-Kappen, T.* 1994: Ideas do no Float Freely: Transnational Coalitions, Domestic Structures, and the End of the Cold War, in: International Organization 48, 2, 185–214; *Sabatier, D. A.* 1993: Advocacy-Koalitionen, Policy-Wandel und Policy-Lernen, in: *Héritier, A.* (Hrsg.): PVS-Sonderheft, Policy-Analyse, Opl., 116–148.

Tanja Zinterer

Erfolgswert, Erfolgswertgleichheit → Zahlwertgleichheit

Erhebungstechniken, Verfahren der Datengewinnung zur systematischen → Analyse bestimmter Sachverhalte.

Zu unterscheiden ist (1) nach der Art der Daten zwischen Verfahren der (selbsterstellten) Primärdaten- und der (fremderstellten) Sekundärdatenerhebung (Quellen), der Individualdaten- und der Aggregatdatenerhebung, (2) nach dem Umfang der untersuchten Daten zwischen Verfahren der Vollerhebung, wobei sämtliche Einheiten erfaßt werden (z. B. Volkszählung), und der Teilerhebung, wobei es sich meist um eine repräsentative Auswahl (Repräsentativerhebung) handelt (z. B. demoskopische Umfragen), (3) nach der Form der Erhebung zwischen Verfahren der informellen (teilnehmende Beobachtung, Gespräch, Textsammlung und -interpretation, Inhaltsanalyse), der formellen, aber unstrukturierten (Interview und Fragebogen, offen) und der formellen und strukturierten Erhebung (Experiment bzw. → Simulation, Interview und Fragebogen, standardisiert).

Zu den gebräuchlichsten politikwiss. E., für die je spezifische Kunstlehren/Methodiken vorliegen, zählen: Text-/Dokumentensammlung und -interpretation (Quellenkritik) und → Inhaltsanalyse, → Beobachtung, → Befragung (Interview und Fragebogen), während Experiment und Simulation (im Vergleich zu anderen Sozialwiss. oder gar zu den Naturwiss.) nur eine geringe Rolle spielen. Die Wahl der jeweils angemessenen E. hängt dabei ab von Gegenstand, → Erkenntnisinteresse, Forschungsziel und konkreter Fragestellung; andererseits beeinflußt die gewählte E. durchaus Daten und Analyse- Ergebnisse, wobei die Gefahr besteht, daß die Fragen der Methodik und der Technik der Analyse nicht den Inhalten und Zielen der Analyse angepaßt werden, die Methoden sich folglich verselbständigen. Die Technik der Datenerhebung und die Methodik der Datenauswertung unterliegen damit teilweise (wie Teile der Sozialwiss. auch) der Werturteilsproblematik.

→ Behavioralismus; Empirische Sozialforschung; Methodenprobleme in der empirischen Sozialforschung; Qualitative Politikforschung.

Lit.: *Alemann, U. von/Forndran, E.* [5]1995; Methodik der Polltikwissenschaft. Eine Einführung in Arbeitstechnik und Forschungspraxis, Stg. u. a. *König, R.* (Hrsg.) [3]1973: Handbuch der empirischen Sozialforschung, Bd. 2: Grundlegende Methoden und Techniken, Teil 1, Stg. *Kriz, J.* 1981: Methodenkritik empirischer Sozialforschung, Stg.

Rainer-Olaf Schultze

Erkenntnisinteresse, Begriff der Wissenschaftstheorie, der darauf abhebt, daß jeder (sozial-, politik-) wiss. Analyse ein wenngleich unterschiedlich verursachtes und unterschiedlich begründetes (bzw. begründbares) Interesse zugrunde liegt, das die Erkenntnis leitet.

1. (1) E. konstituiert sich im Spannungsfeld von (a) historisch konkretem Entstehungs-, (b) wiss.-internem Begründungs- und (c) zukunftsgerichtetem Wirkungszusammenhang mit seinen möglichen, beabsichtigten wie unbeabsichtigten Folgen, die von vornherein vom Wissenschaftler mitzubedenken sind. (2) E. kann primär gerichtet sein auf (a) Verwertbarkeit (technisches E.), (b) normativ begründete Ziele und Handlungsanleitungen (praktisches E.), (c) Kritik und Selbstkritik mit dem Ziel herrschaftsabbauender und selbstbefreiender Aufklärung (emanzipatorisches E.; vgl. *Habermas* 1968). (3) Den Unterschieden in E. und Erkenntniszielen entsprechen unterschiedliche Politikbegriffe: (a) das technische E., dem auf die Untersuchung von Machtprozessen und polit. Allokationsentscheidungen zielenden empirisch-analytischen Politikbegriff, (b) das praktische E., einem normativen, auf die gute, gerechte polit. Ordnung zielenden Politikbegriff, (c) das emanzipatorische E., einem konfliktorientierten Politikbegriff, der der Tradition kritisch-dialektischer Theorien verpflichtet ist. (4) Unterschiedliche E. und → Politikbegriffe führen zur Pluralität im politikwiss. Selbstverständnis. So kann Politikwiss. betrieben werden (a) unter systemtheoretisch und funktionalistischer Perspektive und in werturteilsfreier Absicht als Politikberatung, (b) normativ-praktisch als Ordnungswiss. oder auch (c) als systemkritische Oppositionswissenschaft.

2. Tabelle 6 und die folgenden Beispiele illustrieren diese Zusammenhänge:
(1) Demokratie: (a) Nach normativem Theorieverständnis bleibt auch demokratische Herrschaft gebunden an die apriorische Ordnungskonzeption und an das jeweilige «höchste Gut» (*bonum comune*; → Gemeinwohl), also z. B. an die Idee der gerechten Ordnung, des guten, tugendhaften Lebens, an Frieden oder Freiheit, an die Normen der bürgerschaftlichen Republik, an *life, liberty and the pursuit of happiness,* an Grund- und → Menschenrechte. Die Interessengegensätze in der → Demokratie wie die Auseinandersetzungen um polit. → Macht finden an diesen Basisannahmen ihre Grenzen. In Analysen, die einem solchen normativ-ontologischen Politikbegriff verpflichtet sind, geht es primär um das Verhältnis zwischen demokratischer Praxis (insbes. der Eliten) und demokratischer Norm, um Pathologien im demokratischen Prozeß, die es aufzudecken und durch polit. Erziehung zum Bürger, durch Handlungsanleitung an die Eliten zu kurieren gilt. Normativ-ontologische Politikwiss. versteht sich selbst als Ordnungswiss. oder auch als → Demokratiewissenschaft.
(b) Empirisch-analytische → Ansätze basieren in ihrer großen Mehrheit – in der *Schumpeter*schen Tradition stehend – auf einem nur formalen Demokratiebegriff, der Demokratie als Verfahren definiert. In ihren Analysen geht es primär um die Machtprozesse in der Demokratie, um die multifaktorielle Beschreibung und Erklärung von Macht und Gegenmacht, von Machterwerb und Machtverlust. Besonders typische Beispiele hierfür sind behavioralistische Untersuchungen des → Wählerverhaltens, → *Rational choice*-Ansätzen und den → Ökonomischen Theorien der Politik verpflichtete Untersuchungen der Entscheidungsprozesse in den demokratischen polit. Institutionen (Parteien, Verbänden, soziale Bewegungen, Exekutiven und Legislativen etc.). Nur eine Minderheit unter den analytischen Empirikern begreift in Anknüpfung an Positionen der klassischen Demokratietheorie «Demokratie als Herrschafts- und Lebensform» *(C. J. Friedrich)* und unterscheidet sich damit in mindestens zweifacher Hinsicht von den Vertretern der sog. realistischen Demokratietheorie: Sie definiert Demokratie nicht nur polit., sondern gesamtgesellschaftlich, zielt also auf → Demokratisierung in allen Subsystemen,

Tabelle 6: Zum Verhältnis von Erkenntnisinteressen, Methoden und Arbeitsschwerpunkten politikwissenschaftlicher Forschung

Normativ-ontologisch:	*Empirisch-analytisch:*	*Kritisch-dialektisch:*
Erkenntnisprogramm/Erkenntnisinteresse:		
normativ/deduktiv; apriorisch; praktisch	szientistisch/induktiv; aposteriorisch; technisch	normativ/deduktiv; apriorisch; ideologie- und wissenschaftskritisch; praktisch
Methode:		
historisch/genetisch; hermeneutisch; institutionell	behavioralistisch; funktional-strukturell	historisch-genetisch; dialektisch
Politikbegriff:		
«Gute Ordnung»; organisch; Soll-Ist-Vergleich von Politik	Macht; realistisch; individuell/pluralistisch; Politik als Prozeß	Kollektiv; soziale Klasse(n); Politik als gesellschaftsstrukturell determinierter Prozeß
Zielperspektive von Politik:		
Integration durch Konsens	Integration durch Konflikt und/oder Konsens	Konflikt
Analyseschwerpunkte politikwissenschaftlicher Forschung:		
Staatszentriert: Primat von Staat/Verfassung/politischem Institutionengefüge gegenüber der Gesellschaft Schwerpunkt auf Staat und *polity* *polity:* normative Analysen von Staat und Verfassung; politische Bildung bezüglich der «guten Ordnung»; *politics:* Analyse und Bewertung der «lebenden Verfassung» (politische Machtprozesse und Akteurshandeln) vor dem Hintergrund normativer Konzepte zu Verfassung, Demokratie, Amtsverständnis politischer Eliten und Entscheidungsträger	*Gesellschaftszentriert:* Politik als abhängige oder interdependente Variable der gesellschaftlichen Kräfteverhältnisse; das politische System gilt als formaler bzw. wertneutraler Set institutioneller Regelungen für die Austragung der Interessenkonflikte; nur Minderheiten argumentieren entweder *staatszentriert* (Autonomiepotentiale, Steuerungskapazitäten des PAS = politisch-administrativen Systems) oder systemtheoretisch (*Autopoiesis* der Systeme); Schwerpunkt auf *politics* und *policy:* *politics:* Analysen politischer Willensbildungs- und Entscheidungsprozesse; politische Kultur; Wahl-, Sozialisationsforschung; *policy:* Analysen des *policy output/outcome* im Beziehungstext von gesellschaftlichen Interessenverhältnissen und politischen Institutionen; *polity:* empirische Analysen der Akteure und ihrer Handlungen in politischen Institutionen; Institutionenwandel	*Gesellschaftszentriert:* Politik als Ausdruck von Herrschafts- und Abhängigkeitsverhältnissen in der Gesellschaft; bestenfalls: «relative Autonomie» des Politischen (der Institutionen, Akteure im PAS) Schwerpunkt auf *politics* und *policy:* *politics:* Analysen bestehender Machtverhältnisse und sozialer Konflikte im Spannungsfeld zwischen Massenloyalität und Legitimationskrise; *policy:* sozial- und politökonomische Analysen staatlichen Handelns; *polity:* ideologiekritische Analysen der herrschaftsstabilisierenden Funktion, des Funktionswandels, der Involution politischer Institutionen
Ziel politikwissenschaftlicher Forschung:		
Handlungsanleitungen an politische Eliten; politische Bildung zur Bewahrung legitimer Herrschaft und ihrer Annäherung an die apriorisch «gute Ordnung»	Beschreibung zur Erklärung der multifunktionalen Bedingungen von legitimer Herrschaft; Funktionsbestimmung von Prozessen gesellschaftlichen, institutionellen Wandels und politischer Entwicklung	Überwindung von Herrschaft

etwa auch in Wirtschaft und Wiss., und sie versteht Demokratie und → Partizipation nicht nur formal und instrumentell, sondern auch normativ – und zwar als Mittel und Zweck. Dadurch verändert und erweitert sich der Fokus der Forschung in Richtung auf Untersuchungen der demokratischen Prozesse aus der Sicht der Regierten; in den Mittelpunkt treten Analysen der Formen und Inhalte von Mitbestimmung als soziale Teilhabe und im Prozeß des sozialen Wandels. Mit den Gegenständen verändern sich auch die Analysemethoden, wobei → Qualitative Methoden an Bedeutung gewinnen. Zudem zeigen sich die Nähe und der fließende Übergang zu kritisch-dialektischen Positionen.

(2) Entwicklungsforschung: Ebenso deutlich treten paradigmatischer Charakter und interessengeleitete Selektivität politikwiss. Forschung zutage, stellt man einige der Basisannahmen von → Modernisierungs- und → Dependenztheorie gegenüber: → Entwicklung bzw. Unterentwicklung sind in der Modernisierungstheorie primär: (a) endogen/innergesellschaftl. und vorrangig kulturell/wertmäßig verursacht; (b) es besteht Interdependenz der Subsyteme der Gesellschaft; (c) Handlungsträger sind Eliten, Parteien, Interessengruppen; (d) Ziel sind Akkulturation, Aufholen und Anpassung an die Vorreiter der Moderne; (e) Hauptstrategien sind Integration im Weltmaßstab und Ausnutzen komparativer Vorteile. Die Dependenztheorie hingegen geht aus primär: (a) von exogener/weltsystemischer Verursachung; (b) Dominanz der Ökonomie als Element der Verursachung und der Steuerung der Gesellschaft und ihrer Entwicklung; (c) Handlungsträger sind Massen, Soziale Bewegungen; (d) Ziel sind *self-reliance* und autozentrierte Entwicklung; (e) Hauptstrategien sind Abkoppelung bzw. assoziativ-dissoziative Handlungsmuster. Allerdings ist auch diese Gegenüberstellung idealtypisch und schematisch; in der Forschungswirklichkeit sind die Positionen keineswegs so rigide und die Übergänge fließend. Und es kann auch nicht um ein paradigmatisches Entweder-oder gehen, sondern nur um ein Sowohl-als-auch. Dennoch steuern die Unterschiede in der Perspektive Fragestellungen, Forschungsdesign und Forschungsschwerpunkte. Zudem ergeben sich Konsequenzen für das Theorie-Praxis-Verhältnis.

3. Daß Vielfalt Kennzeichen der Politikwiss. ist, folgt aus einer Mehrzahl von Gründen, u. a. aus: (a) Theorien- und Methodenpluralismus, (b) variierenden Wissenschaftsstilen und Schulenbildung, (c) Unterschieden im Theorie-Praxis-Verständnis (mit Arbeiten zur Grundlagen- wie der Auftragsforschung; → Politikberatung), (d) (inner-)universitären Bedingungen wie (arbeits-)praktischen Gegebenheiten; sie resultiert aber hauptsächlich aus erkenntnistheoretischen Gründen, insbes. aus der Theorieabhängigkeit aller Beobachtung und Datenerhebung wie aus der Kontextgebundenheit und Sprachabhängigkeit aller Theorie, und damit aus der Notwendigkeit zur doppelten Hermeneutik (*Giddens* 1984). Was *Meyers* (1990: 54) etwa am Beispiel der Internat. Beziehungen aufgezeigt hat, gilt generell: Der Anspruch «einer sprachübergreifend-universalen, transepochalen und transkulturellen Geltung theoretischer Aussagen» ist nicht mehr aufrechtzuerhalten, geschweige denn einzulösen. Die Ergebnisse politikwiss. Forschung sind folglich stets paradigmaabhängig. Diese Einsicht in die Existenz konkurrierender politiktheoretischer Entwürfe ist allerdings so neu nicht. Sie ist weder das Resultat einer Entwicklung in die Postmoderne, noch kann sie legitimerweise zur Rechtfertigung von Sprachspielen anarchistischer und postmoderner Beliebigkeit auf der Ebene der Theorie herangezogen werden oder in der praktischen Politik den Rückzug in die Vielfalt selbstreferentieller «Sinnprovinzen» begründen, die sich fundamentalistisch und unversöhnlich begegnen; denn dies droht nach aller historischen Erfahrung in die Apokalypse des *Hobbes*schen Krieges aller gegen alle im Naturzustand zu führen.

Will der Politikwissenschaftler nicht mindestens mittelbar für eine solche Entwicklung mitverantwortlich werden, wird er (trotz aller paradigmatischen Vielfalt) an bestimmten gemeinsamen Grundannahmen dessen festhalten müssen, was Politik ist und was zum Hauptanliegen der Politikwiss. gehört: (1) Gegenstand des Politischen (und damit der politikwiss. Analyse) ist die Frage, wie das Zusammenleben der Menschen als Bürger individuell und gemeinschaftlich und auf allen Ebenen, also von der Familie bis zur Weltgesellschaft, allgemeinverbindlich geregelt wird bzw. geregelt werden soll. Es geht damit unter institutionellen *(polity)*, prozessualen *(politics)* und materiellen *(policy)* Gesichtspunkten insbes. (a) um das Spannungsverhältnis zwischen unveräußerlichen individuellen Rechten einerseits und kollektiver (demokratischer) Entscheidung andererseits wie (b) um das Spannungsverhältnis zwischen Autonomiepotenzialen und Souveränitätsrechten kollektiver polit. Akteure einerseits und universellen Geltungsansprüchen andererseits. Insofern ist Politikwiss. immer auch → Integrationswissenschaft, allerdings nicht i. S. der Rechtfertigung des *Status quo*.

(2) Politik ist also einerseits sozialvertragstheoretisch begründet und begrenzt; und sie vollzieht sich andererseits konflikthaft. Dabei sind die Mechanismen der Konfliktregelung weder interessen- und wertneutral noch zeitunabhängig; sie sind selbst Ausdruck historisch konkreter Herrschaftsverhältnisse und Machtstrukturen, und sie unterliegen der Veränderung in und durch Geschichte. In der Politikwiss. geht es folglich um «die dialektische Spannung zwischen gesellschaftl. Problem- und Konfliktlösung und emanzipatorisch-aufklärerischer Hinterfragung bestehender Herrschafts- und Gesellschaftsstrukturen» (*Meyers* 1990: 57). Insofern ist Politikwiss. immer auch normative und praktische Wiss., deren jeweilige Fundamentalprämissen vom Forscher stets offenzulegen sind.

(3) Politikwiss. ist keine rein theoretische Wiss., weder im aristotelischen Verständnis und in Abgrenzung zur praktischen Wiss. noch im empirisch-analytischen/nomothetischen Wissenschaftsverständnis und in Abgrenzung zu historisch-ideographischer Wiss. Sie hat wie eigentlich alle (Sozial-) Wiss. jeweils beide Aufgabenstellungen zu lösen und kann insofern noch am ehesten charakterisiert werden als auf das Polit. zielende (empirische) Problemanalyse, die allerdings theoriegeleitet und in systematischer Absicht vorgeht. Der Fokus politikwiss. Analysen kann eher *input*-orientiert und auf Institutionen und Willensbildungs- bzw. Entscheidungsprozesse gerichtet sein, oder sich auf *output* und *outcome* von Politik konzentrieren. Ein eindeutiger Zusammenhang zwischen Theorie und Methode besteht nicht; dennoch variiert der Methodengebrauch häufig entspr. dem Wissenschaftstyp, dem der Analytiker verpflichtet ist, und er wird mitbestimmt von unterschiedlichen (historisch-kulturellen) Wissenschaftsstilen; die Methodenwahl hängt aber auch mit Untersuchungsgegenstand, Fokus und Fragestellung der Analyse zusammen.

(4) Politik und Gesellschaft sind heute in vielfältiger Weise inter- wie intrasystemar differenziert und fragmentiert und folgen dabei eigenen Logiken. Gleichzeitig sind sie inner- wie transgesellschaftl. über höchst komplexe Netzwerke miteinander verflochten. Dies schließt klare Zuordnungen und Hierarchien aus. In der von «neuen Unübersichtlichkeiten» *(Habermas)* bestimmten polyzentrischen Welt fehlt es Staat und Politik an Souveränität nach außen, die abgelöst, mindestens aber ausgehöhlt wird von transnat. Interdependenz und/oder supranat. Integration oder von Prozessen der Desintegration und kriegerischer Konfrontation; nach innen fehlt es ihnen an hierarchischer Handlungs- und Entscheidungskompetenz. Diese Tatbestände reduzieren die Handlungsspielräume der Politik gegenüber den Kräften der Gesellschaft, so daß die Politik zusehends in die Position des (mit Blick auf die Ressourcenausstattung häufig nicht einmal mehr gleichrangigen) Verhandlungspartners gerät (vgl. *Scharpf* 1991). Dies heißt aber nicht notwendig, daß polit. Handeln nur noch der eigenen Logik folgt und seine Einflußnahme auf die anderen Systeme an deren Logiken und → Autopoiesis scheitern muß.

(5) Hält man an der Möglichkeit zu zielgerichtetem (und eben nicht nur funktionsadäquatem) Handeln wie prinzipiell an seiner Konsensfähigkeit fest, bedarf es trotz aller Begrenzungen durch Interdependenz und Selbstreferentialität, trotz aller Autonomieansprüche einer Sphäre, in der bindende Entscheidungen fallen; auch in polyzentrischen Systemen bedarf es also sowohl der Sphäre des Polit. als auch der Mittel polit.

Verfahren mindestens zur letztinstanzlichen (legitimatorischen, demokratischen) Auflösung konfligierender Autonomieansprüche, zur Verhandlungskoordination und Konsensfindung. Politikwiss. bleibt deshalb akteurs- und handlungstheoretisch zentrierte Wiss. Eine ihrer vornehmsten Aufgaben bleiben Analyse und Bestimmung dessen, was in historisch konkreten Situationen von der Politik auf welche Weise verbindlich entschieden wird, werden kann und soll, um dadurch zur Auflösung der konfligierenden Ansprüche beizutragen. Denn gerade wenn man von der Existenz, Notwendigkeit und Berechtigung kommunitärer Vielfalt ausgeht, bedarf es sowohl der prozeduralen als auch der inhaltlichen Verständigung über solche Grundprämissen, die zumindest den polit. Diskurs über Weiterexistenz und Handlungsfähigkeit ermöglichen, individuell, gemeinschaftlich, weltweit und unter Bedingungen, die die unveräußerlichen Rechte des Menschen garantieren.

→ Demokratie; Metatheorie(n); Methodenprobleme in der empirischen Sozialforschung; Objektivität; Parteilichkeit; Paradigma; Politikwissenschaft; Staatszentrierte Ansätze; Theorie und Praxis; Totalität.

Lit.: *Beyme, K. von* [3]1997: Theorie der Politik im 20. Jahrhundert, Ffm. *Beyme, K. von* [8]2000: Die Politischen Theorien der Gegenwart, Opl. (zuerst 1972). *Berg-Schlosser, D./Stammen, T.* [5]1992: Einführung in die Politikwiss., Mchn. (zuerst 1974). *Giddens, A.* 1984: Interpretative Soziologie. Eine kritische Einführung, Ffm. (engl. 1976). *Habermas, J.* 1968 a: Technik und Wiss. als Ideologie, Ffm. *Habermas, J.* 1968 b: Erkenntnis und Interesse, Ffm. *Habermas, J.* [5]1997: Faktizität und Geltung, Ffm. *Habermas, J.* [3]1999: Theorie des kommunikativen Handelns, 2 Bde., Ffm. *Horkheimer, M./Adorno, T. W.* 1969: Dialektik der Aufklärung. Philosophische Fragmente, Ffm. (engl. 1947). *Kuhn, T. S.* [2]1976: Die Struktur wiss. Revolutionen, Ffm. (engl. 1962, [2]1970). *Meyers, R.* 1990: Metatheoretische und methodologische Bemerkungen zur Theorie internat. Beziehungen, in: *Rittberger, V.* (Hrsg.): Theorien der Internat. Beziehungen (PVS Sonderheft 21), Opl., 48–68. *Luhmann, N.* 1984: Staat und Politik. Zur Semantik der Selbstbeschreibung polit. Systeme, in: *Bermbach, U.* (Hrsg.): Polit. Theoriegeschichte (PVS Sonderheft 15), Opl., 99–125. *Luhmann, N.* 1986: Ökologische Kommunikation. Kann die moderne Gesellschaft sich auf ökologische Gefährdungen einstellen?, Opl. *Luhmann, N.* 2000: Soziale Systeme, Ffm. (zuerst 1984). *Luhmann, N.* 2000: Die Politik der Gesellschaft, Ffm. *Scharpf, F. W.* 1991: Die Handlungsfähigkeit des Staates am Ende des 20. Jh., in: PVS 21, 621–634. *Sternberger, D.* 1967: Begriff der Politik als Wiss., in: *Schneider, H.* (Hrsg.): Aufgabe und Selbstverständnis der Politischen Wiss. (zuerst 1948), Darmst., 3–19. *Taylor, C.* 1991: The Malaise of Modernity, Tor. *Willke, H.* 1992: Ironie des Staates. Grundlinien einer Staatstheorie polyzentrischer Gesellschaft, Ffm. *Willms, B.* 1989: Postmoderne und Politik, in: Der Staat 28, 321–352.

Rainer-Olaf Schultze

Erklärung, in der Alltagssprache in verschiedenen Bedeutungen verwandt. *W. Stegmüller* (1983: 72 f.) hat neun genannt: (1) E. als Erklären eines Wortes i. S. einer präzisen Definition; (2) E. als Klarlegung des Sinnes, als Interpretation eines Textes; (3) E. als korrigierende Uminterpretation i. S. einer andersartigen Deutung; (4) E. als Auflösung einer Diskrepanz zwischen Glaube und Faktizität; (5) E. als moralische Rechtfertigung von Handlungen; (6) E. i. S. einer detaillierten Schilderung von Handlungen; (7) E. i. S. einer Gebrauchsanweisung; (8) E. als Erläuterung der Funktionsweise; (9) E. als kausale Erklärung von Vorgängen und Tatsachen i. S. der Angabe von Ursachen für bestimmte Sachverhalte (Tatsachen: Einzelergebnisse, empirische Regelmäßigkeiten, Trends).

In der Politikwiss. sind einige dieser Begriffe von E. gebräuchlich. Die analytische Theorie akzeptiert jedoch nur die letztgenannte Bedeutung von E. als wiss. Erklärung. Sie wird «als Prototyp der Anwendungen von Gesetzen und Theorien auf konkrete Situationen betrachtet» (ebd.: 75). Im Unterschied zur beschreibenden E., in der mit Hilfe von «Was-ist-Fragen» grundlegende Informationen mitgeteilt werden, versucht eine kausale E. auf «Warum-ist-das-so-Fragen» zu antworten. Kontrovers diskutiert wird, ob sich innerhalb der wiss. E. zwischen zwei Arten von E. unterscheiden läßt, und zwar zwischen E. von (Natur-)Gesetzen und E. von Tatsachen. Erstere greifen auf allgemeinere Gesetze oder Gesetzesmengen zurück, letztere ziehen neben Gesetzen immer auch singuläre (Anfangs-)Bedingungen heran, die den besonderen Einzelfall kennzeichnen.

1. Am naturwiss. Theoriebegriff orientierte E. gehen den gesetzlichen (oder gesetzesartigen) Zusammenhängen zwischen Einzeltatsachen nach. Grundidee der E. ist die Zurückführung einzelner Abläufe und Sachverhalte auf allg. Regeln, Theorien, Gesetze. Die zur E. aus den Gesetzmäßigkeiten einer Theorie abgeleiteten Sätze werden im Wege der E. selbst empirisch überprüft. Seit *J. St. Mill* wird versucht, systematische, formale → Modelle wiss. E. zu entwickeln. Für die neuere Diskussion wurde das Erklärungsschema von *Hempel/Oppenheim* (H-O-Schema, nach *W. Dray* auch Covering-law-Modell) grundlegend, das folgenden Aufbau hat: Eine deduktiv-nomologische E. besteht aus einer Anzahl von Sätzen, die in einer logischen Beziehung zueinander stehen. Zwei Klassen von Sätzen sind zu unterscheiden: das Explanandum mit den Sätzen, die den zu erklärenden Sachverhalt beschreiben, das Explanans mit den Sätzen, aus denen das Explanandum abgeleitet werden soll. Das Explanans enthält zumindest ein allg. Gesetz und zumindest eine Antecedens- oder Randbedingung.

2. Nun sind aber für die Sozialwiss. keine nomologischen E., also unbeschränkte Verallgemeinerungen von Gesetzescharakter bekannt, noch steht zu erwarten, daß es sie jemals geben kann, so daß es bei strikter Anwendung der Regeln deduktiv-nomologischer E. in den Erfahrungswiss. keine E. geben könnte, worauf *Popper* in seiner Kritik an der positivistischen Wissenschaftstheorie mit Nachdruck hingewiesen hat. Für die Sozialwiss. wurde deshalb von *Albert* die spezielle Form der Quasi-Gesetze, d. h. von Gesetzen mit eingeschränktem Geltungsbereich, eingeführt, die – gestützt auf nichtdeterministische (statistische, probabilistische, stochastische) Gesetze – deduktiv-quasinomologische E. ermöglichen. Auf diese und andere Weise, d. h. durch Veränderungen im Explanans oder in den Antecedensbedingungen, können, ausgehend vom H-O-Schema, weitere Arten von E. unterschieden werden: (1) Bei deduktiv-statistischen E. kommen im Explanans nicht nur nomologische Gesetze vor, sondern zumindest auch eine Wahrscheinlichkeitshypothese. (2) In statistischen E. werden keine Tatsachen erklärt, sondern Annahmen statistisch begründet. Erklärt wird folglich, warum anzunehmen ist, daß ein bestimmtes Ereignis eher eintrifft als nicht eintrifft (*Stegmüller* 1983: 329). (3) Kausale E. sind nach der Definition der analytischen Philosophie deduktiv-nomologische oder -statistische E., wobei das Explanandum unter einer Gesetzesaussage deterministischer oder statistischer Art subsumiert wird. (4) Teleologische E. weisen als Antecedensbedingungen Absichten, Motive, Ziele etc. handelnder Personen auf. (5) Funktionalistische E. haben als Voraussetzung Systeme mit zielgerichteter Organisation. Solche E. sind durch Anpassung der Antecedensbedingungen auf die E. der Strukturen und Prozesse sich selbst regulierender Systeme gerichtet. (6) Genetische E., die in der Geschichtswiss. eine größere Rolle spielen (*Dray* 1974: 72 ff.), betrachten die zu erklärende Tatsache als Endglied einer längeren Entwicklung. Auf die Frage «Wie war es möglich, daß...?», wird mit einer Abfolge einzelner Erklärungsargumente geantwortet, wobei je nach der Art der Aufeinanderfolge der Argumente zwischen historisch-genetischen und systematisch-genetischen E. unterschieden werden kann. Bei (7) dispositionellen E. wird das Verhalten von Objekten mit Hilfe von Dispositionen erklärt, die den Objekten (Individuen, Gruppen) zugeschrieben werden. (8) Rationale E. rekonstruieren die Gründe für menschliche Handlungen in bestimmten Situationen, wobei Zweckrationalität als Maßstab und Interpretationsmethode dient. Gemessen an

strengen Kriterien deduktiv-nomologischer E., die freilich deterministische Gesetze voraussetzen, sind einige Arten von Quasi-E. wiss. umstritten. Der erfahrungswiss. Gegenstand der Politikwiss. und die Pluralität von → Erkenntnisinteressen, Theorien und Methoden «erklärt» die Koexistenz verschiedener Erklärungsbegriffe.

Lit.: *Albert, H.* [2]1972: Theorie und Realität. Ausgewählte Aufsätze, Tüb. *Dray, W.* 1974: Laws and Explanation in History, L. *Hempel, C. G.* 1965: Aspects of Scientific Explanation, NY. *Küttner, M./Lenk, H.* [2]1992: Erklärung, in: *Seiffert, H./Radnitzky, G.* (Hrsg.): Handlexikon zur Wissenschaftstheorie, Mchn., 68–73. *Nagel, E.* 1961: The Structure of Science: Problems in the Logic of Scientific Explanation, NY. *Popper, K. R.* [5]1973: Logik der Forschung, Tüb. *Stegmüller, W.* [2]1983: Probleme und Resultate der Wissenschaftstheorie und Analytischen Philosophie, Bd. 1, Bln./Hdbg.

Dieter Nohlen

Erlebnisgesellschaft, von *G. Schulze* (2000) zur Kennzeichnung des tiefgreifenden Einstellungswandels in der bundesdt. Gesellschaft geprägter Begriff. An die Stelle der außenorientierten, auf Überleben wie Mangelbeseitigung zielenden Lebensauffassung der → Industriegesellschaft tritt in der E. das «Projekt des schönen Lebens». Die Erlebnisorientierung wird zur kollektiven Basismotivation der Wohlstandsgesellschaft.

Die in der E. gewollte radikale Individualisierung der Lebensgestaltung bedarf der Einbettung in soziale Großgruppen, um Entscheidungsunsicherheit und Enttäuschungsrisiko zu reduzieren. Alte → Milieus (Bildungsbürgertum; untere und mittlere Beamte und Angestellte; Arbeiterschaft) wandeln sich unter dem → Paradigma der Erlebnisorientierung zum Harmonie-, Integrations- und Niveaumilieu und neue soziale Erlebnismilieus entstehen (Unterhaltungs-, Selbstverwirklichungsmilieu). Klassische Merkmale der Milieuzugehörigkeit (Stellung im Produktionsprozeß, Lebensstandard oder Religion) werden durch die → Variablen Stiltypus, Alter und → Bildung verdrängt. Die hierarchische Gliederung in → Klassen bzw. → Schichten wird zugunsten einer über Bildung und Alter konstituierten, gespaltenen Vertikalität aufgebrochen und durch Beziehungswahl als bevorzugten Modus der Milieubildung flexibilisiert. Das wechselseitige Verhältnis der auf unterschiedliche alltagsästhetische Schemata (Hochkultur-, Trivial- und Spannungsschema) rekurrierenden Milieus ist geprägt von Desinteresse und Nichtverstehen.

→ Hedonismus; Post-industrielle Gesellschaft; Postmaterialismus; Postmoderne; Risikogesellschaft; Wertewandel.

Lit.: *Schulze, G.* [8]2000: Die Erlebnisgesellschaft. Kultursoziologie der Gegenwart, Ffm./NY (zuerst 1992).

Günter Rieger

Erststimme; in der → Personalisierten Verhältniswahl in D die Stimme, mit der in den Einerwahlkreisen nach relativer Mehrheit darüber entschieden wird, welcher Kandidat den Wahlkreis im Parlament vertreten soll.

Dieter Nohlen

Erwerbsklasse, Grundkategorie im Konzept sozialer → Klassen *Max Webers*, das für die nicht-marxistische Klassenanalyse maßgeblich wurde.

Weber unterschied Klassenlagen von Menschen zunächst nach der typischen Basis ihrer Chance, Einkommen bzw. Einkünfte zur Lebenshaltung und -gestaltung zu erzielen. Eine E. liegt vor, wenn die Einkunftsmöglichkeiten sich vornehmlich aus der Vewertung von Erwerbschancen auf der Grundlage von Bildungs- und Leistungsqualifikationen ergeben (Ggs.: Besitzklasse). *Weber* differenzierte nach der Art der Erwerbschance weiterhin zwischen positiv und negativ privilegierten Klassen. Soziale Klassen i. e. S. ergeben sich jedoch ihm zufolge nicht allein aus der so bestimmten Klassenlage, sondern bilden sich erst unter dem Einfluß typischer Mobilitätsmuster (Möglichkeiten und Grenzen des sozialen Auf- und Abstiegs), die ihrerseits nicht allein ökon. erklärt werden können.

→ Klassengesellschaft; Marxismus; Schicht.

Lit.: *Lepsius, M. R.* 1979: Soziale Ungleichheit und Klassenstrukturen in der Bundesrepublik Deutschland, in: *Wehler, H.-U.* (Hrsg.): Klassen in der europäischen Sozialgeschichte, Gött., 166–209. *Weber, M.* [5]1976: Wirtschaft und Gesellschaft, Tüb. (zuerst 1921).

Bernhard Thibaut

Erwerbsquote, in der Wirtschaftsstatistik der Anteil der Erwerbspersonen an der erwerbsfähigen Bev. eines Landes bzw. Wirtschaftsraums.

Als Erwerbspersonen gelten die aktiv Erwerbstätigen sowie Beschäftigungslose oder Unterbeschäftigte, die erwerbsfähig und erwerbswillig sind (sie werden meist mit den als arbeitslos gemeldeten Personen gleichgesetzt). Die erwerbsfähige Bev. umfaßt alle Altersjahrgänge zwischen dem 15. und 64. Lebensjahr. Zuweilen wird die E. auch in Bezug zur gesamten Wohnbev. oder zur Wohnbev. oberhalb einer bestimmten Altersstufe (z. B. 15 Jahre) ermittelt.

→ Arbeit; Arbeitslosigkeit; Beschäftigungsstruktur.

Bernhard Thibaut

Etat → Haushalt

Etatismus (von frz. *état* = Zustand, Staat), meint eine (zu) weitgehend auf das Staatsinteresse eingestellte Denkweise, die die Rechte von Gesellschaft und Individuen verkürzt.

Urspr. eine um 1880 in Frankreich aufkommende Bezeichnung für eine polit. Lehre, die den Einflußbereich des Staates auf Wirtschaft und Gesellschaft auszudehnen sucht (Staatssozialismus). Nicht das → Proletariat, sondern der aus allg. Wahlen hervorgegangene → Staat wird als Träger der gesellschaftl. Entwicklung gesehen. Zwar muß das Privateigentum an → Produktionsmitteln abgeschafft werden, weil es zur Ausbeutung der Besitzlosen führt; es soll aber nicht in die Hände der → Arbeiterklasse übergehen, sondern in die des von der proletarischen Bevölkerungsmehrheit getragenen Staates. In der Schweiz kennzeichnet E. seit Ende des 19. Jh. Bestrebungen, die Zentralgewalt des Bundes auf Kosten der Kantone zu stärken.

→ Politische Kultur.

Friedrich G. Schwegmann

Ethik und Politik. Die Frage nach dem Verhältnis von Politik und Ethik tritt in den letzten Jahrzehnten v. a. unter vier Gesichtspunkten erneut ins Bewußtsein: Die Zunahme militärischer → Gewalt und die Gefahr des Krieges, das Phänomen sozialer Ungerechtigkeit und der massenhafte Hunger, die Gefährdung der Biosphäre und die daraus erwachsende ökolog. Krise und schließlich die Frage nach den Legitimitätsgrundlagen staatl. Ordnung bilden die vier Perspektiven, unter denen eine strikte Scheidung zwischen E. u. P. in Frage gestellt wird. Ähnlich wie für das Verhältnis zwischen Recht und Ethik gewinnt auch für das Verhältnis von P. und E. die Einsicht an Boden, daß beide unterschieden werden müssen, ohne doch beziehungslos voneinander abgesondert zu werden. Der zur Kennzeichnung des Zusammenhangs von E. u. P. häufig verwendete Begriff der «polit. Ethik» ist freilich unglücklich gewählt. Denn gesucht wird nicht eine polit. qualifizierte oder gar funktionalisierte E., sondern eine E., die das Politische als eines ihrer Gegenstandsfelder anerkennt, also nicht eine polit. E., sondern eine E. des Politischen.

Bemühungen um eine solche E. des Politischen lassen sich nicht nur im Bereich der praktischen Philosophie, sondern auch in der Theologie beobachten. Während die neuere praktische Philosophie sich vorrangig mit Problemen der Metaethik – also der Frage nach der Möglichkeit der Begründung moralischer Normen überhaupt – beschäftigt, legt die theologische E. häufig schon deshalb auf Fragen der materialen E. stärkeres Gewicht, weil sie sich dazu durch ihren Bezug auf die Handlungsprobleme bestimmter und bestimmbarer Personen und Personengruppen genötigt sieht.

1. (1) In den Anfängen der → Politischen Theorie gilt die Verbindung zur E. als unproblematisch vorgegeben. Für *Aristoteles* ist Politik die Lehre von der freien Lebensform der freien Bürger in der *polis*. Sie bildet einen Teil der praktischen Philosophie; die E. als Lehre von den menschlichen Verhaltensformen und den dem menschlichen Handeln innewohnenden Maßen sowie die Ökonomik als die Lehre von der Hausgemeinschaft treten ihr als deren andere Teile zur Seite. E., Politik und Ökonomik gehören zusammen. Das Ziel allen Handelns und deshalb auch das Ziel der Politik bildet für *Aristoteles* die *eudaimonia*, das Glück. Damit ist nicht ein subjektives Glücksgefühl gemeint, sondern die Verwirklichung der Möglichkeiten, auf die der Mensch von Natur aus angelegt ist und die sich unter gegebenen geschichtl. Bedingungen als realisierbar erweisen. Die entscheidenden Maßstäbe für das Handeln der einzelnen bilden die → Gerechtigkeit sowie die Eintracht der Bürger. Politik als eine unmittelbar ethische Wiss. zielt auf das gute und gerechte Leben der Bürger und sucht die bestmögliche Verfassung der *polis* zu ermitteln.

(2) Dieses Konzept einer unmittelbaren Verknüpfung von E. u. P. bestimmt die europ. Problemwahrnehmung über lange Zeiträume hinweg. Es erhält eine spezifische Zuspitzung durch den Eintritt des Christentums in die antike Welt. Sein Beitrag zur E. des Politischen besteht zum einen in einer spezifischen Begründung der Loyalität gegenüber den polit. Autoritäten – nämlich aus dem ihnen von Gott gegebenen und an der Gerechtigkeit orientierten Auftrag (Römer 13,1 ff.). Er besteht zum anderen in der These, daß polit. Loyalität immer nur eine begrenzte Reichweite haben kann; denn «man muß Gott mehr gehorchen als den Menschen» (Apostelgeschichte 5,29).

Die Vorläufigkeit aller irdischen Ordnung, die sich in dieser Grundthese ausdrückt, bestimmt auch die weitere Entwicklung einer christlichen E. des Politischen. Sie wird zum ersten Mal von *Augustinus* in seinem großen Werk «De civitate Dei» breit entfaltet, das eine Antwort auf den Fall Roms im Jahr 410 darstellt. Grundlegend ist die Unterscheidung zwischen zwei Personenverbänden: der Bürgerschaft Gottes und der irdischen Bürgerschaft. Ihr entspricht die Unterscheidung zwischen zwei Arten des Friedens: dem ewigen Frieden in der *civitas Dei* und dem vorläufigen Frieden in der *civitas terrena*. Mit Hilfe dieser Unterscheidungen erklärt *Augustinus* den Frieden zum vorrangigen Zweck der polit. Gemeinschaft und etabliert damit den Begriff des (irdischen) Friedens als Grundkategorie der polit. Ethik. Zugleich tritt damit die Frage ins Zentrum der ethischen Reflexion, unter welchen Bedingungen um des Friedens willen der Rückgriff auf Mittel der militärischen Gewalt gerechtfertigt werden kann und welche Mittel im Kriegsfall als erlaubt gelten sollen. *Augustinus* beantwortet diese Fragen im Rückgriff auf *Cicero* mit der Lehre vom gerechten Krieg, die seitdem zum Grundbestand polit.-ethischer Argumentation in Europa gehört. Gegen die ethische Rechtfertigung militärischer Gewaltanwendung, die mit dieser Lehre verknüpft ist, regt sich freilich häufig Widerspruch, in exemplarischer Form beispielsweise bei *Franz von Assisi*.

Doch bestimmend für die mittelalterliche Entwickung ist eine Kompromißethik, die unter den Bedingungen menschlicher Endlichkeit nach den Kennzeichen eines tugendhaften Lebens fragt. Dafür wird – nach der Wiederentdeckung von wichtigen Teilen seiner Philosophie – das Werk des *Aristoteles* neu fruchtbar gemacht. Doch auch Einflüsse der stoischen Tradition sind in dem wichtigsten Lehrstück erkennbar, das die mittelalterliche Moraltheologie zu den Grundfragen einer E. des Politischen beisteuert, nämlich der Lehre vom Naturrecht. Zwar wird die *lex naturalis* ausdrücklich auf die *lex divina* zurückgeführt; doch zugleich erklären *Tho-*

mas von Aquin und andere Scholastiker, daß der Inhalt des Naturrechts dem Menschen kraft seiner Vernunft in einer Weise einsichtig sei, die den Rückgriff auf eine bes. Offenbarungsquelle überflüssig mache. Damit wird schon in der scholastischen Naturrechtslehre selbst der Boden für die Vernunftrechtskonzeptionen vorbereitet, die in der frühen Neuzeit ausgearbeitet werden, nachdem die mittelalterliche Naturrechtskonzeption in eine Krise geraten ist.

(3) Diese Krise ergibt sich zum einen aus dem Einspruch der Reformation gegen den selbstmächtigen Anspruch der menschlichen Vernunft, der im Naturrechtsdenken enthalten sei. Sie folgt zum andern aus dem Widerspruch, den polit. Denker in der Anfangszeit des modernen Territorialstaats gegen die Verknüpfung von E. u. P. einlegen. *Machiavelli* begründet diesen Widerspruch mit der These, die Politik sei ein Problem der Technik der Macht, und schreibt deshalb mit seinem «Il Principe» ein Lehrbuch über die Techniken des Machterwerbs und des Machterhalts. *Thomas Morus* sieht die Politik als ein Problem der Rechtstechnik und befaßt sich deshalb in seiner «Utopia» mit der rechtstechnischen Gestaltung der idealen Gesellschaft. Beiden gemeinsam ist die These, daß man den Zugang zur Politik nur über die ihr eigentümlichen Regeln gewinnen kann; ob es sich dabei um Regeln der Macht oder solche des Rechts handelt, ist die zwischen beiden Entwürfen strittige Frage. Damit wird das Verhältnis von Recht und Macht zu einem Zentralthema der polit. Theorie; die Verbindung von E. u. P. dagegen tritt in den Hintergrund.

Das zeigt sich bes. markant bei *Hobbes*. Er will die polit. Organisation der Gesellschaft nach wiss. Gesetzen erklären; er will eine Physik der Politik entwickeln und die Mechanik der Macht entschlüsseln. Er leitet sie aus dem unfriedlichen Verhältnis der Menschen im Naturzustand ab. Aus der Mechanik der natürlichen Begierden ergibt sich die Notwendigkeit einer obrigkeitlichen Autorität im Innern der Staaten ebenso zwangsläufig wie die Aufgabe, die → Souveränität des Staates nach außen gegen mögliche Angreifer zu behaupten und durchzusetzen.

In einer durch solche theoretischen Vorgaben bestimmten Konstellation läßt sich ein Neuansatz zu einer E. des Politischen allenfalls dann gewinnen, wenn ein vom empirischen Sein des Staates unabhängiger Grund des Sollens geltend gemacht wird. Ihn findet *Kant* in dem mit der Vernunft selbst gegebenen Anspruch an alle Handlungsmaximen, daß sie, um vor der Vernunft bestehen zu können, dem Test der Verallgemeinerungsfähigkeit gewachsen sein müssen. Aus demselben Begründungszusammenhang leitet *Kant* den – für die Konzeption des bürgerlichen Rechtsstaats wie für die Entwicklung des Menschenrechtsgedankens gleich folgenreichen – Gedanken der Menschenwürde ab. Er ergibt sich daraus, daß der mit Vernunft begabte Mensch niemals bloß als Mittel angesehen werden darf, sondern stets zugleich als Zweck in sich selbst zu betrachten ist. Publizität der Gesetze, republikanische Verfassung und die Verbindung der Staaten zu einer freien Föderation sind die Konsequenzen für die polit. Gestaltung, die aus diesem Ansatz entwickelt werden.

Doch so konsequent die Neubegründung des Zusammenhangs von E. und P. aus der Vernunftnatur des Menschen ist, so offenkundig bleibt sie doch hinter der Forderung nach erleb- und verstehbaren Legitimitätsgrundlagen für das polit. Gemeinwesen zurück. *Hegels* Verweis auf die jeweils konkrete Sittlichkeit innerhalb eines bestimmten Gemeinwesens enthält insofern eine Antwort, in der die Frage nach der Begründung einer E. des Politischen wieder mit der jeweils bes. → Lebenswelt der Akteure verknüpft wird. Dieses *Hegel*sche Angebot ist häufig auch als Bestätigung der besonderen Zustimmungsansprüche der einzelnen Nationalstaaten in Anspruch genommen worden. Nicht an die nat. Zusammengehörigkeit, sondern an die Klassenzugehörigkeit knüpft der → Marxismus seine Antwort auf die Frage nach dem Verhältnis von E. und Politik. Weil die verallgemeinerungsfähigen Interessen auf der Seite des Proletariats zu finden sind, würde eine Durchsetzung dieser Interessen auch zur Aufhebung jeder Spannung zwischen E. und P. führen. Deshalb will die marxistische E. zugleich parteiliche E. des → Klassenkampfes und universale, auf die Menschheit als Gattung bezogene E. sein.

(4) Problematisch ist dieser Ansatz v. a. deshalb, weil er die Rechte jetzt Lebender der Verheißung eines neuen Menschen aufopfert. Diese kritische Überlegung nötigt zu der Frage, wie sich die Orientierung an den Lebensbedingungen künftiger Generationen mit dem Respekt vor den Ansprüchen und Interessen jetzt Lebender verknüpfen läßt. In dieser Frage liegt der entscheidende Ausgangspunkt für eine verantwortungsethische Erörterung des Verhältnisse von E. und Politik. Den Begriff der Verantwortungsethik hat *Max Weber* schon 1919 eingeführt. Er unterscheidet eine Verantwortungsethik, die nach den voraussehbaren Folgen des jeweiligen Handelns fragt, von einer Gesinnungsethik, die sich an den eigenen Überzeugungen orientiert, ohne auf die Folgen Rücksicht zu nehmen. Allerdings redet *Weber* einer einfachen Entgegensetzung beider Typen gerade nicht das Wort. Vielmehr zielt seine Überlegung auf einen Typ der Ethik, der zugleich prinzipien- und folgenorientiert ist. In *D. Bonhoeffers* ethischen Reflexionen während der Zeit der Konspiration gegen *Hitler* erhält der Begriff der Verantwortung dadurch eine bes. Zuspitzung, daß das Angesprochensein des Menschen durch Gott zur stellvertretenden Verantwortung für andere und damit zugleich zum Risiko der Schuldübernahme ermächtigt. *H. Jonas* bezieht das Konzept der Verantwortung auf die Situation, die durch moderne Technologien und die mit ihnen verbundene Gefährdung der Biosphäre geprägt ist. Verantwortliches Handeln hat sich nach seiner Überlegung an einem kategorischen Imperativ zu orientieren, dem gemäß nur diejenigen Handlungen gerechtfertigt werden können, die mit der Permanenz echten menschlichen Lebens auf der Erde vereinbar sind.

2. (1) Viele Indizien deuten auf veränderte Konstellationen im Verhältnis von E. und Politik. In der praktischen Philosophie der Gegenwart wächst das Gewicht kommunitaristischer Ansätze; sie sind an der Frage orientiert, worin die Bedingungen des «guten Lebens» und die Gestaltungsformen der «guten Gesellschaft» zu sehen sind (→ Kommunitarismus). Die einseitige Hervorhebung individueller Selbstverwirklichung und die ihr entsprechende Akzentuierung individueller Abwehrrechte gegenüber dem Staat soll durch eine Reflexion auf die Bedingungen des gemeinsamen Lebens korrigiert werden. Dadurch rücken E. u. P. wieder enger zusammen. Freilich darf man die Gefahren nicht verkennen, die sich damit verbinden können. Sie liegen v. a. in der Tendenz zu moralistischen Überforderungen der Politik. Dieser Gefahr gegenüber muß an die bleibend notwendige Unterscheidung von → Legalität und Moralität erinnert werden. Diese Unterscheidung bildet eine Bedingung der → Freiheit; nur auf ihrer Grundlage ist die Koexistenz unterschiedlicher Lebensorientierungen in einer multireligiösen und multikulturellen Gesellschaft möglich. Mit einer engen Verknüpfung von P. u. E. verbindet sich manchmal auch die Neigung, auf die Komplexität gegenwärtiger Lebensverhältnisse mit der Flucht in einfache Antworten zu reagieren, unter denen der Ruf nach «Recht und Ordnung» oder der Versuch, die → Legitimität der polit. Ordnung in den Besonderheiten der jeweiligen nat. oder ethnischen → Identität zu begründen, eine bes. Rolle spielen.

Solche Entwicklungen bestätigen auf ihre Weise die Notwendigkeit, E. und P. durch universalistische Prinzipien zu verknüpfen, die mit guten Gründen als für alle polit. Gemeinwesen verbindlich anerkannt werden können. Auch in der E. des Politischen muß solchen universalistischen Moralprinzipien der Vorrang vor der Berufung auf die jeweils bes. Identität einer bestimmten polit. Gemeinschaft eingeräumt werden; Antworten auf die Frage nach der jeweiligen ethnischen, nat. oder regionalen Identität müssen also ihrerseits auf ihre Vereinbarkeit mit universalistischen Moralprinzipien geprüft werden. Unter diesen Prinzipien kommt den Menschenrechten besonderes Gewicht zu. Deshalb ist die Frage, ob und in welchem Sinn den Menschenrechten universale Geltung zuerkannt werden kann, für die Begründung und den konkreten Inhalt einer E. des Politischen von hohem Rang.

(2) Die Universalität der Menschenrechte selbst darf mit einem Allgemeinheitsanspruch einer bestimmten Menschenrechtsbegründung nicht verwechselt werden. Vielmehr läßt sich am Beispiel der Menschen-

rechte bes. deutlich zeigen, daß die Frage nach der Begründung einer E. des Politischen in den verschiedenen Kulturen unterschiedliche Antworten findet. Die entscheidende Aufgabe besteht heute darin, nach dem Überschneidungsbereich solcher Antworten zu suchen, ihn zu erweitern und zu stärken. Die Religionen, unter ihnen aus historischen Gründen in besonderer Weise das Christentum, haben sich um ihren Beitrag zu einem solchen *overlapping consensus (J. Rawls)* zu bemühen. Dem dienen u. a. Vorschläge zur Formulierung eines «Weltethos» *(H. Küng)* bzw. eines «planetarischen Ethos». Ein solches Ethos zeigt sich heute in Umrissen im Blick auf die vier Fragen, die ein neues Nachdenken über eine E. des Politischen bes. dringlich machen. Angesichts der Exzesse militärischer Gewalt wird eine vorrangige Option für Gewaltfreiheit und Gewaltverhütung entwickelt; die friedliche Beilegung von Konflikten unter der Autorität internat. Institutionen bildet eine vorrangige Aufgabe. Angesichts des massenhaften Hungers und der vielfältigen Formen sozialer Ungerechtigkeit wird an einem Begriff elementarer Menschenrechte gearbeitet, der soziale Rechte ebenso einschließt wie persönliche Freiheitsrechte; die Solidarität mit Marginalisierten im eigenen Land und jenseits seiner Grenzen sowie die Fürsorge für die Lebensbedingungen künftiger Generationen bilden grundlegende Bezugspunkte polit. Handelns. Angesichts der ökolog. Herausforderungen der Gegenwart bezieht sich das polit. Ethos der Gegenwart nicht nur auf die Würde jeder menschlichen Person und die Toleranz gegenüber ihren Überzeugungen und Lebensweisen, sondern ebenso auf die spezifische Würde der Natur und die Bewahrung der natürlichen Lebensgrundlagen. Die entscheidende Legitimitätsgrundlage staatl. Ordnung liegt in deren Orientierung an den Menschenrechten. Die polit.-ethischen Herausforderungen der Gegenwart geben aber darüber hinaus Anlaß, den an den Maßstab der Menschenrechte gebundenen demokratischen Rechts- und Sozialstaat bewußt auch als Friedensstaat und als Umweltstaat zu verstehen und auszugestalten.

→ Normative Theorien; Politische Utopie; Religion und Politik.

Lit.: *Bellah, R. N.* u. a. 1991: The Good Society, NY. *Höffe, O.* 1979: Politik und Ethik, Ffm. *Huber, W.* 1993: Die tägliche Gewalt, Freib. *Huber, W./Reuter, H.-R.* 1990: Friedensethik, Stg. u. a. *Küng, H.* 1990: Projekt Weltethos, Mchn. *Küng, H./Kuschel, K.-J.* (Hrsg.) 1993: Erklärung zum Weltethos, Mchn. *Lübbe, H.* 1987: Politischer Moralismus, Bln. *Polin, R.* 1968: Ethique et Politique, Paris. *Rawls, J.* 1992: Die Idee des politischen Liberalismus, Ffm. *Strohm, Th./Wendland, H.-D.* (Hrsg.) 1969: Politik und Ethik, Darmst. *Troeltsch, E.* 1904: Politische Ethik und Christentum, Gött. *Walzer, M.* 1994: Sphären der Gerechtigkeit Ffm./NY.

Wolfgang Huber

Ethnie/Ethnische Konflikte. Ethnie (E.) stammt aus dem Frz. und geht zurück auf das griech. *éthnos*, i. e. S. Volk als Abstammungsgemeinschaft, i. w. S. eine Gruppe von Menschen, die durch verschiedene gemeinsame Eigenschaften (Sprache, Kultur, Tradition, Religion, Gebräuche etc.) verbunden ist bzw. sich verbunden fühlt, die ein bestimmtes Gemeinschaftsbewußtsein besitzt und die sowohl in ihrer Selbst- als auch in der Fremdwahrnehmung durch andere als kulturell unterscheidbar gilt. Bei ethnischen Gruppen handelt es sich i. d. R. um Teilbevölkerungen innerhalb eines → Staates, die sich in einer zahlenmäßigen Minderheitenposition befinden (z. B. Arbeitsmigranten, religiöse Gruppen, autochthone Volksgruppen, indigene Völker).

Im Mittelpunkt ethnischer Konflikte stehen i. d. R. polit., soziale oder ökon. Forderungen, die mit der zumindest von seiten einer Konfliktpartei artikulierten kulturellen Differenz begründet werden. Die Forderungen (z. B. nach Anti-Diskriminierung, polit. Rechten etc.) richten sich entw. an staatl. Institutionen oder an eine andere Gruppe. *T. R. Gurr* unterscheidet dabei zwischen «ethno-politischen» Konflikten als einem Oberbegriff und «ethno-nationalen» Konflikten als einer speziellen Ausprägung, bei der es um die Forderung einer E. nach Sezession bzw. territorialer Autonomie geht.

→ Identität; Minderheit; Multikulturalismus; Nation; Separatismus.

Lit.: *Barth, F.* (Hrsg.) 1969: Ethnic Groups and Boundaries, L. *Breton, R.* 1981: Lob der Verschiedenheit. Die Ethnie, Wien. *Elwert, G.* 1989: Nationalismus und Ethnizität, in: KZfSS 41, 410–464. *Eriksen, T.* 1993: Ethnicity & Nationalism, L. *Gurr, T./Harff, B.* 1994: Ethnic Conflict in World Politics, Boulder. *Heckmann, F.* 1992: Ethnische Minderheiten, Volk und Nation, Stg. *Waldmann, P.* 1989: Ethnischer Radikalismus, Opl.

Ulrich Schneckener

Ethnizität, Konzept für die sozial oder polit. handlungsrelevante Zugehörigkeit einer Person zu einer ethnischen Gruppe (→ Ethnie). Die Mobilisierung und Politisierung ethnischer Bindungen erfolgt zumeist zur Verteidigung partikularer Interessen und Identitäten in Kontexten raschen polit. und sozialen Wandels.

Obwohl die Bedeutung von E. für die → Erklärung polit. Verhaltens in Industrie- und Entwicklungsgesellschaften, insbes. gewalttätiger → Konflikte, seit den 1980er Jahren nicht mehr in Frage gestellt wird, hat die Ethnologie die Nachfrage politikwiss. Forschung nach operationalisierbaren Konzepten kaum befriedigen können. (a) Essentialistische Definitionen, die die Bedeutung primordialer, gegebener Bindungen und Gemeinsamkeiten von Abstammung, Kultur und Sprache betonen, werden von der Ethnologie zwar seit langem zurückgewiesen, aber in den vergleichend arbeitenden → Sozialwissenschaften nach wie vor angewandt (z. B. in der → Konflikt- oder Entwicklungsforschung). (b) Ein konstruktivistisches Verständnis begreift hingegen E. als eine in spezifischen historisch-polit. Konstellationen konstruierte soziale → Identität von Gruppen, die nicht einfach gegeben ist, sondern in einem dynamischen Prozeß ständig neu geschaffen und definiert wird. E. wurde in den postkolonialen Staaten des Südens die unausweichliche Ressource in den Verteilungskämpfen zwischen konkurrierenden polit. → Eliten um Macht, Einfluß und staatl. Leistungen. Um E. als polit. Ressource einzusetzen, mußten ethnische Unterschiede durch die Konstruktion von Herkunftsmythen oder das Herausstreichen physischer Differenzen freilich «objektiviert» werden. Der größte analytische Gewinn der konstruktivistischen Konzeptualisierung besteht in der Herausstellung des dynamischen und kontextuellen Charakters von E. sowie in der Betonung von → Akteuren und → Institutionen gegenüber der strukturalistischen Auffassung der Essentialisten.

E. kann je nach polit. Kontext auf der Ebene des Familienverbandes, des Clans, der E. oder regionaler Einheiten (Nord vs. Süd, Zentrum vs. Peripherie) mobilisiert werden. Objektive Indikatoren kultureller Homogenität und Heterogenität (etwa Sprache) sollten daher durch einen Blick auf die Konzentration oder Dispersion der polit. relevanten ethnischen Einheiten ergänzt werden. Andererseits müssen die Grenzen der situationsgebundenen und strategischen Option für eine ethnische Identität betont werden, die nicht einfach frei wählbar ist, sondern durch Geburt und Herkunft stark eingeschränkt ist. Die Politisierung von E. kann daher entw. auf der Unvereinbarkeit von kulturellen oder ideologischen Systemen beruhen, Strategie unterdrückter → Minderheiten sein, die ihre kulturelle → Autonomie gegenüber einer homogenisierenden Herrschaftskultur verteidigen müssen, aber auch (und oft zugleich) selbst als polit. und ökon. eng mit dem → Klientelismus verbundenes Phänomen erscheinen.

Lit.: *Elwert, G./Waldmann, P.* (Hrsg.) 1989: Ethnizität im Wandel, Saarbrücken. *Hobsbawm, E./Ranger, T.* (Hrsg.) 1983: The Invention of Tradition, Camb. *Horowitz, D. L.* 1985: Ethnic Groups in Conflict, Berkeley. *Lentz, C.* 1994: ‹Tribalismus› und Ethnizität in Afrika: ein Forschungsüberblick, Bln. *Rothschild, J.* 1981: Ethnopolitics. A Conceptual Framework, NY. *Young,*

C. 1976: The Politics of Cultural Pluralism, Madison.

Christof Hartmann

Ethnographische Forschung → Qualitative Methode

Ethnomethodologie, anders als ihr Name anzudeuten scheint, keine Methodologie, vielmehr ein seit den 1950er Jahren in den USA von *H. Garfinkel* entwickeltes und dann in auseinandergehende Richtungen weitergeführtes Programm sozialwiss. Grundlagenforschung. Es wurde seit den 1970er Jahren auch in D bekannt und zählt zunehmend zu den etablierten Strömungen der Soziologie. Indessen gibt es nicht die E., sondern eine Vielzahl ethnomethodologischer (e.) Schulen. Geprägt durch Arbeiten auf thematisch verschiedensten Gebieten, werden sie vom gemeinsamen Interesse an der → Analyse von Konstruktionsprozessen sozialer Wirklichkeit zusammengehalten.

Die E. ist nämlich eine Soziologie des Alltagshandelns, eine detaillierte Analyse jener Interpretationsverfahren, Darstellungstechniken und Handlungspraktiken, derer sich Menschen bedienen, um ihr tägliches Mit-, Für- und Gegeneinander durchzuführen, bei dem sie alle die sozialen und polit. Strukturen hervorbringen, aus denen ihre soziale bzw. polit. Wirklichkeit besteht. Die Leitfrage e. Studien lautet stets: Durch welche methodischen Praktiken des Handelns, Äußerns oder Denkens erzeugen Menschen in ihren konkreten, alltäglichen Kommunikations- und Interaktionssituationen jene Wirklichkeit, die sie dann ihrem Handeln, Äußern und Denken als so-und-nicht-anders-beschaffen in aller Selbstverständlichkeit zugrunde legen, bzw. gegen die sie revoltieren und die sie ggf. verändern und destruieren? Von dieser Fragestellung ausgehend, läßt sich E. wie folgt verstehen: Sie ist eine (der Sozio-logie oder Geo-logie analoge) «-logie» der Methoden, die von Mitgliedern von → Ethnien (d. h. von Personen, die gleiche Selbstverständlichkeiten und Wirklichkeit teilen) bei der Hervorbringung, Aufrechterhaltung, Benutzung und Veränderung ihrer sozialen bzw. polit. Wirklichkeit verwendet werden.

Zwar verwenden Ethnomethodologen bei derartigen Untersuchungen eine Reihe von gemeinsamen Konzepten; sie tun dies aber selten im Verständnis, sich der Konzepte einer gemeinsamen Theorie zu bedienen. Jedoch läßt sich eine solche Theorie aus der tatsächlich geleisteten Forschung herauspräparieren (s. *Patzelt* 1986, 1987). Mehr oder minder selektiv werden deren Konzepte zur Analyse der lokalen Produktion von Wirklichkeit auf einer Vielzahl von Forschungsfeldern angewandt. Dergestalt entstehen spezielle E., z. B. Untersuchungen des Alltagshandelns von Polizisten und Lehrern, von Sozialarbeitern oder Ärzten, oder – in Form der e. Wissenschaftssoziologie und Methodenkritik – des praktischen wiss. Arbeitens und Forschens. Nicht zuletzt ist unter den speziellen E. auf die Konversationsanalyse zu verweisen, die anhand detaillierter Transkripte von Kommunikationssequenzen die situativ durch Sprechhandeln geleistete Wirklichkeitskonstruktion erforscht.

Bei e. Studien werden i. d. R. die folgenden Arbeitsmethoden benutzt: (teilnehmende) → Beobachtung; wenig vorstrukturierte Interviews; (qualitative) → Inhaltsanalyse von schriftlicher Kommunikation aller Art, von Feldnotizen und von Band- oder Videoaufnahmen; Sekundäranalyse ethnographischer Studien; sowie Feld- und Laborexperimente. Mit diesem Methodenprofil im wesentlichen der qualitativen Forschung zugehörend, nahm die E. gemeinsam mit dieser ihren Aufstieg in ausdrücklicher, oft überscharfer Frontstellung gegen die der quantitativen Forschung und kritisch-rationalistischen Forschungslogik verpflichtete konventionelle Soziologie. Inzwischen wurden Übertreibungen und Berührungsängste weitgehend abgebaut: Die speziellen E. scheinen sich als → Mikroanalysen situativ geleisteter Wirklichkeitskonstruktion mit den ihren Gegenstandsbereichen gewidmeten speziellen Soziologien zu vernetzen, und die E. wurde zu einem eine wichtige Forschungslücke schließenden konventionellen Ansatz, welcher im Rahmen qualitativer Politikforschung auch die Politikwiss. wesentlich bereichern könnte.

→ Diskursanalyse; Konstruktivismus; Lebensweltanalyse; Methodenprobleme in der empirischen Sozialforschung; Phänomenologie/Phänomenologische Methode; Qualitative Methoden; Qualitative Politikforschung.

Lit.: *Bergmann, J.* 1991: Ethnomethodologie und Konversationsanalyse, Hagen. *Button, G.* (Hrsg.) 1991: Ethnomethodology and the Human Sciences, Camb. u. a. *Coulon, A.* 1995: Ethnomethodology (zuerst frz.), Thousand Oaks. *Fink-Heuberger, U.* 1997: Die Zerbrechlichkeit sozialer Strukturen, Wsb. *Hilbert, R. A.* 1992: The Classical Roots of Ethnomethodology: Durkheim, Weber, and Garfinkel, Chapel Hill. *Jalbert, P. L.* (Hrsg.) 1999: Media Studies: Ethnomethodological Approaches, Lanham. *Krieger, J. E.* 1998: Zum Realitätsbegriff der Ethnomethodologie, Ffm. *Patzelt, W. J.* 1986: Grundriß einer allgemeinen ethnomethodologischen Theorie, in: AEu. Soc. 27, 161–194. *Patzelt, W. J.* 1987: Grundlagen der Ethnomethodologie, Mchn. *Patzelt, W. J.* 1998: Wirklichkeitskonstruktion im Totalitarismus, in: *Siegel, A.* (Hrsg.): Totalitarismustheorien nach dem Ende des Kommunismus, Köln/Weimar, 235–271. *Patzelt, W. J.* 2000: Mikroanalyse in der Politikwissenschaft, in: *Immerfall, S.* (Hrsg.): Parteien, Kulturen und Konflikte, Opl., 223–253. *Travers, M.* (Hrsg.) 1997: Law in Action: Ethnomethodological and Conversation Analytic Approaches to Law, Aldershot.

Werner J. Patzelt

Ethnomethodologisches Experiment → Qualitative Methode

Ethnozentrismus, bezeichnet die Selbstbezogenheit einer Gruppe, insbes. in ethnischer, religiöser und kultureller Hinsicht.

Der Begriff wurde eingeführt vom US-amerikan. Soziologen *W. A. Sumner* (1906: 13) als «jene Weltanschauung, nach der die eigene Gruppe das Zentrum aller Dinge ist und alle anderen im Hinblick auf sie eingestuft und bewertet werden». Die bevorzugte Eigenwahrnehmung wird als konstitutiv für Gruppenbildungsprozesse angesehen, i. d. R. werden dabei die Merkmale und Fähigkeiten der Eigengruppe als «wertvoller» bewertet als die von Fremdgruppen, gleichzeitig kommt es oftmals zur Herausbildung von negativen Vorurteilen gegenüber anderen Gruppen, die zur Abgrenzung der Eigengruppe nach außen dienen. Der Begriff findet daher v. a. in der Vorurteils- und Stereotypenforschung Verwendung. E. von seiten (west-)europ. Gesellschaften wird auch «Eurozentrismus» genannt.

→ Ethnie.

Lit.: *Bader, V.-M.* 1995: Rassismus, Ethnizität, Bürgerschaft, Münster. *Bielefeld, U.* (Hrsg.) 1991: Das Eigene und das Fremde. Neuer Rassismus in der Alten Welt?, Hamb. *Brocker, M./Nau, H.* (Hrsg.) 1997: Ethnozentrismus. Möglichkeiten und Grenzen des interkulturellen Dialogs, Darmst. *Sumner, W. A.* 1906: Folkways, NY.

Ulrich Schneckener

Eurokommunismus, Sammelbegriff für das Bestreben einiger westeurop. kommunistischer Parteien Mitte der 1970er Jahre – zunächst Italiens (KPI), dann auch Frankreichs (KPF) und Spaniens (PCE) –, in Programm und Praxis einen eigenen Kurs («dritten Weg») zwischen → Sozialdemokratie und Sowjetkommunismus zu beschreiten.

Unter Rückgriff auf die Theorie *A. Gramscis* (1891–1937) stellten sie sich gegen den Führungsanspruch der KPdSU, betonten die → Autonomie aller kommunistischen Parteien und verwarfen das Konzept von der → Diktatur des → Proletariats. Der E. betonte die Möglichkeit, nat. Wege zum → Sozialismus zu finden, betonte (auf der europ. Konferenz der kommunistischen Parteien in Ost-Berlin 1976) die bürgerlichen → Grundrechte und polit. Freiheiten stärker als je zuvor und erkannte die parlamentarische Demokratie an. Gegenüber dem proletarischen Internationalismus proklamierten die Eurokommunisten die Internationale → Solidarität.

Lit.: *Leonhard, W.* 1978: Eurokommunismus, Mchn. *Richter, H./Trautmann, G.* (Hrsg.) 1979: Eurokommunismus. Ein dritter Weg für Europa, Hamb.

Petra Bendel

Europamodelle, Konzepte über Voraussetzungen, Bedingungen, Prozeß und auch Ziel(e) der europ. Integration.

Zu unterscheiden ist zwischen (1) polit.-normativen Konzepten und (2) analytisch-wiss. → Modellen, wobei allerdings die Grenzen durchaus fließend sein können. Der Ausgangs- wie Bezugspunkt kann in beiden Fällen gesellschafts- oder staats- bzw. polit.-institutionell-zentriert sein.

1. Zu polit.-normativen E. gehören gesamteurop. z.B. die polit. Vorstellungen vom «Europäischen Haus», von gemeinsamen Sicherheitskonzepten (KSZE, OSZE). Bezogen auf die Europ. Union und polit.-institutionell unterscheiden sich die E. nach dem Grad der Vergemeinschaftung und dem Grad der Souveränitätsübetragung auf die supranat. EU-Institutionen, etwa *C. de Gaulles* «Europa der Vaterländer» bzw. der → Nationalstaaten als lockerer → Staatenbund, weithin ohne Souveränitätsübertragung, die Vorstellung von der EU als «Vereinigte Staaten von Europa» (in Analogie zu den USA; → Föderalismus) auf der Basis einer Europ. Verfassung, weitgehender Souveränitätsübertragung (einschließlich gemeinsamer Außen- und Verteidigungspolitik mit integriertem Militär), das Modell der EU als → Staatenverbund auf der Basis von Supranationalität wie nationalstaatl. Intergouvernementalismus mit geteilten → Souveränitäten. Gesellschaftszentriert sehen die einen Europa primär als ökon. Einheit (zunächst von der Freihandelszone über die EWG bis zum Binnenmarkt und zum aktuellen Integrationsniveau der Wirtschafts- und Währungsunion), andere auch als polit. Union, während wieder andere ihre Integrationsziele auf dem Modell eines historisch und kulturell (auch konfessionell) definierten Kerneuropas aufbauen. Die E. variieren dementsprechend mit Blick auf die Frage nach Vertiefung wie Verbreiterung («Europa der verschiedenen Geschwindigkeiten», Europa der «konzentrischen Kreise»).

2. Anders als die Modellvorstellungen ist die Integrationspraxis in der EU nur selten vom Ende gedacht her bestimmt gewesen (→ Finalität); die Integrationsschritte erfolgten überwiegend reaktiv, aber auch dynamisch aus sich selbst heraus. Dies spiegelt sich in den verschiedenen analytischen Konzepten wider, die sämtlich den allg. sozial- bzw. politikwiss. → Integrationstheorien entstammen. Zu unterscheiden sind insbes.: (1) Neofunktionale Erklärungsmodelle; sie sehen die Prozesse polit.-institutioneller Integration vornehmlich als Reaktion auf die gesellschaftl., primär ökon., aber auch polit. Anforderungen (*form follows function*), wobei polit. wichtige gesellschaftl. Gruppen und → Eliten als Träger der Integration eine bedeutsame Rolle spielen. Im Zentrum der Politik der ökon. Integration stehen dabei Politiken der Regulierung, v. a. der «kompetitiven Deregulierung», der «negativen Integration», der «marktschaffenden» und nur selten «marktkorrigierenden Staatstätigkeit» der EU. (2) Neo-realistische Modelle; sie betonen demgegenüber die Rolle des Politischen und der polit. → Institutionen, erklären den Prozeß der Integration damit stärker aus sich selbst heraus. Solche Erklärungsansätze begreifen die EU als System des Intergouvernementalismus und als Instrument wie Zweckverband der Mitgliedsstaaten zum Aufbau und zur effizienten Gestaltung der erforderlichen Kooperationen, wobei es weniger um die Realisierung von Gemeinschaftsinteressen, als um den Kompromiß zwischen den verschiedenen nationalstaatl. definierten Interessen der Regierungen der Mitgliedsländer geht. Die horizontale und vertikale → Koordination der Politik zwischen Mitgliedsregierungen und supranat. Leitungsinstitutionen kennzeichnen die EU folglich noch immer als «Gemeinschaftsunternehmen von Nationalstaaten», (3) Ansätze des → Akteurzentrierten Institutionalismus in-

terpretieren die EU als interdependentes → Mehrebenensystem und erklären die Integrationsdynamik und -richtung sowohl funktional-gesellschaftl. als auch pfadabhängig-polit.-institutionell verursacht mit der Folge des Ausbaus institutionell der → Politikverflechtung und materiell der Regulierungspolitik auf der Ebene der EU.

3. Gesellschaftszentriert ist die (sozial-)wiss. Debatte insbes. bestimmt von den gegensätzlichen Antworten auf die Frage nach dem Verhältnis zwischen *Demos* und *Ethnos* bzw. → Nation. Die unterschiedlichen Sichtweisen haben Konsequenzen für die Finalitätsvorstellungen des Integrationsprozesses und v. a. für die Frage nach der Möglichkeit und Notwendigkeit einer Europ. Verfassung. Für die eine «Schule» besteht dabei ein enger Zusammenhang zwischen *Demos* und Nation, so daß es EU-weit an einer rudimentären Kommunikations-, Erinnerungs- und Erfahrungsgemeinschaft fehle, ohne die eine solidarische Umverteilungstoleranz, auf der die demokratische Legitimation des nationalstaatl. organisierten → Wohlfahrtsstaates gründete, in größerem Umfang unter der EU-Bevölkerung nicht zu erwarten ist (vgl. u. a. *Kielmansegg* 1996; *Offe* 1998). Für die andere «Schule» ist die Gleichsetzung von *Demos* und *Ethnos* historisch in hohem Masse kontingent und nicht zwingend (vgl. u. a. *Lepsius* 1986; 1999). Die kollektive polit. → Identität in der → Demokratie bedarf in dieser Sichtweise nicht der ethnisch-kulturellen Homogenität, sondern sie stützt sich auf die gegenseitige Anerkennung universeller polit. Normen. Dies macht z. B. die Herausbildung eines → Verfassungspatriotismus oder eines gemeinsamen europ. polit. Bewußtseins auch unter den Bedingungen des → Multikulturalismus zumindest möglich, so daß erfolgreiche Prozesse der Verfassunggebung und der → Demokratisierung der europ. Institutionen vorstellbar sind (vgl. *Habermas* 1996; 1998; *Fuchs* 2000).

→ Demokratiedefizit; Pfadabhängigkeit.

Lit.: *Fuchs, D.* 2000: Demos und Nation in der Europäischen Union, in: *Klingemann, H.-D./Neidhardt, F.* (Hrsg.): Zur Zukunft der Demokratie, Bln., 215–236. *Grimm, D.* 2001: Die Verfassung und die Politik, Mchn. *Habermas, J.* 1996: Die Einbeziehung des Anderen, Ffm. *Habermas, J.* 1998: Die postnationale Konstellation, Ffm. *Höreth, M.* 1999: Die Europäische Union im Legitimationstrilemma, Baden-Baden. *Kielmansegg, P. Graf* 1996: Integration und Demokratie, in: *Jachtenfuchs, M./Kohler-Koch, B.* (Hrsg.): Europäische Integration, Opl., 47–71. *Kohler-Koch, B./Woyke, W.* (Hrsg.) 1996: Die Europäische Union (Lexikon der Politik Bd. 5), Mchn. *Lepsius, M. R.* 1986: Ethnos und Demos, in: KZfSS 38, 751–759. *Lepsius, M. R.* 1999: Die Europäische Union. Ökonomisch-politische Integration und kulturelle Pluralität, in: *Viehoff, R./Segers, R. T.* (Hrsg.): Kultur, Identität, Europa, Ffm., 201–222. *Münch, R.* 1993: Das Projekt Europa, Ffm. *Offe, C.* 1998: Demokratie und Wohlfahrtsstaat: Eine europäische Regimeform unter dem Stress der europäischen Integration, in: *Streeck, W.* (Hrsg.): Internationale Wirtschaft, Nationale Demokratie, Ffm., 99–136. *Scharpf, F. W.* 1999: Regieren in Europa. Effektiv und demokratisch?, Ffm. *Schneider, H.* 1996: Verfassungsdebatte, in: *Kohler-Koch, B./Woyke, W.* (Hrsg.), Mchn., 262–270. *Schuppert, G. F.* 2000: Anforderungen an eine europäische Verfassung, in: *Klingemann, H.-D./Neidhardt, F.* (Hrsg.): Zur Zukunft der Demokratie, Bln., 237–262.

Rainer-Olaf Schultze

Evaluationsforschung → Politikevaluierung, Politikfeldanalyse

Evaluierung, allg. die Auswertung bzw. Bewertung von Projekten und Programmen (auch Lehrplänen etc.). I. e. S. bezieht sich E. auf die systematische, i. d. R. mit wiss. Techniken durchgeführte Untersuchung und Bewertung staatl. Maßnahmen, polit. Programme, kommunaler Projekte etc.

Die Aufgabe einer E. ist die Rückkoppelung der urspr. Absichten und ggf. festgelegten Ziele an die unternommenen Schritte und tatsächlich erreichten Ergebnisse. Die beiden wichtigsten Kriterien der E. betreffen die Effektivität (in welchem Maß wird das angestrebte Ergebnis erreicht?) und die Effizienz polit. Maßnahmen (in welchem Verhältnis stehen Aufwand und Ertrag?). Damit dienen E. einerseits der (polit.) Kontrolle und liefern andererseits Informationen, die zu Lern- und Verbesserungsprozessen genutzt werden können. Die E. ist ein zentrales Element des rationalen Politikmodells (Entscheidung/Umsetzung/Bewertung); die Evaluierungsforschung beschäftigt sich darüber hinaus mit der Entwicklung von Maßstäben, Standards und Methoden zur Verbesserung der E. von Politikergebnissen.

→ Implementation; Politikberatung; Politikfeldanalyse.

Lit.: → Politikfeldanalyse.

Klaus Schubert

Evaluierungsforschung → Politikevaluierung

Evolution/Evolutionstheorien (von lat. *evolutio* = das Aufwickeln), (1) Evolution: Entwicklung, Entfaltung, der allmähliche Wandel grundlegender Strukturen, der als Höherentwicklung und häufig als zielgerichtet begriffen wird, sowie (2) Evolutionstheorien (E.): Erklärungen von Prozessen evolutionären Fortschritts bzw. Wachstums.

Die klassischen E. waren geschichtsphilosophisch orientiert und teilweise der Vorstellung eines unilinear aufsteigenden Entwicklungsprozesses verpflichtet. In den neueren E. reduzieren sich diese Konzeptionen auf die Annahme, daß die Entwicklungsmöglichkeiten von Gesellschaften nicht zufällig variieren, sondern durch bestimmte systemimmanente Eigenschaften ihrer Struktur und Kultur so festgelegt sind, daß sowohl Wandlungsursachen als auch Entwicklungstrends in Grenzen prognostizierbar sind.

1. In den Geschichtsphilosophien von *Turgot, Condorcet* und *Comte* wurde die Analyse von evolutionären Wandlungsprozessen mit einer geplanten → Aufklärung durch mündige Wissenseliten verknüpft. Gesucht wurde nach den Gesetzmäßigkeiten, welche den Geschichtsprozeß steuern. Durch die Konstruktion von Stadiengesetzen wurde versucht, die Wandlungsprozesse in ein zeitlich genau definiertes Verlaufsschema einzuordnen, das den Anfang, den Übergang und das Ziel der erfaßten evolutionären Entwicklungen festlegen sollte. Diesen Stadientheorien lag die Überzeugung zugrunde, daß die menschliche Geschichte durch Fortschritte auf den Gebieten der Wiss., der moralischen Aufklärung und der vernunftgemäßen Planung gesellschaftl. Verhältnisse gekennzeichnet sei. Der Fortschrittsprozeß wurde als unaufhaltsam und unausweichlich angesehen und sollte durch aufgeklärte Wissenseliten beschleunigt werden. Insbes. das Drei-Stadien-Gesetz von *Comte* (1789–1858) unterstellte eine fortdauernde Akkumulation des positiven Wissens zu einer Wiss. von der Gesellschaft (Soziologie), welche sowohl die durch die Französische Revolution ausgelösten sozialen Krisen und Erschütterungen (Dynamik) als auch die nachfolgende Restauration (Stabilität) auf sich darin entfaltende Gesetzmäßigkeiten untersuchen sollte. Diese radikalisierte, unilinear ausgerichtete Fortschrittskonzeption, welche sich auf die wiss. verbürgte Kenntnis der zeitlichen Abfolge der Stadien der gesellschaftl. Entwicklung stützte, die Planbarkeit des Fortschritts als dringlich und machbar unterstellte und die aktive Lenkung durch einen aufgeklärten Monarchen *(Turgot)*, durch Massenaufklärung *(Condorcet)* oder durch die neue Priesterschaft der Soziologen *(Comte)* forderte, wurde von *H. Spencer*, dem wichtigsten Vertreter der angelsächsischen Evolutionskonzeption des 19. Jh., aufgegeben.

Spencer (1820–1906) war von der evolutionären Adaptions- und Leistungsfähigkeit der industriellen Zivilisation des viktorianischen Englands in der Bewältigung von inneren und äußeren Krisen überzeugt. Die sozialen Problemlagen der fortschreitenden Industrialisierung (z. B. Pauperisierung von Landarbeitern, Slumbildung in den Städten, Armen- und Wohlfahrtsfürsorge, Stimmrecht für Industriearbeiter) könnten graduell, kontinuierlich und ohne Eingriffe staatl. Planungs- und Wohlfahrtsinstanzen sowie ohne Bevormundung durch eine Soziologen-

Priesterschaft bewältigt werden. In Analogie zur Anpassungs- und Überlebensfähigkeit von Organismen im Kontext des Auslesekampfes glaubte *Spencer* ein evolutionäres Entwicklungsgesetz gefunden zu haben, das auch die Stufenfolge gesellschaftl. Entwicklung von einfachen zu komplex strukturierten Gesellschaften erklären könne. Sein evolutionäres Entwicklungsschema postulierte eine sukzessive → Differenzierung von sozial homogenen (militärischen) zu heterogenen (industriellen) Gesellschaften. V. a. zwei Annahmen in der E. von *Spencer* sind zu erwähnen, an die auch Vertreter moderner E. anknüpfen. (1) Komplexe Gesellschaften sind adaptionsfähiger und leistungsfähiger, weil sie spezialisierte Funktionssysteme (z. B. Wiss.) aus homogenen Einheiten ausdifferenziert haben und damit spezifische Aufgaben besser bewältigen können. (2) Komplexe Gesellschaften bilden eine Arbeitsteilung aus, die verschiedenartige und spezialisierte Funktionssysteme in eine wechselseitige Abhängigkeit bringt. Eine gleichzeitige Integration dieser spezialisierten Funktionssysteme erfolgt aber nicht. Erforderlich sind also regulierende Zentren, welche die interne Integration und soziale Kontrolle aufrechterhalten. Aus diesem Grunde bedürfen heterogene Gesellschaften subtiler Regulationsmechanismen (freiwillige Kooperation und individueller Selbstzwang), welche die offene Gewaltanwendung in militärischen Gesellschaften mit geringem Differenzierungsgrad ablösen.

Diese Konzeption führte *E. Durkheim* 1893 mit seiner Typologie einer mechanischen und einer organischen Solidarität fort. In segmentären Gesellschaften, so *Durkheim* (1977), disziplinere das repressive Strafrecht als Vertreter eines mechanisch operierenden Kollektivbewußtseins die Individuen umfassend und nachhaltig, während in modernen Industriegesellschaften das Kollektivbewußtsein geschwächt sei und die Individuen organisch durch die arbeitsteilige Verflechtung der verschiedenen Funktionsbereiche miteinander verknüpft seien, eine Integrationsform, welche die individuelle Mobilität und Moralität sowohl fordert als auch einschränkt.

Eine auffällige Parallele zu *Spencer* findet sich in der erstmals 1939 publizierten Zivilisationstheorie von *N. Elias*. Auch bei *Elias* führt die zunehmende Verflechtung und Interdependenz von Handlungsketten, also der fortschreitende Differenzierungsprozeß der gesellschaftl. Evolution, zu einer Zivilisierung, einer Bändigung und Zähmung der Androhung und Anwendung physischer → Gewalt, welche in der feudalen (militärischen) Kriegergesellschaft typisch war. Diese Zivilisierung der Gewaltakte in modernen Gesellschaften vollzieht sich, ähnlich wie in der Integrationskonzeption *Spencers*, durch eine Selbstdisziplinierung der Akteure, welche dem Zwang zum Selbstzwang folgen müssen, um in komplexen Interdependenzketten handlungsfähig zu bleiben.

2. Eine direkte, allerdings erheblich modifizierte Fortführung der *Spencer*schen E. erfolgte 1963 durch *T. Parsons, S. N. Eisenstadt* und *R. Bellah*, welche damit eine Renaissance evolutionstheoretischer Forschung auslösten. *Parsons* wollte mit seiner Konstruktion von evolutionären Universalien den Entwicklungsprozeß moderner Gesellschaften nachzeichnen und zugleich die funktionalen Voraussetzungen benennen, die gegeben sein müssen, damit der Modernisierungsprozeß kontinuierlich voranschreiten kann und nicht in evolutionären Sackgassen endet. Als unerläßliche evolutionäre Universalien gelten für *Parsons* «bürokratische Organisationsformen zur Realisierung kollektiver Ziele; Geld und Marktsysteme; ein allgemeingültiges universalistisches Rechtssystem; und die demokratische Assoziation mit gewählter Führung, durch die es möglich wird, für bestimmte polit. Ziele den Konsensus der Mitglieder zu gewinnen» (*Parsons* ²1970: 72). *Eisenstadt* (²1970: 77) zählt «die Entstehung eines von askriptiven Bindungen freien politischen und religiösen Zentrums» zu den notwendigen evolutionären Leistungen, die erbracht werden müssen, wenn die Entwicklungsstarre von verwandtschaftlich organisierten Gesellschaften aufgesprengt werden soll. *Bellah* (1970) konstruierte ein fünf Stadien umfassendes Entwicklungsschema religiöser Symbolsysteme, welche einem evolutionär von primitiven Ausgangslagen bis zu modernen Deutungssystemen verlaufenden Prozeß der

Rationalisierung, der Abstraktion und der Welttranszendierung unterworfen sind. Auch hier wird versucht, eine Entwicklungslogik zu begründen, welche eine schlüssige Verbindung zwischen fortschreitendem sozialen Differenzierungsprozeß und inhaltlicher Bestimmung von religiösen Symbolsystemen herzustellen vermag.

3. *N. Luhmann* beabsichtigte mit seiner Konzeption autopoietischer Systeme eine Theorie der soziokulturellen Evolution zu begründen, welche die evolutionären Strukturänderungen als Ergebnis eines selbstreferentiellen Prozesses ansieht, der «sich selbst die Bedingungen seiner eigenen Möglichkeit schafft» (*Luhmann* 1981: 180). Damit ist gemeint, daß die soziokulturelle Evolution weder zielgerecht oder geplant verläuft, noch als einheitlicher Entwicklungsprozeß der Bestandssicherung des sozialen Systems oder seiner Anpassung an seine Umwelt zu bezeichnen ist, sondern als eine «sich selbst konditionierende Selektion» (*Luhmann* 1984: 589) verstanden werden muß. Mit der Übernahme des von den Biologen und Neurophysiologen *H. R. Maturana* und *F. J. Varela* (1982) geprägten Begriffs der → Autopoiesis versuchte *Luhmann*, soziale Systeme als selbstreferentielle und geschlossene Systeme zu begreifen, welche ihre Systemelemente selbst erzeugen und reproduzieren. Evolutionäre Veränderungen sind dann als Selbstanpassungen zu verstehen, welche auf selbstgeschaffene Probleme autopoietischer Systeme reagieren. Gelingt der evolutionäre Prozeß einer Strukturbildung, wird dieser zum selbstreferentiellen Ausgangspunkt weiterer Strukturbildungen. So wird «polit. Herrschaft (zur) Ausgangslage für Stadtbildung, Stadtbildung Ausgangslage für Schrift, Schrift Ausgangslage für Philosophie; oder ... Landwirtschaft nach einer kurzen zivilisatorischen Zwischenphase von wenigen tausend Jahren Ausgangslage für atomare Verwüstung des Erdballs» (*Luhmann* 1984: 483). Damit verweist *Luhmann* (1975: 151–153) darauf, daß die Systemdifferenzierung zu den evolutionären Mechanismen gerechnet werden muß, die über die Prozesse der Variation, der Selektion und der Stabilisierung unterschiedliche Systemtypen generiert, welche als segmentäre (archaische), stratifizierte (hochkulturelle) und funktional differenzierte (moderne) Gesellschaften bezeichnet werden (vgl. *Luhmann* 1980; 1984).

→ Modernisierungstheorien; Systemtheorie; Theorien des sozialen Wandels.

Lit.: *Bellah, R. N.* 1970: Religious Evolution, in: *Eisenstadt, S. N.* (Hrsg.): Readings in Social Evolution and Development, Ox., 211–244. *Carneiro, R. L.* (Hrsg.) 1967: The Evolution of Society, Chic. *Condorcet, M.-J.-A.-N. C.* 1976: Entwurf einer historischen Darstellung der Fortschritte des menschlichen Geistes, Ffm. (frz. 1795). *Comte, A.* [3]1979: Rede über den Geist des Positivismus, Hamb. ([1]1956; frz. 1844). *Durkheim, E.* 1988: Über soziale Arbeitsteilung, Ffm. (frz. 1893). *Eisenstadt, S. N.* [2]1970: Sozialer Wandel, Differenzierung und Evolution, in: *Zapf, W.* (Hrsg.): Theorien des sozialen Wandels, Köln, 75–94. *Elias, N.* [2]1969: Über den Prozeß der Zivilisation, 2 Bde., Ffm. *Luhmann, N.* 1975: Evolution und Geschichte, in: *ders.*: Soziologische Aufklärung 2. Aufsätze zur Theorie der Gesellschaft, Opl., 150–169. *Luhmann, N.* 1980: Gesellschaftsstruktur und Semantik, Bd. 1, Ffm. *Luhmann, N.* 1981: Geschichte als Prozeß und die Theorie sozio-kultureller Evolution, in: *ders.*: Soziologische Aufklärung 3. Soziales System, Gesellschaft, Organisation, Opl., 178- 197. *Luhmann, N.* 2000: Soziale Systeme, Ffm. (zuerst 1984). *Maturana, H. R./Varela, F. J.* 1982: Autopoietische Systeme, in: *Maturana, H. R.*: Erkennen, Braunschweig/Wsb., 177–235. *Nisbet, R. A.* [3]1979: Social Change and History, Ox. *Parsons, T.* [2]1970: Evolutionäre Universalien der Gesellschaft, in: *Zapf, W.* (Hrsg.): Theorien des sozialen Wandels, Köln, 55–74. *Parsons, T.* 1975: Gesellschaften. Evolutionäre und komparative Perspektiven, Ffm. *Service, E. R.* 1977: Ursprünge des Staates und der Zivilisation, Ffm. *Turgot, A. R. J.* 1990: Über die Fortschritte des menschlichen Geistes, Ffm. (frz. 1750)

Klaus-Georg Riegel

Ex-officio-Mitgliedschaft, die Mitgliedschaft in einem Gremium, die nicht durch Wahl oder Ernennung begründet ist, sondern automatisch als Folge eines Amtes eintritt.

Z. B. sind die Vorsitzenden der Bundestagsfraktionen aus dieser Funktion heraus i. d. R. Mitglieder ihrer jeweiligen Parteipräsidien, der Bundestagspräsident und seine Stellvertreter sind kraft Amtes Mitglieder des Ältestenrates etc.

Suzanne S. Schüttemeyer

Exekutive, neben der gesetzgebenden → Legislative und der rechtsprechenden → Judikative in der Lehre der Gewaltenteilung die dritte, gesetzesanwendende oder vollziehende Gewalt. Zur E. gehören in jedem Typus demokratischer Regierungssysteme die Ministerialbürokratie und die Verwaltungsbehörden.

Im → Präsidentialismus kann zur E. auch die Regierung als institutionell von der Legislative getrenntes Organ gezählt werden. Allerdings hat auch hier die Regierung in gewissem Umfang an legislativen, die Legislative an exekutiven Funktionen teil. Im → Parlamentarischen Regierungssystem ist die Regierung funktional wie institutionell mit dem → Parlament verschränkt, so daß die Regierung keinesfalls als Organ der reinen E. bezeichnet werden kann.

→ Gewaltenteilung; Regieren/Regierungsorganisation.

Suzanne S. Schüttemeyer

Exekutivföderalismus, Fachterminus für solche → Bundesstaaten, in denen sich auf bundes- wie gliedstaatl. Ebene strukturell bedingt der Vorrang bzw. dauerhaft ein Übergewicht der Regierungen im polit. Prozeß herstellen, v. a. zu Lasten der Einflußmöglichkeiten der Parlamente und unter Verlust demokratischer Legitimation.

Ein solcher E. ergibt sich insbes. bei einem hohen Maß an verfassungsrechtlich und polit.-institutionell abgesicherter → Politikverflechtung zwischen den beiden polit. Systemebenen und bei intensiver Mitwirkung der Gliedstaaten/Landes(regierungen) an den Entscheidungsprozessen des Gesamtstaates (→ Beteiligungsföderalismus) – wie im → Föderalismus der BRD, der das Paradebeispiel eines E. darstellt.

Lit.: → Föderalismus.

Rainer-Olaf Schultze

Existentialismus. Die Rede von einem E. ist terminologisch unscharf und problematisch. Ihm zugerechnete Autoren wie *Albert Camus, Jean-Paul Sartre, Karl Jaspers, Martin Heidegger* etc. sprechen oftmals eher von Existenzphilosophie, Denken der Existenz oder dgl. Am gemeinsamen Leitfaden der Frage nach der menschlichen Existenz können höchst unterschiedliche Antworten bzw. Denkwege mit entsprechend unterschiedlichen praktisch-polit. Implikationen skizziert werden.

1. Die Zentralthemen Existenz und Freiheit: Vor dem Hintergrund der klassischen philosophischen Unterscheidung zwischen Existenz als dem Daß eines je aktuell Seienden und Essenz als dem Was bzw. Wesen einer Sache in und hinter ihren jeweiligen Erscheinungen definiert sich der E. – gegen die Tradition – als Vorrang der Existenz vor der Essenz. Bezogen auf die menschliche Existenz bedeutet dies, daß die Frage nach dem Menschen nicht mehr aus der objektiven Wahrheit einer allg. metaphysischen Wesensbestimmung heraus entwickelt wird, sondern vom Individuum her, seinem je faktischen Dasein in seiner Zufälligkeit und subjektiven Wahrheit. Endlichkeit und Begrenztheit, der Verlust an «Heimat» im theologischen, kosmologischen, psychologischen Sinne, die Fremdheit der Welt und des eigenen Selbst in seiner Zerrissenheit, die Angst als Grundbefindlichkeit bilden Schlüsselerfahrungen der existenziellen Daseinsanalytik. Dazu gehört paradoxerweise die → Freiheit. Der Mensch erfährt sich als «geworfen» *(Heidegger)*, aber gerade darin ist er

«verurteilt, frei zu sein» *(Sartre)*. Angesichts des Absurden, wie es in der Mechanik alltäglichen Funktionierens aufbrechen kann *(Camus)*, oder in den «Grenzsituationen» von Zufall, Schicksal, Schuld, Tod *(Jaspers)* öffnet sich die Möglichkeit je individueller Selbstbestimmung durch Tätigkeit. «Der Mensch ist, wozu er sich macht. Das ist der erste Grundsatz des Existentialismus.» (*Sartre* 1970: 11). Am konsequentesten scheint *Sartre* den Menschen ganz auf sich zu stellen, während *Camus* auf die sinngebende Tradition griechisch-römischer Maßethik verweist, *Jaspers* auf sog. «Chiffren der Transzendenz» wie etwa «Gott», *Heidegger* auf eine neu sich eröffnende Seinsfrage, wo Existenz als «Ek-sistenz», d.h. «Stehen in der Lichtung des Seins» (*Heidegger* 1954: 66f.) fundamental neu gedeutet wird.

2. Zeitdiagnostik und Politik: In einem moralischen, appellativen Engagement verschränken sich Zeitkritik und polit. Handeln bei *Camus*. Erstere konzentriert sich auf den «absoluten Nihilismus», der die einzelmenschliche Existenz in seiner totalitären Logik fundamental zu vernichten droht: als irrationaler Terror eines selbstzerstörerischen revolutionären Dynamismus im → Nationalsozialismus, als rationaler Terror im Namen einer Geschichtsprophezeiung im totalitären Kommunismus. Solchen die Existenz aufgrund von abstrakten Prinzipien negierenden totalitären «Revolutionen» stellt *Camus* nach der metaphysischen die polit. verstandene «Revolte» entgegen: die prinzipielle Option für die Erhaltung individueller menschlicher Existenz und gegen deren Zerstörung. Konkretisiert wird eine solche schöpferische Tätigkeit durch eine Politik der gerecht austarierten Freiheit gemäß dem Prinzip der Solidarität aller Menschen. *Sartre* hingegen bezieht seinen E. in einen unorthodox verstandenen Marxismus ein, indem er die Dialektik als «Logik der schöpferischen Aktion» und «Logik der Freiheit» interpretiert (*Sartre* 1967: 72) und sie in der spontanen gesellschaftsverändernden Tätigkeit von selbstorganisierenden Gruppen verortet. Problematisch bleibt nicht nur diese utopische Unterschätzung institutionalisierter Politik, sondern auch die Verkennung der essentialistischen Züge der marxistischen Theorie. Die wohl anspruchsvollste polit. Theorie des E. hat *Jaspers* vorgelegt. Sie reicht von der allg. Grundlegung einer vernünftigen Politik der pluralistischen → Demokratie und des → Rechtsstaats, die sich am Prinzip der offenen «Kommunikation» orientiert, über einen Appell zur Selbstbesinnung angesichts der realen Möglichkeit und Gefahr der atomaren kollektiven (Selbst-) Vernichtung der Menschheit bis zur konkreten Auseinandersetzung mit der BRD in den 1960er Jahren. *Heideggers* Verhältnis zur Politik fordert das Verstehen bis heute heraus. Sein kurzzeitiges aktives Engagement für den Nationalsozialismus, seine autoritären und völkischen Präferenzen, die unpolit. Haltung des Desengagements («Gelassenheit») sind Elemente einer bislang noch offenen Diskussion, die auch immer wieder das von *Heidegger* maßgeblich geprägte postmoderne Denken betrifft und einbezieht.

→ Freiheit; Idealismus; Materialismus; Nihilismus; Postmoderne und Politik.

Lit.: *Altwegg, J.* (Hrsg.) 1988: Die Heidegger Kontroverse, Ffm. *Bollnow, O.F.* [9]1984: Existenzphilosophie, Stg. u.a. (zuerst 1955). *Camus, A.* 1968: Der Mythos von Sisyphos, Rbk. (frz. zuerst 1942). *Camus, A.* 1969: Der Mensch in der Revolte, Rbk. (frz. zuerst 1951). *Harth, D.* (Hrsg.) 1989: Karl Jaspers. Denken zwischen Wissenschaft, Politik und Philosophie, Stg. *Hartmann, K.* 1983: Die Philosophie J.-P. Sartres, Bln./NY. *Heidegger, M.* [2]1954: Über den Humanismus, in: *ders.*: Platons Lehre von der Wahrheit, Bern (zuerst 1947), 53–119. *Heidegger, M.* [17]1993: Sein und Zeit, Tüb. (zuerst 1927). *Jaspers, K.* [7]1983: Die Atombombe und die Zukunft des Menschen, Mchn./Zürich (zuerst 1958). *Jaspers, K.* 1988: Wohin treibt die Bundesrepublik?, Mchn./Zürich (zuerst 1966). *Jaspers, K.* 1994: Philosophie. Bd. II: Existenzerhellung, Mchn./Zürich (zuerst 1932). *Pieper, A.* 1984: Albert Camus, Mchn. *Pöggeler, O.* [2]1974: Philosophie und Politik bei Heidegger, Freib./Mchn. (zuerst 1972). *Sartre, J.P.* 1964: Marxismus und Existentialismus, Rbk. (frz. zuerst 1957). *Sartre, J.P.* 1967: Kritik der dialektischen Vernunft, Bd. I: Theorie der gesellschaftlichen Praxis, Rbk. (frz. zuerst 1960). *Sartre, J. P.* 1970: Ist der Existentialismus ein Humanismus? (frz. zuerst 1946), in: *ders.*: Drei Essays, Ffm. u.a., 7–51. *Sartre, J. P.* 1993: Das Sein und das Nichts, hrsg. von *König, T.*, Rbk. (frz. zuerst 1943). *Schwan, A.* 1990: Existenzphilosophie und Existentialismus, in: *Ballestrem, K. Graf/Ottmann, H.* (Hrsg.): Politische Philosophie des 20. Jahrhunderts, Mchn./Wien, 211–242. *Zimmermann, F.* [3]1992: Einführung in die Existenzphilosophie, Darmst. (zuerst 1977).

Ulrich Weiß

Existenzhypothese → Hypothese

Exit → Voice and exit

Exit Poll, die Befragung von Wählern am Wahltag, unmittelbar nach Verlassen der Wahllokale. Das *e. p.* dient der Wahlprognose und -analyse.

Als Sonderform der schriftlichen → Befragung liegt dem *e. p.* ein auf Repräsentativität angelegtes → *Sample* von Wahlbezirken zugrunde. Innerhalb dieser Wahlbezirksauswahl werden in jeweils zuvor festgelegter Schrittweise Wähler nach ihrer gerade vollzogenen Wahlentscheidung befragt. Gegenüber Umfragen im Vorfeld von Wahlen besitzt das *e. p.* damit einen prinzipiellen Vorteil: Es wird tatsächliches polit. Verhalten und nicht die aus messmethodischer Sicht sehr viel fehleranfälligere Wahlabsicht abgefragt. Weitere Vorteile liegen in der zeitlichen Nähe der Befragung zum Wahlakt und in der Anonymität der Befragung, da der Fragebogen vom Wähler selbst ausgefüllt und analog der Stimmabgabe in eine «Wahlurne» eingeworfen wird. Die Eigenadministration der Befragung durch den Wähler stellt höchste Anforderungen an die Konstruktion des Fragebogens: noch stärker als bei persönlich-mündlichen oder telefonischen Umfragen müssen alle Fragen klar, eindeutig und für alle Wähler verständlich formuliert sowie Antwortalternativen umfassend aber überschaubar sein.

Je nach Zweck, zu dem ein *e. p.* durchgeführt wird, unterscheidet sich das *Design*. Liegt der Schwerpunkt auf der → Prognose eines Wahlergebnisses, wird der Fragebogen kurz, die → Stichprobe jedoch so differenziert und umfangreich wie möglich sein (z. B. Deutschland). Dient das *e. p.* vorwiegend der Wahlanalyse, verschieben sich Prioritäten zugunsten eines möglichst langen Fragebogens, dessen Fragen zu Parteien, Kandidaten, *issues* und soziodemographischen Charakteristika des Wählers häufig auf mehrere Versionen (*Splits*) verteilt werden, um das Fragevolumen zwar insges. zu maximieren, den Umfang eines einzelnen Fragebogens jedoch so überschaubar wie möglich zu halten (z. B. USA). Wie zumeist in der → Empirischen Sozialforschung stellt die Konstruktion eines guten Prognose- und Analyseinstruments auch im Hinblick auf *e. p.* ein Optimierungsproblem dar. So besteht die vielzitierte «Kunst» der Konstruktion eines guten Fragebogens hier darin, sozialwiss. Analysemöglichkeiten zu maximieren, ohne die Qualität der Prognose zu mindern.

Das Instrument *e. p.* ermöglicht zumeist sehr exakte Prognosen und aufgrund der hohen Befragtenzahlen darüber hinaus solide Analysen auf Grundlage der erhobenen Variablen. Abweichungen zwischen prognostizierten Parteianteilen und tatsächlichen Wahlergebnissen betragen bei den öff.-rechtlichen Fernsehanstalten nur in Ausnahmefällen über einen Prozentpunkt. Diese Treffsicherheit der praxisorientierten → Wahlforschung dient damit auch der Akzeptanz empirischer Politikwiss. in der Öffentlichkeit. Die Erfolge werden allerdings durch «methodologische Hochrüstung», verbunden mit hohen Sach- und Personalkosten sowie mit fünf- bis zwanzigmal höheren Befragtenzahlen als bei gewöhnlichen Umfragen, teuer erkauft. Zudem ist der primär wiss. Erkenntnisgewinn von *e. p.* angesichts der Momentaufnahme polit. Verhaltens (Querschnitt) und der sehr begrenzten Anzahl erhobener, zumeist soziodemographischer Variablen vergleichsweise gering. Letztlich bleiben Wahlprognosen auch auf der Grundlage von *e. p.* Wahrscheinlichkeitsaussagen, die trotz methodischer Akribie in der Realität, insbes. bei knappen Wahlresultaten (z. B. am Wahlabend der US-

Präsidentschaftswahl 2000), scheitern können.

Lit.: *Falter, J. W./Schumann, S.* 1989: Methodische Probleme von Wahlforschung und Wahlprognose, in: APuZ 43/1989, 3–14. *Hofrichter, J.* 1999: Exit Polls and Election Campaigns, in: *Newman, B.* (Hrsg.): Handbook of Political Marketing, Thousand Oaks. *Mitofsky, W. J.* 2000: Exit Polls, in: *Rose, R.* (Hrsg.): International Encyclopedia of Elections, Washington D.C., 98–99. *Roth, D.* 1998: Empirische Wahlforschung, Opl. *Schultze, R.-O.* 1980: Wahltagbefragung – Chance oder Gefahr?, in: ZParl 11, 73–92. *Wüst, A. M.* 1998: Wahl- und Umfrageforschung im Bundestagswahljahr 1998, in: Gegenwartskunde 47 (3), 323–333.

Andreas M. Wüst

Experiment/Experimentelle Methode, i. e. S. die planmäßige Beobachtung bestimmter Sachverhalte unter Herstellung, Kontrolle und Variation der wirksamen Untersuchungsbedingungen (der unabhängigen Variable), so daß bestimmte → Hypothesen über die Effekte der Veränderungen (bei den abhängigen Variablen) gebildet und empirisch überprüft werden können.

Für die e. M. ist folglich der Eingriff des Forschers in den untersuchten Zusammenhang, durch welchen die Kausalitätsbeziehungen zwischen Variablen erkannt werden, entscheidend. I. w. S. werden als E. auch Beobachtungen von historischen Sachverhalten bezeichnet, die durch den Forscher nicht variierbar sind (Quasi-Experimente im Rahmen der sog. naturalistischen Methode).

→ Empirische Sozialforschung.

Dieter Nohlen

Experte, eine Person, die für ein bestimmtes Sachgebiet fachlich speziell ausgebildet ist, i. d. R. durch ein wiss. Studium. E. finden sich in den modernen Gesellschaften zunehmend in allen Bereichen und Organisationen.

In der Politik sind sie v. a. in der öff. → Verwaltung, in den Hilfsdiensten der Parlamente und den Geschäftsstellen der Parteien anzutreffen. Häufig werden sie in Planungsstäben zusammengefaßt, die für außergewöhnliche Aufgaben neben der allg., gewöhnlich hierarchischen Organisationsstruktur gebildet werden. Ohne E. lassen sich die komplexen Probleme gegenwärtiger Politikgestaltung weder hinreichend analysieren noch zielorientiert lösen. Jedoch besteht andererseits immer die Gefahr, daß sich eine nicht demokratisch legitimierte, unkontrollierbare Expertenherrschaft herausbildet, wenn E. nicht nur beratend tätig sind, sondern faktisch und informell → Politische Entscheidungen treffen.

→ Herrschaft; Politikberatung; Technokratie.

Lit.: *Illich, J.* (Hrsg.) 1979: Entmündigung durch Experten, Hamb. *Nimmo, D. D.* 1992: The Political Pundits, NY.

Dietrich Herzog

Experteninterview, in den verschiedensten Forschungsfeldern eingesetzt, oft im Rahmen eines → Methodenmix, aber auch als eigenständiges Verfahren. Verbreitet sind E. in *Policy*- und Implementationsforschung, in Eliten- und Verwendungsforschung, aber auch in der Industriesoziologie.

E. sind auf die Generierung bereichsspezifischer und objekttheoretischer Aussagen angelegt, nicht auf die Analyse von Basisregeln sozialen Handelns bzw. auf universale konstitutive Strukturen. Ihr Gegenstand sind Wissensbestände i. S. von Erfahrungsregeln, die das Funktionieren von sozialen und polit. Systemen bestimmen: handlungsleitende Regeln jenseits von Verordnungen, ungeschriebene Gesetze des Expertenhandelns, *tacit knowing*, Deutungsmuster und Relevanzstrukturen.
E. beziehen sich mithin auf funktionsspezifische Wirklichkeitsausschnitte; darüber hin-

ausgehende Erfahrungen, v. a. solche privater Art, bleiben ausgespart. Als Experte wird interviewt, wer in irgendeiner Weise Verantwortung trägt für den Entwurf, die Implementierung oder die Kontrolle einer Problemlösung; wer über einen privilegierten Zugang zu Informationen über Personengruppen oder Entscheidungsprozesse verfügt.

Die → Daten werden i. d. R. auf der Basis eines Leitfadens in offenen Interviews erhoben. Dies wird sowohl dem thematisch begrenzten Interesse des Forschers am Experten wie auch dem Expertenstatus des Gegenübers gerecht. Ein gelungenes Interview zeichnet sich dadurch aus, daß der Forscher den Experten für seine Sache interessiert und der Experte seine Sicht der Dinge entfaltet. Dieser bedient sich der verschiedensten Darstellungsformen: er berichtet, typisiert, rekonstruiert, interpretiert, kommentiert und exemplifiziert. Die Auswertung zielt darauf, im Vergleich der Interviews überindividuell-gemeinsame Wissensbestände herauszuarbeiten. Anders als beim einzelfallanalytischen Vorgehen orientiert sich die Interpretation an thematischen Einheiten, an inhaltlich zusammengehörigen, über die Texte verstreuten Passagen – nicht an der Sequenzialität von Äußerungen je Interview. Demgegenüber gewinnt der Funktionskontext der Experten an Gewicht; ihre Äußerungen werden von Anfang an im Rahmen der institutionell-organisatorischen Handlungsbedingungen verortet, sie erhalten von hierher ihre Bedeutung und nicht von daher, an welcher Stelle des Interviews sie fallen. Es ist dieser Kontext, der die Vergleichbarkeit der Interviewtexte weitgehend sichert. Die Auswertung erfolgt in sechs Schritten (vgl. *Meuser/Nagel* 1991: 451 ff.): (1) Themenorientierte Transkription; (2) Paraphrasierung; (3) thematische Übersicht (bis hier verbleibt die Auswertung auf der Ebene der einzelnen Interviews und nah an der Sprache der Texte); (4) thematischer Vergleich zwischen den Interviews; (5) Konzeptualisierung und Begriffsbildung; (6) Einbindung in theoretische Diskurse.

→ Befragung; Daten; Empirische Sozialforschung; Qualitative Methoden.

Lit.: *Bogner, A./Littig, B./Menz, W.* (Hrsg.) 2001: Das Experteninterview, Opl. *Meuser, M./Nagel, U.* 1991: ExpertInneninterviews, in: *Garz, D./Kraimer, K.* (Hrsg.): Qualitativ-empirische Sozialforschung, Opl., 441–471.

Michael Meuser/Ulrike Nagel

Explanandum → Erklärung

Explikation, dient der Weiterentwicklung von → Begriffen zum Zwecke wiss. Erkenntnisgewinns. Im Verfahren der E. werden gegebene Begriffe zu diesem Zweck verbessert oder durch leistungsfähigere ersetzt.

E. ist folglich nicht zu verwechseln mit → Definition, die keinen weiterentwickelten oder neuen Begriff einführt (Realdefinitionen werden freilich häufig als E. angesehen), und → Erklärung, was allenthalben in der Politikwiss. geschieht. Durch E. wird jedoch nichts direkt wiss. erklärt; vielmehr wird die Funktion eines Begriffs in der Entwicklung und Struktur wiss. Theorien sichtbar.

Bei der E. geht es vorrangig um die Überführung eines vagen, mehrdeutigen oder für die intendierte Analyse weniger geeigneten Begriffs (Explikandum) in einen exakteren, (an empirischer Information) gehaltvolleren und für die geplante Untersuchung fruchtbareren Begriff (Explikat). E. spiegeln folglich in gewisser Weise den Fortschritt der Wiss. wider. Die Zunahme an Präzision und die Erhöhung des Informationsgehalts der Begriffe haben unverkennbar in Relation zum wiss. Zweck zu stehen, bestimmte Probleme zu lösen, da sie auch Erkenntniseinbußen verursachen können (i. S. der Alternative: präzise und falsch vs. grob und richtig). Ziel der E. ist folglich die Formulierung eines für den verfolgten wiss. Zweck adäquaten Explikats, als dessen Kriterien gelten: Ähnlichkeit mit dem Explanandum, Exaktheit (Nicht-Mehrdeutigkeit), Präzision (höherer Informationsgehalt), Fruchtbarkeit/Leistungsfähigkeit und (zusätzlich) Einfachheit.

Explikandum und Explikat sind immer verschiedene Begriffe. Für ein Explikandum gibt es aber möglicherweise mehrere Explikate, die entw. unterschiedliche Aspekte des Explikandums betonen bzw. präzisieren oder sogar miteinander konkurrieren. Diese Situation trifft für etliche wissenschaftssprachliche Ausdrücke in der Politikwiss. zu, mit denen i. d. R. unterschiedliche theoretische Deutungen der untersuchten polit. Probleme verbunden sind. So setzt etwa in der Entwicklungsforschung die Substitution des Begriffs → Entwicklung durch Wachstum oder durch Wachstum plus Wandel oder durch Umverteilung etc. ganz andere theoretische Akzente. Stets ist hier zu fragen, ob die E. wiss. (und polit.) angemessen ist, ob die Theorie trägt. *G. Radnitzky* ([2]1992: 73) zufolge ist «die Weiterentwicklung eines Begriffs nur im Zusammenhang mit Theorieentwicklung möglich, [...] eine geglückte E. nur ein Teilaspekt einer geglückten Theorieentwicklung». Ein Teil der E.-Problematik wird in der Politikwiss. innerhalb der Indikatorendebatte behandelt, in der nach der angemessenen Repräsentation eines Begriffs durch empirisch meßbare, die komparative Analyse leitende → Indikatoren gesucht wird, welche im Prinzip keine Substitution eines Begriffs intendieren (wie *Radnitzky* unterstellt), wohl aber in diesem Sinne mißverstanden werden (Beispiel: das Pro-Kopf-Einkommen ist ein Indikator für wirtschaftl. Wachstum und kein Explikat).

Lit.: *Radnitzky, G.* [2]1992: Explikation, in: *Seiffert, H./Radnitzky, G.* (Hrsg.): Handlexikon zur Wissenschaftstheorie, Mchn., 73–90. *Stegmüller, W.* [2]1993: Probleme und Resultate der Wissenschaftstheorie und analytischen Philosophie, Bd. 1, Erklärung und Begründung, Bln. u. a.

Dieter Nohlen

Explikative Definition → Definition

Exportmodell, Muster der Einbindung von Ökonomien in die Weltwirtschaft. Thematisiert werden mit dem Begriff nicht nur die externen Folgerungen, etwa hinsichtlich der internat. Arbeitsteilung (→ Zentrum-Peripherie-Modell), sondern auch die Auswirkungen auf die interne Produktionsstruktur, die Sozialstruktur und die Herrschaftsverhältnisse.

Das koloniale E. war durch folgende Elemente und Folgeprobleme gekennzeichnet: Dominanz der Primärgüter und Beschränkung auf wenige Exportgüter; Dominanz des Auslandskapitals; Herausgelöstheit des Exportsektors aus der einheimischen Wirtschaft (→ Enklaven); geringe Beschäftigungseffekte; extreme Ungleichheiten in der Einkommensverteilung; Verwendung der Exporterlöse für den Luxuskonsum der Exportoligarchien und für die Aufrechterhaltung des Modells (Finanzierung technologischer → Inputs und des Schuldendienstes); oligarchische Herrschaftsverhältnisse.

Dieter Nohlen

Ex-post-facto-Methode → Experiment

Expressive Theorien des Wählens → Wahlforschung

Externalisierung → Externalitäten; Internalisierung

Externalitäten (auch: externe Effekte, *spill-over*-Effekte) liegen immer dann vor, wenn durch die Produktion oder den Konsum eines Wirtschaftssubjekts Auswirkungen auf Produktion oder Konsum eines anderen Wirtschaftssubjekts entstehen, ohne daß diese Wirkungen sich in der Kostenrechnung des Verursachers der E. und damit im Preissystem niederschlagen.

E. können negativ (externe oder soziale Kosten) oder positiv (soziale Erträge) sein. Negative E. spielen für die Umweltproblematik eine große Rolle: Wenn z. B. die Emission von Luftschadstoffen durch einen Industriebetrieb zu Umwelt- und Gesundheitsschäden führt, wird ein Teil der durch die Produktion entstehenden Kosten auf die Allgemeinheit abgewälzt. Bei Vorliegen von E. kann keine effiziente Ressourcenallokation

(→ Pareto-Optimum) erreicht werden, der Markt versagt als Koordinationsmechanismus. Abhilfe erfolgt durch «Internalisierung» der E. in die Kostenrechnung des Verursachers, die entw. über staatl. Maßnahmen (z. B. Umweltauflagen) oder über priv. Verhandlungen (→ *Coase*-Theorem) geschehen kann.

Lit.: Coase-Theorem, Pareto-Optimum.

Katharina Holzinger

Externe Validität → Validität

Extremismus, (von lat. *extremus* = der äußerste) bezeichnet – topographisch betrachtet – polit. Positionen an den Rändern rechts und links des polit. Spektrums bzw. zum Äußersten hin gerichtete polit. Strömungen und Bewegungen. Umgangssprachlich ist der Begriff weitgehend identisch mit dem des Radikalismus, wiss. und polit. streiten sich jedoch die Geister, worin mögliche und sinnvolle Unterscheidungen liegen.

Wiss. wird eine Unterscheidung nach Zielen oder Werten einerseits und Mitteln oder institutionell verankerten Normen andererseits angestrebt (*Klingemann/Pappi* 1972: 73). Danach umfaßt Rechtsextremismus antidemokratische und antiegalitäre, fanatisch-nationalistische und häufig rassistische Positionen wie etwa im → Faschismus, → Nationalsozialismus und bedingt auch im → Rechtspopulismus; Linksextremismus äußert sich i. d. R. in radikaldemokratischen, antikapitalistischen Einstellungen, etwa im → Anarchismus und in den verschiedenen Spielarten des → Kommunismus. Offen ist, ob mit einer rechts- bzw. linksextremen Position, welche antidemokratische und antipluralistische Einstellungen einschließt, jeweils die völlige Ablehnung der gegebenen gesellschaftl. und polit. Ordnung verbunden ist (*Kaase* 1992: 232). Polit. Radikalismus bezieht sich auf die Ablehnung institutionalisierter polit. Verfahrensweisen, insbes. auf die Anwendung von → Gewalt gegen Personen und Sachen in der polit. Auseinandersetzung. Demgegenüber wird aufgrund verfassungsrechtl. Interpretation auch das gegenteilige Verständnis gepflegt, demzufolge sich E. gegen die Bewahrung der freiheitlich-demokratischen Grundordnung richte (und damit verfassungswidrig sei), wohingegen Radikalismus sich auf die Verfolgung radikaler polit. Ziele innerhalb des Verfassungsrahmens beziehe. In der Debatte steht auch, ob es sich beim Rechts- und Linksextremismus um gänzlich verschieden geartete Phänomene handelt, die entspr. mit unterschiedlichen Maßstäben zu messen sind, oder ob sich beide Formen des E. trotz ihrer Verschiedenartigkeit letztlich hinsichtlich der polit. Ziele, Mittel und Organisationsstrukturen extremistischer Bewegungen ähneln (z. B. *Backes/Jesse* 1996). Die Antwort hängt nicht nur von der jeweiligen Begriffsbestimmung ab, sondern auch vom Forschungsinteresse, das die Untersuchung leitet.

Die Extremismus-Forschung ist heterogen; Forschungsansätze stammen häufig aus den Nachbardisziplinen der Politikwiss., aus → Politischer Psychologie oder Soziologie. Untersucht werden individuelle Einstellungen (Entwicklung und Anwendung z. B. von Rechts-Links-Skala) und Verhaltensweisen (→ Wählerverhalten, Mitgliedschaft in extremistischen Organisationen, Gewalttätigkeit, Protestverhalten) oder institutionelle Ausprägungen (Parteien, Verbände, Medien). Mit Blick auf die Erklärungsansätze von E. lassen sich grob unterscheiden: psychologisch argumentierende Theorien der Autoritarismusforschung (Sozialisation, psychische Disposition; biographische Ansätze), die für die Rechtsextremismusforschung auf *Th. W. Adorno* zurückgehen, und historisch-sozialstrukturell orientierte Theorien (Statusinkonsistenz, Anomie). Diese und weitere Erklärungsfaktoren (etwa: Muster bzw. Rückgang kollektiver Identitätsbildung durch den sozialen Wandel moderner Industriegesellschaften; situative Faktoren: gesellschaftl., polit. und wirtschaftl. Umbruchsituationen; polit. Unzufriedenheit) können sich z. T. gegenseitig ergänzen. Polit. E. kann sinnvollerweise nur auf das Zusammenwirken vielfältiger Einflüsse zurückgeführt werden. Als ertragreich haben sich vergleichende Längs- und Querschnittsanalysen verschiedener, länderspezifischer Ausprägungen des E. erwiesen.

Lit.: *Backes, U./Jesse, E.* [4]1996: Politischer Extremismus in der Bundesrepublik Deutschland, 2 Bde., Köln. *Backes, U./Jesse, E.* (Hrsg.) 1999: Jahrbuch Extremismus & Demokratie, Baden-Baden. *Bauer, P./Niedermayer, O.* 1990: Extrem rechtes Potential in den Ländern der Europäischen Gemeinschaft, in: APuZ, B46–47, 15–25. *Bobbio, N.* 1994: Rechts und Links, Bln. *Falter, J. W.* 1996: Rechtsextremismus: Ergebnisse und Perpektiven der Forschung (PVS Sonderheft 27), Opl. *Jäger, M.* (Hrsg.) 1992: Zu den Ursachen von Rechtsextremismus und Rassismus in Europa, Duisburg. *Kaase, M.* 1992: Linksextremismus, in: *Schmidt, M. G.* (Hrsg.): Die westlichen Länder (= Lexikon der Politik, Bd. 3), 231–235. *Klingemann, H. D./Pappi, F. U.* 1972: Politischer Radikalismus, Mchn. *Kowalsky W./Schroeder, W.* (Hrsg.) 1994: Rechtsextremismus, Opl. *Lenk, K.* 1998: Ideengeschichtliche Dispositionen rechtsextremen Denkens, in: APuZ, B9–10, 13–19. *Pfahl-Traughber, A.* 1994: Rechtspopulismus in Europa, Bonn. *Pfahl-Traughber, A.* 1998: Die Autonomen, in: APuZ B9–10, 36–46. *Pfahl-Traughber, A.* 2000: Die Entwicklung des Rechtsextremismus in Ost- und Westdeutschland, in: APuZ, B39, 3–14. *Stöss, R.* 1999: Rechtsextremismus im vereinten Deutschland, Bonn. *Waldmann, P.* 1989: Ethnischer Radikalismus, Opl.

Petra Bendel

Face-to-face-Interview → Befragung

Factor analysis → Faktorenanalyse

Faktion (von engl. *faction* = Parteiung), parteiinterner Flügel, der eine gewisse inhaltliche Abgrenzbarkeit und organisatorische Eigenständigkeit innerhalb der Gesamtpartei aufweist.

Historisch eher abwertend gebrauchter Begriff, als Folge eines Repräsentationsverständnisses, das sich mit der Französischen Revolution Bahn gebrochen hatte: der Abgeordnete als Repräsentant der ganzen Nation und nicht als Delegierter eines Standes. Die Untergliederung von Parlamenten in F. als Ausformung partikularer Interessenvertretung wurde abgelehnt, z. T. verboten. Sie erschien der Gemeinwohlorientierung abträglich, ja entgegengesetzt. Die wachsenden Anforderungen an Parlamente ließen eine ideologische und organisatorische Binnendifferenzierung unumgänglich werden: Aus mißachteten F. wurden unverzichtbare → Fraktionen, z. T. bildeten sie sogar die Keimzelle für → Parteien.

→ Repräsentation.

Lit.: *Hamilton, A.* u. a. 1993: The Federalist Papers, hrsg. von Zehnpfennig, B., Dortmund (engl. 1788).

Suzanne S. Schüttemeyer

Faktorenanalyse (engl.: *factor analysis*), Sammelbegriff für im Detail recht unterschiedliche multivariate Analysemodelle mit dem Ziel, eine Vielzahl von gegenseitig abhängigen Variablen durch eine kleine Zahl i. a. unabhängiger hypothetischer Variablen, sog. Faktoren, zu beschreiben. Dabei gilt es zu beachten, daß die Existenz von Faktoren ein Postulat des Modells ist, kein Ergebnis.

Die F. geht von intervallskalierten Daten aus, die angemessen durch eine Normalverteilung beschrieben werden können. In methodologischer Hinsicht werden F. vor allem für folgende Zwecke angewendet: (1) zur Exploration (sinnvolle Reduktion einer Vielzahl von Informationen; Aufdecken von noch unbekannten Zusammenhängen); (2) zu konfirmatorischen Zwecken (z. B. Test von Hypothesen über Zusammenhänge zwischen einer Vielzahl von Variablen, von denen man annimmt, daß sie einen gemeinsamen zugrundeliegenden Faktor messen); (3) zur Index-Konstruktion (z. B. das sozialökon. Entwicklungsniveau von Nationen; dieser Index setzt sich dann aus einer Fülle von untereinander korrelierten sozialen und ökon. Variablen zusammen).
Die methodischen Schritte der F. lassen sich

Abbildung 4: Graphische Darstellung der Rotation in Faktorenanalysen

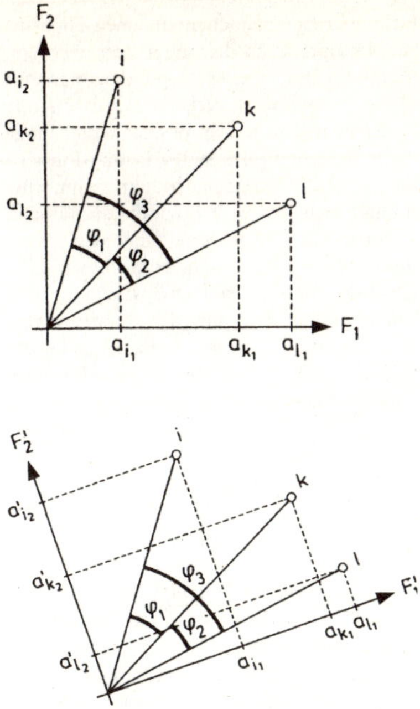

Rotation: Die Faktorenladungen ändern sich, nicht aber die Variablenfiguration und die Winkel (Korrelationen)

Variablen	Personen	Zeiten	Technik
X	→	O	R
→	X	O	Q
X	O	→	P
→	O	X	O
O	X	→	S
O	→	X	T

wie folgt zusammenfassen: (1) Anordnung der Daten von m Objekten (Personen) und n Variablen in eine mxn-Datenmatrix. (2) Berechnung aller Korrelationen zwischen den n Variablen und Anordnung in einer nxn-Korrelationsmatrix. (3) Schätzung des Anteils der Varianz, den eine Variable an der gemeinsamen Varianz aller Variablen hat (Kommunalität), und Einsetzen in die Hauptdiagonale der Korrelationsmatrix. (4) Extraktion der r wichtigsten Faktoren, die einen bestimmten Anteil der Korrelationsmatrix «erklären», d. h. reproduzieren können (Ladungsmatrix). Für die Schätzung dieser Ladungsmatrix haben sich unterschiedliche Ansätze durchgesetzt: In der *Maximum-Likelihood*-Schätzung werden die Kommunalitäten simultan mit der Ladungsmatrix geschätzt. In der Zentroid- Methode müssen hingegen die Kommunalitäten vorher festgelegt werden; zudem handelt es sich um keine exakte Schätzung. Die kanonische F. liefert trotz andersartiger Schätzprinzipien theoretisch dies. Ergebnisse wie die *Maximum-Likelihood*-Schätzung, ist rechentechnisch aber einfacher zu handhaben. Ein Sonderfall ist die Hauptkomponentenanalyse, die von der Korrelationsmatrix ausgeht und somit keine merkmalseigene Varianz vorsieht. (5) Rotation des Faktorensystems: Dadurch ändern sich die Faktorenladungen, nicht aber die Variablenkonfigurationen und die Winkel zwischen den Variablen (die durch die Korrelationen repräsentiert werden). Das Ziel der Rotation ist es, die Faktoren so zu wählen, daß eine große Zahl von Variablen durch die Faktoren möglichst optimal erklärt wird, d. h. daß z. B. einzelne Faktoren besonders viel der Varianz abschöpfen (Varimax-, Quartimax-Methode) oder die Faktoren besonders gut zwischen den Variablen differenzieren (sog. Einfachstruktur). Man unterscheidet zwischen der orthogonalen Rotation, bei der die Faktoren rechtwinklig zueinander stehen, also unkorreliert sind, und der schiefwinkligen oder obliquen Rotation, bei der die Faktoren miteinander korrelieren, wodurch oft deren Interpretation inhaltlich erleichtert wird, formal-logisch aber Probleme entstehen. (6) Schätzen der Faktorenwerte, wodurch man die Objekte als Punkte im Faktorenraum erhält (Matrix der Faktorenwerte).

Die Korrelationen können natürlich nicht nur zwischen den n Variablen, sondern ebenso zwischen den m Personen oder auch über die Zeit berechnet werden. Die unterschiedlichen Analysetechniken werden mit Buchstaben bezeichnet (Beispiel: die Korrelation über die Personen zwischen (X) den Variablen bei konstanter (O) Zeit wird als R-Technik bezeichnet).

An der F. wurde vielfältige Kritik geübt. Diese beginnt bei den Anforderungen an die Daten, die für die Sozialwiss. unrealistisch sind. Zwar wird dem entgegengehalten, daß F. rechnerisch recht robust seien, jedoch läßt sich kaum abschätzen, was inhaltlich passiert, wenn man sie z. B. mit Rangkorrelationen rechnet. Ein weiteres Problem ist die mangelnde Vergleichbarkeit faktorenanalytischer Ergebnisse, was wesentlich aus der Faktorenrotation resultiert. Zudem sind die Faktoren rein hypothetische Konstrukte, deren Bezug zur Realität erst über diejenigen Variablen hergestellt wird, die auf dem jeweiligen Faktor hohe Ladungen aufweisen. Schließlich wird das Ziel einer adäquaten Informationsreduktion kaum erreicht, wenn mehr als drei Faktoren gewählt werden, die Daten also im vier-, fünf- oder mehrdimensionalen Raum angeordnet werden, was der menschlichen Vorstellungskraft nur schwer zugänglich ist.

→ Skalierung; Wahrscheinlichkeitsverteilungen.

Lit.: *Kline, P.* 1994: An easy guide to factor analysis, L. *Lewis-Beck, M. S.* 1994: Factor analysis and related techniques, L. *Überla, K.* [2]1977: Faktorenanalyse, Hdbg.

Jürgen Kriz

Fallstudie (engl.: *case study*), die Untersuchung eines einzelnen Objektes: eines Landes, eines polit. Systems, einer Institution, einer Organisation oder eines Problems. Das spezifische Objekt wird als Ganzes erfaßt sowie in seinen Teilen und deren Beziehungen zueinander beschrieben. In vergleichenden Analysen werden häufig mehrere oder verschiedene F. zum selben Erkenntnisstand verwendet.

1. Fallstudien können verschiedene Funktionen haben. Eine erste Unterscheidung liegt in der wiss. Intention, entw. die Singularität des Einzelfalls präziser erfassen zu wollen oder Generalisierungen anzustreben oder zu überprüfen. Entsprechend werden idiographisch orientierte F. von nomothetisch orientierten F. unterschieden. Innerhalb des ersten Typs lassen sich rein deskriptive F. (geringer theoretischer Horizont oder ohne einen solchen, der dem dominanten Wissenschaftsverständnis entspricht) von interpretativen F. unterscheiden (solchen, in denen Theorien zur Interpretation herangezogen werden). Innerhalb des zweiten Typs, den man mit *H. Eckstein* (1975) auch *crucial case study* bezeichnen könnte, ermöglicht die Frage nach → Induktion oder → Deduktion eine weitere Differenzierung. Induktiv-nomothetische F. generieren → Hypothesen, können sie aber auch verfeinern. Deduktiv-nomothetische F. überprüfen Hypothesen. Die Auswahl einer *crucial case study* für den Theorietest setzt freilich den Vergleich voraus. In vergleichenden Forschungsdesigns sollten im übrigen in den F. auch konträre Fälle berücksichtigt werden, da die theoretische Aussagefähigkeit von F. bei Anwendung der Differenzmethode höher ist als bei der Konkordanzmethode.

2. Dieses Argument begründet die hohe Bedeutung, die der Analyse abweichender Fälle im Rahmen der F. zukommt. Der *deviant case* stellt in vergleichenden Untersuchungen jenen Fall dar, der nicht in das Erklärungsmuster paßt, welches für alle anderen untersuchten Fälle gefunden wurde. Das Auftreten eines abweichenden Falls wird in der Politikwiss. nicht als ausreichend betrachtet, eine Hypothese zu revidieren. Diese Praxis steht im Ggs. zur *«traditional quotation/illustration methodology, where cases are pikked that are in accordance with the hypothesis – and hypotheses are rejected if one deviant case is found» (Galtung* 1967: 505). Wegen der Möglichkeit, Theorien zu überprüfen und zu verfeinern, sind Analysen abweichender Fälle für die vergleichende Politikwiss. sehr wertvoll. Freilich birgt die Regel, eine Theorie durch das Auftreten eines abweichenden Falles nicht als falsifiziert anzusehen, die Gefahr in sich, Theorien gegen widersprechende Fälle zu immunisieren, indem sie mit ihrer Erklärung zu abweichenden Fällen aus dem Prozeß der kritischen Überprüfung herausgenommenen werden.

3. Art und Bedeutung des möglichen Beitrags von F. zur Bildung und Überprüfung von Hypothesen hat *A. Lijphart* (1971: 691) zu einer systematischen Untersuchung von sechs Typen verwandt: (1) deskriptive F., de-

ren Beitrag zur Theoriebildung nur indirekt ist, indem sie möglicherweise Datenmaterial für die spätere Hypothesenbildung zusammentragen; (2) interpretierende F., in denen bereits bestehende Theorien angewandt werden, aber weniger zu ihrer Überprüfung als zur Aufhellung des Einzelfalls, dem das primäre Interesse gilt; (3) Hypothesen generierende F., bei denen das Ziel darin besteht, zu Verallgemeinerungen zu gelangen, die in nachfolgenden Untersuchungen getestet werden können; (4) Theorien bestätigende F.; (5) Theorien widerlegende F.; (6) Analyse abweichender Fälle *(deviant cases)*. Die Bedeutung der beiden ersten Typen für die Theorie ist geringer zu veranschlagen als die der folgenden vier Typen. Wiss. hoch bewertet werden der dritte und der sechste Typ, da sie der Entwicklung und Verfeinerung von Hypothesen dienen. Hinsichtlich des vierten und fünften Typs kommt es sehr auf den bisherigen Bestätigungsgrad von Theorien und die Auswahl der Fälle an. Werden konforme Fälle ausgesucht, wie in der Politikwiss. häufig zu beobachten ist, ist die Theorie kaum besser bestätigt (i. S. von Verifikation) als vorher. Die Unterscheidung des vierten und fünften Typs kann zu dem Mißverständnis führen, die jeweiligen F. hätten die entspr. Ergebnisse einzuholen. Besser wäre demnach, nur einen Typ theorieüberprüfender F. zu konstruieren. Der Übergang vom fünften zum sechsten Typ ist insofern fließend, als von einer eine Theorie widerlegenden F. die gleiche Funktion der Erweiterung der Variablenbasis und der Verfeinerung der Hypothese erfüllt werden kann wie von einem *deviant case*.

→ Dichte Beschreibung; Vergleichende Methode.

Lit.: *Eckstein, H.* 1975: Case Study and Theory in Political Science, in: *Greenstein, F. I./Polsky, N. W.*(Hrsg.): Handbook of Political Science, Bd. 7. Leading, 79–137. *Galtung, J.* 1967: Theory and Methods of Social Research, Oslo. *Lijphart, A.* 1971: Comparative Politics and the Comparative Method, in: APSR 65, 682–693. → Vergleichende Methode.

Dieter Nohlen

Falsifikation, Vorgang oder Ergebnis der wiss. Widerlegung von Aussagen, → Hypothesen oder → Theorien. Dem → Kritischen Rationalismus zufolge können wiss. Aussagen, Hypothesen und Theorien nicht (endgültig) verifiziert werden; sie sind nur auf Widerruf wahr, nämlich solange sie nicht falsifiziert wurden.

Im Ggs. zu dieser Position befürworten andere Wissenschaftstheoretiker eine gemäßigtere Anwendung des Falsifikationsprinzips. Keine wiss. Überprüfung allein könne zur F. einer Theorie führen; es gebe keine eindeutige F. einer Theorie, solange nicht eine bessere Theorie ihre Stelle einnehme (*Lakatos* 1970).

→ Deduktion/Deduktive Methode; Empirisch-analytische Theorie.

Lit.: *Lakatos, I.* 1970: Falsification and the Methodology of Scientific Research Programms, in: *Lakatos, I./Musgrave, A.* (Hrsg.): Criticism and the Growth of Knowledge, L. *Popper, K. R.* 1994: Logik der Forschung, Tüb. (zuerst 1934).

Manfred G. Schmidt

Familie/Familienpolitik, als kleinste Form des gesellschaftl. Zusammenschlusses gilt die F. vielfach auch als Keimzelle der → Gesellschaft selbst. Im Laufe der Geschichte hat die F. sehr viele Änderungen erfahren, die sich in modernen → Industriegesellschaften als Kernfamilie – Elternpaar mit durchschnittlich ein bis zwei Kindern in einem Haushalt – herausgebildet hat. In allen Gesellschaften erfährt die F. bes. Schutz oder zumindest Beachtung, da sie für die Gesamtgesellschaft wichtige Funktionen und Leistungen erbringt, wie die Sicherung des Nachwuchses (quantitative Reproduktion) oder den Erhalt der für die Gesellschaft funktionalen Mitglieder (qualitative Reproduktion).

Das wichtigste Instrument gesellschaftl. Intervention ist die Familienpolitik (Fp.), die neben dem Schutz der F. als Korrektiv wirken soll, wenn die soziale Institution F. nicht mehr den Erwartungen der Gesellschaft, genauer denen des Staates genügt. Solche Maßnahmen sind einzuteilen nach Politikfeldern, wie z. B. Familienförderung, Wohnungsbau etc., und nach Instrumenten der Fp., wie Recht oder finanzielle Hilfen. Drei Zielsetzungen von Fp. können unterschieden werden: kompensatorische Ziele, wenn durch das Familienleben bedingte soziale Ungerechtigkeiten ausgeglichen werden; korrektive Ziele, wenn Familiengründungen so gefördert werden, daß ihre Funktionalität für den Staat erhalten bleibt; präventive Ziele, wenn im Vorfeld Fehlentwicklungen verhindert werden sollen. Über die Ziele und die Art der Fp. gibt es gesellschafts- und parteipolit. keine Einigkeit: grob läßt sich dabei eine (christlich) konservative von einer liberalen Fp. unterscheiden.

→ Affirmative Action; Frauenpolitik; Gleichstellungspolitik.

Lit.: *Buba, H. P./Schneider, N. F.* (Hrsg.) 1996: Familie. Zwischen gesellschaftlicher Prägung und individuellem Design, Opl. *Gerhardt, U.* u. a. (Hrsg.) 1995: Familie der Zukunft. Lebensbedingungen und Lebensformen, Opl. *Hermanns, M./Hille, B.* 1987: Familienleitbilder im Wandel, Mchn. *Kaufmann, F.-X.* (Hrsg.) 1982: Staatliche Sozialpolitik und Familie, Mchn.

Ulrike C. Wasmuth

Faschismus/Faschismustheorie (von ital. *fascismo*; lat. *faces* = Rutenbündel; Abzeichen der römischen Lictoren; die Stärke der → Gemeinschaft gegenüber dem einzelnen symbolisierend) ist urspr. Selbstbezeichnung der von *B. Mussolini* geführten, sich antikapitalistisch wie antikommunistisch gebärdenden, paramilitärisch organisierten polit. Bewegung und der daraus hervorgehenden, 1921 gegründeten Partei (*Partido Nazionale Fascista*) sowie der von ihr 1922 in Italien errichteten autoritären Herrschaftsordung.

1. Als Kampfbegriff der Gegner des ital. F. wie entspr. Bewegungen in anderen europ. Ländern der Zwischenkriegszeit (Austrofaschismus; → Nationalsozialismus usw.) wird der Begriff F. generalisiert. Idealtypisch kennzeichnet den F. (a) eine hierarchisch strukturierte, am Führerprinzip orientierte Parteiorganisation, (b) die doppelte Gegnerschaft gegen → Liberalismus und → Sozialismus, (c) das Ziel eines → Autoritären Regimes bzw. eines totalitären Staates, (d) die Befürwortung von → Gewalt als Mittel der Politik, (e) die Orientierung an militärischen Handlungsweisen und Organisationsformen und (f) eine eklektische → Ideologie, die in der Idealisierung der eigenen Volksgemeinschaft und der aggressiven Ablehnung alles Fremden einem übersteigerten → Nationalismus bzw. → Rassismus folgt, auf einen charismatischen Führer zugeschnitten ist und die Rückbesinnung auf romantische bzw. reaktionäre Traditionen mit einer Vergötzung des modernen technologischen → Fortschritts verquickt.

2. Zur Erklärung des F. werden unterschiedliche → Theorien angeboten, die aber jeweils nur bestimmte Aspekte dieses uneinheitlichen Phänomens beleuchten. Der Marxismus begreift den F. entw. (a) i. S. der → Agenturtheorie als Instrument der → Bourgeoisie zum Machterhalt oder (b) i. S. der → Bonapartismustheorie von *Marx* und *Engels* als eine polit. Kraft, die in ökon. und sozialen Krisen an die → Macht kommt, wenn die Bourgeoisie bereits geschwächt, die Arbeiterbewegung aber noch nicht stark genug ist. Dagegen heben psychoanalytische bzw. sozialpsychologische Ansätze bestimmte, nicht allein von der ökon. Lage determinierte Einstellungen und Charaktereigenschaften hervor, die für den F. anfällig machen (*Adorno* 1973). Schließlich betonen → Totalitarismustheorien die Parallelen zwischen dem F. und kommunistischen Herrschaftssystemen. Problematisch, weil zugleich verharmlosend wie dämonisierend bleibt die inflationäre Verwendung des Begriffs des F. durch Antifaschisten. Für eine realistische Wahrnehmung des Phänomens erscheint es geboten,

die vergleichende Untersuchung unterschiedlicher Erscheinungsformen des F. i. S. einer historisch-phänomenologischen Faschismustheorie fortzusetzen. Eine entspr. Typologie bietet *E. Nolte*, wenn er den ital. «Normal-» vom dt. «Radikalfaschismus» unterscheidet und diese vom «Prä-» und «Philofaschismus» in autoritären Regimen abgrenzt.

Lit.: *Adorno, T. W.* 1973: Studien zum autoritären Charakter, Ffm. (engl. zuerst 1950). *Kühnl, R.* [4]1998: Der Faschismus, Heilbronn (zuerst 1983). *Laqueur, W.* 1997: Faschismus: gestern – heute – morgen, Bln.(zuerst 1997). *Nolte, E.* 2000: Der Faschismus in seiner Epoche, Mchn./Wien (zuerst 1963). *Opitz, R.* 1996: Faschismus und Neofaschismus, Bonn. *Saage, R.* [4]1997: Faschismustheorien, Baden-Baden (zuerst 1976). *Wippermann, W.* [7]1997: Faschismustheorien, Darmst. (zuerst 1972).

Günter Rieger

Feedback, Rückkoppelung, Rückwirkungen von Politikergebnissen im Hinblick auf die → *Input*-Seite des polit. Prozesses, die zur Befriedigung oder zu neuen Forderungen führen bzw. vom Loyalitätsentzug bis hin zur Systemablehnung auch nicht-intendierte, dysfunktionale Folgen haben können.

F. bezeichnet allg. ein Regelkreissystem, bei welchem die Änderung von Ausgangsgrößen eine Korrektur der Eingangsgrößen bewirken soll, wobei kompensierende oder systemverändernde Effekte zu unterscheiden sind. F. spielt eine zentrale Rolle in der polit. Kybernetik von *K. W. Deutsch* und im systemtheoretischen Ansatz von *D. Easton*. Der Begriff F. hat sozialwiss. die überkommene Gleichgewichtsmetapher ersetzt bzw. prozessual erweitert i. S. eines Fließgleichgewichtes.

→ Gleichgewicht; Input-output-Analyse; Politisches System; Regelkreis; Systemtheorie.

Lit.: *Deutsch, K. W.* [3]1973: Polit. Kybernetik. Modelle und Perspektiven, Freib. (engl. 1963).

Arno Waschkuhn

Fehlschluß, bezeichnet den Fehler bei der Schlußfolgerung aus statistischen Beziehungen zwischen Variablen, der durch die Vermischung unterschiedlicher Beobachtungsebenen zustande kommt. Man unterscheidet insbes. zwischen dem ökolog. und dem individualistischen Fehlschluß.

Der ökolog. F. (auch ökolog. Trugschluß, Gruppenfehlschluß, engl.: *ecological fallacy*) bezeichnet eine fehlerhafte Schlußfolgerung von Daten über die Beziehungen zwischen Kollektiven (z. B. auf der Ebene von → Aggregatdaten über Wahlkreise, Regionen und Staaten) auf Beziehungen zwischen den Elementen dieser Kollektive (z. B. Personen). Ein ökolog. F. läge z. B. dann vor, wenn aus der Beobachtung hoher Kriminalitätsraten in Regionen mit hohem Anteil der Volksgruppe «X» die Folgerung abgeleitet würde, daß Angehörige von «X» eher zu kriminellen Delikten neigten, obwohl sich auf Individualdatenebene zeige, daß die Kriminalität nicht mit der ethnischen Zugehörigkeit, sondern mit anderen Variablen, z. B. der Höhe des verfügbaren Einkommens oder der Schichtzugehörigkeit, ursächlich zusammenhänge. Ein ökolog. F. liegt häufig auch vor, wenn aus Veränderungen des Stimmenanteils von Parteien in Wahlbezirken oder -kreisen auf das Abstimmungsverhalten individueller Wähler oder Wählergruppen Rückschlüsse gezogen werden. Ökolog. F. lassen sich durch Nichtvermischung von Beobachtungsebenen und sog. Mehrebenen-Analysen (z. B. Individual- und Aggregatdaten-Analysen) vermeiden.

Der individualistische F. (auch atomistischer F.) ist das Gegenstück zum ökolog. F. Er liegt vor, wenn aus den Daten über Beziehungen zwischen Untersuchungseinheiten der jeweils niederen (disaggregierteren) Ebene (z. B. Personen) fehlerhafte Rückschlüsse auf Beziehungen zwischen stärker aggregierten (z. B. kollektiven) Untersuchungseinheiten (z. B. gesellschaftl. Gruppen, Parteien) gezogen werden.

→ Aggregatdatenanalyse; Wahlforschung; Wahlökologie.

Manfred G. Schmidt

Feldforschung, der angloamerikan. Fachterminologie (*field study*) entlehnter Fachausdruck der Methodenlehre für die wiss. Erkundung eines Sachverhaltes in der Außenwelt, gleichsam vor Ort oder im Untersuchungsfeld, im Unterschied zur Untersuchung im Studierzimmer, Labor oder in der Bibliothek.

→ Qualitative Methoden.

Manfred G. Schmidt

Feminismus/Feministische Ansätze, → Soziale Bewegung (Frauenbewegung) und zugleich polit. Theorie (feministische Theorie), die unter Kritik an der als patriarchal begriffenen gesellschaftl. Wirklichkeit mit dem Ziel auftritt, die rechtl., ökon. und polit. Verhältnisse zugunsten von Frauen zu verändern. Der F. thematisiert nicht nur die Machtverhältnisse in der Gesellschaft, sondern zunehmend auch die Denkverhältnisse in Form einer feministischen Wissenschafts- und Rationalitätskritik. Unter feministischen Ansätzen (f. A.) werden solche sozialwiss. Perspektiven verstanden, die explizit Frauen, weibliche Lebenszusammenhänge und die Geschlechterbeziehungen ins Zentrum der Betrachtung und wiss. Analyse rücken.

1. Es gibt eine Fülle unterschiedlicher f. A., die eine Reihe grundsätzlicher Kontroversen im F. widerspiegeln, teilweise in dessen interdisziplinärem Charakter liegen. Gleichwohl lassen sich für alle f. A. einige gemeinsame erkenntnisleitende Annahmen und Grundsätze feststellen:

(a) Die Differenz der Geschlechter ist eine Strukturkategorie wiss. Analyse, sowohl bezogen auf die Forschungsobjekte als auch auf die forschenden Subjekte. Die *gender*-Zugehörigkeit der Wissenschaftlerinnen und Wissenschaftler macht einen Unterschied. Die gleichen Dinge haben für Männer und Frauen nicht die gleiche Bedeutung. *Gender* «als theoretische Kategorie und analytisches Werkzeug» bringt zum Ausdruck, daß «Männern und Frauen in der geschlechtsspezifischen Teilung der gesellschaftl. Erfahrung unterschiedliche Auffassungen hinsichtlich ihrer selbst, ihrer Handlungen und Überzeugungen und ihrer Umwelt zugeschrieben werden können (...) Wissenschaft unterliegt der Geschlechtersemantik» (*Harding* 1990: 30, 17). (b) Die Wiss. ist männerzentriert (androzentrisch). In den angeblich geschlechtsneutralen Begriffen sind patriarchalische Werte und Normen tief verankert. Androzentrismus gilt auch für Forschungsfragestellungen, Theorien und Methoden der in männliche Projekte verstrickten Wiss. (c) Die bestehenden Geschlechterverhältnisse sind ein historisches und soziales Konstrukt. Sie sind demnach veränderbar, ihre Transformation normativ unabdingbar. Frauenforschung ist folglich an die polit. Frauenbewegung rückgekoppelt. (d) Forschung aus feministischer Perspektive artikuliert Betroffenheit und Parteilichkeit. Forscherinnen sind von der patriarchaten Wirklichkeit unmittelbar und persönlich betroffen. Ihr Lebenszusammenhang prägt ihr → Erkenntnisinteresse. Feministische Forschung reflektiert die gesellschaftl. diskriminierte Situation von Frauen und nimmt die emanzipatorischen Zielsetzungen und die Erfahrungen der Frauenbewegung auf.

Unterschiede im feministischen Denken zeigen sich in folgenden Erklärungen der Unterdrückung der Frauen, die einem durchaus kämpferischen Nach- und Nebeneinander von f. A. entsprechen: (a) Liberaler F. Er definiert die Benachteiligung von Frauen als fehlende Gleichberechtigung und fordert gleiche Rechte für die Frau, die Beseitigung ihrer Diskriminierung in allen Bereichen des öff. Lebens. (b) Sozialistischer F. Er thematisiert die Gesellschaftsstrukturen und entfaltet eine Kritik der Klassenbeziehungen und Produktionsverhältnisse, durch die er die Unterdrückung der Frauen bedingt sieht. (c) Radikaler F. Er zentriert seine Kritik auf die patriarchale Organisation der priv. familialen Sphäre von Sexualität und Reproduktion, die er als Determinante des Männlichen und des Weiblichen sowie der Unterdrükkung der Frauen sieht. (d) Im Rahmen des radikalen F. der gynozentrische F., der eine neue theoretische Kontroverse eröffnet mit dem als alternativ begriffenen humanistischen F., dem der liberale F. und einige Vertreterinnen des sozialistischen und radikalen F. zugeordnet werden können. Im Mittelpunkt der Unterscheidung stehen gegensätzliche Annahmen hinsichtlich Gleichheit oder Differenz der Geschlechter. Während der humanistische F. von der Gleichheit ausgeht und diese polit. anstrebt, betont der gynozentrische F. die Differenz. Er lehnt es ab, daß Frauen und Männer am gleichen Maßstab, konkret am standardsetzenden männlichen Modell beurteilt werden, und interpretiert die Unterdrückung der Frauen als Wertproblem, als «Ablehnung und Abwertung spezifisch weiblicher Tugenden und Aktivitäten durch eine allzu instrumentalistische und autoritäre männliche Kultur (...) Weiblichkeit ist für den gynozentrischen Feminismus nicht das Problem; vielmehr ist sie der Ausgangspunkt einer Vision der Gesellschaft und des Subjekts, die nicht nur Frauen, sondern alle Personen befreien kann» (*I. M. Young*, in: *List/Studer* 1989: 46, 56).

2. Die Wissenschaftskritik feministischer Sozialwiss. hat sich v. a. in drei Richtungen geäußert, die auch in historischer Abfolge feministischer Auseinandersetzung mit dem *male-stream* der Wiss. als «Stufen immanenter feministischer Wissenschaftskritik» bezeichnet worden sind *(Klinger 1990:* 22 ff.): (a) Kritik an der geschlechterspezifischen Ungleichheit im Zugang zu und in der Ausübung von wiss. Tätigkeit. Frauen sind in wiss. Berufen hochgradig unterrepräsentiert. In feministischer Perspektive bedeutet dies nicht nur eine Verletzung des Gleichheitsprinzips, sondern impliziert auch weitreichende Folgen für die Forschungsfragestellungen und die wiss. Ergebnisse. (b) Kritik an der geschlechtsspezifischen Beschränkung des Gegenstands der Forschung auf den Menschen im androzentrischen Verständnis des Menschen als Mann, die Vernachlässigung der Geschlechterdifferenz und des Daseins, des Bewußtseins, der Wahrnehmungs- und Verhaltensweisen sowie der Tätigkeit der Frauen. Die geschlechtsspezifisch selektive Erfassung und Analyse der Wirklichkeit als *male point of view* stabilisiert demzufolge die ungleichen, Frauen benachteiligenden Geschlechterverhältnisse und kann deshalb nicht als Kavaliersdelikt gelten. (c) Kritik an der geschlechtsspezifischen Diskriminierung (Sexismus) dort, wo die Geschlechterdifferenz zwar zur Kenntnis genommen werde, die Unterschiede zwischen Mann und Frau freilich überbetont und legitimatorisch zur Aufrechterhaltung der bestehenden Ungleichheit und patriarchalischen Ordnung verwandt würden. «Statt die alten, in patriarchaler Tradition, Religion und Aberglauben überlieferten Vorurteile gegenüber Frauen ihrer Haltlosigkeit zu überführen, haben Wissenschaften nicht nur die alten Behauptungen von der Schwäche, der physischen und psychischen Minderwertigkeit der Frau mit neuen Argumenten versehen, sondern sie haben in mancher Hinsicht den überlieferten Unsinn durch neuen ergänzt und übertroffen (...) Am Thema Frau, Weiblichkeit, Geschlechterdifferenz erweist sich Wiss. nicht als Gegnerin und Vernichterin von Ideologie, Religion und Aberglauben, sondern als deren Nachfolgerin und Fortsetzerin in modernem Gewand mit effizienteren Mitteln» (*Klinger* 1990: 27).

Über die radikale immanente Wissenschaftskritik hinausgreifend werden Versuche unternommen, erkenntnistheoretische Grundlagen feministischer Wiss. zu erarbeiten. Es wird grob zwischen standpunktorientierter Erkenntnistheorie und feministischem Postmodernismus unterschieden (vgl. *Harding* 1990: 151 ff.; *Klinger* 1990: 36 ff.). Feminist. standpunktorientierte Erkenntnistheorie versteht sich als ein Rekonstruktionsversuch von Wiss., der von den gesellschaftl. Erfahrungen der Frauen ausgeht und der mit dem Anspruch verbunden wird, daß Frauen die Welt nicht nur anders, sondern besser verstehen: Als Unterdrückte hätten sie kein Interesse an der Verzerrung der Realität. Angesichts der Analogie dieser Position zur marxistischen Erkenntnistheorie (in der Tat genügt es, Klasse durch Frau zu ersetzen, und klassische marxistische Texte feiern Auferstehung), hat sich innerfeministische Kritik festgemacht an der Annahme, das Sein bestimme das Bewußtsein, am Problem des richtigen und falschen Bewußtseins, an der Privilegierung eines Standpunkts usw.

Postmodernes Denken mit seiner Dekonstruktion der Kategorien Wahrheit, → Objektivität, Universalität usw., die für die moderne wiss. Rationalität zentral sind, mußte auf den F. anziehend wirken, der diese Kategorien in seiner Wissenschaftskritik ebenfalls in Frage stellte. Die Affinitäten waren unübersehbar und wurden noch durch die Aufwertung des Weiblichen im postmodernen Diskurs (das Weibliche als verborgene, subversive Unterseite der dominanten phallischen Kultur) verstärkt. Im Unterschied zur → Postmoderne hielt der F. jedoch an der Notwendigkeit *einer* feministischen Position fest, wodurch das postmoderne Kriterium der Beliebigkeit und damit die Gleichrangigkeit anderer Positionen aufgehoben wurde. Innerfeminist. Kritik gegen das postmoderne Projekt richtete sich v. a. gegen die mangelnde Berücksichtigung weiblicher Interessen und Belange und die Instrumentalisierung des Weiblichen für eine Theorieentwicklung, die letztendlich wieder zu einem patriarchalen Konzept von Weiblichkeit zurückfinde (*Klinger* 1990: 47 ff.).

3. Unter den sozialwiss. Fächern hat die Politikwiss. bislang den geringsten Beitrag zur feminist. Theoriedebatte geleistet (vgl. *Evans* 1985) und am wenigsten f. A. aufgenommen. Das Thema der Gleichberechtigung der Frau hat zwar eine lange Tradition in der wiss. Beschäftigung mit der Politik. Der Hinweis auf den Kampf um das Frauenwahlrecht mag genügen, um den Stellenwert politikwiss. Fragen für die historische Frauenbewegung in Erinnerung zu rufen (vgl. *Honnen* 1988). Doch was für die internat. Verhältnisse häufig festgestellt wurde, daß nämlich die Politikwiss. *«the least affected by the impact of the new feininist ideas»* sei, trifft für die Disziplin in D in ganz besonderem Maße zu. Denn während in den USA *gender and politics* zu einem Thema geworden ist und die Entwicklung einer *gender*-sensitiven Politikwiss. als *work in progress* begriffen wird (*Lovenduski* 1991: 612), ist *gender*-begründete Kritik an der Disziplin, die Androzentrismus und Sexismen geißelt, in D noch wenig entwickelt.

Gewiß, die Feststellung quantitativ unzureichender Integration von Frauen in den Wissenschaftsbetrieb ist richtig; gleichwohl kann sie nicht erklären, warum die in der Politikwiss. forschenden Frauen so wenig Frauenthemen aufgreifen, und wenn sie dies tun, überwiegend konventionellen Fragestellungen und Untersuchungsmethoden folgen. Von feministischer Dekonstruktion standardisierter politikwiss. Konzepte kann bislang kaum die Rede sein, und im «herrschenden theoretischen Diskurs über Veränderungsmöglichkeiten der Demokratie sind die Geschlechterdifferenz und das veränderte polit. Bewußtseins- und Handlungspotenzial von Frauen so gut wie kaum Gegenstand der Reflexion» (*Kulke* 1991: 266). Thematische Schwerpunkte der Frauenforschung innerhalb der dt. Politikwiss. bilden Fragen polit. Beteiligung von Frauen – zum einen der Frauen als Wählerinnen, zum anderen des Anteils von Frauen in Parteien, Parlamenten, Regierungen (Frage der Quotierung) sowie Fragen der Erwerbsbeteiligung von Frauen. Hier kam eine ländervergleichende Studie von *M. G. Schmidt* zu dem Ergebnis, daß die Verminderung geschlechterspezifischer Ungleichheiten in der Erwerbsbeteiligung in D keineswegs neueren feminist. Bewegungen zuzuschreiben sei. Vielmehr spreche einiges dafür, «daß die neuen Frauenbewegungen der 70er und 80er Jahre die polit. Folge und die polit. Reaktion auf den Übergang von einer Gesellschaft mit hochgradig inegalitärer Struktur der Geschlechterverhältnisse zu einer stärker egalitären Struktur sind» (*Schmidt* 1993: 93). Kurzum: Politikwiss. Frauenforschung wird auch von Männern betrieben, teilt die feministischen Annahmen und Grundsätze nicht unbedingt, folgt auch konkurrierenden Ansätzen und gelangt zu Ergebnissen, die quer zu den Erkenntnisinteressen und polit. Intentionen der Frauenbewegung liegen.

4. Die geringe Berücksichtigung feministischer Ansätze in der Politikwiss. hat sicherlich mehrere Gründe. Deren wichtigster liegt vielleicht in der aus der klassischen polit. Theorie stammenden Unterscheidung zwischen dem Öff. und dem Priv. und zwei damit einhergehenden Zuweisungen: der Hausarbeit, der Hausverwaltung *(oikos)* und der → Familie an das Private und damit an die Frauen, des Öff. (*polis*) an die Politikwiss. (dazu *Benhabib/Nicholson* 1987; *Pate-*

man 1989: 118 ff.). Die gegen die Trennung der häuslichen und der nicht-häuslichen Sphäre gerichtete Maxime «Das Private ist politisch», welche die radikale feministische Theorie erhob und die Frauenbewegung auf ihre Fahnen schrieb, war gegen dieses traditionelle polit. und wiss. Einkapseln der Geschlechterfrage gerichtet. Doch entgegen der kaum noch bestrittenen Ansicht, daß Frauenfrage, Haushalt, Kinder, Familie Teil der geschlechtlichen Arbeitsteilung sind, welche die Frauen benachteiligt, und daß Politiken, die sie betreffen, so polit. sind wie Außen- und Verteidigungspolitik, wirkt eine Tradition nach, in der das Geschlecht nicht als zentrale polit. Kategorie erscheint. Als handlungsorientierte Wiss. schaut die Politikwiss. auf Akteure, und das sind in der Politik überwiegend Männer. Der Unterschied, den Frauen in Ausübung von Mandaten und Ämtern oder als Führungspersonen in Parteien und gesellschaftl. Organisationen machen, fällt bislang nicht entscheidend ins Gewicht, ob nun *Margret Thatcher, Monika Wulf-Mathies* oder *Angela Merkel* in den Blick genommen werden. Solange *gender* als nicht bedeutend eingestuft wird, läßt sich auch schwerlich durch Spezialisierung auf Frauenforschung und ihre Feminisierung, d. h. durch Vertretung der feminist. Annahmen und Grundsätze, eine wiss. Karriere begründen. Methodologisch ist des weiteren von Bedeutung, daß vergleichende Studien zur Relevanz des *gender-* Faktors des Kontrastfalles entbehren. Stehen als Vergleichsfälle nur patriarchalische Gesellschaften zur Verfügung, wird nach den Faktoren geforscht, die Unterschiede innerhalb des patriarchalen Grund*settings* erklären, nicht aber nach dem Faktor, der das Grund*setting* selbst bestimmt. Forschungen in Nachbardisziplinen ersetzen hier nicht ein Forschungs*design*, das patriarchale und matriarchale Gesellschaften in Vergleich setzen könnte. Untersuchungen aus dem Entwicklungsland Indien, wo diese Vergleichsanlage als Folge matriarchaler Tradition des heutigen Bundesstaates Kerala möglich ist, zeigen die Relevanz des Faktors *gender.* In Gesellschaften, in denen Frauen aufgrund religiöser Überzeugungen benachteiligt sind, können Frauen hohe Regierungsämter anstreben, wenn die Klasse stimmt, ja, die Zugehörigkeit zu bestimmten Familien kann die *gender*-Zugehörigkeit als Faktor brechen. Solche Relativierungen des Faktors widersprechen jedoch weder dem grundsätzlichen Befund geschlechtsspezifischer Benachteiligungen von Frauen noch dem «Ziel feministischer Erkenntnissuche (...), Theorien zu formulieren, in denen die Tätigkeiten von Frauen als gesellschaftl. Tätigkeiten erscheinen, und in denen die Geschlechterverhältnisse als reale – d. h. explanatorisch wichtige – Komponenten der menschlichen Geschichte begriffen werden» *(Harding* 1990. 147).

Lit.: *Banhardt, C. (Hrsg.)* 1999: Gender and Politics, Opl. *Becker-Schmidt, R.* 2000: Feministische Theorien zur Einführung, Hamb. *Benhabib, S.* 1996: Democracy and Difference, Princeton. *Benhabib, S./Nicholson, L.* 1987: Politische Philosophie und Frauenfrage, in: *Fetscher, I./Münkler,* H. (Hrsg.): Pipers Handbuch der politischen Ideen, Bd. 5, Mchn., 513–562. *Bonder, G.* 1983: The Study of Politics from the Standpoint of Women, in: ISSJ 25 (4), 569–583. *Braun, K.* 2000: Feministische Perspektiven der Politikwissenschaft, Mchn.-Wien. *Brück, B.* u. a. 1992: Feministische Soziologie, Ffm./NY. *Evans, J.* 1986: Feminist Theory and Political Analysis, in: *Evans, J.* u. a. (Hrsg.): Feminism and Political Theory, L. u. a., 103–119. *Frerichs, A./Steinrücke, M.* (Hrsg.) 1993: Soziale Ungleichheit und Geschlechterverhältnisse, Opl. *Griese, C.* 1990: Gleichheit und Differenz, Mchn. *Harding, S.* 1990: Feministische Wissenschaftstheorie, Hamb. *Hansen, H./Nowotny, H.* (Hrsg.) 1986: Wie männlich ist die Wissenschaft?, Ffm. *Helwig, G./Nickel, H. M.* (Hrsg.) 1993: Frauen in Deutschland 1945–1992, Bln. *Hoecker, B.* 1987: Frauen in der Politik, Leverkusen. *Honnen, U.* 1988: Vom Frauenwahlrecht zur Quotierung, Münster/NY. *Klinger, C.* 1990: Bis hierher und wie weiter?, in: *Krüll, M.* (Hrsg.): Wege aus der männlichen Wissenschaft, Pfaffenweiler, 21–56. *Kulke,* C. 1991: Die Rationalität der Macht und die Macht der Rationalität, in: *Greven, M. Th.* (Hrsg.): Macht in der Demokratie, Baden Baden. *List, E./Studer, H.* (Hrsg.) 1989: Denkverhältnisse. Feminismus und Kritik, Ffm. *Lovenduski,* J. 1992: Gender and Politics, in: *Hawkesworth, M./Kogan, M.* (Hrsg.): Encyclopedia of Government and Politics, L./NY, Bd. 1, 603–615. *Meyer, K.I.* 1992: Einführung in die feministische Philosophie, Aachen. *Millet, K.* 1985: Sexus und Herrschaft, Rbk. (engl. 1970). *Nave-Herz, R.* 1992: Frauen zwischen Tradition und Moderne, Bielefeld. *Pateman, C.* 1989: The Disorder of Women. Democracy, Feminism and Political Theory, Camb./Ox. *Randall, V.* 1982: Women and Politics, L. *Rücker- Embden-Jonasch, T./Ebbecke-Nohlen, A.* (Hrsg.) [2]2000: Balanceakte. Familientherapie und Geschlechterrollen, Hdbg. *Schmidt, M. G.* 1993: Erwerbsbeteiligung von Frauen und Männern im Industrieländervergleich, Opl.

Andrea Ebbecke-Nohlen/
Dieter Nohlen

Feudalismus (von lat. *feodum/feudum* = Lehen), i.e.S. geschichtswiss. Bezeichnung für das Grundprinzip und die spezifische Erscheinungsform der europ. Gesellschafts-, Wirtschafts- und Herrschaftsordnung zwischen dem 7./8. Jh. und 1789/1848, Rechte und Pflichten von Herren (Feudalherren) und Untergebenen (Vasallen) über Belehnung v.a. mit Grund und Boden als persönliches Treueverhältnis aufzufassen und auszugestalten.

Angesichts der kritisch angenommenen und (gegen u.a. *O. Brunner*) zunehmend empirisch nachweisbaren tatsächlichen Erscheinungsform bzw. schon frühen Degeneration dieses Treueverhältnisses als Verhältnis persönlicher Abhängigkeit und Ausbeutung zu Lasten des Vasallen ist F. in der sozialistisch-marxistischen Geschichtsphilosophie auch Name für die zwischen Urgesellschaft/Sklavenhaltergesellschaft und → Kapitalismus/Bürgerlicher Gesellschaft (→ Bourgeoisie, → Bürgertum) angesiedelte Durchgangsstufe (Geschichtsperiode) aristokratischer Ausbeutungsherrschaft (→ *Ancien régime*, → Aristokratie). I.w.S. ist F. schließlich auch polemischer Inbegriff aller überholten gesellschaftl.-polit. Strukturen.

Während zur Zeit des Karolingerreichs in (West- und Zentral-)Europa eine einheitliche, relativ klare, auf den Kaiser zentrierte herrschaftliche Feudalhierarchie bestanden haben soll, entstanden zwischen dem 9. und 12. Jh. häufig noch wechselnde, miteinander konkurrierende Lehensmonarchien unterschiedlicher Geschlossenheit und Dichte (→ Monarchie). Als zentralistische Modellmonarchie, der es dank ihres tatkräftigen Betreibers, der königlichen Dynastie, immer wieder gelang, zur Unabhängigkeit strebende Hochadelige mit je eigener direkter und indirekter Vasallengefolgschaft lehensrechtlich oder pseudolehensrechtlich (durch Patronage) einzubinden, bildete sich Frankreich aus. Auf der Gegenseite stand D mit zentrifugalen, die Feudalbeziehungen komplex und vielfach widersprüchlich reproduzierenden und miteinander verknüpfenden Tendenzen. Inwieweit die Feudalmonarchie als Voraussetzung, Vorstufe oder gar Variante des → Absolutismus anzusehen sei (*P. Anderson* und andere marxistische Historiker), ist allerdings umstritten. Ihre Überwindung und Ersetzung wird heute eher ökon. Entwicklungen bzw. deren sozialen Folgen sowie den Konsequenzen des sich verschärfenden Widerstands der im F. über deren Basisinstitution Grundherrschaft systematisch ausgebeuteten Bauern zugeschrieben: beschleunigte Arbeitsteilung; Geldwirtschaft; Marktproduktion; Frühkapitalismus; Aufstieg des Bürgertums; zunehmende Verrechtlichung zunächst der bes. konfliktträchtigen, schließlich in der Tendenz aller Feudalverhältnisse. Auf diesen Grundlagen erfolgte die Entstehung des modernen Staates. Zunächst ermöglichten diese Entwicklung eine auch terminologische Trennung von feudaler Gesellschaftsordnung (erstmals in Frankreich um 1700: *Féodalité*) und (absolutistischer) Herrschaftsform. Beides ausdrücklich aufzuheben unternahm erstmals die Französische Revolution von 1789. Im übrigen Europa bedurfte ihre Abschaffung noch der z.T. schon kurz zuvor einsetzenden Bauernbefreiung, der teilweise revolutionären Überwindung (1848) der neo-absolutistischen Fürstenstaaten sowie der → Industrialisierung bzw. deren Hervorbringung zuerst der bürgerlichen Klassen- und dann der Massengesellschaft. In der modernen Entwicklungsländerforschung hat sich die Kategorie des F. als analytisch eher weniger tragfähig erwiesen.

Lit.: *Bloch, M.* 1995: La Société féodale, 2 Bde., Paris (zuerst 1939f.). *Herlihy, D.* 1971: The History of Feudalism, L. *Kuchenbuch, L.* (Hrsg.) 1977: Feudalismus, Ffm. *Müller-Mertens, E.* (Hrsg.) 1985: Feudalismus, Bln. *Peters, J.* (Hrsg.) 1995: Gutsherrschaft als soziales Modell, Mchn. *Rösener, W.* 1993: Die Bauern in der europäischen Geschichte, Mchn. *Wunder, H.* (Hrsg.) 1974: Feudalismus, Mchn.

Wolfgang Weber

Filterfragen → Fragebogen

Filibuster (engl. wörtlich «Freibeuter», im übertragenen Sinne Dauerredner), Obstruktionstaktik einer parlamentarischen Minderheit, bei der durch Dauerreden und Einbringung von (oft nur vorgeschobenen oder sinnlosen) Änderungsanträgen die Mehrheit ermüdet oder entnervt werden soll, um Abstimmungen über einen Gesetzentwurf zu verzögern oder gar zu verhindern.

Voraussetzung für diese Taktik ist das Fehlen von parlamentarischen Debattenregelungen, insbes. Redezeitbegrenzungen. F. war eine häufige und nicht einschränkbare Praxis im US-amerikan. Senat, bis 1977 die *Closure Motion* eingeführt wurde, derzufolge ein Schluß der Debatte beantragt werden kann. Da aber drei Fünftel der Senatoren zustimmen müssen, bleibt F. ein durchaus gebräuchliches Mittel der parlamentarischen Auseinandersetzung im Senat.

Suzanne S. Schüttemeyer

Finalität, in der europapolit. Debatte die institutionelle Zielvorstellung des Integrationsprozesses.

In der Debatte stehen sich in zwei Grundfragen jeweils zwei Positionen gegenüber. Zunächst wird der These, der Integrationsprozeß benötige die Bestimmung seiner F., durch die Gegenthese widersprochen, er sei ein offener Prozeß, aus dem heraus sich eine Zielvorstellung selbst entwickele. Sodann, wenn anerkannt wird, daß die F. des Prozesses im Vornhinein zu bestimmen sei, steht die Zielvorstellung einer bundesstaatl. Struktur derjenigen eines auf den Nationen aufbauenden Staatenbundes gegenüber.

→ Europamodelle.

Dieter Nohlen

Finalprinzip, sozialpolit. Grundsatz, wonach das Kriterium einer bestimmten Sozialeistung nicht die Frage nach der Ursache der jeweiligen Notlage ist (→ Kausalprinzip), sondern das Ziel, diese zu beseitigen bzw. möglichst weitgehend zu lindern. Maßgebliche Bedeutung kommt dem F. etwa in der Unfall- und Krankenversicherung sowie in der → Sozialhilfe zu.

→ Sozialpolitik; Sozialversicherung.

Bernhard Thibaut

Finanzausgleich, Mechanismus zur Aufteilung von Finanzmitteln zwischen den → Gebietskörperschaften eines nichtzentralistisch organisierten Staates. Sofern es einen F. gibt, ergibt sich diese Aufteilung nicht daraus, wo und durch wen die entspr. → Steuern und Abgaben erhoben werden, sondern sie erfolgt nach anderen bzw. zusätzlichen Kriterien, wie der relativen Wirtschafts- und Finanzkraft sowie den Aufgaben der einzelnen Gebietskörperschaften.

Die → Finanzverfassung der BRD sieht verschiedene Formen des F. vor. (a) Der horizontale F. regelt finanzielle Transfers zwischen den Bundesländern, wobei finanzschwache (ausgleichsberechtigte) Länder

Zahlungen von den wirtschaftl. stärkeren (ausgleichspflichtigen) Ländern erhalten. Maßgeblich hierfür ist der grundgesetzliche Auftrag zur Angleichung der Lebensverhältnisse in den verschiedenen Bundesländern; strittig sind indes Instrumente, Grad und Umfang des Ausgleichs, v. a. zwischen «Geber- und Empfänger-Ländern», was regelmäßig zu rechtl. Auseinandersetzungen vor dem Bundesverfassungsgericht führt. (b) Der vertikale F. regelt die Aufteilung der Staatseinnahmen zwischen Bund, Ländern, Landkreisen und → Gemeinden. Hinzu kommen Zuweisungen des Bundes an Länder, die bestimmte Sonderlasten (z. B. Hafenunterhalt im Falle der Stadtstaaten Hamburg und Bremen, «Aufbau Ost») zu tragen haben, und zur Kompensation von finanziellen Belastungen, die Ländern oder Gemeinden daraus entstehen, daß sie Einrichtungen des Bundes beherbergen. (c) Der kommunale F. regelt schließlich die finanziellen Beziehungen zwischen den Ländern, Landkreisen und Gemeinden. Es handelt sich dabei im Prinzip um eine vertikale Form des F., die jedoch auch horizontal wirkt, da der Ausgleich zwischen verschiedenen Landkreisen oder Gemeinden ein Kriterium der Mittelzuweisung durch die Länder ist.
Eine bes. Form des F. findet sich in der BRD im Bereich der öff. Krankenkassen. Hier sollen durch Ausgleichszahlungen zwischen den Kassen Nachteile kompensiert werden, die den Allgemeinen Ortskrankenkassen dadurch erwachsen können, daß sie eine ungünstigere Versichertenstruktur aufweisen als die Ersatzkassen, die einen größeren Einfluß auf die Zusammensetzung ihrer Mitgliederschaft haben.

→ Föderalismus.
Lit.: → Finanzverfassung.

Bernhard Thibaut

Finanzkrise des Staates, von dem marxistischen Ökonomen *J. O'Connor* Anfang der 1970er Jahre geprägter und an die Finanzsoziologie von *R. Goldscheid* und *J. Schumpeter* anknüpfender Begriff.

Nach der Theorie von *O'Connor* hat der → Staat in der modernen Industriegesellschaft zwei Hauptaufgaben: (1) die Krisenanfälligkeit der kapitalistischen Ökonomie durch finanzpolit. Maßnahmen zu verringern (*«social investment»*) und (2) die → Legitimität der existierenden Sozialordnung durch wohlfahrtsstaatl. Ausgaben zu erhalten (*«social consumption»*). Zur Krise kommt es, weil der polit. Druck nach höheren Ausgaben höhere → Steuern erfordert, welche den Akkumulationsprozeß hemmen. Die auftretenden Krisensymptome bringen den Staat in das Dilemma, in beiden Aufgabenbereichen mit zusätzlichen Ausgabenforderungen konfrontiert zu werden, ohne über entspr. → Ressourcen zu verfügen.

→ Fiskalpolitik; Kapitalismus; Marxismus; Massenloyalität.
Lit.: *O'Connor, J.* 1974: Die Finanzkrise des Staates, Ffm. (engl. 1973). *Offe, C.* 1984: Contradictions of the Welfare State, L. u. a.

Andreas Busch

Finanzpolitik, Gesamtheit polit.-administrativer Entscheidungsprozesse und Maßnahmen, die sich auf die Gestaltung der → Staatsfinanzen beziehen. Rechtliche Grundlage der F. ist die → Finanzverfassung.

Bei der Analyse der F. wird unterschieden nach (a) Handlungs- bzw. Entscheidungsebenen: in D ist die starke → Politikverflechtung zwischen Bund, Ländern und Gemeinden ein charakteristisches Merkmal der F., die daher einen hohen Koordinationsbedarf birgt; (b) sachlichen Bereichen: Regelung des → Finanzausgleichs, Gestaltung der Einnahmenstruktur (Steuer- und Kreditpolitik) und der Ausgabenstruktur (Verteilung nach Ausgabearten und Ausgabefeldern); (c) Zielen: Allokation der volkswirtschaftl. → Ressourcen i. S. einer möglichst effizienten Produktion von → Gütern und Dienstleistungen, Stabilisierung gesamtwirtschaftl. Parameter (Beschäftigungsstand, Wirtschaftswachstum, → Inflation, Zahlungsbilanz), Verteilung bzw. Umverteilung zwischen Personen, gesellschaftl. Gruppen und Regionen nach

Maßgabe von Gerechtigkeitserwägungen (Distribution). Die F. steht aufgrund ihrer Dispositionsleistung über das neben dem Recht wichtigste Steuerungsmedium moderner Staatstätigkeit (Geld), das für praktisch alle anderen → Politikfelder relevant ist, in bes. Maß im Schnittpunkt vielfältiger Konflikte sowohl innerhalb der Regierung zwischen den → Ressorts als auch zwischen den → Parteien und zwischen gesellschaftl. → Interessengruppen.

Lit.: *Mäding, H.* (Hrsg.) 1987: Haushaltsplanung – Haushaltsvollzug – Haushaltskontrolle, Baden-Baden. *Mäding, H.* [4]2000: Öffentliche Finanzen, in: *Andersen, U./Woyke, W.* (Hrsg.): Handwörterbuch des polit. Systems der Bundesrepublik Deutschland, Opl., 411–420. *Schmidt, M. G.* 1989: Staatsfinanzen, in: *Beyme, K. von/Schmidt, M. G.* (Hrsg.): Politik in der Bundesrepublik Deutschland, Opl., 36–73. *Wiesner, H.* [10]1997: Öffentliche Finanzwirtschaft, Hdbg. *Zolnhöfer, R.* 2000: Der lange Schatten der schönen Illusion: Finanzpolitik nach der deutschen Einheit; 1990–1998, in: Leviathan 28 (1), 14–38.

Bernhard Thibaut

Finanzverfassung, Gesamtheit der verfassungsrechtlichen und gesetzlichen Grundsätze der → Finanzpolitik. Gegenstand der F. ist insbes. die Verteilung finanz- und fiskalpolit. Entscheidungsbefugnisse sowie fiskalischer Anrechte zwischen den verschiedenen Gebietskörperschaften eines Staates.

1. In D ist die F. im wesentlichen in den GG-Artikeln 104a bis 115 geregelt. Sie geht von den Grundsätzen aus, daß der Bund und die Länder die für die Wahrnehmung ihrer Aufgaben notwendigen Ausgaben selbst zu tragen haben (Art. 104a Abs. 1 GG) und in ihrer Haushaltswirtschaft selbständig und voneinander unabhängig sind (Art. 109 Abs. 1 GG). Diese Grundsätze werden allerdings durch die vielfältigen Verflechtungs- und wechselseitigen Abhängigkeitsbeziehungen zwischen Bund, Ländern und Gemeinden und in zunehmendem Maß auch der EU im Hinblick auf den finanzpolit. Entscheidungsprozeß sowie im Hinblick auf die Verteilung der Fiskaleinnahmen und der staatl. Aufgabenwahrnehmung stark überformt.

2. Verflechtungen ergeben sich zunächst in bezug auf die Verteilung des Steueraufkommens. Die urspr. vorherrschende Trennung der fiskalischen Anrechte der einzelnen Gebietskörperschaften nach Steuerarten wurde durch Reformen der F. 1955 und 1969 von einer Dominanz des Steuerverbundes zwischen Bund, Ländern und Gemeinden abgelöst. Rund drei Viertel des Steueraufkommens entfallen auf die sog. Gemeinschaftssteuern (u. a. Lohn- und Einkommensteuer, Umsatz- bzw. Mehrwertsteuer, Körperschaftssteuer), die nach einem bestimmten Schlüssel auf die verschiedenen Ebenen verteilt werden. Gesetzliche Regelungen dieser Steuerarten bedürfen der Zustimmung des → Bundesrates. Die Steuerarten, die ausschließlich den Gebietskörperschaften vorbehalten sind (Länder: u. a. Erbschaftsssteuer, KFZ-Steuer; Gemeinden: Grundsteuer, Gewerbesteuer) sind demgegenüber von relativ geringer Bedeutung.

3. Eine weitere Verflechtungsdimension stellt der horizontale und vertikale → Finanzausgleich dar. Die Komplexität des Finanzausgleichs wurde im Kontext der dt. Vereinigung nach 1990 zu einem Problem der F., da die bereits zuvor existierenden Wohlstandsdisparitäten zwischen den Ländern durch das drastische West-Ost-Gefälle verstärkt wurden und die West-Länder starke zusätzliche Belastungen bzw. verringerte Einnahmen aus dem Finanzausgleich zu gewärtigen hatten. Gleichwohl erwies sich das System als flexibel genug, die neuen Länder ab 1995 mit nur geringen Veränderungen der F. in den Ausgleichsmechanismus einzubeziehen. Aus der Beteiligung des Bundes an der Finanzierung von Aufgaben der Länder und Gemeinden (Art. 104a Abs. 4 GG) sowie aus Bestimmungen zur konjunkturpolit. Koordinierung der Budgetpolitik von Bund, Ländern und Gemeinden (Art. 109 GG) ergeben sich zusätzliche Erfordernisse der Zusammenwirkung und Konsensbildung zwischen den verschiedenen Ebenen der Staatsorganisation. Ein wesentliches Cha-

rakteristikum der F. ist daher die ausgeprägte → Politikverflechtung, die im Zuge der Entwicklung des → Föderalismus in der BRD bis hin zu neueren Bemühungen um eine verstärkte → Dezentralisierung der staatl. Aufgabenwahrnehmung und um eine Konsolidierung der → Staatsfinanzen stetig zugenommen hat.

Lit.: *Arnim, H.H. v.* 1999: Finanzverfassung, Bundesstaatliche Ordnung, Hdbg. *Hennecke, H.-G.* [2]1998: Die Kommunen in der Finanzverfassung des Bundes und der Länder, Wsb. *Hennecke, H.-G.* [2]2000: Öffentliches Finanzwesen, Finanzverfassung, Hdbg. *Magiera, S.* 1995: Zur Finanzverfassung der Europäischen Union, Mchn. *Neumärker, K.J.B.* 1995: Finanzverfassung und Staatsgewalt in der Demokratie, Ffm. *Renzsch, W.* 1991: Finanzverfassung und Finanzausgleich, Bonn. *Willkens, H.* (Hrsg.) 1993: Probleme des Finanzausgleichs in nationaler und internationaler Sicht (Beihefte der Konjunkturpolitik 41), Bln.

Bernhard Thibaut

Fiskalpolitik, wirtschaftspolit. Begriff, der in unterschiedlicher Weise gebraucht wird und dabei gegensätzliche Bedeutungen hat: als Übersetzung von *fiscal policy* (eigtl.: → Finanzpolitik) bezeichnet er den Gebrauch staatl. Ausgaben- und Einnahmeninstrumente mit dem Ziel makroökon. Beeinflussung der Konjunktur.

In Abgrenzung von eben dieser Finanzpolitik bezeichnet er alle staatl. Maßnahmen, deren Ziel auf einen Ausgleich der Einnahmen und Ausgaben des Staatshaushaltes ausgerichtet ist, ohne dabei konjunkturpolit. Aspekte zu berücksichtigen.

→ Finanzverfassung; Steuern; Steuerstruktur.

Lit.: → Steuern.

Andreas Busch

Flächenstichprobe → Auswahlverfahren

Flexible Response (engl. für flexible Antwort), Militär-Strategie der → NATO von 1967 bis zum Ende des → Ost-West-Konflikts, die bereits 1962 in den USA die Strategie massiver Vergeltung abgelöst hatte.

Bei der Strategie flexibler Erwiderung handelt es sich um den Versuch der USA und der NATO, unter den Bedingungen wechselseitiger Vernichtungsfähigkeit die Risiken nuklearer Eskalation zu verringern und durch abgestufte Reaktionen den Handlungsspielraum zu erhöhen. Die Strategie stützte sich auf die Triade von konventionellen und taktisch-nuklearen Waffen sowie von nuklearstrategischen Systemen. Sie umfaßte erklärtermaßen (1) die Direktverteidigung gegen einen Angriff, (2) die vorbedachte Eskalation der Kriegshandlungen, um dem Gegner die Risiken weiterer Kriegsführung vor Augen zu führen und so zur Kriegsbeendigung zu bewegen, und (3) die allg. nukleare Reaktion.

Lit.: *Stratmann, K.-P.* 1981: NATO-Strategie in der Krise?, Baden-Baden. *Krell, G./Schmidt, H.-J.* 1982: Der Rüstungswettlauf in Europa., Ffm./NY.

Peter Rudolf

Floating voter → Wechselwähler

Fokussiertes Interview → Qualitative Methoden

Forschungsartefakte → Methodenprobleme in der empirischen Sozialforschung

Flüchtlinge/Flüchtlingspolitik, F. sind Personen, die aufgrund einer Notsituation (→ Bürgerkrieg, Verfolgung, Folter usw.) ihren bisherigen Lebensraum verlassen und in einem anderen Landesteil (Binnenflüchtlinge) bzw. im Ausland (Asyl) Schutz suchen.

Als polit. F. definiert das Flüchtlingskommissariat der Vereinten Nationen (UNHCR)

entspr. der Genfer Flüchtlingskonvention (GFK 1951) jene, die sich aus wohlbegründeter Furcht vor Verfolgung (aus polit., rassischen, ethnischen oder religiösen Gründen) im Ausland aufhalten. Bei dieser engen Definition sind aber weder die ebenso hohe Zahl an Binnenflüchtlingen noch die durch ökolog. Katastrophen und extreme Unterentwicklung vertriebenen Armutsflüchtlinge berücksichtigt.

Der Großteil der Fluchtbewegungen findet weiterhin innerhalb der → Dritten Welt statt. Dennoch haben alle Industrienationen mit Blick auf innenpolit. Konflikte auf den gestiegenen Migrationsdruck mit einer in bezug auf Anerkennungskriterien, Sozialleistungen, Abschiebepraxis usw. restriktiveren Flüchtlingspolitik reagiert. Eine dem Weltordnungsproblem angemessene globale Lastenverteilung im Rahmen eines internat. Flüchtlingsregimes scheitert weiterhin am Souveränitätsvorbehalt der → Nationalstaaten.

Lit.: *Angenendt, S.* (Hrsg.) 1997: Migration und Flucht, Bonn. *Nuscheler, F.* 1995: Internationale Migration, Opl.

Günter Rieger

Föderalismus (von lat. *foedus* = Bund, Vertrag), eine horizontal und/oder vertikal gegliederte (polit.-staatl. oder auch gesellschaftl.) Ordnung, in der die Mitglieder des Bundes über eigene Rechte, Kompetenzen und Legitimität verfügen.

1. In Anlehnung an *B. Reissert* (1992: 238 f.) lassen sich vier (je zwei polit.-staatl. und gesellschaftl.) Verständnisse von F. unterscheiden: [1] ein verfassungsrechtliches: Im → Bundesstaat sind die drei staatl. Gewalten (Exekutive, Legislative, Judikative) im Gesamt- wie in den Gliedstaaten vorhanden, und ihre Existenz ist verfassungsrechtlich geschützt (vgl. *Bothe* 1977); [2] ein institutionell-funktionales: Im F. sind die staatl. Aufgaben so zwischen Gesamt- wie Gliedstaaten aufgeteilt, daß jede staatl. Ebene in bestimmten Bereichen allein verantwortlich entscheiden kann (vgl. *Riker* 1975); [3] ein soziologisch-behavioristisches: Föderal sind Gesellschaften mit territorial verfestigten ethnischen, religiösen, ökon., historisch-genetischen Gliederungen, unabhängig von ihrer polit. Organisation (vgl. *Livingston* 1956); [4] ein sozialphilosophisches: Föderal sind gesellschaftl. Ordnungen, die (dem → Subsidiaritätsprinzip und dem Genossenschaftswesen verpflichtet) auf der freiwilligen Assoziation weitgehend autonomer dezentraler Einheiten aufbauen (vgl. *Deuerlein* 1972).

2. Auf eine kurze Formel gebracht, stellt sich F. polit. dar als *«combination of shared rule and self-rule»* (*Elazar* 1994), wobei es v. a. um folgende Funktionsziele geht: (1) Machtaufgliederung mittels → Gewaltenteilung und/oder Gewaltenbalancierung; (2) Minderheitenschutz mittels territorialer Eigenständigkeit; (3) Integration heterogener Gesellschaften, insbes. wirtschaftl., polit., militärische → Integration bei sozio-kultureller Eigenständigkeit; (4) Aufgabenbewältigung durch funktionale Ausdifferenzung und → Dezentralisierung bei gleichzeitiger Wiederverflechtung. Der F. steht damit im Spannungsverhältnis von Subsidiarität, Vielfalt und polit. Autonomie auf der einen und der Notwendigkeit zum Zusammenhandeln, dem Versuch der Herstellung gleichartiger Lebensverhältnisse und polit. Integration auf der anderen Seite.

3. Vom → Einheitsstaat unterscheiden sich föderale → Politische Systeme nicht durch den Tatbestand vertikaler Ausdifferenzierung, der beiden gemeinsam ist, sondern durch den Grad der → Autonomie der Gliedstaaten sowie die Art und Weise ihrer Wiederverflechtung. Die zahlreichen Erscheinungsformen des F. können dabei auf je zwei Modelle zurückgeführt werden (vgl. *Schultze* 1990); es stehen sich gegenüber: (1) normativ, (a) zentripetaler F. (Ziel: Integration und Gleichheit der Lebensverhältnisse) vs. (b) zentrifugaler F. (Ziel: Autonomie und Vielfalt der Lebenbedingungen); (2) polit.-institutionell, (a) → Intrastaatl. F. (funktionale Aufgabenteilung nach Kompentenzarten und Gewaltenverschränkung) vs. (b) → Interstaatlicher F. (Kompetenzverteilung nach Politikfeldern und Gewaltentrennung). Musterbeispiele für den letzteren Typ sind die eher dual organisierten F. der Schweiz,

Kanadas, der USA, für den Typ des intrastaatl. F. die Verbund- bzw. → Beteiligungsföderalismen Österreichs und v. a. der BRD mit ihrem hohen Grad an → Politikverflechtung. Wichtige Unterscheidungsmerkmale sind u. a. (1) die verschiedenartige Beteiligung der Gliedstaaten an der Willensbildung des Gesamtstaates (Bundes, Eidgenossenschaft, Union) mit i. d. R. dem Bundesrat ähnlicher Vertretung der gliedstaatl. Regierungen in der Zweiten Kammer im intrastaatl. F., mit vom Volk gewählter Zweiter Kammer im interstaatl. F. (z. B. US-Senat), (2) die andersartige Struktur des Finanzföderalismus mit i. d. R. Steuerverbund, gleichen Steuersätzen, vertikalem wie horizontalem → Finanzausgleich im intrastaatl. F., mit konkurrierender, getrennter Steuerkompetenz und gliedstaatl. variierenden Steuersätzen im interstaatl. F. Den Differenzen sind indes aufgrund der Gefahr von → Externalitäten und ruinösem Standortwettbewerb Grenzen gesetzt.

4. Die Politk im F. wird maßgeblich geprägt von den Handlungsmustern der polit. Akteure, wobei ein enger Zusammenhang zwischen normativer Dimension, Institutionensystem und Politikstil besteht. Der intrastaatl. F. fordert und fördert den Politikstil des Aushandelns, der Beteiligung, des Proporzes, des Ausgleichs (→ Konkordanzdemokratie); der interstaatl. F. setzt auf Konkurrenz und Vielfalt. Allerdings sind auch F., die auf Autonomie und Wettbewerb aufbauen, → Verhandlungssysteme. Im Ggs. zum Verbundföderalismus entfällt im interstaatl. F. jedoch der Einigungszwang, besteht die Möglichkeit des *opting out* (→ Asymmetrischer F.). Nicht *a priori*, nur kontextbezogen ist die Frage zu beantworten, welcher Typ des F. die gesellschaftl. Anforderungen eher erfüllen kann. Insges. stellt der F. für die von wachsender Ausdifferenzierung und Subsystemautonomie bestimmten polyzentrischen Gesellschaften des ausgehenden 20. Jh. jedoch eine «evolutionär höchst fortschrittliche Struktur (...) und mehr denn je angemessene (...) Organisationsform» der Politik dar (*Mayntz* 1989: 9 f.).

Lit.: *Benz, A./Lehmbruch, G.* (Hrsg.) 2002: Föderalismus, Wsb. *Bothe, M.* 1977: Die Kompetenzstruktur des modernen Bundesstaates in rechtsvergleichender Sicht, Hdbg./NY. *Deuerlein, E.* 1972: Föderalismus, Bonn. *Elazar, D. J.* (Hrsg.) [2]1994: Federal Systems of the World, L. *Laufer, H./Münch, U.* 1997: Das föderative System der Bundesrepublik Deutschland, Bonn. *Livingston, W. S.* 1956: Federalism and Constitutional Change, Ox. *Mayntz, R.* 1989: Föderalismus und die Gesellschaft der Gegenwart, Köln. *Reissert, B.* [4]1992: Föderalismus, in: *Nohlen, D./Schultze, R.-O.* (Hrsg.): Politikwissenschaft, Mchn., 238–244. *Riker, W. H.* 1975: Federalism, in: *Greenstein, F. I./Polsby, N. W.* (Hrsg.): Handbook of Political Science 5, Reading, 93–172. *Scharpf, F. W.* 1994: Optionen des Föderalismus in Deutschland und Europa, Ffm./NY. *Schultze, R.-O.* 1990: Föderalismus als Alternative?, in: ZParl 21, 475–490. *Schultze, R.-O.* 1999: Föderalismusreform in Deutschland, in: ZfP 46, 173–194. *Schultze, R.-O.* 2001: Föderalismus, in: *Nohlen, D.* (Hrsg.): Kleines Lexikon der Politik, Mchn., 127–134. *Sturm, R.* 2001: Föderalismus in Deutschland, Opl. → Bundesstaat; Politikverflechtung.

Rainer-Olaf Schultze

Föderation (von lat. *foederatio* = Vereinigung, engl. *federation*), Zusammenschluß zweier oder mehrerer Gliedstaaten zu einem → Bundesstaat.

Im Ggs. zum → Staatenbund geht die → Souveränität in der F. auf den → Zentral-/Gesamtstaat über; im Unterschied zum (dezentralen) → Einheitsstaat bleiben Staatsqualität und → Staatsgewalt der Gliedstaaten (Länder, Kantone, Provinzen) im Bundesstaat aber erhalten.

→ Föderalismus.

Rainer-Olaf Schultze

Fordismus/Postfordismus, zentrale Begriffe der Theorie der → Regulation für bestimmte historisch unterschiedene Phasen in der Entwicklung des → Kapitalismus. Der Begriff F. selbst wurde dabei der erfolgreichen Strategie *H. Fords* entnommen, auf der Grundlage von Fließband und tayloristischer Arbeitsteilung Autos zu produzieren, die die Arbeiter dann von ihren eigenen Löhnen auch kaufen konnten.

1. Die Theorie wurde von Schülern des Begründers des strukturalistischen → Marxismus in Frankreich, *L. Althusser*, entwickelt. Während dieser zum Ausgangspunkt der Analyse die → Reproduktion der → Produktionsverhältnisse, also die Ausbildung von Regelmäßigkeiten, wählt, legt die Regulationsschule ihr Augenmerk auf den problematischen Charakter der kapitalistischen Entwicklung und fragt nach den Bedingungen der Möglichkeit von Phasen relativ stabilen Wachstums. Deren Existenz wird damit erklärt, daß die Widersprüche kapitalistischer Vergesellschaftung bisher in unterschiedlichen institutionellen Formen reguliert wurden. Damit wendet sie sich kritisch gegen die abstrakte Modellogik der neoklassischen allg. → Gleichgewichtstheorie und gegen technologisch-deterministisch argumentierende «schumpeterianische» Varianten der Theorie der langen Wellen. Methodisch-begrifflich will sie die Lücke zwischen *Marxens* allg. Theorie des Kapitalismus und der empirischen Erforschung konkreter Situationen schließen. Mit Blick auf den Geschichtsbegriff betont sie den eigenständigen Charakter historischer Phasen des Kapitalismus und die Unmöglichkeit, diese aus seinen abstrakten Grundmerkmalen abzuleiten. Im Hinblick auf den Gesellschaftsbegriff verspricht sie die Überwindung des Dualismus von struktur-(oder system-) und akteurszentrierter Perspektive und damit eine Klärung der Bedeutung sozialer Auseinandersetzungen für die konkrete Ausgestaltung unterschiedlicher Kapitalismen.

2. F. wird in diesem Kontext benutzt als → Idealtyp zur Bezeichnung der historischen Phase des Nachkriegskapitalismus mit seiner spezifischen Verknüpfung von Massenproduktion und Massenkonsum sowie wirtschaftl. Wachstum und Vollbeschäftigung, die durch einen weitestgehenden sozialen Konsens von Kapital, → Gewerkschaften und Staat abgestützt und durch institutionelle Mechanismen wie → Korporatismus, → Wohlfahrtsstaat und → Keynesianismus in den verschiedenen Industriegesellschaften bis etwa Mitte der 1970er Jahre immer wieder zu garantieren versucht wurden, wobei Unterschiede in den jeweiligen nat. «Wohlfahrtsstaats-Bündnissen» durchaus berücksichtigt werden.

3. Postfordismus wird als heuristischer Arbeits-Begriff für die These benutzt, daß die fordistische Vergesellschaftungsform sich aufgrund sowohl gesellschaftsinterner als auch weltmarktvermittelter externer Schranken für die Wachstumssteigerung in einer strukturellen Krise befinde und derzeit unterschiedliche «Such»-Strategien identifizierbar seien, um eine neue Verbindung (Artikulation) von sozio-ökon., polit. und kulturellen Institutionalisierungsformen für ein neues stabiles Wachstums- und Gesellschaftsprojekt zu finden – dieses «postfordistische Projekt» selbst aber längst nicht verwirklicht sei.

Lit.: *Aglietta, M.* 1979: A Theory of Capitalist Regulation, L. *Amin, A.* (Hrsg.) 1994: Post-Fordism, Ox. u.a. *Boyer, R.* 1986: La théorie de la régulation, Paris. *Esser, J.* u.a. (Hrsg.) 1994: Politik, Institutionen und Staat, Hamb. *Gramsci, A.* 1967: Amerikanismus und Fordismus, in: *ders.*: Philosophie der Praxis, Ffm., 376–404. *Hirsch, J./Roth, R.* 1986: Das neue Gesicht des Kapitalismus, Hamb. *Lane, C.* 1995: Industry and Society in Europe, Aldershot. *Lipietz, A.* 1985: Akkumulation. Krisen und Auswege aus der Krise, in: Prokla 58, 109–137.

Josef Esser

Forschung und Entwicklung, polit.-ökon. Fachterminus, der darauf verweist, daß die Stabilität und Kontinuität moderner Massendemokratien wesentlich von der Innovationsfähigkeit und -tätigkeit ihrer technisch-ökon. Systeme abhängen. F. u. E. wird v. a. von der priv. Wirtschaft, aber auch in einer Vielzahl von (Groß-)Forschungseinrichtungen und Hochschulen betrieben und dabei erheblich durch polit.-staatl.

Vermittlung und Auftragsvergabe induziert, durch öff. Mittel finanziert und durch Formen der (z. B. fachspezifischen) Selbstverwaltung und Begutachtung kontrolliert.

1. Ökon.-technisch interpretiert, verweist F. u. E. auf die ständige Neu- und Weiterentwicklung von Produkten und Produktqualitäten, den Einsatz von → Produktionsmitteln und -verfahren mit stetig steigender Effizienz und der entspr. Re-Organisation von Arbeitsprozessen. Diese Entwicklung ist ursächlich für die zunehmende Dynamik moderner Volkswirtschaften und äußert sich in immer neuen technologischen Wellen (Atomkraft, Mikroelektronik, Bio-, Gentechnologie usw.). Sie geht von der Privatwirtschaft aus, unterwirft diese gleichzeitig einem Innovationsdruck, der über innerbetriebliche F. u. E.-Abteilungen und vielfältige zwischen- und überbetriebliche Kooperationen aufgenommen wird und dem Ziel dient, die eigene Position im nat. und internat. Wettbewerb zu halten und ggf. zu verbessern.

2. F. u. E. ist ein wesentliches Element des Wettbewerbs zwischen den USA, Europa und Japan um neue Märkte. Der internat. Innovationswettbewerb hat in jüngster Zeit durch den Aufstieg industrieller → Schwellenländer an Bedeutung gewonnen. Internat. Arbeitsteilung und → Globalisierung binden darüber hinaus die technisch-ökon. Entwicklung eines Landes an diejenige anderer Länder, setzen den externen Innovationsdruck nach innen fort und führen dazu, daß die jeweiligen Weltmarktanteile nur durch fortlaufende Spezialisierung und Flexibilisierung gehalten und ggf. verbessert werden können. Dies wiederum fördert die Entstehung von Märkten für forschungsintensive Produkte und Dienstleistungen sowie für Kleinserien und Einzelfertigungen (Ende der Massenproduktion, → Postfordismus). Dieser Innovationsdruck erzwingt immer kürzere Produktionszyklen, d. h. immer kürzere Phasen zwischen Erfindung, Entwicklung, Aufbau der Fertigung und Vermarktung von Produkten. Die so forcierte Innovationskraft moderner Staaten beschrieb *J. A. Schumpeter* bereits 1942 als «Prozeß schöpferischer Zerstörung», durch den die Grundlagen kapitalistischen Wirtschaftens (staatsfreie Unternehmensentscheidungen und staatsfreie Kapitalrestitution durch Preise und Gewinne) aufgehoben werden.

Lit.: *Gerybadze, A./Meyer-Krahmer, F./Reger, G.* 1997: Globales Management von Forschung und Innovation, Stg. *OECD*, Main Science and Technology Indicators, jeweils mit Jahresangabe. *Reuhl, G.* 1994: Forschung und Entwicklung zwischen Politik und Markt, Ludwigsburg/Bln. *Schumpeter, J. A.* 71993: Kapitalismus, Sozialismus und Demokratie, Tüb. (engl. 1942). *UNESCO* 1999: World Science Report, Paris.

Klaus Schubert

Forschungs- und Technologiepolitik, Gesamtheit aller polit. und verbandlichen Aktivitäten sowie gesetzgeberischen und finanziellen Maßnahmen zur Förderung wiss. und technisch-ökon. Innovationen.

1. Zu unterscheiden sind Fördermaßnahmen, die der Erweiterung und Vertiefung wiss. Erkenntnisse dienen (Grundlagenforschung) und solche, die deren Anwendung in der Praxis erleichtern und beschleunigen sollen (angewandte Forschung). F. u. T. zielt (a) auf die Steigerung der wiss. Leistungen in (Groß-)Forschungseinrichtungen und Hochschulen, (b) auf den Erhalt und die Erhöhung der Wettbewerbsfähigkeit der inländischen Industrie und Dienstleistungsanbieter, wobei der Förderung des Transfers zwischen der vorrangig staatl. finanzierten Grundlagenforschung und der überwiegend privatwirtschaftl., marktfähigen Umsetzung und Nutzung der Forschungsergebnisse (z. B. durch Entwicklung und Test von Prototypen, neuen Herstellungsverfahren usw.) bes. Bedeutung zukommt.

2. Instrumente staatl. F. u. T. sind v. a. die (1) direkte oder indirekte Finanzierung (Forschungsprojektmittel und Subventionierung konkreter Projekte; steuerliche Erleichterungen), (2) staatl. Großaufträge, die Bereitstellung von (3) Infrastruktur (Forschungs- und Kommunikationseinrichtungen, Bibliothe-

ken, Datenbanken), (4) Einrichtungen von (üblicherweise zeitlich begrenzten Forschungs-)Personalstellen, (5) Induzierung, Unterstützung und Beratung von Kooperation zwischen Privatwirtschaft, Wiss. und Forschung, Verbänden und staatl. Einrichtungen.

Lit.: *Bundesminister für Forschung und Technologie* 1993: Bundesbericht Forschung 1993, Bonn. *Martinsen, R./Simonis, G.* (Hrsg.) 1995: Paradigmenwechsel in der Technologiepolitik?, Opl. *Rosenberg, N.* u. a. (Hrsg.) 1992: Technology and the Wealth of Nations, Stanford. *Starbatty, J./ Vetterlein, U.* 1990: Die Technologiepolitik der Europäischen Gemeinschaft, Baden-Baden. *Sturm, R.* (Hrsg.) 1996: Europäische Forschungs- und Technologiepolitik und die Anforderungen des Subsidiaritätsprinzips, Baden-Baden.

Klaus Schubert

Forschungsansatz (auch → Ansatz, engl. *approach*), bezeichnet die wiss. Herangehensweise an den Forschungsgegenstand, die durch eine Kombination verschiedener, aufeinander abgestimmter Elemente aus → Theorie (→ Metatheorie), → Methode und → Forschungstechnik gekennzeichnet ist.

Beispiel: Der historisch-genetische F. fußt theoretisch auf der → Erklärung der Sachverhalte aus dem historischen Entstehungszusammenhang und nachfolgender Entwicklungen, methodisch auf dem historisch-hermeneutischen Vorgehen, forschungstechnisch auf der inneren und äußeren Quellenkritik.

Dieter Nohlen

Fortschritt, Begriff, der in seinem heutigen Verständnis der geschichtsphilosophischen Diskussion am Beginn der Moderne entstammt und in engem Zusammenhang mit der Entstehung des Kollektivsingulars Geschichte steht: «er sollte eine genuin geschichtliche Zeit auf ihren Begriff bringen» (*Koselleck* 1985: 352), die sich im Unterschied zu antiken Kreislaufvorstellungen und der seit dem frühen Mittelalter dominierenden christlichen Idee einer zielbestimmten heilsgeschichtl. Entwicklung als unendliche Bewegung in der Zeit interpretiert. Wie aber der Gegenbegriff Rückschritt, oder später auch Reaktion, anzeigt, wird diese unendliche Bewegung zugleich als unabschließbare Verbesserung der Verhältnisse vorgestellt. So werden fortschrittlich und rückschrittlich Relationsbegriffe mit normativer Bedeutung.

Das 19. Jh. wird zum eigentlichen «Jahrhundert des Fortschritts», der als «Entwicklung» in Natur *(Charles Darwin),* Wissenschaft, Technik und Gesellschaft insgesamt für unaufhaltsam gehalten wird: Rückschritte oder einzelne Erfolge der Reaktion können die als objektiv interpretierte Fortschrittsbewegung nur zeitweise hemmen. Häufig wird der Sinngehalt von F. und Entwicklung nahezu identisch, bes. wenn die stete Veränderung weniger auf kontingentes Handeln als vielmehr auf objektive Gesetzmäßigkeiten zurückgeführt wird. Diese Sichtweise spiegelt noch heute der Gebrauch des Begriffes Entwicklungsländer in der → Modernisierungstheorie, der eine mehr oder weniger lineare Entwicklungslogik am Maßstab westl. Industriegesellschaften unterstellt, nach der einzelne Gesellschaften mehr oder weniger entwickelt oder fortschrittlich erscheinen.

Der formale Relationscharakter des Fortschrittsbegriffs öffnet allerdings die Schleusen zu einem nahezu beliebigen polit. und ideologischen Gebrauch durch fast alle polit. und geistigen Strömungen seit dem 19. Jh.: F. wird zum polit. und gesellschaftl. Schlagwort, dessen sich schwerpunktmäßig Liberale und Linke bedienen, das aber auch gemäßigt Konservative für sich beanspruchen. So entsteht der Streit um den «eigentlichen Fortschritt». Vor der Verwendung des Begriffs F. in wiss. Zusammenhängen warnte bereits *Max Weber* (1968: 518 ff.): Zwar könne man die Steigerung ökon. oder technischer Rationalität angesichts eindeutiger

Kriterien werturteilsfrei feststellen, aber aller wertmäßige F. in gesellschaftl., kultureller oder subjektiver Hinsicht bleibe relational auf jeweils verschiedene Werthaltungen bezogen, über die ein wiss. Urteil nicht mehr möglich sei. Heute wird man angesichts der ökolog. und gesellschaftl. Folgen des technischen und teilweise auch wiss. F. und der sich polit. daran entzündenden Kontroversen (z. B. Nuklear-, Bio- und Verkehrstechnologien) in der Skepsis noch über *Max Weber* hinausgehen müssen.

Gegen die «neue Religion» des F. im 19. Jh. *(Heinrich Heine)* entstand bereits mit der Philosophie *Schopenhauers* und dann bei *Friedrich Nietzsche* scharf auf die Spitze getrieben eine generelle Fortschrittskritik, die sowohl in *M. Horkheimers* und *T. W. Adornos* «Dialektik der Aufklärung» (1969) wie in der in den 1980er Jahren einsetzenden Diskussion über eine «Post-Moderne» ihre Spuren hinterlassen hat. Während die Kritische Theorie dialektisch, wie schon *Marx* und *Engels* (1972: 130), «in jedem Fortschritt der Zivilisation» zugleich auch einen F. in Ungleichheit und neuer Barbarei erblickt, insofern auf «Differenzierungen im Begriff Fortschritt» pocht (*Bloch* 1968: 160 ff.), stellt die → Post-Moderne die Vorstellung von F. oder Entwicklung insgesamt zugunsten eines radikalen Relativismus in Frage (*Baumann* 1992). Demgegenüber stehen Versuche, gerade den Fortschrittsbegriff für eine praktische Philosophie der freiheitlichen Sinnstiftung fruchtbar zu machen, für die der F. zwar nicht gewiß, aber durch praktisches Problemlösungshandeln zu erreichen ist (*Rapp* 1992: 211). Politik in der Moderne wäre ohne solche freilich stets kontroversen und prekären Versuche der «Sinngebung des Sinnlosen» (*Lessing* 1983) zur zynischen Machtkonkurrenz verdammt.

Als politikwiss. Kategorie ist der Fortschrittsbegriff wegen seines formalrelationalen Charakters insgesamt problematisch; in der Politik wird er zwangsläufig in Anspruch genommen und öffnet der Ideologiekritik stets neu ein weites Feld.

→ Aufklärung; Emanzipation; Evolutionstheorien; Ideologie; Postmoderne und Politik.

Lit.: *Bauman, Z.* 1992: Moderne und Ambivalenz, Hamb. (engl. 1991). *Bloch, E.* [6]1968: Tübinger Einleitung in die Philosophie, Ffm. *Horkheimer, M./Adorno, T. W.* 1969: Dialektik der Aufklärung, Ffm. (zuerst 1947). *Koselleck, R.* 1985: Fortschritt, in: *Brunner, O. u. a.* (Hrsg.): Geschichtliche Grundbegriffe, Bd. 2, Stg., 351–423. *Marx, K./Engels, F.* 1972: Werke, Bd. 20, Bln. *Lessing, T.* 1983: Geschichte als Sinngebung des Sinnlosen, Mchn. (zuerst 1919). *Rapp, F.* 1992: Fortschritt, Entwicklung und Sinngehalt einer philosophischen Idee, Darmst. *Weber, M.* [3]1968: Gesammelte Aufsätze zur Wissenschaftslehre, Tüb. (zuerst 1922).

Michael Th. Greven

Frage/Fragebogen, Instrumente zur Erfassung vergleichbarer, verallgemeinerbarer und valider Individualdaten in der empirischen Sozialforschung mit standardisierten Interviews – dem sog. «Königsweg der empirischen Sozialforschung» (*König* 1952).

Die Frage ist die Verbalisierung eines zu erfassenden Objektbereichs. Sie muß so gefaßt sein, daß sie im Kopf eines jeden Befragten das gleiche Bild erzeugt. Erst dann können im naturwiss. Sinne unterschiedliche Haltungen zum Objekt gemessen und verglichen werden. Das ist eine ziemlich hohe Forderung, denn man benutzt dazu die Sprache, die ja keinesfalls ein eindeutiges und zweifelsfreies Kommunikationsmittel ist. Deshalb wird die Frageformulierung oft als Kunst bezeichnet und der Fragebogen als Kunstwerk (*Payne* 1951). Für diese Kunst gibt es inzwischen jedoch ein vielfältiges Regelwerk, das auf der Basis von empirischen Studien und Experimenten entstanden ist. Zunächst gilt, daß Frage und Fragebogen immer als Einheit (*Labaw* 1980) verstanden werden müssen. Das Instrument und die Kommunikation müssen zusammen entwikkelt werden und in sich stimmig sein.

Die Regeln für Frageformulierungen betreffen vor allem die Dimensionalität, die Wortwahl und die Inhalte. Probleme sind oft mehrdimensional, deshalb ist die reduktive

Diskussion des zu erfragenden Objektbereichs auf seinen Kern eine wichtige Aufgabe im Vorfeld der Fragebogenkonstruktion. Danach ist nur *eine* Dimension in eine Frage zu übertragen. Die benutzte Frage muß einfach und zielorientiert sein. Einfach heißt: keine Fremdworte, selbst wenn diese oft benutzt werden (weil trotz dessen nicht garantiert werden kann, daß sie in den verschiedenen Schichten einer Gesellschaft gleich verstanden werden), keine komplizierten Sätze, keine Mehrfachbedingungen, keine Begriffe, die mehrere Bedeutungen haben. Kurz: keine Akademiker- oder gehobene Mittelschichtsprache, sondern eher Formulierungen aus der Alltagssprache. Zielorientiert heißt: ohne schmückendes Beiwerk, kurz, schlüssig, direkt.

Was die Inhalte angeht, sind Wissensfragen häufig eine Belastung für die Interviewatmosphäre und deshalb äußerst sparsam zu verwenden bzw. mit der entspr., die Situation mildernden Einleitungen zu versehen. Verhalten oder zukünftiges Verhalten ist durch die Befragung i. d. R. nicht adäquat meßbar, weil die große und kaum vermeidbare Gefahr der Abfrage sozial erwünschten oder auch gesellschaftl. tabuisierten Verhaltens besteht (*Esser* 1984). Als Beispiele seien hier die Frage nach der Beteiligung an → Wahlen genannt, deren Ergebnisse immer zu einer deutlichen Überschätzung der → Wahlbeteiligung führt, oder die Erfassung der Wahlabsicht extremer Parteien, deren Größenordnung in Umfragen immer unterschätzt wird.

Versucht man, die Bedingungen für ein bestimmtes Verhalten zu erfragen und dann analytisch auf dieses Verhalten zu schließen, ist man i. d. R. erfolgreicher. Hierzu dienen Fragen zu Einstellungen, Haltungen und Bewertungen. Einstellungen bilden sich auf der Basis von Erfahrungen und sind deshalb zeitstabiler als Meinungen, die i. d. R. aufgrund aktueller Themen entstehen. Weitere wichtige Dispositionen für Verhalten sind Bewertungen, also Leistungsbeurteilungen oder relevante Eigenschaftsmessungen. All dies ist abfragbar (*Roth* 1998).

Fragen müssen fair gegenüber dem Befragten sein, d.h. sie müssen bei völlig unterschiedlichem Informationsstand beantwortbar sein, sie müssen so verbalisiert werden, daß der Befragte sich weder über- noch unterfordert fühlt. Positive und negative Beantwortungsmöglichkeiten müssen ausgeglichen sein, und zwar sowohl was die Zahl der Antworten angeht als auch die Verbalisierung bzw. die Stärke der Stimuli. Mittelkategorien oder Ausgeglichenheitspositionen sollten nur benutzt werden, wenn sie inhaltlich gerechtfertigt sind bzw. die Dichotomisierung der Antwort als Zwang empfunden würde. «Weiß nicht»-Antworten sollten ebenfalls nur vorgegeben werden, wenn sie inhaltlich gerechtfertigt sind und dann Teil der verbalisierten Frage sein. Ansonsten fallen «Weiß nicht»-Anworten in eine Restkategorie. Hohe «Weiß nicht»-Anteile deuten auf eine fehlerhafte Frage hin. Die Zahl der Antwortmöglichkeiten sollte, insbes., wenn es sich nicht um eindeutige Rangfolgen handelt, auf fünf beschränkt werden, weil ansonsten Memorisierungsdefizite und Reihenfolgeeffekte auftreten, die nur im *face-to-face*-Interview durch Listenvorgaben z. T. aufgefangen werden können, nicht jedoch im immer häufiger genutzten Telefoninterview. Insgesamt kann man Reihenfolgeeffekte durch Mischen der Antwortmöglichkeiten begegnen, sowohl beim *face-to-face-* (Kartenspiel) als auch beim Telefoninterview, das i. d. R. computerunterstützt (*cati*) durchgeführt wird.

Zwei Fragetypen gilt es grundsätzlich zu unterscheiden: die offene Frage ohne vorgegebene Antwortalternativen, die vielfach zur Hypothesenbildung herangezogen wird oder zur Erfassung sich häufig wandelnder Wahrnehmungen, und die geschlossene Frage mit einer bestimmten Zahl alternativer Antworten, die der eindeutig dominierende Fragetyp ist. Die Antworten auf offene Fragen sind in ihrer Verarbeitungszeit aufwendiger und erfordern eine höhere Qualität der Interviewer als die Antworten bei geschlossenen Fragen, deren Antwortkategorien feststehen. Eine Mischform zwischen diesen beiden Typen stellt die halboffene Frage dar, die außer den vorgegebenen Antworten eine offene Antwortmöglichkeit zur Verfügung stellt, die dann zusätzlich zu erfassen (und zu vercoden) ist. Sofern Vorinformationen vorhanden sind, ist eine zweite Mischform die offe-

ne Frage mit einer großen Zahl von Vorcodes, in die die Interviewer die jeweiligen Antworten einordnen, was zu einer schnelleren Verarbeitung führt. Dieses Verfahren wird insbes. bei Telefoninterviews genutzt.
Für die Messung von Einstellungen werden oft Skalen benutzt (*Jacob/Eirmbter* 2000). Im Telefoninterview spricht man auch von Thermometerfragen. Dabei wird das Thermometer als Anleihe aus der Alltagserfahrung (positive und negative Grade) anstelle des optischen Skalometers beim *face-to-face*-Interview eingesetzt. Die in den Sozialwiss. am häufigsten gebrauchten Skalen sind die Fünferskala, Siebenerskala, Zehnerskala und die +5/−5-Skala. Die Enden dieser Skalen sind i. d. R. verbalisiert. Bei der +5/−5-Skala gibt es einen neutralen Mittelpunkt und die symmetrischen Äste. Die Benutzung von Zahlen als Antwortkategorien bringt die Einstellungsfrage in die Nähe einer Bewertungsfrage. Der Übergang ist fließend.
Wichtige Fragen zur Generierung von Kreuzvariablen sind demographische Eigenschaftsfragen und Kontexterfassungen, für die es sehr oft Konventionen gibt, z. B. die Standarddemographie beim ALLBUS (*Koch* 1994).
Durch die Anordnung der Fragen im Fragebogen können Reihenfolgeeffekte auftreten, die zumeist durch geschickte Anordnung der Fragen vermieden werden können. Reihenfolgeeffekte gibt es sowohl bei der Anordnung ganzer Themenbereiche, dann nennt man sie Platzierungseffekte (*Scheuch* 1973), als auch bei der Abfolge einzelner Fragen oder Antwortkategorien innerhalb einer Frage, wo man von man von Ausstrahlungseffekten (*halo-effect*) spricht. Insgesamt ist bei jedem Fragebogen die Hierarchie der Wichtigkeit einzelner Fragenkomplexe zu klären, wobei man sich sinnvollerweise von theoretischen Überlegungen leiten läßt. Weil Fragebögen zeitlichen Begrenzungen unterliegen, ist die didaktische Führung des Befragten durch das Interview sehr wichtig. Dabei werden bestimmte zusammengehörige Komplexe in Paketform (auch Batterie genannt) abgefragt, um möglichst viele Einzelthemen in kürzester Zeit erfassen zu können. Solche Batterien sollten aber immer wieder durch interessante Einzelfragen aufgelockert werden, d. h. man wechselt hauptsächlich die Frageform, offen/geschlossen oder lang/kurz. Die Leitlinie muß sein, daß der Fragebogen immer interessant bleibt, damit keine Abnahme des Aufmerksamkeitsgrads bei der Beantwortung der einzelnen Fragen und damit auch keine Verschlechterung der Datenqualität eintritt. Wichtig sind auch die Anfangsfragen des Interviews. Sie müssen leicht und schnell beantwortbar sein und sollen zum Thema hinführen (Eisbrecherfragen). Innerhalb des Interviews sollte man zudem den Übergang von einem zum anderen Themenkomplex abpuffern. Diese Ablenkungs- oder Pufferfragen dienen der Neutralisation, sind aber i. d. R. nicht unproblematisch. Besser ist die klare Trennung von Fragekomplexen durch Hinweise wie z. B. «jetzt zu einem anderen Thema ...».

→ Befragung; Demoskopie; Skalen.

Lit.: *Converse, J. M./Presser, S.* 1987: Survey Questions, Beverly Hills. *Esser, H.* 1984: Fehler bei der Datenerhebung, Hagen. *Jacob, R./Eirmbter, W.* 2000: Allgemeine Bevölkerungsumfragen, Mchn. *Koch A.* u. a. 1994: Konzeption und Durchführung der «Allgemeinen Bevölkerungsumfrage der Sozialwissenschaften» (ALLBUS) in: Zuma-Arbeitsbericht Nr. 11, Mhm. *König, R.* 1952: Das Interview, Dortmund. *Labaw, P. J.* 1980: Advanced Questionnaire Design, Camb. *Payne, S. L.* 1951: The Art of Asking Questions. Princeton. *Roth, D.* 1998: Empirische Wahlforschung, Opl. *Scheuch, E. K.* 1974: Das Interview in der empirischen Sozialforschung in: *König, R.* (Hrsg.): Handbuch der empirischen Sozialforschung Bd. 3 a, Stg.

Dieter Roth

Fragmentierung (aus lat. *fragmentum* = Bruchstück), allg. der Prozeß der Teilung, der Zersplitterung, aber auch der Reduzierung der Reichweite polit. Organisationen und polit. Regelungen. F. kann dabei sowohl auf das Territorium als auch auf einen Personenkreis bezogen sein, der von polit. Organisationen und Regelungen erfaßt wird.

Phänomene, die F. indizieren, werden mit eigenständigen Begriffen erfaßt und untersucht. Das Ausmaß an gesellschaftl. F. kann so durch die Untersuchung von sozialer → Ungleichheit (*Huster* 1996), der Inkorporation von Einwanderer- oder ethnischen → Minderheiten (*Heckmann* 1992) sowie der (Dis-)integration in den Arbeitsmarkt bestimmt werden (*Neyer/Seeleib-Kaiser* 1996). Das Ausmaß polit. F. kann u. a. durch das Fraktionalisierungsniveau des → Parteiensystems oder der Entwicklung der Mitgliedschaft in Parteien, Gewerkschaften und sozialen Bewegungen ermittelt werden (*Lijphart* 1994). Territoriale F. wiederum macht sich fest am Zusammenbruch internat. Herrschaftsverhältnisse (Kolonialreichen, Warschauer Pakt) oder der Sezession von Teilgebieten eines Staates.

Lit.: *Beisheim*, *M.* u. a. 1999: Im Zeitalter der Globalisierung?, 388–466. *Heckmann*, *F.* 1992: Ethnische Minderheiten, Volk und Nation, Stg. *Huster*, *E. U.* 1996: Armut in Europa, Opl. *Lijphart*, *A.* 1994: Electoral Systems and Party Systems. 1945–1990, L. *Neyer*, *J./Seeleib-Kaiser*, *M.* 1996: Arbeitsmarktpolitik nach dem Wohlfahrtsstaat, in: APuZ B 26/96, 36–44.

Sabine Dreher

Fraktion (aus lat. *fractio* = Bruch, Teil), im → Parlamentarismus die Vereinigung von Abgeordneten i. d. R. gleicher Parteizugehörigkeit. F. werden als verlängerter Arm der Parteien in den Parlamenten begriffen.

Die F. fungieren als wesentliche Bestimmungsgrößen der polit. Willensbildung im Parlament. In ihnen finden die einzelnen Abgeordneten die arbeitsteiligen Strukturen, die Voraussetzung ihrer parlamentarischen Wirksamkeit sind. Für das parlamentarische Regierungssystem bes. hervorzuheben ist der stete Versuch der F., polit. Geschlossenheit herzustellen. Während der Fraktionszwang mit dem freien → Mandat der Abgeordneten unvereinbar ist, stellt eine gewisse Fraktionsdisziplin die unverzichtbare Voraussetzung für Entstehung und Stabilität einer Regierung und nahezu ebenso notwendig für die Alternativfähigkeit der → Opposition dar. Parteien bzw. Parteiabgeordnete können sich auch in Fraktionsgemeinschaften zusammenschließen, in D, wenn sie in keinem Wahlgebiet (Land) miteinander im polit. Wettbewerb stehen. Die parlamentarischen Geschäftsordnungen schreiben i. d. R. eine Mindestzahl von Abgeordneten vor. Mit dem Fraktionsstatus sind im Gesetzgebungsprozeß einige Rechte verbunden (Gesetzesinitiativrecht, Kontrollrechte, Stimmrecht in Ausschüssen etc.). Fraktionslose Abgeordnete können von F. als Gäste aufgenommen werden.

Lit.: *Demmler, W.* 1994: Der Abgeordnete im Parlament der Fraktionen, Bln. *Jekewitz, J.* 1989: Polit. Bedeutung, Rechtsstellung und Verfahren der Bundestagsfraktionen, in: *Schneider, H.-P./Zeh, W.* (Hrsg.): Parlamentsrecht und Parlamentspraxis, Bln./NY, 1021–1053. *Kretschmer, G.* [2]1992: Fraktionen, Hdbg. *Kürschner, S.* 1995: Das Binnenrecht der Bundestagsfraktionen, Bln. *Schüttemeyer, S. S.* 1998: Fraktionen im Deutschen Bundestag 1949 bis 1997, Opl.

Suzanne S. Schüttemeyer/ Dieter Nohlen

Framework (engl. für konzeptioneller Rahmen, Begriffsinstrumentarium), enthält die grundlegenden Konzepte (daher auch *conceptual f.*), ggf. auch die grundlegenden Annahmen, welche die politikwiss. Forschung leiten und strukturieren; eine Art → Theoriesprache, in welcher die einzelnen Begriffe, ihre Inhalte, Vernetzungen und Funktionen, festgelegt sind.

Beispiel: Die → Systemtheorie arbeitet mit bestimmten Begrifflichkeiten (*input*, *output*, Umwelt etc.) und bestimmten Annahmen (über Struktur, Funktion und Prozeß), die insges. in Anwendung auf die Untersuchung eines Gegenstandes ein *framework of analysis* darstellen, welches die Forschung konzeptionell steuert und deren Ergebnisse hinsichtlich des Typus der Aussagen prägt. Ein weiteres Beispiel liefern → Rational choice-Theorien.

Dieter Nohlen

Frankfurter Schule → Kritische Theorie

Frauenpolitik, Gesamtheit der Maßnahmen, für Frauen den Männern gleiche Chancen und Möglichkeiten in einer Gesellschaft zu schaffen. Frauenpolit. Engagement geht zurück auf eine lange Tradition des polit. Kampfes von Frauen für gleiche Rechte v. a. in Ehe, Ausbildung, Beruf, Politik und Wirtschaft.

Die Väter und Mütter des Grundgesetzes haben in Art. 3 gleiche Rechte für Männer und Frauen verfassungsrechtlich verbürgt – eine Forderung, die gesamtgesellschaftl. noch lange nicht erfüllt ist. Um hier Abhilfe zu schaffen, wurde die F., nicht zuletzt aufgrund des polit. Kampfes der neuen Frauenbewegungen, polit. institutionalisiert. Die wichtigsten Politikfelder von F. waren und sind die Reform des Ehe- und Familienrechts, Gewalt gegen Frauen, die Reform des Abtreibungsparagraphen 218 StGB, die Schaffung von Möglichkeiten zur Vereinbarkeit von Beruf und Familie sowie v. a. die Verbesserung von frauendiskriminierenden Einstellungs- und Beförderungspraktiken und die Anhebung des allg. Lohnniveaus für Frauen, bei dem diese laut Gesetz der großen Zahl noch immer strukturell benachteiligt werden.

→ Feminismus; Gleichberechtigung; Soziale Bewegungen; Quote.

Lit.: *Bergmann, K.* 1998: Die Gleichstellung von Frauen und Männern in der europäischen Arbeitswelt, Wsb. *Landfried, C.* 2001: Frauenpolitik, in: *Nohlen, D.* (Hrsg.): Kleines Lexikon der Politik, Mchn., 136–140.

Ulrike C. Wasmuth

Frauenquote → Quote/Quotierung

Frauenwahlrecht → Wahlrecht

Free rider (engl. für Trittbrettfahrer), politikwiss.-umgangssprachliche Bezeichnung für das Verhalten eines Individuums, das den Nutzen und die Vorteile eines → Gutes oder einer Einrichtung in Anspruch nimmt, ohne selbst dafür etwas zu leisten, zu bezahlen oder zu deren Bereitstellung beizutragen.

Trittbrettfahrer-Verhalten wird als Ursache für die tendenzielle Knappheit → Öffentlicher Güter und Leistungen angesehen. Der Begriff entstammt der → Neuen Politischen Ökonomie. Hier dient er als theoretisches → Konstrukt zur Erklärung kollektiv unerwünschter Ergebnisse auf der Basis individueller Entscheidungen, die sich strikt (zweck-)rational am → Kosten-Nutzen-Kalkül orientierten (→ Rational choice).

→ Kollektive Güter.

Lit.: → Neue Politische Ökonomie.

Klaus Schubert

Freie Liste → Stimmgebungsverfahren

Freies Mandat → Mandat

Freihandel, Leitbild der Außenhandelspolitik (→ Außenhandel), wie es von Vertretern der klassisch/liberalen Ökonomie Ende des 18. Jh. in Frontstellung zum Merkantilismus entwickelt wurde. Ausgehend von der philosophischen Grundüberzeugung einer Harmonie der → Interessen und gestützt u. a. auf das Gesetz der → Komparativen Kostenvorteile wird eine optimale Ressourcenallokation und ein Maximum an wirtschaftl. Wohlfahrt erwartet, wenn eine marktwirtschaftl. Ordnung auch auf der Weltebene errichtet und ein von staatl. Behinderungen möglichst freier grenzüberschreitender Handelsaustausch ermöglicht wird.

F. ist als Leitbild bisher nie vollständig umgesetzt worden. Polit. bedingte Ausnahmen vom Grundsatz des F. sind schon von den Klassikern diskutiert worden, wie der Schutz von Produkten zur Landesverteidigung,

Ausgleich von aus unterschiedlichen Steuersystemen resultierenden Wettbewerbsverzerrungen oder Vergeltungsmaßnahmen gegen Schritte des → Protektionismus durch andere Staaten. In der Theoriediskussion haben Kritiker die Möglichkeit negativer Auswirkungen des F. betont, wenn restriktive Voraussetzungen der Klassiker (z. B. Vollbeschäftigung, vollständige Konkurrenz) fallengelassen und Entwicklungsaspekte einbezogen werden (z. B. *F. Lists* Plädoyer für «Erziehungszölle», das auch in der späteren entwicklungstheoretischen Diskussion eine Rolle gespielt hat, etwa «Abkoppelung auf Zeit»; → Dissoziation).
In Reaktion auf die protektionistischen Exzesse der Zwischenkriegszeit hat sich nach dem II. Weltkrieg, ausgehend von den westl. Industriestaaten, F. in wachsendem Maße durchgesetzt, teilweise allerdings innerhalb regionaler Zusammenschlüsse (z. B. EU) mit ambivalenten Wirkungen in globaler Perspektive (Ausschlußeffekte gegenüber Drittländern).

→ Außenwirtschaft; Internationale Arbeitsteilung; Internationale Beziehungen/Internationale Politik; Marktwirtschaft; Wirtschaftspolitik.
Lit.: *Beise, M.* 2001: Die Welthandelsorganisation (WTO), Baden-Baden. → Außenhandel/Außenhandelspolitik.

Uwe Andersen

Freihandelszone → Integration

Freiheit, nach der Französischen Revolution von 1789 «in einem solchen Maße zum Legitimationsbegriff jeder Herrschaft [geworden], daß fortan kein Regime mehr darauf verzichten mochte und konnte, sich als freiheitlich zu bezeichnen. Das hatte eine anhaltende Diskussion um das Wesen der Freiheit überhaupt zur Folge» (*Conze* 1985: 489). Neben die anhaltende Funktion als «Legitimationsbegriff von Herrschaft» ist im 20. Jh. die Vorstellung von F. als unbeschränkbares → Menschenrecht der Individuen getreten und in Menschenrechtserklärungen, im → Völkerrecht und in den meisten Verfassungen kodifiziert worden. Damit ist immerhin ein historischer Maßstab für die Beurteilung der realen Verhältnisse gewonnen, die in vielem und an vielen Orten hinter den erklärten Rechten zurückbleiben.

Historisch gehen in das heutige Freiheitsverständnis sehr verschiedene Ansprüche und Prinzipien ein, wobei ein natürliches, ständisches (auch kollektives, korporatives), ein bürgerliches (auch negatives) und ein polit. (auch positives) Freiheitsverständnis unterschieden und in deren Differenzierung auch heute aktuelle Konflikte und gesellschaftspolit. Positionen angedeutet werden können.
Wenn dabei die abendländisch-europ. Tradition einen Partikularismus der Werte anzudeuten scheint, so hat der Prozeß der europ. Welteroberung bei aller lokalen kulturellen Prägung *de facto* doch zur universellen Anerkennung des Wertes von F. beigetragen.
1. Historisch beginnt die Geschichte der F. mit der Entwicklung der *polis* und des → Politikbegriffs im 6. Jh. v. Chr. (*Meier* 1993), das polit. Freiheitsverständnis ist also der älteste und zugleich umfassendste Bedeutungsgehalt des Begriffs. Seit den Reformen des *Kleisthenes* konstituiert sich die *polis* von Athen zunehmend als Bürgerschaft von «Freien» (zunächst des Adels und der Bauern), die sich selbst Gesetze geben und wechselseitig im öff. Bereich als Gleiche anerkennen, die sich durch selbstgeschaffene Institutionen und Mandatsträger selbst regieren, die nur Gesetze und Amtsgewalt, aber Herren weder im Innern noch als *polis* in den äußeren Beziehungen akzeptieren. Die polit. F. bleibt streng auf das öff. Leben beschränkt und im übrigen Privileg der männlichen, besitzenden Vollbürger. Polit. F. in der Antike setzt materielle Unabhängigkeit und freie Zeit voraus (*Arendt*, 1994). Die F. der Griechen manifestierte sich in eigentümlich «moderner» Radikalität, «weil [Athen] mit der Einführung der Demokratie erstmals zeigte und erfuhr, daß über die politische Ordnung

im ganzen verfügt werden konnte» (*Meier* 1993); es sollte mehr als zweitausend Jahre dauern, bis dieser Aspekt der F. in der Französischen Revolution von 1789 einen Widerhall fand.

2. Während bei den Griechen die F. Ergebnis geschichtl. Konstitution der *polis* und damit zugleich Teil einer Herrschaftsform ist, verbindet der spätere → Republikanismus *J. J. Rousseaus* (1762) den antiken Gedanken der Selbstgesetzgebung und -regierung mit den neuzeitlichen Vorstellungen des «Gesellschaftsvertrages» sowie eines Naturrechts auf F. und versucht mit der vom empirischen Willen unabhängigen → *volonté générale* der Aporie zu entgehen, die zwischen der Vorstellung eines → Naturrechts auf F. und jeder geschichtl. konstituierten Herrschaftsweise notwendig entstehen muß. *Thomas Hobbes* (1651) nannte denn auch im «Leviathan» die Vorstellung «absurd», es könne neben der F. als Qualität des souveränen Herrschers so etwas wie einen «freien Untertan» geben; die F. eines jeden im *status originarius* bedeute vielmehr, daß *anarchium et bellum* herrsche. Allein durch den Unterwerfungsvertrag, durch den der Staatsbürger seine natürliche F. aufgebe, entstehe die Sicherheit des *status civilis*, in dem der Bürger zwar über *iura et libertates* verfügen könne, diese aber widerruflich gewährt seien und stets unter dem Vorbehalt der souveränen Macht blieben. *John Locke* (1690) schwächt den absolutistischen Herrschaftsanspruch dieser Konstruktion ab, ohne sie grundsätzlich zu ändern, indem er den Gesellschaftsvertrag an den ursprünglichen Zweck von Sicherheit und Eigentum bindet; wo dieses legitimierende Ziel der → Herrschaft verfehlt wird, entsteht unter Rückgriff auf das Naturrecht der F. ein Widerstands- und Revolutionsrecht, wie er es in der *Glorious Revolution* (1688) verwirklicht sah. Hier und bei der im Zuge der Glaubensspaltungen bedeutsam gewordenen Religionsfreiheit liegt der Ursprung der Entwicklung des bürgerlichen Freiheitsverständnisses, das sich anders als der antike positive Teilhabebegriff v. a. negativ auf die Begrenzung von Herrschafts-, später Staatseingriffen in die bürgerlichen Lebensbereiche der Familie, des Eigentums, der religiösen Überzeugungen, nachfolgend auch der freien Meinungsäußerung, der Freizügigkeit, der Versammlungs- und Koalitionsfreiheit richtet. In Verbindung mit dem Konstitutionalismus des 18. Jh. entwickelt sich aus diesem Freiheitsverständnis der liberale Rechtsstaatsgedanke, demzufolge ein Eingriff in die bürgerlichen Freiheiten allein auf der Grundlage und nach den Regeln eines allg. Gesetzes legitim sei; wo dieses Gesetz seit dem 19. Jh. zunehmend auf demokratischen Wahlen beruht, verbinden sich → Liberalismus und die moderne Form der → Repräsentativen Demokratie zu ihrer heute üblichen Gestalt.

3. Häufig vernachlässigt wird in der Geschichte der F. die eigenständige Traditionslinie der ständischen F., die neben den sich am Individuum orientierenden christlichen Naturrechtslehren, z. T. auf dem Hintergrund der Rechtstraditionen des Heiligen Römischen Reichs Deutscher Nation, z. T. auf germanischen Traditionen beruhend, auch nach der Französischen Revolution noch kollektive oder korporative Vorstellungen von *autonomia et privilegium* verteidigen, die sich v. a. gegen die Verbindung von demokratischen Ansprüchen und zunehmender Zentralisierung der Staatsgewalt richten. Teilweise ergeben sich hier Verbindungen zur Entwicklung des föderalistischen Prinzips (*Frantz* 1964), das in Verbindung mit den demokratischen Ideen des 19. Jh. wiederum Anschluß an den modernen Freiheitsgedanken gefunden hat und sich heute z. B. bei *M. Walzer* (1992) gesellschaftstheoretisch mit einer Absage an normativen Begründungsuniversalismus und einem Plädoyer für dezentral-föderalistischen → Pluralismus verbindet.

4. Im 20. Jh. sind zu den Variationen der historischen Freiheitsideen zwei polit. virulente Dimensionen hinzugetreten. Zunächst entsteht im Kontext der *Marx*schen Kritik der bürgerlichen Ökonomie und Gesellschaft und der sozialistisch-sozialdemokratischen Bewegung das Bewußtsein der materiellen und gesellschaftl. Voraussetzungen individueller F., ohne deren wohlfahrtsstaatl. Gewährleistung den Freiheitspostulaten des demokratischen Verfassungsstaates keine realen Teilhabechancen für alle entsprächen; dieser Ansatz hat über den west-

europ. Sozialstaat hinaus die Freiheitsideen zahlreicher Emanzipationsbewegungen der → Dritten Welt geprägt. Ungeachtet der konservativen Kritik am → Wohlfahrtsstaat und der Stabilisierung totalitärer Herrschaft in den Gesellschaften sowjetischen Typs waren der → Demokratische Sozialismus und der «westliche Marxismus» stets neu in der Lage, den freiheitlichen Gehalt der sozialistischen Idee zu unterstreichen und z. T. in der Garantie sozialer Rechte staatlich zu verankern.

Das Fortschreiten der anscheinend unaufhaltsamen Politisierung und Durchstaatlichung moderner Industriegesellschaften in Verbindung mit den sozialen Modernisierungsfolgen für die Individuen in funktional ausdifferenzierten Großgesellschaften führt schließlich seit der Jahrhundertwende zu einem maßgeblich von *Friedrich Nietzsche* inspirierten kulturkritischen Freiheitsdiskurs, für den *Max Webers* (1920) pessimistische Einschätzungen über die Zukunft des Individuums in Kapitalismus und Bürokratie ebenso kennzeichnend sind wie *Theodor W. Adornos* (1980) Schwanengesang auf Individualität und Subjekthaftigkeit in der «total verwalteten Welt».

Angesichts der zunehmend offenkundigen Nichtverallgemeinerungsfähigkeit der «westlichen Lebensart» aus ökon., ökolog. und polit. Gründen wird ungeachtet der weltweit anerkannten Geltung der Freiheitspostulate der historische Privilegiencharakter der F. wieder stärker bewußt – ganz wie am europ. Beginn ihrer Geschichte.

→ Gleichheit; Rechtsstaat; Soziallehren; Vergesellschaftung; Vertragstheorien; Widerstandslehren.

Lit.: *Adorno, T. W.* 1980: Minima Moralia, Ffm. (zuerst 1951). *Arendt, H.* [2]1994: Vita Activa, Mchn./Zürich. *Conze, W.* 1985: Freiheit, in: *Brunner, O.* u. a. (Hrsg.): Geschichtliche Grundbegriffe, Bd. 2, Stg., 425–542. *Frantz, C.* 1964: Der Föderalismus als das leitende Prinzip für die soziale, staatliche und internationale Organisation unter besonderer Bezugnahme auf Deutschland, Aalen (zuerst 1870). *Hobbes, T.* [6]1994: Leviathan oder Stoff, Form und Gewalt eines bürgerlichen und kirchlichen Staates, hrsg. von *Fetscher, I.*, Ffm. (zuerst 1966; engl. zuerst: Leviathan or The Matter, Form, and Power of a Commonwealth Ecclesiastical and Civil, 1651). *Locke, J.* [5]1992: Zwei Abhandlungen über die Regierung, hrsg. von *Euchner, W.*, Ffm ([1]1967; engl. 1690). *Meier, C.* 1993: Die Entstehung des Politischen bei den Griechen, Ffm. *Meier, C.* 1989: Athen, Bln. *Rousseau, J.-J.* 1977: Vom Gesellschaftsvertrag oder Prinzipien des Staatsrechtes, in: *ders.*, Politische Schriften, Bd. I, hrsg. von *Schmidts, L.*, Paderborn, 59–208 (frz.. zuerst: Du contrat social ou principes du droit politique, 1762). *Walzer, M.* 1994: Sphären der Gerechtigkeit. Ein Plädoyer für Pluralität und Gleichheit, Ffm/NY (dt. zuerst 1992; engl. 1983). *Weber, M.* 1920: Gesammelte Aufsätze zur Religionssoziologie, Tüb.

Michael Th. Greven

Frieden/Friedenstheorien, im Verständnis der jüdisch-christlichen Tradition schloß der Friedensbegriff die innergesellschaftl. Dimension und den Aspekt einer gerechten Ordnung ein. Zu Beginn der Neuzeit verengte sich der Begriff auf die Abwesenheit von Kriegen zwischen Staaten. Die kritische Friedensforschung knüpfte an die ältere Tradition mit der Unterscheidung zwischen «negativem» und «positivem» F. an. Positiver F. wird als Abwesenheit struktureller und nicht nur personaler Gewalt definiert (*Galtung* 1971). Die ältere weitere Bedeutung findet sich auch im Verständnis von F. als «Prozeßmuster des internationalen Systems, das gekennzeichnet ist durch abnehmende Gewalt und zunehmende Verteilungsgerechtigkeit» (*Czempiel* 1986: 47).

Definiert man F. im engeren Sinne als Abwesenheit eines militärischen Konfliktaustrags zwischen Staaten und Gesellschaften, dann läßt sich zwischen instabilem F., der von Abschreckung und potentiellem Einsatz von Gewalt gekennzeichnet ist, und «stabilem Frieden» (*Boulding* 1978: 13) unterscheiden, in dem zwischen bestimmten Staaten → Krieg als Möglichkeit nicht länger in Betracht gezogen wird und somit nicht mehr das Verhalten von Staaten untereinander bestimmt. Die Dauerhaftigkeit des F. kommt auch im Begriff des «strukturellen Friedens» zum Ausdruck, verstanden als «eine von anhaltender friedlicher Koexistenz und verläßlicher zivilisierter Konfliktbearbeitung geprägte politische Ordnung» (*Senghaas* 1995: 14).

1. In der modernen politikwiss. Theorie hat lange die Frage nach den Ursachen von Kriegen im Mittelpunkt der Aufmerksamkeit gestanden, weit weniger die Frage nach den Bedingungen eines stabilen zwischenstaatl. Friedens.

(1) Dies hängt damit zusammen, daß die Theorie internat. Politik sehr stark von der Dominanz des realistischen Paradigmas geprägt war und ist, das – auf *Thukydides* zurückgehend – das Macht- und Sicherheitsstreben von Staaten in einem anarchischen internat. System als unveränderliche Konstante ansieht (*Morgenthau* 1963; *Waltz* 1979). Internat. Politik ist zwar kein ständiger Kampf, jedoch i. S. von *Thomas Hobbes'* Begründung im «Leviathan» (1651) ein Zustand, der von der ständigen Bereitschaft zum Krieg und der Möglichkeit des Krieges geprägt ist (vgl. ebd.: Kap. 13). Zwischenstaatl. F. ist daher instabil; es ist aus realistischer Sicht ein stets gefährdeter F., aufrechtzuerhalten nur durch Imperium, Hegemonie oder Gleichgewicht und kluge Diplomatie (*Aron* 1986: 182–187).

(2) Innerhalb des konkurrierenden liberalen Paradigmas internat. Politik (*Moravcsik* 1992) finden sich jedoch ideengeschichtlich eine Reihe von Antworten auf die Frage nach den Bedingungen stabilen F. Die klassischen liberalen Vorstellungen zu den Voraussetzungen des F. und zu den Elementen einer friedensfördernden Politik lassen sich unterschiedlichen Analyseebenen zuordnen (*Czempiel* 1986), auch wenn dies der Komplexität im Denken einzelner Klassiker nicht immer gerecht wird. Zum einen werden die Bedingungen des F. in der Veränderung der Struktur internat. Interaktion gesehen, zum anderen in der Veränderung der gesellschaftl. und polit. Strukturen.

(3) Der regulatorische Liberalismus setzt auf die Entwicklung von Normen und Institutionen, um den Kontext internat. Politik zu verändern. Die ersten Vorstellungen zu einer vorrangig auf den Zweck der Friedenssicherung ausgerichteten internat. Organisation (vgl. *Hinsley* 1963: 20–45) finden sich in den Werken von *E. Crucé* (1623/24), *W. Penn* (1693), *J. Bellers* (1710) und schließlich *Abbé de Saint Pierre* (1712/13), dessen Idee einer europ. Konföderation dann durch *Jean-Jacques Rousseau* in seiner Schrift «Auszug aus dem Plan des Ewigen Friedens des Herrn Abbé de Saint-Pierre» (1756–1761) verbreitet wurde.

(4) Der kommerzielle Liberalismus, wie er von den engl. Liberalen des 18. und 19. Jh. (*A. Smith, J. Bentham, R. Cobden*) vertreten wurde, setzt auf die pazifizierende Wirkung des → Freihandels. Erwartet wird, daß sich daraus Interdependenzen und eine für alle vorteilhafte → Arbeitsteilung ergäben, die ein rationales Interesse an Kriegen hinfällig machen würden (*Fetscher* 1972: 38–42).

(5) Der republikanische Liberalismus postuliert einen Zusammenhang zwischen Herrschaftsordnung und Außenverhalten, zwischen republikanischer (in heutigem Sprachgebrauch: demokratischer) Ordnung und F. (vgl. *Waltz* 1954: 101–103). Diese Variante liberalen Denkens nahm ihren Ausgang in den «Discorsi» (1513–1522) von *N. Machiavelli* (vgl. *Czempiel* 1986: 116–119); sie findet sich im 18. Jh. bei *Charles-Louis de Montesquieu* in seiner Schrift «De l'esprit de lois» (1748) ebenso wie in den Diskussionen der amerikan. Gründungsväter in den «Federalist Papers» (1788). Der Zusammenhang von → Demokratie und F. wurde zum Kerntopos des Liberalismus, eine Einsicht, die dann *Woodrow Wilson* 1917 so formulierte: *«A steadfast concert for peace can never be maintained except by a partnership of democratic nations»*.

(6) Ihren bis heute in der wiss. Debatte am nachhaltigsten wirksamen Ausdruck fand die liberale Tradition in *I. Kants* Friedenstheorie, wie er sie in der Schrift «Zum ewigen Frieden» (1795) formuliert hat (vgl. *Hurrell* 1990; *Doyle* 1983). Er teilte die pessimistischen Grundannahmen der realistischen Sicht, wenn er vom «Zustand des

Krieges» als dem Naturzustand sprach und von der «Bösartigkeit der menschlichen Natur». Doch in der Verbindung von republikanischer Ordnung, in der die Zustimmung der Bürger zum Kriege notwendig ist, und dem «Handelsgeist, der mit dem Kriege nicht zusammen bestehen kann», sah er die Grundlagen für die Entwicklung eines stabilen F. zwischen Republiken (*Kant* 1984: 10, 12, 17).

2. In der politikwiss. Theorie des 20. Jh. lebten die liberalen Friedensvorstellungen in unterschiedlicher Form weiter. Als Reaktion auf die uneingelöste Hoffnung der liberalen Friedenstheorien entwickelte *D. Mitrany* in seinem Werk «A Working System for Peace» (1943) den inkrementellen, prozeßorientierten Ansatz des → Funktionalismus. Dieser will ein funktionierendes Friedenssystem auf dem Weg einer funktionalen → Integration schaffen, mit der Einstellungsänderungen einhergehen und aus der Interdependenzen entstehen, die nur mit großen Kosten wieder zu brechen sind.

Dieser Ansatz wurde später, inspiriert vom europ. Integrationsprozeß, im Neofunktionalismus weiterentwickelt (vgl. *Groom/Taylor* 1990). Als die neofunktionalistische → Integrationstheorie mit dem Stocken der europ. Integration in die Krise geriet, lebte das liberale Interesse an der Veränderung des Kontextes internat. Interaktion seit Mitte der 1970er Jahre v. a. in der Theorie → Internationaler Regime fort, die sich (wenngleich nicht immer explizit friedenstheoretisch) mit der Rolle formeller und informeller Institutionen bei der gewaltfreien Regelung von Konflikten und der Förderung von → Kooperation zwischen Staaten beschäftigt.

3. In der gegenwärtigen theoretischen Debatte um die Bedingungen zwischenstaatl. Friedens lassen sich die konkurrierenden, ideengeschichtl. tief verwurzelten Paradigmen erkennen.

(1) Die Kontroverse um die friedensfördernde oder eher konfliktverschärfende Wirkung wirtschaftl. Interdependenz (*Waltz* 1979: 138) entspricht im Kern der Debatte zwischen den liberalen Vertretern der Idee des F. durch Freihandel und den Vertretern des Gegenentwurfs: *Rousseau* und *Gottlieb Fichte*, die ein Minimum an Interdependenz als friedensfördernd werteten und auf F. durch die «Koexistenz autarker Kleinstaaten» setzten (*Fetscher* 1972: 44–52).

(2) In der Diskussion um die Ursachen des «langen F.» *(J. L. Gaddis)* zwischen den Hegemonialmächten USA und Sowjetunion nach 1945 konkurrieren Erklärungen im Rahmen der realistischen und der liberalen Sicht internat. Politik (*Kegley* 1991). Aus realistischer Sicht ist die Tatsache, daß es zu keinem hegemonialen Krieg kam, der bipolaren Struktur des internat. Systems und der Existenz nuklearer Abschreckung zuzuschreiben; aus liberaler Sicht dagegen der säkularen Entwicklung, daß Krieg zwischen den Großmächten der industriellen Welt aufgrund seiner Kosten längst als irrational und aufgrund moralischen Fortschritts zudem als verwerflich gilt.

Die Debatte zwischen Realisten und Liberalen um die Gültigkeit des «demokratischen F.» findet sich in ähnlicher Form in den *«Federalist Papers»*. Wie sich gezeigt hat, sind Demokratien zwar nicht an sich friedfertig, jedoch in ihrem Verhalten untereinander. Stabile Demokratien haben gegeneinander keine Kriege geführt (definiert als organisierter Einsatz von Gewalt mit mehr als 1000 Toten), was inzwischen weithin als eine der wenigen empirischen Gesetzmäßigkeiten internat. Politik gilt. Sie läßt sich nur mit den Charakteristika demokratischer Systeme erklären, nicht aber mit anderen Faktoren: etwa mit der Rolle internat. Institutionen, dem Wohlstandsniveau, der polit. Stabilität. Die These vom «demokratischen F.» wird zwar von Realisten bestritten, doch bei näherem Hinsehen ist sie keineswegs durch die häufig angeführten Fälle von Kriegen zwischen angeblichen Demokratien widerlegt (*Ray* 1993). Unklarheit besteht jedoch über das Gewicht struktureller und normativer Gründe für das Phänomen des «demokratischen Friedens». Die strukturell-institutionelle Erklärung lokalisiert die Ursache des F. zwischen Demokratien in der Komplexität demokratischer Entscheidungsprozesse und in der Schwierigkeit, demokratisch verfaßte Gesellschaften für Kriege zu mobilisieren. Dies führe bei Konflikten zwischen Demokratien zu der wechselseitigen Erwartung, daß die Kontrollmechanismen auch auf der anderen Seite wirken und Zeit für die Konfliktlösung bleibe. Die kulturell-normative Erklärung sieht die Abwesenheit von Kriegen zwischen Demokratien v.a. darin begründet, daß demokratische Staaten die in ihrem Inneren geltenden Normen externalisieren: die Norm friedlicher Konkurrenz, des Kompromisses, des friedlichen Machttransfers (*Russett* 1993; *Nielebock* 1993).

(3) Demokratie ist zwar offenbar eine notwendige Voraussetzung für die Abwesenheit von Krieg; doch weitere Faktoren müssen hinzutreten, um einen «stabilen F.» zu schaffen, in dem auch militarisierte internat. Konflikte nicht mehr stattfinden. Innerhalb der Theorie internat. Politik gibt es nur wenige Versuche einer Antwort auf die Frage, unter welchen Bedingungen es zwischen Staaten zu einem Übergang von einem Zustand der Feindschaft und der Kriegsvorbereitung zu einem Zustand stabilen F. kommt. Die einzige Untersuchung hierzu im Rahmen des realistisch-strukturellen Ansatzes (*Rock* 1989) nennt als Ursache für den «Ausbruch des Friedens» vier Bedingungen: geringe geopolit. Interessengegensätze, komplementäre wirtschaftl. Aktivität und daher geringe ökon. Rivalität, Homogenität sozialer Werte, ein die Annäherung auslösendes katalytisches Ereignis, etwa eine ernsthafte Krise, oder das Entstehen eines neuen gemeinsamen Gegners.

Innerhalb der liberalen Sicht internat. Politik wird die Frage nach den Bedingungen stabilen F. im Rahmen des Konzepts der «pluralistischen Sicherheitsgemeinschaft» thematisiert, einer Gemeinschaft souveräner Staaten, in der Krieg untereinander nicht einmal mehr als eine Möglichkeit in Betracht gezogen wird (*Deutsch* u.a. 1957). Die Vereinbarkeit der grundlegenden polit. Werte, die Fähigkeit der Regierungen, schnell aufeinander einzugehen, und die wechselseitige Vorhersehbarkeit des Verhaltens – dies sind nach den bislang kaum weitergeführten vergleichenden Untersuchungen von *K. W. Deutsch* die essentiellen Voraussetzungen für die Entstehung einer pluralistischen Sicherheitsgemeinschaft, wie sie seit langem etwa im Verhältnis USA-Kanada und zwischen Schweden-Norwegen besteht und wie sie sich nach 1945 im nordatlantischen Raum herausgebildet hat. Das Konzept der pluralistischen Sicherheitsgemeinschaft, das auf induktiver, vergleichender historischer Forschung beruht, ist nicht ohne Probleme und keine ausgearbeitete Theorie.

Offen bleibt, wie der Prozeß der Vergemeinschaftung sich vollzieht, wie Veränderungen in Einstellungen sich polit. umsetzen und welche Rolle polit. Institutionen dabei spielen. Es erscheint zudem zweifelhaft, ob die Übereinstimmung beliebiger Werte ausreicht und es nicht vielmehr die Gemeinsamkeit liberal-demokratischer Werte sein muß. Diese Gemeinsamkeit und die Interdependenz offener Gesellschaften dürften die entscheidenden Voraussetzungen für die Entwicklung einer Sicherheitsgemeinschaft gewesen sein. In diesem Sinne handelt es sich beim Konzept einer pluralistischen Sicherheitsgemeinschaft um die moderne politikwiss. Version von *Kants* «Friedensbund» (*Sørensen* 1992). Ob sich dieser «Friedensbund» bewahren und wie er sich ausweiten läßt, ist eine der großen Fragen internat. Politik im beginnenden 21. Jh.

Lit.: *Aron, R.* 1986: Frieden und Krieg, Ffm. (frz. zuerst 1962). *Boudling, K.E.* 1978: Stable Peace, Austin/L. *Brock, L.* 1990: «Frieden», in: *Rittberger, V.* (Hrsg.): Theorien der Internationalen Beziehungen (PVS Sonderheft 21), Opl., 71–89. *Czempiel, E.O.* 1986: Friedensstrategien, Paderborn u.a. *Deutsch, K.W. u.a.* 1957: Political Community and the North Atlantic Area, Princeton. *Fetscher, I.* 1972: Modelle der Friedenssicherung, Mchn. *Galtung, J.* 1971: Gewalt, Frieden und Friedensforschung, in: *Senghaas, D.* (Hrsg.): Kritische Friedensforschung, Ffm., 55–104. *Kegley, C.W.* (Hrsg.) 1991: The Long Postwar Peace, NY. *Mitrany, D.* 1966: A Working System for Peace, Chic. (zuerst 1943). *Moravcsik, A.* 1992: Liberalism and International Relations Theory, Camb./Mass. *Morgenthau, H.J.* 1963: Macht und Frieden, Gütersloh (engl. zuerst: Politics among Nations, 1948). *Waltz, K.N.* 1954: Man, the State and War, NY. *Nielebock, T.* 1993: Frieden zwischen Demokratien, in: ÖZP 22, 179–193. *Raumer, K. von* 1953: Ewiger Friede, Freib./Mchn. *Ray, J.L.*

1993: War Between Democracies, in: International Interactions 18, 251–276. *Rock, S. R.* 1989: Why Peace Breaks Out, Chapel Hill/L. *Russett, B.* 1993: Grasping the Democratic Peace, Princeton. *Senghaas, D.* (Hrsg.) 1995: Den Frieden denken, Ffm. *Sørensen, G.* 1992: Kant and the Processes of Democratization, in: JPR 29, 397–414. *Waltz, K. N.* 1979: Theory of International Politics, NY u. a.

Peter Rudolf

Friedensdividende, Einsparungen, die sich aufgrund des Einfrierens bzw. Reduzierens der Militäraufgaben dank weltweiter Entspannung ergeben sollten.

Die F. wurde für entwicklungspolit. und damit friedenspolit. Maßnahmen (→ Entwicklung = Frieden) einzusetzen geplant. Doch die etablierte → Korrelation zwischen Rüstungs- und Entwicklungsausgaben (je weniger Ausgaben für Rüstung, desto mehr stehen für Entwicklung zur Verfügung) entpuppte sich als weitaus schwächer als angenommen.

Dieter Nohlen

Friedenspflicht → Streik

Friedenstheorien → Frieden

Friedliche Koexistenz, (Selbst-)Charakterisierung für die seit dem 20. Parteitag der KPdSU 1956 geltende Leitlinie sowjetischer Außenpolitik gegenüber den kapitalistischen Staaten. Die Doktrin bedeutete die Abkehr von der leninistischen Vorstellung der Unvermeidbarkeit von → Kriegen zwischen kapitalistischen und kommunistischen Staaten und war in diesem Sinne eine Konsequenz aus der Situation wechselseitiger nuklearer Vernichtungsfähigkeit.

Das Risiko eines Krieges sollte vermieden werden, die begrenzte Teilnahme an der internat. → Kooperation gesucht, der → Klassenkampf zwischen antagonistischen Gesellschaftssystemen jedoch bis zum Sieg des → Kommunismus mit nichtmilitärischen Mitteln fortgesetzt werden. Der Verzicht auf Gewalt galt jedoch nicht für die Unterstützung revolutionärer Bewegungen in der → Dritten Welt und den Schutz bestehender kommunistischer Regime gegen «Konterrevolutionen».

→ Ost-West-Konflikt.

Lit.: *Royen, C.* 1978: Die sowjetische Koexistenzpolitik gegegenüber Westeuropa, Baden-Baden.

Peter Rudolf

Führerprinzip, wahrscheinlich dem Militärwesen entnommener nationalsozialistischer Herrschafts- und Organisationsgrundsatz: Dem «Führer» wird unbedingte Autorität und Entscheidungskompetenz zugestanden, die direkt (durch Ausübung unmittelbarer Weisungsbefugnis) und indirekt (über ausschließlich ihm verantwortliche, nach unten je spezifisch ebenfalls mit «Führerrecht» ausgestattete «Unterführer») gegenüber seiner zu entspr. Gehorsam verpflichteten Gefolgschaft umsetzt.

Das F. findet auf der Grundlage irrationaler Legitimitäts- und Eignungsvorstellungen – die «Berufung» des historisch jeweils notwendigen und deshalb genau geeigneten «Führers» erfolgt(e) nicht durch fehlerträchtiges menschliches Handeln, sondern durch «die Vorsehung» – sowie vulgärer Annahmen über die Möglichkeiten herrschaftlich-polit.-organisatorischer Effizienzsteigerung. Nach der Machtergreifung über die *A. Hitler* als «Führer und Reichskanzler» zugeschriebene monokratische Rolle quasi staatsrechtlich übernommen, führte das F. faktisch zu einem komplexen Neben- und Gegeneinander von sich wechselseitig bedingender Führerautokratie (vgl. *Moll* 1997) und Unterführerpolykratie, deren systemzerrüttende Folgen lediglich der Krieg abschwächte.

→ Autokratie; Nationalsozialismus.
Lit.: *Moll, M.* (Hrsg.) 1997: «Führer-Erlasse» 1939–1945, Stg.

Wolfgang Weber

Fundamentaldemokratisierung, von *K. Mannheim* (1935) formuliertes Prinzip der Einbeziehung immer breiterer sozialer Schichten in die polit. Mitbestimmung, hervorgerufen durch deren Streben nach polit. → Partizipation und Teilhabe an der gesellschaftl. und polit. → Macht.

Dabei ist zwischen zwei Bedeutungsvarianten der F. zu unterscheiden: [1] F. als Synonym für Wahlrechtsausbreitung bezeichnet den historischen Durchsetzungsprozeß des allg., gleichen, direkten und geheimen → Wahlrechts als wichtigster Form institutionalisierter polit. Partizipation, insbes. in westl. Industriegesellschaften. Weltweit ist die F. noch nicht abgeschlossen. [2] F. als normativer Begriff erschöpft sich nicht in der Durchsetzung des allg. und gleichen Wahlrechts, sondern umfaßt auch die Teilhabe niedriger sozialer Schichten an der polit. und gesellschaftl. Machtausübung sowie die → Demokratisierung aller gesellschaftl., d. h. auch der außerpolit. Bereiche.

Lit.: *Mannheim, K.* ^{2}1967: Mensch und Gesellschaft im Zeitalter des Umbaus, Bad Homburg (zuerst 1935).

Tanja Zinterer

Fundamentalismus, Bewegungen und/oder → Ideologien, welche die eigene religiöse oder weltanschauliche Orientierung mit absolutem Wahrheits- und Überlegenheitsanspruch propagieren, die jeweiligen Dogmen ebenso kompromißlos wie intolerant vertreten und gegenüber anderen Gruppen expansiv und aggressiv agieren.

F. ist als Gegenreaktion auf die anomischen Tendenzen einer sich beschleunigenden Individualisierung und Pluralisierung moderner Gesellschaften zu verstehen. Dabei verstärken sich kulturelle Phänomene des Sinnverlustes und der Identitätsuche und die soziale Benachteiligung der sog. Modernisierungsverlierer wechselseitig. Prägnante Beispiele für den F. der Gegenwart sind der Kampf des islamischen F. um einen Gottesstaat und der christliche F. US-amerikan. Abtreibungsgegner.

→ Identität; Political Correctness; Postmoderne; Rassismus; Rechtsextremismus.
Lit.: *Huntington, S.* 1996: Der Kampf der Kulturen, Mchn. (engl. 1993). *Marty, M. E.* 1995: Fundamentalism comprehended, Chic. u. a. *Meyer, T.* 2001: Fundamentalismus, in: *Nohlen, D.* (Hrsg.): Kleines Lexikon der Politik, Mchn., 150–153. *Tibi, B.* 1995: Der religiöse Fundamentalismus: Im Übergang zum 21. Jahrhundert, Mhm. u. a.

Günter Rieger

Fundamentalopposition, grundsätzliche, gegen das → Politische System, seine Gestaltungsprinzipien und den gesellschaftl. Grundkonsens gerichtete Gegnerschaft, kurz als revolutionäre oder verfassungsrevisionistische Bewegung definiert.

Solange Staat und → Gemeinwohl einerseits, Regierung andererseits theoretisch-konzeptionell wie herrschaftspraktisch gleichgesetzt wurden, erschien jegliche → Opposition als Fundamentalopposition. Mit der Anerkennung von Opposition als notwendigem Bestandteil demokratischer Regierungsweise und ihrer parlamentarischen Institutionalisierung wurde Kritik an der amtierenden Regierung(smehrheit) als begrenztes Veränderungsstreben innerhalb des Grundkonsenses und als Wettbewerb um die Regierungsmacht zur polit. Praxis. F. bleibt mithin im demokratischen Verfassungsstaat Einstellung und Methode weniger sowie kleiner Gruppen, die auf den radikalen Bruch mit dem Bestehenden in Politik, Wirtschaft und Gesellschaft zielen.

→ Parlamentarisches Regierungssystem.
Lit.: → Opposition.

Suzanne S. Schüttemeyer

Fünfprozentklausel → Sperrklausel

Funktion/Funktionalismus (aus lat. *functio* = Verrichtung, Aufgabe), Wirkung oder Aufgabenerfüllung, Leistung eines Teils im Rahmen eines Ganzen; im Funktionalismus (Fs.) v. a. ein abstraktes oder spezifisches Systemerfordernis zur Aufrechterhaltung von Stabilität. Eine Funktion (F.) stellt allg. ein Zuordnungsverhältnis zwischen Strukturen (→ Struktur/Strukturanalyse) und Prozessen her (→ Strukturfunktionalismus). Der sozialwiss. Fs. ist eine Sammelbezeichnung normativer und empirischer Bemühungen ohne ein einheitliches Forschungsdesign und kennt daher theoriegeschichtlich, historisch-situativ und polit.-aktuell (v. a. in Untersuchungen zum → Systemwechsel und in der Transformationsforschung) vielerlei unterschiedliche und konkurrierende Varianten, Perspektiven, Verlaufs- und Konstellationsanalysen mit differenten methodischen Zugängen.

1. *H. Spencer* und *E. Durkheim* haben den soziologischen Fs. begründet und sind am biologischen Organismusmodell bzw. der mechanischen und organischen → Solidarität orientiert. *B. Malinowski* und *A. R. Radcliffe-Brown* wendeten den Fs. in sozial- und kulturanthropologischen Kontexten an. Soziologische Hauptvertreter und moderne Klassiker des Fs. und einer differenzierten funktionalen Analyse sind *T. Parsons* (→ AGIL-Schema, → *Pattern variables*, → Strukturfunktionalismus, → Systemtheorie) und *R. K. Merton*. *Merton* unterschied v. a. zwischen manifesten und latenten F. (bzw. objektiven und nicht-intendierten Konsequenzen), ferner räumte er empirische Dysfunktionen oder auch (irrelevante oder unbeachtliche) Nicht-Funktionen ein. Die → Funktional-strukturelle Methode von *N. Luhmann* ist eine weitere Theorievariante, die später von → Autopoiesis-Vorstellungen überlagert wurde. Neofunktionalistische Entfaltungen sind in D bei *R. Mayntz*, *R. Münch* und *U. Schimank* gegeben, im angloamerikan. Raum insbes. bei *J. C. Alexander*.

2. In politikwiss. Hinsicht sind v. a. *D. Easton* und *G. A. Almond* als Funktionalisten zu betrachten. *Easton* bevorzugt ein allg. «*environment-input-output-feedback*-Modell, bei welchem ein effektiver *Bargaining*-Prozeß im Grunde funktional vorausgesetzt ist und herrschaftskritische Fragestellungen fehlen. *Almond* formuliert für den *Input*-Bereich die Funktionen polit. → Sozialisation und personale Rekrutierung für polit. Ämter, Interessenartikulation, -aggregation und polit. Kommunikation, für den *Output*-Bereich die Hauptfunktionen Regelbildung, -anwendung und verbindliche Regelauslegung, was den klassischen Kategorien der Gewaltenteilung entspricht (→ Politisches System).

3. Im Gegenstandsbereich der → Internationalen Beziehungen ist der Fs. ein Ansatz zur Relativierung des → Nationalstaates zugunsten supranationaler Kooperation, so bei *D. Mitrany* und *E. B. Haas*. Der Neo-Funktionalismus setzt dabei bes. auf polit. Lerneffekte. Die Analyse von F. und Dysfunktionen steht in der Transformationsforschung, die am Systemwechsel und an einer kritischen Reflexion von Modernisierungsprozessen ausgerichtet und interessiert ist, erneut im Mittelpunkt einzelfallbezogener wie komparativer Untersuchungen. Darüber hinaus ist eine funktionalistische Betrachtung die bevorzugte Perspektive jedweder Integrationstheorie.

4. Funktionalistische Ansätze sind insges. auf Komplementärtheorien angewiesen und verbinden sich am häufigsten mit der Systemtheorie. Der Fs. ist forschungsanleitend und integriert als eine spezifische Denkweise auch disparate Aspekte verschiedener Objektbereiche. Insofern fördert der Fs. auf einer allg. Ebene ein komplexes Zusammenhangsdenken gesamtgesellschaftl. relevanter Tatbestände.

Lit.: *Alexander, J. C.* (Hrsg.) 1985: Neofunctionalism, Beverly Hills. *Alexander, J. C.* 1988: Soziale Differenzierung und kultureller Wandel, Ffm./NY. *Almond, G. A.* u. a. 1993: Comparative Politics, NY. *Durkheim, E.* 1988: Über soziale Arbeitsteilung,

Ffm. *Durkheim, E.* 1991: Physik der Sitten und des Rechts, Ffm. *Easton, D.* ³1979: A Systems Analysis of Political Life, Chic./L. *Easton, D.* 1990: Political Structure, NY./L. *Luhmann, N.* 1962: Funktion und Kausalität, in: KZfSS 14, 617–644. *Hartmann, J.* 1995: Funktionale Theorien der Politik, in: *Nohlen, D./Schultze, R.-O.* (Hrsg.): Politische Theorien, Mchn., 129–137. *Merton, R. K.* 1995: Soziologische Theorie und soziale Struktur, Bln./NY. *Parsons, T.* 1967: Sociological Theory and Modern Society, NY. *Peters, B.* 1993: Die Integration moderner Gesellschaften, Ffm. *Sandschneider, E.* 1995: Stabilität und Transformation polit. Systeme, Opl. *Schimank, U.* 1996: Theorien gesellschaftlicher Differenzierung, Opl.

Arno Waschkuhn

Funktional-strukturelle Methode, von *N. Luhmann* in Modifikation und Weiterentwicklung des → Strukturfunktionalismus begründeter Ansatz, der zunächst die Analyse der → Funktionen vornimmt und davon ausgehend nach den Strukturen fragt.

Luhmanns Argument lautet: Der prominent von *T. Parsons* vertretene Strukturfunktionalismus setzt soziale Systeme mit bestimmten Strukturen voraus und fragt nach den funktionalen Leistungen, die zur Systemstabilisierung erbracht werden müssen. «Dadurch nimmt die strukturell-funktionale Theorie sich die Möglichkeit, Strukturen schlechthin zu problematisieren und nach dem Sinn von Systembildung überhaupt zu fragen. Eine solche Möglichkeit ergibt sich jedoch, wenn man das Verhältnis dieser Grundbegriffe umkehrt, also den Funktionsbegriff dem Strukturbegriff vorordnet. Eine funktional-strukturelle Theorie vermag nach der Funktion von Systemstrukturen zu fragen, ohne dabei eine umfassende Systemstruktur als Bezugspunkt der Frage voraussetzen zu müssen.» (*Luhmann* ⁶1991: 114) Da jede funktionale Analyse (→ Funktion/Funktionalismus) einen Bezugspunkt voraussetzt, auf den hin eine Funktion erfüllt wird, stellt sich die Frage nach einem Bezugsproblem, das keine systemstrukturellen Voraussetzungen mehr impliziert. Es ist dies «die Welt» unter dem Gesichtspunkt ihrer Komplexität als Gesamtheit möglicher Ereignisse. Nur durch Sinn können sich Systeme eine Welt (Eigenwelt) konstituieren, denn: «Sinn dient der Erfassung und Reduktion von Weltkomplexität und erst dadurch der Orientierung des Erlebens und Handelns» (*Luhmann* ⁶1991: 116). Die Eigenkomplexität der Systeme aber schließt mehr Möglichkeiten aus als die Komplexität der Welt (Komplexitätsgefälle), und die Grenzen ihrer Welt sind Sinngrenzen: die Reduktion von Komplexität erfolgt durch Sinn- bzw. Systembildung. Die Erfassung und Reduktion von Weltkomplexität und die gleichzeitige Steigerung von Eigenkomplexität als Systemaufgabe auf allen Ebenen der Gesellschaft ist daher die «Zauberformel» der funktional-strukturellen Methode *Luhmanns*.

Lit.: *Luhmann, N.* ⁶1991: Soziologische Aufklärung 1. Aufsätze zur Theorie sozialer Systeme, Opl. (zuerst 1970). *Luhmann, N.* ⁸2000: Soziale Systeme, Ffm. (zuerst 1984).

Arno Waschkuhn

Funktionales Äquivalent, Bezeichnung des → Strukturfunktionalismus für die Leistungserbringung oder → Funktion eines Elementes, die derjenigen eines anderen gleichwertig ist und systemisch als Alternative zur Zielerreichung in Betracht kommt.

Die Methode des funktionalen Vergleichs berücksichtigt analytisch auch räumlich oder zeitlich auseinanderliegende Systeme, um die Vielfalt der Bestimmungsfaktoren des soziopolit. Prozeßgeschehens einzubeziehen. Ein f. Ä. kann auch eingesetzt und interpretiert werden, um auf Störungen und Irritationen in der normalen Kommunikation zu reagieren, d. h. das Immunsystem eines Systems zu reaktivieren und seine Autopoiesis zu sichern. So haben z. B. → Soziale Bewegungen als «Frühwarnsystem» auf bestimmte Folgeprobleme der funktionalen → Differenzierung aufmerksam gemacht.

Arno Waschkuhn

Funktionalismus → Funktion/Funktionalismus

Funneling → Fragebogen

Fürsorge/Fürsorgeprinzip, eines der ältesten Prinzipien der → Sozialpolitik, das der grundsätzlichen Verpflichtung eines Gemeinwesens entspricht, einzelnen, die in Not geraten sind und sich weder selbst helfen können noch im Rahmen subsidiärer Gemeinschaften (Familie) Hilfe erfahren, einen staatl. bzw. öff. Schutz zuteil werden zu lassen.

Der Bau von Armen- oder Waisenhäusern im Mittelalter fällt ebenso darunter wie Maßnahmen zur Versorgung von Kriegsgeschädigten (versehrten Soldaten, Witwen), die in vielen Ländern den Grundstein moderner staatl. Sozialpolitik legten. In der BRD beruht die → Sozialhilfe auf dem Prinzip der F., wenngleich mit deren Einführung 1961 begrifflich die vordem existierende «Fürsorge» aufgehoben und ein einklagbarer Rechtsanspruch auf Hilfe in Notlagen geschaffen wurde.

Lit.: → Sozialhilfe; Sozialpolitik.

Bernhard Thibaut

F-Verteilung → Signifikanztests

Gallagher-Index, Maßzahl, die den Proportionalitätsgrad der Wahlergebnisse unterschiedlicher → Wahlsysteme bemißt.

Die Summe der Differenzen zwischen Stimmen- und Mandatsanteil der Parteien wird ins Quadrat erhoben. Das Ergebnis wird durch zwei dividiert.

Lit.: *Gallagher, M.* 1991: Proportionality, Disproportionality and Electoral Systems, in: Electoral Studies 10, 33–51.

Dieter Nohlen

Gamma-Koeffizient → Korrelationsrechnung

Gebiet/Gebietsreform, abgegrenztes Territorium, über das sich Befehlsgewalt erstreckt. Dies impliziert primär den staatl. Hoheitsbereich, aber auch kleinere territoriale Einheiten. Eine Gebietsreform (G.) kann sich analog sowohl auf eine generelle Neugliederung des → Staatsgebietes beziehen als auch im bes. auf die kommunale Gebietsreform.

Kommunale G. wurden in fast allen westeurop. Staaten seit Mitte der 1960er Jahre durchgeführt. In der BRD hat man den Gebietszuschnitt der → Gemeinden, Landkreise und Regierungsbezirke neu definiert. Ziel war es, effektivere und leistungsfähigere lokale Verwaltungseinheiten zu schaffen. Die Brisanz einer solchen Reform liegt darin begründet, daß der Zuschnitt kommunaler Einheiten über deren institutionelle Repräsentanz in der → Verwaltung sowie über deren Grundausstattung an öff. Einrichtungen entscheidet. Gleichzeitig ist den Ländern wie dem Bund daran gelegen, Verwaltungsaufgaben an funktionsfähige Kommunen zu delegieren.

→ Kommunale Selbstverwaltung, Territorialität.

Lit.: *Schimanke, D.* 1978: Verwaltungsreform in Baden-Württemberg, Bln. *Schneider, H./Voigt, R.* (Hrsg.) 1994: Gebietsreform in ländlichen Räumen, Vieselbach/Erfurt.

Ulrike Rausch

Gebietsauswahl → Auswahlverfahren

Gebietskörperschaft, eine Körperschaft des öff. Rechts mit einem territorial definierten Zuständigkeitsbereich. Die Art ihrer Mitgliedschaft (Wohnsitz, Sitz einer juristischen Person) unterscheidet die G. von anderen öff.-rechtlichen Körperschaften wie

Personalkörperschaften, Realkörperschaften oder Verbandskörperschaften.

Das Verhältnis der einzelnen G. innerhalb eines → Politischen Systems bestimmt den Grad seiner Zentralisierung. In D versteht sich das Gefüge von Bund, Ländern, Gemeindeverbänden und → Gemeinden als Ausdruck der vertikalen → Gewaltenteilung. Innerhalb Europas findet sich in Frankreich das auffälligste Gegenbeispiel. Dort bilden → Staat, → Regionen, Départements und Gemeinden das hierarchische Gerüst des → Zentralstaats.

→ Föderalismus, Gebiet, Staatsgebiet.

Ulrike Rausch

Gebundenes Mandat → Amt und Mandat

Gefangenendilemma (engl. *prisoner's dilemma*), paradigmatisches Spiel, mit dem die → Spieltheorie das Problem der Kooperation rationaler Individuen darstellt.

Auf zwei Gefangene, die ein gemeinsames Verbrechen begangen haben, soll die Kronzeugenregelung angewendet werden. Wenn einer von beiden gesteht, erhält er die Freiheit, der Komplize dagegen die Höchststrafe. Gestehen beide, erhalten sie ein verringertes Strafmaß, gestehen beide nicht, erhalten sie wegen eines geringfügigen anderen Vergehens eine kleine Strafe. In dieser Situation werden beide gestehen, obwohl sie ein besseres Ergebnis erzielen würden, wenn beide nicht gestehen. Das Dilemma der Gefangenen besteht darin, daß ihr individuell rationales Verhalten zu einem Spielausgang führt, der kollektiv nicht rational ist. Das Dilemma läßt sich nur auflösen, wenn die Spieler durchsetzbare Verträge schließen können oder das Spiel bei einem unendlichen Zeithorizont wiederholt spielen. Das G. hat hohe Aufmerksamkeit in der Sozialwiss. erlangt, da zahlreiche soziale Kooperationsprobleme als G. aufgefaßt werden können. Ein Anwendungsfall des G. ist das Problem der Bereitstellung und Nutzung → Öffentlicher Güter, das z. B. für die Umweltpolitik eine große Rolle spielt.

Lit.: → Spieltheorie.

Katharina Holzinger

Gefolgschaft, Individuen und Gruppen, die sich der Leitung einer aus ihrer Sicht geeigneten Person anvertrauen und in ihren pflichtmäßigen Handlungen deren Weisungen Folge leisten.

In *Max Webers* Konzept charismatischer → Herrschaft (→ Charisma) ist G. Komplementärbegriff zum Führer. Der Führer (vom *war lord* bis zum Parteiführer) bedient sich seiner G., um → Macht auszuüben und zu stabilisieren. Kennzeichnend für das Verhältnis Führer/G. ist die alleinige Entscheidungsgewalt des Führers über Zugehörigkeit zu und Stellung in der G., die enge persönliche Bindung an ihn sowie die unbedingt geltende Gehorsams- und Loyalitätspflicht. In einer auf Individualität und → Autonomie ausgerichteten Gesellschaft verliert der veraltete Begriff der G. an Bedeutung und wird durch die stärker mit Freiwilligkeit und Rationalität assoziierten Begriffe Anhängerschaft, Vertrauenspersonen, Unterstützerkreis usw. ersetzt.

Günter Rieger

Gegenelite, eine Gruppe von Führungspersonen, die von der Herrschaft ausgeschlossen ist, diese jedoch durch eine Verdrängung der bisherigen Machthaber erobern will.

G. können sich sowohl in → Politischen Systemen, aber auch in einzelnen Organisationen herausbilden. Im Ggs. zu anderen Oppositionsgruppen (z. B. zu parlamentarischen Oppositionsfraktionen) lehnt eine G. nicht nur Ziele und Entscheidungen der etablierten Führungsgruppen ab, sondern will durch ihre Machtübernahme die Strukturen eines polit. → Regimes grundlegend verändern. Ihre Chancen zur Machtübernahme beruhen auf zwei Voraussetzungen: ihrer inneren Geschlossenheit und einer hinreichenden Unterstützung in der Bevölkerung («Ge-

genmasse»). Der Begriff wird insbes. bei der Analyse revolutionärer → Systemwechsel angewandt.

→ Elite/Eliten; Gegenmacht; Machtelite.

Lit.: *Lasswell, H. D./Kaplan, A.* 1950: Power and Society, New Haven, 266–268.

Dietrich Herzog

Gegenmacht, von *J. K. Galbraith* geprägter und popularisierter Begriff (*countervailing power*) für die → Gewerkschaften im Verbändepluralismus, nämlich Gewerkschaften als G. zu den Unternehmensverbänden.

In der gewerkschaftskritischen, aus unorthodoxen sozialistischen Traditionen gespeisten sozialwiss. Literatur (*A. Gorz, L. Basso, B. Trentin*) wurde der Begriff aufgenommen und mit einer neuen Stoßrichtung versehen: Gewerkschaften sollten als antikapitalistische Gegenmacht fungieren, indem sie zu Trägern systemüberwindender Reformen werden. Zu Strategien der G. gehören u. a. die Massenmobilisierung der Gewerkschaftsmitglieder, funktionierende innergewerkschaftliche Demokratie, betriebsnahe Tarifpolitik und Bildungsarbeit, Eroberung von betrieblichen Machtpositionen (Mitbestimmung, Vertrauensleute).

→ Macht; Pluralismus.

Lit.: *Galbraith, J. K.* 1964: American Capitalism: The Concept of Countervailing Power, rev. ed. L. (zuerst 1952; dt. 1956). *Galbraith, J. K.* 1968: Die moderne Industriegesellschaft, Ffm.

Peter Lösche

Gegenrevolution (auch Konterrevolution), revolutionäre Bestrebungen, die darauf zielen, eine erfolgreiche → Revolution rückgängig zu machen bzw. zu überwinden.

G. kann zur Wiederherstellung des vorrevolutionären Zustandes führen (→ Restauration), geht jedoch meist darüber hinaus, wie sich am Beispiel der polit. Umwälzungen im England des 17. Jh. zeigt, die von der absoluten → Monarchie über die → Diktatur des Parlaments und *Cromwells* zur Wiederherstellung der Monarchie als konstitutioneller führte. Ihre Legitimierung erhält die G. primär aus dem alten, von der Revolution negierten Wertesystem. Darüber hinaus argumentiert eine urkonservative Abwägung, daß eine vorhandene polit. Ordnung in jedem Falle dem Verlust von Ordnung im revolutionären Chaos vorzuziehen sei. Dieses Argument, z. B. von *Thomas Hobbes* in seinem «Behemoth» gegen die engl. Revolution erhoben und von *Carl Schmitt* im 20. Jh. aufgenommen, stützt sich auf die Erfahrung der unmittelbaren und mittelbaren Folgewirkungen revolutionärer Prozesse.

Lit.: *Hobbes, T.* 1991: Behemoth oder das lange Parlament, Ffm. (engl. 1682). *Schmitt, C.* 1950: Zur Staatsphilosophie der Gegenrevolution (de Maistre, Bonald, Donoso Cortés), in: *ders.*: Donoso Cortés in gesamteuropäischer Interpretation. Vier Aufsätze, Köln, 22–40.

Ulrich Weiß

Geisteswissenschaft, Zusammenfassung eines Komplexes teilweise sehr alter Disziplinen, eng verbunden mit dem Deutschen Idealismus des 19. Jh., während die frz. und die angloamerikan. Entsprechung – *sciences humaines* und *humanities* – den Gegenstandsbereich der G. mit anderer Nuancierung benennen: Wo immer Menschen denken, handeln und herstellen, werden Sinngehalte produziert. Diese zu thematisieren ist die primäre Aufgabe der G., die man auch als «Human-» bzw. «Kulturwissenschaften» kennzeichnen könnte.

Nicht nur im Gegenstand werden G. wie Geschichte, Philologie, Philosophie, Theologie, Ethik gegen die neuzeitlich dominanten Naturwiss. abgehoben. Auch methodisch wird der Erklärungsleistung der Naturwiss. und deren «nomothetischem», auf die Formulierung allg. kausaler und funktionaler Gesetze abzielenden Verfahren der geisteswiss. Primat des Verstehens gegenübergestellt, das sich beschreibend und interpretierend auf das historisch-kulturell Individuelle und Einmalige bezieht und «idiographisch» vorgeht. Diese seit *Dilthey* geläufige Unterscheidung ist eine perspektivische: Während die Naturwiss. ihrem Gegenstand gegenüber eher eine Außenperspektive einnehmen, leisten die G. eine innerperspektivische Erschließung von Sinn im → Verstehen als dem «Vorgang, in welchem wir aus Zeichen, die von außen sinnlich gegeben sind, ein Inneres erkennen» (*Dilthey* 1957: 318). Daß die Alternative keine ausschließliche ist, zeigt sich in all den Disziplinen wie Psychologie, Soziologie und Politikwiss., wo neben einem mit erklärenden Hypothesen arbeitenden Zweig auch der verstehende Weg möglich ist. Ohne die Methodenvielfalt der G. auch nur annähernd benennen zu können, scheinen zwei in sich hochdifferenzierte Methodenkomplexe von Bedeutung:

(1) Hermeneutik: Als Kunst des Verstehens konzentriert sie sich v. a. auf die Interpretation von Texten. Eine lange hermeneutische Praxis in Philologie (Sprachübersetzung), Theologie (Auslegung religiöser Zeugnisse und Quellen) und Jurisprudenz (Auslegung und Anwendung von Gesetzen) führte zur Formulierung allg. Regeln wie des hermeneutischen Zirkels zwischen Teil und Ganzem: Der Buchstabe ergibt nur Sinn im Wortganzen, das Wort im Text, der Text im Kontext. Die Reflexion der Hermeneutik auf sich selbst macht die Geschichtlichkeit und Anwendungsbezogenheit des Verstehens bewußt.

(2) Rekonstruktion: Sie definiert einen zunächst grob umrissenen Gegenstand durch Anlegung selektiver theoretischer Muster und baut ihn in methodisch idealisierter Form neu auf. Je nach der Eigenart des Musters ergeben sich rekonstruktive Strategien logischer, sprachanalytischer, historisch-genetischer, psychologischer, methodisch-erkenntnistheoretischer Art. Der Geltungsanspruch solcher Konstruktionen reicht unterschiedlich weit. Er kann seinem Gegenstand immanent bleiben (etwa bei der logischen Bereinigung von argumentativen Texten) oder ihn in kritischer Auseinandersetzung transzendieren.

Beide Verfahrenskomplexe überlappen sich und treten nur in ihren problematischen Extremen auseinander – wenn hermeneutisch eine identifizierende Einfühlung in den Gegenstand beansprucht wird oder die Rekonstruktion ihren Gegenstand durch das angelegte Modell ersetzt. Die Methoden kritischer Selbstkontrolle reichen von ideologiekritischen Zugriffen aus soziologischer, kulturalistischer, geschlechterspezifischer Perspektive über das Verfahren der → Dekonstruktion, welches vermeintlich gesicherte Sinngehalte durch Anwendung der Hermeneutik auf sich selbst in Frage stellt, bis hin zu pragmatischen Thematisierungen der lebensweltlich-geschichtlichen Vorstrukturen des Verstehens. In diesen reflexiven Qualitäten dokumentiert sich die methodische Eigenständigkeit und pragmatische Unentbehrlichkeit der Geisteswiss.

→ Erklärung; Hermeneutik; Historische Methode; Ideologie/Ideologiekritik; Lebensweltanalyse; Phänomenologie/Phänomenologische Methode, Sozialwissenschaften.

Lit.: *Apel, K.-O.* u. a. 1971: Hermeneutik und Ideologiekritik, Ffm. *Apel, K.-O.* 1980: Geisteswissenschaften, in: *Speck, J.* (Hrsg.): Handbuch wissenschaftstheoretischer Begriffe, Bd. 2, Gött., 247–251. *Betti, E.* [2]1972: Die Hermeneutik als allgemeine Methodik der Geisteswissenschaften, Tüb. *Diemer, A.* 1964: Grundriß der Philosophie, Bd. II: Die philosophischen Sonderdisziplinen, 4. Teil, Kap. 2: Die philosophischen Grundlagen der Geisteswissenschaften, Meisenheim am Glan. *Dilthey, W.* [2]1957: Die geistige Welt. Einleitung in die Philosophie des Lebens. Erste Hälfte: Abhandlungen zur Grundlegung der Geisteswissenschaften (= Gesammelte Schriften V), Stg./Gött. *Gadamer, H.-G.* [6]1990: Gesammelte Werke, Bd. 1: Hermeneutik I: Wahrheit und Methode. Grundzüge einer philosophischen Hermeneutik, Tüb. *Gadamer, H.-G.* 1986: Gesammelte Werke, Bd. 2: Hermeneutik II: Wahrheit und Methode. Ergänzungen und Register, Tüb. *Gatzemeier, M.* 1973: Methodische Schritte einer Textinterpretation in philosophischer Absicht, in: *Kambartel, F./Mittelstraß, J.* (Hrsg.): Zum normativen Fundament der Wissenschaft, Ffm., 281–317. *Hiley, D. R./Bohmann, J. F./Shusterman, R.* (Hrsg.) 1991: The Interpretative

Turn. Philosophy, Science, Culture, Ithaca/L. *Kimmerle, H.* 1978: Philosophie der Geisteswissenschaften als Kritik ihrer Methoden, Den Haag. *Lorenzen, P.* 1974: Konstruktivismus und Hermeneutik, in: *ders.*: Konstruktive Wissenschaftstheorie, Ffm., 113–118. *Rickert, H.* [6]1926: Kulturwissenschaft und Naturwissenschaft, Tüb. *Riedel, M.* 1978: Verstehen oder Erklären? Zur Theorie und Geschichte der hermeneutischen Wissenschaften, Stg. *Simon-Schaefer, R./Zimmerli, W. C.* (Hrsg.) 1975: Wissenschaftstheorie der Geisteswissenschaften, Hamb. *Warnach, V.* (Hrsg.) 1971: Hermeneutik als Weg heutiger Wissenschaft, Salzburg/Mchn. *Zimmerli, W. C.* 1989: Geisteswissenschaften, in: *Seiffert, H./Radnitzky, G.* (Hrsg.): Handlexikon zur Wissenschaftstheorie, Mchn., 88–101.

Ulrich Weiß

Geld- und Kreditpolitik, bezeichnet die Steuerung der Geldversorgung der Wirtschaft im Dienste gesamtwirtschaftl. Ziele (→ Magisches Vieleck), insbes. des Zieles Preisstabilität (→ Inflation). Sie ist in modernen Wirtschaftssystemen institutionell ausgegrenzt und eigenen staatl. Institutionen anvertraut, den → Zentralbanken, die über unterschiedliche Grade an institutioneller, funktioneller und personeller Unabhängigkeit verfügen.

Abstimmungsbedarf und potentielle Konflikte der auf Preisstabilität ausgerichteten G. ergeben sich insbes. zur außenwirtschaftl. orientierten → Währungspolitik (z. B. «importierte Inflation» bei festen Wechselkursen) sowie zur → Finanzpolitik. Stellenwert und Ausrichtung der G. sind seit den 1970er Jahren durch den → Monetarismus erheblich beeinflußt worden, der im Ggs. zum keynesianischen Konzept einer antizyklischen Konjunkturpolitik (→ Konjunktur) für eine möglichst stetige, transparente, am Wachstumspotenzial der Wirtschaft orientierte Geldmengenpolitik eintritt. Die Deutsche Bundesbank publizierte z. B. in selektiver Aufnahme monetaristischer Thesen vorab ihre Geldmengenziele, während andere Zentralbanken unter Verzicht auf das Zwischenziel Geldmenge unmittelbar ihre angestrebte Preissteigerungsrate bekanntmachen. Die G. beeinflußt indirekt die Geld- und Kreditversorgung der Wirtschaft, indem sie die Liquidität der Kreditinstitute zu steuern versucht. Die dabei konzertiert eingesetzten Instrumente der Zentralbanken variieren. Die wichtigsten Instrumente der Zentralbanken sind die Refinanzierungspolitik (Diskont- und Lombardpolitik), die Mindestreservepolitik und die Offenmarktpolitik.

→ Keynesianismus; Neo-Klassik/Neo-klassische Theorie.

Lit.: *Andersen, U.* [4]2000: Deutsche Bundesbank, in: *Andersen, U./Woyke, W.* (Hrsg.): Hdwb. des Polit. Systems der Bundesrepublik Deutschland, Opl., 135–140. *Caesar, R.* 1981: Der Handlungsspielraum von Notenbanken, Baden-Baden. *Deutsche Bundesbank* [6]1993: Geldpolit. Aufgaben und Instrumente, Ffm. *Issing, O.* [6]1996: Einführung in die Geldpolitik, Mchn.

Uwe Andersen

Gemeinde/Gemeindepolitik, die Gemeinde (G.) ist die in der vertikalen Ebene der gebietskörperschaftlichen Staatsorganisation unterste polit.-administrative Einheit. Gemeindepolitik umfaßt die institutionellen Rahmenbedingungen und organisatorischen Formen der → Politischen Willensbildung in der gemeindlichen → Selbstverwaltung sowie deren inhaltliche Orientierung.

In D findet das durch Art. 28 GG garantierte Recht der G., «alle Angelegenheiten der örtlichen Verwaltung in eigener Verantwortung zu regeln», Ausdruck in Hoheitsrechten der G. (Finanz-, Personal-, Satzungs-, Organisations-, und Planungshoheit), die durch übergeordnete rechtliche Regelungen des Bundes und der Länder unterschiedlich stark eingeschränkt sind (z. B. → Finanzverfassung). In sachlicher Hinsicht erstreckt sich die Selbstverwaltung der G. auf örtliche Gemeinschaftsaufgaben im Bereich der Infrastruktur (z. B. Verkehrsnetz, Energie- und Wasserversorgung), des Sozial-, Kultur- und Bildungswesens. Hierbei sind die G. lediglich einer staatl. Rechtsaufsicht unterworfen. Darüber nehmen die G. Aufgaben wahr, die ihnen vom Bund und den Ländern übertragen sind (z. B. Bauaufsicht, Paß-, Melde- und Standesamt- und Polizeiwesen). Hier unterliegen sie der Fachaufsicht durch das Innenministerium im betreffenden Land. Die meisten G. sind zu Landkreisen zusammengeschlossen, um flächendeckend eine möglichst effektive und effiziente Aufgabenerfüllung in Bereichen zu gewährleisten, in denen ihre individuelle Leistungskapazität aufgrund geringer Einwohnerzahl und knapper Finanzmittel an Grenzen stößt (z. B. Schulträgerschaft, Abfallwirtschaft).

Lit.: → Gemeindeverfassungen.

Bernhard Thibaut

Gemeindeverfassungen, rechtliche Rahmenbedingungen der → Gemeindepolitik. G. regeln zum einen die polit. und administrativen Kompetenzen der → Gemeinden (äußere G.) und legen zum andern die Organe der Gemeindepolitik, deren wechselseitiges Verhältnis und die institutionalisierten Formen polit. → Partizipation auf kommunaler Ebene fest (innere G.).

1. In bezug auf die Stellung der Gemeinden im Gesamtzusammenhang der gebietskörperschaftlichen Staatsorganisation, die in den meisten Ländern in der nat. → Verfassung geregelt ist, werden in der vergleichenden Politikwiss. → Dezentralisierungs- und Dekonzentrationsmodelle unterschieden. In G., die dem Dekonzentrationsmodell folgen, werden Aufgaben von den höherstehenden → Gebietskörperschaften auf die lokale Ebene übertragen, ohne jedoch die Gemeinden aus der Verwaltungshierarchie und Kontrolle durch die übergeordneten Ebenen auszugliedern. Im Rahmen des Dezentralisierungsmodells, dem die dt. G. auf der Basis von Art. 28 Abs. 2 GG folgen, verfügen die Gemeinden über einen autonomen Bereich der → Selbstverwaltung, innerhalb dessen sie die ihnen zugewiesenen Aufgaben eigenverantwortlich wahrnehmen.

2. Was die Organe und Mechanismen der → Politischen Willensbildung auf kommunaler Ebene anbelangt, lassen sich G. unter ähnlichen Gesichtspunkten betrachten, wie sie in der → Vergleichenden Regierungslehre zur Analyse von Regierungssystemen herangezogen werden – freilich unter Berücksichtigung der Besonderheiten der Kommunalpolitik (→ Kommune). Als wesentliche Aspekte gelten die innere Struktur der Verwaltungsspitze und das Verhältnis zwischen Verwaltungsspitze und Gemeindeparlament, das teilweise durch die Art und Weise der Bestellung (und eventuell Absetzung) des Gemeindeoberhauptes bestimmt ist. In D ergeben sich aus diesen Elementen, die – im Rahmen der Vorgaben des GG – in den Landesverfassungen geregelt sind, im wesentlichen vier Typen von G.: (1) Süddeutsche Ratsverfassung (u. a. Bayern, Baden-Württemberg, Sachsen): Der direkt gewählte (Ober-)Bürgermeister ist in Personalunion Gemeindeoberhaupt und Verwaltungschef und wird zusätzlich durch den Umstand gestärkt, daß er auch den Vorsitz im Gemeinderat führt. (2) Norddeutsche Ratsverfassung (u. a. Niedersachsen, Nordrhein-Westfalen): Dem durch den Rat gewählten Gemeindeoberhaupt steht ein hauptamtl. Verwaltungschef zur Seite und eine unabhängig arbeitende Vertretungskörperschaft gegenüber. (3) Bürgermeisterverfassung (Rheinland-Pfalz, Saarland): Das Gemeindeoberhaupt, das alleine die Verwaltungspitze bildet, wird durch das Gemeindeparlament gewählt und führt auch den Vorsitz in diesem Gremium. (4) Magistratsverfassung (Hessen): direkt gewähltes Gemeindeoberhaupt, zusätzlicher Verwaltungschef und funktionale Trennung zwischen Verwaltung und Gemeindeparlament.

3. Ein weiteres Unterscheidungskriterium von G. ergibt sich aus der Frage nach Möglichkeiten und Mechanismen einer direkten Beteiligung der Bürger an kommunalpolit. Sachentscheidungen. Wenngleich die meisten dt. G. → Volksbegehren und/oder → Volksabstimmung als mögliche Formen der polit. Beteiligung vorsehen, ist hierzulande die → Direkte Demokratie auf kommunaler

Ebene im Vergleich zu anderen Ländern, die dem Dezentralisierungsmodell folgen (Schweiz, USA), noch schwach ausgeprägt.

Lit.: *Gabriel, O. W.* 1989 (Hrsg.): Kommunale Demokratie zwischen Politik und Verwaltung, Mchn. *Vogelsang, K.* u. a. ²1997: Kommunale Selbstverwaltung, Bln. *Roth, R./Wollmann, H.* (Hrsg.) 1994: Kommunalpolitik, Opl. *Wehling, H.-G.* (Hrsg.) 1994: Kommunalpolitik in Europa, Stg.

Bernhard Thibaut

Gemeinnützigkeit, Status von Aktivitäten oder Organisationen, die darauf ausgerichtet sind, materielle oder ideelle Belange der Allgemeinheit bzw. das → Gemeinwohl zu fördern, ohne dabei priv. Wirtschaftsinteressen zu verfolgen.

Die aufgrund gesetzlicher Bestimmungen anerkannte G. von Organisationen bzw. Vereinen ist mit Anreizen zu ihrer finanziellen Förderung (Steuerbefreiung von Spenden) und z. T. auch mit öff. → Subventionen verbunden. Als gemeinnützig anerkannt sind insbes. Aktivitäten in der freien Wohlfahrtspflege, der Entwicklungshilfe, dem Naturschutz, der Pflege von Kulturzeugnissen sowie in der nicht-kommerziellen Wiss. und Forschung.

Bernhard Thibaut

Gemeinschaft, gilt mit dem berühmten Auftakt der «Politik» des *Aristoteles*, daß «jeder Staat eine Gemeinschaft darstellt und jede Gemeinschaft um eines bestimmten Gutes willen besteht» (Buch A, Kap. 1, 1252 a 1), als Grundbegriff des polit. Denkens. Sie ist Anlaß und Ziel polit. Handelns. In deskriptiver Absicht umfaßt der Begriff der G. hier noch alle naturwüchsigen wie auf willkürlicher Vereinbarung beruhenden, durch gemeinsame Zwecke zusammengehaltenen Formen des menschlichen Zusammenlebens, zeichnet aber in normativer Hinsicht die polit. G. als die höchste Form der G. aus.

1. Bis in die Neuzeit unterscheidet die abendländische Tradition nicht zwischen → Staat und G. sowie zwischen G. und → Gesellschaft (*Riedel* 1975: 805). Erst im Zuge der → Industrialisierung treten die Bedeutungsgehalte von G. und Gesellschaft auseinander und wird die polit. Sphäre des Staates als eigenständig gegenüber der sozialen Sphäre der Gesellschaft begriffen. Im dt. Sprachraum konturiert sich seit dem 18. Jh. der Begriff der G., versehen mit sozialromantischen Wertungen, im Ggs. zu Gesellschaft.
2. Für die Soziologie prägt *F. Tönnies* 1887 das maßgebliche Verständnis dieses Gegensatzpaares, indem er G. dem Begriff der Gesellschaft vor- und überordnet, so daß Gesellschaft als Ergebnis eines Verfallsprozesses industriegesellschaftl. → Modernisierung erscheint. Der Begriff der G. wird im Ggs. zur Gesellschaft, in der die Individuen als wesentlich voneinander getrennt wie gegeneinander konkurrierend und i. S. der Vertragsanalogie durch rationalen Interessenausgleich und Nützlichkeitserwägungen verbunden gelten, für naturwüchsig-organische, durch eine «gegenseitig-gemeinsame (...) Gesinnung» (*Tönnies* 1963: 20) und Sympathie getragene, soziale Einheiten reserviert. In der Idealisierung von → Genossenschaften oder der → Solidarität der → Arbeiterbewegung wird G. zur Projektionsfläche polit. Hoffnungen. Auch *Max Weber* spricht von → Vergemeinschaftung, wenn sich das soziale Handeln der Beteiligten an «subjektiv gefühlter (...) Zusammengehörigkeit» orientiert. Er erkennt jedoch, daß sich selbst in den Idealtypen der Vergemeinschaftung – von der Familiengemeinschaft über religiöse Sekten bis hin zur → Nation – zweckrationale Motive finden und umgekehrt jede noch so zweckrational orientierte → Vergesellschaftung «Gefühlswerte stiften» kann, welche über den «gewillkürten Zweck hinausgreifen» (*Weber* 1976: 21 f.).
3. Der Begriff der G. bleibt in D als ideologischer Leitbegriff völkischer Bewegungen und durch die Verherrlichung der «Volksgemeinschaft» im → Nationalsozialismus diskreditiert. In anderen europ. Sprachen bleibt

die Bedeutungsüberschneidung von Gesellschaft und G. erhalten (*Riedel* 1975: 859). In der angelsächsichen Welt werden, wie *J. Deweys* Plädoyer für die «*Great Community*», *T. Parsons* Begriff der gesellschaftlichen G. («*societal community*» (*Parsons* 1967: 423)) und die republikanische Wiederbelebung des Gemeinschaftsbegriffs im → Kommunitarismus zeigen, G. (*community*) und → Demokratie nicht als Ggs. begriffen, sondern es wird G. als Resultat wie notwendige Grundlage einer demokratischen Regierungsform gesehen.

→ Gemeinwohl; Gut/Güter; Republikanismus.

Lit.: *Aristoteles* 1989: Politik, Stg. *Dewey, J.* 1996: Die Öffentlichkeit und ihre Probleme, Darmst. (engl. 1927). *Friedrich, C.J.* (Hrsg.) 1959: Community, NY. *Brumlik, M./Brunkhorst, H.* (Hrsg.) 1995: Gemeinschaft und Gerechtigkeit, Ffm. *Parsons, T.* 1967: Sociological Theory and Modern Society, NY/L. *Riedel, M.* 1975: Gesellschaft, Gemeinschaft, in: *Brunner, O.* u.a. (Hrsg.): Geschichtliche Grundbegriffe, Bd. 2, 801–862, Stg. *Tönnies, F.* 1963: Gemeinschaft und Gesellschaft, Darmst. (zuerst 1887). *Weber, M.* 1976: Wirtschaft und Gesellschaft, Tüb. (zuerst 1921).

Günter Rieger

Gemeinschaftsaufgaben, im → Föderalismus der BRD diejenigen Länderaufgaben, an denen der Bund mitwirkt, sofern «diese Aufgaben für die Gesamtheit bedeutsam sind und die Mitwirkung des Bundes zur Verbesserung der Lebensverhältnisse erforderlich ist» (Art. 91 GG).

Seit den Föderalismus-Reformen von 1969 zählen zu den G.: (1) Hochschulbau, (2) regionale Wirtschaftsstruktur, (3) Agrarstruktur und Küstensschutz, (4) Bildungsplanung und Forschungsförderung von überregionaler Bedeutung. Bund und Länder wirken dabei mittels Rahmenplanung und Planungsverbund in Planungsausschüssen zusammen, in denen jedes Land mit einer, der Bund mit 50% der Stimmen vertreten ist und 3/4-Mehrheiten zur Beschlußfassung erforderlich sind. Die Kosten teilen sich Bund und Länder im Wege der Mischfinanzierung i.d.R. hälftig; das Volumen ist beachtlich (→ Finanzverfassung). Das Institut der G. hat nachhaltig zum Ausbau des → Exekutivföderalismus und der finanziellen Abhängigkeit der Länder vom sog. «Goldenen Zügel» des Bundes wie zur Praxis der → Politikverflechtung und des Politikstils des Aushandelns (→ Konkordanzdemokratie) in der BRD beigetragen.

Lit.: → Bundesstaat; Politikverflechtung.

Rainer-Olaf Schultze

Gemeinwille → Volonté générale

Gemeinwirtschaft, Produktion und → Allokation von → Gütern und Dienstleistungen auf der Grundlage des Prinzips der kostendeckenden und/oder sozial gerechten Befriedigung des vorhandenen Bedarfs. Auch Bezeichnung für jenen Bereich einer Volkswirtschaft, in dem die Unternehmenstätigkeit nicht am priv. Gewinn orientiert ist.

Übergreifende Gesichtspunkte sozialer Gerechtigkeit bzw. am → Gemeinwohl können Unternehmen der G. ganz darauf verzichten lassen, Gewinne zu erzielen, oder aber sie führen ihre Überschüsse gemeinnützigen Zwecken zu. In D wurde die Entwicklung der G. vornehmlich von den → Gewerkschaften betrieben. Die Leitvorstellung, in einer kapitalistischen Wirtschaft Räume zu schaffen, die Grundgedanken einer sozialistischen Gesellschaftsordnung verwirklichen, wurde durch Skandale um große Gewerkschaftsunternehmen in den 1980er Jahren (Neue Heimat) stark in Mitleidenschaft gezogen.

Bernhard Thibaut

Gemeinwohl (lat. *bonum commune*), meint allg. das Wohl(ergehen) aller Mitglieder einer Gemeinschaft, auch öff. Interesse, im Ggs. zu Privatwohl und Partikularinteresse; es kann auch definiert werden als der allg. Zweck bzw. die gemeinsamen Ziele und Werte, zu deren Verwirklichung sich Menschen in einer Gemeinschaft zusammenschließen.

1. Zu unterscheiden sind aposteriorische Konzeptionen von G., die auf das empirisch und nur im nachhinein zu ermittelnde, immer nur näherungsweise herstell- und im polit. Prozeß veränderbare Wohl aller zielen, von normativ-apriorischen Konzeptionen von G., also von der Annahme eines vorgegebenen, objektiven allg. Wohls, das nicht an die Zustimmung der Gesellschafts- bzw. Gemeinschaftsmitglieder gebunden ist, dem sich diese jedoch unterzuordnen haben. Auf die allg. Staatszwecklehren der Antike zurückgehend, können die Begründungen und normativen Zwecke des G. sehr unterschiedlich ausfallen: das tugendhafte Leben in der wohlgeordneten Gemeinschaft, die Idee des Rechts und → Gerechtigkeit, des → Friedens, der → Freiheit, oder auch die allg. Wohlfahrt und Selbstverwirklichung in und durch polit. → Partizipation.

(1) Eine Sonderstellung unter den apriorischen Konzeptionen von G. nimmt *J. J. Rousseau* mit seiner Theorie identitärer → Demokratie ein. Seit der Frühen Neuzeit vertragstheoretisch konzipiert, definiert sich das G. seither zunächst durch den Zweck des Gesellschaftsvertrages (bei *Hobbes*: die Friedenssicherung, bei *Locke*: den individuellen Grundrechts- und Eigentumsschutz, bei *Rousseau:* die allg. Wohlfahrt und die Erhaltung des Wohlbefindens der einzelnen Gesellschaftsmitglieder); diese wie darüber hinausgehende Gemeinwohlzwecke bedürfen indes der Zustimmung durch die Gesellschaftsmitglieder. Dem Widerspruch zwischen dem apriorischen G., das sich im allg. Willen, der → *Volonté générale,* konkretisiert, und der nur *a posteriori* möglichen Ermittlung der *volonté de tous* entspricht bei *Rousseau* seine Vorstellung von der dualistischen Natur des Menschen, der nicht nur wie bei *Hobbes* seine individuellen Begierden verfolgt, sondern neben dem *amour-propre* auch den allg. Willen in sich verkörpert. «Aufgelöst» wird der Widerspruch durch die Fiktion eines homogen gedachten Volkswillens und der Identität von Regierenden und Regierten. Wie sich beides konkret herstellen soll, bleibt bei *Rousseau* indessen weitgehend offen. Nicht von ungefähr spielt für ihn die Erziehung zu Tugend, Vernunft und Patriotismus eine herausragende Rolle, und seine konkreten Verfassungsentwürfe sind konzipiert für territorial überschaubare und gesellschaftl. homogene, nicht durch Sonderinteressen gespaltene Gemeinwesen.

(2) Im Ggs. zu *Rousseau* mit seiner widersprüchlichen Gemeinwohlkonzeption gibt die liberale Vertragstheorie von *J. Locke* bis *E. Fraenkel* die Annahme eines apriorischen allg. Wohls zugunsten der aposteriorischen Gemeinwohlvorstellung des individuellen Wohls aller auf. Sie argumentiert dabei analog den Marktannahmen der klassischen Nationalökonomie und geht wie diese davon aus, daß sich das G., ähnlich dem Gleichgewicht am Markt, eher naturwüchsig als nicht intendiertes Ergebnis der individuellen oder organisierten Interessenkonflikte herstellt, sofern die Wettbewerbsbedingungen dies unverzerrt erlauben und alle Beteiligten damit am Fortbestand des Gleichgewichts interessiert sind. In der Pluralismustheorie *Fraenkels* bedeutet dies einerseits, daß (a) «die Entscheidung über die Grundfrage einer jeden Politik, was jeweils als das bonum commune anzusehen sei, in einer Demokratie nur autonom und (...) unter aktiver Mitwirkung der autonomen Gruppen zustande kommen kann» (*Fraenkel* 1991: 324); es heißt, (b) daß das G. keine vorgegebene Größe ist, sondern sich als Ergebnis der soziopolit. Konflikte darstellt, «die Resultante (...), die sich jeweils aus dem Parallelogramm der ökon., sozialen, polit. und ideologischen Kräfte einer Nation dann ergibt, wenn ein Ausgleich angestrebt und erreicht wird, der objektiv den Mindestanforderungen einer gerechten Sozialordnung entspricht und subjektiv von keiner maßgeblichen Gruppe als Vergewaltigung empfunden wird» (ebd.: 34). Andererseits sieht *Fraenkel* jedoch (c) das G. nicht als «soziale Realität», sondern als «regulative Idee» (ebd.: 42).

2. Die Hauptstoßrichtung der Kritik am G. zielt von Beginn an auf die harmonistischen

und interessenneutralen bzw. interessenausgleichenden Grundannahmen aller Gemeinwohlkonzeptionen, die die Existenz grundsätzlicher Interessenkonflikte in der Gesellschaft entweder leugnen oder zu überwinden trachten und faktisch dazu dienen, → Herrschaft bzw. Herrschaftsanspruch eines Teiles der Gesellschaft zu verschleiern, indem deren Sonderinteresse zum G. erklärt wird.

(1) Mit dem Ideologievorwurf setzt sich bereits *Platon* in der «Politeia» auseinander, wenn er den Sophisten *Thrasymachos* gegen *Sokrates* und die Annahme eines präexistenten allgemeingültigen Rechts argumentieren läßt, daß das Gerechte stets mit dem Interesse des Stärkeren identisch sei und jede herrschende Gruppe sich ihre eigene Gerechtigkeit schaffe.

(2) *Marx* und in seinem Gefolge die verschiedenen marxistischen Theorievarianten nehmen diese ideologiekritische Interpretationslinie klassentheoretisch gewendet auf und richten sie insb. gegen die liberalen, gleichgewichtsorientierten Gemeinwohlkonzeptionen, aber auch gegen die demokratische Allgemeinwohlvorstellung *Rousseaus*. In den durch antagonistische Klasseninteressen definierten Sozialverhältnissen drückt sich im G. immer das Interesse der jeweils herrschenden → Klasse aus. Gemeinwohlideologien dienen zur Verschleierung des Klassencharakters der Gesellschaft, tragen zur Manipulation des Bewußtseins der ausgebeuteten Klasse bei und sind zur Aufrechterhaltung der bestehenden Machtverhältnisse funktional notwendig.

3. Die Kritik an der am Gemeinwohl orientierten Pluralismustheorie setzt ebenfalls an den harmonistischen Ausgangspositionen an und verweist demgegenüber auf (a) den jeder Institution inhärenten «*organizational bias*» (*Schattschneider* 1960: 71), (b) die (in Ökonomie wie Politik gleichermaßen auftretenden) Oligopolisierungs- und Monopolisierungstendenzen im fortgeschrittenen Kapitalismus, (c) die unzulängliche Berücksichtigung nicht konflikt- und organisationsfähiger Interessen, (d) die Stillegung des Wettbewerbs durch neo-korporative Entscheidungsstrukturen.

Diese sowohl theoretisch vorgetragenen als auch empirisch untermauerten Einwände haben zu einer interessanten Differenzierung der Positionen geführt: (a) Einerseits bewirkten sie die Rücknahme des Gemeinwohlbegriffs auf die These von der «regulativen Idee» und die Aufgabe des mindestens bei *Fraenkel* noch vorhandenen materiellen Gehaltes einer in ihren Grundzügen «gerechten Sozialordnung», die es herzustellen gelte (*Kremendahl* 1977). In einer solchen reduktionistischen Sicht bezieht sich das G. «in erster Linie auf die Art, wie eine polit. Entscheidung zustande kommt, und nicht auf ihren Inhalt, der unvermeidlich Interessen und Perspektiven enthält, (...) deren sachliche Richtigkeit bestenfalls im nachhinein – und dann nie logisch zwingend – erweisbar ist» (*Shell* 1973: 119). Die Nähe zur elitären Demokratietheorie, die Demokratie nur noch als Methode versteht, ist in diesen Gemeinwohlvorstellungen unübersehbar. (b) Andererseits veranlaßten Theorie und Praxis des → Pluralismus andere Autoren, den normativen Gehalt im liberalen Gemeinwohlverständnis herauszuarbeiten und zu betonen. Dies gilt z.B. für *W.A. Kelso* (1978) und sein Konzept des *public pluralism*, in dem die staatl. Institutionen gerade wegen der strukturellen Schranken und Ungleichgewichte in den Interessenkonflikten die Schiedsrichterrolle aufgeben und aktiv zugunsten der nicht konflikt- und konkurrenzfähigen Interessen intervenieren sollen (vgl. *Steffani* 1980). Es gilt aber insb. für die am G. orientierte liberale Sozialphilosophie von *J. Rawls*, in der er mit seinem Konzept der «*justice as fairness*» die philosophische Begründung des «*new egalitarianism*» formulierte, die den alt-liberalen Grundsatz der Chancengleichheit *(equality of opportunity)* durch das Prinzip der Ergebnisgleichheit *(equality of result)* ersetzte (vgl. *Rawls* 1994). Von den in der *Rousseauschen* Tradition stehenden radikal-demokratischen Gleichheitsvorstellungen unterscheidet sich die *Rawlssche* Gemeinwohlkonzeption kaum mehr im materiellen Ziel; die Begründung bleibt indes unterschiedlich (vgl. *Gutmann* 1980: 218 ff.).

Von der entgegengesetzten Warte aus argumentiert seit Anfang der 1980er Jahre die (überwiegend nordamerikan.) kommunitaristische polit. Philosophie, die der liberalen

Gesellschaftstheorie und insb. deren grundrechts-*(rights)*basierten und prozedural beschränkten Varianten den Verlust an individueller wie kollektiver Gemeinwohlorientierung vorhält. Wie unterschiedlich die Positionen innerhalb des → Kommunitarismus auch sein mögen, gemeinsam kritisieren die Kommunitaristen am → Liberalismus (a) den Vorrang individueller Rechte vor gemeinschaftlichen Zielen und Werten, (b) die Fragmentierung und Atomisierung in der Gesellschaft; sie beklagen (c) den Verlust an sozialer Integration als Folge der (ihrer Auffassung nach) ahistorischen und transkulturellen Wert- und Moralvorstellungen des Liberalismus; und sie wenden sich (d) gegen die einseitige Aufhebung des Spannungsverhältnisses von Gesellschaft und Gemeinschaft, da der Liberalismus soziale Integration allein formal und über das Recht, nicht aber über gemeinschaftlich definierte Güter oder über das G. herstelle und polit. Legitimation nur durch Verfahren, nicht aber durch die Verständigung der Bürger über gemeinschaftliche Güter aufbaue.

Die Kommunitaristen betonen hingegen die Gemeinschaftsbindung des Menschen; seine Existenz sei wesentlich durch seine sozialen Rollen, Interaktionen und zwischenmenschlichen Beziehungen, seine → Identität vorrangig durch die *shared understandings*, also durch die → Kultur und historischen Traditionen der jeweiligen Gemeinschaft definiert, in die er hineingeboren wurde und in der er lebt. Die Kommunitaristen zielen folglich auf die Formulierung von Ordnungsvorstellungen, die den Neutralitätsanspruch des liberalen Rechtsstaates und die Gültigkeit der Menschenrechte jenseits von Geschlecht, Rasse, Ethnie, polit. Überzeugung mit der Parteilichkeit des in der jeweiligen Gemeinschaft definierten G. bzw. der Gemeinschaftszwecke verbinden. Wie diese Verbindung unter den Bedingungen von Demokratie, kultureller Pluralität und sozialer Ungleichheit im Innern, der neuen Weltunordnung im internat. System konkret aussehen könnte, darauf bleiben die Kommunitaristen neue Antworten allerdings weitgehend schuldig. Dies gilt insb. für die drei zentralen Fragen nach der Art und Weise der Ermittlung des G., nach dem Verhältnis bzw. dem Vorrang von Recht und Gut, nach der Vermittlung widerstreitender Autonomieansprüche im Innern wie nach Außen. So erfolgt die Bestimmung des G. bei den Kommunitaristen höchst traditionell entw. apriorisch/substantialistisch und weithin in Anlehnung an die aristotelische polit. Philosophie; oder sie folgt dem Republikanismus *Rousseaus* und nimmt mit seiner Theorie identitärer Demokratie die Gefahr der Rechtfertigung totalitärer Herrschaft im Namen des Allgemeinwohls in Kauf. Die Kommunitaristen übersehen, daß unter den Bedingungen rechtsstaatl. Demokratie die gleichberechtigte Koexistenz und die Reproduktion der Kulturen und ihrer Gemeinschaften immer nur ermöglicht, nicht aber der «Artenschutz» garantiert werden kann (vgl. *Habermas* 1993). Zum zentralen Problem wird damit, wie die jeweilige Gemeinschaft sich gegenüber Dissidenten und kulturellen Minderheiten verhält, ob sie ihnen das Recht auf abweichende Meinung und unterschiedliche Lebensformen einräumt, denn «the struggle for recognition can find only one satisfactory solution, and that is a regime of reciprocal recognition among equals» (*Taylor* 1992: 50).

Lit.: *Arnim, H. H. v.* 1977: Gemeinwohl und Gruppeninteressen, Ffm. *Beyme, K. v.* [3]1997: Theorie und Politik im 20. Jahrhundert, Ffm. *Fraenkel, E.* [7]1991: Deutschland und die westlichen Demokratien, Ffm. (zuerst 1964). *Fetscher, I./Münkler, H.* (Hrsg.) 1985 ff.: Pipers Handbuch der politischen Ideen, 5 Bde., Mchn. *Gutmann, A.* 1980: Liberal Equality, Camb. *Habermas, J.* 1993: Anerkennungskämpfe im demokratischen Rechtsstaat, in: *Taylor, C.* 1993, 147–196. *Honneth, A.* (Hrsg.) 1993: Kommunitarismus, Ffm./NY. *Kelso, W. A.* 1978: American Democratic Theory, Westport. *Kremendahl, H.* 1977: Pluralismustheorie in Deutschland. *Kymlicka,* W. 1989: Liberalism, Community and Culture, Ox. *Rawls, J.* [8]1994: A Theory of Justice, Camb./Mass. (dt.: Eine Theorie der Gerechtigkeit, Ffm. 1975). *Schattschneider, E. E.* 1960: The Semi-sovereign People, NY. *Schumpeter, J. A.* [7]1993: Kapitalismus, Sozialismus und Demokratie, Mchn. (zuerst engl. 1942). *Shell,*

K. L. 1973: Gemeinwohl, in: *Görlitz, A.* (Hrsg.): Handlexikon zur Politikwissenschaft, Rbk., 116–119 (zuerst 1970). *Steffani, W.* 1980: Vom Pluralismus zum Neopluralismus, in: *Oberreuter, H.* (Hrsg.): Pluralismus, Opl, 37–108. *Sternberger, D.* 1961: Der Begriff des Politischen, Ffm. *Taylor, C.* 1989: Sources of the Self, Camb. *Taylor. C.* 1992: Multiculturalism and «The Politics of Recognition», Princeton (dt. 1993: Multikulturalismus und die Politik der Anerkennung, Ffm.). *Walzer, M.* 1992 a: Sphären der Gerechtigkeit, Ffm./NY (engl. 1983). *Walzer, M.* 1992 b: Zivile Gesellschaft und amerikanische Demokratie, Bln. *Weber-Schäfer, P.* ^{2}1992: Einführung in die antike Politische Theorie, 2 Bde., Darmst. (zuerst 1976).

Rainer-Olaf Schultze

Gemischte Verfassung, in der Antike entwickelte Konzeption einer Kombination jener drei Verfassungstypen – → Monarchie, → Aristokratie, → Demokratie –, die *Aristoteles* in seiner Staatsformenlehre herausgearbeitet hatte.

Der darin vorgenommenen Klassifikation nach Zahl der Herrschenden folgten bald Versuche, qualitative Kriterien (insbes. gemeinwohl- vs. eigennutzorientierte Regierungsweise) heranzuziehen, um die Bedingungen guter Ordnung oder staatl. Stabilität besser bestimmen zu können. Dabei erschienen zunächst Sparta, dann Rom als beispielhaft, die beide über Verfassungen mit Mischungen zwischen monarchischen, aristokratischen und demokratischen Elementen verfügten.
Seit Ausgang des Mittelalters setzten sich zahlreiche politische Philosophen und Theoretiker auf der Suche nach friedenstiftender, stabiler staatl. Organisation erneut mit der Vorstellung einer g. V. auseinander. Bes. in England kam es nach dem Bürgerkrieg im 17. Jh. zur Revitalisierung der Konzeption als Moderation zwischen den Befürwortern der absolutistischen Monarchie einerseits und den Anhängern von Ideen der → Volkssouveränität andererseits. Der Aspekt gegenseitiger Machthemmung von König, Adel und Bürgertum wurde im 18. Jh. weiterentwickelt zu Gewaltenteilungslehren, so daß heute auch Demokratien indirekt Elemente der g. V. in sich tragen.

→ Gemeinwohl; Gewaltenteilung; Staatsformen.

Suzanne S. Schüttemeyer

Generalstreik → Streik

Generation, definiert als [1] der von Land zu Land variierende mittlere Altersunterschied zwischen Vätern und Kindern (i. d. R. etwa 30 Jahre), [2] die je auf gleicher Stufe stehenden Glieder einer Familie und [3] die Gesamtheit der in einem bestimmten Zeitabschnitt lebenden Menschen mit ihrer bes. Grundstimmung und geistigen Haltung.

Der in den Sozialwiss. gebräuchliche Begriff von G. umfaßt neben letzterer Definition, der historischen, die rein demographische, also die Altersgleichheit, sowie die soziologische, für die der «Nachweis homogener Orientierungs- und Verhaltensweisen» erforderlich ist (*Lepsius* 1981: 173). Schon in den 1920er Jahren leistete *K. Mannheim* eine umfassende begriffliche Klärung und Ausformung des Generationskonzeptes. Dennoch wurde und wird bis heute in der Sozialforschung G. überwiegend nur im Kontext der Kohortenanalyse, also in der verengten Bedeutung von Altersgleichheit, verwendet.

Lit.: *Bude, H.* 1997: Das Altern einer Generation, Ffm. *Fogt, H.* 1982: Polit. Generationen, Opl. *Lepsius, M. R.* 1981: Generationen, in: *Greiffenhagen, M.* u. a. (Hrsg.): Hdwb. zur polit. Kultur der Bundesrepublik Deutschland, Opl., 172–175. *Mannheim, K.* 1928: Das Problem der Generationen, in: Kölner Vierteljahreshefte für Soziologie 7, 157–185. *Metje, M.* 1994: Wählerschaft und Sozialstruktur im Generationenwechsel: eine Analyse des Wählerverhaltens bei Bundestagswahlen, Wsb.

Suzanne S. Schüttemeyer

Generationenvertrag, Begriff aus der → Sozialpolitik, der ein zeitlich versetztes Gleichgewicht sozialer Leistungen zwischen den Generationen postuliert.

Auf dem Gedanken des G. beruht in der Rentenversicherung das Umlageverfahren, wonach die Renten der älteren Generation durch die laufenden Versicherungsbeiträge der aktiv Erwerbstätigen finanziert werden (und nicht aus den verzinsten bzw. kapitalisierten Beiträgen, welche die Rentner im Laufe ihres Erwerbslebens selbst erbracht haben). Der demographische Wandel, der die Belastung der Beitragszahler aufgrund der steigenden Zahl von Rentenempfängern erhöht, tiefgreifende Veränderungen der Arbeitsmärkte, die zu einer zunehmenden Unstetigkeit von Erwerbsbiographien führen, sowie allg. gesellschaftl. Individualisierungstendenzen stellen diese unmittelbare sozialpolit. Umsetzung des G. zunehmend in Frage.

Bernhard Thibaut

Generationseffekt, Bezeichnung für jene Auswirkungen auf Merkmale von → Kohorten, die sich aus der Zugehörigkeit zu einer historisch im wesentlichen gleich geprägten Altersgruppe ergeben.

Davon zu unterscheiden ist der Alterseffekt und der Periodeneffekt. Ersterer ist die Bestimmung eines Merkmals durch das Lebensalter seines Trägers; letzterer beschreibt die jeweiligen Zeitumstände, die auf alle wirken. Während vieles darauf hindeutet, daß Richtung und Stärke von → Parteiidentifikation eher von der → Generation als vom Lebenszyklus abhängig sind, scheint → Partizipation eher vom Alter beeinflußt. Die Wirkung polit. → Generationen auf Einstellungen und Verhalten sollte nicht überbewertet werden. Zusammen mit «Periode», «Alter» und anderen sozialstrukturellen Variablen ist aber vom Generationskonzept – bes. für Länder mit gravierenden Geschichtsbrüchen wie D – mehr Aufschluß über Stabilitäts- und Wandlungsbedingungen von Politik und Gesellschaft zu erwarten.

Lit.: → Generation.

Suzanne S. Schüttemeyer

Genetische Erklärung → Erklärung

Genossenschaften, Selbsthilfegemeinschaften zur Erwirtschaftung bestimmter Güter und/oder Dienstleistungen, die in Reaktion auf wahrgenommene Unzulänglichkeiten des Marktes für die betreffenden → Güter und Dienstleistungen (zu geringes, qualitativ schlechtes oder zu teures Angebot) gebildet werden.

Der Zusammenschluß in einer G. dient in erster Linie der Selbstversorgung der Mitglieder, wenngleich in vielen Fällen das Nicht-Mitgliedergeschäft eine erhebliche Rolle spielt. Träger bzw. Mitglieder von G. können Haushalte, Betriebe oder individuelle Produzenten sein, die ein Unternehmen als Miteigentümer auf genossenschaftlicher Basis betreiben. G. entstanden in großer Zahl im Zuge der frühen → Industrialisierung, um die Abhängigkeit von Arbeiterhaushalten oder landwirtschaftl. und gewerblichen Kleinbetrieben von den oftmals monopolistischen Angebotsstrukturen des lokalen Marktes für Konsumgüter, Investitionsgüter, Kredite etc. zu verringern.

Bernhard Thibaut

Geopolitik, auch Politische Geographie, die Lehre von der Raumbezogenheit polit. Phänomene, geht auf den schwedischen Staatswissenschaftler *R. Kjellén* (1869–1922) zurück und fand in viele Länder in Europa und Übersee (USA, Brasilien, Chile) Eingang.

In D ist sie v. a. mit den Namen *F. Ratzel* (1844–1904) und *K. Haushofer* (1869–1946) verbunden, deren Lehren vom räumlichen, Organismen ähnlichen Wachstum der Staaten, die folglich quasi gesetzmäßig und notwendig nach Ausdehnung strebten, dem Nationalsozialismus als pseudowiss. Steinbruch ihrer aggressiven Politik der «Erweiterung des deutschen Lebensraums» dienten. Als Wiss. ist die G. insbes. aufgrund dieser deterministischen Auffassungen umstritten. Geopolit. → Erklärungen sind in Geschichte und Politikwiss. durchaus geläufig. Ein Beispiel dafür ist die Auffassung, daß die Politik Deutschlands in Vergangenheit und Gegenwart durch die geographische Lage im Herzen Europas (schicksalhaft) bestimmt (gewesen) sei.

Lit.: *Haushofer, K.* 1928: Grundlagen, Wesen und Ziele der Geopolitik, in: Bausteine zur Geopolitik, Bln., 2–48. *Kiellén, R.* 1917: Der Staat als Lebensform, Lpz. *Ratzel, F.* 1897: Polit. Geographie, Mchn./Lpz. *Schöller, P.* 1957, Wege und Irrwege der Polit. Geographie, in: Erdkunde 11 (1), 1–20.

Dieter Nohlen

Gerechter Krieg (lat. *bellum iustum*), eine auf römische Wurzeln (*Cicero*) zurückgehende, von *Augustinus* und *Thomas von Aquin* wirkungsmächtig weiterentwickelte und von der spätscholastischen Theologie verfeinerte, in die völkerrechtliche Diskussion ausstrahlende und bis heute maßgebliche ethische Theorie, die Prinzipien für die normative Beurteilung zwischenstaatl. Gewaltanwendung enthält.

Unterschieden wird dabei zwischen dem Recht zum Krieg (*ius ad bellum*) und dem Recht im Kriege (*ius in bello*). Im *ius ad bellum* sind v. a. drei Prinzipien entscheidend: (1) die Anordnung des → Krieges durch eine rechtmäßige Autorität, (2) das Bestehen eines gerechten Grundes, (3) die Führung des Krieges mit der rechten, auf die Wiederherstellung der Friedensordnung geführten Absicht. Wichtigste Prinzipien im *ius in bello* sind die Verhältnismäßigkeit der Mittel und die Immunität der Nichtkombattanten.

→ Gerechtigkeit.

Lit.: *Elshtain, J. B.* (Hrsg.) 1992: Just War Theory, NY. *Hehir, J. B.* 1993: The Just-War Ethic Revisited, in: *Miller, L. B./Smith, M. J.* (Hrsg.): Ideas and Ideals, Boulder u. a., 144–161. *Walzer, M.* 1982: Gibt es den gerechten Krieg?, Stg. (engl. 1977). → Krieg.

Peter Rudolf

Gerechtigkeit, in der abendländischen Philosophie seit *Platon* und *Aristoteles* anerkannte moralische Leitidee für Recht, Staat und Politik und als Kardinaltugend für die Individuen. Beiden Denkern verdankt die Begriffsgeschichte eine derartige Fülle von Gesichtspunkten und Einsichten, daß sich die späteren Überlegungen über weite Strecken als Aufnahme von und Kommentar zu Gedanken von *Platon* oder *Aristoteles* lesen. Andererseits sind die näheren Maßstäbe oder Prinzipien der G. so heftig umstritten, daß sich zumal in der Neuzeit in verschiedenen Varianten eine gerechtigkeitstheoretische Skepsis ausbreitet.

Nach der wissenschaftstheoretischen Variante dieser Skepsis gibt es über einen moralischen Wert wie die G. keine objektiven Aussagen. Nach der rechtstheoretischen Variante, auch Rechtspositivismus genannt, vertreten von *Th. Hobbes* über *J. Austin* bis zu *H. Kelsen,* in eingeschränkter Weise auch von *H. L. A. Hart,* gehört die G. nicht zu den Geltungsbedingungen positiven Rechts. Nach der normativen Variante, dem → Utilitarismus, vertreten von *J. Bentham* über *J. S. Mill* bis *J. Austin,* gilt nicht die G. als moralische Leitidee, sondern das Wohlergehen aller Betroffenen. Und nach der → Systemtheorie von *N. Luhmann* meint «G.» eine funktions*unspezifische* Normativität, für die es in den modernen Gesellschaften deshalb keinen Platz gebe, weil diese aus (relativ) autonomen Teilgesellschaften bestünden, die – wie etwa die Wirtschaft, das Recht und die Politik – von einer je anderen, funktions*spezifischen* Normativität bestimmt seien.

Zu Beginn der 1970er Jahre bildete sich gegen die gerechtigkeitstheoretische Skepsis eine kräftige Gegenbewegung aus. Sie geht im wesentlichen auf ein einziges Werk, *John Rawls'* «Theory of Justice» (1971), zurück. *Rawls* greift die Vertragstheorie eines *J.-J. Rousseau* und v. a. *I. Kant* auf, indem er eine urspr. Situation annimmt, in der sich freie und gleiche Bürger über die Prinzipien ihrer Gesellschaft einigen. Im Unterschied zum Utilitarismus einigen sie sich nicht aufs kollektive Wohl, sondern auf ein für alle gleiches System von Grundfreiheiten, außerdem auf die Offenheit aller Positionen und Ämter sowie auf eine bestimmte Sozialstaatlichkeit. Die durch *Rawls* inspirierte «neue Gerechtigkeitstheorie» hat sich zu einer weitgefächerten, sowohl interdisziplinären als auch internat. Diskussion entwickelt, die ebenso Grundfragen wie eine Fülle von Anwendungsfragen – z. B. der internat., der intergenerationellen, der ökolog. G. – behandelt.

1. Zur Semantik der G.: Die bloße Frage nach der G. geht davon aus, daß die menschliche Praxis bewertet wird und es dabei nicht bloß positive, sondern auch überpositive oder normative Bewertungen gibt. Sie lassen sich drei Stufen von «gut» zuordnen: Auf der ersten Stufe, der Stufe der instrumentalen, funktionalen, technischen und strategischen Verbindlichkeiten, handelt es sich um ein «gut für (irgend)etwas». Auf der zweiten Stufe werden die Ziele oder Zwecke, die auf der ersten Stufe nicht normativ thematisiert sind, vom Selbstinteresse oder Wohlergehen der Betroffenen her beurteilt; «gut» bedeutet hier «gut für jemanden». Geht es um das Wohl eines einzelnen, so findet eine individualpragmatische, geht es um das Wohl einer Gruppe, so findet jene sozialpragmatische Bewertung statt, die dem Utilitarismus entspricht; Recht, Staat und Politik werden hier auf Zielgrößen wie Stabilität, Sicherheit und allg. Wohlfahrt verpflichtet.

Wer schon die utilitaristische Bewertung für die höchste Stufe hält, übersieht, daß sie sich gegenüber der Verteilung des (All-)Gemeinwohls durch eine Indifferenz auszeichnet, die in der dritten, genuin moralischen Stufe aufgehoben wird. «Gut» heißt hier nicht lediglich «gut für eine Gruppe», sondern «für jeden einzelnen gut». Damit ist eine Verbindlichkeit erreicht, die sich weder durch andere Verbindlichkeiten außer Kraft setzen noch gegen sie aushandeln läßt; als moralische Forderung ist die G. unbedingt (kategorisch) gültig. Den Gesamtbereich der Moral deckt die G. freilich nicht ab. Eventuelle Pflichten des Menschen gegen sich selbst fallen heraus; die G. betrifft soziale Beziehungen unter dem Gesichtspunkt konkurrierender Interessen und Ansprüche, dabei sowohl den persönlichen Umgang in informell geregelten Lebensbereichen wie Familie, Nachbarschaft und Schule als auch den Geschäftsverkehr, die sozialen Institutionen und Systeme, hier v. a. Recht, Staat und Politik. Bes. Beachtung verdienen zwei in der Gerechtigkeitsdebatte häufig vernachlässigte Bereiche: das Verhältnis der Staaten zueinander und das der jetzt Lebenden zu den künftigen Generationen, wobei es sowohl um ökolog. als auch um finanz- und sozialpolit Fragen geht. Selbst aus der Sozialmoral greift die G. nur einen kleinen Teil heraus. Während Mitleid, Wohltätigkeit und Großzügigkeit, vielleicht auch Dankbarkeit, ferner die Bereitschaft zu verzeihen verdienstlich sind, ist die G. etwas, das man sich gegenseitig schuldet. Wohltätigkeit können wir von den anderen erbitten, G. dagegen verlangen; über mangelnde Großzügigkeit ist man enttäuscht, über fehlende G. empört man sich. Eine Hilfeleistung kann sich freilich bei näherer Betrachtung als Gerechtigskeitsforderung erweisen. Jemandem aus einer Not zu helfen, die man nicht verschuldet hat, zeugt von Mitleid; zu helfen, wenn man die Not mitverschuldet hat, ist eine Aufgabe der Gerechtigkeit und Verbindlichkeiten der → Solidarität stehen zwischen beiden: zwischen der geschuldeten G. und dem verdienstlichen Mehr.

2. Personale und polit. G.: Gemäß den zwei Seiten sozialer Praxis gibt es, thematisch gesehen, zwei Begriffe von Gerechtigkeit. Im institutionellen («objektiven») Verständnis betrifft G. die sozialen Institutionen und Systeme, etwa die Ehe und die Familie, die Wirtschaft, die Schulen und Hochschulen, und als polit. G. Recht, Staat und Politik. Im personalen («subjektiven») Verständnis ist die G. das Charaktermerkmal von Personen und zählt in der Tradition – neben Klugheit, Besonnenheit und Tapferkeit – zu den vier Kardinaltugenden.

Während die Antike beide Seiten diskutiert, interessiert sich das (christliche) Mittelalter v.a. für die personale Gerechtigkeit. In dem Umstand, daß diese gegenüber der institutionellen, insbes. polit. G. im Verlauf der Neuzeit an Gewicht verliert, spiegelt sich die Einsicht wider, daß eine vornehmlich personale Ethik den Problemen moderner Gesellschaften zunehmend weniger angemessen ist. Andererseits hat sie nicht etwa ihre Bedeutung ganz verloren, gehört doch nicht gerade die volle personale G., wohl aber ein gewisses Maß sowohl auf seiten der Bürger als auch der Amtsträger zu den moralischen Grundlagen, ohne die der demokratische Rechts- und Verfassungsstaat nicht überleben kann. Dort, wo die entspr. staatsbürgerliche G. fehlt, dient die Gesetz- und Verfassungsgebung nur den jeweiligen Mehrheitsinteressen; es herrscht, was die kritische → Demokratietheorie seit *Platon* und *Aristoteles* befürchtet: eine → Tyrannis der Vielen. Außerdem besteht die Gefahr, daß die Bürger ihre Rechtsordnung in einen «Unrechtsstaat» abgleiten lassen. Und bei manchen Berufen gehört sie zu den Bedingungen, ohne die das einschlägige «System» – das Gerichtswesen, die Politik und die Medien, sofern sie eine sog. vierte Gewalt bilden – nicht funktionieren.

3. Prinzipien der G.: Die notorischen Kontroversen über die Prinzipien der G. betreffen im wesentlichen einen einzigen Bereich, den der Verteilungsgerechtigkeit. Hier sagt der Wirtschaftsliberalismus «jedem nach seinen Leistungen»; im → Rechtsstaat heißt es «jedem nach seinen gesetzlichen Rechten»; manche Aristokratie sagt «jedem nach seinen Verdiensten»; und der Sozialismus fordert, «jedem nach seinen Bedürfnissen» zu geben. Kein ernsthafter Streit besteht dagegen über das Prinzip der Tauschgerechtigkeit. So schwierig es festzustellen sein mag, welchen Wert die zu tauschenden Waren oder Dienstleistungen haben, so unbestritten ist, daß ein Tausch nach dem Prinzip der Gleichwertigkeit im Nehmen und Geben gerecht ist. Ebenfalls unbestritten ist die notwendige Ergänzung der Tauschgerechtigkeit, die korrektive G., nach der ein ungerechter Tausch zu berichtigen ist. Unkontrovers sind schließlich die Prinzipien der Verfahrensgerechtigkeit, etwa das Gebot, in Streitfällen auch die andere Seite zu hören (*audiatur et altera pars*), und das Verbot, in eigener Sache Richter zu sein (*nemo iudex in causa sui*). Sie gelten deshalb als gerecht, weil sie einem höheren und ebensowenig umstrittenen Gerechtigkeitsprinzip dienen, der Unparteilichkeit.

Da die Prinzipien der Verteilung umstritten sind, empfiehlt es sich, vom unstrittigen Fall, der Tauschgerechtigkeit einschließlich einer allfälligen korrektiven G., auszugehen (*Höffe* 1987). Wer dagegen skeptisch ist, sollte sich selbstkritisch fragen, ob er nicht etwa einen zu «engen», überdies zu «ungeduldigen», vielleicht auch zu «kleinlichen» Tauschbegriff hat. Zu eng ist sein Begriff, wenn er lediglich an Geld, Waren oder jene Dienstleistungen denkt, die man sich kaufen kann. Außer «materiellen» Vorteilen gibt es aber auch «ideelle» Vorteile wie Macht, Sicherheit, ferner gesellschaftl. Anerkennung, vielleicht auch Selbstachtung, nicht zuletzt Freiheiten und Chancen zur Selbstverwirklichung. «Ungeduldig» wiederum ist ein Tauschbegriff, der vergißt, Phasenverschiebungen beim Tauschen einzukalkulieren. Schließlich ist «kleinlich», wer immer nur dem gibt, von dem er schon etwas erhalten hat, und nur so viel, wie er gerade empfangen hat.

Seit den Anfängen des polit. Denkens bei *Platon* und *Aristoteles* lautet bis weit in die Neuzeit die grundlegende Frage: «Unter welchen Bedingungen ist eine Rechts- und Staatsordnung gerecht»? Etwa seit der Französischen Revolution schieben sich im polit. Diskurs Sozialutopien in den Vordergrund, die nicht erst diese oder jene Form, sondern jedes zwangsbefugte Gemeinwesen für ungerecht halten und die daher die traditionelle Idee einer gerechten → Herrschaft durch die Idee der Herrschaftsfreiheit ablösen. Ihretwegen verschärft sich die Gerechtigkeitsfrage und lautet jetzt: «Ist es überhaupt gerecht, unter zwangsbefugten Regeln und ihrer öff. Sicherung, also in Rechts- und Staatsverhältnissen zu leben?» Um diese Frage in Begriffen eines gerechten Tausches zu beantworten, sind vier Teilaufgaben zu lösen. Als erstes ist zu zeigen, daß es Tauschelemente gibt; sodann, daß es «besser» ist, sich auf den entspr. Tausch einzulassen; weiterhin, daß eine annähernde Gleichwertigkeit im

Nehmen und Geben stattfindet, der Tausch also gerecht ist; schließlich, daß sich der gerechte Tausch ohne eine Zwangsbefugnis kaum durchsetzen läßt.

Erstens: Gewöhnlich denken wir beim Tausch an ein positives Nehmen und Geben. Ein grundsätzlicheres Gewicht hat ein negativer Tausch, nämlich der Verzicht, Leib und Leben, das Eigentum oder die Religionsausübung anderer mit → Gewalt zu bedrohen. Werden diese Verzichte wechselseitig vorgenommen, so entsteht freilich jene positive Leistung, die man ein subjektives Recht, näherhin ein Freiheitsrecht nennt: der Schutz von Leib und Leben, der des Eigentums oder der Religionsausübung.

Ist der Tauschcharakter der Freiheitsrechte erkannt, stellt sich *zweitens* die Frage, ob sich die Bürger auf diesen Tausch einlassen sollen. Wollen sie lieber die Freiheit behalten, andere zu töten, aber verbunden mit der Gefahr, selber getötet zu werden, oder ziehen sie die Integrität von Leib und Leben vor, jedoch zu dem Preis, ihresgleichen nicht mehr töten zu dürfen? Nach einer ersten, *Hobbes*schen Antwort hat jeder Mensch ein dominantes Begehren und will nichts mehr vermeiden als einen gewaltsamen Tod durch seinesgleichen. Schon die damalige polit. Situation der Bürgerkriege zeigt jedoch, daß man zugunsten polit. oder religiöser Ideale Leben opfern kann. Anders sieht es bei einem Freiheitstausch aus, der auf einer unverzichtbar elementaren Ebene stattfindet. Das trifft genau für die Bedingungen zu, die die Handlungsfreiheit des Menschen ermöglichen und deshalb «transzendentale Interessen» heißen können. Daß dazu als erstes die Integrität von Leib und Leben gehört, zeigen der religiöse oder polit. Märtyrer. Zwar sind sie ihr Leben zu opfern bereit, wollen aber selber entscheiden, wofür sie es tun: um ihrer religiösen oder polit. Überzeugung treu zu bleiben und nicht etwa, um von einem Räuber überfallen zu werden. Wegen ihrer Unverzichtbarkeit haben die entspr. Freiheiten den Rang von → Menschenrechten. Da sie, die vielleicht wichtigsten Prinzipien polit. G., nur durch einen Tausch zustandekommen, in dem jeder dasselbe gibt (etwa den Verzicht auf die Freiheit zu töten) sowie dasselbe erhält (hier: das Recht auf Leib und Leben), findet eine Gleichwertigkeit im Nehmen und Geben statt. Der Tausch, so der *dritte* Argumentationsschritt, ist gerecht.

Weil der zu den Freiheitsrechten führende Tausch für jeden vorteilhaft, überdies gerecht ist, scheint eine öff. Zwangsbefugnis überflüssig, ihre Abschaffung, die Beseitigung aller Herrschaft, daher geboten zu sein. Diese Ansicht der anarchistischen, jede öff. Gewalt ablehnenden Sozialutopien wäre richtig, sofern nur zwei Handlungsmöglichkeiten existierten: der wechselseitige Freiheitsverzicht und der Verzicht auf diesen Verzicht. In Wahrheit gibt es als dritte und noch vorteilhaftere Möglichkeit den einseitigen Freiheitsverzicht – allerdings den der anderen. Wenn sie auf ihre Tötungsfähigkeit verzichten, genieße ich auch dort mein Lebensrecht, wo die anderen, obwohl ich ihren vitalen Lebensinteressen im Wege stehe, mich nicht töten, *ohne* daß ich meinerseits meine Tötungsfähigkeit aufgebe. Ein solches parasitäres Ausnützen allseits vorteilhafter Unternehmungen im Bereich öff. Verkehrsmittel nennt sich ein Schwarzfahren oder Trittbrettfahren. Analog dazu kann der Versuch, den Vorteil der wechselseitigen Freiheitsverzichte zu genießen, ohne dafür mit dem eigenen Freiheitsverzicht zu bezahlen, ein Trittbrettfahren am gerechten Freiheitstausch heißen. Um ein parasitäres Ausnutzen zu verhindern und um die Gefahr zu bannen, daß der negative Freiheitstausch ein bloßes Wort bleibt, darf sich das Schwarzfahren nicht lohnen. Erst an dieser Stelle, dem *vierten* Argumentationsschritt, wird jene gemeinsame Durchsetzungsmacht nötig, die mit *Thomas Hobbes* («Leviathan», Kap. 18, 21), das «Schwert der Gerechtigkeit» heißt. Weil es für alle Seiten vorteilhafter ist, die Gefahr des Trittbrettfahrens zu überwinden, trifft für die öff. Durchsetzungsmacht dasselbe wie für den wechselseitigen Freiheitsverzicht zu; es findet wieder ein negativer Tausch statt, der für jeden von Vorteil, also gerecht ist.

Da der Mensch nicht lediglich ein Lebewesen ist, umfassen seine transzendentalen Interessen mehr als bloß Leib und Leben. Der transzendentale Rang gebührt auch der Sprach- und Denkfähigkeit, ferner positiven Sozialbeziehungen, weil ohne einschlägige

Kooperationsverhältnisse der Mensch nicht zum Menschen wird. Und ein großer Teil der Menschenrechte läßt sich genau von diesen drei Gruppen transzendentaler Interessen her rekonstruieren: vom Menschen als Lebewesen, als Sprach- und Vernunftwesen und als Kooperationswesen. Die Einsicht, daß jeweils unverzichtbare Interessen vorliegen, reicht freilich nicht aus, Ansprüche zu reklamieren. Ohne den zusätzlichen Nachweis eines Tauschcharakters fehlt es den Menschenrechten an Legitimation.

Eine weitere Gerechtigkeitsaufgabe ergibt sich aus der Generationsstruktur menschlichen Lebens, verbunden mit unterschiedlichen Macht- und Drohpotenzialen. Weil der Mensch so gut wie machtlos auf die Welt kommt und in seinem Alter wieder zu einem hohen Maß an Machtlosigkeit zurückkehrt, scheint er in beiden Lebensphasen für den transzendentalen Freiheitsaustausch zu wenig anbieten zu können. Um heranwachsen zu können, haben aber die Kinder, und um in Ehren alt zu werden, haben die gebrechlich gewordenen Eltern ein Interesse, daß man ihre Schwäche nicht ausnützt. Deshalb ist es für die mittlere Generation vorteilhafter, ihre Machtüberlegenheit gegen die junge Generation nicht auszuspielen, damit sie, wenn die Kinder heranwachsen, sie selber aber zur dritten Generation geworden sind, ihrerseits nicht den Machtpotenzialen der zunächst ersten, inzwischen aber mittleren Generation ausgesetzt sind. Der generationsübergreifende Blick zeigt also, daß es nicht etwa Mitleids- oder Solidaritäts-, sondern Tauschargumente sind, die die genannten Gruppen in den allseits vorteilhaften Freiheitstausch einbeziehen. Da der Mensch nicht bloß machtlos, sondern auch extrem hilflos geboren wird und da er nach einer Zeit relativer Selbständigkeit die Welt wieder hilflos verläßt, gibt es eine dritte Form, den positiven diachronen Tausch: die Hilfsleistungen, die die junge Generation nach der Geburt und beim Heranwachsen erfahren, werden später durch eine Hilfe gegen die Älteren «wiedergutgemacht». Entwicklungsgeschichtlich gesehen, findet der phasenverschobene Tausch von Hilfsleistungen zunächst innerhalb der Familie und der Großfamilie, der Sippe, statt. Diese Beziehung entspricht einer Art von Eltern-Kinder-Vertrag, der über eine phasenverschobene, insgesamt aber wechselseitige Hilfe abgeschlossen wird.

Daß dieser «Familien-Vertrag» längst zu einem «Generationen-Vertrag» erweitert worden ist, läßt sich durch ein institutionstheoretisches Argument rechtfertigen, das in seinem Kern von der zur Tauschgerechtigkeit notwendigen Ergänzung, der korrektiven G., lebt: Durch das polit. Gemeinwesen, eine Institution zweiter Ordnung, wird eine Primärinstitution wie die Familie bzw. Großfamilie (Sippe, Clan) nicht bloß koordiniert, sondern auch in ihrem Eigenrecht und Eigengewicht relativiert. Dieser Vorgang erbringt nicht bloß eine Entlastung, sondern ebenso eine Entmachtung. Nach dem tauschtheoretischen Prinzip der Gleichwertigkeit des Nehmens und Gebens ist es geboten, für die Entmachtung «Entschädigung» zu leisten. Die Sekundärinstitution, das Gemeinwesen, leistet sie, indem es für jene Aufgaben Verantwortung übernimmt, die die Primärinstitution, die Familie, gerade wegen ihrer Entmachtung nicht mehr oder nur noch unzureichend erfüllt. Hier ist der genuine Ort für die sog. soziale G. Zu rechtfertigen ist ein großer Teil der Sozialstaatsaufgaben als Kompensationspflicht und Auffangverantwortung. Folglich mag der entspr. Teil des Sozialstaates an seiner Oberfläche als eine Solidaritätsleistung oder, wie *Rawls* meint, als eine Verteilungsaufgabe erscheinen; dem legitimationstheoretischen Kern nach bedeutet er eine Aufgabe der zur Tauschgerechtigkeit komplementären ausgleichenden Gerechtigkeit. Und bei den nicht derart legitimierbaren Aufgaben ist zu fragen, ob sie tatsächlich in die Kompetenz eines zwangsbefugten Gemeinwesens fallen.

Entschädigungsaufgaben ergeben sich auch aus ungerechten Tauschbeziehungen der Vergangenheit, beispielsweise gegen Eskimos, Indianer, Indios und andere Ureinwohner, deren Besitz man bald gewaltsam, bald gegen unzureichende Gegenleistungen an sich genommen hat. Ebenfalls bestehen Verpflichtungen gegen die Schwarzen Nord- und Südamerikas sowie gegen andere Gruppen, denen durch Sklaverei, durch

Leibeigenschaft und Erbuntertänigkeit oder auch durch «subtilere» Einrichtungen über Jahrhunderte der Zugang zu Eigentumstiteln, zu gleichberechtigten Bildungseinrichtungen und zu sozialem Aufstieg versperrt worden ist. Und in all diesen Fällen sind nicht einfachhin die reicheren Gemeinwesen zuständig, sondern genau jene Kolonialmächte, auf die das Unrecht zurückgeht.

4. G. und Politikwiss.: Das Gewicht, das der Gerechtigkeitsidee für die Politikwiss. zukommt, steht unter dem Motto: Die Politik ist unser Schicksal, die G. verleiht ihm Würde. Die nähere, durchaus vielfältige Bedeutung beginnt mit der Kritik an zwei miteinander konkurrierenden Theorien. (1) Zu verwerfen ist sowohl die – etwa in *Niklas Luhmanns* Systemtheorie vertretene – Position der Entmoralisierung, derzufolge in der zeitgenössischen Politik die Moral keinen legitimen Platz mehr habe, als auch die Gegenposition, jene Moralisierung, die die Politik auf mehr als G. verpflichtet. (2) Die «konstruktive» Fortsetzung weist der G. eine mindestens vierfache Bedeutung für die Politik zu: Eine politiklegitimierende G. rechtfertigt, daß es überhaupt die Politik, verstanden als gesellschaftl. Subsystem mit der Zwangsbefugnis öff. Gewalten, gibt. Eine politiknormierende G. stellt für die so verstandene Politik – sowohl mit Blick auf einen → Systemvergleich als auch für die Fortentwicklung der Verfassungen – leitende Bewertungskriterien auf, namentlich das Recht, die Menschenrechte, die Demokratie und die Teilung der öff. Gewalten. Für die Politik, verstanden als Handeln von Personen, zeigt eine politikspezifische, personale G., daß es ohne sie zu Korruption im großen Stil kommt. Schließlich verlangt die universale Bedeutung der G., daß die politiknormierende G. nicht nur innerhalb der Staaten, sondern auch zwischen ihnen und in der ganzen Welt gilt. Sie verlangt eine Weltrechtsordnung, auf Dauer eine föderale und subsidiäre Weltdemokratie bzw. Weltrepublik. (3) Aber nicht nur in einer normativen, sondern auch in einer empirischen Politikwiss. hat der Gerechtigkeitsbegriff einen Ort. Untersuchen läßt sich nämlich, ob die Anerkennung von Gerechtigkeitskriterien die Zustimmungsbereitschaft zum «polit. System» erhöht.

→ Ethik und Politik; Gemeinwohl; Kommunitarismus; Liberalismus; Macht; Politische Utopien; Rechtsstaat; Vertragstheorien.

Lit.: *Ackerman, B.* 1980: Social Justice and the Liberal State, New Haven, Conn. *Arrow, K.* 1984: Social Choice and Justice, Ox. *Hart, H. L. A.* 1973: Der Begriff des Rechts, Ffm. (engl. 1967). *Hayek, F. A. von* 1981: Recht, Gesetzgebung und Freiheit. Eine neue Darstellung der liberalen Prinzipien der Gerechtigkeit und der politischen Ökonomie, Bd. 2: Die Illusion der sozialen Gerechtigkeit, Mchn. (engl. 1976). *Höffe, O.* 1987: Politische Gerechtigkeit, Ffm. *Höffe, O.* 1993: Moral als Preis der Moderne, Ffm. *Höffe, O.* 1999: Demokratie im Zeitalter der Globalisierung, Mchn. *Höffe, O.* 2001: Kleine Geschichte der Philosophie, Mchn. *Kelsen, H.* 1975. Was ist Gerechtigkeit?, Wien. *Mauss, M.* 1989: Die Gabe. Form und Funktion des Austausches in archaischen Gesellschaften, in: Soziologie und Anthropologie II, Ffm., 9–144 (frz. 1923/24). *Moore, B.* [2]1985: Ungerechtigkeit. Die sozialen Ursachen von Unterordnung und Widerstand, Ffm. (dt. 1982; engl. 1978). *Pieper, J.* 1953: Über die Gerechtigkeit, Mchn., *Rawls, J.* [11]2000: Eine Theorie der Gerechtigkeit, Ffm. (engl. 1971). *Rawls, J.* 1998: Politischer Liberalismus, Ffm. (engl. 1993). *Shklar, J. N.* 1992: Über Ungerechtigkeit, Bln. (engl. 1990). *Trapp, R. W.* 1988: Nicht-Klassischer Utilitarismus: eine Theorie der Gerechtigkeit, Ffm.

Otfried Höffe

Gerontokratie, Bezeichnung für eine Herrschaftsform (v. a. früher Gesellschaften), bei der die Macht in den Händen der «weisen Alten» (griech. *gérontes*) liegt.

Die G. gehört nach *Max Weber* zu den primären (d. h. ohne größeren Verwaltungsstab operierenden) Typen traditionaler → Herrschaft: Die Ältesten üben «als beste Kenner der heiligen Tradition» die Herrschaft aus. Der Begriff wird heute im allg. Sprachgebrauch für die Erstarrung und Vergreisung eines polit. Herrschaftssystems bzw. seines Führungspersonals verwendet.

Dieter Nohlen

Gerrymandering, aus dem Amerikan. übernommener Fachterminus für die nach parteipolit. Gesichtspunkten vorgenommene → Wahlkreiseinteilung (→ Wahlkreisgeometrie). Ausgenutzt wird die unterschiedliche geographische Streuung der Wählerschaft der polit. Parteien.

Die Manipulation ist benannt nach dem Gouverneur *Gerry*, der 1823 aus der Stadt Boston einen für sich sicheren Wahlkreis herausschnitt, der einem Salamander glich. G. kann erfolgreich angewandt werden in Wahlsystemen, in denen die Wahlkreiseinteilung eine große Bedeutung besitzt, etwa bei Einerwahlkreisen sowie kleinen und mittelgroßen Wahlkreisen. Zu unterscheiden sind zwei Strategien von G., um das gegnerische Wählerpotenzial zu neutralisieren: entweder die Mischung der Wählerschaften verschiedener Parteien in der Weise, daß die eigene Partei in vielen Wahlkreisen eine zwar leichte, aber sichere Oberhand behält, oder die Konzentration der gegnerischen Wählerschaft in möglichst wenigen Wahlkreisen, so daß diese Wahlkreise dem Gegner zwar sicher zufallen, aber unter Vergeudung vieler Stimmen.

Lit.: → Wahlsysteme.

Dieter Nohlen

Gesamtwille → Gemeinwohl; Volonté générale

Geschichtete Auswahl → Auswahlverfahren

Geschichtstheorie, nach Bedeutungsinhalt und Bedeutungsumfang unterschiedlich bestimmter Begriff. Idealtypisch können folgende Varianten unterschieden werden:

1. Unter Theorie der Geschichte kann Geschichts*philosophie* verstanden werden. Theorie als Geschichtsphilosophie ist der Versuch, das Ganze der geschichtl. Entwicklung – Vergangenheit, Gegenwart und Zukunft – durch einen gültigen Gedanken zu erfassen, dem Ganzen einen übergeordneten «Sinn» zu geben. Kreislauf-, Fortschritts- und Verfallstheorien von der Antike bis zur Gegenwart gehören ebenso dazu wie die dialektischen Systemversuche des dt. Idealismus und Materialismus *(Hegel, Marx)*. Mit Ausnahme der Kreislauftheorie von der ewigen Wiederkehr des Gleichen setzen alle anderen denknotwendig voraus, daß der soziale Prozeß einen offenbarten und/oder erkennbaren Richtungssinn besitzt. Das Maximum eines solchen erkennbaren Richtungssinns ist eine Geschichtsteleologie, die sowohl Anfang und Ende der Geschichte angibt als auch den bewegenden Grund kennt, der den Prozeß vom Anfang zum Ende betreibt (z. B. Gott, der Weltgeist, die Vorsehung, die Dialektik der Vernunft, die Dialektik von Produktivkräften und Produktionsverhältnissen, der Fortschritt). Die Ausrichtung auf ein sinngebendes Ziel sichert dem Geschichtsprozeß einen universalen Zusammenhang, sie macht aus den gesonderten Geschichten der Individuen, Gruppen, Völker und Kulturen die *eine* Geschichte. Für die meisten Historiker übersteigt eine solche Geschichtsphilosophie, die das Ganze zu wissen beansprucht, die Grenzen möglicher menschlicher Erfahrung.

2. Ein zweiter Theoriebegriff ist eng mit dem Siegeszug der neuzeitlichen Naturwiss. verbunden. Er kommt meist im Plural vor. «Theorien» in diesem Sinne sind mehr oder weniger umfangreiche Beweisgefüge, die auf Gesetze, auf jeden Fall auf das Generelle zielen. Oft werden Quantifizierbarkeit, Wiederholbarkeit und die Möglichkeit der Prognose gefordert, wenn überhaupt von Theorien die Rede sein darf. Meint man diesen Sinn von Theorie, dann befindet man sich mitten in der seit 100 Jahren geführten Auseinandersetzung darüber, ob die Geschichtswiss. eine auf das Besondere, auf das Historisch-Einmalige oder auf das Allgemeine, auf Gesetze zielende Wiss. sein solle; ob es überhaupt Gesetze in der Geschichte gebe, und

was das für ein Gesetzesbegriff sei; darüber, bis zu welchem Grade die Verallgemeinerung in den Aussagen der Historiker sinnvollerweise getrieben werden könne, ohne daß sich diese Aussagen in nichtssagende Abstraktionen auflösen.
Eine moderne Variante dieses alten Themas ist die umstrittene Frage, ob das *Covering-Law*-Modell der analytischen Theorie *(Popper, Hempel, Oppenheim, Dray, Danto, Acham, Stegmüller* u. a.) auch für die Geschichtswiss. das grundlegende Schema wiss. Erklärung liefern kann. Denn *Poppers* Satz «Ein Ereignis kausal erklären heißt, einen Satz, der es beschreibt, aus zumindest einem Gesetz und bestimmten singulären Sätzen, den Anfangsbedingungen, deduktiv abzuleiten», will auch für Erklärungen der Humangeschichte gelten. Dieser Theoriebegriff spielt auch eine wichtige Rolle in der gegenwärtigen Diskussion um das Verhältnis der Historie zu den Sozialwiss., wie der Soziologie, der Politikwiss., der Psychologie, den Wirtschaftswiss.

3. Auch ein dritter Theoriebegriff kommt meist im Plural vor, nämlich als Theorien i. S. konkreter, gegenstandsbezogener Erklärungsmuster und Hypothesenbündel über einen bestimmten geschichtl. Sachverhalt: etwa Theorien über den Untergang des Römischen Reiches oder der Weimarer Republik, → Imperialismustheorien, → Totalitarismustheorien, → Modernisierungstheorien usw. Was in diesen konkreten Theorien den i. e. S. «theoretischen», d. h. über die Erzählung hinausgehenden Gehalt ausmacht, ist im Einzelfall schwierig zu bestimmen und erschließt sich nur der geschulten Analyse. Es kann z. B. ein idealtypisches → Konstrukt, eine Konstante mittlerer Reichweite oder ein «Gesetz» sein.

4. Sodann wird unter G. eine Teildisziplin im Fach Geschichte verstanden, die über die Bedingungen, Möglichkeiten und Grenzen historischer Erkenntnis sowie ihrer möglichen gesellschaftl. Bedeutung nachdenkt. «Theorie der Geschichtswiss.» in diesem Sinne ist weder identisch mit Geschichtsphilosophie noch mit der empirischen Forschung, auch nicht mit der Methodenlehre (z. B. innere und äußere Quellenkritik). Der Ort geschichtstheoretischer Reflexion liegt genau in der Mitte zwischen allg. Erkenntnistheorie und konkreter historischer Forschung. Diskussionen in dieser Disziplin setzen der Sache nach einen höheren Abstraktionsgrad voraus als die einzelwiss. Arbeit, auf die sie sich beziehen. Zu den typischen Problemen der G. in diesem Sinne zählen folgende Fragen. Hat der Historiker ein «Objekt» seiner Erkenntnis? Kann der Historiker objektive Aussagen *über* Geschichte machen, oder verhindert die Geschichtlichkeit des Historikers Erkenntnis von Geschichte? Darf der Historiker Werturteile fällen? Falls ja, in wessen Namen? Was bedeuten → Kausalität und kausale Zurechnung in der Geschichtswiss.? Kann der Historiker wichtige von unwichtigen Kausalfaktoren im historischen Prozeß unterscheiden? In welcher Beziehung stehen Struktur und Ereignis in der Geschichte? Was leisten Vergleich, Analogie und Idealtypus? Gibt es historische Prognosen? Welche Relevanz hat geschichtl. Erkenntnis für Gegenwart und Zukunft?

5. Eine vergleichbare Bedeutungsvielfalt wie über den Begriff der G. herrscht auch über den Begriff der historischen Methode(n), mit der Folge, daß es keinen zwingenden und in der Geschichtswiss. allg. akzeptierten Zusammenhang zwischen → Theorie und → Methode(n) gibt. Klassische Probleme der historischen Methodenlehre, etwa → Verstehen und/oder Erklären, individualisierende (→ idiographische) und/oder generalisierende (→ nomothetische), → hermeneutische und/oder analytische, → induktive und/oder → deduktive Methode, die Probleme von Perspektivität, → Objektivität, Kausalität, Werturteil und Wertbeziehung, werden heute als theoretische Probleme bezeichnet und behandelt. Versuche, eine historische Methodenlehre durch den bes. Gegenstand – die geschichtl. Welt im Ggs. zur Natur (z. B. *Droysen* und *Dilthey*) – oder durch das bes. Erkenntnisziel – das Ereignis im Ggs. zum Gesetz, das Besondere im Ggs. zum Allgemeinen – zu begründen (z. B. *Windelband* und *Rickert*), führen ohnehin zu einer Verschränkung von theoretischen und methodischen Fragen.

6. Oft wird die → Historische Methode als *genetische* Methode bezeichnet, der es – im Ggs. zu den systematischen Sozialwiss., die

die Struktur und Funktion gegenwärtiger Phänomene beschreiben und erklären – um den Ursprung und die Entwicklung gesellschaftl.-geschichtlicher Phänomene geht. Eine solche Kennzeichnung ist zugleich richtig und methodisch inhaltsleer, weil sie sich unmittelbar aus der allgemeinsten Bestimmung des Gegenstandes der Geschichtswiss. ergibt, die jeder konkreten historischen Forschung und Frage *vorausgeht:* Ihr Gegenstand sind die handelnden und leidenden, arbeitenden und produzierenden, denkenden und sprechenden, sich immer neue Ziele setzenden Menschen im Wandel der Zeiten; und zwar die Menschen, wie sie als einzelne und in Gruppen aktiv und passiv in den sich ständig ändernden und entwickelnden Verhältnissen ihrer Zeit lebten. Mit einem Wort: Das Objekt des Historikers ist menschliche *Praxis* in der Vergangenheit.

7. Dagegen gehört die äußere und innere Quellenkritik, das heißt die Prüfung der Quellen auf ihre Echtheit und sachliche Glaubwürdigkeit, zum Kern jeder historischen Methode, weil Frage (Hypothese) *und* Quelle die beiden Grundlagen jeder historischen Erkenntnis sind. Wenn die Fragen fehlen, kann der Historiker nichts erkennen; wenn die Quellen fehlen, kann er nichts beweisen. Da das Objekt der Historiker, die Realgeschichte, vergangen und nicht wiederherstellbar ist, fehlt dem Geschichtswissenschaftler sowohl die direkte Anschauung als auch das → Experiment. Der Historiker hat keinen unmittelbaren Zugang zu seinem Gegenstand. Er bedarf eines Mittlers, um den Zeitenabstand überbrücken zu können. Diese Mittler sind die Quellen, die heute noch vorhandenen und zugänglichen Zeichen einer ehemals gegenwärtigen Lebenswirklichkeit. Quellen sind im besten Fall unmittelbarer, zeitgleicher Niederschlag der jeweiligen Vergangenheit, etwa Urkunden, Akten, Briefe, Parlamentsdebatten, Konferenzprotokolle, Regierungserklärungen, aber auch nicht schriftliche Quellen wie der römische Limes oder der Dogenpalast in Venedig. Für viele Bereiche der Vergangenheit haben die Historiker der Gegenwart nicht einmal solche *Primärquellen,* sondern sind allein auf Chroniken oder Darstellungen von Geschichtsschreibern vergangener Zeiten – gleichsam auf Informationen aus zweiter, dritter, vierter Hand – angewiesen. Für die Prüfung des Erkenntniswertes gilt in der Quellenkritik der Grundsatz, daß bei ansonsten gleichen Bedingungen unmittelbare und zeitgleiche Zeugnisse einen höheren Informationswert haben, weil sie nicht durch nachträgliche Reflexionen gefiltert sind.

8. Unter historischen Methoden kann auch das «Werkzeug» des Historikers verstanden werden. Gemeint sind dann die sog. Hilfswiss. wie Diplomatik, Chronologie, historische Geographie und Genealogie, Paläographie, Heraldik, Sphragistik und Numismatik, die hochkomplexe und ausdifferenzierte Teildisziplinen geworden sind.

Lit.: *Albert, H.* [4]1980: Traktat über kritische Vernunft, Tüb. *Baumgartner, H. M./Rüsen, J.* (Hrsg.) 1976: Seminar: Geschichte und Theorie, Ffm. *Berding, H.* 1977: Bibliographie zur Geschichtstheorie, Gött. *Brandt, A. von* [13]1992: Werkzeug des Historikers. Eine Einführung in die Historischen Hilfswissenschaften, Stg. u. a. *Conze, W./Faber, K.-G./Nitschke, A.* (Hrsg.) 1981: Funk-Kolleg Geschichte, 2 Bde., besonders die Beiträge 1, 11, 12, 26–30, Ffm. *Danto, A. C.* 1965: Analytical Philosophy of History, Camb. *Danto, A. C.* 1985: Narration and Knowledge, NY. *Droysen, J. G.* [7]1974: Historik, Vorlesungen über Enzyklopädie und Methodologie der Geschichte, Mchn. *Faber, K.-G.* [4]1978: Theorie der Geschichtswissenschaft, Mchn. *Gardiner, P.* (Hrsg.) 1959: Theories of History, NY. *Goertz, H.-J.* 1995: Umgang mit der Geschichte, Hamb. *Heil, W.* 1980: Das Problem der Erklärung in der Geschichtswissenschaft, Ffm. *Iggers, G. G.* 1997: Historiography in the Twentieth Century, Hannover u. a. *Kocka, J.* (Hrsg.) 1977: Theorien in der Praxis des Historikers, Gött. *Koselleck, R./Mommsen, W. J./Rüsen, J.* (Hrsg.) 1977: Objektivität und Parteilichkeit in der Geschichtswissenschaft, Mchn. *Löwith, K* [8]1990: Weltgeschichte und Heilsgeschehen, Stg. *Lorenz, Chr.* 1997: Konstruktion der Vergangenheit, Köln u. a. *Meier, C./Rüsen, J.* (Hrsg.) 1988: Historische Methode, Mchn. *Meran, J.* 1985: Theorien in der Geschichtswissenschaft, Gött. *Mergel, Th./Welskopp, Th.*

(Hrsg.) 1997: Geschichte zwischen Kultur und Gesellschaft, Mchn. *Rossi, P.* (Hrsg.) 1987: Theorie der modernen Geschichtsschreibung, Ffm. *Rothermund, D.* 1994: Geschichte als Prozeß und Aussage, Mchn. *Schieder, T./Gräubig, K.* (Hrsg.) 1977: Theorieprobleme der Geschichtswissenschaft, Darmst. *Weber, M.* [4]1973: Gesammelte Aufsätze zur Wissenschaftslehre, Tüb.

Detlef Junker

Geschlossene Fragen → Fragebogen

Geschlossene Gesellschaft → Offene Gesellschaft/Geschlossene Gesellschaft

Gesellschaft, etymologisch von der räumlichen Vereinigung von Personen, insbes. der Gesellen mit dem Meister, abgeleitet und später auf jede zu bestimmten Zwecken organisierte Vereinigung einer größeren Zahl von Menschen ausgedehnt. G. gilt heute als das umfassendste System menschlichen Zusammenlebens, von der nat. bis zur Weltgesellschaft. Der Begriff wird aber auch auf spezifische Gebilde bezogen, die staatl. (z. B. → Nation), wirtschaftl. (z. B. Aktiengesellschaft) oder ideell (z. B. wiss. Vereinigung) begrenzt sein können. Schließlich bezeichnet G. den Prozeß, in dem Menschen ihren Handlungen durch Beziehungen zu anderen Menschen Sinn verleihen.

1. Die Theorie von der G. ist eng verknüpft mit der Entstehung der bürgerlichen Gesellschaft. Das aufkommende → Bürgertum verlangte mehr Gestaltungsfreiheit in wirtschaftl. Dingen und äußerte seit dem 17. Jh. zunehmend Kritik an der polit. → Herrschaft. Die → Aufklärung des 18. Jh. ließ zudem ein Bild vom Menschen entstehen, der fähig ist, die faktische Welt nicht nur zu erkennen, sondern auch nach seinen Zielen zu verändern. (1) Die individualistische Tradition der Gesellschaftstheorie sieht, wie *Adam Smith* (1776), in der menschlichen G. eine Tauschgemeinschaft, in der der Mensch danach strebt, seine Lage zu verbessern (→ Sozialer Tausch). Diese Verbesserung ist Produkt eines Lernprozesses, der in einem sozialen Rahmen stattfindet, der wiederum aus der Verflechtung einer Vielzahl von Handlungen resultiert. So sahen die schottischen Moralphilosophen in der egoistischen Natur des Menschen das Motiv seines Handelns, während die gesellschaftl. Integration von Handlungen für sie Konsequenzen dieses Handelns waren: G. als Resultat intendierter und nichtintendierter Folgen menschlichen Handelns. (2) Die kollektivistische Tradition der Gesellschaftstheorie (z. B. *J.-J. Rousseau*, *A. Comte*, *E. Durkheim*) geht dagegen davon aus, daß die gesellschaftl. Ordnung entw. durch freiwillige Zustimmung oder Zwang hergestellt wird: Konsenshaft durch Verinnerlichung der → Werte und → Normen über Erziehung, zwangsweise durch Autoritäten und unterschiedliche Machtbefugnisse. Die innere Verpflichtung und der äußere Zwang sollen den individuellen Handlungsantrieben entgegenwirken. Gesellschaftl. Ordnung entsteht nicht aus individuellen Handlungszusammenhängen, sondern aus den Eigenschaften der sozialen Gebilde als Ganzheiten. Sie stehen dem individuellen Handeln als Wirkinstanzen gegenüber (→ Kommunitarismus). Individualismus und Kollektivismus fungieren als Ausgangspunkte für verschiedene Theorieansätze in der Gegenwart: Interaktions- und Verhaltenstheorie einerseits, Strukturtheorien wie → Funktionalismus, → Systemtheorie und → Konflikttheorien andererseits.

2. Der Begriff der bürgerlichen G. steht in einem engen Zusammenhang mit dem der industriellen G. und der kapitalistischen Klassengesellschaft, die auf epochemachende Gesellschaftsformationen verweisen. In den letzten Jahrzehnten sprechen diese Bezeichnungen für G. immer spezifischere Faktoren an, die kommenden oder vollzogenen Wandel veranschaulichen: z. B. technologische G. (*J. Ellul*), mobile G. (*H. Klages*), Experten-Gesellschaft (*B. Clarke*), Dienstleistungsgesellschaft (*V. Fuchs*, *A. Gartner/D. Riesman*, *J. Fourastié*), postindustrielle G. (*D. Bell*, *A. Touraine*), Arbeitsgesellschaft (*R. Dahrendorf*, *C. Offe*). Die in

den 1970er/1980er Jahren geführte Debatte über den → Wertewandel und die Auswirkungen der Informations- und Kommunikationstechniken hat über die Frage, ob «der Arbeitsgesellschaft die Arbeit ausgehe» (*Dahrendorf* 1983) auch zu neuen Gesellschaftskonzeptionen geführt, die die Diskussion der 1990er Jahre bestimmen. Im Konzept der → Risikogesellschaft (*Beck* 1986) wird der Mensch aus alten Bindungen entlassen, zwar zum Herrn über seinen Lebenslauf gemacht, gleichzeitig aber vermehrt zu eigenen Entscheidungen gezwungen. Die Gesellschaft wird zur Risikogesellschaft in dem Maße, als die Menschen durch Individualisierung ihrer Lebensplanung und → Globalisierung der Risiken «riskante Lebensverhältnisse» (*Engel* 1993) eingehen. Nicht zuletzt sind die technischen und sozialen Großrisiken die Folgen von → Freiheit und → Demokratie, in deren Namen zivilisatorischer Fortschritt moralisch eingefordert wird. Das Projekt der modernen G. entpuppt sich als endloser Prozeß des Hervorbringens, Abarbeitens und Wiedererzeugens von Widersprüchen. Indem die starre Einbindung des Menschen einer Vielfalt von sich gegenseitig durchdringenden Gruppierungen weicht, kommt es zu einem permanenten Umbau der Gesellschaft. Kommunikationssysteme (z. B. Telekommunikation) und Kommunikatoren (z. B. Führungskräfte, Prominenz, Medien) rücken immer mehr in den Mittelpunkt. Wenn aber alle Angelegenheiten durch Kommunikation bewegt werden, kann man sich dem Zwang, öff. Aufmerksamkeit zu erzielen, kaum entziehen: Nach *Münch* (1991) sind wir in dieser Dialektik der Kommunikationsgesellschaft gefangen. Dagegen sieht *Schulze* (1992) das gegenwärtige Verhältnis der Menschen zu den Gütern und Diensten verändert: Nicht mehr ihr Gebrauchswert, sondern ihr Erlebniswert stehe als Selbstzweck im Vordergrund. Mit dieser Erlebnisorientierung und der weitreichenden Ästhetisierung des Alltagslebens werde das Leben selbst zum Erlebnisprojekt (→ Erlebnisgesellschaft). Es gilt, die Ungewißheit einer enttraditionalisierten Ordnung biographisch und polit. zu bewältigen. Wie das vonstatten gehen könnte, deuten die Vertreter einer Konzeption von G. an, die reflexive Modernisierung (*Giddens* 1995) betreibt, sich auf die Resonanzfähigkeit der gesellschaftl. Teilsysteme verläßt (*Luhmann* 1984, 1992) und die Frage danach stellt, ob wir geradewegs in die Spaßgesellschaft marschieren (*Bolz* 1999, *Schulze* 1999, *Strasser/Graf* 2000).

Lit.: *Alexander, J.* 1992: Theoretical Logic in Sociology, 4 Bde., Berkeley, CA. *Beck, U.* 1986: Risikogesellschaft, Ffm. *Bell, D.* 1996: Die nachindustrielle Gesellschaft, Ffm. (engl. 1973). *Bolz, N.* 1999: Die Konformisten des Andersseins, Mchn. *Dahrendorf, R.* 1983: Wenn der Arbeitsgesellschaft die Arbeit ausgeht, in: *Matthes, J.* (Hrsg.): Krise der Arbeitsgesellschaft? Ffm., 25–27. *Durkheim, E.* 1977: Über die Teilung der sozialen Arbeit, Ffm. (zuerst 1902). *Engel, U.* 1993: Riskante Lebensverhältnisse, Habilitationsschrift, Duisburg. *Giddens, A.* 1995: Konsequenzen der Moderne, Ffm. *Inglehart, R.* 1989: Kultureller Umbruch, Ffm. *Kofler, L.* 1966: Zur Geschichte der bürgerlichen Gesellschaft, Neuwied. *Luhmann, N.* 2000: Soziale Systeme, Ffm. (zuerst 1984). *Luhmann, N.* 1992: Beobachtungen der Moderne, Opl. *Münch, R.* 1991: Dialektik der Kommunikationsgesellschaft, Ffm. *Parsons, T.* 1951: The Social System, Glencoe. *Parsons, T.* 1975: Gesellschaften, Ffm. *Schulze, G.* ^{7}1997: Erlebnisgesellschaft, Ffm. (zuerst 1992). *Schulze, G.* 1999: Kulissen des Glücks, Ffm. *Smith, A.* ^{6}1993: Der Wohlstand der Nationen, Mchn. (engl. 1776). *Strasser, H.* 1976: The Normative Structure of Sociology, L. *Strasser, H./Graf, A.* 2000: Schmidteinander ins 21. Jahrhundert, in: ApuZ B 12, 7–16. *Strasser, H./Randall, S. C.* 1979: Einführung in die Theorien des sozialen Wandels, Darmst. *Touraine, A.* 1972: Die postindustrielle Gesellschaft, Ffm. (frz. 1969). *Vanberg, V.* 1975: Die zwei Soziologien, Tüb.

Hermann Strasser

Gesellschaft und Gemeinschaft, eng mit dem soziologischen Hauptwerk von *F. Tönnies* (1887) verbundenes Begriffspaar. *Tönnies* wollte mit der Gegenüberstellung (1) die soziologische

Begriffsvielfalt auf ihren idealtypischen Kern reduzieren, (2) begrifflich-theoretische Instrumente zur Verfügung stellen, die die → Differenzierung von familien- und kleingruppenbezogenen Sozialformen sowie → zweckrationalen und großorganisatorischen Sozialformen einerseits und die zugrundeliegende Handlungsorientierung der Individuen andererseits erfassen können und die (3) die Entwicklungsrichtung der menschlichen Gesellschaft angeben können.

Dabei ließ *Tönnies* sich von dem Grundgedanken leiten, daß alle sozialen Beziehungen und Gruppen durch menschliches Wollen und Denken geschaffen werden. Je nachdem, in welchem Verhältnis der Wille zu den Zielen und Mitteln des Handelns steht, unterschied er zwischen zwei gegensätzlichen und aufeinanderfolgenden Typen gesellschaftl. Organisation: Der eine, bedingt durch den natürlichen oder Wesenwillen, führt zur → Gemeinschaft, und der andere, beruhend auf dem rationalen oder Kürwillen, führt zur → Gesellschaft. Die Analyse gesellschaftl. Entwicklung müsse danach erkennen, daß Wandel der zwiespältigen Natur des Menschen inhärent sei, die nicht zuletzt von der Differenzierung der Mittel und Ziele herrühre. Wenn, wie in der bürgerlichen Gesellschaft des 19. und beginnenden 20. Jh., sich die Bandbreite der freien Wahl des Individuums unter geeigneten Mitteln im Hinblick auf die verfolgten Ziele erweitert habe, dann sei zu erwarten, daß das menschliche Zusammenleben durch den Typ der Gesellschaft geprägt werde. In der Realität bezeichnet dieses Begriffspaar Modalitäten der Verbundenheit zwischen Menschen, in der nach Wesen und Tendenz entweder gesellschaftl. oder gemeinschaftl. Verhältnisse überwiegen (vgl. *Tönnies* 1991).
Anders als *Marx* schreibt *Tönnies* dem Handel, dem Aufkommen des modernen Staates und dem Fortschritt der Wiss. die entscheidende Bedeutung dafür zu, daß der → Kapitalismus sich entwickelt und eine soziale Ordnung vom Typ der Gesellschaft herausgebildet habe. Der Übergang vom Typ der Gemeinschaft zu dem der Gesellschaft werde durch das Entstehen von drei Typen rational handelnder Menschen begleitet: dem ökon., polit. und wiss. Typ. Nicht zuletzt markiere die öff. Meinung diesen Wandelvorgang, ist sie doch der Kitt der Gesellschaft, ebenso wie Religion derjenige in der Gemeinschaft war. Eine interessante Weiterentwicklung der *Tönnies*'schen Konzeption findet sich in der Theorie der Gruppe von *T. Litt* und *T. Geiger*, derzufolge Gemeinschaft den Innenaspekt der Gruppe oder die Wir-Verbundenheit im Bewußtsein und Gesellschaft den Außenaspekt i. S. der Verbundenheit der Gesellschaftsmitglieder durch eine Ordnung meint. An die gemeinschaftlichen Grundlagen der Gesellschaft erinnert heute die Diskussion über die Unternehmenskultur, den oft legendären «Geist des Hauses», das zivilgesellschaftl. Engagement, die → Netzwerke und das → Soziale Kapital, die «Beziehungen», bzw. das → Sozialkapital und das gesellschaftl. Vertrauen (vgl. z. B. *Putnam* 2001). Schließlich fand *Tönnies*' Konzeption der zwei Arten menschlicher Verbundenheit und Qualitäten der Kollektivität ihren Niederschlag in *T. Parsons'* Konzeption der → *Pattern variables* oder Alternativen der Handlungsorientierung, die zu einem zentralen Baustein der struktur-funktionalen Gesellschaftstheorie werden sollte (vgl. *Parsons* 1951).

→ Funktion/Funktionalismus; Strukturfunktionalismus.

Lit.: *Geiger, T.* ²1959: Gesellschaft, in: *Vierkandt, A.* (Hrsg.): Hdwb. der Soziologie, Stg., 201–211. *Geiger, T.* ²1959 a: Gemeinschaft, in: *Vierkandt, A.* (Hrsg.): Hdwb. der Soziologie, Stg., 173–179. *Parsons, T.* 1951: The Social System, Glencoe. *Putnam, R. D.* (Hrsg.) 2001: Gesellschaft und Gemeinsinn, Gütersloh. *Tönnies, F.* ²1959: Gemeinschaft und Gesellschaft, in: *Vierkandt, A.* (Hrsg.): Hdwb. der Soziologie, Stg., 180–191. *Tönnies, F.* 1991: Gemeinschaft und Gesellschaft, Darmst. (zuerst 1887).

Hermann Strasser

Gesellschafsformation, zentrale Kategorie der marxistischen Gesellschaftstheorie; ihr zufolge bestimmt die ökon. G. Inhalt und Betrachtungsweise der historisch-materialistischen Entwicklungstheorie.

Als ein makrosoziales System konstituiert sich die ökon. G. durch eine spezifische Problemlösungsstrategie: «Ökonomische Gesellschaftsformationen sind daher (...) Systeme der kollektiven und gegebenenfalls auch arbeitsteiligen Erzeugung, Verteilung und Verwendung eines gesellschaftlichen Produkts, welche den problematischen Austausch zwischen ‹Mensch› und ‹Natur› durch produzierende Einwirkung der menschlichen auf die außermenschliche Naturmacht bewerkstelligen. Sie können daher auch als Systeme gesellschaftlicher Produktion bezeichnet werden» (*Krysmanski/Tjaden* 1979: 118). Das jeweilige System gesellschaftl. Produktion kommt in der Entwicklungsstufe der → Produktionsweise, d. h. der Verbindung von Produktionskräften und → Produktionsverhältnissen, zum Ausdruck. Die gesellschaftl. Entwicklung wird als Vergesellschaftungsfortschritt begriffen, ebenso wie die Entwicklung der menschlichen → Vergesellschaftung als eine Abfolge von ökon. G. gesehen wird.

→ Historischer Materialismus; Marxismus.

Lit.: *Krysmanski, H.-J./Tjaden, K. H.* 1979: Die historisch-materialistische Theorie der gesellschaftlichen Entwicklung, in: *Strasser, H./Randall, S. C.*: Einführung in die Theorien des sozialen Wandels, Darmst., 111–156.

Hermann Strasser

Gesellschaftsvertrag → Vertragstheorien

Gesetz, i. w. S. [1] jede allg. gültige Rechtsnorm, einschl. des Gewohnheitsrechts sowie des G. im materiellen und im formellen Sinne.

G. im materiellen Sinne ist jede durch hoheitliche Anordnung gesetzte Rechtsnorm, die für eine unbestimmte Zahl von Personen allg. verbindliche Regelungen enthält. G. im formellen Sinne ist jeder Beschluß der zur Gesetzgebung befugten Organe, der in einem förmlichen Gesetzgebungsverfahren ergeht sowie ordnungsgemäß ausgefertigt und verkündet ist. Unterschieden wird zwischen verfassungsändernden G. und nicht verfassungsändernden G., in der Bundesrepublik des weiteren zwischen solchen, die der Zustimmung des Bundesrates bedürfen (sog. Zustimmungsgesetze) und einfachen G., die der Bundesrat nur mit einem – vom Bundestag prinzipiell zurückweisbaren – Einspruch belegen kann (sog. Einspruchsgesetze).
[2] In der (Politik-)Wiss. und Wissenschaftstheorie ist G. eine Aussage über Sachverhalte oder Zusammenhänge von Ereignissen, die unter bestimmten näher bezeichneten Bedingungen eintreten (sog. Gesetzesaussage). Für räumlich und zeitlich eingegrenzte Regel- oder Gesetzmäßigkeiten hat sich auch die Bezeichnung Quasi-Gesetz eingebürgert.
[3] In der → Politischen Soziologie ist G. des weiteren die Bezeichnung für informelle oder formelle Normen des Verhaltens und der Einstellungen. [4] In der → Politischen Philosophie meint G. v. a. ein ethisches oder moralisches Prinzip. [5] In der → Politischen Ökonomie des → Marxismus bezeichnet G. eine zwangsläufige Entwicklung, die sich unabhängig vom Willen und Tun individueller Akteure Bahn bricht.

→ Erklärung.

Lit.: *Dray, W. H.* [2]1974: Laws and Explanations in History, L. *Grawert, R.* 1975: Gesetz, in: *Brunner, O.* u. a. (Hrsg.): Geschichtliche Grundbegriffe, Bd. 2, Stg., 863–922.

Manfred G. Schmidt

Gesetz der großen Zahl, ein von *Poisson* begründetes Gesetz, das die (abstrakt-mathematische) Wahrscheinlichkeitstheorie mit der Welt empirischer Tatsachen verknüpft.

Der mathematische Kern lautet: Die konstante Wahrscheinlichkeit für ein Ereignis A sei p, und es sei bei n unabhängigen Experimenten m-mal das Ereignis A aufgetreten; die relative Häufigkeit m/n sei f. Dann gilt: $lim\ P\ ({}^3f - p^3 > e) = o$ D. h.: Die Wahrscheinlichkeit P, daß p und f (= m/n) mehr als ein beliebig kleines vorgegebenes e voneinander abweichen, geht gegen o, wenn n gegen Unendlich geht. Aus der Erfahrungstatsache, daß Ereignisse mit sehr kleinen Wahrscheinlichkeiten auch sehr selten auftreten, und dem o. a. mathematischen Kern läßt sich als «*Cournot*'sche Brücke» folgern, daß eine bestimmte Abweichung der beobachteten relativen Häufigkeit, f, von der wahrscheinlich erwarteten, p, um so seltener auftreten wird, je größer n ist. Dies schließt aber nicht aus, daß im Einzelfall auch bei sehr großem n die Abweichung sehr groß werden kann.

→ Abweichender Fall.
Lit.: → Statistik.

Jürgen Kriz

Gesetz der Oligarchie, eine sozialwiss. Theorie, die besagt, daß sich in allen Großorganisationen, unabhängig von ihren Entstehungsbedingungen und ihrem Selbstverständnis, eine Herrschaft weniger über die breite Masse der Mitglieder herausbildet.

Das Gesetz wurde zuerst von *R. Michels* (1911) formuliert. Es wurde seither in zahlreichen parteien- und organisationssoziologischen Untersuchungen bestätigt. Jedoch haben neuere Untersuchungen auch gezeigt, daß unter bestimmten Bedingungen (aktive Mitgliederpartizipation, organisatorische Binnendifferenzierung etc.) eine eher pluralistische und flexible, im Extremfall möglicherweise sogar in sich zerfallene und damit handlungsunfähige Führungsstruktur entstehen kann.

→ Elite/Eliten; Herrschaft; Oligarchie.
Lit.: *Herzog, D.* 1982: Polit. Führungsgruppen. Probleme und Ergebnisse der modernen Elitenforschung, Darmst. *Michels, R.* [3]1970: Zur Soziologie des Parteiwesens in der modernen Demokratie, Stg. (zuerst 1911).

Dietrich Herzog

Gesetz der wachsenden Staatsausgaben, ein von dem dt. Nationalökonomen und Finanzwissenschaftler *A. Wagner* (1835–1917) erstmals 1863 formuliertes Gesetz, demzufolge sich mit dem Fortschritt der Volkswirtschaft absolut und relativ zum → Sozialprodukt eine deutliche Tendenz zur Ausdehnung der öff. Ausgaben bzw. → Staatstätigkeit zeigt.

Während in empirischer Hinsicht diese Aussage in den hochentwickelten Volkswirtschaften des 20. Jh. zumindest der Richtung nach bestätigt wird, wird in methodischer Hinsicht an dem *Wagnerschen* Gesetz kritisiert, daß es historische Beobachtungen ohne zwingende theoretische Begründung verallgemeinert.

→ Finanzkrise des Staates; Finanzpolitik; Haushalt/Haushaltspolitik.
Lit.: *Wagner, A.* 1893: Grundlegung der polit. Oekonomie, Teil I: Grundlagen der Volkswirtschaft, Lpz.

Andreas Busch

Gesetz des tendenziellen Falls der Profitrate, liefert *Karl Marx* die Erklärung für die Unausweichlichkeit ökon. Krisen im → Kapitalismus und gründet auf seiner → Mehrwerttheorie.

Die Profitrate errechnet sich aus dem Verhältnis von Gesamtkapital (= die Summe von konstantem [c = → Produktionsmittel] und variablem [v = Lohn für Arbeitskräfte] Kapital) zur Masse des geschaffenen Mehrwerts [m]. V nimmt im Verhältnis zu c im Zeitverlauf ab, weil jeder Einzelkapitalist nur über technisch-organisatorische Rationalisierung und Senkung der absoluten Lohnsumme in der Konkurrenz überleben kann. Steigt aber c und sinkt v, sinkt auch m und ein Teil der Arbeiterschaft ist überflüssig – es sei denn, es lassen sich Gegentendenzen zur Steigerung von m mobilisieren. Um eine technizistisch-deterministische Interpretation des G. zu vermeiden, wird es heute als die das jeweilige strategische Feld für → Klassenkonflikte um die Produktion und Aneignung des Mehrwertes bestimmende Struktur verstanden, während der Ausgang dieses Konfliktes prinzipiell offen sei.

→ Marxismus; Politische Ökonomie.
Lit.: → Marxismus.

Josef Esser

Gesetzgebende Gewalt → Legislative; Parlament

Gesetzgebungsnotstand → Notstand

Gesinnungsethik, von *Max Weber* in Abgrenzung zu → Verantwortungsethik geprägter Begriff für eine ethische Grundorientierung, welche die unbedingte Befolgung bzw. Durchsetzung der eigenen → Werte und Prinzipien ohne Rücksicht auf eventuelle Folgen verlangt.

Die gesinnungsethische Einstellung wirkt in einer von → Interessen und → Macht gekennzeichneten Politik naiv, weil sie wehrlos und handlungunfähig macht, oder zeitigt totalitäre Konsequenzen, weil sie in ihrem absoluten Geltungsanspruch ebenso kompromißunfähig wie intolerant ist und für sie der gute Zweck des verheißenen Endziels stets jedes Mittel heiligt.

→ Ethik und Politik; Fundamentalismus; Wertrationalität; Zweckrational.
Lit.: *Weber, M.* 1997: Politik als Beruf, Stg. (zuerst 1919).

Günter Rieger

Gesundheitspolitik, Gesamtheit aller Maßnahmen zur Aufrechterhaltung der Gesundheit der Bev., bes. der Krankheitsbehandlung und der Gesundheitsvorsorge. Nach der Definition der Weltgesundheitsorganisation (WHO) ist Gesundheit ein «Zustand völligen körperlichen, geistigen und sozialen Wohlbefindens». Die Praxis ist weniger ehrgeizig: Ihr Ziel ist in erster Linie das Freisein von Krankheit. Die Prävention spielt gegenüber der Krankheitsbehandlung eine nachgeordnete Rolle.

1. Bei der Organisation der G. sind drei Grundformen zu unterscheiden: (1) Staatl. Gesundheitsdienste setzen auf Steuerfinanzierung, kostenlose medizinische Versorgung der Bev. und staatl. Leistungsangebot (z. B. GB). (2) Die Sozialversicherungssysteme sind gekennzeichnet durch gesetzliche Pflichtversicherung, Beitragsfinanzierung und staatl. kontrolliertes, aber überwiegend priv. getragenes Angebot (z. B. D). (3) Bei den Privatversicherungssystemen werden individuelle Krankenversicherungen abgeschlossen, und das Leistungsangebot ist privatwirtschaftl. organisiert (z. B. USA). In der Praxis gibt es eine beträchtliche Variation in der Mischung dieser Grundtypen (→ Sozialversicherung).

2. Zentraler Akteur der dt. G. ist die gesetzliche Krankenversicherung (GVK), die auf den Prinzipien Versicherungspflicht (→ Versicherungsprinzip), Recht auf Versorgung, → Selbstverwaltung, Sachleistungsprinzip und Solidarausgleich aufbaut. Rund 90% der Bev. sind über die GVK versichert. Die Finanzierung erfolgt durch von den Kassen selbstverantwortlich festgesetzte Beiträge, die je zur Hälfte von Arbeitnehmern und Arbeitgebern aufgebracht werden. Das Prinzip der Selbstverwaltung der Kassen und Ärzteverbände ist eingeschränkt durch gesetzliche Regelungen, z. B. zum Personenkreis der Versicherten, den Beitragsbemessungsgrenzen und der Leistungs- und Preisgestaltung. Weitere Staatstätigkeiten sind die Arzneimittelzulassung und die teilweise öff. Krankenhausfinanzierung. Die Leistungsanbieter sind über Zwangsmitgliedschaft in den Kassenärztlichen Vereinigungen (KV) und Ärtzekammern sowie in Verbänden der Pharmaindustrie und der Krankenhausträger organisiert. Wesentliches Steuerungsinstrument sind Kollektivverhandlungen der GVK und der KV über Leistungsmerkmale und Preisgestaltung. Im Rahmen der → Konzertierten Aktion im Gesundheitswesen wird seit 1978 versucht, einen Konsens zwischen Staat, Kassen und den Anbieterverbänden über die Zuwächse der Gesundheitsausgaben zu erzielen. In dieser korporatistischen Struktur wird eine wesentliche Ursache dafür gesehen, daß bisherige Reformversuche keine grundlegenden Veränderungen in der

Organisation des dt. Gesundheitssystems erzielt haben (→ Korporatismus).

→ Sozialpolitik; Staatsinterventionismus; Wohlfahrtsstaat.

Lit.: *Alber, J./Bernardi-Schenkluhn, B.* 1992: Westeuropäische Gesundheitssysteme im Vergleich, Ffm. *Andersen, H. H./Schulenburg, J. M. Graf von der* 1987: Kommentierte Bibliographie zur Gesundheitsökonomie, Bln. *Bandelow, N.* 1998: Gesundheitspolitik, Opl. *Böcken, J.* (Hrsg.) 2001: Reformen im Gesundheitswesen, Gütersloh. *Döhler, M.* 1990: Gesundheitspolitik nach der Wende, Bln. *Immergut, E.* 1992: Health Politics. Interests and Institutions in Western Europe, Camb./Mass.

Katharina Holzinger

Gewalt, ein vielgestaltiger, geradezu universeller sozialer Sachverhalt. G. steckt in fast jedem sozialen Zusammenhang (*Narr* 1988). Die dementsprechend überwältigende definitorische Vielfalt läßt sich an der Vielzahl und inhaltlichen Breite der Adjektive ermessen, mit denen der Begriff versehen wird, um eine gemeinte Variante zu identifizieren.

1. Unterschieden werden können physische und psychische G., direkte und indirekte, offene und versteckte, intendierte und nichtintendierte, personelle und institutionelle, spontane und organisierte, rationale und irrationale, legale und illegale, legitime und illegitime, revolutionäre und reaktionäre, rechte und linke, funktionale und disfunktionale G. etc. Nach *P. Waldmann* sind die wichtigsten Gewaltformen die personelle, die institutionelle und die → Strukturelle G. (→ Gewaltforschung). Personelle G. ist durch unmittelbare körperliche Konfrontation gekennzeichnet, institutionelle G. bezieht sich auf durch physische Sanktionen abgestützte Unterwerfungsverhältnisse. Strukturelle G. meint die von bestimmten gesellschaftl. Verhältnissen (etwa Unterentwicklung, Armut) ausgehenden vermeidbaren Beschädigungen an Leib und Leben.

2. Für viele polit. Phänomene: Verhältnisse, Ideologien und Strategien, liefert das Kriterium der G. die wesentliche Unterscheidung. Gegenbegriffe bilden → Frieden und Friedfertigkeit, Gewaltfreiheit und → Legitimität. Doch hat die Frage der Legitimität von G. eine lange Tradition, etwa in der Lehre vom → Widerstand. Widerstand selbst kann seinerseits wieder in gewaltsamen und gewaltfreien Widerstand unterschieden werden. → Pazifismus huldigt dem absoluten Verzicht auf G. im Ggs. zum generellen Verzicht.

Fixpunkt polit. G. ist in der Regel der Staat, zum einen als Anwender von G., legitim, wo er demokratisch legitimiert und rechtsstaatl. verfaßt ist, illegitim als Mittel der Unterdrückung, wo es ihm an Legitimität und/oder rechtsstaatl. Verfassung mangelt, oder als Adressat von Gewalt. In Lateinamerika nach dem → Systemwechsel liegt das Kernproblem der G. «nicht mehr in der staatl. oder gegenstaatl. G., sondern in jener nicht staatl. G., die den Staat kompensiert, komplementiert, unterminiert oder ignoriert» (*Krennerich* in: *Fischer/Krennerich* 2000: 28) *H. Zinecker* hat folgende Typen nichtstaatl. G. unterschieden: (a) gegenstaatl. G. (Guerilla bis Bürgerkriegsarmee), den Staat bekämpfend; (b) parastaatl. (paramilitärische) G., den Staat kompensierend; (c) extrastaatl. G., den Staat komplementierend (parasoziale G., z. B. «soziale Säuberungen», vigilantistische G., z. B. «*autodefensa*»); (d) mafiotische G., den Staat unterminierend; (e) «normale Delinquenz», den Staat ignorierend.

3. In der öff. Debatte in D wird G. in Verbindung mit → Extremismus, → Rechtsextremismus und → Terrorismus diskutiert sowie als allg. gesellschaftl. Erscheinung. Zwei Trends sind zu beobachten: zum einen eine wachsende Sensibilisierung gegenüber Gewaltverhältnissen in der Gesellschaft und verbessertem rechtl. Schutz vor G., etwa in der Ehe (Straftatbestand der Vergewaltigung in der Ehe), der Familie und Schule (Schlüsselentzug/Platzverweis bei Gewalttätigkeit, Recht auf gewaltfreie Erziehung). Zum anderen eine wachsende Gewaltbereitschaft v. a. männlicher Jugendlicher, offensichtlich angeregt durch eine Verharmlosung und Veralltäglichung von G. im Fernsehen und

im → Internet, die sich u. a. in gewaltsamen Aktionen gegen Ausländer äußert.

→ Gewaltforschung/Gewalttheorien.

Lit.: *Arendt, H.* 1970: Macht und Gewalt, Mchn. *Grimm, J.* 1999: Fernsehgewalt, Wsb. *Fischer, Th./Krennerich, M.* (Hrsg.) 2000: Politische Gewalt in Lateinamerika, Ffm. *Galtung, J.* 1975: Strukturelle Gewalt, Rbk. *Heitmeyer, W.* u.a. 1998: Gewalt, Weinheim/Mchn. *Heitmeyer, W./Hagau, J.* (Hrsg.) 2002: Handbuch der Gewaltforschung, Wsb. *Narr, W.-D.* 1988: Gewalt, in: *Lippert, E./Wachtler, G.* (Hrsg.): Frieden. Ein Handwörterbuch, Opl., 158–175. *Senghaas, D.* (Hrsg.) 1972: Imperialismus und strukturelle Gewalt, Ffm. *Sofsky, W.* 1996: Traktat über die Gewalt, Ffm. *Stanley, R.* (Hrsg.) 2001: Gewalt und Konflikt in einer globalisierten Welt, Wsb. *Trotha, T.* (Hrsg.) 1998: Soziologie der Gewalt, Opl. *Waldmann, P.* 1977: Strategien politischer Gewalt, Stg. *Waldmann, P.* 1994: Staatliche und parastaatliche Gewalt in Lateinamerika, in: *Junker, D./Nohlen, D./Sangmeister, H.* (Hrsg.): Lateinamerika am Ende des 20. Jahrhunderts, Mchn., 104–123. *Zinekker, H.* 2001: Gewalt als Legat. Überlegungen zur Präfiguration unvollendeter Transitionen in Kolumbien und El Salvador, in: *Höpken, W./Riekenberg, M.* (Hrsg.): Politische und ethnische Gewalt in Südosteuropa und Lateinamerika, Köln/Weimar/Wien 2001, 149–171.

Dieter Nohlen

Gewaltenteilung, Konzept zur Anordnung von → Institutionen und deren Funktionen mit dem Ziel, den Mißbrauch staatl. → Macht zu verhindern; schon in der antiken Staatslehre mit Vorstellungen von → Gemischter Verfassung ansatzweise entwickelt.

1. Im revolutionären England des 17. Jh. entwarfen *J. Harrington* und bes. *J. Locke* gegen absolutistische Bestrebungen gerichtete Theorien der G., wonach mehrere Gewalten, i. S. von staatl. Grundfunktionen, auf verschiedene Träger verteilt werden sollten, z. B. bei *Locke* die legislative, aus seiner Sicht höchste Gewalt auf das (die Besitzbürger repräsentierende) Parlament und die Krone, der die exekutive Gewalt oblag (zusammen mit der föderativen und prärogativen). Einflußreicher wurde die Mitte des 18. Jh. von *Montesquieu* entwickelte Lehre der Gewalteilung. Ausgehend von der «ewigen Wahrheit» der Korrumpierbarkeit des Menschen durch Macht unterschied er zunächst drei Staatsfunktionen, wobei die Rechtsprechung als Ständejustiz ohne institutionalisierte Gerichte herausgenommen und die beiden verbleibenden Funktionen der → Legislative und → Exekutive auf drei soziale Machtträger, die *Montesquieu* wiederum Gewalten nannte, verteilt wurden; Adel und → Bürgertum sollten in einem Zweikammerparlament die Gesetze geben, der König daran durch ein Vetorecht teilhaben und die vollziehende Gewalt ausüben. Gerade die funktionale Verschränkung der Gewalten und ihre gegenseitige Abhängigkeit in *Montesquieus* Konzept nahmen die Väter der US-amerikan. Verfassung auf und entwickelten ein System der → *Checks and balances*, der Kontrollen und Gegengewichte, unter erstmaligem Einschluß einer vertikalen Komponente der Gewaltenteilung.

2. G. ist heute Kern jeder rechtsstaatl. → Demokratie. Dabei unterscheiden sich hinsichtlich der horizontalen G. → Parlamentarisches und präsidentielles Regierungssystem (→ Präsidentialismus) voneinander. Letzteres (Beispiel USA) etabliert drei in ihrem Bestand voneinander unabhängige Staatsorgane. Jedem obliegt primär eine der drei Grundfunktionen, an der jedoch die jeweils anderen durch Veto- und Mitwirkungsrechte teilhaben: *«separate institutions sharing power»*. Legislative, Exekutive und → Judikative können die Staatsmacht erst durch Zusammenhandeln wirksam machen. Im parlamentarischen Regierungssystem (Beispiel GB) sind Parlamentsmehrheit und Regierung aufs engste miteinander verbunden, denn erst durch den (Aus-)Wahlakt der Mehrheit kommt die Regierung zustande und bleibt nur solange im Amt, wie sie das Parlamentsvertrauen besitzt. Die Regierung hat an der Legislativfunktion durch Planung, das Parlament als Ganzes durch letztinstanzliches Zustimmungsrecht teil. Die

Regierungsmehrheit ist durch interne (sachliche und personelle) Regierungskontrolle an der Exekutivfunktion beteiligt. Die (institutionalisierte) → Opposition wirkt machtbeschränkend durch die (kompetitive und kooperative) Präsentation von Alternativen. Im parlamentarischen Regierungssystem tritt neben die funktionale Zusammenarbeit die institutionelle Verschränkung als Instrument der Machthemmung.

3. Weitere (verfassungs-)rechtlich geregelte Formen der G. sind die vertikale, bei der Aufgaben und Institutionen auf unterschiedliche Ebenen des Staates verteilt werden (→ Föderalismus), und die temporale, bei der Macht nur auf Zeit verliehen wird. Dem Grundgedanken der Verhinderung von Machtmißbrauch folgend, gehören auch weniger formalisierte Elemente zur Gewaltenteilung. Polit. und soziale Teilungslehren stellen ab auf die machthemmenden Wirkungen von → Parteien, → Interessengruppen, Medien, → Öffentlichkeit etc., die in modernen Gesellschaften oft nachhaltiger ein Gegengewicht zur staatl. Macht bilden können als die institutionalisierten Elemente der Gewaltenteilung.

→ Parlamentarismus; Vertragstheorien.

Lit.: *Hamilton, A./Madison, J.* u.a. 1993: Die Federalist Papers, Darmst. (engl. 1788). *Harrington, J.* 1991: Oceana, Lpz. (engl. 1656). *Locke, J.* [5]1992: Zwei Abhandlungen über die Regierung, Ffm. (engl. 1690). *Montesquieu, C. L. de* [2]1992: Vom Geist der Gesetze, Tüb. (frz.. 1748). *Rausch, H.* (Hrsg.) 1969: Zur heutigen Problematik der Gewaltenteilung, Darmst. *Steffani, W.* 1979: Gewaltenteilung im demokratisch-pluralistischen Rechtsstaat, in: *ders.*: Parlamentarische und präsidentielle Demokratie, Opl., 9–36. *Steffani, W.* 1997: Gewaltenteilung und Parteien im Wandel, Opl. *Sternberger, D.* 1960: Gewaltenteilung und parlamentarische Regierung in der Bundesrepublik Deutschland, in: PVS 1, 22–37.

Suzanne S. Schüttemeyer

Gewaltforschung/Gewalttheorien. Zogen bestimmte, mit Gewaltanwendung verbundene polit. Prozesse, wie etwa die «großen Revolutionen», stets die Aufmerksamkeit von Sozialwiss. auf sich, so war doch → Gewalt an sich kein Thema der Politikwiss. in der Nachkriegszeit. Dies änderte sich schlagartig ab den 1960er Jahren mit dem Aufkommen der Rassenunruhen in den USA, der dies- und jenseits des Atlantik aufflammenden Studentenrevolte, mit dem erneuten Aufbrechen längst für überholt gehaltener ethnischer Konflikte in Westeuropa und schließlich der Zunahme innenpolit. Wirren in zahlreichen eben erst aus der Kolonialherrschaft entlassenen Staaten der → Dritten Welt. Seitdem ist Gewalt als *Topos* aus der öff. Diskussion in der westl. Welt nicht mehr fortzudenken und hat sich die Gewaltforschung zu einer etablierten Disziplin innerhalb des sozialwiss. Fächerkanons entwickelt.

Bei Anlegung eines großzügigen Maßstabes lassen sich zwei Hauptphasen in der sozialwiss. Behandlung des Gewaltproblems seit Mitte der 1960er Jahre erkennen: In den 1960er und 70er Jahren überwog neben einer stark normativen Sichtweise (i. S. der Zurückweisung und Verurteilung von Gewalt, jedenfalls durch die Mehrheit der Wissenschaftler) das Interesse an konzeptuellen Fragen und die Suche nach Erklärungstheorien von universeller Reichweite. Demgegenüber trat in den 1980er und 90er Jahren das Bemühen um eine gründlichere Erfassung bestimmter Gewaltphänomene sowie um Differenzierung und um eine unvoreingenommene Betrachtungsweise in den Vordergrund.

I. 1. Aus der Vielfalt der Aspekte, unter denen Gewalt in den 1970er Jahren thematisiert wurde, seien drei Hauptformen herausgegriffen, die bis heute relevant sind und den Diskussionsrahmen für eine mögliche Verwendung des Begriffes abstecken: die personelle oder direkte Gewalt, die institutionelle und die strukturelle Gewalt.

(1) Mit personeller oder direkter Gewalt ist in enger Anlehnung an den üblichen Wortsinn eine Form sozialer Interaktion gemeint,

die durch einseitige physische Durchsetzung von Ansprüchen und Erwartungen oder, noch einfacher, durch unmittelbare körperliche Konfrontation gekennzeichnet ist. Neben Gewaltakten von Einzelpersonen ist aus sozialwiss. Perspektive der mehr oder weniger planmäßige Zusammenstoß sozialer Bewegungen und Gruppen sowie die aus dem Wechselspiel von Angriff und Verteidigung häufig resultierende Eskalation von Gewaltprozessen von Bedeutung.

(2) Der Begriff der institutionellen Gewalt, der von der lateinamerikan. katholischen Kirche in die Debatte eingebracht wurde, geht insofern über das direkte, personelle Verständnis von Gewalt hinaus, als er nicht allein auf eine spezifische Modalität sozialen Handelns, sondern auf dauerhafte Abhängigkeits- und Unterwerfungsverhältnisse abstellt. Man kann ihn definieren als eine durch physische Sanktionen abgestützte Verfügungsmacht, die den Inhabern hierarchischer Positionen über Untergebene und Abhängige eingeräumt ist. In der Differenzierung zwischen unmittelbarer personeller und institutioneller Gewalt (die sich nicht ohne weiteres ins Spanische, Französische oder Englische übertragen läßt) spiegelt sich die doppelte lateinische Wurzel des Gewaltbegriffs: *violentia (force)* und *potestas (power)*, die zugleich seine eigentümliche Ambivalenz (einerseits körperlicher Angriff, andererseits «Amtsgewalt») erklärt (*Röttgers* 1974: 562). Prototyp institutioneller Gewalt in der Moderne ist der Hoheits- und Gehorsamsanspruch, mit dem der → Staat dem einzelnen gegenübertritt. Auch bei institutionellen Gewaltverhältnissen, die scheinbar von innerem Frieden und Harmonie geprägt sind, darf nicht übersehen werden, daß die Überlegenheit der Herrschenden letztlich auf dem möglichen Einsatz brachialer Durchsetzungsmittel beruht, ein Sachverhalt, der von den Vertretern der Zwangstheorie, allen voran *Max Weber* (1972: 514 f., 821), stets den Befürwortern eines Konsensmodells vom staatl. Handeln entgegengehalten wurde. Insofern bleibt hier der Bezug zum direkten Gewaltbegriff gewahrt, der beim Begriff der strukturellen Gewalt, der auf den norwegischen Friedensforscher *Johan Galtung* zurückgeht, weitgehend aufgegeben wird.

(3) *Galtung* (1975: 9 f.) definiert Gewalt als die Ursache für den Unterschied zwischen der aktuellen somatischen und geistigen Verwirklichung des Menschen und seiner potentiellen Verwirklichung. Für ihn ist Gewalt, wenn ein Mensch an Tuberkulose stirbt, obwohl es entspr. medizinische Heilmittel gibt, wenn das Analphabetentum verbreiteter ist als notwendig, sogar wenn jemand belogen oder manipuliert wird. Abgesehen von der grenzenlosen Ausdehnung, die der Gewaltbegriff durch *Galtung* erfährt, hat sein Definitionsvorschlag den zusätzlichen Nachteil, daß er allein auf die Gewalteffekte abstellt, während der Gewaltverursacher, der verantwortliche Schädiger, sei es eine Person, Gruppe oder Instanz, in den Hintergrund tritt.

2. In den 1970er Jahren fand nicht nur eine lebhafte Kontroverse über die begrifflichen Merkmale und Konturen von Gewalt statt, sondern es lebte auch die Diskussion über ihre Ursachen wieder auf. Zwei Erklärungsansätze standen sich gegenüber: die Frustrations-Aggressions-Theorie und die Theorie der Ressourcenmobilisierung. (1) Die von *J. Dollard* bereits in den 1930er Jahren entwickelte und später von *L. Berkowitz* verfeinerte Frustrations-Aggressions-Theorie besagt im wesentlichen, daß Aggressionen stets Frustrationen zugrunde liegen, während jedoch umgekehrt Frustrationen nicht zwangsläufig Aggressionen erzeugen, sondern auch alternative Verhaltensreaktionen, etwa Rückzugsverhalten oder Kompromißbereitschaft, auslösen können. Was diesem individualpsychologischen Erklärungsansatz zu beachtlicher Prominenz in den Sozialwiss. verhalf, war v. a. der Umstand, daß er in den 1960er Jahren von mehreren bekannten Politikwissenschaftlern, unter ihnen *J. C. Davies, I. K. Feierabend* und *T. Gurr,* aufgegriffen und zum zentralen Baustein ihrer Theorie polit. Gewalt gemacht wurde. Insbes. *Gurr* entwarf auf der Basis eines äußerst umfangreichen, mit mathematischen Methoden aufbereiteten empirischen Materials ein kompliziertes Hypothesengebäude, in dem zwar das Gewicht staatl. Legitimität, des staatl. Zwangspotenzials und spezifischer gesellschaftl. Traditionen für die Entstehung und den Verlauf ge-

waltsamer Prozesse nicht verkannt wurde, letztlich aber an «Deprivation» (ein verfeinertes Synonym für «Frustration») als Hauptursache für polit. Gewalt festgehalten wurde.

Die sorgfältigen Begriffsdefinitionen, mit denen die Vertreter der «*Violence*»-Schule um *Gurr* arbeiteten, ihre explizite Ausformulierung von Hypothesen und das breite Datenmaterial, mit dem sie diese zu untermauern suchten – all dies bewirkte, daß ihr Ansatz sich eines beträchtlichen Prestiges erfreute. Dabei lagen seine Schwächen auf der Hand: Zum einen, daß die Haupterklärung, die für den Ausbruch polit. Gewalt angeboten wurde, äußerst unspezifisch war – wer ist schließlich nicht irgendwann unzufrieden, d. h. frustriert? Zum anderen, daß ein aus der Individualpsychologie stammendes Theorem zur Aufschlüsselung von sozialen Phänomenen wie kollektivem Protest, Aufständen und dgl. herangezogen wurde. Außerdem wurde Anstoß daran genommen, daß aus der Sicht eines behavioristischen Ansatzes *à la Gurr* und *Feierabend* polit. Gewalt unweigerlich ein Moment des Reaktiven und Irrationalen anhaftet.

(2) Zum Sprachrohr der letztgenannten Kritik machte sich bes. *Ch. Tilly*, indem er den rationalen, «proaktiven» Charakter polit. Gewaltbewegungen unterstrich. Gestützt auf *Karl Marx* und *A. Oberschall* und unter Berufung auf eigene umfangreiche historisch-soziologische Untersuchungen entwikkelte er als Gegenposition den Ansatz der sog. Ressourcenmobilisierung, dessen wesentliche Prämissen sich in vier Punkten zusammenfassen lassen: (*Tilly* 1978; *Zald/McCarthy* 1979; *Waldmann* 1989: 33) (a) Protest und Gewalt sind nicht eine Folge momentaner Unzufriedenheit innerhalb einer Bevölkerung. Die Bereitschaft zur Gewaltanwendung hängt vielmehr von den polit. Mobilisierungskapazitäten und -chancen unzufriedener Gruppen ab. (b) Zwischen den polit. Mobilisierungschancen einer Gruppe und ihrer Organisationsfähigkeit besteht ein enger Zusammenhang. Von daher ist v. a. nach den Mechanismen zu fragen, durch die Individuen für die Gruppe rekrutiert und an diese gebunden werden. (c) Für die Fähigkeit einer Gruppe/Organisation zu kollektiven Aktionen sind die Ressourcen entscheidend, die ihr zur Verfügung stehen. Dabei ist ein weiter Ressourcenbegriff zugrunde zu legen, der neben finanziellen und militärischen Mitteln auch ideologische und motivationale Faktoren umfaßt. (d) Protestgruppen richten Forderungen an das → Politische System, die darauf abzielen, ihre Position zu verbessern und zusätzliche → Kollektive Güter zu erwerben. Je nach Ressourcenausstattung können sie es sich leisten, auf sanfte, unsichtbare Weise (z. B. durch *Lobby*) Druck auszuüben, oder müssen auf das aufsehenerregende, da potentiell systemsprengende Mittel der Gewalt rekurrieren.

II. In den 1980er und frühen 90er Jahren wird zwar noch gelegentlich auf die großen Theorien, v. a. den Ressourcenmobilisierungsansatz, Bezug genommen, insgesamt überwiegt jedoch eine gewisse Abwendung von übergreifenden Erklärungsansätzen. Statt dessen dominieren stärker inhaltlich gefüllte Studien zu bestimmten Untertypen polit. Gewalt. Damit hat sich eine neue Haltung des interessierten Fragens und genauen Hinsehens durchgesetzt, die vor vorschnellen Verallgemeinerungen zurückscheut. Beginnend mit der mehrbändigen Untersuchung zum dt. Terrorismus existiert inzwischen eine stattliche Zahl gründlicher Studien über alle möglichen Teilformen der Gewalt, vom klassischen Sozialbanditen bis zum modernen Partisanen, vom Guerillakämpfer in der Dritten Welt bis hin zum bewaffneten Protagonisten ethnischer und religiöser Erhebungen in Europa und im Nahen Osten, über den sozialrevolutionären Terrorismus «von unten» einerseits, staatl. bzw. parastaatl. Gewalt «von oben» andererseits.

(1) Die Gewaltakteure werden ernst genommen. Weder werden sie psychopathologischer Neigungen verdächtigt, noch wird ihnen ein durchgehendes Motiv rationaler oder irrationaler Natur für ihre rebellische Haltung unterstellt. Statt dessen wird unbefangen geprüft, welche Menschen in welcher Situation aus welchen Gründen zu gewaltsamen Durchsetzungsmitteln greifen. Dank dieser unvoreingenommenen Vorgehensweise hat sich unser Wissen um die Motive und

Kontextbedingungen, die zur Gewalt führen, stark erweitert.
(2) In Anlehnung an den Ressourcenmobilisierungsansatz ist es inzwischen allg. üblich, Gewaltgruppen und -organisationen nicht isoliert zu betrachten, sondern in einen breiteren sozialen Kontext, etwa eine soziale Schicht, ethnische Gemeinschaft, Altersoder Geschlechtsgruppierung einzuordnen. Von daher lautet die entscheidende Frage, wann und warum eine kleine radikale Splitterfraktion aus dem Hauptstrom einer sozialen oder polit. Bewegung herausfällt. Die Analyse muß stets die Dreiecksbeziehung zwischen Gewaltakteuren und ihren erklärten Feinden einerseits, der breiten Schicht der potentiellen Unterstützer und Sympathisanten andererseits im Auge haben.
(3) Das bes. Augenmerk, das den Gewaltaktivisten und ihrem unmittelbaren soziopolit. Umfeld geschenkt wird, bedeutet keineswegs, daß makrogesellschaftl. Strukturen wie etwa staatl. Legitimitätsdefizite oder hohe Indizes sozialer Ungleichheit vernachlässigt würden. Diese Strukturen werden jedoch nicht mehr als «objektive» Größen betrachtet und gewichtet, sondern es wird darauf geachtet, wie sie von den jeweiligen Konfliktparteien perzipiert, welche Rechtfertigungsstrategien und Handlungsimpulse aus ihnen abgeleitet werden. Intendiert ist eine Integration der sozialen Mikro-, Meso- und Makroebene, wobei die Perspektive der polit. Gewalttäter letztlich die Integrationsklammer abgibt (vgl. *Della Porta* 1992).
(4) Um zu einem gründlicheren Verständnis der Motive und Situationen zu gelangen, aus denen heraus Gewalt entsteht, war es notwendig, sich nicht mehr nur auf quantitative Forschungsdesigns zu verlassen. Was mittlerweile überwiegt, sind Einzelfallstudien und begrenzte Vergleiche, die sich v. a. auf qualitative Untersuchungsmethoden stützen: auf historische und strukturelle Analysen, anthropologische Feldstudien, qualitative Interviews und die biographische Methode.
(5) Ein Nebenprodukt der beschriebenen differenzierenden Vorgehensweise besteht darin, daß reduktionistische Theorien, die Gewalteruptionen auf eine oder einige wenige Schlüsselvariablen zurückführen, stark ins Hintertreffen geraten sind. Es zeichnet sich ein Konsens dahingehend ab, daß der Weg in die polit. Gewalt für den einzelnen wie für Gruppen ein komplexer, mehrstufiger Prozeß ist, der mit scheinbar ganz harmlosen Manifestationen polit. Dissenses beginnt, während an seinem Ende die Absicht, einem anderen nach dem Leben zu trachten, als «normal» und keineswegs problematisch empfunden wird. Entspr. dieser prozessualen Sichtweise wird das Interesse an den urspr. Ursachen und Entstehungsanlässen für polit. Gewalt verdrängt durch die Frage nach den Faktoren, welche die Gewaltdynamik in Gang halten, bzw. jenen, die sie unterbrechen könnten.
(6) Zudem ist an die Stelle der langjährigen einseitigen Fixierung auf sämtliche erdenklichen Varianten polit. Aufstandsgewalt eine vermehrte Beschäftigung mit Formen staatl. und parastaatl. Gewalt getreten. Insofern hat das Konzept der institutionellen Gewalt durchaus seine Früchte getragen. Freilich ist einzuräumen, daß die Anstöße hierzu weniger von wiss. Seite stammen als von den durch die weltweit sich mehrenden Menschenrechtsverletzungen auf den Plan gerufenen Menschenrechtsorganisationen (etwa *Amnesty International*). Während diese verständlicherweise die Leiden der Opfer staatl. Gewalt in den Mittelpunkt ihrer Kampagnen stellen, interessieren sich Wissenschaftler mehr für die Täterseite: Was bezwecken Staatsführungen mit dem Rückgriff auf repressive Mittel, welche Hauptformen staatl. und parastaatl. Repression gibt es, wie werden Menschen dazu abgerichtet, andere systematisch zu mißhandeln – solche und ähnliche Fragen stehen hinter der wachsenden Zahl wiss. Arbeiten zum Staatsterror und zur Staatsgewalt.

→ Krieg; Kriegsursachen; Macht; Machttheoretische Ansätze.

Lit.: *Bundesministerium des Innern* (Hrsg.) 1981 ff.: Analysen zum Terrorismus, 5 Bde., Opl. *Davies, J. C.* (Hrsg.) 1971: When Men Revolt and Why, N. Y./L. *Della Porta, D.* (Hrsg.) 1992: Social Movements and Violence: Participation in Underground Organizations, Greenwich/L. *Eckstein, H.* 1972: On the Etiology of Internal Wars, in: *Feier-*

abend, I. K. u. a. (Hrsg.), 9–30. *Feierabend, I. K.* u. a. (Hrsg.) 1972: Anger, Violence and Politics, Englewood Cliffs. *Galtung, J.* 1975: Strukturelle Gewalt, Rbk. *Gurr, T. R.* 1970: Why Men Rebel, N. Y. *Hanf, T.* 1990: Koexistenz im Krieg, Baden-Baden. *Merkl, P. H.* (Hrsg.) 1986: Political Violence and Terror, Berkeley u. a. *Münkler, H.* (Hrsg.) 1990: Der Partisan, Opl. *Peters, E.* 1991: Folter, Hamb. *Röttgers, K.* 1974: Gewalt, in: *Ritter, J.* (Hrsg.): Historisches Wörterbuch der Philosophie, Bd. 3, Basel, 562–570. *Scheffler, T.* (Hrsg.) 1991: Ethnizität und Gewalt, Hamb. *Skolnick, J. M.* 1969: The Politics of Protest, N. Y. *Slatta, R. W.* (Hrsg.) 1985: Bandidos. The Varieties of Latin American Banditry, N. Y. u. a. *Stohl, M./López, G. A.* (Hrsg.) 1988: State Terrorism, N. Y. u. a. *Tilly, C.* u. a. 1975: The Rebellious Century 1830–1930, Camb., Mass. *Tilly, C.* 1978: From Mobilization to Revolution, Reading, Mass. *Tobler, H. W./Waldmann, P.* (Hrsg.) 1991: Staatliche und parastaatliche Gewalt in Lateinamerika, Ffm. *Waldmann, P.* 1989: Ethnischer Radikalismus, Opl. *Weber, M.* [5]1972: Wirtschaft und Gesellschaft, Tüb. (zuerst 1921). *Wickham-Crowley, T. P.* 1992: Guerrillas and Revolution in Latin America, Princeton. *Zald, M. N./McCarthy, J. D.* (Hrsg.) 1979: The Dynamics of Social Movements, Camb., Mass.

Peter Waldmann

Gewaltloser Widerstand → Widerstand

Gewaltmonopol, Begriff, der die Konzentration der rechtmäßigen Anwendung physischer Zwangsmittel beim → Staat meint. Durch das «Monopol legitimer physischer Gewaltsamkeit» (*Max Weber* 1971; 1972) unterscheidet sich der Staat von anderen Verbänden. Ziel ist der Schutz vor → Gewalt durch die Monopolisierung von Gewalt.

Das staatl. G. rechtfertigt allerdings (und entgegen dem Wortsinne) weder die alleinige noch die absolute oder totalitäre → Herrschaft des Staatsapparates; es begründet allein die oberste Befugnis des Staates und seiner Institutionen zur Setzung und (ggf. auch gewaltsamen) Durchsetzung der rechtmäßig getroffenen, allg. verbindlichen polit. Entscheidungen.

→ Legitimität, Staatsgewalt.

Lit.: *Koller, P.* 1996: Grundlagen der Legitimation und Kritik staatlicher Herrschaft, in: *Grimm, D.* (Hrsg.): Staatsaufgaben, Ffm., 739–769. *Weber, M.* [3]1971: Gesammelte polit. Schriften, Tüb. (zuerst 1921). *Weber, M.* [5]1972: Wirtschaft und Gesellschaft, Tüb. (zuerst 1921). → Gewalt; Staat.

Rainer-Olaf Schultze

Gewerkschaften, organisierte Zusammenschlüsse von abhängigen Erwerbspersonen mit dem Zweck, die wirtschaftl., sozialen und polit. → Interessen ihrer Mitglieder in den → Arbeitsbeziehungen und im → Politischen System zur Geltung zu bringen, wobei die Mitgliedschaft i. d. R. freiwillig ist (→ Koalitionsfreiheit).

1. Historisch entstanden G. in engem Zusammenhang mit der → Industrialisierung, in D z. T. anknüpfend an Gesellenvereine der Handwerksinnungen. Die urspr. kleinen, lose organisierten und vorwiegend auf der Ebene einzelner Betriebe agierenden G. entwickelten sich relativ rasch zu großen, überbetrieblich ausgerichteten Organisationen mit bürokratischem Leitungsapparat und festem Mitgliederbestand, die in fast allen heutigen Industrieländern spätestens bis Mitte des 20. Jh. gegenüber Unternehmern und → Staat ihren Anspruch auf legitime Interessenvertretung der Arbeitnehmerschaft endgültig durchzusetzen vermochten.

2. Ungeachtet dieser allg. Tendenz von «klassischen» hin zu «gefestigten» G. *(G. Briefs)* blieben zwischen den Gewerkschaftssystemen einzelner Länder Unterschiede bestehen. In bezug auf die grundlegenden Organisationsprinzipien wird unterschieden zwischen den nur noch selten anzutreffenden Berufsgewerkschaften und Branchengewerkschaften (nach dem Prinzip «ein Betrieb, eine G.»), zwischen Richtungsgewerkschaften (christliche G., sozialistische

G., kommunistische G.) und Einheitsgewerkschaften, und auf einer höheren Organisationsstufe zwischen zentralisierten Gewerkschaftssystemen mit starken Dachverbänden und dezentralisierten Systemen. Paradebeispiele für den Typ der Einheitsgewerkschaft sind die im Deutschen Gewerkschaftsbund (DGB) zusammengeschlossenen Einzelgewerkschaften.
3. In bezug auf die Verhaltensmuster differenziert die Forschung v. a. zwischen konfliktorischen G., die sich als → Gegenmacht zum kapitalistischen Unternehmertum verstehen, und kooperativen G., die ihre Interessen im Rahmen sozialpartnerschaftlicher Beziehungen zu Unternehmern und Staat durchzusetzen versuchen. Diesem Typus sind die dt. G. zuzuordnen, die nach dem Branchenprinzip als Einheitsgewerkschaften organisiert sind und einen relativ starken Zentralisierungsgrad aufweisen.

→ Interessengruppen; Streik; Tarifpolitik.

Lit.: *Armingeon, K.* 1994: Staat und Arbeitsbeziehungen. Ein internationaler Vergleich, Opl. *Mielke, S.* (Hrsg.) 1984: Internationales Gewerkschaftshandbuch, Opl.

Bernhard Thibaut

Gewichtung, mathematisch-statistisches Verfahren, das v. a. bei repräsentativ angelegten Bevölkerungsstichproben eingesetzt wird, um etwa durch die Feldarbeit bedingte Verzerrungen (z. B. schlechte Erreichbarkeit bestimmter Bevölkerungsgruppen) oder auch geplante Disproportionalitäten (Überquoten) auszugleichen und damit gesicherte Schlüsse (→ Hochrechnungen) von der Stichprobe auf die → Grundgesamtheit zu gewährleisten.

Anhand relevanter Merkmale der Grundgesamtheit, wie regionaler, demographischer und sozioökon. Verteilungen auf der Basis meist amtl. Statistiken, wird durch faktorielle G. die Stichprobe in ihren unabhängigen Variablen kontrolliert und ggf. korrigiert. Das Verfahren der sog. polit. G. des gesamten Umfragedatensatzes, das bei polit. Umfragen gelegentlich Anwendung findet, ist hingegen umstritten; hierbei wird die Rückerinnerung an früheres → Wählerverhalten, also eine abhängige → Variable, am tatsächlichen Wahlergebnis gewichtet und diese Korrektur auf den gesamten Datensatz übertragen. Die empirischen Daten werden auf diese Weise selbstreferentiell durch die G. beeinflußt.

→ Demoskopie/Umfrageforschung; Rückerinnerungsfrage; Recall; Sample.

Hans-Jürgen Hoffmann

GINI-Koeffizient → Lorenz-Kurve

Glasnost → Perestrojka

Gleichberechtigung, i. w. S. die rechtliche und tatsächliche Gleichstellung verschiedener Gruppen und Individuen in einer Gesellschaft; i. e. S. die Durchsetzung gleicher Rechte und Chancen für Frauen und Männer.

1. In D hat die Frauenbewegung des 19. Jh. den Kampf um G. der Geschlechter eingeleitet (→ Feminismus). Zu ihren Forderungen gehörte die Aufhebung der Vormundschaft von Vätern und Ehemännern über das weibliche Geschlecht, eine verbesserte Mädchenbildung und die polit. → Partizipation der Frauen. Erst nach dem I. Weltkrieg kam es zur Einführung des aktiven und passiven Frauenwahlrechts in der Weimarer Republik. Die Weimarer Reichsverfassung sah die G. der Geschlechter außerdem im Hinblick auf die staatsbürgerlichen Rechte und Pflichten sowie in der Ehe vor. Im → Nationalsozialismus wurde die gerade erst errungene polit. G. wieder beschnitten, da eine aktive polit. Teilnahme von Frauen nicht mit dem nationalsozialistischen, vornehmlich auf die Mutter- und Hausfrauenrolle reduzierten Frauenbild vereinbar war. Auch die beruflichen Möglichkeiten von Frauen wurden bis Kriegsbeginn stark eingeschränkt.
2. Im Grundgesetz der BRD ist die G. von Frauen und Männern ausdrücklich verankert worden. Den wenigen Frauen im Parla-

mentarischen Rat gelang es, über das Diskriminierungsverbot (Art. 3,3 GG) hinaus die G. von Frauen und Männern als Gebot zu formulieren, das sich auf die gesellschaftl. Wirklichkeit erstreckt (Art. 3,2 GG). und weitreichende Änderungen des öff. und priv. Rechts erzwungen hat. Mit dem Gleichberechtigungsgesetz von 1957 beseitigte der Gesetzgeber diskriminierende Bestimmungen des Familienrechts – wie das Letztentscheidungsrecht des Ehemannes in Angelegenheiten der Ehegatten und der Kindererziehung –, die mit dem Grundsatz der G. unvereinbar waren. Mit der Reform des Ehe- und Scheidungsrechts von 1976 wurde die Fixierung der Frau auf die Hausfrauenrolle zugunsten eines partnerschaftlichen Eheverständnisses beseitigt und das Zerrüttungsprinzip in das Scheidungsrecht eingeführt. Zur Durchsetzung des Gebots der G. haben die Urteile des Bundesverfassungsgerichts entscheidend beigetragen, zuletzt die Gleichstellung von Frau und Mann im Namensrecht.

3. Im Zuge fortschreitender rechtlicher G. zeigt sich, daß die Beseitigung von Diskriminierungen im Recht allein nicht ausreicht, um die tatsächliche Gleichstellung von Frauen und Männern in allen gesellschaftl. Bereichen durchzusetzen. So ist der Arbeitsmarkt trotz gesetzlicher Diskriminierungsverbote geschlechtsspezifisch gespalten. Frauen sind weit häufiger als Männer in unsicheren, vergleichsweise schlecht bezahlten und mit wenig Aufstiegschancen verbundenen Berufspositionen zu finden. Auch in der Politik ist die Gleichstellung der Geschlechter bisher nicht eingelöst, wie die Unterrepräsentation von Frauen z. B. in Parteien und Parlamenten zeigt. Bei Hausarbeit und Kinderbetreuung tragen Frauen dagegen nach wie vor die Hauptlast. Wegen dieser faktisch fortbestehenden Benachteiligungen konzentriert sich die Diskussion auf Maßnahmen zur aktiven Frauenförderung – von unverbindlichen Frauenförderplänen bis zu zwingenden → Quotenregelungen – in Arbeitswelt und Politik. Dieses neue Konzept der G. schlägt sich nach der Verfassungsreform von 1994 auch im GG nieder: Art. 3,2 GG legt jetzt fest, daß der Staat die tatsächliche Durchsetzung der G. von Frauen und Männern zu fördern und auf die Beseitigung bestehender Nachteile hinzuwirken hat.

Lit: *Ebsen, I.* ²1995: Gleichberechtigung von Frauen und Männern, in: *Benda, E.* u. a. (Hrsg.): Hdb. des Verfassungsrechts, Bln./NY, 263–291. *Gerhard, U.* 1990: Gleichheit ohne Angleichung. Frauen im Recht, Mchn. *Hoecker, B.* 1995: Polit. Partizipation von Frauen, Opl. *Hoecker, B.* 1996: Innerparteiliche Frauenförderung in Großbritannien und Deutschland, in: ZParl 4, 642–667. *Pfarr, H. M.* 1988: Quoten und Grundgesetz: Notwendigkeit und Verfassungsmäßigkeit von Frauenförderung, Baden-Baden. *Phillips, A. S.* 1995: Geschlecht und Demokratie, Hamb. *Wiegand, H.* 1995: Berufstätigkeit und Aufstiegschancen von Frauen, Bln.

Kristin Bergmann

Gleichgewicht, urspr. aus der mechanischen Physik stammender Begriff, der (in Politik wie Politikwiss. deskriptiv wie normativ verwandt) ein System beschreibt, in dem näherungsweise ein Kräfte-/Machtgleichgewicht besteht (bzw. bestehen sollte), sich die unterschiedlichen bzw. gegensätzlichen Interessen ausgleichen und sich durch Selbstregulierung Stabilität und Strukturkonstanz herstellen.

Der analytisch nur schwer faßbare Begriff spielt dennoch eine zentrale Rolle: (1) Innenpolit. verbinden sich mit dem Konzept des G. die politiktheoretisch und herrschaftssoziologisch begründeten Vorstellungen von der Notwendigkeit (a) der Machtbegrenzung durch wechselseitige Kontrolle, also der → Gewaltenteilung, des → Föderalismus, (b) der Mäßigung polit. Herrschaft (→ Gemischte Verfassung; Mitte), (c) der Ausgewogenheit der gesellschaftl. Kräfte (→ Pluralismus; Korporatismus). (2) Im System der → Internationalen Beziehungen geht die → Realistische Schule davon aus, daß nur ein relatives Gleichgewicht der Kräfte (→ Balance of power) die Konflikte der souveränen (National-) Staaten bzw. Machtblöcke zu neutralisieren vermag. (3) Wirtschaftl. ist das allg. G. der Zustand, bei dem sich unter der Bedingung vollständiger Konkurrenz auf den Märkten Angebot und Nachfrage ausgleichen (→ Marktwirtschaft). Die gesellschaftl. wie polit. Wirklichkeit sieht hingegen anders aus, als die liberalen Wirtschafts- und marktanalogen Politiktheorien unterstellen. Sie ist bestimmt von → Marktversagen und Staatsinterventionen, von → Hegemonien und → Strukturellen Asymmetrien, von Gewaltenverschränkungen und Machtkonzentrationen und charakterisiert von Ungleichgewichten, Ungleicheiten und Instabilitäten, so daß die Forderung nach G. nur allzuoft der Verschleierung oder Zementierung von Dominanzverhältnissen dient und folglich ideolgiekritisch zu hinterfragen ist (→ Ideologie).

Lit.: *Nissen, H.-P.* u. a. 1995: Gleichgewicht; in: *Nohlen, D./Schultze, R.-O.* (Hrsg.): Politische Theorien (Lexikon der Politik, Bd. 1.), Mchn., 156–163. → Gemeinwohl.

Rainer-Olaf Schultze

Gleichheit, innerhalb einer Relation die Übereinstimmung der Relata (Dinge, Personen, Gruppen, Sachverhalte) mit Bezug auf ein auszeichnendes Merkmal. G. impliziert – im Ggs. zur → Identität – Verschiedenheit in den nicht selektierten Merkmalen. Dieser abstrakte Verhältnisbegriff läßt sich sozial und polit. interpretieren.

1. In der aristotelischen Theorie der → Gerechtigkeit wird das Gleiche definiert mit Bezug auf äquivalente tauschbare Güter einerseits, durch Verdienst erworbenen sozialen Status andererseits. Diese Tausch- und Verteilungsgerechtigkeit bildet bis heute ein Grundmuster polit.-sozialer Ordnung. Zudem liefert die *isonomia* (= Gleichgesetzlichkeit) eine immer noch aktuelle Leitnorm. Die G. der Bürger vor dem Gesetz und als Rechtsgenossen untereinander bestimmt maßgeblich die republikanische Idee. Sie hebt sich scharf ab von der → Herrschaft des Herrn über den Sklaven. Schließt der auf Bürgersein bezogene Gleichheitsbegriff in der griech. → Polis Frauen, Kinder, Sklaven und Barbaren wegen ihrer «natürlichen» Ungleichheit noch aus, so bringen das stoische Menschenbild und die christliche Auffassung von der prinzipiellen G. aller Menschen als ebenbildlicher Geschöpfe Gottes den Durchbruch zu einer Universalisierung. Im neuzeitlichen → Naturrecht erscheint G. als Gegenstand eines vorstaatl. individuellen Rechts von Menschen als solchen und bestimmt normativ die vertragstheoretischen Staatsbegründungen. Zur theologischen G. in der Kreatürlichkeit treten säkularisierte Gleichheitskriterien wie menschliche Würde, Vernunft, Sozialität hinzu. Aus diesem Reservoir geht G. als eines der zentralen → Menschenrechte, → Grundrechte und Bürgerrechte in die revolutionären Deklarationen und die daran anschließenden → Verfassungen der westl. Staaten, in das normative Grundverständnis der UN sowie in zwischenstaatl. Menschenrechtskonventionen ein.

2. G. und → Freiheit stehen in einem komplizierten Verhältnis. Beide sind Grundnormen moderner Politik, werden aber auch als polit. Kampfbegriffe verwendet. G. spielt in diesem Sinne in der → Emanzipation des → Bürgertums, aber auch der → Arbeiterbewegung eine bedeutende Rolle. Die Freiheit dem → Liberalismus, die G. dem → Sozialismus zuzuordnen, wie dies der polemische Sprachgebrauch nahelegt, kann theoretisch nicht befriedigen. Zwar ist das Extrem libertärer Aneignung und Eigenverantwortlichkeit unvereinbar mit dem Extrem egalitärer Gesellschaftsordnungen ohne Privateigentum. Aber hinter solchen Verabsolutierungen verbirgt sich ein substantieller Zusammenhang. Das liberale Verständnis der → Moderne begreift Freiheit prinzipiell als gleiche und gewinnt gerade in der Freiheit (moralisch als vernünftige → Autonomie, ökon. als Erwerb von Privateigentum durch → Arbeit, polit. als Möglichkeit der → Partizipation) ein zentrales Kriterium für Gleichheit. Der Zusammenhang wird auch in Utopien deutlich, die eine gleiche maximale individuelle Freiheitsentfaltung projektieren (*C. Fourier*) und die klassenlose Gesellschaft von der Gleichmacherei eines «rohen» Kommunismus abgrenzen (*Marx*). Diesseits der utopischen Auflösungen bleibt freilich die Span-

nung: Wie bereits *Rousseau* in seinem «Discours sur l'inégalité» (1754) zeigt, führt die Entfaltung individueller Freiheit in den Eigentums- und Machtverhältnissen zu Ungleichheiten, die das Bürgerideal der polit. Gleichen zur abstrakten Norm werden lassen. Inwieweit G. demgegenüber zum Korrektiv werden kann, diskutiert die Gerechtigkeitstheorie von *J. Rawls* (1975). Sie legt die Norm größtmöglicher gleicher Freiheit zugrunde und betrachtet soziale und ökon. Ungleichheit nur dann als gerechtfertigt, wenn eine Ungleichverteilung selbst den am wenigsten Begünstigten den größten zu erwartenden Vorteil bietet und Ämter und Positionen prinzipiell allen i. S. fairer Chancengleichheit offenstehen (Differenzprinzip). In der modernen pluralistischen → Demokratie tritt neben die grundrechtliche G. die bürgerschaftliche polit. → Partizipation um öff. Ämter sowie die sozialstaatl: Komponente, die soziale Ungleichheit relativ zu kompensieren sucht. Die Gleichheitsnorm wird in der Gegenwart zudem auf der menschenrechtlichen Ebene weiterentwickelt gegen Diskriminierung religiöser, geschlechtsspezifischer, ethnischer, rassischer, kultureller Art. Eine eher gegenläufige Entwicklung zeigt sich in Teilen des feministischen und interkulturellen Diskurses, da hier die universalistische G. in der Behauptung fundamentaler geschlechtsspezifischer oder kultureller Differenz in Frage gestellt wird.

→ Eigentum; Feminismus; Politische Utopie; Rechtsstaat; Republikanismus.

Lit.: *Bärsch, C.-E.* 1979: Die Gleichheit der Ungleichen. Zur Bedeutung von Gleichheit, Selbstbestimmung und Geschichte im Streit um die konstitutionelle Demokratie, Mchn. *Bühl, W. L./Dürig, G.* [7]1995: Gleichheit, in: Staatslexikon, Bd. 2, Sp. 1065–1073. *Dahrendorf, R.* 1961: Über den Ursprung der Ungleichheit unter den Menschen, Tüb. *Dann, O.* 1975: Gleichheit, in: *Brunner, O.* u. a. (Hrsg.): Geschichtliche Grundbegriffe, 997–1046. *Dworkin, R.* 2000: Sovereign Virtue: The Theory and Practice of Equality, Camb./Mass. *Gerhard, U.* u. a. (Hrsg.) 1990: Differenz und Gleichheit. Menschenrechte haben (k)ein Geschlecht, Ffm. *Podlech, A.* 1971: Gehalt und Funktionen des allgemeinen verfassungsrechtlichen Gleichheitssatzes, Bln. *Rawls, J.* [11]2000: Eine Theorie der Gerechtigkeit, Ffm. (dt. zuerst 1975; engl. 1971). *Sartori, G.* 1992: Demokratietheorie, Darmst. (engl. 1987). *Verba, S.* u. a. 1978: Participation and Political Equality, Camb.

Ulrich Weiß

Gleichstellungspolitik, Gesamtheit aller Maßnahmen, die darauf gerichtet sind, soziale Ungleichheiten zwischen Männern und Frauen zu verringern oder ganz zu beseitigen. Mit G. sollen institutionelle Rahmenbedingungen für Frauen geschaffen werden, die es ihnen ermöglichen, den Männern gleiche Lebenschancen zu haben.

Dies betrifft sowohl die Bildung und berufliche Ausbildung als auch die Öffnung aller Berufszweige und Karrierestufen sowie die Öffnung aller öff. Ämter (wie z. B. polit. Ämter). Zur G. gehören Maßnahmen wie Ge- und Verbote, materielle und immaterielle Anreize (Öff.), positive und negative Sanktionen.

→ Affirmative Action; Chancengleichheit; Feminismus; Frauenpolitik; Gleichberechtigung.

Lit.: → Feminismus; Frauenpolitik.

Ulrike C. Wasmuth

Global Governance, Konzept, mit dem auf die Frage der polit. Beherrschbarkeit von Weltproblemen und der Globalisierungstendenzen zu antworten versucht wird, mit der sich die Weltpolitik konfrontiert sieht. Weil sich die Schere zwischen der → Globalisierung der Weltprobleme in der «globalen Risikogesellschaft» *(U. Beck)* und der Fähigkeit der Staatenwelt, sie mit den herkömmlichen Verfahren und Instrumenten der nationalstaatl. Macht- und Interessenpolitik zu bewältigen, immer weiter öffnet, muß sich auch die Politik globalisieren. Unter *g. g.* werden die neuen Ordnungsstrukturen verstanden, die an die Stelle eines punktuellen und reaktiven Krisenmanagements treten sollen, das den Herausforderungen nicht mehr genügt.

Den Versuch, polit. Antworten auf die Herausforderungen der Globalisierung zu finden, nennen die einen Globalpolitik oder Weltinnenpolitik, andere Weltordnungspolitik oder globale Strukturpolitik, viele inzwischen *g. g.*, nachdem die *Commission on Global Governance* diesen Begriff in ihrem 1995 vorgelegten Bericht «Nachbarn in Einer Welt» in die internat. Diskussion eingeführt hat. Die aus einem Forschungsprogramm der *United Nations University* (UNU) hervorgegangene Zeitschrift *Global Governance* setzte den Begriff mit einem Mehr an Multilateralismus, also mit einer Verdichtung der internat. Zusammenarbeit in → Internationalen Organisationen und → Internationalen Regimen, gleich.
Hier bildet das UN-System den Nabel von *global governance*. Die *Commission on Global Governance* ging in ihrem Bericht jedoch wesentliche Schritte weiter: Hier geht es nicht nur um eine Aufwertung des staatl. organisierten Multilateralismus, sondern schon um ein neues Politikmodell, das *J. Rosenau* und *E.-O. Czempiel* (1995) im Buchtitel «*Governance without Government*» verdichtet hatten und später *M. Zürn* (1998) mit «Regieren jenseits des Nationalstaates» übersetzte. Kernaussagen des *g. g.*-Konzepts, das inzwischen in der internat. Diskussion heftig umstritten ist, sind (nach *Messner/Nuscheler*):
1. *G. g.* heißt nicht *Global Government*, also Weltstaat oder Weltregierung. Ein solcher «Welt-King Kong» ist weder eine realistische noch eine erstrebenswerte Option, weil eine solche bürokratische Superbehörde kaum demokratische Legitimation gewinnen könnte und weit entfernt von den zu lösenden Problemen wäre. Weltweit stehen Dezentralisierung und *Regional Governance* auf der polit. Reformagenda. Die Vision von *g. g.* entspricht eher der bereits von *Immanuel Kant* anvisierten Weltföderation von freien Republiken mit einem notwendigen Minimum an Weltstaatlichkeit.
2. *G. g.* beruht auf verschiedenen Formen und Ebenen der internat. Koordination, Kooperation und kollektiven Entscheidungsbildung. Internat. Organisationen übernehmen diese Koordinationsfunktion, und Regime übersetzen den Willen zur Kooperation in verbindliche Regelwerke. In solchen Regimen verpflichten sich die Staaten durch vertragliche Vereinbarungen zur Bearbeitung von gemeinsamen Problemen. Auch Hegemone lassen sich auf solche Regime ein, weil Regime etwas regeln, was sie nicht mehr allein regeln können.
3. Der Zwang zur Kooperation verlangt Souveränitätsverzichte, die Globalisierungseffekte und Interdependenzstrukturen schon längst erzwungen haben. Auch Großmächte müssen sich mit «geteilten Souveränitäten» abfinden, die einen Zugewinn an gemeinsamer Handlungs- und Problemlösungsfähigkeit bewirken können. *G. g.* macht das traditionelle Verständnis von → Souveränität, die durch die zunehmende Entgrenzung der Staatenwelt durchlöchert wurde, endgültig zu einem anachronistischen Relikt des Westfälischen Staatensystems.
4. *G. g.* ist kein Projekt, an dem nur Regierungen oder internat. Organisationen als Instrumente der Staatenwelt beteiligt sind. Das unterscheidende Konzept der *Commission on Global Governance* liegt im «Zusammenwirken von staatl. und nicht-staatl. Akteuren von der globalen bis zur lokalen Ebene». Diese *public-private partnership* bezieht die Wirtschaft und die → Zivilgesellschaft in horizontal und vertikal vernetzte Strukturen und Dialogforen ein. Deshalb sprach UN-Generalsekretär *Kofi Annan* (1998) von einer «stillen Revolution» hinter den Kulissen und Ritualen der Staatenwelt. Längst haben sich partizipatorische *bottom-up*-Entscheidungsverfahren als leistungsfähiger gegenüber zentralistischen *top-down*-Verfahren erwiesen.
5. Die → Nationalstaaten bleiben die Hauptakteure der internat. Politik, die weiterhin allein autoritative Entscheidungen treffen können und Scharniere zwischen den verschiedenen Handlungsebenen und die tragenden Pfeiler der *g. g.*-Architektur bilden. Sie ist aber ohne netzwerkartige Verstrebungen mit der Wirtschafts- und Gesellschaftswelt nicht mehr tragfähig (→ Netzwerk).

Das *g. g.*-Konzept wurde mit mehrfachen Einwänden konfrontiert, die ihm v. a. eine normative Blindheit gegenüber den realen Machtverhältnissen in der Weltpolitik und Weltwirtschaft vorwerfen (vgl. *Brand* u. a. 2000). «Realisten» in Politik und Wiss. erkennen im Gefolge der Globalisierung eher verschärfte Konkurrenzsituationen, Deregulierungswettläufe und Handelskonflikte, die sich durch eine Kooperationskultur à la *g. g.* nicht bändigen lassen. In den USA gibt es Attacken gegen einen «Angriff auf die amerikan. Souveränität».

Die Verteidiger des Konzepts verkennen nicht diese Widerstände, aber sie sind davon überzeugt, daß der Problemdruck der steigenden Transaktionskosten die von einer Ohnmacht der Politik bedrohten Staaten zur Regulation der Eigendynamik der Globalisierung durch globale Regelwerke zwingen wird. *G. g.* versucht Antworten zu liefern, wie die Welt noch regiert werden kann.

Lit.: *Annan, K.* 1998: The Quiet Revolution, in: Global Governance 4 (2), 123–138. *Brand, U./Brunnengräber, A./Schrader, L./ Stock, Ch./Wahl, P.* 2000: Global Governance, Münster. *Commission on Global Governance* 1995: Nachbarn in Einer Welt, Bonn (Stiftung Entwicklung und Frieden). *Dror, Y.* 1995: Ist die Erde noch regierbar?, Mchn. *Messner, D./Nuscheler, F.* 1997/ 1999: Globale Trends 1998/2000, versch. Beiträge. *Mürle, H.* 1998: Global Governance (INEF-Report 32), Duisburg. *Nuscheler, F.* 2000: Kritik der Kritik am Global Governance-Konzept, in: Prokla 118, 151–156. *Rosenau, J. N./Czempiel, E.-O.* (Hrsg.) [2]1995: Governance without Government, NY. *Zürn, M.* 1998: Regieren jenseits des Nationalstaates, Ffm.

Franz Nuscheler

Globalisierung, seit Mitte der 1990er Jahre geläufiger, urspr. im ökon. Bereich verwendeter Begriff, mit dem die zunehmende weltweite Verflechtung der Ökonomien (als Folge allg. Zollsenkungen und des Ausbaus des → Freihandels) sowie insbes. der Finanzmärkte (als Folge der → Liberalisierung des Kapitalverkehrs) charakterisiert wurde. Er bezeichnet ebenfalls Prozesse, die von dieser als qualitativ neu angesehenen Entwicklung ausgehen und inzwischen etliche weitere Bereiche fortschreitender und beschleunigter Modernisierung wie Kommunikation, Produktion von Wissen und Gütern, Transport umfassen, aber auch Problemfelder → Internationaler Sicherheit wie → Organisierte Kriminalität, Drogen-, Waffen- und Menschenhandel, → Krieg und → Migration.

Bedingt durch die breite Verwendungspraxis ist der Begriff nicht einheitlich zu definieren, zumal der Globalisierungsgrad in den verschiedenen Bereichen der Internationalisierung höchst unterschiedlich ist. Im Kern besagt er die rapide Vermehrung und Verdichtung grenzüberschreitender gesellschaftl. Interaktionen, die in räumlicher und zeitlicher Hinsicht die nat. Gesellschaften immer stärker miteinander verkoppeln. Was lokal an einem beliebigen Ort der Welt passiert, kann unmittelbare Bedeutung für die jeweilige Region, das Land, den Globus gewinnen, wird weltweit zumindest gleichzeitig wahrgenommen und auf diesen räumlichen Ebenen unter Prüfung möglicher weiträumiger Auswirkungen beobachtet und bewertet. *Vice versa* ist der Zusammenhang noch intensiver: In bestimmten Sachfeldern sind die globalen Phänomene, die häufig von den Interaktionspartnern der G. gemeinsam hervorgerufen werden, von weitreichender Bedeutung für die Ebenen geringerer territorialer Reichweite. Charakteristisch ist auch, daß G. bislang hauptsächlich von oben (Transnationale Konzerne, internat. Finanzströme, Welthandel) und vor allem von auf dem globalen Markt miteinander im harten Wettbewerb stehender Akteure vorangetrieben wird, so daß, auch wenn G. kein ausschließlich ökon. Phänomen mehr ist, die polit., sozialen, ökolog. und kulturellen Dimensionen von G. für die Prozeßdynamik selbst von nachgeordneter Bedeutung sind, nicht jedoch im Globalisierungsdiskurs.

A. Touraine geht über diese einfachen Beobachtungen hinaus, wenn er in der G. einen kapitalistischen Modernisierungsprozeß erkennt, in welchem sich eine neue Einheit bildet, «eine globalisierte Welt, die man als eine Gruppierung weltumspannender, sich selbst regulierender Märkte definieren könnte». Der herausfordernde Aspekt der G sei, «daß es hier um die Idee eines Wirtschaftssystems geht, das nicht mehr von polit. Institutionen kontrolliert wird bzw. keinen nat. oder internat. Rechtsnormen unterliegt» (*Touraine* 2001: 41). Der frz. Soziologe weist der G. neben der analytischen zudem eine ideologische Funktion zu: die Umdeutung der Herrschaftsverhältnisse als technologisch und natürlich sowie die Verschleierung der sozialen und polit. Folgen der G., indem sie die Vorstellung einer liberalen, grenzenlos offenen Weltgesellschaft pflegt, in welcher die Märkte für die bestmögliche Verteilung der Güter sorgen.

1. War urspr. von einigen Autoren verneint worden, daß es sich bei der G. um eine grundlegende qualitative Veränderung handele, sondern nur um quantitative Erweiterungen bereits lange existierender Prozesse zu wachsender weltwirtschaftl. → Interdependenz, die sich durch die Liberalisierung des Welthandels im Rahmen von GATT und WTO beschleunigte, so sind es gerade die bereits beobachtbaren Auswirkungen der wirtschaftl. G. und die von ihr ausgehenden vieldimensionalen Prozesse und vielfältigen Herausforderungen, die den Eindruck eines strukturellen Wandels bestärken. *F. Nuscheler* (2001: 416ff.) hat zehn Momente herausgestellt: (1) Reichweite und Tempo der Prozesse sind qualitativ neu. Folgende Eigenschaften spielen bei der telekommunikativen Vernetzung zusammen: weitreichender, schneller, tiefer und billiger. (2) Der Prozeß ist global, auch wenn er sich auf weltwirtschaftliche und soziale Teilwelten konzentriert, denn auch das ärmste Fünftel der Menschheit ist durch viele Nabelschnüre mit der übrigen Welt verbunden. (3) Internationalisierung der Warenproduktion durch Zerlegung auf viele Standorte innerhalb immer größerer multinationaler Konglomerate. (4) Internationalisierung der Dienstleistungen (Finanzen, Versicherungen, Medien, Tourismus etc.) und beschleunigte ‹Invisibilisierung› des Welthandels durch Digitalisierung. (5) Entgrenzung der nat. Wirtschaftsräume und in ihrer Folge geringere nat. Steuerungs- und Gestaltungsfähigkeit sowie höhere nat. Abhängigkeit von extern getroffenen Entscheidungen (etwa von den Zinsentscheidungen der US-Notenbank). (6) Abkopplung der Finanzmärkte von der Realwirtschaft, zugleich mit ihrer Orientierung auf Spekulationsgewinne und Freistellung von polit. Kontrolle. (7) Deregulierung des Weltmarkts mit der Folge hoher sozialer Kosten auch für Industrieländer. (8) Internationalisierung gesellschaftl. Fehlentwicklungen wie organisierte Kriminalität, Drogen- und Waffenhandel, also neue Risiken für die Industrieländer. (9) Verdichtete Kommunikation über alle Grenzen, Kontinente und Kulturen hinweg, der weltweite Zugriff auf Wissen. (10) Das große Gefälle im Zugriff auf die neue Kommunikationstechnologie, die eine neue Dimension im → Nord-Süd-Konflikt eröffnet.

2. Auf der Phänomenebene ließen sich weitere Beobachtungen anfügen, die qualitativen Wandel anzeigen, etwa daß die G. eine vehemente Gegnerschaft hervorgerufen hat und daß die Globalisierungsgegner sich selbst globalisiert haben. Während die G. als Sachverhalt kaum noch in Frage gestellt wird, ist die Bewertung ihrer Folgen in den Mittelpunkt der Betrachtungen gerückt. Selbstredend schätzen mutmaßliche Gewinner der G., die auf deren Prozeß Einfluß nehmen können, sowie Verlierer der G., die sich ihr ausgeliefert fühlen, und deren gesellschaftl. Unterstützergruppen die G. unterschiedlich ein. Dabei liegen zunächst die Chancen der G. auf der Hand: Die neue Informations- und Kommunikationstechnologie ermöglicht einen allseitigen Zugriff auf Information und Wissen. Das elektronische Weltnetz → Internet ist vielleicht das augenfälligste Phänomen dieser Entwicklung sowie weltweiter Vernetzung von Orten, Personen und Gesellschaften (*Wurzer* 2000). Positiv konnotieren läßt sich auch, daß Dienstleistungen, ja selbst die Produktion halbgefertigter Erzeugnisse globalisiert werden. Arbeitsplätze werden weltweit gehandelt. Aus diesem effizienzsteigernden Strukturwandel können allg. Wohlstandsgewinne

resultieren. Indem die internat. Arbeitsteilung nach dem Muster der Spezialisierung wächst, belohnt sie die weltwirtschaftl. Integration. Zu den Vorteilen der G. zählt auch, daß Menschenrechte, → Demokratie und *good governance* für die integrationswilligen Länder zur wesentlichen Voraussetzung globaler Akzeptanz im Kampf um anlagebereites Kapital werden.

Dagegen stehen Relativierungen, Risiken und Gefahren, wie sie z. T. oben bereits aufgelistet wurden. Neben der G. verlaufen Prozesse der Regionalisierung (→ Regionalismus) sowie gesellschaft. und polit. Fragmentierung. Die wirtschaftl. G. erfaßt nicht alle Ökonomien, sondern hauptsächlich die der Industrieländer. Die Integration in die globale Weltwirtschaft gelingt nur den dynamischen Entwicklungsgesellschaften der → Dritten Welt. Die ärmsten Entwicklungsländer werden vollends von der Weltwirtschaft abgekoppelt (*Scholz* 2000). Die globale Einkommens- und Wohlstandsschere spreizt sich weiter auseinander mit Risiken, die im Konzept erweiterter → Sicherheit diskutiert werden (→ Umwelt, → Migration, → Terrorismus). Auch innerhalb der Gesellschaften gibt es Gewinner und Verlierer der G., in den Industrieländern v. a. jene Wirtschaftsbereiche, die unter internat. Konkurrenzdruck geraten, u. a. weil Öko-Dumping, geringere Umweltkosten, einigen Konkurrenten aus dem Süden einen Wettbewerbsvorteil verschafft. Dramatische Beschäftigungsprobleme sind die Folge. Die territoriale Entgrenzung ist folglich begleitet von nat. und sozialer Ausgrenzung bzw. Marginalisierung. Kritische Stimmen beschwören nicht zu Unrecht, daß unter dem Deckmantel der G. «der Sozialstaat demontiert, der Umweltschutz klein geschrieben und die Solidarität zwischen den Völkern zur Leerformel degradiert wird» (*H. Scherf* in: *Nuscheler* 2000: 253). Diese Besorgnisse mobilisieren immer mehr Gegner der G., die sich öffentlichkeitswirksam anläßlich von Weltkonferenzen internat. Organisationen Gehör verschaffen können. In der Tat droht die Entgrenzung der wirtschaftl. Prozesse die bestehenden sozialen Integrationsmechanismen zu überfordern und die demokratischen Kontrollverfahren auszuhebeln, die einen jeweils nur nat. Wirkungshorizont besitzen. Die Idee einer «kreativen Destruktion» (*J. Schumpeter*) stellt sich bislang nicht ein.

3. Allg. Überzeugung ist, daß die Lösung der angedeuteten globalen Probleme nicht den Marktkräften überantwortet bleiben kann, die teilweise ursächlich für ihr Aufkommen oder ihre Verschärfung sind. Nationalstaatl. Politiken greifen gerade wegen der charakteristischen grenzenüberschreitenden Merkmale der G. zu kurz. Durch die globalen Folgeprobleme ungezügelter G. entsteht vielmehr ein Handlungsbedarf jenseits der Nationalstaaten (vgl. *Zürn* 1998), für den es bislang nicht nur an demokratischen Institutionen fehlt, sondern auch an überzeugenden und konsensträchtigen Entwürfen. Einzelstaatl. polit. Modelle lassen sich nicht ohne weiteres auf die globale Ebene übertragen (vgl. *Held* 1996). Der staatstheoretische Globalismus, der einem homogenen Weltstaat huldigt, ist ebenso zu verwerfen wie die Gegenposition, ein jede Weltstaatlichkeit ablehnender → Kommunitarismus. *O. Höffe* (1999) schlägt deshalb einen vermittelnden Weg einer demokratischen Rahmenordnung vor, die «subsidiäre und föderale Weltrepublik». Sie versteht sich komplementär zu den nationalstaatl. Demokratien, so daß nichts von dem bisher erreichten Maß an Demokratie und Rechtsstaatlichkeit aufgegeben wird. Entwurf und Einrichtung demokratischer Institutionen für den Umgang mit G. werden zu Recht von einigen Autoren als eine der gegenwärtig größten intellektuellen Herausforderungen der Welt empfunden. *F. Nuscheler* (2001) u. a. propagieren → *Global governance*, um die Lücke zwischen globaler Problementwicklung und kollektiver globaler Handlungsfähigkeit zu schließen.

Lit.: *Albert, M.* u. a.: Die Neue Weltwirtschaft, Ffm. *Altvater, E./Mahnkopf, B.* [4]1999: Grenzen der Globalisierung, Münster. *Beck, U.* 1997: Was ist Globalisierung, Ffm. *Beck, U.* 1998: Politik der Globalisierung, Ffm. *Die Gruppe von Lissabon 1997*: Grenzen des Wettbewerbs, Bonn. *Friedman, Th. L. 1999: Globalisierung verstehen*, Bln. *Held, D.* [2]1996: Models of Democracy, Stanford. *Habermas, J.* 1998: Die postnationale Konstellation, Ffm. *Herkommer, S.* (Hrsg.) 1999: Soziale Ausgrenzungen, Hamb. *Menzel, U.* 1998: Globalisierung versus Fragmentierung, Ffm. *Höffe, O.* 1999: Demokratie im Zeitalter der Globalisierung, Mchn. *Messner, D.* (Hrsg.) 1998: Die Zukunft des Staates und der Politik, Bonn. *Nuscheler, F.* (Hrsg.) 2000: Entwicklung und Frieden im 21. Jahrhundert, Bonn. *Nuscheler, F.* 2001: Dimensionen und Folgen der Globalisierung, in: *Bundesakademie für Sicherheitspolitik* (Hrsg.): Sicherheitspolitik in neuen Dimensionen, Hamb. u.a: 415–435. *Schäfer, H.B.* (Hrsg.): Die Entwicklungsländer im Zeitalter der Globalisierung, Bln. *Scholz, F.* 2000: die Perspektiven des «Südens» im Zeitalter der Globalisierung, in: Geographische Rundschau 88 (1), 1–20. *Touraine, A.* 2001: Globalisierung, in: *Loch, D./Heitmeyer, W.* (Hrsg.): Schattenseiten der Globalisierung, Ffm., 41–64. *Wurzer, J.* 2000: Atemlos. Die virtuelle Welt des Internet-Kapitalismus, Stg./Mchn. *Zürn, M.* 1998: Regieren jenseits des Nationalstaats, Ffm.

Dieter Nohlen

Globalmodelle, gedanklich konstruierte und gezielt vereinfachende Nachbildungen grundlegender Merkmale und Zusammenhänge des als Gesamtheit betrachteten Original-«Globus».

Mit dem Ziel der Beschreibung, → Erklärung und v.a. der Prognose werden ausgewählte globale Prozesse (z.B. die Entwicklung der Bev., des Rohstoffverbrauchs, von Umweltbedingungen usw.) abgebildet und zwischen diesen Interdependenzen postuliert bzw. – meist mit Hilfe von Computersimulationen – analysiert. Dieser Vorgehensweise liegt die Annahme zugrunde, daß aufgrund realer weltweiter Interdependenzen nur G. adäquate Analysen liefern können. Zu den bekannteren G. gehören das *Meadowsche* Welt-3-Modell, das *Leontief*-Modell der UN und das Berliner GLOBUS-Modell. U.a. aufgrund steigender Verfügbarkeit statistischer Daten wurden die G. immer detaillierter und komplexer. Trotz vielfältiger Kritik an den existierenden G. erscheinen angesichts der anhaltenden → Globalisierung G., die empirisch fundierte Trendanalysen liefern können, wünschenswert.

Lit.: *Bremer, S.A.* 1987: The GLOBUS-Model – Computer Simulation of Worldwide Political and Economic Development, Ffm./Boulder. *Bremer, S.A.* 1980: Weltmodellstudien. Wachstumsprobleme und Lösungsmöglichkeiten, Königstein. *Eberwein, W.D.* 1990: Globale Trends und Strukturbrüche, Weltmodelle als Forschungsinstrumente Berlin: WZB. *Leontief, W.* u.a. 1977: Die Zukunft der Weltwirtschaft. Bericht der Vereinten Nationen, Stg. *Meadows, D.* u.a. 1973: Die Grenzen des Wachstums. Bericht des Club of Rome zur Lage der Menschheit, Rbk.

Marianne Beisheim

Globalsteuerung, ein an *J.M. Keynes* orientiertes Konzept der Konjunkturpolitik (→ Konjunktur), das auf die staatl. Steuerung der gesamtwirtschaftl. – «globalen» – Makrogrößen ausgerichtet ist, während die Mikroentscheidungen dem → Markt und dem einzelwirtschaftl. Wettbewerb überlassen bleiben.

In der BRD war der frühere Wirtschaftsminister *K. Schiller* einer der wichtigsten Protagonisten der G., die im 1967 verabschiedeten Stabilitäts- und Wachstumsgesetz ihren prägnanten polit. Ausdruck gefunden hat. Die inzwischen vorliegenden Erfahrungen haben auch bei den Befürwortern zu einer vorsichtigeren Einschätzung der Möglichkeiten der G. geführt. Insbes. gilt eine Feinsteuerung innerhalb der → Marktwirtschaft als unrealistisch und wird statt dessen eine mittelfristige Verstetigung der Konjunktur angestrebt.

→ Keynesianismus; Magisches Vieleck.
Lit.: → Konjunktur/Konjunkturpolitik.

Uwe Andersen

Goal attainment, im → AGIL-Schema von *T. Parsons* der Quadrant der Zielerreichung, gesamtgesellschaftlich die funktionale Spezifikation des → Politischen Systems einer Gesellschaft, unterstützt durch das Medium für legitim gehaltener → Macht als Steuerungssprache oder fundamentaler Zusatzcode.

Hauptaufgabe des polit. Systems ist die Herstellung allgemeinverbindlicher Entscheidungen zur Lösung öff. Probleme. *G. a.* meint auch die Spezifikation des Spielraumes möglicher Ereignisse und eine verbindliche Ressourcen- und Wertezuteilung. Zur Zielerreichung ist daher unter chronischen Knappheitsbedingungen insbes. auch die Zielselektion (*goal selection*) seitens des → Polit.-administrativen Systems zu rechnen, wozu die Nicht-Entscheidungen (→ *Non decisions*) gehören, die bestimmte Themen ausgrenzen und diese aus Gründen des Machtkalküls nicht als Diskussions- und Entscheidungsthemen (→ *Issues*) zulassen wollen, so daß der Gegendruck einer kritischen Öff. benötigt wird, um die polit. → Agenda entspr. zu erweitern.

→ Funktion/Funktionalismus; Systemtheorie.

Lit.: → AGIL-Schema.

Arno Waschkuhn

Goodman-Kruskal's Korrelationskoeffizient → Korrelationsrechnung

Goods → Gut/Güter

Governance (von mlat. *gubernantia* = Steuerung, Leitung), aus dem Engl. übernommener, vieldeutiger Begriff, für den es keine dt. Entsprechung gibt. Er bedeutet Regierung *und* → Regieren, aber auch Regeln, Regulierungsmechanismen, Ordnung, → Herrschaft, nicht allein in Staat und Politik, sondern ganz generell überall dort, wo in der Gesellschaft individuelle Interaktionen und soziale Transaktionen systematischen Handlungsmustern, festen Regeln, Ordnungen folgen.

1. Der breite Begriffsinhalt von *g.* erschließt sich am ehesten in Abgrenzung zum Begriff *government* = Regierung(system). Meint *government* insbes. die (a) formelle, durch Verfassung, Recht und Gesetz definierte Dimension von Politik sowie die (b) Institutionen des Regierens, die mit dem (c) staatl. Machtmonopol zum Zwecke der Durchsetzung rechtmäßiger polit. Entscheidungen ausgestattet sind, so schließt *g.* auch die (a) informellen Regelungen und (b) nicht-institutionalisierten Formen des Regierens ein, die «von Menschen vereinbart oder als im eigenen Interesse angesehen werden» (*Commission on Global Governance* 1995). *G.* weist (c) eine normative Dimension auf; die *g.* eines polit. Systems hängt ab von Ordnungsvorstellungen, auf die man sich gemeinsam verständigt hat oder denen man zumindest folgt, unabhängig davon, ob sie formal beschlossenen Verfassungen oder Rechtsetzungen entstammen, ob sie ihre Akzeptanz institutioneller Durchsetzungsmacht verdanken oder nicht.

2. Politikwiss. spielt der Begriff der *g.* eine Rolle insbes. auf dem Felde der → Internationalen Beziehungen; er ist dort dem Begriff des → Regime/der Regimeanalyse eng verwandt und erfaßt die Mechanismen und Ordnungsmuster, die im internat. System transnat. Kooperation, labile Gleichgewichte, Stabilität usw. sicherstellen (mit wie ohne formalisierte und fest institutionalisierte Organisationen und Vertragssysteme), erlaubt die Berücksichtigung der → NGOs und anderer transnat. Akteure bzw. → Netzwerke und kommt damit den Prozessen des «Regierens ohne Regierung» (*Rosenau/Czempiel* 1995) auf die Spur. Der Begriff gewinnt aber auch für das Verständnis innenpolit. Prozesse an Bedeutung, da auch dort die polit. Institutionen und ihre Entscheidungsträger zunehmend an Handlungsautonomie verlieren und → Politische Steuerung auf die Kooperation der polit. wie der gesellschaftl. Akteure in Netzwerken und → Verhandlungssystemen angewiesen ist (→ Regierbarkeit).

Lit.: *Campbell, J. L.* u. a. (Hrsg.) 1991: Governance of the American Economy, Camb.

Commission on Global Governance (Hrsg.) 1995: Nachbarn in einer Welt, Bonn. *Keohane, R. O.* 2001: Governance in a Partially Globalized World, in: APSR 95 (1), 1–13. *Messner, D./Nuscheler, F.* 1996: Gobal Governance. Organisationselemente und Säulen einer Weltordnungspolitik, in: *dies.* (Hrsg.): Weltkonferenzen und Weltberichte, Bonn, 12–36. *Paolini, A. J.* (Hrsg.) 1998: Between Sovereignty and Global Governance: The United Nations, the State and Civil Society, Basingstoke. *Rhodes, R. A. W.* 1997: Understanding Governance: Policy Networks, Governance, Reflexivity and Accountability, Buckingham. *Rosenau, J. N./Czempiel, E.-O.* ²1995: Governance without Government: Order and Change in World Politics, NY (zuerst 1992). *Zürn, M.* 1998: Regieren jenseits des Nationalstaates, Ffm.

Rainer-Olaf Schultze

Grand theory → Theorie

Grenze(n), im völkerrechtlichen Sinne Linie(n) zur Unterscheidung staatl. Hoheitsräume bzw. zur Trennung zwischen → Staatsgebiet und staatsfreiem Raum. Grundlegend ist die Dualität der G. als Linie und Zone.

Zu Zeiten der Kultivierung unbesiedelter Gebiete überwog der zonale Aspekt der G. (i. S. von *frontier*) als Vorhut eines entstehenden Gemeinwesens. Mit Voranschreiten des Staatenbildungsprozesses (→ *Nationbuilding*) wurde die Komplementärfunktion der G. als Linie dominanter: Als äußerer Rand des Staatsgebietes diente die G. der Markierung staatl. → Macht. Im Zeitalter → Transnationaler Politik wird wiederum verstärkt der zonale Charakter der G. sichtbar, die sich von einer undurchlässigen Linie stufenweise zu einer Kontaktzone entwickelt hat, die grenzüberschreitende → Kooperation zuläßt. Der funktionale Charakter der G. als administrative, fiskalische, juristische, kulturelle, ideologische oder wirtschaftl. G. ist insbes. von der Soziologie thematisiert worden, die horizontale (räumliche) und vertikale (nicht-räumliche) G. unterscheidet. Angesichts regionaler und supranat. Kooperationsstrukturen wird heute vielfach vom Bedeutungsverlust von Staatsgrenzen bzw. von deren Entpolitisierung gesprochen, was jedoch als ambivalent einzustufen ist. Einerseits relativiert transnat. Politik das Prinzip der → Territorialität, andererseits ist die Brisanz von G. im Zeichen zeitgenössischer Nationalismen unverkennbar.

→ Globalisierung; Internationales Recht; Nationalismus; Transnationale Politik.

Lit.: *Kristof, L. K. D.* 1959: The Nature of Frontiers and Boundaries, in: Annals of the Association of American Geographers 49, 3. *Gallusser, W. A.* (Hrsg.) 1994: Political Boundaries and Coexistence, Bern. *Ratner, S. R.* 1996: Drawing a Better Line: Uti possidetis and the Borders of New States, in: American Journal of International Law 90, 4, 590–624. *Strassoldo, R.* 1977: The Study of Boundaries: A Systems-Oriented, Multidisciplinary, Bibliographical Essay, in: The Jerusalem Journal of International Relations 2, 3, 81–107.

Ulrike Rausch

Grenznutzen, von der sog. Grenznutzenschule geprägter Begriff. Unter dem G. eines → Gutes versteht man den Nutzen, den die jeweils letzte konsumierte Einheit dieses Gutes stiftet.

Wird der Nutzen eines Gutes für einen Konsumenten durch seine Nutzenfunktion dargestellt, so entspr. der G. mathematisch der ersten Ableitung der Nutzenfunktion. Die Grenznutzenschule ging davon aus, daß der G. eines Gutes mit steigender Konsummenge abnimmt (Erstes *Gossen'sches* Gesetz), wobei Teilbarkeit des Gutes und stufenweise Sättigung des Bedürfnisses vorausgesetzt wird. Im Ggs. zur objektiven Arbeitswertlehre ist der G. eines Gutes ein subjektiver Wertbegriff; eine Objektivierung erfährt der G. über den → Markt als Nachfragepreis. Der Begriff läßt sich auf alle nutzenstiftenden Güter und Handlungen anwenden und damit auch auf die Politik und insbes. für die Analyse der Handlungen polit. → Akteure. *R. Inglehart* (1991) hat z. B. den Rückgang klassengebundenen → Wählerverhaltens und den → Wertewandel zu postmaterialistischen Einstellungen (→ Neue Politik) mit dem abnehmenden G. ökon. Bedürfnisse und Werte erklärt.

→ Marktwirtschaft; Neo-Klassik/Neo-klassische Theorie.

Lit.: *Inglehart, R.* 1991: Kultureller Umbruch. Wertwandel in der westlichen Welt, Ffm. u. a. *Jehle, G. A.* 1991: Advanced Microeconomic Theory, Englewood Cliffs. *Varian, H. R.* 1992: Mikroeconomic Analysis, NY. *Woll, A.* 1992: Wirtschaftspolitik, Mchn.

Katharina Holzinger

Große Anfrage → Interpellation

Grounded theory → Qualitative Politikforschung

Gültigkeit → Validität

Grundbedürfnisse, Konzept im Bereich von → Entwicklung und → Entwicklungspolitik. G. umfassen zwei wesentliche Komponenten: (1) die Gewährleistung der Mindestausstattung einer Familie mit Gütern des priv. Verbrauchs: ausreichende Ernährung, Wohnung und Kleidung, bestimmte Haushaltsgeräte und Möbel; (2) die Bereitstellung elementarer öff. Dienstleistungen, wie Trinkwasser, sanitäre Anlagen, Transportmittel, Gesundheits- und Bildungseinrichtungen.

Zielgruppen an G. orientierter Entwicklungsstrategien sind diejenigen Personen einer Bev., deren individueller und/oder gruppenspezifischer Konsum priv. und/oder öff. Grundbedarfsgüter einen absoluten oder relativen Standard nicht erreicht. Eine solche Zielbestimmung von G. führt zu einer Reihe von integralen Bestandteilen des Konzepts selbst: (1) Die Struktur des wirtschaftl. Wachstums muß mit der Befriedigung der G. der Armen in Einklang gebracht werden. (2) Vorrang bei der Produktion haben → Güter und Dienstleistungen, die der armen Bev. zugänglich gemacht werden können. (3) Der armen Bev. muß der Zugang zu den Produktionsmitteln geöffnet werden, da produktive Beschäftigung ihnen Einkommen bietet sowie die Möglichkeit, für ihren Lebensunterhalt selbst Sorge zu tragen (→ *Self reliance*). (4) Beschäftigung verschafft dem einzelnen auch das Gefühl der Selbstachtung und die Chance der Selbstverwirklichung. (5) An G. orientierte Entwicklungsstrategien erfordern die Beteiligung der Bev. an Entscheidungen, die die eigenen Lebens- und Arbeitsbedingungen betreffen. G. können unterschieden werden in → Bedürfnisse, deren Befriedigung ein objektivierbares Existenzminimum ermöglicht (*first floor needs*) und weiterreichende Bedürfnisse zu Gewährleistung sozialen und mentalen Wohlbefindens (*second floor needs*), wie z. B. Bildung, soziale Sicherheit, kulturelle → Identität.

→ Entwicklungsindikatoren.

Lit.: *Streeten, P.* u. a. (Hrsg.) 1981: First Things First. Meeting Basic Human Needs in Developing Countries, Ox.

Dieter Nohlen

Grundgesamtheit, Bezeichnung für die Gesamtheit aller Untersuchungsobjekte (meist Personen, aber auch Regionen oder Staaten), aus der mittels eines → Auswahlverfahrens eine Stichprobe (→ *Sample*) gezogen und untersucht wird.

Die Ergebnisse der Stichprobenuntersuchung gelten als repräsentativ für die Grundgesamtheit. In seltenen Fällen wird G. vollständig untersucht (Totalerhebung). Bei Individualdatenerhebungen ergibt sich das Problem, die G. exakt zu ermitteln. Meist wird dazu auf Daten der amtl. Statistik zurückgegriffen.

→ Demoskopie; Empirische Sozialforschung; Statistik.

Rainer-Olaf Schultze

Grundmandatsklausel → Sperrklausel

Grundrechte, bezeichnet als Sammel- und Oberbegriff → Menschenrechte (Rechte, die allen Menschen zustehen) und Bürgerrechte (bes. Rechte, die nur Staatsangehörigen zustehen, → Bürgerrechte); teilweise sind mit G. nur die in einer Verfassung kodifizierten Menschen- und Bürgerrechte gemeint; entspr. auch in D die im GG verankerten Menschen- und Bürgerrechte.

1. In geschichtl. Perspektive sind G. das Ergebnis des bürgerlich-liberalen Aufbegehrens gegen → Feudalismus und → Absolutismus. Gestützt auf naturrechtliche Vorstellungen von einer angeborenen Freiheitssphäre des Menschen forderte das aufstrebende → Bürgertum in der Epoche der → Aufklärung die Begrenzung obrigkeitlicher Willkür durch individuelle Freiheitsgarantien und polit. Mitwirkungsmöglichkeiten. Wichtige Voraussetzungen wurden bereits im Mittelalter geschaffen. So gelang der engl. → Aristokratie mit der «Magna Charta libertatum» (1215) erstmals die rechtlich fixierte Einschränkung der königlichen Willkürherrschaft. Durch weitere Herrschaftsverträge (z. B. → *Habeas-corpus*-Akte von 1679; → *Bill of Rights* von 1689) entwickelte sich dieser Prozeß kontinuierlich fort. Da es sich i. d. R. nur um einzelne Zusagen handelte, die nicht dem einzelnen als Individuum, sondern den Ständen korporativ erteilt wurden, können diese Freiheitsgewährungen allerdings noch nicht als G. i. e. S. gelten. G. als individualrechtliche, im Verfassungstext positivierte Menschenrechte schreibt erstmals die «Bill of Rights» von Virginia (1776) fest. Unter ihrem Einfluß wurde in der Französischen Revolution 1789 die für die Entwicklung der G. auf dem europ. Kontinent richtungsweisende Erklärung der Menschen- und Bürgerrechte proklamiert. Beide Dokumente verankern die klassischen Freiheits- und Gleichheitsrechte als angeborene und unveräußerliche G., die den einzelnen gegen staatl. Übergriffe schützen. In D enthielt erstmals die Paulskirchenverfassung von 1849 – mit der sich auch der Begriff G. im dt. Sprachraum durchsetzte – einen umfassenden Grundrechtskatalog. Nach dem Scheitern der Paulskirche kodifizierte erst wieder die Weimarer Reichsverfassung von 1919 einen Grundrechtskatalog, der neben den klassischen Individualgrundrechten auch Grundpflichten, soziale G. und kulturpolit. Ziele enthielt. Diese neue Kombination ergab sich aus einem veränderten Verständnis, das den klassischen G. im demokratischen Staat nicht mehr die Bedeutung zumaß, die sie im Obrigkeitsstaat besessen hatten. Als einklagbare Rechte waren daher selbst die alten Individualgrundrechte nicht ausgestaltet. Mit der völkischen Ideologie des → Nationalsozialismus waren G. als Schutz eines individuellen, vor staatl. Übergriffen geschützten Bereichs nicht vereinbar und wurden schnell außer Kraft gesetzt.

2. Dem GG der BRD sind in den Art. 1–19 umfassende Grundrechtsgarantien vorangestellt. Im Ggs. zur Weimarer Reichsverfassung binden die G. Gesetzgebung, vollziehende Gewalt und Rechtsprechung als unmittelbar geltendes Recht (Art. 1). Der Grundrechtskatalog enthält den Schutz des Lebens, den Gleichheitssatz, die liberalen Freiheitsrechte und den Schutz bestimmter Rechtsinstitute wie der Ehe, der Elternschaft, des Eigentums und des Schulwesens und beschränkt sich damit überwiegend auf die klassischen Grundrechte.

3. Die G. des GG gewährleisten nicht nur subjektive Abwehr- und Mitwirkungsrechte des Individuums, sondern konstituieren zugleich eine oberste Werteordnung. Der Staat ist daher nicht nur verpflichtet, Eingriffe in den grundrechtlich geschützten Bereich zu unterlassen, sondern muß darüber hinaus für die Verwirklichung der G. Sorge tragen. Die Rechtsprechung des Bundesverfassungsgerichts hat entscheidend zum Ausbau des Schutzes der G. beigetragen, so daß nach heutiger Einschätzung das gesamte Recht, einschl. des Organisations- und Verfahrensrechts von den G. beeinflußt wird. Die Frage, ob die G. auch priv. Adressaten, etwa die Inhaber wirtschaftl. und sozialer Macht unmittelbar verpflichten, wird überwiegend verneint. Das Bundesverfassungsgericht geht allerdings davon aus, daß die G. hier mittelbaren Einfluß ausüben, da sie bei der Auslegung des anzuwendenden Privatrechts zu berücksichtigen sind (mittelbare Drittwirkung).

4. Wichtige G. des GG sind vom Verfassungsgeber umfassend abgesichert worden. Die «Ewigkeitsgarantie» des Art. 79 III GG verbietet Änderungen des GG, die die in Art. 1 und 20 festgelegten Prinzipien der → Demokratie, des → Rechtsstaats, → Sozialstaats und des → Föderalismus betreffen. In keinem Fall darf ein G. in seinem Wesensgehalt angetastet werden (Art. 19 II). Art. 18 sieht die Möglichkeit der Verwirkung von G. bei ihrem Mißbrauch zum Kampf gegen die freiheitliche demokratische Grundordnung vor (→ FDGO). Das GG hält jedem Bürger, der sich durch die öff. Gewalt in seinen Rechten verletzt fühlt, den Rechtsweg offen (Art. 19 IV). In letzter Verantwortung obliegt der gerichtliche Grundrechtsschutz dem Bundeverfassungsgericht (→ Verfassungsgerichtsbarkeit).

5. Die Freiheit der Bürger hängt zunehmend nicht nur von der Abwehr staatl. Eingriffe und der Gewährung polit. Rechte, sondern verstärkt von sozialstaatl. Sicherung und Umverteilung ab (→ Wohlfahrtsstaat). Häufig wird daher die Aufnahme sozialer G. in das GG gefordert, die die Grundlagen individueller menschlicher Existenz gewährleisten sollen. In vorwiegend über priv. Initiative und Markt geregelten Gesellschaften können soziale G. jedoch nicht wie die klassischen G. individuell eingeklagt werden, sondern enthalten lediglich polit.-programmatischen Charakter. Sie unterscheiden sich daher kaum von Staatszielbestimmungen. In die Verfassungen der ostdt. Länder sind zahlreiche soziale G. bzw. Staatszielbestimmungen aufgenommen worden. Die Gemeinsame Verfassungskommission, die im Zuge der dt. Einigung über Verfassungsänderungen zu beraten hatte, konnte sich lediglich darauf einigen, den Umweltschutz als neue Staatszielbestimmung in das GG einzufügen und die → Gleichberechtigung von Frau und Mann ausdrücklich als Staatsziel zu formulieren.

Lit.: *Gallwas, H.-U.* 1985: Grundrechte, Ffm. *Heidelmeyer, W.* (Hrsg.) 1982: Die Menschenrechte, Paderborn. *Hesse, K.* [2]1995: Bedeutung der Grundrechte, in: *Benda E.* u. a. (Hrsg.): Hdb. des Verfassungsrechts der BRD, Bln./NY, 127–160. *Kleinheyer, G.* 1975: Grundrechte, in: *Brunner, O.* u. a. (Hrsg.): Geschichtliche Grundbegriffe, Stg., 1047–1081. *Kühnhardt, L.* 1987: Die Universalität der Menschenrechte, Bln. *Luhmann, N.* 1965: Grundrechte als Institution, Bln. *Marshall, T.* 1992: Bürgerrechte und soziale Klassen, Ffm./NY (engl. zuerst 1950).

Kristin Bergmann

Grundsteuer → Steuern

Gruppenfehlschluß → Ökologischer Fehlschluß

Guerilla → Befreiungsbewegungen

Gut/Güter, ganz allg. sind Güter (Gü.) Dinge und Zustände, die Menschen wertschätzen, nach denen sie streben, die sie begehren. Inhaltlich kann Gut (G.) eine strikt materielle Bedeutung annehmen (Rohstoffe, Produktionsmittel, Einkommen, Wohlfahrtsleistungen), auf immaterielle Gü. wie Sicherheit, Kultur, Bildung bezogen sein und ideelle Werte wie → Frieden, → Freiheit, → Gerechtigkeit meinen. Die Bewertung von Gü. erfolgt entspr. ihrer instrumentellen Nützlichkeit und/oder ihres normativen Gehalts.

1. Das moderne Güterverständnis ist im Ggs. zur teleologischen bzw. göttlichen Güterordnung der Antike und des Mittelalters individualistisch und relativistisch. Der → Wert eines G. bemißt sich an der Nützlichkeit für die individuelle Lebensgestaltung und äußert sich in subjektiven Präferenzen. Rationale Erwägungen wie subjektive Empfindungen des Individuums bestimmen die Auffassungen dessen, was für jemanden ein G. ist. Das → Gemeinwohl ist in Ermangelung einer verbindlichen, auf ein höchstes G. ausgerichteten Güterordnung jeweils nur *a posteriori* feststellbar. Allerdings zeigt die Kritik des → Kommunitarismus erneut, daß der dafür notwendige polit. Prozeß die übergreifende Vorstellung eines *common good* erfordet.

Hypergüter (*C. Taylor*; → Freiheit; → Gerechtigkeit usw.) oder gesellschaftl. Grundgüter (*J. Rawls*; individuelle Freiheit- und polit. Mitbestimmungsrechte, Einkommen, Selbstachtung) können als Bedingung der Möglichkeit individueller → Autonomie und subjektiver Güterpräferenzen als übergeordnet, weil im gleichmäßigen Interesse jedes einzelnen liegend, einen höheren Grad der Allgemeinverbindlichkeit beanspruchen.

2. Im Bereich der → Wirtschafts- und → Finanzpolitik sind Gü. als Waren und Dienstleistungen definiert. Zu unterscheiden ist nach → Privaten, → Meritorischen und → Öffentlichen Gütern. Im Ggs. zu priv. sind öff. Gü. vom Staat im Rahmen eines polit. Prozesses bereitzustellen (d. h. nicht, daß sie auch öff. produziert werden müssen). Denn obwohl ein individuell empfundener Bedarf vorhanden ist, garantiert der Marktmechanismus keine optimale Versorgung, weil (a) der Konsum öff. Gü. nicht rivalisiert, d. h. ihr Wert durch weitere Konsumenten nicht geschmälert wird, und (b) ein Nutzungsausschluß ineffizient bzw. unmöglich ist.

→ Grundbedürfnisse; Markt; Marktwirtschaft; Neue Politische Ökonomie; Pluralismus; Sozialpolitik; Wertewandel; Wohlfahrtsstaat.

Lit.: *Bernholz, P./Breyer* F. ³1993/94: Grundlagen der Polit. Ökonomie, 2 Bde., Tüb. *Herder-Dorneich, P.* 1992: Neue polit. Ökonomie, Baden-Baden. *Lehner, F.* 1981: Einführung in die Neue Polit. Ökonomie, Königstein/Ts. *Musgrave, R.* A. u. a. ⁵1990: Die öffentlichen Finanzen in Theorie und Praxis, Bd. 1., Tüb. *Rawls, J.* ¹¹2000: Eine Theorie der Gerechtigkeit, Ffm. (engl. 1971). *H. Reiner* u. a. 1974: Gut, das Gute, das Gut, in: *Ritter, J.* (Hrsg.): Historisches Wörterbuch der Philosophie, Bd. 3: G-H, Basel u. a., 937–972. *Taylor, C.* 1994: Die Quellen des Selbst. Die Entstehung der neuzeitlichen Identität, Ffm. (engl. 1989).

Günter Rieger

Gütekriterien → Reliabilität, Validität

Guttman-Skala → Skalierung

Habeas corpus (lat. «du sollst einen Körper haben»), bezeichnet das Recht von Verhafteten, innerhalb einer bestimmten Frist einem Richter vorgeführt zu werden, um willkürliche Festnahmen zu verhindern. Ein Antrag auf *h. c.* kann vom Betroffenen selber oder von Dritten gestellt werden und ist nicht ausschließlich auf Gefangennahme beschränkt, sondern deckt auch andere Einschränkungen der physischen Bewegungsfreiheit ab.

Die *h. c.*-Akte wurde 1679 vom engl. Parlament durchgesetzt. In ihr ist auch festgelegt, daß kein Einwohner Englands zur Einkerkerung außer Landes gebracht werden darf. Gemeinsam mit der → *Magna Charta* (1215), der *Petition of Rights* (1628) und der → *Bill of Rights* (1689) wird die *h. c.*-Akte als wichtiger Schritt zur verfassungsmäßigen Garantie von individuellen → Grundrechten gesehen.

→ Menschenrechte; Rechtsstaat.

Lit.: *Duker, W. F.* 1980: A Constitutional History of Habeas Corpus, Westport/L. *Sharpe, R. J.* ²1989: The Law of Habeas Corpus, Ox.

Kristin Bergmann

Habeas data, individuelles Recht, vor Gericht gegenüber priv. oder staatl. Stellen Auskunft über die dort gespeicherten persönlichen Daten und ggf. deren Korrektur zu verlangen.

H. d. wurde in Lateinamerika seit Ende der 1980er Jahre in verschiedenen Staaten analog zu Recht auf → *Habeas corpus* eingeführt. Es kann nur vom Betroffenen selber in Anspruch genommen werden.

H. d. steht für einen dritten Weg beim → Datenschutz, da es anders als in Europa auf zusätzliche Institutionen zur Überwachung verzichtet, andererseits aber auch nicht wie in den USA vollständig auf die Selbstregulierungskräfte des Marktes setzt. Neben seiner Funktion als Schutzmechanismus erwies sich *h. d.* als hilfreich, staatl. Stellen zur Herausgabe von Informationen über die Verletzung von → Menschenrechten während der Zeit der → Autoritären Regime zu zwingen.

Lit.: *Guadamuz, A.* 2000: Habeas Data: The Latin-American Response to Data Protection, in: The Journal of Information, Law and Technology 2, <http://elj.warwick.ac.uk/jilt/00-2/guadamuz.html>

Kristin Bergmann/Matthias Catón

Halo-Effekt → Methodenprobleme in der Empirischen Sozialforschung

Handelsbilanz → Außenhandel/Außenhandelspolitik

Handelshemmnisse, allg. Bezeichnung für alle Arten von staatl. Maßnahmen, die Ausmaß, Struktur oder Richtung internat. Handelsströme i. S. einer Beschränkung des internat. → Freihandels beeinflussen. Werden sie als Instrumente der → Handelspolitik verwendet, zielen H. darauf ab, die internat. Wettbewerbsfähigkeit inländischer Produzenten zu erhöhen bzw. ausländische Konkurrenten vom heimischen Markt fernzuhalten.

Generell ist zwischen tarifären H. (Zöllen) und nicht-tarifären H. zu unterscheiden. Bei der zweiten Gruppe kann zusätzlich zwischen preisbezogenen, mengenbezogenen und administrativen Maßnahmen differenziert werden. Direkt preiswirksam sind z. B. Abschöpfungen oder Exportsubventionen. Ein- und Ausfuhrkontigente (Quoten) gehören dagegen zu den mengenbezogenen nicht-tarifären Handelshemmnissen. Beispiele für administrative nicht-tarifäre H. sind technische Normen oder Prüfverfahren oder die Bevorzugung inländischer Produzenten bei der staatl. Beschaffungspolitik. Auch Umwelt- und Verbraucherschutzbestimmungen o. ä. werden z. T. als H. aufgefaßt, obwohl hier die handelsrelevanten Wirkungen teilweise als nicht-intendierte Nebeneffekte der administrativen Maßnahmen auftreten. Handelsorganisationen wie z. B. die World Trade Organization (WTO) haben den Abbau von H. zum Ziel.

→ Außenhandel; Außenwirtschaft; Handelspolitik.

Lit.: *Donges, J.* 1988: Nicht-tarifäre Handelshemmnisse, in: Hdb. der Wirtschaftswissenschaften, Bd. 3, 784–791; → Handelspolitik.

Gregor Walter

Handelspolitik, als Teil der → Außenwirtschaftspolitik die Gesamtheit aller staatl. Maßnahmen, die die Ein- und Ausfuhr von Waren betreffen. Zu unterscheiden sind dabei die prozeßpolit. Maßnahmen der Beeinflussung des grenzüberschreitenden Warenverkehrs sowie das staatl. Vorgehen zur Beeinflussung der ordnungspolit. Rahmenbedingungen des internat. Handels.

Prozeßpolit. lassen sich v. a. preispolit. und mengenpolit. Instrumente unterscheiden, die sich als → Handelshemmnisse auffassen lassen. Preiswirkungen haben dabei insbes. Zölle, Exportsubventionen und Importabschöpfungen. Ein- und Ausfuhrkontingente (Quoten) gehören dagegen ebenso zu den mengenpolit. Maßnahmen wie z. B. die in den 1980er Jahren häufig verwendeten sog. freiwilligen Selbstbeschränkungsabkommen. Ordnungspolit. war die Zeit nach dem II. Weltkrieg insbes. durch den Aufbau eines den Grundsätzen des → Freihandels verpflichteten Welthandelssystems (GATT) bestimmt. Im Rahmen der Verhandlungsrunden des GATT konnte dabei sukzessiv der fast völlige Abbau der Zölle erreicht werden. Die in der zweiten Hälfte der 1970er Jahre einsetzende Welle des Neo-Protektionismus, der sich zumeist nicht-tarifärer Instrumente der H. bediente, konnte jedoch nicht verhindert werden. Abzuwarten bleibt, ob der erfolgreiche Abschluß der «Uruguay-Runde» der GATT-Verhandlungen und die damit verbundene Etablierung der World Trade Organization (WTO) einen erneuten Wandel der staatl. H. herbeiführen kann.

→ Protektionismus.

Lit.: *Bhagwati, J. N.* 1991: The World Trading System at Risk, NY. *Das, B. L.* 1999: The World Trade Organisation. A Guide to the Framework of International Trade, L./NY. *Greenaway, D.* 1990: International Trade Policy: From Tariffs to the New Protectionism, Basingstoke. *Grimwade, M.* 1996: International Trade Policy, L./NY. *Hauser, H./Schanz, K.-U.* 1994: Das neue GATT. Die Welthandelsordnung nach Abschluß der Uruguay-Runde, Mchn. *Sander, H./Inotai, A.* (Hrsg.) 1996: World Trade after the Uruguay-Round, L. *Scholt, J.* (Hrsg.) 2000: The WTO after Seattle, Washington, D.C. *Senti, R.* 1994: GATT – WTO. Die neue Handelsordnung nach der Uruguay-Runde, Zürich.

Gregor Walter

Handlung, sozialwiss. Grundbegriff, der i. w. S. «die Transformation einer Situation in eine andere» bezeichnet (*v. Kempski* 1964: 297), i. e. S. polit.-soziologisch die absichtsvolle, zweckorientierte Veränderung eines gegebenen Zustandes.

Im ersten Verständnis liegt ein Weltbild zugrunde, das auf absolute oder monistische Prinzipien verzichtet, menschlichen H. und Aktivitäten Freiheiten zubilligt und damit eine prinzipielle Veränderbarkeit (und ggf. Verbesserungsfähigkeit) der Welt zuläßt. H. impliziert insofern immer ein Mindestmaß an Willensfreiheit und geht somit weit über strukturell determinierte Reaktionen oder biologische Reflexe hinaus. Im zweiten Verständnis sind zu unterscheiden individuelle und kollektive H., rationale (subjektiv zweckorientierte) H. (*Max Weber*) und logische bzw. nicht-logische H. (bei denen subjektive und objektive Rationalität übereinstimmen bzw. nicht übereinstimmen; *V. Pareto*).

→ Kollektives Handeln; Handlungstheorien.

Lit.: *Kempski, J. v.* 1964: Brechungen, Rbk.

Klaus Schubert

Handlungstheorien, sozialwiss. Erklärungsansätze, die im Laufe des 20. Jh. in der Soziologie, Anthropologie, Psychologie und den Wirtschaftswiss. entwickelt wurden. Sie stellen das intentionale und interpretative Verhalten von Akteuren, individuellen wie kollektiven, in den Mittelpunkt und leiten im Unterschied zu strukturalistischen oder systemtheoretischen Konzepten gesellschaftl. Phänomene in erster Linie aus den Intentionen, Situationsdefinitionen, Handlungen und Interaktionen von Akteuren her.

H. zählen damit zu den Verhaltenstheorien. Sie unterscheiden sich allerdings grundlegend von solchen Verhaltenstheorien, die Handeln direkt aus sozialen Strukturmerkmalen ableiten, ohne dabei den Umsetzungsprozeß von Sozialstruktur in Intention und von Intention in Handlung zu thematisieren. Ein Kausaldeterminismus, wie er z. B. in behavioralistischen *Stimulus-Response*-Modellen angelegt ist, wird abgelehnt (vgl. *Reimann* u. a. 1991): Handlungssituationen beinhalten immer ein Element der Wahlfreiheit, da die einzelnen Akteure Entscheidungen auf der Grundlage von Situationsinterpretationen und Präferenzen fällen. Intentionalerklärungen, die nach den Präferenzen der Akteure und ihren Annahmen über Sachverhalte in der Welt, also nach dem Sinn von Handlungen, fragen (*Føllesdal* u. a. 1986), bilden darum eine notwendige Ergänzung der ansonsten stark naturwiss.-kausal geprägten Sozialwissenschaft.

I. Handlungstheorien lassen sich in zwei große Gruppen einteilen: in Rationalitätsmodelle und in Interaktionsansätze.

1. Rationalitätsmodelle: Handlungstheoretiker sind grundsätzlich mit dem methodologischen Problem konfrontiert, den ihnen notwendig äußerlichen subjektiven Sinn, den die Akteure mit ihren Handlungen verbinden, «verstehen» und darüber hinaus die unendliche Vielfalt von Handlungsmotiven auf eine beschreibbare Komplexität reduzieren zu müssen. Um diesen Problemen zu begegnen, haben die Rationalitätsmodelle versucht, intersubjektiv verbindliche Kriterien für die Beschreibung der subjektiven Perspektive des Handelnden zu finden (*von Beyme* ³1997: 254–5).

(1) *Max Weber* plädierte bereits zu Anfang des 20. Jh. für das methodische Instrument der «Typenbildung». Er entwarf verschiedene Idealtypen «rationalen Handelns», die für den wiss. Beobachter «restlos und durchsichtig intellektuell» verständlich sein sollten (*Weber* 1972: 2). Obwohl *Weber* hervorhebt, daß unser Handeln fast immer eine Mischung dieser Typen ist, kommt der Zweckrationalität, also dem Handeln «nach Zweck, Mitteln und Nebenfolgen», in modernen Gesellschaften seiner Meinung nach die größte Bedeutung zu.

(2) Einen ähnlichen Rationalitätsbegriff verwenden die in den 1950er Jahren aus dem → Utilitarismus und der klassischen Ökonomie hervorgegangenen Ansätze der → Neuen Politischen Ökonomie (*Riker/Ordeshook* 1973; *Downs* 1968): Akteure versuchen, ihren Nutzen zu maximieren. Da hierbei notwendigerweise Zielkonflikte auftreten, legen Akteure ihre Präferenzen in einer Rangordnung fest, die unter Abwägung der Kosten und Nutzen alternativer Handlungsmöglichkeiten gebildet wird. Die Handlungsalternative, die den meisten Nutzen bei gleichzeitig den geringsten Kosten verspricht, wird den obersten Platz in der Präferenzordnung einnehmen und damit die Intention des Handelnden sein.

(3) In Studien der Organisationssoziologie (*Simon* 1954; *March/Simon* 1958) wurden diese Modellannahmen bereits kurze Zeit später abgeschwächt. Zwar sei es richtig, Akteuren zu unterstellen, daß sie Präferenzordnungen bilden. Alternativen würden aber nicht unter einem Maximierungsdiktat stehen, sondern bereits dann akzeptiert, wenn bestimmte Erwartungsniveaus erfüllt seien. Bis heute beschäftigen sich eine Reihe kognitiv-psychologischer, soziologischer und philosophischer Ansätze mit den Grenzen dieses Rationalitätsmodells unter dem Stichwort → *bounded rationality* (*Elster* 1979).

2. Interaktionsansätze versuchen, die subjektiven Kategorien des Handelns ernstzunehmen und nicht über Typen- oder Modellbildung, sondern über hermeneutische Methoden den subjektiven Sinn, den die Akteure ihren Handlungen beimessen, zu entschlüsseln. Untersuchungseinheit ist dabei allerdings nicht der einzelne Akteur wie in den Rationalitätsmodellen, sondern die Interaktionssituation.

Max Weber hatte in seiner Definition des sozialen Handelns (Handeln, «welches seinem von dem oder den Handelnden gemeinten Sinn nach auf das Verhalten anderer bezogen wird und daran in seinem Ablauf orientiert ist»; 1972: 1) bereits das Element der Interaktion für eine H. vorweggenommen. *Alfred Schütz*, der die phänomenologische Tradition *E. Husserls* fortsetzte, vertiefte diesen Aspekt ebenso wie *G. Simmel* (1922; *Schütz/Luckmann* 1984). Um den Sinn des Handelns verstehen zu können, bedürfe es der Beantwortung der Frage, wie sich Akteure überhaupt sinnvoll aufeinander beziehen können, wie «gemeinsamer Sinn» entsteht. Diese Frage wird in den 1920er Jahren von einer vom amerikan. → Pragmatismus ausgehenden anthropologischen Schule aufgegriffen (Symbolischer Interaktionismus; *Mead* 1934). Eine handlungstheoretische Version dieses Ansatzes wurde v.a. von *H. Blumer* (1969) in den 1960er Jahren entworfen: Soziale Organisation ist für ihn das Resultat von → Kommunikation. Kommunikation erscheint als die Fähigkeit der Individuen, gemeinsame Symbole zu schaffen, die in die Interaktion zwischen Menschen einfließen und zu dauernden Prozessen der Interpretation, Evaluation und Definition herausfordern. Erst in der Interaktion konstituiere sich so subjektiver Sinn. Eine klare → Kausalität von Struktur und Handlung könne es nicht geben, weil menschliches Handeln der fortlaufende Prozeß sich ändernder Situationsdefinitionen sei. «Verstehen» heißt in diesem Ansatz der fortwährende Versuch des Beobachters, die symbolischen Interaktionsprozesse aus der Sicht der Beteiligten interpretativ nachzuvollziehen.

In *T. Parsons'* H. (1951) ist Interaktion die Einbettung der Akteure in ein über Normen und Rollen reguliertes und stabilisiertes Handlungssystem. Durch seine im → Funktionalismus verhaftete Suche nach der Stabilität solcher Systeme wird Handlung dann allerdings wesentlich deterministischer konzipiert als im symbolischen Interaktionismus: Akteure erscheinen als personalisierte Rollenträger, deren Handlungsfreiheit stark eingeschränkt ist. Durch diese Ausblendung der Wahlfreiheit, die am Anfang seiner «voluntaristischen H.» noch weniger stark ausgeprägt war, kann man *Parsons'* Ansatz kaum noch als eine H. verstehen.

J. Habermas' Handlungstheorie schließlich knüpft ebenfalls an die Ideen des symbolischen Interaktionismus an, hebt in diesem Zusammenhang aber v. a. den Typus des kommunikativen Handelns hervor, der ein durchgängiges Motiv der Handelnden beschreibt, ihre Handlungspläne und damit ihre Handlungen einvernehmlich zu koordinieren (*Habermas* ³1999: 128).

II. Für die Politikwiss. hat die phänomenologisch/symbolisch-interaktionistische Tradition der H., außer in den Arbeiten von *J. Habermas,* der sie mit der Systemperspektive zu verknüpfen wußte, keine große Rolle gespielt. Als durchsetzungsfähiger haben sich allerdings die Varianten von H. erwiesen, die sich dem Rationalitätsmodell verschrieben haben.

1. Gelegentlich fand der Interaktionsansatz Eingang bei der Erforschung der Motivationen im Wählerverhalten (*Brand/Honolka* 1981) und der Akteure in neuen → Sozialen Bewegungen (*von Beyme* ³1997: 286–296). Die Bedeutung von Deutungsmustern für polit. Entscheidungen haben *M. Edelman* (1964) und auch *J. Hofman* (1993) hervorgehoben. Erkenntnisse aus der Handlungspraxis im Alltag hat *W. Patzelt* (1987) für die Politikwiss. fruchtbar gemacht.

2. Die größere Bedeutung des Rationalitätsmodells hat zweierlei Gründe: Es ermöglicht erstens ein dem naturwiss. Kausalitätsmodell fast analoges Argumentationsmuster, indem die Transformation von Struktur in kollektives Handeln in Form eines allg. Gesetzes, nämlich entw. als Maximierungs- oder den Umständen angemessenes Optimierungsprinzip, beschrieben werden kann, ohne daß dabei der Gesichtspunkt der Intentionalität wegfallen würde. Gleichzeitig wird hiermit ein von den methodischen Voraussetzungen her bes. sparsames Modell kombiniert, das deduktive Theoriebildung erlaubt. Zweitens konnte gezeigt werden, daß H. nicht rein individualistisch zu verfahren brauchen, sondern auch auf den für die Politikwiss. wichtigen Meso- und Makroebenen der Analyse einsetzbar sind. Die (neo)realistischen Ansätze in den Internationalen Beziehungen haben dies für den Handlungsakteur → Staat ebenso nachgewiesen (*Morgenthau* 1963; *Keohane* 1986) wie die auf *J. Colemans* Arbeiten über «korporative Akteure» aufbauenden Studien (1974; *Burns/Flam* 1987). Gemeinsam ist diesen Ansätzen, daß sie aggregierten Einheiten ebenso eindeutige Zielsetzungen unterstellen wie Individuen.

Handlungstheoretische Rationalitätsmodelle haben seit den 1950er Jahren in vielen politikwiss. Forschungsfeldern Eingang gefunden: z. B. in der Wahlforschung (*Downs* 1968); in Bürokratiemodellen (*Niskanen* 1971; *Dunleavy* 1991); bei der Koalitionsbildung in → Parteiensystemen (*Black* 1958; *Budge/Keman* 1990); bei der Diskussion von → Kollektivgüterproblematiken (*Olson* 1965; *Ostrom* 1990); in der normativen Verfassungsdiskussion (*Buchanan/Tullock* 1985); in der Transformationsforschung (*Przeworski* 1991); in spieltheoretischen Analysen zur Kooperation und zum Entscheidungsverhalten (*Axelrod* 1988; *Scharpf* 1987); in Studien zu Verhandlungsprozessen (*Benz* u. a. 1992) sowie in institutionalistisch ausgerichteten Analysen von Politikfeldern (*Levi* 1988; *North* 1990).

3. Gegenwärtig steht in handlungstheoretisch angeleiteten politikwiss. Diskussionen das Verhältnis der umweltbedingten Restriktionen der Akteure zu ihren Handlungsentscheidungen im Vordergrund. Die Diskussion kognitiv-rationaler Grenzen des Akteurhandelns anhand der *«bounded-rationality»*-Literatur gehört ebenso in diesen Zusammenhang wie die auch in der Interaktionstheorie hervorgehobene Bedeutung von eingeübten Verhaltensmustern und situativen Interpretationsrahmen (*Lindenberg* 1989; *Esser* 1990) oder Versuche der Verbindung von institutionalistischen und handlungstheoretischen Perspektiven (*Czada/Windhoff-Héritier* 1991).

Aus der Sicht des → Methodologischen Individualismus müßten alle politikwiss. Ansätze, wenn sie → Erklärungen und nicht nur Beschreibungen von Zusammenhängen zwischen Makrophänomenen sein oder bei apriorischen Annahmen über individuelles Verhalten stehenbleiben wollen, auf handlungstheoretische Elemente rekurrieren. «Eine statistische Regelmäßigkeit bleibt undurchsichtig und belanglos, sobald es nicht gelingt, sie auf die individuellen Handlungen zurückzuführen, aus denen sie sich ergibt» (*Boudon/Bourricaut* 1992: 195). Dieser Anspruch geht sicherlich zu weit. So ist man sich inzwischen weitgehend einig, daß Verhalten, gerade in organisierten Gesellschaften, häufig in Routinen, festen Entscheidungsregeln und institutionalisierten Erwartungshaltungen abläuft, die keine individuellen Entscheidungen verlangen, sondern gleichsam mechanisch ablaufen (die sog. *«logic of appropriateness»; March/Olsen* 1989). Ebenso wurde darauf hingewiesen, daß rationale Entscheidungen meistens nur in Situationen abverlangt werden, in denen tatsächlich substantielle Interessen der Akteure berührt werden (*Latsis* 1972). In vielen Fällen des polit. Handelns können wir also getrost auf eine Intentionalerklärung als Ergänzung von rein kausalorientierten Struktur- oder Verhaltenserklärungen verzichten. Brauchbar erscheinen H. in der Politikwiss. v.a. in vier Fällen: (1) Erfassung von Motivationen polit. Akteure, (2) Erfassung von Scheinzusammenhängen in statistischen Analysen, (3) Erklärung institutionellen Wandels, (4) immer dann, wenn die Entscheidungsfindung der Akteure und Entscheidungssysteme als ein wesentliches Erklärungselement angesehen werden. Als bes. fruchtbar haben sich in bezug auf den letzten Punkt die über die → Spieltheorie entwickelten Erklärungsansätze kollektiver Handlungsdilemmata (wie → Gefangenendilemma, → *Battle-of-the-Sexes*) sowie die Versuche erwiesen, das Handeln in Akteurkonstellationen über die Darstellung von → Netzwerken, Handlungslogiken und Figurationen zu beschreiben (*Marin/Mayntz* 1991; *Braun* 1993).

→ Diskurstheorien kommunikativen Handelns; Institutionen/Institutionentheoretische Ansätze; Ökonomische Theorien der Politik; Reform; Reformismus; Steuerungstheorien; Systemtheorie.

Lit.: *Axelrod, R.* 1988: Die Evolution der Kooperation, Mchn. *Benz, A./Scharpf, F. W./Zintl, R.* 1992: Horizontale Politikverflechtung, Ffm/NY. *Beyme, K. von* ³1997: Theorie der Politik im 20. Jahrhundert, Ffm. (zuerst 1991). *Black, D.* 1958: The Theory of Committees and Elections, NY. *Blumer, H.* 1969: Symbolic Interactionism, Englewood Cliffs, N.J. *Boudon, R./Bourricaud, F.* 1992: Soziologische Stichworte, Opl. *Brand, K. W./Honolka, H.* 1981: Lebenswelt und Wahlentscheidung, in: PVS 13, 305–326. *Braun, D.* 1993: Who Governs Intermediary Agencies? Principal-Agent Relations in Research Policy-Making, in: JoPP 13, 135–162. *Brennan, G./Buchanan, J.M.* 1985: The Reason of Rules, Camb./Mass. *Budge, I./Keman, H.* 1990: Parties and Democracy, Ox. *Burns, T./Flam, H.* 1987: The Shaping of Social Organization, L. *Coleman, J.S.* 1974: Power and the Structure of Society, NY. *Czada, R./Windhoff-Héritier, A.* (Hrsg.) 1992: Political Choice. Ffm./NY. *Downs, A.* 1968: Ökonomische Theorie der Demokratie, Tüb. (engl. 1957). *Dunleavy, P.* 1991: Democracy, Bureaucracy and Public Choice, NY. *Edelman, M.* 1964: The Symbolic Uses of Politics. Urbana. *Elster, J.* 1979: Ulysses and the Sirens. Studies in Rationality and Irrationality, Camb. *Esser, H.* 1990: «Habits», «Frames» and «Rational Choice». Die Reichweite von Theorien der rationalen Wahl, in: ZfS 19, 231–247. *Føllesdal, D./Walloe, L./Elster, J.* 1986: Rationale Argumentation, Bln./NY. *Habermas, J.* ³1999: Theorie des kommunikativen Handelns, Ffm. *Hofmann, J.* 1993: Implizite Theorien in der Politik, Opl. *Keohane, R.O.* 1986: Neorealism and its Critics, NY. *Latsis, S.J.* 1972: Situational Determinism in Economics, in: British Journal of Philosophical Science 23, 207–245. *Levi, M.* 1988: Of Rule and Revenue, Berkeley. *Lindenberg, S.* 1989: Social Production Functions, Deficits, and Social Revolutions: Pre-revolutionary France and Russia, in: Rationality and Society 1, 51–77. *March, J. G./Simon, H.* 1958: Organizations, NY. *March, J. G./Olsen, J. P.* 1989: Rediscovering Institutions, NY. *Marin, B./Mayntz, R.* (Hrsg.) 1991: Policy Networks, Ffm./Boulder, Col. *Mead, G.H.* 1934: Mind, Self, and Society, Chic. *Morgenthau, H.J.* 1963: Macht und Frieden, Gütersloh. *Niskanen, W.A.* 1971: Bureaucracy and Respresentative Government,

Chic. *North, D. C.* 1990: Institutions, Institutional Change and Economic Performance, Camb. *Olson, M., Jr.* 1965: The Logic of Collective Action, Camb. *Ostrom, E.* 1990: Governing the Commons: The Evolution of Institutions for Collective Action, Camb. *Parsons, T.* 1951: Toward a General Theory of Action, Camb./Mass. *Patzelt, W. J.* 1987: Grundlagen der Ethnomethodologie, Mchn. *Przeworski, A.* 1991: Democracy and the Market, Camb./Mass. *Reimann, H.* u. a. [4]1991: Basale Soziologie: Theoretische Modelle, Opl. *Riker, W. H./Ordeshook, P. C.* 1973: An Introduction to Positive Political Theory, Englewood Cliffs, N. J. *Scharpf, F. W.* 1987: Sozialdemokratische Krisenpolitik in Europa, Ffm. *Scharpf, F. W.* 2001: Interaktionsformen, Opl. (engl. 1997). *Schütz, A./Luckmann, T.* 1984: Strukturen der Lebenswelt, Bd. 2, Ffm. *Simmel, G.* 1922: Soziologie, Mchn./Lpz. *Simon, H.* 1954: A Behavioral Theory of Rational Choice, in: Quarterly Journal of Economics, 96, 99–118. *Weber, M.* [5]1976: Wirtschaft und Gesellschaft, Tüb. (zuerst 1922).

Dietmar Braun

Hare – Niemeyer, ein Verfahren der Stimmenverrechnung, auch System mathematischer Proportionen genannt, das einen exakteren Proporz ermöglicht als die Methode → d'Hondt und damit für die kleinen Parteien günstiger ist.

Die für die Parteien abgegebenen Stimmen werden jeweils mit der Zahl der zu vergebenden Mandate multipliziert und das Ergebnis durch die Gesamtzahl der abgegebenen Stimmen dividiert. Die Parteien erhalten so viele Mandate, wie ganze Zahlen entstehen. Die Restmandate werden nach der Höhe der resultierenden Zahlenbruchteile hinter dem Komma vergeben.

Lit.: → Wahlsysteme.

Dieter Nohlen

Häufigkeitsverteilung, in der → Statistik die systematische Zusammenstellung von Häufigkeiten, mit denen die einzelnen Fälle, Ereignisse, Meßwerte bzw. Klassen von Meßwerten auftreten.

Nach der Anzahl der beobachteten → Variablen unterscheidet man uni-, bi- und multivariate H., nach der Form symmetrische und schiefe, flache und steile H. unterschiedlicher Breite. Die vier wichtigsten Skalentypen zur Abbildung der H. sind Nominal-, Ordinal-, Intervall- und Verhältnisskala. In der → Deskriptiven Statistik erleichtern die (empirischen) H. die Übersicht über das Datenmaterial und erlauben die Ermittlung von → Maßzahlen zur Beschreibung univariater → Verteilungen. Maße der zentralen Tendenz, etwa häufigste Besetzung (Modalwert), Zentraltendenz (Median) und Durchschnitt (arithmetisches Mittel) beschreiben Lage und Dichte der Meßwerte. Dispersionsmaße wie → Varianz und Standardabweichung, Variationsbreite und Perzentile sowie AD-Streuung vermitteln einen Eindruck von der Streuung der Meßwerte und der Variation einer Verteilung.

→ Bimodale Verteilung; Inferenzstatistik; Maßzahlen; Skalen; Unimodale Verteilung; Univariate Statistik; Wahrscheinlichkeitsverteilungen.

Rainer-Olaf Schultze

Haushalt (auch Budget, Etat, Haushaltsplan), die Gegenüberstellung erwarteter Einnahmen und Ausgaben eines polit. Gemeinwesens (z. B. Bundes-, Landes-, Gemeindehaushalte), i. d. R. für die Dauer von einem oder zwei Jahren (Doppelhaushalt).

Er gliedert sich nach Aufgaben (z. B. Sozial-, Verkehrs-, Verwaltungshaushalte) in Einzelpläne, diese wiederum in Kapitel, Unterkapitel, Titel usw. Zu unterscheiden sind ordentliche und außerordentliche H.: Ordentliche Einnahmen sind z. B. Steuern, außerordentliche Einnahmen z. B. Kredite; ordentliche Ausgaben sind z. B. Personen-, Sach- und Investitionsmittel und außerordentliche Ausgaben z. B. Haushaltsfehlbeträge des Vorjahres, die Tilgung von Krediten usw. Das Haushaltsvolumen (Etat) ergibt sich aus der Summe der Ausgaben bzw. Einnahmen. Verändern sich diese im Laufe eines Haushaltsjahres wesentlich, muß ein Nachtragshaushalt erstellt und parlamentarisch bewilligt werden. Der H. wird zunächst im Finanzministerium erstellt und von der Exekutive beschlossen. Aufgrund des Budgetrechts der Legislative muß er dem Parlament vorgelegt und in einem ordentlichen Gesetzgebungsverfahren als Gesetz verbindlich festgestellt werden.

→ Haushaltspolitik.
Lit.: → Haushaltspolitik.

Klaus Schubert

Haushaltspolitik, Gesamtheit aller Maßnahmen des → Politisch-administrativen Systems, der Parteien und Verbände, die darauf gerichtet sind, Einfluß auf die Gestaltung des → Haushaltes der öff. Hand zu nehmen, die Einnahmen oder Ausgaben zu verändern (erhöhen bzw. senken), zu verschieben (z. B. von einem Einzeletat zu einem anderen), zu steuern (zum Vor- oder Nachteil bestimmter sozio-ökon. Gruppen) oder neue Einnahmen/Ausgaben zu schaffen bzw. alte Einnahmen/Ausgaben abzuschaffen.

Innerhalb eines Regierungssystems läßt sich die Bedeutung der Legislative daran messen, in welchem Maße sie den Haushalt gestalten bzw. Änderungen an dem von der Exekutive aufgestellten H. vornehmen kann. Neben den Etats von Bund, Ländern und Gemeinden existieren in D eine Vielzahl parastaatl. Haushalte (z. B. der Renten- und Sozialversicherungsträger).

Lit.: *Hartwich, H. H./Wewer, G.* (Hrsg.) 1990 ff.: Regieren in der Bundesrepublik, Opl., 5 Bde. *Mäding, H.* (Hrsg.) 1987: Haushaltsplanung, Haushaltsvollzug, Haushaltskontrolle, Baden-Baden. *Sturm, R.* (1989): Haushaltspolitik in westlichen Demokratien, Baden-Baden.

Klaus Schubert

Hearing, aus dem engl. stammender Begriff insbes. des → Parlamentarismus für öff. Anhörungen in Parlamentsausschüssen (und → Fraktionen).

Im US-Kongreß sind *h.* unverzichtbarer Bestandteil des Gesetzgebungsprozesses wie der parlamentarischen Kontrolltätigkeit. Sie dienen der Informationsbeschaffung des Parlaments gegenüber Sachverständigen und Betroffenen, → Exekutive und → Bürokratie, der Artikulation beteiligter Interessen, der Mobilisierung von Unterstützung oder → Opposition. Unter ausdrücklicher Anlehnung an die US-amerikan. Praxis wurden *h.* im Bundestag 1951 in die GO aufgenommen. Aber erst die spezifische Konstellation der Großen Koalition führte Ende der 1960er Jahre zu einer nennenswerten Nutzung dieses Instruments. Inzwischen wird zu etwa jedem vierten Gesetzentwurf ein *h.* veranstaltet. Den *h.* wird ein begrenzter Nutzen zur besseren Erfüllung der Gesetzgebungs-, Kontroll- und Artikulationsfunktion, jedoch eine erhebliche Bedeutung für die Öffentlichkeitsfunktion des Parlaments zugeschrieben.

Suzanne S. Schüttemeyer

Hedonismus (aus griech. *hēdonḗ* = Vergnügen, Lust), Lustlehre, von der griech. Philosophie der Antike begründetes Prinzip, nach dem der individuelle Genuß den höchsten Glückszustand für den Menschen bringt: Danach kann ein wirklich glücklicher Mensch seine Lustgefühle und -befriedigung optimieren.

H. wird aber auch als gesamtgesellschaftl. Gegenbewegung verstanden, die als Antwort auf restriktive, asketische Moralvorschriften in frühbürgerlichen Gesellschaften gewertet werden kann. Mit der → Überfluß- und Wohlstandsgesellschaft kam der Konsum-Hedonismus: die Vorstellung vom vollkommenen Glück durch Erwerb und Verbrauch materieller Güter. Als Gegenbewegung dazu sind die → Alternativbewegungen (Anfang/Mitte der 1970er Jahre) zu sehen, die zu mehr sozialer → Solidarität und materiellem Verzicht aufgerufen haben, um eine drohende Umweltkrise abzuwenden und die Ausbeutung der → Dritten Welt nicht weiter voranzutreiben (→ Soziale Bewegungen).

→ Postmaterialismus; Wertewandel.

Lit.: *Marcuse, H.* 1938: Zur Kritik des Hedonismus, in: *ders.*: Kultur und Gesellschaft 1, Ffm. 1968, 128–168. *Schulze, G.* [8]2000: Erlebnisgesellschaft, Ffm. (zuerst 1992). → Politische Psychologie.

Ulrike C. Wasmuth

Hegemonie (griech. *hegemonía* = das Anführen, Oberbefehl, Heerführerschaft), allg. die Überlegenheit bzw. Vorherrschaft einer Person oder eines Kollektivakteurs, die auf verschiedenen Ressourcen, z. B. kulturellen, wirtschaftl., polit., aber auch militärischen Ressourcen (wie deren Kombination) beruhen kann.

1. In der → Internationalen Politik meint die Vormachtstellung eines Staates über einen oder auch mehrere andere, ohne deren → Souveränität formell in Frage zu stellen, beispielsweise die (teils und zeitweilig erfolgreichen) Versuche Spaniens, Frankreichs, Rußlands oder auch Preußen-Deutschlands, zur Hegemonialmacht aufzusteigen, die seit dem Dreißigjährigen Krieg/Westfälischen Frieden (1648) stets zu → Gegenmacht-Koalitionen und zu (militärischen) Konflikten um das → Gleichgewicht im europ. Staatensystem führten. Nach dem II. Weltkrieg wuchs als Folge der → Globalisierung die Bedeutung von v. a. ökon. Faktoren für die H. im internat. System, etwa die der USA oder auch der industrialisierten Staaten über die → Dritte Welt.

2. In der → Politischen Soziologie bezeichnet H. die Fähigkeit einer herrschenden → Schicht, → Klasse, ihre Dominanz über die Gesellschaft aufrechtzuerhalten, ohne auf direkte Formen der Repression oder → Gewalt angewiesen zu sein (→ Autoritäre Regime, → Totalitarismus). Ein solches H.-Verständnis basiert auf dem marxistisch inspirierten Theorieentwurf *A. Gramscis* und dessen Kritik an den dogmatischen Positionen des → Marxismus, insbes. dem sterilen → Basis-Überbau-Schema. Es geht mit *Gramsci* davon aus, (1) daß moderne → Herrschaft, auch Klassenherrschaft, immer auf Legitimation angewiesen ist und damit stets auf → Konsens und → Massenloyalität beruht, (2) daß weder die widerstreitenden → Ideologien ausschließlich Ausdruck der unmittelbaren Klassenverhältnisse seien, sondern auch ethisch-polit. und/oder kulturelle Elemente enthalten, noch daß (3) → Staat und → Staatsapparat allein Instrumente zur Aufrechterhaltung der bestehenden Klassenverhältnisse darstellten (vgl. *Kallscheuer* 1995: 174 ff.). Hieraus resultiert ein erweiterter, die traditionelle Scheidung zwischen Staat und Gesellschaft aufhebender Staatsbegriff, v. a. aber die Aufwertung kultureller, polit.-ideologischer und polit.-administrativer Faktoren, denen zur Herstellung und Steuerung der H. ein höherer Stellenwert zugewiesen wird als staatl. Repression. Eine solche Sicht hat Konsequenzen selbstverständlich auch für Form und Inhalt von Veränderungsstrategien, für Akteure und mögliche Koalitionspartner zum Abbau bzw. zur Beseitigung herrschender Hegemonieverhältnisse, bis hin zu Strategien des → Eurokommunismus (wie er in Italien seit Ende der 1960er Jahre u. a. als Reaktion auf die gewaltsame Unterdrückung des Reformsozialismus in Osteuropa, etwa auch des sog. Prager Frühlings, entwickelt wurde) oder des → Reformismus der Parteien des → Demokratischen Sozialismus.

→ Staatszentrierte Ansätze.

Lit.: *Adamson, W. L.* 1980: Hegemony and Revolution, Berkeley. *Bellamy, R./Schechter, D.* 1993: Gramsci and the Italian State, Manchester. *Gramsci, A.* 1991 ff.: Gefängnishefte. Kritische Gesamtausgabe in 10 Bänden, hrsg. von *Bochmann, K.* u. a., Hamb. (ital. zuerst 1948 ff.). *Kallscheuer, O.* 1995: Hegemonie, in: *Nohlen, D./Schultze, R.-O.* (Hrsg.): Politische Theorien (Lexikon der Politik, Bd. 1), Mchn., 174–179. *Laclau, E./Mouffe, C. F.* 1985: Hegemony and Socialist Strategy, L. *Rossi, P.* (Hrsg.) 1969: Gramsci e la cultura contemporanea, Rom.

Rainer-Olaf Schultze

Hempel-Oppenheim-Schema → Deduktion; Erklärung

Hermeneutik, ein im 17. Jh. gebildeter Fachausdruck, Abkürzung von griech. ἑρμηνευτική (lat.: *ars interpretandi*). In allgemeinster Bedeutung bezeichnet das Wort die Kunst, jemandem die Bedeutung oder den Sinn von etwas auszulegen (ἑρμηνεύειν = verkünden, dolmetschen, auslegen; lat.: *interpretare*), wobei diese Kunst ebensogut in schlichtem Können bestehen wie mehr oder weniger reflektiert ausgeübt sein mag.

Die reflektiert ausgeübte Kunst kann eine «Handwerkslehre» einschließen, und als solche mag die H. darauf ausgehen zu sagen, wie man das Auslegen anzustellen hat, damit es gelingt; sie kann aber auch bloß sagen wollen, was Auslegen entgegen oberflächlichen, irrigen Meinungen in Wahrheit ist. Der Bereich dessen, worauf sich eine so oder so ausgeübte hermeneutische (h.) Kunst erstreckt, kann dabei alles umfassen, was für jemanden einen Sinn oder eine Bedeutung hat, wenn es für den Betreffenden nur im Hinblick auf seinen Sinn bzw. seine Bedeutung der kunstgerechten Deutung bedarf, sich also nicht von selbst versteht. Objekte der Betätigung h. Kunst müssen daher nicht sprachliche oder andere menschliche Äußerungen sein. Sie können auch in sonstigen Gestalten, Ereignissen oder Zuständen bestehen, die in irgendeiner Weise für jemanden Zeichen sind oder einen wie auch immer eigens zu erschließenden Sinn haben.

1. Zur Geschichte der Hermeneutik: Ausgebildet hat sich H. naheliegenderweise an Gegenständen, die bes. eindringlich zur Deutung herausfordern, weil sie versprechen, etwas zu erkennen zu geben, das einzigartig wichtig, aber schwer verständlich oder leicht mißzuverstehen ist. Exemplarisch ist das vom Willen Gottes bzw. der Götter zu sagen. (*Hermes* ist der Götterbote, der diesen Willen den Sterblichen in der ihnen eigenen Sprache übermittelt.) Wo, wie in der Antike, eine klassische, dauerhaft überlieferte Dichtung und eine Heilige Schrift existierten, kam deren rechtes Verständnis zu den vorrangigen h. Aufgaben hinzu. Die Ursprünge der H. liegen daher in der (jüdischen und christlichen) Theologie und in der Philologie der klassischen griech. Poesie (*Homer* und *Hesiod*). Aus ihnen haben sich in der frühen Neuzeit (Humanismus, Reformation) bereichsspezifische, philologisch- und theologisch-hermeneutische Kunstlehren entwikkelt, während die Rezeption des römischen Rechts gleichzeitig eine juristische H. entstehen ließ. In all diesen Disziplinen war das h. Geschäft festgelegt auf das Interpretieren historisch überlieferter Texte. Der Gehalt solcher Texte beanspruchte lange eine normative, für alles Meinen und Verstehen im betreffenden Bereich maßgebliche Bedeutung, und die Ausübung h. Kunst bestand nicht zuletzt darin, die auszulegenden Texte auf eine aktuelle Situation immer wieder neu anzuwenden. Mit der → Aufklärung und der weiteren Ausbildung des historischen Bewußtseins sowie des neuzeitlichen Wissenschaftsverständnisses traten diese Züge frühneuzeitlicher H. jedoch in den Hintergrund zugunsten von Tendenzen, die auf möglichst allg. formulierte Methoden der Auslegung von Texten gerichtet waren. Aber erst *Fr. Schleiermacher* hat die H. völlig von inhaltlichen normativen Voraussetzungen abzulösen und zu einer allen bereichsspezifischen Kunstlehren vorgeordneten, allg. Methodenlehre des Verstehens fremder sprachlicher Äußerungen zu machen versucht. Angeregt hiervon wollte dann *W. Dilthey* mit dem Programm einer Psychologie, die zum Nacherleben fremdseelischer Äußerungen verhelfen und dadurch deren Verstehen sichern sollte, die historischen Geisteswiss. methodologisch fundieren. Ein Kompendium der damit auf den Weg gebrachten, als allg. geisteswiss. Methodenlehre konzipierten H. hat um die Mitte des 20. Jh. *E. Betti* (1967) verfaßt.

Sich radikal abkehrend von aller Methodologie und vom Verstehen als Nachbilden fremden Seelenlebens im eigenen hatte *M. Heidegger* inzwischen eine h. Philosophie geschaffen, die das auslegende Verstehen nicht mehr auf sprachliche Äußerungen beschränkte. «Sein und Zeit» (1927) thematisierte Verstehen vielmehr als Grundstruktur des menschlichen Daseins, das sich auf Möglichkeiten seines In-der-Welt-Seins hin entwirft, in der Ausbildung solchen Verstehens aber stets einem Vorverständnis unterworfen bleibt (§ 31 f.); und der spätere *Heidegger* dachte sich den Vollzug, den dieses Vorverständnis als ein Seinsverständnis in Grundworten unserer Sprache hat, einem schicksalhaften «Wahrheitsgeschehen», einbegriffen, in dem sich «Entbergung» und «Verbergung», unlösbar durchdringen. Geprägt von diesem seinsgeschichtl. Denken hat es dann *H.-G. Gadamer (1960)* in «Wahrheit und Methode» unternommen, die historischen Geisteswiss. über Strukturen einer h. Erfahrung zu verständigen, die vom methodologischen Selbstbewußtsein dieser Wiss. unter dessen Oberfläche verborgen gehalten werden. Kennzeichnend für diese Strukturen sind nach *Gadamer* (1) die durch und durch sprachliche Verfaßtheit unserer Weltorientierung, welche die Dimension der H. universal und deren Anspruch ontologisch werden läßt; (2) eine Vorurteilsabhängigkeit allen Verstehens, die den Zeitenabstand zwischen Interpret und zu Interpretierendem h. produktiv macht und dafür spricht, sowohl die Unumgänglichkeit inhaltlicher normativer Voraussetzungen des h. Geschäfts als auch die Untrennbarkeit von Verstehen und Applikation wiederanzuerkennen; (3) ein Verstehen, das nicht so sehr Handlung einer erkennenden Subjektivität ist als «Einrücken in ein Überlieferungsgeschehen», in dem der Horizont der Gegenwart mit demjenigen einer Vergangenheit verschmilzt und sich die Vergangenheit mit der Gegenwart so vermittelt, daß die «Wirkungsgeschichte» überlieferter Wahrheitsgehalte dabei ihre unwiderstehliche Macht erweist.

2. Hermeneutik in den Sozialwissenschaften: Keiner der erwähnten Marksteine, welche die H. im Lauf ihrer bisherigen Geschichte passiert hat, gäbe Anlaß, ihr einen mehr als marginalen Platz im Rahmen einer Auskunft über politikwiss. Methoden einzuräumen, hätte nicht *J. Habermas* (1967) in einer umfangreichen, kritischen Abhandlung («Zur Logik der Sozialwiss.») den Ansatz diskutiert, den die philosophische H. *Gadamers* für die Selbstreflexion der empirisch-analytischen Handlungswissenschaften im Hinblick auf das in diesen Wissenschaften stattfindende und zu erforschende Sinnverstehen bietet, und wäre er dabei nicht zu dem Ergebnis gekommen, daß sich bei diesem Ansatz eine überzeugende Beurteilung des Zusammenhangs ergibt, in dem sich der sinnverstehende Sozialwissenschaftler mit seinen Objekten, den zu verstehenden Handlungen und ihren Produkten sowie Akteuren, befindet – eine Beurteilung zumal, die sowohl der implizierten, im Ansatz sozialphänomenologischen Lebensweltforschung (*A. Schütz* u. a.) als auch derjenigen der sprachanalytisch orientierten Soziologie (*P. Winch*) – sowie der Linguistik (*N. Chomsky* u. a.) überlegen und für eine ideologiekritische Modifikation nach dem Modell der Psychoanalyse offen ist. Von besonderer sozialwiss. Relevanz erscheint dabei charakteristischerweise nicht eine H., die sich als Methodenlehre versteht, sondern eine, die geeignet ist, den Sozialwiss. in der Reflexion auf grundlegende Voraussetzungen ihrer Forschung eine orientierende Perspektive zu geben. V. a. in der Kritik am Objektivismus der Geisteswiss., der den wirkungsgeschichtl. Zusammenhang des Forschers mit seinem Gegenstand verdeckt, stimmt *Habermas Gadamer* emphatisch zu. Den eigentlichen Ertrag dieser Kritik sieht er in dem Nachweis, daß h. Verstehen notwendig auf die Artikulierung eines handlungsorientierenden Selbstverständnisses bezogen ist (vgl. *Habermas* 1967: 168). Dieses Verstehen ist «seiner Struktur nach darauf angelegt, aus Traditionen ein mögliches handlungsorientierendes Selbstverständnis sozialer Gruppen zu klären» (ebd.: 170); es «ermöglicht eine Form des Konsensus, von dem kommunikatives Handeln abhängt» (ebd.). Gegen *Gadamer* aber macht *Habermas* geltend, daß der Anspruch der Kunst eines solchen Verstehens entw. *in* den Wissenschaften wirksam ist oder gar nicht (ebd.: 173). Entsprechende h. Verfahrensweisen sollen unumgänglich sein, sobald Forschungsdaten auf der Ebene kommunikativer Erfahrungen gesammelt werden und ein kategorialer Rahmen (ein «Schema der Weltauffassung») für die Forschung nicht blind übernommen, sondern reflektiert gewählt werden möchte. Worin

aber – außer in einer jeweiligen Applikation des allg. Gedankens der «Horizontverschmelzung» – sollen solche Verfahrensweisen des näheren bestehen? Einige Schritte in Beantwortung dieser Fragen hat *Habermas* (1981: 152–203) in seiner «Theorie des kommunikativen Handelns» unternommen.

Wichtig wird das Thema der H. auch hier durch die Problematik des Sinnverstehens in den Sozialwiss.; und seine Berücksichtigung erfolgt wiederum, indem die Sicht der phänomenologischen sowie ethnomethodologischen Schule der verstehenden Soziologie ergänzt wird. Spezifisch für die Ergänzung ist, daß durch h. Verfahren Brüche im Sinnkontinuum, die das Verstehen behindern, identifiziert werden sollen – aber nicht nur, um beschrieben und erklärt zu werden (soweit sie im Gegenstand der Forschung bestehen), sondern auch (soweit sie den Forscher zunächst von seinem Gegenstand trennen) zu dem Zweck, durch Aufdeckung gemeinschaftlicher Voraussetzungen der Rationalität kommunikativen Handelns überwunden zu werden und die Forschung auf Ideologiekritik auszurichten. An der Relevanz einer so verstandenen H. hat die Politikwiss. daher nicht nur Anteil im Kontext neuerer, gegen den Behavioralismus gerichteter Tendenzen ihrer Rehistorisierung. Mindestens ebensosehr ist sie überall dort auf H. verwiesen, wo sie sich in der methodologischen Perspektive der interpretativen Soziologie bewegt oder gar sich dialektisch-kritisch orientiert.

→ Aktionsforschung; Behavioralismus; Dialektik; Erkenntnisinteresse; Erklärung; Ethnomethodologie; Diskursanalyse; Geisteswissenschaften; Geschichtstheorie; Historische Methode; Ideologie/Ideologiekritik; Lebensweltanalyse, Paradigma; Phänomenologie/Phänomenologische Methode; Qualitative Methode; Sozialwissenschaften; Theorie und Methode.

Lit.: *Betti*, E. 1967: Allgemeine Auslegungslehre als Methodik der Geisteswissenschaften, Tüb. (ital. 1955). *Dilthey*, W. 1927: Der Aufbau der geschichtlichen Welt in den Geisteswissenschaften, in: Gesammelte Schriften, Bd. VII, Lpz./Bln. *Gadamer, H.-G.* 1960: Wahrheit und Methode, Tüb. *Habermas, J.* 1967: Zur Logik der Sozialwissenschaften, Ffm. *Habermas, J.* [3]1999: Theorie des kommunikativen Handelns, 2 Bde., Ffm. *Heidegger, M.* 1927: Sein und Zeit, Tüb. *Ricœur, P.* 1973: Hermeneutik und Strukturalismus, Mchn. (frz. 1969). *Ricœur, P.* 1974: Hermeneutik und Psychoanalyse, Mchn. (frz. 1969). *Schleiermacher, Fr.* 1959: Hermeneutik. Hrsg. von *H. Kimmerle*, Hdbg.

Hans Friedrich Fulda

Herrschaft, nach allg. Übereinstimmung eine Grundkategorie der Gesellschaftstheorie, ein Zentralbegriff der → Politischen Soziologie und ein, wenn nicht *der* Hauptgegenstand der → Politikwissenschaft. Wie H. entsteht und vergeht, v. a. wie sie sich selbst begründet, sind Hauptfragen des polit. Lebens. Wer herrscht und wer beherrscht wird, ist eine entscheidende Differenz polit. Denkens, wobei «das Wort weithin ohne Reflexion und Kritik gebraucht wird» (*Sternberger* 1980: 153).

Allg. wird unter H. eine asymmetrische soziale Wechselbeziehung von Befehlsgebung und Gehorsamsleistung verstanden, in der eine Person, Gruppe oder Organisation anderen (zeitweilig) Unterordnung aufzwingen und Folgebereitschaft erwarten kann. Erst Regelmäßigkeit und Erfolg kennzeichnen H. als Institution. Gleich ob Herrschaftsinstanzen personal repräsentiert oder anonym ausgeprägt sind, verleihen sie der chaotischen und wechselhaften sozialen Welt eine stabile Zentralstruktur.

H. ist ein wichtiges Element sozialer Ordnung, ein Kraftfeld, um das sich die gesellschaftl. Beziehungen und Spannungen ordnen. H. wird dabei i. d. R. verstanden als ein vertikales Verhältnis zwischen Oben und Unten, kann aber auch als horizontale Relation von Gleichen angesehen werden, in der Herrschende und Beherrschte (periodisch oder permanent) ineinsfallen und wechseln.

Die meisten Herrschaftslehren von der Antike bis zur Moderne entwerfen eine soziale und polit. Ordnung, in der ein konsistentes, befehlendes Subjekt bestimmten Adressaten Befehle erteilt, die diese befolgen (oder verweigern). Dem Herrschaftssystem (analog zum → Politischen System) wird die Funktion zugebilligt, autoritativ bindende Entscheidungen zu fassen und gegenüber den anderen Systemen der Gesellschaft durchzusetzen.

Das besondere Interesse der → Politischen Theorie galt der Erarbeitung einer → Typologie von Herrschaftsformen (→ Aristokratie, → Monarchie, → Demokratie, → Technokratie etc.), die anfangs im zyklischen Kreislauf, dann in evolutionärer Linie gedacht wurden. In der Neuzeit ist H. grundsätzlich problematisch, nämlich dem systematischen Zweifel und dem potentiellen Sturz ausgesetzt. Fragen der Teilnahme an bzw. des Ausschlusses von H. werden öff. diskutiert, wobei insbes. die Gewichtung von (staatl.) Herrschaftsgewalt und (bürgerlicher) Verabredungsmacht von Interesse ist. Die Frage ist, ob H. in dieser polit.-theoretischen Fassung noch aussagekräftig ist für die soziale Welt zu Beginn des 21. Jahrhunderts.

1. Aufschlüsse über die kaum zu überschauende Thematik bietet die Geschichte des Herrschaftsbegriffs. (1) Im antiken Griechenland bedeutete *arché* (Verb: *archein*, z. B. in Oligarchie [Wenigenherrschaft] oder Anarchie [Herrschaftslosigkeit]) Anfang/Ursprung/Prinzip wie auch Herrschaft/Regierung. Archonten waren militärische Befehlshaber und höchste Beamte. Ihre Fähigkeit war das «Anfangenkönnen», nach klassischer Auffassung ein spezifisches Herrschaftsprivileg und ein Kennzeichen des Politischen überhaupt (*Arendt* 1963). Mit der Terminologie von *krátos/kratein* (Kraft, Macht, Herrschaft, z. B. in Aristokratie [Besten- oder Adelsherrschaft], Demokratie [Volksherrschaft]) entwickelte sich seit dem 5. Jh. v. Chr. v. a. in der attischen → Polis in der Dramenliteratur, in den praktisch-polit. Reformwerken und in der polit. Theorie des *Aristoteles* ein bis dahin unbekanntes «Können-Bewußtsein» (*Meier* 1989). Der klassische Herrschaftsbegriff der Polis markiert die maßvolle Mitte zwischen Anarchie und Tyrannis. (Eu)Nomistische Ordnungen, *qua* göttlichem Recht vorgegeben, wurden allmählich von kratistischen Ordnungen abgelöst, wobei sich weltgeschichtlich erstmals demokratische, volksherrschaftliche Formen etablierten. Polit. (d. h. vernünftige, zur öff. Sphäre gehörige) Herrschaftsbeziehungen werden von gewaltsamen Herr-Knecht-Verhältnissen unterschieden, die auf die «ökonomische», d. h. hauswirtschaftl. Sphäre begrenzt sind. (2) H. war ein in der Krise geborener Ordnungs- und Reformbegriff, der Zustände der Unordnung (oder der chaotischen Herrschaftslosigkeit) überwinden oder vermeiden sollte. Diese Tradition griff die römische Republik auf. Auch im lateinischen *dominium* (Eigentumsrecht über Güter) und *imperium* (Ausübung öff. Gewalt) hebt sich die polit. Herrschaft von der hausherrlichen Gewalt des *pater familias* ab, der über Personen und leblose Dinge (Eigentum) verfügte. Der dt. Begriff *herschaft* (von *her*, erhaben, würdig, dann Anlehnung an *herre*, der Höher- und Hochgestellte) verweist noch auf den Aspekt der Hausherrschaft über Familie und Gesinde sowie freie Gefolgsleute. Es handelt sich um eine personale und gegenseitige Beziehung, die bei schlechter Erfüllung durch den Herrn dem Gefolge ein Recht auf → Widerstand einräumte. Alle traditionalen Formen der H. lassen sich noch auf diese konkrete Befehlsgewalt des Herren beziehen, angefangen vom *pater familias* in der agrarischen Hauswirtschaft bis zu Landesherrn auf einem erweiterten, abgegrenzten Territorium. Diese Beziehung ist das Muster der Autoritätslehren bis zu den konservativen Naturrechtslehren des 18. Jh., als «Idee der Herrschaft im gemeinschaftlichen Sinne» (*Tönnies* 1972: § 2), die auch fraglos mit der Unterordnung der (Haus-)Frauen einhergeht. Die aus der Hauswirtschaft abgeleitete *patria potestas* erweitert sich mit einem Amtsapparat zu einem polit. Verband. Aus Hausgenossen werden Untertanen. Im Okzident prägte sich als Besonderheit ein ständischer Patrimonialismus aus, der sich der Verabsolutierung der Zentralgewalt mit Erfolg widersetzen konnte und im weiteren eine bürgerliche Herrschaftskontrolle und demokratische → Partizipation gestattete. Mit der Entstehung der Landesherrschaft,

die ältere Einzelrechte bündelt, bekam H. eine räumlich-territoriale Dimension, die in der Neuzeit in ein abstrakt-rationales Staatsverständnis übergeht. Die zugrundeliegende, «alteurop.» Trennung von priv. und öff. ist bis heute in der polit. Theorie (z. B. der Bürgergesellschaft) einflußreich. (3) H. tendiert zu einer spezifischen Form der Repräsentation und zur Spezialisierung in Gestalt von Stäben und Bürokratien. Polit. H. ist damit zentralisierend und exzentrisch zugleich, indem sich die Rolle des Herrschers aus dem Repertoire sozialer Rollen markant abhebt und einen Sonderstatus reklamiert. Neuzeitlich entstehen dadurch drei Probleme: die Depersonalisierung der (patriarchalen, aristokratischen und monarchischen) H., der permanente Legitimationszwang von H. und das Problem der Bürokratie. Der Prozeß der → Modernisierung kann interpretiert werden als ein Versuch der Neutralisierung von H., in dessen Verlauf die demokratische Kongruenz von Herrschern und Beherrschten und die vollständige Beseitigung persönlich(-männlicher) H. durch eine anonyme, d. h. personen- und geschlechtsindifferente «Herrschaft des Gesetzes» (*Neumann* 1980) angestrebt wurde.

2. Die sich in diesem Prozeß der Modernisierung herausbildende Politikwiss. nahm drei wesentliche Grundperspektiven ein: (a) *N. Machiavelli, Th. Hobbes* u. a. rückten den Gesichtspunkt der durch ein (legitimes) staatl. Gewaltmonopol gewährleisteten effizienten Herrschaftskunst und Staatsführung in den Mittelpunkt. (b) In der Sichtweise der meisten → Vertragstheorien lag der Akzent eher auf der Problematik der Anerkennung der «Herren» durch die freien Bürger, die sich freiwillig auf eine (jederzeit revidierbare) Herrschaftsinstanz einigten. H. ist hier an den Akt der bürgerlichen Vereinbarung gebunden. (c) In der klassentheoretischen Perspektive wird H. auf sozioökon. → Ungleichheit zurückgeführt und die Utopie einer herrschaftsfreien Gesellschaft thematisiert.

(1) Die «herrschende Meinung» bezieht sich v. a. auf die herrschaftssoziologische Fassung, die *Max Weber* zu Beginn des 20. Jh. dem Begriff der H. gegeben und die durch die intensive *Weber*-Rezeption in den sozialwiss. → Systemtheorien und → Handlungstheorien weltweite Verbreitung gefunden hat. Bei den soziologischen Grundbegriffen unterscheidet *Weber* (1980: 38f.) amorphe Macht (als «jede Chance, innerhalb einer sozialen Beziehung den eigenen Willen auch gegen Widerstreben durchzusetzen, gleichviel worauf diese Chance beruht») vom *präziseren* Begriff H. als «die Chance, für einen Befehl bestimmten Inhalts bei angebbaren Personen Gehorsam zu finden». Der Tatbestand von H. ist damit notwendig geknüpft «an das aktuelle Vorhandensein *eines* erfolgreich *anderen* Befehlenden» (ebd.). *Weber* denkt H. als eine akteursbezogene und antagonistische Relation, die sich institutionalisiert in Form eines polit. Herrschaftsverbandes, der den «Bestand und die Geltung seiner Ordnungen innerhalb eines geographischen Gebiets kontinuierlich durch Anwendung und Androhung physischen Zwangs seitens des Verwaltungsstabes garantiert». H. wird damit eng dem → Staat assoziiert, als ein «politischer Anstaltsbetrieb (...), wenn und soweit sein Verwaltungsstab erfolgreich das Monopol legitimen physischen Zwanges für die Durchführung der Ordnungen in Anspruch nimmt» (ebd.).

Der Unterschied zwischen einem «echten» Herrschaftsverhältnis und reiner Gewaltanwendung besteht in dem bei den Beherrschten vorauszusetzenden «Minimum an Gehorchen*wollen*, als *Interesse* (äußerem oder innerem) am Gehorchen» (157, Hervorhebungen im Original). Die «Motive der Fügsamkeit» reichen von dumpfer Gewöhnung bis zu zweckrationalen Erwägungen. Warum sich Menschen anderen freiwillig unterordnen, also die grundlegende Ungleichheit zwischen Herrschern und Beherrschten akzeptieren (oder daran glauben), hat schon der Philosoph *Etienne de la Boëtie* als «Geheimnis der Herrschaft» (1574) gekennzeichnet. Sich derart beherrschen zu lassen, scheint einem vernünftigen Zweck-Mittel-Kalkül zu entspringen; dies postuliert auch die Vorstellung vom Gesellschaftsvertrag von Individuen, die eine rationale Wahl treffen und kollektives Handeln ermöglichen (*Coleman* 1979).

Unter diesem leitenden, vorwiegend psychologischen (oder religionssoziologischen) Ge-

sichtspunkt der Anerkennung von H. hat *Weber* (1980: 159) drei Typen legitimer Herrschaft klassifiziert:
(a) Die rationale (oder legale) H. beruht «auf dem Glauben an die Legalität gesatzter Ordnungen und des Anweisungsrechts der durch sie zur Ausübung der Herrschaft Berufenen»; (b) die traditionale H. «auf dem Alltagsglauben an die Heiligkeit von jeher geltender Traditionen und die Legitimität der durch sie zur Autorität Berufenen»; (c) die charismatische H. «auf der außeralltäglichen Hingabe an die Heiligkeit oder die Heldenkraft oder die Vorbildlichkeit einer Person und der durch sie offenbarten oder geschaffenen Ordnungen».
Die drei Herrschaftsformen sind der empirischen Wirklichkeit entnommen und beanspruchen in der Abstraktion des «reinen» oder → Idealtypus transepochale Gültigkeit. Gleichwohl ging *Weber* von den «modernen und also bekannten Verhältnissen» aus, um die evolutionäre Dynamik in der Entwicklung der Herrschaftsformen herauszuarbeiten, deren entscheidende Zuspitzung – die formale Rationalisierung – es einzig und allein im Okzident gegeben habe. Für ihn war der Übergang von der «Regierung über Personen zur Verwaltung von Sachen» (*Schluchter* 1972) am ehesten mit der rational-legalen H. kraft «Satzung» erreicht, also mit einer unpersönlichen und systematischen Ordnung, die mit den drei Merkmalen formales Recht, methodische Verwaltungsorganisation und habituelles «Fachmenschentum» ausgestattet ist. Die Bürokratie gilt als «*das* spezifische Mittel, «Gemeinschaftshandeln» in rational geordnetes «Gesellschaftshandeln» zu überführen» (*Weber* 1980: 569 f.). Bürokratische Ordnungen gab es überall und zu allen Zeiten. Typisch für den Okzident war die Qualität der formalen Rationalisierung «durch die von geschulten Juristen geschaffene Durchführung der Herrschaft allgemeinverbindlicher Rechtsnormen für alle «Staatsbürger» (*Weber* 1972: 272). Das wichtigste Merkmal moderner bürokratischer H. ist also, daß «Satzungen» nach dem Willen polit. Gemeinschaften frei verändert werden können und sich dies nach klaren Regeln und transparenten und zustimmungsfähigen Verfahren vollzieht. Der bürokratische Verwaltungsstab galt *Weber* als herausragendes Instrument für die Durchführung rationaler Herrschaft. Zugleich wurde die Tendenz zur Verselbständigung der Bürokratie sichtbar. Die beunruhigende Frage: «Wer beherrscht den bestehenden bureaukratischen Apparat?» (ebd.: 128) beantwortete *Weber* in seinen polit. Schriften mit der Forderung nach einer charismatischen Überformung und parlamentarischen Kontrolle der Bürokratie, um deren Eigendynamik zu konterkarieren.

2. An der bürokratischen H. interessierte *Weber* v. a. das Verhältnis zwischen den zur Verselbständigung neigenden «Fachmenschen» und der externen → Autorität eines polit. Führers. Für die Antwort auf die alte Frage: Warum gehorchen Menschen? fehlen bei ihm die «Gründe der Geltungsgründe». Auch rationale H. hat eine spirituelle Basis (Gehorchen*wollen* und Legitimations*glaube*), aber diese polit.-religiöse Voraussetzung wird sogleich administrativ enggeführt und ontologisiert. So kam es zu der Auffassung, daß eine rationale Bürokratie *ipso facto* und somit auch eine legale Ordnung als solche bereits legitim seien. Die Beherrschten kommen in der von *Weber* gestifteten Tradition polit. Denkens nur am Rande vor. Deshalb moniert man zu Recht, daß «Weber das Kriterium der Legitimität so entschieden an die Formen der «Herrschaft» geknüpft, also auch mit Befehl und Gehorsam verquickt, daß der ganze Bereich der genossenschaftlichen, bürgerlichen, «demokratischen» Regierungsformen mit seiner eigentümlichen Rechtmäßigkeit nahezu völlig außerhalb seines Gesichtskreises geblieben ist» (*Sternberger* 1986: 82).
Die demokratische → Legitimität einer «Bürgergesellschaft» kann nicht an das herrschaftsförmige, hierarchische Staatsverständnis anknüpfen. Sie ist vielmehr der Idee der vertraglichen und verfassungsmäßigen Vereinbarung freier und gleicher Bürger verpflichtet. Hierbei rekurrieren die Kritiker *Webers* auf die eingangs skizzierte «alteuropäische» Tradition des Polisdenkens, das sie in den Horizont der frühbürgerlichen Revolutionen und Republiken, v. a. in den USA, verlängern: «Herrschaft zerstört mit anderen Worten den polit. Raum, und das Resul-

tat dieser Zerstörung ist die Vernichtung der Freiheit für Herrscher wie Beherrschte» (*Arendt* 1963: 37). Diese pointierte Wahrnehmung reflektiert die wahnhafte Übersteigerung bürokratischer H. im 20. Jahrhundert. *Arendt* sprach, nur scheinbar paradox, von der «Niemandsherrschaft der Bürokratie», die die organisierte Unverantwortlichkeit des einzelnen herbeiführt und Unfreiheit in ihrer schärfsten Form zuläßt. Autoritäre und diktatorische H. zeichnet sich durch eine qualitative Steigerung der Gewaltkomponente des Staatsapparates und die Abschottung der Herrschaftseliten gegenüber allen Formen demokratischer Beteiligung und Kontrolle aus. Davon zu unterscheiden ist totalitäre H., die im Kern ein polykratischer Ideologie- und Terrorapparat unter der Kontrolle eines charismatischen Führers ist. Unter diesem Gesichtspunkt können → Nationalsozialismus und → Stalinismus trotz aller systemischen Verschiedenheiten zusammen klassifiziert werden. Im Zentrum steht hier nicht mehr die Bürokratie, sondern die totalitäre Bewegung oder Partei, die sich permanent selbst revolutioniert und nach vorn treibt. Zur Erreichung ihrer Ziele kann sich die Bewegung industriell-bürokratischer Methoden bedienen (wie z. B. bei der «Durchführung» des nationalsozialistischen Massenvernichtungsprogramms), womit die beschriebene Dialektik der Rationalisierung zum Extrempunkt geführt ist. Die doppelte Erfahrung der totalitären H. im 20. Jh. hat «der Welt die bislang zerstörerischste Kombination von magischem Charisma und bürokratischer Rationalität beschert» (*Breuer* 1991: 67).

(3) Seit der Frühen Neuzeit und insbes. mit dem 18. Jh. ist H. einem prinzipiellen Zweifel an ihrer Berechtigung und Gerechtigkeit ausgesetzt. Die Historisierung von H., also die Relativierung ihrer geschichtl. Genese als willkürlich und menschengemacht, beeinflußt die Anerkennung der Geltungsgründe: H. hat sich nun permanent zu rechtfertigen und ist zur ständigen Ablösung disponiert, ggf. mit einem revolutionären Akt des «Neubeginnens». Mit dieser Wendung entsteht überhaupt erst der moderne Begriff von polit. H., die nicht mehr persönlichen Qualitäten und Beziehungen entspringt, sondern öff. Angelegenheit aller Gleichen ist, sich damit von allen Formen häuslicher Gewalt distanziert und keinerlei Knechtschaftsverhältnisse begründen kann. Mit der grundsätzlichen Transformation von H. ist nur noch Regierung «im Namen des Volkes» möglich, worauf *pro forma* auch moderne Militärdiktaturen und totalitäre Regime rekurrieren.

Was die Frage der Unvermeidbarkeit von H. anbelangt, stehen sich zwei Denkschulen gegenüber: Die eine behauptet die Universalität und Unumgänglichkeit von *arché,* beschränkt sich deshalb auf die Kritik ungerechtfertigter H. und favorisiert die verfahrensmäßig korrekte Gewährleistung ihrer strikten zeitlichen Begrenzung und inhaltlichen Kontrolle (z. B. *Dahrendorf* 1964). Die anarchistische Sichtweise hingegen kritisiert H. insgesamt und verfolgt dagegen das Projekt der herrschaftsfreien Gesellschaft. In der anarchistischen (oder syndikalistischen) Gegenkultur werden moderne Formen «regulierter Anarchie» (*Sigrist* 1967) erneuert, wie sie vor und außerhalb der westl. Moderne bestanden haben sollen.

→ Anarchismus und → Marxismus stimmen in der Idee eines herrschaftslosen Zustandes am Anfang und am Ende der Geschichte überein; das Phänomen der H. verliert seine Berechtigung mit dem Untergang der → Klassengesellschaft und dem «Absterben des Staates» als deren wichtigstes Repressionsinstrument. An dessen Stelle setzt sich im Marxismus allerdings die «Herrschaft der Arbeit», also die H. der unmittelbaren Produzenten, die das industrielle Herrschaftsverhältnis der kapitalistischen Betriebsorganisation aufhebt. Die Rede von der herrschenden Klasse hat neben ihrer (begrenzten) analytischen Dimension den Charakter eines Kampfbegriffs, der wieder die agonale Dimension von H. ins Spiel bringt. Die für eine Übergangsperiode vorgesehene «Diktatur des Proletariats» entpuppte sich in den polit. Systemen des «real existierenden Sozialismus» und nachkolonialen Einparteisystemen als «partikularistischer Neopatrimonialismus» (*Roth* 1987), mit dem wieder personale H. ausgeübt wurde. Auch die Polemik um die «politische

Klasse» in westl.-liberalen Demokratien hat diese personale Qualität polit. Eliten wieder hervorgehoben und zum (fragwürdigen) Maßstab legitimer H. gemacht (*von Beyme* 1993).

3. Das «Absterben» von (staatl.) H., wie es die anarchistische und sozialistische Literatur prognostizierte und programmatisch anstrebte, könnte sich auch ganz ohne diesen revolutionären Impetus einstellen. *Max Weber* ließ kaum Zweifel daran, daß es um die Zukunft rationaler H. aus immanenten Gründen schlecht bestellt war und der neuzeitliche Neutralisierungs- und Versachlichungsversuch von H. zum Scheitern verurteilt sein könnte. Zum einen besteht eine Tendenz zur Involution bürokratischer H., die näher zu bestimmen ist mit den Stichworten (a) Entformalisierung des Rechts, (b) Entzauberung des Staates und (c) Übergang von der Bürokratie zur Expertenherrschaft bzw. Technokratie. Zum anderen macht sich eine Tendenz zur Repersonalisierung von H. bemerkbar.

(1) (a) In der Rechtssoziologie wird seit langem eine «Abkehr vom juristischen Formalismus» (*Wieacker* 1967) konstatiert, also die Aufgabe der inneren Rechtssystematik durch Pluralisierung, Moralisierung und Materialisierung des Rechts. Der Autonomieverlust des Rechtssystems insgesamt wird für möglich gehalten. Er beruht weniger auf dem Versagen der juristischen Profession als auf einer Fehlanpassung des Rechtssystems an die sich wandelnde soziale Umwelt, woraufhin im Wirtschafts-, Arbeits- und Sozialrecht, auch im Strafrecht eine teleologische Öffnung eingetreten ist, verbunden mit dem Einfluß i.e.S. sozialwiss. Disziplinen. Recht muß wertrational voraussetzungsvoller, situativ flexibler und reflexiver im Bezug auf die von ihm verursachten Folgen sein – und man kann diese Tendenzen ebensogut als Zugewinn an «Rationalität» verbuchen. (b) Nur scheinbar paradox geht mit der Entdifferenzierung formalen Rechts eine Verrechtlichung und eine (jedenfalls quantitative) Bedeutungszunahme der Bürokratie einher. Die Expansion des → Wohlfahrtsstaates und die Ausweitung der regulativen Staatsaufgaben haben zur Ausdehnung und zum Kompetenzgewinn der Bürokratien geführt, zugleich aber zu einer weitgehenden Pluralisierung (und damit «ironischen» Entzauberung) des Staatsapparates insgesamt (*Willke* 1992). Im Zuge dieser Dezentrierung stehen die Verwaltungen nicht mehr hoheitlich herausgehoben über den gesellschaftl. Interessen, sondern bilden deren Komplexität selbst verwaltungsintern ab. Der Staat ist nicht mehr als autoritativer Zwingherr repräsentiert, sondern agiert als gleichrangiger Verhandlungspartner mit nichtstaatl. Organisationen, ohne deren Kooperation er seine Interventions- und Steuerungskapazität ganz einbüßen würde. (c) Verbunden damit sind eine breite Diffundierung der Problemexpertise und der angesichts komplexer Materien der wiss.-technischen Zivilisation unvermeidliche Kompetenzverlust der bürokratischen Fachleute, die sich von äußeren Experten (z. B. über den «Stand der Technik») Rat holen und externer Kritik stellen müssen (durch «Ethik-Kommissionen», parlamentarische → *Hearings,* die Ökologiebewegung und deren Gegenexperten). Das «Fachmenschentum» der staatl. Bürokratie scheitert an den komplexen Modernisierungsproblemen industriell-bürokratischer Massengesellschaften und an der Kumulation nicht-intendierter Folgen bürokratischen Handelns.

Die Relativierung und interne Fragmentierung des Herrschaftssystems geht weiter, als sich dies ein bürokratiezentriertes Denkmodell je vorstellen konnte. Allgemein kann man sagen, daß die Grenze zwischen Politik (als Sphäre öff. Herrschaftsausübung) und Nichtpolitik (als Privatsphäre) im Prozeß der «reflexiven Modernisierung» (*Beck* 1986) flüssiger und durchlässiger geworden ist. Mit dieser Entdifferenzierung entwickelt sich eine Ebene der «Subpolitik» bzw. eine «politische Gesellschaft» (*Greven* 1993); die von der → Modernisierungstheorie reflektierte Sphärentrennung muß in erheblichem Maße relativiert und zurückgenommen werden. Der Umbau des Staates, der H. (oder autoritative Führung) auf Steuerung umstellt und im nächsten Schritt Steuerung reflexiv in die Selbstorganisation einer polyzentrisch vernetzten Gesellschaftsstruktur hineinverlagert, hat erhebliche Konsequenzen für die Regierungslehre (*Hartwich/Wewer* 1990 ff.)

und die *policy*-Forschung, die ihre konventionelle Herrschaftsperspektive i. S. partizipativer Politik «von unten» sowie durch Netzwerk-Analysen korrigiert haben (*Héritier* 1993).

(2) Genuine charismatische H. ist abhängig von den besonderen Qualitäten der herrschenden Persönlichkeit, «um derentwillen sie als mit übernatürlichen oder übermenschlichen oder mindestens spezifisch außeralltäglichen, nicht jedem andern zugänglichen Kräften oder Eigenschaften (begabt) oder als gottgesandt oder als vorbildlich und deshalb als ‹Führer› gewertet wird» (*Weber* 1980: 140). Solche Führer bringen v. a. segmentäre schwach ausdifferenzierte, «magische» Gemeinschaften hervor.

Am Charisma kann aber auch die kreative Dimension polit. H. illustriert werden: Charismatische Persönlichkeiten initiieren in einer Welt, deren Bewohner normalerweise auf Stabilität und Reproduktion eingestellt sind, «plötzlich» Neuerungen. Verbunden mit polit. Religiosität kann dies auch «nachtraditionale» Gesellschaften auszeichnen; unter den Bedingungen weitgediehener Rationalisierung erneuert sich charismatische H., die sich mit bürokratisierten Massenparteien ebenso wie mit der pazifistischen oder militanten Gegenkultur verbinden kann (*Roth* 1987). Es besteht zudem ein großes Bedürfnis nach «existentieller» und personaler Repräsentation von Herrschaft. Diese tritt gegenwärtig in drei Formen zutage:

(a) In der Gestalt des «universalistischen Personalismus» (*Roth* 1987) moderner Präsidialsysteme: Der Siegeszug der Demokratie in postkommunistischen und nachautoritären Gesellschaften Osteuropas und Südamerikas hat charismatische Herrschaftsfiguren dieses Typs verallgemeinert, die sich heute mit Hilfe elektronischer Medien «telekratischer» Mittel zur Sicherung der Massenloyalität bedienen. Auch vom Charisma abgeleitete Formen des Nationalpopulismus und → Cäsarismus stärken den Zug zur Wiederverpersönlichung von H. in heutigen Massendemokratien.

(b) Mit der von den neuen → Sozialen Bewegungen postulierten Inversion von Privatheit und Politik: In diesem durch → Wertewandel beschleunigten Prozeß ist v. a. auch die Aufmerksamkeit für die besonderen Geschlechtseigenheiten der herrschenden Personen gewachsen. Von feministischer Seite wird Männlichkeit als wesentliches Merkmal des Herrschaftsapparates aufgefaßt und der Staat, auch in seinen unbewußten und formalisierten Teilen, als «Männerbund» angesehen. Der Begriff wird zur Kritik der Standardform patriarchaler Herrschaftsstrukturen benutzt, die den strukturellen Konservatismus der Bürokratie prägt und zu immer neuen Modernisierungen und Anpassungen fähig ist (*Kreisky* 1992). Allg. haben die Neuen Sozialen Bewegungen, indem sie Identität und Authentizität als Leitmotive des Polit. auf ihre Fahnen geschrieben haben, personale Qualitäten von Funktionsträgern in den Mittelpunkt gerückt.

(c) Im → Kommunitarismus: Bereits *Otto Gierkes* Genossenschaftstheorie und die Polemik *Otto Hintzes* gegen *Max Webers* Soziologie der H. rehabilitierten die germanisch-dt. Vorstellung von der Genossenschaft als Gegenbegriff zur «romanischen» Idee der H. (und Gesellschaft). Die darin zum Ausdruck kommende Kritik am steigenden Abstraktionsgrad von H. und das Verlangen nach Beibehaltung ihrer personalen Versinnlichung wird aufgegriffen in der aktuellen Debatte zwischen Liberalismus und Kommunitarismus, wobei, aus einer neoaristotelischen oder republikanischen Perspektive, die «konkrete Gemeinschaft» der Handelnden im Vordergrund steht und weniger die Person der Herrscher selbst.

4. Allenthalben ist das Bemühen spürbar, die schwindende Kraft und problematisierte Verbindlichkeit formal-bürokratischer H. polit.-theoretisch einzufangen. In provokanter Weise ist dies in den Schriften der Poststrukturalisten der Fall. V. a. das Werk von *Michel Foucault* (1977: 115) ist ein Versuch der Außerkraftsetzung der «allgemeinen Matrix einer globalen Zweiteilung, die Beherrscher und Beherrschte einander entgegensetzt und von oben nach unten auf immer beschränktere Gruppen und bis in die letzten Tiefen des Gesellschaftskörpers ausstrahlt. Man muß eher davon ausgehen, daß die vielfältigen Kraftverhältnisse, die sich in den Produktionsapparaten, in den Familien, in den einzelnen Gruppen und Institutionen ausbilden

und auswirken, als Basis für weitreichende und den gesamten Gesellschaftskörper durchlaufende Spaltungen dienen.» Die Herrschaftsordnung erscheint hier nicht als rational fundierte Rechtsordnung, sondern als ein Ensemble von diffusen, nicht lokalisierbaren Machtdispositiven und -strategien. Von dieser Sichtweise führt eine Linie zu naturwiss. Systemtheorien. In neuronalen Netzen werden die Synthetisierungen hochkomplexer, paralleler Schaltvorgänge im Hirn nicht einer intelligenten, genau lokalisierbaren Metainstanz zugerechnet, sondern als selbstorganisierter, emergenter Bewertungs- und Selektionsprozeß interpretiert. Es wird interessant sein, die Logik der «Bewertung» von Informationen in polit. und wirtschaftl. Entscheidungs- und Allokationsprozessen in dieser Perspektive auszudeuten, zumal sie in einem ungelösten Spannungsverhältnis zu den Normen westl. Demokratien steht. Jedenfalls ist die postmoderne Gegenwartstheorie und Zeitdiagnose durch eine doppelte Paradoxie gekennzeichnet: H. wird ubiquitär und verläßt das Gehäuse ihrer Zentralstruktur; zugleich verlieren die polit. Eliten ihren exzentrischen Charakter als spezialisierte Repräsentanten von H., was den Wunsch nach ihrer personal-charismatischen Reinkarnation wohl nur noch wachsen läßt.

→ Handlungstheorien; Kommunitarismus; Legitimität; Macht; Politikbegriff; Postmoderne und Politik; Soziale Bewegungen; Staatsformen; Staatstheorie der Gegenwart; Verfassungslehren; Vertragstheorien.

Lit.: *Arendt, H.* 1963: Über die Revolution, Mchn. *Arendt, H.* 1986: Elemente und Ursprünge totaler Herrschaft, Mchn. (engl. 1951). *Beck, U.* 1986: Risikogesellschaft, Ffm. *Bendix, R.* 1960: Herrschaft und Industriearbeit, Ffm. *Bendix, R.* 1980: Könige oder Volk. Machtausübung und Herrschaftsmandat, Ffm. *Beyme, K. von* 1993: Die politische Klasse im Parteienstaat, Ffm. *Boëtie, E. de la* 1980: Von der freiwilligen Knechtschaft, hrsg. von *Bulst, N./Günther, H.* Ffm. (frz. 1574). *Breuer, S.* 1991: Max Webers Herrschaftssoziologie, Ffm. *Coleman, J.S.* 1979: Macht und Gesellschaftsstruktur, Tüb. *Dahrendorf, R.* 1964: Amba und die Amerikaner. Bemerkungen zur These der Universalität von Herrschaft, in: Europäisches Archiv für Soziologie 5, 83–98. *Foucault, M.* 1977: Sexualität und Wahrheit, Ffm. *Giddens, A.* 1985: The Nation-State and Violence, Ox. *Greven, M.Th.* 1993: Ist die Demokratie modern? Zur Rationalitätskrise der politischen Gesellschaft, in: PVS 34, 399–413. *Haferkamp, H.* 1983: Soziologie der Herrschaft, Opl. *Hartwich, H.-H./Wewer, G.* (Hrsg.) 1990 ff.: Regieren in der Bundesrepublik, 5 Bde., Opl. *Héritier, A.* (Hrsg.) 1993: Policy-Analyse (PVS-Sonderheft 24), Opl. *Hilger, D.* 1982: Herrschaft, in: *Koselleck, R.* u. a. (Hrsg.): Geschichtliche Grundbegriffe, Bd. 3, 1–102. *Kreisky, E.* 1992: Der Staat als «Männerbund». Der Versuch einer feministischen Staatssicht, in: *Biester, E.* u. a. (Hrsg.): Staat aus feministischer Sicht, Bln. *Langer, J.* 1988: Grenzen der Herrschaft, Opl. *Luhmann, N.* ²1988: Macht, Stg. (zuerst 1975). *Meier, C.* 1990: Die Entstehung des Politischen bei den Griechen, Ffm. (zuerst 1980). *Müller, N.* 1979: Empirische Herrschaftstheorie, Opl. *Neumann, F.* 1980: Die Herrschaft des Gesetzes, Ffm. (zuerst 1936). *Roth, G.* 1987: Politische Herrschaft und persönliche Freiheit, Ffm. *Schluchter, W.* 1972: Aspekte bürokratischer Herrschaft, Mchn. *Schluchter, W.* 1979: Die Entwicklung des okzidentalen Rationalismus, Tüb. *Sigrist, C.* 1967: Regulierte Anarchie, Olten/Freib. *Sternberger, D.* 1980: Herrschaft und Vereinbarung, Ffm. *Tönnies, F.* 1972: Gemeinschaft und Gesellschaft, Darmst. (zuerst 1887). *Weber, M.* 1972: Gesammelte Aufsätze zur Religionssoziologie, Tüb. *Weber, M.* ⁵1980: Wirtschaft und Gesellschaft, Tüb. (zuerst 1921). *Wieacker, F.* 1967: Privatrechtsgeschichte der Neuzeit, Gött. *Willke, H.* 1983: Entzauberung des Staates, Königstein/Ts. *Willke, H.* 1992: Ironie des Staates, Ffm.

Claus Leggewie

Heterogenität → Strukturelle Heterogenität

Historisch-empirisch, induktiver, systematisch vergleichender Forschungs- und Erklärungsansatz, der sich im Ggs.

zu normativen, theoretisch-deduktiven und statistisch-empirischen Ansätzen begreift.

Nach *Max Weber* ist das Historische das Empirische. Die Doppelung h.-e. reagiert v. a. auf die Ausschließlichkeit, mit der in den Sozialwiss. in einigen Forschungsprogrammen (→ Behaviorismus/Behavioralismus; Empirismus; Empirisch-analytische Theorie) der naturwiss. Empiriebegriff zum Inbegriff des Empirischen erhoben wurde. Der h.-e. → Ansatz ist methodenbewußt, aber nicht methodenfixiert, fallbezogen und weniger variablenorientiert; er geht qualitativ-historisch und damit weniger quantitativ-statistisch vor. Konzepte, Kontexte und Kontingenzen spielen eine große Rolle, zumal ihre Unterscheidung voneinander, d. h. die Konzeptualisierung des beobachteten Phänomens und seine Differenzierung von der umgebenden Umwelt, von den Merkmalen des Kontextes, die allzu häufig der untersuchten Einheit zugeschrieben werden. In der Theorie polit. Institutionen etwa werden Funktionen, Auswirkungen und Bewertungen von Institutionen von kontingenten Faktoren abhängig betrachtet, was im Forschungsprozeß stets erfordert, Institutionen im Gesamtzusammenhang konkreter historischer Kontexte (soziostrukturelle und -kulturelle Faktoren, historische Hintergründe, polit.-situative Konstellationen), in welchem sie stehen, zu analysieren. Universalistischen Theorien wird mißtraut, Theorien mittlerer Reichweite werden angestrebt.

→ Empirisch; Vergleichende Methode.

Dieter Nohlen

Historische Methode, nach vorherrschendem Verständnis das in der ersten Hälfte des 19. Jh. maßgeblich in D (*B. G. Niebuhr, L. von Ranke*) entwikkelte klassische Verfahren der historistischen Geschichtswiss., anhand eines Ensembles der Heuristik, Kritik, Interpretation und Darstellung aus der Überlieferung (den Quellen) historische Erkenntnis zu gewinnen.

Ihre kanonische Beschreibung geht auf *J. G. Droysen* zurück (1857); eine stärker praxisorientierte Version legte *E. Bernheim* vor ([1]1880, [7]1912). Die nachhistoristische Geschichtswiss. kennt demgegenüber keine singuläre h. M. mehr, sondern zeichnet sich durch einen Methodenpluralismus aus, der auch den historischen Interessen der Politikwiss. besser entspricht. Die historistische Geschichtswiss. war v. a. polit.-ereignisgeschichtl., ideengeschichtl. und individualbiographisch interessiert, wertete hauptsächlich Textquellen (Urkunden, Akten, Publizistik, Selbstzeugnisse) aus und setzte im Hinblick auf ihre Leistungskraft vornehmlich auf die Genialität ihrer großen Repräsentanten. Deshalb weist die von ihr entwikkelte h. M. einerseits stark idealistische und subjektivistische Züge auf, die in der modernen wissenschaftstheoretischen Diskussion höchst problematisch geworden sind. Andererseits hat diese h. M. sich in der Erforschung der polit. Ereignis- und Ideengeschichte sowie in der historischen Biographie als so fruchtbar erwiesen, daß manche Historiker in modifizierter Form bis heute an ihr festhalten (neohistoristische Geschichtswiss.).

1. Grundsätzlich umfaßt die h. M. drei Arbeitsschritte oder -komponenten: (1) Die historisch-kritische Prüfung der Quellentexte durch den Historiker mit dem Ziel, die in den Texten überlieferten historischen Einzeltatsachen zweifelsfrei zu ermitteln. (2) Die induktiv-interpretative Verknüpfung und Einordnung der ermittelten Einzeltatsachen durch den Historiker einerseits anhand der untersuchten Quellentexte selbst sowie weiterer Quellen und entspr. Darstellungen, andererseits anhand von aus der Intuition des Historikers gewonnenen Einsichten in die Logik menschlichen Verhaltens und geschichtl. Abläufe, und zwar in einem Akt des → Verstehens aller Zusammenhänge, bezogen auf das einzelne historische Phänomen (idiographisch). (3) Die literarisch-ästhetische Erfassung, Formung und Vermittlung der Ergebnisse des Verstehensaktes im Medium einer beschreibend-erklärenden Geschichtserzählung. Zentrale Bedeutung kommt also der (urspr. aus der lutherischen Bibelhermeneutik stammenden) Kategorie

des historischen Verstehens zu, welche deshalb gelegentlich (so auch bereits in einer Bedeutungsvariante *Droysens*) als die h. M. schlechthin angesprochen wird. Grundlage dieses Verstehens sind zwei Eigenschaften, die der Geschichte als konstitutiv zugeschrieben werden. Erstens bestehe Geschichte ausschließlich aus denjenigen Stoffen, welche durch Menschenhand geformt oder hergestellt worden seien, wobei diese äußeren menschlichen Aktivitäten als Ausdrucksformen innerlicher, geistiger Akte (Ideen, Intentionen) aufzufassen seien. Zweitens machten diese Ausdrucksformen innerlicher Akte, v. a. bereits die Sprache, die sittliche Gemeinsamkeit aller Menschen aus. Dadurch werde es zumal für den entsprechend gebildeten Wissenschaftler möglich, kongenial vom Äußeren auf das Innere zurückzuschließen, also den äußeren geschichtl. Ablauf als Kette einzelner Ereignisse von seinen inneren Triebkräften her zu verstehen.

2. Nur ausnahmsweise thematisiert wurde in den klassischen Erörterungen der h. M. deren wichtigste Voraussetzung, nämlich der ebenfalls in das beginnende 19. Jh. fallende, namengebende Durchbruch zur Historisierung allen Denkens, zur Bewußtwerdung über die geschichtl. Herkunft und Relativität aller Erscheinungen, der sog. → Historismus. Besonders deshalb spielten sich die nachfolgenden wissenschaftstheoretischen Auseinandersetzungen, welche entscheidend von der Historismusproblematik angeregt wurden, trotz ihrer zentralen Auswirkungen auf die Validität und Legitimität der h. M., überwiegend außerhalb der Geschichtswiss. ab. Fast unberührt von allen theoretischen Erörterungen blieb die erste Komponente, die historisch-kritische Ermittlung singulärer Sachverhalte aus den Quellen. Diese Technik war in ihren Grundzügen bereits im 17./18. Jh. entwickelt worden. Sie erfuhr und erfährt seit dem 19. Jh. ständige Verbesserung, auch und nicht zuletzt infolge naturwiss. Innovationen wie z. B. der chemischen und physikalischen Analyse, die für Altersbestimmungen eingesetzt werden kann. Direkt betroffen vom Fortschritt der Wissenschaftstheorie wurde hingegen die zweite Komponente.

Die Historismuskontroversen der Nationalökonomie, der Jurisprudenz, der Theologie und der Philosophie im ausgehenden 19. und beginnenden 20. Jh., die mit den Namen *G. Schmoller, C. Menger, W. Dilthey, M. Weber* und *E. Troeltsch* verbunden sind, brachten ein neues Verständnis der komplexen Zusammenhänge und Unterschiede zwischen induktiver Tatsachen- und deduktiver Werterkenntnis hervor. Hieraus und aus der Herausforderung der Kulturwiss. durch die aufsteigenden Naturwiss. ergab sich die Notwendigkeit einer Rationalisierung der h. M., welche sich v. a. in einer allmählichen Entmystifizierung und Entsubjektivierung des Verstehensprinzips, aber auch in der Abwendung von der klassischen Geschichtserzählung niederschlug. All diese wissenschaftstheoretischen Errungenschaften konnten jedoch erst wirklich zur Geltung kommen, nachdem sich der Interessenhorizont der Geschichtswiss. kultur-, wirtschafts- und gesellschaftsgeschichtl. ausweitete, nat. Voreingenommenheiten an Bedeutung verloren, neue Quellen und Quellenauswertungsverfahren wie z. B. Steuerlisten und Statistik volle Anerkennung fanden und die Historikerzunft sich zu einer pluralistischen *scientific community* gleichberechtigter Forscher und Lehrer transformierte. Dieser wissenschaftssoziologische Prozeß dauerte bis Ende der 1970er Jahre an. Er war von neuen theoretisch-methodischen Kontroversen begleitet, die sich nunmehr maßgeblich auch innerhalb der Geschichtswiss. abspielten. Zu nennen sind bes. (1) die entspr. Elemente des sozialwiss. Methodenstreits Mitte der 1960er Jahre, in welchem die dt. Geschichtswiss. bis zu einem gewissen Grade die Positivismusdebatte der außerdeutschen Historie des 19. Jh. nachholte; (2) die ungefähr zur gleichen Zeit voll entbrannte sog. Fischer-Kontroverse um die historische Verantwortung des Deutschen Reiches am I. Weltkrieg, welche schnell in eine Theorie- und Methodendiskussion überging; (3) die an diese Kontroverse anschließende Debatte um das Bielefelder Konzept einer Geschichtswiss. als Historische Sozialwiss., und (4) die jüngste Auseinandersetzung um die wiss. Historisierung, aber nicht moralische Relativierung des nationalsozialistischen Holocaust (fälschlich: Historikerstreit). Eine (nicht un-

umstrittene) Bilanz des inzwischen eingetretenen wiss. Wandels zieht *J. Rüsen* (1983 ff.).
3. Zentrales Ergebnis des geschichtstheoretischen Fortschritts ist die Erkenntnis, daß sich Geschichte nicht in dem erschöpft, «was die Menschen wechselseitig intendieren» (*Habermas* 1970: 116). Das bedeutet, daß historisches Verstehen bzw. eine auf dieses Verstehen zugespitzte h. M. höchstens eine Erkenntnisweise neben anderen Verfahren sein kann, welche sich im Ggs. zu ihr mit dem Nichtintentionalen (Strukturellen, Typischen) in der Geschichte befassen. Wichtigste erkenntnistheoretische Einsicht der modernen Geschichtswiss. ist darüber hinaus, daß hermeneutische Zugriffe auf vergangene Wirklichkeiten weitgehend durch explizite Hypothesen- und Theorieformulierung, also die Anwendung des sozialwiss. Erkenntnisverfahrens, ersetzt oder zumindest kritisch kontrolliert werden können. Und schließlich zieht die moderne Geschichtsforschung aus dem auch von ihrer historischen Vorgängerin nie grundsätzlich bestrittenen synoptisch-synthetischen Charakter der Geschichtswiss. konsequenter als zuvor den Schluß, daß ihre Hypothesen- und Theoriebildung materiell ohne Information durch bzw. Anleihen aus fremde(n), bes. sozialwiss. Disziplinen, von der Soziologie über die Politikwiss. bis zur Anthropologie, nicht auskommen kann. Zwar können historische Hypothesen und → Theorien wegen der Heterogenität ihrer Bezugsbereiche keine universelle, sondern nur räumlich-zeitlich begrenzte Geltung (mittlere Reichweite) beanspruchen. Diese Einschränkung ändert aber nichts daran, daß jede Hypothese oder Theorie zu ihrer Anwendung eigene Instrumente, d. h.: Methoden, benötigt. Die Ursache dafür, daß sich die gegenwärtige Geschichtswiss. durch einen weitgehenden Methodenpluralismus auszeichnet und damit vielen Nachbarwiss. als Hilfsdisziplin dienen kann, liegt also unmittelbar darin, daß, wegen der Variabilität ihrer Fragen und Stoffe, bei ihr auch ein Theorienpluralismus besteht. Der Begegnungsbereich einer typisierend-generalisierenden Historie und systematischer Politikwiss. ist dementsprechend nahezu unbegrenzt. Weder die Analyse → Politischer Systeme noch diejenige der → Internationalen Politik kommt ohne Erörterung historischer Merkmale und Entwicklungstendenzen aus. → Politische Philosophie ist über weite Strecken unvermeidlich zugleich Polit. Ideengeschichte. In bestimmten Bereichen (Elitenforschung, polit. Biographie, *Decision-making-Analyse)* sieht sich die Politikwiss. sogar auf den Einsatz der h. M. verwiesen. Ihre jüngste Rehistorisierung bringt sie zumal auf dem Gebiet der Zeitgeschichte fast zur Deckungsgleichheit mit fortgeschrittenen Richtungen der modernen Geschichtswissenschaft.

Gegen zu subtile, die → Lebenswelt bes. der einfachen Leute zugunsten übergreifender historischer Strukturen vernachlässigende und die Vermittlung historischer Erkenntnisse über die fachdisziplinäre Gemeinschaft hinaus erschwerende Theoriebildung in der Geschichtswiss. wendet sich seit einigen Jahren die sog. Alltagsgeschichte, welche (in Anlehnung an Ethnologie und Anthropologie) das Konzept einer in neuer Weise hermeneutisch arbeitenden, → Dichten Beschreibung historischer Tatbestände vertritt. Eine weitere neue Richtung, die sog. Narrativisten, möchte über den unbestreitbaren Tatbestand, daß auch die wiss. Geschichtsschreibung fiktionale Elemente enthält und ihren Stoff nach im weitesten Sinne literarisch-metawiss. Standards organisiert und präsentiert, einer neuen Art literarisch-ästhetischer → Hermeneutik verstärkte geschichtswiss. Geltung verschaffen.

→ Geschichtstheorie.

Lit.: *Bernheim, E.* [7]1912: Lehrbuch der historischen Methode und der Geschichtsphilosophie, Lpz. *Diner, D.* (Hrsg.) 1987: Ist der Nationalsozialismus Geschichte? Zu Historisierung und Historikerstreit, Ffm. *Droysen, J. G.* 1977: Historik. Textausgabe von *P. Ley*, Stg.-Bad Cannstatt (zuerst 1857). *Habermas, J.* 1970: Zur Logik der Sozialwissenschaften, Ffm. *Hardtwig, W. 1990:* Geschichtskultur und Wissenschaft, Mchn. *Iggers, G. G.* 1978: Nette Geschichtswissenschaft. Vom Historismus zur Historischen Sozialwissenschaft, Mchn. *Jaeger, F./Rüsen, J.* 1992: Geschichte des Historismus, Mchn. *Kocka J./Nipperdey, T.* (Hrsg.) 1979: Theorie und Erzählung in der

Geschichte, Mchn. *Lorenz, Ch.* 1997: Konstruktion der Vergangenheit, Wien u. a. *Meier, C./Rüsen, J.* (Hrsg.) 1988: Historische Methode, Mchn. *Meran, J.* 1985: Theorien in der Geschichtswissenschaft, Gött. *Mommsen, W. J.* 1971: Die Geschichtswissenschaft jenseits des Historismus, Düss. *Rossi, P.* (Hrsg.) *1987:* Theorie der modernen Geschichtsschreibung, Ffm. *Rüsen, J.* 1983: Historische Vernunft, Gött. *Rüsen, J.* 1986: Rekonstruktion der Vergangenheit, Gött. *Rüsen, J.* 1989: Lebendige Geschichte, Gött. *Schieder, T./Gräubig, K.* (Hrsg.) 1977: Theorieprobleme der Geschichtswissenschaft, Darmst. *Scholtz, G.* 1991: Zwischen Wissenschaftsanspruch und Orientierungsbedürfnis. Zu Grundlage und Wandel der Geisteswissenschaften, Ffm. *Schulin, E.* 1979*:* Traditionskritik und Rekonstruktionsversuch, Gött. *Topitsch, E.* (Hrsg.) ^{10}1980*:* Logik der Sozialwissenschaften, Königstein/Ts. *Weber, W.* ^{2}1987: Priester der Klio, Ffm. u. a. *Wehler, H. U.* 1973: Geschichte als Historische Sozialwissenschaft, Ffm. *White, H.* 1990: Die Bedeutung der Form. Erzählstrukturen in der Geschichtsschreibung, Ffm. *Wittkau, A.* 1992: Historismus, Gött. *Wright, G. H. von* 1974: Erklären und Verstehen, Ffm.

Wolfgang Weber

Historische Wahlforschung → Wahlforschung

Historischer Kompromiß, Bezeichnung für die 1973 von der Kommunistischen Partei Italiens (PCI) eingeleitete eurokommunistische Wende.

Im einzelnen hieß dies: Verzicht auf eine radikale Transformation von Wirtschaft und Gesellschaft, Propagierung eines breiten Bündnisses von Reformkommunisten und sozial fortschrittlichen Kräften aus dem bürgerlichen Lager. Höhepunkte dieser programmatischen und strategischen Neuorientierung waren die Umbenennung der PCI (1991) in Demokratische Linkspartei (PDS) und die Regierungsübernahme des Mitte-Links-Bündnisses unter *Romano Prodi* (1996).

→ Eurokommunismus; Sozialismus.

Lit.: *Timmermann, H.* 1978: Eurokommunismus, Ffm.

Dieter Nohlen

Historischer Materialismus, von *Marx* und *Engels* entwickelter methodologischer Zugang zur Geschichtsanalyse, der in Absetzung von *Feuerbachs* → Materialismus, *Hegels* → Idealismus und kruder Ereignisgeschichte das jeweils historisch bestimmte, durch die materiellen Lebensbedingungen der Menschen zueinander strukturierte Bedingungsverhältnis von ökon. Kernstrukturen, ideologischen Deutungs- und polit. Herrschaftsformen zur → Erklärung von Geschichte heranzieht.

Die Methode ist materialistisch, weil sie die Priorität einer vom Menschen unabhängigen Natur anerkennt und als Ausgangspunkt der → Analyse die jeweils materiell existierenden Lebensbedingungen wählt; sie ist historisch, weil der wirklich stattfindende Produktionsprozeß als geschichtl. und gesellschaftl. hergestellter mit dem Ergebnis jeweils unterschiedlicher historischer Gesellschaftsformationen begriffen wird; sie ist sozial und humanistisch, weil jeweils ein Ensemble bereits vergesellschafteter, praktisch tätiger Menschen auf der Basis vorgefundener oder überlieferter Umstände ihre eigene Geschichte machen.

→ Basis-Überbau; Dialektik; Dialektisch-kritische Theorien; Marxismus.

Josef Esser

Historismus, Paradigma der Geschichts- sowie Geistes- bzw. Kulturwiss. im 19. und frühen 20. Jahrhundert. Deren Gegenstände werden aus geschichtl. Entwicklungen hergeleitet und primär in ihrer Individualität und Veränderlichkeit betrachtet.

Demgemäß liegt der methodologische Primat auf der → Hermeneutik, die geschichtl. Erscheinungen aus deren jeweiligem Standort, → Entstehungszusammenhang und geschichtl. Sinnhorizont versteht. Der H. erwies sich als metatheoretisch fruchtbar, indem er mit der Herausbildung juristischer und nationalökon. «historischer Schulen» zu Debatten mit bed. wissenschaftstheoretischen Klärungen Anlaß gab. Seine praktische Funktion ist es, konstruktiv zur Selbstaufklärung der Gegenwart und zur Bewältigung ihrer Orientierungskrisen beizutragen sowie überzeitliche Wahrheitsansprüche in Frage zu stellen. Das historistische → Verstehen bleibt für die politikwiss. Analyse dort wichtig, wo die historischen und kulturellen Bedingungen von Politik in deren Strukturen und Funktionen eingreifen.

→ Erkenntnisinteresse; Historische Methode.

Lit.: *Iggers, G. C.* 1973: Historicism, in: *Wiener, P. P.* (Hrsg.): Dictionary of the History of Ideas, Bd. II, NY, 456–464. *Meinecke, F.* [4]1965: Die Entstehung des Historismus, in: *Hinrichs, C.* (Hrsg.): F. Meinecke, Werke, Bd. 3, Mchn. (zuerst 1936). *Rüsen, J.* 1993: Konfigurationen des Historismus. Studien zur deutschen Wissenschaftskultur, Ffm. *Troeltsch, E.* 1922: Gesammelte Schriften Bd. 3: Der Historismus und seine Probleme, Tüb.

Ulrich Weiß

Historizismus, entgegen der nicht ungebräuchlichen Gleichsetzung von H. und → Historismus geht ein spezifisches Verständnis von H. auf *K. R. Popper* zurück: H. als Fassung der gesamten Geschichte unter eine den Naturwiss. analoge Gesetzmäßigkeit, die Prognosen gestattet (→ Gesetz).

Die Kritik an diesem v. a. an *Hegel* und *Marx* festgemachten Konzept läuft auf einer erkenntnislogischen und einer praktischen Schiene. Zum einen ist das menschliche Handeln nicht deterministisch darstellbar, wie die → Evolution des Wissens zeigt: Sie beeinflußt die soziale Entwicklung, ist jedoch nicht prognostizierbar. Zum anderen unterstützt der H. eine für totalitäre Systeme charakteristische «holistische» Sozialtechnik, indem das gesetzmäßige Verlaufsmodell von Geschichte gewaltsam und moralisch rücksichtslos in eine soziale Gesamtplanung übertragen wird (→ Holismus). Dieses «Elend des H.» (Titel des von *Popper* zuerst auf engl. veröffentlichten Buches von 1957) ist zu einem geläufigen Motiv der Totalitarismuskritik geworden.

→ Dialektischer Materialismus; Historischer Materialismus; Kritischer Rationalismus; Totalitarismus.

Lit.: *Habermehl, W.* 1980: Historizismus und Kritischer Rationalismus. Einwände gegen Poppers Kritik an Comte, Marx und Platon, Freib./Mchn. *Popper, K. R.* [5]1979: Das Elend des Historizismus, Tüb. (engl. 1957, dt. 1965).

Ulrich Weiß

Hochburg, in der → Wahlforschung verwendeter Begriff zur Kennzeichnung einer bes. starken Verankerung einer Partei in bestimmten Teilen eines Wahlgebietes.

Das auf Ansätzen der Wahlgeographie basierende Konzept ist zunächst rein deskriptiv und identifiziert regionale Schwerpunkte von Parteien; i. d. R. findet es Anwendung nur für die Großparteien. Die als H. quantitativ beschriebene marktbeherrschende Position einer Partei besitzt jedoch eine theoretische Fundierung in ökon., sozialen und kulturellen Konflikten, denen die dt. Parteien ihre Entstehung verdanken (→ *Cleavages*). Die Politisierung der Sozialstruktur entwickelte sich historisch entlang konfessioneller Grenzen, im Konflikt zwischen Kapital und Arbeit, zwischen Stadt und Land bzw. → Zentrum und Peripherie sowie im Kontext der Themen Frieden, Umwelt und Bürgerrechte.

→ Wählerverhalten.

Lit.: → Wählerverhalten; Wahlforschung.

Hans-Jürgen Hoffmann

Hochrechnung, statistisches Verfahren, mit dem von (durch → Stichprobe ermittelten) Daten einer Teilmenge auf die → Verteilung in der → Grundgesamtheit geschlossen wird.

Die H. polit. Wahlen seit den 1960er Jahren hat den Begriff der H. weit verbreitet und im populären Verständnis mit der frühzeitigen Vorhersage eines Wahlausgangs verknüpft. Als allg. Schätzverfahren wird die H. in vielen unterschiedlichen Bereichen angewandt, so zur Schätzung von Ernteerträgen oder bei Verkehrszählungen. Häufig werden die Begriffe H. und Prognose synonym verwendet. Zur besseren begrifflichen und inhaltlichen Abgrenzung wäre es jedoch sinnvoll, den Begriff der H. ausschließlich für Schätzverfahren zu reservieren, bei denen die Datenqualität der Teilmenge, aufgrund deren auf die Grundgesamtheit geschlossen wird, genau so gut ist wie die Datenqualität der Grundgesamtheit selbst. Der Begriff der Prognose wäre dann anzuwenden, wenn ein Ereignis vorhergesagt wird, das noch nicht eingetreten ist. Dies kann dann nur mit Hilfe von Daten geschehen, die das vorhergesagte Ereignis selbst nicht messen. Am Beispiel der Vorhersage eines Wahlergebnisses erfolgt die H. mit bereits ausgezählten Teilergebnissen der Wahl also auf der Basis tatsächlichen Verhaltens; die Prognose eines Wahlergebnisses erfolgt dagegen auf der Grundlage von Umfrageerhebungen, die vor der Auszählung der Stimmen erhoben wurden, also mit Hilfe von Daten, die nicht das tatsächliche Verhalten, sondern Verhaltensabsichten beinhalten. Es sei darauf hingewiesen, daß der Begriff Prognose im Rahmen der schließenden Statistik eine noch andere Bedeutung hat (→ Schätzen).

Eine H. kann erfolgen unter Verwendung aller verfügbaren Teilmengen oder aber unter Berücksichtigung von nur zu einer Stichprobe gehörenden Teilmengen. Die Vorhersage eines Ereignisses kann ausschließlich auf die neuen Informationen der Teilmengen gestützt werden oder aber diese Informationen durch andere Eigenschaften der Teilmengen ergänzen, die schon vor dem Ereignis, das hochgerechnet wird, bekannt sind. Im ersten Fall erfolgt die Schätzung der Ergebnisse der Grundgesamtheit ausschließlich aus den Ergebnissen der verwendeten Teilmengen, man spricht dann von freier Hochrechnung. Im zweiten Fall wird zusätzlich zu den neuen Ergebnissen der Teilmengen noch ein weiteres Merkmal berücksichtigt, dessen Wert in der Grundgesamtheit bereits bekannt ist; man spricht dann von gebundener Hochrechnung. Sinnvoll ist die Einbeziehung noch anderer Merkmale dann, wenn diese mit dem hochzurechnenden Ereignis eng korrelieren, z. B. wenn für die zu schätzende Variable Messungen zu einem früheren Zeitpunkt vorliegen (Korrelation). Die allg. Form der H., die das Hochrechnen von Ergebnissen einer Stichprobe vorsieht, hat nach *P. Hoschka/H. Schunck* folgende Form: $y_s = y + m_s (X - x)$. Am Beispiel der H. von Wahlergebnissen bedeutet dies folgendes:

y_s = Hochrechnungsergebnis (in Prozent einer Partei);

y = neues Stichprobenergebnis (in Prozent dieser Partei);

X = Wert eines zusätzlichen Merkmals in Prozent in der Grundgesamtheit, das mit dem hochzurechnenden Merkmal korreliert ist;

x = Wert dieses Merkmals (in Prozent in der Stichprobe);

m_s = der Parameter zur Bestimmung des Schätzverfahrens;

$m_s = 0$ gilt für die freie H.;

$m_s \neq 0$ steht für verschiedene Verfahren einer gebundenen H.;

$m_s = 1$ bei einfacher Differenzenschätzung;

$m_s \neq 1$ bei allgemeiner Differenzenschätzung;

$m_s = y/x$ bei einfacher Verhältnisschätzung;

$m_s \neq Y\ x\ ao$ bei allgemeiner Verhältnisschätzung, wobei der Wert von a° aufgrund von vorliegenden Informationen gesetzt werden kann;

$m_s = b$ bei Regressionsschätzung.

Der Einsatz des jeweiligen Verfahrens ergibt sich aus der Problemstellung und dem Vorwissen über das hochzurechnende Ereignis. Die H. von Parteianteilen erfolgt in der BRD stets auf der Basis von Stichproben aus Wahlbezirken mit Hilfe gebundener Schätzverfahren, wobei als zusätzliches Merkmal die Wahlergebnisse einer vorhergehenden Wahl dienen. H. am Wahlabend erfolgen aber nicht erst dann, wenn alle Wahlbezirke, die zur Stichprobe gehören, ihr Wahlergebnis gemeldet haben, sondern schon zu einer Zeit, wo nur ein Teil der Stichprobenergebnisse vorliegt, wodurch das Fehlerintervall der H. entsprechend größer wird. Bei noch unvollständiger Stichprobe liefert die Differenzenschätzung für große und die Verhältnisschätzung für kleine Parteien erfahrungsgemäß die besten Werte.

Lit.: *Bruckmann, G.* 1966: Schätzung von Wahlresultaten aus Teilergebnissen, Wien. *Hoschka, P./Schunck, H.* 1977: Comparison of Regression, Difference- and Ratio-Estimates in Sample Theory, GMD-Mitteilungen Nr. 42, GMD, St. Augustin. *Roth, D.* 1998: Empirische Wahlforschung, Opl.

Wolfgang G. Gibowski

Höchstzahlverfahren → Verrechnungsverfahren von Stimmen in Mandate, in denen die Stimmenzahlen der Parteien durch Divisorenreihen dividiert werden und die Mandate in der Reihenfolge der entstehenden Höchstzahlen vergeben werden (→ d'Hondt).

Dieter Nohlen

Holismus, eine Denkrichtung, welche die Ganzheitlichkeit (griech.: ηολον = Ganzes) im Verhältnis von Teil und Ganzem betont bzw. verabsolutiert.

1. Holistisches Denken hat in der Philosophie und in verschiedenen Wiss. eine lange Tradition und basiert auf zwei Grundannahmen: (1) Das Ganze ist mehr als die Summe seiner Teile; (2) das Einzelne, der Teil, ist nur aus dem Ganzen heraus zu verstehen. Mit H. kann sich in der Philosophie die Vorstellung verbinden, daß das Ganzheitsphänomen einem nach Plan vorgehenden schöpferischen oder vorgegebenen Prinzip folgt; in der Politik die Unterordnung vom Teil unter die Ganzheit (des Individuums unter Staat/Volksgemeinschaft).

2. Wiss. interessiert die holistische Analyse v.a. die Struktur und das Verhalten von Ganzheiten, weshalb der H. vielfach als Vorläufer der kybernetischen Systemtheorie angesehen wird. Der ältere H. betrachtet Aussagen auch als wiss., die sich auf der Grundlage allgemeingültiger historischer Entwicklungsgesetze auf die → Gesellschaft in ihrer Totalität beziehen. In der wissenschaftstheoretischen Kontroverse warf der → Kritische Rationalismus sowohl dem → Historizismus mit seiner Annahme, die Geschichte nehme einen vorbestimmten Verlauf, als auch dialektisch-kritischen Theorien H. vor. Ihnen folgende Konzeptionen (etwa hinsichtlich gesamtgesellschaftl. Entwicklung und deren Steuerung) hielten, so *K. R. Popper* ([3]1971), mangels Prüfbarkeit wiss. Anforderungen nicht stand. Holistischer Prophetie und Planung stellte *Popper* die Stückwertstechnologie (→ Inkrementalismus) gegenüber.

Neuere holistische Positionen, die weniger geschichtsdeterministisch sind, wenden sich gegen die empirisch-analytische Forschung, welche einzelne Elemente aus ihrem ganzheitlichen Gefüge herauslöse und den situativen und normativen Kontext aus den Untersuchungen ausblende, der jedoch letztlich sinnerschließend sei. Nur die ganzheitliche, integrierte Sichtweise könne der Problemverzerrung durch den Reduktionismus auf Einzeltatsachen und Momentaufnahmen vorbeugen. In Wiss. und Politik gewinnen holistische Sichtweisen wieder an Boden, insbes. im Bereich von Umwelt und Entwicklung. «Eine ökologische Sichtweise beginnt mit einer Betrachtung des Ganzen, mit dem Verständnis dafür, wie die verschiedenen Bereiche der Natur in Wechselwirkung miteinander stehen und nach Prinzipien funktionieren, die ein Gleichgewicht anstreben und die Zeit überdauern. Diese Sichtweise kann die Erde nicht losgelöst von der menschlichen Zivilisation sehen; auch wir sind ein Teil des Ganzen, und wenn wir dieses betrachten, sehen wir letzten Endes uns selbst» (*Al Gore* 1999: 23). Eine solche holistische Position, die mit dem älteren H. den Universalismus teilt, steht im Widerstreit zu postmodernen, der Vielfalt verpflichteten, kommunitären Ganzheitskonzeptionen, die den großen Theorieentwürfen kritisch gegenüberstehen.

Lit.: *Gellner, E.* 1959: Holism versus Individualism in History and Sociology, in: *Gar-*

diner, P. (Hrsg.): Theories of History, Camb., 488–503. *Gore, A.* 1992: Wege zum Gleichgewicht, Ffm. *Popper, K.R.* [3]1971: Das Elend des Historizismus, Tüb.

Dieter Nohlen

Homo oeconomicus, urspr. in der klassischen liberalen Wirtschaftstheorie konzipiertes Verhaltensmodell eines ausschließlich → zweckrational nach den ökon. Prinzipien der individuellen Nutzenmaximierung bzw. der Minimierung des Mitteleinsatzes unter der Maxime der Marktrationalität handelnden Menschen.

Theoretisch gelten als Voraussetzung: vollständige Information über entscheidungsrelevante Daten, umfassendes Wissen über die Wirkung der Handlung, die Fähigkeit, die Ergebnisse des Handelns in eine vollständige und schwach transitive Rangordnung zu bringen, und die Fähigkeit des *h. oe.*, sich mit unendlich hoher Geschwindigkeit an sich ändernde äußere Rahmenbedingungen anzupassen. Diese Bedingungen sind in der Wirklichkeit stets nur näherungsweise mehr oder weniger realisierbar. In der Politikwiss. argumentieren Ansätze im Bereich der → Entscheidungstheorie, der → Ökonomischen Theorien der Politik und z.B. das auf *A. Downs* zurückgehende Theorem des rationalen → Wählerverhaltens zunehmend mit Annahmen und → Modellen wirtschaftswiss. Theorien.

Lit.: *Brennan, G./Lomasky, L.* 1994: Democracy and Decision. The Pure Theory of Electoral Preference, Camb. u.a. *Frey, B.S.* 1990: Ökonomie ist Sozialwissenschaft, Mchn. *Lehner, F.* 1981: Einführung in die Neue Polit. Ökonomie, Königstein/Ts. *Lipset, S.M.* [4]1988: Political Man: The social bases of politics (zuerst 1960), Baltimore. *McLean, I.* [2]1993: Public Choice, Ox.

Rainer-Olaf Schultze

Homo sociologicus, soziologischer Mensch, von *R. Dahrendorf* 1958 eingeführter Begriff, kennzeichnet die gesellschaftl. Verankerung des Menschen als Träger sozial vorgeformter → Rollen, der *h. s.* steht am «Schnittpunkt des Individuums und der Gesellschaft». Im Ggs. zu den Konzepten des → *Homo oeconomicus* der Wirtschaftswiss. und des *psychological man* der Psychologie, denen *Dahrendorf* Wirklichkeitsferne vorhält, ist im Konzept des *h. s.* die soziale Rolle elementare Kategorie für eine Theorie sozialen Handelns. *Dahrendorfs* Ausführungen waren in D Anlaß für eine Rezeption und Ausarbeitung der bis dahin weitgehend nur in der US-amerikan. Soziologie geläufigen → Rollentheorie.

Lit.: *Dahrendorf, R.* [15]1977: Homo Sociologicus, Opl.

Rainer-Olaf Schultze

Homoskedastizität → Regressionsanalyse

Honoratiorenparlament (aus lat. *honoratiores* = Hochangesehene), Volksvertretung, die (überwiegend) aus Abgeordneten zusammengesetzt ist, die dem Besitz- und Bildungsbürgertum entstammen, beruflich abkömmlich und wirtschaftl. unabhängig sind und sich folglich das Mandat als Ehrenamt leisten können.

Insbes. das Paulskirchenparlament, die 1848/49 in Frankfurt a. M. tagende dt. Nationalversammlung, deren Ziel die Verfassungsgebung für ein vereintes D war, wird als H. bezeichnet. Dieses Parlaments- und Abgeordnetenbild dominierte Repräsentationsverständnis und polit. Praxis in D im 19. Jh. mit gravierenden Folgen für das Regierungs- und Parteiensystem. Bis heute beeinflußt die – schon für die Paulskirche nur sehr bedingt zutreffende – Vorstellung vom Parlament als Versammlung angeblich interessenunabhängiger, in freiem Diskurs zur gemeinwohlorientierten Entscheidung gelangender Abgeordneter die Maßstäbe zur Beurteilung von Parlamenten. Nur allmählich wird dieses (nicht einmal historisch korrekte) Glanzbild durch ein der Realität wie den Normen → Repräsentativer Demokratie gerechtes Parlamentsverständnis abgelöst.

→ Honoratiorenpartei.

Suzanne S. Schüttemeyer

Honoratiorenpartei, Typus einer bürgerlichen → Partei, entstanden unter Bedingungen des Zensuswahlrechts im liberalen, «klassischen» → Parlamentarismus des 19. Jh., als neben dem Adel das wohlhabende → Bürgertum in der Lage war, Politik ehrenamtlich zu betreiben.

Die Führungsfiguren waren lokale Notablen, deren örtliche Wahlkreiskomitees lose miteinander verbunden und informell organisiert waren und die nur zu Wahlzeiten aktiviert wurden, um unabhängige, bürgerliche Parlamentariergruppen an ihren Wahlkreis anzubinden und die Wiederwahl zu organisieren. Nach Ausbreitung des Wahlrechts wandelten sich die H. erst durch das Aufkommen der → Arbeiterbewegung zu festen Organisationen; eine Professionalisierung der Politiker setzte ein. Die beginnende Massendemokratie führte zur Entwicklung der → Massenintegrationspartei. In anderen Klassifizierungen wird die H. auch als «liberale Repräsentationspartei» (*Neumann* ^{3}1973) oder als «ältere Parlamentspartei» (*Kirchheimer* 1954) bezeichnet.

→ Parteitypen.

Lit.: *Kirchheimer, O.* 1954: Parteistruktur und Massendemokratie in Europa, in: AöR 79, 301–325. *Neumann, S.* ^{3}1979: Die Parteien der Weimarer Republik, Stg. → Parteien; Parteiensystem.

Petra Bendel

Humanitäre Intervention, das militärische Eingreifen von Staaten oder → Internationalen Organisationen in einen bewaffneten → Konflikt in einem anderen Staat zur Durchsetzung des Schutzes von Menschenleben.

Es gilt zu unterscheiden zwischen (1) völkerrechtlich zulässigen Zwangsmaßnahmen nach Kap. VII der UN-Charta und denjenigen nach Art. 2/4 der UN-Charta (zwischenstaatl. Gewaltverbot); (2) nicht zulässigen militärischen Eingriffen eines Staates in einen anderen Staat zum Schutz eigener Staatsbürger; (3) militärischen Interventionen eines oder mehrerer Staat(en) zur Beendigung massiver Menschenrechtsverletzungen gegenüber der Bev. eines anderen Staates. Die → Legitimität der beiden letztgenannten Interventionsformen wird von ihren Befürwortern z. T. durch Hinzuziehen des Rechts auf Selbstverteidigung (bei 2) bzw. eines Völkergewohnheitsrechts (bei 3) zu begründen versucht.

→ Intervention; Menschenrechte; Peacekeeping.

Lit.: → Peacekeeping.

Andrea Liese

Humankapital, aus dem engl. (*human capital*) entlehnter Begriff der → Bildungsökonomie zur Bezeichnung der auf dem Arbeitsmarkt verwertbaren Fertigkeiten eines Individuums bzw. Ausdruck für das allg. Qualifikationsniveau der Erwerbstätigen in einer Volkswirtschaft.

In dem Maße, in dem die → Industriegesellschaft, in der in vielen Wirtschaftsbereichen die in einer relativ kurzen Ausbildungsphase erworbenen Qualifikationen die Berufstätigkeit bis zum Ende des Erwerbslebens bestimmen, sich zu einer «Wissensgesellschaft» wandelt, in der die ständige Weiterqualifizierung der Beschäftigten Voraussetzung für eine stabile Wirtschaftsentwicklung ist, werden priv. und öff. Investitionen in H. zu einem wesentlichen Bestimmungsfaktor der Zukunftschancen sowohl der einzelnen Erwerbstätigen als auch der Volkswirtschaft insgesamt.

→ Sozialkapital.

Bernhard Thibaut

Hypothese, eine bereits geprüfte oder noch zu prüfende begründete Vermutung über die Beschaffenheit eines Sachverhalts oder die Art, Stärke und Richtung des Zusammenhangs zwischen zwei oder mehreren → Variablen. H. sind zentrale «Produktionsfaktoren» *(Hartmann)* der wiss. Beschreibung, → Analyse und Prognose. Sie setzen den Erkenntnisprozeß in Gang, strukturieren ihn, halten ihn überprüfbar und fassen seine Ergebnisse in einer Reihe von – als mehr oder weniger bestätigt oder widerlegt geltenden und erneut zu überprüfenden – Aussagen oder Ketten von Aussagen zusammen.

1. Nach dem Grad der Determiniertheit wird zwischen (a) Grund-Folge-Hypothesen (auch Kausalhypothesen genannt) und (b) probabilistischen (statistischen oder Korrelations-)H. unterschieden. Im ersteren Fall wird ein deterministischer Zusammenhang unterstellt; im zweiten Fall wird von überzufälligen Regelmäßigkeiten oder Wahrscheinlichkeiten auf zugrundeliegende nichtdeterministische Zusammenhänge geschlossen (z. B.: «die meisten Arbeiter wählen linke Parteien», «die Wahrscheinlichkeit, daß Selbständige bürgerliche Parteien wählen, beträgt 80 %»).

2. Der Erkenntnisprozeß wird mit Arbeitshypothesen eingeleitet, die zur Überprüfung in Nullhypothesen übersetzt werden. Arbeitshypothesen benennen zu erwartende Zusammenhänge zwischen Variablen (z. B. «Das Wahlverhalten unterscheidet sich nach der Schichtzugehörigkeit»). Der zugehörigen Nullhypothese zufolge gibt es zwischen der Schichtzugehörigkeit und dem Wahlverhalten keine überzufälligen Zusammenhänge. Sie hat die Funktion einer zusätzlichen Sicherung gegen übereilte Schlußfolgerungen. Sie vertritt den «konservativen» Standpunkt, daß kein oder nur ein zufälliger – z. B. durch die Stichprobenziehung verursachter – Zusammenhang bestehe. Wird die Nullhypothese bestätigt, gilt die Arbeitshypothese als nicht bestätigt. Erst wenn das Datenmaterial so überzeugend gegen die Nullhypothese spricht, daß nur noch eine geringe Wahrscheinlichkeit für sie veranschlagt werden kann, wird sie abgelehnt und die Arbeitshypothese akzeptiert.

Mit der Qualität der H. stellt und fällt die Qualität des Erkenntnisprozesses. Im Idealfall zeichnen sich H. durch folgende Qualitätsmerkmale aus: (1) Falsifizierbarkeit; (2) einen relativ hohen Allgemeinheitsgrad in raum-zeitlicher Hinsicht; (3) einen hohen Grad der Spezifizierung der erwarteten Zusammenhänge (z. B. lineare oder nichtlineare, starke oder schwache, direkte oder inverse Zusammenhänge); (4) einen hohen Grad der Spezifizierung der zugrundeliegenden Annahmen (z. B. Annahme fehlerfreier oder zufallsverteilter Meßwerte); (5) einen hohen Grad der Überprüfbarkeit, der neben den unter (3) genannten Forderungen eine eindeutige Operationalisierung der verwendeten Konzepte voraussetzt und (6) eine relativ hohe Voraussagekraft.

Lit.: → Empirische Sozialforschung.

Manfred G. Schmidt

Idealismus (von gr. *idea* = Gestalt, Urbild), als praktische Sichtweise und Haltung bindet I. das menschliche Handeln an Normen und Ideale, erstrebt deren Realisierung und bewertet die faktischen Gegebenheiten aus dieser Perspektive kritisch.

1. In der Philosophie meint I. jene metaphysische Position, die hinter der sinnlich wahrnehmbaren Welt eine urbildliche Welt der Ideen annimmt. Gegenüber diesem Seins-Idealismus gibt es in der Neuzeit eine subjektivitätstheoretische Variante, wonach Welt und Wirklichkeit als geistige Erzeugungen und Konstruktionen begriffen werden. Materialismus und Sensualismus sind die Gegenpositionen zu diesen Formen von Idealismus. Die theoretische Unterscheidung verlagert sich im → Marxismus in die polit. Auseinandersetzung hinein. I. wird zum negativ besetzten Kampfbegriff, der den Adressaten als Vertreter einer «bürgerlichen» → Ideologie kritisiert, dann stigmatisiert und – im stalinistischen Kontext – auch eliminiert.

2. Im idealistischen Zusammenhang werden sehr unterschiedliche → Modelle von polit. Ordnung begründet: aus dem ideenhaften Urbild vom → Staat (*Platons* «Politeia»), aus dem unbedingten Sittengesetz (*Kant*) oder als die in der Geschichte zum Ausdruck kommende «Wirklichkeit der sittlichen Idee» (*Hegel*). In die ideale Politik mischt sich freilich immer eine realistische Dimension praktischen Erfahrungswissens. Diese realistische Sichtweise wird – als Gegenposition zum I. ausgebaut – seit *Machiavelli* immer wieder zu dem Wahrnehmungs- und Erschließungsmodus von Politik überhaupt. In diesen Zusammenhang fällt auch die in der Theorie der → Internationalen Politik gebräuchliche spezifische Unterscheidung zwischen einem I., der sich an einer friedlichen und gewaltlosen internat. Ordnung orientiert, und einem Realismus der Macht und der wirtschaftl. Interessen.

→ Idealistische Schule; Materialismus; Realistische Schule.

Lit.: *Braun, H.* 1982: Materialismus – Idealismus, in: *Brunner, O.* u.a. (Hrsg.): Geschichtliche Grundbegriffe, Bd. 3, 977–1020. *Fetscher, I.* u.a. 1986: Die polit. Philosophie des «deutschen Idealismus», in: *Fetscher, I./Münkler, H.* (Hrsg.): Pipers Hdb. der polit. Ideen, Bd. 4, 153–254. *Hegel, G. W. F.* 1986 ff.: Grundlinien der Philosophie des Rechts § 257, in: *ders.*: Werke in 20 Bänden, Bd. 7, 398, Ffm. (zuerst 1821). *Meyers, R.* 1991: Grundbegriffe, Strukturen und theoretische Perspektiven der Internationalen Beziehungen, in: Grundwissen Politik, Bonn, 220–316.

Ulrich Weiß

Idealistische Schule, einer der frühen Erklärungsansätze in der Lehre von den → Internationalen Beziehungen nach dem I. Weltkrieg. Sie stellte dem klassischen Modell des konkurrenzhaften Staatensystems die Vorstellung einer Völkergemeinschaft gegenüber, die auf der Kooperation und dem Zusammenschluß vernunftgemäß handelnder, über gemeinsame Interessen verfügender, die Verwirklichung ethischer Normen verfolgender Staatsfrauen und -männer beruht.

Die → Demokratisierung der Staaten in Verbindung mit einem Netz → Internationaler Organisationen, die unter Beachtung der Prinzipien der → Kollektiven Sicherheit, der friedlichen Streitbeilegung und des *peaceful change* internat. Konfliktquellen eliminieren sollten, sollte den Weltfrieden möglich machen. Durch wiss.-technischen Fortschritt und eine arbeitsteilige, freihändlerische Weltwirtschaft sollten die internat. Beziehungen in ein kooperatives System transformiert werden, in dessen Rahmen der einzelne → Staat durch Verfolgung seiner vernünftigen Interessen den Interessen der gesamten Menschheit dient. Die durch den II. Weltkrieg zunächst diskreditierte Theorie ist in unterschiedlichen Forschungssträngen inzwischen wieder aufgegriffen und modifiziert worden. Sowohl die → Interdependenz- und → Integrationstheorie der 1970er Jahre als auch aktuelle Theorieversuche wie die «Demokratien führen keinen Krieg untereinander»-These, neuere, insbes. die Rolle von Ideen und Überzeugungen betonende Analysen internat. → Regime sowie die Diskussion über die Welt (→ Zivilgesellschaft) greifen bewußt oder unbewußt auf die ältere Theorie zurück, ohne allerdings die Fehler eines bloß legalistisch-normativen Denkens zu wiederholen.

Lit.: → Internationale Beziehungen; Realistische Schule.

Michael Zürn

Idealtypus, von *Max Weber* entwickelter Typusbegriff, eine rationale Konstruktion der reinen Form, die in der Realität niemals vorkommt.

Der I. dient zur systematischen Konfrontation seiner selbst mit der Wirklichkeit – und dies nicht zum Zwecke einer Kritik der Wirklichkeit am Maßstab des normativen Idealbilds, sondern zur Identifizierung der «Abweichungen» des Verhaltens von Personen und Organisationen vom I., so daß gezielt nach den verursachenden Faktoren dieser Abweichungen geforscht werden kann.

Der Zusammenhang, den der I. als begriffliche und sachliche Abstraktion von Merkmalen und Werten aus einem komplexen Sachverhalt etabliert, stellt demnach keine → Hypothese zur Überprüfung empirischer Sachverhalte dar. Der I. regt vielmehr Hypothesen für die Analyse der Wirklichkeit an, hat heuristische und explorative Funktionen.

→ Typus; Typologie.

Lit.: *Gerhardt, U.* 2001: Idealtypus, Ffm. *Weber, M.* 1956: Die Objektivität sozialwissenschaftlicher Erkenntnis (zuerst 1904), in: *Weber, M.*: Soziologie, Weltgeschichtliche Analysen, Politik, Stg., 186–310.

Dieter Nohlen

Identitäre Demokratie, auf *J. J. Rousseau* zurückgehende Variante der → Demokratietheorie, die die → Identität von Herrschenden und Beherrschten, von Regierenden und Regierten verlangt, denn die → Volkssouveränität dürfe nicht stellvertretend durch Repräsentation oder Regierung wahrgenommen, sondern müsse vom Volk selbst und direkt ausgeübt werden (→ Direkte Demokratie).

Rousseaus Identitätstheorie beruht auf der unterstellten Existenz eines apriorischen allg. Willens (→ *Volonté générale*; Gemeinwohl), der von allen vernünftigen Bürgern erkannt und anerkannt werden könne/müsse. Voraussetzung dafür sind Kleinräumigkeit, gesellschaftl. Homogenität und eine umfassende Erziehung zu Tugend, Vernunft und Patriotismus-Bedingungen, die in den modernen, von Interessengegensätzen, Individualisierung und → Pluralismus, von Großräumigkeit und Komplexität charakterisierten Gesellschaften nicht herstellbar sind, so daß Massendemokratien notwendig → Repräsentative Demokratien sind. Fatal ist es allerdings, wenn jede Ergänzung durch direktdemokratische Elemente, die das Ziel verfolgt, Verkrustungen des → Parlamentarismus und des Parteienstaates aufzubrechen, gleich mit dem Vorwurf des → Totalitarismus denunziert wird.

→ Deliberative Demokratie; Kommunitarismus; Plebiszitäre Demokratie.

Lit.: *Barber, B.* 1994: Starke Demokratie. Über die Teilhabe am Politischen, Bln. (engl. 1984). *Grebing, H.* 1972: Volksrepräsentation und identitäre Demokratie, in: PVS 13, 162–180. *Rousseau, J. J.* 1977: Vom Gesellschaftsvertrag oder Prinzipien des Staatsrechtes, in: *ders.*: Polit. Schriften, Bd. 1, Paderborn, 59–208 (frz. 1762). → Demokratie; Gemeinwohl.

Rainer-Olaf Schultze

Identität, demokratietheoretisch die vollkommene → Gleichheit oder Übereinstimmung von Beherrschten und Herrschern (→ Identitäre Demokratie); allg. das eine dauerhafte innere Einheit und Stabilität garantierende Selbstverständnis (a) einer Person oder (b) einer Gruppe.

(a) Die individuelle bzw. personale I. bestimmt die klassische Definition von *E. H. Erikson* als «die unmittelbare Wahrnehmung der eigenen Gleichheit und Kontinuität in der Zeit und die damit verbundene Wahrnehmung, daß auch andere diese Gleichheit und Kontinuität erkennen» (*Erikson* 1980: 18). (b) Die kollektive I. von Großgruppen (Interessengruppen; Religionsgemeinschaften; → Ethnien, Nationen) zeigt sich in gemeinsamer Kultur, Werten, Überzeugungen und → Interessen, wird durch Institutionen und Symbole stabilisiert und reproduziert sich in Interaktions- und Kommunikationsprozessen. Beschleunigter → Sozialer Wandel, Auflösung und Instabilität von Lebensformen und → Milieus und die damit verbundene Problematik individueller Identitätsfindung (vgl. *Keupp/Höfer* 1997) rücken Fragen der kollektiven I. als für → Solidarität im → Sozialstaat und → Konsens in der Demokratie unverzichtbar ins Zentrum polit. und politikwiss. Interesses. Dabei scheint → Identitätspolitik (vgl. *Goffman* 1974) zur Stärkung der Selbstachtung wie zum Schutz von → Minderheiten vor Diskriminierung notwendig (→ Multikulturalismus; → *Political Correctness*) und problematisch zugleich, geht sie doch meist einher mit Abgrenzung und Abwertung nach außen und beinhaltet die Gefahr von Fremdenfeindlichkeit, → Nationalismus und → Rassismus.

Lit.: *Emcke, C.* 2000: Kollektive Identität. Sozialphilosophische Grundlagen, Ffm./NY. *Erikson, E. H.* [6]1980: Identität und Lebenszyklus, Ffm. (engl. 1959). *Giesen, B.* 1999: Kollektive Identität. Die Intellektuellen und die Nation, Bd. 2, Ffm. *Goffman, I.* 1974: Stigma. Über Techniken der Bewältigung beschädigter Identität, Ffm. (engl. 1963). *Habermas, J.* 1974: Können komplexe Gesellschaften eine vernünftige Identität ausbilden?, in: *Habermas, J./Henrich, D.*: Zwei Reden, Ffm., 23–84. *Huntington, S.P.* 1996: Kampf der Kulturen, Wien. *Keupp, H./Höfer, R.* (Hrsg.) 1997: Identitätsarbeit heute, Ffm. *Meyer, T.* 1997: Identitäts-Wahn. Die Politisierung des kulturellen Unterschieds, Bln. *Taylor, C.* 1994: Die Quellen des Selbst, Ffm. (engl. 1989) Opl. → Identitätspolitik.

Günter Rieger

Identitätspolitik, Bezeichnung für eine Politik, welche die identitätspolit. Ansprüche von → Minderheiten auf → Anerkennung im demokratischen → Rechtsstaat zu verrechtlichen sucht.

I. ist auf die kollektive → Identität einer sozialen Gruppe gerichtet, die durch rassische oder ethnische Zugehörigkeit, Geschlechtszugehörigkeit, körperliche Merkmale (etwa Behinderung), sexuelle Orientierung (Homosexualität) etc. bestimmt wird. Der identitätspolit. Ausgangspunkt ist, daß die Mehrheitsgesellschaft ein negatives Bild von den Minderheiten zeichnet, welches ein negativen Selbstbild, Unterdrückung und Leiden hervorruft. Um mit der Diskriminierung zu brechen, müssen die Minderheiten nicht nur die Umkehrung des Negativbildes in ein positives herbeiführen («Black is beautiful»; «ich bin schwul, und das ist auch gut so»), sondern auch I. betreiben, die über die rechtliche Gleichstellung der Individuen, die im Rechtsstaat gewährleistet ist, hinausgeht und die Differenz der Gruppe zur Basis von Sonderrechten für sie macht, die von staatl. Seite eingeräumt werden. Schließlich soll das Selbstbild der Mehrheitskultur aufgehoben und in einer Landschaft gleichberechtigter → Kulturen, dem → Multikulturalismus, aufgehen.

Die identitätspolit. Ideen und Forderungen stehen in heftiger Kontroverse mit Auffasungen, welche die individuellen Freiheitsrechte durch die Verabsolutierung der Gruppenrechte gefährdet sehen, ebenso den «Vorrang einer nationalen Kultur vor ethnischen, sprachlichen oder religiösen Teilkulturen» (*Brumlik* 1999: 47), die Rechtsgleichheit durch dauerhafte Sonderrechte für identitätreklamierende Gruppen sowie in der schiefen Fragestellung zur Gleichwertigkeit der Kulturen den Vorrang im öff. Raum von Rechtsstaalichkeit und Freiheit gegenüber Auffassungen, die eine Einheit von Islam und Staat anstreben (*Lohauß* 1999: 86).

Lit.: *Boyle, J.* 1997: Universalism, Justice and Identity Politics, Washington D.C. *Brumlik, M.* 1999: Selbstachtung und nationale Kultur, in: *Reese-Schäfer, W.* (Hrsg.), 45–63. *Berger, P. L.* (Hrsg.) 1997: Die Grenzen der Gemeinschaft, Gütersloh. *Gergen, K.J.* 1995: Social Construction and the Transformation of Identity Politics, Swartmore. *Lohauß, P.* 1999: Widersprüche der Identitätspolitik in der demokratischen Gesellschaft, in: *Reese-Schäfer, W.* (Hrsg.), 65–89. *Reese-Schäfer, W.* (Hrsg.) 1999: Identität und Interesse, Opl. *Sartori, G.* 2001: La sociedad multiétnica, Madrid.

Dieter Nohlen

Ideologie/Ideologiekritik, dem neutralen Begriff von I. i. S. eines weltanschaulichen Systems von Überzeugungen steht ein weitverbreiteter Negativbegriff entgegen, der I. als dogmatische Gedankenkomplexe, als Weltdeutungen mit umfassendem Anspruch und begrenztem Horizont sowie als interessengebundenes, polit. instrumentalisiertes «falsches Bewußtsein» versteht.

In diesem negativen Sinne wird ein Ideologiekonzept entwickelt (1) im → Marxismus:

ein ideologischer Überbau aus Philosophie, Moral, Recht und Politik beansprucht eine vermeintliche, aber illusionäre Selbständigkeit gegenüber der ökon. Basis (→ Basis-Überbau); (2) in der Wissenssoziologie: *K. Mannheim* unterscheidet das ideologische Denken der herrschenden Gruppen als erstarrte, partiell blinde Wahrnehmungsweise von Wirklichkeit von einem veränderungsfähigen utopischen Denken; (3) im Neo-Positivismus: I. wird festgemacht in weltanschaulichen und metaphysischen Konstruktionen, sofern diese sich einer empirischen Herkunft und Überprüfbarkeit entziehen.
Im Rahmen dieser Konzepte stellt die Ideologiekritik (Ik.) eine Strategie bereit, ideologische Konstrukte durchschaubar und unwirksam zu machen. Diese Strategie kann abstrakt beschrieben werden als die Zurückführung einer Derivat- auf eine Fundamentalstruktur, z. B. im marxistischen Kontext die Anbindung des bürgerlichen Staates an die Interessen der → Bourgeoisie und die kapitalistische Wirtschaftsweise. Dabei ist eine elaborierte Ik. auch in der Lage, die Entstehung des Derivatkomplexes aus seinem Basisbereich zu erklären, was dem ersteren bei allem ideologischen Schein eine gewisse Wahrheit zugesteht. Gegenüber der optimistischen Überzeugung der → Aufklärung von der letztlichen Beseitigung ideologischer Beschränkungen ist seit *Nietzsche* und mit der → Postmoderne prinzipielle Skepsis angebracht: Alle Perspektiven und Interpretationen sind begrenzt; angesichts ihrer Pluralität und Dynamik gerät das Ziel einer Transzendierung ideologischer Zerrbilder auf Wahrheit hin seinerseits unter Ideologieverdacht. Außerdem können I. pragmatisch-funktional der Orientierung in einer immer komplexeren Wirklichkeit dienen. Nach dem Zeitalter der I. deren Ende zu vermuten, ist also verfrüht.

Lit.: *Dierse, I.* 1982: Ideologie, in: *Brunner, O.* u. a. (Hrsg.): Geschichtliche Grundbegriffe, Bd. 3, 131–169. *Eagleton, T.* 1993: Ideologie – eine Einführung, Stg. (engl. 1991). *Lieber, H.-J.* 1985: Ideologie, Paderborn u. a. *Mannheim, K.* ^{7}1985: Ideologie und Utopie, Ffm. (zuerst 1929). *Salamun, K.* (Hrsg.) 1992: Ideologien und Ideologiekritik, Darmst.

Ulrich Weiß

Idiographisch, Ggs. zu → nomothetisch, Attribut für die Erfassung und Beschreibung der Einzigartigkeit von Individuen und Ereignissen.

Einmalige, zeitlich begrenzte Phänomene werden voll und erschöpfend untersucht ohne abstrahierendes, auf Vergleichbarkeit und Regelmäßigkeiten orientiertes Interesse. Die → hermeneutische Idiographie konzentriert sich auf das → Verstehen des Einzelfalls. Die i. Methode wurde urspr. als den → Geisteswissenschaften eigen betrachtet, die nomothetische Methode den Naturwissenschaften. Die Politikwiss. hat, wie eigentlich alle Wiss., sowohl nomothetische als auch i. Aufgaben zu lösen.

→ Dichte Beschreibung.

Dieter Nohlen

Immigration → Migration

Immunität (aus lat. *immunitas* = (Abgaben-)Freiheit, Privileg), bes. Schutz des Abgeordneten vor Strafverfolgung; historisch entstanden, um das Parlament vor willkürlichen Übergriffen der Krone zu schützen.

In D in Art. 46, 2–4 GG geregelt (ähnlich in anderen Demokratien und analog in den Verfassungen der Bundesländer), wonach ein Abgeordneter nur mit Genehmigung des Bundestages zur Verantwortung gezogen oder verhaftet werden darf, es sei denn, er wird auf frischer Tat ertappt oder im Laufe des folgenden Tages festgenommen. Auch alle anderen Beschränkungen der persönlichen Freiheit eines Abgeordneten sowie Verfahren zur Verwirkung der → Grundrechte bedürfen der Genehmigung des Bundestages. Auf dessen Verlangen sind zudem alle Strafverfahren gegen Abgeordnete (und andere Maßnahmen nach Art. 46 GG) auszusetzen.

→ Indemnität.

Lit.: *Bellers, J./Westphalen, R. Graf von* (Hrsg.) [2]1996: Parlamentslehre, Mchn.

Suzanne S. Schüttemeyer

Impact panel → Panelanalyse

Impeachment (engl. für öff. Anklage, Ministeranklage), rechtliches Verfahren zur Amtsenthebung in → Politischen Systemen, in denen für bestimmte Ämter polit. Verantwortung i. S. des Vertrauensentzugs mit Rücktrittsfolge nicht geltend gemacht werden kann.

Die Ursprünge des *i.* reichen bis ins mittelalterliche England zurück. Da der König kein Unrecht tun konnte (und kann), bedurfte es eines Statthalters, der für Verfassungs- oder Rechtsbruch bei der Amtsführung vom Parlament zur Verantwortung gezogen werden konnte. Diese rechtliche Möglichkeit zur Anklage und Amtsenthebung (auf Antrag der *Commons* durch die *Lords*) wandelte sich allmählich zur polit. des Vertrauensentzugs mit Rücktrittsfolge. Im → Präsidentialismus der USA sieht die → Verfassung das *i.* gegen den Präsidenten und Vizepräsidenten sowie gegen Bundesbeamte wegen Verrats, Bestechung oder schwerer Verbrechen vor. Das Repräsentantenhaus kann mit absoluter Mehrheit Anklage vor dem Senat erheben, der für die Entscheidung zur Amtsenthebung eine Zweidrittelmehrheit braucht. In den USA konnte sich das *i.* systemkonform nicht zu einem polit. Instrument entwickeln, sondern mußte in seiner rechtlichen Ausgestaltung verbleiben, die allerdings noch nie erfolgreich durchgeführt worden ist. Verwandte Formen finden sich in parlamentarischen Republiken als Anklagen gegen das jeweilige Staatsoberhaupt.

Lit.: *Fraenkel, E.* [4]1981: Das amerikan. Regierungssysytem, Opl. (zuerst 1960). *Polsby, N. W.* (Hrsg.) 1986: Congress and the Presidency, Englewood Cliffs. *Schlesinger, A. M.* [2]1989: The Imperial Presidency, Boston (zuerst 1973).

Suzanne S. Schüttemeyer

Imperatives Mandat → Amt

Imperialismus, (von lat. *imperium* = das Reich, später das Großreich, Weltreich), im allg. Verständnis das Streben polit. Mächte, über die eigenen Staatsgrenzen hinaus territorial zu expandieren oder ihren polit., wirtschaftl., militärischen und/oder kulturellen Einflußbereich auf Kosten der unterworfenen bzw. penetrierten Gesellschaften auszudehnen.

Im spezifischen Verständnis meint I. die Politik der bisherigen europ. Kolonialmächte und der *latecomers* Belgien, D und Italien in den drei Jahrzehnten vor dem I. Weltkrieg (Epoche des I.), die noch nicht unter Kolonialherrschaft gefallenen Territorien unter sich aufzuteilen. Ferner bezeichnet I. ebenfalls im spezifischeren Sinne das Interaktionsmuster der Beziehungen zwischen «einer Nation im Zentrum und einer Nation an der Peripherie», die gekennzeichnet ist von «Interessenharmonie zwischen dem Zentrum in der Zentralnation und dem Zentrum in der Peripherienation» und «größerer Interessendisharmonie innerhalb der Peripherienation als innerhalb der Zentralnation» (*Galtung* 1972: 35).
Der Imperialismusbegriff differiert nach Theorien, die I. zu erklären suchen. Bezogen auf den klassischen I. (als Epochenphänomen) ist grob zu unterscheiden zwischen machttheoretischen (I. als Folge des → Nationalstaats und der Herrschaftsstabilisierung im Inneren) und politökon. Theorien (Kapitalverwertungsprobleme in den imperialen Staaten). Die letzteren wurden dominant und führten zu Definitionen wie bei *Lenin* (1916): «Der Imperialismus als höchstes Stadium des Kapitalismus». In den der → *Dependencia* nahen Theorien, welche die internat. Beziehungen nach der Dekolonisierung und damit die Unterentwicklung erklären wollen, wird der I. ausdifferenziert in den ökon., polit., militärischen, kommunikativen und kulturellen Typus. Damit wird nicht nur der I. als analytische Kategorie aufrechtzuerhalten versucht, sondern auch seiner Verwendung als polit. Kampfbegriff für

jede Form asymmetrischer Beziehungen zwischen Ländern ein weites Feld geöffnet.

Lit.: *Elsenhans, H.* 1995: Imperialismustheorien, in: *Nohlen, D./Schultze, R.-O.* (Hrsg.): Politische Theorien (= Lexikon der Politik, Bd. 1), Mchn. 195–199. *Galtung, J.* 1972: Eine strukturelle Theorie des Imperialismus, in: *Senghaas, D.* (Hrsg.): Imperialismus und strukturelle Gewalt, Ffm., 29–104. *Lenin, W. I.* 1916: Der Imperialismus als höchstes Stadium des Kapitalismus, in: LW 22, 189 ff.

Dieter Nohlen

Implementation (engl. für Aus-/Durchführung, Vollzug), politik- und verwaltungswiss. Fachterminus für den Prozeß der inhaltlichen Umsetzung von Gesetzen, Verordnungen etc. in konkrete Maßnahmen und materielle Leistungen und deren – ggf. kontinuierliche – Aufrechterhaltung.

Die I. polit., meist parlamentarischer Entscheidungen ist in erster Linie Aufgabe verschiedener Ebenen staatl., kommunaler etc. → Verwaltung und hat die komplexen institutionellen, rechtlichen, personellen und finanziellen (Rahmen-)Bedingungen administrativen Handelns zu beachten. Die Implementationsforschung entstand Anfang der 1970er Jahre in den USA, als sich abzeichnete, daß die sozialen Reformprogramme nicht die gewünschten materiellen Ergebnisse erbrachten bzw. Ende der 1970er Jahre in der BRD, als die z. T. erheblichen Umsetzungsdefizite der «Politik der inneren Reformen» deutlich wurden.

→ Evaluierung; Politikevaluierung; Politikfeldanalyse.

Lit.: *Pressman, J. L./Wildavsky, A.* 1973: Implementation, Berkeley u. a. *Windhoff-Héritier, A.* 1980: Politikimplementation, Königstein. → Politikfeldanalyse.

Klaus Schubert

Implementationsforschung → Politikevaluierung

Importsubstitution (Importsubstitutionsstrategie), der Ersatz von Importgütern durch einheimische Industrieprodukte.

I. war die von den bereits in den Weltmarkt eingebundenen späteren Entwicklungsländern (hauptsächlich in Lateinamerika) gewählte Industrialisierungsstrategie, mit der die Auswirkungen der Weltwirtschaftskrise der 1930er Jahre zu überwinden versucht wurde. Sie brachte zunächst Wachstumserfolge, war jedoch an → Protektionismus, die bestehende Nachfrage und hohen Investitionsgüterimportbedarf gebunden und konnte sich nicht zur Massennachfrage bzw. zu kompetitiver Wettbewerbsfähigkeit der Industriegüter auf dem Weltmarkt weiterentwickeln. Das Scheitern der importsubstituierenden Industrialisierung war damit gewissermaßen vorprogrammiert und offenbarte sich spätestens mit der → Verschuldungskrise der 1980er Jahre.

→ Außenwirtschaft.

Dieter Nohlen

Incentives → Anreize

Income terms of trade → Terms of trade

Indemnität (aus lat. *indemnitus* = schadlos, frei von Verantwortung), Straffreiheit von Abgeordneten für Abstimmungen oder Äußerungen im Parlament oder seinen Ausschüssen.

Historisch entstand I., um die Parlamentarier vor der Krone zu schützen und ihre Unabhängigkeit zu wahren. In D in Art. 46 I GG (sowie in Landesverfassungen analog) geregelt, wonach gerichtliche sowie dienstliche (bei Beamten) Verfolgung ausgeschlossen ist. Davon sind nur verleumderische Beleidigungen ausgenommen.

→ Immunität.

Lit.: → Immunität.

Suzanne S. Schüttemeyer

Index/Indexierung, in der Statistik die Gewinnung eines Indexes (I.) oder einer Indexzahl, die man dadurch ermittelt, daß man eine Größe zu einer Basisgröße in Beziehung setzt, deren Wert (zu einem bestimmten Zeitpunkt) gleich 100 gesetzt wird.

In den empirischen Sozialwiss. Ausdruck für die Zusammenfassung mehrerer → Indikatoren zur Messung komplexer Zusammenhänge. Zu den bekanntesten zählen die I. der Lebenshaltungskosten (bzw. die Inflationsrate), der Arbeitslosigkeit, der Humanentwicklung (→ Human Development Index). Indexierung (Ig.) meint in der (wirtschafts-) polit. Praxis die Dynamisierung eines Betrages durch die Bindung an eine Indexklausel, z. B. die automatische Angleichung der Renten an die Lohn- (Rentendynamisierung) oder der Löhne an die Preisentwicklung aus Gründen des Inflationsausgleichs. Die Preisindexierung spielt auch in der Außenwirtschaftspolitik eine Rolle, u. a. zur Sicherung der Rohstofferlöse rohstoffexportierender Entwicklungsländer, wobei die direkte Ig. (die Anbindung der Rohstoffpreise an die Preise der importierten Industriegüter) von der indirekten Ig. (die Ergänzungsfinanzierung von seiten der Industrieländer gegenüber den rohstoffexportierenden Entwicklungsländern zur Aufrechterhaltung der Importkapazität) zu unterscheiden ist.

→ Außenwirtschaft; Inflation; Rohstoffpolitik; Terms of trade.

Rainer-Olaf Schultze

Indikator, beobachtbarer bzw. meßbarer Anzeiger für ein nicht direkt beobachtbares → Konstrukt. Ein I. ist demnach mehr, als er unmittelbar mißt. Er weist auf etwas hin, was er selbst nicht oder nur partiell ist. Beispiel: Die Lebenserwartung bei Geburt gilt als I. für den Stand der gesundheitlichen Versorgung der Bev. bzw. für deren Ernährungsniveau.

Um die mögliche Diskrepanz zwischen I. und Konstrukt möglichst gering zu halten, ist eine begriffliche Anpassung («Adäquation») erforderlich, die das «eigentlich Gemeinte» dem empirisch-statistisch Erfaßbaren bzw. Erfaßten möglichst nahe bringt. Drei Typen von I. sind zu unterscheiden: (1) der Pro-Kopf-Typ (Beispiel Prokopfeinkommen) gibt statistische Mittelwerte an; (2) der Prozent-Typ (Beispiel Alphabetisierungsrate) informiert über die Verteilung eines Gutes oder eines Defizits, wobei die Zugänglichkeit des Gutes bzw. die Aufhebung des Defizits für einen jeden die grundlegende Zielvorstellung ist; (3) der Strukturtyp zeigt Anteile von Teilen am Gesamt auf (z. B. der Anteil des Industriesektors am BIP), ohne daß das Erreichen von 100 % als sinnvoll erachtet wird.

→ Entwicklungsindikatoren; Operationalisierung.

Lit.: *Nohlen, D./Nuscheler, F.* 1993: Indikatoren von Unterentwicklung und Entwicklung, in: *dies.* (Hrsg.): Hdb. der Dritten Welt, Bd. 1, Bonn, 76–108.

Dieter Nohlen

Indirect rule (engl. für indirekte Herrschaft), Fachterminus für den → Idealtyp brit. Kolonialherrschaft, im Ggs. zur kostenungünstigeren frz. *administration directe.*

Bei *i. r.* werden die bisherigen Systeme sozialer und polit. Organisation beibehalten, und die autochthonen Machtträger bleiben in Amt und Würden, erkennen jedoch die europ. Oberhoheit an. In der Praxis in Reinform außer in den Emiraten Nordnigerias kaum angewandt, hat die *i. r.* im Dekolonisationsprozeß die traditionellen → Eliten an die Kolonialmacht gebunden und die Integration der modernen Eliten in das → Politische System eher behindert. Analog wird die Wirkung der *i. r.* generell insofern ambivalent beurteilt, als sie zwar Teile autochthoner Traditionsbestände vor deren rigoroser Westernisierung bewahren half, andererseits aber eine ökon. und soziopolit. → Modernisierung der betreffenden Territorien eher behinderte.

→ Kolonialismus.

Lit.: *Albertini, R. von* 1976: Europäische Kolonialherrschaft 1880–1940, Zürich. *Nuscheler, F./Ziemer, K.* 1980: Polit. Herrschaft in Schwarzafrika, Mchn.

Klaus Ziemer

Indirekte Wahl → Wahlrecht

Individualdaten, systematisch erhobene Informationen über soziale, polit. und wirtschaftl. Tatsachen und Prozesse, die Merkmale von individuellen Objekten (z. B. Personen, Ereignisse) kennzeichnen (Gegensatz: → Aggregatdaten und Kollektivdaten).

I. werden mittels Dokumentenanalyse, → Beobachtung, → Interview oder → Experiment erhoben. Sie sind zentrales Material für Analysen von individuellen Einstellungen und Verhalten sowie Grundlage für Kollektiv- und Aggregatdaten.

I. kommt seit der behavioralistischen Revolution in dem Zweig der empirischen Politikwiss. bes. große Bedeutung zu, der sich vorrangig quantitativer Methoden bedient. → Wahlforschung, Einstellungsforschung und → Politische Psychologie bzw. Sozialpsychologie bilden dabei Schwerpunkte. In diesen Gebieten sind auch die Erhebungstechniken und die statistischen Analyseverfahren am weitesten entwickelt. Analysen, die sich auf Individualdaten beschränken, haben den Vorteil, direkt oder nahe an den individuellen Untersuchungsobjekten anzusetzen, jedoch den Nachteil, daß Kontextbedingungen, die oftmals von zentraler Bedeutung für individuelle Einstellungen und Verhalten sind, nur unzureichend erfaßt werden. Nicht zuletzt diese Begrenzung hat in der nach-behavioralistischen Phase zur Renaissance qualitativer Methoden, Techniken der → Dichten Beschreibung *(Geertz)* und von Methoden und Forschungsdesigns, welche die Einbettung von Individuen in soziale Kontexte und kulturelle Traditionen erfassen («qualitative Sozialforschung»), beigetragen.

→ Befragung; Daten; Demoskopie/Umfrageforschung; Fehlschluß; Methodenprobleme in der empirischen Sozialforschung; Qualitative Methode.

Lit.: → Befragung; Daten; Qualitative Methode.

Manfred G. Schmidt

Individualistischer Fehlschluß, auch: atomistischer → Fehlschluß. Im Ggs. zum → Ökologischen Fehlschluß bezeichnet der i. F. die fehlerhafte Schlußfolgerung von Beziehungen zwischen Merkmalen und individuellen Objekten (z. B. Personen) auf Beziehungen zwischen Kollektiven.

Ein i. F. liegt z. B. vor, wenn aus der Beobachtung eines geringeren Kündigungsrisikos hochqualifizierter Arbeitskräfte abgeleitet würde, die Arbeiternehmer in Ländern mit einem höheren Qualifikationsniveau liefen weniger Gefahr, arbeitslos zu werden, als die Beschäftigten in Ländern mit niedrigerem Qualifikationsniveau.

Susanne Schäfer-Walkmann

Induktion/Induktive Methode, eine Form des Schließens, und zwar (im Ggs. zur → Deduktion) von besonderen Sätzen, Einzelfällen oder Teilmengen auf allg. Sätze, → Hypothesen oder auf alle Fälle bzw. auf eine Gesamtmenge. Die induktive Methode (i. M.) wird verwandt, um von beobachteten Einzelfällen zu allgemeineren Aussagen (induktive Verallgemeinerungen) vorzustoßen. Ihre Funktion ist die der Entdeckung, Unterstützung und Überprüfung von Hypothesen.

1. Die wiss. Leistungsfähigkeit der i. M. ist freilich umstritten. Die Kritik an ihr wurde bereits von *Hume* geführt, lange bevor die empiristische Wissenschaftstheorie die I. zur Methode der Überprüfung oder Bestätigung von Hypothesen erhob. Der induktiven Verifikation wurde ähnlich dem deduktiven Schließen (wenn die Prämissen wahr sind, sind auch die Konklusionen wahr) Wahrheit zugebilligt, wenn die I. nur korrekt durchge-

führt werde (Verifikationismus des traditionellen → Empirismus von *Comte* bis zum *Wiener Kreis* der Neo-Positivisten).
Hauptsächlich *Popper* (→ Kritischer Positivismus) hat den Induktivismus mit dem bekannten Beispiel kritisiert, daß noch so viele Beobachtungen von weißen Schwänen nicht zu dem Schluß berechtigen, daß alle Schwäne weiß sind, da es unmöglich ist, alle Einzelfälle zu überprüfen. *Popper* leugnet damit, daß in den empirischen Wiss. strenge Beweise möglich sind, denn eine aufgestellte Hypothese, die durch einen Einzelfall falsifiziert wird, widerlegt die darauf basierende Theorie. Gefordert sei vielmehr eine Theorie der Bewährung, die ständigen Prüfungen (Falsifizierung) ausgesetzt sein müsse. Der implizite naive oder dogmatische Falsifikationismus ist von mehreren Seiten kritisiert worden, da er u. a. einen wirklichen Fortschritt der (Sozial-)Wiss. verhindere.
2. Ungeachtet dessen arbeitet die Erfahrungswiss. hauptsächlich mit induktiven Schlüssen, hat sich die Methode des statistischen Schließens der → Empirischen Sozialforschung an dem quantitativen Bestätigungsbegriff (der induktiven Logik) orientiert. Von repräsentativen → Stichproben auf die Grundgesamtheit zu schließen, ist für die modernen Sozialwiss. eine *conditio sine qua non* zur Bildung und Überprüfung von Hypothesen und Gesetzesaussagen. Weitere Aufweichungen des Induktivismus, wie beispielsweise die nur probabilistische Verwendung induktiver Konklusionen (→ Wahrscheinlichkeit) oder die eliminierende I., d. h. der Ausschluß der nicht übereinstimmenden Fälle (→ *deviant case*) aus der Konklusion begünstigen diesen Tatbestand. Hinzu kommt die pragmatische Position, daß die i. M. zwar keine mit logischer Notwendigkeit wahren Aussagen zutage fördere, sie aber das beste zur Verfügung stehende wiss. Verfahren sei und von dort her Anerkennung verdiene.

Lit.: → Deduktion/Deduktive Methode.

Dieter Nohlen

Induktionsschluß → Repräsentationsschluß

Induktive Statistik → Inferenzstatistik

Industrial relations → Arbeitsbeziehungen

Industrialisierung (von lat. *industria* = Fleiß, eifrige Tätigkeit), im 16. und 17. Jh. bezeichnet Industrie die richtige Handhabung eines Gewerbes; im 18. und zu Beginn des 19. Jh. treten die bes. Qualifikation und der Fleiß in den Vordergrund. Zunächst ist damit also nicht ein bestimmtes Tätigkeitsfeld oder ein Wirtschaftszweig, sondern die Ausführung wirtschaftl. Tätigkeiten mit Fleiß und Erfindungsgabe gemeint. Seit der Mitte des 19. Jh. versteht man darunter eine betriebliche Einrichtung, «in der menschliche Arbeit auf die Herstellung von Erzeugnissen aus Rohstoffen gerichtet ist» (*Strasser/Haack* 1985: 95).

1. I. hat also mit der Ausbreitung der Industrie im Verhältnis zu Handwerk und Landwirtschaft zu tun. Der damalige Gewerbebegriff eröffnet den Zugang zum Verständnis der Entfaltung der industriellen Gesellschaft: Gewerbe als Erwerbstätigkeit i. S. eines Tauschgeschäfts, als priv. Erwerb im Ggs. zu öff. Diensten und als Inhalt der Erwerbstätigkeit, die die produktivste Methode der Fertigung im Blick hat. Gewerbe und Industrie wurden erst synonyme Begriffe, als mit der Ausweitung von Manufakturen und Fabriken die qualifizierende Bedeutung von Industrie zugunsten der Geschicklichkeit sowie die branchenklassifizierende Bedeutung in den Vordergrund trat. Wirtschaftszweig und die bes. Produktionsweise sind fortan die Definitionsmerkmale von Industrie. Die industrielle Produktionsweise entwickelte sich über die Stationen des Verlagssystems und der Heimarbeit, der Manufaktur und des Fabriksystems. Die «Heimindustrie» kann als Beginn der I. angesehen werden, weil damit Händler außerhalb der Reichweite der Zunftgesetze Produzenten (z. B. *Weber*) mit Material beliefern konnten, die diese bearbeitet wieder zurückgaben («Verlags-

system»); sie konnten dadurch auch genug Kapital ansammeln, da immer mehr Menschen in die Städte zogen und nicht mehr selbst z. B. die Stoffe für die Kleider herstellten, sondern sich ein Markt für alle möglichen Produkte bildete. Im Verlagssystem verlieren die Produzenten die Kontrolle über das Rohmaterial, den Absatz und den Ertrag ihrer Produkte. In der Manufaktur werden die getrennt arbeitenden Produzenten räumlich zusammengefaßt, an den Arbeitsgeräten änderte sich nichts. Arbeitszeit und Materialverwendung werden allerdings kontrolliert, eine → Arbeitsteilung findet nur zwischen unterschiedlichen Produkten oder Produktgruppen statt. Erst in der Fabrik kommt es zur industriellen Arbeitsteilung, in der die Summe der Arbeitsvollzüge zur Herstellung eines Produkts auf verschiedene Menschen aufgeteilt wird. Neben der Produktion zum Zwecke des Markttausches und der Herausbildung einer differenzierten Geldwirtschaft ist die Ausweitung der Arbeitsteilung das Neue am Übergang vom → Feudalismus zum → Kapitalismus, vom Handwerk zur Industrie.

2. I. wird zur notwendigen Bedingung für wirtschaftl. Wachstum und technischen → Fortschritt, individuellen Wohlstand und → Demokratie. Industrielle Fertigungsverfahren führen zur Preissenkung massenproduzierter Güter, zu weiteren Rationalisierungsmaßnahmen (Mechanisierung, Automatisierung), zum Einsatz neuer Energiequellen (z. B. Elektrizität) und zu neuen Unternehmensformen (z. B. Kapitalgesellschaften, Kartelle), neuen Bedürfnissen und weitreichenden Beschäftigungseffekten. Mit I. ist deshalb auch die Transformation von der Agrar- zur Industriewirtschaft gemeint, die in der zweiten Hälfte des 18. Jh. in GB und in der ersten Hälfte des 19. Jh. in D einsetzte. Der rückläufige Anteil des primären Sektors an der Gesamtbeschäftigung – 1875 war in D noch die Hälfte, zu Beginn des I. Weltkrieges noch ein Drittel in der Landwirtschaft tätig, heute sind es rund 3 % – lenkte die Aufmerksamkeit auf das Verhältnis der Beschäftigungsanteile von sekundärem und tertiärem Sektor. Schon in den 1930er Jahren stellten die engl. Ökonomen *A. G. B. Fisher* und *C. Clark* die These auf, daß mit zunehmendem Pro-Kopf-Einkommen die Erwerbstätigkeit vom primären auf den sekundären Sektor übergehe und schließlich zum Wachstum des Dienstleistungssektors führe. Durch *J. Fourastié* ([2]1969) wurde die Dreisektorenhypothese zur «großen Hoffnung des 20. Jh.» und der Bogen zu den Verheißungen der «nachindustriellen Gesellschaft» (*D. Bell, A. Touraine*) und den schier unbegrenzt konsumierenden «Mikrosklaven» (*D. Coupland*) am Ende des 20. Jh. geschlagen. In der technologie- und kundengetriebenen «Wissensgesellschaft» (*N. Stehr, H. Willke*) und «Erlebnisgesellschaft» (*G. Schulze*) am Beginn des 21. Jh. werden Zweifel laut, ob «der flexible Mensch» (*R. Sennett*) Sinn in der «beschleunigten Gesellschaft» (P. Glotz, U. J. Heuser) finden wird.

Lit.: *Aron, R.* 1962: Die industrielle Gesellschaft, Ffm. *Clark, C.* 1940: The Conditions of Economic Progress, L. *Engels, F.* 1962: Zur Lage der arbeitenden Klassen in England, in: MEW, Bd. 2, Bln., 225–506 (zuerst 1845). *Fisher, A. G. B.* 1935: The Clash of Progress and Security, L. *Fourastié, J.* [2]1969: Die große Hoffnung des 20. Jahrhunderts, Köln (zuerst 1949). *Glotz, P.* 1999: Die beschleunigte Gesellschaft, Mchn. *Gross, P.* 1994: Die Multioptionsgesellschaft, Ffm. *Heuser, U. J.* 1996: Tausend Welten. Die Auflösung der Gesellschaft im digitalen Zeitalter, Bln. *Merk, H. G.* (Hrsg.) 1994: Wirtschaftsstruktur und Arbeitsplätze im Wandel der Zeit, Stg. *Schulze, G.* [7]1997: Ereignisgesellschaft, Ffm. (zuerst 1992). *Sennett, R.* 1998: Der flexible Mensch. Die Kultur des neuen Kapitalismus, Bln. *Singelmann, J.* 1985: Wirtschaftliche Entwicklung und beruflicher Wandel, in: *ders.* u. a.: Strukturen der modernen Industriegesellschaft, Stg., 3–18. *Smith, A.* [6]1993: Der Wohlstand der Nationen. Mchn. (engl. 1776). *Stehr, N.* 2000: Wissen und Wirtschaften, Ffm. *Strasser, H./Haack, K.* 1985: Probleme der Industriegesellschaft, Stg. *Stürmer, M.* (Hrsg.) 1979: Herbst des alten Handwerks: Zur Sozialgeschichte des 18. Jahrhunderts, Mchn. *Ulrich, O.* 1979: Weltniveau: In der Sackgasse des Industriesystems, Bln. *Veblen, T.* 1997: Theorie der feinen Leute, Ffm. (engl. 1899).

Willke, H. 1998: Systemisches Wissensmanagement, Stg.

Hermann Strasser

Industriegesellschaft, Bezeichnung für ein Wirtschafts- und Gesellschaftssystem, das maßgeblich von der Güterproduktion des gewerblichen (Industrie-, sekundären) Sektors bestimmt ist, im Ggs. zur vorindustriellen, von primären Sektor landwirtschaftl. Produktion geprägten Agrargesellschaft wie zur nachindustriellen → Dienstleistungs- und/oder → Wissensgesellschaft.

Die I. ist charakterisiert von hochgradig arbeitsteiliger, fabrikmäßiger, lohnabhängiger und kapitalintensiver Produktion (→ Fordismus) und daraus folgend von sozialer Differenzierung und Urbanisierung wie von der Notwendigkeit wachsender horizontaler wie vertikaler → Mobilität. Mit der Entfaltung der I. verbunden waren die Organisation der sozio-polit. Interessen entlang des Klassenkonfliktes von Kapital und Arbeit, die Demokratisierung polit. → Herrschaft, die wechselseitige Durchdringung von Staat und Gesellschaft (inkl. korporatistischer Interessenformation) die Ausbildung des → Wohlfahrtsstaates (→ Massenloyalität).

→ Industrialisierung; Modernisierung.

Lit: *Klages, H.* 1995: Industriegesellschaft, in: *Nohlen,D./Schultze, R.-O.* (Hrsg.): Politische Theorien (Lexikon der Politik, Bd. 1), Mchn., 199–204; → Industrialisierung.

Rainer-Olaf Schultze

Industriegewerkschaft → Gewerkschaften

Industrielle Beziehungen → Arbeitsbeziehungen

Industrielle Demokratie, aus dem Engl. (= *industrial democracy*) übernommene Bezeichnung für solche Institutionen und Prozesse, durch die Arbeiter und Angestellte bzw. ihre Vertretungsorgane (z. B. Betriebsräte) an betrieblichen und überbetrieblichen Entscheidungen beteiligt sind.

In der i. D. können Arbeitnehmer auf die Unternehmenspolitik hinsichtlich Produktion, Gestaltung der Arbeitsabläufe, der Tarif- und → Arbeitsbeziehungen usw. Einfluß nehmen (→ Mitbestimmung). Der Begriff unterstellt, daß Formen demokratischer Willensbildung auf Prozesse industrieller Produktion und betriebswirtschaftl. Entscheidungen übertragbar sind (→ Arbeiterselbstverwaltung; Wirtschaftsdemokratie).

→ Demokratie.

Rainer-Olaf Schultze

Industrielle Revolution, von *F. Engels* und *L. A. Blanqui* eingeführter Begriff, der sich auf die Phase beschleunigter Veränderungen der → Gesellschaft bezieht, die in der zweiten Hälfte des 18. Jh. in GB und in der ersten Hälfte des 19. Jh. in D sowie den meisten europ. Ländern und Nordamerika einsetzte. Sie war nicht polit., durch Veränderungen von außen, durch Kriege, neue Absatzgebiete, Glaubensbekenntnisse oder Geistesblitze, sondern durch ökon. Umwälzungen bedingt.

1. Die i. R. ist «eine Revolution des Arbeitsvorganges selbst» (*Plessner* 1959: 76). Sie begann in England mit der Umwandlung der agrarisch-handwerklichen Produktionsweise zur Fabrikarbeit, die in drei Phasen vor sich ging: Verlagsystem und Heimarbeit, Manufakturperiode, Fabriksystem. Die einzelnen Stationen sind durch eine schrittweise «Enteignung» der Produzenten gekennzeichnet: Zunächst gibt der Produzent in der «Heimindustrie» die Kontrolle über die Herkunft des Materials, die Menge der Produkte und den erzielbaren Ertrag der Arbeit auf; in der Manufaktur verliert er die Kontrolle über Arbeitszeit und Arbeitsort; im Fabriksystem, in dem die Arbeit zur Herstellung eines Produkts auf verschiedene Menschen

(also nicht mehr Arbeitsteilung zwischen unterschiedlichen Produkten wie in der Manufaktur) aufgeteilt wird, kommt es auch zur Enteignung der individuellen Fertigkeiten durch Mechanisierung der Produktion (→ Arbeitsteilung). Deshalb spricht man hier von der ersten i. R., in der technologisch Dampfmaschine, Webstuhl und Eisenbahn die entscheidende Rolle gespielt haben, während die zweite i. R. mit der Automatisierung und die dritte mit dem Einsatz von Mikroprozessoren verbunden ist.

2. Die i. R. hat nicht nur den Arbeitsvorgang, sondern in der Folge auch die → Gesellschaft grundlegend verändert. Sie wurde zum Motor des Übergangs vom → Feudalismus zum → Kapitalismus und schuf den neuen Gesellschaftstyp der → Industriegesellschaft. Die industrielle → Produktionsweise wirkte sich bis in die individuelle Lebensgestaltung aus: Es kam zur Trennung von Familien- und Arbeitsleben, von priv. und öff. Existenz, von Haushalt und Arbeitsstätte, von → Klasse und Stand.

→ Entwicklung; Evolution; Industrialisierung.

Lit.: *Hartwell, R. M.* (Hrsg.) 1967: The Causes of the Industrial Revolution in England, L. *Köllmann, W.* u. a. (Hrsg.) 1990: Das Ruhrgebiet im Industriezeitalter, 2 Bde., Düss. *Landes, D. S.* 1983: Der entfesselte Prometheus: Technologischer Wandel und industrielle Entwicklung in Westeuropa von 1750 bis zur Gegenwart, Köln (zuerst 1969). *Nolte, E.* 1983: Marxismus und industrielle Revolution, Stg. *Plessner, H.* [2]1959: Die verspätete Nation, Stg. *Sennett, R.* 1998: Der flexible Mensch. Die Kultur des neuen Kapitalismus, Bln. *Strasser, H./Haack, K.* 1985: Probleme der Industriegesellschaft, Stg.

Hermann Strasser

Industriepolitik, die Gesamtheit aller polit. und verbandlichen Aktivitäten sowie gesetzgeberischen Maßnahmen, die darauf gerichtet sind, die ökon. und industrielle Struktur einer Volkswirtschaft zu erhalten (Bestandserhaltung), zu fördern bzw. dem technologischen Wandel anzupassen.

Industriepolit. Maßnahmen werden i. d. R. durch regionale, internat. oder technologische Veränderungen (z. B. als Folge der → Globalisierung) ausgelöst, die auf seiten der betroffenen Wirtschaft nicht (nur) zu marktkonformen Anpassungsprozessen, sondern (auch) zu polit. Forderungen führen. Trotz regelmäßiger Auseinandersetzung über die Notwendigkeit, die Effektivität und Effizienz polit. begründeter Eingriffe in wirtschaftl. Prozesse, setzen alle modernen Staaten, zumeist mit nur kurzfristiger Zielsetzung, industriepolit. Instrumentarien ein (→ Staatstätigkeit).

1. Zu unterscheiden sind vier Strategien von I.: (1) Schaffung von möglichst guten Voraussetzungen für industrielle Innovationsprozesse, um einen friktionslosen Strukturwandel zu ermöglichen. Dem Minimalstaatskonzept entsprechend beschränkt sich I. hier auf die Gestaltung polit. Rahmenbedingungen, v. a. darauf, wichtige Einzelpolitiken (Außenhandels-, Währungs-, Steuerpolitik etc.) auf industriepolit. Erfordernisse auszurichten und ggf. Hindernisse zu beseitigen (*positive adjustment policy*). (2) Förderung von bestimmten industriellen Sektoren oder wirtschaftl. Branchen, um den Strukturwandel zu beschleunigen. Diese Form der I. hat enge Bezüge zur Politik indikativer Planung. Gelegentlich soll auch das Anpassungstempo eines industriellen Sektors an Veränderungen anderer Sektoren angeglichen werden. Generelles Ziel ist, die technisch-ökon. Wettbewerbsfähigkeit einer Volkswirtschaft zu erhöhen, wie dies z. B. in der sog. Standortdebatte gefordert wird. (3) Verhinderung potentieller (volks-)wirtschaftl. Engpässe z. B. in der Energie- oder Rohstoffversorgung (z. B. die dt. Kohlepolitik). (4) Förderung regionaler Entwicklung. So kann z. B. der Erhalt industrieller Kerne – wie in einigen ostdt. Ländern praktiziert – als wirtschafts- und sozialpolit. (kosten-) günstiger angesehen werden als eine völlige Deindustrialisierung, mit welcher ein Anstieg gesellschaftl. Probleme, der Arbeitslosigkeit etc. verbunden wäre. Darüber hinaus können z. B. die Chancen für einen industriellen Neubeginn in intakten industriellen Kernen höher eingeschätzt werden.

2. Die industriepolit. Instrumente lassen sich

systematisieren in: (1) defensive Instrumente, z. B. Antidumping-Zölle, Kontingentierungen, freiwillige Vereinbarungen, Subventionierungen; (2) offensive Instrumente, z. B. staatl. Unterstützung beim Aufbau strategischer Industrien, oder regionale I., die oft auf die Förderung regionaler (Industrie-) Netzwerke konzentriert ist; (3) horizontale Instrumente, z. B. die ehem. *planification* in Frankreich, die I. des Ministeriums für internationalen Handel und Industrie (MITI) in Japan. Seit dem Maastrichter Vertrag von 1991 verfügt die EU ebenfalls über industriepolit. Kompetenzen.

→ Forschung und Entwicklung; Forschungs- und Technologiepolitik; Interventionsstaat.

Lit.: *Feldmann, H.* 1993: Konzeption und Praxis der EG-Industriepolitik, in: ORDO 44, 139–168. *Kokalj, L./Albach, H.* 1987: Industriepolitik in der Marktwirtschaft – Ein internationaler Vergleich, Stg. *Oberender, P./Daumann, F.* 1995: Industriepolitik, Mchn. *Simons, J.* 1997: Industriepolitik, Stg. *Sturm, R.* 1991: Die Industriepolitik und die europäische Integration, Baden-Baden.

Klaus Schubert

Inferenzstatistik (auch: schließende, induktive oder analytische Statistik), jener Teilbereich der Statistik, der sich mit Beziehungen zwischen → Stichprobe und → Grundgesamtheit befaßt. Meist ist nämlich das Ordnen und Umstrukturieren von → Daten mittels der beschreibenden (deskriptiven) Statistik nur ein erster Schritt und die eigentliche Fragestellung zielt weiter: Die an einer begrenzten Personenzahl und unter speziellen Bedingungen erhobenen Daten werden dann als eine solche Stichprobe aus einer (realen oder theoretischen) Grundgesamtheit aufgefaßt. Die I. besteht im wesentlichen aus mathematischen → Modellen für solche Stichprobenziehungen, einschließlich der dabei relevanten Schlüsse und Entscheidungen.

Zieht man aus einer durch bestimmte (mathematisch-theoretische) Parameter definierten Grundgesamtheit unter genau angegebenen Bedingungen Stichproben, so läßt sich eine → Wahrscheinlichkeitsverteilung für die entspr. Kennwerte der Stichproben berechnen – die sog. Stichprobenverteilung. Die wichtigsten dieser Wahrscheinlichkeitsverteilungen sind die Binomial-, hypergeometrische, Poisson-, Normal- (oder *Gauß*-), t-, F- und Chi-Quadrat-Verteilung. Die bes. Bedeutung der Normalverteilung ergibt sich aus der Tatsache, daß sie für sehr viele andere Wahrscheinlichkeitsverteilungen bei großen Stichprobenumfängen eine gute Näherung darstellt (asymptotische Eigenschaft der Normalverteilung).

Mit Hilfe dieser Stichprobenverteilungen läßt sich angeben, innerhalb welcher Grenzen Stichprobenwerte mit einer bestimmten Wahrscheinlichkeit zu erwarten sind (sog. Prognoseintervall). In Umkehrung dieses Schlusses (was allerdings einige logische und statistische Probleme aufwirft) lassen sich für die Parameter der Grundgesamtheit sog. Konfidenzintervalle schätzen (sog. Repräsentationsschluß). Sofern die empirischen Stichprobenbedingungen hinreichend dem statistischen Modell entsprechen, läßt sich z. B. folgern, daß bei 40 % Anhängerschaft einer bestimmten Partei in D man in einer Stichprobe von N = 2000 Personen mit 95 % Wahrscheinlichkeit Werte zwischen 38 % und 42 % für diese Partei erwarten kann. Andererseits kann zu einer Stichprobe von N = 2000 Personen, in der 40 % Anhänger für diese Partei sind, ein Konfidenzintervall gefunden werden, das den «wahren» Wert in der Grundgesamtheit mit der Wahrscheinlichkeit von 95 % überdeckt, und somit eine Intervallschätzung für diesen unbekannten Wert liefert. Dieses Intervall liegt ebenfalls zwischen 38 % und 42 %. Trotz dieser numerischen Gleichheit sind → Prognose und Schätzung auseinanderzuhalten: erstere betrifft einen (Stichproben-)Kennwert als Realisation einer Zufallsvariablen, letztere hat einen festen, aber unbekannten Verteilungsparameter zum Gegenstand.

Sowohl Prognose als auch Repräsentationsschluß sind aber in der Anwendung im Kontext real-empirischer Phänomene weitaus problematischer, als es im Lichte der mathematischen Theorie erscheint. So geht es bei der Frage nach der Prognosefähigkeit in den Sozialwiss. darum, wieweit von sozialwiss. Theorien zutreffende Aussagen über zukünftige Zustände oder Entwicklungen sozialer Sachverhalte herzuleiten sind. Beispielsweise setzt die Übertragung der Erklärung eines Phänomens zum Zeitpunkt t1 auf eine Prognose zum Zeitpunkt t2 i. d. R. die Konstanz der Randbedingungen (oder die Kenntnis ihres Wandels und damit weiterer Gesetze) voraus, was *de facto* die Beantwortung der Frage nach den Anwendungsbereichen sehr erschwert. Entsprechend den Möglichkeiten, durch bestimmte Handlungen diese Anwendungsbereiche einer Theorie selbst beeinflussen zu können, unterscheidet man zwischen technologischen und nicht-technologischen Prognosen: im ersten Fall ist der zu prognostizierende Sachverhalt ganz oder zumindest teilweise durch die sozialen Handlungsträger und ihre Entscheidungen beeinflußbar, während im zweiten Fall eine solche Beeinflussung nicht möglich ist, und man sich nur – sofern man an die Richtigkeit der Prognose glaubt – auf den vorhergesagten Sachverhalt einstellen kann.

Der Repräsentationsschluß wird selbst schon im Rahmen der Statistik in seinen Detailfragen und -bedeutungen heftig diskutiert (wie auch das korrespondierende Problem im Rahmen der Logik: nämlich die Induktion). Im Bes. zur mathematischen Statistik, wo es um Exaktheit, Deduktion und Beweisbarkeit geht, ist Inferenz gerade «das A- Mathematische an der theoretischen Statistik» (*Menges* 1968: 266), weil hier – analog zum Gesetz der großen Zahl – die Welt der empirischen Tatsachen mit den abstrakten Prinzipien der Wahrscheinlichkeit verbunden wird. In jedem Falle bedarf es beim Repräsentationsschluß neben den beobachteten empirischen Werten auch bestimmter a-priori-Annahmen. Danach lassen sich verschiedenartige Inferenz-Modelle unterscheiden: Beim *Bayes*-Modell werden die a-priori-Verteilungen als bekannt vorausgesetzt, beim Fiduzialmodell von *R. A. Fisher ist* die sog. Fiduzialwahrscheinlichkeit eine Aussage über einen festen, aber unbekannten Zustand, beim *Likelihood-Modell* wird ein Plausibilitätsmaß für die unbekannten Parameter berechnet und beim Konfidenz-Modell von *Neyman/Pearson* geht es um Zufallsintervalle, die den unbekannten festen Parameter mit einer bestimmten Wahrscheinlichkeit überdecken. Zahlreiche moderne Autoren neigen dazu, Repräsentationsschlüsse als Entscheidungsprobleme aufzufassen.

Neben den eben skizzierten grundsätzlichen Fragen statistischen Schätzens ist die Teststatistik ein weiteres wichtiges Gebiet der I. – insbes. in Form der → Signifikanztests. Auch die → Regressionsanalyse gehört weitgehend (wo sie reine Deskription überschreitet) zur Inferenzstatistik. Dabei geht es um die Vorhersage von Werten einer (oder mehrerer) Variablen aufgrund der Kenntnis von Werten auf anderen Variablen, die mit dieser funktional (gemäß bestimmter Modellvorstellungen) zusammenhängen, und die Parameter dieser theoretischen Modelle werden dabei aufgrund der empirischen Daten geschätzt.

→ Deskriptive Statistik; Regressionsanalyse; Schätzen, statistisches; Statistik; Testtheorie.

Lit.: *Menges, G.* 1968: Grundriß der Statistik (I), Opl. *Polasek, W.* 1997: Schließende Statistik, Bln. *Schlittgen, R.* 1996: Statistische Inferenz, Mchn.

Jürgen Kriz

Inflation (aus lat. *inflatio* = das Anschwellen), wirtschaftspolit. Fachterminus für den Anstieg des allg. Preisniveaus. I. wird meist gemessen als Preisindex für das BSP und beruht auf der Ausweitung der Geldmenge im Verhältnis zur Gütermenge, was zu einer durchschnittl. Preissteigerung für Güter und Dienstleistungen und damit zu einer Kaufkraftentwertung des Geldes führt.

I. verstößt gegen das im → Magischen Vieleck angesprochene und in D im Stabilitäts- und Wachstumsgesetz verankerte Ziel der Preisstabilität. Die Ursachen der I. können auf der Angebots- wie auf der Nachfrageseite, im außenwirtschaftl. Bereich («importierte Inflation») und akteursbezogen auch beim → Staat (Hyperinflation z. B. bei Kriegsfinanzierung über die Notenpresse) liegen. Die Folgen einer I. sind u. a. unsoziale Vermögensverschiebungen zwischen Geld- und Sachwertbesitzern («Flucht in die Sachwerte») und bei starker I. Fehlallokationen aufgrund des verzerrten Preissystems. Das Verhindern einer I. ist primär Aufgabe der → Zentralbanken, die mittels ihrer → Geld- und Kreditpolitik versuchen, die Geldversorgung entspr. der Entwicklung des Produktionspotenzials zu steuern.

→ Deflation; Index/Indexierung; Konjunktur/Konjunkturpolitik; Wirtschaftspolitik.

Lit.: *Busch, A.*, 2001: Inflation; in: *Nohlen, D.* (Hrsg.): Kleines Lexikon der Politik, Mchn., 199–202; → Geld- und Kreditpolitik.

Uwe Andersen

Informationsgesellschaft, zunächst in der Soziologie verwendeter Begriff, der die dominierende Rolle der Information in den modernen Gesellschaften zum Ausdruck bringen soll.

1. Vergleichbar der gesellschaftsprägenden Rolle zunächst der Landwirtschaft (→ Agrargesellschaft) und dann der Industrie (→ Industriegesellschaft) seien die heutigen Gesellschaften als I. zu verstehen. Der konkurrierende Begriff der → Dienstleistungsgesellschaft meint im Grunde das gleiche, zielt aber erkennbar stärker auf die ökon. Verwendung von Information. In technischer Hinsicht besteht das Neuartige der I. in dem Zusammenwachsen der verschiedenen Medien zu einem einheitlichen, digitalisierten Netz. Damit vervielfachen sich die Kommunikationsmöglichkeiten; Knappheit als Voraussetzung von → Regulation gibt es nicht mehr. Die bislang entscheidende Massenkommunikation wird zunehmend durch die Individualkommunikation ersetzt. Das wesentliche Merkmal dieser Medien ist ihre Interaktivität. Sie werden gelegentlich auch mit dem Sammelbegriff «Multimedia» bezeichnet.

2. Polit. Kommunikation in der I. stellt die bislang dominierenden, repräsentativ verfaßten Prozesse der polit. Meinungs- und Willensbildung in Frage. → Parlamente, → Parteien und → Interessengruppen, aber auch die → Massenmedien selbst müssen sich den neuen polit. Kommunikationsformen der I. zunehmend anpassen. Es sind zwei komplementäre Tendenzen, die den polit. Raum der I. in je unterschiedlicher Weise prägen: Individualisierung und → Globalisierung. (1) Individualisierung heißt in diesem Zusammenhang größtmögliche individuelle Wahlfreiheit, wobei jeder einzelne zumindest theoretisch über die ideale Information verfügt, wodurch letztlich rationale Entscheidungen auf idealen Märkten möglich werden. Einige Autoren erwarten die sog. «Entmassung» der Zivilisation: Die von der Industriegesellschaft hervorgebrachte Massenproduktion, die Massenmedien und die Massenkultur werden danach «entmasst», also ihrem Wesen nach individualisiert und privatisiert, denn «die dritte Welle hat weitreichende Auswirkungen auf das Wesen und die Bedeutung von → Eigentum, → Markt, → Gemeinschaft und individueller → Freiheit. Sie bildet neue Verhaltensformen aus, die jeden Organismus und jede Institution – Familie, Nachbarschaft, Kirchengemeinde, Firma, Regierung, Nation – unerbittlich über jede Standardisierung und über die materialistische Fixierung auf Energie, Geld und Kontrolle hinausdrängen» (Magna Charta, zit. nach FAZ vom 26. 8. 1995, 30). (2) Der Begriff der Globalisierung wird gemeinhin komplementär verstanden. Die Vielzahl der oft wenig reflektierten Globalisierungsbegriffe unterscheiden sich in zweifacher Hinsicht voneinander: (a) zunächst ist mit Globalisierung häufig die Entwicklungstendenz der Märkte gemeint, die die nat. Ebene zunehmend verlassen und sich als Weltmärkte konstituieren. Dies gilt auch für die Medien- und Informationsmärkte. (b) Neben dieser ökon. Globalisierung gibt es aber eine zweite, eher qualitative Perspektive. Das sog. *«global village»* *M. McLuhans* steht als Metapher für eine virtuelle Gesellschaft, in der jeder mit jedem weltweit in Kommunikationsbeziehungen treten kann. Das Ideal der I. unterstellt, daß beide Tendenzen – Individualisierung und Globalisierung – letztlich die Entstehung ei-

ner zivilisierten, demokratischen Weltinformationsgesellschaft ermöglichen würden. Voraussetzung dieser Entwicklung ist aber, daß grundsätzlich alle an dem dafür erforderlichen kommunikativen Diskurs der I. teilnehmen können. Kritiker bemängeln, daß hiervon nicht die Rede sein kann und dies auch in absehbarer Zukunft nicht zu erwarten ist. Es zeichne sich vielmehr eine nat. und weltweit ausdifferenzierte Zweiklassengesellschaft derjenigen ab, die mit den entspr. Kommunikationsmöglichkeiten mehr oder weniger souverän umgehen können und denjenigen, die – wie z. B. in den meisten Ländern der → Dritten Welt – von diesen Möglichkeiten nach wie vor weit entfernt sind (sog. *«digital divide»*. Darüber hinaus sehen sie die Gefahr, daß die repräsentativ-demokratischen Institutionen an Ansehen und Einfluß verlieren. Insbes. mit dem in den letzten Jahren popularisierten Internet bestehe die theoretische Möglichkeit, direkt-demokratische → Partizipation im Gewande der «*Cyber*-Demokratie» zu realisieren. Die Hoffnungen, daß direkt-demokratische Beteiligungsoptionen in der I. die erodierten, traditionellen Träger der → Öffentlichen Meinung ersetzen könnten, sind bislang allerdings empirisch nicht belegbar. Die zentrale politikwiss. Frage an die v. a. von Technik und Ökonomie geförderte I. lautet von daher: Welche Rolle sollen hier die repräsentativ verfaßten Institutionen spielen?

→ Demokratie; Internet und Politik; Repräsentative Demokratie.

Lit.: *Bickmann, R.* 1996: Cyber Society – Das Realszenario der Informationsgesellschaft, Düss. u. a. *Rohe, K.* u. a. (Hrsg.) 1997: Politik und Demokratie in der Informationsgesellschaft, Baden-Baden. *Tauss, J.* u. a. (Hrsg.) 1996: Deutschlands Weg in die Informationsgesellschaft, Baden-Baden. *Toffler, A./Toffler, H.* 1995: Creating a New Civilization. The Politics of the Third Wave, Atlanta.

Winand Gellner

Informeller Sektor, im weitesten Sinn jener Bereich einer Volkswirtschaft, in dem die Produktion von → Gütern und Dienstleitungen von arbeits- und sozialrechtlichen Regulierungen des → Staates und von der Steuererhebung nicht erfaßt wird.

Wenngleich der Begriff in der sozialwiss. Literatur nicht trennscharf benutzt wird, können einige Merkmale als konstitutiv für die Wirtschaftstätigkeit im i. S. gelten: Die Produktion erfolgt überwiegend in kapital- und technologiearmen Klein- und Kleinstbetrieben, die kaum Zugang zu Krediten haben, bewegt sich auf einem niedrigen Produktivitätsniveau und ist im wesentlichen am lokalen Markt orientiert; die im i. S. tätigen Arbeitskräfte sind selbständige Unternehmer, mithelfende (unbezahlte) Familienangehörige oder Lohnerwerbstätige in ungeschützten Beschäftigungsverhältnissen. In vielen Ländern der → Dritten Welt ist ein Großteil der aktiv Erwerbstätigen im i. S. beschäftigt. Neuere Strategien für ein beschäftigungsintensives Wirtschaftswachstum widmen ihm daher bes. Aufmerksamkeit.

Bernhard Thibaut

Infrastrukturpolitik, Gesamtheit aller Maßnahmen, die sich mit dem Ausbau, der Entwicklung bzw. der Nutzung von Infrastruktur, d. h. mit den materiellen und institutionellen Grundlagen (→ Öffentlichen Güter) eines Gemeinwesens beschäftigen. Dazu zählen i. e. S. etwa die Bereiche Verkehr und Transport, Umwelt, Gas-, Energie- und Wasserversorgung, Abfall- und Abwasserentsorgung, i. w. S. auch die sog. soziale Infrastruktur, d. h. Krankenhäuser, Schulen, Wohnungen, → Sozialversicherung sowie Regelungen der Arbeits- und Erwerbstätigkeit.

I. gilt als Voraussetzung für Privatinvestitionen bzw. priv. Verbrauch, so daß der Ausbau der Infrastruktur als wichtiger Standortfaktor gelten kann. In den Staaten der → Dritten Welt zählen infrastrukturelle Maßnahmen zu den wichtigsten Maßnahmen, um soziale oder regionale Disparitäten auszugleichen. Aus diesen Gründen ist eine langfristige I. in Planung, Implementation und Kontrolle wünschenswert. Die Zuständigkeiten für die I. sind je nach Land unterschiedlich verteilt. Meist ist der → Staat Träger der I.; verschiedentlich werden, je nach Dezentralisierungsgrad, die notwendigen Investitionen auf die → Gebietskörperschaften, wie u. a. in D auf die Gemeinden, verteilt. In einigen Ländern geht das staatl. Engagement selbst in grundlegenden Bereichen der I. zugunsten priv. Träger zurück.

→ Forschungs- und Technologiepolitik; Politikfeldanalyse.

Lit.: *Jochimsen, R.* 1966: Theorie der Infrastruktur, Tüb. *Jochimsen, R./Simonis, U. E.* (Hrsg.) 1970: Theorie und Praxis der Infrastrukturpolitik, Bln.

Petra Bendel

Inhaltsanalyse, (engl. *content analysis*), sozialwiss. Verfahren, das sich in den ersten Jahrzehnten des 20. Jh. entwikkelt hat, nach *B. Berelson* eine Forschungstechnik zur objektiven, systematischen und quantitativen Beschreibung des manifesten Inhaltes von Kommunikation. Datenbasis für die I. ist die symbolische Repräsentation sozialen Handelns in Reden, Texten und Bildern. Unter Orientierung am Kommunikationsmodell lassen sich die möglichen Forschungsfragen in der klassischen Formulierung «Wer sagt was zu wem, warum, wie und mit welchem Effekt?» zusammenfassen *(Lasswell* 1968, *Holsti* 1969*)*.

Wichtige Impulse werden der Psychoanalyse und der Kulturanthropologie zugeschrieben *(Silberman)*. Nach vereinzelten Anwendungen für journalistische Studien erfährt die I. eine schnelle Entwicklung in den → Analysen der Propaganda und der Kriegsberichterstattung durch *H. Lasswell* und seine Mitarbeiter. Weitere entscheidende Beiträge kamen von *P. Lazarsfeld* und seinen Studien der Massenmedien.

1. Bei den traditionellen Verfahren der intellektuellen Vercodung werden die Kategorien durch → Operationalisierung der für die → Hypothesen relevanten Konzepte intentional definiert. Die Kategorien sollen nach einem einheitlichen Klassifikationsprinzip abgeleitet sein, und sie sollen sich gegenseitig ausschließen. Zur Präzisierung des vom Forscher gemeinten Bedeutungsumfanges können Vercodungsregeln hinzugefügt und für die Vercoderschulung um Verschlüsselungsbeispiele ergänzt werden. Objektivität und Systematik des Verfahrens verlangen in stärkerem Maße nach → Explikation der Zuordnungsregeln von Kommunikationsinhalten zu analytischen Kategorien, als dies bei der qualitativen I. *(Kracauer)* der Fall ist.

Kern der I. ist die systematische Reduktion der urspr. Information aus dem Kommunikationsprozeß und ihre Zusammenfassung unter forschungsrelevanten Kategorien. Inhaltsanalyse in der Tradition von *Berelson* erfolgt idealiter in mehreren Phasen: (1) Präzisierung der Forschungsfrage und Aufstellung der Hypothesen. (2) Festlegung der Untersuchungseinheiten (Worte, Themen, Absätze) und Auswahl (*Kops* 1977) der zu analysierenden Aufzeichnungen (Reden, Aufsätze, Zeitungsartikel). (3) Entwicklung und Test des inhaltsanalytischen Kategorienschemas. (4) Verschlüsselung der Kommunikationsinhalte. (5) Prüfung der Zuverlässigkeit der Verschlüsselung (Intercoder- und Intracoderreliabilität). (6) Statistische Analyse der so gewonnenen Daten und Interpretation der Ergebnisse unter Prüfung der Validität (vgl. *Krippendorff* 1980).

I. steht und fällt mit der Aussagekraft und Angemessenheit der verwendeten Kategorien. Da es keine umfassende Theorie symbolischer Kommunikation gibt und Wörter ihre Bedeutung in Abhängigkeit vom jeweiligen Kontext wandeln, ist i. d. R. nicht vorhersagbar, wie bestimmte Einstellungen, → Werte oder → Ideologien ausgedrückt werden. Wohl aber gibt es polit. Grundüberzeugungen, die in Schlüsselbegriffen wie → Demokratie, → Freiheit, → Gleichheit usw. gefaßt sind und als polit. Symbole zur Erklärung des handlungsleitenden Denkens dienen. Daher wird empfohlen, auf die Entwicklung eines Standardkategorienschemas zu verzichten und solche Kategorien zu verwenden, die für die jeweilige Forschungsfrage die stärkste Aussagekraft haben *(Berelson* 1968, *Lisch/Kriz* 1978, *Früh* 1991). Vergleichende Analysen verlangen aber Standardkategorien z. B. mit Bezug zu Aufmerksamkeitsorientierung, Wertvorstellungen *(Lasswell, Mohler, Namenwirth, Weber)* und polit. Orientierungen der Wähler und Parteien *(Converse, Budge u.* a.).

Bei der Übernahme der Verfahren für den dt. Sprachbereich wird mit der Bezeichnung «Inhaltsanalyse», wie auch schon bei *Berelson,* der Akzent auf das «was», den Inhalt der Kommunikation gelegt. Verschiedene andere Bezeichnungen verdeutlichen die Unangemessenheit dieser Einengung. Begriffe wie Bedeutungsanalyse, Aussagenanalyse, Wirkungsanalyse verweisen auf den urspr. Ansatz einer umfassenden Kommunikationsanalyse unter Berücksichtigung der syntaktischen, semantischen und pragmatischen Dimension der Kommunikation *(Morris, Lasswell).* Entsprechend vielfältig können die Untersuchungsdesigns für deskriptive oder hypothesentestende Analysen sein *(Barcus, Gerbner, Holsti, Mertens, Stone).*

Unter dem Einfluß der maschinellen Sprachübersetzung und der I. begann 1961 an der Harvard-Universität die Entwicklung der computerunterstützten I. *(Stone* u. a. 1966). Der *General Inquirer* arbeitet nach dem Prinzip der Zusammenfassung von Textwörtern unter theoretischen Konzepten *(tags),* die für die Forschungsfrage relevant sind. Diese *tags* entsprechen den Kategorien des inhaltsanalytischen Kategorienschemas bei traditionellen Verfahren intellektueller Vercodung. Ihr Bedeutungsumfang wird extensional durch Zuordnung aller Wörter bzw. Wortstämme *(entries)* definiert, die in den zu analysierenden, maschinell aufbereiteten Texten vorkommen können. Die Beziehung zwischen Konzepten und Textwörtern wird vor der Analyse in einem Inhaltsanalysewörterbuch festgelegt. Dazu werden Synonyme und Quasi-Synonyme aufgelistet, die im Hinblick auf die Forschungsfrage aus Sicht des Forschers gleiche Bedeutung wie der Oberbegriff haben. Durch maschinellen Abgleich der Wörterbücher mit den zu analysierenden Texten werden die Untersuchungseinheiten auf Einzelwortbasis den Konzepten zugeordnet und ausgezählt.

2. Kern der computerunterstützten I. ist die Zusammenfassung der Objektsprache in metasprachlichen Kategorien. Da eine einwandfreie Rückübersetzung in den Ursprungscode nicht angestrebt wird, kann die I. auf eine vollkommene syntaktische Textzerlegung verzichten. Hingegen müssen Probleme der Lemmatisierung (Präfixe, Suffixe, Komposita etc.) und der Mehrdeutigkeit von Wörtern in Abhängigkeit vom jeweiligen linguistischen und extralinguistischen Kontext (Homonymdisambiguierung) gelöst werden *(Kelly/Stone* 1975).

Voraussetzung für die Entwicklung computerunterstützter Prozeduren war das Abrükken von dem traditionellen Verständnis der I. nach *Berelson* und der Übergang zu einer neuen Definition unter stärkerer Betonung der Verfahrensweise: I. ist danach jede Forschungstechnik, die es erlaubt, durch systematische und objektive Identifizierung festgesetzter Charakteristika, die im Text nachzuweisen sind, Schlüsse zu ziehen *(Holsti, Stone).* Die Einbeziehung der latenten Bedeutung erlaubt auch die Berücksichtigung der pragmatischen Dimension und damit Schlüsse auf den Sender oder Empfänger.

Um jeden Einfluß des Forschers durch *a priori*-Annahmen auszuschließen, entwickelte *Iker* ein System der empirischen Klassifikation auf rein statistischer Basis *(WORDS).* Grundannahme für sein Verfahren ist, daß jedes Wort und die jeweilige temporäre assoziative Verknüpfung der Wörter genug Bedeutung tragen, um Hauptthemen und Bedeutungsdi mensionen aus den Inhalten herauszufiltern *(Harway/Iker* 1969). Statistische Verfahren zur Textklassifikation arbeiten mit Faktorenanalysen, Clusteranalysen oder auch mit Korrespondenzanalysen. Nachfolgende Programmentwicklungen vereinigen die Grundkonzeptionen der *a priori*-Wörterbuchverfahren und der empirischen Klassifikationsverfahren. Darüber hinaus unterstützen PC-basierte Inhaltsanalysesysteme *(MAX, TEXTPACK)* die Strukturierung und Bearbeitung von Texten für qualitative I., Erkenntnisse aus der Kognitionsforschung und ihrer Modellierung, z. B. zur Struktur semantischer Netze, werden zunehmend einbezogen, haben aber noch nicht entscheidend zur Weiterentwicklung der computerunterstützten Inhaltsanalyse beigetragen.

→ Empirische Sozialforschung; Methodenprobleme in der empirischen Sozialforschung.

Lit.: *Alexa, M./Zuell, C.* 1999: A Review of Software for Text Analysis, ZUMA-Nachrichten Spezial Band 5, Mhm., *Barcus, F. E, 1959:* Communications Content: Analysis of the Research, 1900–1958, Ann Arbor. *Berelson, B.* 1971: Content Analysis in Communication Research, NY (zuerst 1952). *Deichsel, A.* 1975: Elektronische Inhaltsanalyse, Bln. *Früh, W.* 1991: Inhaltsanalyse, Mchn. *Hoffmeyer-Zlotnik, J. H. P.* (Hrsg.) 1992: Analyse verbaler Daten, Opl. *Holsti, O. R.* 1969: Content Analysis for the Social Sciences and Humanities, Reading, Mass. *Iker, H. P./Harway, N. J.* 1969: A Computer Systems Approach Toward the Recognition and Analysis of Content, in: *Gerbner, G.* u. a. (Hrsg.): The Analysis Of Communication Content, NY. *Kelly, E./Stone, P. 1975:* Computer Recognition of English Word Senses, Amsterdam. *Klingemann, H.-D.* (Hrsg.) 1984: Computerunterstützte Inhaltsanalyse in der empirischen Sozialforschung, Ffm. *Klingemann, H.-D.* 1987: Election Programs in West Germany: Explorations in the Nature of Political Controversy, in: *Budge, I.* u. a. (Hrsg.): Ideology, Strategy and Party Change: Spatial Analyses of Post-War Election Programmes in Nineteen Democracies, Camb. *Kops, M.* 1977: Auswahlverfahren in der Inhaltsanalyse, Meisenheim. *Kracauer, S.* 1952/53: The Challenge of Qualitative Content Analysis, in: POQ, 631–642. *Krippendorff, K.* 1980: Content Analysis, Beverly Hills. *Kuckartz, U.* 1992: Textanalysesysteme für die Sozialwissenschaften, Stg. *Lasswell, H. D./Leites, N.* u. a. 1968: Language of Politics, Camb./Mass. *Lisch, R./Kriz, J.* 1978: Grundlagen und Modelle der Inhaltsanalyse, Hamb. *Mochmann, E.* (Hrsg.) 1980: Computerstrategien für die Kommunikationsanalyse, Ffm. *Scheuch, E. K.* ³1973: Entwicklungsrichtungen bei der Analyse sozialwissenschaftlicher Daten, in: *König, R.* (Hrsg.): Handbuch der empirischen Sozialforschung Bd. 1, 161–237, Stg., *Popping, R.* 2000: Computer-assisted Text Analysis, Thousand Oaks, CA, *Roberts, C. W.* (Hrsg.) 1997: Text Analysis for the Social Sciences: Methods for Drawing Inferences from Texts and Transcripts, Mahwah, NJ. *Silbermann, A.* 1974: Systematische Inhaltsanalyse, in: *König, R.* (Hrsg.): Handbuch der empirischen Sozialforschung Bd. 4, 253–339, Stg. *Stone, P. J./Mochmann, E.* 1976: Erweiterung des Instrumentariums der Sozialforschung durch inhaltsanalytische Techniken, in: *Lepsius, M. R.*: Zwischenbilanz der Soziologie, Stg. *Stone, P. J.* u. a. 1966: The General Inquirer: A Computer Approach to Content Analysis, Camb./Mass./L. *Weber, R. P.* 1985: Basic Content Analysis, Beverly Hills u. a. *Züll, C./Mohler, P. P.* 1992 (Hrsg.): Textanalyse, Opl.

Ekkehard Mochmann

Inkompatibilität, Unvereinbarkeit; politikwiss. bes. das aus der Lehre von der → Gewaltenteilung entwickelte Verbot, gleichzeitig Funktionen in verschiedenen staatl. Gewalten auszuüben sowie die Unvereinbarkeit von öff. Amt und priv. beruflicher Tätigkeit.

Im → Präsidentialismus gilt die strikte I. zwischen Regierungsamt (→ Amt) und Abgeordnetenmandat (→ Mandat), während im → Parlamentarischen Regierungssystem die Regierung i. d. R. (teilweise sogar verfassungsrechtlich geboten) personell aus dem Parlament hervorgeht und ihre Mitglieder Abgeordnete bleiben (seltene Ausnahmen: Niederlande und Norwegen, wo Ministeramt und Parlamentsmandat unvereinbar sind). In D darf der Bundespräsident (neben der gewaltenteiligen I.), dürfen Kanzler und Minister kein anderes besoldetes Amt und keinen Beruf ausüben; Rechte und Pflichten von Angehörigen des Öff. Dienstes ruhen während der Dauer ihres Abgeordnetenmandats.

Suzanne S. Schüttemeyer

Inkrementalismus (von lat. *incrementum* = Zuwachs), polit. Entscheidungsstrategie, die die Bearbeitung bestehender Probleme mittels → Reformen schrittweise vollzieht und kontrollierte, zudem begrenzte Veränderungen anvisiert.

Die ins Auge gefaßten Problemlösungen orientieren sich weniger an für gültig gehaltenen → Werten als an ihrer Konsens- und Durchsetzungsfähigkeit im Entscheidungsprozeß pluralistischer Gesellschaften sowie am Maßstab verfügbarer oder potentiell verfügbarer → Ressourcen. Korrekturen im Laufe von Reformprozessen und kurzfristige Ad-hoc-Entscheidungen sind für den I. ebenso typisch wie die Anpassung der Ziele an die Mittel. Trotz Veränderung wird ein Maximum an Sicherheit gewährleistet. Kritiker des I. bemängeln seine grundlegende Innovationsfeindlichkeit sowie seine geringe Reformreichweite und Problemlösungskapazität. Verteidiger des I. negieren dessen Begrenztheiten keineswegs, wenden sich jedoch primär gegen radikale Veränderungsstrategien, die von «unangemessenen Voraussetzungen hinsichtlich des Wissens – v. a. über die Konsequenzen bestimmter Maßnahmen – ... (und) hinsichtlich der Macht – die notwendig ist, um solche Maßnahmen effektiv zu machen – ausgehen» (*Albert* 1972: 29), obwohl eine inkrementalistische Strategie, die auf einer Vielzahl koordinierter Maßnahmen beruht, durchaus beachtliche Innovationsleistungen und Problemlösungen zu erbringen vermag.

→ Kritischer Rationalismus.

Lit.: *Albert, H.* 1972: Aufklärung und Steuerung, in: Hamburger Jb. für Wirtschafts- und Gesellschaftspolitik 17, 11–30. *Lindbloom, C. E.* 1968: The Policy-Making Process, Englewood Cliffs.

Dieter Nohlen

Innenpolitik, die institutionellen Bedingungen, Vorgänge, Inhalte und Ergebnisse sozialen (d. h. zweckhaft auf das Tun und Lassen anderer bezogenen) Handelns, das darauf abzielt, Konflikte über die Allokation begehrter Werte oder Güter gesamtgesellschaftl. verbindlich zu regeln.

Im Ggs. zur I. des bürgerlichen Staates im 19. Jh., die vorrangig auf Rechtsnormensetzung, Ordnungsverwaltung und Wahrung äußerer und → Innerer Sicherheit ausgerichtet war, umfaßt die I. der demokratischen Verfassungsstaaten seit der zweiten Hälfte des 20. Jh. einen weit größeren Regelungsbereich; auch ist sie viel stärker ausdifferenziert. Beides zeigen die Ausgliederung von Aufgabenbereichen aus dem Innenministerium und ihre Institutionalisierung in neuen Ministerien wie dem Arbeits-, Sozial-, Agrar- und Wirtschaftsministerium und den Ministerien für Forschung und Technologie sowie für Umweltschutz.

→ Politische Steuerung; Staatsinterventionismus.

Lit.: *Böhret, C.* u. a. 1988: Innenpolitik und polit. Theorie, Opl. *Schmidt, M. G.* 2001: Innenpolitik; in: *Nohlen, D.* (Hrsg.): Kleines Lexikon der Politik, Mchn., 202–204. *Wildenmann, R.* 1963: Macht und Konsens als Problem der Innen- und Außenpolitik, Köln.

Manfred G. Schmidt

Innere Sicherheit, öff. Sicherheit, die institutionellen Bedingungen, Vorgänge, Inhalte und Ergebnisse polit. Handelns, das nach Anspruch oder Funktion darauf ausgerichtet ist, Ordnungs- und Schutzaufgaben zugunsten jedes Mitglieds der Gesellschaft und der Gesamtheit der Staatsbürger zu erfüllen.

Der Vergleich zeigt, daß liberaldemokratische Verfassungsstaaten insges. meist eine zurückhaltendere, verfassungsstaatl. strenger gezügelte Politik I. S. praktizieren, → Autoritäre Regime hingegen zu einer harten Überwachungs- und Repressionspolitik neigen. Die Allgegenwärtigkeit des Staatssicherheitsdienstes der ehem. DDR ist ein Beispiel für letzteres.

→ Grundrechte; Rechtsstaat.

Manfred G. Schmidt

Innerparteiliche Demokratie, normativ und empirisch-deskriptiv verwandter Begriff für Strukturen und Prozesse im Innern der → Parteien.

1. Normativ unterscheiden sich die Konzepte i. D. gemäß den ihnen zugrundeliegenden demokratietheoretischen Grundannahmen (*Wiesendahl* 1980; *Niedermayer* 1993): (1) Geht man von der → Ökonomischen Theorie der Demokratie aus, so wird die i. D. dem zwischenparteilichen Wettbewerb untergeordnet: Effizienz und Flexibilität der Führungsfiguren in den Parteien werden durch breite Mitgliederpartizipation eher behindert; Demokratie- und Effizienznorm werden hier als inkompatibel betrachtet. (2) Bei einem normativ an den Bestands- und Funktionserfordernissen des → Politischen Systems orientierten Demokratiemodell («elitistisch-pluralistische» Denkschule) erfordert eine «repräsentative, zugangsoffene, verantwortliche, durch Wahlen legitimierte, pluralistische innerparteiliche Elitenherrschaft» (*Niedermayer* 1993: 231), bei der allerdings die Mitglieder von der Politikformulierung weitgehend ausgeschlossen bleiben. (3) Ein an basisdemokratischen Vorstellungen ausgerichtetes Demokratiemodell geht hingegen davon aus, daß i. D. erst dann verwirklicht wird, wenn die Parteibasis an der innerparteilichen Willensbildung und Politikformulierung beteiligt wird.

2. *R. Michels* klassische These aus dem Jahre 1911 vom ehernen → Gesetz der Oligarchie, wird entspr. der Prämissen dieser → Paradigmen unterschiedlich bewertet. Von den empirischen Untersuchungen der Organisationswirklichkeit der Parteien ist es teils bestätigt, aber auch relativiert und aktualisiert worden (*von Beyme* 1984; 2000; *Greven* 1987; *Niedermayer* 1992). Die Untersuchungen, meist zu i. D. auf lokaler und regionaler Ebene, zeigen, daß die → Partizipation der Mitglieder an der Willensbildung der Parteien durch die Mitglieder – abgesehen von der Frühphase von Bündnis 90/Die Grünen – empirisch eher gering ist. Maximal 20 bis 25 Prozent der Mitglieder werden aktiv, wobei die Ergebnisse nach analysierten Staaten und Parteien, aber auch je nach untersuchter Ebene (lokale, regionale, nat.) schwanken. So nimmt z. B. mit zunehmender Größe der lokalen Parteigliederung der Anteil der aktiven Mitglieder wie auch die Intensität der Mitgliederpartizipation ab. Materielle und berufliche Anreize für die Arbeit im Innern von Parteien sind im Vergleich zur Organisation in Verbänden verhältnismäßig niedrig. Als mehr oder minder erfolgreiche Instrumente, um die innerparteiliche Beteiligung zu erhöhen, sind in der BRD u. a. Abstimmungen über Kandidaturen (z. B. über den Parteivorsitz in der SPD 1993) oder – in der Wertung umstrittener, da sie die Autonomie der → Fraktion zu beschneiden drohe – auch über Politikinhalte (z. B. über den großen Lauschangriff und die Abschaffung der Wehrpflicht, FDP 1997) erprobt worden. Demokratiedefizite werden außerdem bei den meist von den Parteiführungen bestimmten Parteitagen gesehen (*Dittberner* 1970). Auch die Form der Kandidatenaufstellung und die geringe Ämterrotation werden beklagt, sind aber empirischen Untersuchungen zufolge jedoch nicht einseitig durch die Parteiführungen bestimmt, sondern entsprechen nicht zuletzt der dünnen Personaldecke von Parteien (u. a. *Schüttemeyer* 1987). Schließlich wird der Mittelschicht-Bias der Parteieliten bemängelt. Bei indirekter Rekrutierung über Verbände wird die Gefahr aufgezeigt, daß Großverbände den Willen der Parteimitglieder unzulässig verzerren. Ebenso ist die → Parteienfinanzierung als Einfallstor für zentralistische und oligarchische Tendenzen in der modernen → Parteiendemokratie betrachtet worden. Unterschiedliche Bewertung erfährt auch die Fraktionsbildung im Innern von Parteien, die entw. in ihrer Hemmwirkung für Oligarchisierungstendenzen und positive Anreize zur Förderung des innerparteilichen Wettbewerbs oder aber gerade umgekehrt als partizipationshinderlich betrachtet werden. Angeregt worden ist in jüngerer Zeit nicht nur, die Segmentierung der empirischen Forschung entlang der demokratietheoretischen Paradigmen zugunsten eines stärker auf Generalisierung abzielenden Forschungsinteresses zu überwinden (*Niedermayer* 1992), sondern auch *policy*-Studien und Analysen zur Organisation und Partizipation im Innern der Parteien miteinander zu verknüpfen (*Kolinsky* 1992).

→ Demokratie; Neue Politische Ökonomie; Parteienverdrossenheit.

Lit.: *Becker, B.* 1999: Mitgliederbeteiligung und innerparteiliche Demokratie in britischen Parteien, Baden-Baden. *Beyme, K. von* 1984: Parteien in westlichen Demokratien, Mchn. *Beyme, K. von* 2000: Parteien im Wandel, Wsb. *Dittberner, J.* 1970: Die Rolle der Parteitage im Prozeß der innerparteilichen Willensbildung, in: PVS 11: 236–268. *Greven, M.* 1987: Parteimitglieder, Opl. *Kolinsky, E.* 1992: Das Parteiensystem der Bundesrepublik, in: *Niedermayer, O./Stöss, R.* (Hrsg.): Stand und Perspektiven der Parteienforschung in Deutschland, Opl., 35–36. *Lösche, P./Walter, F.* 1992: Die SPD: Klassenpartei-Volkspartei-Quotenpartei, Darmst. *Michels, R.* [3]1970: Zur Soziologie des Parteiwesens in der modernen Demokratie, Stg. (zuerst 1911). *Niedermayer, O.* 1989: Innerparteiliche Partizipation, Opl. *Niedermayer, O.* 1992: Innerparteiliche Demokratie, in: *Niedermayer, O./Stöss, R.* (Hrsg.): Stand und Perspektiven der Parteienforschung in Deutschland, Opl., 230–250. *Panebianco, A.* 1988: Political Parties: Organization and Power, Camb. *Preuße, D.* 1981: Gruppenbildung und innerparteiliche Demokratie, Königstein. *Raschke, J.* 1990: Innerparteiliche Opposition. Die Linke in der Berliner SPD, Hamb. *Raschke, J.* 1977: Organisierter Konflikt in westeuropäischen Parteien, Opl. *Rohrschneider, R.* 1994: How Iron is the Iron Law of Oligarchy?, in: EJPR 25, 207–238. *Schmid, J.* 1990: Die CDU: Organisationsstrukturen und Funktionsweisen einer Partei im Föderalismus, Opl. *Seidel, K.* 1998: Direkte Demokratie in der innerparteilichen Willensbildung, Ffm. u. a. *Schüttemeyer, S. S.* 1987: Innerparteiliche Demokratie: «Ehernes Gesetz der Oligarchie?», in: *Haungs, P./Jesse, E.* (Hrsg.): Parteien in der Krise, Köln, 243–247. *Trautmann, H.* 1975: Innerparteiliche Demokratie im Parteienstaat, Bln. *Wiesendahl, E.* 1980: Parteien und Demokratie, Opl. *Wiesendahl, E.* 1997: Noch Zukunft für die Mitgliederparteien?, in: *Klein, A./Schmalz-Bruns, R.* (Hrsg.) Politische Parteien und Bürgerengagement in Deutschland, Bonn. *Wiesendahl, E.* 1998: Parteien in Perspektive, Opl./Wsb. *Zeuner, B.* 1970: Innerparteiliche Demokratie, Bln.

Petra Bendel

Input, Funktionsbegriff der → Systemtheorie, der die Einflüsse (Eingangsgrößen) aus der → Umwelt auf ein → System und/oder seine → Subsysteme bezeichnet. Dem Begriff des *i.* korrespondiert der des *output*, der die Wirkungen des Systems auf seine Umwelt kennzeichnet.

Im Rahmen seiner → Vergleichenden Analyse politischer Systeme nennt *G. A. Almond* vier *Input*-Funktionen des polit. Systems: (1) polit. Sozialisierung und Rekrutierung, (2) Interessenartikulation, (3) Interessenaggregation, (4) polit. Kommunikation, und drei *Output*-Funktionen: (1) *rule-making*, (2) *rule-application*, (3) *rule-adjunction*, die im wesentlichen die traditionellen drei Gewalten darstellen (→ *Rule*). *D. Easton* unterscheidet Forderungen (→ *Demands*) und Unterstützungsleistungen (→ *Supports*), hinzu kommen *withinputs*, dies sind *i.* seitens der polit.-administrativen Handlungsträger in exekutiver Führerschaft. Die *i.* werden im polit. Meinungs-, Willensbildungs-, Entscheidungsfindungs-, Um- und Durchsetzungsprozeß zu Entscheidungen und Gesetzesreformen verarbeitet (*Output*-Seite), die als polit. Leistungen rezipiert und beurteilt werden. Die *Outputs* wirken auf das systemische Umfeld ein und können als → *Feedback* und/oder unerwünschte Nebeneffekte im Rückkopplungsprozeß zu neuen *i.* führen. Diese können als protestierende, konfligierende Anstöße oder kreativ-innovative Impulse generelle bzw. bereichsweise Revisionen und anders als bisher akzentuierte Problemlösungsversuche auslösen, die aufgrund von Dysfunktionalitäten oder angesichts des sozialen Wandels mittels Versuchen → Politischer Steuerung umformuliert, materiell neu gewichtet und produktiv-dynamisch angepaßt werden.

→ Autonomie/Autonomie des politischen Systems; Politische Willensbildung.

Lit.: *Almond, G./Coleman, J. S.* (Hrsg.) [6]1970: The Politics of the Developing Areas, Princeton (zuerst 1960). *Easton, D.* [3]1979: A Systems Analysis of Political Life, Chic. (zuerst 1965). → Systemtheorie.

Arno Waschkuhn

Input-output-Analyse, von dem Volkswirtschaftler *W. Leontief* entwickelter systematischer Ansatz für die Untersuchung von Austauschprozessen innerhalb von und zwischen → Systemen, wobei Systemleistungen und Systemeffekte als abhängige → Variablen der aus der Systemumwelt bzw. den → Subsystemen zufließenden Ressourcen analysiert werden.

Für die Politikwiss. ist die *I.-o.-A.* von *D. Easton* ([3]1979) als systematischer Ansatz zur Analyse der Austauschprozesse innerhalb eines Systems und zwischen → Umwelt und System entwickelt worden. Bei *Easton* sind → *Inputs* gesellschaftl. Forderungen und Unterstützungsleistungen in bezug auf Politik. Die polit. Ressourcen basieren v. a. auf Steuern, Loyalität und Vertrauen, die Entscheidungen (→ *Outputs*) wirken als Belohnungen, Bestätigungen oder Anreize auf die Gesellschaft zurück. Die autoritative → Allokation von → Werten und kollektiven → Gütern benötigt darüber hinaus eine diffuse, *output*-unabhängige Unterstützung auf der Grundlage von → Solidarität, → Legitimität oder gemeinsamen → Interessen. Ein hoher Zentralisierungsgrad des → Politischen Systems schwächt die Aufnahmekapazität, eine weitgehende → Dezentralisierung kann die Entscheidungsfähigkeit erschweren. Wird das polit. System mit vielen oder komplexen Forderungen konfrontiert, steht es unter Streß, der durch Reduktionsprozesse hinsichtlich der zu bearbeitenden Sachthemen abzubauen versucht wird.

Lit.: → Input; Systemtheorie.

Arno Waschkuhn

Institutional Design, Bezeichnung für den wiss. Prozeß des Entwurfs und der Anpassung von Institutionenarrangements → Politischer Systeme, an den beratende Tätigkeiten anschließen können, welche die Verbindung zwischen politikwiss. → Theorie und polit. Praxis herstellen.

Es lassen sich *grosso modo* zwei Verständnisse von *i. d.* und zwei thematische Schwerpunkte unterscheiden. (1) Das eine Verständnis vom *i. d.* ist insofern auf einer relativ hohen Abstraktionsstufe angesiedelt, als es mit Grundmustern polit. → Institutionen arbeitet, denen inhärente Funktionsprinzipien zugeschrieben werden. Dies erlaubt eine axiologische Konfrontation (und Bildung einer Präferenzskala) verschiedener Institutionenarrangements auf einer logisch-rationalen Ebene. Dem liegen folgende Annahmen zugrunde: (a) Es gibt ein theoretisch erkennbares *best system*, das (b) nach idealfunktionalen Imperativen (eher normativ) zu definieren ist; (c) Strukturen haben weitgehend prognostisierbare funktionelle Auswirkungen, (d) die relativ kontextunabhängig auftreten, was (e) die geographische Transplantation von Institutionenarrangements erleichtert. (2) Auf einer niedrigen Abstraktionsebene angesiedelt nimmt ein zweites Verständnis von *i. d.* einen stärkeren Bezug auf den Kontext, in welchen polit. Institutionen funktionieren. Hierbei werden pol. Strukturen (empirisch und analytisch) in einem multidimensionalen Wirkungszusammenhang betrachtet. Demnach ist die Vorhersage ihrer funktionellen Effekte nur unter Bedingungen großer Erfahrung in Institutionenfragen und eines erheblichen länderspezifischen Wissens möglich. Als Prämissen dieses sogen. kontextbezogenen Institutionalismus können folgende erwähnt werden: (a) Es gibt kein *best system*; (b) das beste System ist das, was am besten paßt; (c) die Funktionsweise pol. Institutionen hängt nicht nur von ihren jeweiligen Strukturen ab, sondern auch – und im erheblichen Ausmaß – von anderen Institutionen und Kontextfaktoren; (d) was ihre geographische Übertragung insofern erschwert, als sich jedes Land von den Institutionen verschiedene Leistungen verspricht und (e) sich mit den Institutionen keine automatischen, regelmäßigen Funktionen verbinden lassen.

Verknüpft mit den thematischen Schwerpunkten Regierungsform und Wahlsystemtyp finden im Rahmen des abstrakteren Verständnisses von *i. d.*, das mit eher reinen Institutionenmodellen (→ Idealtypen) arbeitet, vordergründig die großen, allg. Alternativen

Berücksichtigung, nämlich → Präsidentialismus vs. → Parlamentarismus und Verhältniswahl vs. Mehrheitswahl, wobei von *A. Lijphart* und *J. J. Linz* (1994) die parlamentarische Regierungsform und die Verhältniswahl bevorzugt werden. Praxisbezogen läßt sich diese Auffassung von *i. d.* mit dem Begriff des *constitutional engineering* verbinden (*Sartori* 1994). Die kontextbezogene Auffassung von *i. d.* argumentiert empirienah und lehnt dementsprechend allg. Lösungen ab, die eine der disjunkten Optionen *a priori* bevorzugen. Auf einer niedrigeren Abstraktionsebene, auf der wiss. → Analyse und polit. Beratung im engeren Zusammenhang stehen, geht sie den Fragen nach: Was ist das Problem? Welche alternativen institutionellen Lösungen gibt es? Welche können im konkreten Fall passen? Welche Faktoren bedingen welche Lösungen? Welche Lösung ist viabel, politisch durchsetzbar? Dieses Verständnis von *i. d.* läßt sich mit dem Begriff des *institutional advice* verbinden, der bescheidene Erwartungen von institutionell-technologischen Eingriffen hegt und dementsprechend mehr für institutionelle Kombinationen, Teilreformen und graduelle Veränderungen plädiert (*Nohlen/Fernandez* (Hrsg.) 1998; *Grotz* 1999).

Lit.: *Dahl, R.* 1996: Thinking about Democratic Constitutions: Conclusions from Democratic Experience, in: *Saphiro, I./Hardin, R.* (Hrsg.): Political Order, Nomos 38, NY, 175–206. *Grotz, F.* 1999: Politische Institutionen und post-sozialistische Parteiensysteme in Ostmitteleuropa, Opl. *Lijphart, A.* (Hrsg.) 1996: Institutional Design in New Democracies, Boulder. *Lijphart, A.* 1994: Electoral Systems and Party Systems, Ox. *Linz, J.* (Hrsg.) 1994: The Failure of Presidential Democracy, Baltimore u. a. *Nohlen, D.* [3]2000: Wahlrecht und Parteiensystem, Opl. *Nohlen, D./Fernández, M.* (Hrsg.) 1998: El presidencialismo renovado, Caracas. *Sartori, G.* 1994: Comparative Constitutional Engineering, NY. *Schultze, R.-O.* 1997: Verfassungsreform als Prozeß, in: ZParl 28, 502–520. *Thibaut, B.* 1996: Presidentialismus und Demokratie in Lateinamerika, Opl.

Dieter Nohlen/Claudia Zilla

Institutionen/Institutionentheoretische Ansätze. Institutionen (I.) sind verhaltensregulierende und Erwartungssicherheit erzeugende soziale Regelsysteme. Der polit. Institutionenbegriff setzt dort ein, wo die Befriedigung sozialer → Bedürfnisse bzw. die Herstellung und Verteilung → Öffentlicher Güter mit Interessengegensätzen einhergeht, die nicht allein durch naturwüchsige Ordnungen bewältigt werden. Dies unterscheidet die polit. Institutionalisierung von Vorgängen kultureller Gemeinschaftsbildung, in denen sich individuelle Handlungsversuche überwiegend unreflektiert, in der Form sozialevolutorischer Prozesse, zu Umgangsregeln verfestigen (*Schelsky* 1970: 13). Polit. sind I. namentlich dann, wenn sie der autoritativen Konfliktregelung durch eigens dafür konstruierte Normen dienen sowie einen Apparat mit geeignetem Personal zu deren Durchsetzung bereithalten. Darunter sind polit. Verfassungen zu verstehen, sodann das gesamte System staatl. verbürgter Ordnung, die → Gesetze und ihre Regelungsinhalte sowie der organisatorische Aufbau von → Regierung und Verwaltung.

Diese Einrichtungen sind aus Machtkämpfen erwachsen und zugleich auf allg. Zustimmung angewiesen. Polit. Regelwerke können nämlich nur bestehen, soweit sie befolgt werden, ohne daß die anfallenden Erzwingungskosten ihren Nutzen aufzehren. Das Einverständnis, das einer polit. Ordnung die Chance zwangloser Befolgung sichert, kann allerdings auf Dauer nur erreicht werden, wenn ihm ein kommunikativ geteiltes, normatives Motiv anhaftet. Dies verweist auf die Notwendigkeit von Diskursen über polit. I., in denen sich Interessen mit Ideen zu einer «gemischten Geltungsbasis des Einverständnisses» (*Habermas* [5]1997: 93) verbinden können. Polit. I. erteilen den Mitgliedern einer Gesellschaft Rechte und Pflichten. Ferner konstituieren und legitimieren sie administrative

Akteure, indem sie ihnen die zur Erfüllung bestimmter Aufgaben notwendige Autorität, Deutungsmuster, Verhaltensregeln und soziale Bindungen zuweisen, von denen wiederum das zweckgerichtete, auch informelle polit. Handeln geprägt wird. Dies verweist auf eine doppelte Fragestellung: Wie läßt sich die Existenz polit. I. normativ und pragmatisch-zweckrational begründen, und wie beeinflussen sie das polit. Handeln bzw. die Ergebnisse der Politik? Die Antwort neuzeitlicher Institutionentheorien auf diese Fragen ist maßgeblich davon bestimmt, wie sie das Verhältnis von Individuum und I. fassen und welchen Stellenwert sie dabei individuellen Interessen und kollektiven Ideen und Leitbildern zumessen.

1. Die Emanzipation des institutionellen Denkens von religiösen und naturrechtlichen Denksystemen beginnt im 17. Jh. mit *T. Hobbes'* anethischem Institutionalismus (vgl. *Mandt* 1989: 74). Polit. Ordnung dient hier dem einen Zweck, den «Krieg aller gegen alle» auszuschalten. Also verlangt das gemeinsame Interesse an der Begrenzung sozial destruktiver Triebe die vertragsförmige Unterwerfung der Gesellschaft unter eine zentralisierte polit. Herrschaft. Dieses Postulat gilt auch dort, wo I. individuelle Leidenschaften nicht nur bändigen, sondern gemeinschaftliches Handeln aktiv fördern sollen. Der kompensatorische Institutionalismus der Aufklärung zielt «nicht alleine – wie der anethische – auf die Verringerung eines summum malum des Bürgerkrieges, sondern darüber hinaus (...) auf polit. und sozialen Wandel im Sinne einer Mehrung von innerem und äußerem Frieden, der Chance individueller Freiheit und sozialer Gerechtigkeit» (ebd.: 75). Aus der Gegenüberstellung wird ersichtlich, wie stark die Theorie polit. I. mit anthropologischen Prämissen verknüpft ist.

Während der anethische und kompensatorische Institutionalismus den → Staat als Zwangsanstalt betrachten – zum einen der Zähmung destruktiver Leidenschaften, zum anderen der Höherbildung des Menschen dienend –, findet sich seit der Mitte des 18. Jh., beginnend mit der schottischen Moralphilosophie eines *D. Hume* und *A. Smith*, eine Vorstellung gesellschaftl. Ordnung, die von der Fiktion des Unterwerfungsvertrages wegführt. Sympathie und Nützlichkeit erscheinen hier als individuelle Handlungsmaximen, die gesellschaftl. Ordnung ohne Rückgriff auf Kategorien kollektiver Vernunft begründen können. *Smith* entdeckt, daß Eigennutz nicht notwendig andere einschränkt und zu bezähmen wäre, sondern dem Nutzen aller dienen kann. Der Ansatz verweist auf ein «Regime der Interessen» (*Hirschman* 1977: 137), in dem Erwartungssicherheit und Beständigkeit des Handelns statt durch reinen Zwang oder moralische Vernunft durch eigennützige Kalkulation bewirkt wird. Der von der schottischen Moralphilosophie ausgehende → Utilitarismus (vgl. *Bentham* 1966), läßt erstmals auch die Möglichkeit erkennen, polit. I. im Interesse einer entstehenden, mit staatsgerichteten Abwehrrechten ausgestatteten bürgerlichen Gesellschaft intern zu differenzieren und fortwährend zu rationalisieren (vgl. *Bermbach* 1989: 61).

Die klassischen → Vertragstheorien bis hin zum utilitaristischen und bürgerlich-liberalen Staatsverständnis behandeln polit. I. als Ausdruck einer in unterschiedlicher Weise gesicherten Selbstbindung – also rein instrumentell. Begreift man dagegen den Gesellschaftsvertrag wie *E. Burke* als «eine Partnerschaft nicht nur zwischen den Lebenden, sondern zwischen ihnen und den Toten und denen, die noch geboren werden», dann erhalten I. ein Eigenleben, das über die ordnende oder fördernde Funktion *individueller* Handlungsregulierung hinaus eine selbständige historische Antriebskraft entfaltet. *Burke* gilt insofern als Begründer eines organischen Institutionalismus, der namentlich in der dt. Rechts- und Staatswiss. rezipiert und weiterentwickelt wurde. Mit *J. Möser* und *A. Müller* zählt er zu den frühen Vorläufern der historischen Schule, die soziale Ordnung weder aus einer Naturrechtsfiktion noch aus menschlicher Vernunft erklärt, sondern als Prozeß organischen Wachstums. Die folgenreiche, auf *Burke* zurückgehende Kritik an utilitaristischen Vertragstheorien enthält – wie der kulturanthropologische Institutionenbegriff (*A. Gehlen, H. Schelsky*) – ein überindividuelles und zugleich konservatives Moment, das den autonom gedachten I.

höhere moralische Vernunft und Stabilität zubilligt als den von Unstetigkeit getriebenen Subjekten.

2. Die Ambivalenz polit. Ordnungen, die – hergebracht oder konstruiert – unheilvollen Zwang ebenso wie segensreiche Führung bewirken können, hat seit der Französischen Revolution (1789) die europ. Politik geprägt. Im Widerstreit von → Revolution und → Restauration hatte das Argument für eine Befriedung der Gesellschaft durch institutionelle Bindung einen oft schweren Stand. V. a. in Ländern, die heftig umkämpfte und daher labile polit. Verfassungen aufwiesen, stand die Institutionenkritik hoch im Kurs. Dies hatte nicht zuletzt kulturhistorische Gründe. So wurde der Kontrast zwischen romantischen Gemeinschaftsideen und der sozialen Kälte institutioneller Apparate namentlich der modernen Massendemokratie in D bes. intensiv und mit verhängnisvollen Konsequenzen erfahren.

Betrachtet man I. wie *Rousseau* als notwendig gewordene «Krücken», um sich auf diese Weise «entlastet» auf der Bahn des Lebens überhaupt noch fortbewegen zu können, so läßt sich daraus leicht ein rückwärtsgewandter, antiinstitutioneller Affekt ableiten – zumal die Säkularisierung und Rationalisierung von Ordnungen mit einer wachsenden Entfremdung von Individuum und I. einhergeht. Die polit. Theorie des dt. Idealismus und der Romantik versuchte diese Entwicklung durch die institutionelle Fundierung sozialmoralischer Beziehungen aufzufangen. Der → Korporatismus von *Fichte, Müller* und *Hegel* (vgl. *Harada* 1989) füllt die Lücke zwischen einer Gesellschaft der Individuen und der zur Befriedung ihrer Beziehungen eingerichteten Regierungsgewalt durch semi-autonome, intermediäre I. der Gemeinschaftsbildung, auf denen der Staat als Verkörperung des allg. Interesses aufbaut. Institutionelle Stabilisierung angesichts der Gefahr revolutionärer Umwälzungen ist die eine – konservative – Seite solcher auf mittelalterliche Ordnungsvorstellungen zurückgehenden Konzepte; der Schutz der Handwerker, Manufaktur- und Industriearbeiter gegen kommerzielle Instabilität und soziale Entwurzelung ist das andere – humanistische – Anliegen.

Der Hinweis auf den Zwiespalt polit. I., → Freiheit zu garantieren und sie zugleich einzuschränken, findet sich in der neueren → Politischen Theorie selbst dort, wo I. eine tragende Funktion für gesellschaftl. Fortschritt und die Entwicklung moderner Staatlichkeit zukommt. *Max Weber* erwartet von der Rationalisierung der → Herrschaft zugleich ein kommendes bürokratisches «Gehäuse der Hörigkeit», und *Carl Schmitt* stellt im polit. Ausnahmefall die institutionell entschränkte Herrschaft über jede geltende Legalordnung.

Die radikale polit. Institutionenkritik des 19. und 20. Jh. ist libertär und anarchistisch, wo sie Institutionalisierung, auch wenn diese erzieherisch angelegt ist, als Opfergang des Subjekts begreift. Und sie tritt mit einem revolutionären Anspruch auf, wo sie institutionelle Politik als Hindernis für rasche Umwälzungen betrachtet. Diese Kritik mündete schließlich in eine Form der Institutionenverachtung, wie sie im → Faschismus und Realsozialismus Wirklichkeit geworden ist. Hier werden polit. I. zu Instrumenten des Machterhaltes, die sich aus der strategischen Vorteilssuche polit. Eliten selbst reproduzieren, ohne das administrative Regelsystem an eine rechtssetzende kommunikative Macht zu binden (vgl. *Habermas* [5]1997: 187). Im faschistischen → Führerprinzip und im Personenkult im → Real existierenden Sozialismus wird zudem die institutionelle Wendung des → Charismas, die nach *Max Weber* (1972: 670 f.) den Übergang von persönlichen Herrschaftsformen zur legalen Herrschaft kennzeichnet, auf eigentümliche Weise zurückgenommen.

Die «Degradierung der polit. I. im Marxismus» (*Euchner* 1990) und die Beugung der Rechtsstaatlichkeit im europ. Faschismus haben die Rückbesinnung auf ein normatives republikanisch-demokratisches Institutionenverständnis in der westl. Welt befördert. Der Politikwiss. der 1950er und 1960er Jahre kam es darauf an, die institutionellen Prinzipien der → Demokratie (u. a. → Repräsentation, → Gewaltenteilung, Informations- und Vereinigungsfreiheit) wachzurufen und zu bewahren sowie den Prozeß der Politik zu dechiffrieren, um ihn im Lichte demokratischer und rechtsstaatl. Normen beurteilen zu können. So unterschied *Dolf Sternberger* (1984: 387) die institutionelle polit. Konfliktregelung, die er «Verfassungsfrieden» nennt, von einem «dämonologischen Frieden», in dem der Streit unterdrückt wird, und von einem «eschatologischen Frieden», der die Erlösung vom Streit verspricht – und er läßt keinen Zweifel, daß nur der institutionelle Friede der Verfassung ein «politologischer Friede» ist. Wenn so das Institutionenproblem auf eine Theorie des → Friedens bzw. gewaltloser Konfliktbewältigung hinausläuft, stellt sich um so mehr die Frage, wie polit. I. beschaffen sein sollen, damit sie für einen gerechten Interessenausgleich bürgen.

3. Die institutionentheoretische Debatte ist heute stark vom ökon. Denken beeinflußt (einen Überblick gibt *Lehner* 1990). Schon in den 1950er Jahren etablierte sich mit der «Ökonomischen Theorie der Demokratie» (*Downs* 1968) ein Ansatz, in dem Politikergebnisse als institutionell verarbeitete Folgen individueller Rationalwahlentscheidungen begriffen werden. Wie alle ökon. Institutionentheorien bewegt sich auch diese im Spannungsfeld von individueller und kollektiver → Rationalität. Ihr Grundproblem besteht darin, daß jeder individuell rationale Akteur an der Verteilung eines Kuchens stärker interessiert ist als an dessen Mehrung und daß sich zudem keine Verteilungsregel findet, die alle Beteiligten gleichermaßen zufriedenstellt (vgl. *Buchanan/Tullok* 1962). Eine Folgerung daraus lautet, daß die Herstellung und Verteilung öff. Güter regulativen Zwang, mithin staatl. Organisation erfordert.

Nur wenn priv. Verfügungsrechte allgemein anerkannt wären, alle Beteiligten volle Information hätten und sich ohne jeden Aufwand – transaktionskostenfrei – einigen könnten, ließen sich Konflikte, die aus der wechselseitigen Beeinträchtigung individuellen Handelns (externe Effekte) herrühren, vollständig auf dem Tauschweg bereinigen (vgl. *Coase* 1960). I. können im Anschluß an *R. H. Coase* als Vorkehrungen zur Minimierung von → Transaktionskosten verstanden werden, die realistischerweise mit jedem Austausch verbunden sind. Sie resultieren aus dem Risiko der Übervorteilung, gegen die sich rationale Akteure durch Ordnungen – Verhandlungen, Verträge und jegliche Organisation – absichern (*Williamson* 1990). Transaktionskosten sind insofern auch Kosten der Nutzung von Institutionen. Sozialevolutorisch wären solche I. am überlebensfähigsten, die mit geringstem Aufwand Opportunismus ausschalten. So erklärt *D. C. North* die Herausbildung des modernen Wirtschaftsstaates aus dem Vermögen, die mit einer kapitalistischen Tauschwirtschaft verbundene Einigungs-, Kontroll- und Erzwingungskosten zu minimieren. Dazu können auch sozio-kulturelle Kooperationsregeln beitragen, wie sie z. B. die polit. Ökonomie Japans auszeichnen.

Die Ansätze der *Public-choice*-Schule und der Transaktionskostenökonomik sind auf die Lösung wohlfahrtstheoretischer Effizienzprobleme ausgerichtet. Die Herstellung und Ausführung kollektiv verbindlicher Entscheidungen in polit. Herrschaftsverhältnissen kann allerdings so nicht ursächlich erklärt werden. *Max Weber* sieht den ökon. Ursprung polit. Gemeinschaftshandeln nicht im Effizienzdenken, sondern im Bemühen um eine Regulierung des Wettbewerbs. Dabei bilden gemeinsam handelnde Konkurrenten eine Interessengemeinschaft gegenüber Außenstehenden. Aus diesem Vorgang der sozialen Schließung entstehen rationale Ordnungen, «zu deren Durchführung, eventuell mit Gewalt, sich bestimmte Personen ein für allemal als ‹Organe› bereithalten» (*Weber* 1972: 201). Der mit Institutionalisierung verbundene ökon. Nutzen – «Ersparnisse an Reibung», höhere Berechenbarkeit und «Beschleunigung des Reaktionstempos» (ebd.: 662) – wäre dann bloß ein Nebenprodukt monopolistischer Vermachtung (*Czada* 1991: 258 f.; 266 f.).

Polit. Konfliktregelung betrifft nicht nur materielle, sondern auch immaterielle Werte; und sie ist von Machtabhängigkeit, ideologischen Diskursen, Informationsasymmetrien und sozialen Bindungen begleitet. *T. Moe* (1990: 221, 227) nennt zwei Sachverhalte, die den Zugriff ökon. Erklärungsansätze auf das polit. Handeln bes. erschweren: (1) Das legitime Recht einer polit. Autorität, → Werte gegen den Willen Betroffener umzuverteilen, ist genuin polit. und bleibt der Wirtschaftswelt freiwilliger

Tauschverhältnisse prinzipiell fremd. (2) Die Logiken polit. und ökon. Institutionalisierung sind fundamental verschieden, weil ökon. Ordnungen auf polit. Herrschaft gründen, während polit. Ordnungen sich nicht in gleicher Weise extern verbürgen lassen, sondern im Rahmen vorhandener Institutionen stets umkämpft sind und für Gestaltung offen bleiben (*Knight* 1992: 40 ff.). Polit. I. sind mit der Konstitution und Ausübung polit. Herrschaft untrennbar verknüpft. Ist das «Verständnis für die Distinktheit polit. Herrschaft nicht oder nicht mehr vorhanden, wird es aussichtslos, die Frage nach spezifisch polit. I. anzugehen» (*Mandt* 1989: 76), dann wäre jede I. polit., sofern sie nur kollektives Handeln ermöglicht. Auch eine ökon. Theorie polit. I. wird insofern an der von *Max Weber* getroffenen Unterscheidung des Politischen als einer Sphäre legitimer Zwangsgewalt und des Strebens nach Machtanteil nicht vorbeikommen. Selbst ein kommunikativ begründeter Institutionenkonsens kann Machtunterschiede nicht leugnen, sondern bloß darauf hinwirken, daß sie die Verwirklichung der für eine Gesellschaft als konstitutiv erachteten Werte befördern oder zumindest nicht beschädigen (vgl. *Habermas* [5]1997: 186 f.).

4. Die politikwiss. Institutionentheorie steht vor der Frage, wieweit es ihr gelingen kann, über abstrakte Einsichten hinaus immer komplizierter werdende polit. Prozesse zu erklären. Der Institutionalismus der älteren Regierungslehre war noch ganz auf formale Regelsysteme – Verfassungen, Geschäftsordnungen etc. – festgelegt, die ehedem den Großteil polit. Handelns erfassen konnten. Wachstum und Vielfalt öff. Aufgaben bewirkten indessen die funktionale Spezialisierung, innere Segmentierung und äußere Entgrenzung der Staatsorganisation (vgl. *Rueschemeyer/Evans* 1985). Der neue organisationstheoretische Institutionalismus skizziert den Staat als «ein Konglomerat halbfeudaler, lose verbundener Organisationen, von denen jede ein substantielles Eigenleben führt und die miteinander und mit gesellschaftl. Gruppen interagieren» (*Olsen* 1991: 96). Die Formalstruktur der Politik wird ergänzt durch informelles Regieren in vernetzten Entscheidungsstrukturen, wobei die verfassungsmäßige Ordnung in erster Linie als eine Gelegenheitsstruktur für Interessenpolitik auftritt. Dies ist aus dem Blickwinkel des akteurbezogenen Institutionalismus nicht weiter verwunderlich. Jede Form der Institutionalisierung kann letztlich nur einen Korridor schaffen, der Spielräume für die strategische Interaktion der Individuen bereithält. Dies gilt vorzugsweise für polit. Institutionen, weil sie in bes. Maße umkämpft und gestaltbar sind.

Während andere Ordnungen entw. durch Gewohnheit befestigt sind oder auf polit. begründete Garantien, etwa die Eigentumsgarantie, rekurrieren können, bleibt der Politik nur die Möglichkeit der Selbstbindung bzw. Eigenstabilisierung. Diese erreicht sie in der Realität auf drei Wegen: (1) durch eine demokratische Verfassung, die an das Prinzip unveräußerlicher → Menschenrechte gebunden bleibt; (2) durch ein intern differenziertes Kontroll- und Abstützungsgefüge, das mit dem Begriff der → Gewaltenteilung nicht mehr adäquat erfaßt ist; (3) durch äußere Verpflichtung im Umgang mit anderen Staaten, insbes. durch Einbindung in → Internationale Regime.

Gegenwärtige staatl. Ordnung bildet jenseits ihrer normativen Grundlagen ein verschachteltes → Mehrebenensystem, das die Existenz mächtiger Nebenregierungen, Formen polit. Verbändebeteiligung und internat. I. einschließt. Der von *Hobbes* skizzierte, auf innere Befriedung gerichtete, hierarchische → Einheitsstaat hat im Inneren ebenso wie nach außen → Souveränität verloren. Dies ging einher mit Institutionenwachstum, das im binnenstaatl. Bereich und in den internat. Beziehungen seit dem II. Weltkrieg verstärkt auftritt (vgl. *Krasner* 1982). Die ausschließlich institutionelle Erklärung von Politik, etwa aus parlamentarischen Diskursen oder aus einer verfassungsmäßigen Entscheidungsprozedur ist angesichts dieser Ausdifferenzierung nahezu aussichtslos geworden. Zwei Auswege bieten sich an: 1. eine polit. Institutionentheorie, die an einer «neuen Architektur des Staates» (*Grande* 1993) ansetzt, 2. ein akteurtheoretisch fundierter Institutionalismus, der den realistischerweise über den Staat hinausgehenden Rahmen polit. Interaktion einschließt. Der erste Ansatz würde die Politikwiss. an die Organisationstheorie heranführen und v. a. die Grenzen rationalen Wahlhandelns betonen (*Olsen* 1991). Er entspricht einem neuen Institutionalismus, der die Logik des institutionell angemessenen Handelns «wiederentdeckt» (*March/Olsen* 1989) und den Eigenwert institutioneller Arrangements hervorhebt, insbes. ihre Funktion, polit. Akteure durch die Zuweisung von Aufgaben, Status, Ressourcen und Orientierungen zu konstituieren.

Der zweite, unter den Begriffen «Politische Ökonomie der Institutionen» (*Alt/Shepsle* 1990) bzw. «Institutionenökonomie» (vgl. *North* 1990) firmierende Ansatz betont die Maximierungslogik kalkulatorischen, folgenorientierten Handelns. Es ist nicht zu bestreiten, daß hieraus erklärungsmächtige Theorien entstanden sind. Zu nennen wären etwa ökon. → Modelle des Parteienwettbewerbs und polit. Konjunkturzyklen. Nicht zu übersehen ist aber auch ein Mißverhältnis von methodischer Strenge einerseits und praktischer Relevanz andererseits. Die Prämissenstruktur formaler Modelle verhindert nicht selten eine Rückbindung an die empirische Forschung. Gleichwohl läßt sich das Forschungsprogramm eines akteurbezogenen Institutionalismus auch unter weniger strengen Annahmen ausführen (*Scharpf* 1994). Es besagt dann v. a., daß I. nicht direkt den Gang der Politik bestimmen, sondern auf die Interaktionen polit. Akteure einwirken. Der Unterschied zum neuen Institutionalismus von *March* und *Olsen* (1989) besteht wesentlich darin, daß dieser, weil er von begrenzter Rationalität *(bounded rationality)* ausgeht, die institutionelle Handlungssteuerung, v. a. auch in der Form habitueller Regelbefolgung, als Normalfall annimmt, während im akteurbezogenen Institutionalismus jede Regel für strategisches Handeln offen bleibt und zudem als Handlungsressource betrachtet wird – z. B. eröffnet das allg. Wahlrecht den Bürgern ebenso wie etwa die Richtlinienkompetenz des Bundeskanzlers dem Regierungschef fest umgrenzte Handlungsmöglichkeiten, die sie gleichwohl auf vielfältige Art strategisch nutzen können. Hierin wird das kennzeichnende Merkmal von Institutionen, durch Beschränkung Handlungsmöglichkeiten zu eröffnen, deutlich. In diesem Sinne können polit.-institutionelle Zwänge eine Investition in Freiheit darstellen, die pareto-superiore Wohlfahrtsgewinne ermöglicht (*Pies* 1993: 300). Solcher Nutzen dient nicht nur der Gesamtgesellschaft, sondern auch jedem einzelnen und darf deshalb auf breite Zustimmung rechnen.

→ Handlungstheorien.

Lit.: *Alt, J. E./Shepsle, K. A.* (Hrsg.) 1990: Perspectives on Positive Political Economy, Camb./Mass. *Bermbach, U.* 1989: Politische Institutionen und gesellschaftlicher Wandel, in: *Hartwich, H. H.* (Hrsg.): Macht und Ohnmacht politischer Institutionen, Opl., 57–71. *Buchanan, J. M./Tullok, G.* 1962: The Calculus of Consent, Ann Arbor, Mich. *Coase, R. H.* 1969: The Problem of Social Cost, in: Journal of Law and Economics 3, 1–44. *Czada, R.* 1991: Interest Groups, Self Interest, and the Institutionalization of Political Action, in: *Czada, R./Windhoff-Héritier, A.* (Hrsg.): Political Choice, Ffm./Boulder, Col., 257–299. *Downs, A.* 1968: Ökonomische Theorie der Demokratie, Tüb. *Euchner, W.* 1990: Die Degradierung der politischen Institutionen im Marxismus, in: Leviathan 18, 487–505. *Evans, P. B.* u. a. (Hrsg.) 1985: Bringing the State Back In, Camb./Mass. *Göhler, G.* u. a. (Hrsg.) 1990a: Die Rationalität politischer Institutionen, Baden-Baden. *Göhler, G.* u. a. (Hrsg.) 1990b: Politische Institutionen im gesellschaftlichen Umbruch, Opl. *Grande, E.* 1993: Die neue Architektur des Staates, in: *Czada, R./Schmidt, M.* (Hrsg.): Verhandlungsdemokratie, Interessenvermittlung, Regierbarkeit, Opl., 51–71. *Habermas, J.* [5]1997: Faktizität und Geltung, Ffm. *Harada, T.* 1989: Politische Ökonomie des Idealismus und der Romantik: Korporatismus von Fichte, Müller und Hegel, Bln. *Hartwich, H. H.* (Hrsg.) 1989: Macht und Ohnmacht politischer Institutionen, Opl. *Hirschman, A. O.* 1987: Leidenschaften und Interessen, Ffm. (engl. 1977). *Knight, J.* 1992: Institutions and Social Conflict, Camb., Mass. *Krasner, S. D.* 1982: Structural Causes and Regime Consequences, in: IO 36, 185–205. *Lehner, F.* 1990: Ökonomische Theorie politischer Institutionen, in: *Göhler, G.* u. a.

(Hrsg.) 1990a: Die Rationalität politischer Institutionen: Interdisziplinäre Perspektiven, Baden-Baden, 307–233. *Mandt, H.* 1989: Politisch-sozialer Wandel und Veränderungen des Institutionenverständnisses in der Neuzeit, in: *Hartwich, H. H.* (Hrsg.): Macht und Ohnmacht politischer Institutionen, Opl. 72–79. *March, J. J./Olsen, J. P.* 1989: Rediscovering Institutions, N. Y.. *Moe, T. M.* 1990: Political Institutions, in: Journal of Law, Economics, and Organization 6, 213–253. *North, D. C.* 1992: Institutionen, institutioneller Wandel und Wirtschaftsleistung, Tüb. (engl. 1990). *Olsen, J. P.* 1991: Political Science and Organization Theory, in: *Czada, R./Windhoff-Héritier, A.* (Hrsg.): Political Choice, Ffm./Boulder, Col., 87–120. *Pies, I.* 1993: Normative Institutionenökonomik, Tüb. *Rueschemeyer, D./Evans, P. B.* 1985: The State and Economic Transformation, in: *Evans, P. B.* u. a. (Hrsg.): Bringing the State Back In, Camb./Mass., 44–77. *Scharpf, F. W.* 1994: Games Real Actors could play: Positive and Negative Coordination in Embedded Negotiations, in: JTP 6, 27–54. *Schelsky, H.* 1970: Zur soziologischen Theorie der Institutionen, in: *ders.* (Hrsg.): Zur Theorie der Institution, Düss., 9–26. *Weber, M.* [5]1972: Wirtschaft und Gesellschaft, Tüb. (zuerst 1922). *Williamson, O. E.* 1990: Die ökonomischen Institutionen des Kapitalismus, Tüb. (engl. 1985).

Roland Czada

Instrumentelle Theorien des Wählens → Wahlforschung

Integration (lat. *integratio* = Einbeziehung), im allg. Sinne die Entstehung oder Herstellung einer Einheit oder Ganzheit aus einzelnen Elementen oder die Fähigkeit einer Einheit oder Ganzheit, den Zusammenhalt der einzelnen Elemente auf der Basis gemeinsam geteilter Werte und Normen aufrechtzuerhalten. Es wird angenommen, daß die durch I. gewonnene Einheit oder Ganzheit mehr als die Summe ihrer vereinten Teile ist.

I. ist eine empirische Grunderscheinung und analytische Grundkategorie in Gesellschaft und Politik. Aufgrund der daraus resultierenden zahlreichen Verwendungszusammenhänge des Begriffs, der sich bereits in den vielfältigen gegensätzlichen Termini widerspiegelt (Desintegration, Segregation, Assimilation, Kooperation, Konflikt etc.), herrscht in den Sozialwiss. ein unterschiedliches kontext- und theorieabhängiges Verständnis des Begriffs vor. I. kann des weiteren als Prozeß, als Funktion oder als (End-) Ziel verstanden werden.

Aus der Vielfalt spezieller Erscheinungsformen und Bedeutungsgehalte von I. interessieren politikwiss.: (1) Die soziale I., d. h. – politiktheoretisch – Prozesse der Bildung kleiner gesellschaftl. Einheiten, etwa der Verbände, die gesellschaftl. → Interessen nach innen bündeln. In stärker gesellschaftspolit. Perspektive bedeutet soziale I. die Befriedigung des → Bedürfnisses individueller Teilhabe an den materiellen und kulturellen Gütern der Gesellschaft. Sie schließt die I. von → Minderheiten, etwa Einwanderungsminderheiten und → Randgruppen (→ Marginalität), ein. (2) Die polit. I., d. h. die Aggregierung unterschiedlicher gesellschaftl. Interessen und deren Transformation im polit. Entscheidungsprozeß, vornehmlich durch → Parteien und staatl. Institutionen. Ein bes. Verständnis polit. I. liegt in der normativ orientierten Integrationslehre von *R. Smend* (1928) vor, die gegen den Rechtspositivismus im Staatsrecht der Weimarer Republik gerichtet war. «Sie versteht den Staat ... als Lebensprozeß, und die Einordnung und Beteiligung des Einzelnen daran ebenfalls als ein Stück persönlichen Lebens, als ‹I.› ... Die Verfassung ist danach nicht nur als ein Organisationsstatut zu verstehen, das den Staat organisiert und zu seinen eigenen Aufgaben ermächtigt und verpflichtet, sondern zugleich als eine Lebensform seiner Angehörigen, die er an seinem Leben beteiligt» (*Smend* [3]1987: 1357). (3) Die systemische I., d. h. – politiktheoretisch – I. durch Beteiligung. Das klassische historische Beispiel hierfür ist die I. der Arbeiterbewegung durch die Fundamentaldemokratisierung, wodurch einerseits Partizipationschancen i. S. polit. I. eröffnet wurden, andererseits mit der Beteiligung am polit. Wettbewerb die faktische Anerkennung der polit. Spielregeln und des gesellschaftl. Systems verbunden war. In gesellschaftstheoretischer, funktionalistischer Perspektive steht systemische I. im Wechselverhältnis mit sozialer → Differenzierung und → Arbeitsteilung. I. gehört zu den vier Grundproblemen, die nach den *Parsons*schen AGIL-Schema jedes soziales System zu lösen hat. Die Stabilität eines sozialen Systems ist um so eher gewährleistet, als ein Gleichgewicht zwischen sich wandelnder Ausdifferenzierung und Integrationskapazität besteht (→ Systemtheorie). (4) Die wirtschaftl. I., d. h. ein auf die Bildung eines multinat. Marktes gerichteter Prozeß, der regional begrenzt ist, wobei unterschiedliche Integrationsformen gegeben sind: Freihandelszone, Zollunion, gemeinsamer Markt, Wirtschaftsunion. Diese Formen können als Stufen des Integrationsprozesses verstanden werden, doch kann wirtschaftl. I. auch sofort die Errichtung eines gemeinsamen Marktes beinhalten. Die Prozesse wirtschaftl. I. wurden von seiten der Politikwiss. mit einer Vielzahl von Integrationstheorien begleitet.

Lit.: *Friedrichs, J./Jagodzinski, W.* (Hrsg.) 2000: Soziale Integration, Wsb. *Lockwood, D.* ²1979: Soziale Integration und Systemintegration, in: *Zapf, W.* (Hrsg.): Theorien des sozialen Wandels, Königstein/Ts., 124–137. *Kohler-Koch, B./Woyke, W.* (Hrsg.) 1996: Die Europäische Union, Mchn. *Siebert, A.* (Hrsg.) 1993: Die zweifache Integration in Deutschland und Europa, Kiel. *Smend, R.* 1968: Verfassung und Verfassungsrecht, in: *ders.*: Staatsrechtliche Abhandlung, Bln. (zuerst 1928), 119–176. *Smend, R.* ³1987: Integration, in: Evangelisches Staatslexikon, Stg., 1354–1358. *Tränhardt, D.* (Hrsg.) 2001: Integrationspolitik in föderalistischen Systemen, Münster. → Integrationstheorien.

Dieter Nohlen

Integrationspartei → Massenintegrationspartei

Integrationstheorien, Theorien, die sich auf dem Felde der → Internationalen Beziehungen schwerpunktmäßig mit der Frage nach den Möglichkeiten und Voraussetzungen befassen, unter denen souveräne → Nationalstaaten zu einer größeren Gemeinschaft zusammenwachsen (können). Ausgehend von *D. Mitranys* Werk «A Working Peace System» (1944/1966) erlebten solche Theorien ihre Blütezeit von Mitte der 1940er bis in die 1970er Jahre.

1. Als Begründer funktionalistischer I. vertrat *Mitrany* (schon 1944) die Auffassung, daß eine Annäherung zwischen souveränen Staaten am besten durch fortschreitende praktische Zusammenarbeit auf speziellen Sachgebieten zu erreichen sei, deren Aufgaben wegen der gestiegenen sozialen und ökon. Verflechtung intern. weitaus besser gelöst werden könnten als im nat. Kontext. Mit dem Aufbau eines immer dichteren Netzes gemeinsamer technisch-unpolit. Aktivitäten und Verwaltungsaufgaben ergäben sich immer engere Beziehungen zwischen den einzelnen Staaten, durch welche nach und nach auch polit. Fragen erfaßt würden. Nationale Grenzen wären dann schließlich in zunehmendem Maße bedeutungslos. *Mitrany* wandte sich gegen die Schaffung einer supranat. polit. Einheit mit einem festen institutionellen Rahmen, wie sie in föderalistisch orientieren Ansätzen zu finden ist. Durch solche Festlegungen werde der Integrationsprozeß lediglich in eine idealistische Sackgasse gedrängt und in seiner Entfaltung behindert. Vielmehr werde sich im Zuge der fortschreitenden wirtschaftl. und sozialen Verflechtung automatisch auch eine polit. internat. Organisation ergeben, wenn dies im funktionalen Sinne erforderlich erscheine *(form follows function)*.

2. Ganz andere Wege des Zusammenwachsens einzelner Staaten beschreibt die föderalistische I., die den prinzipiellen Gegenpol der klassischen funktionalistischen Theorie darstellt. Die Föderalisten hoffen nicht auf die integrierende Wirkung gemeinsamer Aktivitäten, weil der Machtanspruch der einzelnen Nationalstaaten durch diese funktionale Zusammenarbeit nicht gebrochen werden könne. Sie betonen die Bedeutung einer supranat. Verfassung als Integrationsinstru-

ment, durch welche sich die vormals selbständigen polit. Einheiten zur Erledigung spezieller Aufgaben einer gemeinsamen Zentralinstanz unterordnen. Erst dann vollzieht sich im Rahmen der verfassungsmäßigen Regeln die ökon. und soziale Verflechtung zwischen den Staaten *(function follows form)*. Durch den nat. Souveränitätsverzicht sei das Einigungswerk auch bei partiellen Widerständen nicht gefährdet. Konflikte könnten im Rahmen der allg. akzeptierten, schwer abänderbaren Verfassungsnormen geregelt werden, ohne den Integrationsprozeß zu beeinträchtigen. Während die klassische föderalistische I. sich auf diese institutionelle Dimension beschränkte, rückten neuere föderalistische Ansätze, wie derjenige *C. J. Friedrichs* (1969), das dynamische Element des Föderalismus in den Vordergrund. So steht auch eine lockere Konföderation von Staaten nach dieser Theorievariante nicht im Widerspruch zum föderalistischen Integrationsmodell, da Föderalismus als ein Prozeß mit verschiedenen Entwicklungsstufen begriffen wird.

3. *K. W. Deutschs* (1953) umfassende kommunikationstheoretische Transaktionsanalyse integrativer Prozesse beschränkt sich nicht auf die Integration von Staaten, sondern nimmt ganz allg. Bezug auf die Bildung von Gesellschaften. *Deutsch* stellte wachsende Transaktionsprozesse (z. B. Handel, Wanderbewegungen, Postverkehr) zwischen den einzelnen Einheiten in den Mittelpunkt seines Ansatzes. Durch diese würde bei den Bevölkerungen und den jeweiligen Eliten ein sozialpsychologischer Lernprozeß ausgelöst, der seinerseits zu Distanzreduktion und gegenseitiger Assimilation führe. *Deutschs* Analyse ist in erster Linie methodologisch angelegt und ermöglicht die quantitative Messung von Integrations- und Verflechtungsgraden zwischen einzelnen Staaten oder anderen Einheiten.

4. *E. B. Haas* (1958) konzipierte in Weiterentwicklung der funktionalistischen Theorie *Mitranys* und in Annäherung an die föderalistischen Positionen seine neofunktionalistische Integrationstheorie. Er legte dabei die Entstehungsgeschichte der eher funktionalistisch orientierten Europäischen Gemeinschaft für Kohle und Stahl (EGKS) zugrunde, die – im Ggs. zur gescheiterten föderalistisch strukturierten Europäischen Verteidigungsgemeinschaft (EVG) – bereits beachtliche Integrationsfortschritte erzielt hatte. In seiner territorial auf Westeuropa bezogenen und damit weitaus realitätsnäheren neofunktionalistischen Theorie betonte *Haas*, abweichend vom klassischen → Funktionalismus, die Bedeutung supranat. → Institutionen für den Integrationsfortschritt. Aus der Analyse der Europäischen Montanunion und den bereits vorliegenden neuen Plänen für die Europäische Wirtschaftsgemeinschaft (EWG) meinte er prognostizieren zu können, daß ein einmal begonnener Integrationsprozeß immer weitere Integrationsmaßnahmen nach sich ziehen würde *(spill-over)*. Eine sektorale Integration könne ihre Funktion nämlich nur dann erfüllen, wenn sie weitere, bisher nicht integrierte Politikbereiche einbeziehe. So beinhalte z. B. die Vergemeinschaftung des Kohle- und Stahlbereichs auch einen Impuls zur Harmonisierung der Steuer- und Währungspolitik. Dieser «*Spill-over*-Effekt» führe letztendlich von der wirtschaftl. zur polit. Einheit. Angesichts der – maßgeblich durch die gaullistische Doktrin des «Europas der Vaterländer» verursachten – europ. Integrationskrise in den 1960er Jahren ließen sich die *Haas*schen Prognosen nicht länger aufrechterhalten. Spätere neofunktionalistische Ansätze berücksichtigten daher auch Krisen und Rückschläge, sog. *«spill-backs»*, im Integrationsprozeß. *A. Etzioni* (1965) analysierte die Bedeutung von internen Machtstrukturen in einer Union und verglich die konkreten machtpolit. Strukturen mehrerer internat. Unionen.

5. Die Entwicklungsgeschichte all dieser Varianten der I. ist insbes. dadurch gekennzeichnet, daß sich im Zeitablauf kein Fortschritt in der Theoriebildung erkennen läßt. Verursacht durch die verschiedenen Grundannahmen des Funktionalismus einerseits und des Föderalismus andererseits, waren auch die älteren Modelle neben den jeweils neu entwickelten in ihren Kernelementen weiterhin wirksam und wurden lediglich modifiziert. Mit der Enttäuschung integrationspolit. Zukunftserwartungen wurde die mangelnde Aussagekraft aller Theorieva-

rianten in bezug auf die Entwicklung der Europäischen Gemeinschaft (EG) deutlich. Dies führte Mitte der 1970er Jahre zu einem abrupten Ende der theorieorientierten wiss. Debatte. Insbes. für das Nebeneinander nationalstaatl., intergouvernementaler, funktionaler und supranat. Elemente als Charakteristikum des europ. Einigungsprozesses blieben alle Theoreme eine hinreichende Erklärung schuldig. Seither werden sie daher lediglich noch thematisiert, um nach den Ursachen ihres Versagens zu suchen.
Statt neue umfassende Theorieansätze zu formulieren, wandte sich das wiss. Interesse vermehrt der empirisch-historischen Analyse integrationspolit. Teilphänomene zu. Dabei rückten in den 1980er Jahren im europ. Bezugsrahmen nach den ökon. Verflechtungsprozessen (Funktionalismus) und den Entscheidungsstrukturen (Föderalismus) vermehrt kulturell-sozialpsychologische Aspekte von → Integration in den Vordergrund. Fragen nach einer europ. Identität stellen sich einmal im Rahmen der Europäischen Gemeinschaft (Europa der Bürger, Europäische Verfassung), nach dem Zusammenbruch der kommunistischen Regime Osteuropas aber auch für Gesamteuropa. Darüber hinaus wird in der einschlägigen Literatur (*Hrbek* 1987, 1989; *Bellers/Häckel* 1990) vermehrt das offensichtliche – von den I. weitgehend unterschätzte – Beharrungsvermögen des Nationalstaats und dessen Auswirkung auf die Dynamik des Integrationsprozesses zum Gegenstand gemacht.

Lit.: *Bellers, J./Häckel, E.* 1990: Theorien internationaler Integration und internationaler Organisation, in: *Rittberger, V.* (Hrsg.): Theorien der Internationalen Beziehungen (PVS-Sonderheft 21), Opl., 286–310. *Bieling, H. J./Steinhilber, J.* (Hrsg.) 2000: Die Konfiguration Europas. Dimensionen einer kritischen Integrationstheorie, Münster. *Chryssochoou, D. N.* 2001: Theorizing European Integration, L. *Deutsch, K. W.* 1953: Nationalism and Social Communication, Camb./Mass. *Deutsch, K. W.* 1972: Nationenbildung – Nationalstaat – Integration, Düss. (engl. 1963). *Etzioni, A.* 1965: Political Unification. A Comparative Study of Leaders and Forces, NY u. a. *Frei, D.* 1985: Integrationsprozesse. Theoretische Erkenntnisse und praktische Folgen, in: *Weidenfeld, W.* (Hrsg.): Die Identität Europas, Mchn., 113–131. *Friedrich, C. J.* 1969: Europe: An Emergent Nation? NY. *Haas, E. B.* 1958: The Uniting of Europe, L. *Hrbek, R.* 1987: Die «Europäische Union» als unerfüllbare integrationspolitische Daueraufgabe? in: *Mestmäcker, E.-J.* u. a. (Hrsg.): Eine Ordnungspolitik für Europa, Baden-Baden, *Hrbek, R.* 1989: Nationalstaat und europäische Integration, in: *Haungs, P.* (Hrsg.): Europäisierung Europas? Baden-Baden, 81–108. *Kohler-Koch, B./Schmidberger, M.* 1996: Integrationstheorien, in: *Nohlen, D.* (Hrsg.): Die Europäische Union, Lexikon der Politik, Bd. 5, Mchn., 152–161. *Levi, L.* 1987: Recent Developments in Federalist Theory, in: The Federalist, No. 2, 97–137. *Loth, W./Wessels, W.* (Hrsg.) 2001: Theorien Europäischer Integration, Opl. *Mitrany, D.* 1966: A Working Peace System, Chic. (zuerst 1944). *Scharpf, F. W.* 1985: Die Politikverflechtungsfalle: Europäische Integration und deutscher Föderalismus im Vergleich, in: PVS 26, 223–237. *Smend, R.* [3]1987: Integration, in: Evangelisches Staatslexikon, Stg., 1354–1357. → Europamodelle.

Kristin Bergmann

Integrationswissenschaft, eine der Selbst-Charakterisierungen der Politikwiss. im Nachkriegsdeutschland (neben den Selbstverständnissen als → Demokratie-, → Ordnungs- oder – wenn auch weniger – als → Oppositionswiss.).

Die Aufgabenstellung der Politikwiss. als I. oder integrierende Sammelwiss. (oder auch als synoptischer Wiss.) leitete z. B. *E. Fraenkel* (1963: 337) aus der Notwendigkeit ab, «sich nicht einseitig nur *einer* Betrachtungsweise zu verschreiben, sondern vielmehr durch die Integration verschiedenartiger Betrachtungsweisen – durch die Verwendung sowohl empirisch-deskriptiver als auch normativer Methoden – zu einem umfassenden und deshalb vertieften Verständnis polit. Phänomene zu gelangen». Das gemeinsame

Ziel sah man dabei darin, zur gesellschaftl. → Integration mittels der Analyse wie der Erziehung zur Demokratie beizutragen.

→ Normative Theorien; Politikbegriffe; Politikwissenschaft.

Lit.: *Fraenkel, E.* 1973: Die Wissenschaft von der Politik und die Gesellschaft, in: *ders.*: Reformismus und Pluralismus, Hamb., 337–353 (zuerst 1963). → Demokratiewissenschaft.

Rainer-Olaf Schultze

Interdependenz, im allg. Verständnis wechselseitige Abhängigkeit zwischen Akteuren. I. bezeichnet in der Analyse → Internationaler Beziehungen die Verschränkung polit., wirtschaftl., sozialer und kultureller Prozesse und ein Verhältnis zwischen sozialen Akteuren, bei dem die Möglichkeit besteht, daß durch Handlungen eines Akteurs für den jeweils anderen Akteur unerwünschte Auswirkungen entstehen (→ Macht).

Die westl. Industriegesellschaften befinden sich z. B. aufgrund der Verdichtung des grenzüberschreitenden Austausches und der grenzüberschreitenden Produktion von Waren, Kapital und Dienstleistungen (Wirtschaftsbereich), aber auch des Austausches von Umweltschäden und Umweltrisiken (Umweltbereich), von Bedrohungen (Sicherheitsbereich) und von Informationen (Kommunikationsbereich) in einem zunehmend komplexeren Netz von Interdependenzen. Die Behinderung (Güterhandel) oder Beschleunigung (Umweltschadstoffe) dieser Austausch- und Produktionsbeziehungen durch ein Land kann unerwünschte Auswirkungen in einem anderen Land hervorrufen. Dies gilt insbes. dann, wenn nicht nur die Interdependenz-Empfindlichkeit, sondern auch die Interdependenz-Verwundbarkeit stark ausgeprägt ist (→ Integrationstheorien). Vielfach wird behauptet, daß durch eine Verdichtung von I. über die Grenzen von Staaten hinweg zum einen die Gefahr zwischenstaatl. Kriege sinkt und zum anderen die Chancen der Bildung internat. Institutionen steigen.

→ Globalisierung.

Lit.: *Buzan, B.* u. a. 1993: The Logic of Anarchy. Neorealism to Structural Realism, NY. *Jones, B.* 1995: Globalization and Interdependence in the International Political Economy, L. *Katzenstein, P. J.* 1975: International Interdependence. Some Long-Term-Trends and Recent Changes, in: IO 29, 1021–1034. *Keohane, R. O./Nye, J. S.* 1987: Power and Interdependence Revisited, in: IO 41, 725–753. *Kohler-Koch, B.* 1990: Interdependenz, in: *Rittberger, V.* (Hrsg.): Theorien der Internationalen Beziehungen. PVS-Sonderheft 21, Opl., 110–129. *Morse, E. L.* 1969: The Politics of Interdependence, in: IO 23, 311–325. *Rosenau, J. N.* 1980: The Study of Global Interdependence, L. *Senghaas, D.* 1994: Interdependenzen im Internationalen System, in: *Krell, G./Müller, H.* (Hrsg.): Frieden und Konflikt in den internationalen Beziehungen, Ffm., 190–222. *De Wilde, J.* 1991: Saved from Oblivion: Interdependence Theory in the First Half of the 20th Century, Aldershot.

Bernard Zangl

Interdependenztheoretische Ansätze, relativieren in der → Analyse der → Internationalen Beziehungen sowohl die Rolle der Staaten als Träger internat. Politik zugunsten nichtstaatl. Akteure (→ Interessengruppen, Konzerne, Organisationen) als auch das hierarchische Gefälle im internat. System. Überkommene Trennlinien zwischen → Innen- und → Außenpolitik werden ebenso aufgehoben wie qualitative Unterschiede zwischen *high politics* (Diplomatie, Sicherheitspolitik) und *low politics* (Wirtschafts-, Währungs-, Kulturpolitik). Zentrale Probleme sind somit die zunehmende Komplexität und Vernetzung internat. Beziehungen und die damit verbundene Beschränkung der Handlungsfähigkeit nationalstaatl. Regierungen.

1. Interdependenztheoretische Ansätze grenzen sich v. a. ab gegen (a) die nach 1945 zunächst dominierenden Konzepte der Realistischen Schule mit ihrer Betonung der → Nationalstaaten als Akteure im weltpolit. Nullsummenspiel um Einfluß und Macht und (b) die sich etwa gleichzeitig mit den i. A. entwickelnden dependenztheoretischen Ansätze (→ Dependencia), welche die strukturelle Abhängigkeit der Peripherie-Staaten der → Dritten Welt von den Staaten des industrialisierten Zentrums betonten.

Im Ggs. zur normativ-ontologischen Orientierung der Realistischen Schule und den vielfach historisch-dialektisch bestimmten dependenztheoretischen Ansätzen sind i. A. meist → empirisch-analytisch ausgerichtet, gehen komparatistisch vor und konzentrieren sich auf quantitative → Analysen. Die Verschränkungen innenpolit., intergouvernementaler und transnat. Prozesse und Strukturen werden anhand von → Fallstudien untersucht. Hauptanwendungsbereich wegweisender Interdependenz-Studien sind die internat. Wirtschaftsbeziehungen (*Cooper* 1968, *Keohane/Nye* 1977). Folglich orientiert sich auch das methodische Vorgehen an ökon. Theorien. Nach *Keohane/Nye* (1985: 76) liegt Interdependenz dort vor, «wo Interaktionen wechselseitige Kostenwirkungen [...] verursachen». Die Autoren unterscheiden zwischen Interdependenz-Empfindlichkeit als Gradmesser, «wie rasch Veränderungen in einem Land kostspielige Effekte in einem anderen hervorrufen», und Interdependenz-Verwundbarkeit als einer Situation, «in der ein Akteur durch äußere Ereignisse selbst dann Kosten tragen muß, wenn er seine Politik modifiziert hat» (ebd.: 79–81). Interdependenz wird als intervenierende Variable betrachtet, die das Verhältnis zwischen Machtressourcen als unabhängigen Variablen und den Ergebnissen des polit. Prozesses als abhängigen, zu erklärenden Variablen relativiert. Als abhängige Variablen behandeln *Keohane/Nye* u. a. die Ziele von Akteuren, die Instrumente staatl. Politik, die Verknüpfung von Problemfeldern und die Rolle internat. Organisationen.

2. Diese Vorgehensweise muß jedoch als wenig schlüssig kritisiert werden. Die formale Bestimmung der Variablen und ihre wechselseitige Zuordnung bleiben ungenügend. Bestimmte polit. Instrumente und Ziele kommen sowohl als Voraussetzung als auch als Folge komplexer Interdependenz vor. Somit «drängt sich der Eindruck auf, daß nicht Wirkungszusammenhänge offengelegt, sondern lediglich Erscheinungsformen internat. Politik in einem von Interdependenz charakterisierten Umfeld näher beschrieben werden» (*Kohler-Koch* 1990: 119). Die Interdependenz-Forschung hat die Frage vernachlässigt, wo die strukturellen Ursachen asymmetrischer Abhängigkeit liegen und welche Handlungsmuster sich aus der Interdependenz ergeben. Auch der Versuch einer Unterscheidung von direkter und indirekter, horizontaler und vertikaler Interdependenz (*Meyers* 1991), die Systematisierung einzelner Abhängigkeitsdimensionen durch *Linkage-Strategien* (*Oye* 1986) und die Weiterentwicklung des Interaktionsansatzes durch die → Regimeanalyse (*Kohler-Koch* 1989) brachten nur einen begrenzten Erkenntnisfortschritt. Von einer Theorie der Interdependenz ist die Politikwiss. nach wie vor weit entfernt. Dennoch liegt die Leistung der i. A. darin, daß spezifische Abhängigkeitsstrukturen zwischen Systemen, Akteuren und Politikfeldern empirisch gehaltvoll analysiert wurden und ein gedankliches Schema geboten wird, das der Komplexität → Internationaler Beziehungen vergleichsweise gut gerecht wird.

Nach der Renaissance realistischer Ansätze mit dem Wiederaufleben des Kalten Krieges zu Beginn der 1980er Jahre scheinen i. A. mit dem Ende des Ost-West-Konflikts ihrerseits ein *Comeback zu* erleben. Will man den «neuen, zentrifugalen Realitäten einer multipolaren, polyarchischen und zugleich globalisierten Welt» (*Krosigk* 1992: 31) dabei Rechnung tragen, muß die Interdependenz-Debatte jedoch ihre urspr. Konzentration auf ökon. Abhängigkeitsstrukturen innerhalb der industrialisierten OECD-Welt aufgeben, statt dessen Schwellen- und Entwicklungsländer stärker einbeziehen und ihre Aufmerksamkeit auf neue Themenbereiche (Ökologie, → Migration, → Organisierte Kriminalität) und Akteure (Drogenmafia, Terrororganisationen, aufbegehrende ethnische und religiöse Gruppierungen) richten.

Werden die neorealistische Einsicht, daß militärische Macht und nationalstaatl. Interesse durchaus Bedeutung behalten und die dependenztheoretische Mahnung, daß strukturelle Ungerechtigkeiten im Weltsystem bestehen bleiben und sich vielfach verschärfen, nicht außer acht gelassen, könnten sich i. A. zum fruchtbaren Erklärungsinstrument einer neuen Welt(un)ordnung entwickeln. Als erster Schritt müßten hierfür Forschungsdesign und methodisches Vorgehen klarer konzipiert werden.

→ Entwicklungsforschung; Linkage-Analyse.

Lit.: *Cooper, R.* 1968: The Economics of Interdependence, NY. *Keohane, R. O./Nye, J. S.* 1977: Power and Independence,Boston. *Keohane, R. O./Nye, J. S.* 1985: Macht und Interdependenz, in: *Kaiser, K./Schwarz, H. P.* (Hrsg.): Weltpolitik, Bonn, 74–88. *Keohane, R. O./Nye, J. S.* 1987: Power and Interdependence Revisited, in: IO, 41, 725- 753. *Krasner, S. D.* (Hrsg.) 1983: International Regimes, Ithaca. *Kohler- Koch, B.* 1990: Interdependenz, in: *Rittberger, V.* (Hrsg.): Theorien der Internationalen Beziehungen: Bestandsaufnahme und Forschungsperspektiven, Opl. *Kohler-Koch, B.* (Hrsg.) 1989: Regime in den Internationalen Beziehungen, Baden-Baden. *Krosigk, F. von* 1992: Interamerikanische Beziehungen im Zeichen turbulenter Interdependenz, in: APuZ, B 28/92, 23–31. *Meyers, R.* 1991: Grundbegriffe, Strukturen und theoretische Perspektiven der Internationalen Beziehungen, in: *Stammen, T.* u.a. [2]1993: Grundwissen Politik, Bonn, 229–333 *Oye, K. A.* 1986: Cooperation under Anarchy, Princeton, N.J. *Rosenau, J. N./Tromp, H.* (Hrsg.) 1989: Interdependence and Conflict in World Politics, Aldershot.

Ralf Borchard

Interesse, eines der meistgebrauchten Wörter der dt. Sprache, das in seiner Verwendungshäufigkeit noch vor so alltäglichen Vokabeln wie Arbeit, Recht, Partei rangiert. Dem entspricht seine Bedeutung in so unterschiedlichen wiss. Disziplinen wie Philosophie, Psychologie, Pädagogik, Ökonomie, Rechtswiss. und Soziologie. In der Politikwiss. gehört der Interessenbegriff zum unverzichtbaren Kernbestand der Disziplin und zusammen mit → Konflikt, → Macht und → Konsens zu den vier wichtigsten Begriffen überhaupt. Der Begriff geht auf unterschiedliche ideengeschichtl. Traditionen zurück, in ihm sind unterschiedliche historische Erfahrungen gespeichert, und im Interessenbegriff und seiner Verwendung wiederum haben unterschiedliche Interessen ihren Niederschlag gefunden.

1. (1) Der Begriff des I. stammt aus dem Lateinischen und existiert bis zum 13. Jh. nur in verbaler Konstruktion. Im Altlateinischen bedeutet *inter-esse* ein Dazwischensein in Raum und Zeit. Erst allmählich entwickelten sich allgemeinere Verwendungsweisen wie: «dabeisein», «gegenwärtig sein», «beiwohnen» und «Anteil nehmen». Daraus entstand im übertragenen Sinne dann die Bedeutung einer geistigen Anteilnahme bzw. einer Bewertung. Seit dem 16. Jh. erscheint I. substantiviert als Rechtswort i. S. von «aus Ersatzpflicht resultierendem Schaden» und nimmt die Bedeutung von «Zinsen» an, was vom Standpunkt des Gläubigers einen Nutzen oder Vorteil beinhaltet. Interesse als Nutzen weist dabei eine subjektive und eine objektive Dimension auf. «Es hat sowohl den Sinn des ‹Erzielens eines Nutzens›, womit Interesse als eine in der Person liegende Absicht verstanden wird, wie es auch den Nutzen als eine ‹objektive› Gegebenheit auffaßt, womit Interesse zum Gegenstand wird» (*Orth* 1983: 310).

Zieht man ein vorsichtiges begriffsgeschichtl. Fazit, verweist schon die ursprüngliche, auf verschiedene Objektbereiche und Handlungsebenen hin konkretisierte Sinngebung des I. als ein «Zwischen-etwas-Sein» oder «Dazwischen-sein» auf ein dialektisches Spannungsverhältnis und eine dynamische Beziehung, die auch eine soziale Beziehung sein kann. In diesem Sinne liegt die Bedeutung des Interessenbegriffs auch darin, daß zwischen «Getrenntes ein Drittes tritt und eine Verbindung herstellt». Durch diese

Brückenfunktion kann «zeitlich Differentes, urspr. Heterogenes oder in der Sache Oppositionelles durch einen Begriff genannt werden». Dabei ist der Bezug auf Handlungszusammenhänge stets offenkundig, in der Beziehung zwischen Personen aber auch «in der generalisierten Relation zwischen gesellschaftl. Dispositionen und polit. Handlungen» (*Massing/Reichel* 1997: 26). Mit dem Interessenbegriff lassen sich demnach Interaktionen, Abhängigkeiten usw. in ihrer intentionalen wie in ihrer strukturellen Dimension erfassen.

(2) Sozialgeschichtl. wird I. als «Bedingung menschlichen Handelns» *(Max Weber)* sowie als «Prinzip der Gesellschaft» *(Lorenz von Stein)* im Entstehungszusammenhang der modernen bürgerlichen Gesellschaft gesehen (vgl. *Reichel* 1977). Gegenüber den traditionellen Normen und transzendenten Werten und im Ggs. zu den Leidenschaften setzen sich nun die I. als primäre Handlungsorientierungen durch (vgl. *Hirschman* 1980).

(3) Ideengeschichtl. ist der Interessenbegriff folglich v.a. für die bürgerliche Gesellschaftstheorie von Bedeutung. In der engl. Philosophie sieht noch *Hobbes* (1651) im «System der Interessen» eine Bedrohung für die Autoritätsstruktur des Staates, aber schon *Locke* (1690) bereitet die positive Wendung des Interessenbegriffs vor, indem er das Streben nach Eigentum ausdrücklich rechtfertigt. Im Zeichen des Wirtschaftsliberalismus und des → Utilitarismus des 18. Jh. entwickelt sich von *Hutcheson*, für den das I. schon primäres Motiv allen Handelns ist, über *Hume* bis zu *Adam Smith* (1776) und *Bentham* (1833) der Interessenbegriff dann endgültig zur grundlegenden und positiv bewerteten Kategorie. Sie sehen den Lebensprozeß der Gesellschaft gesteuert von der freien Konkurrenz rivalisierender Einzelinteressen und entwerfen eine Theorie des «natürlichen Interessenausgleichs», in der das I. des einzelnen automatisch im Einklang mit den I. der anderen und dem Gesamtinteresse des Staates steht. Gegen *Hobbes* Vorstellung, daß das Chaos der Einzelinteressen nur durch einen starken Staat überwunden werden könne, setzt *Smith* also die These, daß die Stabilität des gesellschaftl. Systems allein durch den freien Wettbewerb konkurrierender Einzelinteressen begründet und aufrechterhalten werde. *Bentham* sieht im *self-interest* das primäre Bewegungsmoment jeder wirtschaftl. Tätigkeit und interpretiert das Prinzip der Nützlichkeit i. S. des Interessenbegriffs: «Alles das ist dem Nutzen oder dem Interesse einer Gemeinschaft gemäß, was dahin zielt, die Totalsumme des Wohlseins der Individuen zu vermehren, welche sie bilden» (*Bentham* 1833: 5). Über *Mill* (1910) hat die Theorie des «natürlichen Interessenausgleichs» in der Folgezeit die amerikan. Demokratie- und → Pluralismustheorie nachhaltig beeinflußt.

In der frz. → Aufklärung wird der Interessenbegriff bei *La Rochefoucauld* und bei *Salignac* in engem Zusammenhang mit wirtschaftl. Vorteil gedacht, aber im moralischen Sinne noch negativ bewertet. *Rousseaus* Position ist zwiespältig. Er sieht im I. zwar die Gesamtheit der Antriebsmomente, die in sozialen Verhaltensweisen zur Geltung kommen, bewertet die I. aber nach ihren beabsichtigten und erwarteten sozialen Effekten. So unterscheidet er I. danach, ob es ausschließlich einem Einzelnen nützt oder auch der Allgemeinheit und kommt zur Gegenüberstellung von *«intérêt personnel»* und *«intérêt public»*, wobei er die partikularen I. negativ bewertet und nur im allg. I. die Vernunft zur vollen Geltung gebracht sieht (vgl. *Gerhardt* 1976). Erst *d'Holbach* und *Helvétius* bewerten I. uneingeschränkt positiv. Sie machen I. zur zentralen Triebkraft menschlichen Handelns und zur Grundlage des gesamten gesellschaftl. Lebens. Nicht aus den objektiven Verhältnissen, sondern aus der Natur des Menschen abgeleitet, wird I. zur anthropologischen Kategorie. Interessen liegen jeder menschlichen Tätigkeit zugrunde, auch Staatsaufbau, Sitten und Gebräuche werden so auf ein materielles Substrat zurückgeführt. Hierin, in dem Versuch, alle Leistungen des Menschen, moralische und verstandesmäßige, auf ein materielles I. zurückzuführen, basierte das hohe gesellschaftskritische Potenzial der bürgerlichen Aufklärung. Diesseitsorientiert und emanzipatorisch richtete es sich gegen die Herrschenden, gegen Feudalismus, Theologie und gegen den Adel.

(4) In D nimmt zunächst *Kant* den Begriff des I. auf. In der «Kritik der praktischen Vernunft» (1781) wendet er sich zwar gegen den Versuch der frz. Aufklärer, das gesellschaftl. Leben primär aus dem I. zu erklären. Er verneint aber nicht den Interessenbegriff als solchen, sondern nur die sinnliche Basis des I. und deren utilitaristische Rückführung auf das Streben nach Vergnügen. *Kant* unterscheidet zum ersten Mal zwischen I. und → Bedürfnis. Sein wesentlicher Beitrag für die neuzeitliche Gesellschaftstheorie liegt in der Gründung der Vernunft auf (spekulative und praktische) Interessen. «Alles Interesse der Vernunft (das spekulative sowohl wie das praktische) vereinigt sich in folgenden drei Fragen: 1. Was kann ich wissen? 2. Was soll ich tun? 3. Was darf ich hoffen?». Handlungstheoretisch gesehen ist nach *Kant* I. dann das, «wodurch Vernunft praktisch, d. h. eine den Willen bestimmende Ursache wird». «Interesse ist (...) die Triebfeder im handelnden Subjekt, die es befähigt, seine empirische Vereinzelung zu überwinden und für eine allg. Gesetzlichkeit aufnahmefähig zu machen» (*Gerhardt* 1976: 489). Dabei unterscheidet *Kant* zwischen reinen und empirischen Interessen. Rein ist ein I., wenn es sich auf die Allgemeingültigkeit der Maxime bezieht, empirisch ist das I., wenn es den Willen nur mit einem «Objekt des Begehrens» oder unter Voraussetzung eines «besonderen Gefühls des Subjekts bestimmen kann» (ebd.). Der Unterschied bedeutet nichts anderes, als daß der Mensch einmal «an etwas I. nimmt» und ein anderes Mal «aus I. handelt».

Hegel betont, u. a. in den «Grundlinien der Philosophie des Rechts» (1821), v. a. die subjektive Dimension des Interesses. Innerhalb der Gesellschaft verfolgt jedes Individuum, jeder Stand seine eigenen partikularen Interessen. Folglich wird I. mit Konflikt, Konkurrenz und Kampf gleichgesetzt. «Interesse ist nur vorhanden, wo Gegensatz ist». Dennoch darf I. nicht mit Selbstsucht oder Eigennutz verwechselt werden. Der Prozeß der Interessenauseinandersetzung ist vielmehr ein Selbstreinigungsprozeß, welcher in dem Maße, in dem er der Vernunft zum Durchbruch verhilft, seinen Weg von den partikularen zu den allgemeinen I. nimmt. Im Staat, der Verwirklichung des allgemeinsten I., ist der Sieg der Vernunft vollendet und der vollkommene Ausgleich aller I. erreicht.

(5) *Marx* kritisiert diese Konzeption von der Identität der I., die der Staat herzustellen vermag, ebenso wie die Vorstellung des engl. Liberalismus von einer durch Interessenharmonie prästabilierten Gesellschaft. Für ihn ist I. eine Eigenschaft des menschlichen Wesens, die aus dem gegebenen System der → Arbeitsteilung erwächst. Die jeweiligen Produktionsverhältnisse drücken sich immer auch in den I. der Menschen aus. Der Schwerpunkt der *Marx*schen Analyse ist demnach nicht die subjektive Dimension des I., sondern es sind die objektiven ökon. Formbestimmungen des kapitalistischen Systems, die die gesellschaftl. Verkehrsverhältnisse strukturieren und damit die objektive Bedeutung des Interesses. In seiner ideologiekritischen Interessentheorie sind die I. allein Ausdruck der Klassenlage des Menschen. In der bürgerlichen Gesellschaft, in der jeder seine Privatinteressen verfolgt, kann ein Allgemeininteresse nicht zustande kommen. Was als solches in der bürgerlichen Gesellschaft ausgegeben wird, ist nichts anderes als die ideologische Verschleierung der selbstsüchtigen I. der herrschenden Klasse. In weltgeschichtl. Perspektive stehen die auf dem Egoismus basierenden «unwahren» Klasseninteressen der Bourgeoisie den revolutionären und «wahren» Klasseninteressen des Proletariats gegenüber, die die objektiven I. der Menschheit repräsentieren (vgl. *Massing* 1978).

2. In der politikwiss. Theoriediskussion ist der Interessenbegriff ein Auslöser konfligierender Lagerbildung, und mit Hilfe der jeweils spezifischen Verwendung und Bewertung des I. lassen sich polit. Theorien kennzeichnen und miteinander vergleichen. (1) Die in der Tradition des Liberalismus stehenden Pluralismustheorien verstehen I. v. a. als etwas Subjektives. Sie betonen die Bedeutung individueller und kollektiver (i. S. aggregierter individueller) I. und sehen in der Verfolgung von Eigeninteressen einen essentiellen Bestandteil der menschlichen Natur. Entsprechend großes Gewicht gewinnt die konfliktvermittelte, jedoch verfahrensmäßig

rational gesteuerte Durchsetzung von Interessen. Kritisiert wird an diesem Ansatz neben der subjektivistischen Interpretation auch die Voraussetzungslosigkeit des Interessenbegriffs, der nicht im Hinblick auf soziale Klassen, Lebensbereiche oder Situationen und ihre Deutungen thematisiert wird. Auch die Frage nach dem Allgemeininteresse, nach der unterschiedlichen Artikulations-, Organisations-, Konflikt- und Durchsetzungsfähigkeit der I. wird theoretisch nur unzureichend berücksichtigt, ebenso wie das Verhältnis von kurzfristigen und langfristigen, von allg. und individuellen Interessen (vgl. u. a. *Balbus* 1977, *Šik* 1977, *Offe* 1972). (2) Theorieansätze in der *Marx*schen Tradition versuchen das Interesse v. a. als objektive Kategorie zu fassen. Im Mittelpunkt steht die Beziehung von wahren (objektiven) und falschen (subjektiven) Interessen. Während in diesen Konzeptionen die Frage nach den wahren I. überwiegend abstrakt und dezisionistisch beantwortet wird und pluralistische Theorien dazu neigen, sie zu vernachlässigen, schlägt *J. Habermas* einen «dritten Weg» vor. In seinem Modell des praktischen Diskurses sollen über den Grundsatz der Universalisierung all die Normen und I. als nicht konsensfähig ausgeschieden werden, deren Inhalt und Geltungsanspruch partikular ist (vgl. *Habermas* 1973). Objektive (wahre) I. sind dann solche, die verallgemeinerungsfähig sind. Sie lassen sich nicht allein aus der sozialstrukturellen Bestimmung der Interessenlagen ableiten, sondern sind im Rahmen eines herrschaftsfreien Diskurses erst zu ermitteln. Da verallgemeinerungsfähige I. aber durch Partikularinteressen unterdrückt werden können, ist zusätzlich ein advokatorisches Modell der Aufdeckung verallgemeinerungsfähiger I. notwendig. Auf diese Weise soll die kritische Gesellschaftstheorie in einem stellvertretend simulierten Diskurs zwischen den Gruppen artikulierter bzw. virtueller Interessengegensätze verallgemeinerungsfähige, aber gleichwohl unterdrückte I. ermitteln (vgl. *Habermas* 1973: 153 ff.). Diese könnten dann als objektive, d. h. wahre I. bezeichnet werden (→ Diskurstheorie kommunikativen Handelns). (3) Vertreter der «konstruktiven Wissenschaftstheorie» setzen sich mit diesem Problem in ähnlicher Weise auseinander. *J. Mittelstraß* (1975) rekonstruiert zum einen theorieunabhängig «objektive I.», «die durch eine Handlung deutende Analyse spezieller Entwicklungen, d. h. Wirkungszusammenhänge» begründet und mit «dominanten Entwicklungen» gleichgesetzt werden. Zum anderen definiert er «transsubjektive Interessen», die die Möglichkeit einer rationalen Interessenkritik voraussetzen, welche die Begründbarkeit praktischer Urteile einschließt. Transsubjektive I. sind dann «über rationale Interessenkritik in Geltung gesetzte allgemeine Interessen» (ebd.: 151).

Trotz gelegentlicher Versuche in der Politikwiss., eine Wiederbelebung des Interesses am I. zu initiieren, fehlen eine theoriegeschichtl. und sozialgeschichtl. Rekonstruktion dieser Kategorie und eine wiss.-systematisch befriedigende Einordnung und Aufarbeitung des Interessenproblems nach wie vor. Gesucht wird noch immer «eine Interessentheorie, die subjektive Interessenorientierungen analytisch ebenso erfaßt wie strukturell objektive Interessenlagen. Zugleich müßte sie die sozio-psychischen, sozio-polit. und sozio-ökon. Bedingungen der Realisation bzw. Nicht-Realisation von I. aufzeigen, wenn immer möglich unter Einbeziehung der weitreichenden Frage nach Invarianz und/oder Wandel solcher Bedingungen» (*Massing/Reichel* 1977: 7).

3. Trotz der aufgezeigten Defizite auf der Ebene der polit. Philosophie bzw. Theorie hat sich der Interessenbegriff auf der Ebene der Analyse materieller polit. Prozesse als ein zentraler Arbeitsbegriff durchgesetzt. → Interessengruppen, öff. I., nat. I., Interessenvermittlung sind wichtige begriffliche Analyseinstrumente in → Innenpolitik, → Politischer Soziologie, Verfassungspolitik und → Internationaler Politik. Die Kategorie I. wird als Gelenk zwischen Individuum und Gesellschaft verstanden, und der polit. Prozeß erscheint im wesentlichen als ein Prozeß der Interessenvermittlung. (1) Im Bereich der *Policy*-Forschung und der polit. Soziologie dient der Interessenbegriff dazu, die Breite und Komplexität polit. Realität zu erfassen und diese Realität gleichzeitig zu vermitteln. Über den Begriff des I. läßt sich das komple-

xe und amorphe Phänomen der Gesellschaft politikwiss. sinnvoll systematisieren und der empirischen Forschung zugänglich machen. Auf diese Weise kann das Spannungsverhältnis von Problemen, Interessen, → Institutionen der Interessenrealisierung, Konflikten, Konfliktregelungsmechanismen inhaltlich beschrieben und analytisch erfaßt werden (vgl. *Himmelmann* 1982). Die polit. Soziologie untersucht dagegen v. a. den Prozeß der Interessenvermittlung. Im Mittelpunkt der Analyse stehen die Rolle und Funktionen von Interessenorganisationen im polit. Willensbildungs- und Entscheidungsprozeß sowie Formen, Voraussetzungen, Strategien, Instrumente und Adressaten der Interessenwahrnehmung (vgl. *von Alemann* 1987; *Rudzio* 1982). (2). In der Entwicklung der traditionellen → Vergleichenden Regierungslehre zu einer umfassenderen → Vergleichenden Politikwissenschaft wird neben dem Vergleich der Organisation polit. Willensbildung durch Verbände und Parteien, dem Vergleich von polit. Einstellungen und Verhalten der Bev. durch den Ansatz der → Politischen Kultur sowie dem Vergleich von polit.-ökon. Aggregatdaten in Versuchen, Strukturen der Interessenvermittlung zu thematisieren und vergleichend zu analysieren, eine wichtige Ergänzung gesehen (vgl. *von Alemann* 1983: 118, vgl. auch *Schmitter/Lehmbruch* 1979). (3) Auch in der Internationalen Politik wird I. als analytisches Konzept genutzt (vgl. u. a. *Seidelmann* 1974). «Erfolgt Machtausübung nicht blind, sondern zweckgerichtet, so wird der Inhalt in der Analyse der internat. Politik allg. als ‹I.› gefaßt. Der Politik eines Nationalstaates wird zugeschrieben, daß sie das ‹nat. I.› verfolge» (*Albrecht* 1992: 67). Wie brauchbar das Konzept des «nat. I.» jedoch ist, wird angesichts des Tatbestandes, daß die wiss. Literatur zum Begriff konfus und orientierungslos erscheint, unterschiedlich beurteilt. Während einzelne Autoren die analytische Nützlichkeit des Konzepts insgesamt bestreiten (vgl. *Tudyka* 1971) oder als weitgehend sinnentleert beschreiben (vgl. *Kaiser/Morgan* 1970), halten viele, wenn auch mit Zurückhaltung und aus unterschiedlichen Gründen am Konzept des «nat. I.» fest (vgl. zum Begriff v. a. *J. Frankel* 1971). So weist *U. Albrecht* der politikwiss. Analyse «nat. Interessen» drei Hauptaufgaben zu: «zu fragen, welche Partialinteressen hier sich im Gewande von Gemeinschaftsinteressen verbergen; (b) festzustellen, wer das nat. I. faktisch definiert; (c) zu prüfen, welche Mittel zwecks Verfolgung des nat. I. eingesetzt werden» (*Albrecht* 1992: 68). Auch die kritische Friedens- und Konfliktforschung versuchte, v. a. in den 1970er Jahren, die I. und Interessenkonstellationen ins Zentrum ihrer Arbeit zu rücken. Sie forderte dazu einen differenzierten Interessenbegriff und eine differenzierte theoretische Konzeption des I. (vgl. *Senghaas* 1972: 12 ff.). Polit. Philosophie und polit. Theorie haben diese Forderungen bisher nur ungenügend aufgenommen. Während also der Anspruch des I. polit. Grundbegriff zu sein, noch einzulösen ist, hat er seine Qualität als Arbeitsbegriff in vielen politikwiss. Teilgebieten längst bewiesen.

Lit.: *Albrecht, U.* [2]1992: Internationale Politik. Einführung in das System internationaler Herrschaft, Mchn./Wien. *Alemann, U. von/Forndran, E.* (Hrsg.) 1983: Interessenvermittlung und Politik, Opl. *Alemann, U. von* 1987: Organisierte Interessen in der Bundesrepublik, Opl. *Balbus, I. D.* 1977: Das Interessen-Konzept in pluralistischer und marxscher Analyse, in: *Massing, P./Reichel, P.* (Hrsg.): Interesse und Gesellschaft, Mchn., 193–206. *Frankel, J.* 1971: Nationales Interesse, Mchn. *Gerhardt, V.* 1976: Vernunft und Interesse. Vorbereitung auf eine Interpretation Kants, Münster. *Habermas, J.* 1973: Legitimationsprobleme im Spätkapitalismus, Ffm. *Hirschman, A. O.* 1980: Leidenschaften und Interessen, Ffm. *Kaiser, K./Morgan, R.* 1970: Strukturwandlungen der Außenpolitik in Großbritannien und der Bundesrepublik, Mchn. *Massing, P./Reichel, P.* (Hrsg.) 1977: Interesse und Gesellschaft, Mchn. *Massing, P.* 1979: Interesse und Konsensus, Opl. *Massing, P.* 1993: Interesse – ein Schlüsselbegriff der Politikwissenschaft, in: Politische Bildung H. 2, 5–21, *Mittelstraß, J.* 1975: Über Interessen, in: *ders.*: Methodologische Probleme einer normativkritischen Gesellschaftstheorie, Ffm., 126–160. *Neuendorff, H.* 1973: Der Begriff des Interesses, Ffm. *Reichel, P.* 1977: Anmerkungen zur Sozialgeschichte des Interesses, in: *Massing, P./Reichel, P.* (Hrsg.): Interesse und Gesellschaft, Mchn., 52–67. *Offe, C.* 1972: Strukturprobleme des kapitalistischen Staates, Ffm. *Orth, E. W.* 1982: Interesse, in: *Brunner, O.* u. a. (Hrsg.): Geschichtliche Grundbegriffe, Bd. 3, Stg., 305–365. *Schmitter, P. C./Lehmbruch, G.* (Hrsg.) ²1967: Trends Toward Corporatist Intermediation, Beverly Hills. *Seidelmann, R.* 1974: Akteur und Interesse als analytische Konzepte zur Erfassung von Beziehungen am Beispiel USA, Südafrikanische Republik, in: PVS 15, 310–389. *Senghaas, D.* ²1972: Editorisches Vorwort, in: *ders.* (Hrsg.): Kritische Friedensforschung, Ffm., 7–21. *Šik, O.* 1972: Der dritte Weg, Hamb. *Tudyka, K. P.* 1971: Internationale Beziehungen, Stg. *Weber, M.* ⁵1972: Wirtschaft und Gesellschaft, Tüb. (zuerst 1921).

Peter Massing

Interessenaggregation, Vorgang der Zusammenfassung, Bündelung und wechselseitigen Abstimmung von Einzel- bzw. Partikularinteressen im Rahmen gesellschaftl. und polit. Organisationsformen.

Im Prozeß der I. wird eine Vielzahl spezifischer → Interessen (von Individuen oder Gruppen einer niedrigeren Organisationsstufe) in eine überschaubare Reihe entscheidbarer Forderungen transformiert. Für die politikwiss. → Systemtheorie ist I. eine notwendige Voraussetzung dafür, daß gesamtgesellschaftl. verbindliche Entscheidungen über die Verteilung knapper Güter zustande kommen können, und somit eine zentrale → *Input*-Funktion des polit. Prozesses. Träger dieser Funktion sind in demokratischen Verfassungsstaaten v. a. die polit. → Parteien und die → Interessengruppen.

Bernhard Thibaut

Interessenartikulation, Äußerung polit. Forderungen durch gesellschaftl. und wirtschaftl. Gruppen im Prozeß der → Politischen Willensbildung.

In der politikwiss. → Systemtheorie stellt I. eine zentrale Funktion der → Interessenvermittlung zwischen Gesellschaft und → Politischem System dar und gehört somit zum → *Input*-Bereich des polit. Prozesses. Träger der I. sind im wesentlichen → Parteien und → Interessengruppen, mehr oder weniger locker organisierte Zusammenschlüsse von Bürgern (→ Bürgerinitiativen, → Soziale Bewegungen) sowie Akteure innerhalb des staatl. Entscheidungsapparates (→ Bürokratie).

Bernhard Thibaut

Interessengruppen/Interessenverbände, dauerhaft organisierte, i. d. R. auf freiwilliger Mitgliedschaft basierende Zusammenschlüsse wirtschaftl. oder gesellschaftl. Gruppen mit dem Zweck, nach außen gemeinsame → Interessen zu artikulieren und direkt oder indirekt auf polit. Entscheidungsprozesse Einfluß zu nehmen sowie nach innen die u. U. divergierenden Einzelinteressen ihrer Mitglieder zu koordinieren und zusammenzufassen (→ Interessenaggregation).

1. In der modernen → Demokratie sind I. neben den → Parteien die wichtigsten Träger der → Interessenvermittlung. Anders als diese sind sie programmatisch jedoch meist an wenigen → *Issues* orientiert, vertreten stärker partikulare Interessen und streben keine direkte Regierungsverantwortung an, wenngleich sie oftmals sowohl an der Formulierung als auch an der Umsetzung staatl. Politiken unmittelbar beteiligt sind (→ Korporatismus). Die I. werden heute in den meisten Demokratien als legitime polit. → Akteure anerkannt und genießen z. T. verbriefte Rechte auf polit. Mitwirkung (in D etwa verschiedene Formen der Anhörung im Gesetzgebungsverfahren, → Hearing).

2. In der dt. Staatslehre wurden sie lange als Störfaktoren einer am → Gemeinwohl orientierten Politik betrachtet. Die Theorie des → Pluralismus betonte ihre positive Rolle sowohl im Hinblick auf die Erweiterung individueller Partizipationsmöglichkeiten

als auch in bezug auf die → Dezentralisierung polit. → Macht. Die theoretische und empirische Forschung über I. hat diese Einschätzung relativiert und auf die höchst ungleiche Verteilung von Einflußchancen aufmerksam gemacht, die v. a. von der Organisations- und Konfliktfähigkeit der zugrundeliegenden Interessen abhängen.

→ Gewerkschaften, Unternehmerverbände.

Lit.: *Schütt-Wetschky, E.* 1997: Interessenverbände und Staat, Darmst. *Sebaldt, M.* 1997: Organisierter Pluralismus, Opl. *Ullmann, H.-P.* 1988: Interessenverbände in Deutschland, Ffm.

Bernhard Thibaut

Interessenvermittlung/Interessenvertretung, Vorgang, durch den organisierte Teilgruppen der Gesellschaft ihre wirtschaftl. bzw. polit. Belange im → Politischen System zur Geltung bringen.

In systemtheoretischer Perspektive ist I. eine → *Input*-Funktion des polit. Prozesses. Sie erfolgt freilich in allen Phasen des polit. Prozesses, vom → Agenda setting über die Politikformulierung und Entscheidungsfindung bis hin zur → Implementation. Träger der I. sind neben den polit. → Parteien v. a. die → Interessengruppen, denen hierzu eine Reihe von Kanälen zur Verfügung stehen: von dem in D teilweise formalisierten Zugang zu den Ministerien über die personelle Durchsetzung von Entscheidungsgremien in Verwaltung, Regierung und Parlament bis hin zur Mobilisierung der → Öffentlichen Meinung. Die Wirksamkeit der I. wird im Einzelfall stark von der Artikulations-, Organisations- und Konfliktfähigkeit der jeweiligen → Interessen bestimmt.

Bernhard Thibaut

Intergouvernementale Beziehungen (von engl. = *intergovernmental relations*), Begriff für die formellen wie informellen Beziehungen zwischen mehreren Regierungen bzw. deren Institutionen.

Zu unterscheiden sind: (1) horizontale i. B. zwischen souveränen Völkerrechtssubjekten (z. B. bi- wie multilaterale, zwischenstaatl. Beziehungen zwischen → Nationalstaaten), (2) innerstaatl., horizontale wie vertikale i. B. zwischen den Gliedstaaten und zwischen Bund/→ Zentralstaat und Gliedstaaten im Föderalismus (→ Dritte Ebene), (3) i. B. im System der → Mehrebenen-Verflechtung , z. B. zwischen Bund – Ländern – Gemeinden oder in der Europäischen Union zwischen den Regierungen der Mitgliedsländer (im Falle der BRD von Bund und Ländern) und den exekutiven Institutionen der EU (Kommission, Ministerrat usw.).

→ Politikverflechtung.

Lit.: *Benton, E. J.* (Hrsg.) u. a. 1991: Intergovernmental Relations and Public Policy, NY. *Simeon, R.* (Hrsg.) 1995: Intergovernmental Relations, Tor. *Watson, G.* 1993: Intergovernmental Relations in the Member States of the European Community, Winteringham. → Föderalismus; Politikverflechtung.

Rainer-Olaf Schultze

Internalisierung (von lat. *internus* = inwendig), allg. der Prozeß der Eingliederung von → Werten, → Normen, Elementen in das Innere eines Systems (Ggs.: Externalisierung (E.) = Prozeß der Verlagerung nach außen).

Sozialpsychologisch die Verinnerlichung von Werten und Normen der mittelbaren und unmittelbaren sozialen Umwelt eines Menschen, insbes. eines Kindes während dessen Entwicklung. Die → Handlungstheorie geht von einer dialektischen Beziehung zwischen Vorgängen von I. und E. aus, d. h. einerseits verinnerlicht der Mensch gesellschaftl. Traditionen und bestehende Werte und andererseits entäußert er sich und trägt damit zu Innovationen und → Sozialem Wandel bei. I. und E. müssen in einem ausgewogenen Verhältnis für die Entwicklung einer Ich-Identität stehen, die es dem Menschen ermöglicht, sich einerseits an seine Umwelt anzupassen, aber andererseits auch seine → Autonomie zu wahren. Das Verhältnis zwischen der I. von Werten und der E. des Selbst ist bes. wichtig in der frühen Kindheit, spielt aber auch eine gewichtige Rolle in der sekundären Sozialisation bzw. im späteren Erwachsenenalter. Wirtschaftswiss. im Kosten-Nutzen-Kalkül meint I. die Berücksichtigung externer Effekte auf die entstehenden (Produktions-)Kosten eines → Gutes, E. das Abwälzen der (Folge-)Kosten auf Dritte. I. und E. spielen insbes. in der Debatte um das Verhältnis von Ökonomie und → Ökologie eine große Rolle. Bei E. kann es sich (z. B. bei der Entsorgung) um die Verlagerung der Kosten auf die Allgemeinheit, andere Regionen, Länder, nachfolgende → Generationen handeln.

→ Externalitäten; Identität; Kosten-Nutzen-Analyse; Lerntheorien; Politische Psychologie; Politische Sozialisation.

Lit.: *Berger, P./Luckmann, Th.* [15]1999: Die gesellschaftliche Konstruktion der Wirklichkeit. Eine Theorie der Wissenssoziologie, Ffm. (engl. 1967). *Haeberlin, U./Niklaus, E.* 1978: Identitätskrisen. Theorie und Anwendung am Beispiel des sozialen Aufstiegs durch Bildung, Bern u. a. *Krappmann, L.* 1971: Soziologische Dimensionen der Identität, Stg.

Rainer-Olaf Schultze/ Ulrike C. Wasmuth

Internalisierungsprinzip, Leitidee aus der Umweltökonomie und → Entwicklungstheorie, die den Verbrauch von Umwelt in die Kostenkalkulation eines Produkts einbezieht.

Das I. wird als die vorrangige Lösungsmöglichkeit für den Konflikt zwischen → Freihandel und Umweltschutz betrachtet. Die Ökosteuer kann als Mittel der Kosteninternalisierung auf nat. Ebene gelten. Das I. lässt sich freilich nur schwer nat. und internat. polit. durchsetzen und praktisch umsetzen.

Lit.: *Bernauer, Th./Ruloff, D.* (Hrsg.) 1999: Handel und Umwelt, Opl.

Dieter Nohlen

Internationale Arbeitsteilung, Muster der Verteilung verschiedener Funktionen im Prozeß der Verwertung und Akkumulation des Kapitals auf verschiedene Länder und Ländergruppen in der Welt.

Die i. A. wird polit. und wiss. v. a. zwischen Industrie- und Entwicklungsländern problematisiert. Die klassische i. A. bestand in der über Jahrhunderte ausgebildeten Aufteilung der Länder in Rohstofflieferanten sowie Kapital- und Konsumgüterproduzenten. Bedingungen eines Wandels dieser i. A. zwischen Industrie- und Entwicklungsländern eröffneten sich mit der Weltwirtschaftskrise der 1930er Jahre und der darauf folgenden Industrialisierungsstrategie der → Importsubstitution, wodurch in den Entwicklungsländern hauptsächlich Konsumgüterindustrien zur Befriedigung der einheimischen Nachfrage entstanden. Für die sog. neue i. A. wurden neue Bedingungen bestimmend: Verfügbarkeit billiger Arbeitskräfte in den Entwicklungsländern, Zerlegbarkeit der Fertigungsprozesse von Gütern, revolutionäre Entwicklungen in der Transport- und Kommunikationstechnologie etc. Dadurch wurde die Auslagerung von Produktionsstätten, die Industriegüter für den Export in die Industrieländer herstellen, in die Entwicklungsländer profitabel. Über diese neue i. A. stiegen einige Entwicklungsländer (zunächst in Südostasien) zu *newly industrialized countries* auf. Die → Globalisierung hat den in der neuen i. A. angelegten Wandel der Weltwirtschaft noch beschleunigt und vertieft.

→ Arbeitsteilung; Komparative Kostenvorteile; Außenwirtschaft.

Lit.: *Fröbel, F.* u. a. 1977: Die neue internationale Arbeitsteilung, Rbk. *Schmidt, A.* (Hrsg.) 1980: Internationale Arbeitsteilung und ungleicher Tausch, Ffm. *Spero, J. E.* [4]1990: The Politics of International Economic Relations, L. *Verdier, D.* 1994: Democracy and International Trade, Princeton.

Dieter Nohlen

Internationale Beziehungen/Internationale Politik, Teildisziplin der → Politischen Wissenschaft, deren Inhalt nach den weltpolit. Entwicklungen und den Großtheorien, die sie zu erklären versuchen, variiert.

1. Seit dem Ende des → Ost-West-Konflikts 1989/90 durchläuft das internat. System einen Wandlungsprozeß, der Qualität, Quantität und Verhalten seiner Akteure tiefgreifenderen Veränderungen aussetzt als in den vorangegangenen knapp fünf Jahrzehnten seiner Geschichte seit dem II. Weltkrieg (*Czempiel* 1991). Unter dem Dach der bipolaren Systemkonkurrenz hatten die Supermächte seit der Kuba-Krise eine Fülle eskalationsträchtiger Konfliktpotenziale entw. eingefroren und unterdrückt oder eingehegt, durch Konfliktmanagement stabilisiert und kooperativen Verhandlungslösungen zugeführt (*Kanet/Kolodziej* 1991). Sie transformierten so den Kalten Krieg in einen «Unruhigen Frieden» (*Kegley* 1991). Demgegenüber ließen die sozioökon. Implosion des Ostblocks, die machtpolit. Fragmentierung des sowjetischen Imperiums und das damit verbundene Ende der klassischen bipolaren, nullsummenspielartigen nuklearen Abschreckung eruptive Gewalt in den traditionellen wie neuen Bruch- und Verwerfungszonen der Weltpolitik zunehmend zu einer der Haupttriebkräfte bei der Auflösung wie Neukonstituierung gesellschaftl. und polit. Ordnungen werden. Es zeichnet sich eine neue Dialektik des «Gewaltsamen Friedens» ab *(Rogers/Dando 1992)*. Sie birgt einerseits in sich Genese, Aktualisierung und Intensivierung globaler Dilemmata: Konflikte um Ressourcen, die legitime Form ihrer Aneignung und die gerechte Weise ihrer Verteilung; Konflikte um die Erhaltung des ökolog. Gleichgewichts und der Lebenschancen künftiger Generationen; Konflikte um die Durchsetzung des universellen Geltungsanspruchs der Menschenrechte gegen den Widerstand der auf ihre Souveränität und das damit verknüpfte Nichtinterventionsprinzip pochenden Nationalstaaten (*Brown* 1992). Sie birgt andererseits in sich Regionalisierung, Re-Nationalisierung und Re-Ideologisierung traditioneller Dominanz-, Macht- und Territorialkonflikte, verstärkt durch neu ausbrechende Auseinandersetzungen um die Rechte von Nationalitäten und ethnischen Minderheiten, um polit. Geltungsansprüche fundamentalistischer Glaubensbewegungen und die sicherheitsdestabilisierenden Wirkungen internat. Migration (*Loescher* 1992; Gesamtüberblick bei *Baylis/Rengger* 1992). Sie etabliert ein verändertes Arrangement von Gewalt und Ordnung *(Münkler* 1992), vermittelt die globalen und kleinräumig-lokalen Entwicklungsstränge durch das Medium der latenten Drohung, wenn nicht derzeit fast mehr noch der manifesten Entfesselung von Gewalt in teils neuen, niederintensiven Formen *(Creveld* 1991), für deren Eindämmung und Zivilisierung verläßliche Rezepte noch nicht zu erkennen sind.

2. Diese Skizze weltpolit. Brüche und Verwerfungen könnte eine Erklärung dafür liefern, warum in der Lehre von den Internationalen Beziehungen kaum Konsens über die Inhalte der Begriffe Internationale Beziehungen (I. B.) bzw. Internationale Politik (I. P.) besteht (*Meyers* 1993: 256 ff.). Der eigentliche Grund ist jedoch ein anderer: Die Entwicklung der Disziplin hat eine Reihe miteinander konkurrierender Großtheorien I. B. hervorgebracht *(Meyers* 1990), die die Phänomene der I. P. mit je unterschiedlichem Erkenntnisinteresse und davon abhängiger Fragestellung auf der Grundlage je verschiedener anthropologischer, normativer und methodischer Vorverständnisse zu erfassen suchen. Diese Großtheorien differieren in ihren ontologischen Grundannahmen mit Blick auf Akteure, Charakter und Strukturprinzipien des internat. Milieus *(McKinlay/Little* 1986). Aus diesen Prämissen resultieren unterschiedliche Beurteilungen der grenzüberschreitenden Interaktionsbeziehungen internat. Akteure, was notwendigerweise auch unterschiedliche ontologische Füllungen der Grundbegriffe zur Folge hat (s. Tab. 7). Demgemäß lassen sich die Grundbegriffe der Disziplin inhaltlich nur im Kontext einer je bestimmten Großtheorie näher umschreiben. Gleichwohl arbeitet das Fach seit den 1960er Jahren mit einem idealtypischen Formalkonsens (*Dougherty/Pfaltzgraff* 1990: 12 ff.).

(1) Der Begriff der I. P. bezieht sich auf die Interaktionsprozesse, die zwischen mindestens zwei (i. d. R. staatl., gelegentlich auch sonstigen den Status eines Völkerrechtssubjekts beanspruchenden) Akteuren in deren internat. Umgebung stattfinden. Die Untersuchung der I. P. begreift die einzelnen

Tabelle 7: Großtheorien Internationaler Beziehungen und ihre ontologischen Konsequenzen

<table>
<tr><th>Großtheorie</th><th>Akteur</th><th>Milieu</th><th>Strukturprinzip</th></tr>
<tr><td>Realismus</td><td rowspan="2">Nationalstaat</td><td>Staatenwelt als internationaler anarchischer Naturzustand</td><td>vertikale Segmentierung, unlimitiertes Nullsummenspiel um Macht, Einfluß, Ressourcen</td></tr>
<tr><td>Englische Schule</td><td>Staatenwelt als rechtlich verfaßte internationale Staatengesellschaft</td><td>vertikale Segmentierung, durch Norm und Übereinkunft geregeltes Nullsummenspiel</td></tr>
<tr><td>Idealismus</td><td>Individuum</td><td>Weltgesellschaft als internationale Gesellschaft der Individuen</td><td>universalistische Verfassung</td></tr>
<tr><td>interdependenzorientierter Globalismus</td><td>individuelle oder gesellschaftliche Akteure</td><td>transnationale Gesellschaft</td><td>funktionale grenzübergreifende Vernetzung</td></tr>
<tr><td>Imperialismustheorien</td><td>individuelle oder gesellschaftliche Akteure, die Klasseninteressen vertreten</td><td>internationale Klassengesellschaft</td><td>gesellschaftlich: horizontale grenzübergreifende Schichtung; (macht-)politisch: vertikale Segmentierung der imperialistischen Konkurrenten</td></tr>
<tr><td>dependenzorientierter Globalismus: Dependenztheorien und Theorien des kapitalistischen Weltsystems</td><td>gesellschaftliche und nationalstaatliche Akteure, die Klasseninteressen vertreten</td><td>kapitalistisches Weltsystem als Schichtungssystem von Metropolen und Peripherien</td><td>horizontale Schichtung nationaler Akteure im Weltsystem; strukturelle Abhängigkeit der Peripherien von den Metropolen; strukturelle Heterogenität der Peripherien</td></tr>
</table>

Handlungen jedes dieser Akteure allein als (Teil-)Aspekte eines größeren Interaktionsmusters, das über einen definierbaren Zeitraum hinweg durch regelmäßig sich wiederholende oder zumindest ihren Grundzügen nach vergleichbare Akteurshandlungen konstituiert wird und häufig durch ein Aktions-Reaktions-Schema geprägt ist. Entscheidendes Kriterium für die Subsumtion von Akteurshandlungen unter den Begriff der I. P. ist deren Orientierung auf einen wie auch immer im einzelnen definierten polit. Gehalt. Insofern ist die «inhaltliche Füllung» des (Formal-)Begriffs I. P. regelmäßig bestimmt durch den je spezifischen Politikbegriff, in dessen Kontext er verwendet wird.

(2) Demgegenüber ist der Bedeutungsumfang des Begriffs I. B. weiter gefaßt. Er erstreckt sich auf alle grenzüberschreitenden Aktionen und Interaktionen, die zwischen unterschiedlichen internat. Akteuren – internat. Organisationen, Staaten, gesellschaftl. Gruppen- oder Einzelakteure, juristische Personen usw. – stattfinden können. Ebenfalls erstreckt er sich auf die Interaktionsmuster, die aus derartigen Aktionen durch Wiederholung über einen bestimmten Zeitraum hinweg entstehen. Anders ausgedrückt: Die I. P. stellt eine Teilmenge der Gesamtmenge der I. B. dar und wird aus dieser Gesamtmenge durch das für sie charakteristische Spezifikum – nämlich ihren polit. Kernbezug – ausgegliedert.

(3) In historisch-ontologischer Hinsicht ist

Tabelle 8: Konsequenzen unterschiedlicher Perspektiven für die inhaltliche Füllung von Grundbegriffen

	Staatenzentrische Perspektive	Akteursorientierte Perspektive
Strukturen und Prozesse des Internationalen Systems		
Akteure	Staaten und internationale gouvernementale Organisationen; andere Akteure deutlich nachgeordnet	Staatliche und nichtstaatliche (v. a. transnationale Akteure und nichtgouvernementale internat. Organisationen)
Handlungslegitimation	Souveränität, Status als Völkerrechtssubjekt; Macht und Herrschaft als De-facto-Legitimation	Autonomie; politischer, ökonomischer, gesellschaftlicher Einfluß bei anderen Akteuren
Schichtung und Struktur des internat. Systems	Staatenhierarchie; Struktur resultiert aus der Machtverteilung zwischen den Großmächten und Bündnissystemen; Systemdominanz des Gleichgewichtsprinzips; deutlich ausgeprägte Abhängigkeits- und Über-/Unterordnungs-Verhältnisse	keine festgelegte Hierarchie; komplexe Interdependenz unterschiedlicher Akteure und Problemfelder/Sachbereiche; internationale Regime als strukturbildende Momente; grenzübergreifende, -überwölbende oder -unterlaufende Vernetzung der Akteure
Interaktionsmuster	Intergouvernemental; vornehmlich diplomatische und militärisch-sicherheitspolitische	Starke Vermehrung der Kommunikationskanäle zwischen den Akteuren; neue (insbes. ökonomische) Formen der Diplomatie
Verhaltensregeln und Normen	Völkerrecht; Durchsetzung letztlich abhängig von der Machtverteilung zwischen den Staaten	Veränderlich je nach Umständen, Randbedingungen und Sachbereichen; Durchsetzung abhängig vom (Selbst-)Interesse der Akteure an ihrer Geltung
Ziel	Erhaltung des Staatensystems	Erhaltung des internationalen Systems und dessen Anpassung an wechselnde Gegebenheiten
Mittel	militärische Selbsthilfe	Verhandlungs- und Austauschprozesse zwischen staatlichen und nichtstaatlichen Akteuren; *peaceful change*
Verschiedene Gestaltqualitäten der internationalen Politik		
Politische Rahmenbedingungen	Durch Hierarchie und Wettbewerb der Akteure sowie Dominanz nationaler (Sicherheits-) Interessen geprägtes, vertikal (d. h. territorial) segmentiertes Staatensystem; Trennung von Innen- u. Gesellschafts- *(«low»)* Politik und Außen- und internationaler *(«high»)* Politik; Konzentration der Macht auf der	Systemare Mischverfassung staatlicher und nichtstaatlicher Akteure in je nach Sachgebieten unterschiedlicher horizontaler Schichtung bei dezentralisierter Verteilung von (nicht überwiegend militärisch definiertem) Einfluß bzw. Macht; Verknüpfung innergesellschaftlicher Angelegenheiten in einem Entscheidungs- und Handlungskontinuum

Fortsetzung Tabelle 8

	Staatenzentrische Perspektive	Akteursorientierte Perspektive
	nationalen, Dezentralisierung der Macht auf der internationalen Ebene	
Politische Prozesse	Politische Beziehungen zwischen Staaten (oder genauer: deren Regierungen); Interessendurchsetzung im Wege der Selbsthilfe oder mittels diplomatischer Verhandlungen; systemstabilisierende Ordnungsfunktion des Mächtegleichgewichts schließt periodische kriegerische Zusammenbrüche nicht aus; nullsummenspielartige konkurrenzhafte Prozeßabläufe	Überwiegen von Beziehungen zwischen (Koalitionen unterschiedlicher gesellschaftlicher und bürokratischer Interessen repräsentierenden) Regierungen, teils auch anderen Akteuren, im Rahmen transnationaler, transgouvermentaler und supranationaler Beziehungsgeflechte; Verknüpfung subnationaler und transnationaler Interessenartikulation und -durchsetzung: Ausdifferenzierung staatlicher Handlungsbereiche bei gleichzeitiger Beschränkung der Kontrolle und Beherrschung von (nicht in der eigenen Gesellschaft entstehenden) Ereignissen und Prozessen; zweckgerichtete Kooperation und Koalitionsbildung unterschiedlicher Akteure; Politisierung gesellschaftlicher und Vergesellschaftung staatlicher Handlungsbereiche; Vernachlässigung formaler Statuskriterien (Souveränität) zugunsten funktionaler Handlungskompetenzkriterien (Autonomie); nichtnullsummenspielartige kooperative Prozeßabläufe
Verschiedene Gestaltqualitäten der Außenpolitik		
Rahmenbedingungen	Dominanz des Staatensystems und der zwischenstaatlichen Beziehungen; Hierarchie und Interessenwettbewerb der Staaten; Vernachlässigung signifikanter innergesellschaftlicher Einflüsse	Neue Beziehungsnetze und Handlungssysteme zwischen staatlichen und nichtstaatlichen, transnationalen und internationalen Akteuren sowie gouvernementalen und nichtgouvernementalen internationalen Organisationen; enge Verbindung zwischen innergesellschaftlichen und internationalen Handlungsparametern und -spielräumen
Inhalt	Gegenstands-, Problemkomplex- und Zielhierarchie dominiert von nationalen und/oder Sicherheitsinteressen, die die internationale Machtverteilung widerspiegeln.	Je nach Sach- und Gegenstandsbereich veränderliche Gegenstands-, Problemkomplex- und Zielhierarchie; gesteigerte Bedeutung wirtschaftlicher, gesellschaftlicher, so-

Fortsetzung Tabelle 8

	Staatenzentrische Perspektive	Akteursorientierte Perspektive
	Vernachlässigung wirtschaftlicher, gesellschaftlicher und sozialer Problemkomplexe; Trennung von «*high politics*» (Sicherung der Existenz eines Staates im internationalen System) und «*low politics*» (Erhaltung und Mehrung von Reichtum und Wohlfahrt der Bevölkerung eines Staates)	zialer, ökologischer und humanitärer Problemkomplexe; Verknüpfung von «*high politics*» (Diplomatie, Sicherheitspolitik) und «*low politics*» (Wirtschafts-, Finanz-, Sozial-, Umweltpolitik)
Entscheidungsprozeß	Dominiert durch politische und administrative Eliten, die für einen als einheitlichen internationalen Akteur begriffenen Staat handeln; basiert auf Machtkalkül und rationaler Ziel-Mittel- wie Kosten-Nutzen-Kalkülen	Pluralistisch, beeinflußt von einem weiten Spektrum von Interessen und organisierten Interessenvertretungen, die die innergesellschaftliche und internationale Durchsetzung ihrer Interessen miteinander verknüpfen; basiert auf Kompromiß- und Konsensbildung durch Verhandlungen und gleichzeitig oder Zug um Zug erfolgender tauschweiser Befriedigung unterschiedlicher Interessen («Paketlösungen»)
Umsetzung	Außenministerien und diplomatische Kanäle; Drohung mit und Einsatz von nationaler Macht einschließlich militärischer Gewaltanwendung	Außenministerien und andere Regierungsbehörden, para-staatliche und privat(rechtlich organisiert)e Akteure, funktional orientierte Organisationen; wachsende Bedeutung sachgebietsbezogener internationaler Kooperation bei gleichzeitiger Reduzierung des Nutzens militärischer Gewaltanwendung

der Begriff I. P. ein idealtypisches Konstrukt: (a) Er setzt nämlich voraus, daß es sich bei den von ihm erfaßten Phänomenen um solche handelt, die erstens *zwischen* Staaten (*inter* nationes) lokalisierbar sind. (b) Er betrachtet die durch das (völkerrechtl.) Statuskriterium der Souveränität wie das Realkriterium der Territorialität bestimmten Staaten als ausschließliche Akteure der staatl. Beziehungen (inter *nationes*). (c) Er trennt scharf zwischen nat. und internat. Politik: Im Bereich der Innenpolitik kann der Staat das gesellschaftsvertraglich begründete Monopol legitimer physischer Gewaltsamkeit mit Erfolg durchsetzen, während der Bereich der I. P. anarchisch strukturiert, d. h. durch das Fehlen eines den Staaten übergeordneten Gewaltmonopols gekennzeichnet ist, dies nicht nur angesichts der eingangs skizzierten weltpolit. Entwicklungen, sondern schon mit Blick auf die bereits seit längerem manifesten Phänomene der weltweiten Verflechtung polit., ökon., ökolog. und gesellschaftl. Problemfelder wie der globalen Verknüpfung einzelgesellschaftl. Entwicklungs- und Überlebenschancen in der Einen Welt (*Giger* 1990). Jedoch ist der Begriff gleich doppelt zu hinterfragen: aus der glo-

Abbildung 5: Fragestellungen und Untersuchungsgegenstände der Internationalen Beziehungen

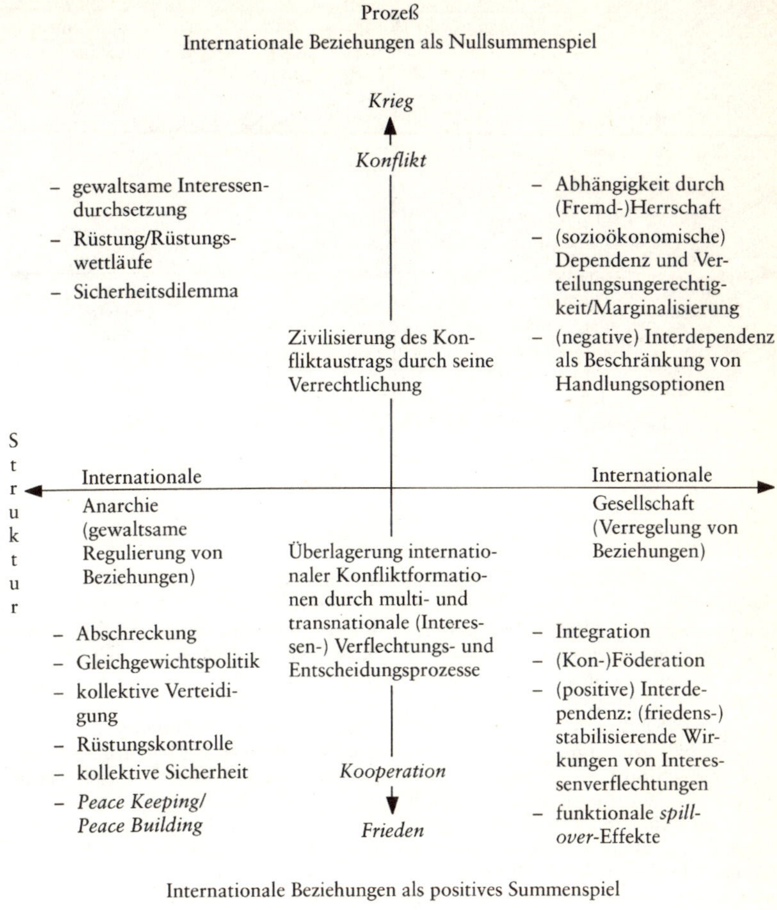

balen ebenso wie aus der kleinräumig-lokalen Perspektive. Verflechtungs- und Interdependenzphänomene, insbes. wenn sie die Verwundbarkeit eines nat. Akteurs durch von ihm nicht zu beeinflussende Fehlentwicklungen in anderen Gesellschaften thematisieren, stellen die Autonomie nationalstaatl. Handelns in der I.P. gleichsam von «oben» oder «außen» her in Frage *(Meyers* 1992). Transnat. Akteure und polit. Phänomene unterminieren die staatl. Handlungsautonomie von «unten» oder «innen» her. Sie unterlaufen staatl. Grenzen in der Folge des Ausbaus und der Ausdifferenzierung der internat. Arbeitsteilung ebenso wie im Kontext der globalen Verdichtung von Verkehrs- und Kommunikationsnetzen. Mittels der Veränderung binnengesellschaftl. Parameter beeinflussen sie den Handlungsspielraum nat. Akteure und sind von diesen kaum zu

Abbildung 6: Das methodologisch-ontologische Bezugsfeld

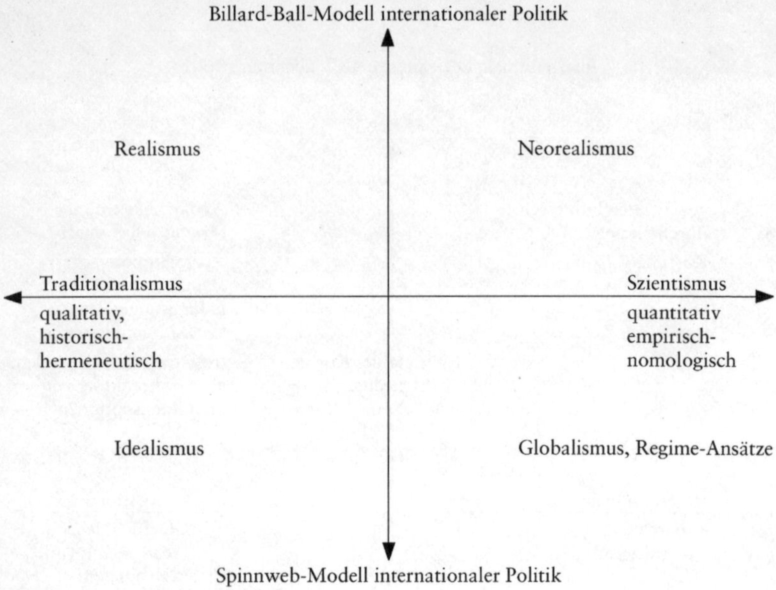

kontrollieren, weil sie entw. ihrer Jurisdiktion nicht unterstehen oder den Anspruch staatl. Monopolgewalt auf letztverbindliche Regulierung binnengesellschaftl. Konfliktaustrags schlichtweg ignorieren (*Soroos* 1986; *Camilleri/Falk* 1992).

(4) Zu fassen ist die Gesamtheit dieser Phänomene am ehesten noch mit einem neuen Begriff der Weltpolitik (*McGrew/Lewis* u. a. 1992), der die traditionelle Grenze zwischen internat. und Innenpolitik aufhellt, das mit der Annahme des Nationalstaats als Hauptakteur der I. P. verknüpfte *Billard-Ball-Modell* (*Wolfers* 1971) transzendiert und an seine Stelle die Vorstellung eines identifizierbaren globalen polit. Systems und globaler polit. Prozesse treten läßt, die ein weltweites spinnwebartiges Netz von Interaktionen und Beziehungen nicht nur zwischen staatl., sondern mehr noch zwischen überstaatl. wie inner-gesellschaftl. Akteuren umfassen. *Billard-Ball-Modell* und *Spinnweb-Modell* der I. P. stehen als Metaphern für staatenzentrische oder akteurszentrische Perspektiven des Fachs – Perspektiven, die im Blick auf den unseren Grundbegriffen zuschreibbaren ontologischen Gehalt erhebliche Konsequenzen haben (s. Tab. 8).

3. Ebenso wie ihre Grundbegriffe sind auch Erkenntnisinteressen, Fragestellungen und Untersuchungsobjekte der I. B. an die miteinander konkurrierenden Großtheorien zurückgebunden, kontextabhängig, theoriegeladen (*Meyers* 1990). Allerdings hat schon die besondere wissenschaftsgeschichtl. Entstehung der Teildisziplin – als Reaktion auf die Greuel des I. Weltkrieges – ihr rasch zu einem Formalkonsens über ihr Erkenntnisinteresse verholfen (*Meyers* 1981; *Olson/Groom* 1991): (a) Herstellung und Bewahrung des (Welt-)Friedens; Frieden wird dabei in neuerer Sicht (*Czempiel* 1990) nicht mehr verstanden als ein eschatologisch-endzeitlicher Zustand, sondern als ein historischer Prozeß der Durchsetzung von Formen der Konfliktbearbeitung, die sich zunehmend von der Anwendung militärischer Gewalt befreien. (b) Verknüpft damit ist die Frage nach

Tabelle 9: Grundpositionen der Traditionalismus-Szientismus-Kontroverse

	Traditionalismus	*Szientismus*
Erkenntnis-interesse	Wissenschaftliche Beratung der Regierenden und politische Bildung der Regierten; wertende Stellungnahmen u. Verfahrensempfehlungen zu anstehenden politischen Entscheidungen auf der Grundlage der jeweiligen Forschungsergebnisse	Erklärung, Beherrschung und Kontrolle politischer Prozesse in einer den Naturwissenschaften analogen methodisch exakten Verfahrensweise; Aufweis rational kalkulierbarer, empirisch abgesicherter Lösungen für außenpolitische und internationale Probleme, um politische Entscheidungsträger in die Lage zu versetzen, ihre Umwelt besser zu beherrschen. Die Auswahl einer Entscheidungsalternative aus der Menge aller möglichen bleibt den Entscheidungsträgern vorbehalten
Fragestellung	Bemühen um *Verständnis* der Politik auf Grundlage der Einsicht in und des Wissens um historisch-gesellschaftliche Entwicklungen und Prozesse	Bemühen um systematische Bestimmung und Ordnung der erfahrbaren Erscheinungsweisen des Politischen und *empirisch evidenter* Aufweis von (wiederholbaren) Zusammenhängen einzelner politischer Phänomene
Gegenstandssicht a) Politik	Politik ist eine spezifisch gesellschaftliche, sinn- und werthaltige, zielgerichtete Tätigkeit – eine Kunst, deren Nachvollzug insbesondere an historischen Beispielen erlernt werden kann. Historische und gesellschaftliche Tatbestände sind von denen der Natur klar zu scheiden und daher den naturwissenschaftlichen Erklärungsmustern in Form von Wenn-dann-Aussagen nicht zugänglich	Politik ist eine spezifische *Form des Verhaltens* von Individuen in bestimmten Situationen und daher der (quantifizierend-) analysierenden wissenschaftlichen Beobachtung zugänglich. Gesellschaftliche Wirklichkeit ist in gleicher Weise wie die Wirklichkeit der Natur in sich eigengesetzlich; der Beobachter tritt ihr *gegenüber* und unterwirft sie seinem Untersuchungszugriff
b) Internationale Politik	konkurrenzhaftes Nullsummenspiel um Macht und Einfluß in einer anarchischen internationalen Staatenwelt, gekennzeichnet vom Sicherheitsdilemma und der herausragenden Rolle der Staaten als (fast) alleiniger Akteure	Prozeß(muster-)haftes Verhalten von internationalen Akteuren im internationalen System Internationales System: das Gesamt der zueinander in angebbaren Struktur- und Funktionsbeziehungen stehenden internationalen Akteure
Untersuchungs-methoden	geisteswissenschaftlich-hermeneutisch-idiographische, deskriptive oder normative Verfahren	analytisch-quantifizierende, nomothetische, teils mathematisch-statistische Verfahren Suche nach empirischen Regelmäßigkeiten auf induktivem Wege, Forderung nach formallogischer Konsistenz und Geschlossenheit der Aussagen

Fortsetzung Tabelle 9

	Traditionalismus	*Szientismus*
Geltungskriterium wissenschaftlicher Sätze	*Common Sense* – d. h. auf nachvollziehbaren Alltagserfahrungen beruhender gesunder Menschenverstand	Überprüfbarkeit aller aufgestellten theoretischen Aussagen (Propositionen) an der (beobachtungsgestützten) Erfahrung durch Verifikation oder Falsifikation
Wertbezug	Wissenschaftliche Aussagen sind gekennzeichnet durch explizite Abhängigkeit von Werturteilen	Trennung von Tatsachenbehauptungen und Werturteilen; nur empirisch überprüfte Tatsachenbehauptungen genießen den Status wissenschaftlicher Aussagen, während Werturteile, weil erfahrungswissenschaftlich nicht belegbar, in einem Prozeß gegenseitiger Kritik und Gegenkritik aus dem Fundus wissenschaftlicher, d. h. empirisch gehaltvoller, Sätze auszuschließen sind
Theorieverständnis	a) Bildung von Idealtypen auf historisch-vergleichender Grundlage, die beim Verstehen und Klassifizieren konkreter historischer Tatbestände helfen b) Bildung einer allumfassenden (Handlungs-)Theorie der internationalen Politik, die auf der Grundlage regelmäßigen Auftretens historischer Erscheinungsformen der internationalen Politik im Zeitablauf Anweisungen für künftiges Verhalten politischer Entscheidungsträger in vergleichbaren historischen Konstellationen zu formulieren erlaubt	Streben nach einer allgemeinen, allumfassenden, empirisch überprüfbaren, in sich geschlossenen und logisch gültigen Theorie internationaler Beziehungen, die erlaubt, gegenwärtige oder vergangene Konfigurationen und Handlungsabläufe des internationalen Systems zu beschreiben und zu erklären und künftige Konfigurationen und Handlungsabläufe vorherzusagen

den die I. B. kennzeichnenden Prozessen und Strukturen, die in der Anarchie I. P. eines ihrer Hauptcharakteristika sichern: die *«governance without government» (Rosenau/Czempiel* 1992). Abbildung 5 verortet graphisch eine repräsentative Auswahl von Fragestellungen und Untersuchungsgegenständen in einem Struktur-/ Prozeß-Bezugsfeld:

4. Wie in den Sozialwiss. haben auch in den I. B. methodologische Kontroversen eine beachtliche Tradition. Die Lektüre einschlägiger Darstellungen *(Ferguson/Mansbach* 1988, *Reynolds* 1992) vermittelt *prima facie* den Eindruck, daß verschiedenartige Wissenschaftskonzeptionen einander konfrontieren, die sich durch je spezifische Erkenntnisziele und -methoden auszeichnen, für unterschiedliche Ausschnitte der Realität interessieren und differente Bezüge zur polit. Praxis herstellen *(Gabriel* 1993). Es kann jedoch gezeigt werden *(Meyers* 1990: 56f.), daß dieser Eindruck durch eine unzulässige

Vermischung ontologischer und methodologischer Differenzkriterien entsteht: die methodologischen Differenzen der Disziplin – die sich letztlich auf den Ggs. von in der naturwiss. Erkenntnistradition stehender Suche nach empirisch bewährten Kausalerklärungen vs. mit geisteswiss. Tradition verbundenem Streben nach Verständnis und Einsicht in internat. Phänomene reduzieren lassen (*Hollis/Smith* 1990) – liegen *quer zu* den ontologischen Differenzen (vgl. Abb. 6) und können über die inhaltliche Geltung der von je verschiedenen Großtheorien je verschieden hervorgebrachten wiss. Weltbilder des Faches nichts aussagen.

Vielmehr gilt, daß von vergleichbaren ontologischen Prämissen ausgehende Großtheorien (z.B. Realismus/Neorealismus) hinsichtlich der Gewinnung, Überprüfung und geltungslogischen Absicherung ihrer Aussagen durchaus verschiedene methodische Wege beschreiten. Allerdings ist diese Einsicht erst neueren Datums. Das Eindringen verhaltenswiss. Fragestellungen und quantifizierender Methoden in die I.B. hat in den 1960er Jahren eine langwierige, in ihrer Intensität durchaus dem Positivismusstreit in der dt. Soziologie vergleichbare Kontroverse zwischen eher historisch-hermeneutisch arbeitenden Traditionalisten und empirisch-analytisch vorgehenden Szientisten ausgelöst, deren Grundpositionen in Abbildung 6 dargestellt werden. Fortschritte in der Erforschung der weltpolit. Realphänomene hat diese Kontroverse jedoch kaum gezeitigt. Insofern ist die Disziplin gegenwärtig eher einem methodischen Eklektizismus verpflichtet: je nach Erkenntnisinteresse und Fragestellung werden geistes- und sozialwiss. Methoden parallel oder auch komplementär zueinander eingesetzt.

→ Erkenntnisinteresse; Interdependenztheoretische Ansätze; Metatheorie; Regimeanalyse.

Lit.: *Baylis, J./Rengger, N.J.* (Hrsg.) 1992. Dilemmas of World Politics, Ox. *Brown, S.* 1992: International Relations in a Changing Global System, Boulder u.a. *Camilleri, J. A./Falk, J.* 1992: The End of Sovereignty?, Aldershot. *Creveld, M. van* 1991: On Future War, L. u. a. *Czempiel, E.-O.* [3]1996: Internationale Beziehungen, in: *Knapp, M./Krell, G.* (Hrsg.): Einführung in die Internationale Politik, Mchn u.a., 2–25. *Czempiel, E.-O.* [2]1993: Weltpolitik im Umbruch, Mchn. *Dougherty, J. E./Pfaltzgraff R. L., jr.* [3]1990: Contending Theories of International Relations, NY. u.a. *Ferguson, Y. H./Mansbach, R. W.* 1988: The Elusive Quest: Theory and International Politics, Columbia, S.C. *Gabriel, O. W.* (Hrsg.) 1993: Verstehen und Erklären von Konflikten, Mchn. *Giger, A.* (Hrsg.) 1990: Eine Welt für alle, Rosenheim. *Hollis, M./Smith, S.* 1990: Explaining and Understanding International Relations, Ox. *Kanet,* R. *E./Kolodziej, E. A.* (Hrsg.) 1991: The Cold War as Cooperation, Basingstoke u.a. *Kegley, C. W., jr.* (Hrsg.) 1991: The Long Postwar Peace, NY. *Lehmkuhl, U.* 1996: Theorien Internationaler Politik, Mchn. *Loescher, G.* 1992: Refugee Movements and International Security, L. u.a. *McGrew, A./Lewis, P. G.* u.a. 1992: Global Politics, Camb. *Meyers, R.* [2]1981: Die Lehre von den Internationalen Beziehungen, Königstein. *Meyers, R.* 1990: Metatheoretische und methodologische Betrachtungen zur Theorie der Internationalen Beziehungen, in: PVS Sonderh. 21, 48–68. *Meyers, R.* 1992: Die internationale Dimension des Sozialstaats, in: *Kevenhörster, P./Thränhardt, D.* (Hrsg.): Herausforderungen an den Wohlfahrtsstaat, Münster, 99–127. *Meyers, R.* [3]1997: Grundbegriffe, Strukturen und theoretische Perspektiven der Internationalen Beziehungen, in: *Bundeszentrale für politische Bildung* (Hrsg.): Grundwissen Politik, Bonn, 229–333. *Münkler, H. 1992:* Gewalt und Ordnung, Ffm. *Olson, W. C./Groom, A. J. R.* 1991: International Relations Then And Now, L. *Reynolds, C.* 1992: The World of States, Aldershot. *Rogers, P./Dando, M.* 1992: A Violent Peace, L u.a. *Rosenau, J. N./Czempiel, E. O.* (Hrsg.) 1992: Governance without Government, Camb. u.a. *Ruggie, J. G.* 1998: Constructing the World Politics, L. *Soroos, M.* 1986: Beyond Sovereignty, Columbia, S.C. *Wolfers, A.* [3]1971: Discord and Collaboration, Baltimore u.a.

Reinhard Meyers

Internationale Organisationen, soziale Institutionen, die durch mindestens zwei Staaten gegründet wurden und gegenüber ihrer Umwelt als Akteur auftreten können. I. O. basieren zum einen auf zwischenstaatl. vereinbarten → Normen und Regeln, welche zu einer wechselseitigen Angleichung von Verhaltenserwartungen führen; sie sind zum anderen durch die Verfügung über eigenes Personal gekennzeichnet, das aufgrund eigener Ressourcen im Namen der Organisation handeln kann.

I. O. wie die → Vereinten Nationen (UN) verfügen typischerweise über verschiedene Organe: ein Plenarorgan, in dem alle Mitgliedstaaten mit Sitz und Stimme vertreten sind, einen Verwaltungsrat, in dem die laufenden Geschäfte durchgeführt werden, und einen Verwaltungsstab, der den Verwaltungsrat organisatorisch unterstützt. Darüber hinaus sind einige I. O. mit einem Gerichtshof zur Beilegung von Streitfällen sowie einer parlamentarischen Versammlung, in der direkt gewählte oder indirekt durch nat. Parlamente bestimmte Volksvertreter über Sitz und Stimme verfügen, ausgestattet. Zu den wichtigsten Aufgaben der weltweit annähernd 300 I. O. zählen die Unterstützung der Staaten bei der Generierung von Normen und Regeln zur Regulierung ihres jeweiligen Verhaltens sowie die Förderung der Anwendung dieser Normen und Regeln beispielsweise durch die Kontrolle ihrer Umsetzung bzw. die Sanktionierung ihrer Mißachtung.

→ Internationale Beziehungen.

Lit.: *Andersen, U./Woyke, W.* (Hrsg.) 1995: Hdwb. Internationale Organisationen, Opl. *Archer, C.* 1994: International Organizations, L. *Bellers, J./Häckel, E.* 1990: Theorien internationaler Integration und internationaler Organisationen, in: *Rittberger, V.* (Hrsg): Theorien der Internationalen Beziehungen. Bestandsaufnahme und Forschungsperspektiven. PVS-Sonderheft 21, Opl., 286–310. *Feld, W. J.* u. a. 1993: International Organizations, Westport. *Kratochwil, F. V./Mansfield, E. D.* (Hrsg.) 1994: International Organization, Glasgow. *Kratochwil, F. V./Ruggie, J. G.* 1986: International Organization, in: IO 40, 753–775. *Rittberger, V.* 1995: Internationale Organisationen, Opl. *Rochester, J. M.* 1986: The Rise and Fall of International Organization as a Field of Study, in: IO 40, 777–813. *Taylor, P.* 1993: International Organization in the Modern World, L.

Bernard Zangl

Internationale Regime → Regime/Regimeanalyse

Internationales Recht, zum einen in der Bedeutung des universellen bzw. bes. → Völkerrechts die Gesamtheit der Rechtsnormen, die entw. weltweit (UN-Konventionen) oder regional einheitlich (EU-Recht) gültig sind, zum anderen die Gesamtheit der → Normen des Rechtsanwendungsrechts, d. h. die staatenübergreifende Anwendung nat. Rechts. Tatsächlich stellt das Völkerrecht nur einen, wenn auch den wichtigsten Teil des I. R. dar. Die anderen Gebiete des I. R. sind das internat. Privatrecht, das internat. Gerichtsverfassungs- und Prozeßrecht, das internat. Strafrecht, das internat. Verwaltungsrecht, das internat. Verkehrsrecht, das internat. Finanz- und Steuerrecht, das internat. Arbeits- und Sozialrecht sowie das internat. Wirtschafts- und Umweltrecht.

1. Versteht man unter I. R. die Gesamtheit der Rechtsgrundsätze zur Regulierung des internat. Staatensystems, wird deutlich, warum das Völkerrecht als allgemeinste Kategorie innerhalb des I. R. eine Vorrangstellung einnimmt. Wo nat. Recht nicht greift, entsteht I. R. aus Völkergewohnheitsrecht, internat. Vertragsrecht sowie allg. Rechtsgrundsätzen. Hierbei gilt, daß die Basis für neu gesetztes Recht zunehmend kleiner geworden ist. Universelles Völkerrecht kann heute nur noch über eine Mehrheitsklausel gebildet werden. Im Hinblick auf die Durchsetzbarkeit des Völkerrechts gilt, daß z. B.

der Internationale Gerichtshof in Den Haag nur dann tätig werden kann, wenn seine Zuständigkeit von allen Beteiligten anerkannt wird. Vor diesem Hintergrund wird die Einsetzung eines ständigen UN-Strafgerichtshofs diskutiert. Dieser formellen Schwierigkeiten ungeachtet, ergibt sich die Wirkung des I. R. aus dem allg. empfundenen Regelungsbedarf im Zeitalter wachsender → Interdependenz.

2. Durch das Völkerrecht werden im I. R. das Verhältnis einzelner souveräner Staaten zueinander und mit den von ihnen geschaffenen internat. und supranat. Organisationen bzw. die Beziehungen zwischen diesen Organisationen geregelt. Insbes. aus der Teilnahme souveräner Staaten an → Internationalen Organisationen ergeben sich i. d. R. Spannungsverhältnisse, die v. a. in der Superiorität des I. R. gegenüber nationalstaatl. Recht (insbes. bei Regelung desselben Sachverhalts) und der Delegation nationalstaatl. Kompetenzen an internat. Organisationen begründet sind. Es kommt oft zu einer «Gemengelage [von] internat. und nat. Rechtsnormen» (*Geiger* 1994). Das Recht der EU z. B. ist ein bes. Völkerrecht, das als Gemeinschaftsrecht Anspruch auf Geltung im innerstaatl. Rechtsraum erhebt. Im Hinblick auf die Rechtsverhältnisse des einzelnen ist es unmittelbar anwendbar, solange dies keine Durchführungsvorschriften der Mitgliedstaaten erfordert.

→ Nationalstaat; Rechtsprechende Gewalt.

Lit.: *Dolzer, R.* 2001: Völkerrecht/Internationales Recht, in: *Nohlen, D.* (Hrsg.): Kleines Lexikon der Politik, Mchn., 549–553. *Geiger, R.* [2]1994: Grundgesetz und Völkerrecht, Mchn. *Müller, J. P./Wildhaber, L.* [2]1982: Praxis des Völkerrechts, Bern. *Seidl-Hohenveldern, I.* [9]1997: Völkerrecht, Köln. *Seidl-Hohenveldern, I./Loibl, G.* [6]1996: Das Recht der Internationalen Organisationen einschließlich der Supranationalen Gemeinschaften, Köln.

Ulrike Rausch

Internet und Politik. Zwischen dem Internet (I.), dem weltweit größten Verbund von Computernetzen, in dem verschiedene Informations- und Kommunikationsdienste angeboten werden, und der Politik besteht ein wechselseitiges Verhältnis, bei dem einerseits das I. Objekt polit.-rechtlicher Regulation ist und andererseits das Medium selbst zunehmend Bedeutung für die polit. Kommunikation gewinnt. Die Bandbreite politikrelevanter Nutzungsmöglichkeiten erstreckt sich von eher effizienzorientierten Anwendungen bis hin zu interaktiven Verfahren, die neue Chancen der Intensivierung polit. → Partizipation und Inklusion zu bieten versprechen.

1. Die noch weitgehend heterogene theoretische Auseinandersetzung mit elektronischer Demokratie spiegelt grob die Klassifizierung der → Demokratietheorien in realistische und normative Modelle wider:

(1) Letztere erhoffen sich von I. und neuen Medien die Überwindung der aus einer normativen Perspektive identifizierten strukturellen Defizite repräsentativ verfaßter Massendemokratien und deren Anreicherung und/oder Ersetzung durch direktdemokratische Elemente. Zwei konkurrierende, sich gegenseitig jedoch nicht ausschließende Strömungen sind zu unterscheiden: (a) Zum einen wird aufgrund der erheblich gesteigerten Kommunikationskapazität und des neuartigen Rückkanals erwartet, daß das I. Bürgern direkte, nicht-mediatisierte Kommunikation und Interaktion mit → Regierungen ermöglicht (*citizen empowerment*). Traditionelle intermediäre Institutionen, die bislang die Prozesse der polit. Willensbildung und des *agenda setting* dominieren, verlören somit deutlich an Einfluß (*Grossman* 1995). Auch Formen → Direkter Demokratie, aufgrund des Größenproblems bisher lediglich als Präsenzprojekt vorstellbar, seien durch das I. nun im Kontext moderner Massendemokratien realisierbar. Ideengeschichtl. wird an die partizipatorische Demokratietheorie angeknüpft (*Barber* 1984, *Rheingold* 1993). Die implizierte Kausalität von Informationsvervielfältigung und intensivierter polit. Beteiligung wird jedoch von der empirischen Partizipationsforschung in dieser Weise bis-

lang nicht bestätigt. (b) Zum anderen glaubt man, daß aufgrund der horizontalen Auswirkungen der *Online*-Kommunikation Gemeinschaftsbildung und die Revitalisierung der öff. Sphäre in Gestalt einer elektronischen *Agora* durch die kommunikationstechnische Überwindung der physischen Beschränkungen der Realwelt möglich werde. *Virtual communities*, autonome Selbstorganisation und direktdemokratische Beteiligung werden dabei als gesellschaftl. Leitbilder propagiert (*Rheingold* 1993, *Negroponte* 1995). Sozialwiss. Einwände basieren auf Zweifeln, ob die Netzkommunikation angesichts der Interaktionsferne und sozialen Unverbindlichkeit, der losen Ein- und Ausstiegsregeln sowie der weitgehenden Unabhängigkeit von lebensweltlichen Kontexten → Identitäten konstituieren und solidarische → Integration befördern kann. Beide normativen Strömungen sind bei der Beurteilung des polit. Transformationspotenzials des I. geprägt von technologischem → Determinismus, der den Blick für die komplexe Interaktion von technologischer Entwicklung und sozio-polit. Faktoren weitgehend verstellt.

(2) Realistische bzw. liberale Modelle elektronischer Demokratie betonen dagegen die Reformmöglichkeiten repräsentativ-demokratischer → Institutionen und Verfahren. Aufgrund der beachtlichen Informations- und Kommunikationskapazität des I. könne die Transparenz polit. Prozesse erhöht, der kommunikative Austausch zwischen Bürgern und Repräsentanten intensiviert und folglich insges. eine verbesserte Responsivität der polit. Entscheidungsträger bewirkt werden. Durch die deutliche Senkung der Eintrittsbarrieren in den polit. Markt und der Reduktion der → Transaktionskosten für Informationsübermittlung entstünden für Organisationen, Gruppen und Aktivisten verbesserte Bedingungen für kollektives Handeln und pluralistische Interessendurchsetzung (*Abramson* u.a. 1988, *Bimber* 1998). Angesichts der zunehmenden kommunikativen Verdichtungen im I. ist dem entgegenzuhalten, daß statt der fundamentalen Pluralisierung der polit. Akteurslandschaft vielmehr die weitgehende Replizierung der realweltlichen Herrschaftsstrukturen konstatiert werden muß: Etablierte polit. Akteure schöpfen aus ihrer dominanten Position und ihrem *Offline*-Bekanntheitsgrad im Wettbewerb um die knappe Ressource Aufmerksamkeit signifikante Vorteile gegenüber neuen, virtuellen Konkurrenten. Die grundlegenden Bedingungen demokratischer *mass politics* bleiben somit auch im I. größtenteils wirksam.

2. Neben → NGOs nutzen auch Regierungen und staatl. Institutionen zunehmend die neuen Möglichkeiten der effizienteren und effektiveren Kommunikation. Unter dem Rubrum *e-government* sind jene Maßnahmen zusammengefaßt, die mit dem Ziel implementiert werden, Bürgern und Unternehmen den Zugang zu staatl./behördlichen Informationen und Dienstleistungen zu erleichtern sowie bestimmte Verwaltungsakte zu beschleunigen und/oder zu vereinfachen. Antriebsfeder sind sowohl die Einsparungs- und Rationalisierungspotenziale, die von der Digitalisierung der → Öffentlichen Verwaltung erwartet werden, als auch die gestiegenen qualitativen Ansprüche der Bürger an die Serviceleistungen staatl. Institutionen. In diesem Zusammenhang wird erwartet, daß das I. künftig eine wachsende Bedeutung bei der Durchführung von Abstimmungen und → Wahlen erhalten wird. Dazu müssen jedoch die technischen Sicherheitsstandards weiterentwickelt werden, um die Einhaltung der Grundsätze der geheimen, freien und gleichen Wahl zu gewährleisten. Einer Nutzung des I. als Abstimmungsmedium stehen zudem gewichtige normative und rechtliche Einwände entgegen.

3. Entgegen der landläufigen Meinung ist das I. keinesfalls ein anarchisches, sich selbststeuerndes Medium, sondern unterliegt vielfältigen nat. wie internat. Regulierungen, die im Wesentlichen folgende Bereiche umfassen: (a) Die Verwaltung der Domain-Namen und I.-Protokolle sowie die Regulierung der technischen Infrastruktur. Erstere wird von der privat-rechtl. *non-profit* Organisation *Internet Corporation for Assigned Names and Numbers* (ICANN) wahrgenommen. Diese besitzt zwar internat. Zuständigkeit, weist in ihren Leitungsgremien indes eine deutliche US-amerikan. Dominanz auf. Die technische Infrastruktur un-

terliegt hingegen i. d. R. (nat.)staatl. Ordnungstätigkeit, wobei erhebliche Unterschiede in den jeweiligen Regulierungsprioritäten und Förderinitiativen bestehen. (b) Zur Sicherung wirtschaftl. Aktivitäten im I. werden zunehmend Normierungen in den Bereichen elektronischer Handel, digitale Signaturen, Urheber- und Verbraucherschutz erlassen. (c) Für die allg. wie für die polit. I.-Nutzung gewinnen Fragen des → Datenschutzes, der Datensicherheit, des Rechts auf Meinungs- und Informationsfreiheit sowie des Umgangs mit extremistischen und kriminellen Inhalten zunehmend an Relevanz und geraten somit ebenfalls in die Sphäre staatl. Interventionen. Im Vergleich zu Rundfunk und Fernsehen ist das I. indessen einem deutlich schwächeren Regulationsregime und damit einer geringeren Regelungsdichte unterworfen. Entsprechend rasch und umfassend schreitet der Prozeß der Kommodifizierung des virtuellen Raumes voran.

4. Zentraler Faktor für die künftige Entwicklung der digitalen polit. Kommunikation ist der Verbreitungsgrad der Internetzugänge und einer entspr. Medienkompetenz in der Bevölkerung. Trotz des rasanten Anstiegs der Zahl der I.-Nutzer in den meisten Industrienationen muß noch immer eine ausgeprägte sozial-strukturelle Selektivität dieser Form der polit. → Kommunikation konstatiert werden. Die Gefahr der informationellen Spaltung der Gesellschaft ist daher nicht unrealistisch und könnte bereits die Konturen der zentralen Konfliktlinie (→ *Cleavages*) der sich entwickelnden Informationsgesellschaft andeuten. Aus einer internat./globalen Perspektive ist die Kluft zwischen *information haves* und *have-nots* sogar erheblich deutlicher und korreliert weitgehend mit dem ökon. Nord-Süd-Gefälle. Die künftige Gestaltung der Zugangsbedingungen und die Art der Regulation des I. wird daher eine Schlüsselrolle spielen.

Lit.: *Alexander, C./Pal, L. A.* (Hrsg.) 1998: Digital Democracy: Policy and Politics in the Wired World, Tor. *Abramson, J.* u. a. 1988: The Electronic Commonwealth. The Impact of Technologies on Democratic Politics, N. Y. *Barber, B.* 1984: Strong Democracy. Participatory Politics for a New Age, Berkeley/CA. *Bieber, Ch.* 1999: Politische Projekte im Internet, Ffm. *Bimber, B.* 1998: The Internet and Political Transformation: Populism, Community and Accellerated Pluralism, in: Polity 31 (1), 133–160. *Buchstein, H.* 2000: Präsenswahl, Briefwahl, Onlinewahl und der Grundsatz der geheimen Stimmabgabe, in: ZParl 31 (4), 886–902. *Ferdinand, P.* (Hrsg.) 2000: The Internet, Democracy, and Democratization, L. *Gellner, W./Korff, F. von* (Hrsg.) 1998: Demokratie und Internet, Baden-Baden. *Grossman, L.* 1995: The Electronic Republic: Reshaping Democracy in the Information Age, NY. *Hagen, M.* 1997: Elektronische Demokratie. Computernetzwerke und politische Theorie in den USA, Hamb. *Holderness, M.* (Hrsg.) 1998: The Cyberspace Divide: Equality, Agency and Policy in the Information Society, L. *Kamps, K.* (Hrsg.) 1999: Elektronische Demokratie? Perspektiven politischer Partizipation, Opl. *Leggewie, C./Maar, Ch.* (Hrsg.) 1998: Internet und Politik, Mhm. *Negroponte, N.* 1995: Being Digital, NY. *Rheingold, H.* 1993: The Virtual Community, Reading/Mass. *Zittel, T.* 2000: Elektronische Demokratie – ein Demokratietypus der Zukunft?, in: ZParl 31 (4), 903–925.

Ralf Lindner

Interstaatlicher Föderalismus, politikwiss. Fachterminus für den Typ des → Föderalismus, der polit.-institutionell von vertikaler Gewaltentrennung (→ Gewaltenteilung) und gliedstaatl. → Autonomie bestimmt ist; auch i. e. S. Bezeichnung für die Zusammenarbeit der Gliedsstaaten untereinander (→ Intergouvernementale Beziehungen).

Im Ggs. zum → Intrastaatlichen Föderalismus beruht das Modell des i. F. auf: (1) dem Dualismus der staatl. Strukturelemente und weitgehender Selbstständigkeit der beiden polit. Systemebenen, die unabhängig voneinander lebensfähig sind; (2) Kompetenzverteilung nach Politikfeldern (und nicht nach Kompetenzarten) mit mehr oder minder klaren verfassungsrechtl. Zuordnungen, insbes. auch der Steuerhoheit auf Bundes-

und gliedstaatl. Ebene; (3) geringer Beteiligung der Gliedstaaten an der Bundespolitik, und wenn, dann mittels einer durch Volkswahl nach dem Senatsprinzip bestellten Zweiten Kammer. Die Kooperation zwischen Bund und Gliedstaaten beruht auf Freiwilligkeit und ähnelt in Form und Praxis derjenigen von Völkerrechtssubjekten im internat. System. Paradebeispiele für i. F. sind die → Politischen Systeme Kanadas und der USA.

Lit.: *Loewenstein, K.* [2]1969: Verfassungslehre, Tüb. (engl. 1957). *Schultze, R.-O.* 1993: Statt Subsidiarität und Entscheidungsautonomie – Politikverflechtung und kein Ende: Der deutsche Föderalismus nach der Vereinigung, in: Staatswissenschaft und Staatspraxis 4, 225–255. *Smiley, D. V./ Watts, R. L.* 1985: Intrastate Federalism in Canada, Tor. *Zimmermann, J.* 1996: Interstate Relations. The Neglected Dimension of Federalism, Westport. → Föderalismus; Politikverflechtung.

Rainer-Olaf Schultze

Interpellation (aus lat. *interpellere* = einwenden, unterbrechen), Auskunftsverlangen des → Parlaments gegenüber der Regierung; zur Wahrnehmung der parlamentarischen Kontrollfunktion nötiges Informationsrecht, dem prinzipiell eine Informationspflicht der Regierung entspricht.

Eine solche wird speziell aus dem parlamentarischen Herbeirufungsrecht in Art. 43 Abs. 1 GG abgeleitet. Im Bundestag sind Interpellationsrechte ausgestaltet als Große Anfrage (früher allein als I. bezeichnet) und Kleine Anfrage, die jeweils von einer → Fraktion oder Abgeordneten in Fraktionsstärke an die Bundesregierung gerichtet werden können, sowie als kurze Einzelfragen einzelner Abgeordneter zur mündlichen oder schriftlichen Beantwortung. Interpellationsrechte werden v. a. von der → Opposition zur sachpolit. Information, zur Darstellung der eigenen Positionen und zur Kritik an der Regierung genutzt. Mehrheitsfraktionen setzen I. ein, um ihrer Regierung die Gelegenheit zur öff. Stellungnahme und Diskussion im Parlament zu geben.

Lit.: *Bellers, J./Westphalen, R. Graf von* (Hrsg.) [2]1996: Parlamentslehre: das parlamentarische Regierungssystem im technischen Zeitalter, Mchn.

Suzanne S. Schüttemeyer

Intersubjektivität → Behavioralismus; Erkenntnisinteresse; Objektivität

Intervallschätzung → Inferenzstatistik

Intervallskala → Skalierung

Intervention, im Bereich → Internationaler Beziehungen Bezeichnung für das Eingreifen eines oder mehrerer Staaten bzw. → Internationaler Organisationen in die inneren Angelegenheiten eines Staates durch die Anwendung oder Androhung militärischer Gewalt, polit. Drucks bzw. durch verdeckte Einflußnahme (indirekte I.).

Grundsätzlich sind I. aufgrund der Verletzung der → Souveränität unabhängiger Staaten völkerrechtswidrig (→ Internationales Recht). Eine I. durch die UN ist jedoch bei Friedensbrüchen, Angriffshandlungen bzw. Souveränitätsverletzungen unter bestimmten Voraussetzungen erlaubt, um → Frieden und internationale Sicherheit zu erhalten oder wiederherzustellen. Im Zuge der Etablierung internat. → Regime und Organisationen in vielen Bereichen und der damit einhergehenden freiwilligen Souveränitätsabgabe zahlreicher Staaten verliert der Begriff der I. an Schärfe und läßt sich eindeutig nur noch auf die Androhung und Ausübung militärischer Gewalt eines oder mehrerer Staaten gegen andere anwenden.
In der Innenpolitik bezeichnet I. das Eingreifen des Staates in den gesellschaftl., ökon. oder priv. Bereich mittels regulativer oder steuernder polit. Maßnahmen (→ Politische Steuerung), i. d. R. um wirtschaftl. oder so-

ziale Entwicklungen zu korrigieren (→ Interventionsstaat/Interventionsstaatstheorien).

→ Staatsinterventionismus; Völkerrecht.
Lit.: → Internationale Beziehungen/Internationale Politik.

Tanja Zinterer

Interventionsstaat (Interventionsstaatstheorien), allg. Bezeichnung für einen Staat, der systematisch und tief in die → Gesellschaft und die Wirtschaft eingreift, insbes. zu dem Zweck, einen Ordnungsrahmen zu schaffen und dessen Einhaltung zu überwachen, Schutzmaßnahmen zu erlassen oder Hilfestellungen zu gewähren, Infrastruktureinrichtungen bereitzustellen, Daseinsvorsorge zu gewährleisten und/oder Sonderinteressen zur Geltung zu bringen.

Mitunter dient I. zur abschätzigen Bezeichnung eines überfallartigen Staatseingriffs, eines Übermaßes an staatl. Regelung («Interventionismus») oder einer sich beschleunigenden Spirale aus Staatsinterventionen («Interventionsspirale»). Das Gegenstück zum I. ist der liberale → Rechts- und Verfassungsstaat, der sich weitgehend auf Rechtsnormensetzung und Verteidigung äußerer und → Innerer Sicherheit beschränkt (→ Minimalstaat). In D wird die Geburt des I. auf die 70er und 80er Jahre des 19. Jh. datiert: «Mit Schutzzöllen und Sozialversicherung, mit Gesellschaftsrecht, Wettbewerbsrecht, Verkehrsrecht und Technikrecht tritt der Interventionsstaat auf den Plan und breitet sich bis zum Epochenjahr 1914 auf unmerkliche Weise aus, um dann durch das Kriegsverwaltungsrecht einen neuen gewaltigen Schub zu erhalten» (*Stolleis* 1992: 457). Interventionsstaatstheorien ist die Sammelbezeichnung für empirische oder normative, statische oder dynamische, rein theoretische oder anwendungsorientierte Aspekte der exakten, nachprüfbaren Beschreibung, Erklärung, Begründung und Bewertung interventionsstaatl. Politik (→ Staatsinterventionismus).

→ Politische Steuerung; Regierbarkeit; Wohlfahrtsstaat.
Lit.: *Stolleis, M.* 1992: Geschichte des öffentlichen Rechts in Deutschland, Bd. 2: Staatsrechtslehre und Verwaltungswissenschaft 1800–1914, Mchn.

Manfred G. Schmidt

Interview, Verfahren oder Vorgang planmäßiger wiss. → Datenerhebung, bei dem ein geschulter, in direktem Kontakt mit dem Befragten stehender Interviewer durch Fragen oder mitgeteilte Stimuli die Untersuchungsperson zu Antworten veranlaßt, die systematisch registriert und nach Abschluß des Gesprächs ausgewertet werden.

Man unterscheidet verschiedene Interviewformen: (1) schriftliches und mündliches I., (2) Einzel- und Gruppeninterview, (3) strukturiertes und unstrukturiertes, (4) standardisiertes und unstandardisiertes und (5) «weiches», «neutrales» oder «hartes» I.

→ Empirische Sozialforschung.
Lit.: *Scheuch, E. K.* 1973: Das Interview in der Sozialforschung, in: *König, R.* (Hrsg.): Hdb. der empirischen Sozialforschung, Bd. 2, Mchn, 66–190. *Schnelle, R.* 2001: Interview, Wsb.

Manfred G. Schmidt

Intrastaatlicher Föderalismus, politikwiss. Fachterminus für den Typ des → Föderalismus, der polit.-institutionell von funktionaler Aufgabenteilung und vertikaler Gewaltenverschränkung bestimmt ist.

Im Ggs. zum → Interstaatlichen Föderalismus beruht das Modell des i. F. auf: (1) der Differenzierung nach Kompetenzarten (und nicht nach Politikfeldern), mit der Gesetzgebung weitgehend beim Bund und mit der Verwaltung bei den Gliedstaaten (und Kommunen), insbes. auch bei der Steuergesetzgebung und der Verteilung des Steueraufkommens, über die auf der Bundesebene entschieden wird, während Gliedstaaten (und Kommunen) für den größten Teil der Ausgaben verwaltungsmäßig zuständig sind; (2) starker Beteiligung der (Regierungen der) Gliedstaaten an der Gesetzgebung des Bundes mittels einer nach dem Bundesratsprinzip aus Regierungsvertretern gebildeten Zweiten Kammer; (3) ausgeprägter exekutiver Zusammenarbeit der Gliedstaaten untereinander wie zwischen Bund und Gliedstaaten (→ Exekutivföderalismus). Im i. F. besteht ein hohes Maß an → Politikverflechtung und wechselseitiger Abhängigkeit von Bund und Gliedstaaten; zudem bildet die Bundespolitik eindeutig das Zentrum des → Politischen Systems. Paradebeispiele des i. F. sind unitarische → Bundesstaaten, v. a. die BRD, aber auch Österreich.

Lit.: → Interstaatlicher Föderalismus; Föderalismus; Politikverflechtung.

Rainer-Olaf Schultze

Investitionspolitik (von lat. *investire* = bekleiden, ausstatten), jener Teil aktiver → Wirtschaftspolitik, der auf die Beeinflussung der Investitionstätigkeit der Privatwirtschaft bzw. der öff. Hände gerichtet ist. Sie zielt i. d. R. auf die Ausweitung des Investitionsvolumens einer Volkswirtschaft und auf eine Erhöhung des Beschäftigungsniveaus.

Staatl. I. wird auch zur Unterstützung und Beschleunigung des regionalen (räumlichen), sektoralen (branchenbezogenen) oder technologischen Strukturwandels eingesetzt. Wichtiges Mittel ist die finanzielle Subventionierung, etwa in Form von Zulagen oder bes. Abschreibungssätzen (z. B. auf Anschaffungs- oder Herstellungskosten). Als Teil der Unternehmenspolitik bezeichnet I. alle Ziel- und Mittelentscheidungen, die auf die längerfristige, zukunftsorientierte Anlage finanzieller Mittel in Sach-, Finanz-, Sozial- oder sonstiges Vermögen zur Erzielung von Einnahmen und Gewinnen gerichtet sind.

→ Interventionsstaat; Staatstätigkeit.
Lit.: Wirtschaftspolitik.

Klaus Schubert

Invisible hand → Tausch

Involution, Gegenbegriff zum → Evolutionsbegriff, bezeichnet die Rückentwicklung natürlicher Organismen, sozialer Gebilde, Theorien und → Politischer Systeme (bis hin zu deren Auflösung oder Zerfall). Politikwiss. erfaßt der Begriff den komplexen Prozeß der Rückbildung demokratischer → Herrschaft in vor- und antidemokratische Herrschaftsformen.

Im Kontext der neo-marxistischen Kapitalismuskritik verwandte *J. Agnoli* im Jahre 1968 den Begriff der I. als zentrale Kategorie zur Beschreibung der Diskrepanz zwischen Verfassungsnorm und → Verfassungswirklichkeit in liberalen → Demokratien. In diesem Zusammenhang konstatiert er (1) die I. des demokratischen → Rechtsstaates zu «einem autoritären Staat rechtsstaatl. Typs» (*Agnoli* 1990: 24) und (2) die Rückbildung des Parteienwettbewerbs, indem sich die → Volksparteien zur «pluralen Fassung einer Einheitspartei – plural in der Methode des Herrschens, einheitlich als Träger der staatl. Herrschaft gegenüber der Bevölkerung» (*Agnoli* 1990: 53) entwikkeln, weshalb sie zum Organisator manipulativ hergestellten sozialen Friedens würden (→ Einheitspartei). Eine derartige Engführung wird der Vielfalt der Involutionsprozesse indes nicht gerecht. Denn der Begriff der I. dient nicht nur zur Analyse der Transformation der Demokratie im fortgeschrittenen → Kapitalismus; solche Prozesse der I. sind nicht notwendig an bestimmte Entwicklungsstufen und Gleichzeitigkeiten im Verhältnis von Demokratie und Kapitalismus gebunden. Sie sind weder unilinear noch eindimensional und können – wie in der Vergangenheit die häufige Abfolge von demokratischen/populistischen → Autoritären Regimen etwa in Lateinamerika gezeigt hat – auch zyklisch und aufgrund ausgeprägter Ungleichzeitigkeit auftreten.

→ Systemwechsel; Verfassung; Verfassungswirklichkeit.
Lit.: *Agnoli, J.* 1990: Die Transformation der Demokratie und andere Schriften zur Kritik der Politik, Freib. *Agnoli, J./Brückner, P.*

1968: Die Transformation der Demokratie, Ffm.

Rainer-Olaf Schultze

Iron Triangle (engl. = eisernes Dreieck), Fachterminus für jene stabilen, auf gegenseitigen Vorteil zielenden Beziehungen von → Netzwerken zwischen Regierungsbehörden, Politikern im Parlament und → Interessengruppen, denen es gelingt, die Themen und Inhalte eines Politikfeldes effektiv und dauerhaft zu bestimmen sowie andere Meinungen und konkurrierende → Interessen auszuschließen.

Der Begriff entstammt der Analyse des US-amerikan. Regierungssystems und verweist auf eine Sonderform polit. → Interessenvermittlung. Die innere Stabilität und der polit. Einfluß der *i. t.* beruht v. a. darauf, daß der Zutritt zu den zentralen polit. Gremien und Entscheidungsprozessen effektiv kontrolliert und insofern ein begrenzter, privilegierter Teilnehmerkreis aufrechterhalten werden kann. Dieser ist auf eine aktive gegenseitige Unterstützung und Förderung (nicht auf einseitige Abhängigkeit = → *Capture*) angelegt und beschränkt sich nicht auf polit. Forderungen, sondern strebt nach einer möglichst lückenlosen Kontrolle polit. Entscheidungsprozesse von der Problemdefinition bis zur konkreten Umsetzung der Entscheidungen.

→ Korporatismus; Netzwerkanalyse; Pluralismus; Politikfeldanalyse.

Lit.: *Jordan, A. G.* 1981: Iron Triangles, Woolly Corporatism and Elastic Nets: Images of the Policy Process, in: JoPP 1, 95–123. *Lowi, T.* 1964: How the Farmers get what they want, in: Reporter, May 21, 35 ff. *Maass, A. A.* 1951: Muddy Waters. The Armee Engineers and the Nation's Rivers, Camb./Mass.

Klaus Schubert

Irredentismus, nat. Bewegungen, die den Anschluß bisher abgetrennter, aufgrund sprachlicher wie kultureller Gemeinsamkeiten als zugehörig gedachter Gebiete an das Mutterland fordern.

Seinen historischen Ursprung hat der Begriff des I. in der ital. Unabhängigkeitsbewegung, die seit Mitte des 19. Jh. den Anschluß «unerlöster» (ital. *irredenta*), weil österreichischer Fremdherrschaft unterworfener Gebiete (Südtirol; Istrien) betrieb.

→ Nationalismus; Selbstbestimmungsrecht; Sezession.

Lit.: *Chazan, N.* 1991: Irredentism and International Politics, Boulder.

Günter Rieger

Isolationismus (von engl./frz. *isolation* = Absonderung; Abgeschiedenheit), in der polit. Diskussion oft in polemischer Absicht verwendete Bezeichnung für die im 19. Jh. maßgebende, sich in der Geschichte unterschiedlich ausprägende und bis zum II. Weltkrieg einflußreiche außenpolit. Doktrin der USA, in deren Mittelpunkt die Idee der Bündnisfreiheit und die Vorstellung eines größtmöglichen Maßes an außenpolit. Handlungsfreiheit standen.

Die isolationistische Tradition geht auf die Maximen der amerikan. Gründungsväter (*George Washington, Thomas Jefferson*) zurück, die die Unabhängigkeit eines noch schwachen Staates dadurch sichern wollten, daß sie die Verwicklung in die Konflikte der europ. Großmächte zu vermeiden suchten. Nie bedeutete I. den Rückzug aus der Weltpolitik oder gar die polit. oder wirtschaftl. Isolation der USA.

→ Internationale Beziehungen.

Lit.: *Adler, S.* 1957: The Isolationist Impulse: Its Twentieth-Century Reaction, L./NY. *Jonas, M.* 1966: Isolationism in America, 1935–1941, Ithaca/L.

Peter Rudolf

Issue/Issue-Forschung
In die → Wahlforschung hat der engl. Begriff *Issue* (*I.*) Eingang gefunden in

der Bedeutung: (kontroverses) Thema, dem große öff. Aufmerksamkeit gewidmet wird. Die → Parteien thematisieren in ihrer Öffentlichkeitsarbeit Themengebiete, auf denen ihnen große Kompetenz beigemessen wird, oder sie schlagen konkrete Lösungen (*policies*) zur staatl. Regelung von Sachverhalten vor, die als regelungsbedürftig gelten.

Bereits in der frühen Wahlforschung wird hier zwischen Positions- und Valenz*issues* unterschieden; Unterscheidungskriterium ist, ob es für einen zu regelnden Sachverhalt mehrere, kontroverse Lösungen gibt (Positionen auf einer *I.*-Dimension wie z. B. der Abtreibungsregelung mit den Positionen medizinische, ethische, soziale Indikation, generelle Freigabe innerhalb einer bestimmten Frist usw.), oder ob eine bestimmte Partei mit einem allg. als positiv oder negativ empfundenen Zustand verbunden wird, so daß z. B. die negative Valenz der → Korruption mit einer bestimmten Partei verknüpft werden soll, um der Partei zu schaden. Über das Ziel selbst, eine korruptionsfreie Politik, herrscht dagegen Einigkeit. Ebenso wird von den Wählern eine kompetente Politik in den einzelnen Politikfeldern wie → Wirtschafts- oder → Sozialpolitik gewünscht, unterschiedlich ist nur die Bedeutung, die die einzelnen Wähler den verschiedenen Politikfeldern beimessen. Den positionsbasierten Sachfragenorientierungen der Wähler werden also die performanzbasierten Sachfragenorientierungen gegenübergestellt (*Roller* 1998). Letztere erklären die Popularität von Regierungen im Zeitverlauf gut, während für ihren engen Zusammenhang mit der Parteipräferenz in Querschnittsuntersuchungen die Richtung der Kausalität auch umgekehrt sein kann: Weil man sich mit einer Partei identifiziert, hält man sie auch für kompetent. Ein analoger Effekt kann auch bei positionsbasierten Sachfragenorientierungen auftreten: Weil man sich mit einer Partei identifiziert, macht man sich ihre Position bei einer Sachfrage zu eigen (Persuasionseffekt). Die Forschung hat allerdings gezeigt, daß dieser Effekt bei Positions*issues* relativ selten vorkommt. Wenn es zu Verzerrungen kommt, dann mehr zu Projektionseffekten: Der Wähler projiziert seine eigene Einstellung auf die Partei, die er – aus anderen Gründen – besser als andere Parteien findet. Die Wirkung der positionsbasierten Sachfragenorientierungen auf die Wahlentscheidung wurde urspr. so modelliert, daß man die Partei wählt, zu der die Politikdistanz im Durchschnitt am kleinsten ist (Nähe-Modell). Eine alternative Vorstellung ist, daß v. a. die Richtung zählt, ob man mit einer Partei für oder gegen eine bestimmte Position ist (Richtungsmodell). Das Nähe-Modell impliziert auf der Makroebene das Medianwählertheorem: Im Zweiparteiensystem wird die Partei die Wahl gewinnen, die dem Median der Verteilung der Wählerpositionen auf der einen ideologischen Dimension (zu der sich mehrere Issue-Dimensionen zusammenfassen lassen) am nächsten kommt (*Downs* 1968).

→ Kritische Wahlen; Wählerverhalten.

Lit.: *Downs, A.* 1968: Ökonomische Theorie der Demokratie, Tüb. (engl. 1957). *Markus, G./Converse, P.* 1979: A Dynamic Simultanious Equation Model of Electoral Choice, in: APSR 73, 1055–1070. *Merrill III, S./Grofman, B.* 1999: A Unified Theory of Voting, Camb. *Roller, E.* 1998: Positions- und performanzbasierte Sachfragenorientierungen und Wahlentscheidung, in: *Kaase, M./Klingemann, H. D.* (Hrsg.): Wahlen und Wähler, Opl./Wsb., 173–219.

Franz Urban Pappi

Judikative, in der Gewaltenteilungslehre neben der → Legislative, der rechtssetzenden, und der → Exekutive, der rechtsanwendenden, die dritte, Rechtsstreitigkeiten schlichtende Gewalt, auch Rechtsprechung genannt.

Während die ersten beiden nur im funktionalen Sinne getrennt sind, institutionell aber sowohl getrennt (im präsidentiellen Regierungssystem, → Präsidentialismus) als auch verschränkt (im → Parlamentarischen Regierungssystem) auftreten können, wird die J. im (demokratischen) → Rechtsstaat immer als eigenständige, unabhängige Gewalt institutionalisiert. Es gilt strikte Inkompatibilität, d. h. für Richter endet ihr Amt, wenn sie ein Mandat in einer Legislative oder eine exekutive Position übernehmen.

→ Amt; Gewaltenteilung; Justiz und Politik; Mandat; Rechtsprechende Gewalt.

Suzanne S. Schüttemeyer

Justiz und Politik. Der Begriff J. umfaßt nicht nur – synonym mit → Judikative – eine der drei Gewalten im demokratischen Rechtsstaat neben der → Legislative und → Exekutive, sondern er benennt auch die Binnenstruktur der staatl. Tätigkeit, die der Rechtspflege dient. Die Entwicklung einer eigenständigen J. ist untrennbar mit der Entstehung des neuzeitlichen Verfassungsstaates verbunden. Rechtsprechung war Jahrhunderte lang untrennbar mit dem Willen der jeweils Herrschenden verbunden. Sie sprachen nicht nur Recht, sondern schufen sich auch die Rechtsregeln, die dazu dienten, bestehende Machtverhältnisse auf allen gesellschaftl. Ebenen zu perpetuieren. Sie wählten auch i. d. R. diejenigen aus, die bei Konflikten das bestehende Recht interpretierten. Dies galt sowohl für weltliche Herrscher als auch für die Kirche, in deren spezifischer Rechtsordnung nach wie vor Elemente dieses überkommenen Verhältnisses von Rechtsprechung und Herrschenden vorhanden sind. Diese untrennbare Verbindung des Rechts mit der Macht führte auch zu einer Symbiose von J. und Politik.

1. Die Menschen des Mittelalters nahmen es als gegeben hin, daß die Rechtsprechung der verlängerte Arm der Herrschenden war. → Staat und → Gesellschaft wurden von Gott abgeleitet als eine von Gott gewollte Ordnung. Zwar kannte auch das Mittelalter den Dualismus von Staat und Kirche, aber das geistliche und weltliche Schwert leiteten ihre Autorität und Legitimation aus der gleichen göttlichen Quelle ab. Alles geschah *ad Dei gloriam*. Das Recht und eine es anwendende eigenständige, gegenüber staatl. oder kirchlichen Gewalten als Kontrollinstanz auftretende J. gab es nicht. Bis heute kennt die katholische Kirche die Gewaltentrennung als ein dem Wesen ihrer Hierarchie fremdes Prinzip nicht und behält unangefochten ihren mittelalterlichen Jurisdiktionsbegriff bei.

Das Ende der mittelalterlichen Kultur und der Zerfall eines einheitlichen Glaubens bewirkten zusammen mit dem Postulat der → Gleichheit des Menschen, daß das Individuum nicht mehr ohne weiteres daran glaubte, die Herrschenden würden das Recht auch gerecht anwenden. Die Forderung nach unabhängigen Richtern, deren Tätigkeit auf Wahrheitsfindung und gerechter Anwendung des Rechts beruht, wurde laut. Hinzu kam, daß die Wiss., auch die der Jurisprudenz, sich von den Fesseln der Theologie befreite. Die Vernunft bestimmte mehr und mehr das Verhältnis zwischen Recht und den Herrschenden. Die Entdeckung eines auf Vernunft gegründeten Rechts, das allen zugänglich ist und im Naturrecht eine seiner wesentlichen Ausprägungen erfährt, setzt die Herrschenden und die ihnen mehr oder minder institutionell und ideologisch verbundenen Gerichte der Kritik aus. Die der J. unterworfenen Menschen glauben nicht mehr unbedingt von vornherein an die Gerechtigkeit und Vernünftigkeit der Urteile. Die Geburtsstunde einer unabhängigen J. hat geschlagen. In seinem Werk *«De l'esprit des lois»* stellte *Montesquieu* kategorisch fest: *«Il n'y a point encore de liberté, si la puissance de juger n'est pas séparée de la puissance législative et de la puissance exécutive»* (Es gibt noch keine Freiheit, wenn die rechtsprechende Gewalt nicht von der gesetzgebenden Gewalt und der ausführenden Gewalt getrennt ist; Buch XI, Kap. 6).

In D gewann der Staat mit der Abschaffung gutsherrlicher Gerichtsbarkeit in den Jahren nach 1848 ein Rechtspflegemonopol. In § 75 der letztendlich nicht in Kraft getretenen Frankfurter Paulskirchenverfassung von 1849 heißt es: «Die richterliche Gewalt wird selbständig von dem Gericht ausgeübt. Kabinetts und Ministerialjustiz ist unstatthaft». Preußen hatte schon als erstes dt. Land die persönliche Unabhängigkeit der Richter in der Verfassung von 1848 gesichert. Die Justizhoheit lag in der Hand der Bundesstaaten und seit 1919 in den Ländern, die allerdings ab 1871 als Glieder des Reiches den durch die Reichsgesetzgebung geschaffenen Rahmen beachten mußten. Mit Wirkung vom 1.10. 1879 galten im *Bismarck*-Reich einheitliche Normen für die Justizreform. Es wurde eine oberstrichterliche Rechtsprechung in Zivil- und Strafsachen eingeführt. Siebzig Jahre nach der Auflösung des Reichskammergerichts wurde mit dem Reichsgericht zu Leipzig ein neuer Wächter der dt. Rechtseinheit geschaffen. Die an der Nahtstelle von J. u. P. angesiedelte Verwaltungsgerichtsbarkeit verblieb bei den Bundesstaaten. Voraussetzung für einen Ausbau der Verwaltungsgerichtsbarkeit war die Trennung von J. und Verwaltung, die aber mehr als zögerlich erfolgte.

Heute ist die J. als Dritte Gewalt unumstritten verankert. Wie auch die beiden anderen Gewalten, die Legislative und die Exekutive, findet sie sich in einem System der → Gewaltenteilung, welches auf einem stets aufs neue zu gewährleistenden Balanceverhältnis beruht. In sich selbst ist die J. nicht *per se* statisch, sondern in ihrer Organisation und ihren Verfahren durchaus Änderungen, etwa durch eine Justizreform, zugänglich. Die J. ist im → Rechtsstaat mit der Legislative und Exekutive dadurch normativ und institutionell verbunden, daß jene ihr durch Normsetzung die Grundlage der Rechtsprechung zur Verfügung stellt. Ferner besitzen Exekutive und Legislative Einfluß auf die Auswahl der Richterschaft. So entscheidet gemäß Art. 95, 2 GG über die Berufung der Richter der obersten Gerichtshöfe des Bundes der für das jeweilige Sachgebiet zuständige Bundesminister gemeinsam mit einem Richterwahlausschuß, der aus den für das jeweilige Sachgebiet zuständigen Ministern der Länder und einer gleichen Anzahl von Mitgliedern besteht, die vom Bundestag gewählt werden. Diese Regelung ist nicht die einzig denkbare. Möglich wäre auch die Wahl der Richter durch das Volk, wie das etwa das Erfurter Programm der SPD aus dem Jahre 1891 forderte. In den Ländern bestehen differenzierte Regelungen zur Richterwahl und Richterbeförderung. Daß die Politik auch hier starken Einfluß nehmen kann, zeigt z.B. die Wahl der Präsidenten der obersten Landesgerichte im Lande Berlin durch das Abgeordnetenhaus. Die Möglichkeiten der Zusammensetzung der Richterwahlausschüsse in den Ländern reichen von einer rein parlamentarischen bis zu einer parlamentarisch-exekutiven Lösung.

Die Schaffung von Ausnahmegerichten ist unzulässig. Niemand darf auch etwa durch polit. Einfluß seinem gesetzmäßigen Richter entzogen werden (Art. 101, 1 GG). Gerichte für bes. Sachgebiete können nur durch Gesetz errichtet werden. Dieser Gedanke wurde zum ersten Mal in der frz. Verfassung von 1791 erwähnt und war das Ergebnis des Kampfes gegen die Willkürjustiz absolutistischer Staatsgewalt.

2. In totalitären Regimen werden Recht und J. tendenziell zu bloßen Mitteln der Sicherung und Ausübung polit. Macht instrumentalisiert. Recht ist stets auch Politik, da diese jenes zur verbindlichen Regelung von Konflikten über die Verteilung knapper gesellschaftl. Güter benutzt. Auch die Rechtsprechung selbst besitzt einen polit. Charakter, da sie in diesem Sinn ebenfalls gestalterische Aufgaben wahrnimmt. Der wesentliche Unterschied zwischen Jurisdiktion und Politik liegt darin, daß erstere sich an enger vorgegebene Gestaltungsregeln (Rechtsvorschriften) zu halten hat als letztere (Verfassungsvorschriften). Aber im Rechtsstaat werden auch dem Gestaltungsspielraum der Politik Grenzen durch das Recht gesetzt, Grenzen, die im permanenten transparenten Diskurs ausgelotet werden müssen, wobei keine der beiden Seiten die sklavische Unterordnung der jeweils anderen erwarten kann. Dieser ständige Diskurs zwischen Recht und Politik unterscheidet den Rechtsstaat von totalitären Systemen, in denen die Kontrollmechanismen des Rechts gegenüber der Politik durch die jeweils Herrschenden weitgehend außer Kraft gesetzt sind. Da Politik mit Machterlangung und Machtausübung verbunden ist, wird sie zu allen Zeiten die Möglichkeit und Versuchung beinhalten, sich über die einengenden Regeln des Rechts hinwegzusetzen.

Das mag ganz offen geschehen, wie etwa als

Franz Gürtner, der Reichsjustizminister *Hitlers*, höhnte, daß man auf Einhaltung der rechtl. demokratischen Regeln nur so lange Wert legen müsse, wie sie dem Zwecke der Machtergreifung dienten. Es gibt keinerlei Patentrezept, wie rechtlose Politik verhindert werden kann – mag sie unter dem Banner verblendeter Ideologie oder unter dem Herrschaftsanspruch religiösen Glaubens daherkommen.

Die Entwicklung zu einer unabhängigen J. ist in Systemen, in denen die Herrschenden beanspruchen, nicht nur Rechtsnormen zu setzen, sondern auch deren Anwendung durch die Rechtsprechung sowohl personell als auch inhaltlich zu kontrollieren, unmöglich. Dort, wo polit. Herrschaftswille und Rechtsinterpretation erzwungenermaßen zusammenfallen, wird die J. zur Magd der Herrschenden. Dies war der Fall im Dritten Reich. Das «vernünftige Recht» wurde zum großen Teil nicht nur durch die Gesetzgebung *ad absurdum* geführt, sondern auch die J. leistete einen kaum zu überschätzenden Beitrag zur Deformierung und zum Mißbrauch des Rechts durch die Politik. Grundlage der politisierten J. und ihrer Rechtsprechung wurde die nationalsozialistische Rechtslehre, die sich auf solche zentralen Begriffe wie den des «gesunden Volksempfindens» oder der «Rasse» gründete. Die J. und ihre Richter sollten nach den Worten von *Hans Frank*, dem Präsidenten der Akademie für Deutsches Recht, «Priester des dt. Volksrechts» sein. Die Folge war für viele, daß die J. ihnen als Verfolgungsinstrument der polit. Herrschenden gegenübertrat. Institutionalisiert wurde solche Verfolgung in verschiedenen Ausprägungen von Sondergerichten, insb. der Sondergerichte in Strafsachen, die aufgrund der Gewaltverbrecherverordnung, der Heimtückeverordnung oder etwa der Kriegswirtschaftsordnung urteilten und Recht zum Instrument der Machterhaltung des Regimes pervertierten.

Wenn auch in anderer praktischer Realisierung, lag das gleiche Prinzip, daß die J. in erster Linie nicht Instrument eines gerechten Ausgleichs widerstreitender Interessen aufgrund vorliegender Normen, sondern Werkzeug der Herrschenden zur Durchsetzung der dem System zugrundeliegenden Ideologie sein sollte, der marxistisch-leninistischen Auffassung der Rolle der J. in einer Gesellschaft zugrunde. Unter Überwindung der «bürgerlichen Theorie» der Gewaltenteilung sollte beispielsweise die J. der DDR «zu einem festen Bestandteil der Verwirklichung der Staatspolitik der Arbeiterklasse» werden. Die Trennung von Exekutive, Legislative und Jurisdiktion ist in der Tat für ein Regime überflüssig, das von einer einheitlichen, unteilbaren Staatsmacht, welche lediglich den Willen einer Klasse durchsetzt, ausgeht. Das wichtigste Instrument zur Durchsetzung des polit. Willens der Arbeiterklasse im Bereich der J. und Rechtsprechung war in der DDR das Ministerium der Justiz. Es wurde zu einem zentralen Leitungsorgan und war verantwortlich für die Anleitung der Bezirks- und Kreisgerichte. Diese Leitung der J. durch die Politik bestand in allg. und konkreten Vorgaben zur Rechtsprechung und nachfolgend in der Kontrolle der Erfüllung der übertragenen Aufgaben. Dabei war wirksamstes Kontroll- und Disziplinierungsinstrument die Auswahl, der Einsatz und die Weiterbeförderung des Justizpersonals.

3. Die Trennung des Politikbereichs von der J. im demokratischen Rechtsstaat ist so zu verstehen, daß die Politik auf legale und legitimierte Weise die gesellschaftl. Verhältnisse durch Festlegung von Normen gestaltet und die J. diese Normen im konkreten Fall anzuwenden und auszulegen hat. Dadurch wird ein Spannungsverhältnis zwischen Politik und J. konstituiert, denn daß diese Anwendung und Auslegung unpolit. Charakter hat, war schon für den liberalen bürgerlichen Rechtsstaat eine Fiktion und ist es noch in sehr viel stärkerem Maße für den demokratisch-sozialen Rechtsstaat mit seinen immer komplexeren Regelungsgeflechten. Eine bes. Bedeutung kommt der Aufgabe zu, die Einhaltung der Grundnorm einer rechtsstaatl. Gesellschaft, ihrer Verfassung, bei Schaffung und Anwendung von Normen zu überwachen. Bes. letzteres hat zur Folge, daß die J. die Gestaltungsfreiheit der Politik insoweit begrenzen kann, wie sie zu verfassungswidrigen Normen oder Handlungen führt. Selbst in der Gestaltung von Verfassungsnormen ist die Politik nicht immer frei, da die J. hier auf der freien Verfassungsge-

staltung nicht zugängliche Bereiche verweisen kann.
Oberstes Justizorgan in Fragen verfassungsrechtl. Kontrolle polit. Gestaltungsmöglichkeiten ist das Bundesverfassungsgericht (→ Verfassungsgerichtsbarkeit). Die Balance zwischen der Kontrollfunktion der J. über den Bereich des Politischen wird durch Einflußmöglichkeiten der Politik bei der Besetzung richterlicher Funktionen gewahrt. I. d. R. darf kein Richter abberufen werden. Die Richteranklage, die zur Abberufung führen kann und in den Verfassungen der Bundesländer und dem Grundgesetz vorgesehen ist, wird nur im Extremfall von Pflichtverletzungen eingeleitet. In den USA ist eine solche Abberufung durch das *Impeachment*-Verfahren (Art. 1, Sektion 2 Ziff. 5; Sektion 3 Ziff. 6) vorgesehen. Im Grundgesetz wird sie in Art. 98, 2 und 5 geregelt. Danach soll die Möglichkeit, einen Richter abzuberufen, die «Gewähr dafür bieten, daß der Richter die ihm anvertraute ungewöhnliche und nach der fachlichen Seite nicht kontrollierbare Machtbefugnis im Sinne des Volkes, von dem er sie erhalten hat und in dessen Namen er sie ausübt, verwaltet» (Amtl. Bericht, S. 49). Der Antrag auf Eröffnung eines Richteranklageverfahrens gegen einen Bundesrichter kann nur vom Bundestag gestellt werden. Entscheidungsbefugnis über den Antrag hat dann allein das Bundesverfassungsgericht. Die Richterwahlausschüsse der Parlamente gewährleisten jedoch, daß die Richterschaft grundsätzlich dem Gedanken des demokratischen Rechtsstaates und der damit verbundenen Respektierung der Gewaltenteilung verpflichtet ist. Voraussetzung dafür ist eine sorgfältige, diesen Vorstellungen gerecht werdende Ausbildung im juristischen Studium und der juristischen Praxis. Die ständige Diskussion darum und das Scheitern der einstufigen Juristenausbildung unter Einbeziehung anderer Sozialwiss. machten die polit. Umstrittenheit der Funktionsträger des Justizbereiches deutlich. Der Streit gründet letztlich in unterschiedlichen Auffassungen zur Rolle des Rechts und der J. in einer demokratischen Gesellschaft. Dabei sollte klar sein, daß die Ausbildung junger Juristen zu reinen Rechtsanwendungstechnikern den tatsächlichen Bedingungen der justiziellen Rechtsfindung nicht genügt. Zwar kann ein Richter nie gegen den Wortlaut des Gesetzes urteilen, diesen jedoch auslegen und allein schon den entspr. Lebenssachverhalt selbst durch seine unabdingbare Subjektivität im Rahmen der Rechtsfindung in einer bestimmten Weise erfassen. Dies gilt bes. für Entscheidungen, die den Gestaltungsrahmen der Politik betreffen. Bei einer Verkennung der Grenzen dieser polit. Gestaltungsfreiheit der Legislativen und Exekutiven in der Anwendung oder Setzung von Recht wird letztlich das Bundesverfassungsgericht über die endgültige Grenzziehung entscheiden und im günstigsten Falle für den demokratischen Staat sich *«political self restraint»* auferlegen, d. h. im Hinblick auf den weiten polit. Gestaltungsraum insb. des Gesetzgebers die Rolle der J. im konkreten Fall eher restriktiv auslegen.
Die wichtigste Rolle der J. gegenüber der Politik muß im demokratischen Rechtsstaat der BRD darin gesehen werden, daß die J. die → Grundrechte der einzelnen Bürger gegen die Eingriffe der Politik oder auch mittelbar gegen Eingriffe Dritter schützt bzw. für deren Effektivierung sorgt. Gerade dieser justiziable Grundrechtsbereich bedarf der immerwährenden Neuinterpretation. Die vorliegenden Erfahrungen mit der Interpretationskunst auch oberster Gerichte wie der des *Supreme Court* der USA, des Bundesverfassungsgerichts oder des Reichsgerichts können für den demokratisch pluralistischen Rechtsstaat nur die Konsequenz haben, daß jede sei es auch mit noch so großer Überzeugungskraft als einzig richtige Rechtsauslegung dargestellte Interpretation nicht unkritisch akzeptiert werden kann, sondern sich genau wie die Politik dem kritischen Diskurs über das «warum» stellen muß. Hier gilt es noch einen langen Prozeß nicht nur zur offenen Gesellschaft der Verfassungsinterpreten (*Häberle*), sondern zur offenen Gesellschaft der Rechtsinterpreten hin zu vollziehen.

Lit.: *Charven, R.* 1968: Justice et politique, Paris. *Görlitz, A.* 1985: Rechtspolitologie, Opl. *Bundesministerium der Justiz* (Hrsg.) 1994: Im Namen des Volkes? Über die Justiz im Staat der SED, Lpz. *Heuer, U.-J.* 1995

(Hrsg.): Die Rechtsordnung der DDR. Anspruch und Wirklichkeit, Baden-Baden. *Kirchheimer,* O. 1980: Politische Justiz. Verwendung juristischer Verfahrensweisen zu politischen Zwecken, Ffm. *Litten, R.* 1971: Politisierung der Justiz, Hamb. *Mengel, H.-J.* 1989: Recht und Politik. Zur Theorie eines Spannungsverhältnisses im demokratischen Staat, in: APuZ, B13–14, 30–38. *Schmid, R.* 1967: Justiz und Politik in der Bundesrepublik, Pfullingen. *Voigt, R.* (Hrsg.) 1986: Recht als Instrument der Politik, Opl. *Wassermann, R.* 1971: Der politische Richter, Mchn. *Wittkämper, G.* 1976: Politik und Recht, Kronberg/Ts.

Hans-Joachim Mengel

Kabinett → Regieren/Regierungsorganisation

Kaderpartei, bezeichnet das Modell der revolutionären → Partei neuen Typs, das auf die von *Lenin* 1902 («Was tun?») entwickelten Prinzipien der Parteiorganisation zurückgeht, die durch zentrale und straffe Leitung gekennzeichnet ist.

Gemäß dem Organisationsprinzip des → Demokratischen Zentralismus hatte sich auch in der (von *Lenin* nicht explizit so benannten) K. die → Minderheit der Mehrheit strikt unterzuordnen und die Beschlüsse der jeweils höheren Organe zu befolgen. Die Kader bezeichneten im kommunistischen Sprachgebrauch diejenigen Kerngruppen der Partei, die Leitungsfunktionen innehatten bzw. auf die Übernahme von Führungspositionen vorbereitet wurden (→ Kaderpolitik). Historischer Hintergrund für das Modell war die Konfrontation der russ. → Arbeiterbewegung mit der Unterdrückung unter dem autoritären Zarismus. Nur eine zentralistische, straff geführte und konspirative Parteiorganisation konnte nach *Lenin* als Verkörperung der → Avantgarde die → Diktatur des Proletariats durchsetzen. *De facto* konzentrierte sich in den Staaten des → Real existierenden Sozialismus bis Ende der 1980er Jahre die Macht der Parteien in den Händen der hauptamtl. Parteibürokratie (Politbüro, Sekretariat).

→ Parteitypen.
Lit.: → Partei neuen Typs; Parteitypen.

Petra Bendel

Kaderpolitik, Typus der Rekrutierung polit. Führungspersonals, sog. Kader, in den kommunistischen Parteien des ehem. Ostblocks, das mit Hilfe der → Nomenklatura ausgewählt und ausgebildet wurde.

Die K. übernahmen als polit. zuverlässige und fachlich ausgebildete Führungspersonen zentrale Funktionen in Staat, Wirtschaft und Gesellschaft. Die zentral und straff geleitete Kaderorganisation war am Prinzip des → Demokratischen Zentralismus ausgerichtet.

→ Kaderpartei; Real existierender Sozialismus.

Petra Bendel

Kaldor-Kriterium (oder auch Kaldor-Hicks-Kriterium), Begriff aus der Ökonomie. Als Wohlfahrtskriterium benennt das K.-K. Bedingungen, die eine Veränderung der Zuteilung von → Werten in einer Gesellschaft erfüllen muß, um als Wohlfahrtssteigerung für die Gesellschaft als Ganzes betrachtet werden zu können.

Demnach liegt eine Wohlfahrtssteigerung immer dann vor, wenn der bei einer Veränderung der Zuteilung von Werten in einer Gesellschaft entstehende Nutzen die entstehenden Kosten übersteigt. Eine Veränderung ist dann wünschenswert, wenn die Gewinner einer solchen Veränderung die Verlierer für ihre Verluste entschädigen können und trotzdem ein Nettogewinn erhalten bleibt. Das K.-K. beinhaltet also im Ggs. zum Pareto-Kriterium eine Kompensationsregel.

→ Gemeinwohl; Kosten-Nutzen-Analyse; Pareto-Optimum; Politische Ökonomie; Verhandlungssystem.
Lit.: *Kaldor, N.* 1939: Welfare Propositions of Economics and Inter-Personal Compari-

sons of Utility, in: The Economic Journal 49, 549–552. *Scharpf, F. W.* 1992: Koordination durch Verhandlungssysteme, in: *Benz, A.* u. a.: Horizontale Politikverflechtung, Ffm., 51–96. *Scharpf, F. W.* 2000: Interaktionsformen. Akteurszentrierter Institutionalismus in der Politikforschung, Opl. (engl. 1997). → Kosten-Nutzen-Analyse.

Bernard Zangl

Kanonische Korrelation, Verfahren der multivariaten Statistik zur Reduktion einer Masse von → Daten und insbes. zur Ermittlung von Zusammenhängen zwischen mehreren erklärenden und mehreren zu erklärenden → Variablen.

Die k. K. ermittelt die zugrundeliegende(n) Dimension(en) innerhalb der Gruppe der erklärenden und innerhalb der Gruppe der zu erklärenden Variablen und die Zusammenhänge zwischen diesen Dimensionen. Statistisch werden dabei die linearen Kombinationen in jeder einzelnen Variablengruppe geschätzt, und zwar so, daß die Korrelationen zwischen beiden linearen Kombinationen maximiert werden. Die k. K. eignet sich insbes. für Untersuchungen von zusammengehörigen oder verwandten erklärungsbedürftigen bzw. erklärenden Größen (Bsp.: ein mittels mehrerer Indikatoren erfaßtes Profil polit. Verhaltens als abhängige Variablen und eine Reihe von ebenfalls zusammengehörigen oder verwandten zu erklärenden Variablen, z. B. → Indikatoren von Einstellungen). Für die k. K. geeignete Untersuchungsgegenstände kommen in der Sozial- und Politikwiss. relativ häufig vor; gleichwohl sind ihre Anwendungsmöglichkeiten begrenzt: Sie basiert auf der Annahme intervallskalierter und linear kombinierter → Variablen, und die zugehörigen → Signifikanztests setzen voraus, daß die Variablen in der Grundgesamtheit multivariat normalverteilt sind. Darüberhinaus teilt sie das Schicksal von anderen leistungsfähigen Techniken der Datenreduktion wie z. B. der → Faktorenanalyse: Der inhaltlichen Interpretation der Ergebnisse stehen beachtlich große Freiheitsgrade zur Verfügung; im Extremfall verleiten diese Verfahren eher zu relativ sorglos betriebenem Daten*input* – um den Preis eines problematischen *output* («*garbage in – garbage out*») – als zu Verfahren, die zur strengeren empirisch-theoretischen Arbeit zwingen, wie z. B. die → Pfadanalyse.

→ Multivariate Statistik/Mehrvariablen-Analysen; Skalierung; Wahrscheinlichkeitsverteilungen.

Lit.: *Levine, M. S. 1977:* Canonical Analysis and Factor Coniparison, Beverly Hills/L.

Manfred G. Schmidt

Kanzlerdemokratie, aus der Regierungspraxis *K. Adenauers* in den 1950er Jahren entstandene Kennzeichnung für das Regierungssystem der BRD; verfassungsrechtlich ermöglicht durch das konstruktive Mißtrauensvotum (Art. 67 GG), die Ministerauswahl (Art. 64 GG) und die Richtlinienkompetenz (Art. 65 GG).

Die starke Stellung des Kanzlers wurde seinerzeit organisatorisch verstärkt durch die Einrichtung des Kanzleramtes und des Presse- und Informationsamtes der Bundesregierung sowie strukturell abgesichert durch die starke Stellung in der Partei, insbes. durch die von Adenauer ausgeübte Personalunion von Regierungs- und Parteichef. Als weitere Merkmale der K. wurden in der Politikwiss. das persönliche Prestige des Kanzlers bei ausgeprägter Personalisierung der polit. Auseinandersetzung, sein starkes Engagement in der → Außenpolitik sowie der deutliche Ggs. zwischen Regierungslager und → Opposition herausgearbeitet (*Niclauß* 1988). Ob K. nur die Ära *Adenauer* kennzeichnet, für Teile des polit. Entscheidungsprozesses anwendbar ist oder zum Regierungstypus verallgemeinert werden kann, ist umstritten. Letzteres wird insbes. wegen des Bedeutungszuwachses von (informell koordinierenden) Koalitionsgremien im Willensbildungsprozeß der Regierung bezweifelt.

Lit.: *Niclauß, K.* 1988: Kanzlerdemokratie, Stg. u. a. *Sternburg, W. von* (Hrsg.) 1998: Die deutschen Kanzler, Bln.

Suzanne S. Schüttemeyer

Kapitalertragssteuer, in D gemäß § 43 EStG bes. Erhebungsform der → Einkommensteuer auf Einkünfte aus Kapitalvermögen unterschiedlicher Kategorien, v. a. Dividenden, Gewinnanteilen aus stillen Beteiligungen und Zinsen aus Bankguthaben.

Fiskalisches Ziel ist es, mittels der K. die Erträge aus Geldvermögen periodengerecht und vollständig zu erfassen und dadurch eine Steuerhinterziehung zu erschweren. Die Höhe der K. richtet sich nach der Art der Kapitalerträge, der Regelsatz beträgt 25 %. Das Aufkommen aus dieser → Steuer steht Bund, Ländern und → Gemeinden gemeinsam zu und betrug 1995 16,9 Milliarden DM.

→ Steuerstruktur.

Susanne Schäfer-Walkmann

Kapitalismus, Begriff, der ab etwa Mitte des 19. Jh. zur Charakterisierung des modernen Wirtschafts- und Gesellschaftssystems verwendet wird, wobei Kapital für alle im Prozeß der Herstellung von → Gütern benötigten → Produktionsmittel steht.

1. In ihm sind zwei nur analytisch zu unterscheidende Bedeutungen enthalten: (1) eine moralische, i. S. von Kritik oder Legitimation der bestehenden gesellschaftl. Verhältnisse; (2) eine historisch-systematische, i. S. der Konzeptualisierung einer bestimmten historischen Epoche in ihrer Ganzheit, also einschl. ihrer ökon., sozialen, polit. und kulturellen Verhältnisse. Seine bis heute gebräuchliche sozialwiss. Systematisierung hat er im Werk so unterschiedlicher Denker wie *Karl Marx*, *Werner Sombart*, *Max Weber* oder *Josef A. Schumpeter* gefunden, weshalb die häufig bestehende Vorstellung, er stamme aus dem Waffenarsenal revolutionärer Marxisten, falsch ist.

2. Allg. versteht man unter K. eine Gesellschafts- und Wirtschaftsordnung, in der (1) die Produktion und Verteilung von Gütern auf der Grundlage des Privateigentums an den → Produktionsmitteln organisiert ist; (2) der gegenseitige Austausch der Güter mittels Geld auf dem → Markt, also dezentral, erfolgt; (3) als Ziel des Produzierens der höchstmögliche Profit für den Produktionsmittelbesitzer angesehen wird; (4) mindestens vier sozio-ökon. → Klassen existieren: die Kapitalisten, die → Arbeiterklasse, die Kleinbürger, die Klasse der Mittellosen; (5) die polit. Herrschaftsinstitution → Staat nur von außen über die Medien Recht, Geld oder Überredung in den als priv. abgesteckten Raum der Wirtschaft eingreifen kann.

3. Die Verknüpfung von Analyse und Kritik hat ihren prononciertesten Ausdruck bei *Marx* gefunden. Der K. ist hier eine warenproduzierende Wirtschafts- und Gesellschaftsordnung, in der die Arbeiterklasse ihre Arbeitskraft verkaufen muß und wo die Kapitalistenklasse sich den erzeugten → Mehrwert aneignet (Ausbeutung). Beide Hauptklassen funktionieren jedoch in von sich selbst entfremdeter Weise als Charaktermasken der objektiv hinter ihrem Rücken wirkenden ökon. Bewegungsgesetze. Auch wenn der K. sehr dynamisch ist und bisher unbekannten gesellschaftl. Reichtum geschaffen hat, ist doch der Widerspruch zwischen dem gesellschaftl. Charakter der Produktion und der priv. Aneignung des Mehrprodukts die Ursache für den ständigen Wechsel von Aufschwüngen und Krisen sowie für die Vernichtung von priv. und gesellschaftl. Reichtum. Diese interne Widerspruchsdynamik bietet für *Marx* die objektiv gegebene historische Chance für die Arbeiterklasse, den K. revolutionär zu überwinden.

4. *Weber* und *Sombart* widersprechen nicht *Marx*ens Beschreibung, sehen aber im K. eine mittels protestantischer Ethik und von dynamischen Unternehmern («Geist des Kapitalismus») in die Welt gesetzte → zweckrationale Wirtschafts- und Gesellschaftsform, die mit ihren Rationalisierungs- und Bürokratisierungsprozessen zwar unterschiedliche Phasen durchläuft, historisch aber unumkehrbar ist, auch wenn sie ein unentrinnbares «Gehäuse der Hörigkeit» (*Weber*) geschaffen hat. Auch *Schumpeter* sieht im innovativen und risikobewußten Unternehmertum und seiner ständigen «schöpferischen Zerstörung» den Motor für die Effi-

zienz des K., nimmt aber an, daß das Aussterben dieses Unternehmertyps den K. schrittweise in einen planwirtschaftl. und bürokratisierten Sozialismus überführt.

5. Die heute bei sog. neoliberalen Ökonomen (u. a. *F. A. Hayek*, *M. Friedman*) vorherrschende Sicht betrachtet den K. als ein sich selbst regelndes System der Produktion und Verteilung von Gütern und Dienstleistungen, dessen Vermittlungsmechanismen Markt und Konkurrenz ein Höchstmaß an Freiheit und Wohlstand für alle Marktteilnehmer erbringen. Dem widerspricht der → Keynesianismus. Die vergleichende politökon. Forschung spricht heute von den verschiedenen Kapitalismen und beschäftigt sich mit unterschiedlichen nat. Modellen oder Institutionalisierungsformen unter den Gesichtspunkten Wohlstandssteigerung und -verteilung sowie Innovationsfähigkeit.

→ Klassengesellschaft; Marktwirtschaft; Marxismus; Neo-Klassik; Politische Ökonomie.

Lit.: *Dobb, M.* 1972: Studies in the Development of Capitalism, L. *Friedman, M.* 1976: Kapitalismus und Freiheit, Mchn. *Hart, J.* 1992: Rival Capitalists, Ithaca/L. *Hayek, F. A. von* (Hrsg.) 1971: Die Verfassung der Freiheit, Tüb. *Heidt, E.* 1996: Kapitalismus – Das Janusgesicht des Fortschritts, in: *Neumann, F.* (Hrsg.): Hdb. Polit. Theorien und Ideologien II, Opl., 229–274. *Mandel, E.* 1972: Der Spätkapitalismus, Ffm. *Marx, K.* 1957 ff.: Das Kapital. Kritik der polit. Ökonomie, MEW, Bde. 23–25, Bln. (zuerst 1867–94). *Schumpeter, J. A.* 71993: Kapitalismus, Sozialismus und Demokratie, Mchn. (zuerst 1942). *Smith, A.* 61993: Der Wohlstand der Nationen, Mchn. (zuerst 1776). *Sombart, W.* 1928: Der moderne Kapitalismus, 6 Bde., Mchn./Lpz. *Weber, M.* 71978: Die protestantische Ethik und der Geist des Kapitalismus, in: *ders.*: Gesammelte Aufsätze zur Religionssoziologie, Bd. 1, Tüb. (zuerst 1920), 17–206. *Weber, M.* 51980: Wirtschaft und Gesellschaft, Tüb. (zuerst 1921).

Josef Esser

Kapitalkoeffizient, Maßeinheit, die die → Produktionsmittel (das Brutto-Anlagevermögen) in Beziehung zum Produktionsergebnis setzt und angibt, wie viele (Wert-)Einheiten Sachkapital durchschnittl. in einer bestimmten Periode je (Wert- oder Mengen-) Einheit des Produktionsergebnisses eingesetzt werden muß.

Der K. dient u. a. als Kennziffer der potentiellen oder effektiven Kapitalnutzung; Wirtschaftstheorie und empirische Wirtschaftsforschung verwenden ihn in mannigfaltiger Weise zur Analyse des Wirtschafts- und Produktionsprozesses.

Dieter Nohlen

Karteiauswahl → Auswahlverfahren

Kartell (frz. *cartel* = Vertrag, Zusammenschluß), auf (in)formellen Vereinbarungen beruhender Zusammenschluß von Organisationen mit dem Ziel, potentiellen oder tatsächlichen Wettbewerb zu begrenzen bzw. zu unterbinden.

1. In der Politik wird der Begriff K. zum einen für ein zeitlich befristetes Parteienbündnis verwendet, z. B. das K. aus Nationalliberaler Partei, Deutscher Reichspartei und Deutschkonservativen, das sich erstmals 1887 im Reichstag des Deutschen Reiches als Wahlbündnis formierte. In Frankreich gibt es derartige Parteienkartelle, die nicht mit → Koalitionen zu verwechseln sind, noch heute. Andere Verwendungen des Begriffs zielen mehr auf die Beschränkung im polit. Wettbewerb ab, z. B. wahlrechtl. → Sperrklauseln, die die Anzahl der konkurrierenden polit. Parteien regulieren, oder auf die Fähigkeit der Parteieliten zur Kartellbildung, die zur Kumulierung von Privilegien und einer verstärkten sozialen Abgehobenheit der → Politischen Klasse führt.

2. In der Wirtschaft bezeichnet K. die horizontale Wettbewerbsbeschränkung aufgrund von Absprachen und/oder Zusammenschlüssen rechtl. und wirtschaftl. selbständig bleibender Unternehmen, die den gleichen → Markt bedienen. Dabei geben

die beteiligten Unternehmen einen Teil ihrer wirtschaftl. Handlungsfreiheit auf zugunsten einer (vertraglichen) Verhaltensabstimmung, um die ungewisse → Koordination ihrer Aktivitäten über den Markt durch eigene Einflußnahme und Kontrolle zu ersetzen. Unterschieden werden K. häufig nach dem Gegenstand der Absprache (Preis-, Mengen-, Konditionen- und Produktionskartelle). Andere Systematisierungen folgen dem Grad der bewirkten Wettbewerbsbeschränkung (K. niederer Ordnung vs. höherer Ordnung) oder setzen am Ziel der Vereinbarung an (Strukturkrisen-, Import-, Exportkartelle). Seit Inkrafttreten des Gesetzes gegen Wettbewerbsbeschränkungen (GWB 1957) in D hat die Bedeutung der K. als Mittel zur Beeinflussung der Produktions- und Marktverhältnisse nachgelassen, ein Prozeß, der beschleunigt wird durch eine zunehmende Internationalisierung der Märkte, veränderte globale Wettbewerbsbedingungen und sich wandelnde Organisationsstrukturen in den Unternehmen.

→ Elite/Eliten; Monopol; Oligopol; Ordnungspolitik.

Lit.: *Beyme, K. von* ²1995: Die politische Klasse im Parteienstaat, Ffm. *Hardes, H.-D.* u.a. ²⁰2000: Volkswirtschaftslehre – problemorientiert, Tüb.

Susanne Schäfer-Walkmann

Kategorial-Skalen → Skalierung

Katholische Soziallehre → Soziallehren

Kausalität, unterstellt im strikten Sinne einen ursächlichen Zusammenhang zwischen zwei → Variablen (Sachverhalten, Ereignissen) in Form einer eindeutigen Ursache-Wirkung-Beziehung, an welche die Anforderungen eines kausalen Gesetzes erhoben werden, d.h. die Beziehungen sollen deterministisch sein. K. drückt folglich einen gesetzmäßigen Zusammenhang von Ursache und Wirkung aus, wie er in den Naturwiss. durch das → Experiment etabliert werden kann.

In der Erkenntnistheorie ist freilich zwischen → Empirismus und → Rationalismus strittig, ob Kausalgesetze ihre Gültigkeit der Erfahrung oder der Vernunft verdanken, einer K. in der Natur selbst, in der durch Gewohnheit geschulten Einbildungskraft (*Hume*) oder im Denken (*Kant*). «Kausale Erklärungen sind nach der Definition der analytischen Philosophie deduktiv-nomologische oder deduktiv-statistische Erklärungen, wobei das Explanandum unter einer Gesetzesaussage deterministischer oder statistischer Art subsumiert wird» (*Stegmüller 1983*). Sie gelten ohne Raum-Zeit-Bezug und ohne Ausnahmen (sog. nomologisch-deterministische Hypothesen/Theorien). Eine Kausalhypothese ist folglich eine Aussage über eine deterministische Ursache-Wirkung-Beziehung zwischen zwei oder mehreren Variablen. In einem weiteren Verständnis des Begriffs werden Art, Stärke und Richtung des Zusammenhangs zwischen zwei oder mehreren Variablen erfaßt sowie statistisch ausgedrückt und interpretiert.

1. In den Sozialwiss. ist kontrovers, was für ihren Objektbereich unter K. zu verstehen ist. Zum einen beziehen sich Aussagen in den Sozialwiss. zunächst auf bestimmte singuläre Sachverhalte, Orte, Zeitpunkte. Da linear-progressive Kausalabläufe wie in den Naturwiss. im Objektbereich der Sozialwiss. kaum auftreten, ist es zum anderen fast unmöglich, Ursachen und Wirkungen eindeutig zu identifizieren, deren mögliches Verhältnis nach gesetzesartigen und zufälligen Elementen zu unterscheiden sowie Prüfverfahren zu entwickeln, die den Anforderungen an ein kausales → Gesetz standhalten. Darüber hinaus bestehen Bedenken, kausale Fragen deterministischer Zielsetzung zu stellen, da abstrakte Antworten gesetzesartiger Natur möglicherweise wiss. unergiebig oder trivial sind, wohingegen die raum-zeit-gebundenen, d.h. kontingenten Aussagen einen virtuell hohen Informationsgehalt aufweisen und (entspr. *Popper*) die eigentlichen wiss. Antworten darstellen.

2. Diese Grundsituation hat zur Entwicklung anderer Konzepte von K. geführt, die

eine komplexere Art der Beziehung zwischen Variablen unterstellen.

(1) Bei der zirkulären oder kreisförmigen K. wirken Wirkungen auf Verursacher zurück, so daß sich keine eindeutigen Identifizierungen von Variablen als Ursache und Wirkung herbeiführen lassen. In der → Systemtheorie wird von Regelkreisen und Rückkopplungsmechanismen (*feed-back*) ausgegangen, die Ursache und Wirkung in eine Wechselbeziehung (→ Interdependenz) einbinden.

(2) Das Konzept der relativen K., im dialektischen Denken zu Hause, betont ebenfalls die Wechselwirkung und weiterhin, daß die Begriffe Ursache und Wirkung «nur für ein ganz bestimmtes konkretes Kausalverhältnis gelten: Was in dem einen Zusammenhang als Wirkung auftritt, wird in einem anderen zur Ursache, und umgekehrt. Selbst wenn man sich auf einen einzelnen, konkreten Kausalzusammenhang beschränkt, treten Ursache und Wirkung in ihm nicht in ‹reiner› Form auf. Die Ursache ruft nämlich die Wirkung nicht nur hervor, sondern wird auch in der Wirkung ‹aufgehoben›, die ihrerseits einen Einfluß auf die Ursache ausübt, auf die Ursache zurückwirkt» (*Klaus/Buhr* 1975: 616).

(3) In Anlehnung an *H. L. Zetterberg* (1973: 128 ff.) können sechs Verständnisse einer Kausalbeziehung unterschieden werden: Eine Beziehung zwischen zwei Variablen ist (1) entw. deterministisch (wenn x, dann immer y) oder probabilistisch (wenn x, dann sehr wahrscheinlich y), (2) entw. reversibel (wenn x, dann y; und wenn y, dann x) oder irreversibel (wenn x, dann y; aber wenn y, dann nicht x), (3) entw. koexistent (wenn x, dann auch y) oder aufeinanderfolgend (wenn x, dann später y), (4) entw. hinreichend (wenn x, dann y, ungeachtet alles anderen) oder bedingt (wenn x, dann y, aber nur wenn z), *(5)* entw. notwendig (wenn x, dann, und nur dann, y) oder substituierbar (wenn x, dann y; aber wenn z, dann auch y), (6) interdependent (wenn x sich zu x_1 verändert, dann verändert sich y zu y_1) i. S. zirkulärer Verursachung.

3. In den Sozialwiss. ist folglich die deterministische Beziehung zwischen zwei Variablen nur eine unter etlichen Beziehungsmustern. Hier werden Kausalzusammenhänge formallogisch zumeist in Wenn-dann-Beziehungen ausgedrückt. Dieser Aussagetypus begegnet uns in Formulierungen, die oftmals nur sehr vage zwei (oder mehr) Variablen miteinander in Verbindung bringen, etwa wenn behauptet wird, daß ein Faktor auf einen anderen Einfluß genommen hat, daß ein Faktor im → Entstehungszusammenhang eines anderen eine Rolle gespielt hat oder daß ein Ergebnis ohne das Ein- oder Dazwischentreten eines Faktors nicht möglich gewesen wäre.

Die entscheidenden Begrenzungen einer streng kausalen Analyse liegen in den Sozialwiss. (1) im umstrittenen Befund. Daß die Weimarer Republik zugrunde gegangen ist, ist eine Tatsache. Hinsichtlich der in der Debatte stehenden polit. Ursachen nun gilt es generell zu fragen: Ist ein betrachtetes → Politisches System tatsächlich instabil, ein → Parteiensystem tatsächlich polarisiert? Wieviel von diesem Befund ist Zuschreibung, ist Interpretation durch den Forscher? (2) in der Vielzahl in Betracht kommender verursachender Faktoren, ohne daß eine Möglichkeit bestünde, sie einzeln zu isolieren und die hypothetische Ursache-Wirkung-Beziehung zu testen; (3) in der Offenheit des Status einzelner Faktoren im Relevanz- oder Funktionsvergleich i. S. notwendiger und/oder hinreichender Bedingungen, oder i. S. hauptsächlicher oder intervenierender Faktoren. Die Festlegung erfolgt perspektivisch-kontingent oder theoretisch-abstrakt durch den Forscher; (4) in der Instabilität der verursachenden Faktoren im Zeitverlauf. Die Wirkungsbefunde sind in der Politikwiss. das Ergebnis historischer Prozesse, d. h. des Wechsels von Status und Relevanz der untersuchten Faktoren in der Zeit, unter Einschluß solcher Wechsel, die mit zirkulärer und relativer (dialektischer) K. angesprochen wurden.

→ Analyse; Erklärung; Methode; Theorie und Praxis; Vergleichende Methode.

Lit.: *Klaus, G./Buhr, M.* (Hrsg.) [11]1975: Philosophisches Wörterbuch, Lpz. *Lerner, D.* (Hrsg.) 1965: Cause and Effect, NY/L. *Scheibe, E.* 1974: Ursache und Erklärung, in: *Krüger, L.* (Hrsg.): Erkenntnisprobleme der Naturwissenschaften, Köln, 253–275.

Stegmüller, W. ²1983: Probleme und Resultate der Wissenschaftstheorie und Analytischen Philosophie, Bd. 1, Bln. u. a. *Wright, G. H. von* 1974: Causality and Determinism, NY/L. *Zetterberg, H. L.* ³1973: Theorie, Forschung und Praxis in der Soziologie, in: *König, R.* (Hrsg.): Handbuch der empirischen Sozialforschung, Bd. 1, 103–160.

Dieter Nohlen

Kausalprinzip, ausgehend vom Satz, daß jedes Geschehen eine Ursache habe, verbindet sich mit dem K. entw. (1) die Behauptung kausaler Erklärbarkeit aller Ereignisse (Universalität des K.) oder (2) der Grundsatz, daß als gesicherte Erkenntnis nur anerkannt wird, was streng kausal verbunden werden kann.

In der Politikwiss. konkurriert auf dem K. basierende Erkenntnis mit methodisch anders gewonnenem Wissen. Geisteswiss. Forschungen betonen neben dem K. u. a. Zweckvorstellung, Wertbeurteilung und Sinngebung. Im → *Policy*-Bereich wird das K. im Ggs. zum → Finalprinzip begriffen. In der → Sozialpolitik und der → Umweltpolitik z. B. wird mit Blick auf die Schadensregulierung nach dem Grund der Verursachung und dem Verursacher gefragt.

Dieter Nohlen

Kendalls Tau → Korrelationsrechnung

Keynesianismus, auf *J. M. Keynes* zurückgehende Richtung der Wirtschaftspolitik.

1. Mit seinem Hauptwerk «The general theory of employment, interest and money» (1936) gelang es *Keynes*, die spätestens seit der Weltwirtschaftskrise 1929/32 existierende lange und hohe → Arbeitslosigkeit als systemimmanent zu erklären: Der Zustand eines makroökon. Gleichgewichts könne ebenso bei Unterbeschäftigung wie auch bei Vollbeschäftigung bestehen, womit das Theorem der herrschenden neoklassischen Ökonomie, → Gleichgewicht und gesellschaftl. Optimum, verstanden als Verwirklichung der maximal möglichen Produktion, stimmten immer überein, widerlegt sei. Dieser Nachweis führte *Keynes* zur Formulierung seiner zentralen wirtschaftspolit. Empfehlung. Wenn das reale Volkseinkommen und damit das Beschäftigungsniveau wegen der zu geringen priv. Nettoinvestitionen zu niedrig sind, wenn die Gewinnerwartungen durch Zins- und Geldmengenpolitik nicht optimistischer gestaltet werden können, bleibt nur ein Ausweg zur Wiederherstellung von Vollbeschäftigung: An die Stelle der priv. Unternehmen muß zeitweise und zur Wiederankurbelung der → Staat als öff. Investor treten. Öff. Aufträge, die nicht aus laufenden Steuereinnahmen, sondern aus Kreditaufnahme (→ *Deficit spending* und antizyklische Finanzpolitik) finanziert werden, müssen über ihren Multiplikatoreffekt die Vollbeschäftigung zu verwirklichen versuchen helfen. Nach dem II. Weltkrieg wurde die von *Keynes* gewollte Entscheidung für eine gesellschaftstheoretische Fundierung der Wirtschaftswiss. von ihren dominierenden Vertretern dann durch die sog. neoklassische Synthese wieder verwässert. Die makroökon. Theorie soll das zur Sicherstellung von Vollbeschäftigung notwendige fiskalpolit. Wissen bereitstellen, während die Strukturen der einzelnen Märkte weiterhin anhand der – nun allerdings verfeinerten und um Wachstumstheorie erweiterten – neo-klassischen Theoriekomlexes analysiert werden, den *Keynes* ja gerade hatte ablösen wollen (→ Neoklassik).

2. Der K. hat in Form von systematisierter → Fiskalpolitik bis hin zu → Globalsteuerung und → Politischer Planung in allen entwickelten → Industriegesellschaften des Westens bis Anfang der 1970er Jahre eine große praktische Bedeutung gehabt, unabhängig davon, ob konservative, christdemokratische oder sozialdemokratische Parteien die Regierungsmehrheiten stellten. Allerdings besitzen → Sozialdemokratie und → Gewerkschaften bis heute eine größere Sympathie für keynesianische Wirtschaftssteuerung, und ihnen nahestehende Wissenschaftler haben ihn zum Postkeynesianismus weiterentwickelt. Neue Stagflationstenden-

zen (Arbeitslosigkeit und → Inflation), die nach Ansicht seiner Kritiker vom K. erzeugt wurden, sowie seine wirtschaftspolit. Konzentration auf gesamtwirtschaftl. Aggregate bei Vernachlässigung der sektoralen Strukturen haben ebenso zu seinem Niedergang beigetragen wie der polit. Sieg neoliberaler und neokonservativer Parteienbündnisse, die in der → Staatsintervention das Problem und nicht die Lösung sehen (Präsident *R. Reagan* 1981 in den USA) und statt dessen den → Monetarismus oder die Angebotspolitik favorisieren. Heute hat sich in der vergleichenden polit-ökon. Forschung die Tendenz durchgesetzt, die durch jeweilige nat. sozio-polit. Bündnisse und institutionelle Konfigurationen bestimmten wirtschafts- und sozialpolit. *«mixed economy-regimes»* zu analysieren, anstatt den Ggs. K. und Neoklassik (Monetarismus) zum Ausgangspunkt zu wählen.

→ Fordismus/Postfordismus; Konjunktur; Marktwirtschaft; Wohlfahrtsstaat.

Lit.: *Berger, S./Dore, R.* (Hrsg.) 1996: National Diversity and Global Capitalims, L. *Bombach, G.* u.a. (Hrsg.) 1981–83: Der Keynesianismus, Bln. *Boyer, R./Drache, D.* (Hrsg.) 1996: States Against Markets, L./NY. *Buci-Glucksmann, C./Therborn, G.* 1982: Der sozialdemokratische Staat, Hamb. *Hart, J.* 1992: Rival Capitalists, L. *Hunt, E. K./Sherman, H. J.* 1993: Volkswirtschaftslehre, Ffm./NY. *Keynes, J. M.* [7]1994: Allgemeine Theorie der Beschäftigung, des Zinses und des Geldes, Bln. (zuerst 1936). *Kromphardt, J.* [2]1987: Konzeptionen und Analysen des Kapitalismus, Gött. *Robinson, J.* 1965: Doktrinen der Wirtschaftswissenschaften, Mchn. *Wee, H. van der* 1984: Der gebremste Wohlstand. Wiederaufbau, Wachstum, Strukturwandel 1945–1980. Geschichte der Weltwirtschaft im 20. Jahrhundert, Bd. 6, Mchn.

Josef Esser

Kirchenbindung → Konfessionelle Bindung

Klasse, seit dem 19 Jh. in den Geschichts- und Gesellschaftswiss. für die Analyse von Sozialstrukturen, → Macht und → Herrschaft sowie soziopolit. → Konflikten bedeutsam gewordene Schlüsselkategorie, deren prominenteste und folgenreichste Vertreter *Karl Marx* und *Max Weber* wurden. Während für den → Feudalismus der Begriff Stand als dominantes Strukturmerkmal gesellschaftl. Gliederung und Ungleichheit verwendet wurde, ist die Kategorie der K. eng mit der Herausbildung industriekapitalistischer Vergesellschaftungsformen wie → Markt, priv. → Eigentum, Unternehmern und Lohnarbeitern verbunden.

1. Bei *Marx* erhielt K. einerseits eine überhistorische Bedeutung, indem jeder historisch-soziale Wandel als Kampf von jeweils zwei antagonistisch sich gegenüberstehenden K. interpretiert wurde. Andererseits spitzt sich erst im → Kapitalismus der zentrale → Klassenkonflikt als Dauerkonflikt zweier feindlicher K., → Bourgeoisie und Proletarier, zu. Grundlage der Klassenspaltung ist die jeweils unterschiedliche objektive Stellung im Verhältnis zu den → Produktionsmitteln. Im Kapitalismus steht dem Kapital, das über die Produktionsmittel verfügt und sich den → Mehrwert aneignet, das → Proletariat gegenüber, das nicht nur von deren Verfügungsmacht über die Produktionsmittel getrennt ist, sondern in seiner → Arbeit mit diesen Produktionsmitteln den Mehrwert erzeugt, den der Kapitalist sich aneignet (Ausbeutung). *Marx* leugnet zwar nicht die Existenz anderer K. in der bürgerlich-kapitalistischen Gesellschaft wie Grundeigentümer, Kleinbürger oder Staatsbedienstete. Auch zeigen seine konkreten historischen Analysen der Klassenkämpfe in Frankreich eine sehr differenzierte Behandlung von Klassenfraktionen und -bündnissen. Insges. jedoch gruppieren sich andere K. immer um den für den Kapitalismus zentralen Grundkonflikt zwischen Lohnarbeit und Kapital.

2. Für *Weber,* der sich hierin von *Marx* kritisch absetzt, erlaubt es die Unterscheidung von Besitzklassen, → Erwerbsklassen oder sozialen K., neben den weiterhin wichtigen Ständen und polit. → Parteien, unterschied-

liche Lebenschancen und polit. Machtzugänge von sozialen Gruppen konzeptionell zu erfassen. Diese → Differenzierung resultiert aus unterschiedlichen Positionen auf dem Güter- und → Arbeitsmarkt, unterschiedlichen Arten des zum Erwerb verwertbaren Besitzes, unterschiedlichen Chancen der auf dem Arbeitsmarkt anzubietenden Leistungen oder aber (bei sozialen K.) aus einer spezifischen Verknüpfung von ökon. Lebenschancen und der sozio-kulturellen bis polit. gemeinsamen Deutung dieser Lagen.

3. Für die empirische Analyse der → Sozialstruktur haben sich die auch revolutionstheoretisch gewendeten Beiträge von *Marx*, abgesehen von ihrer teilweise kanonisierten Übernahme bei den kommunistischen Parteien, als weniger fruchtbar erwiesen als die *Weber*s. Heute wird von feministischer Seite gegen *Marx* und *Weber* eingewandt, die Konfliktkategorie K. müsse um die Kategorie «Geschlecht» erweitert werden (→ Feminismus), während Theoretiker der → Postmoderne behaupten, vielfältige Individualisierungsschübe hätten die Klassenverhältnisse aufgelöst.

Lit.: *Beck, U.* 1986: Risikogesellschaft. Auf dem Weg in eine andere Moderne, Ffm. *Beer, U.* 1990: Geschlecht, Struktur, Geschichte. Soziale Konstituierung des Geschlechterverhältnisses, Ffm./NY. *Dahrendorf, R.* 1957: Soziale Klassen und Klassenkonflikt in der industriellen Gesellschaft, Stg. *Giddens, A.* 1983: Die Klassenstruktur fortgeschrittener Gesellschaften, Ffm. *Marx, K.* 1957ff.: Lohnarbeit und Kapital, in: MEW, Bd. 6, Bln., 397–423 (zuerst 1849). *Marx, K.* 1957ff.: Der achtzehnte Brumaire des Louis Bonaparte, in: MEW, Bd. 8, 113ff., Bln. (zuerst 1852). *Poulantzas, N.* 1975: Klassen im Kapitalismus – heute, Bln. *Weber, M.* [5]1976: Wirtschaft und Gesellschaft, Tüb. (zuerst 1921). *Wright, E. O.* 1985: Classes, L.

Josef Esser

Klassenbewußtsein, die spezifische Vorstellung einer → Klasse über ihre materiellen Existenzbedingungen, ihre grundlegenden → Interessen und ihre Rolle in der → Gesellschaft.

Marx unterscheidet im Anschluß an *Hegel* zwischen der «Klasse an sich» und der «Klasse für sich», und nur durch gemeinsames Lernen/Kämpfen, und Sammeln von Erfahrungen kann eine durch ihre Stellung in den objektiv gegebenen → Produktionsverhältnissen (an sich) definierte Klasse zur polit. (für sich) handelnden Klasse werden. Bei sog. Postmarxisten war und ist die Frage nach den Bedingungen der Möglichkeit, kollektives Identitätsbewußtsein auszubilden bzw. klassenbewußt zu handeln, zwischen sozialdemokratischem Revisionismus/→ Reformismus, *Lenins* Avantgardismus (→ Avantgarde), *Luxemburgs* Spontaneismus, *Gramscis* oder *Lukács'* «Philosophie der Praxis» umstritten.

Lit.: → Klasse; Klassenkonflikt.

Josef Esser

Klassengesellschaft, nach *Marx* lassen sich die sozio-ökon. Trennlinien in der bisherigen Gesellschaftsgeschichte mittels eines dichotomischen Analysemodells entlang des Ggs. zweier Grundklassen erfassen, und die Entwicklungsdynamik dieser Gesellschaften wird bestimmt vom Kampf dieser → Klassen um die Produktion, Aneignung und Verteilung des jeweiligen gesellschaftl. Mehrprodukts (→ Produktionsverhältnisse).

In stabilisierten und funktionierenden K. ist es der jeweils herrschenden Klasse gelungen – sei es allein, sei es im Bündnis mit anderen Klassen –, ihre ideologische und polit. → Herrschaft zu etablieren (→ Hegemonie), weshalb die herrschende → Ideologie immer die der herrschenden Klasse sei und die jeweilige polit. Herrschaft die Funktion habe, die gegebene → Reproduktion der K. zu gewährleisten.

Lit.: → Klasse.

Josef Esser

Klassenkonflikt, eine im 19. Jh. entwickelte Variante innerhalb von → Konflikttheorien, die die Kategorie → Klasse als zentral für die Erklärung sozialer Widersprüche und Kämpfe im Rahmen der Entwicklungs- und Veränderungsdynamik moderner Gesellschaften heranzieht.

Für *Marx* gilt der in den → Produktionsverhältnissen wurzelnde Konflikt zwischen Lohnarbeit und Kapital im → Kapitalimus als handlungsanleitende Theorie zur Erklärung der grundlegenden Strukturgegensätze und des revolutionären Wandels (→ Klassengesellschaft). Für *L. von Stein* war der K. entscheidend für sein sozialstaatszentriertes und obrigkeitsstaatl. reguliertes Konzept des Klassenausgleichs, während *E. Durkheim* die Individualisierung von Klassenlagen in modernen arbeitsteiligen Gesellschaften als bestimmend für soziales Handeln erklärte. Im 20. Jh. beziehen sich alle Theoretiker, die in makrosoziologischer Perspektive die moderne kapitalistische Gesellschaft als durch Großgruppen oder Klassen strukturiert und deren grundsätzliche Interessenkonstellationen und Widersprüche als bestimmend für die Gesellschaftsdynamik ansehen, mehr oder weniger kritisch auf den K. bei *Marx* (u. a. *Weber*, *Ossowski*, *Dahrendorf*, *Giddens*, *Offe*). Allen gemeinsam ist, daß sie *Marx'* Zweiklassenmodell als konfliktstrukturierend prinzipiell eine gewisse Erklärungskraft zubilligen, es aber in unterschiedlicher Weise differenzieren und modifizieren, und zwar unter Hinweis auf die stattgefundenen sozialstaatl. Veränderungen in modernen → Industriegesellschaften.

Lit.: *Dahrendorf, R.* 1957: Soziale Klassen und Klassenkonflikt in der industriellen Gesellschaft, Stg. *Durkheim, E.* 1964: The Division of Labor in Society, NY (zuerst 1893). *Giddens, A.* 1983: Die Klassenstruktur fortgeschrittener Gesellschaften, Ffm. *Marx, K./Engels F.* 1957 ff.: Kommunistisches Manifest, in: MEW, Bd. 4, 459–493 (zuerst 1848). *Ossowski, S.* 1962: Die Klassenstruktur im sozialen Bewußtsein, Neuwied. *Offe, C.* 1969: Polit. Herrschaft und Klassenstrukturen, in: *Kress, G./Senghaas, D.* (Hrsg.): Politikwissenschaft, Ffm., 135–164. *Stein, L. von* 1972: Geschichte der sozialen Bewegung in Frankreich von 1789 bis auf unsere Tage, 3 Bde., Darmst. (zuerst 1850). *Weber, M.* [5]1976: Wirtschaft und Gesellschaft, Tüb. (zuerst 1921).

Josef Esser

Klassenpartei, in der Parteitypologie bezeichnet K. nach dem Kriterium der Motivation und Zielvorstellung eine → Partei, welche die → Interessen einer bestimmten gesellschaftl. → Klasse vertritt, aus der sie auch die Mehrheit ihrer Mitglieder rekrutiert.

Historisch handelte es sich v. a. um Arbeiterparteien, die die Interessen des → Proletariats durch parlamentarische Eroberung der Macht zu vertreten suchten. Die K. wich nach dem II. Weltkrieg in den westl. → Industriegesellschaften dem Typus der → Volkspartei. Durch die wiss.-technische Revolution und den entspr. Rückgang der → Arbeiterklasse bedingt, mußten sich die meist → Sozialdemokratischen Parteien nicht zuletzt durch gemäßigte, reformorientierte Programme breiteren Wählerschichten öffnen.

→ Parteitypen.

Petra Bendel

Klassenstruktur, im Rahmen der Sozialstrukturanalyse des Industriekapitalismus steht K. für ein dichotomisches Modell, in dem der Ggs. zwischen den beiden Hauptklassen Lohnarbeit und Kapital den Maßstab für die Zuteilung von Lebenschancen und für zentrale Konfliktlinien liefert (→ *Cleavage*).

Dabei schließt diese Grundannahme die weitere Ausdifferenzierung dieser Klassen in unterschiedliche Fraktionen und die Existenz anderer Klassen wie altes und neues Kleinbürgertum etc. nicht aus, berücksichtigt deren Bedeutung für die Konfliktdynamik und polit.-soziale Bündnisse aber nur in Abhängkeit von den sog. Hauptklassen (→ Klassengesellschaft). Die aktuelle Diskussion um deren Auflösung, Modifizierung oder Weiterexistenz gehört zu den umstrittensten Gebieten der sich an *Karl Marx* oder *Max Weber* orientierenden empirischen → Politischen Soziologie.

→ Bürgertum; Fordismus/Postfordismus; Kapitalismus; Kommunismus; Marxismus.
Lit: → Klasse.

Josef Esser

Klassenwahlrecht → Wahlrecht

Klassifikation/Klassifikatorische Verfahren, ein logisches Verfahren, das der Einteilung von Objekten nach ihren Eigenschaften oder ihren Relationen in Klassen dient. Mittels K. wird ein Gegenstandsbereich in zwei oder mehr disjunkte Klassen eingeteilt. Disjunkte Klassen sind Klassen ohne gemeinsame Merkmale bzw. solche, die sich gegenseitig ausschließen. Die Einteilung ist umfassend i. d. S., daß alle in Betracht zu nehmenden Einheiten oder Eigenschaften klassifiziert werden können.

Grundlegend für klassifikatorische Verfahren (k. V.) ist die Bildung sog. klassifikatorischer Begriffe (vgl. *Kutschera* 1972: 16), die in den Sozialwiss. im Wege der Abstraktion erfolgt. K. sind folglich hier stets künstlich, d. h. konstruiert; im Unterschied zu den natürlichen K. (etwa in der Biologie) liegen sie nicht in den Dingen selbst, sondern werden an sie herangetragen. Klassifikatorische Begriffe haben wiss. nützlich und leistungsfähig zu sein. I. d. R. werden K. aufgrund eines einzigen Kriteriums gebildet. Es versteht sich, daß die Forscher das Kriterium nach Relevanzgesichtspunkten auswählen, also etwa die unabhängigen → Variablen, die sie bes. interessieren. Klassifikatorische Begriffe zu verwenden, setzt qualitative Arbeit voraus, weshalb k. V. zu den Verfahren der qualitativen Politikanalyse zählen, auch wenn ihre → Funktion für die quantitative Forschung häufig den Akzent anders setzen läßt. Aber bevor gemessen wird, wie viel etwas ist, muß eigentlich bestimmt werden, was es denn ist. Bevor «Entwicklung» gemessen werden kann, muß das Konzept erarbeitet bzw. die Frage geklärt werden, was gemessen werden soll (vgl. *Seers* 1974). «Man muß klassifizieren, um zählen zu können. Man muß definieren, um klassifizieren zu können» (*Grosser* 1973: 40).

In k. V. geht es primär um kategoriale Bestimmungen von Phänomenen nach Merkmalen und erst in zweiter Linie um Grade der Ausprägung von Merkmalen, ja die Logik der K. ist eigentlich die des Entweder-Oder und nicht die des Mehr oder Weniger. Nur wenn die Messung als Verfahren innerhalb der K. begriffen wird, dann tritt in zweiter Linie die graduelle Ausprägung der Merkmale hinzu (vgl. *Sartori* ²1992: 280 ff.). Die K. ist bes. eng mit der → Vergleichenden Methode verknüpft, in der die außerordentliche Nützlichkeit der k. V. unbestritten ist. Insbes. die Konkordanz-Differenz-Frage komparativer Forschung wird häufig mittels k. V. angegangen; die Analyse vergleichbar ähnlicher Fälle (*comparable cases*-Strategie; → Differenzmethode) fußt geradezu auf ihr. Die Logik der K. ist auch die Logik der → Typologien und → Taxonomien, in denen weniger abstrakt verfahren wird bzw. die Eigenschaften in Kombination mit anderen empirienäher bzw. präziser angegeben werden. Zur K. ergeben sich im Falle der Typologien Unterschiede primär aufgrund der Vielzahl von Typenbegriffen, mit denen gearbeitet wird, während im Falle der Taxonomien zu berücksichtigen ist, daß die Klassifizierung nicht nur nach einem Kriterium erfolgt. Deshalb werden Taxonomien auch als multidimensionale K. bezeichnet.

Lit.: *Grosser, A.* 1973: Politik erklären, Mchn. *Kutschera, F. von* 1972: Wissenschaftstheorie, 2 Bde., Mchn. *Lazarsfeld, P. F./Barton, A. H.* 1951: Qualitative Measurement in Social Sciences: Classifications, Typologies and Indices, in: *Lerner, D./Lasswell, H. D.* (Hrsg.): The Policy Sciences, Stanford. *Sartori, G.* ²1992; La Politica. Lógica y método en las ciencias sociales, Mexiko. *Seers, D.* 1974: Was wollen wir messen? in: *Nohlen, D./Nuscheler, F.* (Hrsg.):

Hdb. der Dritten Welt, Bd. 1, Hamb., 222–238.

Dieter Nohlen

Kleinbürgertum → Bürgertum

Kleine Anfrage → Interpellation

Klientelismus (von lat. *clientela* = Gefolge; Schutzverwandtschaft), Fachterminus für ein wechselseitiges Abhängigkeitsverhältnis zweier → Akteure (Individuen oder Gruppen), die über ungleiche Ressourcen verfügen, die sie zum beiderseitigen Nutzen einsetzen.

I. d. R. befinden sich die in Tausch tretenden Personen oder Gruppen in ungleicher Position, verfügen über ungleiche Ressourcen, so daß «Ungleichheit und Asymmetrie, Gegenseitigkeit und Abhängigkeit» die wesentlichen Merkmale klientelistischer Beziehungen sind (*Caciagli* 1997: 292). In vielen Fällen sind diese Beziehungen allenfalls halblegal und stehen nicht selten sogar in Widerspruch zur offiziellen Gesetzgebung des betreffenden Landes. Besteht bei diesem Klientelverhältnis eine Abhängigkeit oder gar Ausbeutung des schwächeren durch den stärkeren Partner, so wird diese meist gemildert durch eine Verpflichtung des «Patrons» zu Hilfeleistung und Solidarität in Fällen einer gravierenden Notlage des «Klienten». Dieser vertikalen Klientelbeziehung wird heute bisweilen eine horizontale gegenübergestellt, in der sich die beiden Partner im Bedarfsfall Güter ders. Art zur Verfügung stellen (*Landé* 1983: 447).

Klientelstrukturen, die zuvor in erster Linie Anthropologen beschäftigten, rückten erst seit Ende der 1950er, Anfang der 1960er Jahre ins Blickfeld der Sozialwissenschaftler. Die Untersuchungen erstreckten sich zunächst auf «polit. Maschinen» und *«bossism»* in Industriegesellschaften, wurden dann auf Entwicklungsländer ausgedehnt und führten hier zu einer kaum mehr überschaubaren Flut von Studien (*Eisenstadt/Roniger* 1980: 43 ff.). In den 1980er Jahren wurden auch Staaten des «real existierenden Sozialismus» einer klientelismusorientierten Analyse unterzogen (*Ionescu*, in: *Gellner/Waterbury* 1977; *Tarkowski*, in: *Eisenstadt/Lemarchand* 1981 und in: *Graziano* 1983). Die Hinwendung zur Untersuchung von Klientelverhältnissen war eng verbunden mit der Kritik an strukturfunktionalen und systemtheoretischen Ansätzen in den Sozialwiss. (*Eisenstadt/Roniger* 1980: 47).

Mit der Zahl von deskriptiven Studien wuchs eine zunehmend beklagte Kluft zur «Dürftigkeit, ja Sterilität des Konzepts» (*Graziano* 1983: 425). Schwierigkeiten, dem Begriff K. eine ausreichende analytische Schärfe zu verleihen, entstehen, wenn er von interpersonalen Beziehungen auf regionale und/oder internat. Dependenzbeziehungen übertragen wird (*Graziano* 1983: 426). Zwar werden funktionale Aspekte des K. gut herausgearbeitet – etwa seine Fähigkeit, Leistungsdefizite von Institutionen zu mindern. Zu wenig berücksichtigt wird jedoch die Ebene der → Sozialstruktur, die nicht als eigene Determinante, sondern eher empirisch als Aggregat von Klientelbeziehungen gesehen wird (*Higgins*, in: *Clapham* 1982: 116). Schon 1974 hatte *Kaufman* (1974: 293) darauf hingewiesen, je größer die untersuchte Makroeinheit sei, desto notwendiger sei es, in die Analyse Eigenschaften und Annahmen einzuführen, die nicht vom Konzept «Patron-Klient» abgeleitet werden könnten.

→ Feudalismus; Patronage.

Lit.: *Caciagli, M.* 1996: Clientelismo, corrupción y criminalidad organizada, Madrid. *Caciagli, M.* 1997: Klientelismus, in: *Nohlen, D./Waldmann, P./Ziemer, K.* (Hrsg.): Die östlichen und südlichen Länder (= Lexikon der Politik, Bd. 4), Mchn. 292–297. *Clapham, C.* (Hrsg.) 1982: Private Patronage and Public Power, L. *Eisenstadt, S. N./Lemarchand, R.* (Hrsg.) 1981: Political Clientelism, Patronage and Development, Beverly Hills. *Eisenstadt, S. N./Roniger, L.* 1980: Patron-Client-Relations as a Model of Structuring Social Exchange, in: Comparative Studies in Society and History, 22, 42–77. *Eisenstadt, S. N./Roniger, L.* 1984: Patrons, Clients and Friends, Camb. *Gellner, E./Wa-*

terbury, J. (Hrsg.) 1977: Patrons and Clients in Mediterranean Societies, L. *Graziano, L.* (Hrsg.) 1983: Political Clientelism and Comparative Perspectives, in: IPSR, 4, 421–560. *Kaufman, R.* 1974: The Patron-Client Concept and Macro-Politics, in: Comparative Studies in Society and History, 16, 284–308. *Landé, C. H.* 1983: Political Clientelism in Political Studies, in: *Graziano* 1983, 435–454. *Lemarchand, R.* 1981: Comparative Political Clientelism, in: *Eisenstadt, S. N./Lemarchand, R.* (Hrsg.), 7–32. *Weber Pazmiño, G.* (Hrsg.) 1991: Klientelismus, Zürich.

Klaus Ziemer

Klumpenauswahl → Auswahlverfahren

Koalition/Koalitionstheorien (von lat. *coalescere* = sich vereinigen), unterschiedlich gebrauchter Begriff für ein festgefügtes und auf eine gewisse Dauerhaftigkeit angelegtes Zweckbündnis von Akteuren zur Verfolgung gemeinsamer Interessen.

Neben dem aus dem → Arbeitsrecht stammenden Begriff der K. (Zusammenschlüsse von Arbeitnehmern oder Arbeitgebern) und jenem aus der internat. Politik (Zusammenschlüsse von Staaten) wird mit K. v. a. ein Parteien- bzw. Fraktionsbündnis bezeichnet, das abgeschlossen wird, um eine Regierung zu bilden und diese – zumeist für eine Legislaturperiode auf der Basis inhaltlicher und personeller Vereinbarungen – parlamentarisch zu unterstützen. Zwar trifft es zu, daß eine K. nötig ist, wenn und insoweit keine Partei in den Parlamentswahlen eine absolute Mehrheit der Sitze erringt; dennoch muß eine K. nicht auf eine Mehrheitsbildung gerichtet sein, sondern kann auch zu einer Minderheitsregierung von zwei oder mehr Partnern führen. Ob eine K. gebildet werden muß und wie dies geschieht, hängt wesentlich vom Typus des → Regierungssystems, vom → Parteien- und vom → Wahlsystem des jeweiligen Landes ab. Proportionalwahlverfahren begünstigen z. B. die Herausbildung von Mehrparteiensystemen ohne absolute Mehrheit, was K. erforderlich macht; im → Präsidentiellen Regierungssystem ist das Parlament nicht für die Bildung und Bewahrung der Regierung verantwortlich, (die sich sachpolit. *ad-hoc*-Mehrheiten besorgen kann,) so daß hier keine K. gebildet werden muß.

1. Gebräuchlichstes Kriterium für die Einteilung von K. ist die Zahl ihrer Teilnehmer, bzw. ihre Gesamtgröße: Neben der Minderheitskoalition, in der sich zwei oder mehrere Parteien zusammenfinden, die für ihre Regierungsfähigkeit der Tolerierung durch nicht-koalitionsangehörige Fraktionen bedürfen, werden K. nach dem → *Minimal winning*- und *surplus majority*-Prinzip sowie Allparteienkoalitionen unterschieden. Erstere umfassen nur gerade soviele Partner wie minimal nötig sind, um die Regierungsmehrheit zu stellen. K. nach dem *Surplus majority*-Prinzip schließen mehr Teilnehmer ein als mathematisch mindestens gebraucht werden für diesen Zweck. Unter Allparteien-K. werden nicht nur K. aller im Parlament vertretenen Parteien, sondern auch solche verstanden, die alle «relevanten» → Fraktionen umfassen, wobei die Bestimmung von Relevanzkriterien große Schwierigkeiten aufwirft.

2. Spieltheoretisch inspirierte, stark formalisierte Koalitionstheorien gehen von rationalen, nur an der eigenen Nutzenmaximierung orientierten Akteuren aus und unterstellen dementsprechend die K. nach dem *minimal winning*-Prinzip als Normalfall. An dieser bes. in den USA entwickelten Theorie zur Koalitionsbildung, die auf sozialpsychologischen und soziologischen Ansätzen fußt, wird aus europ. Sicht v. a. kritisiert, daß sie zu formal und zu abstrakt sei und ihre normativen Annahmen für die europ. → Parteiensysteme nicht zuträfen, da → Ideologien und → Interessen vernachlässigt würden. Es dürfe nicht nur Gewinnmaximierung als Erklärung für Koalitionsbildungen herangezogen werden, sondern auch ideologische Kompatibilität und das Ziel der Politikbeeinflussung der potentiellen Koalitionspartner. So bewirkt z. B. ideologische Polarisierung, daß nicht alle zahlenmäßig möglichen K. auch tatsächlich geschlossen werden kön-

nen; die Dauer der K. hängt ebenso vom (rationalen) Kalkül der Partner ab wie von innerparteilichen oder -fraktionellen Strömungen; und das Teilen des Nutzens unter mehr Koalitionsteilnehmern als rechnerisch nötig erscheint im Hinblick auf Regierungsstabilität und Integrationseffekte (etwa in Konkordanzsystemen) strategisch oft rationaler, weil das Risiko des Mehrheitsverlustes beim Ausscheiden eines Partners verringert bzw. der Legitimitätsgrad und damit die Akzeptanz der polit. Entscheidungen erhöht wird.

→ Koalitionsfreiheit.

Lit.: *Budge, I./Keman, H.* 1990: Parties and Democracy: Coalition Formation and Functioning in Twenty States, Ox. *Kropp, S.* 2001: Regieren in Koalitionen, Wsb. *Kropp, S./Sturm, R.* 1998: Koalitionen und Koalitionsvereinbarungen, Opl. *Laver, M./Schofield, N.* 1990: Multiparty Government: The Politics of Coalition in Western Europe, Ox. *Laver, M./Shepsle, K. A.* 1996: Making and Breaking Governments, Camb. *Luebbert, G. M.* 1986: Comparative Democracy: Policy Making and Governing Coalitions in Europe and Israel, NY. *Müller, W./Stroem, K.* (Hrsg.) 1997: Koalitionsregierungen in Westeuropa, Wien/Camb. *Nolte, D.* 1998: Ist die Koalitionstheorie am Ende?, in: PVS, 29, 230–251. *Rausch, H.* 1976: Ein neuer «Phönix aus der Asche»? Bemerkungen zur formalisierten Koalitionstheorie, in: Civitas 14, 75–98. *Riker, W. H.* 1962: The Theory of Political Coalitions, New Haven. *Sturm, R./Kropp, S.* (Hrsg.) 1999: Hinter den Kulissen von Regierungsbündnissen, Baden-Baden. *Swaan, A. de* 1973: Coalition Theories and Cabinet Formation, Amsterdam. *Völk, J. A.* 1989: Regierungskoalitionen auf Bundesebene, Regensburg.

Suzanne S. Schüttemeyer

Koalitionsfreiheit, staatl. garantiertes Recht, Zusammenschlüsse und Organisationen zu bilden bzw. sich solchen anzuschließen mit dem Ziel, innerhalb der → Arbeitsbeziehungen gemeinsame wirtschaftl. und soziale → Interessen zu wahren.

Ausdruck der K. als unerläßlicher Voraussetzung der → Tarifautonomie sind insbes. → Gewerkschaften und → Unternehmerverbände. In der BRD wird die K. als Bestandteil der Vereinigungsfreiheit durch GG Art. 9 Abs. 3 sowohl positiv als auch negativ garantiert: Jedermann hat das Recht, aber niemand kann gezwungen werden, einem Interessenverband beizutreten. Historisch war die Anerkennung der K. in den westl. Industrieländern Bestandteil der Emanzipation der → Arbeiterbewegung, wobei es in bezug auf den Zeitpunkt (zweites Drittel des 19. Jh. bis nach dem I. Weltkrieg, in D unterbrochen durch die NS-Diktatur) und den Modus (mehr oder weniger konfliktreich) ihrer Durchsetzung erhebliche Unterschiede zwischen den Ländern gibt.

Lit.: *Armingeon, K.* 1994: Staat und Arbeitsbeziehungen, Opl.

Bernhard Thibaut

Kodierung, die Zuordnung eines Zeichensystems (häufig: Zahlen, aber z. B. auch inhaltlich-verbale Kategorien) zu genau definierten Phänomenen der → Beobachtung bzw. bereits vorliegender Information.

So werden z. B. für die Weiterverarbeitung von → Fragebögen die Antworten für eine EDV-Auswertung in ein Zahlensystem übertragen. Dies geschieht ggf. in mehreren Schritten, wenn nämlich offene Antworten im ersten Kodierschritt eindeutigen inhaltlichen Kategorien zugeordnet und erst im zweiten Schritt diese Kategorien in Zahlen transformiert werden. Bei der sozialwiss. Beobachtung werden bestimmte Aspekte des an sich fließenden Prozesses anhand vorgegebener Kategorien klassifiziert, dabei notiert und dann ggf. in Zahlen transformiert. Bei der → Inhaltsanalyse werden im zu untersuchenden Material ebenfalls bestimmte Kategorien identifiziert, registriert und dann ggf. weiter zu Zahlen verarbeitet.

Üblicherweise wird bei der → Kodierung die Forderung erhoben, daß die Kodes bzw. Kategorien eindeutig, ausschließlich und vollständig sein sollten. Die Zuordnungen werden dabei in einem Kode-Plan festgelegt. In der Praxis wird aber auch oft der Kode-Plan erst in Auseinandersetzung mit dem zu kodierenden Gegenstandsbereich entwickelt, auch kann es für spezifische Fragestellungen durchaus Sinn machen, mit Mehrfachkodierungen zu arbeiten (d. h. sich nicht gegenseitig ausschließende Kodes/Kodierungen zu verwenden). Da die Möglichkeiten einer kostengünstigen Aufzeichnung (Video) erst relativ neu sind – und sich auch heute in vielen Kontexten eine Kamera verbietet –, wurden gerade für den Beobachtungsbereich Kategoriensysteme entwickelt, deren Bedeutung und Einsatz keineswegs nur auf eine einzelne Studie beschränkt ist (z. B. das Kategoriensystem von *Bales* 1950). Der Umgang mit solchen K.-Schemata bedarf einer Kodierer-Schulung, wobei oft i. S. der → Reliabilität darauf hingewirkt wird, daß die Übereinstimmung zwischen den Kodierern möglichst hoch wird – in dem Bestreben, Phänomene zu vermeiden, die als «Kodierfehler» verstanden werden. Dabei wird allerdings die relevante Information einer gesellschaftl. Variabilität der (Be)-Deutungen von sozialen Situationen ausgeblendet. Durch die Verfügbarkeit von Datensätzen einer Erhebung auch für andere Forscher im Rahmen der → Sekundäranalyse kommt auch einer präzisen Dokumentation der Kodierungen erhebliche Bedeutung zu. So sind im Kölner *Zentralarchiv für empirische Sozialforschung* zahlreiche Studien EDV-gespeichert und für Forscher abrufbar; wobei mit den Daten grundsätzlich auch ein Kode-Buch geliefert wird, ohne das die Daten weitgehend nutzlos wären.

→ Klassifikation.

Lit.: *Bales, R. L.* 1950: A Set of Categories for the Analysis of Small Group Interaction, in: ASR 15, 257–263.

Jürgen Kriz

Koexistenz → Friedliche Koexistenz

Kognitiv, jene Wahrnehmungs- und Denkprozesse, die von den Regeln der Vernunft geleitet sind.

Der Mensch setzt sich durch Wahrnehmung, Denken und Vorstellung mit sich und seiner Umwelt auseinander, wobei sein Urteil, seine Lernfähigkeit und sein entspr. Handeln einerseits von Gefühlen (emotional) und andererseits von rationalen Überlegungen (kognitiv) geprägt werden. Je nach Gewichtung der emotionalen und rationalen Anteile, die maßgeblich für Urteil und → Handlung sind, werden die Menschen unterschieden. Die Ergebnisse der psychologischen Forschung über Kognitionen sind für die Politikwiss. insofern von Bedeutung, als damit das polit. Handeln von → Eliten oder die polit. → Partizipation bzw. → Apathie der Bev. verstehend untersucht werden können. In diesem Zusammenhang sei auf den für die → Wahlforschung und die Forschung über → Soziale Bewegungen bedeutsamen Ansatz der → Kognitiven Dissonanz von *L. Festinger* verwiesen.

→ Lerntheorie.

Ulrike C. Wasmuth

Kognitive Dissonanz (von lat. *cognoscere* = erkennen und *dissonantia* = Mißton), von *L. Festinger* (1957) eingeführter sozialpsychologischer Begriff; bezeichnet diejenige psychologische Spannung, in der sich ein Individuum befindet, wenn zwischen zwei kognitiven Elementen eine Beziehung des Widerspruchs besteht.

Festinger unterscheidet vier Formen der k. D.: (1) logische Inkonsistenzen zwischen verschiedenen Überzeugungen, (2) Widersprüche zwischen einer spezielleren und einer allgemeineren Kognition, (3) Inkonsistenzen zwischen dem individuellem Verhalten und den gesamtgesellschaftl. kulturellen Normen und Einstellungen, (4) Widersprüche zwischen alten und neuen Erfahrungen. Da die Existenz von k. D. dem Menschen unangenehm ist, versucht er sie durch → Selektive Wahrnehmung, Verdrängung oder Entschuldigungen zu reduzieren bzw. durch Anpassung aufzuheben und somit einen Zustand der Konsonanz herbeizuführen. Die Theorie der k. D. spielt nicht zuletzt in der → Wahlforschung eine Rolle: Der Parteiwechsel bei Wahlen (→ Wechselwähler) und die Wahlenthaltung (→ Nichtwähler) werden u. a. als Konsequenz aus k. D. zwischen Parteibindung und veränderten individuellen polit. Überzeugungen interpretiert.

→ Attitudes; Politische Psychologie.
Lit.: *Festinger, L.* 1978: Theorie der kognitiven Dissonanz, Bern (engl. 1957).

Rainer-Olaf Schultze

Kohorte (von lat. *cohors* = Schar, Truppenverband), sozialwiss. Fachausdruck für eine Altersgruppe mit gemeinsamen Eigenschaften, die keine kausalen Aussagen über soziale Zusammenhänge implizieren muß.

Bei der Kohortenanalyse werden Merkmale einer oder mehrerer Altersgruppen zu wenigstens zwei Zeitpunkten ermittelt; Sonderfall ist die Paneluntersuchung, bei der über die Zeit dies. Personen befragt werden. Praktische Probleme (z. B. Materiallage, Datenaufbereitung, materielle Aufwendigkeit) und methodische Schwierigkeiten (z. B. Identität der Frageformulierungen über die Zeit, Bedeutungswandel verwendeter Begriffe) haben die Kohortenanalyse bisher weitgehend auf die empirische → Wahlforschung beschränkt. Der Frage, ob → Parteiidentifikation eher Alters- oder eher Generationseffekt ist, wurde dabei bes. Aufmerksamkeit gewidmet.

→ Generation.

Suzanne S. Schüttemeyer

Kollegialsystem, Organisationsprinzip von Leitungsgremien, in der Politik, bes. von → Kabinetten. (Verfassungs-) rechtlich niedergelegt oder faktisch trifft danach die Regierung als ganze intern die Entscheidungen (ggf. durch Mehrheitsbeschluß im Kabinett) und trägt nach außen dafür gemeinsam die Verantwortung.

Die Kabinettsmitglieder sind gleichberechtigt, der Regierungschef ist *primus inter pares* (Beispiel: Schweiz). In D legt Art. 65 GG neben dem K. das Kanzlerprinzip (bzw. die Richtlinienkompetenz) und das Ressortprinzip als Grundsätze der Aufgaben- und Verantwortungsverteilung in der Bundesregierung fest.

→ Regieren/Regierungsorganisation.

Suzanne S. Schüttemeyer

Kollektive Güter (auch: Kollektivgüter, Klubgüter), in der polit. Ökonomie solche Güter (und Dienstleistungen), die unteilbar sind, d. h. nicht priv. in Besitz genommen und von denen Dritte nicht von ihrer Nutzung ausgeschlossen werden können. Deshalb lassen sie sich einerseits nicht marktvermittelt handeln, andererseits besteht die Gefahr, daß nicht bzw. nicht ausreichend zu ihrer Produktion und Bereitstellung beigetragen wird.

Zumeist werden die Begriffe k. G. und → Öffentliche Güter (bzw. *public goods*) synonym verwendet. Sie lassen sich jedoch hinsichtlich ihrer Herkunft bzw. Erstellung unterscheiden. K. G. sind dann solche Güter, die durch das Zusammenwirken von Individuen oder Organisationen (ggf. aufgrund eines Kooperationsvertrages) kollektiv erstellt werden und von deren Nutzung andere, an der Erstellung nicht Beteiligte nicht ausgeschlossen werden können.

→ *Free rider*; Gut/Güter; Neue Politische Ökonomie; Private Güter.
Lit.: → Gut/Güter; Öffentliche Güter.

Klaus Schubert

Kollektive Sicherheit, in der klassischen Bedeutung bezeichnet der Begriff ein System mit universeller oder regionaler Reichweite, das jedem seiner Mitgliedsstaaten Schutz vor jedweder zwischenstaatl. → Aggression verspricht. Bei k. S. in diesem Sinne handelt es sich um eine durch multilaterale Prinzipien gekennzeichnete Institution mit gleichen Rechten und Pflichten für die Mitgliedstaaten.

K. S. beruht auf der Annahme, daß → Frieden unteilbar ist und jedes Mitglied jedem anderen zu Hilfe kommen muß – mit diplomatischen Mitteln, durch Wirtschaftssanktionen und im Extremfall durch militärische Mittel. Ein potentieller Aggressor soll somit durch die Aussicht auf eine überlegene → Gegenmacht abgeschreckt werden. Die UN stellen kein universelles System k. S. in diesem Sinne dar, denn mit dem → Vetorecht der Großmächte wurde von vornherein auf einen solchen Anspruch verzichtet. K. S. im Rahmen der UN ist daher als Konzert der Großmächte zu verstehen. In einer dritten, sehr weiten Bedeutung wird k. S. heute auch i. S. gemeinsamen Handelns von Staaten in jenen Fällen verstanden, in denen internat. anerkannte Normen zwischen Staaten oder auch innerhalb von Staaten verletzt werden.

→ Internationale Beziehungen; Sicherheit.

Lit.: *Claude, I. L., Jr.* 1962: Power and International Relations, NY. *Jaberg, S.* 1998: Systeme kollektiver Sicherheit in und für Europa in Theorie, Praxis und Entwurf, Baden-Baden. *Rudolf, P.* 1994: Kollektive Sicherheit: Polit. und ethische Probleme, in: IPG 4, 351–363.

Peter Rudolf

Kollektives Handeln, Grundbegriff polit.-ökonomischer Theorie, der postuliert, daß sich rational handelnde Individuen gegenüber kollektiven Zielen anders verhalten als gegenüber individuellen. Für letztere sind Individuen üblicherweise bereit, erhebliche Anstrengungen zu leisten; für kollektive, gemeinsam verfolgte Ziele i. d. R. sehr viel weniger.

Daraus folgt, daß gemeinsame → Interessen allein noch keine ausreichende Grundlage effektiven k. H. bilden. Ein wichtiger Grund dafür ist, daß durch k. H. → Kollektive Güter erzeugt werden, d. h. Güter, die auch jenen Mitgliedern eines Kollektivs von Nutzen sind, die keinen angemessenen Beitrag zu deren Erstellung leisten. Tendenziell wird daher für die Produktion und Bereitstellung eines kollektiven Gutes weniger getan, als es im Interesse aller Mitglieder wäre. Diese Tendenz nimmt zu, je allgemeiner das gemeinsame Interesse und je höher die Zahl der Gruppenmitglieder ist. Aus dem Größeneffekt folgt, daß die speziellen Interessen kleiner Gruppen i. d. R. besser organisierbar (und polit. durchsetzbar) sind als die allg. Interessen breiter Bevölkerungskreise.

→ Handlung; Konfliktfähigkeit; Neue Politische Ökonomie; Organisationsfähigkeit; Rational choice-Theorien.

Klaus Schubert

Kollektivierung, zwangsweise Überführung von Privateigentum in Gemeineigentum, entw. in der Form der → Verstaatlichung in Staatseigentum oder in der Form der Vergesellschaftung in Genossenschaftseigentum.

Der Begriff wird verwandt vornehmlich zur Charakterisierung der Zwangskollektivierung der Landwirtschaft zu Kolchosen, Sowchosen, Landwirtschaftlichen Produktionsgenossenschaften (LPG) in der Sowjetunion nach 1928 und in den Ländern des → Real existierenden Sozialismus in Ost-Mitteleuropa, einschließlich der DDR, nach dem II. Weltkrieg.

Rainer-Olaf Schultze

Kolmogoroffsche Axiome → Wahrscheinlichkeit

Kolmogoroff-Smirnoff-Test → Signifikanztest

Kolonialismus (von lat. *colonia* = Niederlassung, Ansiedlung), im weitesten Verständnis die Eroberung, Inbesitznahme und polit. Herrschaft über ein Territorium durch eine metropolitane Macht. In diesem Sinne ist der Begriff weltgeschichtl. für die Antike ebenso anwendbar wie für die Neuzeit. Im engeren und geläufigeren Verständnis die Ausdehnung der Herrschaft europ.

Mächte auf überseeische Territorien in Afrika, Asien und Lateinamerika.

Für diesen Prozeß können zwei Phasen unterschieden werden: (1) Die koloniale Expansion im 16.–18. Jh., hauptsächlich von Portugiesen, Spaniern, Engländern, Franzosen und Niederländern betrieben, und (2) das «Zeitalter des → Imperialismus» im letzten Viertel des 19. Jh., in welchem der K. durch Aufteilung der später so bezeichneten → Dritten Welt unter die metropolitanen Mächte trotz der vorher erfolgten Unabhängigkeitserklärung der USA (1776) sowie der Länder Süd- und Mittelamerikas (bis 1823) zu seinem Höhepunkt fand. Zu unterscheiden ist (a) nach den Triebkräften des K. (im Falle der romanischen Länder staatl. Initiativen, im Falle Englands und der Niederlande zunächst priv. Unternehmen); (b) zwischen dem Siedlungskolonialismus (er erinnert an die römische Siedlungspraxis in den okkupierten Gebieten) und dem Ausbeutungskolonialismus, dessen Ziel es war, die → Ressourcen (Rohstoffe, Arbeitskraft) der überseeischen Gebiete für die einheimische Wirtschaft «in Wert zu setzen». Später wurde die Plünderung der Kolonialgebiete durch Wirtschaftsbeziehungen abgelöst, die den Tausch von Rohstoffen der Kolonien gegen Fertigwaren der Mutterländer vorsahen (bei Verbot bzw. Zerstörung industrieller Fertigung in den Kolonien). Die autochthone Bev. der Kolonien wurde polit. entmündigt und unterdrückt (in der ersten Phase der K. dezimiert und teilweise ausgelöscht). (c) Unterschieden werden kann auch zwischen verschiedenen Herrschaftspraktiken, etwa der direkten Kolonialverwaltung (frz. Typus) oder dem → *Indirect rule* (brit. Typus), der sich auf die traditionellen Autoritäten stützte, die sich den Weisungen der Kolonialmacht zu fügen hatten. (d) Im ideologischen Sinne kann K. als das Ideensystem verstanden werden, das ihn zu rechtfertigen suchte: die Ausbreitung des christlichen Glaubens und der abendländischen Zivilisation. (e) Als polit. Kampfbegriff in den Nord-Süd-Beziehungen, von den Entwicklungsländern meistens als Neo-Kolonialismus verwendet, besagt der Vorwurf des K. die (trotz formeller Unabhängigkeit) Aufrechterhaltung der (v. a. wirtschaftl.) Abhängigkeit (→ Dependencia) der Dritte-Welt-Länder von den Industrieländern entspr. dem → Zentrum-Peripherie-Modell.

Lit.: *Albertini, R. von* 1976: Europäische Kolonialherrschaft 1880–1940, Zürich. *Osterhammel, J.* (Hrsg.) 1995: Kolonialismus. Geschichte, Formen, Folge, Mchn. *Reinhard, W.* 1983 ff.: Geschichte der europäischen Expansionen, 4 Bde., Stg.

Dieter Nohlen

Kommunale Selbstverwaltung, selbständige Regelung örtlicher Angelegenheiten im Rahmen der → Gemeindepolitik ohne Einmischung bzw. polit. Kontrolle durch höhere Ebenen der gebietskörperschaftlichen Staatsorganisation. Der Geltungsbereich der K. S. wird durch die → Gemeindeverfassung festgelegt.

→ Kommune/Kommunalpolitik; Selbstverwaltung.

Bernhard Thibaut

Kommunalismus, in der Entwicklungsländerforschung der Rückgriff auf kooperative Prinzipien der traditionalen afrikanischen Dorfgemeinschaft, die im Rahmen von → *Community development*, Genossenschaften und ländlicher Entwicklung wiederzubeleben versucht wird.

K. bedeutet auch ein an ethnischen, religiösen und/oder kulturellen Werten orientiertes Verhalten. Im zweiten Verständnis hebt der Begriff auf Konflikte zwischen ethnisch, religiös und kulturell sich definierenden gesellschaftl. Gruppen ab (Tribalismus).

Dieter Nohlen

Kommune/Kommunalpolitik, aus lat. *communis* = Gemeinwesen abgeleiteter, mit Gemeinschaft und Gemeinde sinnverwandter Begriff. K. beschreibt als

Rechtsform einen polit.-administrativen Zweckverband, dessen Geltungsbereich durch eine unterstaatl. Gebietskörperschaft (Ort, Stadt, Kreis) territorial begrenzt wird. Der dem Gemeinde-Begriff etymologisch eng anliegende Begriff → Gemeinschaft tradiert eine auf die lokale → Lebenswelt hin ausgerichtete genossenschaftliche Komponente, welche den Zusammenschluß der Bürgergemeinde historisch kennzeichnet. Örtliche Gemeinschaft i. S. eines Sozialverbandes konstituiert eine standortgebundene Form von sozialer Interaktion innerhalb lokaler bzw. kommunaler (k.) → Institutionengefüge.

Der Begriff Kommunalpolitik (Kp.) umfaßt einmal die praktische Tätigkeit derer, die k. Wahlmandate und Ämter ausüben, und zum anderen den Handlungsrahmen einer k. institutionalisierten Politik und Verwaltung, wo örtliche Angelegenheiten im eigenen oder übertragenen Wirkungskreis behandelt, entschieden und vollzogen werden.

1. Die mit Begriff und Institution des k. Gemeinwesens verbundene Vorstellung einer vorbildlich verfaßten polit.-sozialen Ordnung geht zurück auf das antike Modell des Bürger- und Stadtstaates. *Aristoteles* beschrieb die Bürgergemeinschaft der *polis* als eine Ordnungsform, in welcher «Ort» und «Staat» identisch sind. Seit dem Untergang der antiken Stadtstaaten ist zwar Bürgergemeinde nicht mehr gleichbedeutend mit Staat. Doch bleiben dort, wo die polit. Theorie und die Sozialphilosophie die Stadt als eine eigenständige und selbstbestimmte bürgerliche Rechts- und Lebensform beschreiben, die Begriffe *polis* und *commune* eng verknüpft. Den mittelalterlichen Stadtrepubliken Italiens etwa war, so *Max Weber* (1976: 750), die Bezeichnung *«compagnia communis»* geläufig. Der Frühsozialist *Fourier* zeichnet in seinen «Phalanstères» die sozialutopischen Umrisse einer «föderativen Kommune» (vgl. *Bloch* 1970: 110). Im Vormärz begründet der badische Liberale *von Rotteck* die Gemeindeautonomie *im* Staate naturrechtlich, indem er zugleich aristotelisch und vertragstheoretisch argumentiert: Zu Zwecken, «die jenen des Staates analog» seien, entstünden «naturgemäß die Gemeinden oder kleineren bürgerlichen Gemeinwesen» in der Form von «geschlossenen gesellschaftlichen Vereinbarungen» (*Rotteck-Welcker* 1847: Bd. 5, 476).

Dem dt. Gemeinverständnis ist die Verbindung von polit. und sozialer Gemeinde seit der Preußischen Städteordnung (19. 11. 1808) geläufig. Die Auffassung, daß staatl. Regierung und lokales Regiment von grundsätzlich gleicher Qualität und Rangstufe sind, setzte sich indes zunächst im polit. Denken der angelsächsischen Demokratien durch. In D hingegen schied die von *Hegel* beeinflußte Staatslehre des 19. Jh. die Sphäre des Staates deutlich von jener der Gesellschaft. Zwar war es die erklärte Absicht des *Freiherrn vom Stein*, Architekt der preußischen Städtereform, durch Einrichtung neuer «bürgerlicher Kommunitäten» (so die Nassauer Denkschrift von Juni 1807) einen älteren Geist lokaler Zweckgenossenschaft wiederzubeleben (vgl. *Wehling* 1986: 17). Doch schrieben die neu erlassenen Kommunalordnungen die gouvernementale Vormundschaft einer abgehobenen staatl. Autorität (u. a. durch den Bestätigungsvorbehalt des Staates für Wahlämter) weiterhin fest. Für den Status der K. war dies folgenreich: Staatsrechtlich der Gesellschaft zugeordnet, wurden sie ihres polit. Charakters entäußert; Kp. war hinfort die unpolit. Verwaltung örtlicher Angelegenheiten.

Einem entpolitisierten Verständnis von Kp. leistete die juristisch geprägte ältere dt. Kommunalwiss. insoweit Vorschub, als sie (bis noch in die 1960er Jahre) die polit. Qualität kommunaler Selbstverwaltung überwiegend mit deren Rechtsnatur sowie den daraus abzuleitenden Aufgaben und Organbefugnissen gleichgesetzt hat. Im Verständnis dieser älteren Kommunalwiss. wird das «tatsächlich Vorgefundene von der Rechtsordnung nach juristischen Prinzipien geordnet» (*Peters* 1956: 5). Aufgabe einer Theorie der Kp. war demnach «die wiss. Erfassung der Wertmaßstäbe, nach denen das Verhalten der k. Organe sich bestimmt, wenn sie im Rahmen der geltenden Gesetze tätig werden» (ebd.). Daß diese Denkschule so lange dominierte, erklärt sich u. a. daraus, daß die vertikale → Gewaltenteilung zwischen Staat und K. verfassungsrechtlich lange Zeit gemäß dem dualistischen Ordnungsmodell Staat-Gesellschaft festgelegt blieb. Noch in Art. 127 der Weimarer Reichsverfassung war Gemeindeautonomie als ein Grundrecht, i. S. einer «gesellschaftl. Freiheit zum Staat» (*Scheuner* 1981: 8), definiert. Diese Entgegensetzung wurde erst mit der institutionellen Garantie der k. Selbstverwaltung in Art. 28 des Bonner Grundgesetzes überwunden. Allerdings wird die hier normierte prinzipielle «Allzuständigkeit» für Angelegenheiten der örtlichen Gemeinschaft durch die fortgeschrittene gesetzliche Überformung seitens des Staates spürbar eingeschränkt (*von Mutius* 1984: 269; *Faber* 1989: 1705–1746).

2. Die k. Ebene ist Thema sowohl der → Demokratietheorie als auch system- bzw. steuerungstheoretischer Ansätze. Eine Schnittstelle beider Sichtweisen bildet die Frage der → Dezentralisierung polit. Macht. Aus demokratietheoretischer Sicht erfahren die → Institutionen der Gemeindeautonomie und die hier eröffneten Möglichkeiten direkter Bürgerpartizipation insofern eine neuerliche Aufwertung, als sie – nicht nur in basisdemokratisch zugespitzter Form – als ein Korrektiv gegenüber der kritisierten Anonymität bürokratischer Großorganisationen und Eigenmacht zentraler Gewalten erscheinen. Aus struktur-funktionaler Sicht stellt sich die Frage, ob sich polit. Steuerungsprobleme dadurch mindern lassen, daß Aufgaben und Verantwortlichkeiten von der zentralstaatl. auf die untere Ebene übertragen werden. Die mit den Fragestellungen dezentraler Politiksteuerung häufig verknüpften Überlegungen für eine «bürgernahe Verwaltung» führen dabei gedanklich zur Demokratietheorie zurück.

Während die in D geführte aktuelle Theoriedebatte unter eher funktionalistischen Vorzeichen verläuft und, in Fortführung einer *output*-orientierten Wohlfahrtsstaatstradition, auf die Effizienz einer «Erneuerung der Politik von unten» (vgl. *Hesse* 1986) abhebt, ist in der US-amerikan. polit. Theorie das Konzept Gemeindedemokratie als ein präskriptives Modell gemeinnütziger Selbstregierung bis heute einflußreich geblieben. So ging etwa die *Political-Culture*-Forschung der 1960er Jahre, ihrerseits Teil der Theorie der → Modernisierung und des *nation-building*, von der Annahme aus, daß lokale polit. Aktivitäten ein natürliches Lernfeld für *«the good citizen»* seien (*Almond/Verba* 1965: 121, mit Bezug auf *James Bryce*). Das Nachbarschaftskonzept der kommunitarischen Demokratie (etwa *Benjamin Barbers «strong democracy»*) geht aus von der lokalen Belebung sozialer Bürgertugenden (vgl. *Reese-Schäfer* 1994). Ein anderer Strang führt über *Robert M. McIvers* Interessengruppen-Ansatz (*«focuses upon the communality of interests»*, so *Plant* 1987: 89) zur Theorie organisierter Interessenvermittlung.

3. Der Beginn moderner sozialwiss. Erforschung der Kp. wird zumeist datiert mit *F. Hunters* Untersuchung der Machtstrukturen Atlantas (1953) und *R. A. Dahls* 1961 erschienener *New Haven*-Studie, die in den USA einen produktiven Methodenstreit auslösten. In den späten 1960er Jahren wurden die Fragestellungen und Vorgehensweisen der *community-power*-Forschung in der BRD aufgenommen (vgl. *Haasis* 1978). Hierbei übernahm das Wertheim-Projekt eine Pilotfunktion. *Th. Ellwein* und *R. Zoll* beschreiben dessen 1968 entwickelten Forschungsansatz dahingehend, daß «auf der Basis einer partizipatorischen Demokratievorstellung und unter Annahme einer relativen Offenheit der Gesellschaft für Reformen eine Analyse der Formen polit. Verhaltens auf k. Ebene, speziell eine Analyse des Einflusses der Bev. auf den Entscheidungs- und Nicht-Entscheidungs(*non-decisions*)-Prozeß» unternommen wurde (*Ellwein/Zoll* 1982: 21). Dabei wurde erstmals jene später öfters gebräuchliche Methodenkombination von Reputations-, Positions- und Entscheidungsansatz angewandt, d. h. es wird versucht, lokale Machtpotenziale sowohl über externe Zuschreibung von Einfluß als auch anhand eingenommener Positionen sowie mittels Rekonstruktion k. Entscheidungsprozesse aufzuhellen.

Im 1972 gegründeten Arbeitskreis Lokale

Politikforschung wurde die Wendung von einer institutionell begrenzt k. zu einer die polit. Gemeindegrenzen überschreitenden lokalen Orientierung der Forschung zum Programm erhoben. In verstädterten Räumen, so die Annahme, müßten die gesamtstaatl. induzierten Bestimmungsgründe der «Verstädterung» wie auch deren lokal aufbrechende Planungskonflikte und sozialen Folgeprobleme erkennbar und der Untersuchung zugänglich sein (*Grauhan* 1972, 1975). Mithin rückte die «lokale Inzidenz gesamtstaatl. Probleme» (*Hesse* 1982: 401) stärker in den Blick, des weiteren der Sachverhalt, daß Planungs- und Problemräume sich mit den Gebietszuständigkeiten polit. Gemeinden nurmehr bedingt decken. Folgerichtig wurde die Verflechtung der Politikebenen und Politikbereiche – vertikal im Verhältnis Staat-Kommunen, horizontal im Bereich k. Zuständigkeiten bei der Bündelung sektoraler Programme – intensiver beachtet. Dadurch wandelte sich die Einschätzung k. Handlungsspielräume, u.a. auch hinsichtlich k. «Außenpolitik» (*Grauhan* 1972: 150).

Die lokalen Politikfeld-Analysen gehen von der theoretischen Annahme aus, daß bestimmte Politikinhalte bei den jeweils Beteiligten bzw. Betroffenen bestimmte Regelungserwartungen und Reaktionen bewirken. Dieses Konzept wird entw. auf einzelne Politikbereiche (*policies*) bzw. Politikphasen im *policy*-Zyklus (Implementation, Evaluation) oder bei der Betrachtung von Finanz-, Planungs- und Vollzugsproblemen angewandt, die unter den gegebenen Bedingungen föderativer → Politikverflechtung auf k. Ebene auftreten (*Windhoff-Héritier* 1980; *Mayntz* 1982; *Hellstern/Wollmann* 1983; ferner *Hesse* 1982 und *Blanke/Benzler* 1991). Hier anzusiedeln sind auch Arbeiten, die den Ansatz der *Policy-output*-Forschung ins Lokale übertragen und nach Entscheidungsgrößen, etwa k. Haushaltspolitik, fragen. Daneben wird, ansetzend an Schnittstellen von Rat und Verwaltung, in vergleichenden Analysen k. Entscheidungsprozesse herausgearbeitet, wie Verhandlungs- und Durchsetzungsmacht unter kommunalen Akteuren verteilt ist (*Derlien* u.a. 1976; *Winkler-Haupt* 1988).

4. Auch die gegenwärtige Diskussion um Steuerungsreserven lokaler Politik hat eine systemfunktionale und eine demokratietheoretische Dimension. Aus ersterer Sicht wird eine «latente Bedeutungssteigerung» (*Hesse* 1982: 434) der K. registriert. Das staatl. Mehr-Ebenen-System findet zu neuer Arbeitsteilung, wobei Leistungsfunktionen vermehrt der lokalen Ebene übertragen werden (*Hesse/Benz* 1990). Im Zuge der Transformation kommunistischer Diktaturen haben normative Forderungen nach einem dezentralen Umbau zentralstaatl. Systeme zusätzlich Auftrieb und Legitimation erhalten. Nicht zufällig sind in die neuen Landes- und Kommunalverfassungen sämtlicher ostdt. Bundesländer plebiszitäre Elemente mit aufgenommen worden.

→ Demokratie; Demokratietheorien; Föderalismus; Kommunitarismus; Macht; Machttheoretische Ansätze; Politikbegriffe; Politikfeldanalysen; Politische Kulturforschung; Region/Regionalismus; Steuerungstheorien; Wohlfahrtsstaat.

Lit.: *Almond, G./Verba, S.* 1965: The Civic Culture, Princeton. *Andersen, U.* (Hrsg.) 1998: Gemeinden im Reformprozeß, Schwalbach/Ts. *Blanke, B.* (Hrsg.) 1991: Staat und Stadt (PVS Sonderheft 22), Opl. *Blanke, B./Benzler, S.* 1991: Horizonte lokaler Politikforschung, in: *Blanke, B.* (Hrsg.) 1991: Staat und Stadt (PVS Sonderheft 22), Opl., 9–32. *Bloch, E.* 1970: Freiheit und Ordnung, Hamb. *Dahl, R.A.* 1961: Who Governs? Democracy and Power in an American City, New Haven. *Derlien, H.-U.* u.a. 1976: Kommunalverfassung und kommunales Entscheidungssystem, Meisenheim. *Ellwein, T./Zoll, R.* 1982: Wertheim: Politik und Machtstrukturen einer deutschen Stadt, Mchn. *Faber, H.* ²1989: Art. 28, Abs. 1 II, Abs. 2 GG, in: *Wassermann, R.* (Hrsg.): Kommentar zum Grundgesetz für die Bundesrepublik Deutschland (Reihe Alternativkommentare), Bd. 1, Neuwied, 1703–1745. *Grauhan, R.R.* 1975: Lokale Politikforschung, Ffm./NY. *Haasis, H.-A.* 1978: Kommunalpolitik und Machtstruktur, Ffm. *Heinelt, H./Wollmann, H.* (Hrsg.) 1991: Brennpunkt Stadt, Basel u.a. *Hellstern, R./Wollmann, H.* 1983: Evaluierungsforschung,

Basel. *Hesse, J.J.* 1982: Stadtpolitik, in: *ders.*: Politikwissenschaft und Verwaltungswissenschaft (PVS Sonderheft 13), Opl., 431–446. *Hesse, J.J.* (Hrsg.) 1986: Erneuerung der Politik «von unten»?, Opl. *Hesse, J.J./Benz, A.* (Hrsg.) 1990: Die Modernisierung der Staatsorganisation, Baden-Baden. *Hunter, F.* 1953: Community Power Structure, Chapel Hill. *Mayntz, R.* 1983: Implementation politischer Programme II, Opl. *Mutius, A. von* 1984: Kommunalrecht, in: *Voigt, R.*: Handwörterbuch zur Kommunalpolitik, Opl., 269- 271. *Naßmacher, H./Naßmacher, K.-H.* 1999: Kommunalpolitik in Deutschland, Opl. *Peters, H.* (Hrsg.) 1956: Handbuch der kommunalen Wissenschaft und Praxis, Bd. 1, Bln u. a. *Plant, R.* 1987: Community, in: The Blackwell Encyclopedia of Political Thought, Ox., 88–90. *Püttner, G.* (Hrsg.) 1981 ff.: Handbuch der kommunalen Wissenschaft und Praxis, 6 Bde., Bln. u. a. *Reese-Schäfer, W.* 1994: Was ist Kommunitarismus?, Ffm./NY. *Rotteck, C. von/Welcker, C.* (Hrsg.) 1847: Das Staats-Lexikon, Bd. 5, Altona, 475–524. *Scheuner, U.* 1981: Grundbegriffe der Selbstverwaltung, in: *Püttner, G.* (Hrsg.) 1981 ff.: Handbuch der kommunalen Wissenschaft und Praxis, 6 Bde., Bln u. a. *Sjoberg, G.* 1964: Community, in: A Dictionary of the Social Sciences, NY., 114–115. *Stein, K. Freiherr vom* 1929: Nassauer Denkschrift (zuerst 1807), in: *Thiede, K.* (Hrsg.): Freiherr vom Steins ausgewählte Schriften, Jena, 26–95. *Weber, M.* [5]1976: Wirtschaft und Gesellschaft, Tüb. (zuerst 1922). *Wehling, H.-G.* (Hrsg.) 1986: Kommunalpolitik in der Bundesrepublik Deutschland, Bln. *Windhoff-Héritier, A.* 1980: Politikimplementation, Königstein. *Winkler-Haupt, U.* 1988: Gemeindeordnung und Politikfolgen, Mchn. *Wollmann, H./Roth, R.* (Hrsg.) [2]1998: Kommunalpolitik, Opl.

Everhard Holtmann

Kommunikation (von lat. *communicatio* = Mitteilung), Bezeichnung für den Prozeß des Austausches von Informationen und Sinndeutungen direkt zwischen Individuen oder indirekt über (→ Massen-)Medien mittels Sprache oder anderer Zeichen bzw. Symbole.

Soziales Handeln ist folglich immer auch «kommunikatives Handeln» (*J. Habermas*). Für die Politik, verstanden als dasjenige Subsystem, in dem die verbindliche Regelung des Allgemeinen in der Gesellschaft erfolgt, spielen dabei die → Öffentliche Meinung und die Struktur der → Öffentlichkeit eine herausragende Rolle.

→ Kommunikationstheorien der Politik; Massenmedien; Medienpolitik.

Rainer-Olaf Schultze

Kommunikationstheorien der Politik, Theorien zur Beschreibung, Erklärung oder Bewertung der zentralen kommunikativen Mechanismen bei der Herstellung, Durchsetzung und Begründung polit. Handelns.

1. Ohne den Begriff Kommunikation zu verwenden, beschäftigt sich die polit. Ideengeschichte seit ihren Anfängen mit der Frage, wie polit. Macht legitimiert, d. h. auch mit Mitteln der Überzeugung und Überredung gerechtfertigt und durchgesetzt werden kann. Im Ggs. zur traditionellen polit. Herrschaftslehre kann von sozialwiss. fundierten K. d. P. jedoch nur im Kontext eines konsistenten Bezugsrahmens gesprochen werden, in dem die kommunikative Dimension des Politischen und die polit. Dimension des Kommunikativen unter den Bedingungen nahezu omnipräsenter → Massenmedien erfaßt werden. (*Jarren/Sarcinelli/Saxer* 1998; *Schulz* 1997)

Polit. Kommunikation ist in der → Demokratie mit der Idee der → Freiheit verknüpft. Freie Meinungs- und Willensbildung als individuelles → Grundrecht und als institutionelle Garantie für ein unabhängiges Mediensystem gehört denn auch zum Kernbestand der Demokratie, ist für demokratische Ordnungen «schlechthin konstitutiv» (BVG). Demokratische Politik steht in einer dauerhaften kommunikativen «Bringschuld». Politiktheoretisch relevant werden Kommunikationstheorien in dem Maße, wie sie Aussagen über vorhandene oder verhinderte Chancen freier und gleicher Teilhabe am öff. Leben eines Gemeinwesens erlauben.

2. Eine umfassende K. d. P. muß mehrdimensional und mehrebenenanalytisch angelegt sein. Sie müßte sowohl die wesentlichen Dimensionen des Politischen (die normative und institutionelle Dimension, die Prozeßdimension, die Politikfelddimension) als auch die zentralen Dimensionen von Kommunikation (Mediensysteme, Kommunikatoren als Aussagenproduzenten, aussagen- und inhaltsanalytische Erkenntnisse sowie nutzen- und wirkungsanalytische Befunde) integrieren. Schließlich hätte sie makro- und mikroanalytische Perspektiven miteinander zu verbinden. Dies leistet jedoch keiner der im folgenden skizzierten theoretischen Ansätze. Die Forschungssituation ist vielmehr dadurch gekennzeichnet, daß i. d. R. nur Teilaspekte von Politik und Kommunikation aufgegriffen werden. Aufgrund einer v. a. in der Publizistik- und Kommunikationswiss. vorherrschenden mikroanalytischen, an kurzfristigen Wirkungen orientierten Forschung beleuchten zahlreiche Befunde allenfalls Ausschnitte eines insgesamt komplexen polit. Kommunikationsgeschehens. Dabei lassen die spezifischen Erkenntnisinteressen ebenso wie die verwendeten Begrifflichkeiten die Herkunftsdisziplinen (v. a. Soziologie, Publizistik- und Kommunikationswiss., Politikwiss., Psychologie) verschiedener Ansätze unschwer erkennen. Transdisziplinäre kommunikationstheoretische Bemühungen im Zusammenhang mit Politik und Massenkommunikation stecken noch in den Anfängen.

3. Von grundlegender Bedeutung für das Verständnis polit. Kommunikationsprozesse sind die Theorieentwürfe von *E. Noelle-Neumann* (1989) und *J. Habermas* (1990) zur «Öffentlichen Meinung» bzw. zum «Strukturwandel der Öffentlichkeit» sowie der system- und akteurstheoretische Bestimmungsversuch von Öff. bei *Gerhards* und *Neidhardt* (1993).

(1) Das Konzept von *Noelle-Neumanns* «Schweigespirale» geht von einer verbreiteten «Isolationsfurcht» als sozialpsychologischem Verhaltensmuster aus. Mit einem quasi-statistischen Wahrnehmungsorgan ausgestattet, registrieren die Menschen Meinungsverteilungen sowohl in direkter als auch in indirekter, über die Massenmedien erfolgender Umweltbeobachtung. Dabei entsteht im Laufe der Zeit eine dynamische Entwicklung öff. Meinungsbildung. Die v. a. massenmedial wahrgenommenen, tatsächlich oder scheinbar dominierenden Meinungen werden immer stärker, die unterlegenen immer schwächer. So kommt ein spiralförmiger Prozeß zunehmenden Schweigens in Gang, dem diese Theorie ihren Namen verdankt. Trotz vielfältiger empirischer und theoretischer Einwände liefert die auch internat. stark beachtete Theorie einen nicht zuletzt in der Politik sehr ernstgenommenen Interpretationsrahmen für die «Macht der Medien». Kommunikationspolit. brisant wurde diese prominente Theorie öff. Meinungsbildung in Verbindung mit der Diskussion um die wahlbeeinflussende Wirkung der Berichterstattung durch das öff.-rechtliche Fernsehen.

(2) Im Mittelpunkt des radikaldemokratischen Ansatzes von *Habermas* steht ein normativer Begriff von Öffentlichkeit. Öff. Meinung versteht er als kritische Instanz gegenüber polit. Herrschaft. In sozialphilosophisch-historischer Betrachtung bewertet *Habermas* den «Strukturwandel der Öffentlichkeit» (1990) als Verfallsprozeß liberaler bürgerlicher Öff. i. S. eines Publikums räsonierender Privatleute, die im Interesse der Herausbildung des → Gemeinwohls selbsttätig zusammentreten. In sozialstaatl. verfaßten Massendemokratien entsteht Öff. nicht mehr. Sie wird im Wege polit. Öffentlichkeitsarbeit «hergestellt», durch die massenmedial adressierte «Entfaltung demonstrativer Publizität». *Habermas* konstatiert eine Refeudalisierung polit. Öff. durch privilegierte Privatinteressen einerseits und Öffentlichkeitsarbeit staatl. und priv. Institutionen andererseits. Öff. Meinung verliert damit ihre Bedeutung als Kontrollorgan staatl. Politik. Sie wird zum Resonanzboden für öff. Prestige und *publicity*. An die Stelle des räsonierenden Publikums tritt das konsumierende Publikum, polit. Akklamation ersetzt demokratische Legitimation. Dem stellt *Habermas* in seiner «Theorie des kommunikativen Handelns» einerseits das Dis-

kursideal verständigungsorientierter Kommunikation als universalem Handlungstyp gegenüber strategischem Handeln als Mittel der Beeinflussung entgegen. Andererseits plädiert er für das Wechselspiel zwischen dem «System» rechtsstaalicher Institutionen und einer in der «Lebenswelt» verankerten Öff., die sich als sensibler Resonanzboden und als Warnsystem für polit. und gesellschaftl. Problemlagen versteht (*Habermas* 1992).

(3) Bes. einflußreich in der empirisch orientierten polit. Kommunikationsforschung sind die system- und akteurstheoretische Ansätze verbindenden Bestimmungsversuche von Öff. bei *Gerhards* und *Neidhardt* (1993). Dieses Konzept begreift in Anlehnung an *Luhmann* Öff. als ein System, über das sich Gesellschaft und Politik selbst beobachten. Dabei versuchen «Sprecher» mit bestimmten Thematisierungsstrategien über die Vermittlung von «Kommunikatoren» bei einem «Publikum» Aufmerksamkeit und Zustimmung für Themen und Meinungen zu finden. Der Öff. wird dabei Transparenz-, Validierungs- und Orientierungsfunktion zugemessen. Das Konzept eignet sich bes. für empirisch angelegte Rollen- und Funktionsanalysen. Es erlaubt einen differenzierenden Zugriff auf die unterschiedlichen Ebenen, Situationen, Akteure und Medien polit. Kommunikation.

4. In normativer und institutioneller Perspektive (also mit Blick auf die *polity*) beschäftigt sich die polit. Kommunikationsforschung mit Fragen der Autonomie und → Interdependenz von Politik und Publizistik. Die Sicherung der Staatsfreiheit und polit. Unabhängigkeit des Rundfunksystems und die Entwicklung der elektronischen Medienlandschaft von einem urspr. öff.-rechtlich organisierten zu einem dualen Rundfunk- und Fernsehsystem mit priv. Anbietern haben in der BRD immer wieder Anlaß für medienpolit. und demokratietheoretisch bedeutsame verfassungsgerichtliche Entscheidungen geboten (*Medienrecht* 1980ff.). Nach wie vor wiss. und v. a. polit. umstritten ist, ob und inwieweit die Medien polit. «schwach» bzw. «stark» sind, ja sogar die → Regierbarkeit der Demokratie in Frage stellen (vgl. *Roegele* 1979). Im Ggs. zu eindimensional funktionalistischen Betrachtungsweisen gewinnen jedoch komplexere Erklärungsmodelle an Gewicht. So spielt auch die traditionelle Vorstellung von den Medien als sog. «Vierter Gewalt» eine immer geringere Rolle. Vielmehr werden Politik und Publizistik als interdependente Systeme eines Funktionszusammenhangs begriffen. Die These, die Massenmedien verfügten inzwischen gegenüber staatl. Institutionen über einen Legitimationsvorsprung, weil sie anderen Institutionen ihre Kommunikationsregeln aufzwängen, stellt dabei eine Neuauflage der Kritik an zunehmender Medienmacht dar. Neuere Studien sehen demgegenüber das Massenkommunikationssystem in Weiterentwicklung systemtheoretischer Ansätze auf dem Weg in ein «autopoietisches System Publizistik» (*Marcinkowski* 1993), das eigendynamischen Prozeßabläufen unterliegt.

Insgesamt bewegt sich die Theoriebildung auf der *Polity*-Ebene in Richtung auf komplexere Steuerungsmodelle. Hier zeichnen sich angesichts der Krise regulativer Politiken und des fundamentalen Wandels im Staatsverständnis («funktionaler Staat») in den Sozial- und Staatswiss. bisher wenig beachtete neue Ansätze der «Staatskommunikation» (*Hill*) und der kommunikativen Konfliktbewältigung auf allen polit. und administrativen Ebenen ab. Angesichts zunehmender polit. Zielfindungsprobleme und Handlungsblockaden geht es um Modelle einer Modernisierung der Demokratie mit kommunikativen – allerdings nicht massenkommunikativen – Mitteln. Letztlich zielen diese Konzepte auf das bereits von *Karl W. Deutsch* im Rahmen seiner polit. → Kybernetik verfolgte Anliegen, moderne Massendemokratien durch Informations- und Kommunikationskompetenz als lernfähige Systeme zu erhalten; mit dem Unterschied, daß *Deutsch* → Politische Systeme noch als Zentralinstanzen begriff, über die sich die Gesellschaft steuern läßt.

5. In der *Politics*-Dimension interessieren polit. relevante Kommunikationsprozesse bzw. kommunikationstheoretisch relevante Politikprozesse und die daran beteiligten Akteure im Kontext polit. Aussagenproduktion (vgl. *Kaase* 1986).

(1) Im Mittelpunkt des Forschungsinteresses

stehen Erklärungsversuche zum Spannungsverhältnis zwischen «Herstellung» und «Darstellung» von Politik, zur Selektivität in der Berichterstattung sowie zur allg. «Kommunifizierung» des polit. Prozesses. Polit. Handeln ist aufgrund zunehmender Problemverflechtung und abnehmender Steuerungsfähigkeit sowie einer nachlassenden polit.-weltanschaulichen Bindungskraft gesellschaftl. Großgruppen insgesamt kommunikationsabhängiger geworden. Schwindende polit. Folgebereitschaft, auf welcher Ebene und gegenüber welchem Akteur auch immer, muß mit steigendem Kommunikationsaufwand kompensiert werden. Dabei kommt der fernsehvermittelten Politikdarstellung und -wahrnehmung eine Art Leitfunktion zu. Die Folge ist eine generell, insbes. aber in spezifischen Phasen des polit. Prozesses (z. B. Wahlkämpfe) zu beobachtende Zurückdrängung von «Entscheidungspolitik» gegenüber einer medienwirksamen «Darstellungspolitik». Das öff. Erscheinungsbild wird von «symbolischer Politik» (*Sarcinelli* 1987), von einer «Politik als Ritual» (*Edelman*) bestimmt.

(2) Die Diskrepanz zwischen Politik auf der Entscheidungs- und auf der Vermittlungsebene findet darüber hinaus in einer Reihe von theoretischen und empirischen Einzelstudien wiss. Beachtung (vgl. *Sarcinelli* 1994). So verweist *Niklas Luhmann* (1970) mit der Unterscheidung zwischen «Entscheidungsregeln» und «Aufmerksamkeitsregeln» noch recht abstrakt auf die in Politik und Massenkommunikation unterschiedliche Fokussierung von Prozeßabläufen. Für die Selektivität polit. Berichterstattung hat die Nachrichtenwertforschung inzwischen die Faktoren empirisch ermittelt, mit denen die Verzerrungen im öff. Erscheinungsbild von Politik – etwa durch Personalisierung und Emotionalisierung, durch Stereotypisierungen, durch diskontinuierliche und neuigkeitsorientierte Darstellung – recht gut beschrieben werden können. Vermutet wird inzwischen, daß sich im Zuge einer Allpräsenz der Medien und des Medialen auch ein grundsätzlicher Legitimitätswandel (vgl. *Sarcinelli* 1998) etwa von parlamentarisch-repräsentativen Demokratien hin zu medial-präsentativen Demokratien mit entspr. polit. Gewichtsverschiebungen zu Lasten traditioneller Politikvermittlungsinstitutionen vollzieht. Dabei dürfte es sich allerdings um sehr langfristige Prozesse der «Transformation des Politischen» (*Meyer*) handeln mit im einzelnen zu untersuchenden polit.-kulturellen und -strukturellen Wandlungsprozessen.

(3) In dem Maße, wie Kommunikation zu einem Kompetenzbereich der Politik selbst geworden ist, findet auch die Wahrnehmung von Kommunikatorrollen bzw. -funktionen wiss. Interesse. So wird Öffentlichkeitsarbeit inzwischen als zentraler Leistungsbereich professionalisierter Politik begriffen: *Timing* und Themen der Berichterstattung zu beeinflussen, «Ereignismanagement» und «instrumentelle Aktualisierung» (*Kepplinger*), Realität und Pseudorealität medienwirksam zu inszenieren, gehört inzwischen zum Alltagsrepertoire polit. Akteure im Kampf um die Machtprämie Medienpräsenz.

(4) Im Ggs. zu schematischen Gewaltenteilungsmodellen verweisen die Eliten- und Akteursforschung auf einen hohen Austausch und netzwerkartige Verflechtungen gesellschaftl. Führungsgruppen mit dem Medienbereich. Auf den verschiedenen Ebenen und je nach Medienart in unterschiedlicher Akzentuierung haben sich eher «symbiotische» Interaktions- und Abhängigkeitsbeziehungen herausgebildet.

6. Für den Zusammenhang zwischen *policy* und polit. Kommunikation ist zu unterscheiden zwischen Kommunikationspolitik als Politikfeld und der Verbindung von *policies* und massenmedialer Politikvermittlung.

(1) Hinsichtlich letzterer gibt es über die bereits skizzierten Hauptbefunde und über pauschale Aussagen zur Qualitätsbeeinflussung bzw. -beeinträchtigung sachpolit. Entscheidungen hinaus, insbes. durch den Einfluß des Fernsehens, nur wenige Fallstudien, die theoriebildende Aussagen über den Zusammenhang zwischen der Qualität von Kommunikationsprozessen und polit. Problemlösungen erlauben. Erste kommunikationswiss. ausgerichtete *Policy*-Studien begründen die Annahme, daß den Medien eher eine problemidentifizierende und die Art der Problemwahrnehmung, nicht aber Sachentscheidungen selbst stark beeinflussende Rolle zukommt. Art und Intensität massenme-

dialer Thematisierung und Dethematisierung können dabei je nach Politikfeld aufgrund unterschiedlicher Konflikthaltigkeit und gruppenspezifischer Involviertheit variieren.

(2) Kommunikationspolitik als ein eigenes sachpolit. Handlungsfeld ist nur bedingt vergleichbar mit anderen *policies*. Es unterscheidet sich von diesen grundsätzlich dadurch, daß es hier um die Frage nach den allg. sozialen, rechtlichen und organisatorischen Vorbedingungen öff. Kommunikation geht. Kommunikationspolit. Theoriebildung muß sich dabei auch mit Sollensfragen, also mit den Leitvorstellungen (z. B. publizistische Vielfalt, Autonomie und Staatsfreiheit, innere Pressefreiheit, Objektivität und Ausgewogenheit etc.) einer gewünschten demokratischen Kommunikationsordnung sowie ihrer polit. und rechtlichen Durchsetzung und Sicherung beschäftigen. Damit kommt ihr letztlich eine instrumentelle Funktion im Rahmen der Ausgestaltung gesellschaftl. und polit. Institutionenarrangements zu. Ziele, ordnungspolit. Grundlagen und Instrumentarien medienpolit. Steuerungsbemühungen variieren dabei nicht zuletzt aufgrund medientechnologischer Veränderungen. Gleichwohl bleibt Medienpolitik trotz geringer staatl. Steuerungsmöglichkeiten ein zentrales gesellschaftspolit. Konfliktfeld.

7. Das politikwiss. Interesse an der Massenkommunikationsforschung und v. a. an der relativ weit entwickelten Medienwirkungsforschung ist noch jüngeren Datums (vgl. *Kaase/Langenbucher* 1986). Dabei weicht die lange gepflegte These, Massenkommunikation sei relativ unwirksam, ebenso wie die neuere These von der Omnipotenz massenmedialer Einflußträger einer differenzierteren Betrachtungsweise. Insofern es um Wirkungen polit. Kommunikation auf Bürger als Medienrezipienten geht, ist zwar die Medienwirkungsforschung insgesamt in den Blick zu nehmen (vgl. *Schenk* 1987, *Schulz* 1992). Dies betrifft Theorien zur polit. Einstellungsbildung (z. B. Persuasionstheorien, Konsistenztheorien, Theorien zu kognitiven und emotionalen Effekten), Wirkungstheorien zur interpersonalen Kommunikation sowie empirisch gestützte Hypothesen zu gesellschaftl. Wirkungen. Insgesamt wird polit. Kommunikation als ein komplexer, mehrstufiger und interaktiver Vorgang gesehen. Auch politikwiss. kommt dabei zwei intensiv verfolgten Forschungsrichtungen herausragende Bedeutung zu: der *«Agenda-Setting»*-Forschung und der «Wissenskluft» -Forschung.

(1) Im Mittelpunkt der *Agenda-Setting*-Forschung steht die Thematisierungs- und Themenstrukturierungsfunktion der Massenmedien. Danach sind Medien dadurch – und v. a. in kognitiver Hinsicht – wirksam, daß sie die «Tagesordnung» und Hierarchie der Themen öff. Kommunikation festlegen. Infolge fehlender Primärerfahrungen sind diese Agenden für das «Bild» von polit. Realität bei den Rezipienten konstituierend. (2) Die Wissenskluft-Forschung *(knowledge-gap)* beschäftigt sich demgegenüber mit den gesellschaftl. Folgen der wachsenden Informations- und Nachrichtenflut. Danach steigt der Grad an Informiertheit der Bürger nicht automatisch. Mit wachsender Informationsmenge öffnet sich vielmehr die Schere zwischen denen, die aufgrund kognitiv, psychisch und sozial günstigen Bedingungen in der Lage sind, Informationen bewußt auszuwählen und in einen angemessenen Sinnzusammenhang zu integrieren, und denen, die über diese Voraussetzungen nicht verfügen. Insofern bedarf die Vorstellung, daß sich das aufklärerische Idealbild eines gutinformierten, zu Selbst- und Mitbestimmung befähigten Staatsbürgers gerade durch die Ausweitung des Medienangebots und durch die Etablierung einer Interaktivität ermöglichenden Informations- und Kommunikationsinfrasturktur verwirklichen lasse, einer Korrektur. Demokratietheoretisch bedeutsam ist dies insofern, als polit. Kommunikation über Massenmedien nicht automatisch zu einer Homogenisierung der Gesellschaft oder zu mehr Chancengleichheit führt. Ohne entsprechende medienpolit., v. a. aber bildungspolit. und polit.-pädagogische Korrekturen werden sich medieninduzierte Differenzierungs- und Individualisierungsprozesse beschleunigen und Chancenungleichheiten verfestigen.

8. Die Leistungsfähigkeit polit. Systeme und gesellschaftl. Subsysteme wird zunehmend davon abhängen, in welchem Umfang diese

in der Lage sind, sich als Kommunikationssysteme in einer unübersichtlicher werdenden medialen Umwelt durch Aufmerksamkeit, Glaubwürdigkeit und Zustimmung zu behaupten. Entscheidend für die Lernfähigkeit demokratischer System wird dabei ihre Informationsverarbeitungskapazität sein. Denn die zunehmende Verschmelzung von Kommunikationstechnik und Datenverarbeitung, von Telekommunikation und Unterhaltungselektronik, von Individual- und Massenkommunikation, die Internationalisierung und Kommerzialisierung des Medienmarktes sowie eine weitere Angebotsexplosion machen zukünftig die Medienkultur allgegenwärtig. Insofern wird auch die Entwicklungsfähigkeit polit. Theoriebildung in hohem Maße davon abhängen, wie es gelingt, polit. Handeln als kommunikatives Handeln theoretisch zu erfassen.

→ Diskurstheorie kommunikativen Handelns; Handlungstheorien; Herrschaft; Politikbegriffe.

Lit.: *Gerhards, J./Neidhardt, F.* 1993: Strukturen und Funktionen moderner Öffentlichkeit, in: *Langenbucher, W.* (Hrsg.): Politische Kommunikation, Wien, S. 52–89. *Habermas, J.* 1990: Strukturwandel der Öffentlichkeit, Ffm. *Habermas, J.* 1992: Faktizität und Geltung, Ffm. *Jarren, O.* 1988: Politik und Medien im Wandel, in: Publizistik 33, 619–632. *Jarren, O.* (Hrsg.) 1994: Politische Kommunikation in Hörfunk und Fernsehen, Opl. *Jarren, O./Sarcinelli, U./Saxer, U.* (Hrsg.) 1998: Politische Kommunikation in der demokratischen Gesellschaft, Opl. *Kaase, M.* 1986: Massenkommunikation und politischer Prozeß, in: *ders.* (Hrsg.): Politische Wissenschaft und politische Ordnung, Opl., 357–374. *Kaase, M./Schulz, W.* (Hrsg.) 1989: Massenkommunikation (Sonderheft 30 der KZfSS), Opl. *Kaase, M./Langenbucher W. R.* 1986: Medienwirkungen auf Gesellschaft und Politik, in: Medienwirkungsforschung in der Bundesrepublik Deutschland, Weinheim, 13–28. *Langenbucher, W. R.* (Hrsg.) 1979: Politik und Kommunikation, Mchn. *Langenbucher, W. R.* (Hrsg.) 1986: Politische Kommunikation, Wien. *Luhmann, N.* 1970: Öffentliche Meinung, in: PVS 11, 2–28. Medienrecht, bearb. von *Ring, W.-D.* 1980 ff., Mchn./Münster (Loseblattsammlung). *Marcinkowski, F.* 1993: Publizistik als autopoietisches System, Opl. *Nimmo, D. D./Sanders K. R.* (Hrsg.) 1981: Handbook of Political Communication, Beverly Hills/L. *Noelle-Neumann, E.* 1989: Öffentliche Meinung, Ffm./Bln. *Roegele, O. B.* 1979: Massenmedien und Regierbarkeit, in: *Hennis, W.* u. a.: Regierbarkeit, Bd. 2, Stg., 145–148. *Sarcinelli, U.* 1987: Symbolische Politik, Opl. *Sarcinelli, U.* 1994: Mediale Politikdarstellung und politisches Handeln, in: *Jarren, O.* (Hrsg.) 1994: 35–50. *Sarcinelli, U.* 1998: Legitimität und Legitimitätswandel durch politische Kommunikation, in: Zeitschrift für Politikwissenschaft, 8. J./H. 2, 547–567. *Sarcinelli, U.* (Hrsg.) 1998: Politikvermittlung und Demokratie in der Mediengesellschaft, Bonn/Wsb. *Schenk, M.* 1987: Medienwirkungsforschung, Tüb. *Schulz, W.* (Hrsg.) 1992: Medienwirkungen, Weinheim. *Schulz, W.* 1997: Politische Kommunikation, Opl./Wsb.

Ulrich Sarcinelli

Kommunismus, in unterschiedlichen Bedeutungszusammenhängen verwendet: als Gesellschaftsentwurf oder -utopie bestimmter → Sozialer Bewegungen, als Herrschaftsform im sog. → Real existierenden Sozialismus sowjetmarxistischer Provenienz.

1. Lange vor *Marx* und *Engels* existierten in der Ideengeschichte kommunistische (k.) Gesellschaftsentwürfe, bei denen es immer um solidarische Gütergemeinschaften, kollektive Lebensformen, soziale → Gleichheit ohne priv. Eigentum ging – vom Urchristentum über *T. Morus'* «Utopia» (1517), *T. Campanella*s «Sonnenstaat» (1623), *F. Bacon*s «Neu-Atlantis» (1638) bis hin zu den sog. utopischen oder Frühsozialisten Ende des 18. und zu Beginn des 19. Jh. (u. a. *Babeuf*, *Fourier*, *Owen*, *Proudhon*, → Politische Utopie).

2. Polit.-praktisch wirksam wird K. erst im modernen Industriekapitalismus mit seinen neuen Formen von Privateigentum, Klassenspaltung, proletarischen Massenbewegun-

gen und Ausbeutungs- bzw. Abhängigkeitsstrukturen für die kolonialisierte oder imperialistisch beherrschte → Dritte Welt. In diesem Zusammenhang stehen die unterschiedlichen k. sozialen Bewegungen oder → Parteien für eine Vielzahl von Konzepten und Strategien, die sich gegen die privatwirtschaftl. Organisation des → Kapitalismus wenden und in Abgrenzung und Konkurrenz zur → Sozialdemokratie das Ziel einer klassenlosen und nichtentfremdeten Gesellschaft entw. durch zentrale → Planwirtschaft oder durch rätedemokratische Verwaltung der Produktion (→ Anarchismus, → Räte, jugoslawischer Selbstverwaltungssozialismus, → Eurokommunismus) erreichen wollen. Mit Ausnahme des Anarchismus liefert ihnen allen der von *Marx* formulierte «wiss. Sozialismus» die methodische Basis für die inhaltlichen Ziele ihrer k. Utopie. Für *Marx* ist K. «nicht ein Zustand, der hergestellt werden soll, ein Ideal, wonach die Wirklichkeit sich zu richten haben wird. Wir nennen K. die wirkliche Bewegung, welche den jetzigen Zustand aufhebt. Die Bedingungen dieser Bewegung ergeben sich aus der jetzt bestehenden Voraussetzung» (*Marx* 1969: 35, zuerst 1845). Da diese aufzuhebenden Bedingungen in keinem Land und zu keiner Zeit die gleichen sind, folgt daraus eine Fülle unterschiedlicher Theorien und Praxen zur Verwirklichung des → «Reichs der Freiheit», wie *Marx* den K. auch nennt.

3. Realhistorisch beruhte freilich die Herrschaftsform des Sowjetkommunismus in der Sowjetunion nach 1917 und in den Staaten des real existierenden Sozialismus auf der führenden Rolle der Kommunistischen Partei, die über das hierarchische Prinzip des → Demokratischen Zentralismus die staatl. und gesellschaftl. Aktivitäten gelenkt und die Wirtschaft dem Prinzip der zentral koordinierten Planwirtschaft unterworfen hat (→ Avantgarde, → Partei neuen Typs). Diese Systeme sind im Laufe der 1980er Jahre aufgrund innerer Oppositionsbewegungen, der desolaten ökon. Lage, der Ineffizienz der Planwirtschaften sowie durch den → Anreiz der erfolgreicheren sozialstaatl. Modelle im Westen zusammengebrochen.

4. Trotzdem ist die urspr. k. Utopie weiterhin in sog. postkommunistischen Entwürfen präsent, allerdings wird jetzt die Funktion von Märkten als ökon. Steuerungs- und Verteilungsmechanismus positiver beurteilt. Weiterhin spielen die Abschaffung zentraler staatl. Bürokratien, partizipatorische Demokratiekonzepte sowie die Aufteilung der Gesellschaft in viele kleine sozio-ökon. Einheiten (Demarchie) eine wichtige Rolle.

→ Diktatur des Proletariats; Marxismus.

Lit.: *Fetscher, I.* 1985: Polit. Ideen in der jüngeren Geschichte, in: *Fetscher, I./Münkler, H.* (Hrsg.): Politikwissenschaft. Begriffe – Analysen – Theorien, Rbk., 25–68. *Marx, K./Engels, F.* 1957 ff.: Die deutsche Ideologie, in: MEW, Bd. 3, 13–530 (zuerst 1845). *Marx, K./Engels, F.* 1957 ff.: Manifest der Kommunistischen Partei, in: MEW, Bd. 4, 459–493 (zuerst 1848). *Schneider, W.* 1982: Kommunismus, in: *Brunner, O.* u. a. (Hrsg.): Geschichtliche Grundbegriffe, Stg., Bd. 3, 455–529. *Vranicki, P.* 1983: Geschichte des Marxismus, Ffm.

Josef Esser

Kommunitarismus (engl. *communitarianism*), Sammelbegriff für eine in Nordamerika seit Beginn der 1980er Jahre in Sozialwiss. (*R. N. Bellah*; *A. Etzioni*) und → Politischer Philosophie (*B. Barber*; *A. MacIntyre*; *M. Sandel*; *C. Taylor*; *M. Walzer*) identifizierbare Strömung und bezeichnet eine von kommunitären Ideen geprägte polit. Bewegung (*Etzioni* 1995). Der K. diagnostiziert (1) i. S. der → Postmoderne eine Krise moderner → Gesellschaften (Entsolidarisierung; Werteverfall; → Legitimitäts-, Identitäts- und Sinnkrise), als deren Ursache er (2) einen radikalen, von der → Ideologie des → Neo-Liberalismus geförderten Individualismus ausmacht, um im Gegenzug (3) die notwendige Rückbesinnung auf Bedeutung und Wert von → Gemeinschaft (*community*) zu fordern.

1. Der K. begreift den Menschen im Ggs. zum atomistischen Menschenbild des → Liberalismus als soziales Wesen, das notwen-

dig von → Kultur und Tradition seines Gemeinwesens geprägt ist. Der Liberalismus gilt dem K. in seinem universellen, die eigenen kulturellen Voraussetzungen negierenden Anspruch als selbstzerstörerisch. In der einseitigen Betonung priv. Selbstverwirklichung und ökon. Nutzenmaximierung, durch die Überbetonung individueller Rechte auf Kosten des → Gemeinwohls wie durch eine die eigene nat. → Identität verleugnende Neutralität des Staates untergrabe dieser die unverzichtbaren, → Freiheit und → Demokratie erst ermöglichenden, gemeinschaftlichen Grundlagen (Wertekonsens; gesellschaftl. → Solidarität) seiner eigenen (liberalen) Kultur. Einer solchermaßen atomisierten Gesellschaft drohte mit der Tyrannei des → Marktes oder im Verwaltungsdespotismus (*Alexis de Tocqueville*) neue Abhängigkeit. Dagegen fordert der K. eine stärker gemeinwohlorientierte Politik, mehr bürgerliches Engagement, Stärkung der → Zivilgesellschaft und Rückbesinnung auf die Bürgertugenden des → Republikanismus. Zu erreichen sei dies insbes. durch → Dezentralisierung staatl. Aufgaben zugunsten lokaler Gemeinschaften, Förderung → Direkter Demokratie und intensivierte polit. Bildung.

2. Seit Ende der 1980er Jahre wird der K. auch in der BRD rezipiert. Der urspr. gegen den K. gehegte pauschale Verdacht des → Neo-Konservatismus wurde inzwischen durch eine differenzierende, unterschiedliche Strömungen (aristotelisch-republikanischer K.; gemäßigter, liberaler K.) berücksichtigende Betrachtungsweise ersetzt. Doch erscheinen vor dem Hintergrund dt. Geschichte und → Politischer Kultur die Schwachstellen des K., sein → Idealismus, sein Partikularismus und der von ihm ausgehende Konformitätsdruck bes. problematisch. In der öff. Diskussion um wohlfahrtsstaatl. und demokratische Reformen dienen kommunitäre Ideen (Bürgerengagement; Bürgertugend; Werteerziehung usw.) als Ergänzung und Widerpart neo-liberaler Politik.

→ Bürgerschaft; Zivilgesellschaft.

Lit.: *Bell, D.* 1993: Communitarianism and its Critics, Ox. *Etzioni, A.* 1995: Die Entdekkung des Gemeinwesens, Stg. (engl. 1993). *Forst, R.* 1996: Kontexte der Gerechtigkeit, Ffm. *Honneth, A.* (Hrsg.) 1993: Kommunitarismus, Ffm. u.a. *Kallscheuer, O.* 1995: Kommunitarismus, in: *Nohlen, D./Schultze, R.-O.* (Hrsg.): Politische Theorien (Lexikon der Politik, Bd. 1) Mchn., 257–267. *Rieger, G.* 1993: Wieviel Gemeinsinn braucht die Demokratie. Zur Diskussion um den Kommunitarismus, in: ZfP, 40, 304–332. *Reese-Schäfer, W.* 2000: Kommunitarismus, Ffm./NY. *Zahlmann, C.* (Hrsg.) 1992: Kommunitarismus in der Diskussion, Bln.

Günter Rieger

Komparative Kostenvorteile, von *D. Ricardo* Ende des 18. Jh. in die Außenwirtschaftstheorie eingeführtes → Gesetz, das eine wesentliche theoretische Stütze für die Forderung nach → Freihandel bildet. Das Gesetz der k. K. besagt, daß Außenhandel auch zwischen Ländern, die bei der Produktion aller Güter absolut überlegen bzw. unterlegen sind, für beide Seiten wirtschaftl. sinnvoll ist, wenn sich das absolut überlegene Land auf die Produktion von Gütern mit den größten Kostenvorteilen, das unterlegene Land entspr. auf die Produktion von Gütern mit den geringsten Kostennachteilen konzentriert.

Durch die Einbeziehung von Nachfragebedingungen, Unterschieden in Technologie und Ausstattung mit Produktionsfaktoren sowie einer Dynamisierung ist das «Gesetz» differenziert und als Erklärungsansatz für die Entwicklung der → *Terms of Trade* (Austauschverhältnisse) von Ländern herangezogen worden. Auch wenn die Aussage eines Gesamtnutzens als Folge zwischenstaatl. → Arbeitsteilung nicht zu bestreiten ist, bleibt die Frage der Nutzenverteilung und der positiven Wirkung für alle Beteiligten doch von einer Vielzahl von Voraussetzungen abhängig.

Lit.: → Außenhandel/Außenhandelspolitik.

Uwe Andersen

Komparative Methode → Vergleichende Methode

Kondratieffscher Zyklus → Zyklustheoretische Ansätze

Konfessionelle Bindung, die soziale oder psychische Bindung einer Person an eine bestimmte Religionsgemeinschaft.

In der → Wahlforschung ist die konfessionelle Bindung in den Ländern wichtig, in denen Konfessionsgruppen eine bes. Koalition mit bestimmten polit. Parteien eingegangen sind (→ *Cleavage*). Je stärker die Bindung des einzelnen an die jeweilige Religionsgruppe, um so größer die Wahrscheinlichkeit, daß er die polit. Partei wählt, die sich für die Interessen der Religionsgruppe einsetzt. Bei Katholiken wird i. d. R. die Häufigkeit des Kirchgangs als Bindungsindikator verwendet, denkbar sind aber auch direkte Fragen nach der Religiosität.

→ Kontext/Kontextanalyse; Politische Sozialisation; Wählerverhalten.

Franz Urban Pappi

Konfidenzintervall → Schätzen, statistisches; Repräsentationsschluß

Konflikt/Konflikttheorien, Konflikt ist als Streit oder Auseinandersetzung im gesellschaftl. Leben allgegenwärtig und ebenso wichtig wie → Konsens und Harmonie. K. können sich zwischen zwei Staaten ebenso ergeben wie zwischen Arbeitgeberverband und Gewerkschaft, Unternehmensleitung und Betriebsrat, Eltern und Kindern, aber auch zwischen dem Familien- und Berufsinteresse einer Person. K. unterscheiden sich daher nach ihrem Gegenstand, der Ursache, Ebene, Erscheinungsform, Intensität, Gewaltsamkeit und den Bewältigungs- bzw. Lösungsformen.

1. Gemeinsam ist sozialen K., daß ihnen Widersprüche oder spannungserzeugende Beziehungen zwischen den Elementen sozialer (und personeller) Systeme zugrunde liegen. (1) Die Konfliktursache ist vornehmlich in jenen Elementen der Struktur einer Gruppe, Organisation oder Gesellschaft zu sehen, «die einerseits mit der Setzung und Sanktionierung von Normen und andererseits mit der Kontrolle und Zuweisung von knappen Ressourcen wie Einkommen, Vermögen, Ansehen, Einfluß, Autorität usw. zu tun haben» (*Strasser/Randall* 1979: 55). Da in menschlichen Gesellschaften Güter erzeugt werden (z. B. Nahrungsmittel, Kleidung, Transportmittel, aber auch Prestige, Macht, Werterhaltungen), um die → Bedürfnisse der Gesellschaftsmitglieder zu befriedigen, diese Ressourcen erwünscht, aber knapp sind, entsteht das Problem ihrer effektiven Erzeugung und gerechten → Verteilung.

(2) Ein sozialer K. entsteht, wenn zwei oder mehrere Personen oder Gruppen unvereinbare Auffassungen über die Herstellung und Verteilung der knappen Ressourcen haben, wie das bei Tarifauseinandersetzungen oder im Parteienstreit über eine verteilungsgerechte Steuerreform der Fall ist. Es kann auch darum gehen, wie vorgegebene Ziele mit unterschiedlichen Mitteln am effektivsten zu verwirklichen sind (z. B. wirtschaftl. Wachstum, Abbau der → Arbeitslosigkeit). Es kann aber auch ein K. entstehen über die grundsätzliche → Legitimität von Bedürfnissen (z. B. Konsum, Sparen, Auslandsreisen) oder die Gültigkeit von Werthaltungen (z. B. Religionsfreiheit, demokratische Prinzipien, Asylrecht). Hier entspinnt sich eine Kontroverse über die Frage, was als erstrebenswertes → Gut gelten soll, während Verteilungs- und Organisationskonflikte einen Konsens darüber voraussetzen (vgl. *Reimann* u. a. 1990: 208 ff.). (3) Nach der sozialen Ebene, auf der K. ausbrechen, unterscheidet *Dahrendorf* (1972: 27) Rollen (Patienten gegen Kassen), Gruppen (Vater gegen Kinder), Sektoren (Kath. Kirche gegen Altkatholiken), Gesellschaften (Flamen gegen Wallonen) und übergesellschaftl. Verbindungen (Westen gegen Osten oder UN gegen Irak). Diese K. erhalten ihren konkreten Ausdruck in der Form von Rollen-, industriellen, Klas-

sen-, Partei- und internat. Konflikten. Innerhalb der sozialen Einheiten könnte man K. wiederum nach dem Rang der Beteiligten unterscheiden (Gleiche gegen Gleiche, Übergeordnete gegen Untergeordnete, Ganzes gegen Teil). Je nach dem Grad der Anteilnahme und der Wahl der Ausdrucksmittel sind Abstufungen nach der Intensität bzw. Gewaltsamkeit der K. denkbar. Diese K. können manifest (offen), latent (versteckt) oder indirekt (wenn sie auf ein Ersatzobjekt und nicht die Ursache gerichtet sind) in Erscheinung treten.

2. Wenn K. in der Gesellschaft endemisch sind und jede soziale Beziehung auch als Konfliktsystem angesehen werden kann, stellen sich nicht nur Fragen nach den strukturellen Ursprüngen, dem Zeitpunkt des Ausbruchs und den variierenden Ausdrucksformen; vielmehr treten dann v. a. die Formen der Konfliktbewältigung in den Vordergrund des gesellschaftspolit. und sozialwiss. Interesses. Zwei konflikttheoretische Grundpositionen werden dabei deutlich:

(1) In der marxistisch-kritischen Konflikttheorie (Kt.) wird der ökon. Verteilungskonflikt als ein Wert- oder Ordnungskonflikt verstanden und deshalb ein unüberbrückbarer Dissens zwischen den Konfliktparteien angenommen. Der → Klassenkonflikt führt über die Liquidation der «herrschenden Klasse» zur wahren Gemeinschaft. In der liberal-analytischen Kt. wird der «Herrschaftskonflikt» (*R. Dahrendorf*) bzw. «Statuskonflikt» *(L. A. Coser)* dagegen als Interessenkonflikt dargestellt. Er ist Mittel zum Interessenausgleich (→ Interesse). Eine endgültige Lösung des K. ist für die Vertreter des liberalen Modells nicht erkennbar, weil die Ursachen nicht zuverlässig ermittelt und schon gar nicht beseitigt werden können. Eine Unterdrückung des K. würde nur Frustrationen aufstauen und Wandel verhindern. Sie ziehen daher die Strategie der Regulierung des K. vor, und zwar durch → Institutionen (Tarifparteien, Verbände, parlamentarische → Demokratie) und Spielregeln (Tarifverhandlungen, -vereinbarungen, → Streik, → Rechtsstaat). Eine derartige Regulierung sozialer K. setzt gemeinsame Interessen (z. B. Produktivität, sozialer Friede) voraus, die ernsthafte Wert- oder Ordnungskonflikte kaum entstehen lassen. Im liberalen Modell ist der Konflikt universell, im marxistischen dagegen systemspezifisch, mit Klassenherrschaft in Zusammenhang stehend. «Der Historische Materialismus ist keine Theorie des sozialen Wandels im üblichen Sinn, sondern eine Theorie der Veränderung gesellschaftl. Verhältnisse» (*Krysmanski/Tjaden* 1979: 111).

(2) Die marxistisch inspirierte Kt. läuft daher auf eine → Revolutionstheorie und die liberale Kt. auf eine Institutionalisierungstheorie des K. hinaus. Während erstere auf die Arbeiten von *Marx*, *Engels* und *Lenin* zurückgeht, stützt sich letztere v. a. auf *Max Weber* und *Georg Simmel*. Für *Weber* reichten die ökon. → Klassen nicht aus, um die Privilegierten und Mächtigen einer Gesellschaft zu identifizieren. *Simmel*, auf dem *L. A. Coser* seine Theorie sozialer K. aufbaut, verweist wiederum auf den K. als Quelle der → Integration, indem er im internen Gruppenkonflikt ein Sicherheitsventil gegen sich akkumulierende Feindseligkeiten erkennt und überhaupt dem K. eine einigende Wirkung in Gruppen und Gesellschaften gegenüber Außenseitern und Feinden zuschreibt. *R. Dahrendorf* verdankt *Weber* nicht nur die Einsicht, daß Eigentum ein Spezialfall von → Herrschaft ist, sondern auch die These, daß die Gesellschaft durch Zwang zusammengehalten werde und soziale K. überall dort auftreten, wo Menschen sich in Organisationen («Herrschaftsverbänden») – vom Verein über den Staat bis zur UN – zusammenschließen.

(3) Die Kt. haben sich v. a. in der Kritik am → Funktionalismus profiliert, dessen Vertreter (z. B. *T. Parsons*) die Gesellschaft durch gemeinsame → Werte und → Normen und nicht so sehr durch Zwang und Autorität zusammengehalten sehen. Folgerichtig stellt *R. Dahrendorf* (1957) dem funktionalistischen Integrations- das konflikttheoretische Zwangsmodell gegenüber. Nicht Integration durch normative Elemente (z. B. Rollenerwartungen), sondern Disharmonien in einer von Herrschaftsprinzipien durchwalteten Gesellschaft stehen im Zentrum der Konflikttheorien. Viele empirische Studien wurden von der konflikttheoretischen Perspektive inspiriert: *C. Wright Mills'* Untersuchung

über die amerikan. Machtelite und Angestelltenschaft ebenso wie *Randall Collins'* Studie über das Funktionieren der *credential society* und die verschiedenen Studien über Geschlechter- und Ungleichheitsverhältnisse in vielen Ländern.

(4) Die Kt. ist nicht ohne Einwände geblieben, v. a. was ihre Annahmen über Kontextunabhängigkeit, die Eindimensionalität und die Eindeutigkeit sozialer K. anbelangt. Weder sind alle K. reine Nullsummenspiele, noch sind sie immer nur bipolar ausgerichtet oder gar durch eine Homogenität der Konfliktparteien gekennzeichnet (vgl. *Bühl* 1972).

Lit.: *Amin, S.* 2000: Die Zukunft des Weltsystems, Hamb. *Bernard, T.J.* 1983: The Consensus-Conflict-Debate: Form and Content in Social Theories, NY. *Bühl, W.L.* (Hrsg.) 1972: Konflikt und Konfliktstrategie, Mchn. *Bradley, H.* 1989: Men's Work , Women's Work, Minneapolis. *Collins, R.* 1975: Conflict Sociology, NY. *Collins, R.* 1979: The Credential Society, NY. *Coser, L.A.* (1956) 1965: Theorie sozialer Konflikte, Neuwied. *Dahrendorf, R.* 1957: Soziale Klassen und Klassenkonflikt in der industriellen Gesellschaft, Stg. *Dahrendorf, R.* 1967: Pfade aus Utopia, Mchn. *Dahrendorf, R.* ²1972: Freiheit und Demokratie, Mchn. *Giegel, H.-J.* (Hrsg.) 1998: Konflikt in modernen Gesellschaften, Ffm. *Gurr, T.R.* 1970: Why Men Rebel, Princeton, N.J. *Habermas, J.* 1976: Zur Rekonstruktion des historischen Materialismus, Ffm. *Hopkins, T.K.* u.a. 1982: World Systems Analysis: Theory and Methodology, L. *Krysmanski, H.J.* 1971: Soziologie des Konflikts, Rbk. *Huntington, S.* 1998: Kampf der Kulturen. Mchn. (engl. 1996). *Krysmanski, H.J./Tjaden, K.-H.* 1979: Die historisch-materialisitische Theorie der gesellschaftlichen Entwicklung, in: *Strasser, H./Randall, S.C.*: Einführung in die Theorien des sozialen Wandels, Darmst., 111–156. *Mills, C.W.* 1956: The Power Elite, NY. *Nollmann, G.* 1997: Konflikte in Interaktion, Gruppe und Organisation, Opl. *Reimann, H.* u.a. ⁴1990: Basale Soziologie: Theoretische Modelle, Opl. *Simmel, G.* (1908) 1923: «Der Streit» und «Die Kreuzung sozialer Kreise», in: *ders.*: Soziologie. Untersuchungen über die Formen der Vergesellschaftung, Lpz., 247–336, 403–453. *Strasser, H./Randall, S.R.* 1979: Einführung in die Theorien des sozialen Wandels, Darmst.

Hermann Strasser

Konfliktfähigkeit, polit.-soziologischer Begriff, der darauf verweist, daß sozioökon. → Interessen(-gruppen, Verbände) nicht nur organisiert sein müssen, sondern auch auf Ressourcen und Machtmittel angewiesen sind, um ihre Interessen in polit. Entscheidungsprozessen erfolgreich durchsetzen zu können. K. bedeutet hierbei die Fähigkeit, glaubhaft mit dem Entzug oder dem Vorenthalten wirtschaftl., polit. oder gesellschaftl. relevanter Leistungen drohen zu können (z.B. durch → Streik/Aussperrung).

Das Maß der K. hängt damit v. a. ab von (1) der → Organisationsfähigkeit, (2) der Marktmacht, (3) der Möglichkeit, Wählerstimmen zu mobilisieren. K. nimmt zu, je enger die Interessen mit der Produktionssphäre verbunden sind (Arbeitgeberorganisationen, → Gewerkschaften) und nimmt ab, je weiter sie in die Reproduktionssphäre hineinreichen (Kultur, Freizeit).

→ Pluralismus; Unkonventionelles Verhalten.

Lit.: *Offe, C.* 1972: Polit. Herrschaft und Klassenstrukturen im Spätkapitalismus, in: *Kress, G./Senghaas, D.* (Hrsg.): Politikwissenschaft. Eine Einführung in ihre Probleme, Ffm., 135–164. *Olson, M.* 1968: Die Logik des kollektiven Handelns, Tüb. (engl. 1965). → Neue Politische Ökonomie.

Klaus Schubert

Konfliktlinien → Cleavages

Konföderation (von lat. *confoederatio* = Bund, Bündnis; engl. *confederation*), Zusammenschluß zweier oder mehrerer gleichberechtigter und weiterhin souveräner Staaten zu einem → Staatenbund.

K. steht im Ggs. zum zentralistischen → Einheitsstaat oder zum gliedstaatl. Zusammenschluß zur → Föderation bzw. zum → Bundesstaat.

→ Föderalismus.

Rainer-Olaf Schultze

Konjunktur/Konjunkturpolitik, wiederkehrende, mehrjährige zyklische Veränderungen der gesamtwirtschaftl. Aktivität, die charakteristisch sind für → Marktwirtschaften.

1. Die Phaseneinteilung des Konjunkturzyklus ist unterschiedlich, doch werden häufig vier Phasen unterschieden: eine Aufschwungphase, eine tendenziell durch Übernachfrage gekennzeichnete Boomphase, eine Abschwungphase und eine mit Unterauslastung der Produktionskapazitäten und entspr. → Arbeitslosigkeit verbundene Depressionsphase (oder wieder Rezessionsphase). Auch die verwendeten → Indikatoren sind vielfältig, wobei ein wichtiger Aspekt ihre zeitliche Beziehung zum Konjunkturzyklus ist (Frühindikator z. B. Auftragsentwicklung, Spätindikator z. B. Entwicklung der Verbraucherpreise). So werden z. B. nach dem Kriterium der Länge des Zyklus die kurzfristigen *Kitchin*-Zyklen (drei bis vier Jahre), die mittelfristigen *Juglar*-Zyklen (sieben bis elf Jahre) und die langfristigen *Kondratieff*-Zyklen (50 bis 60 Jahre) unterschieden. Die einzelnen Konjunkturzyklen weisen allerdings mehr oder minder starke Abweichungen auf, und in der Nachkriegszeit dominiert ein Grundmuster, das v. a. durch Schwankungen des Wachstums charakterisiert ist, während ein absoluter Rückgang des Sozialprodukts die Ausnahme bildet.

2. Zur Erklärung von Konjunkturbewegungen sind in der Konjunkturtheorie unterschiedliche Faktoren angesetzt worden: exogene Faktoren (z. B. die Bevölkerungsentwicklung), endogene Faktoren sowohl auf der Geld- wie auf der Güterseite, produktionstechnische Faktoren (z. B. die sprunghaften Auswirkungen einer Verbrauchsveränderung auf die Investitionen – Akzeleratorprinzip), psychologische Faktoren (instabile Verhaltensweisen) und allg. Reaktionsverzögerungen als Störelemente. Dabei wird in der modernen Konjunkturtheorie meist versucht, unterschiedliche Ursachenfaktoren miteinander zu verknüpfen. Die Bedeutung unterschiedlicher Ursachendiagnosen liegt v. a. in den Konsequenzen für die konjunkturpolit. Therapien, d. h. die Handlungsempfehlungen.

Das mit der «keynesianischen Revolution» in Reaktion auf die Weltwirtschaftskrise durchgesetzte Konzept einer antizyklischen, primär auf die staatl. Fiskalpolitik gestützten Konjunkturpolitik (Kp.) hat die Wirtschaftspolitik bis in die 1970er Jahre dominiert. Die Eignung der → Globalsteuerung als Instrument der Krisenvermeidung und Stabilisierung von Marktwirtschaften ist nicht nur von marxistischer Seite, sondern auch von Anhängern des → Monetarismus bestritten worden. Letztere sehen in der antizyklischen Kp. aufgrund von Wirkungsverzögerungen eine wesentliche Ursache krisenhafter Konjunkturbewegungen und fordern statt dessen eine regelgebundene, die Erwartungen stabilisierende, primär auf die → Geld- und Kreditpolitik gestützte → Wirtschaftspolitik. Verwiesen wird dabei nicht nur auf das für eine antizyklische Steuerung unzureichende Wissen, sondern auch auf die fehlende Fähigkeit und Bereitschaft der wirtschaftspolit. → Akteure, konjunkturell angemessen zu handeln. Der letztgenannte Aspekt liegt u. a. der Hypothese polit. Konjunkturzyklen zugrunde – die Regierung versucht die K. entspr. ihrem Wahlkalkül zu steuern –, ohne daß die sehr simplen Modellannahmen im empirischen Test bisher überzeugt haben.

→ Keynesianismus; Marktwirtschaft; Marxismus.

Lit.: *Andersen, U.* 1985: Konjunktur- und Beschäftigungspolitik, in: *Grosser, D.* (Hrsg.): Der Staat in der Wirtschaft der Bundesrepublik, Opl., 375–454. *Cassel, D./ Thieme, H. J.* [7]1999: Stabilitätspolitik, in: *Bender, D.* u. a. (Hrsg.): Vahlens Kompendium der Wirtschaftstheorie und Wirtschaftspolitik, Bd. 2, Mchn., 363–437. *Pätzold, J.* [6]1998: Stabilisierungspolitik, Bern. *Scharpf, F. W.* [2]1987: Sozialdemokratische Krisenpolitik in Europa, Ffm./NY. *Schiller, K.* 1966: Preisstabilität durch globale Steuerung der Marktwirtschaft, Walter-Eucken-Institut, Vorträge und Aufsätze 15, Tüb. *Teichmann, U.* [5]1997: Grundriß der Konjunkturpolitik, Mchn. *Tichy, G.* [4]1999: Konjunkturpolitik. Quantitative Stabilisierungspolitik bei Unsicherheit, Bln. u. a. *Wagner, H.* [6]2001: Stabilitätspolitik. Theoretische Grundlagen und institutionelle Alternativen, Mchn.

Uwe Andersen

Konkordanzdemokratie (von lat. *concordantia* = Eintracht, Übereinstimmung), Begriff aus der → Vergleichenden Regierungslehre für einen Typ von liberaler → Demokratie bzw. solche → Politischen Systeme, in denen (im Ggs. zur → Konkurrenzdemokratie) die Konflikte nicht (primär) durch Parteienwettbewerb und Mehrheitsentscheid, sondern hauptsächlich durch Verhandlung, Kompromiß und Proporz geregelt werden.

1. Nach *A. Lijphart* (1984) sind K. von folgenden Merkmalen bestimmt: (1) geteilte Exekutivmacht durch Koalitionsregierungen (häufig Große Koalitionen); (2) formelle und informelle → Gewaltenteilung mit relativer Unabhängigkeit von Regierung und Parlament; (3) symmetrisches Zweikammersystem und Minderheitenrepräsentation; (4) Verhältniswahl; (5) Mehr-/Vielparteiensystem; (6) mehrdimensionales Parteiensystem aufgrund sich überlagernder gesellschaftl. → *Cleavages*; (7) föderativer bzw. dezentraler Staatsaufbau; (8) geschriebene Verfassung mit erschwerten Bedingungen der Verfassungsänderung.

2. Tragende Prinzipien der K. sind damit Machtdiffusion und die angemessene Berücksichtigung aller wichtigen sozio-polit. Kräfte einer Gesellschaft im Prozeß der → Politischen Willensbildung und Entscheidung, im polit. System horizontal durch Koalitionen und Netzwerkbildung, vertikal durch → Föderalismus und → Politikverflechtung, zwischen Politik und Gesellschaft durch Arrangements und → Verhandlungssysteme des → Korporatismus bzw. Neo-Korporatismus. K. schaffen so Möglichkeiten des Minderheitenschutzes und der → Integration in (durch kulturelle, sprachliche, konfessionelle Milieus, soziale Lager usw.) segmentierten Gesellschaften; sie weisen dadurch ein vielfach als überraschend angesehenes Maß an dauerhafter demokratischer Systemstabilität auf, i. d. R. mittels Elitenakkommodation über die Milieu- und Lagergrenzen hinweg (→ Akkommodation). Paradebeispiele für K. sind oder waren Österreich, Belgien, Schweiz, Niederlande. In ihrer (weil inklusionsorientierten, positiven) Bewertung der K. vernachlässigt die Politikwiss. indes zumeist die negativen Folgewirkungen der gesellschaftl. → Versäulung und die hohen Konsensbildungskosten, die sich aus der anteiligen Berücksichtigung der Gruppeninteressen am gesamtgesellschaftl. Ergebnis wie aus den langwierigen Entscheidungsprozessen, den Minimalkonsensen auf der Basis des kleinsten gemeinsamen Nenners ergeben (können).

→ Verhandlungsdemokratie.

Lit.: *Lehmbruch, G.* 1967: Proporzdemokratie. Polit. System und polit. Kultur in der Schweiz und in Österreich, Tüb. *Lijphart, A.* [2]1975: The Politics of Accommodation. Pluralism and Democracy in the Netherlands, Berkeley/LA (zuerst 1968). *Lijphart, A.* 1977: Democracy in Plural Societies, New Haven/L. *Lijphart, A.* 1984: Democracies, New Haven/L. *Lijphart, A.* 1999: Patterns of Democracies, New Haven/L. *McRae, K. D.* (Hrsg.) 1974: Consociational Democracy. Political Accommodation in Segmented Societies, Tor. *Schultze, R.-O.* 1977: Politik und Gesellschaft in Kanada, Meisenheim. → Demokratie.

Rainer-Olaf Schultze

Konkordanzmethode, innerhalb der → Vergleichenden Methode das Vergleichsprinzip, das die Auswahl der Fälle steuert. Ausgangspunkt ist die

Unterscheidung in operative Variablen (d. h. abhängige und unabhängige Variable) und Kontextvariablen. Bei der K. werden die Fälle nach Konkordanz bzw. Übereinstimmung in den operativen Variablen ausgesucht. Die Kontextvariablen sind möglichst heterogen und werden zur Vermeidung von Einflüssen auf die untersuchten Variablen für konstant gehalten.

Grundlegende Annahme ist, daß die zu erklärende Variable ihre Ursache in jener Variablen findet, in der die Fälle ebenfalls übereinstimmen, während alle anderen Variablen heterogen sind. Die Gültigkeit dieser Annahme setzt freilich Bedingungen voraus, die anders als in den Naturwiss. in den → Sozialwissenschaften nicht bestehen. Die Kontextvariablen sind kaum vollends heterogen und auch nicht konstant zu halten; des weiteren greifen in den Sozialwiss. monokausale → Erklärungen zu kurz. Durch die Konzentration auf übereinstimmende Variablen werden mögliche Ursachen, deren Ausprägung in den ausgewählten Fällen unterschiedlich ist, dem nicht untersuchten Kontext zugeordnet. Dies verweist auf das allg. Problem der K., das gemeinsame Auftreten von Variablen bereits für → Kausalität zu halten, während ggf. nur → Korrelation vorliegt und der eigentliche Ursachenkomplex unerforscht bleibt. Die K. ist folglich in der Hypothesenbildung gut einsetzbar. In der kritischen Prüfung der Theorien ist die → Differenzmethode wesentlich leistungsfähiger.

Lit.: → Vergleichende Methode.

Dieter Nohlen

Konkurrenzdemokratie (von lat. *concurrere* = zusammenlaufen, im Wettstreit stehen), auch: Wettbewerbs-, Mehrheitsdemokratie, Begriffe aus der → Vergleichenden Regierungslehre für einen Typ von liberaler → Demokratie bzw. solche → Politischen Systeme, in denen (anders als in der → Konkordanzdemokratie) Konfliktregelungen und → Politische Entscheidungen vom Mehrheitsprinzip und vom Wettbewerb der → Parteien um die polit. Macht dominiert werden.

1. Nach *A. Lijphart* (1984) sind K. von folgenden Merkmalen bestimmt: (1) konzentrierte Exekutivmacht; Einparteiregierung oder von der Mehrheitspartei bestimmte kleinstmögliche Koalitionsregierung; (2) Gewaltenverschränkung von Regierung und Parlamentsmehrheit; Dominanz der Regierung; (3) Einkammer- oder asymmetrisches Zweikammer-Parlament; (4) relative Mehrheitswahl; (5) Zweiparteiensystem; (6) eindimensionales Parteiensystem aufgrund eines dominanten gesellschaftl. → *Cleavage*; (7) unitarischer Staatsaufbau; (8) ungeschriebene Verfassung und Parlamentssouveränität; (9) strikt repräsentativ-demokratische Ordnung ohne direkt-demokratische Willensbildung.
2. Im Ggs. zu Konzepten → Deliberativer Demokratie basieren Systeme der K. – wie alle Typen liberaler Demokratie – auf einem von individueller Interessendurchsetzung geleiteten, instrumentellen Verständnis von Politik. Demokratie wird als Methode und marktanalog als Wettbewerb zwischen konkurrierenden Parteien und Parteiführern verstanden, der Bürger weitgehend auf die Rolle des Wählers zwischen den alternativen Politikangeboten der Parteien reduziert (vgl. *Schumpeter* 1942). Ziele der repräsentativen Wettbewerbsdemokratie sind die Einsetzung verantwortungsbewußter Eliten, die Bestellung einer stabilen und effizienten Mehrheitsregierung, der in der Form des Zweiparteiensystems eine starke → Opposition gegenübersteht, die sich als alternative Regierung im Wartestand begreift.
3. Als Musterbeispiel von K. gilt das brit. Regierungssystem, das sog. → Westminster-Modell, auch bezeichnet als *cabinet government*, *prime ministerial government*. Als seine Vorzüge gelten Einfachheit, effiziente Konfliktregelung, klare Alternativen, die Chance des Regierungswechsels. Leicht übersehen wird allerdings, daß es dazu wichtiger Voraussetzungen bedarf: (1) gesellschaftl.: eines hohen Maßes an sozio-kultureller Homogenität und der Polarisierung der Gesellschaft entlang eines Sozialkonflik-

tes; (2) polit.-kulturell: eines Politikverständnisses, das von *adversary politics*, von → Konflikt, → Mehrheit und territorialer Repräsentation bestimmt und in der Bev. fest verankert ist; (3) polit.-institutionell: tatsächlicher Parlamentssouveränität und der unangefochtenen Praxis vertikal-hierarchischen Entscheidens. K. unterliegen dabei der Gefahr, daß (a) mit jedem Regierungs- zugleich ein so tiefgreifender Politikwechsel einhergeht, daß dessen möglicher Nutzen an Innovation in keinem Verhältnis zu den gesamtgesellschaftl. Kosten steht, oder daß (b) sich der Mehrheitswille verselbständigt und die unterlegene(n) Minderheit(en) dauerhaft ausgegrenzt werden (*A. de Tocqueville*: «Tyrannei der Mehrheit»).

4. Reine Formen von Konkurrenz- oder Konkordanzdemokratie kommen in der polit. Wirklichkeit indes nicht vor. Demokratien sind sämtlich von Konkurrenz *und* Konkordanz bestimmt und unterscheiden sich allein im Mehr oder Weniger von Wettbewerb und Aushandeln, wobei als Folge des Verlustes an → Souveränität nach außen und an Handlungsautonomie im Innern der Stellenwert von → Verhandlungssystemen und Konsenslösungen in allen liberalen Demokratien (und zwar unabhängig vom Demokratietyp und selbst in so typischen K. wie der Britischen) gewachsen ist und weiter zunehmen wird.

Lit.: *Lijphart, A.* 1984: Democracies: Patterns of Majoritarian and Consensus Government in Twenty-One Countries, New Haven/L. *Lijphart, A.* 1999: Patterns of Democracies, New Haven/L. *Scharpf, F. W.* 1975: Demokratietheorie zwischen Utopie und Anpassung, Kronberg/Ts. (zuerst 1970). *Schmidt, M. G.* ^{3}2000: Demokratietheorien, Opl. *Schumpeter, J. A.* ^{7}1993: Kapitalismus, Sozialismus und Demokratie, Tüb. (engl. 1942). *Tocqueville, A. de* 1987: Über die Demokratie in Amerika, Zürich (frz. 1835/40). → Demokratie; Deliberative Demokratie; Konkordanzdemokratie.

Rainer-Olaf Schultze

Konkurrierende Gesetzgebung, → Gesetzgebung, die in einem → Bundesstaat weder ausschließlich dem Bund noch ausschließlich den Gliedstaaten zugewiesen ist.

In D ist im GG in Art. 72 geregelt, daß in den Fällen der k. G. den Ländern die Gesetzgebungsbefugnis zusteht, solange der Bund nicht von ihr Gebrauch macht. Voraussetzung für sein Tätigwerden ist nach der sog. Bedürfnisklausel, daß entw. die Wahrung der Rechts- oder Wirtschaftseinheit oder die Herstellung gleichwertiger Lebensverhältnisse die bundesgesetzliche Regelung erfordern. Der Katalog der Gesetzgebungsmaterien (Art. 74, 74a, 105 GG) umfaßt v. a. die meisten wichtigen Gebiete der → Innenpolitik. In der Vergangenheit hat der Bund seine Kompetenz weitestgehend ausgeschöpft und fast alle Bereiche der k. G. geregelt. Aus diesem Grund bestanden die Länder bei der Verfassungsreform 1994 auf einer engeren Fassung der Bedürfnisklausel, die zuvor mit der Formulierung der «Einheitlichkeit der Lebensverhältnisse» das Einfallstor für den Bundesgesetzgeber gewesen war. Der Zentralisierungstendenz dieser Entwicklung stand allerdings stets die notwendige Beteiligung des Bundesrates entgegen, dessen Bedeutung daher nachhaltig gestärkt wurde.

→ Föderalismus; Politikverflechtung.

Suzanne S. Schüttemeyer

Konsens (von lat. *consensus* = Übereinstimmung, Verabredung), zentraler, aber nicht eindeutig abgrenzbarer Begriff in Gesellschaft und Politik, dessen Bedeutung darauf beruht, daß keine polit.-soziale Einheit ohne ein bestimmtes Maß an → Integration und → Solidarität bestehen kann. Dies setzt ein Mindestmaß an sozialer Homogenität, an Sozial- und Systemintegration und damit auch die Übereinstimmung in den Grundwerten und Hauptzielen der gemeinsamen gesellschaftl. Existenz voraus.

Man kann unterscheiden (1) den Minimal- bzw. Fundamentalkonsens in die Spielregeln, insbes. die Spielregeln des → Politischen Systems, (2) den Basiskonsens in die normativen Grundlagen von Gesellschaft und Politik, im liberalen Verfassungsstaat v. a. die Geltung der bürgerlich-liberalen → Grund- und Menschenrechte, der demokratischen Partizipationsrechte, der sozialen Wohlfahrtsrechte. In der → Demokratie schließt dies die Anerkennung von Dissens und → Opposition ein, so daß die → Offene (demokratische) Gesellschaft von Konsens *und* Konflikt, von Konstanz *und* Wandel bestimmt ist, deren spezifische Mischungsverhältnisse nach den je konkreten gesellschaftl. Bedingungen polit. beständig neu auszutarieren sind.

→ Konflikt/Konflikttheorien.

Lit.: *Massing, P.* 1994: Konsens- und Konflikttheoretische Ansätze, in: *Kriz, J.* u. a. (Hrsg.): Politikwissenschaftliche Methoden (Lexikon der Politik, Bd. 2) Mchn., 214–219. → Demokratie; Konflikt/Konflikttheorien.

Rainer-Olaf Schultze

Konservatismus, kennzeichnet eine der großen polit. Strömungen und → Ideologien, deren Anfänge im frühen 19. Jh. liegen und die nach Entstehungskontext und Wirkungszusammenhang in einer Gesamtkonstellation mit den anderen großen Ideologien, → Liberalismus und → Sozialismus, gesehen werden müssen. Das Definitionsproblem ist vielfältig: (1) Als polit. Ideologie, nicht als traditionalistische Verhaltensdisposition *(K. Mannheim)* verstanden, geht es um einen unterscheidbaren Komplex polit.-programmatischer Positionsbestimmungen mit innerer Kohärenz, öff. Relevanz, Artikulations- und Orientierungsfunktion für bestimmte soziale Gruppen usw. (2) Raum-zeitlich kann ein abgegrenztes Phänomen (z. B. Europa im 19. Jh.), ein universales Konzept (z. B. Ablehnung von Wandel durch einzelne Gruppen) oder ein Mischkonzept gemeint sein (z. B. Ablehnung von raschem, umfassendem, etwa revolutionärem Wandel in den westl. Industriegesellschaften). Da K. in jedem Fall einen generalisierenden Gehalt aufweist, muß eine Definition offen sein für neue Konstellationen, in denen Veränderungsprozesse, Stellungen von Akteuren, historische Rückbindungshorizonte und politisch-ideologische Denkmuster vergleichbarer Art näher zu bestimmen sind (vgl. *Schumann* ²1984).

Definitionskonzepte und -inhalte präsentieren sich recht heterogen, zumal auf die Gegenwart bezogen. Zwar wird trotz des oft vermuteten «Endes der Ideologie» kaum behauptet, es gebe keinen K.; dennoch sind auf die Gegenwart angewandte systematische Begriffsbestimmungen selten und dementsprechend die Übereinstimmungen gering. Polit.-normative Prämissen bilden sich dabei ebenfalls ab. Es gibt keine klare Arbeitsteilung zwischen Politik- und Geschichtswissenschaft. Die Politikwiss. interessiert sich auch für den historischen K. als Traditionsquelle der Gegenwart, mit dem Ziel der Kritik historischer Fehler und zum Zwecke der besseren Einsicht in die innere Systematik komplexer Ideologien, in den Verlauf von Wandlungsprozessen und in systematisch verdeckte Motivwelten («verschleierte Interessen») polit. Aussagesysteme (ein Beispiel solcher Rekonstruktion stellt die Monographie von *M. Greiffenhagen* [1986] dar).

1. Zusammenfassend lassen sich drei Perioden des K. (in verschiedenen westl. Ländern durchaus vergleichbar) unterscheiden: (1) der «klassische» K. des 19. Jh., untergliedert in die vor-parteiliche und die parteiliche Phase, (2) die Umbruchperiode des K. zwischen «organisiertem Kapitalismus» und der Weltwirtschaftskrise (ca. 1890–1930), (3) die Zeit nach 1945. Historische Typologisierungsansätze müßten diesen Zeiträumen und den nat. Entwicklungsverläufen genauer zugeordnet werden (*Status-quo*-Konservatismus, Reform-Konservatismus, reaktionärer K., vgl. *Epstein* 1973; liberaler, romantischer, konterrevolutionär-legitimistischer und realpolit. K.).

(1) Die Entstehung des K. wird übereinstimmend als Reaktion auf Ziele, Denkformen und Erfolge des Liberalismus (insbes. der liberalen Verfassungsbewegung) sowie v.a. auf die Französische Revolution von 1789 erklärt (exemplarisch hierfür sind *E. Burkes* Schrift «Reflections on the Revolution in France», 1790; *R. Chateaubriands* Zeitschrift «Le Conservateur», 1818–20). Nach *K. Mannheim* (1986) äußert sich hierin aber nicht nur bloßer Traditionalismus der (meist) adligen Trägerschichten; der K. ist vielmehr auch reflektierte Positionsbestimmung; *Greiffenhagen* (1986) folgert hieraus das Dilemma, daß der K., weil gleich-ursprünglich mit dem Rationalismus der Aufklärung, noch seinen inhaltlichen Irrationalismus in rationaler und systematischer Form explizieren mußte. Als Kerngedanken gelten: monarchisch-legitimistisches Verfassungsverständnis, Verteidigung der Religion und traditioneller Autoritäten und Normen, eine hierarchische, herrschaftlich gegliederte Gesellschaftsordnung gemäß überkommenen adligen Privilegien und – zunehmend aber auch bürgerlichen – Eigentumsverhältnissen sowie ein vergangenheitsorientiertes, gegen liberalen Fortschrittsoptimismus gerichtetes Geschichtsbild. Bereits im Beginn prägten sich nat. Besonderheiten aus, je nachdem welcher Entwicklungsstand der polit. Ordnung erreicht war (daher ist z.B. *Burke* reformoffener als der frz. K. oder der spätere dt. K.; der US-amerikan. K. steht in der Tradition des *Lockeschen* Liberalismus).

(2) In der Umbruchperiode gegen Ende des 19. Jh. trafen die Strukturprobleme des «organisierten Kapitalismus» mit solchen Entwicklungstraditionen zusammen, was im K. zu Verschiebungen in der Trägerschaft in großindustrielle Richtung und zu einem Gegnerwechsel (→ Arbeiterbewegung, Sozialismus) führte. In einigen Ländern (bes. D, aber auch Frankreich und Italien) kam es zu einem Ideologisierungsschub mit zunehmender reaktionärer Radikalisierung (Antisemitismus, → Rassismus, → Nationalismus, Antiparlamentarismus, Irrationalismus usw.), der sich nach 1918/19 in einer entschiedenen, breite Bevölkerungsschichten erfassenden Gegnerschaft zur Demokratie manifestierte und in D die «Machtergreifung» des → Nationalsozialismus maßgeblich mitermöglichte. Der Versuch eines Teils der Konservativen in der Weimarer Republik, die Kluft zwischen demokratischem *Status quo* und restaurativem Ordnungsdenken durch das Paradoxon einer «konservativen Revolution» zu überspannen, war nur die theoretisch auffälligste «Verzweiflungstat» (*Greiffenhagen* 1986) des K., dessen vielschichtiger Beitrag zur Errichtung der NS-Diktatur die politikwiss. Forschung intensiv beschäftigt hat. Im Unterschied zu anderen Ländern mußte daher der kompromittierte dt. K. nach 1945 einen tiefen Kontinuitätsbruch hinnehmen.

2. Trotz aller Bedeutung politikwiss. Untersuchungen zum historischen K. muß sich die Leistungsfähigkeit der Politikwiss. in der Analyse des K. der Gegenwart erweisen. Der bisherige Diskussionsstand ist dabei noch deutlich ergänzungsbedürftig.

(1) Analysekonzepte: Nach *H.-G. Schumann* (²1984) müßte der K. (wie übrigens auch andere Ideologien) nach fünf Aspekten untersucht werden: (a) Funktion konservativen Denkens für die Interessenposition bestimmter Klassen, Schichten oder Führungsgruppen; (b) Adressaten; (c) konservative Inhalte; (d) Träger, die die Inhalte aktiv vertreten; (e) Artikulierer, die Konzeptionen entwickeln und propagieren. Angelpunkt ist dabei der Funktionsbegriff, der höchstwahrscheinlich von konservativen Akteuren selbst nicht expliziert wird und daher nur durch ideologiekritische Interessenanalyse erschlossen werden kann.

(2) Definitionsansätze: Die Zuordnung von Inhalten, Trägern usw. zu einem zeitgenössischen K. ist schwieriger als beim historischen K., u.a. wegen einer allg. Relativierung ideologischer Spannungen (bis 1989/90 auch unter dem Abgrenzungsdruck des Ost-West-Konflikts). Definitionen gemäß Selbstetikettierung sind daher kaum umfassend und verläßlich genug, zumal in der BRD, wo der K. nicht als bruchlose Tradition fortgeführt werden konnte; Fremdetikettierung mag daher sogar genauer sein. Definitionen nach inhaltlichen Kontinuitätslinien sind bedeutsam, aber problematisch in bezug auf Bruchstellen und Aussagen zu historisch neuen Problemlagen. Bevorzugt werden daher hi-

storisch-systematische Verallgemeinerungen, die den K. als Gegenposition gegen den Demokratisierungsprozeß oder gegen die Emanzipationsbestrebungen allgemein sehen oder ihn als Ggs. zu progressiven Kräften oder als Verteidigung oder Rechtfertigung sozial bevorrechtigter Klassen oder Machtgruppen gegenüber Versuchen sozialer Umverteilung definieren (*Schumann* [2]1984). Für diese Generalisierungen muß aber ein zeitgemäß aktualisierter Begriff gesellschaftl. Herrschaftsinteressen als wesentlicher funktionaler Bezugspunkt vorliegen.

(3) Akteure und Interaktionsmuster: Als Träger konservativer Ideologie kommen in der Gegenwart v.a. Parteien in Frage; die Identifizierung fällt dabei in Ländern mit nur einer Partei und expliziter Namensgebung (wie z.B. England) leichter als in Ländern mit mehreren Parteien, bes. unter Einschluß solcher mit christlicher Tradition, v.a. aber bei überlappenden Parteiensystemen wie z.B. in den USA. Die Zuordnung des K. kann aber selten eindeutig sein, weil koalierende und sogar konkurrierende Parteien partiell affiziert sein dürften, wie umgekehrt nicht alle Inhalte, Teilströmungen und Funktionen selbst einer offiziell konservativen Partei als konservativ gefaßt werden können. Als Artikulierer treten neben Parteirepräsentanten auch Intellektuelle in der wiss. Theoriebildung, Publizistik, Konzeptionsentwicklung und Traditionspflege auf, oft auch Ideologieproduzenten organisierter Interessen selbst. Parteienforschung und Analyse der Öffentlichkeits- und Medienstrukturen müßten daher für den Interaktionsprozeß der Ideologienkonkurrenz wesentliche Beiträge leisten. Das gilt auch für das Adressatenproblem, das bisher für die spezifische Ideologieproblematik des K. ebenfalls kaum bearbeitet wurde.

(4) Richtungsdifferenzierungen: Auch nach 1945 sind zunächst die nat. Prägungsmuster des K. und seiner Teilströmungen zu beachten, an die sich dann modernisierende Verschiebungen im konservativen Spektrum anschließen. Monarchistische Positionen wurden durchweg unbedeutend, reaktionäre Auffassungen partiell rechtsextremistischer Art waren weithin diskreditiert, damit auch (bes. in D und Italien) der → Nationalismus. Die Bandbreite umfaßte in der BRD zunächst (a) Altkonservative (z.B. in der DP), (b) den christlich-katholischen (z.T. auch christlich-protestantischen) K., (c) den technokratischen K. (bes. Intellektuelle wie *H. Freyer, A. Gehlen, H. Schelsky, E. Forsthoff*). Traditionsreste von Nationalkonservatismus (in den 1970er und 80er Jahren etwa *B. Willms*) und kulturaristokratischem K. *(E. Jünger)* blieben eher unterschwellig. Ob sich ein eigener «aufgeklärter K.» fassen läßt, ist zweifelhaft. Grenzüberschreitungen betreffen einerseits Teile des Spektrums von NPD und «Republikanern», andererseits den Ordo-Liberalismus. Weitere Verschiebungen, auch internat. Angleichungen, vollzogen sich mit dem seit den 1970er Jahren beobachtbaren Aufschwung eines «Neo-Konservatismus».

(5) Funktions- und Inhaltsanalyse: Nach der Umbruchperiode des K. und der polit. Neuordnung im Ost-West-Konflikt nach 1945 waren drei wesentliche Klärungen gegeben: (a) die ideologische Herrschaftsfunktion des K. konnte nur auf das kapitalistische Privateigentum bezogen sein, (b) auch der K. mußte von der Demokratie als polit. Grundmodell ausgehen, (c) internat. Wirtschaftsverflechtungen lösten nat. Machtkonkurrenzen ab. Wichtige traditionelle Topoi konservativer Ideologie waren damit verstellt, konnten jedoch durch einen aggressiven Antikommunismus substituiert werden. Nach einer Latenzphase traten inhaltliche Orientierungsprobleme wieder hervor: das Problem der Wirtschaftsordnung (Marktgesetze, Kapitalkonzentration und organisierte Interessen); die interventionistische Verstrickung der Staatsautorität in den Wirtschaftsablauf (→ Interventionsstaatstheorien); die Stellung zum kapitalistisch automatisierten Wandel und damit zum Fortschrittsproblem; der Widerspruch zwischen pluralistischem Wertrelativismus oder fester Wertordnung, die Elitenstabilisierung in der Demokratie; die sozialpolit. Integrationsfunktion unterhalb sozialstaatl. Strukturreform; die konfliktabsorbierenden Mechanismen der Konsensbildung.

Die allgemeinste Klammer einer konservativen Konzeption boten die Ansätze *Gehlens* und *Schelskys* zu einem technokratischen Institutionalismus, der die eingebaute Wandlungsdynamik unter die Obhut wert- und verhaltenssichernder → Institutionen stellt (vgl. *Lederer* 1979). Einen mißratenen Versuch für die polit. Praxis unternahmen 1964 *L. Erhard* und *R. Altmann* mit dem Konzept einer «Formierten Gesellschaft». Parteipolit. hat eher die CSU als die CDU markante konservative Konturen zum zeitgenössischen Modernitätsproblem des K. herausgebildet (vgl. *Mintzel* 1993). Für westl. Industriegesellschaften verallgemeinernd sieht *N. O'Sullivan* (1976) im modernen Großunternehmen einen zentralen Kristallisationspunkt für konservative Ordnungskonzepte: Privateigentum, hohes Maß an Marktkontrolle, bedeutender Faktor für soziale Integration, partielles Interesse an Staatsregulierung mit eigenen, verteilten Machtvorbehalten gut balanciert, Basis für funktionelle Elitenbildung usw. Freilich kann dies nur als Leitfaden für die Analyse konservativer Gegenwartstrends angesichts der disparaten konservativen Diskussionslage dienen.

3. Ein bedeutsamer Klärungsschub verbindet sich mit den theoretischen Konzepten des «Neo-Konservatismus» der 1970er Jahre. Seine Entstehung läßt sich zurückführen auf die Reform- und Emanzipationsansprüche der antiautoritären Studentenbewegung und ihr Zusammentreffen mit einer starken Ausweitung des keynesianisch-wohlfahrtsstaatl. Interventionismus in den 1960er Jahren; die wirtschaftl. Krisentendenz nach 1973/74 wirkte in diesem Zusammenhang zusätzlich verstärkend. Gemäß klassisch-konservativen Verlaufsmustern dürfte *H. Schelskys* (1973) Gegenposition zur «Strategie der Systemüberwindung» exemplarisch die Demokratierestriktion im Interesse einer institutionell verfugten Werteordnung zum Ausdruck bringen. Umfassende Inhaltsanalysen zum Neo-Konservatismus betonen als Ziele die Stabilisierung von Wertorientierungen der Anpassungs- und Leistungsbereitschaft, Rationalität und Fortschritt in technischer Verkürzung (und damit die Stabilität eines beherrschbaren Wandels in Permanenz), neue Verbindlichkeiten von Moral, (modernisierte) Rechtfertigung sozialer Ungleichheit in Kategorien der Leistungskonkurrenz, Konfliktabsorbierung durch Systemdenken, Entpolitisierung durch funktionelle Systemdifferenzierung, Abschirmung des Staates gegen «Unregierbarkeits»-Überlastung, systempolitisch angeleitete Sozialisationsprozesse (vgl. *Fetscher* 1983; *Kreuder/Loewy* 1987). Die entscheidende Neuerung dürfte darin liegen, daß dieser Neo-Konservatismus eine Wirtschaftstheorie teils hervorgebracht, teils integriert hat (→ Monetarismus, angebotsorientierte Wirtschaftspolitik), die auf steuerungspolit. Ebene mit dem → Keynesianismus konkurrenzfähig und gleichzeitig für die Eindämmung sozialstaatl. Steuerungsansprüche geeignet ist. Dabei wird an den Ordo-Liberalismus angeknüpft, aber unter Hinzufügung generalisierter Interventionsmechanismen und unter Abschwächung der Wettbewerbskontrollen. Diese neo-konservativen Konzepte erzielten eine starke ideologisch-publizistische Resonanz. Auch wenn Analysen über den polit. Rezeptionszusammenhang (Träger, Adressaten usw.) fehlen, sind polit. Wirkungen dieses neo-konservativen Ansatzes in den 1980er und 90er Jahren nicht zu verkennen. Monetarismus und Angebotsökonomie bildeten in den späten 1970er und 80er Jahren nicht allein im GB *M. Thatchers* und in den USA *R. Reagans,* sondern in vielen industriellen Demokratien und auch in zahlreichen Ländern der → Dritten Welt, wenn auch in unterschiedlichen Ausprägungen, die Grundlage neo-konservativer Wirtschaftspolitiken. Sie setzten auf → Deregulierung, → Privatisierung, Sozialstaatsrestriktionen, Leistungsideologien, und nahmen die Zunahme sozialer Ungleichheit («Zwei-Drittel-Gesellschaft») in Kauf. In der dominant ökon. geprägten Theoriebildung zeichnet sich zusehends eine Konvergenz von Neo-Konservatismus und Neo-Liberalismus ab. Dabei spielen die Abkehr von der fordistischen Produktionsweise und vom keynesianischen «sozialdemokratischen Konsensus» und die Hinwendung zu Globalisierung und *«lean production»*, zu Postfordismus und zum *Schumpeterschen «workfare state»* eine wichtige Rolle.

4. Das Spektrum des K. ist offenkundig im Wandel begriffen. Die für die Nachkriegszeit in Europa so bedeutsame christliche Orientierung scheint an polit. Gewicht für den K.

einzubüßen. Insofern befriedigt der Neo-Konservatismus auch einen wachsenden Rationalisierungsbedarf. Allerdings zeitigt die neoliberal/neokonservativ vorangetriebene Wirtschaftsglobalisierung Folgeprobleme auch für die Wertstrukturen des K. selbst. Der Nationalstaat als «natürliche Ordnung» und Steuerungsfaktor wird relativiert, Migrationsdruck reaktiviert kompensatorisch das Problem von nat. und ethnischer Identität, und unter Bedingungen massiver internat. Wettbewerbsdynamik werden sozialhierarchische Motive ebenso gespeist wie elitäre und autoritäre Führungskonzepte.

Ältere konservative Milieus sind dem Zerfall ausgesetzt. Der K. gerät unter die Spannung widersprüchlicher Überschneidungsfelder: einerseits repräsentiert durch «Liberalkonservative», die sich eine traditionelle Rhetorik von Freiheitlichkeit inkorporieren; andererseits durch die «Neue Rechte» (bes. in Frankreich), die den Irrationalismus und offensiv soziale Diskriminierung neu belebt und sich z. T. auch aus religiösen Fundamentalismen (in den USA primär protestantischer Art) speist.

Das Ende des Ost-West-Konflikts 1989/91 und die Vereinigung Deutschlands gaben diesen Wandlungsprozessen zusätzliche Nahrung. Die Zunahme rechtspopulistischer und rechtsextremer Strömungen in D («Republikaner» und Neonazis) und anderen europ. Ländern (z. B. Frankreich, Belgien, Österreich) eröffneten neue Berührungsfelder und Abgrenzungsprobleme. Nationalismus, ethnische Identitätskonzepte und anti-europ. Affekte spielen dabei eine zunehmende Rolle in der Profilierungskonkurrenz. In Italien wurde der christdemokratische K. durch die neuartige Rechtskoalition *S. Berlusconis* (mit den Postfaschisten und der regionalistischen *Lega Nord* zunächst 1994, tiefgreifender 2001) mit noch diffusen und disparaten Ideologiemustern überrollt. Zu dem heterogenen Gesamtbild der gegenwärtigen Konservatismusentwicklung gehört auch die Reaktivierung bislang unterdrückter konservativer Traditionen in Osteuropa und Rußland mit teils ethnisch-nationalistischen, teils kirchlichen Ausprägungen sowie «strukturkonservativen» Tendenzen (Dominanz hergebrachter staatl. und wirtschaftl. Apparate) quer zu den bisherigen ideologischen Konfliktlinien.

Im Westen gewinnen insgesamt kulturelle Spannungen über Lebensstile, sexuelle Orientierungen und den *gender*-Konflikt für konservative Abgrenzungen an Bedeutung. «Wertkonservative» Ökologiepositionen werden in Konkurrenz zu grünen Strömungen nur partiell im K. aufgenommen. Folgewirkungen technischer und sozialer Modernisierung werfen für den K. auch die genomwiss. Fortschritte auf, die tiefgreifende bioethische Wertkonflikte zwischen Wirtschaftsinteressen und Lebensschutz auslösen. Die Konturen des K. werden daher unklar und widersprüchlich bleiben, auch in der Parteienentwicklung mit einer Tendenz zum Auseinanderdriften verschiedener Teilströmungen.

→ Fordismus/Postfordismus; Kapitalismus; Reform; Wohlfahrtsstaat.

Lit.: *Epstein, K.* u. a. 1973: Die Ursprünge des Konservatismus in Deutschland, Ffm. *Faber, R.* (Hrsg.) 1991: Konservatismus in Geschichte und Gegenwart, Würzburg. *Fetscher, I.* (Hrsg.) 1983: Neokonservative und «Neue Rechte». Der Angriff gegen Sozialstaat und liberale Demokratie in den Vereinigten Staaten, Westeuropa und der Bundesrepublik, Mchn. *Girvin, B.* (Hrsg.) 1988: The Transformation of Contemporary Conservatism, L. *Greiffenhagen, M.* 1986: Das Dilemma des Konservatismus in Deutschland, Ffm. *Kaltenbrunner, G. K.* (Hrsg.) 1972: Rekonstruktion des Konservatismus, Freib. *Kondylis, P.* 1986: Konservativismus, Stg. *Layton-Henry, Z.* (Hrsg.) 1982: Conservative Politics in Western Europe, L./Basingstoke. *Kreuder, T./Loewy, H.* (Hrsg.) 1987: Konservativismus in der Strukturkrise, Ffm. *Lederer, R.* 1979: Neokonservative Theorie und Gesellschaftsanalyse, Ffm. *Lenk, K.* 1989: Deutscher Konservatismus, Ffm./NY. *Mannheim, K.* 1984: Konservatismus. Ein Beitrag zur Soziologie des Wissens, Ffm. *Mintzel, A.* 1993: Die CSU in Bayern als Forschungsobjekt, in: *Niedermayer, O./Stöss, R.* (Hrsg.): Stand und Perspektiven der Parteienforschung in Deutschland, Opl., 81–118. *Mohler, A.* [3]1989: Die Konservative Revolution in Deutschland 1918–1932. Ein

Handbuch, Darmst. *Müller, J. B.* 1992: Die politischen Ideenkreise der Gegenwart, Bln. *Nisbet, R.* 1986: Conservatism, Minneapolis. *O'Sullivan, N.* 1976: Conservatism, L. *Saage, R.* 1983: Rückkehr zum starken Staat? Studien über Konservatismus, Faschismus und Demokratie, Ffm. *Schelsky, H.* 1973: Systemüberwindung, Demokratisierung, Gewaltenteilung, Mchn. *Schildt, A.* 1998: Konservatismus in Deutschland, Mchn. *Schissler, J.* (Hrsg.) 1983: Neokonservatismus in den USA. Eine Herausforderung, Opl. *Schumann, H.-G.* (Hrsg.) ²1984: Konservativismus, Köln/Bln. *Veen, H.-J.* (Hrsg.) 1983: Christlich-demokratische und konservative Parteien in Westeuropa, 2 Bde., Paderborn.

Theo Schiller

Konstituante (von frz. *assemblée constituante*), parlamentarische Versammlung zur Ausarbeitung einer → Verfassung.

Eine K. kann entw. durch Volkswahl bestellt (z. B. Weimarer Nationalversammlung, 1919) oder auch durch andere Gremien eingesetzt werden (z. B. der Parlamentarische Rat, dessen Mitglieder 1948 von den Landtagen in den Westzonen bestimmt worden waren).

Rainer-Olaf Schultze

Konstitutionalismus (engl. *constitutionalism*; von lat. *constitutio* = Verfassung/Zustand), bezeichnet [1] die → Staatsform des Verfassungsstaates bzw. die Lehre vom Verfassungsstaat und [2] polit. Bewegungen des 19. Jh., welche sich gegen die uneingeschränkte, zur Willkür neigende Herrschaft des → Absolutismus richten, sich aber i. S. des → Liberalismus gegen den demokratischen → Republikanismus abgrenzen.

Der K. fordert (geschriebene) → Verfassungen als Grundlage der Staatsorganisation. Er folgt dabei der Idee der → Vertragstheorien, daß die Errichtung des Staates und die → Legitimität von → Herrschaft von der Einwilligung der Herrschaftsunterworfenen abhängen. Sein Ziel ist die Kontrolle polit. → Macht wie der Schutz individueller → Freiheit. Dazu gilt es, Verfassungen zu konstruieren, welche die (bürgerlichen, polit. und sozialen) → Grundrechte garantieren und polit. Herrschaft durch → Gewaltenteilung beschränken sowie der Kontrolle durch → Wahlen als Ausdruck der → Volkssouveränität unterwerfen. Unterschiedliche Traditionslinien des modernen K. (polit., gesellschaftl., etatistisch) lassen sich auf die → Revolutionen des 17. und 18. Jh. in England, USA und Frankreich zurückverfolgen. Grundanliegen eines jeden K., auch des *new constitutionalism*, bleibt die Problematik der «rechtlichen und institutionellen Gestaltbarkeit von Politik» (*Preuß* 1994: 27).

→ Verfassungslehren; Verfassungstheorie.

Lit.: *Preuß, U. K.* (Hrsg.) 1994: Zum Begriff der Verfassung. Die Ordnung des Politischen, Ffm.

Günter Rieger

Konstitutionelle Monarchie, Bezeichnung für die im 18. Jh. v. a. von *Montesquieu* und *Locke* im England der Periode nach 1689 (→ *Bill of Rights*) konzipierte, in Kontinentaleuropa in der ersten Hälfte des 19. Jh. vorherrschende Variante der → Monarchie, in welcher die Staatsgewalt auf der Grundlage einer festen Verfassung (Konstitution) bzw. konkreter Bedingungen hinsichtlich der Dauer und Kompetenzen des jeweiligen Amtsträgers einerseits vom Monarchen, andererseits – bezüglich der Gesetzgebung und der Staatsfinanzen (Budgetbewilligung und -kontrolle) – von einer Volksvertretung ausgeübt wird.

Ideengeschichtl. aus der Verknüpfung von monarchischem Prinzip und → Volkssouveränität bzw. dem Konzept der → Gewaltenteilung hervorgegangen, wurde die k. M. später durch die → Parlamentarische Monarchie abgelöst, in der die Volksvertretung den monarchischen Herrschaftsanteil im wesentlichen auf Repräsentation nach innen und außen begrenzt.

→ Konstitutionalismus; Staatsformen; Verfassung; Vertragstheorien.
Lit.: → Monarchie.

Wolfgang Weber

Konstrukt, theoretischer Begriff, der sich nicht direkt und vollständig auf einen Beobachtungsbegriff zurückführen läßt, also keinen unmittelbar beobachtbaren Sachverhalt ausdrückt.

In den empirischen Wiss. werden K. im Verfahren der Konstruktvalidierung durch → Operationalisierung mit den beobachtbaren Phänomenen derart in Verbindung gebracht, daß die K. den beobachtbaren Sachverhalt möglichst adäquat wiedergeben. Umgekehrt steht auch die Adäquatheit eines K. in der Diskussion, so etwa im Falle des Konzepts der → Parteiidentifikation, insbes. seine interkulturelle und intersystemische Übertragbarkeit.

Dieter Nohlen

Konstruktives Mißtrauensvotum, spezieller Modus, mit dem im → Parlamentarischen Regierungssystem das Recht des Parlaments, der Regierung/dem Ministerpräsidenten/dem Kanzler das Mißtrauen auszusprechen und damit deren Rücktritt zu erzwingen, beschränkt wird.

Beim k. M. ist das Mißtrauensvotum nur dann erfolgreich, wenn im gleichen Abstimmungsakt mit der erforderlichen Mehrheit ein Nachfolger im Amt des Ministerpräsidenten/Kanzlers gewählt wird. Das k. M. ist eine der verfassungsrechtlichen Innovationen des Bonner Grundgesetzes. Mit ihm sollte die Regierung und damit die → Demokratie stabilisiert werden. Hintergrund der Neuerung war die institutionelle Destabilisierung der Weimarer Republik, die nur das einfache Mißtrauensvotum (noch dazu gegenüber einzelnen Regierungsmitgliedern) kannte, so daß die Weimarer Kabinette angesichts der Minderheitssituation, in der sich die demokratischen Parteien zwischen den Extremen rechts und links befanden, stets in der Gefahr waren, durch eine negative Mehrheit (die selbst nicht in der Lage war, eine Regierung zu bilden) gestürzt zu werden.

Lit.: *Hesse, J. J./Ellwein, T.* [8]1997: Das Regierungssystem der Bundesrepublik Deutschland, Opl.

Dieter Nohlen

Konstruktivismus, Begriff, der für zwei begründungstheoretisch orientierte, interdisziplinär wirksame, in sich differenzierte Ansätze steht. Ihre bislang von beiden Seiten nur wenig thematisierte Beziehung bildet ein Geflecht teils kompatibler, teils widersprüchlicher Motive und Strategien. Gemeinsam ist beiden Ansätzen die Vermeidung metaphysischer Begründungsmodelle und ein erkenntnistheoretisch-methodologisches Begründungsinteresse, das auf Konstruktionen als in sich systematisch strukturierte, operativ vermittelte Aufbauleistungen zielt. Diese sollen eine Rekonstruktion wiss. Einzeldisziplinen ermöglichen.

1. Der deutsche K.: Unter Aufnahme des *linguistic turn* der Sprachanalyse sowie der pragmatischen Wende (insbes. *H. Dinglers* methodische Philosophie), wonach «sich alle Wissenschaften nur als Hochstilisierung vorwiss. Praxis methodisch aufbauen lassen» (*Lorenzen* 1987: 241), widmete sich die zunächst als «Erlanger Schule» bekannte Gruppe um den Mathematiker und Philosophen *P. Lorenzen* seit den 1950er Jahren dem Projekt eines konstruktiven Sprachaufbaus. Sukzessive aufbauend werden elementare Sätze und deren logische Verknüpfungen exemplarisch eingeführt und durch normative Regeln stabilisiert. Aus der alltäglichen «Parasprache» wird auf diese Weise eine eindeutige «Orthosprache» erzeugt. Die terminologisch unscharfe Bildungssprache wird «protreptisch» zu Aufbauzwecken eingesetzt. Der Aufbau gilt als gelungen, wenn

er schrittweise, lückenlos und zirkelfrei erfolgt. Die der sprachlich-logischen Grundlegung folgende Konstruktion von wiss. Terminologien soll kritische (den faktischen Gebrauch wiss. Vernunft hinterfragende) und normative (an den Standards des konstruktiven Vorgehens orientierte) Rekonstruktionen wiss. Disziplinen ermöglichen. Während die operative Begründung von Mathematik und Physik auf technischen Herstellungshandlungen basiert, greift die konstruktivistische Ethik und Politik auf argumentatives Handeln nach dem Dialogmodell zurück: Konfligierende Ziele und Normen werden in einem Redehandeln argumentativ geklärt, handlungsleitende Normen vereinbart. Als Grundnorm (Moral- bzw. Vernunftprinzip) fungiert, in Rekonstruktion der *Kantschen* Moralbegründung, das «Prinzip der Transsubjektivität», wonach subjektiv-willkürliche Setzungen zu vermeiden sind.

Da sich das orthosprachliche Programm nicht konsequent durchführen ließ, wissen sich viele Vertreter und Nachfolger der Gruppe einer offenen «methodischen» Philosophie verpflichtet, bei welcher die praktisch-normative und lebensweltliche Fundierung («lebensweltliches *Apriori*») wiss. Konstruktionen von besonderem Interesse ist. Dies ist auch für die Sozialwiss. einschlägig relevant. *Lorenzen* hat darüber hinaus eine am Vernunft- und Moralprinzip orientierte polit. Theorie ausgearbeitet. Der prinzipientheoretische «Pluralismus» von miteinander unverträglichen obersten Zwecken und vermeintlich letzten Werten, bei dem eine rein sozialtechnische Machtpolitik stehenbleibt, soll übergeführt werden in eine «Pluralität» von obersten Zwecken und Lebensformen, die einem Grundkonsens über das Vernunftprinzip verpflichtet sind. Ethik gründet dabei insofern auf Politik, als die Not eines drohenden Kriegs der Werte und Lebensformen eine pragmatische Unterlage liefert, um eine zu realisierende «Argumentationskultur» aufzubauen. Besondere Bedeutung kommt der beratenden Stützung polit. Entscheidungen durch den rational-argumentativen Diskurs der Wissenschaftler zu.

2. Der radikale K.: Der Begriff steht für einen interdisziplinären Diskurs, der sich um eine operative Erkenntnistheorie nichtmetaphysischer Art organisiert. Diese wurzelt in einer kognitionstheoretisch weiterentwickelten → Kybernetik *(Heinz von Foerster)*, einer Sprach- und Entwicklungspsychologie (*E. von Glasersfeld*, von dem auch der Ausdruck radikaler K. stammt) und einer biologischen Kognitionstheorie und Neurokybernetik (*H. R. Maturana* und *F. J. Varela*). Für den radikalen K. ist Erkenntnis eine zirkulär operierende Leistung, welche «Wirklichkeit» in Wahrnehmung und Denken erst erzeugt: «Die Umwelt, die wir wahrnehmen, ist unsere Erfindung» (*von Foerster* 1993: 26). Kognitive Systeme operieren – sozusagen hinter dem Rücken des naiv Wahrnehmenden – «selbstreferentiell»: Sie beziehen sich jeweils auf sich selbst als funktionale Ganzheit. Von zentraler Bedeutung ist die Rolle des Beobachters. Eine Beobachtung erster Ordnung, die Sachverhalte beschreibt, wird rekursiv einbezogen in eine Beobachtung zweiter Ordnung, die als Beobachtung von Beobachtung eine Beschreibung zweiter Ordnung liefert. Das Modell dieser «Kybernetik zweiter Ordnung» *(von Foerster)* ist eine nichttriviale Maschine, deren selbstreferentielles Operieren nicht mehr determiniert und voraussehbar verläuft, da die Relation zwischen *Input* und *Output* mit Bezug auf das interne Funktionieren rekursiv variabel ist. Grenze des kognitiven Systems ist die Sprache und ihre Kommunikation, aber auch – wie im Falle des Gehirns – das organisch-neurophysiologische Substrat, das insbes. *Maturana* thematisiert. Lebende Systeme sind selbsterzeugende, «autopoietische» Systeme, funktional geschlossen, doch materiell und energetisch offen. Ihre organisationelle Geschlossenheit macht sie «autonom» gegenüber ihrer Umwelt. In der Relation zu anderen lebenden Systemen und zum Medium verändern autopoietische Systeme plastisch ihre innere Struktur, ohne daß die Identität des Systems zerstört würde («strukturelle Koppelung»).

Für Sozialwiss. und polit. Theorie ist der radikale K. in mehrfacher Hinsicht von Bedeutung. (1) Er liefert ein fruchtbares Forschungsprogramm, dessen konkrete Anwendung auf soziale Systeme kontrovers diskutiert wird; etwa *N. Luhmanns* Deutung sozialer Systeme als selbstreferentieller, autopoietischer Systeme (*Luhmann* 1984) mit den Zweifeln, die *P.M. Hejl* (in: *Schmidt* 1987: 322 ff.) auf der Grundlage seiner Untersuchung der Konzepte Selbstorganisation, Selbsterhaltung und Selbstreferenz an einer unproblematischen Übertragung des autopoietischen Systemmodells von lebenden auf soziale Systeme vorbringt, wobei der Einschätzung des Stellenwerts von Individuen zentrale Bedeutung zukommt. In jedem Falle ist die Berührungsfläche des radikalen K. zu sozialen Systemtheorien und systemischen Handlungsstrategien (z. B. in der Psychotherapie) beträchtlich. (2) Der radikale K. läßt sich unmittelbar anwenden auf soziale und polit. Perzeptionsanalysen. Das betrifft eine der Selbstkorrektur fähige Wahrnehmung der sozialen und polit. Umwelt, die Konstruktion ideologisch eingeengter Wirklichkeiten, aber auch die (Selbst-)Bestätigung von Perzeptionen durch von ihnen beeinflußte Veränderungen der Umwelt. (3) Traditionelle Konstitutionsmodelle des Politischen können radikalkonstruktiv reinterpretiert, präzisiert und auf zirkuläre Mechanismen hin geprüft werden. (4) Schließlich impliziert der radikale K. auch eine ethisch-praktische Komponente, deren ethischer Imperativ lauten könnte: «Handle stets so, daß die Anzahl der Möglichkeiten wächst» (*von Foerster* 1993: 49). Die Selbstregelung der Autonomie bedeutet auch Verantwortung (ebd.: 47). Werttheoretische Implikationen sind der Verzicht auf Wertverabsolutierungen und die Gleichwertigkeit des Menschen «als relationales Individuum» (*Maturana* 1985: 30).

Lit.: *Foerster, H. von* 1985: Sicht und Einsicht, Braunschweig/Wsb. *Foerster, H. von* 1993: Wissen und Gewissen, hrsg. von *Schmidt, S.J.*, Ffm. *Glasersfeld, E. von* 1987: Wissen, Sprache und Wirklichkeit, Braunschweig/Wsb. *Gumin, H./Meier, H.* (Hrsg.) 1992: Einführung in den Konstruktivismus, Mchn./Zürich (zuerst 1985). *Janich, P.* (Hrsg.) 1992: Entwicklungen der methodischen Philosophie, Ffm. *Lorenzen, P.* 1985: Grundbegriffe technischer und politischer Kultur, Ffm. *Lorenzen, P.* 1987: Lehrbuch der konstruktiven Wissenschaftstheorie, Mhm. u.a. *Lorenzen, P./Schwemmer, O.* ²1975: Konstruktive Logik, Ethik und Wissenschaftstheorie, Mhm. u.a. (zuerst 1973). *Luhmann, N.* 2000: Soziale Systeme, Ffm. (zuerst 1984). *Maturana, H.R.* ²1985: Erkennen: Die Organisation und Verkörperung von Wirklichkeit, Braunschweig/Wsb. (zuerst 1982). *Mittelstraß, J.* (Hrsg.) 1975: Methodologische Probleme einer normativ-kritischen Gesellschaftstheorie, Ffm. *Mittelstraß, J.* (Hrsg.) 1979: Methodenprobleme der Wissenschaften vom gesellschaftlichen Handeln, Ffm. *Rusch, G./Schmidt, S.J.* (Hrsg.) 1994: Konstruktivismus und Sozialtheorie, Ffm. *Schmidt, S.J.* (Hrsg.) 1987: Der Diskurs des Radikalen Konstruktivismus, Ffm. *Schmidt, S.J.* (Hrsg.) 1992: Kognition und Gesellschaft. Der Diskurs des Radikalen Konstruktivismus 2, Ffm. *Ulbert, C./Weller, Ch.* (Hrsg.) 2002: Konstruktivistische Analysen der internationalen Politik, Wsb. *Watzlawick, P.* (Hrsg.) ²1985: Die erfundene Wirklichkeit. Wie wissen wir, was wir zu wissen glauben?, Mchn./Zürich (zuerst 1981). *Watzlawick, P./Krieg, P.* (Hrsg.) 1991: Das Auge des Betrachters. Beiträge zum Konstruktivismus, Mchn./Zürich.

Ulrich Weiß

Konterrevolution → Gegenrevolution; Revolution/Revolutionstheorien

Kontext, umfaßt diejenigen Rahmenbedingungen sozialwiss. Forschung, welche Prozeß wie Ergebnis einer Untersuchung beeinflussen (können). Dabei ist grundsätzlich zu unterscheiden zwischen Forschungskontext und Untersuchungskontext.

1. Beim Forschungskontext steht die Person des Forschers im Mittelpunkt. Zu den wichtigsten Rahmenbedingungen in diesem Zusammenhang zählt das unmittelbare forschungspraktische Umfeld, d.h. die (beschränkte) finanzielle, personelle und zeitliche Ressourcenausstattung, welche etwa kostenintensive (Recherche-) → Methoden (Durchführung repräsentativer Umfragen, umfangreiche Forschungsreisen, etc.) *a prio-*

ri ausschließen kann. Aber auch «weniger greifbare» Kontextfaktoren wie → Erkenntnisinteressen (*Habermas* 1968) oder zeitgeschichtl. Umstände (*Habermas* 1991) prägen i.d.R. den → Ansatz einer Untersuchung insofern, als sich der Wissenschaftler aufgrund seiner metatheoretischen bzw. historischen Standortgebundenheit für eine spezifische Fragestellung entscheidet, bestimmte Vorannahmen trifft und/oder die Auswahl der Untersuchungseinheiten vornimmt.

2. Im Ggs. dazu bezieht sich der Untersuchungskontext auf den Gegenstand der empirischen → Analyse und die damit verbundenen theoretischen wie methodologischen Grundsatzprobleme, welche unabhängig vom Standort des Forschers sind. Den Hintergrund solcher Schwierigkeiten bildet die Tatsache, daß ein polit. Sachverhalt niemals isoliert auftritt, sondern stets in eine historische Situation eingebettet ist, mithin in einem komplexen Wechselverhältnis zu einer Vielzahl unterschiedlicher Faktoren steht. Der Anspruch empirisch-vergleichender Politikforschung besteht indes darin, möglichst allg. (d.h. situationsunabhängige) und «sparsame» (d.h. auf wenige unabhängige → Variablen beschränkte) Erklärungsmuster für bestimmte Sachverhalte zu liefern. Wegen der grundsätzlichen Situationsbezogenheit der zu untersuchenden Phänomene können sich empirische Theorien der Politik jedoch niemals ganz von ihrem historischen K. lösen. Daher bedürfen selbst Kausalzusammenhänge, die für eine große Zahl von Fällen bestätigt worden sind, stets einer erneuten Prüfung, wenn sie auf andere Länder oder Entwicklungsphasen übertragen werden sollen: «In comparative politics it is not so easy to radically separate the production of empirical from nomothetic knowledge, and this severely complicates any attempt to apply existing theories to new contexts unreflectively» (*Bernhard* 2000: 344).

→ Metatheorie; Vergleichende Methode; Qualitative Methoden.

Lit.: *Bernhard, M.* 2000: Institutional Choice after Communism, in: East European Politics and Societies 14/2, 316–347. *Habermas, J.* 1968: Erkenntnis und Interesse, Ffm. *Habermas, J.* 1991: Texte und Kontexte, Ffm. → Kontextanalyse.

Florian Grotz

Kontextanalyse, in der → Vergleichenden Politikwissenschaft empirische Studie, die den Einfluß des Untersuchungskontextes auf die zu analysierenden Variablen genauer zu erfassen sucht.

1. Der Begriff wurde urspr. in den 1950er Jahren geprägt für einen soziolog. Ansatz, welcher zur Erklärung von Verhaltensweisen nicht nur die Dispositionen und Fähigkeiten der jeweiligen Individuen, sondern auch deren soziales Umfeld heranzieht (*Alpheis* 1988: 15 ff.). Politikwiss. Anwendung findet diese Art von K. hauptsächlich in dem (quantitativ orientierten) Zweig der → Wahlforschung, welcher die Einwirkungen des → Milieus bzw. von → Netzwerken auf die Wahlentscheidung von sozialen Gruppen untersucht (vgl. u.a. *Huckfeld/Sprague* 1995).

2. In der jüngeren Vergangenheit haben Kontextfaktoren v.a. auch in der institutionenorientierten → Transformationsforschung (→ Systemwechsel) verstärkte Aufmerksamkeit erhalten. Hintergrund dieser Entwicklung bildet die Erfahrung, daß formale Institutionenarrangements, die aus normativen wie funktionalen Gründen für → Demokratien optimal geeignet scheinen, oftmals nicht die prognostizierten Wirkungen entfalten und somit viel von ihrer Faszinationskraft einbüßen, wenn sie in post-autoritären Kontexten zur Anwendung kommen. Dies gilt gleichermaßen für die institutionelle Ausgestaltung der → Staatsstruktur (*Hesse/Wright* 1996), die Form des → Regierungssystems (*Nohlen/Fernández* 1998) wie den Typ des → Wahlsystems (*Nohlen* 2000). Allg. läßt sich dieser Befund so erklären, daß formal-institutionelle Regelungen stets in einem engen Wechselverhältnis mit bestimmten Kontextbedingungen historischer, sozioökon. oder polit.-kultureller Art stehen, welche deren intendierte Effekte neutralisieren, ja sogar konterkarieren können. Dies bedeutet freilich nicht, daß die

Auswirkungen bestimmter institutioneller Arrangements in jungen Demokratien völlig kontingent und somit nicht prognostizierbar wären. Allerdings setzen entsprechende → Theorien mittlerer Reichweite eine K. voraus, die etwa im Sinne des «kontextbezogenen Institutionalismus» (*Grotz* 2000) polit.-institutionelle Variablen mit den historisch gegebenen strukturellen und akteursbezogenen Kontextfaktoren systematisch verknüpft.

→ Kontext.

Lit.: *Alpheis, H.* 1988: Kontextanalyse, Wsb. *Grotz, F.* 2000: Politische Institutionen und post-sozialistische Parteiensysteme in Ostmitteleuropa, Opl. *Hesse, J. J./Wright, V.* (Hrsg.) 1996: Federalizing Europe? The Costs, Benefits and Preconditions of Federal Political Systems, Ox. *Huckfeld, R./Sprague, J. J.* 1995: Citizens, Politics, and Social Communication, Camb./NY. *Nohlen, D.* [3]2000: Wahlrecht und Parteiensystem, Opl. *Nohlen, D./Fernández, M.* (Hrsg.) 1998: El presidencialismo renovado, Caracas.

Florian Grotz

Kontingenz, allg. Bedingtheit, im Unterschied zu nicht zufallsbedingter, strukturgegebener Notwendigkeit. Im sozialwiss. Sprachgebrauch (a) das Möglichsein, (b) das «Auch-anders-möglich-Sein» oder (c) das Ausmaß, in dem Wandel und Anpassung einer bestimmten Größe (z. B. eines Systems oder eines Akteurs) an veränderte Umweltbedingungen vorab festgelegt sind oder frei variieren.

In der angewandten Statistik ist K. der Fachausdruck für das Ausmaß der Bedingtheit einer Meßwertreihe durch eine andere. Diese Bedingtheit (statistische K.) wird durch Kontingenzmaße erfaßt, z. B. durch Kontingenzkoeffizienten.

→ Statistische Testverfahren; Kontingenztafelanalyse.

Manfred G. Schmidt

Kontingenztafelanalyse, Bezeichnung für die Analyse von Daten, die i. d. R. gruppiert und in Kategorien vorliegen – wie z. B. Geschlecht, Wohnort, Parteienpräferenz, Konfession etc. (im Ggs. zu metrischen Daten wie Einkommen, Alter, Dauer der Berufstätigkeit etc.). Diese kategoriellen Daten können in zwei oder mehrdimensionalen Tabellen (Kontingenztafeln) zusammengestellt werden – sie stellen dann eine mehrdimensionale → Häufigkeitsverteilung dar – und hinsichtlich möglicher Zusammenhänge zwischen den Kategorien analysiert werden (z. B. zwischen präferierter Partei und Konfession).

Die typische sozialwiss. Datenstruktur weist ein komplexes Beziehungsgefüge zwischen meist vielen → Variablen mit nur wenigen Ausprägungsklassen auf. Lange Zeit mußte sich die statistische Datenanalyse aber mit bivariaten Tabellenanalysen – ggf. unter Kontrolle jeweils dritter Variablen – zufrieden geben (typisches Modell: → Chi-Quadrat-Test oder Kontingenzkoeffizient). Nicht selten wurden aber auch multivariate Modelle verwendet, die eigentlich für metrische Variablen konzipiert waren und deren Modellvoraussetzungen somit verletzt wurden. In jüngerer Zeit hat die Entwicklung von Modellen für multivariate K. diese Probleme weitgehend gelöst. Dabei sind die log-linearen Modelle und der GSK-Ansatz am bekanntesten.

In log-linearen Modellen werden die Logarithmen der Erwartungswerte als lineare Funktionen von Parametern dargestellt, die dem Einfluß der → Variablen und ihren Wechselwirkungen entsprechen. Es wird also nicht explizit zwischen abhängigen und unabhängigen Variablen unterschieden, vielmehr sind Interaktionseffekte unterschiedlicher Ordnungen von besonderem Interesse. Die Schätzung der Erwartungswerte erfolgt nach der *Maximum-Likelihood-Methode,* wobei für die Kontingenztafeln *Poisson*-, Multinominal- oder Produkt-Multinominalverteilung als Verteilungsmodell angenommen werden können (alle führen zu denselben Erwartungswerten und Teststatistiken). Die beste Anpassung an die Daten bietet dabei natürlich das vollständige (saturierte) Modell, in dem alle Effekte berücksichtigt sind – doch geht es in der Wiss. ja um Reduktion von Information, was im konkreten Fall eine Reduktion der Variablen (bei möglichst gleich guter Anpassung an die Daten) bedeutet.

Das GSK-Modell (nach den Begründern *Grizzle*, *Starmer* und *Koch* 1969) ist vergleichbar mit der (metrischen) multiplen → Regressionsanalyse, d. h. es wird eine abhängige Variable durch eine Reihe von unabhängigen Variablen «erklärt». Das verwendete Schätzverfahren beim GSK-Ansatz ist die Minimum-Chi-Quadrat-Methode (MCQ). Die Ergebnisse beider Modellansätze sind aber praktisch recht ähnlich, und im Rahmen elaborierter mathematischer Verallgemeinerungen sind enge formale Beziehungen zueinander aufzeigbar. Obwohl für beide Ansätze seit geraumer Zeit komfortable EDV-Programme vorliegen, überwiegt in der Praxis der Sozialforschung immer noch die (ggf. kontrollierte) → Kreuztabellen- Analyse.

→ Bivariate Statistik.

Lit.: *Agresti, A.* 1996: An Introduction to Categorical Data Analysis, N. Y. *Grizzle, J. E./Starmer, C. F./Koch, G. B.* 1969: Analysis of Categorical Data by Linear Models. Biometrics, 25, 489–504. *Rudinger, G.* u. a. 1985: Qualitative Daten. Neue Wege sozialwiss. Methodik, Mchn. *Steinborn, D.* 1993: Die Analyse nominal-skalierter Daten in Kontingenztafeln mit Assoziationsmaßen unter besonderer Berücksichtigung von Datenvariationen, Ffm.

Jürgen Kriz

Kontrafaktisch, von lat. *contra factum* = der Tatsache entgegen, Fragen oder Vorgehen in der polit. Kausalanalyse eines historischen Prozesses unter der gedanklichen Voraussetzung, daß ein einzelner Faktor im Prozeßgeschehen nicht oder in anderer Ausprägung existiert hätte.

Die Frage, was wäre gewesen, wenn, ist für das k. Vorgehen leitend. Mit ihr soll herausgefunden werden, welche Faktoren eine wesentliche kausale Bedeutung haben. Nach *Max Weber* sind es solche Faktoren, die, wenn sie in Gedanken verändert würden, ein wesentlich anderes historisches Ergebnis bewirkten: «Um die wirklichen Kausalzusammenhänge zu durchschauen, konstruieren wir unwirkliche» (*Weber* 1973: 287). Das Gedankenspiel ist gewiß intellektuell reizvoll. Auch werden Faktoren getrennt werden können, die einen Unterschied machen, von solchen, von denen das nicht gesagt werden kann. Gleichwohl dürfte die Zahl solcher als kausal erheblich einzuschätzender Faktoren i. d. R. hoch und ihr spezifisches Gewicht offen bleiben. Zu beobachten ist, daß in der Forschungspraxis häufig nur ein einziger Faktor verändert oder weggedacht wird, das k. Vorgehen demnach dem Monokausalismus Vorschub leistet. Ein schönes Beispiel bildet die k. These, Chiles Demokratie wäre 1973 nicht zugrunde gegangen, hätte dort statt des → Präsidentialismus der Systemtyp des → Parlamentarismus geherrscht. Eine solche These verkennt die Komplexität polit. Prozesse, aus denen historische Fakten hervorgehen. K. Fragen ist sinnvoll, wenn es das → Verstehen von Zusammenhängen und die Analyse des Beziehungsgeflechts von Faktoren fördert. Es eignet sich jedoch kaum zu eindeutigen kausalen Schlußfolgerungen. K. gewonnene Aussagen können niemals vollends überzeugen, da sie nicht empirisch überprüfbar sind. Sie unterliegen der Gefahr, den Blick auf die Komplexität polit. Zusammenhänge zu limitieren. Die → Vergleichende Methode ersetzt das k. Vorgehen und ist die in der Politikwiss. vorrangige kausalanalytische Methode.

Lit.: *Fearon, J.D.* 1990: Counterfactuals and Hypothesis Testing in Political Science, in: World Politics 43, 169–195. *Ferguson, N.* (Hrsg.) 1997: Virtual History. Alternatives and Counterfactuals, L. *Lorenz, Ch.* 1997: Konstruktion der Vergangenheit, Wien u.a. *Weber, M.* [4]1973: Gesammelte Aufsätze zur Wissenschaftslehre, Tüb.

Dieter Nohlen

Kontrakttheorien, Kontraktualismus → Vertragstheorien

Kontrastgruppenanalyse, ein von *Sonquist/Morgan* (1964) entwickeltes Verfahren zur Analyse nichtexperimenteller, d.h. durch Umfragen gewonnener oder auf Aggregatebene vorliegender Daten.

In D findet es v.a. in der empirischen → Wahlforschung Anwendung, wo mit dem Ziel der Herstellung von Wählertypologien die gleichsinnige Überlagerung oder die gegensinnige Überkreuzung von Einflußfaktoren des Wählerverhaltens offengelegt und damit *Cross-pressure*-Situationen identifiziert werden sollen.

In seiner automatisierten Version (AID) spaltet die K. einen Satz von unabhängigen → Variablen, die auf nominalem oder ordinalem Niveau skaliert sein können (→ Skalierung), nacheinander so in exklusive Teilgruppen auf, daß auf jeder Stufe die Ausprägung der abhängigen Variablen jeweils optimal vorausgesagt werden kann. Jede Teilgruppe der → Stichprobe oder der Grundgesamtheit, zu der jedes Element je Stufe nur einmal gehören kann, ist dabei in bezug auf die abhängige Variable in sich homogener als die Ausgangsgruppe; untereinander sollen die Teilgruppen möglichst heterogen sein. Durch sog. Abbruchregeln wird der automatische Aufspaltungsprozeß beendet, wenn die Zahl der Untersuchungseinheiten in einer Teilgruppe zu klein wird, wenn weitere Aufspaltungen keinen nennenswerten Erklärungsgewinn mehr bringen oder wenn die Zahl der Endgruppen zu groß und damit unübersichtlich wird. Dies kann zur Folge haben, daß asymmetrische Aufspaltungen auftreten und auf einer Ebene der automatische Teilungsprozeß beendet wird, während er in einem anderen Zweig des Kontrastgruppenbaumes noch weitergetrieben wird. Derartige Asymmetrien werden dann i.S. von Interaktionseffekten gedeutet.

Kritisiert wird die automatisierte Version der K. vor allem wegen ihres theoriefreien Induktivismus und wegen der Tatsache, daß «lediglich der zusätzliche Erklärungswert nach der Berücksichtigung der vorher benutzten Faktoren ausgewiesen werden (kann)» *(Scheuch* 1973: 183). Gerade letzteres vermag jedoch im Falle der Überprüfung vorformulierter, hierarchisch strukturierter Hypothesen als ein Vorteil des Verfahrens angesehen werden. Insgesamt beinhaltet die K. eine hohe, auch dem Laien sich erschließende Plausibilität, sie kann jedoch die üblichen Verfahren der multivariaten Datenanalyse, wie z.B. die multiple Regression, nicht ersetzen, sondern bestenfalls sinnvoll ergänzen, wobei im Falle der K. das beschreibende Element dominiert.

→ Regressionsanalyse.

Lit.: *Scheuch, E.K.* [3]1973: Entwicklungsrichtungen bei der Analyse sozialwissenschaftlicher Daten, in: *König, R.* (Hrsg.): Handbuch der empirischen Sozialforschung, Bd. 1, Stg., 191–237. *Sonquist, J.A./Morgan, J.N.* 1964: The Detection of Interaction Effects. A Report on a Computer Program for the Selection of Optinial Combinations of Explanatory Variables, Ann Arbor.

Jürgen W. Falter

Kontrolle → Opposition

Kontrollgruppe, in experimentellen oder quasi-experimentellen Untersuchungen diejenige Gruppe von Versuchspersonen, die anders als die eigentliche Ziel- oder Experimentiergruppe und zum Zwecke des Vergleichs bestimmten Untersuchungsschritten, Stimuli nicht ausgesetzt werden, um festzustellen, ob die angenommenen

Wirkungen von einer unabhängigen → Variablen auch tatsächlich ausgehen.

→ Experiment/Experimentelle Methode; Kontrastgruppenanalyse.

Rainer-Olaf Schultze

Konventionelles Verhalten, in der Partizipationsforschung verwendet als Oberbegriff für Partizipationsformen, für die das jeweilige → Politische System selbst institutionalisierte Formen bereitstellt.

Dazu gehören in erster Linie die Beteiligung an Wahlen, dann Unterstützungsformen für die → Parteien im Wahlkampf wie Besuch von Versammlungen, Mitgliedschaften in Verbänden und Parteien. Der Begriff wird erst verwendet, seit die Abgrenzung von unkonventionellen Beteiligungsformen notwendig wurde.

→ Alternativbewegung; Partizipation; Unkonventionelles Verhalten; Wählerverhalten.

Lit.: → Partizipation; Unkonventionelles Verhalten.

Franz Urban Pappi

Konvergenz/Konvergenztheorie, die Annahme einer möglichen Annäherung der kapitalistischen und sozialistischen Gesellschaftsordnung sowie die Bestimmung ihrer Ursachen und ihres Ausmaßes.

Anzeichen für eine wechselseitige Annäherung wurden auf der westl. Seite im Trend zum → Wohlfahrtsstaat, der keynesianischen Wirtschaftssteuerung und der Trennung von Eigentum und Management in Großfirmen gesehen, bei den sozialistischen Ländern u. a. in marktwirtschaftl. Experimenten und in Dezentralisierungstendenzen. Im Kontext der Entspannungsphase der 1960er und 1970er Jahre hatten diese konvergenztheoretischen Annahmen ihre polit. Konjunktur, als es darum ging, manichäische Analysemuster durch Ansätze abzulösen, welche Gemeinsamkeiten hervorhoben. Der praktischen Politik («Wandel durch Annäherung») boten sie eine gewisse theoretische Fundierung. Die Erwartungen erfüllten sich freilich nicht, da die sozialistischen Systeme sich im Rahmen ihrer polit. Grundstrukturen (monistisches Staatsverständnis, Machtmonopol der kommunistischen Parteien) letztendlich als nicht reformierbar erwiesen (→ Real existierender Sozialismus). Wirtschaftl. waren sie mit dem Übergang vom extensiven zum intensiven Wachstum überfordert. Die K. endete für die sozialistischen Staaten im → Systemwechsel.

Lit.: *Windhoff, B.* 1971: Darstellung und Kritik der Konvergenztheorie, Bern/Ffm.

Andreas Boeckh

Konzentration/Konzentrations- und Wettbewerbspolitik, als Konzentration (K.) wird die Zusammenfassung von → Akteuren oder Instrumenten in unterschiedlichen Lebensbereichen bezeichnet. So wird z. B. die Macht- oder die Parteienkonzentration in der Politik oder die Unternehmens-, Einkommens- und Vermögenskonzentration in der Wirtschaft thematisiert.

Die Folgen der K. sind ambivalent, z. B. kann K. unternehmensbezogen bei Massenproduktionen zu Kostensenkungen wie auch zur Aufhebung des Wettbewerbs und Ausbeutung der Verbraucher führen. Zu beachten ist dabei auch die → Interdependenz der Teilsysteme, z. B. die Auswirkungen von Unternehmenskonzentration auf das → Politische System, den Transfer von wirtschaftl. Macht in polit. Macht und umgekehrt. Ein zentrales Problem sind die Auswirkungen der K. auf den Wettbewerb als Kernprinzip der → Marktwirtschaft und mögliche Gegenmaßnahmen. Insbes. vom → Ordoliberalismus ist die Rolle des Staates als Garant des Wettbewerbs hervorgehoben worden, wobei gegenüber dem Modell der vollständigen Konkurrenz zunehmend das Ziel des funktionsfähigen Wettbewerbs und die dynamische Komponente diskutiert worden sind. Die Wettbewerbspolitik (W.) kann sich auf die Marktstrukturen, z. B. Verhinderung von

Monopolen und Ä Kartellen, richten oder erst am Marktverhalten i. S. einer Mißbrauchsaufsicht ansetzen.
In D ist das 1957 verabschiedete und mehrfach novellierte «Gesetz gegen Wettbewerbsbeschränkungen», das als «Grundgesetz der → Sozialen Marktwirtschaft» bezeichnet worden ist, das wichtigste direkte Instrument der W. (u. a. Kartellverbot mit Ausnahmekatalog, Fusionskontrolle). Institutionell sind das Bundeskartellamt und die Monopolkommission (regelmäßige Berichte über den Grad an K.) hervorzuheben. Mit der Entwicklung des gemeinsamen Binnenmarktes spielen allerdings die EU-Institutionen eine wachsende Rolle in der W., bei der auch indirekt die K. beeinflussende Instrumente wie die Steuerpolitik zu beachten sind.

Lit.: *Grosser, D.* 1985: Wettbewerbspolitik, in: *ders.* (Hrsg.): Der Staat in der Wirtschaft der Bundesrepublik, Opl., 61–116. *Herder-Dorneich, P./Groser, M.* 1977: Ökonomische Theorie des polit. Wettbewerbs, Gött. *Monopolkommission* 1993: Zehntes Hauptgutachten, Bundestags-Drucksache 12/8323, Bonn. *Robert, R.* 1976: Konzentrationspolitik in der Bundesrepublik: Das Beispiel der Entstehung des Gesetzes gegen Wettbewerbsbeschränkungen, Bln.

Uwe Andersen

Konzertierte Aktion, gleichzeitiges, aufeinander abgestimmtes Verhalten der → Gebietskörperschaften, → Gewerkschaften und Unternehmensverbände, eine Institution korporatistischer → Interessenvermittlung.

Die K. A. wurde in der BRD gesetzlich normiert im § 3 des Stabilitäts- und Wachstumsgesetzes von 1967. Zur K. A. gehörig wird auch die gesetzlich nicht vorgegebene Institutionalisierung verstanden, ein regelmäßiger Gesprächskreis, insbes. staatl. und verbandlicher Akteure der → Wirtschaftspolitik, unter Vorsitz des Bundeswirtschaftsministers. Sie war als «Tisch der gesellschaftl. Vernunft» (*Schiller*) der anspruchsvolle, modellhafte Versuch, die wichtigsten Akteure der Wirtschaftspolitik zu einer freiwilligen Verhaltensabstimmung zu veranlassen. Die Möglichkeit, daß innerhalb der K. A. der Staat – «Verstaatlichung der Verbände» – oder die Verbände – «Vergesellschaftung des Staates» – dominieren würden, gaben die logischen Ansatzpunkte für die ordnungspolit. Grundsatzkritik vor. In der Praxis erwies sich die K. A. eher als dissonante Diskussion ohne die erhoffte Verhaltensabstimmung, wobei als Ursachen insbes. die mangelnde Zuverlässigkeit der Orientierungsdaten, die beschränkte Handlungskompetenz der beteiligten Spitzenverbände und divergierende Erwartungen gelten.

→ Interessengruppen/Interessenverbände; Korporatismus; Markt; Staatsinterventionismus.

Lit.: *Gäfgen, G.* (Hrsg.) 1988: Neokorporatismus und Gesundheitswesen, Baden-Baden. *Groser, M.* 1980: Konzertierte Aktion zwischen Korporatismus und Pluralismus, in: *Boettcher, E.* (Hrsg.): Neue Politische Ökonomie als Ordnungstheorie, Tüb. *Hoppmann, E.* (Hrsg.) 1971: Konzertierte Aktion, Ffm. *Schlecht, O.* 1968: Konzertierte Aktion als Instrument der Wirtschaftspolitik, Tüb.

Uwe Andersen

Konzertierung (aus frz. *concerter* = sich miteinander verständigen), politikwiss. Fachterminus für solche Prozesse → polit. Steuerung, die darin bestehen, die unterschiedlichen → Interessen und einflußreichen Interessengruppen pluralistischer → Demokratien zu einer gemeinsamen Problemsicht und ggf. zu gemeinsamen, abgestimmten Handlungen zu veranlassen.

Ziel polit. K. ist es, den Anteil der polit. umstrittenen Aspekte und Bereiche zwischen den divergierenden Interessen zu verringern und zumindest die nicht-konfligierenden Ziele zu erreichen. Aus dieser Sicht ist K. ein zentraler Bestandteil konsensorientierter Interessenvermittlung und entspr. Interessenvermittlungstheorien (→ Korporatismus). In der BRD erlangte der Begriff v. a. im Rahmen der → Konzertierten Aktion eine gewisse Bedeutung.

→ Pluralismus.

Klaus Schubert

Kooperation (von lat. *cooperatio* = Mitwirkung), auf Strategien der polit. Zusammenarbeit bezogener Begriff, der in der Politikwiss. allerdings mehrdeutig verwendet wird.

(1) K. wird z. B. gebraucht als Gegenbegriff zu Konfrontation, Wettbewerb oder Konflikt bzw. einseitiger Interessenmaximierung oder Inaktivität. Voraussetzung ist die gemeinsame Nutzenmaximierung oder ein gemeinsames Interesse von Handelnden (→ *Rational choice*-Theorien). Kosten und Nutzen bzw. Schadensbegrenzung individueller Interessen lassen sich spieltheoretischen Ansätzen zufolge durch das → *Battle-of-the-Sexes*, das → Gefangenen-Dilemma oder das Koordinationsspiel ermitteln; bei Vorliegen eines → Nullsummenspiels ist die Wahrscheinlichkeit einer K. gering (→ Spieltheorie). Die Theorie der → Verhandlungssysteme hebt darauf ab, wie durch institutionelle, v. a. vertikale bzw. hierarchische K. das Verhältnis zwischen individuellem Wohl und → Gemeinwohl optimiert werden kann (z. B. durch kooperative soziale Orientierungen oder dauerhafte → Netzwerke, vgl. *Scharpf* 1993). (2) In den → Internationalen Beziehungen wird K. zuweilen als frühes Stadium von Integrationsprozessen bezeichnet, bei dem gemeinsame, arbeitsteilige Handlungen entwickelt werden. (3) In anderer Begriffsverwendung gilt K. – als Gegenbegriff zum Konflikt – als Mittel der Kriegsvermeidung. Staaten, die unvereinbare Ziele aufweisen, können durch K. ihre → Friedliche Koexistenz sichern bzw. stabilisieren.

→ Konsens; Verhandlungsdemokratie.

Lit.: *Benz, A.* u. a. 1992: Horizontale Politikverflechtung. Zur Theorie der Verhandlungssysteme, Ffm. u. a. *Milner, H.* 1992: International Theories of Cooperation among Nations, in: World Politics 44, 466–496. *Scharpf, F. W.* 1993: Political Institutions, Decision Styles, and Policy Choices, in: *Czada, R. N./Windhoff-Héritier, A.* (Hrsg.): Political Choice. Institutions, Rules and the Limits of Rationality, Ffm. u. a., 52–86. *Scharpf, F. W.* 2000: Interaktionsformen. Akteurszentrierter Institutionalismus in der Politikforschung, Opl. (engl. 1997).

Petra Bendel

Kooperativer Föderalismus, aus den USA übernommener Begriff für einen → Bundesstaat, in dem die staatl. Aufgaben, → Gesetzgebung und → Verwaltung, Politikplanung und -implementation – im Ggs. zum Trennsystem des dualen → Föderalismus – durch das Zusammenwirken von Bund und Gliedstaaten in Form von → Kooperation, wechselseitiger Beeinflussung oder Unterstützung (etwa durch horizontalen oder vertikalen → Finanzausgleich, zweckgebundene oder freie Finanzzuweisungen) wahrgenommen werden.

Prozesse der Kooperation finden sich dabei in allen Systemen des Föderalismus; mit dem Ausbau der → Staatstätigkeit im → Sozial- bzw. Leistungsstaat wuchsen zugleich deren Notwendigkeit und Umfang; → Intra- und → Interstaatlicher Föderalismus unterscheiden sich allerdings stark voneinander hinsichtlich Form, Inhalt und Ausmaß des Zusammenwirkens zwischen Bundes- und Gliedstaaten, ihrer → Autonomie sowie der Art und Weise ihrer (Wieder-)Verflechtung. Einen Spezialfall des k. F. stellt die → Politikverflechtung in der BRD dar.

Lit.: → Föderalismus; Politikverflechtung.

Rainer-Olaf Schultze

Kooptation (von lat. *cooptare* = hinzuwählen), Selbstergänzung von Körperschaften, Ausschüssen, Vorständen usw. durch Wahl, durch die neue Mitglieder eines Gremiums von dessen Mitgliedern (nachträglich) hinzugewählt werden.

K. wird häufig praktiziert, u. a. bei Gremien-, Vorstands-, Präsidiumswahlen polit. Parteien, gesellschaftl. Interessenverbände, bei der Rekrutierung der Professorenschaft in der Wiss., und zwar nicht nur bei auftretenden Vakanzen bis zur turnusmäßigen Neuwahl des Gremiums durch den entspr. → Urwahl-Körper. Demokratietheoretisch sind K. bedenklich, da sie allzu offenkundig der Selbstrekrutierung dienen und Oligarchisierungstendenzen Vorschub leisten.

→ Demokratie; Oligarchie.

Rainer-Olaf Schultze

Koordination, i. w. S. der Prozeß, unterschiedliche Ziele, Handlungen, Interessen zu ordnen und aufeinander abzustimmen; als sozialwiss. Fachterminus bezeichnet K. Mechanismen, mittels derer die Interaktionen zwischen individuellen oder kollektiven Akteuren fortlaufend austariert, abgestimmt und (zumindest punktuelle) Entscheidungen getroffen werden.

Die drei zentralen Mechanismen von K. sind Hierarchie, → Markt und → Netzwerke. Diesen sind als zentrale Medien → Macht, Geld und Vertrauen (in das Funktionieren von Normen) zuzuordnen. Bezogen auf die K. demokratischer → Verhandlungssysteme, bei denen die polit. Administration eine zentrale Rolle spielt, wird unterschieden zwischen positiver K., d. h. einer vorausschauenden, ressortübergreifenden, wohlfahrtssteigernden K., und negativer K., d. h. reaktiver, spezialisierter oder auf den Einzelfall bezogener, Wohlfahrtsverluste vermeidender Koordination.

→ Konzertierung; Politische Steuerung.

Lit.: *Thibaut, B.* 2001: Koordination; in: *Nohlen, D.* (Hrsg.): Kleines Lexikon der Politik, Mchn., 262–265. *Scharpf, F. W.* 1993: Positive und negative Koordination in Verhandlungssystemen, in: *Héritier, A.* (Hrsg.): Policy-Analyse, Opl., 57–83. *Thompson, G.* u. a. (Hrsg.) 1991: Markets, Hierarchies and Networks: The Coordination of Social Life, L. u. a.

Klaus Schubert

Korporatismus/Korporatismustheorien (auch: Korporativismus, Neo-Korporatismus, von lat. *corporativus* = einen Körper bildend), politikwiss. Fachterminus zur Bezeichnung unterschiedlicher Formen der Beteiligung gesellschaftl. Gruppen an polit. Entscheidungsprozessen.

1. Zu unterscheiden sind einerseits historische Modelle und polit. Ordnungen, wie der autoritäre bzw. staatl. K., für die die erzwungene Einbindung wirtschaftl. und gesellschaftl. Organisationen in hierarchische und autoritäre Entscheidungsverfahren kennzeichnend ist (z. B. während des → Faschismus in Italien). Andererseits ist zwischen unterschiedlichen Formen des modernen, gesellschaftl. bzw. liberalen K. zu differenzieren, die auf der freiwilligen Beteiligung gesellschaftl. (Groß-)Organisationen beruhen (z. B. der Arbeitgeberverbände und → Gewerkschaften bei wirtschaftspolit. Entscheidungen). Charakteristisch für den demokratischen K. ist die Einbindung der wichtigsten → Interessengruppen sowohl bei der Formulierung polit. Ziele als auch bei den Entscheidungen darüber und der Erfüllung staatl. Aufgaben und Leistungen (wie z. B. während der → Konzertierten Aktion in der BRD). Zentrale Elemente korporatistischer Interessenvermittlung sind die (möglichst objektive) gegenseitige Information, das Aushandeln multilateraler Vereinbarungen und kontrollierbarer Verpflichtungen, die von den beteiligten Akteuren ein hohes Maß an Rationalität, Überzeugungskraft, gegenseitigem Vertrauen und Bereitschaft zum → Konsens erfordern (→ Verhandlungssysteme).

2. Theoretisch knüpft die Mitte der 1970er Jahre ausgelöste Diskussion um den K. an vielfach praktizierte, mit der keynesianischen Wirtschaftspolitik verbundene Politikmuster an und etabliert sich über eine vehemente Kritik an der pluralistischen Gruppentheorie. Die führenden Vertreter des Neo-Korporatismus, *P. C. Schmitter/ G. Lehmbruch* (1979), greifen die bereits von *A. Shonfield* (1965) und *J. K. Galbraith* (1974) thematisierten Modi korporatistischer Interessenvermittlung auf und entwik-

keln spezifische Theorien. *Schmitter* betont die strukturellen Elemente und charakterisiert K. dadurch, daß (1) nur eine begrenzte Anzahl von Verbänden an polit. Entscheidungen beteiligt wird, diese (2) intern hierarchisch strukturiert und (3) deren Mitglieder zwangsweise organisiert sind; weiterhin die Verbände (4) funktional differenziert sind und sich (5) gegenüber anderen Verbänden nicht kompetitiv verhalten. Dabei werden sie (6) staatlicherseits anerkannt sowie (7) im Austausch für die Kontrolle der verbandlichen Führungsauslese und (8) der Interessenartikulation mit (9) einem Repräsentationsmonopol ausgestattet. Mit diesem Ansatz entwickelt *Schmitter* zwar einen «Organisationstypus korporatistischer Verbändeeinbeziehung, der von Merkmalen der Verbändestruktur» gekennzeichnet ist und eine «Monopoltheorie der Interessenvermittlung» enthält, der aber trotz massiver Kritik gerade dem prozessualen Ansatz der Pluralismus-Theorien nichts entgegensetzt (*Czada* 1994: 44 f.). *Lehmbruchs* Konzept ist dagegen als Modus der Politikabstimmung zu verstehen. Er setzt an der Aufgabenkomplexität des aktiven Staates an und erarbeitet folgende korporatistische Funktionsbedingungen: (1) Die Produzenteninteressen müssen in Dachverbänden organisiert, (2) die Parteien- und Verbändesysteme miteinander vernetzt und (3) die Beziehungen zwischen Verbänden und Regierungen institutionalisiert sein, wobei (4) die Gewerkschaften eine Schlüsselstellung einnehmen und (5) die Gewährsträgerschaft für die ausgehandelten Ergebnisse bei der Regierung liegt.

In dieser prozeß- und ergebnisorientierten Perspektive kommen korporatistische Vereinbarungen nur zustande, wenn einerseits die Regierungen über ausreichende Mehrheiten und fiskalpolit. Handlungsspielräume verfügen, um in den Verhandlungen etwas anbieten zu können, und andererseits die Verbandsführungen gegenüber ihrer Mitgliedschaft über ausreichend Verpflichtungspotenzial verfügen, um die getroffenen Vereinbarungen verbandsintern durchsetzen und nach außen einhalten zu können (neokorporatistische Austauschhypothese). Damit sind die Verbandseliten zum einen «einer ‹Mitgliedschaftslogik› ausgesetzt, die ihnen die Vereinheitlichung und Vertretung ihrer Mitgliederinteressen aufgibt. Zum zweiten unterstehen sie einer ‹Einflußlogik›, die den Austausch mit anderen Verbandsführungen und mit dem Staat steuert» (*Czada* 1994: 48).

3. Die von *Schmitter* und *Lehmbruch* entwickelten Konzepte – K. als Strukturprinzip bzw. als Modus der Politikabstimmung – wurden inzwischen zu einem «Pluralismus des K.» (*Schubert* 1995) ausdifferenziert, der sich vielfältig systematisieren läßt (*Kleinfeld* 1990: 78 ff.):

(1) Ursprünglich bezog sich K. als makroökon. Ansatz auf die gegenseitigen Abstimmungs- und polit. Konzertierungsprozesse zwischen den Regierungen und den Groß- und Dachverbänden im Rahmen keynesianischer Wirtschaftspolitik und staatl. (Global-) Steuerung. Hier prägen insbes. die drei Akteure Staat, Gewerkschaften und Arbeitgeberverbände maßgeblich die korporatistischen Strukturen (post-)kapitalistischer bzw. (post-)pluralistischer Gesellschaften.

(2) Als Wachstumsindustrie wurde K. allerdings bald auf jegliche institutionelle Form der Beziehungen zwischen Staat und Verbänden bezogen. Die in sektoralen und regionalen Kontexten sowie einzelnen Politikfeldern analysierten Politikmuster werden als Meso-K. bezeichnet. Damit ist eine oft nur nominelle Ausdifferenzierung oder Etikettierung, z. B. als «parzellierter» oder «selektiver» K. verbunden. Untersucht wurden anhand von Beispielen aus der technischen Normung, der beruflichen Bildung oder der Gesundheitspolitik die strategischen Optionen der interessenpolit. Akteure und deren Anteil an den materiellen Ergebnissen (vgl. *Wiesenthal* 1981). Damit erhalten korporatistische Arrangements, über die ordnungspolit., auf Konsensbildung und Einbindung gerichtete Bedeutung hinaus, auch unmittelbare leistungspolit. Relevanz. Deren instrumentelle Nutzung ist wesentliches Merkmal moderner Technologie-, Standort- und Strukturpolitik, die auch als «inszenierter» oder «situativer» K. bezeichnet wird (vgl. *Heinze/Voelzkow* 1991; *Krumbein* 1992). Im Rahmen der wiederentdeckten neuen Subsidiarität ging es um die Selbstregulie-

rung und staatsentlastende Funktion korporatistischer Netzwerke, die ordnungspolit. eine Strategie darstellen, Aufgaben, deren sich der «schlanke» Staat entledigt, an Interessengruppen in quasi-öff. Funktionsträgerschaft zu übergeben. Skeptiker bezweifeln allerdings, daß der Staat auf Dauer genügend Kontroll- und Sanktionspotenzial aufrechterhalten kann. Statt einer Rolle als Konzertmeister droht die Gefangennahme durch die beteiligten Interessen (*Pross* 1986).

(3) Das Prinzip der Selbstregulierung ist insbes. für die oft kleinräumig, lokal angelegten Selbsthilfe-Netzwerke von Bedeutung. Diese v. a. in sozialen und gesundheitsökon. Bereichen tätigen Gruppen, sind Teil des sog. Dritten Sektors zwischen Markt und Staat. Dabei bedürfen die schwachen Interessen häufig bes. Unterstützung, z. T. elementarer Organisationshilfe, die oft von staatl. Einrichtungen übernommen oder durch staatl. Hilfe getragen werden (vgl. *Ronge* 1992).

4. In der sich ausweitenden K.-Forschung wurde aufgrund empirischer Befunde die urspr. Makroorientierung schrittweise aufgegeben und auf jegliche Form institutioneller Staat-Verbände-Beziehung ausgedehnt. Die dadurch entstehende Vielfalt an Konzepten (Meso- und Mikro-K., sektoraler, regionaler, parzellierter, selektiver, inszenierter, situativer usw. K.) bewirkte, daß K. heute kaum mehr über die Struktur, sondern vielmehr über die auf Kooperation, Konsens und Ausgleich der Interessen zwischen den beteiligten Akteuren gerichteten Verfahren zu bestimmen ist. Neuere Definitionen zielen daher auf die «wohlgeordneten und dauerhaften Verknüpfungen von Staat und Verbänden» (*Czada* 1994: 37) und die «institutionalisierte und gleichberechtigte Beteiligung gesellschaftl. Verbände an der Formulierung und Ausführung staatl. Politik» (*Czada* 1992: 218). Die ehemals konfrontative Abgrenzung Pluralismus vs. K. gilt heute als überholt. Im Zentrum der aktuellen Forschung stehen nunmehr die verschiedenen Interessenvermittlungsmodi in polit. Netzwerken und Multi-Akteur-Modelle polit. Entscheidung.

5. Die Beteiligung organisierter Interessen an polit. Entscheidungs- und Umsetzungsprozessen wird heute als funktional notwendig erachtet und nicht mehr von vornherein der illegitimen Einmischung oder als Herrschaft der Verbände verdächtigt. Die K.-Diskussion hat hier erheblich zur Aufklärung beigetragen, die instrumentellen Aspekte verbandlicher Interessenvermittlung und -einbindung herausgearbeitet und die politikwiss. Modellbildung angeregt. Als alternativer Ansatz der Interessenvermittlung zielen die Varianten des liberalen K. jedoch auf eine instrumentelle und partielle Integration organisierter Interessen im – insofern – «begrenzten Pluralismus» (*von Beyme* 1979). Korporatismus ist daher sowohl Kritik, v. a. an der pluralistischen Gruppentheorie, als auch Ergänzung bzw. Erweiterung des polit. Pluralismus.

Perspektivisch ergeben sich insbes. zwei Probleme: (a) Die von Pluralismus und K. gleichermaßen herausgearbeiteten unterschiedlichen Selektionsformen der Staat-Verbände-Beziehungen können nicht ohne erheblichen Realitätsverlust modelltheoretisch vorweggenommen werden. Sie korrespondieren mit einer empirisch feststellbaren Entgrenzung eindeutiger System-Umwelt-Grenzen. Neuere Konzepte der Interessenvermittlung gehen daher von Multi-Akteur-Modellen polit. Entscheidungsprozesse aus. In diesen als polit. Netzwerke konzipierten Ansätzen gilt es zunächst empirisch zu überprüfen, (1) welche interessenpolit. Akteure und (2) welche Akteure polit.-administrativer Interessen, (3) unterschiedlicher staatl. Ebenen (Bund, Länder, Gemeinden, EU) bzw. (4) unterschiedlicher funktionaler Politikbereiche beteiligt sind, welche (5) Interessenvermittlungs- bzw. Netzwerkstrukturen sich daraus ergeben und welche (6) Verfahrensregeln und Entscheidungsmodi konkret adaptiert werden, welche (7) Machtverteilung zwischen den Beteiligten besteht und welche (8) Akteurstrategien (konflikt- oder konkurrenzorientiert, neutral koexistierend, auf Kooperation, Koalition oder konkordantes Einvernehmen bedacht) vorherrschen. Erst in einem nächsten Schritt werden dann Fragen normativer Angemessenheit (Partizipation, Effektivität) bzw. der Leistungsfähigkeit (Funktionalität, Effizienz) analysiert und als (Lern-)Erfahrung bzw.

neuerlicher polit. *input (feedback)* weitergegeben. Damit wird das Konzept der polit. Netzwerke zur Schnittstelle zwischen dem relevanten Ausschnitt polit. Praxis und den einschlägigen politikwiss. Theorien und Methoden (*Marin/Mayntz* 1991; *Schubert* 1995).

(b) Die Verlagerung von Entscheidungen in eine Vielzahl polit. Netzwerke erschwert sowohl polit. Steuerungsprozesse als auch klare Zurechenbarkeit und Verantwortungszuweisung für die ausgehandelten und umgesetzten Ergebnisse (*Scharpf* 1991). Die Perforation klarer Systemgrenzen wirft neben demokratietheoretischen auch Probleme hinsichtlich der Gemeinwohlbestimmung auf. Auf der Basis legitimer Interessenvielfalt und funktional notwendiger Interesseneinbindung müßten die pluralistischen Einigungsprozesse stets auch hinsichtlich ihrer über die Reproduktion der gegebenen Macht(un-)gleichgewichte hinausgehenden Gemeinwohlorientierung bewertet werden – eine Aufgabe, die sowohl im Pluralismus als auch im K. dem Staat zugewiesen wird. Diese kann jedoch kaum noch, wie im Neo-Pluralismus, als Problem der *Ex-ante-* vs. *Ex-post-*Bestimmung formuliert werden. Sie stellt sich aufgrund vielfältiger Entstaatlichungs-, Dezentralisierungs-, aber auch supranat. Einigungsprozesse v.a. als Problem der Pluralisierung polit.-staatl. Interessen und Akteure. Daraus ergibt sich das grundsätzliche Problem des Pluralismus, nämlich Einheit in der empirisch gegebenen Vielfalt zu schaffen, ordnungspolit. neu. Die pragmatische Lösung des anglo-amerikan. Pluralismus, die temporäre, prozessuale Einigung, ist dann akzeptabel, wenn das prinzipiell offene und hoffnungsvolle Weltbild aufrechterhalten werden kann. Vor dem europ., eher skeptischen Hintergrund erscheint dagegen die Perforation der Systemgrenzen auch als Entinstitutionalisierung von Macht, deren ausschließlich verfahrensmäßige Bändigung und Einbindung in Verhandlungssysteme als riskant und zumindest hinsichtlich des materiellen Ausgangs als zu unbestimmt. Gemeinwohl wird hier eher inhaltlich bestimmt und institutionell abgesichert, als lediglich verfahrensgerecht definiert. Der Ruf «Bringing the State Back In» (*Evans* u.a. 1985) scheint normativ wünschenswert, aber zumindest im Singular wenig realistisch, wie die Entwicklung «From National Corporatism to Trans-National Pluralism» (*Streeck/Schmitter* 1991) anzeigt.

→ Interessengruppen; Keynesianismus; Pluralismus.

Lit.: *Alemann, U. von/Heinze, R. G.* (Hrsg.) 1979: Verbände und Staat, Opl. *Beyme, K. von* 1979: Der Neokorporatismus und die Politik des begrenzten Pluralismus in der Bundesrepublik, in: *Habermas, J.* (Hrsg.): Stichworte zur geistigen Situation der Zeit, Ffm., 229–262. *Czada, R.* 1992: Korporatismus, in: *Schmidt, M. G.* (Hrsg.): Die westlichen Länder (Lexikon der Politik, Bd. 3), Mchn., 218–224. *Czada, R.* 1994: Konjunkturen des Korporatismus, in: *Streeck, W.* (Hrsg.): Verbände und Staat (PVS-Sonderheft 25), Opl., 37–64. *Evans, P.* u.a. (Hrsg.) 1984: Bringing the State Back In, Camb. *Galbraith, J.K.* 1974: Economics and the Public Purpose, Boston. *Heinze, R.G./Voelzkow, H.* 1991: Kommunalpolitik und Verbände – Inszenierter Korporatismus auf lokaler und regionaler Ebene?, in: *Heinelt, H./Wollmann, H.* (Hrsg.): Brennpunkt Stadt, Basel u.a., 187–206. *Kleinfeld, R.* 1990: Mesokorporatismus in den Niederlanden, Ffm./Bern. *Krumbein, W.* 1992: Situativer Korporatismus, in: *Eichener, V.* u.a. (Hrsg.): Organisierte Interessen in Ostdeutschland, Marburg. *Lehmbruch, G.* 1977: Liberal Corporatism and Party Government, in: CPS 10, 91–126. *Lowi, T.* 1969: The End of Liberalism, NY. *Marin, B./Mayntz, R.* (Hrsg.) 1991: Policy Networks, Ffm. *Panitch, L.* 1980: Recent Theoretization of Corporatism: Reflections on a Growth Industry, in: BJS 31, 2, 159–187. *Pross, P. A.* 1986: Group Politics and Public Policy, Ox. *Scharpf, F. W.* 1991: Die Handlungsfähigkeit des Staates am Ende des 20. Jahrhunderts, in: PVS 32, 621–634. *Schmitter, P. C.* 1974: Still the Century of Corporatism?, in: RoP 36, 1, 85–131. *Schubert, K.* 1995: Politische Netzwerke, Bochum. *Schmitter, P. C./Lehmbruch, G.* (Hrsg.) 1979: Trends Toward Corporatist Intermediation, L./Beverly Hills. *Shonfield, A.* 1965: Modern Capitalism, L. *Streeck,*

W./Schmitter, P.C. 1991: From National Corporatism to Transnational Pluralism, in: Pol. & Soc. 19 (2), 13–164. *Wiesenthal, H.* 1981: Die Konzertierte Aktion im Gesundheitswesen, Ffm. *Winkler, H. A.* 1977: Organisierter Kapitalismus, Gött. *Wolff, R.P.* u.a. 1965: A Critique of Pure Tolerance, Boston. *Zeuner, B.* 1976: Verbandsforschung und Pluralismustheorie, 137–177.

Klaus Schubert

Korrelation (von lat. *correlatio* = Wechselbeziehung, Zusammenhang), aus der → Statistik in den allg. wiss. Sprachgebrauch übernommener Begriff, der das gleichzeitige Verhalten zweier oder mehrerer Phänomene, Merkmale, → Variablen bei Änderung einer von ihnen zum Ausdruck bringt.

Die Wechselbeziehung kann sich in positiver K. (mit einer Variable verändert sich auch die andere in die gleiche Richtung) oder negativer K. (die andere Variable verändert sich in die entgegengesetzte Richtung) äußern. Ist keine K. von Variablen ausfindig zu machen, so ist dies auch ein wiss. Ergebnis. Nach *J. St. Mill* ist die K. (= *concomitant variation*) neben der → Differenzmethode und der → Konkordanzmethode die dritte Methode, um kausale Beziehungen zwischen Variablen auf die Spur zu kommen. *E. Durkheim* (1999) hat der parallelen Veränderung von Variablen, wenn eine hinreichend große Zahl von zureichend heterogenen Fällen berücksichtigt wird, sogar den Vorzug vor der Konkordanzmethode und der Differenzmethode gegeben. «Sobald zwei Phänomene regelmäßig eines wie das andere variieren, muß man einen Zusammenhang selbst dann als gegeben hinnehmen, wenn in gewissen Fällen das eine dieser Phänomene ohne das andere auftreten sollte.» *Durkheim* räumte aber sofort ein: «Der Parallelismus muß (...) nicht immer daraus entstehen, daß das eine Phänomen die Ursache des anderen ist, sondern auch daraus, daß sie beide Wirkungen einer und derselben Ursache sind, oder noch daraus, daß zwischen ihnen ein drittes Phänomen unbemerkt eingeschaltet ist, das die Wirkung des ersten und die Ursache des zweiten Phänomens ist. Die Ergebnisse dieser Methode bedürfen also der Interpretation» (*Durkheim* 1999: 210). Es herrscht Übereinstimmung, daß K. keine → Kausalität etabliert, daß sie jedoch Anlaß gibt, die Existenz eines kausalen Zusammenhangs zu überprüfen. In der Statistik werden Korrelationszusammenhänge über die → Korrelationsrechnung erforscht.

Lit.: *Durkheim, E.* [4]1999: Regeln der soziologischen Methode, Ffm. (frz. 1896).

Dieter Nohlen

Korrelationsrechnung, in der Statistik ein Verfahren zur Kennzeichnung von Zusammenhängen zwischen zwei oder mehreren Begriffen, Phänomenen, Merkmalen, etwa das Verhältnis von Angebot und Nachfrage auf dem ökon. Markt. K. setzt nicht unbedingt einen Kausalzusammenhang voraus; er kann allerdings gegeben sein; zu seiner Bestimmung bedarf es einer zusätzlichen Interpretation.

Um den Grad des Zusammenhangs zwischen verschiedenen Merkmalen (Variablen) zu bestimmen, gibt es in der sozialwiss. Statistik eine Reihe von Maßzahlen: die Korrelationskoeffizienten. Oft wird der Begriff Korrelation für intervallskalierte Merkmale reserviert, während in anderen Fällen die Bezeichnungen Assoziation, Abhängigkeit, Verbundenheit und Konkordanz Verwendung finden.

1. In Abhängigkeit vom Skalenniveau der Variablen unterscheidet die Statistik zwischen verschiedenen Arten der (bivariaten) Korrelation: (1) Bei zwei nominalskalierten Merkmalen werden Chi-Quadrat-basierte Maßzahlen angewandt, d. h. Maßzahlen, die auf dem Vergleich der empirischen Häufigkeiten einer Kreuztabelle mit erwarteten Häufigkeiten (wenn kein Zusammenhang zwischen beiden Variablen bestünde) beruhen. Der *Phi*-Koeffizient ist ein sensibles Maß für 2x2- Tabellen, der Kontingenzkoeffizient für Tabellen beliebiger Größe, wobei sein Maximalwert von der Anzahl der

Tabelle 10: Korrelationskoeffizienten

Produkt-Moment-Korrelation	$r = \frac{cov(x, y)}{s_x . s_y}$
biserielle Korrelation	$r_b = \frac{\bar{x}_1 - \bar{x}_0}{s_x} \frac{pq}{u}$
punktbiserielle Korrelation	$r_{pb} = \frac{\bar{x}_1 - \bar{x}_0}{s_x} \sqrt{pq}$
Phi-Koeffizient	$\Phi = \frac{\beta\gamma - \alpha\delta}{\sqrt{(\alpha + \beta)(\gamma + \delta)(\alpha + \gamma)(\beta + \delta)}}$
Kontingenzkoeffizient	$K = \sqrt{\frac{x^2}{N + x^2}}$
tetrachorische Korrelation	$r_{tet} = \cos\left(\frac{180°}{1 + \sqrt{\frac{\beta\gamma}{\alpha\delta}}}\right)$
biserielle Rangkorrelation	$r_b = \frac{2}{N}(\mu_1 - \mu_0)$
Spearman's ρ	$\rho = 1 - \frac{6 \sum_{i=1}^{N} d_i^2}{N(N^2 - 1)}$
Kendall's τ	$\tau = 1 - \frac{4Q}{N(N-1)}$
Goodman's g	$g = \frac{N_{(+)} - N_{(-)}}{N_{(+)} + N_{(-)}}$

Zu den Bezeichnungen siehe *Menges* 1982: 205f.

Zeilen und Spalten abhängt; besser ist *Cramer's* V, das die Struktur der Tabelle berücksichtigt. Bei 2x2-Tabellen ist *Cramer's* V mit *Phi* identisch. (2) Bei zwei (stetigen) nominalskalierten Merkmalen der tetrachorische Koeffizient. (3) Bei zwei ordinalskalierten Merkmalen *Goodman-Kruskal's*-Korrelationskoeffizient (*Gamma*-Koeffizient), ein auf dem Paarvergleich beruhendes Assoziationsmaß: Gamma ist gleich der Differenz zwischen der Anzahl der konkordanten ($X_1 > X_2$ und $Y_1 > Y_2$ oder $X_1 < X_2$ und $Y_1 < Y_2$) und diskordanten ($X_1 > X_2$ und $Y_1 < Y_2$ oder $X_1 < X_2$ und $Y_1 > Y_2$) Paare dividiert durch die Gesamtzahl der Paare. Kommen keine ranggleichen Paare bezüglich einer oder beider Variablen (= *ties)* vor, so ist *Gamma* gleich *Kendall's Tau b,* das eben diese *«ties»* berücksichtigt, die bei *Gamma* ignoriert werden. Infolgedessen nimmt *Gamma* höhere Werte an als *Kendall's Tau b,* wenn bestimmte *«ties»* vorkommen, was zu seiner weiten Verbreitung als Maß für die Beziehung zwischen ordinalen Variablen beigetragen haben mag. Im Ggs. zu *Gamma* und *Kendall's Tau,* die auf dem Vergleich von konkordanten und diskordanten Paaren basieren, werden beim Rangkorrelationskoeffizienten von *Spearman* Paare von Rangplätzen im Hinblick auf ihre Differenz betrachtet. Empfindlich beeinträchtigt wird der Koeffizient durch *«ties»,* also ranggleiche Paare, da der Wert mit der Anzahl der Verknüpfungen zunimmt; kommen keine ranggleichen Wertepaare vor, so sind der Rangkorrelationskoeffizient und *Kendall's Tau* gleich. (4) Zwischen einem dichotomen nominalskalierten und einem ordinalskalierten Merkmal: biserielle Rangkorrelation. (5) Zwischen einem intervallskalierten und einem dichotomen nominalskalierten Merkmal: punktbiserielle Korrelation. (6) Zwischen einem intervallskalierten und einem (stetigen) nominalskalierten Merkmal: biserielle Korrelation. (7) Zwischen zwei intervallskalierten Merkmalen wird der Produkt-Moment-Korrelationskoeffizient (auch *Pearson's r* oder Korrelationskoeffizient genannt) angewandt. Er ist ein Maß für den linearen Zusammenhang zwischen zwei Variablen und wird ermittelt durch Errechnung des Quotienten aus der Kovarianz (das ist die Produktsumme der Abweichungen der einzelnen Beobachtungspaare von ihren Mittelwerten geteilt durch die Zahl der Beobachtungen als Dividend und aus dem Produkt der Standardabweichungen der beiden Variablen als Divisor). Die Division der Kovarianz durch das Produkt der Standardabweichungen hat zur Folge, daß Maßstabs- bzw. Streuungsunterschiede zwischen den Merkmalen kompensiert werden.

2. Korrelationskoeffizienten nehmen Werte zwischen −1 und +1 an, dabei bedeutet ein Wert von −1 eine totale negative Beziehung zwischen den Merkmalen, +1 eine totale positive Korrelation. Ein Wert von 0 bedeutet, daß zwischen beiden Merkmalen keine «Beziehung» besteht. Dabei muß beachtet werden, daß Korrelationskoeffizienten jeweils nur bestimmte Aspekte von «Beziehungen» thematisieren, so daß ggf. enge nicht lineare Zusammenhänge oder Beziehungen zwischen spezifischen Variablen-Ausprägungen als «keine Beziehung» erscheinen können. Diese drei Fälle treten allerdings i.d.R. in der empirischen Sozialforschung kaum auf. Besteht eine signifikante Korrelation zwischen zwei Variablen X und Y, so ergeben sich in bezug auf die Kausalität vier Möglichkeiten: Y wird von X kausal beeinflußt; Y beeinflußt X kausal; X und Y beeinflussen sich gegenseitig kausal oder aber X und Y werden von einer (mehreren) anderen Variablen kausal beeinflußt. Besteht dabei kein zusätzlicher Einfluß von X auf Y oder umgekehrt, so handelt es sich um eine Scheinkorrelation. Ein Paradebeispiel für eine solche stellt die Korrelation zwischen dem Rückgang der Geburtenrate und dem Aussterben der Störche dar, bei dem etwa die zunehmende Industrialisierung als intervenierende Variable nicht berücksichtigt wurde. Der Korrelationskoeffizient liefert jedoch keine Information darüber, welche der vier Interpretationsmöglichkeiten die richtige ist. Eine signifikante Korrelation zwischen zwei Merkmalen ist somit eine notwendige, jedoch keine hinreichende Voraussetzung für kausale Abhängigkeit, Korrelationen sollten deshalb nur als Hinweise auf mögliche kausale Beziehungen interpretiert werden. Unabdingbar sind theoretische Überlegungen für Kausalitätsschlüsse, die Bewertung empirischer Korrelationen hängt vom Statistiker oder Sozialwissenschaftler ab, dessen Erfahrung und Intuition dabei eine wesentliche Rolle spielen.

Bei multiplen Korrelationen wird der R-Koeffizient interpretiert, der im Ggs. zu *Pearson's r* auch bei nicht-linearen Zusammenhängen anwendbar ist. Verwendung findet er v.a. bei der Interpretation multipler Regressionsmodelle (= multipler Korrelationskoeffizient), wobei er üblicherweise in quadratischer Form verwendet wird (= Determinationskoeffizient). Dieser gibt den proportionalen Anteil der durch das Regressionsmodell (die unabhängigen Variablen) erklärten Variation an der Gesamtvariation der abhängigen Variablen an. Er hängt ab von den Interkorrelationen der unabhängigen Variablen und von den Korrelationen je der einzelnen unabhängigen Variablen mit der abhängigen Variablen. R^2 ist ein Maß für die Güte der Kurvenanpassung durch die Regressionsfunktion, je größer R^2, desto stärker werden die empirischen y-Werte durch die prognostizierten y-Werte bestimmt. Bei $R^2 = 0$ tragen die unabhängigen Variablen nichts zur Erklärung der Variation der abhängigen Variablen bei, bei $R^2 = 1$ werden alte Beobachtungswerte durch die Regressionsfunktion bestimmt. Zu beachten ist, daß der multiple Korrelationskoeffizient und R^2 durch das Hinzufügen weiterer unabhängiger Variablen ins Modell niemals sinken können. Die Bedeutung der einzelnen unabhängigen Variablen in multiplen Regressions- und Pfadanalysen drückt der Beta-Koeffizient aus: er gibt die relative Stärke an, mit der die einzelnen unabhängigen Variablen die abhängige Variable beeinflussen. Der partielle Regressionskoeffizient beta hat im Vergleich zu *Pearson's r* prognostische Bedeutung, die aber auf standardisierte Daten und die Stichprobe beschränkt ist. Im Ggs. zu *Pearson's r* berücksichtigt *beta* die Interkorrelation zwischen den unabhängigen Variablen: je größer der Unterschied zwischen *r* und *beta,* desto größer ist das Problem der Multikollinearität (= Nicht-Orthogonalität, d. h. die unabhängigen Variablen sind miteinander korreliert).

→ Bivariate Statistik; Regressionsanalyse; Skalierung.

Lit.: *Bortz, J.* [5]1999: Statistik für Sozialwissenschaften, Bln. u. a. *Kriz, J.* [5]1983: Statistik in den Sozialwissenschaften, Rbk. *Roth, E./Holling H.* [5]1999: Sozialwissenschaftliche Methoden, Mchn.

Norbert Schäuble

Korruption (von lat. *corrumpere* = bestechen, verfälschen, verderben), Mißbrauch öff. Macht, Ämter, Mandate zum eigenen priv. Nutzen und/oder zum Vorteil Dritter durch rechtliche oder auch soziale Normenverletzungen, die i. d. R. geheim, gegen das öff. Interesse gerichtet und zu Lasten des → Gemeinwohls erfolgen.

Die Formen polit. K. sind ebenso ubiquitär (und unabhängig vom polit. Systemtyp) wie vielfältig: Sie treten auf in → Demokratien und → Autoritären Regimen, in traditionalen wie modernen Gesellschaften; sie können materieller wie immaterieller Art sein, die Form direkter Bestechung oder indirekter Begünstigung mittels Sonderregelungen für Individuen, Gruppen, Interessen usw. annehmen. Die Grenzen zwischen K. und polit. «nur» anstößiger Handlungsweise sind fließend, etwa zur → Patronage, zum → Klientelismus, Lobbyismus, zur Selbstprivilegierung der → Politischen Klasse (u. a. durch übermäßige → Parteienfinanzierung). Wirkungen und Bewertungen polit. K. sind keineswegs eindeutig: Aus moralisch-normativer Sicht sind individuelle Akte der Bestechung und Vorteilsnahme ganz sicher als verwerflich, als «Pathologie der Politik» (*C. J. Friedrich*) zu bewerten; eine funktionalistische, gesamtsystemische Perspektive kann indes zu einer durchaus anderen Einschätzung führen; z. B. gilt polit. K. manchen Analytikern mit Blick auf die Entwicklungsgesellschaften der → Dritten Welt oder mit Blick auf Prozesse des → Systemwechsels als ein notwendiges Übel, ohne das gesellschaftl. Modernisierungen, Strukturtransformationen und Integrationleistungen nicht zu erreichen wären. Allerdings wird K. höchstens dann und dadurch funktional, daß man zugleich gegen sie vorgeht (vgl. *Friedrich* 1973).

Lit.: *Beyme, K. von* [2]1995: Die politische Klasse im Parteienstaat, Ffm. *Brünner, Ch.* (Hrsg.) 1981: Korruption und Kontrolle, Wien u. a. *Friedrich, C. J.* 1973: Pathologie der Politik, Ffm. *Galtung, J.* (Hrsg.) 1994: Zum Beispiel Korruption, Gött. *Girling, J. L.* 1997: Corruption, Capitalism and Democracy, L. *Heywood, P.* (Hrsg.) 1997: Political Corruption, in: Pol. Stud. 45, 418–660. *Heidenheimer, A. J.* u. a. (Hrsg.) 1989: Political Corruption. A Handbook, New

Brunswick. *Trang, D. V.* (Hrsg.) 1994: Corruption and Democracy, Budapest. *Wewer, G.* 2001: Politische Korruption, in: *Nohlen, D.* (Hrsg.): Kleines Lexikon der Politik, Mchn., 267–269.

Rainer-Olaf Schultze

Kosten-Nutzen-Analyse (engl. *cost-benefit analysis*), Methode zur Erfassung und Bewertung der gesamtwirtschaftl. Wirkungen öff. Projekte.

Sie vollzieht sich i. d. R. in drei Schritten: (1) Identifizierung der Projektalternativen; (2) Erstellung von Wirkungsanalysen für alle Alternativen, d. h. die negativen und positiven Auswirkungen werden bilanziert; (3) monetäre Bewertung der Wirkungen. Im Ergebnis führt die K.-N.-A. zu einer Rangordnung der Projektalternativen nach ihrer gesamtwirtschaftl. Effizienz. Außerdem lassen sich Aussagen über den geeigneten Zeitpunkt für eine Maßnahme und über ihre Verteilungswirkungen gewinnen. Bedeutsam ist v. a., daß die K.-N.-A. auch außermarktliche Kosten und Nutzen einbezieht, also auch öff. → Güter, → Externalitäten und sog. *intangibles* (immaterielle Güter, z. B. den Freizeitwert eines Geländes) zu bewerten versucht. Die quantitative Bewertung solcher Güter über Schattenpreise, Zahlungsbereitschaften o. ä. bereitet aber ebenso Probleme wie die Berücksichtigung von Zeitpräferenzen über eine Diskontrate. Werden statt monetärer Größen physische Kennziffern (z. B. Veränderung der Luftbelastung) zur Bewertung herangezogen, spricht man von Kosten-Wirksamkeits-Analyse. Die K.-N.-A. nimmt für sich in Anspruch, zu höherer Transparenz staatl. Entscheidungsfindung zu führen. In D sind K.-N.-A. für große Projekte zwingend vorgeschrieben; in den westl. Ländern und in → Internationalen Organisationen sind sie weithin üblich.

→ Öffentliche Güter.

Lit.: *Bruhn, M.* 1999: Kosten und Nutzen des Qualitätsmanagements, Mchn. *Hanusch, H.* 1987: Kosten-Nutzen-Analyse, Mchn. *Layard, R.* (Hrsg.) 1999: Cost-benefit Analysis, Camb./Mass. *Wagner, R.* 2000: Monetäre Umweltbewertung mit der Contingent-Valuation-Methode, Ffm.

Katharina Holzinger

Kosten-Wirksamkeits-Analyse → Kosten-Nutzen-Analyse

Kovarianz → Varianz/Varianzanalyse

Korrelationshypothese → Hypothese

Kreuztabelle, tabellarische Anordnung von Häufigkeits-Daten hinsichtlich (mindestens) zwei → Variablen (z. B. Wählerverhalten und Wohnort) mit wenigen Ausprägungsklassen – im einfachsten Fall, wenn beide Variablen nur zwei Kategorien aufweisen (z. B. Wähler der Regierungsparteien/Opposition und neue/alte Bundesländer), in Form einer Vierfelder-Tabelle.

Bes. bei mehr als zwei Variablen spricht man auch von Kontingenztabellen. Lange Zeit mußte man sich mit bivariaten Tabellenanalysen (ggf. unter Kontrolle jeweils dritter Variablen) zufrieden geben – oder multivariate Modelle verwenden, die eigentlich für metrische Variablen konzipiert sind und deren Modellvoraussetzungen somit verletzt wurden. In jüngerer Zeit hat die Entwicklung von Analyse-Modellen für multivariate K. diese Probleme weitgehend gelöst; komfortable EDV-Programme für solche Analysen liegen vor.

→ Bivariate Statistik; Häufigkeitsverteilung; Kontingenztafelanalyse; Modell; Multivariate Statistik.

Jürgen Kriz

Kreuzung sozialer Kreise, von *G. Simmel* (z. B. in seiner «Soziologie», 1908) geprägter Begriff. Ein sozialer Kreis ist eine Assoziation von Individuen aufgrund bestimmter Gemeinsamkeiten. Eine K. s. K. ergibt sich, wenn der einzelne sich aus askriptiven Bindungen löst und Assoziationen mit anderen Individuen aus heterogenen Kreisen bildet.

In der frühen Netzwerkforschung wurde der Begriff «*social circle*» verwendet zur Bezeichnung sozialer Beziehungen zwischen Personen, die ein gemeinsames Interesse haben, sich aber deshalb nicht formal organisieren (*Kadushin*). In der → Wahlforschung wird der Begriff bedeutungsgleich mit dem Konzept der → *Cross pressures* verwendet, d. h. sozialen Einflüssen aus der unmittelbaren Umwelt einer Person, die in verschiedene Richtungen gehen.

→ Netzwerk/Netzwerkanalyse.

Lit.: *Simmel, G.* 1890: Über sociale Differenzierung, Lpz.

Franz Urban Pappi

Kreuzvalidierung → Validität

Krieg, im allg. Sprachgebrauch die organisierte Gewaltanwendung größeren Umfangs zwischen → Staaten (polit. Gemeinwesen) oder im Falle von → Bürgerkriegen zwischen unterschiedlichen Gruppen im Rahmen eines Staates, sei es zwischen der Regierung und gegen sie kämpfenden bewaffneten Kräften, sei es zwischen Gruppen in einer Situation, in der keine Regierung existiert (→ Anarchie).

Für die politikwiss. Forschung stellt sich jedoch das Problem einer → Operationalisierung des Untersuchungsgegenstandes K. und seiner Abgrenzung von anderen Formen gewaltsamen Konfliktaustrags. Hierbei fehlt es an einheitlichen Definitionen. In der Forschung zur Frage des «demokratischen Friedens» (d. h. der Friedfertigkeit von → Demokratien untereinander) wird K. als organisierter Einsatz von → Gewalt zwischen Staaten mit mehr als 1000 Toten verstanden. In der Kriegsursachenforschung fehlt es jedoch an einem allg. anerkannten Kriegsbegriff. Sowohl zwischenstaatl. Kriege als auch Bürgerkriege sind erfaßt in der für die Kriegsursachenforschung in D maßgebenden Definition von Krieg als «gewaltsamem Massenkonflikt», der die folgenden drei Charakteristika hat: (1) die Beteiligung von zwei oder mehr Streitkäften, darunter wenigstens bei einer Konfliktpartei reguläre Streitkräfte; (2) ein Minimum an zentraler Organisation der Kriegsführung auf allen Seiten; (3) eine gewisse Beständigkeit der Kampfhandlungen (*Gantzel/Siegelberg* 1990: 226). Doch auch im Rahmen einer solchen Definition bleiben Probleme bei der konkreten Einschätzung und Einstufung gewaltsam ausgetragener Konflikte.

→ Frieden; Gerechter Krieg; Internationale Beziehungen.

Lit.: *Gantzel, K. J./Siegelberg, J.* 1990: Krieg und Entwicklung, in: *Rittberger, V.* (Hrsg.): Theorien der Internationalen Beziehungen (PVS Sonderheft 21), Opl., 219–239. *Holsti, K. J.* 1991: Peace and War: Armed Conflicts and International Order 1648–1989, Camb. u. a. *Midlarsky, M. I.* 1989: Handbook of War Studies, Boston u. a.

Peter Rudolf

Kriegsursachen/ Kriegsursachenforschung, Forschungszweig, in welchem die Ursachen organisierter zwischenstaatl. Gewaltanwendung untersucht werden.

1. Die Ursachen von → Kriegen stehen in einer langen Tradition philosophisch-spekulativen Nachdenkens. Die traditionellen Antworten lassen sich drei unterschiedlichen Analyseebenen zuordnen, je nachdem, wo die grundlegenden strukturellen Ursachen für Krieg am ehesten lokalisiert werden (vgl. *Waltz* 1954).

(1) Erklärungen auf der ersten Analyseebene, der des Individuums, sehen die Ursachen von Kriegen in der Natur und im Verhalten des Menschen, in seiner Selbstsucht und in seinem Selbstbehauptungsdrang. Diese Tradition läßt sich in ihrer christlich-jüdischen geprägten Version auf *Augustinus* zurückführen, sie findet sich in der philosophischen Variante bei *Spinoza* und schließlich Mitte des 20. Jh. in der realistischen Theorie internat. Politik, wie sie insbes. von *H. J. Morgenthau* in seinem grundlegenden Werk «Po-

litics among Nations» (1948) vertreten wurde.

(2) Eine zweite Denkschule führt die Ursachen von Kriegen auf die innere Struktur von Staaten und Gesellschaften zurück. Diese Tradition wurde in der Frühen Neuzeit von *Machiavelli* begründet, der in seinen *«Discorsi»* als erster den Zusammenhang von republikanischer Staatsform und Frieden zur Sprache brachte (vgl. *Czempiel* 1986, 116–119). In *Montesquieus «De l'esprit des lois»* (1748) etwa findet sich dieser Zusammenhang zwischen Monarchie und Krieg, Republik und Frieden; im späten 18. und im 19. Jh. wurde der Zusammenhang Gemeingut im Denken der engl. Liberalen. Seine deutlichste, bis heute wirksame Ausprägung fand diese Denkschule bei *Kant* in seiner Schrift «Zum ewigen Frieden» (1795). Entstammte in der liberalen Version Krieg den Imperativen der aristokratischen Gesellschaft, so wurden daraus später in der marxistischen Variante dieses Erklärungsansatzes die Imperative und Widersprüche der kapitalistischen Gesellschaft.

(3) Eine dritte Tradition sieht die eigentlichen Ursachen von Kriegen in der anarchischen Struktur internat. Politik begründet, die Staaten zum Machtstreben zwingt. Diese Tradition reicht bis *Thukydides* zurück, der den peloponnesischen Krieg als unvermeidliches Ergebnis des «Machtzuwachses der Athener, der den Spartanern Furcht einflößte und sie zum Krieg zwang» (*Thukydides* 1966: I, 23, 57), interpretierte und damit als Begründer der Theorie hegemonialer Kriege gelten kann (vgl. *Gilpin* 1989). Im Anschluß an *Hobbes'* Kennzeichnung internat. Politik als eines dauernd von der Möglichkeit des Krieges geprägten Zustandes analysierte *Rousseau* eindringlich die Wirkung eines Selbstbehauptungssystems ohne übergreifende Autorität. Der in der amerikan. Politikwiss. einflußreiche strukturelle Realismus (auch Neorealismus genannt) hat diesen Ansatz ausgearbeitet; Anarchie als unaufhebbares Strukturmerkmal des internat. Systems erklärt aus dieser Sicht das immerwiederkehrende Vorkommen von Kriegen (*Waltz* 1989).

2. Die politikwiss. Diskussion über die Ursachen von Kriegen ist von der Frage nach den strukturellen Ursachen zwischenstaatl. Kriege dominiert. Darin spiegelt sich die auf *Thukydides* zurückgehende Unterscheidung zwischen den tieferliegenden langfristigen und den unmittelbaren auslösenden Kriegsursachen wider. In der Konkurrenz zwischen den Ansätzen, die Kriege aus der anarchischen Struktur des internat. Systems und der Machtverteilung zwischen den Großmächten (Polarität) erklären wollen, und jenen Ansätzen, die auf die Verfaßtheit von Staaten und die gesellschaftl. Machtverteilung abstellen, kommen die beiden ideengeschichtl. tief verwurzelten Paradigmen internat. Politik zum Tragen: Realismus und Liberalismus.

(1) Innerhalb des realistischen Paradigmas finden sich eine Reihe spezifischer Theorien und Hypothesen. Innerhalb der Gleichgewichtstheorie ist strittig, ob bipolaren oder multipolaren Systemen eine größere Neigung zur Instabilität und zum Krieg eigen ist (*Deutsch/Singer* 1964; *Waltz* 1979: 161–170). Gemeinsam ist jedoch die Auffassung, daß Gleichgewicht Frieden bewahrt und Ungleichgewicht zum Krieg führt. Ein anderer Theoriestrang im Rahmen des realistischen Paradigmas betont dagegen die Bedeutung von Machtungleichgewichten für den Erhalt des Friedens. So wird innerhalb der Machtübergangstheorie *(power transition theory)* eine in etwa gleiche Machtverteilung zwischen Staaten als kriegsauslösend gesehen, eine ungleiche dagegen als friedensfördernd (*Kugler/Organski* 1989). Dahinter steht die Überlegung, daß Gefälle in der wirtschaftl., sozialen und polit. Modernisierung zwischen Staaten zu Veränderungen in der Machtverteilung führen und die Wahrscheinlichkeit eines Krieges dann am größten ist, wenn ein nicht saturierter Herausforderer sich mit seiner militärischen Macht dem führenden Staat im internat. System annähert. Diese auf der Ebene dyadischer Interaktion sich bewegende Theorie beansprucht nicht, alle Kriege zu erklären, sondern nur die zwischen den Großmächten. Strittig innerhalb dieser Theorie ist jedoch die Frage, ob es tatsächlich plausibel ist, daß der Herausforderer einen Krieg beginnt. Die konkurrierende Hypothese lautet, daß die führende Macht in einer solchen Situation

des Übergangs einen Präventivkrieg beginnen werde. Diese Hypothese trifft jedoch nur für nichtdemokratische Staaten zu (*Schweller* 1992).

(2) Die in ihrer ursprünglichen Formulierung auf *Thukydides* zurückgehende Machtübergangshypothese findet sich auch in jenen historisch-strukturellen Theorien, die die Entwicklung des neuzeitlichen Staatensystems aus zyklischen Prozessen zu erklären suchen (→ Zyklentheoretische Ansätze). Hegemoniale Kriege, also solche zwischen Hegemonialmacht und Herausforderer über die Führung und Ordnung des internat. Systems, ergeben sich im Rahmen der Theorie hegemonialer Kriege aus dem Ungleichgewicht zwischen der polit. Ordnung des internat. Systems und der tatsächlichen Machtverteilung, die sich historisch aufgrund ungleicher Wachstumsprozesse ändert (*Gilpin* 1981). Im Rahmen der Theorie langer Zyklen wird der Aufstieg und Verfall von Weltführungsmächten mit einem zyklisch verlaufenden Prozeß zu erklären versucht, der mit einem globalen Krieg beginnt (*Modelski/Thompson* 1989).

Überlegenheitstheorien postulieren das Gegenteil der Gleichgewichtstheorien. Vermittelnd zwischen beiden Positionen setzt die Theorie des erwarteten Nutzens *(expected utility theory)* an, ein deduktiv-axiomatischer Ansatz rationaler Wahl, der beansprucht, die Bedingungen ableiten zu können, unter denen die beiden konkurrierenden Hypothesen Gültigkeit besitzen (*Bueno de Mesquita* 1989). Ziel dieses Ansatzes ist es, die notwendigen (jedoch nicht die hinreichenden) Bedingungen für zweckrationale Entscheidungen zum Kriege bestimmen zu können.

(3) Auf der Ebene der Interaktion innerhalb des internat. Systems bewegen sich jene Theorien, die dem Verhältnis von Rüstungswettlauf und Kriegen nachgehen. Im Rahmen des Konfliktspiralmodells werden Rüstungswettläufe zwar nicht als die eigentliche Ursache für Kriege postuliert, jedoch als konfliktverschärfendes Moment eines Eskalationsprozesses. Angesichts der kontroversen Ergebnisse der empirischen Forschung besteht Konsens allenfalls darüber, daß manche Rüstungswettläufe zum Krieg führen, andere nicht. Rüstungswettläufe sind weder notwendige noch hinreichende Bedingungen für den Ausbruch eines Krieges (*Siverson/Diehl* 1989).

(4) Sieht man von dem Versuch ab, die Ursachen von Kriegen generell in der Existenz von Staaten und ihrer Herrschaftslogik zu lokalisieren (*Krippendorf* 1985), so lassen sich in der gegenwärtigen politikwiss. Kriegsursachentheorie zwei Varianten jenes klassischen Ansatzes finden, der die Ursachen von Kriegen auf die innere Struktur von Staaten und Gesellschaften zurückführt. Eine lange Tradition hat die «Ablenkungs»- oder «Sündenbock»-Theorie, insofern sie an Überlegungen anknüpft, wie sie sich bereits in *Jean Bodins* Werk «Les six livres de la république» (1576) und später dann v. a. in den → Imperialismustheorien von *Lenin* und *J. Schumpeter* finden. Dieser Ansatz sieht die Wurzeln von Kriegen in innergesellschaftl. Konflikten und den Bedürfnissen der Herrschaftssicherung. In quantitativen Studien wurde keine Korrelation zwischen inneren und äußeren Konflikten gefunden – durchaus im Widerspruch zu etlichen Fällen von Kriegen, bei denen ein solcher Zusammenhang historisch plausibel erscheint (vgl. *Levy* 1989b). Noch immer ist wenig darüber bekannt, unter welchen Bedingungen welche Art von Staaten als Reaktion auf Bedrohungen für den Status von Eliten Zuflucht zu einem konflikthaften Außenverhalten nehmen.

(5) Der Zusammenhang zwischen demokratischem Herrschaftssystem und friedlichem Außenverhalten spielte in der modernen Kriegsursachenforschung lange keine Rolle, schien die Empirie doch eine größere Friedfertigkeit von Demokratien nicht zu belegen. Erst die Entdeckung der empirischen Gesetzmäßigkeit, daß Demokratien untereinander nie (oder – je nach Definition – zumindest sehr selten) Krieg geführt haben, weckte das Interesse an einer theoretischen Durchdringung des Phänomens des «demokratischen Friedens». Dabei wurde sehr stark auf die liberale philosophische Tradition zurückgegriffen, insbes. auf die Vorstellungen *Kants*.

(6) Nicht an den tieferliegenden Ursachen von Kriegen, sondern eher an den unmittelbaren auslösenden Faktoren sind jene Theo-

rien interessiert, die die zu einem Krieg führenden Entscheidungsprozesse zu erklären suchen. Die Aufmerksamkeit richtet sich dabei zum einen auf die Rolle von Individuen und ihren (Fehl-)Perzeptionen, wobei die systematischen Erkenntnisse über die tatsächliche kausale Bedeutung von Fehlperzeptionen jedoch gering geblieben sind (*Jervis* 1989). Zum anderen thematisieren theoretische Ansätze auf der Ebene von Entscheidungsprozessen die Rolle militärischer Organisationen und den Zusammenhang zwischen einer organisationstheoretisch abgeleiteten Neigung militärischer Organisationen zu offensiven militärischen Doktrinen und der Verschärfung des Sicherheitsdilemmas zwischen Staaten in einer Krise, wie dies beim Ausbruch des I. Weltkrieges der Fall war (*Snyder* 1984).

3. Konsens besteht in der gegenwärtigen Kriegsursachenforschung im Grunde nur in einem (vgl. *Levy*, 1989; *Cashman* 1993; *Mendler/Schwegler/Rohmeis* 1989): Kriege als komplexes Phänomen haben keine einzelne Ursache. Die Hindernisse für ein besseres Verständnis von Kriegsursachen liegen nicht etwa darin begründet, daß ein Mangel an empirischen Daten bestünde. Sie hängen vielmehr mit den grundsätzlichen epistemologischen Problemen einer kausalen sozialwiss. Theorie (vgl. *Dessler* 1991) und der Verankerung konkurrierender Theorien in unterschiedlichen, ideengeschichtl. tief verwurzelten Paradigmen zusammen. Die in der modernen empirischen Theorie vorherrschende Neigung zu «sparsamen» Theorien, die mit möglichst wenig Faktoren vieles erklären wollen, schränkt die Erklärungskraft der auf unterschiedlichen Analyseniveaus angesiedelten Theorien ein. Jede Theoriebildung zu den Ursachen von Kriegen hat es zudem mit dem Problem zu tun, daß unterschiedliche Bedingungen und Entwicklungen zum gleichen Ergebnis, zu einem Krieg führen können (Equifinalität); umgekehrt führen identische Bedingungen zu unterschiedlichen Ergebnissen (Multifinalität). In die Theorien über die Ursachen von Kriegen müßten auch die konkreten Konfliktgegenstände einbezogen werden, um die es in den zum Krieg führenden Prozessen geht. Diese sind in der Forschung bislang vernachlässigt worden (vgl. *Holsti* 1991: 6–15), vermutlich deshalb, weil im modernen Verständnis Krieg als Katastrophe und Fehlverhalten gilt und nicht mehr als ein zweckrationales polit. Verhalten im *Clausewitzschen* Sinne einer «Fortsetzung des politischen Verkehrs mit Einmischung anderer Mittel» (*von Clausewitz* 1952: 888). In dem Bemühen um allgemeingültige Kriegsursachen hat die Theoriebildung den nuklearen Faktor weitgehend ausgeblendet. Die Konzentration auf die Erklärung von vergleichsweise seltenen Kriegen zwischen Großmächten hat zudem dazu beigetragen, daß Erklärungen für die zahlreichen Kriege und Bürgerkriege in der Dritten Welt – seit 1945 ungefähr 95 % aller Kriege – noch in den Anfängen stecken (*Gantzel* 1994). Angesichts des Forschungsstandes ist die polit. Relevanz der Kriegsursachentheorien gering. Die Ausnahme stellt die empirisch überzeugende und theoretisch plausible These vom «demokratischen Frieden» dar.

→ Frieden/Friedenstheorien; Gleichgewicht; Souveränität; Internationale Beziehungen/Internationale Politk; Macht.

Lit.: *Bueno de Mesquita, B.* 1989: The Contribution of Expected Utility Theory to the Study of International Conflict, in: *Midlarsky, M. I.* (Hrsg.): Handbook of War Studies, Boston, 143–169. *Cashman, G.* 1993: What Causes War. An Introduction to Theories of International Conflict, NY u. a. *Clausewitz, C. von* [16]1952: Vom Kriege, hrsg. von *Hahlweg, W.*, Bonn. *Czempiel, E.-O.* 1986: Friedensstrategien, Paderborn u. a. *Dessler, D.* 1991: Beyond Correlations: Toward a Causal Theory of War, in: International Studies Quarterly 35, 3, 337–355. *Deutsch, K. W./Singer, J. D.* 1964: Multipolar Systems and International Stability, in: WP 16, 3, 390–406. *Gantzel, K. J.* 1994: Kriegsursachen: Theoretische Konzeption und Forschungsfragen, in: *Krell, G./Müller, H.* (Hrsg.): Frieden und Konflikt in den internationalen Beziehungen, Ffm./NY, 133–154. *Gilpin, R.* 1981: War and Change in World Politics, Camb. u. a. *Gilpin, R.* 1989: The Theory of Hegemonic War, in: *Rotberg, R. I./Rabb, T. K.* (Hrsg.): The Origin and Prevention of Major War, Camb. u. a., 15–

37. *Holsti, K.J.* 1991: Peace and War, Camb. u.a. *Jervis, R.* 1989: War and Misperception, in: *Rotberg, R.I./Rabb, T.K.* (Hrsg.): The Origin and Prevention of Major War, Camb. u.a., 101–126. *Kant, I.* 1996: Zum ewigen Frieden, Stg. *Keohane, R.O.* 1990: International Liberalism Reconsidered, in: *Dunn, J.* (Hrsg.): The Economic Limits to Modern Politics, Camb. u.a., 165- 194. *Krippendorf, E.* 1985: Staat und Krieg, Ffm. *Kugler, J./Organski, A.F.K.* 1989: The Power Transition, in: *Midlarsky, M.I.*: Handbook of War Studies, Boston u.a., 171–194. *Levy, J.S.* 1989 a: The Causes of War, in: *Tetlock, P.E.* (Hrsg.): Behavior, Society, and Nuclear War, Bd. 1, NY/Ox., 209–333. *Levy, J.S.* 1989 b: The Diversionary Theory of War, in: *Midlarsky, M.I.*: Handbook of War Studies, Boston u.a., 259–288. *Mendler, M./Schwegler-Rohmeis, W.* 1989: Weder Drachentöter noch Sicherheitsingenieur. Bilanz und kritische Analyse der sozialwissenschaftlichen Kriegsursachenforschung, Ffm. *Modelski, G./Thompson, W.R.* 1989: Long Cycles and Global War, in: *Midlarsky, M.I.*: Handbook of War Studies, Boston u.a., 23–54. *Morgenthau, H.J.* 1963: Macht und Frieden, Gütersloh (engl. 1948). *Schweller, R.I.* 1992: Domestic Structure and Preventive War. Are Democracies More Pacific?, in: WP 44, 2, 235- 269. *Siverson, R.M./Diehl, P.F.* 1989: Arms Races, the Conflict Spiral, and the Onset of War, in: *Midlarsky, M.I.*: Handbook of War Studies, Boston u.a., 195–218. *Snyder, J.* 1984: Ideology of the Offensive: Military Decision Making and the Disasters of 1914, Ithaca/L. *Thukydides* 1966: Der Peloponnesische Krieg, Stg. *Waltz, K.N.* 1989: The Origins of War in Neorealist Theory, in: *Rotberg, R.I./Rabb, T.K.* (Hrsg.): The Origin and Prevention of Major War, Camb. u.a., 39–52. *Waltz, K.N.* 1979: Theory of International Politics, NY u.a. *Waltz, K.N.* 1954: Man, the State and War, NY.

Peter Rudolf

Krise (von griech. *krísis* = Entscheidung, entscheidende Wendung), alltagssprachlich vielfach verwandter Begriff; in den Geschichts- und Sozialwiss. dient er zur Kennzeichnung von historisch signifikanten Konflikten und Wendepunkten in sozialen Ordnungen. Das wesentliche Merkmal einer K. liegt in der Radikalität der sich bietenden Alternativen.

Die Bewertungen sind widersprüchlich: Je nach Standpunkt des Betroffenen bzw. Betrachters stellen sich mögliche Ergebnisse von K.: → Krieg oder → Frieden, → Revolution oder → Restauration, positiv oder negativ dar. Folglich ist auch in der krisentheoretischen Literatur keine einheitliche Verwendung des Krisenbegriffes feststellbar: So werden z.B. strukturelle, längerandauernde Transformationsprozesse wie kurzfristige Problemsituationen als K. bezeichnet (vgl. *Koselleck* 1982).

1. In bezug auf die Ordnung von → Nationalstaaten werden insbes. ökon. und polit. K. unterschieden. Historisch-materialistische Ansätze betonen dabei die strukturelle Krisenanfälligkeit der kapitalistischen → Produktionsweise. K. ergeben sich aus dieser Perspektive als Resultat von Akkumulationsproblemen, der Unterkonsumption und der Überproduktion. *Marx* hat jedoch keine einheitliche Krisentheorie entwickelt (*Clarke* 1994: 242). Die Regulationstheorien unterscheiden fünf verschiedene Krisenarten (→ Regulation): der Entwicklungsweise externe K., zyklische K. innerhalb des Entwicklungsmodus, strukturelle K. der Regulationsweise, K. der Entwicklungsweise und schließlich die K. der Produktionsweise (*Boyer* 1990: 48–60). Diese eher ökon. Krisendiskussionen wurden seit den 1970er Jahren durch *J. O'Connor* (1974) um die Finanzkrise des Staates erweitert und durch *J. Habermas* (1973) auf eine breitere Grundlage gestellt. *Habermas* argumentierte, daß in spätkapitalistischen Gesellschaften nicht nur ökon. K. auftreten, sondern unterscheidet zusätzlich die Rationalitäts-, die Motivations- und die Legitimationskrise. Sie tritt ein, wenn das soziokulturelle System nicht mehr das erforderliche Maß an handlungsmotivierendem Sinn hervorbringt.

2. In den → Internationalen Beziehungen unterscheiden empirisch-analytisch orientierte Ansätze zwischen außenpolit. und internat.

Krisensituationen, in denen wenige staatl. Entscheidungsträger unter Zeitdruck über die Anwendung militärischer Gewalt entscheiden. Prominentes Beispiel ist die Kuba-Krise während des Ost-West Konflikts, in der beinahe Atomwaffen zur Anwendung gekommen wären. Insges. hat *Brecher* (1993: 68) 390 internat. Krisensituationen zwischen 1918 und 1988 ermittelt. Ziel solcher Ansätze ist es, Krisen vorhersagen zu können und Bewältigungsstrategien zu entwickeln (vgl. *Brecher/Wilkenfeld* 1989). → Weltsystem-Ansätze betonen dagegen strukturelle Krisen, die in der Transformation von internat. Ordnungen resultieren und durch hegemoniale Ausscheidungskämpfe hervorgerufen werden (*Wallerstein* 1983).

→ Systemkrise.

Lit.: *Boyer, R.* 1990: The Regulation School: A Critical Introduction, NY. *Brecher, M.* 1993: Crises in World Politics. Theory and Reality, Ox. *Brecher, M./Wilkenfeld, J.* 1989: Crisis, Conflict and Instability, Ox. *Clarke, S.* 1994: Marx's Theory of Crisis, L. *Habermas, J.* 1973: Legitimationsprobleme im Spätkapitalismus, Ffm. *Koselleck, R.* 1982: Krise, in: *Brunner, O.* (Hrsg.) Geschichtliche Grundbegriffe, Stg., 617–650. *O'Connor, J.* 1974: Die Finanzkrise des Staates, Ffm. *Sturm, R./Billing, P.* 1994: Krisentheoretische Ansätze, in: *Kriz, J.* u. a. (Hrsg.): Politikwissenschaftliche Methoden (Lexikon der Politik, Bd. 2), Mchn. 227–229. *Wallerstein, I.* (1983) Crisis: The World Economy, the Movements and the Ideologies, in: *Bergesen, A.* (Hrsg.): Crisis in the World System, Beverly Hills, 21–36.

Sabine Dreher

Kristallisationsthese → Persistenzthese

Kritik (von griech. *kritiké* (*téchné*) = Kunst der Beurteilung), meint in ihrer Kernbedeutung Beurteilung und Unterscheidung; sie bezieht sich sowohl auf vorwiss. Fähigkeiten als auch auf eine methodisch geregelte wiss. Tätigkeit und deren Resultate in Wissenschafts- und Erkenntnistheorie, Moraltheorie, Ästhetik, Kunst- und Literaturwiss., Geschichts-, Gesellschafts- und polit. Philosophie. In diesen unterschiedlichen Theoriezusammenhängen wird der Begriff der K. inhaltlich und strategisch vielfältig gefaßt.

Folgende Vorgehensweisen und Resultate von K. können unterschieden werden: (1) K. als Begründungspostulat theoretischer und praktischer Rationalität beginnt mit der Grundforderung, behauptete Positionen (sowohl faktisch eingenommene als auch als Meinung geäußerte) argumentativ zu begründen. Je nach Erwartungen und Resultaten eines damit eröffneten kritischen Dialogs ergeben sich zwei Modelle: (a) Im sokratischen Gespräch werden Behauptungen der kritischen Prüfung ausgesetzt und oftmals als nicht haltbar erwiesen. Die Strategien dieser K. reichen vom Rückgriff auf eine nicht ins Bild passende Empirie (z. B. Gegenbeispiele) bis zu logischen Diskrepanzen, theorieimmanenten Widersprüchen oder der Ableitung widersprüchlicher Konsequenzen. (b) Das andere Modell von K. legt sich positional mehr fest, indem vorhandene Positionen am Maßstab von anderen Positionen gemessen und beurteilt werden. Eine Theorie wird kritisiert, indem sie mit anderen Theorien oder metatheoretischen (logischen, methodologischen) Normen konfrontiert wird. Handeln und praktische Politik werden auf ihre Vereinbarkeit mit moralischen Normen geprüft. Diese Grundmuster wurden im Verlauf der → Moderne auf speziellere → Modelle hin elaboriert.

(2) Der transzendentallogische Typus versteht K. als das Freilegen von unhintergehbaren und notwendigen Bedingungen, die den Bereich des rationalen Diskurses in seinen Grenzen absichern (*Kant*), normativ bestimmtes Handeln in der theoretisch nicht weiter begründbaren Letztbedingung von Sittengesetz und Freiheit verankern (*Kant*) oder notwendige pragmatische Voraussetzungen von Diskursen zur Begründung von Geltungsansprüchen formulieren (Transzendentalpragmatik: *K. O. Apel*).

(3) Ein historisch-dialektischer Typus begreift K. zum einen als Negation der sozialen und polit. Faktizität aus der Perspektive

möglicher humaner Alternativen (philosophische K. der polit. Ökonomie beim frühen *Marx*, → Kritische Theorie im 20. Jh.). Dieser normativ unterlegten K. korrespondiert als zweites Bedeutungsmoment von K. eine dialektische Deutung von Geschichte als Entwicklung in und durch Widersprüche (insbes. Klassenwidersprüche) auf eine künftige Aufhebung dieser Widersprüche in einer humanen, klassenlosen Gesellschaft hin. In dieser Utopie treffen sich K. als Theorie und als revolutionäre Praxis.

(4) Anknüpfend an *F. Bacons* Irrtumslehre und die Vorurteilskritik der → Aufklärung, wird in unterschiedlichen Kontexten (→ Marxismus, Wissenssoziologie, neo-positivistische Erkenntnis- und Wissenschaftstheorie) der spezielle Typus der → Ideologiekritik entwickelt. Sie versteht sich als Moment einer aufklärerisch-emanzipatorischen Praxis, indem sie ideologische Selbsttäuschungen und Formen eines «falschen Bewußtseins» durch kritische Analyse entlarvt und damit aufzulösen sucht.

→ Dialektik; Metatheorie; Theorie.

Lit.: *Bormann, C. von* 1974: Der praktische Ursprung der Kritik, Stg. *Röttgers, K.* 1982: Kritik, in: *Brunner, O.* u. a. (Hrsg.): Geschichtliche Grundbegriffe, Bd. 3, Stg., 651–675.

Ulrich Weiß

Kritische Theorie, im heutigen Verständnis weitgehend die Theoriebildung und Forschung der sog. Frankfurter Schule. Wissenschaftsgeschichtlich gesehen handelt es sich um eine Konzeption, in der v. a. drei Denktraditionen eine charakteristische Verbindung eingingen: die rationale Philosophie von *Rousseau* bis *Hegel,* die → Politische Ökonomie von *Marx* und die *Freud*sche Psychoanalyse.

1. Ihre paradigmatische Gestalt fand die K. T. in den 1930er Jahren in dem *von Max Horkheimer* geleiteten Institut für Sozialforschung und in der «Zeitschrift für Sozialforschung», zu deren Mitarbeitern *Erich Fromm, Herbert Marcuse* u. a. zählten. Beabsichtigt war und in Teilen auch eingelöst wurde eine totalitätsorientierte → Analyse der bürgerlichen Gesellschaft, die einerseits unter dem Primat des Ökonomischen stand, sich andererseits aber auf die sozialpsychologischen und kulturellen Integrationsprozesse konzentrierte. Theoriebildung wie die explizit ins Zentrum gestellte Sozialforschung hatten ihren Zielpunkt in der «Theorie des historischen Verlaufs der gegenwärtigen Epoche». Dementsprechend traten die Krise des europ. → Liberalismus und die Herausbildung bzw. Stabilisierung der → Autoritären bzw. totalitären Regime in den Vordergrund, deren extremste Ausprägung der → Nationalsozialismus war. Als politikwiss. relevante Leistungen der frühen K. T. sind neben der formalen Konzeption einer interdisziplinären Sozialforschung hervorzuheben die begriffliche Klärung des Problems der → Autorität und die Darstellung der rechtlichen und administrativen Verlaufsform, die der Übergang von der parlamentarischen Demokratie zur totalitären Führerdiktatur v. a. in D nahm. Diese Einschätzung gilt unbeschadet der Tatsache, daß zwischen den Vertretern der K. T. keine Einigung in der Frage erzielt wurde, ob der Nationalsozialismus auf einer plan- oder einer marktwirtschaftl. kapitalistischen Ökonomie beruhte.

2. Wenn die Krise des Liberalismus in Europa auf einen modernen Typus charismatischer → Herrschaft hinauslief, so präzisierte die K. T. diesen von *Max Weber* vorformulierten Begriff durch die Verwendung psychoanalytischer Denkmodelle. Ins Zentrum tritt dabei die die bürgerliche Familie prägende Vaterautorität, deren übermäßige Strenge in der Sozialisation des durchschnittl. Individuums eine Disposition zur Ich-Schwäche und in deren Gefolge eine Aufspaltung der Persönlichkeit in ein sadistisches Machtstreben und ein masochistisches Unterwerfungsbedürfnis bewirkt *(Horkheimer* u. a. 1936). Solche Charakterdispositionen summieren sich, zumal unter Bedingungen ökon. und polit. Machtkonzentration und einer dadurch bedingten Entwertung des autonomen Lebensraums der Familie, zu jenem Massenpotenzial, das die autoritäre bzw. totalitäre Führerdiktatur für sich zu

mobilisieren verstand. Waren die Forschungen der 1930er Jahre empirisch von der mitteleurop. Lage, genauer von den intellektuellen Erscheinungsformen des Autoritätsglaubens ausgegangen und methodisch an einem funktionalistischen Erklärungsmodell orientiert, so richtete sich später das Erkenntnisinteresse – methodisch eher phänomenologisch formuliert – auf die USA. Die in den Kontext der *«Studies in Prejudice»* gehörende *«Authoritarian Personality»* *(Adorno* u. a. 1950) entwickelte mit der sog. Faschismus-Skala ein empirisch verwendbares Instrument zur Messung autoritärer Charakterdispositionen und wies deren Existenz auch in der US-amerikan. Demokratie nach. Begründet war damit eine ebenso fruchtbare wie umstrittene Tradition zur Erforschung der → Politischen Kultur, die auch heute noch als kritischer Widerpart eines allzu eilfertigen Optimismus bezüglich der inneren Stabilität westl. Demokratien fungiert, auf der anderen Seite aber keinen Zweifel an der Wünschbarkeit genuin demokratischer Einstellungen bei Regierten wie Regierenden läßt.

3. Obschon am emigrierten Institut für Sozialforschung die rechtliche und institutionelle Ausformung der Nazi-Diktatur ausgiebig erforscht wurde *(Neumann* 1971), kam es in der frühen K. T. nicht zur Ausbildung einer Wiss. von der Politik. Nachgeholt wurde dies in den 1950er und 60er Jahren von *Franz Neumann* und *Otto Kirchheimer,* freilich unter den veränderten Bedingungen der Nachkriegssituation und der US-amerikan. *Political Science.* Hatte sich die Deutung der Krise des Liberalismus und der Entstehung des Totalitarismus in den 1930er Jahren aus dem marxistischen Entwicklungsmodell ergeben, so trat jetzt ebenfalls eine eher phänomenologisch verfahrende Betrachtung der polit. und rechtlichen → Institutionen in den Vordergrund. Dem erneuerten Anspruch auf eine kritische Gegenwartsdiagnose folgend, ging es um eine Bestimmung der polit. und sozialen Machtstrukturen in parlamentarischen Demokratien westl. Musters und ihrer Entwicklungstendenzen. Zum primären Bezugspunkt der Analyse wurde dabei die fortgesetzte Machtkonzentration in der monopolistischen Ökonomie und in der Staatsbürokratie. Gegen die dadurch bedingten zeitgenössischen Erscheinungsformen von polit. → Entfremdung und → Apathie wurde eine polit. Theorie ins Auge gefaßt, in der die aktivistischen und rationalen Werte der demokratischen Denktradition eingeklagt wurden *(Neumann* 1967). Diese aber und die ihnen entsprechende polit. Aktivbürgerschaft schienen nicht nur durch die Erosion der den Willensbildungsprozeß vermittelnden Institutionen wie Wahlfreiheit, Parteien- und Gruppenkonkurrenz und v. a. parlamentarische Opposition in Frage gestellt *(Kirchheimer* 1969), sondern noch zusätzlich bedroht durch die Verrechtlichung der polit. Konflikte und die komplementäre Politisierung der Justiz *(Kirchheimer* 1981). Die der K. T. zuzuordnende polit. Theorie i. e. S. läßt sich in einem Demokratieskeptizismus zusammenfassen, in einer Haltung, welche die in der kapitalistischen Massengesellschaft liegenden Hinderungsgründe für eine fortschreitende → Demokratisierung nüchtern konstatiert, ohne indessen auf eine wirkliche Alternative, eine neue Utopie verweisen zu können.

4. Die von der K. T. ausgehenden Impulse auf die zeitgenössische Sozialwiss. sind ebenso vielfältig, wie sie in der Politikwiss. verstreut blieben. Nur zaghaft in dies. Richtung weisend wie die von der Studentenbewegung radikalisierten Demokratisierungspostulate, konnten sie auch in D nicht zu einem theoretisch konsistenten Paradigma kritischer Politikwiss. verdichtet werden. Unverkennbare, wenngleich häufig nicht explizit gemachte Spuren finden sich jedoch überall dort, wo sich die Theoriebildung über die Politikfeldanalyse erhebt (z. B. *Kress/Senghaas* 1969).

Eine gewisse Ausnahme in dieser Konstellation bildet die von *J. Habermas* entwickelte Spätkapitalismustheorie. Die für die «Legitimationsprobleme» der wohlfahrtsstaatl. Demokratien *(Habermas* 1973) verantwortlichen Planungs- und Motivationskrisen lassen sich nur dingfest machen, wenn man von gesellschaftstheoretischen Unterscheidungen wie technische vs. kommunikative Vernunft, Systemrationalität vs. diskursive → Lebenswelt ausgeht. In den neueren Arbeiten dieses Autors zeigt sich jedoch, daß für eine solche systematische Grundlegung der Politikforschung, wie man es nennen könnte, eher *Weber*sche Begriffe, ergänzt um eine Ethik der Verständigung, herangezogen werden *(Habermas* [3]1999). Will man ein Gebiet ausmachen, auf dem die Tradition der K. T. noch am ehesten zeitgemäße Forschungsperspektiven anzubieten hat, so dürfte es das der → Politischen Psychologie sein. Wenn es nämlich eine bedrohliche Tendenz innerhalb der ansonsten stabilen Gesamtsituation der westl. Demokratien gibt, so ist es die eines schleichenden → Autoritarismus unter Aufrechterhaltung der demokratischen Institutionen.

→ Dialektik; Erklärung; Krisen; Phänomenologie/Phänomenologische Methode; Theorie und Praxis.

Lit.: *Adorno, T. W.* u. a. 1950: The Authoritarian Personality, NY. *Albrecht, C.* u. a. 1999: Die intellektuelle Gründung der Bundesrepublik, Ffm. *Demirovic, A.* 1999: Der nonkonformistische Intellektuelle, Ffm. *Habermas, J.* 1973: Legitimationsprobleme im Spätkapitalismus, Ffm. *Habermas, J.* [3]1999: Theorie des kommunikativen Handelns, Ffm. *Honneth, A.* 1985: Kritik der Macht. Reflexionsstufen einer kritischen Gesellschaftstheorie, Ffm. *Horkheimer, M.* u. a. 1936: *Autorität* und Familie, Paris. *Jay, M.* 1976: Dialektische Phantasie, Ffm. *Kirchheimer, O.* 1969: Politics, Law, and Social Change, NY. *Kirchheimer, O.* 1969: Politische Justiz, Ffm. *Kress, G./Senghaas, D.* (Hrsg.) 1969: Politikwissenschaft, Ffm. *Neumann, F. L.* 1977: Behemoth, Ffm. (engl. 1942). *Neumann, F. L.* 1967: Demokratischer und autoritärer Staat, Ffm. *Söllner, A.* 1982: Politische Dialektik der Aufklärung, in: *Bonß, W./Honneth, A.* (Hrsg.): Sozialforschung als Kritik, Ffm., 281–326. *Wiggershaus, R.* 1986: Die Frankfurter Schule. Geschichte, Theoretische Entwicklung, Politische Bedeutung, Ffm.

Alfons Söllner

Kritische Wahlen (engl. *critical elections*), solche Wahlen, bei denen es zu einer langfristig stabilen Umorientierung in den Parteipräferenzen der Wähler kommt, was zu Machtverschiebungen und zur Regruppierung im → Parteiensystem führt (Ggs.: → Normalwahl).

Das Konzept der k. W. geht zurück auf *V. O. Key* (1955); es wurde am Beispiel des → Wählerverhaltens in der US-amerikan. Wahl- und Parteiengeschichte weiterentwikkelt, insbes. von *W. D. Burnham* (1970, 1991). K. W. und Phasen des → *Realignment*, also des qualitativen Wandels in Wählerverhalten und Parteiensystem, sind dabei durch folgende Merkmale bestimmt: (1) Anstieg der polit. Mobilisierung und → Partizipation; (2) Re-Ideologisierung in Politik und Parteien, verbunden mit Forderungen nach Institutionenreform; (3) starke Brüche im Wählerverhalten, wobei große Wählersegmente, teilweise zwischen 1/5 und 1/3 der Wähler, ihre Präferenzen wechseln; (4) Erfolge von Drittparteien; (5) Formierung neuer, langfristig stabiler Wählerkoalitionen.
In der US-amerikan. Wahlgeschichte gelten als k. W. die Wahlen von 1800, 1824/28, 1854/60, 1896, 1932. Strittig ist, ob es nach dem Zerfall der sog. *Roosevelt*schen Wählerkoalition in den späten 1960er Jahren in der US-Politik zu einem neuerlichen *realignment* gekommen ist bzw. überhaupt hat kommen können; ebenso kontrovers beantwortet wird die Frage nach der Übertragbarkeit des im Kontext der US-Wahlen entwikkelten Konzepts auf die Wahl- und Parteienentwicklung anderer polit. System-Kontexte (vgl. *Schultze* 1992).

→ *Cleavage*; Wahlforschung.

Lit.: *Burnham, W. D.* 1970: Critical Elections and the Mainsprings of American Politics, NY. *Burnham, W. D.* 1991: Critical Realignment: Dead or Alive?, in: *Shafer, B. E.* (Hrsg.): The End of Realignment? Interpreting American Electoral Eras, Madison, 101–139. *Key, V. O. jr.* 1955: A Theory of Critical Elections, in: JoP 17, 3–18. *Schultze, R.-O.* [4]1992: Kritische Wahlen, in: *Nohlen, D./Schultze, R.-O.* (Hrsg.): Politikwissenschaft, Mchn., 487–490.

Rainer-Olaf Schultze

Kritischer Rationalismus, von *K. R. Popper* begründete Lehre, die sich im angloamerikan. und dt. Sprachraum v. a. in den Jahrzehnten nach der Mitte des 20. Jh. als sehr einflußreich erwies.

1. Im Zentrum steht das Konzept einer kritischen Rationalität, die alles Wissen als Vermutungswissen betrachtet und sich gegen jegliche Art von Dogmatismus wendet. Solche dogmatischen Positionen sieht der K. R. in → Ideologien, Weltanschauungen, spekulativ-metaphysischen Konstruktionen und absoluten Wertpositionen, die sich gegen → Kritik immunisieren. Das Korrektiv ist der Rückgriff auf → Empirie als methodisch kontrollierte Erfahrung, freilich nicht i. S. einer induktiven Begründung theoretischer Sätze aus Basis- bzw. experimentellen Protokollsätzen. Für den K. R. läßt sich ein induktives Schließen logisch nicht rechtfertigen. Außerdem erweist sich jegliche Erfahrung als theorieimprägniert; es gibt keine reine → Beobachtung. Theorien und → Hypothesen können nicht aus Erfahrung abgeleitet und dadurch bestätigt, wohl aber im Rückgriff auf empirische Sätze geprüft werden – dann nämlich, wenn aus den Hypothesen Konsequenzen (etwa in Form von → Prognosen) deduziert und mit empirischen Befunden konfrontiert werden. Im Falle der Nichtübereinstimmung können die → Hypothesen auf Grund des *modus tollens* – des Rückschlusses von der Falschheit der Konsequenzen auf die Falschheit der Prämissen – als widerlegt gelten. Ist dies nicht der Fall, so gelten sie bis zum nächsten Widerlegungsversuch als vorläufig bewährt. Dieser Falsifikationismus, der immer neue Hypothesen immer wieder dem empirischen Scheitern aussetzt, ersetzt das Prinzip der zureichenden Begründung durch das Prinzip der kritischen Prüfung (*Albert* 1968: I.2 und II.5). *Popper* erweiterte den Falsifikationismus zur evolutionären Erkenntnistheorie, die aus der Problemlösungsstrategie von Versuch und Irrtum (*trial and error*) einen Erkenntnisfortschritt erwartet und diesen Prozeß als Moment der natürlichen Evolution interpretiert: «Alles Leben ist Problemlösen» (*Popper* 1994).

2. Politiktheoretisch ist insbes. interessant: (1) Das Plädoyer für eine kritische Haltung und Lebensform, die sich den vermeintlichen Gewißheiten und totalen Glaubenssystemen verweigert. (2) Die Kritik am → Historizismus als der repräsentativ an *Hegel* und *Marx* demonstrierten Überzeugung, man könne die Geschichte analog zu den Naturwiss. in → Gesetze fassen und Prophezeiungen für die Zukunft formulieren. Neben dem logischen Gegenargument, daß die wissensabhängige Entwicklung der Gesellschaft wegen der Nichtprognostizierbarkeit der → Evolution des Wissens nicht berechenbar sei, hebt *Popper* v. a. den praktischen Umstand hervor, daß historizistische → Modelle einer utopischen und holistischen Sozialtechnik der rücksichtslosen Realisierung von revolutionären Gesamtplanungen korrespondierten. Alternativ wird eine «Stückwerk-Technik» (*piecemeal-engineering*) favorisiert, die auf Reformen in Detailfeldern setzt und soziale Veränderungen situationsbezogen und schrittweise realisiert. (3) Das (nicht eindeutige) Motiv der → Offenen Gesellschaft, das sich gegen die Planbarkeitsutopien richtet, wobei *Popper Hegel*, *Marx* und *Platon* als deren geistesgeschichtl. Wegbereiter brandmarkt. Sein Gegenmodell zielt auf die Möglichkeit individueller Entscheidungen vor dem Hintergrund rationaler Diskussion. Es bindet die Politik in der → Demokratie an das negative Prinzip der Vermeidung von Leid (an Stelle positiver Glücksversprechen) und gestaltet die innere Ausstattung der Politik pragmatisch als liberalen → Minimalstaat.

3. Die Kritikmöglichkeiten am K. R. sind vielfältig. *Poppers* Wissenschaftstheorie, deren rigorose Logik der faktischen Forschung kaum entspricht, erfuhr einschneidende Revisionen durch die Methodologie wiss. Forschungsprogramme von *Imre Lakatos*, durch die Theorie Wiss. Revolutionen (mit normalwiss. Zwischenphasen) von *T. S. Kuhn*, schließlich durch die konsequente Entfaltung des kritischen Potenzials in der anarchischen Epistemologie von *P. K. Feyerabend*. Soziologisch und politiktheoretisch wird die tragende Dichotomie von geschlossener und offener Gesellschaft als zu vage und empirisch zu wenig untermauert, die Identifizierung der offenen Gesellschaft mit der westl. Demokratie als ideologisierend kritisiert.

→ Falsifikation; Positivismus; Rationalismus.

Lit.: *Albert, H.* 1968: Traktat über kritische Vernunft, Tüb. *Albert, H./Salamun, K.* (Hrsg.) 1993: Mensch und Gesellschaft aus der Sicht des Kritischen Rationalismus, Amsterdam/Atlanta, GA. *Feyerabend, P.* ³1983: Wider den Methodenzwang, Ffm. (engl. 1975). *Kuhn, T. S.* ²1976: Die Struktur wissenschaftlicher Revolutionen, Ffm. (engl. 1962). *Obermeier, O. P.* 1980: Poppers «Kritischer Rationalismus», Mchn. *Popper, K. R.* ⁷1982: Logik der Forschung, Tüb. (zuerst 1934). *Popper, K. R.* ⁷1992: Die offene Gesellschaft und ihre Feinde, 2 Bde., Tüb. (engl. 1944). *Popper, K. R.* 1965: Das Elend des Historizismus, Tüb. (engl. 1944/45). *Popper, K. R.* 1973: Objektive Erkenntnis. Ein evolutionärer Entwurf, Hamb. (engl. 1972). *Popper, K. R.* 1994: Alles Leben ist Problemlösen, Mchn. *Salamun, K.* (Hrsg.) 1991: Moral und Politik aus der Sicht des kritischen Rationalismus, Amsterdam u. a. *Spinner, H. F.* 1978: Popper und die Politik, Bln. u. a. *Spinner, H. F.* 1982: Ist der Kritische Rationalismus am Ende?, Weinheim u. a.

Ulrich Weiß

Kultur, im allg. Verständnis jener Definition nahekommend, die *E. B. Tylor* 1871 wählte: das «komplexe Ganze, welches Wissen, Glaube, Kunst, Moral, Recht, Sitte und Brauch sowie alle anderen Tätigkeiten und Gewohnheiten einschließt, welche der Mensch als Mitglied der Gesellschaft erworben hat» (zit. n. *Kohl* 2000: 131).

1. K. ist (bislang) kein Schlüsselbegriff der → Politikwissenschaft, wird weder in politikwiss. Wörterbüchern behandelt noch i. d. R. in Sachregistern politikwiss. Schriften geführt. Hingegen ist er in adjektivischer Verwendung und in vielen Wortverbindungen in der Politik und im Begriffskanon der Politikwiss. präsent. Verwiesen sei auf → Kulturpolitik, Kulturstaat, → Multikulturalismus, → Politische Kultur, → Soziokultur. Es gibt fast nichts, was nicht mit dem Begriff K. verknüpft bzw. mit dem Präfix oder Suffix K. versehen werden kann (Beispiele: Kulturbrauerei, Kulturprogramm, Spielkultur, Unternehmenskultur), zumal das Wort positive Assoziationen weckt. Ist bereits der Begriff K. vieldeutig (es wurden über 150 Wortbedeutungen gezählt) und selbst kulturindiziert, so sind es nicht weniger seine Wortverbindungen.

2. Unter K. wurden in der Antike, basierend auf der Unterscheidung zwischen Natur und K., alle Hervorbringungen des Menschen als Vernunftwesen begriffen. Während im Mittelalter dieser weite Begriff aufrechterhalten blieb und der Unterschied zwischen Natur und K. an → Kausalität im Naturgeschehen und → Freiheit in der Schaffung von K. festgemacht wurde, bei *Kant* sich dann ein aus der → Autonomie des Menschen gedachtes Kulturverständnis entfaltete und schließlich im Gedanken der Autonomie der K. mündete, trennte sich der Begriff in der frühen → Moderne von → Staat, Recht und Politik und engte sich auf jene Art von Phänomenen ein, die nicht schon unter Begriffen wie → Demokratie und → Rechtsstaat angesprochen werden. Dies war eine der drei Bedingungen, unter denen K. aus dem Blickfeld der Politikwiss. entschwand. Eine weitere bestand darin, daß sich die Vorstellung von K. im Plural, von Kulturen durchsetzte und v. a. im ethnologischen → Diskurs (im → Kulturrelativismus) die Einzigartigkeit und Einmaligkeit jeder einzelnen von ihnen betont wurde: die einzelnen Kulturen seien untereinander eigentlich inkommensurabel und müßten deshalb jede einzeln für sich betrachtet werden (s. *Kohl* 2000: 146 f.). Darin wurde gelegentlich der Gegensatz zwischen → idiographischen Kulturwiss. und → nomothetischen → Sozialwissenschaften gesehen. Die dritte Bedingung schließlich ergab sich aus der methodologischen Orientierung der ethnologischen Forschung weg von der → nomologischen → Erklärung hin zum hermeneutischen → Verstehen. Symptomatisch dafür ist der Erhalt der Frage nach der K. im politikwiss. Forschungszweig der polit. Kulturforschung, in welchem K. als ein Ensemble von Werten, Einstellungen und Verhaltensmustern definiert wird, das → empirisch-analytisch untersucht werden kann (→ Behavioralismus). *C. Geertz* (1973) definierte K. als geschlossenes System von

Bedeutungen, die von den Mitgliedern einer sozialen Gruppe geteilt werden und die davon in ihren Interaktionen Gebrauch machen. In der → Dichten Beschreibung gehe es darum, nicht nur das empirisch vorfindbare zu beschreiben, sondern in die innere Logik des Denkens und Handelns von Personen fremdländischer K. einzudringen und interpretativ zu erschließen, insbes. die Rolle von Symbolen in sozialen Kommunikationsprozessen.

3. In soziologischer und politikwiss. Hinsicht ist K. eine soziale Realität (*Heintz* 1974: 411), auf dessen Basis sich ein Gruppenbewusstsein aufbaut. Das Konzept enthält die Elemente und die Bedingungen für die → Integration einer sozialen Gruppe und damit zugleich jene Merkmale, die sie von anderen sozialen Gruppen trennt. K. schafft → Identität. K. ist demnach ein Kriterium für Inklusion und Exklusion sowie für die Struktur von innergesellschaftl. und internat. Konfliktformationen. Diese Kennzeichnung schließt weder den Wandel von K. aus, die Ergebnis historischer Prozesse ist, noch die Existenz von Interessendivergenzen, *cleavages*, Konflikten innerhalb von K., für die sich Soziologie und Politikwiss. vor allem interessiert haben. Sie haben dies freilich tun können aufgrund der impliziten Annahme eines minimalistischen kulturellen Tatbestandes, der intrakulturellen Wandel, Spannungen und Konflikte nicht ausschließt, sondern sie erst ermöglicht, nämlich des kulturbedingten Sinnverstehens in einer sozialen Gruppe, ohne welches die Akteure angesichts unterschiedlicher Werthorizonte und Interessenlagen ihre Handlungen gegenseitig nicht verstehen könnten.

4. In der Politikwiss. steht, anders als in der Ethnologie – der Wiss. vom kulturell Fremden (*Kohl* 2000) – i. d. R. die K. nicht im Mittelpunkt der Betrachtung. In den Untersuchungs*designs* komparativer Studien wird sie zumeist zu den Kontextfaktoren gezählt, die nicht erforscht werden. Gleichwohl ist die Auffassung weit verbreitet, daß die kulturellen Faktoren zählen. Das zeigt sich u. a. bei der Auswahl der Fälle, für die Homogenität (kulturelle Ähnlichkeit) oder Heterogenität (kulturelle Unähnlichkeit) der Fälle ein wichtiges Kriterium ist (→ Vergleichende Methode). K. kann als quasi-synonym mit → Kontext gelten. Je unterschiedlicher die K. einer qualitativ vergleichenden Untersuchung sind, desto mehr Bereiche außerhalb des eigentlichen untersuchten Feldes, etwa einer Institution oder eines Institutionensystems, müssen mitbetrachtet werden. Eine weitere Auffassung wird ebenfalls kaum jemand bestreiten, sie wird aber schon häufiger nicht respektiert, daß bei Anwendung allg. Sätze auf Gesellschaften, an denen diese nicht entwickelt worden sind, damit zu rechnen ist, daß diese Sätze kulturgebundene Elemente enthalten» (*Heintz* 1974: 412). Auf der gleichen Ebene angesiedelt sind kulturell bedingte Unterschiede in der Interpretation von Phänomenen, Konzepten, Texten und Daten, welche vergleichende Forschungen erschweren (→ *Cross national studies*).

Einen Schwerpunkt freilich bildet K. neben der → Politischen Kulturforschung in der → Entwicklungstheorie. Seit *Max Weber* (1921; zuerst 1904–05) die Wahlverwandtschaft zwischen der → Ethik des Protestantismus und dem Geist des → Kapitalismus entdeckte, ist die Kontextsensibilität der *development studies* ein diesen Forschungszweig kennzeichnendes, wenn auch Konjunkturen unterworfenes Merkmal. Vor allem die → Modernisierungstheorie hat den Faktor K. betont (*Verba/Almond* 1963; *Pye/Verba* 1965). Sozialpsychologische Ansätze wurden in Studien zur Leistungsmotivation und zur mobilen Persönlichkeit angewandt (*McClelland* 1953), v. a. auf gesellschaftl. → Eliten zur Erforschung ihrer Fähigkeit, Innovationen und Kulturwandel einzuleiten (*Röpke* 1970) und die Gesellschaft aus der «Kultur der Armut» (*O. Lewis*) zu befreien. Die Entwicklungserfolge der südostasiatischen Tigerstaaten wurden z. T. kulturell durch Verweis auf den Konfuzianismus erklärt, wobei allerdings in Erinnerung zu rufen ist, daß vor dem erfolgreichen Nachholprozeß dieser Länder der Konfuzianismus als kulturelles Hindernis interpretiert worden war. Dieses Beispiel zeigt, daß das kulturelle Argument mit Vorsicht zu verwenden ist. Es hat in den 1990er Jahren durch die Untersuchungen von *R. D. Putnam* (1993) zum Entwicklungsunterschied zwischen Nord- und Süditalien im

Konzept des → Sozialkapitals wieder Auftrieb genommen. In den Debatten zur Entwicklung der → Internationalen Beziehungen nach Ende des → Ost-West-Konflikts ist der «Kampf der Kulturen» (*Huntington* 1996) zu einem umstrittenen *topos* geworden (*Müller* 1998). Eine andere Perspektive eröffnen Fragen danach, welche Auswirkungen die → Globalisierung auf das kulturelle Selbstverständnis verschiedener Kulturkreise hat (*Tetzlaff* 2000).

5. Im Zuge des Wandels zur → Postmoderne ist eine Aufwertung des Kulturellen erfolgt, wiss. in der Betonung von Pluralität und Inkommensurabilität der K. sowie des Intuitiven und des Künstlerischen gegenüber dem Systematisch-analytischen und Methodischen, gesellschaftl. und polit. im postulierten Vorrang der K., im Unterschied zum Primat des Politischen in der Prämoderne und der Vorherrschaft des Ökonomischen in der Moderne (*von Beyme* 1997). Die gesellschaftl. Auseinandersetzungen werden nicht mehr nur oder primär durch ökon. Interessenkonflikte sowie durch die gegensätzlichen Logiken von Wirtschaft und Politik beherrscht; vielmehr haben unter den Bedingungen «reflexiver Modernisierung» (*A. Giddens*) Konflikte um unterschiedliche Lebensstile, um kulturelle Vielfalt und die «Anerkennung» oder «Einbeziehung des Anderen» (*Ch. Taylor, J. Habermas*) politisch deutlich an Relevanz und auch an Brisanz gewonnen (→ Anerkennungspolitik, Identitätspolitik), wenngleich der Ökonomie in Anbetracht der Konsumorientierung der *mass culture* unverändert eine dominante Rolle zukommt.

Lit.: *Beyme, K. von* ³1997: Theorie der Politik im 20. Jahrhundert, Ffm. *Daniel, U.* (Hrsg.) 2001: Kompendium Kulturgeschichte, Ffm. *Geertz, C.* 1973: The Interpretation of Cultures, NY. *Haferkamp, H.* (Hrsg.) 1990: Sozialstruktur und Kultur, Ffm. *Heintz, P.* ³1974: Interkultureller Vergleich, in: *König, R.* (Hrsg.): Handbuch der empirischen Sozialforschung, Bd. 4, Stg., 405–425. *Huntington, S. P.* 1996: Der Kampf der Kulturen, Wien. *Kohl, K.-H.* ²2000: Ethnologie – die Wissenschaft vom kulturell Fremden, Mchn. *McClelland, D. C.* u. a. 1953: The Achievement Motive, NY. *Mühlmann, W. E.* 1964: Rassen, Ethnien, Kulturen, Neuwied. *Müller, H.* 1998: Das Zusammenleben der Kulturen, Ffm. *Putnam, R. D.* 1993: Making Democracy Work, Princeton, N. J. *Pye, L. W./Verba, S.* (Hrsg.) 1965: Political Culture and Political Development, Princeton. *Röpke, J.* 1970: Primitive Wirtschaft, Kulturwandel und Diffusion von Neuerungen, Stg. *Tetzlaff, R.* (Hrsg.) 2000: Weltkulturen unter Globalisierungsdruck, Bonn. *Verba, S./Almond, G. A.* 1963: The Civic Culture, Princeton. *Weber, M.* 1921: Die protestantische Ethik und der Geist des Kapitalismus, in: Gesammelte Schriften zur Religionssoziologie, Stg. (zuerst 1904–05).

Dieter Nohlen

Kulturalismus, Bezeichnung für kausal deterministische → Erklärungen sozialer und polit. Phänomene durch den Faktor → Kultur.

Mit K. ist nicht gemeint der Rückgriff auf die Kultur als eines ursächlichen Elements, das mit anderen in einem Erklärungszusammenhang steht. Daß der kulturelle Faktor zählt, kann angesichts eines allg. Trends zu erhöhter Kontextsensibilität von Kausalanalysen kaum mehr negiert werden. Darauf verweisen etwa Funktionsprobleme von → Institutionen bei ihrer Diffusion über kulturelle Grenzen hinweg. Vielmehr ist im K. das zu erklärende Phänomen die kausale Folge allein und ausschließlich des kulturellen Faktors, etwa die Unterentwicklung die der kulturellen Eigenschaften der Gesellschaften (Wertüberzeugungen, Religion, Verhaltensweisen). Der K. steht auch im Ggs. zu Beziehungsmustern zwischen kulturellen und anderen Phänomenen, wie sie im Konzept der Wahlverwandtschaft ausgedrückt werden, auf das bekanntlich *Max Weber* die Beziehung zwischen → Kapitalismus und Protestantismus gebracht hat.

Dieter Nohlen

Kulturpolitik, entspr. der Weite des Begriffs der → Kultur und der Vielzahl von Zuständigkeitsebenen in D. ein komplexer Politikbereich, der sich einer griffigen Definition entzieht.

K. läßt sich nach *W. Maihofer* (1983:977) in vier Hauptbereiche unterscheiden, wobei einige von ihnen in der polit. und politikwiss. Bearbeitung in jeweils eigene Politikfelder überführt wurden: (a) Bildung, einschließlich des Schulwesens und der Erwachsenenbildung (→ Bildungspolitik); (b) Wissenschaft, einschließlich des Hochschulwesens und der Forschung (→ Wissenschaftspolitik); (c) Kunst (Literatur und Musik, Malerei und Plastik, Theater und Film), einschließlich des Schutzes und der Pflege von Kulturgütern; (d) Religion, einschließlich des Verhältnisses von Staat und Kirche und den übrigen Religionsgemeinschaften (→ Religion und Politik). Hinzuzuzählen sind angrenzende Sachbereiche wie Presse und Rundfunk (→ Massenmedien), Jugend und Sport, Bibliotheks- und Archivwesen, Architektur und Städtebau sowie auch Naturschutz und Landschaftspflege.

Was in D zu den Sachbereichen der K. und damit zur Kultur gerechnet wird, hängt von der Ebene der kulturpolit. Entscheidungsträger ab bzw. von den Kulturbereichen, die ihnen im Verbund der kulturpolit. Arbeitsteilung zwischen Bund, Ländern und Gemeinden zugewiesen werden. *A. J. Wiesand* (2000: 265) hat folgende Hauptformen der Kulturförderung unterschieden: (a) Unterhalt öff. Institutionen wie Theater, Museen, Bibliotheken; (b) Schaffung günstiger rechtlich-sozialer Rahmenbedingungen, z. B. im Steuer-, Sozial- und Medienrecht; (c) wirtschaftl. Hilfen, etwa durch Zuschüsse bei der Produktion von Filmen oder durch Druckkostenzuschüsse für Publikationen; (d) Preise und Stipendien für Künstler und Autoren, Unterstützung priv. Theater und Kunstvereine.

Im Ggs. zum zentralistischen Frankreich, mit dem D hinsichtlich der staatl. kulturpolit. Aufwendungen an der Spitze in Europa liegt, ist die K. der BRD föderal organisiert. In keinem Traktat über den bundesdt. → Föderalismus fehlt, seit das Bundesverfassungsgericht in seiner Entscheidung vom 28. 2. 1961 eine vom Bund getragene Fernsehanstalt zu errichten untersagte, die Rede von der Kulturhoheit der Länder. Dieser Vorstellung entspricht die Verfassungswirklichkeit keineswegs. Vielmehr herrscht eine eindrucksvolle Vielfalt staatl. K. auf allen Ebenen des → Politischen Systems vor. In der Praxis sind die öff. kulturellen Angelegenheiten auf Bund, Länder und Gemeinden verteilt, wobei freilich die jeweiligen finanziellen Aufwendungen sehr unterschiedlich sind. Die Ebenen ergänzen sich gegenseitig, ihre Summe ergibt die kulturpol. Tätigkeit des Staates. In den verschiedenen Kulturbereichen spricht nur die Anfangsvermutung für die Zuständigkeit der Länder. Begrenzungen und Ausnahmen sind die Regel.

Der Bund hat beispielsweise die ausschließliche Gesetzgebungsbefugnis in auswärtigen Angelegenheiten und damit über die auswärtige K. (dt. Kulturinstitute wie die Goethe-Institute, die Deutschen Historischen Institute in London, Paris, Rom, Warschau, Tokio, Beirut und Washington D. C., dt. Schulen im Ausland). Der Bund versieht die nat. kulturelle Repräsentation nach außen, steht damit auch im internat. Dialog und Wettbewerb mit anderen Nationen, verantwortet zugleich auch den dt. Beitrag zur europ. Kulturpolitik. Der Bund wirkt kulturpol. ebenfalls nach innen, etwa durch Bestimmung nat. Symbole, die Festlegung nat. Gedenk- und Festtage. Er verfügt über eine bundesunmittelbare Stiftung, die Stiftung Preußischer Kulturbesitz, und erfüllt in fast sämtlichen Ministerien kulturpolit. Aufgaben (etwa im Ministerium der Justiz das Urheberrecht, der Finanzen das Spenden- und Stiftungssteuerrecht, der Arbeit und Soziales die Künstlersozialversicherung). Die kulturpolit. Bedeutung des Bundes wird seit 1998 sichtbarer, indem nach 40 Jahren der Kulturausschuß im Deutschen Bundestag wiedergeschaffen wurde und zur Bündelung der kulturellen Aufgaben des Bundes das Amt des «Beauftragten der Bundesregierung für Angelegenheiten der Kultur und der Medien» im Range eines Staatsministers im Bundeskanzleramt eingerichtet wurde. Der Kulturbeauftragte hat v. a. die bisherigen kulturpol. Aufgaben des Innenministeriums übernommen (Unterstützung von Stiftungen, Verbänden, Festspielen und nat. Kulturfonds, die Denkmalpflege etc.).

Auf kommunaler Ebene sind die kulturpolit. Aktivitäten noch vielgestaltiger, ist der Kulturbegriff noch schillernder, insofern als neben die traditionelle K. in Form der Förderung des Theaters, der Museen, der Musik, der Bibliotheken, der Archive und der Volkshochschulen die Förderung der → Soziokultur getreten ist, die sich erfolgreich neben der traditionellen Kultur etablieren konnte.

Lit.: *Beyme, K. von* 1998: Kulturpolitik und nationale Identität, Wsb. *Deutscher Kulturrat* (Hrsg.) 1994: Zweiter Bericht zur Kulturpolitik, Bonn. *Fuchs, M.* 1998: Kulturpolitik als gesellschaftliche Aufgabe, Wsb. *Geis, M.-E.* 1990: Kulturstaat und kulturelle Freiheit, Baden-Baden. *Glaser, H./Goldmann, M./Sievers, N.* (Hrsg.) Zukunft Kulturpolitik, Hagen. *Maihofer, W.* 1983: Kulturelle Aufgaben des modernen Staates, in: *Benda, E./Maihofer, W./Vogel, H.-J.* (Hrsg.): Handbuch des Verfassungsrechts der Bundesrepublik Deutschland, Teil 2, Bln./NY, 953–997. *Stemmler, K.* 1999: Kulturpolitik in der Ära Kohl, Bonn. *Wiesand, A. J.* 2000: Kulturpolitik, in: *Andersen, U./Woyke, W.* (Hrsg.): Handbuch des politischen Systems der Bundesrepublik Deutschland, Opl., 262–266.

Dieter Nohlen

Kulturrelativismus, in der Ethnologie vertretene kulturtheoretische Position, welche jede → Kultur als eigenständiges, einzigartiges und einmaliges Ensemble von Lebensformen begreift und deren Eigenwert betont.

Der K. widerspricht ethnozentristischen Vorstellungen, es gäbe ein universales, alle Kulturen übergreifendes Wert- und Normensystem, auf dessen Grundlage Kulturen rangmäßig voneinander unterschieden werden könnten. Er vertritt vielmehr den selbstreflexiven Standpunkt der Kulturgebundenheit der eigenen Wertüberzeugungen und wendet ihn auch darauf an, fremdkulturelle Phänomene verstehend zu beurteilen.

Lit.: *Rudolf, W.* 1968: Der kulturelle Relativismus, Bln. → Kultur.

Dieter Nohlen

Kumulieren → Stimmgebungsverfahren

Kybernetik → Politische Kybernetik

Laakso-Taagepera-Index, gängigster quantitativer Indikator für die → Fragmentierung eines → Parteiensystems.

Er berechnet sich aus dem Quotienten von 1 (Dividend) und der Summe der quadrierten Stimmen- bzw. Sitzanteile aller betreffenden Parteien (Divisor). Dadurch daß größere Parteien mittels der Quadrierung stärker gewichtet werden als kleinere, gibt der L.-T.-I. nicht die bloße Parteienzahl wieder, sondern informiert arithmetisch exakt über den formalen Konzentrationsgrades eines Parteiensystems, die sog. «effektive Zahl der Parteien».

→ Volatilität; Wahlsystem.

Lit.: *Laakso, M./Taagepera, R.* 1979: «Effective» Number of Parties. A Measure with Application to West Europe, in: Comparative Political Studies 12 (1), 3–27.

Florian Grotz

Längsschnitt-Analyse → Panelanalyse

Lambda-Maß → Bivariate Statistik

Latency/Latenz, die Funktion L (*Latent pattern maintenance and tension management*) im → AGIL-Schema von *T. Parsons*, die sich auf die Aufrechterhaltung der systemeigenen Handlungs- und Wertstrukturen und eine erfolgreiche Spannungsbewältigung bezieht.

Die Erhaltung latenter Strukturen kann durch Generalisierung des Handlungsspielraumes erfolgen, d. h. durch eine Subsumption der zugelassenen Ereignisse unter einen allg. Bezugsrahmen. L. ist Hauptaufgabe des symbolisch-kulturellen Systems, das selbst kein Handlungssystem ist, sondern als Wertsystem semantisch-normativ wirkt. Bei *R. K. Merton* sind latente Funktionen solche, deren Wirkungen nicht intendiert sind, gleichwohl positive Effekte entfalten. I. w. S. meint L. das kollektiv «Selbstverständliche» und die Habitusformen einer Gesellschaft.

→ Funktion/Funktionalismus; Funktionalstrukturelle Methode; Politisches System; Systemtheorie.
Lit.: → AGIL-Schema.

Arno Waschkuhn

Latente Interessen → Interesse; Manifeste Interessen

Latent trait-Modelle → Politische Soziologie; Testtheorie

Lebenslage, der Spielraum, den die äußeren Umstände für die Verwirklichung materieller wie immaterieller → Interessen gewähren.

Das Konzept der L. ergänzt in der wiss. Analyse der → Sozialpolitik die zur Erfassung individueller Gestaltungsmöglichkeiten unzureichende Konzentration auf ökon. → Ressourcen (Einkommen; Vermögen). Es versucht, alle für die Lebenssituation von Individuen wie Gruppen maßgeblichen Lebensbereiche zu erfassen und dabei sowohl objektive Lebensbedingungen (verfügbares Einkommen, Vermögen, → Arbeit, Wohnung und Wohnumfeld, Gesundheit, Bildung, soziale Beziehungen, Freizeitmöglichkeiten usw.) wie subjektive Verarbeitungsmuster (Zufriedenheit, Wohlbefinden usw.) zu berücksichtigen. Auswahl und Gewichtung der → Indikatoren unterliegen (1) forschungspraktischen Beschränkungen (→ Operationalisierung; Zeit; Kosten) und bedürfen (2) aufgrund impliziter Annahmen zur Relevanz von Interessen ideologiekritischer Prüfung.

→ Lebensqualität.
Lit.: *Berger, P. A./Hradil, S.* (Hrsg.) 1990: Lebenslagen, Lebensläufe, Lebensstile, Soziale Welt, Sonderheft 7, Gött. *Hanesch, W.* u. a. 1994: Armut in Deutschland, Rbk.

Günter Rieger

Lebensqualität, kritischer Maßstab zur Beurteilung der Lebensbedingungen in einer → Gesellschaft. In Abgrenzung zu Lebensstandard bzw. Wohlstand als materieller Dimension (→ Sozialprodukte) der Wohlfahrt und zum Wohlbefinden als subjektiver Interpretation von Wohlfahrt, meint L. ein mehrdimensionales, an der → Lebenslage orientiertes Konzept, das materielle wie immaterielle, objektive wie subjektive Wohlfahrtskomponenten berücksichtigt.

→ Indikatoren zur Messung von L. sind Bildung, → Arbeit, Konsum, → Umwelt, → Sicherheit und Rechtsprechung, gesellschaftl. Stellung. Programmatisch bedeutet eine Verbesserung der L. nicht quantitatives Wachstum i. S. der Fortschrittsvorstellung klassischer → Industriegesellschaften, sondern qualitatives Wachstum i. S. eines Konzepts nachhaltiger Entwicklung (→ *Sustainable development*) für → Postindustrielle Gesellschaften.

→ Sozialstaat; Wohlfahrtsstaat.
Lit.: *Glatzer, W./Zapf, W.* (Hrsg.) 1984: Lebensqualität in der Bundesrepublik Deutschland. Objektive Lebensbedingungen und subjektives Wohlbefinden, Ffm. *Noll, H.-H.* 1997: Wohlstand, Lebensqualität und Wohlbefinden in den Ländern der Europäischen Union, in: *Hradil, S./Immerfall, S.* (Hrsg.): Die westeuropäischen Gesellschaften im Vergleich, Opl., 431–473. *Seifert, G.* (Hrsg.) 1992: Lebensqualität in unserer Zeit – Modebegriff oder neues Denken?, Gött.

Günter Rieger

Lebenswelt/Lebensweltanalyse bezeichnet den alltäglichen Erfahrungshorizont und Handlungsspielraum des Menschen. Sie meint insbes. einen kulturell überlieferten, sprachlich vermittelten Vorrat an Wissen und Deutungsmustern, der die Situationsdefinition und Handlungen der Akteure leitet.

1. Der Begriff der Lebenswelt (L.) wurde von *E. Husserl* in szientismuskritischer Absicht

eingeführt und von *A. Schütz* (phänomenologischer Lebensweltbegriff) und *J. Habermas* (kommunikativer Lebensweltbegriff) zu einem Grundbegriff der Gesellschaftstheorie ausgebaut. Die L. kennzeichnet (1) die unhinterfragte Selbstverständlichkeit und Selbstevidenz der Deutungsmuster und Hintergrundüberzeugungen, (2) die Intersubjektivität des Wissensvorrates und (3) ihren Horizontcharakter, der zugleich situationsbegrenzend wie potentiell grenzenlos ist. Das Konzept der L. hat nach *Habermas* lediglich eingeschränkte gesellschaftstheoretische Reichweite, weil die funktionale → Differenzierung in modernen → Gesellschaften zur Trennung zwischen → System und L. bei gleichzeitiger Rationalisierung der L. führt. Eine intakte L. bleibt aber für kulturelle Reproduktion, soziale → Integration und Sozialisation der Mitglieder unverzichtbar. Die «Kolonialisierung der Lebenswelt» durch die über die Medien → Macht bzw. Geld gesteuerten Systeme → Staat und → Markt führt zu Identitäts- und → Legitimationskrisen.

2. Ein Alltagskonzept der L. liegt dem sozialwiss. Ansatz der Lebensweltanalyse (L. a.) zugrunde. Diese ergänzt in der Politikwiss. die dominierenden, auf der Makroebene angesiedelten strukturellen → Modelle. Sie untersucht das selbstverständliche, stillschweigende Wissen, die impliziten Theorien und Hintergrundüberzeugungen, mit deren Hilfe Menschen ihren Alltag deuten und bewältigen, und macht diese für das Verständnis von Entstehung wie Wandel polit. Einstellungen fruchtbar. Ihre mit qualitativen Methoden durchgeführten, kleinräumigen Untersuchungen werden bisher v. a. in (1) der → Wahlforschung, (2) der Bewegungs- und Partizipationsforschung, (3) der polit. Kulturforschung sowie (4) der polit. Sozialisationsforschung angewandt. Der interpretative Ansatz der L. a. kennt keinen prinzipiellen Unterschied zwischen Alltagstheorien und wiss. Theorien; wiss. Erkenntnis gilt lediglich als bes. Form der «gesellschaftlichen Konstruktion der Wirklichkeit» (*Berger/Luckmann* 1980). Die Konzentration auf die Binnenperspektive der Betroffenen beinhaltet die Gefahr, die Distanz zum Untersuchungsobjekt zu verlieren bzw. auf dem Niveau der Deskription zu verharren.

→ Ethnomethodologie; Hermeneutik; Phänomenologie; Politische Kultur/Kulturforschung; Politische Sozialisation; Politische Soziologie; Qualitative Methoden.

Lit.: *Bergmann, R. J.* 1981: Lebenswelt, Lebenswelt des Alltags oder Alltagswelt?, in: KZfSS 33, 50–72. *Berger, P. L./Luckmann, T.* 1980: Die gesellschaftliche Konstruktion der Wirklichkeit, Ffm. (engl. 1966). *Gerdes, D.* 1994: Lebensweltanalyse, in: *Kritz, J.* u. a. (Hrsg.): Politikwissenschaftliche Methoden (Lexikon der Politik, Bd. 2), Mchn., 238–242. *Habermas, J.* [3]1999: Theorie des kommunikativen Handelns, Bd. 2, Ffm. *Husserl, E.* 1986: Phänomenologie der Lebenswelt. Ausgewählte Texte, Stg. *Matthes, J.* (Hrsg.) 1981: Lebenswelt und soziale Probleme, Bremen. *Schütz, A./Luckmann, T.* 1979: Strukturen der Lebenswelt, Bd. 1, Ffm.

Günter Rieger

Lebenszykluseffekt, Begriff der polit. Sozialisationsforschung, nach dem bestimmte Einstellungen, Verhaltensweisen etc. vom Lebensabschnitt ihres Trägers abhängig sind (im Unterschied zum Generations- und Periodeneffekt); z. B. scheint ein Zusammenhang zwischen polit. → Partizipation und Alter zu bestehen.

Durch den L. können auch in der Primärphase sozialisierte Orientierungen verändert werden, wobei angenommen wird, daß dies mit zunehmendem Alter immer weniger geschieht und sich die im Erwachsenenalter bestätigten und ausgeprägten Einstellungen eher verfestigen und verstärken. Zudem gibt es Anzeichen dafür, daß mit dem Alter auch immer konservativere Einstellungen einhergehen. Durch Kohortenanalysen im Längsschnitt, am besten mit Paneluntersuchungen, soll es möglich sein, nähere Aufschlüsse über den L. wie auch die anderen Effekte zu gewinnen.

→ Generation; Kohorte; Politische Sozialisation; Wertewandel.

Suzanne S. Schüttemeyer

Legal-rational, für den modernen Staat bes. bestimmende Form unter den drei von *Max Weber* (1980: 159) herausgearbeiteten Typen der legitimen → Herrschaft (neben traditionaler und charismatischer Herrschaft).

Eine Herrschaftsordnung erlangt danach → Legitimität «kraft des Glaubens an die Geltung legaler Satzung und der durch rational geschaffene Regeln begründeten sachlichen Kompetenz». Legitimität wird so nicht inhaltlich-normativ (mit-)bestimmt, sondern aus Form und Verfahren hergeleitet.

Lit.: *Weber, M.* ^{5}1980: Wirtschaft und Gesellschaft, Tüb. (zuerst 1921).

Suzanne S. Schüttemeyer

Legalität/Legalitätsprinzip, (aus lat. *lex* = Gesetz), allg. die Gesetzmäßigkeit eines Handelns oder Zustandes. Seit der → Aufklärung meint L. die äußere, bloß formale Übereinstimmung des Handelns eines einzelnen oder des → Staates mit einer konkreten Rechtsordnung, ohne die Motive und innere Einstellung des Handelnden zum Recht zu berücksichtigen.

1. *Kant* stellte der L. die Moralität (Sittlichkeit) gegenüber, die aus positiver sittlicher Gesinnung hervorgeht. Anfang des 19. Jh. erhoben → Politische Philosophie und polit. Praxis L. zu einer Forderung gegen die → Monarchie: In → Freiheit und → Eigentum der Bürger eingreifende staatl. Maßnahmen sollten nur noch auf der Grundlage von Gesetzen möglich sein (→ Rechtsstaat). Damit war ein bes. Gesetzestyp gemeint: das generelle und abstrakte → Gesetz. Mit ihm verband sich die Vorstellung einer grundlegenden, dauerhaften und gerechten Regelung im Ggs. zum fürstlichen Befehl. Die Gesetze sollten nicht von den vom → Adel dominierten Ständevertretungen, sondern von Parlamenten beschlossen werden, die aus allg. Wahlen hervorzugehen hätten. Grundidee war die Forderung, die → Herrschaft von Menschen (Landesherren, Adel) über Menschen (Untertanen) abzulösen durch die Herrschaft von Gesetzen, an deren Zustandekommen jeder Bürger (wenn auch nur mittelbar) mitwirken kann. Die gesamte Staatsverwaltung sollte an Parlamentsgesetze gebunden sein; dies war von unabhängigen Gerichten zu überwachen. Mit der Durchsetzung dieser rechtsstaatl. Forderungen in der zweiten Hälfte des 19. Jh. war zugleich eine demokratische Legitimation des staatl. Handelns geschaffen.

2. Im demokratischen Verfassungsstaat kommt dem verfassungsmäßigen Gesetz ohne weiteres → Legitimität zu. L. sichert die → Gleichheit vor dem Gesetz, schließt willkürliche Behandlung durch Verwaltung und Rechtsprechung aus und schafft Rechts- und Orientierungssicherheit für den Bürger. Er kann belastende Eingriffe in seinen Rechtskreis durch den → Staat oder Dritte voraussehen und sein Verhalten darauf einstellen; bei seiner persönlichen Lebensgestaltung und wirtschaftl. Planung darf er sich auf die gesetzliche Ordnung verlassen und gewinnt so ein Stück Freiheit i. S. von Selbstbestimmung über den eigenen Lebensentwurf und seinen Vollzug. Aber auch für die staatl. Verwaltung ist L. wichtig: Sie hilft durch ihre Regelhaftigkeit, auch massenhaft anfallende Vorgänge zu bewältigen. Zudem kann L. vor ungewünschter polit. Einflußnahme schützen.

3. Im Strafverfahren bezeichnet das Legalitätsprinzip den Grundsatz, wonach die Strafverfolgungsbehörden (z. B. Staatsanwaltschaft, Polizei, Finanzamt) bei zureichendem Verdacht einer Straftat von Amts wegen, d. h. auch ohne Anzeige, Antrag oder Zweckmäßigkeitserwägung einschreiten müssen (§§ 152, 160, 163 Strafprozeßordnung). Durchbrochen wird das Legalitätsprinzip vom Opportunitätsprinzip, das die Möglichkeit eröffnet, von einer Strafverfolgung abzusehen, z. B. wenn der Schaden oder die Schuld geringfügig ist.

Lit.: *Quaritsch, H.* 1987: Legalität, Legitimität, in: Evangelisches Staatslexikon, Bd. 1, 1989–1992. *Schmitt, C.* 1932: Legalität und Legitimität, Bln. *Winckelmann, J.* 1956: Die verfassungsrechtliche Unterscheidung von Legitimität und Legalität, in: ZGS 1956, 164–175. *Würtenberger, T.* 1987: Legalität, Legitimität, in: Staatslexikon, Bd. 3, 873–878.

Friedrich G. Schwegmann

Legislative, in der Gewaltenteilungslehre neben der (rechtsanwendenden, vollziehenden) → Exekutive und der (rechtsprechenden) → Judikative die rechtsetzende, gesetzgebende Gewalt.

Funktional kann die L. beim Volk (in Form von Volksentscheiden) verankert sein. Institutionell liegt die L. im demokratischen Verfassungsstaat regelmäßig – dem Repräsentationsgedanken gemäß – beim → Parlament. Entspr. werden L. und Parlament auch oft als Synonym gebraucht. Im → Parlamentarischen Regierungssystem teilen sich Parlament und Regierung die Aufgaben der L. und sind auch institutionell durch die Abhängigkeit der Regierung vom Parlament, bzw. von der Parlamentsmehrheit, miteinander verschränkt. Im → Präsidentialismus sind Exekutive und L. institutionell voneinander getrennt; funktional steht die L. grundsätzlich dem Kongreß, die Exekutive dem Präsidenten zu. Durch → *Checks and balances* sind beide Gewalten aufeinander bezogen und hemmen sich gegenseitig bei möglichem Machtmißbrauch.

→ Gewaltenteilung; Parlamentarismus.

Suzanne S. Schüttemeyer

Legislaturperiode → Wahlperiode

Legitimität (von lat. *legitimitas* = Rechtmäßigkeit), mehrdeutig verwandter Schlüsselbegriff der Politik und Politikwiss., kann sich beziehen auf den Legitimitätsanspruch einer polit. oder gesellschaftl. Ordnung, auf den Legitimitätsglauben der Herrschaftsunterworfenen oder auf beides zugleich und in Wechselwirkung aufeinander.

1. Der Legitimitätsanspruch einer Herrschaftsordnung zielt auf einen normativen Begriff von Legitimität. Er kann entw. als objektive Eigenschaft eines gesellschaftl. oder → Politischen Systems begriffen werden (etwa die L., die einem demokratischen polit. System im Rahmen entspr. Ideenhorizonte als inhärent unterstellt wird, oder die L. verstanden als die Wahrung der → Legalität) oder auf externen normativen Maßstäben fußen, an denen dieser Anspruch gemessen wird. Dementsprechend kann L. definiert werden entw. als [1] die Rechtmäßigkeit einer polit. Ordnung, in der die Verwirklichung bestimmter Prinzipien (in der → Demokratie polit. → Pluralismus, demokratische Beteiligungsrechte, Rechtsstaatlichkeit etc.) garantiert sind, oder [2] als Anerkennungswürdigkeit einer polit. Ordnung, als deren Folge der Anspruch eines polit. Systems auf L. nur besteht, wenn die zur Norm erhobenen Verhaltenserwartungen verallgemeinerungsfähige Interessen zum Ausdruck bringen (vgl. *Habermas* 1973).

2. Der Legitimitätsglaube verweist eher auf einen empirischen Begriff der Legitimität. Nach *Max Weber* (1992) bezeichnet L. die innere Anerkennung, das Einverständnis, das Gelten-Sollen einer Herrschaftsordnung, das die Beherrschten und insbes. die polit. Handelnden dieser zuschreiben. Hinsichtlich des Legitimitätsglaubens hat *Weber* bekanntlich drei Formen legitimer → Herrschaft unterschieden: die traditionale (Geltung des immer so Gewesenen), die charismatische (Geltung kraft außeralltäglicher, affektiver Hingabe an die Heiligkeit, Heldenkraft oder Vorbildlichkeit einer Person und der durch sie geschaffenen Ordnungen) und die legale (Geltung kraft gesatzter – paktierter oder oktroyierter – rationaler Regeln). *D. Sternberger* (1967) hinterfragte den Typus legaler Herrschaftsanerkennung, erblickte in der → Vereinbarung den wahren Legitimitätsgrund bürgerlicher (demokratischer) Herrschaft und grenzte diese gegen alle anderen Gründe ab, die er der Kategorie numinose L. zuordnete.

3. Legitimitätsanspruch und Legitimitätsglaube sind freilich im empirischen Zugriff auf das Legitimitätsproblem eng miteinander verknüpft. So definierte *S. M. Lipset* (1962: 64) L. als «die Fähigkeit des Systems, die Überzeugung herzustellen und aufrechtzuerhalten, daß die existierenden polit. Insti-

tutionen, die für die Gesellschaft angemessensten sind». Polit. Systeme können also aktiv zu ihrer Anerkennung als legitim beitragen, was darauf verweist, daß L. kein (normativ) statisches, sondern ein (empirisch) dynamisches Konzept ist. Im empirischen Verständnis ist entgegen der Formalisierung des Konzepts, wie sie in *N. Luhmanns* (1993) «Legitimation durch Verfahren» erfolgte, die Anbindung der Legitimitätsüberzeugungen der Bev. an deren normative und materielle Erwartungshorizonte gegenüber der Institutionenordnung von großer Bedeutung. So definierte *D. Easton* (1979) L. als die Überzeugung von Mitgliedern einer Gesellschaft, daß die Funktionsweise der polit. Ordnung weitestgehend mit ihren «persönlichen moralischen Prinzipien» und Ansichten von dem, was richtig oder falsch sei, übereinstimmt. *Easton* unterschied dabei zwischen «diffuser» Unterstützung einer polit. Ordnung unabhängig von ihrer Effektivität und den Politikergebnissen sowie «spezifischer», kurzfristiger und eher auf die Politikergebnisse bezogener Unterstützung, die hauptsächlich im Falle von Systemleistungen gewährt wird, die ihrerseits relativ zu den jeweiligen Leistungserwartungen zu betrachten sind. Der Versuch, diffuse L. als → Massenloyalität abwertend umzudeuten, verkennt vollends deren entscheidende Funktion für polit. Ordnungen, deren Bestand gefährdet wäre, wenn Unterstützung lediglich als Reaktion auf Leistungen gewährt würde. Langfristige polit. Stabilität ist an Loyalität gegenüber dem polit. System gebunden, die ihrerseits als das Resultat einer Vielzahl von L. stiftenden Faktoren angesehen werden muß. Für die empirische Erforschung der Legitimitätsüberzeugungen, insbes. der → Politischen Kultur, sind diese Differenzierungen von großer Bedeutung gewesen. U. a. konnten für die in den 1970er Jahren auf der Ebene des normativen Diskurses signalisierte → Legitimitätskrise westl. Demokratien kaum empirische Anhaltspunkte gefunden werden (*Kaase* 1979). Der Legitimitätsglaube einer Bev. gründet sich nicht auf der Basis eines absolut gesetzten normativen Standards, sondern pluralistisch auf der Basis durchaus heterogener Sinnwelten und relational im Vergleich zu historisch vorausgegangenen oder zeitgleichen gesellschaftl. Wirklichkeiten (vgl. *Heidorn* 1982).

Lit.: *Easton, D.* [3]1979: A Systems Analysis of Political Life, NY (zuerst 1965). *Habermas, J.* 1973: Legitimationsprobleme im Spätkapitalismus, Ffm. *Heidorn, J.* 1982: Legitimität und Regierbarkeit, Bln. *Kaase, M.* 1979: Legitimitätskrise in westlichen Industriegesellschaften: Mythos oder Realität?, in: *Klages, H./Kmieciak, P.* (Hrsg.): Wertwandel und gesellschaftlicher Wandel, Ffm./NY, 328–350. *Lipset, S. M.* 1962: Soziologie der Demokratie, Neuwied. *Luhmann, N.* [3]1993: Legitimation durch Verfahren, Darmst. u. a. (zuerst 1969). *Sternberger, D.* 1967: Max Webers Lehre von der Legitimität, in: *Röhrich, W.* (Hrsg.): Macht und Ohnmacht des Politischen, Köln, 11–126. *Weber, M.* [6]1992: Die drei Typen der legitimen Herrschaft, in: *ders.*: Soziologie, weltgeschichtliche Analysen, Politik (zuerst 1972), Stg., 151–166.

Dieter Nohlen

Legitimitätskrise, Typus einer Krise → Politischer Systeme, die auf der Infragestellung der Rechtmäßigkeit polit. → Herrschaft (→ Legitimität) beruht.

In der → Modernisierungstheorie eine der Krisen, welche die polit. Systeme traditioneller Gesellschaften auf dem Weg in die Moderne zu durchlaufen haben. Die Sequenz mit anderen Krisen ist offen. In demokratischen Systemen die Infragestellung der normativen Grundlagen der Verfassungsordnung und/oder der Rechtmäßigkeit der ihnen entspr. ablaufenden Entscheidungsprozesse. In der Debatte über Krisentendenzen im Spätkapitalismus in den 1970er Jahren entstehen nach *Habermas* (1973: 104) L. im Spätkapitalismus, «sobald die Ansprüche auf systemkonforme Entschädigung (für polit. Enthaltsamkeit) schneller steigen als die disponible Wertmasse, oder wenn Erwartungen entstehen, die mit systemkonformen Entschädigungen nicht befriedigt werden können». Die L. ist angesiedelt zwischen polit. → Krise (Infragestellung der Amtsausübung durch Personen; sie läßt sich durch

Austausch des polit. Personals lösen) und Systemkrise (Infragestellung der Struktur des Herrschaftssystems; sie läßt sich i. d. R. nur durch eine institutionelle Reform bzw. einen Strukturwandel des polit. Systems lösen).
Die L. kann unterschiedliche Formen und Ausmaße annehmen, vom Protestverhalten bei Wahlen bis zu solchen außergesetzlichen Protestformen reichen, welche die verfassungsmäßigen Entscheidungsträger in ihrer Fähigkeit bedrohen, die öff. Ordnung und Sicherheit aufrechtzuerhalten, und sie zwingen, physische Gewalt gegen die Bedroher einzusetzen. Die Umfrageforschung ermittelt heute ständig den Grad der Unterstützung (*political support*) einer Herrschaftsordnung durch die Bürger und vermag Veränderungen in den Legitimitätsüberzeugungen aufzuzeigen; negative Trends können freilich nicht stets bereits als L. interpretiert werden.

Lit.: *Habermas, J.* 1973: Legitimitätsprobleme im Spätkapitalismus, Ffm. *Jänicke, M.* (Hrsg.) 1973: Politische Systemkrisen, Köln. *Kielmansegg, P. Graf von* (Hrsg.) 1976: Legitimationsprobleme politischer Systeme, Opl. *Westle, B.* 1989: Politische Legitimität, Baden-Baden.

Dieter Nohlen

Leistungsbilanz → Wirtschaftspolitik

Leninismus, Theorie und Praxis der Bolschewiki in der Sozialdemokratischen Arbeiterpartei Rußlands unter Führung *W. I. Lenins* vor und nach der Russischen Oktoberrevolution sowie Kanonisierung dieser Praxis in der kommunistischen Weltbewegung als Marxismus-Leninismus, v. a. durch *J. Stalin.*

Zwar versteht sich der L. als Weiterentwicklung der Theorie von *Karl Marx* (→ Marxismus), ist aber v. a. eine systematisierte Anleitung zum revolutionären Handeln in einem rückständigen (nicht-kapitalistischen) Land zur Verwirklichung des Sozialismus. Die wesentlichen Elemente sind philosophisch: die materialistische Erkenntnistheorie (Widerspiegelung), parteitheoretisch: die kommunistische Partei als → Avantgarde, staatstheoretisch: die → Diktatur des Proletariats und → STAMOKAP, revolutionstheoretisch: der weltweite Niedergang des → Imperialismus als Voraussetzung erfolgreicher sozialistischer → Revolutionen.

→ Arbeiterbewegung; Proletariat.

Lit.: *Claudin, F.* 1977: Die Krise der Kommunistischen Bewegung, 2 Bde., Bln. *Fritzsche, K.* 1996: Sozialismus: Geschichte und Perspektiven gesellschaftlicher Egalität, in: *Neumann, F.* (Hrsg.): Handbuch Politische Theorien und Ideologien 2, Opl., 1–74. *Lenin, W. I.* 1928: Ausgewählte Werke in 12 Bänden, Wien/Bln. *Stalin, J.* 1950–55: Werke, Bln. *Vranicki, P.* 1983: Geschichte des Marxismus, Ffm., 385–481, 568–667.

Josef Esser

Lerntheorien, analysieren und erklären den Prozeß des Lernens. Sie gehen aus von dem Tatbestand hervor, daß der Mensch aufgrund seiner biologischen Ausstattung (Instinktarmut) auf Lernen angewiesen ist, das ihm das Überleben sichert.

Lernprozesse sind zwar individuell, aber sie sind auch ein Ergebnis der aktiven Auseinandersetzung des Menschen mit seiner direkten (nächste Bezugspersonen) und mittelbaren (Gesamtgesellschaft) sozialen und materiellen → Umwelt. Von Lernprozessen wird auch in bezug auf Institutionen und Organisationen einer Gesellschaft gesprochen, nämlich dann, wenn dort eine den Außen- und Innenanforderungen gemäße Wandlungsfähigkeit vorhanden ist. Menschliches Lernen ist aufgrund individueller (z. B. Anlage, Wahrnehmungsfähigkeiten), sozialer (z. B. das den Menschen in den ersten Jahren seines Lebens prägende soziale Milieu) und gesamtgesellschaftl. (z. B. der Einfluß unterschiedlicher Kulturen oder des geschichtl. Raumes) Faktoren komplex und kann nicht für eine Person oder Gruppe eindimensional, d. h. ganzheitlich allgemeingültig beschrieben werden. Deshalb gibt es diverse L., wobei sich deren Schwerpunkte (Lernvorgänge,

Lerntypen, Lerngegenstände) unterscheiden lassen. Die prominentesten Ansätze, die Lernen erklären, sind der Imitations-Ansatz – Lernen als Nachahmung – oder der Reiz-Reaktions-Ansatz – Lernen wird positiv und negativ durch die Umwelt sanktioniert und damit beeinflußt. Polit. relevant werden L. dann, wenn soziale Gruppen, bei welchen realiter ungünstige Bedingungen defizitäres Lernen bewirken, mit biologistischen Erklärungen als lernunfähig ausgegrenzt werden. Auf diese Weise werden soziale Ungleichheiten tradiert und verfestigt, die es durch Chancengleichheit im Bildungs- und Ausbildungsbereich abzubauen gilt.

→ Internalisierung; Kognitiv; Politische Sozialisation.

Ulrike C. Wasmuth

Liberalismus, eine der großen polit. Strömungen (Ideen, → Ideologien) der letzten zwei bis drei Jahrhunderte mit Schwerpunkt im 19. Jh., die mit den anderen großen Ideologierichtungen → Konservatismus und → Sozialismus, aber auch → Anarchismus und → Faschismus in Entstehungs-, Wirkungs-, Interaktions-, Spannungs- und Ablösungszusammenhängen steht und daher analytisch stets in diesem Gesamtumfeld der polit. Ideologien gesehen werden muß.

1. Definitorisch verstehen wir unter L. jenen polit. Ideenkomplex, der durch die Postulate der Selbstbestimmungsfähigkeit der Individuen durch Vernunft, der Individualfreiheit gegenüber dem Staat (Menschen- und Bürgerrechte), der Bändigung polit. → Herrschaft durch → Verfassung und der Selbstregulierung der Ökonomie durch Gesetzmäßigkeiten von Markt und Wettbewerb abgesteckt ist, in eine Evolutionsvorstellung geschichtl. Fortschritts mündet und zumindest in der Entstehungs- und Blütezeit vom Bürgertum mit seinen Eigentums- und Erwerbsinteressen und seinen daraus erwachsenden Machtansprüchen getragen wurde. Der L. darf wohl als erste umfassende polit. Ideologie im modernen Sinne gelten, weil er erstmals einen systematischen Ordnungs- und Entwicklungsentwurf im wesentlichen nicht-religiös begründet und auch nicht bloß faktische Machtstrukturen untermauert, sondern eine Bewegung in bessere Zukünfte auslobt und die Kraft dazu aus den Fähigkeiten und Interessen aller einzelnen selbst schöpft. Die Erscheinungsformen, Begriffsmuster und Bedeutungsgehalte von L. als theoretischem Entwurf und polit. Praxis variieren sehr stark im zeitlichen Verlauf einerseits, im internat. Vergleich andererseits, und schließlich auch noch durch innere soziale und inhaltliche Differenzierungen.

Häufig als epochaler Begriff in zeitlicher und systematischer Verknüpfung mit Bürgertum, → Kapitalismus und Verfassungsstaat verwendet, erscheint L. tendenziell als historisch zwar wirkungsmächtig, aber abgeschlossen; die Relevanz für die Gegenwart zu Beginn des 21. Jh. gilt daher als diffus und umstritten. Ein Blick auf die Entwicklungsperioden verdeutlicht das Problem:

(1) Herausbildung und Durchsetzung des L. («Frühliberalismus», «revolutionärer L.», im allg. ca. 1750–1850); Forschungsschwerpunkte betreffen (a) das liberale Weltbild rationalistischer Aufklärung, des Individualismus, ökon. Gesetzesdenkens und der Verfassungstheorie, (b) empirische Strukturen und Verläufe der Verfassungsbewegungen und (c) Industrialisierungsprozesse, soziale Umstrukturierung und gestufte Klassenpolarisierung von Adel, Bürgertum und Proletariat (mit zunehmender Differenzierung des Begriffs Bürgertum). Im liberalen Ideal einer klassenlosen Bürgergesellschaft suchte *L. Gall* (1976) die Handlungshorizonte des L. zu integrieren.

(2) Der L. des etablierten Bürgertums (zweite Hälfte des 19. Jh.) ist bereits von Bruchpunkten durchzogen, an denen sich auch die Strukturvarianten in D, Italien, Frankreich, England und den USA ausbilden: Verfassungsideal vs. «Realpolitik», Freihandel vs. Protektionismus und → Imperialismus; Eigentum vs. Arbeiterfrage/Gewerkschaftsfreiheit (→ Arbeiterbewegung); Konzentration vs. Wettbewerb; das Problem → Wahlrecht und → Demokratie. Die Ausbildung polit. → Parteien bringt zugleich die neue dreigliedrige (partei)polit. Kräftekonstellation

von L., Konservativismus und Sozialdemokratie auf den Weg.
(3) Niedergang und Krise des L. (zwischen den 1890er und 1930er Jahren) sind mit Klassenpolarisierung und organisiertem Kapitalismus, sozialem Reform- und Demokratisierungsdruck, Schrumpfung der «mittelständisch»-kleinbürgerlichen ökon. und sozialen Basis, verbandlich organisiertem → Pluralismus, sozialen Entwurzelungsprozessen in Weltkrieg und → Inflation und dem trotz (umstrittener) Zunahme an → Staatsinterventionismus unzureichenden staatl.-polit. Steuerungspotenzial gegenüber der Weltwirtschaftskrise verknüpft. (Allerdings gab es auch die sozialliberale Wendung in England, USA und Kanada, z. T. in Frankreich.)
(4) Erneuerungsversuche des L. nach 1945 wurden vor dem durch Weltwirtschaftskrise, → Nationalsozialismus/Faschismus, → Stalinismus, II. Weltkrieg und → Ost-West-Konflikt wesentlich veränderten weltgeschichtl. Hintergrund unternommen. Theoretische Neuansätze v.a. im wirtschaftstheoretischen Kontext entwickelten Autoren des «Neo-Liberalismus» und «Ordo-Liberalismus» (*W. Eucken*, *W. Röpke*, *F. A. von Hayek*). Im polit. Raum trat der L. nach 1945 weniger als tragfähige Bewegung oder Partei, sondern eher als wiederbelebte Systemstruktur in Erscheinung, mit allen anderen Aspekten der Wirtschafts-, Gesellschafts- und Staatsordnung verwoben und daher als polit. Kraft, als Idee und Ordnungsvorstellung schwer identifizierbar.
2. In systematischer Betrachtung sind v. a. folgende Problembereiche von Interesse:
(1) Ideen-, Theorie- und Ideologiegeschichte. Die meisten der klassischen liberalen Theoretiker und viele Autoren des 19. Jh. (*Hobbes*, *Locke*, *Montesquieu*, *Rousseau*, *Adam Smith*, *Kant*, *Hegel*, *Bentham*, *Lorenz von Stein*, *John Stuart Mill*) gehören zum allg. Kanon der polit. Ideen- und Theoriegeschichte. Thematisiert werden v. a. Herrschaftsprobleme, Ordnungsentwürfe, Interessenimplikationen, Legitimationsmuster und theoriegeschichtl. Wirkungslinien; exemplarisch sei nur *C. B. Macphersons* Deutung der sozialökon. Sinn- und Bedingungszusammenhänge bei *Hobbes* und *Locke* (Besitzindvidualismus) oder die Vergegenwärtigung der moralphilosophischen Grundlagen bei *Adam Smith* und der schottischen Schule durch *Medick* erwähnt. Da in der zweiten Hälfte des 19. Jh. die Autorenzahl wächst, aber der Systemanspruch zurücktritt (bedeutsam noch *L. Brentano*) und konzeptionelle Verzerrungen und Richtungsdifferenzierungen einsetzen (z. B. Bezüge zum Sozialdarwinismus, Konservativismus, aber auch zum Sozialismus), gewinnen systematisierende Problemstudien an Gewicht, so z. B. in Typologisierungsversuchen liberaler Theorietraditionen zum wirtschaftspolit. Interventionsproblem (*Müller* 1978). Während ein engl. oder US-amerikan. Sozialliberalismus auch theoretisch expliziert wurde (*Hobhouse* bis *Keynes* und *Beveridge*), fehlt in D ein Pendant (vgl. *Holl* u. a. 1986).
(2) Verfassungsgeschichte. Nach den zentralen Entscheidungsthemen des etablierten L. (→ Parlamentarismus, Wahlrecht und Demokratie) ist für D v. a. die Haltung zur Ausgestaltung des demokratischen Systems und der Wirtschaftsordnung in der Weimarer Verfassung von 1919 bedeutsam, aber auch die Rolle von Liberalen im Niedergang der Weimarer Demokratie 1930–33. Zur Entstehung der BRD und des Grundgesetzes ist die Forschungsgrundlage durch neuere Arbeiten zur FDP-Entstehung (auch im LDPD-Vergleich) verbessert, doch steht eine Gesamtstudie zur liberalen Verfassungspolitik 1945–1949 aus. Auch die Entwicklung bis zur Gegenwart ist nicht systematisch untersucht.
(3) Parteiengeschichte und -soziologie. Die Vielfalt der Einzeldarstellungen spiegelt zugleich einige Grundmuster: den Übergang von der Honoratiorenpartei zu Parteien als polit. Massenorganisationen mit Konkurrenznachteilen für den bürgerlichen L.; die aufkommende Neigung zu → Eliten-Orientierung; die teils begrenzten, teils wenig erfolgreichen Versuche, die soziale Basis zu erweitern bzw. ihren Verfall aufzuhalten; die Ansätze zur Verklammerung mit → Interessengruppen als zweitem Strukturelement pluralistischer Politikorganisation (z. B. zur Weimarer DVP und DDP). Untersuchungen zur FDP sind, bes. für die Entstehungszeit,

stark organisations-, personen- und programmgeschichtl. orientiert (etwa *Gutscher* 1967); im übrigen dominieren die Fragen nach der koalitionspolit. Stellung und nach Größe und Strukturmerkmalen des Wählerpotenzials, während der Zusammenhang zwischen polit. Entscheidungspraxis, programmatischer Darstellung und realer gesellschaftl. Interessenvertretung der FDP noch wenig erforscht ist (zum Überblick *Albertin* 1980; *Schiller* 1993). Die dauerhafte Existenzgefährdung einer liberalen Partei scheint die Inhalts- und Funktionsprobleme zu überlagern (vgl. *Vorländer* 1987).

(4) Herrschaftssoziologische und interessenanalytische Aspekte. An die inhaltliche Kontur und Verlaufsform des Niedergangsprozesses und seiner Faschismus-Folgen (D, Italien) werden Überlegungen zur Entwicklungslogik und Interessenkontinuität angeschlossen. *H. Marcuse* (1965) sieht eine inhärente Selbstaufhebungstendenz des L. durch kapitalistische Konzentration, andere werten selbst den Sozialliberalismus als (massenintegrative) Herrschaftsstrategie des Monopolkapitals (z. B. *Opitz*). Als systematisches Interpretationskonzept verknüpft *L. Döhn* (§1998) den L. prinzipiell mit der Funktion ideologischer Herrschaftssicherung für das bürgerlich-kapitalistische Privateigentum, was aber weiterer Klärungen zum Verhältnis von L. und Konservativismus und zu den nicht-liberalen Orientierungen bei kleinbürgerlichen Eigentümerschichten bedürfte. Diametral entgegengesetzt lautet die neo-liberale These (*von Hayek*), nur Privateigentum und Wettbewerb böten Schutz gegen totalitäre polit. → Herrschaft.

3. Theoretische Liberalismus-Konzepte wurden nach 1945 von recht unterschiedlichen Ansatzpunkten aus entwickelt:

(1) Der Neo-Liberalismus der Neuordnungsperiode am Ende von NS-Diktatur und II. Weltkrieg formulierte kein umfassendes polit. Programm, sondern im Kern eine → Politische Wirtschaftslehre, allerdings mit gesellschaftspolit. Grundlagenanspruch. Die wichtigsten Vertreter *W. Eucken* (Grundlagen der Nationalökonomie, 1939; Grundsätze der Wirtschaftspolitik, 1952), *W. Röpke*, *A. Rüstow*, *F. A. von Hayek* propagieren für die Stabilisierung der Wettbewerbsordnung gegenüber dem traditionellen «*Laisser-faire*»-Liberalismus die Notwendigkeit eines staatlich normierten Ordnungsrahmens und geeignete Verwaltungsmechanismen der Monopolverhinderung bzw. -kontrolle («Ordnungspolitik», «Ordo»-L.). Diese wettbewerbspolit. Rahmensetzung durch ein starkes staatlich-polit. Entscheidungszentrum soll zugleich prozeßbezogene Staatsinterventionen der Wirtschaftssteuerung (etwa i. S. von *Keynes*) ausschließen und unnötig machen. Ungeklärt blieb jedoch die Generierung jener staatl. Ordnungsmacht, die zugleich anderweitige Interventionsinteressen zurückweisen könnte. Das modifizierte Konzept einer «sozialen Marktwirtschaft» (*A. Müller-Armack, L. Erhard*) konnte mit einer begrenzten Umverteilungsprogrammatik ansatzweise zusätzliche Legitimationsquellen einbauen. In der bundesdt. Praxis verblaßten die neoliberalen Konzepte zugunsten keynesianischer Globalsteuerung, als in den 1960er Jahren Konzentrationsprozesse, soziale Ungleichheiten, erste Strukturkrisen und allg. Zeichen der Krisenhaftigkeit markant hervortraten. Die Mißerfolge des Interventionismus in der Wirtschaftskrise von 1973/75 und auch Anfang der 1980er Jahre begünstigten dann jedoch einen zweiten Aufschwung neoliberaler Wirtschaftstheorien, v. a. repräsentiert durch *M. Friedman* (→ Monetarismus, «angebotsorientierte» Wirtschaftspolitik). Mit ihrer Stoßrichtung gegen «Monopolstellungen» des Staates und der → Gewerkschaften wurde trotz aller theoretischen Radikalität das privatkapitalistische Monopolproblem praktisch relativiert. Die konzeptionellen Grenzlinien zwischen diesem «Neoliberalismus II» und dem Neo-Konservatismus erweisen sich seit den 1980er Jahren als fließend.

(2) Deutlich andere Akzente setzte *R. Dahrendorf* mit seiner soziologischen Wettbewerbs- und Konfliktkonzeption, um angesichts gesellschafts- und sozialstruktureller Machtverfestigungen Chancen für eine «Verfassung der Freiheit» und eine Kultur der offenen Gesellschaft zurückzugewinnen. Gegenüber Eigentums- und Klassenpolarisierung sieht er über pluralistische Vielfalt und Optionen, Mobilität, Marktalternati-

ven zu Staat, → Bürokratie und Organisation, Chancengleichheit über Bildungsausstattung und andere Lebenschancen, erweiterte demokratische → Partizipation, v. a. aber über strukturelle und kulturelle Offenheit für Konflikte Wege für neue Freiheiten des Individuums gegenüber der Verdichtung des «Gehäuses der Hörigkeit» (*Max Weber*). In Strukturveränderungen zu einer «Dienstklassengesellschaft» erhoffte sich *Dahrendorf* zugleich neue Tendenzen für eine soziale Basis des L., wobei er freilich die Gefahren einer neuerlichen Polarisierung der Lebenschancen kritisch thematisierte (z. B. *Dahrendorf* 1987). Obwohl vergleichsweise komplex und publizistisch effektiv, war die liberalismustheoretische und -praktische Resonanz auf *Dahrendorfs* Ansatz leider eher gering.

(3) Noch geringere Bezüge zu polit.-programmatischen, gar parteipolit., Ideologien des L. weisen normative Reflexionen individueller Freiheitsprobleme unter Systembedingungen der Gegenwart auf. Aus dem breiten generalisierten Diskussionsspektrum, bes. zu *Hegel*, *Marx*, *Kant*, Kritischer Theorie und Kritischem Rationalismus, wurden nur zögernd systematisch-praktische Perspektiven expliziert. Wichtige Impulse erhielt diese sozialphilosophische Debatte aus dem angelsächsischen Westen (insbes. aus den USA), v. a. durch *John Rawls*, der in seiner «Theorie der Gerechtigkeit» und weiteren Arbeiten zur Idee des Liberalismus (zusammenfassend 1998) eine vertragstheoretische Begründung liberaler Ordnungen neu konzipiert hat (zur Rezeption und Diskussion im deutschsprachigen Raum vgl. *Höffe*). Eine ähnlich große Bedeutung hat inzwischen die von *K. O. Apel* und von *J. Habermas* entwickelte diskursethische Konzeption sozialer und polit. Normenbegründung für die Klärung der Grundlagenprobleme liberaler Demokratie gewonnen.

4. Heute gilt L. kaum noch als tragfähige programmatisch-ideologische Basis für polit. Parteien oder anderweitig identifizierbare organisierte polit. Kräfte. Gleichwohl wird L. durchgängig für ein wesentliches Element gegenwärtiger (westl.) Systemstrukturen gehalten (→ Rechtsstaat, Demokratie), so daß man vom strukturellen L. der Gegenwart sprechen kann. Probleme des L. rücken damit zugleich in das Zentrum systematischer und polit.-soziologischer Anstrengungen der Demokratietheorie und der Verfassungssoziologie (vgl. *Shell* 1981), wozu auch neuere Theorien einer gestaltungs- und beteiligungsoffenen → Zivilgesellschaft gehören.

Daß sich am Ende des Ost-West-Konflikts 1989/91 das kapitalistisch/liberal-demokratische Grundmodell des Westens als überlegen erwiesen hat, wird nur von wenigen als liberales «Ende der Geschichte» (*Fukuyama*) gesehen, sondern stellt zwei neue Herausforderungen: Eine liegt darin, daß in Osteuropa und der ehem. Sowjetunion Marktökonomie und polit. Demokratie bei unzureichenden kulturellen Grundlagen in komplexen Transformationsprozessen kurzfristig und gleichzeitig etabliert werden sollten und dabei die ohnehin überhöhten Erwartungen starken Enttäuschungen ausgesetzt sind. Auch in dieser «Erfolgskrise» des L. erweisen sich praktisch und in der theoretischen Begleitreflexion die Dimensionen der Wirtschaftsordnung und der liberal-demokratischen polit. Verfassung erneut als nicht hinreichend integriert. Auch können in Russland und den meisten anderen Teilen des früheren sowjetischen Machtbereichs sowie in vielen Regionen der → Dritten Welt und in China die Prinzipien der Menschenrechte und des Rechtsstaats noch keineswegs als gesichert angesehen werden.

Die andere Herausforderung ergibt sich aus dem in den 1980er und 90er Jahren voll durchschlagenden Prozeß wirtschaftl. → Globalisierung, der selbst durch die Privatisierungs- und Deregulierungsgrundsätze des Neoliberalismus II (und die neokonservative Praxis *Reagans* und *Thatchers*) vorangetrieben wurde. Die Marktkonkurrenz der Wirtschaftsunternehmen ist damit weitgehend nationalstaatl. Steuerung entzogen (modifiziert im europ. Ordnungsrahmen), ohne daß jedoch das Problem der Monopolkontrolle auf globaler Ebene ernsthaft geklärt wäre. Zugleich laufen die liberal-demokratischen Institutionen und die mit ihnen verbundenen Funktionen zunehmend leer.

Insgesamt ist derzeit noch offen, ob nach dem Wegfall des sowjetkommunistischen

Gegenmodells die Ent-Ideologisierung der westl. (globalisierten) Systemstrukturen weitergeht, oder ob ein verstärkter inhärenter Bedarf an systematischer Ideologiebildung und Legitimation dem L. zu theoretisch und programmatisch klareren Konturen verhilft. Bes. schwer dürfte dabei die Kluft zu schließen sein, die traditionell zwischen einem systemisch praktizierten Wirtschaftsliberalismus und der theoretisch diskutierten Vereinbarkeit von → Freiheit, → Gleichheit und Eigentum im normativen polit. L. besteht.

Lit.: *Albertin, L.* (Hrsg.) 1980: Politischer Liberalismus in der Bundesrepublik Deutschland, Gött./Zürich. *Dahrendorf, R.* 1987: Fragmente eines neuen Liberalismus, Stg. *Döhn, L.* [2]1998: Liberalismus, in: *Neumann, F.* (Hrsg.): Politische Theorien und Ideologien, Baden-Baden, Bd. 1, 159–234. *Faber, R.* (Hrsg.) 2000: Liberalismus in Geschichte und Gegenwart, Würzburg. *Friedman, M.* 1962: Capitalism and Freedom, Chic./L. (dt. Stg. 1971). *Gall, L.* (Hrsg.) 1976: Liberalismus, Köln. *Gall, L./Koch, R.* (Hrsg.) 1981: Der europäische Liberalismus im 19. Jahrhundert, 4 Bde., Ffm. u. a. *Gutscher, J. M.* 1967: Die Entwicklung der FDP von ihren Anfängen bis 1961, Meisenheim. *Hayek, F. A. v.* 1979: Liberalismus, Tüb. *Hess, J. C./Stensaal von der Aa, E. van* 1981: Bibliographie zum deutschen Liberalismus, Gött. *Holl, K.* u. a. (Hrsg.) 1986: Sozialer Liberalismus, Gött. *Hirschman, A. O.* 1984: Leidenschaften und Interessen, Ffm. *Jahrbuch zur Liberalismusforschung,* Bd. 1 (1989) ff., Baden-Baden. *Langewiesche, D.* (Hrsg.) 1988: Liberalismus im 19. Jahrhundert. Deutschland im europäischen Vergleich, Gött. *Müller, J. B.* 1978: Liberalismus und Demokratie, Stg. *Rawls, J.* 1998: Politischer Liberalismus, Ffm. *Schiller, Th.* 1993: Stand, Defizite und Perspektiven der FDP-Forschung, in: *Niedermayer, O./Stöss, R.* (Hrsg.): Stand und Perspektiven der Parteienforschung in Deutschland, Opl., 119–146. *Vorländer, H.* (Hrsg.) 1987: Verfall oder Renaissance des Liberalismus, Mchn.

Theo Schiller

Likert-Skalen → Skalierung

Linkage-Analyse, Konzept aus dem Bereich der → Internationalen Politik, geht auf *J. N. Rosenau* (1967, 1969) und seine Schule zurück. Es beruht auf der Prämisse, daß neben den Konstellationen internat. Beziehungen, klassischer Außenpolitik und weiterer externer Determinanten (wie z. B. geographischen oder geopolit. Faktoren) insbes. auch *domestic sources,* also Faktoren und Konstellationen der → Innenpolitik, für Inhalt wie Art und Weise außenpolit. Entscheidungen von Bedeutung sind.

Das Konzept wendet sich gegen die klassischen Erklärungsansätze von → Außenpolitik, die von der weitgehenden Unabhängigkeit außenpolit. Handelns oder gar vom Primat der Außenpolitik ausgegangen waren, aber auch gegen die paradigmatische Alternativthese vom Primat der Innenpolitik.

Auf der Basis der → Systemtheorie und mit dem Instrumentarium des empirisch-analytischen Wissenschaftsprogramms versucht die L.-A. folglich die unterschiedlichen Abhängigkeitsverhältnisse und → Interdependenzen von Innen- und Außenpolitik möglichst multi-faktoriell zu analysieren. Analog zu der *Input-output*-Analyse der Systemtheorie unterscheidet *Rosenau* dabei drei Grundtypen von *Linkage*-Prozessen: Penetrations-, Reaktions- und emulative Diffusionsprozesse außenpolit. Handelns. Analog zur *policy analysis* identifiziert er nat./internat. Problembereiche (*issue areas*), die die Vermittlung zwischen Innen- und Außenpolitik leisten sollen.

So verdienstvoll der Intention nach die Erweiterung der Analyse von Außenpolitik um den Innen-Außenbezug von Politik einerseits auch ist, so weist die L.-A. andererseits zwei wesentliche Schwachstellen auf: (1) Auch das Faktorenmodell von Außenpolitik unterliegt, wie jede Faktorenanalyse, der Gefahr der Beliebigkeit, wenn es die Vielzahl unterschiedlicher Einflüsse zwar registriert, über deren Gewicht und strukturelle Bedeutung jedoch keine Aussagen machen kann. (2) Der Schwerpunkt der L.-A. bleibt die Analyse des Regierungshandelns der → Nationalstaaten, so daß die nichtstaatl. Akteure in der internat. Politik, u. a. die → Internationalen Organisationen, die sich bildenden supranat. Interessenformationen, die → Transnationalen Konzerne, nicht ausreichend einbezogen werden, wie dies im Konzept der → Transnationalen Politik versucht wird.

→ Interdependenztheoretische Ansätze; Regimeanalyse.

Lit.: *Behrens, H./Noack, P.* 1984: Theorien der Internationalen Politik, Mchn. *Czempiel, E.-O.* 1981: Internationale Politik, Paderborn u. a. *Keohane, R. O./Nye jr., J. S.* 1977: Power and Interdependence. World Politics in Transition, Boston. *Kohler-Koch, B.* 1990: Interdependenz, in: *Rittberger, V.* (Hrsg.): Theorien der Internationalen Beziehungen, PVS- Sonderheft 21, 110–129. *Rosenau, J. N.* 1967: Domestic Sources of Foreign Policy, NY. *Rosenau, J. N.* (Hrsg.) 1969: Linkage Politics, NY. *Rosenau, J. N.* 1975: Problembereiche und national-internationale Vermittlungsprozesse, in: *Haftendorn, H.* (Hrsg.): Theorie der Internationalen Politik, Hamb., 318–335. *Rosenau, J. N./Tromp, H.* (Hrsg.) 1989: Interdependence and Conflict in World Politics, Aldershot.

Rainer-Olaf Schultze

Links → Rechts und Links

Links-Rechts-Skala, Links-Rechts-Einordnung der Wähler oder der → Politischen Parteien durch die Wähler auf einer vorgegebenen Skala, die von 1 = links bis zu 10 oder 11 = rechts reicht; aus der Sitzordnung in Ständeversammlungen abgeleitetes polit. Prinzip, nach dem die prestigehöheren Stände und d. h. später die konservativeren Parlamentarier rechts vom König bzw. Parlamentspräsidenten sitzen und die prestigeniederen Stände bzw. später die progressiven Parlamentarier links vom König bzw. Vorsitzenden.

Seit der Französischen Revolution hat sich diese Verbindung der bewahrenden polit. Kräfte mit der Ideologiebezeichnung rechts und der fortschrittlichen Kräfte mit der Ideologiebezeichnung links gehalten, wobei die polit. Inhalte, die sich konkret mit rechter und linker → Ideologie verbinden, Schwankungen unterliegen. Damit wird in der → Wahlforschung die Verwendung einer sog. «*self anchoring scale*» gerechtfertigt, bei der es in Umfragen den einzelnen Befragten überlassen bleibt, was sie konkret unter links und rechts verstehen. Man hat aber festgestellt, daß in den europ. Wählerschaften die Wähler relativ zuverlässige und gültige Vorstellungen über die Links-Rechts-Einordnung der polit. Parteien haben und daß sie sich auch selbst auf einer vorgegebenen Links-Rechts-Skala einordnen können.

→ Rechts und Links.

Franz Urban Pappi

Linksextremismus → Extremismus

Liste/Listenverbindung → Stimmgebungsverfahren

Lobby, engl. Bezeichnung für die vor dem Plenarsaal des → Parlaments gelegene Wandelhalle. Die L. ist der Ort, an dem die → Interessengruppen urspr. versuchten, durch persönliche Ansprache der Abgeordneten das Abstimmungsverhalten im Prozeß der → Gesetzgebung in ihrem Sinne zu beeinflussen (Lobbyismus).

Die mit dem namensgebenden Begriff verbundene örtliche Fixierung hat diese Form der → Interessenvermittlung längst überwunden, wenngleich in einigen Ländern (z. B. USA) der L. nach wie vor eine gewisse Bedeutung zukommt, weil sie in offenen Abstimmungsprozessen gewissermaßen eine letzte Chance bietet, einzelne Abgeordnete umzustimmen.

Bernhard Thibaut

Logrolling (engl. für das «Rollen von Baumstämmen», im übertragenen Sinn «sich zuarbeiten», pejorativ auch «Kuhhandel»), politikwiss. Fachterminus für ein bes. Verfahren der Kompromißfindung aus der US-amerikan. Parlamentspraxis.

Insbes. solche Gesetzesinitiativen, die lediglich bestimmte Wahlkreise oder Gruppen begünstigen, sind nur durchsetzbar, wenn Abstimmungskoalitionen gebildet werden. Dabei wird zunächst dem Anliegen des Abgeordneten A zur parlamentarischen Mehrheit verholfen für den Preis, daß dieser sodann «den Baumstamm» des Abgeordneten B «rollt», also zu dessen polit. Vorteil abstimmt etc. Dies geschieht durchaus auch zwischen Abgeordneten mit ganz unterschiedlichen Interessen und ist eine taktische Ausprägung der *reciprocity*, der Gegenseitigkeit der polit. Beziehungen, ohne die Parlament und Demokratie nicht auskommen. In parlamentarischen Regierungssystemen mit parteipolit. vorgeprägten Kompromißpositionen und dauerhaften Koalitionsnotwendigkeiten ist *l.* i. S. von «Geben und Nehmen» ebenfalls anzutreffen, wenn auch im einzelnen anders praktiziert.

Lit.: *Jäger, W./Welz, W.* (Hrsg.) 1995: Regierungssystem der USA, Mchn./Wien. *Thaysen, U.* u. a. (Hrsg.) 1988: US-Kongress und deutscher Bundestag, Opl.

Suzanne S. Schüttemeyer

Lohntheorien, geordnete wirtschafts- und/oder sozialwiss. Aussagensysteme, die darauf abzielen, die Höhe des Lohnes (i. S. von Einkommen, das durch den Verkauf von menschlicher Arbeitskraft erzielt wird) sowie interpersonelle bzw. interpositionale Unterschiede des Lohnniveaus zu erklären.

Ihrem Ansatz nach lassen sich L. unterteilen in (1) die klassische Theorie, die sich auf die Bestimmung eines Durchschnittslohns beschränkt und dessen Niveau auf das Verhältnis von Angebot und Nachfrage zurückführt, (2) neo-klassische Theorien, welche Lohnunterschiede direkt oder indirekt auf Produktivitätsdifferenzen zurückführen, und (3) institutionelle Theorien, die auf die Organisation der → Arbeitsteilung innerhalb von Unternehmen abheben.

Bernhard Thibaut

Lombardsatz → Zentralbanken

Loosemore-Hanby-Index, Maßzahl, die den Proportionalitätsgrad der Wahlergebnisse unterschiedlicher → Wahlsysteme bemißt.

Die Disproportionalität wird am Unterschied zwischen Stimmen- und Mandatsanteil festgemacht. Die Summe der Differenzen wird durch zwei geteilt.

Lit.: *Loosemore, J./Hanby, V. J.* 1971: The Theoretical Limits of Maximum Distortion, in: British Journal of Political Science 1, 467–477.

Dieter Nohlen

Lorenz-Kurve, von *M. O. Lorenz* eingeführte graphische Darstellungsform der personellen Einkommensverteilung. An der waagrechten Achse wird der Anteil aller Personen, deren → Einkommen zwischen Null und einem bestimmten Wert liegt, an der Gesamtzahl der Einkommensbezieher abgetragen, an der senkrechten Achse der Anteil des Einkommens dieser Personen am gesamten Volkseinkommen.

Anders als bei einer → Häufigkeitsverteilung werden bei dieser Darstellung die Einkommensbezieher also kumuliert. Sind die Einkommen jedes Individuums gleich, dann bezieht ein bestimmter Anteil X der Einkommensbezieher denselben Anteil X am Volkseinkommen. Bei Gleichverteilung fällt die L.-K. deshalb mit der 45°-Linie (Egalitätsgerade) zusammen. Je weiter sich die L.-K. von der Diagonale entfernt, um so ungleichmäßiger ist die Verteilung der Einkommen. Vollständig ungleichmäßig verteilt (eine Person erhält alles Einkommen) ist das Einkommen, wenn die L.-K. entlang der beiden Achsen verläuft. In der Realität liegt die L.-K. üblicherweise unter der Diagonalen. Als Maß für die Ungleichverteilung der Einkommen kann das von *C. Gini* vorgeschlagene Konzentrationsmaß benutzt werden: Der *Gini*-Koeffizient ist das Verhältnis der Fläche zwischen der L.-K. und der Egalitätsgeraden zur Fläche des Dreiecks unter der Diagonalen. Bei Gleichverteilung ist der Koeffizient gleich Null, bei extremer Ungleichverteilung gleich eins.

Lit.: *Creedy, J.* 1998: The Dynamics of Inequality and Poverty, Cheltenham. *Külp, B.* 1981: Verteilungstheorie, Stg. *Wolf, F.* 1997: Lorenzkurvendisparität, Ffm.

Katharina Holzinger

Lose gebundene Liste, Form der → Wahlbewerbung bei Listenwahl, bei der der Wähler die Reihung der Kandidaten selbst vornehmen kann, jedoch nur innerhalb einer Parteiliste.

Der Wähler kreuzt nicht (nur) die Liste, sondern Kandidaten auf der Liste an. Er kann entw. sämtliche Kandidaten nach seinem Gutdünken in die Reihenfolge bringen, in der er sie gewählt sehen möchte, oder einen oder mehrere Kandidaten durch Präferenzstimmgebung vorziehen.

Dieter Nohlen

Machiavellismus, Machtpolitik nach innen und außen, wobei Politik und Moral zugunsten einer völligen Autonomie der ersteren entkoppelt und der skrupellose Einsatz aller möglichen Mittel – konzentriert um die Pole Täuschung und → Gewalt – durch den Erfolgszweck gerechtfertigt wird (→ Macht).

Die Identifizierung dieses Bedeutungskomplexes mit *N. Machiavelli* entstammt einer einseitigen Lektüre, in welcher der Problemrahmen und die Reichweite von *Machiavellis* polit. Theorie – die Schaffung einer polit. Ordnung aus dem Chaos im «Principe», das Ziel einer republikanischen Politik in den «Discorsi» – nicht zur Kenntnis genommen und die Optik auf einschlägige Aspekte des «Principe» verengt wird. Der Begriff des M. löste sich von seinem Ursprung und wurde – selbst im Mißverständnis wirksam – zum universalen Kampfbegriff, der beliebig adressiert werden konnte (im 17. Jh. an Jesuiten, Royalisten, aber auch an *Cromwell*), eine Bedeutungsinflation zum Amoralischen und Bösen schlechthin (17. und 18. Jh.) oder zum cleveren Egoismus (so heute) durchmachte, aber auch mit Blick auf polit. Handeln gemäß der → Staatsraison eine Wendung zum Realistischen erfuhr. Mit Bezug auf die fundamentale Krise der Politik des → Totalitarismus im 20. Jh. kann der M. zur epochalen Zeitdiagnose werden (*Faul* 1961). Er verweist auf den Untergang des Normativen in der Technik der Macht und deren zynische Faktizität. So verstanden ist der Bezug auf *Machiavelli* immer noch ein Mißverständnis, doch zumindest ein produktives.

→ Politische Elite; Politikbegriffe.

Lit.: *Faul, E.* 1961: Der moderne Machiavellismus, Köln u. a. *Gilbert, F.* 1973: Machiavellism, in: *Wiener, Ph. P.* (Hg.): Dictionary of the History of Ideas, Bd. III, NY, 116–126. *Machiavelli, N.* ²1977: Discorsi. Gedanken über Politik und Staatsführung, übers. von *Zorn, R.*, Stg. (¹1966; ital. 1522). *Machiavelli, N.* 1991: Der Fürst (ital./dt.), hrsg. von *Rippel, P.*, Stg. (ital. 1532).

Ulrich Weiß

Macht, einer der Grundbegriffe der Politik, → Politikwissenschaft und → Politischen Theorie. Gleichwohl entzieht er sich der eindeutigen Fassung, da er nicht nur kontrovers bewertet, sondern auch deskriptiv-analytisch von höchst unterschiedlichen Rahmenperspektiven aus entwickelt wird.

1. Dem Alltagsverständnis am nächsten kommt der handlungstheoretische Begriff von M. als instrumentell verstärkte praktisch-technische Wirkmöglichkeit. In diesem Rahmen bewegt sich die Definition von M. als Inbegriff an «gegenwärtigen Mitteln zur Erlangung eines zukünftigen anscheinenden Guts» (*Hobbes*: Leviathan, Kap. 10) und als

«jede Chance, innerhalb einer sozialen Beziehung den eigenen Willen auch gegen Widerstreben durchzusetzen, gleichviel worauf diese Chance beruht» (*Weber* 1980: 28). Mit Bezug auf einzelmenschliche, Gruppen- oder staatl. Akteure ergeben sich folgende Charakteristika: Die soziale Machtrelation impliziert eine Asymmetrie zwischen Machthaber und Machtunterworfenen. M. ist wesentlich Möglichkeit, und zwar reale oder zumindest als real fingierte; M. ist wohl dann am größten, wenn sie allein auf Grund der Möglichkeit eines effektiven Handelns wirksam wird (ein Moment dauerhafter Herrschaftsbeziehungen). Die Machtmittel sind konkret beliebig besetzbar; unter dem Bezugsgesichtspunkt ihrer Verwertung als M. werden Dinge, Eigenschaften, Menschen, Beziehungen zu äquivalenten Machtressourcen. Zu diesen Mitteln gehören reale (z. B. Gewaltmittel) ebenso wie fiktive. Nach *Hobbes* ist im Ruf von M. zu stehen Macht.

2. Innerhalb eines funktional-strategischen Paradigmas haben sich verschiedene Machttheorien ausgebildet. Im Gegensatz zu bisherigen hierarchischen Konzepten einer herrschenden und unterdrückenden Instanz (in der Politik der Souverän), diagnostiziert *M. Foucault* (1978) in der → Moderne dynamische und bewegliche → Netzwerke der Macht. Diese «Dispositive» (Sexualität, Pädagogik, Psychiatrie, polit. organisierte Bevölkerungskörper, der Apparat der Wiss.) durchdringen die einzelnen Menschen und bestimmen deren Existenzweise, ja Identität. M. funktioniert in den Dispositiven nicht mehr repressiv, sondern v. a. produktiv. Was hier im großen Rahmen einer Kulturgenealogie entwickelt wird, das wird tendenziell auch von system- und kommunikationstheoretischen Modellen thematisiert. *K. W. Deutsch* (1973) unterscheidet zwischen einer rein auf Außenwirkung orientierten lernunfähigen «*gross power*» und einer sich im Informationsaustausch entfaltenden lernfähigen «*net power*». *N. Luhmann* entwickelt eine Theorie der M. als «symbolisch generalisiertes Medium der Kommunikation» (*Luhmann* 1975: 3), das Kommunikationsprozesse und deren Selektionsleistungen mit dem Effekt steuert, «die Wahrscheinlichkeit des Zustandekommens unwahrscheinlicher Selektionszusammenhänge zu steigern» (ebd.: 12). Machttheorien des funktionalen Paradigmas verbreitern das unilineare Kausalmodell der Einwirkung eines Akteurs gegenüber anderen auf Modelle der → Interdependenz, deren Netzwerke Verhandlungsprozeduren und Koalitionsbildungen implizieren und M. in eine Theorie sozialer Steuerung integrieren. In diesem Zusammenhang gewinnen «weiche» Arten von M. wie kompensatorische Belohnungen oder Konditionierungen durch kulturelle Standards, Verhaltensnormen und Überzeugungen ideologischer und moralischer Art an Bedeutung (*Galbraith* 1987). Im funktionalen Paradigma kann auch die dynamische Logik der M. erfaßt werden, die das individuelle Wollen übersteigt: M. als ein (bereits von *Hobbes* und *Nietzsche* beschriebener) selbstreferentieller Prozeß mit selbst steigernder Tendenz.

Lit: *Deutsch, K. W.* ³1973: Politische Kybernetik, Freib. (engl. 1963). *Faber, K.-G.* 1982: Macht, Gewalt, in: *Brunner, O.* u. a. (Hrsg.): Geschichtliche Grundbegriffe, Bd. 3, Stg., 817–935. *Foucault, M.* 1978: Dispositive der Macht, Bln. *Galbraith, J. K.* 1987: Anatomie der Macht, Mchn. (engl. 1983). *Gebhardt, J./Münkler, H.* (Hrsg.) 1993: Bürgerschaft und Herrschaft, Baden-Baden. *Imbusch, P.* (Hrsg.) 1998: Macht und Herrschaft, Opl. *Luhmann, N.* 1975: Macht, Stg. *Röttgers, K.* 1990: Spuren der Macht, Freib. u. a. *Sandner, K.* ²1992: Prozesse der Macht, Hdbg. *Weber, M.* ⁵1980: Wirtschaft und Gesellschaft, Tüb. (zuerst 1921/22). Weiß, U. 1995: Macht, in: *Nohlen, D./Schultze, R.-O.* (Hrsg.): Politische Theorien (Lexikon der Politik, Bd. 1) Mchn., 305–315. *Zelger, J.* 1975: Konzepte zur Messung der Macht, Bln.

Ulrich Weiß

Machtelite, von *C. Wright Mills* (1956) geprägter Begriff, mit dem die bürokratischen Institutionenkomplexe der modernen Gesellschaft erfaßt werden: die Apparate der staatl. → Verwaltung, der wirtschaftl. Großunternehmen und des Militärs. Indem sie ihre hierarchischen

Organisationen als Basis ihrer → Macht nutzen, können die (aus der Oberschicht rekrutierten und zwischen den Apparaten zirkulierenden) Führungsspitzen eine gegenüber der atomisierten, polit. handlungsunfähigen Masse überlegene Machtposition gewinnen.

Mills entwickelte die auf dem dichotomen Machtmodell von → Elite und Masse basierende Elitentheorie von *V. Pareto* und *G. Mosca* weiter und weitete das oligarchische Deutungsmuster, das *R. Michels* auf Großorganisationen angewandt hatte, auf die Untersuchung moderner polit. Systeme aus. Das Konzept der M. war für die → Demokratietheorie fruchtbar, regte die Forschung an (etwa zu Inter-Eliten-Beziehungen) und wurde seinerseits durch Konzepte eines Elitenpluralismus und auch der Gegeneliten kritisch revidiert und weiterentwikkelt.

Lit.: *Michels, R.* [4]1989: Zur Soziologie des Parteienwesens in der modernen Demokratie, Stg. *Mills, C. W.* 1978: The Power Elite, Ox. (zuerst 1956). *Mosca, G.* 1950: Die herrschende Klasse. Grundlagen der polit. Wissenschaft, Bern. *Pareto, V.* 1976: Ausgewählte Schriften, Ffm. → Elite; Macht.

Ulrich Weiß

Machtressourcen, alle Mittel, welche die Realisierung von Zwecken sozialer Akteure ermöglichen; die Akteure also mit → Macht ausstatten.

Analytisch entstammen Begriff und Konzepte der M. ökon. und organisationstheoretischen Ansätzen. Im funktionalistischen → Paradigma sind die Mittel ontologisch beliebig (materiell oder ideell, dinglich oder qualitativ, konkret oder abstrakt, real oder fiktiv). Wichtige M. sind Legitimation (durch allg. → Normen oder anerkannte soziale und polit. Positionen), Sachkompetenz (Expertenwissen), Information (Wissen um die Handlungs- bzw. Systemumwelt in Situationen), → Autorität (Identifikation mit Bezugspersonen), Belohnung und Bestrafung. Macht ist an die Kontrolle und Verfügung über M. gebunden. Das einfachste Muster einer ressourcenorientierten Machttheorie konzentriert sich hierarchisch auf einen Machthaber; dagegen bringen Dependenz- und Netzwerkmodelle (einschl. Koalitions- und Verhandlungsmodellen) eine komplexe Prozessualität der Transformation und Zirkulation von M. ins Spiel, die modernen Systemen angemessener scheint.

→ Legitimität; Herrschaft; Politikberatung.
Lit.: → Macht.

Ulrich Weiß

Machttheoretische Ansätze, folgen metatheoretischen Positionen und können grob unterschieden werden in solche, die einem realistischen Politikbegriff wie dem → Methodischen Individualismus verpflichtet sind und manifeste Machtbeziehungen der Handelnden untersuchen, und solche, die strukturalistisch argumentieren, die also davon ausgehen, daß → Macht und ihre Ausübung nicht losgelöst von den zugrundeliegenden → Kontexten und gesellschaftstheoretischen → Paradigmen verstanden werden können. Dabei können normative, strukturalistische und systemtheoretische wie postmoderne bzw. kommunitäre Konzepte unterschieden werden.

1. (1) Realistischer Politik- und voluntaristischer Machtbegriff entstehen im Europa der Renaissance, als mit der Wende zur Neuzeit apriorische Ordnungsvorstellungen polit. Gemeinschaft abgelöst werden. An ihre Stelle tritt, erstmals voll ausformuliert bei *Machiavelli*, das vom *bonum commune* losgelöste, sich selbst genügende Interesse an Machterwerb und Machterhaltung. Sie werden zum Selbstzweck polit. Handelns, die → Politikwissenschaft zur technischen Kunstlehre, deren Aufgabe darin besteht, den Herrscher beim nützlichen Gebrauch der Macht entsprechend seinem Vermögen *(virtù)* und der jeweiligen konkreten Zeitumstände zu beraten. Zugrunde liegen solchen m. A. er-

stens (und spätestens seit *Hobbes)* zumeist anthropologische Grundannahmen, die von der Triebhaftigkeit und der Konkurrenz des Menschen um knappe Güter ausgehen. Macht dient also zur individuellen Bedürfnisbefriedigung sowie zur Aneignung und Bewahrung dieser Güter. Zweck des Staates ist die Gewährleistung friedlicher Konkurrenz, wobei der → Staat (wenngleich auch sozialvertragstheoretisch unterschiedlich begründet und begrenzt) seine Machtmittel nach innen wie außen souverän einsetzen kann. Zweitens und in Übereinstimmung mit dem sich seit der Zeitenwende zur Frühen Neuzeit gleichzeitig durchsetzenden mechanistisch-kausalen Denken in den Naturwiss., wird Macht gesehen als eine dem polit. handelnden Subjekt (als einzelnem, als Gruppe oder Staat) zuordenbare Kraft, die es ermöglicht, bestimmte Wirkungen hervorzurufen.

Die wesentlichen Charakteristika realistischer Ansätze gehen damit zurück auf die Zeit der Frühmoderne: Solche Ansätze sind kausal-analytisch und empirisch auf die → Analyse manifesten individuellen Handelns orientiert; ihr Machtbegriff ist ubiquitär, instrumentell und relational. Von *Max Weber* stammen die grundlegenden → Definitionen, auf denen die m. A. empirischer Politik- und Sozialwiss. bis heute basieren: (a) Macht ist definiert als «die Chance, innerhalb einer sozialen Beziehung den eigenen Willen auch gegen Widerstreben durchzusetzen, gleichviel worauf diese Chance beruht» (*Weber* 1972: 28); (b) Politik als «Streben nach Machtanteil oder nach Beeinflussung der Machtverteilung, sei es zwischen Staaten, sei es innerhalb eines Staates zwischen den Menschengruppen, die er umschließt» (*Weber* 1971: 506), während (c) der Staat durch das «Monopol legitimer physischer Gewaltsamkeit» (ebd.) bestimmt ist. Der Machtbegriff ist dabei nicht nur relational, sondern (wie *Weber* hervorhebt, 1972: 28 f.) soziologisch amorph, denn «alle denkbaren Qualitäten eines Menschen und alle denkbaren Konstellationen können jemand in die Lage versetzen, seinen Willen in einer gegebenen Situation durchzusetzen».

(2) Insbes. in der behavioralistischen Politikwiss. in den USA (→ Behavioralismus) wurde *Webers* handlungstheoretischer Begriff zweckrational-intentionalen Machtgebrauchs zur Grundlage von Pluralismus- und Demokratietheorie sowie deren empirischen Analysen. Dies gilt v. a. für Untersuchungen von Machtbeziehungen im Rahmen des *decision taking approach*. *R. Dahl*s Machtdefinition ist im Grunde eine reine Paraphrase des *Weber*schen Begriffs, denn für *Dahl* (1957: 201 f.) liegt Macht vor, wenn eine Person «A has power over B to the extent that he can get B to do something that B would not otherwise do». Um ein «mehr» oder «weniger» an Macht in solchen asymmetrischen Beziehungen messen zu können, werden in den 1950er und 60er Jahren unterschiedliche Meßverfahren vorgeschlagen (vgl. *Dahl* 1968: 413 f.). *L. S. Shapley/ M. Shubik* (1954) entwickelten einen spieltheoretischen Ansatz, der es mit Hilfe mathematischer Verfahren ermöglichen soll, die Verteilung von Macht, hier verstanden als Abstimmungsstärke oder Stimmstärke, und ihren strategischen Einsatz (*pivotal position*) bei der Entscheidungsfindung in Abstimmungsgremien zu berechnen. *J. C. Harsany* (1962) arbeitet in seinem ökon. Modell ebenfalls mit spieltheoretischen Annahmen, wobei in Machtrelationen die «Kosten» der Machtausübung, der Machtunterwerfung bzw. des Widerstands gegeneinander verrechnet werden. Orientiert am Vorbild der Kraftmessung in der Mechanik (*Newtonian critera*), untersucht man vorrangig den Umfang der beobachtbaren Verhaltensänderung beim Machtunterlegenen bzw. das Ausmaß durchgesetzter Entscheidungen, um aufgrund der kausalen Prämissen des Machtbegriffs Rückschlüsse auf die «Größe» der Macht des Machtausübenden zu ziehen. *Dahl* (1957) unterscheidet dabei fünf Variablen: Machtgrundlage, Machtmittel, Machtbereich, Machtfülle und Ausdehnung der Macht, beschränkt sich aber weitgehend auf die Messung der Machtfülle als wesentlicher Variable. In eine Formel gepreßt, erscheint Machtfülle als die Differenz der Wahrscheinlichkeiten von Verhaltensänderungen beim Machtunterworfenen, je nachdem, ob der Machthaber bestimmte Machtmittel einsetzt oder nicht. Die Daten für die dazu nötigen Berechnungen wurden für die *commu-*

nity-power-Forschung durch die Aufstellung von Ranglisten im Rahmen mehrerer Befragungswellen erhoben. Wer, wozu, unter welchen Prämissen (*reputational, decisional, positional methods*) befragt wurde, war dabei weitgehend von der Vorannahme einer pluralistischen (*pluralistic theory*) oder pyramidenförmigen Machtverteilung (*elitist, stratification theory*) abhängig (vgl. *Zelger* 1975).

Die Bestimmung von Macht und Einfluß sowie ihrer Begrenzung und Kontrolle steht dabei bis heute im Zentrum der empirisch-analytischen Demokratieforschung (vgl. *Schiller* 1991). Untersucht werden auf der Basis voluntaristischer Ansätze u. a.: (a) Fragen der Machtübertragung von der Wählerschaft auf die Repräsentativorgane und die damit verbundene Autorisierung von Amtsinhabern mit Entscheidungsmacht; (b) Probleme des Machtzuganges, der Elitenzirkulation, des Machtwechsels; (c) die Bedingungen der Machtbalance zwischen den Verfassungsorganen zur Machtkontrolle und zum Schutz vor Machtmißbrauch; (d) Struktur und Praxis der Einflußnahme gesellschaftl. Interessen und ihrer Organisationen auf das Zustandekommen polit. Entscheidungen und deren Implementation; (e) die Bedeutung der Medien und der Massenkommunikation für die → Öffentliche Meinung und deren Einfluß auf die polit. Willensbindung. Gegenstand solcher, dem realistischen Politikbegriff verpflichteter Forschungen sind dabei stets auch Analysen der eingesetzten Machtressourcen, der verschiedenen Machtebenen (kommunal, regional, national) und ihres Verhältnisses untereinander. Unberücksichtigt bleibt in solchen Untersuchungen manifester Machtbeziehungen hingegen in aller Regel die Frage nach der gesellschaftsstrukturellen Verankerung polit. Macht.

(3) Auf dem Felde der internat. Politik dominierte in der amerikan. Politikwiss. der Nachkriegszeit lange der m. A. der → Realistischen Schule *H. J. Morgenthaus* (1963). (a) In der Tradition der *Hobbesschen* Anthropologie stehend, unterstellt *Morgenthau* den «natürlichen» Machttrieb des Menschen auf allen Ebenen polit. Handelns und damit auch für die → Außenpolitik souveräner Staaten: «Das hervorstechende Wegzeichen, an dem sich der polit. Realismus in weiten Gebieten der internationalen Politik orientieren kann, ist der im Sinne von Macht verstandene Begriff des Interesses» (*Morgenthau* 1963:50). Macht als Mittel der Durchsetzung von nat. Eigeninteressen meint dabei immer auch die Androhung und den Einsatz militärischer Gewalt. Nach *Morgenthau* bestimmen neun Faktoren die Unterschiede im Machtstreben wie in der Machtverteilung zwischen Staaten: die geographische Lage, natürliche Ressourcen, industrielle Kapazität, Militärpotential, Bevölkerungsgröße, Nationalcharakter, → Politische Kultur, Qualität der Diplomatie und → Legitimität der Regierung (vgl. *Albrecht/Hummel* 1990: 99). (b) Im Neorealismus wird der *Morgenthausche* Ansatz auf verschiedenartige Weise zur internat. Konstellationsanalyse weiterentwickelt, in die u. a. epochale und systemische Variablen zur Ergänzung der anthropologischen Grundkonstanten menschlichen Verhaltens einbezogen werden, und der sich dadurch z. T. sehr weit von den Grundannahmen *Morgenthaus* entfernt hat. Bei *G.-K. Kindermann* (1986) basiert der Neorealismus auf einem breiten Spektrum von doppelpoligen Analysekategorien: System und Entscheidung; Interesse und Macht; Wahrnehmung und Wirklichkeit; → Kooperation und → Konflikt, Norm und Nutzen, die dann selbst wieder in unterschiedliche Komponenten (polit., ökon., militärisch usw.) zerlegt werden, um mittels → Korrelationsanalyse kausale und strukturelle Zusammenhänge im internat. (Macht-)System herauszuarbeiten. Jedoch wird auch diesen Konzepten ihr Mangel an theoretischer Klarheit bzw. Systematik vorgehalten (vgl. *Albrecht/Hummel* 1990: 100). Dies gilt insbes. für die weiterhin handlungstheoretisch an der Verfolgung und Durchsetzung nat. Interessen orientierten Analysen, weniger für systemtheoretische Konzepte, die das Handeln einzelner Staaten zunehmend durch das internationale Interaktionssystem bestimmt sehen (vgl. *Zürn* 1994), für die → Regimeanalyse usw. Zudem kam es zur Relativierung der Bewertung der Machtressourcen, da die Position der Staaten zusehends ökon. bestimmt gese-

hen wurde und der Einsatz militärischer Gewalt aufgrund transnat. Interdependenzen und der Einbindung in Internationale Organisationen und Regime an Bedeutung zu verlieren schien. Allerdings hat die Kategorie der → Gewalt in den m. A. internat. Beziehungen zu keiner Zeit ihre Bedeutung völlig eingebüßt, u.a. auch deshalb, weil gemäß *J. Galtungs* (1969) normativem Begriff der → Strukturellen Gewalt auch nichtmilitärische Machtausübung sich als Gewalt darstellen kann. Und ihr Stellenwert wird in Anbetracht der tiefgreifenden Veränderungen im internat. System seit dem Ende der bipolaren Welt und des Zusammenbruchs des real existierenden Sozialismus wieder an Bedeutung gewinnen.

2. Die Kritik an den voluntaristischen Machtkonzepten kann von verschiedenen Positionen aus (und analog zur Kritik am realistischen → Politikbegriff) geführt werden, seien sie strukturalistischer, systemtheoretischer, normativer Provenienz. Gemeinsam ist ihnen sowohl die Kritik u. a. an den einfachen mechanistischen Kausalitätsannahmen, an der unterstellten Handlungsautonomie der Akteure, an den marktanalogen Gleichgewichts- und Neutralitätsannahmen als auch das analytische Ziel: Es geht um die Bestimmung und Analyse der vorgelagerten systematischen Ursache(n), die die konkreten Machtverhältnisse in Politik und Gesellschaft begründen, strukturieren und steuern und die die behavioralistischen, auf die manifesten Machtbeziehungen reduzierten m. A. nicht in den Blick bekommen. In ihrer theoretischen Herleitung unterscheiden sich die verschiedenen Konzepte selbstverständlich grundlegend.

(1) Strukturalistische Machtkonzepte kritisieren im Kontext der allg. Pluralismuskritik an den empirischen Analysen politischer Entscheidungsprozesse insbes. das eindimensionale Verständnis polit. Macht und zielen – wie etwa *P. Bachrach/M. S. Baratz* (1977) mit ihrem zweidimensionalen Machtbegriff – auf die Bestimmung der hinter den manifesten Entscheidungsprozessen und Machtbeziehungen verborgenen, latenten Machtstrukturen. Im Zentrum des zweidimensionalen Machtbegriffs steht das Konzept der Nicht-Entscheidung, wobei sie als *non-decisions* all jene Entscheidungen definieren, «die in der Unterdrückung oder Vereitelung einer latenten oder manifesten Bedrohung von Werten oder Interessen der Entscheidungsträger resultieren» (ebd.: 78). Sie können zustande kommen durch (a) Gewaltanwendung, (b) Androhung von Sanktionen, (c) Mobilisierung der vorherrschenden Werte und institutionellen Verfahren zur Unterdrückung systembedrohender Themen, (d) Umgestaltung dieser vorherrschenden Normen und Spielregeln und dienen insbes. «als Mittel, um Forderungen nach einer Veränderung der bestehenden Allokation von Vergünstigungen und Privilegien in der Gemeinde zu ersticken, schon bevor sie artikuliert worden sind» (ebd.). *Bachrach* und *Baratz* knüpfen mit ihrer Konzeption folglich an *E. E. Schattschneiders* (1960) These vom *organizational and mobilizational bias* polit. → Institutionen an und gehen mit *Schattschneider* davon aus, daß in jedem polit. (Sub-)System diese «Mobilisierung von Vorurteilen» zum einen zur systematischen Berücksichtigung bzw. Ausblendung bestimmter Themen und Konflikte führt und sie sich zum anderen «kohärent zugunsten bestimmter Personen und Gruppen auf Kosten anderer» auswirkt (*Bachrach/Baratz* 1977: 78). Entwickelt und hauptsächlich angewandt wurde das Konzept auf der Ebene der Lokalpolitik und der *community power studies* und später u. a. auch auf Analysen im Bereich der → Umweltpolitik übertragen.

Allerdings bleibt auch das zweidimensionale Machtkonzept von *Bachrach/Baratz* letztlich einem subjektivierten Machtbegriff verhaftet, da die latenten Machtverhältnisse und verborgenen Vorentscheidungen an Akteurshandeln rückgebunden sind (vgl. *Offe* 1977: 16). Damit sind die dem Behavioralismus anhaftenden Operationalisierungsprobleme nur auf eine andere Ebene verschoben. Das Dilemma versucht *S. Lukes* (1974) durch die Einführung einer vorgeschalteten dritten, von den Entscheidungen der Akteure unabhängigen Ebene struktureller Machtbedingungen zu lösen. In seinem dreidimensionalen Konzept liegt Macht dann vor, «when A affects B in a manner contrary to B's interests» (ebd.: 34). Es unterstellt Machtbeziehungen auch bei Abwesenheit manifester Konflikte, da die Bedürfnisse und Handlungen des Menschen selbst bereits das Ergebnis struktureller Abhängigkeitsverhältnisse sind, so daß die Machtunterworfenen gegen ihre eigenen (objektiven) Interessen handeln, ohne daß sie sich dessen bewußt sein müssen. In *Lukes'* dreidimensionalem m. A. geht es folglich nicht allein um die Bestimmung manifester Machtrelationen und die empirische Analyse subjektiver Interessen wie in voluntaristischen Ansätzen, auch nicht nur um die Analyse der Bedingungen und Prozesse von Entscheidung und Nicht-Entscheidung wie im zweidimensionalen Machtkonzept von *Bachrach/Baratz;* zur Analyse von manifesten und latenten Machtverhältnissen treten hinzu die Fragen nach der Kontrolle über die polit. Agenda und der Herstellung von Massenloyalität sowie die Bestimmung von subjektiven und objektiven Interessen mittels → kontrafaktischer Annahmen über die potentielle Handlungsweise der Machtunterworfenen. Die kontrafaktische Interessenbestimmung geschieht dabei durch Analogie: (a) durch die vergleichende Untersuchung von Fällen, in denen die kontrollierenden Eliten nicht präsent sind, (b) durch das Studium von Ausnahmesituationen, in denen der Machtapparat geschwächt ist; (c) durch die Beobachtung von Fällen, in denen sich für die Machtunterworfenen Handlungsalternativen ergeben. In solchen Situationen werden die unterstellten authentischen Interessen manifest. *Lukes'* m. A. knüpft damit an das Konzept der → Hegemonie von *Gramsci* an. Die Reproduktion von Herrschaft wie ihre Destruktion sind nicht allein gesellschaftstrukturell oder gar ökonomistisch determiniert, sondern sie resultieren zugleich aus den dauerhaften ideologischen Konflikten um Meinungsführerschaft in Politik und Gesellschaft.

(2) Bei *T. Parsons, K. W. Deutsch* oder *N. Luhmann* ist das Machtkonzept eingebettet in ihre allg. sozialwiss. Systemtheorie. Der Machtbegriff wird dabei zusehends entindividualisiert und entsubstantialisiert. Macht ist keine Eigenschaft von Individuen bzw. Gruppen, sondern von sozialen Systemen, und wird auch nicht als → Nullsummenspiel verstanden. Sie wird mit dem ökon. Steuerungsmedium Geld verglichen und etwa von *Deutsch* (1970: 178) als «Zahlungsmittel» definiert, das die wechselseitigen Tauschbeziehungen zwischen den wichtigsten funktionalen Teilsystemen des Gesellschaftsverbandes reguliert. Wie das Geld als Steuerungsmedium für ökon. Interaktionen dient Macht als Medium des Tausches, das die Kommensurabilität der Bedürfnisse und Interessen zwischen den Interaktionspartnern gewährleistet, sie ist aber ähnlich wie Geld auch für Störungen anfällig, «die einer galoppierenden Inflation nicht unähnlich sind» (ebd.: 181). Für hochkomplexe polit. Systeme gilt, daß sie bei der Erzeugung allgemein verbindlicher Entscheidungen immer auf «Machtkredit» bei den Machtunterworfenen angewiesen bleiben, der die (staatl.) Zwangsmittel übersteigt. Der Einsatz von (staatl.) Gewalt muß folglich auf Schadensbegrenzung in Extremfällen beschränkt bleiben; er kann auf Dauer weder den Machtverlust verhindern noch die gesellschaftlich nötigen Koordinationsleistungen gewährleisten.

In seiner Kritik der voluntaristischen Machtkonzepte radikalisiert *Luhmann* (1969; 1975) diese Konzeptualisierung von Macht als Medium des sozialen Tausches und bringt sie mit seiner allgemeinen Theorie sozialer Systeme in Verbindung, wenn er formuliert, daß «das Wesen der Macht nicht in ihrer (unbestreitbaren) Ursächlichkeit allein zu suchen sei, sondern in den Strukturen und Prozessen der Reduktion von Komplexität, die vorausgesetzt werden müssen, damit menschliche Kommunikation überhaupt kausal relevant werden kann» (*Luhmann* 1969: 151). Als «symbolisch generalisiertes Kommunikationsmedium» begriffen, vergleicht er Macht «mit der komplexen Funktion eines Katalysators», deren Funktion in der «Regulierung von Kontingenz» gesehen wird mit dem Ziel der «Beschränkung des Selektionsspielraumes» der Beteiligten (*Luhmann* 1975: 11ff.). Macht geht folglich nicht mehr nur von handelnden Personen bzw. kollektiven Akteuren aus, sondern sie resultiert auch aus Verhaltensdisziplinierung als Folge institutionalisierter Regeln: «Macht instrumentiert also nicht einen schon vorhandenen Willen, sie erzeugt diesen Willen erst und sie kann ihn verpflichten, kann ihn binden» (ebd.: 21). Das Alltagsleben in der Gesellschaft wird dabei viel stärker durch die Rechtsregeln «normalisierter Macht» als durch Akte «brutalen und eigensüchtigen Machtgebrauch(s)» definiert (ebd.: 17). *Luhmann* kann mit seiner Machttheorie zu Recht den Anspruch erheben, die erkenntnistheoretischen Schwächen der von kausalen Zusammenhängen ausgehenden Machtkonzeptionen bloßgelegt zu haben, allerdings verflüchtigt sich bei ihm der Machtbegriff in der Selbstevidenz abstrakter Systemstrukturen und der Selbstreferentialität autopoietischer Systeme, so daß eine → Operationalisierung kaum noch versucht wird. Zudem bleibt unklar, in welchem Verhältnis gesellschaftl. und polit. Macht zueinander stehen. So ist Macht für ihn einerseits «ein lebensweltliches Universale gesellschaftlicher Existenz» *(Luhmann* 1975: 90); andererseits bildet Macht als *Code* das Steuerungsmedium des polit. Systems, dem es jedoch (und etwa im Ggs. zum Medium Geld als *Code* des Wirtschaftssystems) an Präzision fehlt, so daß es zum Zwecke der Selbstreferentialität des polit. Systems der Selbstbeschreibung und damit des Rekurses auf den Staat bedarf (vgl. *Luhmann* 1984; 1987). Spätestens seit seiner autopoietischen Wende erübrigt sich für *Luhmann* der Versuch systemübergreifender Steuerung ohnehin, sind damit polit. Aktionen, die auf Systemveränderung in der Gesellschaft, oder auch soziales Handeln, das auf die Veränderung oder gar den Abbau von Macht im polit. System zielt, folgenlos und sinnlos.

(3) Ähnlich ist der Ausgangspunkt auch in den Machtkonzepten postmoderner Theorie(n). Auch sie gehen aus von der «Entzauberung» des Staates, an dessen Stelle die Vielzahl der → Netzwerke in einer polyzentrischen Welt tritt. Dies gilt nicht zuletzt für das von *Foucault* seit Beginn der 1970er Jahre vor dem Hintergrund eines erkenntnistheoretischen Skeptizismus an allen Metaerzählungen entfaltete Machtkonzept. In seinen poststrukturalistischen Machtanalysen wird Macht erneut zu einem universellen, gesellschaftl. Grundphänomen, das allen Diskursen, Begründungen und allem Wissen vorausgeht. Sie entzieht sich jeglicher Subjektivierung und kann auch nicht besessen werden: «Power is neither given, nor exchanged, nor recovered, but rather exercised, and (...) it only exists in action» (*Foucault* 1980: 89). Mit der «anti-wissenschaftlichen» Methode der durch *Nietzsche* inspirierten «Genealogie» versucht die Macht in den Kapillaren der alltäglichen sozialen Beziehungen aufzufinden. Dabei löst sich die Einheit des Subjekts auf; es ist selbst nur Resultat von Machtprozessen. Aufsteigend vom komplizierten Netz in stabiler, beweglicher Machtbeziehungen und Machtmechanismen auf der Mikroebene sozialer Beziehungen, rekonstruiert *Foucault* deren Verfestigung und Institutionalisierung zu Herrschaftszuständen gerade in den Randbereichen der Gesellschaft (Psychiatrie; Strafvollzug). Widerstand, der für ihn jeder Machtbeziehung inhärent ist, darf nicht von der großen Revolution erwartet werden, die ja selbst nur wieder die auf unterer Ebene vorhandenen Machtbeziehungen in anderer Form reproduzieren würde. Widerstand kann immer nur lokal und begrenzt sein. Wichtige Anregungen der *Foucault*schen Machtanalyse, insbesondere die Betonung von Machtbeziehungen auch im priv. Bereich und die Verknüpfung von Macht und Wissen, werden vom postmodernen → Feminismus aufgegriffen und weitergeführt.

(4) Einen grundsätzlich anderen Zugang zum Machtphänomen wählt *H. Arendt* (1971) mit ihrer strikten Trennung von Macht und Gewalt. Sowohl einen quantitativen als auch einen qualitativen Zusammenhang schließt sie aus. Der im zweckrationalen Handlungstyp orientierten *Weber*schen Machtdefinition, die für *Arendt* Ausdruck asymmetrischer Gewaltverhältnisse ist, setzt sie einen in der aristotelischen Tradition stehenden Begriff des freien Zusammen-Handeln-Können entgegen. Nicht mehr das Individuum mit seiner Fähigkeit zu instrumentellem Handeln ist Träger der Macht, sondern diese entsteht durch kommunikative, auf Verständigung zielende Handlungen. Gegen den *Weber*schen Anstaltsstaat setzt sie die sich durch das Zusammenhandeln freier Bürger konstituierende, auf Konsens beruhende Republik. Auch für die legitime Gewaltanwendung durch den Staat muß die

Intaktheit der Machtstruktur vorausgesetzt werden. *Arendts* normative, auf Konsensbildung qua Kommunikation und Interaktion setzende Korrektur der einseitig instrumentellen und konfliktdefinierten Machtkonzeptionen wie ihre Disjunktion von Macht und Gewalt resultieren allerdings aus ihrer stark idealisierten Interpretation der Verfassungsgründungsprozesse im revolutionären (Nord-)Amerika. Dies gilt auch für die Unterscheidung zwischen ungeteilter einfacher Mehrheitsherrschaft, der die Gefahr zu totalitärer Gewaltherrschaft immanent ist, und dem gesellschaftsvertraglichen Konsens in die bürgerschaftliche Republik, basierend auf der Herrschaft des Gesetzes, repräsentativer Institutionen und wechselseitiger Kontrolle. Wichtig festzuhalten bleibt jedoch die Janusköpfigkeit von Macht, die aus *H. Arendts* Gegenüberstellung von legitimer, weil auf Vereinbarung beruhender Macht und illegitimer Gewaltherrschaft ableitbar ist.

3. Eine Synthese zwischen den m. A. scheint in Anbetracht der vielfältigen Zugriffe heute weniger möglich denn je. Festzuhalten gilt es vielmehr die Ambivalenzen und Widersprüchlichkeiten in Begriff und Konzept der Macht; Kennzeichen sind das Sowohl-als-auch wie das Einerseits-Andererseits:

(a) Macht ist einerseits ubiquitäres gesellschaftl. Phänomen, andererseits Spezifikum des Politischen. (b) In einer polyzentrischen Welt kann einerseits kein gesellschaftl. Subsystem Suprematie für sich beanspruchen; vielmehr bestehen konfligierende Autonomieansprüche und konfligierende Begründungen für derartige Autonomieansprüche. Andererseits beruhen aber auch die daraus resultierenden Verhandlungssysteme auf Machtrelationen und Gewaltverhältnissen. (c) Einerseits konkretisiert sich Macht in manifestem Akteurshandeln und ist als solche von der empirischen Politikwiss. in Einfluß-, Willensbildungs-, Machterwerbs- bzw., Machtverlustanalysen zu untersuchen. Andererseits sind diese Machtbeziehungen strukturell und/oder sinnhaft vorbestimmt. (d) Machtanalysen bedürfen somit sowohl einer gesellschaftstheoretisch fundierten Strukturanalyse, die die latenten Machtverhältnisse thematisiert, als auch der empirischen Prozeßanalyse, die mittels quantitativer wie → Qualitativer Methoden den konkreten Machtprozessen nachgeht, denn Macht ist einerseits Ausdruck bestehender gesellschaftl. Strukturen, konstituiert sich aber andererseits erst im Machtprozeß selbst. (e) Einerseits haben Machtverhältnisse – wie *C. Offe* (1977: 30) formulierte – «die Funktion, die Lebenschancen von Menschen in einer Gesellschaft zugunsten der Privilegien und Interessen einer Minorität, einer → ‹Elite›, einzuschränken und die Erkenntnis solcher Machtverhältnisse ist die notwendige Voraussetzung dafür, sie politisch aufzulösen». Andererseits jedoch erweist sich, daß «ein einseitig konflikttheoretischer, Machtphänomene als auflösbar diskriminierender Machtbegriff weder theoretisch noch praktisch durchgehalten werden kann und somit auf Täuschung oder Selbsttäuschung beruht» (ebd.: 31). Diese Doppelgesichtigkeit der Macht mit ihrem gleichermaßen Handlungsspielräume begrenzenden wie Handlungsfähigkeit überhaupt erst schaffenden Potenzial, mit ihren gleichermaßen repressiven wie ordnenden Funktionen, mit ihren gesellschaftskonstituierenden wie zerstörenden Kapazitäten ist es, um die es in der Analyse letztlich geht, unabhängig davon, welcher der verschiedenen m. A. bevorzugt wird.

Lit: *Albrecht, U./Hummel, H.* 1990: Macht, in: *Rittberger, V.* (Hrsg.): Theorien der Internationalen Beziehungen, PVS Sonderheft 21, 90–109. *Arendt, H.* [2]1971: Macht und Gewalt, Mchn. (engl. 1970). *Bachrach, P./Baratz, M. S.* 1962: Two Faces of Power, APSR 56, 947–952. *Bachrach, P./Baratz, M. S.* 1977: Macht und Armut, Ffm. *Dahl, R. A.* 1957: The Concept of Power, in: Behavioral Science 2, 201–215. *Dahl, R. A.* 1961: Who Governs? Democracy and Power in an American City, New Haven. *Dahl, R. A.* 1968: Power, in: *Sills, D. L.*: International Encyclopedia of the Social Sciences, NY. *Deutsch, K. W.* [2]1970: Politische Kybernetik, Freib. *Foucault, M.* 1978: Dispositive der Macht. Über Sexualität, Wissen, Wahrheit, Bln. *Foucault, M.* 1980: Power/ Kowledge: Selected Interviews and Other Writings 1972–1977, Brighton. *Galtung, J.*

1969: Violence, Peace and Peace Research, in: Journal of Peace Rescarch 6, 167–191. *Greven, M, T.* (Hrsg.) 1991: Macht in der Demokratie, Baden-Baden. *Harsany, J. C.* 1962: Measurement of Social Power, in: Behavioral Science 7, 67–91. *Hartstock, N.* 1983: Money, Sex and Power, NY. *Isaac, J.* 1987: Power and Marxist Theory, NY. *Keohane, R. O./Nye, J. S.* 1977: Power and Interdependence, Boston/Tor. *Kindermann, G.-K.* [3]1986: Grundelemente der Weltpolitik, Mchn. (zuerst 1977). *Luhmann, N.* 1969: Klassische Theorie der Macht, in: ZfP 2, 149–170. *Luhmann, N.* 1975: Macht, Stg. *Luhmann, N.* 1984: Staat und Politik, in: *Bermbach, U.* (Hrsg.): Politische Theoriegeschichte (PVS-Sonderheft 15), Opl., 99–125. *Luhmann, N.* 1997: Soziale Systeme, Ffm. (zuerst 1984). *Lukes, S.* 1974: Power, L. *Morgenthau, H. J.* 1963: Macht und Frieden, Gütersloh (engl. 1948). *Offe, C.* 1977: Einleitung, in: *Bachrach, P./Baratz, M. S.*, 7–34. *Rödel, U.* (Hrsg.) 1990: Autonome Gesellschaft und libertäre Demokratie, Ffm. *Schattschneider, E. E.* 1960: The Semi-Sovereign People, NY u. a. *Schiller, T.* 1991: Machtprobleme in einigen Ansätzen der neueren Demokratietheorie, in: *Greven, M. T.* (Hrsg.), 141–174. *Shapley, L. S./Shubik, M.* 1954: A Method for Evaluating the Distribution of Power in a Committee System, in: APSR 48, 787–792. *Weber, M.* [3]1971: Gesammelte politische Schriften, Tüb. (zuerst 1921). *Weber, M.* [5]1972: Wirtschaft und Gesellschaft, Tüb. (zuerst 1921). *Zelger, J.* 1975: Konzepte zur Messung der Macht, Bln. *Zürn, M.* 1994: Neorealistische und realistische Schule, in: *Boeckh, A.* (Hrsg.): Internationale Beziehungen (Lexikon der Politik, Bd. 6), Mchn., 309–323.

Günter Rieger/Rainer-Olaf Schultze

Magisches Vieleck, Begriff aus der → Wirtschaftspolitik, der sich auf ein Bündel konkurrierender wirtschaftspolit. Ziele bezieht: Stabilität des Preisniveaus, hoher Beschäftigungsstand und außenwirtschaftl. Gleichgewicht bei stetigem und angemessenem Wirtschaftswachstum. Dieses Viereck wird häufig durch das Ziel Verteilungsgerechtigkeit (für → Einkommen und Vermögen) erweitert, und weitere Ergänzungsvorschläge beziehen z. B. die Zielecke Erhaltung der natürlichen Umwelt ein (→ Umwelt).

Die «Eckeninflation» verschärft das mit der Charakterisierung «magisch» angesprochene Problem der Kompatibilität der Ziele, deren gleichzeitige Erreichbarkeit sich in der Praxis als außerordentlich schwierig erwiesen hat. Bei allen Zielecken gibt es mehr oder minder ausgeprägte Definitions- und Meßprobleme. Zentraler Diskussionspunkt sind Konflikte zwischen den verschiedenen Zielecken, z. B. zwischen hohem Beschäftigungsstand und Preisstabilität. Weitgehende Einigkeit besteht allerdings inzwischen darüber, daß ersterer angesichts rückläufiger Geldillusion nicht durch eine höhere Inflationsrate «erkauft» werden kann. Bei Verletzung mehrerer Zielecken wird i. d. R. empfohlen, die Wirtschaftspolitik auf das am stärksten verletzte Ziel auszurichten, wobei von einer Gleichrangigkeit der Ziele ausgegangen wird.

→ Arbeitslosigkeit; Keynesianismus; Konzertierte Aktion; Soziale Marktwirtschaft.
Lit.: → Konjunktur/Konjunkturpolitik.

Uwe Andersen

Magisches Viereck → Magisches Vieleck

Magistratsverfassung → Gemeindeverfassungen

Magna Charta, lat. für Große Urkunde, 1215 vom schwachen König *Johann I.* ohne Land dem engl. Adel und Klerus vertragsförmig zugestandene, 1225 in ihrer endgültigen Form bekräftigte, bis heute als wichtigstes engl. «Grundgesetz» eingeschätzte Sammlung rechtlich-polit. Privilegien und Verpflichtungen.

Ziel der insges. 63 Artikel waren einerseits die Beschränkung königlicher Willkür v. a. im Lehensrecht (Fiskalisierung der Lehensvergabe und der Lehenspflichten, Ausweitung des Gefolgsanspruchs), andererseits die Wiederherstellung und Verbesserung der feudalen Rechtsordnung auch zugunsten der Untervasallen, Bürger und freien Bauern. Die in diesem Rahmen verbrieften Garantien (Schutz und Freiheitsrechte, urspr. sogar ein fehdeförmiges Widerstandsrecht), die auf das Bestreben des Adels und Klerus zurückzuführen sind, den → Widerstand gegen die Krone auf möglichst breite Grundlage zu stellen, begründeten die Präzedenzqualität der *M. C.* für spätere, erweiterte Rechtsansprüche.

→ Feudalismus; Konstitutionalismus; Monarchie; Verfassung.

Wolfgang Weber

Maintaining elections, in der US-amerikan. → Wahlforschung solche → Wahlen, bei denen es zu keinen grundlegenden Einstellungsveränderungen in der Wählerschaft kommt, die langfristige → Parteibindung der Wähler stabil bleibt und im Zweiparteiensystem die Mehrheitspartei die Wahl neuerlich gewinnt (→ Parteiensystem).

Der Begriff gehört in die (in Adaption des von *V. O. Key jr.* formulierten Theorems der → Kritischen Wahlen) von der → Michigan School der US-Wahlforschung entwickelte → Typologie der *m. e.*, → *Deviating elections*, → *Realigning elections.*
Lit.: → Kritische Wahlen; Normalwahl.

Rainer-Olaf Schultze

Majorz → Mehrheit/Mehrheitsprinzip

Makro-Ebene → Mehrebenen-Analyse

Mandat, die durch → Wahl erteilte Vertretungsbefugnis an den Gewählten von Seiten der Wähler in Form der Mitgliedschaft in einem Repräsentativorgan.

Es wird zwischen freiem und imperativem Mandat unterschieden. Ersteres sieht den Mandatsinhaber im Prinzip frei von Aufträgen und Weisungen; faktisch versteht er sich als Mitglied einer Fraktion und folgt i. d. R. deren polit. Linie; periodisch hat er sich dem Wähler zu stellen. Letzteres bindet den Mandatsträger an Aufträge und Weisungen, welche die Auftraggeber (Wähler; die Landesregierungen im dt. Bundesrat) erteilen. Dieser Anbindung entspricht der sog. *Recall*, das Recht der Auftraggeber, ihren Mandatsträger ggf. zurückzurufen.
Im bes. Kontext des Abgeordnetenstatus wird neben dem Begriff des M. jener «normativ anspruchsvollere» des → Amts verwendet, um «die Pflichtgebundenheit der Rechte des Abgeordneten und die innere Rechtfertigung dieser Rechte durch das Prinzip der parlamentarischen Repräsentation» (*Badura* 1989: 507) zu betonen. Amt und M. als Begriffspaar stehen im Zusammenhang der Inkompatibilitätsregeln, nach denen ein öff. Amt nicht mit dem parlamentarischen M. vereinbar ist und insbes. Beamte, Angestellte des Öffentlichen Dienstes und Richter ihre Amtsrechte und -pflichten bei Mandatsübernahme ruhen lassen müssen.

Lit.: *Badura, P.* 1989: Die Stellung des Abgeordneten nach dem Grundgesetz, in: *Schneider, H.-P./Zeh, W.* (Hrsg.): Parlamentsrecht und Parlamentspraxis in der Bundesrepublik Deutschland, Bln./NY, 489–521.

Suzanne S. Schüttemeyer

Manifeste Interessen, Begriff aus der soziologischen Konflikttheorie *R. Dahrendorfs*. Als manifest bezeichnet *Dahrendorf* solche → Interessen, die über Prozesse der Interessenorganisation Gegenstand gesellschaftl. und polit. Auseinandersetzungen werden.

Der Pendant-Begriff der latenten Interessen bezieht sich dementsprechend auf Orientierungen, die unorganisierten Trägern gemeinsamer Rollen (Quasigruppen) in einem

Herrschaftsverband aus soziologischer Sicht zugeschrieben werden können, ohne jedoch das gesellschaftlich-polit. Konfliktgeschehen zu beeinflussen. Für die konflikttheoretische Erklärung → Sozialen Wandels stehen manifeste I. sowie die Voraussetzungen der Transformation latenter in manifeste I. (Kommunikation, Organisation) im Zentrum des Interesses.

Lit.: *Dahrendorf, R.* [2]1970: Zu einer Theorie des sozialen Konflikts, in: *Zapf, W.* (Hrsg.): Theorien des sozialen Wandels, Königstein, 108–123.

Bernhard Thibaut

Manufactured majority, Begriff aus der Wahlsystemforschung, der jene künstlichen absoluten Parlamentsmehrheiten für eine Partei anspricht, die erzielt werden, ohne daß die entspr. Partei eine absolute Mehrheit der Stimmen hinter sich weiß.

M. m. sind wesentlich häufiger (etwa 60 zu 40) als *earned majorities*, absolute Parlamentsmehrheiten aufgrund von absoluten Stimmenmehrheiten. Die Umwandlung einer relativen Stimmenmehrheit in eine absolute Mandatsmehrheit erfolgt durch das → Wahlsystem. An diesem Prozeß sind etwa zu zwei Dritteln Mehrheitswahlsysteme, zu einem Drittel Verhältniswahlsysteme beteiligt.

Lit.: *Nohlen, D.* [3]2000: Wahlrecht und Parteiensystem, Opl.

Dieter Nohlen

Maoismus, Bezeichnung für Theorie und Praxis der Kommunistischen Partei der Volksrepublik Chinas unter der Führung *Mao Tse-Tung*s, die sich als historisch-konkrete Anwendung und kritische Weiterentwicklung von → Marxismus und → Leninismus auf die spezifischen Bedingungen Chinas versteht.

Neben ihrem wiss.-erzieherischen Anspruch sind ihre wesentlichen Elemente philosophisch: die Widerspruchslehre als permanenter universalhistorischer Kampf der Gegensätze; polit. und revolutionstheoretisch: der Volks- oder Guerillakrieg, der permanente Klassenkampf und Antibürokratismus, die eigenständige Bedeutung der unterdrückten Völker der → Dritten Welt sowohl gegenüber westl. → Imperialismus als auch sowjetischem Hegemonialanspruch.

Josef Esser

Marginalität, mehrdeutig definiertes und verwendetes Konzept: [1] In der nordamerikan. Soziologie wird M. bezogen auf die marginale Persönlichkeit (*marginal man*) und gilt als Folgeerscheinung tiefgreifenden → Sozialen Wandels (Migrationen, Einwanderungsprobleme). [2] In der dt. Soziologie wird M. als Konzept benutzt zur Analyse von Prozessen der Bildung von Randgruppen und zur Erforschung der Problematik der → Minderheiten. [3] In den Entwicklungswiss., insbes. in Lateinamerika, wurde M. zum Schlüsselbegriff zur Analyse entwurzelter Randgruppen (Elendsviertel, informeller Sektor).

Während die → Modernisierungstheorie primär sozialpsychologische Hemmnisse für die mangelnde Integration der großen in M. lebenden Bevölkerungsteile verantwortlich machte, verwies die → Dependencia auf das Modell peripher-kapitalistischer Entwicklung mit seinen nat. Desintegrationsfolgen.

Lit.: *Meinardus, M.* 1982: Marginalität, Saarbrücken/Fort Lauderdale. *Waldmann, P.* 1974: Der Begriff der Marginalität in der neueren Soziologie, in: CIVITAS 13, 127–148.

Dieter Nohlen

Markt, ökon. Ort des Zusammentreffens von Angebot und Nachfrage, der das Verhalten der Marktparteien beeinflußt und damit ein Feld interdependenter → Interessen begründet. Er ist Ort der Preisbildung und des → Tausches. Die am M. gebildeten Preise dienen dem Ausgleich von Angebot und Nachfrage und übernehmen in der → Marktwirtschaft die zentrale Funktion der Koordinierung und Steuerung der dezentralen Entscheidungen über die Wirtschaftspläne von Haushalten und Unternehmen (Steuerungs-, Selektions-, Antriebsfunktion).

1. Die Marktstruktur, die das Verhalten der Marktteilnehmer beeinflußt, wird insbes. vom Grad der Vollkommenheit des M. und seiner Teilnehmerstruktur geprägt. Für den vollkommenen M. gelten einheitliche Preise. Die Voraussetzungen für den vollkommenen M. lassen sich als Homogenitätsanforderungen nach unterschiedlichen Kriterien bestimmen: persönlich – keine Güterpräferenz z. B. aufgrund persönlicher Beziehungen zwischen Käufer und Verkäufer; zeitlich – keine zeitliche Differenzierung, z. B. durch unterschiedliche Lieferfristen; räumlich – keine räumlichen Unterschiede, die z. B. Transportkosten bedingen würden; sachlich – völlig gleichartige Güter; informationsbezogen – für alle Marktteilnehmer besteht vollständige Markttransparenz hinsichtlich der Liefer- und Bezugsmöglichkeiten. Unterstellt wird weiterhin ein rationales Verhalten i. S. der Gewinnmaximierung. Die genannten extrem restriktiven Voraussetzungen machen den vollkommenen M. zu einem gedanklichen → Konstrukt, das in der Realität allenfalls näherungsweise auftritt, z. B. im Fall der Wertpapierbörse. Auch die Teilnehmerstruktur (ein, mehrere, viele Anbieter bzw. Nachfrager) beeinflußt das Marktverhalten. So verfügt z. B. ein einziger Anbieter, der einer Vielzahl von Nachfragern gegenübersteht (Monopol), über Marktmacht, die ihm entspr. Möglichkeiten der Preisbeeinflussung sichert.

2. Vielfache Unvollkommenheiten des M. und Teilnehmerstrukturen, die Marktmacht bedingen, herrschen in der Realität vor und bieten Ansatzpunkte für Kritik wie auch Eingriffe des Staates. Staatl. Maßnahmen können die Marktbedingungen positiv wie negativ beeinflussen. Schon die Organisation (z. B. Börsen) und die Offenheit des M. (z. B. Anbindung an den Weltmarkt durch die → Außenhandelspolitik) ist wesentlich abhängig von der staatl. Setzung der Rahmenbedingungen. Die Teilnehmerstruktur am M. ist teilweise ebenfalls Ausfluß staatl. → Wirtschaftspolitik (z. B. staatl. Monopole oder gesetzliche Maßnahmen gegen → Konzentration). Dabei sind Rückkoppelungsprozesse in Form polit. Einflußnahme von Marktteilnehmern, z. B. über Interessenverbände, zu beachten. Das Gewicht, das die staatl. Politik der Freiheit des M. und seiner Sicherung einräumt, hängt primär ab von der eigenen Grundoption für das Wirtschaftssystem (insbes. → Marktwirtschaft oder → Planwirtschaft).

3. Das Marktparadigma ist zunehmend auch über den engeren ökon. Bereich hinaus genutzt worden, nicht zuletzt in der Politikwissenschaft. Vertreter der → Ökonomischen Theorie der Politik analysieren z. B. das Verhalten von Wählern und Parteien mit Hilfe des Konzepts des → Politischen Marktes.

→ Kapitalismus; Keynesianismus; Neue Politische Ökonomie; Politische Steuerung; Soziale Marktwirtschaft.

Lit.: → Marktwirtschaft.

Uwe Andersen

Marktforschung (engl. *market research*), beschäftigt sich mit der systematischen Beobachtung und Analyse des Geschehens am → Markt, insbes. hinsichtlich Größe und Struktur des Marktes sowie Verhalten der Marktteilnehmer.

Der Schwerpunkt der M. liegt heute bei den Absatzmärkten, insbes. dem Verbraucherverhalten, wobei u. a. die Wahrnehmung von und Einstellung zu einem Produkt wie auch die Motive des Marktverhaltens untersucht werden. Teil der M. ist traditionell auch die Erfolgskontrolle der Werbung.

Methodisch stützt sich die M. auf das breite Angebot der → Empirischen Sozialforschung und der experimentellen Psychologie. Professionelle Träger der M. sind einerseits bes. Abteilungen in großen Unternehmen, andererseits spezielle Institute.

Lit.: → Marktwirtschaft.

Uwe Andersen

Markt und Politik/Staat. Märkte gibt es, seit Menschen in größeren Siedlungsgemeinschaften seßhaft zusammenleben und seit die Begehrlichkeiten der einen nach Produkten, über die sie selbst nicht verfügen, auf die Bereitschaft anderer stießen, diese zu beschaffen und mit einem Gewinn zu tauschen. Märkte beruhen auf dem «natürlichen Hang zum Tausch» *(Adam Smith)*, auf dem Bestreben der Menschen, ihren eigenen Nutzen durch gegenseitige Überlassung von Gegenständen oder Geld zu optimieren. Märkte existieren überall dort, wo getauscht, wo Güter, Dienstleistungen, Geld oder Wertpapiere ver- oder gekauft werden. Die «Natürlichkeit» ökon. Tauschvorgänge kommt darin zum Ausdruck, daß z. B. die großen griech. oder röm. Handelsimperien, der frühmittelalterliche Fernhandel, die mittelalterliche Stadtwirtschaft oder auch die ausgedehnten Wirtschaftsverflechtungen der Kaufmanns- und Städtebündnisse (Hanse) ohne eine eigenständige ökon. oder polit. Theorie geblieben sind. Solche Systeme waren selbstverständlich und standen daher nicht unter Rechtfertigungsdruck.

1. Das Verhältnis von Markt (M.) und Politik/Staat (P./S.) beruhte in D seit dem 12. Jh. auf der Gewährung von autonomen Stapel-, Markt-, Münz-, Wechsel- und Stadt- oder Gerichtsrechten, die die städtische Kaufmannschaft den Fürsten, oft gegen Entgelt oder gegen Kreditgewährung, abrang. Die mittelalterlichen Städte erblühten aufgrund ihrer (erkauften) Fürstenunabhängigkeit und ihrer kommerziell ausgerichteten Selbstorganisation (Gilden). Die eigentliche Finanzbasis des mittelalterlichen Personenverbands-(Lehns-)Staates blieb jedoch das Grundeigentum (Eigen oder Lehen) und die darauf gerichteten Abgaben und Leistungen der Untertanen.

Das, was «Ökonomie» genannt wurde, beschränkte sich in Theorie und Lehre seit der Antike *(Aristoteles, Xenophon)* auf das autarke, ländliche «Haus» und auf die Klugheitsregeln der standesgemäßen Führung der meist adeligen Guts- oder «Hauswirtschaft». Seit dem 16. Jh. entstand in Europa in dieser antiken Tradition eine erste eigenständige ökon. Literatur. Sie war eine ausgesprochene Hausväter- oder Hausbuchliteratur und befaßte sich, wie etwa *Colerus* in seiner Schrift «Oeconomiae oder Haußbuch» (1593), ausführlich mit dem Prinzip des Haushaltens, der Gesinde- und Haushaltsführung, der Kochkunst, Hofwirtschaft, Pferde-, Ochsen- und Geflügelzucht, der Teichwirtschaft, Weidenutzung und Jagd, dem Weinbau, der Gesundheitspflege, «Hausartzney», Pestilenzabwehr, etc. Diese heute oft belächelte Literatur führte gleichwohl zu einer systematischen Erkenntniserweiterung und zu einer erheblichen Leistungssteigerung im traditionellen Agrarsektor, v. a. nach den Verheerungen des Dreißigjährigen Krieges. Die Hausväterliteratur individualisierte die bisher gemeinschaftsorientierte Allmende-Wirtschaft auf dem Lande (Einhegungen), professionalisierte sie, formte den «Landbau» zur eigentlichen «Land-Wirtschaft» um und schuf damit die Basis des florierenden Agrarstaates im 17. und 18. Jh. (vgl. *Brunner* 1956).

2. Das moderne Spannungsfeld zwischen M. und P./S. entstand erst mit der Durchsetzung der geschlossenen Territorialstaaten, der Ablösung des mittelalterlichen Personenverbandsstaates durch den flächenmäßig abgegrenzten, absolutistisch regierten Fürstenstaat der Neuzeit. Der ständige Kampf der noch nicht konsolidierten Nationalstaaten untereinander zwang zum Unterhalt stehender Heere. Im übrigen mußte der Territorialstaat eine flächendeckende Amtsverwaltung mit einem eigenen Beamtenapparat aufbauen. Auch der «Hofstaat» expandierte. Diese Erfordernisse verschlangen Unsummen Geldes, das aus dem fürstlichen Eigenbesitz oder aus den Grundabgaben der Untertanen nicht mehr aufzubringen war. Daher suchten die neuen Territorialfürsten

nach neuen Finanzquellen. Diese fanden sich, neben den nur begrenzt steigerungsfähigen Grundabgaben, im neuen, höchst einträglichen Seeverkehr, bei Zöllen aller Art und in der Besteuerung von Handel und Gewerbe. Handel und Privatgewerbe zogen also das Interesse, die Begehrlichkeit des Staates auf sich und wurden damit «politisiert». Es entwickelte sich die *«political economy»*. Dieser Begriff tauchte zuerst in Frankreich bei *A. de Montchrestien* auf, der in seiner «Traicté de l'oeconomie politique» (1615) den Vorschlag machte, die einträglichen Frachtraten des Seehandels nicht den Handelsflotten fremder Mächte (England, Holland) zu überlassen, sondern eine eigene Handelsflotte aufzubauen und so zur Förderung des Wohlstandes in Frankreich beizutragen. Um die neuen Einnahmequellen des Staates immer reichlicher fließen zu lassen, stieg die Förderung von Export und Seehandel sowie von Binnenhandel (Kaufmannschaft) und Gewerbe schließlich im 18. Jh. zum allg. Staatsziel auf. Der Landesfürst wurde nun mit seinem Staatshaushalt als «Hausvater» seines Staates betrachtet, dem das Wohlergehen des «ganzen Landes» am Herzen liegen müsse. Die frühere Hausökonomie entwickelte sich zur Landesökonomie, zur Lehre von der klugen Regierung, Landespflege, Besteuerung und Verwaltung der Staatskasse (vgl. *Justi* 1758). *J. Steuart* brachte 1767 in seiner «Inquiry into the Principles of Political Economy» den Übergang von der alteurop. Haus-Ökonomie zur neueren polit. Ökonomie in dem Vergleich zum Ausdruck: *«What economy is in a family, political economy is in a state»*.

Ausdruck dieses neuen ökon.-polit. Denkens war die Staatswirtschaftslehre des Merkantilismus/Kameralismus (ca. 1660- 1776). *Friedrich II.*, König von Preußen 1740–1786, faßte die neue Staatsmaxime in dem Satz zusammen: «Die Wohlfahrt des Staates hängt vom Kaufmann ab.» Das letztlich außenpolit. bestimmte, doch innenpolit. höchst wirkungsmächtige ökon. Macht-Staatsdenken führte zu einer umfassenden Staats-, Amts- und Verwaltungslehre («Policeywiss.»), zu einer vom priv. Hof- und Fürstenbesitz (Domänen) getrennten, staatl. Finanzwiss. («Cameralwiss.»), zur extensiven Exportförderung (Merkantilverträge, Navigationsakte, Seehandelskompanien und Koloniegründungen) sowie zu einer großzügigen Infrastrukturpolitik (Straßen- und Kanalbauten, Meliorationen) mit intensiver Gewerbeförderung (Manufakturen) und aktiver Bevölkerungspolitik (Ansiedlung, «Peuplierung» des Landes), gekoppelt sogar mit ersten Ansätzen eines Rechtsstaates (Allg. Preußisches Landrecht). Merkantilismus/Kameralismus waren die polit.-ökon. Theorien für eine Politik der inneren und äußeren Kolonisation, der territorialen Machtkonsolidierung und der ökon. Absicherung des sich entwickelnden, neuzeitlichen Nationalstaates.

Doch die längerfristigen Folgen dieser extensiven Staatspolitik traten bald zutage. Übersteigerter Staatsdirigismus, ein uferloses Subventionssystem, ein zunehmend entwicklungsfeindlicher Protektionsmus und die staatl. Verwaltungsallmacht untergruben letztlich die inneren Bestandsgrundlagen des priv. Handels und des Privatgewerbes (Freiheit, Eigentums- und Rechtssicherheit). Gleichwohl schuf diese Politik jene sozialen und produktiven Kräfte, die den Prozeß der allg. Reichtumsmehrung zukünftig tragen sollten: das Bürgertum und das Industriesystem.

3. Mit dem Gedankengut des Humanismus, des Naturrechts und der Aufklärung trat in Gestalt der «Physiokratie» (Herrschaft der Natur), in der kurzen Zeit von ca. 1760–1789, eine erste mächtige Gegenströmung auf, die eine umfassende Liberalisierung und Staatsreduktion forderte. Unter dem naturrechtlichen Schlachtruf: *«Laisser faire, lasser aller, le monde va de lui-même» (Graf Mirabeau)* bereiteten die Physiokraten *(Quesnay, Turgot)* den ökon. Liberalismus vor (vgl. *Oncken* 1971).

In genialer Weise brachte schließlich *Adam Smith* in seinem klassischen Werk über den «Wohlstand der Nationen» (1776) die alte merkantilistisch-kameralistische Staatszielbestimmung vom «Reichtum des Staates» und das physiokratische Naturrechtsideal von der Selbstregulierungskraft der Gesellschaft mit den immer drängender werdenden bürgerlichen Freiheitsbestrebungen und dem aufklärerisch-liberalen Gedankengut der Zeit vor der Frz. Revolution zur Dekkung. Nicht der Staat, sondern die «unsichtbare Hand» des Marktes, die autonome Koordination von Nachfrage und Angebot sollten die Wohlfahrt aller, damit indirekt auch die Wirtschafts- und Steuerkraft des Landes erhöhen. *Smith* entwarf ein universales, überzeitlich gültiges, überkulturelles und überregionales System einer neuen «polit. Ökonomie», obgleich er P./S. gerade aus der Ökonomie aussperrte. Er brach mit den hauswirtschaftl., agrarischen und staatswirtschaftl. Traditionen und forderte die Abschaffung aller direkten staatl. Regulierungen, Eingriffe, Zunftregeln, Zölle und sonstigen Handels- und Gewerbebeschränkungen. Damit wurde er zum Begründer der liberal-ökon., universalen engl. «Klassik». Die freie Entfaltung der Marktkräfte auf individueller Ebene galt fortan als die einzig wirksame Antwort auf die alte Frage nach der Reichtumsmehrung (vgl. *Schumpeter* 1965). Seit dieser Zeit wird das gesellschaftspolit. und ökon. Denken, wie in einem ständigen Pendelschlag, beherrscht vom Vertrauen auf die Wirkungskraft des freien M. einerseits und vom entgegenstehenden Vertrauen auf P./S. andererseits, d.h. dem Bestreben, die gestaltenden Kräfte von P./S. zu erhalten und für die unterschiedlichsten polit. oder staatl. Zwecke einzusetzen.

4. Gegen die universalen Ansprüche der engl. «Klassik» trat in D im 19. Jh. zunächst die sog. «Historische Schule» an. Auf der Grundlage von Stufentheorien der gesellschaftl. Entwicklung meinten ihre Vertreter, zuerst müßten durch staatl. Maßnahmen die entspr. Wirtschaftsräume (Zollverein) und die nötigen Infrastrukturmaßnahmen (Eisenbahnbau) geschaffen werden. Die «produktiven Kräfte» der eigenen Nation müßten durch Erziehungszölle zunächst geschützt werden, bevor sie gegen die übermächtige engl. Konkurrenz antreten könnten. Hier meldete die Bewegung der «Nationalökonomie», v.a. *F. List* mit seiner zuerst 1841 veröffentlichten Analyse «Das nationale System der Politischen Ökonomie», ihre Ansprüche an gegen die engl. «Universalökonomie».

Auch im Marxismus/Sozialismus schlug das Pendel, in unterschiedlichsten Weisen (wie sie etwa in den Frühsozialisten, den Klassikern *Marx* und *Engels* bis zu *F. Lassalle* und in dem Revisionisten *E. Bernstein* repräsentiert sind) von der liberalen Klassik des M. zurück zur Verantwortung von P./S. i.S. der «sozialen Wohlfahrt der Nationen» (vgl. für viele *Schumpeter*). In eine ähnliche Richtung der sozialstaatl. Verantwortung tendierten die sog. Staats- oder Kathedersozialisten mit ihren Theorien einer staatl. veranlaßten «Sozialreform» *(A. Wagner, G. Schmoller, K. Rodbertus, A. Schäffle)*. Sie gründeten 1873 den einflußreichen «Verein für Socialpolitik» (vgl. *Lindelaub* 1962).

5. Gleichwohl schlug das Pendel erneut in Richtung M. zurück, als es der sog. «Grenznutzenschule» gelang, ein reines und abstraktes Modell der Funktionsfähigkeit des M. auf der Grundlage der *Gossen*schen Gesetze des menschlichen Verhaltens zu entwerfen. Diese «Neo-Klassik» oder «Gleichgewichtstheorie» mit ihren Hauptvertretern *W. Jevons, C. Menger, L. Walras, A. Marschall* entwickelte sich, trotz aller Gegenströmungen, ab 1890 zur beherrschenden Theorie der polit. Ökonomie des 20. Jahrhunderts. Modelltheoretisch wurde auf der Basis eines individualistisch-rationalen Nutzenkalküls aller Beteiligten, freier Preisbildung, allseitiger Information und vollständiger Konkurrenz sowie schnellster Anpassung aller wirtschaftl. Vorgänge erneut jede staatl. Intervention in den Marktmechanismus abgelehnt, um ein Gleichgewicht im Wohlfahrtsoptimum *(V. Pareto)* zu erreichen (vgl. *Salin* 1955).

6. Allerdings stand – und steht – die allg. Gleichgewichtstheorie den übergreifenden gesamtwirtschaftl. Krisen, den sozialen Folgen und ökolog. Handlungszielen hilflos gegenüber. Eine Bewegung gegen die abstrakte Logik der Neo-Klassik formierte sich unter dem Stichwort des «Ordo-Liberalismus» bzw. des «Neo-Liberalismus». Auch hier wurde der Staat wieder als Verantwortungsinstanz für die Aufrechterhaltung einer «Ordnung des funktionsfähigen Wettbewerbs» (Kartellrecht), einer stabilen Währung (unabhängige Notenbank) und eines sozialen Gleichgewichts in der Gesellschaft (→ soziale Marktwirtschaft) eingesetzt (vgl. *Blum* 1969).

Eine andere Gegenbewegung widerlegte die Behauptung der quasi-automatischen Wohlstandsoptimierung durch die Autonomie der Märkte und forderte eine «Sozialisierung der Investitionen» *(J. M. Keynes)*. Eine flexible, marktnahe und doch antizyklische Haushalts- und Finanzpolitik des Staates sollte die gesamtwirtschaftl. Nachfrage steuern und damit Vollbeschäftigung sichern *(K. Schiller)*. Der → Keynesianismus korrespondierte in den 1960er und 70er Jahren sehr eng mit der sozialdemokratischen Politik, die darauf abzielte, durch eine aktive staatl. Politik die Arbeitsplätze zu sichern, den → Sozialen Wandel und den sozialen Ausgleich (soziale Symmetrie) zu sichern und damit die allg. Volkswohlfahrt zu steigern (vgl. *Scharpf* 1987).

7. Doch vor überzogenen Erwartungen in die kompensierende Regulierungskraft von P./S. warnten wiederum im Gegenzug Ansätze des → Monetarismus und der «Angebotspolitik», wie sie u. a. von *M. Friedmann* und *F. A. Hayek* vertreten wurden bzw. werden. Gestützt auf eine sozial-konservative Grundtendenz der Politik in den USA und GB *(Reagan, Thatcher)* schlug das Pendel in den 1980er Jahren erneut zurück zum M., zur Privatisierung, Entstaatlichung und Liberalisierung. In der Art eines liberal-konservativen Fundamentalismus wurde die Theorie des individualistisch-ökon. Nutzenverhaltens (→ homo oeconomicus) sogar auf P./S. selbst angewandt, wobei die Defizite im staatl. Entscheidungssystem u. a. durch das Fehlen marktwirtschaftl. Anreize erklärt wurden. Diese → Neue Politische Ökonomie, zu deren maßgeblichen Autoren *M. Olson, A. Downs, J. Buchanan* und *G. Tullock* zählen, war u. a. auch eine Reaktion auf die kurzzeitige Wiederbelebung marxistischer Ansätze *(«radical economics»)* in den 1960er Jahren.

Theorien der Polit. Ökologie dagegen fordern heute, erneut ganz entgegengesetzt, stärkere Eingriffe von P./S. in die Wirtschaft, um nicht nur die sozialen Defizite, sondern auch die ökolog. Folgeschäden einer sich selbst überlassenen → Marktwirtschaft auszugleichen oder zu verhindern. Dabei stehen in aller Regel globale Ansätze im Vordergrund (vgl. *von Weizsäcker* 1992). Viele ökolog. orientierte Zukunftsforscher blikken seit dem Zusammenbruch der bürokratischen Staatswirtschaft des Kommunismus/Sozialismus und angesichts der «Grenzen des Wachstums» (*Meadows* 1991, 1992), mit Sorge auf die weltweite Expansion des rein marktwirtschaftl. Gesellschaftsmodells. Ohne eine polit.-staatl. Regulierung der Märkte in einer an sich schon instabilen «Risikogesellschaft» (*Beck* 1986) wird nicht nur eine Explosion der ökolog. Schäden erwartet, sondern auch eine Verschärfung der weltweiten Schuldenkrise bzw. ein globales Sozial- und Öko-*Dumping* der Entwicklungsländer gegenüber den Industriestaaten. Bisher ist die Wirksamkeit von P./S. immer noch nationalstaatl. begrenzt. Gegenüber der globalen Dynamik des M. liegt die globale Entwicklung von P./S. noch weit zurück.

Die Debatte zwischen den Theorien des → Staatsversagens, die auf eine weitere Privatisierung, Individualisierung und Liberalisierung setzen, und Theorien des «Marktversagens», die auf eine stärkere Staatstätigkeit dringen, ist nicht abgeschlossen. Im Zeitverlauf ist ständig eine neue Balance der Steuerungskapazität von M. und P./S. zu finden (vgl. hierzu klassisch: *Myrdal* 1963). Die jeweilige Austarierung von M. und P./S. bestimmte in den 1990er Jahren die Diskussion darüber, welches Modell des → Kapitalismus im Kampf der Systeme untereinander («Triade»: USA, Japan, Europa) die besseren Zukunfts- und Überlebenschancen hat (vgl. *Kennedy* 1993).

→ Gleichgewicht; Liberalismus; Marxismus; Ökonomische Theorien der Politik; Postmoderne und Politik; Staatsintervention; Staatstheorie der Gegenwart; Wohlfahrtsstaat.

Lit.: *Beck, U.* 1986: Risikogesellschaft, Ffm. *Bell, D./Kristol, I.* 1984: Die Krise in der Wirtschaftstheorie, Bln (engl. 1981). *Blum, R.* 1969: Soziale Marktwirtschaft, Tüb. *Brandes, W.* 1985: Über die Grenzen der Schreibtischökonomie, Tüb. *Brunner, O.* [2]1956: Das «Ganze Haus» und die alteuropäische Ökonomie, in: *ders.*: Neue Wege der Sozialgeschichte, Gött. (zuerst 1950). *Himmelmann, G.* 1977: Politische Ökonomie, in: *Böhret, C.* (Hrsg.): Politik und Wirtschaft (= PVS Sonderheft 8), Opl., 178–213. *Kennedy, P.* 1993: In Vorbereitung auf das 21. Jh., Ffm. (engl. 1992). *Lepage, H.* 1979: Der Kapitalismus von morgen, Ffm. (frz. 1978). *Lindblom, C. E.* 1980: Jenseits von Markt und Staat, Stg. (engl. 1977). *Lindelaub, D.* 1962: Richtungskämpfe im Verein für Sozialpolitik, 2 Bde., Wsb. *List, F.* 1989: Das nationale System der politischen Ökonomie, hrsg. von *Engels, W.* u. a., Düss. (zuerst 1841). *McKensie, R. B./Tullock, G.* 1984: Homo oeconomicus, Ffm. (engl. 1978). *Meadows, D. H./Meadows, D. L.* 1992: Die neuen Grenzen des Wachstums, Stg. (engl. 1992). *Myrdal, G.* [2]1963: Das politische Element in der nationalökonomischen Doktrinbildung, Hannover (zuerst 1932). *Oncken, A.* [4]1971: Geschichte der Nationalökonomie, Aalen (zuerst 1902). *Salin, E.* 1955: Geschichte der wirtschaftlichen Ideen, Tüb. *Scharpf, F. W.* 1987: Sozialdemokratische Krisenpolitik in Europa, Ffm. *Schumpeter, J. A.* [3]1965: Geschichte der ökonomischen Analyse, Gött. (zuerst 1950). *Schumpeter, J. A.* [7]1993: Kapitalismus, Sozialismus und Demokratie, Tüb. (engl. 1942). *Smith, A.* [6]1993: Der Wohlstand der Nationen, Mchn. (engl. 1776) *Steuart, J.* 1993: An Inquiry into the Principles of Political Oeconomy, 2 Bde., hrsg. von *Engels, W.* u. a., Düss. (zuerst 1967). *Weizsäcker, E. U. von* [3]1992: Erdpolitik, Darmst. (zuerst 1989).

Gerhard Himmelmann

Marktversagen, mangelhafte marktmäßige → Koordination, die zu Abweichungen vom erwarteten Ergebnis führt, da eine optimale → Allokation von → Gütern, Dienstleistungen bzw. Ressourcen nicht gewährleistet ist und die Preisbildung in einer → Marktwirtschaft versagt.

1. Ursachen von M. können sein: (1) Wettbewerbsbeschränkende Bedingungen auf einem → Markt bzw. ein entspr. Verhalten der Marktteilnehmer. (2) Bestimmte Arten von Gütern, deren Marktfähigkeit eingeschränkt ist, etwa vom → Staat angebotene → Kollektive Güter, deren Preise keinesfalls die tatsächliche Zahlungsbereitschaft der Konsumenten widerspiegeln (→ Free rider-Phänomen) oder → Meritorische Güter, deren Konsum bei freier Preisbildung zu gering ausfallen würde, weil die Nachfrager den individuellen Nutzen dieser Güter falsch bewerten. (3) Staatl. Versagen bei wirtschaftspolit. Aktivitäten. (4) Als Substitutionshemmnisse beschriebene Abweichungen der tatsächlichen von den im Referenzmodell unterstellten Bedingungen.

2. Staatl. Intervention aufgrund von M. erfolgt, wenn (a) Markteintritts- oder -austrittsschranken den potentiellen bzw. tatsächlichen Wettbewerb verhindern oder die Konkurrenz durch → Monopole ausgeschaltet wird; (b) sog. negative externe Effekte von Produktion und Konsum eine Korrektur verlangen, indem externe Kosten gemäß dem Verursacherprinzip den Produzenten angelastet werden und in der Folge in den Preisbildungsprozeß eingehen (und damit den Konsumenten erreichen); (c) der Staat als Anbieter (gemischter) → Öffentlicher Güter auftritt, zu deren Finanzierung → Steuern oder auch Gebühren erhoben werden.

→ Kartell; Ordnungspolitik; Staatsinterventionismus; Staatsversagen; Wirtschaftspolitik.

Lit.: → Marktwirtschaft.

Susanne Schäfer-Walkmann

Marktwirtschaft, Bezeichnung für eine Wirtschaftsordnung mit dezentralen Planentscheidungen der am Wirtschaftsprozeß Beteiligten, bei der der → Markt mit seinem Preissystem als Informations- und Koordinationsinstrument genutzt wird. M. wird sowohl als → Idealtypus als auch als → Realtypus verwendet, und teilweise werden die Begriffe Verkehrswirtschaft und → Kapitalismus synonym benutzt.

1. Die klassische Theorie der M. (insbes. *A. Smith*) ist eng mit der Gesellschaftslehre des → Liberalismus verbunden. Von sozialistischen und marxistischen Positionen aus

wird die «anarchistische» M. als → Kapitalismus einer Fundamentalkritik unterzogen. Die praktischen Krisenerfahrungen – insbes. die Weltwirtschaftskrise 1929 – führten aber auch zu verstärkten Diskussionen und Ausdifferenzierungen der Leitbilder (z. B. → Soziale Marktwirtschaft) und Positionen (z. B. → Ordoliberalismus) innerhalb der Verfechter der Marktwirtschaft. Ein zentraler Streitpunkt ist die Rolle des Staates in der M. und damit verbunden die Frage der Interdependenz zwischen polit. und wirtschaftl. Ordnung (→ Wirtschaftsdemokratie).

Zu den wichtigsten Kritikpunkten zählen Einschränkungen des Wettbewerbs durch Vermachtung der Märkte (unterschiedliche Aspekte wie Ausbeutung, → Monopol und Steuerung der Verbraucher, Manipulation der Bedürfnisse durch Werbung, größenbedingte Asymmetrien, «Sozialisierung der Verluste bei Großunternehmen, Herrschaft der Manager), krisenträchtige gesamtwirtschaftl. Instabilitäten mit Massenarbeitslosigkeit und → Inflation (→ Konjunktur, → Globalsteuerung, → Monetarismus), ungerechte → Verteilung der Ergebnisse (Einkommen und Vermögen) sowie zunehmend das Verhältnis von M. und → Ökologie.

2. Ungeachtet der vielfältigen Kritikansätze sind die mit der Nutzung des Marktes als kostengünstiges Informations- und Koordinierungsinstrument verbundenen ökon. Vorteile so überzeugend, daß die Diskussion spätestens nach dem Offenbarungseid des real existierenden Sozialismus im «Wettkampf der Systeme» fast ausschließlich um die Optimierung und bestmögliche Variante innerhalb der prinzipiellen Option M. kreist. Die schwierigen Transformationsversuche früherer sozialistischer Planwirtschaften haben aber unterstrichen, wie stark funktionsfähige M. insbes. von der Eigentumsordnung, der Motivationsstruktur der Wirtschaftssubjekte und der Fähigkeit des Staates, für einen angemessenen ordnungspolit. Rahmen zu sorgen, abhängig sind.

3. Auch auf der Ebene der Weltwirtschaft herrscht prinzipiell ein dezentral gesteuertes System der M., das schon mangels eines Weltstaates als polit. Träger einer zentralen weltweiten Wirtschaftsplanung ohne Alternative ist. Der unter dem Stichwort → Globalisierung diskutierte Trend zu einer intensiven weltweiten privatwirtschaftl. Integration ist bisher aber verbunden mit einer nur sehr begrenzten polit. Rahmensetzung mittels → Internationaler Organisationen (insbes. Internationaler Währungsfonds, Welthandelsorganisation, Weltbankgruppe).

→ Keynesianismus; Neo-Klassik/Neo-klassische Theorie; Staatsinterventionismus.

Lit.: *Buchanan, J. M.* 1984: Die Grenzen der Freiheit. Zwischen Anarchie und Leviathan, Tüb. *Eucken, W.* [9]1989: Grundlagen der Nationalökonomie, Bad Godesberg. *Grosser, D.* (Hrsg.) 1985: Der Staat in der Wirtschaft der Bundesrepublik, Opl. *Hayek, F. A. von* [3]1991: Die Verfassung der Freiheit, Tüb. *Hensel, K. P.* [4]1992: Grundformen der Wirtschaftsordnung: Marktwirtschaft – Zentralverwaltungswirtschaft, Mchn. *Jens, U.* (Hrsg.) 1991: Der Umbau – Von der Kommandowirtschaft zur öko-sozialen Marktwirtschaft. Baden-Baden. *Leipold, H.* [5]1988: Wirtschafts- und Gesellschaftssysteme im Vergleich, Stg. *Recktenwald, H. C.* 1980: Markt und Staat, Gött. *Schumpeter, J. A.* [7]1993: Kapitalismus, Sozialismus und Demokratie, Mchn. *Šik, O.* 1971: Demokratische und sozialistische Markt- und Planwirtschaft, Zürich. *Smith, A.* [8]1999: Der Wohlstand der Nationen, Mchn. *Streißler, E./Watrin, Chr.* (Hrsg.) 1980: Zur Theorie marktwirtschaftlicher Ordnungen, Tüb. *Vaubel, R./Barbier, H. D.* (Hrsg.) [2]1993: Hdb. Marktwirtschaft, Pfullingen. *Woll, A.* [13]2000: Allgemeine Volkswirtschaftslehre, Mchn.

Uwe Andersen

Marxismus, ein Begriff, der heute eher als wissenschaftspolit. Kampfbegriff denn als Charakterisierung einer gesellschafts- oder politikwiss. Theorie Verwendung findet und eine heterogene und in sich widersprüchliche Vielzahl theoretischer Ansätze und darauf gegründeter polit. Positionen zusammenzufassen versucht. Als Minimalkonsens läßt sich festhalten, daß mit M. all die Ansätze gemeint sind, die sich irgendwie positiv auf die Lehre von *Karl Marx* und *Friedrich Engels* berufen, und zwar auf deren Methode des → Historischen Materialismus einerseits, der «Kritik der Politischen Ökonomie» andererseits (→ Basis-Überbau, → Gesetz des tendenziellen Falls der Profitrate, → Klassenkonflikt, → Mehrwerttheorie, → Produktionsverhältnisse).

Darin werden (1) eine bestimmte Konzeptualisierung des jeweiligen Verhältnisses von Wirtschaft, Gesellschaft, polit. Herrschaftsformen und ideologischen Deutungsmustern formuliert, (2) die historisch-dialektische Methode zur Analyse dieser Zusammenhänge vorgestellt. Auf dieser Grundlage entwikkelt *Marx* seine Analyse und → Kritik der bürgerlich-kapitalistischen Gesellschaft als einer historischen Revolutionstheorie. Da der M. sich so bewußt als wiss. Reflex und Anleitung zur gesellschaftsverändernden Praxis versteht, resultieren Differenzen zwischen sog. Marxisten aus unterschiedlichen historischen, nat. und polit. Erfahrungen sowie aus deren unterschiedlicher Verarbeitung und Umsetzung.
Historisch-systematisch lassen sich eher praktisch gewordene Marxismen wie die der I., der II. (→ Sozialdemokratie, → Revisionismus und → Reformismus) und der III. Internationale (→ Leninismus, → Kommunismus, → Maoismus) von eher theoretisch-reflexiv gebliebenen unterscheiden, wofür in der Zwischenkriegszeit die bedeutsamsten Beispiele der Austromarxismus in Österreich, *Gramsci* und *Labriola* in Italien, *R. Luxemburg*, *K. Korsch*, *G. Lukács*, *L. Kofler*, *E. Bloch* und die → Kritische Theorie (*Adorno*, *Horkheimer*, *Marcuse*, *Neumann*, *Fromm*) in D sind. Nach dem II. Weltkrieg erlebt der sog. «westliche Marxismus» in weiterhin kritischer Absetzung von Vulgärmarxismus, Marxismus-Leninismus und reformerischer Sozialdemokratie neue Höhepunkte im existentialistischen (*Sartre*) und strukturalistischen M. (*Althusser*, *Poulantzas*) in Frankreich, im historischen der USA und GB (*Dobb*, *Baran/Sweezy*, *Hill*, *Thompson*, *Hobsbawm*) sowie in verschiedenen Strömungen der → Außerparlamentarischen Opposition von 1968. Aus diesen Reflexionen sind wichtige Weiterentwicklungen und Modifikationen der Methodik, der Kapitalismus- und Klassenanalyse und der Staatstheorie ebenso hervorgegangen wie weitreichende Angriffe gegen *Marx* «maskulines und patriarchalisches Denken», seine unkritische Technik- und Fortschrittsgläubigkeit und seine undialektische Naturvorstellung, weshalb heute eher von der «Krise des M.» oder dem Postmarxismus die Rede ist. Als geschichtsmächtig hat sich auch die in den ehem. Ländern des → Real existierenden Sozialismus ausgearbeitete Kritik für die Erosion und den Zusammenbruch des Kommunismus erwiesen. Für die sozialwiss. Forschung liegt die Bedeutung der unterschiedlichen kritischen Marxismen in ihrem Angriff auf zu enge einzelwiss. Professionalisierung und dem Zerreißen gesamtgesellschaftl. Produktionsverhältnisse und Herrschaftsformen; für die Politikwiss. i. e. S. in der Forderung, Ökonomie und soziale Kräfteverhältnisse ebenso zu untersuchen wie polit.-institutionelle Gegebenheiten oder normative Ziele.

Lit.: *Beer, U.* 1990: Geschlecht, Struktur, Geschichte. Soziale Konstituierung des Geschlechterverhältnisses, Ffm./NY. *Fetscher, I.* [4]1985: Karl Marx und der Marxismus, Mchn. *Haug, W. F.* (Hrsg.) 1983: Kritisches Wörterbuch des Marxismus, Bln. *Korsch K.* 1969: Karl Marx, Ffm. *Kraiker, G.* 1996: Theorie von Karl Marx/Friedrich Engels, in: *Neumann, F.* (Hrsg.): Hdb. Polit. Theorien und Ideologien 2, Opl., 75–110. *Marx, K./Engels F.* 1957ff.: MEW, 42 Bde., Bln. *Vranicki, P.* 1983: Geschichte des Marxismus, erw. Ausg., Ffm.

Josef Esser

Massenintegrationspartei, Parteitypus, der sich in der modernen Massendemokratie herausbildete. Er entsprach historisch den Erfordernissen der → Arbeiterbewegung im letzten Drittel des 19. Jh. Er erlaubte den sich gesellschaftl. benachteiligt fühlenden soziodemographischen Großgruppen, sich polit. zu organisieren und zu mobilisieren, um die Parlamente zu erobern. Der häufig synonym verwandte Begriff der «Massenpartei» (*Weber* 1971; *Duverger* 1959) hebt auf dieses Phänomen ab.

Der Typus der M. verweist aber v. a. auch auf das Verhältnis zwischen Mitgliedern und → Partei: Da die Arbeiter in zeitlicher wie finanzieller Hinsicht nur begrenzt in der Lage waren, polit. Ämter und Aufgaben zu erfüllen, waren ihre Führungsfiguren spezialisierte Berufspolitiker, die in enger Beziehung zu nebenamtl. Funktionären und einfachen Mitgliedern standen. Ihrem Selbstverständnis nach hatte zwar die Mitgliederorganisation über die Parlamentsfraktion zu dominieren, aber die Dominanz der hauptamtl. Funktionäre hatte Oligarchisierungsprobleme zur Folge (vgl. *Michels* 1970). Im Ggs. zur lose strukturierten → Honoratiorenpartei war die M. durch dauerhaftes Bestehen, formelle Organisation, breite Mitgliederbasis und ausgedehnten Wirkungsbereich gekennzeichnet; ihre überregionalen Wahlkämpfe überwanden die personalistische Orientierung der Honoratiorenparteien und mobilisierten für die Ziele der gesamten Partei. Die engmaschige Organisation der M. und ihre Verbindungen zu Vereinen begleitete die Mitglieder oft mit weltanschaulicher Geschlossenheit buchstäblich «von der Wiege bis zum Grabe» (→ Sozialmoralisches Milieu). Auf diesen Aspekt der Mitgliedererfassung und -begleitung hebt der von S. *Neumann* (1973) geprägte Begriff der «Integrationspartei» ab, für welche die sozialdemokratischen Parteien Westeuropas und die katholische Deutsche Zentrumspartei beispielhaft sind.

→ Partei, Parteitypen.

Lit.: Parteiensystem; Parteitypen.

Petra Bendel

Massenkommunikation, in der mittlerweile klassischen Definition von *G. Maletzke* (1976: 4) Aussagen, die «öffentlich durch technische Verbreitungsmittel indirekt und einseitig an ein disperses Publikum vermittelt werden». Es liegt auf der Hand, daß von dieser Begriffsbestimmung v. a. die gängigen Massenmedien Tageszeitung und Zeitschriften (Printmedien) sowie Radio und Fernsehen (elektronische Medien) erfaßt werden, deren Verbreitung sämtlich dem einseitigen Prinzip des «einer an viele» folgt.

Immer schon ist die Entwicklung eines Mediensystems entscheidend von den gegebenen technischen Rahmenbedingungen geprägt gewesen. In der Massenkommunikationsforschung wird daher seit einigen Jahren intensiv diskutiert, in welchem Maße technische Innovationen (z. B. Digitalisierung, Glasfaser- und Breitbandtechnik) eine Neukonzeptualisierung von M. erforderlich machen. Dabei geht es insbes. um das Problem, daß durch die Fusion von Telekommunikation und computergesteuerten Netzen, wie sie durch das → Internet verkörpert wird, neue, interaktive Kommunikationsmedien entstehen, welche «die Einbahnstraßen ‹herkömmlicher› Massenkommunikation in nutzerfreundliche Datenautobahnen mit ‹Zwei-Wege-Kommunikation› transformieren werden» (*Wehner* 1997: 97). Damit wird die prinzipielle Frage der Abgrenzung zwischen Massen- und Individualkommunikation (einer an einen) aufgeworfen. So ist es nicht übertrieben, das Internet als Verkörperung der neuen elektronischen Kommunikationsformen als Herausforderung nicht nur der «klassischen» Massenmedien, sondern auch der Kommunikationsforschung zu begreifen.

Selbst bei etwas distanzierterer Betrachtung wird offensichtlich, daß die postindustrielle → Gesellschaft sämtlich bereits mehr oder weniger weit auf diesem technologieinduzierten Weg in die Informations- bzw. Wissensgesellschaft fortgeschritten ist (zu diesen Begriffen s. *Kaase* 1999). Zwar handelt es sich dabei und bei ähnlichen Begriffen (etwa Datenautobahn, Teledemokratie, Cyberspace) noch um Metaphern, die erst mit analytischem wie empirischem Gehalt gefüllt werden müssen. Dennoch liegen dem Übergang von der Telematik – als Konvergenz von Telekommunikation und Computertechnik – zur Mediamatik – als Ausdehnung der Telematik auf breitbandige Kommunikation unter dem besonderen Aspekt der Verflechtung mit dem Rundfunk – (*Latzer* 1997: 60–84) ganz reale Veränderungen zentraler wirtschaftl. und technologischer Strukturen zugrunde, die bei künftigen Analysen des Systems der M. zunehmend Beachtung finden müssen – Multimedia ist in diesem Zusammenhang eines der einschlägigen Stichworte.

1. In Flächenstaaten gleich welcher polit. Verfaßtheit haben sich seit jeher zur Herstellung und Sicherung ihrer Herrschaftsorganisation der Notwendigkeit gegenübergesehen, große Distanzen überwindende Kommunikationsstrukturen zu schaffen. Die Demokratisierungsprozesse in Europa, die überwiegend in der zweiten Hälfte des 19. Jh. begannen und die systematische Einbeziehung der gesamten rechtsfähigen Bev. in den polit. Entscheidungsprozeß durch allg., freie und gleiche Wahlen anstrebten, haben jedoch den Blick für den Umstand geschärft, daß eine fundierte polit. Beteiligung aller Bürger, soll sie nicht zur Farce werden, einer von den polit. Akteuren unabhängigen, regelmäßigen und zuverlässigen Berichterstattung zur Information über Politik und zur Herstellung von → Öffentlichkeit bedarf. Der Logik der arbeitsteiligen Verfaßtheit moderner demokratischer Gesellschaft entspricht daher zur Wahrnehmung dieser Integrations- und Vermittlungsfunktion mit dem Ziel der Information die Ausdifferenzierung eines gesellschaftl. Subsystems M. (*Luhmann* 1996: 9–52).

2. In D hat ein langer Weg von der Zeitungskunde zur modernen Publizistik- und Kommunikationswiss. geführt. In seiner frühesten Phase ist die Forschungsagenda dieses Faches sehr stark durch die heuristische *Lasswell*-Formel aus dem Jahre 1948 geprägt worden: «Wer sagt was in welchem Kanal zu wem und mit welcher Wirkung?» (*Lasswell* 1964: 37). Diese Formel, so allgemein sie auch ist, besitzt zwei wichtige Vorzüge: Sie verweist auf die Ganzheitlichkeit des Kommunikationsprozesses, und sie gestattet gleichzeitig die konzeptionell angeleitete Fokussierung auf bestimmte Teilaspekte des Kommunikationsgeschehens. Kommunikator-, Inhalts- und Wirkungs-/Rezeptionsanalyse sind Beispiele für wichtige Teilbereichsorientierungen in der Betrachtung von Massenkommunikation.

Unter diesen Schwerpunkten hat insbes. die Wirkungsanalyse lange Zeit die Aufmerksamkeit der Forschung und der Öff., nicht zuletzt unter dem Aspekt der Gewaltdarstellungen im Fernsehen, gefunden. Mit der Einführung des priv. Rundfunks in vielen europ. Ländern, die lange Zeit durch die Dominanz des öff.-rechtl. Rundfunks gekennzeichnet waren, gewinnen jedoch auch Probleme der Medienökonomie, etwa in Gestalt von z. T. grenzüberschreitenden großen Medienkonglomeraten, zunehmend an Bedeutung. Hier sind auch Probleme anzusiedeln, die bei den elektronischen Medien aus der Aufhebung der in der Vergangenheit systemkonstitutiven Trennung von Programmanbietern, Netzbetreibern und Produzenten von Endgeräten folgen.

Insgesamt dürften diese Entwicklungen zu einer Differenzierung und z. T. Veränderung der substantiellen wie theoretischen Perspektiven der Massenkommunikationsforschung (für Einzelheiten s. die Beiträge in *Publizistik* 1997) sowie der von ihr verwendeten Forschungsdesigns und -methoden führen. Damit hat sie sich weit von ihrer Jugendphase entfernt, in der sie durch relativ einfache, zeitlich begrenzte dominante Paradigmen gekennzeichnet war. Dazu gehörten im Bereich der Wirkungsforschung in den 1930er und 40er Jahren das Konzept der mächtigen Medien, das unter dem Eindruck der sich durch die Verbreitung des Radios neu eröffnenden Propagandachancen entstand und dem durch die psychologische Theorie der engen Verbindung von Stimulus und Reaktion Vorschub geleistet wurde. In den 1950er und 60er Jahren führten nicht zuletzt die Ergebnisse der wahlsoziologischen Studien der Gruppe um *Paul F. Lazarsfeld*, die erstmals die These eines über Meinungsführer (*opinion leaders*) vermittelten Kommunikationsflusses (*two step flow of communication*) formulierten, zu der Interpretation der machtlosen, weil lediglich vorhandene Einstellungen verstärkenden Medien. Die 1970er und frühen 1980er Jahre werden dann wiederum, wesentlich auf der Grundlage der flächendeckenden Verbreitung des Fernsehens und einer Vielzahl von Forschungsbefunden zu mittel- und langfristigen Medienwirkungen, als Rückkehr zum Konzept der mächtigen Medien charakterisiert.

3. Betrachtet man die Entstehung des Mediensystems nach 1945 in D, so ist in bes. Maße auf die Rolle der Besatzungsmächte hinzuweisen. Gemeinsam war den vier Alliierten bezüglich der Printmedien die Entscheidung, zum Zwecke des Bruches mit dem → Nationalsozialismus über eine je nach Besatzungsphilosophie im Detail unterschiedlich strukturierte Lizensierungspolitik demokratisch bzw. kommunistisch fundierte polit. Resozialisierungsstrategien zu institutionalisieren. Auch der Aufbau des dt. Rundfunksystems (von Rundfunk und Fernsehen) nach 1945 wurde entscheidend durch die Vorgaben der Besatzungsmächte bestimmt. Der Konsens der Westalliierten, den dt. Rundfunk staatsfern zu organisieren, resultierte neben der Entscheidung zur Erhebung von Nutzungsgebühren in einer Gremienstruktur, in der neben dem Intendanten als verantwortlichem Anstaltsleiter und dem Verwaltungsrat als administrativem Aufsichtsgremium der Rundfunkrat die zentrale gesellschaftspolit. Funktion innehatte. Der Wunsch der Westalliierten nach Staatsunabhängigkeit des Rundfunks hat ebenfalls dazu geführt, daß es immer wieder Kontroversen über die Auslegung des in Art. 73 Grundgesetz festgelegten Post- und Fernmeldemonopols des Bundes gab. Die laut Verfassung wesentlich eingeschränkte Rolle des Bundes bei Entscheidungen über den Rundfunk hat 1960 in einem großen Verfassungskonflikt zwischen den Ländern und dem Bund resultiert, als die Bundesregierung unter Konrad Adenauer die Deutschland-Fernsehen-GmbH mit dem Ziel der Ausstrahlung eines vom Bund kontrollierten nat. Fernsehprogramms gründete. Dieser Konflikt wurde durch das Bundesverfassungsgericht letztlich zugunsten der Länder entschieden.

4. Die nach den Turbulenzen der 1960er Jahre zu beobachtende Strukturstabilität des dt. Rundfunksystems erfuhr durch zwei zunächst getrennte, sich jedoch später verbindende Entwicklungen schon in den 1970er Jahren wieder eine Herausforderung. Die das Rundfunkmonopol des öff.-rechtl. Rundfunks absichernde Frequenzknappheit geriet mit der Entwicklung neuer Verbreitungstechniken (Kabel, Satelliten) unter polit. Druck. Mit der folgenden Debatte über die Erweiterung des bundesdt. Rundfunksystems durch priv. Anbieter, einer Frage, in der die zwischen 1969 und 1982 regierende SPD und die CDU/CSU-Opposition ganz unterschiedliche Positionen vertraten, war nach der Bundestagswahl 1976 auch die Problematik der parteipolit. Beeinflussung der Bürger durch das öff.-rechtl. Fernsehen verknüpft worden. Gestützt durch von *E. Noelle-Neumann* vorgelegte Befunde, mit denen sie ihre These von der Schweigespirale öffentlichkeitswirksam vortrug, vertrat die CDU/CSU die Auffassung, sie habe die Bundestagswahl mit 48,6 % der Zweitstimmen letztlich nur wegen einer polit. Einflußnahme des Fernsehens auf die Wähler zugunsten der sozialliberalen Koalition («das doppelte Meinungsklima») verloren, und knüpfte daran Forderungen zur Zulassung priv. Rundfunkveranstalter mit dem Ziel der Herstellung von mehr externer Programmvielfalt.

Der so technisch wie polit. induzierte, wegen der föderalen Struktur der BRD jedoch äußerst langwierige Entscheidungsprozeß zur Neuordnung des dt. Rundfunkwesens mündete, nicht zuletzt auf der Grundlage des vierten «Rundfunkurteils» des Bundesverfassungsgerichts vom 4. 11. 1986, in dem die rechtl. Rahmenbedingungen für die Einführung des priv. Rundfunks und die Aufgabe der Grundversorgung der Bev. durch den öff.-rechtl. Rundfunk bestimmt wurden, in den «Staatsvertrag zur Neuordnung des Rundfunkwesens» (Rundfunkstaatsvertrag), der am 31. 12. 1987 in Kraft trat. Es schuf die wesentlichen Voraussetzungen für die Dualisierung des bundesdt. Rundfunkwesens. Seither ist das dt. Rundfunksystem nicht nur föderalistisch verfaßt und verflochten, sondern in seinen zwei Hauptpfeilern dual organisiert. Später beschlossene Dritte (1996) und Vierte (2000) Rundfunkänderungsstaatsverträge beließen diese Struktur.

5. Bis 1987 besaßen die öff.-rechtl. Rundfunksender faktisch ein Angebotsmonopol für Fernsehprogramme; mit der zunehmen-

den Zahl priv. Programme hat sich bis 1998 die mit öff.-rechtl. Fernsehen verbrachte Zeit auf durchschnittl. 41 % (alte Länder: 43 %, neue Länder: 37 %) vermindert. Diese Zahlen offenbaren eine gravierende Umschichtung der Sehgewohnheiten. Die Öffnung des Fernsehmarktes hat auch enorme wirtschaftl. Implikationen. Zwar ist laut geltendem Staatsvertrag der – zur ausschließlichen Finanzierung der Veranstalter dienende – Programmanteil von Werbung nach wie vor bei 20 % festgeschrieben, doch hat die zunehmende Zahl und Verbreitung priv. Programme insgesamt zu einem Anstieg der Nettoumsätze aus Werbung von rund 640 Mio. DM 1989 auf rund 7,9 Mrd. DM 1998 geführt. In etwa demselben Zeitraum sind die Netto-Werbeumsätze der ARD von rund 730 Mio. DM bzw. dem ZDF von rund 710 Mio. DM auf rund 350 Mio. DM bzw. 312 Mio. DM zurückgegangen. Diese Zahlen sind ein aufschlußreicher Hinweis auf das wachsende Gewicht wirtschaftl. Gesichtspunkte im Rundfunksystem insgesamt. In den alten Bundesländern hat sich die von Erwachsenen mit Fernsehen genutzte Zeit zwischen 1985 und 1999 um fast eine Stunde erhöht (*Berg/Kiefer* 1996). Diesen Anstieg wird neben strukturellen Faktoren wie dem Zuwachs an frei verfügbarer Zeit auch die wachsende Zahl von Anbietern und Programmen im Rundfunk sowie die Diversifizierung des Zeitschriftenmarktes erklären helfen.

Die Folgen der Dualisierung des Rundfunksystems auf die Weltsichten, polit. Orientierungen und allg. Lebensweisen der Bürger sind angesichts des Umstandes, daß die Dualisierung erst seit 1989 in nennenswertem Umfang greift, noch nicht verläßlich auszumachen. Zumindest für den Bereich der Politik ist jedoch festzuhalten, daß die öff.-rechtl. und priv. Veranstalter sich darin unterscheiden, in welchem Verhältnis Information und Unterhaltung angeboten werden (*Media Perspektiven* 1999: 24–25). Allerdings haben sich die zunächst erheblich divergierenden Stile der polit. Berichterstattung beider Systeme inzwischen stark angenähert, wobei beide Seiten zu dieser Konvergenz beigetragen haben. Solche Befunde können helfen, die Depolitisierungstendenzen in der Wahlbev. zu erklären, die z. B. *W. Schulz* (1997) gefunden hat.

6. Die zunehmende Durchdringung zeitgenössischer postindustrieller Gesellschaften durch etablierte wie neuartige Kommunikationssysteme mag zwar auf längere Sicht tatsächlich zu der erwarteten multimedialen Aufhebung der Trennung von Massen- und Individualkommunikation führen. Sie dürfte damit jedoch v. a. den Komplexitätsgrad diesbezüglicher Forschung erhöhen, ohne eine analytisch fundierte Trennung dieser unterschiedlichen Kommunikationsformen obsolet zu machen. Daß die technikinduzierte Dynamik des Übergangs in die Informations- bzw. Wissensgesellschaft (oder welche sonstige Metapher man für diesen künftigen Gesellschaftstyp wählen mag) auch die Strukturen des Systems der M. nachhaltig verändern wird, ist weniger die Frage als vielmehr, mit welchem Zeithorizont dieser Prozeß ablaufen wird. Nicht zuletzt stellt sich daher für die Forschung die Aufgabe, diese Entwicklungen begleitend zu analysieren und dabei auch die Folgen und Wirkungen in den Blick zu nehmen, die sich daraus für die → Lebenswelt der Menschen und für die polit. Ordnungsform der Demokratie, etwa im Kontext der Debatten über die Teledemokratie und die wachsende Bedeutung des strategischen Kommunikationsmanagements durch polit. Akteure, ergeben (dazu *Publizistik* 1997).

→ Internet und Politik; Medienpolitik; Medien und Politik.

Lit.: *Berg, K./Kiefer, M.-L.* (Hrsg.) 1996: Massenkommunikation V. Eine Langzeitstudie zur Mediennutzung 1964–1995, Baden-Baden. *Kaase, M.* 1999: Deutschland als Informations- und Wissensgesellschaft, in: *Kaase, M./Schmid, G.* (Hrsg.): Eine lernende Demokratie, WZB-Jahrbuch 1999, Bln., 529–559. *Lasswell, H. D.* 1964: The Structure and Function of Communication in Society, in: *Lyman B.* (Hrsg.): The Communication of Ideas, NY (zuerst 1948), 37–51. *Latzer, M.* 1997: Mediamatik – Die Konvergenz von Telekommunikation, Computer und Rundfunk, Opl. *Luhmann, N.* [2]1996: Die Realität der Massenmedien, Opl. *Maletzke, G.* 1976: Ziele und Wirkungen der

Massenkommunikation, Hamb. *Media Perspektiven* (Hrsg.) 1999: Basisdaten. Daten zur Mediensituation in Deutschland 1999, hrsg. im Auftrag der Arbeitsgemeinschaft der ARD-Werbegesellschaften, Ffm. *Publizistik* 1997, Schwerpunktheft Medien- und Gesellschaftswandel – Wandel der Forschung?, 42(1). *Schulz, W.* 1997: Politische Kommunikation, Opl./Wsb. *Wehner, J.* 1997: Interaktive Medien – Ende der Massenkommunikation, in: ZfS, 26, 96–114.

Max Kaase

Massenloyalität, politikwiss. Fachterminus für die Akzeptanz der jeweils bestehenden Herrschafts- und Gesellschaftsordnung durch breite Bevölkerungskreise, der zwar den neomarxistischen Theoremen des → Spätkapitalismus der 1960er und 1970er Jahre entstammt, aber auch ganz allg. zur Kennzeichnung der Legitimationsgrundlagen in wohlfahrtsstaatl. → Demokratien verwendet wird.

Im Ggs. zum Begriff der → Legitimität, der die Anerkennung der Geltungsgründe von → Herrschaft mit einschließt, ist der Begriff der M. inhaltlich diffus und weithin *output*-definiert. Er erfaßt die weitverbreitete polit. → Apathie und beschreibt die mehr oder minder passive Hinnahme von Herrschaft. M. ist folglich «herstellbar» und hängt eng mit der Leistungsfähigkeit des → Wohlfahrtsstaates zusammen. Allerdings bedarf es dazu eines stetigen Wirtschaftswachstums, einer nachfrageorientierten Wirtschaftspolitik (→ Keynesianismus) und einer (wenngleich strukturell nicht erreichbaren) dauerhaften (tatsächlichen wie vermeindlichen) Befriedigung von Konsumentenbedürfnissen durch sozialstaatl. Umverteilung. Solche Strategien der Sicherung von M. geraten notwendig in Konflikt mit den Imperativen der Kapitalverwertung. Der Begriff der M. reflektiert damit das zentrale Struktur- und Stabilitätsproblem, mit dem die Politik im Wohlfahrtsstaat konfrontiert ist.

→ Krise/Krisentheoretische Ansätze; Kritische Theorie; Regierbarkeit; Staatsversagen.

Lit: *Habermas, J.* 1973: Legitmationsprobleme im Spätkapitalismus, Ffm. *Narr, W.-D./Offe, C.* (Hrsg.) 1975: Wohlfahrtsstaat und Massenloyalität, Köln. *Offe, C.* 1972: Strukturprobleme des kapitalistischen Staates, Ffm.

Rainer-Olaf Schultze

Massenmedien, als Institutionen der Massenkommunikation unverzichtbare Träger der → Öffentlichen Meinung. Charakteristisch für M. (insbes. Presse, Hörfunk, Fernsehen) im Ggs. zu Medien der Individualkommunikation (Telefon, Abruf-Fernsehen) ist der indirekte und einseitige Kommunikationsfluß weniger Sender an ein anonymes, disperses Publikum.

Von der Politikwiss. lange vernachlässigt, haben Fragen nach der wahlbeeinflussenden Rolle insbes. des Fernsehens sowie die polit.-sozialen Probleme einer nahezu unabsehbaren Vervielfältigung der sog. «Neuen Medien» an unmittelbarer polit. Relevanz gewonnen. Systeme der M. sind nach wie vor nat. geprägt, europ. M. sind bislang allenfalls als Sprachraumprogramme realisiert, von einer «Europäisierung» kann daher nicht gesprochen werden. Nachdem in nahezu allen westl. Staaten sog. duale Medienordnungen eingeführt worden sind (öff.-rechtliche und priv.-kommerzielle Programme), ist die ordnungspolit. zentrale Frage diejenige nach dem dominierenden Charakter der M.: Überwiegt die Einschätzung als öff. → Dienstleistung oder die als Kulturgut? Entspr. liberal bzw. reglementiert wird die Organisation der M. sein. Ihre unterschiedliche Verfassung spiegelt sich in Programmen und dem Nutzungsverhalten des Publikums wider, genauso wie im Selbstverständnis der Journalisten. Dennoch sind bislang keine schlüssigen Belege für einen direkten polit. Einfluß vorhanden. Die Strukturierung des öff. Meinungs- und Willensbildungsprozesses durch → *Agenda setting* sowie die nachhaltige Beeinflussung des Meinungsklimas sind jedoch evident. Die Antizipation der Medienwirkung durch die polit.

Akteure ist insoweit als entscheidende Tatsache anzusehen.
Die Zukunft der M. als bislang integrierendem Faktor der Gesellschaften hängt davon ab, ob sich die von Industrie und Technik erwarteten Individualisierungsschübe bzw. Dezentralisierungstendenzen einstellen. Mit der heraufziehenden → Informationsgesellschaft könnte das Ende der M. gekommen sein, wobei über die Konsequenzen dieser anstehenden Fragmentarisierungstendenzen für die Politik bislang nur spekuliert werden kann.

→ Kommunikation; Kommunikationstheorien der Politik; Öffentlichkeit.

Lit.: *Donsbach,* W. u. a. (Hrsg.) 1993: Beziehungsspiele – Medien und Politik in der öffentlichen Diskussion. Fallstudien und Analysen, Gütersloh. *Dyson, K./Humphreys P.* 1990: Broadcasting and New Media Policies in Western Europe: a Comparative Study of Technological Change and Public Policy, L. *Luhmann, N.* 1996: Die Realität der Massenmedien, Opl. *Schulz, W.* 1997: Polit. Kommunikation – Theoretische Ansätze und Ergebnisse empirischer Forschung zur Rolle der Massenmedien in der Politik, Opl.

Winand Gellner

Master sample → Auswahlverfahren

Maße der zentralen Tendenz → Univariate Statistik

Maßzahlen, Kennwerte, mit denen empirische Verteilungen einfacher beschrieben werden können als durch Angabe sämtlicher Daten.

Auch wenn die Gesamtheit der Daten einer Erhebung zu Tabellen mit → Häufigkeitsverteilungen zusammengefaßt ist, bleibt der Vergleich solcher Verteilungen oft unübersichtlich und zu komplex. Einzelne M. sollen solche Vergleiche übersichtlicher machen. Wichtige M. sind: Lage-M. (Mittelwert, Median), Dispersions-M. (Varianz, mittlerer Quartilsabstand) und, für bivariate Verteilungen, Korrelationsmaße (Gamma, Lambda etc.).
Oft werden die empirisch erhobenen Daten nur als repräsentativ für einen intendierten Aussagenbereich angesehen – d.h. als → Stichproben aus einer bestehenden Grundgesamtheit, die oft nur theoretisch und mit Hilfe mathematischer Modelle konzipiert werden kann. Man unterscheidet dann die zwischen den M. der Stichprobe (bzw. konkreten Realisation der theoretischen Verteilung) und den entspr. Kennwerten der theoretischen Verteilungen – diese letzteren Kennwerte werden als Parameter bezeichnet. Üblicherweise werden M. mit lateinischen Buchstaben bezeichnet (z.B. Mittelwert, «M», oder Varianz «s^2»), die entspr. Parameter der Grundgesamtheit hingegen mit griech. Buchstaben (also «μ» bzw. «σ^2»). Bei den statistischen Verteilungsmodellen ist die Verteilung der M. beim zufälligen Ziehen von Stichproben aus einer mathematisch definierten Grundgesamtheit mit bestimmten Parametern eine Wahrscheinlichkeitsverteilung, die Stichprobenverteilung genannt wird.

→ Bivariate Statistik; Deskriptive Statistik; Univariate Statistik.

Jürgen Kriz

Materialismus, Denkrichtungen, die die Wirklichkeit monistisch aus der Materie als dem alleinigen Grund erklären. Nichtmaterielles (Geist, Ideen, Psychisches) wird auf Materielles (Körper, Sinneswahrnehmung, Physisches) reduziert oder als Derivat auf dieses zurückbezogen. Der umfassende Anspruch des M. dokumentiert sich in seinen atomistischen, mechanischen, energetischen, dialektischen Varianten sowie in seinem kosmologischen, ontologischen, erkenntnistheoretischen, psychologischen, anthropologischen Spektrum.

Ein ethisch-praktischer M. ist diesseitig orientiert und räumt materiellen Gütern den Vorrang ein. In der polit. Theorie knüpft sich daran die Legitimation des → Staates als eines Instruments, den Genuß materieller Güter durch legale Sicherungsmechanismen zu ermöglichen oder wohlfahrtsstaatl. zuzuteilen. Der → Historische Materialismus von *Marx* und im → Marxismus sieht im Ökonomischen und dessen Kern, der menschlichen Arbeitsproduktivität, die treibende Formkraft der Geschichte und analysiert diese als Phasenfolge sich entfaltender Produktivkräfte und → Klassengesellschaften mit davon abhängigen kulturellen und polit. Überbauverhältnissen (→ Basis-Überbau). Sein Kritikpotential stellt der M. in ideologiekritischen Strategien unter Beweis, welche idealistische Sinngebilde religiöser, metaphysischer, moralischer Art als bloßen «Überbau» demaskieren, der darunterliegende Macht- und Besitzinteressen verschleiert. Als Kampfbegriff wird M. negativ verwendet in Formen der Zeit- und Kulturkritik, positiv in der marxistischen Polemik gegen den bürgerlichen → Idealismus.

Lit.: *Braun, H.* 1982: Materialismus – Idealismus, in: *Brunner, O.* u. a. (Hrsg.): Geschichtliche Grundbegriffe, Stg., Bd. 3, 977–1020. *Lange, P. A.* 1974: Geschichte des Materialismus, 2 Bde., Ffm. (zuerst 1873–75). *Lutz-Bachmann, M./Schmid Noerr, G.* (Hrsg.) 1991: Kritischer Materialismus, Mchn.

Ulrich Weiß

Matrizenrechnung, ein im 19. Jh. entwickelter Kalkül, der Regeln über die Verknüpfung von Matrizen (→ Matrix) untereinander bzw. mit Skalaren definiert.

Von einer Matrix **A** mit m Zeilen und n Spalten sagt man, sie sei eine (mxn)-Matrix bzw. sie habe die Ordnung oder Dimension mxn. Bei m = n heißt die Matrix quadratisch, sind dabei nur jene Elemente a_{ij} ungleich 0, für die i = j ist (d. h. die Elemente der Hauptdiagonalen), so spricht man von einer Diagonalmatrix, sind diese Elemente a_{ij} (i = j) alle 1, so heißt die Diagonalmatrix Einheitsmatrix, meist mit **I** oder **E** bezeichnet. Gilt in einer quadratischen Matrix $a_{ij} = a_{ij}$ für alle i und j, so heißt die Matrix symmetrisch. Sind sämtliche Elemente einer Matrix 0, so heißt sie Nullmatrix. Matrizen mit nur einer Zeile, also von der Ordnung 1xn, heißen Zeilenvektoren; Matrizen mit nur einer Spalte, also von der Ordnung mx1, heißen Spaltenvektoren. Werden bei einer Matrix **A** sämtliche Spalten und Zeilen vertauscht, so heißt die neue Matrix **A'** die transponierte Matrix von **A** – d. h. jedes Element a_{ij} bei **A** wird zu a_{ij} bei **A'**. Klar ist, daß (**A'**)' = **A** ergibt. Für die oben definierte symmetrische Matrix gilt dann offenbar **A'** = **A**.

Jeder quadratischen (nxn)-Matrix **A** kann eine Zahl zugeordnet werden, die Determinante von **A** (det **A**) heißt und sich wie folgt ergibt:

$$\mathbf{det}\, A = \Sigma(-i)^p\, a_{1\alpha} \times a_{2\beta} \dots a_{n\nu}$$

Beispiel $\begin{pmatrix} 1 & 3 & 4 \\ 2 & 7 & 0 \end{pmatrix} + \begin{pmatrix} 3 & 4 & 5 \\ 6 & 2 & 1 \end{pmatrix} = \begin{pmatrix} 4 & 7 & 9 \\ 8 & 9 & 1 \end{pmatrix}$

Dabei nimmt die Zahlenfolge α, β, … ν alle möglichen (= n!) Permutationen der Zahlen 1, 2, … n an, und i ist die Anzahl der Inversionen der jeweiligen Permutation. Die Summe besteht also aus n! Produkten, jedes Produkt besteht aus n Faktoren – aus jeder Zeile und Spalte stammt genau ein Element. Die Addition bzw. Subtraktion von Matrizen ist nur für Matrizen derselben Dimension definiert, d. h. ist **A** eine (rnxn)-Matrix und **B** eine (pxq)-Matrix, so können diese Operationen nur ausgeführt werden, wenn gilt m = p und n = q. Addition (Subtraktion) der Matrizen **A** und **B** erfolgt dann einfach durch Addition (Subtraktion) der entspr. Elemente, d. h.

$$\mathbf{A} + \mathbf{B} = (a_{ji} + b_{ij}), \text{ für alle i und j.}$$

Beispiel

$$\begin{pmatrix} 1 & 3 & 4 \\ 2 & 7 & 0 \end{pmatrix} \cdot \begin{pmatrix} 1 & 2 \\ 3 & 2 \\ 2 & 5 \end{pmatrix} = \begin{pmatrix} 1+9+8 & 2+6+20 \\ 2+21+0 & 4+14+0 \end{pmatrix} = \begin{pmatrix} 18 & 28 \\ 23 & 18 \end{pmatrix}$$

Die Matrix-Addition (-Subtraktion) ist kommutativ, d. h. **A + B = B + A**, und sie ist assoziativ, d. h. **A + (B + C) = (A + B) + C**. Die Multiplikation zweier Matrizen ist nur definiert, wenn für die (mxn)-Matrix **A** und die (pxq)-Matrix **B** n = p gilt. Bei **A x B = C** ergibt sich jedes Element c_{ik} als Summe der Produkte jedes Zeilenelementes a_{ij} mit jedem Spaltenelement in b_{jk}, also:

$$\mathbf{A} \cdot \mathbf{B} = (\Sigma\, a_{ij}\, b_{jk}) = (c_{ik}) = \mathbf{C}$$

C ist von der Ordnung mxq. Die Matrix-Multiplikation ist nicht kommutativ. Im obi-

gen Beispiel ergab **A** · **B** eine (2X2)- Matrix während **B** · **A** eine (3x3)-Matrix ergeben hätte. Hingegen ist auch die Multiplikation assoziativ. Die Multiplikation von einem (1xn)-Zeilenvektor (links) mit einem (nx1)-Spaltenvektor (rechts) ergibt eine einzelne Zahl, das sog. Skalarprodukt; steht hingegen der Spaltenvektor links und der Zeilenvektor rechts, ergibt sich eine (nxn)-Matrix. Zwei Vektoren heißen zueinander orthogonal, wenn ihr Skalarprodukt Null ist – in der geometrischen Interpretation stehen diese Vektoren dann senkrecht aufeinander, d. h. der Winkel zwischen ihnen beträgt 90°. Gilt für eine (mxn)-Matrix **A'A** = **D**, wobei **D** eine Diagonalmatrix ist, so sind die Spaltenvektoren von **A** paarweise zueinander orthogonal; ist **D** = **E** (die Einheitsmatrix, s. o.), so heißen die Spaltenvektoren orthonormal.
Für die (nxn)-Matrix **A** läßt sich durch

$$\mathbf{AA^{-1} = E}$$

eine sog. inverse Matrix $\mathbf{A}^{-1}$ zu **A** definieren, die allerdings nur dann existiert, wenn det **A** nicht 0 ist; **A** heißt dann regulär, andernfalls (det **A** = 0) heißt **A** singulär. Es gilt: $(\mathbf{A} \cdot \mathbf{B})^{-1} = \mathbf{A}^{-1} \cdot - \mathbf{B}^{-1}$ und det $\mathbf{A}^{-1}$ = 1/det A. Gilt ferner **A'A** = **E**, dann heißt die Matrix orthogonal, und es gilt dann auch $\mathbf{A'} = \mathbf{A}^{-1}$. Orthogonale Matrizen sind stets regulär.
Durch die folgende Eigenwertgleichung für die (nxn)-Matrix **A**

$$\mathbf{A} \cdot \mathbf{x} = \lambda\, \mathbf{x}$$

werden die Eigenvektoren x_i und die dazugehörigen Eigenwerte _i definiert. Mit Hilfe der Matrizenschreibweise und -rechnung lassen sich viele statistische Probleme auch in den Sozialwiss. einfach und übersichtlich darstellen. Hat man z. B. an n Personen m Variable, $x_1 \dots x_m$, gemessen», die nach $Z_1, \dots Z_m$, transformiert seien ($z_{ij} = [x_{ij}-\mu]/\sigma$, die übliche Standardisierung), so läßt sich die Korrelationsmatrix **R** bzw. Kovarianzmatrix S einfach wie folgt berechnen: **1/n ZZ' = R = S**. Ähnlich einfach läßt sich z. B. das Grundmodell der Faktorenanalyse schreiben, nämlich **Z = AP**, d. h. die beobachteten (standardisierten) Daten **Z** werden zerlegt («erklärt») als Produkte von Ladungen **A** der Variablen auf theoretischen Faktoren und den Faktorenwerten **P** der Personen. Unter der Bedingung unkorrelierter Faktoren kann man daraus **R = AA'** ableiten. Dieses Gleichungssystem wiederum wird dann eindeutig lösbar, wenn der 1. Faktor die maximale Varianz «abschöpfen», soll (d. h. $\Sigma\, a^2_{i1}$ = Max!), der 2. Faktor die maximale Restvarianz usw., was dann auf die Lösung des oben skizzierten Eigenwertproblems hinausläuft.

Lit.: *Überla, K.* [2]1977; Faktorenanalyse, Bln. u. a. *Zurmühl, R.* 1964: Matrizen und ihre technischen Anwendungen, Bln.

Jürgen Kriz

Maximin-Strategie, allg. das Verhalten eines Entscheiders bzw. Spielers, der jene Handlung bzw. Strategie wählt, die den sich im ungünstigsten Fall ergebenden Nutzen maximiert.

Diese Entscheidungsregel setzt einen «pessimistischen» Entscheider voraus, der stets davon ausgeht, daß die «Natur» oder die Gegenspieler die für ihn schlechteste Alternative wählen. Im Spezialfall des Zwei-Personen- → Nullsummenspiels ist die M.-S. jedoch optimal, da hier die Gegenspielerin tatsächlich den Nutzen des ersten Spielers minimiert, indem sie ihren eigenen Nutzen maximiert. Die Strategie der Gegenspielerin wird deshalb als Minimax-Strategie bezeichnet (→ Minimax-Theorem).

→ Spieltheorie.
Lit.: → Spieltheorie.

Katharina Holzinger

Maximum-Likelihood-Methode → Schätzen

Mean → Univariate Statistik

Median → Univariate Statistik

Medianwähler, in der → Ökonomischen Theorie der Politik Bezeichnung für einen Wähler, dessen individuelle Präferenzordnung innerhalb eines polit.-ideologischen Spektrums am Median ausgerichtet ist.

Gemäß der Ökonomischen Theorie der Politik bestimmt der M. bei ein- oder zweigipfligen Wählerverteilungen weitgehend die Höhe der Gesamtnachfrage nach einem bestimmten *public good*. Die polit. → Parteien orientieren sich unter dem marktrationalen Gesichtspunkt der → Stimmenmaximierung bei der Formulierung ihres Parteiprogramms weitgehend am Median der Wählerverteilung und begünstigen somit das Erreichen eines → Pareto-Optimums: Die Programme der Parteien nähern sich derart an, daß kein Programm den Wähler schlechter stellen könnte, ohne zugleich einen anderen schlechter zu stellen.

→ Neue Politische Ökonomie; Ökonomische Theorien der Politik; univariate Statistik; Wählerverhalten.
Lit.: → Stimmenmaximierung.

Susanne Schäfer-Walkmann

Mediation (engl. für Vermittlung), Fachterminus für solche Formen friedlichen Konfliktmanagements, bei denen eine dritte Partei durch ihr «Dazwischenstellen» einen → Konflikt beizulegen sucht.

M. wird in unterschiedlichen Konflikten angewandt, etwa bei Familienkonflikten, Tarifauseinandersetzungen oder Ökologiekonflikten. In den → Internationalen Beziehungen bezieht sich der Begriff ausschließlich auf die friedliche Intervention externer Parteien in internat. oder innerstaatl. Krisen und Kriege. M. wurde im Völkerrecht Ende des 19. Jh. institutionalisiert. Nach 1945 etablierten sich die UN als internat. Vermittlungsinstitution, doch mittlerweile vermitteln auch die regionalen Organisationen (z. B. OAU, OAS, OSZE), → Nicht-Regierungsorganisationen und Privatpersonen.
Der als Oberbegriff gebräuchliche Terminus M. umfaßt ein breites Handlungsspektrum. Die Stille Diplomatie versucht, bei einem Kommunikationsstillstand durch das Übermitteln von Informationen wieder indirekte Kontakte herzustellen. Gute Dienste stellen logistische Voraussetzungen für direkte Gespräche zwischen den Konfliktparteien bereit. Bei Verhandlungen kann die dritte Partei die Kommunikation erleichtern, indem sie die verschiedenen Standpunkte deutlicher herausarbeiten hilft. Beraten die Vermittler die Parteien, etwa über Verhandlungstechniken, so spricht man von Konsultation, bringen sie eigene Problemlösungsvorschläge ein, von i. e. S. Mediation. Bei der Schiedsgerichtsbarkeit entscheidet ein unabhängiges Gericht oder eine Kommission über den Konflikt. Ziel der meisten Aktivitäten im Bereich der M. ist das Aushandeln eines Waffenstillstandes oder Friedensvertrages.

Lit.: *Bercovitch, J./Rubin, J.* (Hrsg.) 1992: Mediation in International Relations. Multiple Approaches to Conflict Management, L. u. a. *Hoffmann-Riem*, W. (Hrsg.) 1990: Konfliktbewältigung durch Verhandlungen, Baden-Baden. *Mitchell, C./Webb, K.* (Hrsg.) 1985: New Approaches to International Mediation, Westport. *Paffenholz, T.* 1995: Vermittlung – Kriegsbeendigung und Konfliktregelung durch friedliche Einmischung, in: *Matthies, V.* (Hrsg.): Vom Krieg zum Frieden, Bremen, 39–56. *Ropers, N./Debiel, T.* (Hrsg.) 1995: Friedliche Konfliktbearbeitung in der Staaten- und Gesellschaftswelt, Bonn.

Andrea Liese

Medienpolitik, zentraler Bestandteil der Kommunikationspolitik, die neben den Medien auch die individuellen Kommunikationsbeziehungen erfaßt.

1. M. hat sich als Politikfeld bislang in der Politikwiss. nicht recht durchsetzen können. Häufig wird von Politikwissenschaftlern eingewendet, Medien seien keine polit. relevanten Gegenstände. Diese reduktionistische Sichtweise der Medien als «Transportmittel» und allenfalls bei → Wahlen einflußreiche Organisationen hat zu einer Dominanz von Ökonomen, Soziologen und Juristen in der wiss. Beschäftigung mit M. geführt. Inhaltlich konturierte M. von → Parteien und → Interessengruppen findet sich erst mit der technischen Ausdifferenzierung der Mediensysteme, die zu Beginn der 1970er Jahre in den meisten modernen → Industriegesellschaften einsetzte. Davor bestand M. in gou-

vernementalen Entscheidungen, die neben erzieherischen zumeist von machtpolit. Interessen bestimmt waren: M. als Machtpolitik. Als legitimierende Ordnungskriterien dieser traditionellen medienpolit. Konstellation galten entw. der pluralistische, zumindest jedoch weitestgehend regulierungsfreie → Markt der Druckmedien bzw. öff.-rechtl. Rundfunkmonopole, beide Ordnungen auf i. d. R. verfassungsmäßig normierter Grundlage (Meinungs- und Informationsfreiheit). Nach dem Schlagwort «*cuius regio – eius radio*» galt die personelle Besetzung der Sender gemeinhin als ausreichende Medienpolitik. Die Vervielfachung der Sendekanäle führte schließlich zu medienpolit. Auseinandersetzungen, die zunehmend zu einer inhaltlichen Profilierung der medienpolit. Programme der Parteien führte. Deren Positionen spiegeln zwar immer noch machtpolit. Überlegungen wider (heutzutage insbes. verstanden als wirtschaftl. Standortpolitik); dennoch lassen sich zunehmende Emanzipationstendenzen der Medien erkennen.

2. Das Verhältnis von Medien und Politik sollte in → Repräsentativen Demokratien ein möglichst gleichgewichtiges sein. Eine derart charakterisierte polit. → Kommunikation setzt voraus, daß die Medien einerseits nicht von der Politik abhängig sind und die Politik andererseits die unabhängige Rolle der Medien im Meinungs- und Willensbildungsprozeß anerkennt. Die zunehmende Unterwerfung der Medien unter kommerzielle Gesichtspunkte (Einschaltquotendruck) hat indes dazu geführt, daß die Medien ökon. Handlungsrationalitäten folgen und Politik primär unter dem Aspekt der Zuschauermaximierung behandeln und darstellen. Dieses populistisch-mediokratisch geprägte Muster polit. Kommunikation wirkt sich v. a. auf den Einfluß der Medien im Wahlkampf aus, wie insbes. das US-amerikan. Beispiel zeigt.

→ Kommunikationstheorien der Politik; Massenmedien.

Lit.: *Gellner, W.* 1990: Ordnungspolitik im Fernsehwesen, Ffm. *Gruber, B.* 1995: Medienpolitik der EG, Konstanz. *Keusen, K.-P.* 1997: Studien zur Medienpolitik in Europa – Die Deregulierung der Fernsehsysteme in Großbritannien und Frankreich bis Mitte der 90er Jahre, Alfeld. *Ronneberger, F.* 1978 ff.: Kommunikationspolitik, 3 Bde., Mainz.

Winand Gellner

Medien und Politik. In demokratischen Systemen stehen M. u. P. in einem engen Austauschverhältnis, das von gegenseitiger Abhängigkeit gekennzeichnet ist. Die M. aggregieren und selektieren die Erwartungen der Bev. an die P. und sie informieren über polit. Prozesse und interpretieren und bewerten diese für die Bev. und ermöglichen so polit. → Öffentlichkeit. Das → Politische System bedarf dieser Vermittlungsleistung der M. auf der *Input*- und der *Output*seite für seine Legitimation und um Unterstützung für sein Handeln zu generieren (→ Legitimität). Die M. wiederum brauchen die Informationen aus der P., um ihrer öff. Aufgabe, die eine Informations-, Meinungsbildungs- sowie eine Kritik- und Kontrollfunktion umfaßt, nachkommen zu können.

Wenngleich sich Mediensystem und polit. System in ihren Zielen also überschneiden, arbeiten beide jedoch nach je unterschiedlichen Regeln. Sammeln, Auswahl, Bearbeitung und Darstellung von Informationen durch die M. geschehen nach ihnen spezifischen Aufmerksamkeitsregeln. Das polit. System, auf die Hervorbringung verbindlicher Entscheidungen gerichtet, hat dafür eigene Regeln. Zur Deckung kommen die Aufmerksamkeitsregeln der M. und der P. u. U. da, wo der P. an einer wirksamen Darstellung ihrer Entscheidungen gelegen ist.

1. Um die Chance zu erhöhen, in den M. Berücksichtigung zu finden, und dies möglichst in einer ihr zuträglichen Weise, bemüht sich die P., Einfluß auf die Berichterstattung zu gewinnen. Das geschieht zum einen durch Abstimmung ihrer Informationsangebote auf die Auswahl- und Bearbeitungsroutinen der in den Medienorganisationen Tätigen.

Solche Art der aktiven Kommunikationsarbeit polit. Akteure versucht, Aufmerksamkeit für die P. zu schaffen, sie auf solche Themen zu lenken, die die P. selbst für opportun hält, und jedes Thema mit einem geeigneten Bezugsrahmen zu versehen (*agenda setting, framing*). Diese wird dabei zunehmend von Experten aus der *Public Relation-* und Werbebranche unterstützt. Als polit. Marketing sind solche Strategien insbes. zu Wahlkampfzeiten evident. Zum anderen bieten sich den polit. Akteuren formelle und informelle Wege, um die Medienberichterstattung in ihrem Sinne zu konditionieren.

So verfügen Parteien, Parlamente und Regierungen als «gesellschaftl. relevante Gruppen» über Sitze in den Aufsichtsgremien der öff.-rechtl. Rundfunkanstalten. Die Rundfunkräte bzw. beim ZDF der Fernsehrat haben eine Kontroll- und Beratungsfunktion hinsichtlich des Programms; die Verwaltungsräte prüfen den Haushalt und überwachen die Geschäftsführung des Intendanten. Wiewohl die Mitglieder der Rundfunkräte nach einem Urteil des Bundesverfassungsgerichts («WDR-Urteil», 1991) zur Sicherung der Meinungsvielfalt Vertreter der Allgemeinheit und nicht Interessenvertreter der sie entsendenden Gruppen sind, bleibt eine parteipolit. Orientierung auch der nicht aus der P. entsandten Mitglieder meist offensichtlich («Freundeskreise»). Da die Intendanten von den Rundfunkräten gewählt werden und einige Rundfunkgesetze diesem Gremium auch Mitspracherechte bei der Besetzung anderer Leitungspositionen einräumen, ist so der unmittelbare Einfluß auf die Personalpolitik gegeben. Darüber hinaus eröffnen die «Beratung in Programmfragen» sowie persönliche Bekanntschaften durch die Zusammenarbeit den Vertretern der P. Möglichkeiten zur Wahrung eigener Interessen. Ähnlich wie in den Kontrollgremien der öff.-rechtl. Rundfunkanstalten sind Repräsentanten der Politik auch in den Aufsichtsgremien für den priv. Rundfunk vertreten. Diese haben jedoch keinen Einfluß auf die Personalpolitik der Sender.

Auf informellem Wege sucht die P. ihre Interessen durch Informationsaustausch mit Medienvertretern in sog. Hintergrundgesprächen sowie durch direkte persönliche Kontakte mit Journalistinnen und Journalisten zu sichern. Hier treffen die Interessen beider Seiten unmittelbar aufeinander: Während die Akteure der P. nach Öffentlichkeit für sich persönlich sowie für ihre polit. Positionen und damit nach Prestige- und Machtgewinn streben, versprechen sich die Journalisten Zugang zu möglichst exklusiven Informationen und durch die Nähe zur Macht auch persönliches Prestige bei Kollegen und Publikum. Dieses enge Verhältnis zwischen Politikern und Journalisten wird daher häufig als symbiotische Beziehung bezeichnet.

2. Der tiefgreifende Wandel, der das dt. Mediensystem etwa seit Beginn der 1980er Jahre erfaßt hat, hat auch die Bedingungen für die Berichterstattung über P. verändert. Die Einführung priv. Rundfunks ab 1984 zog eine Vervielfältigung der Hörfunk- und Fernsehsender nach sich. Die verschärfte Konkurrenz hat auch die öff.-rechtl. Sender ergriffen und insgesamt eine Kommerzialisierung des Medienmarktes bewirkt. Mit der Vielzahl der Kanäle und einer entspr. Fragmentierung der Zuschauer in potentiell unterschiedliche Teilöffentlichkeiten, was die Integrationsfunktion der Massenmedien in Frage stellen könnte, wird es für die P. schwieriger, das Publikum anzusprechen. Zudem erleichtert die große Zahl konkurrierender Programme dem Publikum das Ausweichen vor der Politik. Da solche Angebote, die primär die Unterhaltungserwartungen der Zuschauer bedienen, größeren Zuspruch (Einschaltquoten) erfahren, droht P. nach Umfang und Sendezeit zu einem peripheren Thema oder aber zu einem Spezialthema (Nachrichtenkanäle) zu werden. P., die sich in der Angebotskonkurrenz bewähren soll, weist daher zunehmend solche Charakteristika auf, die sich bei anderen Angeboten als attraktiv für das Publikum erwiesen haben.

In bezug auf Wahlkämpfe als Phasen intensivierter polit. Kommunikation ist diese Entwicklung immer wieder als Amerikanisierung bezeichnet worden. Gemeint ist die Professionalisierung der polit. Kommunikation als Reaktion auf gesellschaftl. Wandel, der zu einer größeren Unberechenbarkeit der Wählerschaft geführt hat (labilere Parteibindungen), schrumpfende Entscheidungsspielräume der P. sowie auf die beschriebenen Veränderungen des Mediensystems. Mit der Professionalisierung der Politikvermittlung kommt es zur Entideologisierung, zur Personalisierung einschließlich einer stärkeren Betonung des Privaten und zum aktiven Kommunikationsmanagement, das auf Anpassungs-, Aufmerksamkeits- und Ablenkungsstrategien setzt. Dieses richtet sich vorrangig auf das Fernsehen, das als audiovisuelles Medium in bes. Weise auch die emotionale Ansprache des Publikums erlaubt. Wegen der höheren Glaubwürdigkeit zielt die P. dabei bevorzugt auf diejenigen redaktionellen Angebote, die von den M. selbst verantwortet werden. Daneben gewinnen solche Formate bzw. andere Kommunikationskanäle an Bedeutung, die für die polit. Akteure besser kalkulierbar sind und ihnen mehr Raum für die Selbstdarstellung lassen. Das betrifft z. B. *Talk Shows*, Formen polit. Werbung, für die die Massenmedien nur als Träger fungieren, sowie neuerdings das → Internet, das der P. den direkten Weg zu ihrem Publikum öffnet. Die Vermittlung von P. nach den Gesetzen des Marketings sowie die Fokussierung auf das Fernsehen erfordern auch einen (neuen) Politikertyp mit entspr. Eigenschaften bzw. der Fähigkeit zur Anpassung an die Regeln professionalisierter Politikvermittlung.

3. Da P. in der Massengesellschaft für den einzelnen nur sehr bedingt direkt erfahrbar ist, spielen die M. eine wichtige Rolle in der Konstruktion der polit. Realität. Das enge Verhältnis von M. u. P., der Inszenierungscharakter der Politikdarstellung sowie die damit wachsende Neigung der M., die Strategien der P. zu thematisieren, haben immer wieder Anlaß zu der Befürchtung gegeben, diese Entwicklungen könnten zu einer Entfremdung der Bürgerinnen und Bürger von der P. führen. Zudem wird generell die Orientierung für den einzelnen in Anbetracht der wachsenden Menge täglich angebotener und jegliche Grenzen überschreitender Informationen immer schwieriger. Wenigstens bei denjenigen, die für den sinnvollen Umgang mit den Medien unzureichend ausgebildet sind (Medienkompetenz), dürfte dies den Rückzug auf eindeutige und weniger anspruchsvolle Medienangebote fördern.

→ Massenkommunikation; Medienpolitik.

Lit.: *Donsbach, W.* u. a. 1993: Beziehungsspiele – Medien und Politik in der öffentlichen Diskussion, Gütersloh. *Luhmann, N.* 1996: Die Realität der Massenmedien, Opl. *Holtz-Bacha, C.* 1997: Das fragmentierte Medien-Publikum, in: APuZ, B42, 13–21. *Schulz, W.* 1997: Politische Kommunikation, Opl./Wsb. *Jarren, O. u. a.* (Hrsg.) 1998: Politische Kommunikation in der demokratischen Gesellschaft, Opl./Wsb. *Sarcinelli, U.* (Hrsg.) 1998: Politikvermittlung und Demokratie in der Mediengesellschaft, Opl./Wsb.

Christina Holtz-Bacha

Mehrebenen-Analyse, Fachterminus für sozialwiss. Untersuchungen, die mehrere Aggregationsebenen berücksichtigen, also neben individuellen Merkmalen, Verhaltens-, Handlungsmustern auch Merkmale von Kontexten (z. B. Gruppen, Organisationen, Territorien) erfassen und die Zusammenhänge auf der individuellen Mikro-Ebene mit den Zusammenhängen der gleichen Variablen auf höherer Aggregatebene, also auf der Meso-Ebene (von Gruppen-, Regionen-Kontexten) oder auf der Makro-Ebene (z. B. des gesamten → Politischen Systems), verknüpfen.

Unterstellt wird dabei die Abhängigkeit der Beziehungen auf der Mikroebene von den Aggregaten der Meso- oder Makroebene, z. B. das individuelle → Wählerverhalten in Abhängigkeit von Wohn- und Siedlungskontext, von der Milieuzugehörigkeit, von konfessioneller oder gewerkschaftlicher Bindung usw.

I. e. S. bezeichnet M.-A. Untersuchungen, die sich mit den Beziehungen polit. Akteure und Institutionen unterschiedlicher Systemebenen beschäftigen, insbes. mit den Interaktions- und Entscheidungmustern in den → Verhandlungssystemen des → Föderalismus, also in Systemen der horizontalen wie vertikalen → Politikverflechtung bzw. der →

Mehrebenen-Verflechtung, z. B. auch den Bund-Länder-EU-Beziehungen.

→ Kontext/Kontextanalyse; Mikro-Makro-Analyse.

Lit.: Engel, U. 1998: Einführung in die Mehrebenenanalyse, Wsb.

Rainer-Olaf Schultze

Mehrebenen-Verflechtung, mehrfach vermittelte, verschachtelte Interaktionsmuster und Entscheidungssituationen von individuellen und/oder kollektiven → Akteuren bzw. → Institutionen, deren Handlungsweisen darüber hinaus durch verschiedenartige Politikstile und Entscheidungsmodi, intraorganisatorisch durch autoritativ-hierarchisches Entscheiden, interorganisatorisch durch konsensuales → Verhandlungssystem-Entscheiden, bestimmt sein können.

Typisches Beispiel für M.-V. ist die → Politikverflechtung in der BRD, vertikal z. B. die Beziehungen der Regierungen von Bund-Ländern oder Bund-Ländern-EU, horizontal die exekutiven Länder-Länder-Beziehungen, beide zudem vermittelt, aber auch kompliziert durch die Einbindung der Akteure in weiteren Netzwerken, u. a. durch den Parteienwettbewerb.

Lit.: → Politikverflechtung.

Rainer-Olaf Schultze

Mehrheit (Mehrheitsprinzip), im polit. Willensbildungs- und Entscheidungsprozeß als Entscheidungsregel und als Repräsentationsprinzip verwendetes Konzept.

1. Entscheidungsregel bei Wahlen und Abstimmungen, der zufolge jene Alternative siegt, welche die M. der Stimmen auf sich vereinigt. Es ist das ausschließliche Entscheidungsprinzip bei unipersonalen Wahlen und Sachentscheidungen (→ Volksabstimmung, Referendum). Die geforderte M. kann entw. die relative M. sein (mehr Stimmen als jede einzelne Alternative) oder die absolute M. (mehr Stimmen als alle anderen Alternativen zusammen bzw. mehr als 50 % der Stimmen) oder eine qualifizierte M. (meistens zwei Drittel der Stimmen). Gelegentlich (insbes. bei Wahlen zu unipersonalen Organen wie dem Staatspräsidenten) wird bei Anwendung der relativen M. das Erreichen eines Mindestquorums (etwa 40 % der Stimmen) gefordert. Im Falle der absoluten M. muß, wenn kein Kandidat die erforderliche M. erreicht, die Entscheidung in einem weiteren Wahlgang gesucht werden, für den die Kandidatur i. d. R. auf die zwei stimmstärksten Kandidaten des ersten Wahlgangs beschränkt bleibt (Stichwahl). Qualifizierte M. werden i d. R. nur bei Abstimmungen in Gremien (z. B. Parlament) gefordert (etwa bei Verfassungsänderung).

2. Repräsentationsprinzip, dem zufolge in der Wahl von repräsentativen Körperschaften ein Willensbildungsprozeß stattfindet (im Ggs. zu Abbild- oder Spiegelbildfunktion des → Proporzprinzips) und mittels des Entscheidungsprinzips der M. (→ Wahlsystem) sich zum einen die Wählerstimmen auf die großen Parteien konzentrieren, welche allein die Chance haben, die geforderte M. zu erringen, und sich zum anderen relative Stimmenmehrheiten in absolute Mandatsmehrheiten verwandeln.

→ Repräsentation.

Lit.: → Wahlsysteme.

Dieter Nohlen

Mehrheitswahl → Wahlsysteme

Mehrparteiensystem → Parteiensystem

Mehrphasenauswahl → Auswahlverfahren

Mehrstufige Auswahlverfahren → Auswahlverfahren

Mehrvariablen-Analyse, Fachausdruck für alle (meist quantitativ-statistischen) Analysen der Wechselwirkungen zwischen mindestens drei → Variablen.

Die M. dient dazu, komplexere Zusammenhänge zwischen einer zu erklärenden Variablen und erklärenden Größen («Prädiktoren») hinsichtlich ihrer Stärke, Richtung und Signifikanz und unter Berücksichtigung des Effektes anderer Bestimmungsfaktoren zu beschreiben und zu erklären und hierdurch Erklärungsmodelle, → Hypothesen oder → Theorien zu prüfen oder neu zu entwickeln. Zur M. gehören u. a. die Regressionsanalyse mit mindestens zwei erklärenden → Variablen, die → Diskriminanz- und die → Faktorenanalyse.

→ Inferenzstatistik; Regressionsanalyse.

Manfred G. Schmidt

Mehrwert/Mehrwerttheorie, basiert auf der Arbeitswertlehre der sog. Klassiker der → Politischen Ökonomie *Adam Smith* und *David Ricardo* und wurde dann von *Karl Marx* zur Mehrwerttheorie, als Grundlage seiner Kritik der Politischen Ökonomie des → Kapitalismus weiterentwickelt.

Im Kapitalismus sind die Lohnarbeiter im doppelten Sinne «frei»: frei im Vergleich zum leibeigenen Bauern im → Feudalismus, aber auch «frei» in dem Sinne, daß sie ihrer eigenen → Produktionsmittel beraubt wurden und gezwungen sind, ihre Arbeitskraft zu verkaufen, wenn sie sich und ihre Familien ernähren wollen. Arbeitskraft wird damit zur Ware und als solche besitzt sie einen Wert, der bestimmt wird durch die Kosten zur Wiederherstellung (→ Reproduktion) der eigenen Arbeitskraft und der ihrer Nachkommen. Nach *Marx* ist dieser Wert (v oder variables Kapital) aber niedriger als der Wert der jeweiligen Produkte, die die Arbeitskräfte im direkten Produktionsprozeß in Kombination mit den Produktionsmitteln (c oder konstantes Kapital) erzeugen. Die Differenz zwischen dem Wert des Produkts und demjenigen der Arbeitskraft ist der Mehrwert (m), der sich mathematisch ausdrückt als m = c/v. Indem der Kapitalist sich diesen Wert aneignet, beutet er die Arbeitskräfte aus. Allerdings muß er den M. auf den jeweiligen Warenmärkten im sog. Zirkulationsprozeß in der Konkurrenz zu anderen Kapitalisten realisieren.

→ Marxismus.

Lit.: *Backhaus, H. G.* 1969: Zur Dialektik der Wertform, in: *Schmidt, A.* (Hrsg.): Beiträge zur marxistischen Erkenntnistheorie, Ffm., 128 ff. *Marx, K.* 1957 ff.: Das Kapital. Kritik der politischen Ökonomie, MEW, Bde. 23–25, Bln. (zuerst 1867–94). *Marx, K.* 1957 ff.: Theorien über den Mehrwert, MEW, Bd. 26, Bln. (zuerst 1862). *Korsch, K.* 1969: Karl Marx, Ffm. *Vranicki, P.* 1983: Geschichte des Marxismus, 2 Bde., Ffm.

Josef Esser

Meinungsforschung → Demoskopie

Meinungsfreiheit → Freiheit; Grundrechte

Meinungsführer → *Opinion leader*

Meinungsklima → Schweigespirale

Mehrwertsteuer → Umsatzsteuer

Meistbegünstigungsklausel, ein in zwischenstaatl. Handelsverträgen genutztes Instrument, mit dem dem Vertragspartner die gleichen Bedingungen eingeräumt werden wie dem meistbegünstigten Land.

Die M. ist insbes. ein Grundprinzip im Allgemeinen Zoll- und Handelsabkommen (GATT) bzw. der Nachfolgeorganisation Welthandelsabkommen (WTO), mit dem versucht wird, bilaterale Fortschritte beim Abbau von Handelshemmnissen multilateral zugunsten eines größeren → Freihandels zu nutzen. Die M. kann in der sachlichen und zeitlichen Reichweite begrenzt und an Bedingungen, z. B. wechselseitige Einräumung, gebunden werden.

→ Außenhandel/Außenhandelspolitik; Außenwirtschaft.

Lit.: → Außenhandel/Außenhandelspolitik.

Uwe Andersen

Melting Pot (engl. für Schmelztiegel), meint die fortschreitende biologische wie kulturelle Vermischung der Einwandererethnien und die damit verbundene Auflösung ihrer kulturellen Eigenständigkeit zugunsten einer neuen amerikan. Kultur und → Nation.

Urspr. Titel eines Theaterstücks (1908) des jüdisch-amerikan. Autors *I. Zangwill*, wird *m. p.* in der Folgezeit zur Leitidee der US-amerikan. Einwanderungsgesellschaft. Die → Ideologie des *m. p.* ist normativ wie empirisch fragwürdig: (1) Ideologiekritisch ist festzustellen, daß *m. p.* weniger die freiwillige und gleichberechtigte Integration der Einwanderer als die verdeckte Assimilierung an die WASPs, die weiße, protestantisch angelsächsische Mehrheitskultur bedeutete. (2) Empirische Studien zeigten seit den 1940er Jahren, daß die Mischung der → Ethnien und Kulturen (a) lediglich innerhalb der religiösen Großgruppen (Potestanten, Katholiken, Juden) stattfand (*triple melting pot thesis*) und (b) Rassenschranken (gegenüber Schwarzen, Asiaten, Hispanics) bestehen blieben. Seit den 1960er Jahren begehren die ethnischen → Gemeinschaften zunehmend gegen die vermutete → Diskriminierung unter der Ideologie des *m. p.* auf (*ethnic revival*) und drängen i. S. des → Multikulturalismus auf Erhaltung und selbstbestimmte Entfaltung der eigenen kulturellen → Identität. Die empirische Realität ist die der *salad bowl*, der Salatschüssel, auf der die einzelnen Teile des Salats sichtbar bleiben.

→ Migration; Political Correctness.

Günter Rieger

Menschenrechte/Grundrechte/Bürgerrechte, bezeichnen mit teils identischem teils divergierendem Bedeutungsgehalt fundamentale Rechte, welche die Stellung der Individuen in polit. Gemeinwesen regeln sollen bzw. regeln. Sie sichern als kodifizierte Rechte einen einklag- und durchsetzbaren Mindeststandard an individueller → Freiheit sowie polit. und sozialer → Gleichheit. In der unaufhebbaren Spannung zwischen der von ihnen als normativem polit. Ideal ausgehenden Freiheits- und Gleichheitsverheißung und der jeweiligen rechtl. wie gesellschaftl. Wirklichkeit bleiben sie polit. Kampfbegriffe. Sie werden religiös und philosophisch begründet oder rein positivistisch als staatl. gesetztes Recht behandelt. Reichweite und Inhalt dieser Rechte hängen ab von sich wandelnden, kulturellen, sozial-ökon. und polit. Bedingungen.

(1) M. meinen Rechte, die Menschen als Menschen, unabhängig von ihrer Zugehörigkeit zu einem Staat von «Natur aus» zukommen. Sie gelten als angeboren, unveräußerlich und unantastbar. Sie erheben ihren Geltungsanspruch jenseits jeder rechtl. Positivierung. (2) G. dagegen sind in geschriebenen und ungeschriebenen Verfassungen garantierte, menschenrechtl. legitimierte Individualrechte. Nach dem Adressatenkreis lassen sich unterscheiden: (a) Grundrechte als B. bezeichnen alle, den jeweiligen Staatsbürgern verfassungsmäßig garantierten Rechte. Darunter fallen mit *G. Jellineks* (1892) «System der subjektiven öffentlichen Rechte» im wesentlichen drei Arten von Ansprüchen gegen den Staat: (a) der *status negativus*, der die persönlichen Freiheitsrechte, verstanden als Abwehrrechte, umfaßt (b) der *status activus*, der die demokratischen Mitwirkungsrechte bezeichnet sowie (c) der *status positivus*, der die sozialen Rechte meint; (b) Grundrechte als M. sind jene G., die jedem Menschen im Machtbereich eines Staates unabhängig von seiner Staatsangehörigkeit gewährt werden. Insbes. die polit. Rechte bleiben hier i. d. R. ausgeklammert. (3) B. definieren die rechtl. Stellung von Staatsangehörigen (→ Bürgerschaft; Staatsbürgerschaft). I. w. S. umfassen sie alle den Bürgern verfassungsmäßig garantierten zivilen, polit. und sozialen Grundrechte. I. e. S. bezeichnen sie allein die polit. Teilhaberechte wie Versammlungs- und Vereinigungsfreiheit, → Wahlrecht usw.

1. Ideengeschichtl. sind in der christlich-abendländischen Tradition zwei unter-

schiedliche, jedoch aufeinander verweisende Entstehungs- und Überlieferungszusammenhänge für M. und B. zu unterscheiden: (1) Seit der Antike werden dem Bürger (lat.: *civis*) als Mitglied eines polit. Gemeinwesens explizit oder implizit bestimmte Rechte insbes. in bezug auf die selbstbestimmte Regelung polit. Angelegenheiten zugesprochen. Paradigmatischer Text ist das dritte Buch der aristotelischen «Politik». Danach ist der Bürger ein Teil der → *Polis*. Allerdings ist nicht jeder Bewohner Bürger. Als Bürger qualifiziert sich, wer an der Selbstregierung, den bürgerlichen Ämtern und Ehren, partizipiert. Das aber unterscheidet sich je nach der polit. Verfassung bzw. der → Staatsform. *Aristoteles* Begründung bleibt zirkulär und provoziert den anhaltenden Streit darüber, wer die Freien und unter sich Gleichen, die sich selbst regieren, sind. Die Adligen und Reichen gehören jedenfalls dazu. Die Frauen, Sklaven und Handwerker bleiben grundsätzlich ausgeschlossen. Der Überlieferungszusammenhang für B. als exklusive polit. Mitgliedschaftsrechte läßt sich von den griech. Stadtstaaten, über das antike Rom bis zur mittelalterlichen Stadt (*burgher*, *bourgeois*, *citoyen*, *citizen*) rekonstruieren und ist noch im modernen Begriff des Staatsbürgers enthalten (vgl. *Koselleck/Schreiner* 1994). (2) Parallel dazu finden sich bereits in der griech.-röm. *Stoa* und dem frühen Christentum universalistische, menschenrechtl. Ideen. Bei *Cicero* werden Vorstellungen einer grundsätzlichen, allen Menschen eigenen Würde (*dignitas*) begründet, die dann in den Naturrechtslehren (vgl. *Ilting* 1978) der frühen Neuzeit wieder aufgenommen werden. So reklamiert die spanische Naturrechtslehre des 16 Jh. mit *F. de Vitoria* unter Rückgriff auf *Thomas von Aquin* in ihrer engagierten Auseinandersetzung mit den Greueltaten der spanischen Konquistadoren eine aus der Gottesebenbildlichkeit des Menschen zu folgernde Ideen grenzüberschreitender menschlicher Solidarität und natürlicher, für die Völkergemeinschaft des ganzen Erdkreises geltender Rechte. Schließlich kristallisiert sich bei *H. Grotius* (1583–1645) oder *S. Pufendorf* (1632–1694) die Vorstellung bestimmter individueller, dem Menschen als einem vernunftbegabten, sozialen Wesen von Natur aus zustehender Rechte heraus, welche die staatl. Gewalt binden und u. U. ein Widerstandsrecht begründen. (3) Mit dem sich seit dem 17 Jh. vollziehenden sozioökon. Wandel und der Ablösung feudaler ständestaatl. Strukturen wird schließlich der für moderne staatl. Ordnungen charakteristische Zusammenhang zwischen M. und B. formuliert: (Staats-)B. werden von nun an als M. gerechtfertigt. Entstehung und Begründung des → Staates werden auf die natürlichen, vorstaatl. Rechte des Individuums zurückgeführt. Die angenommene, absolute → Freiheit und → Gleichheit der Menschen im Naturzustand und die für ein friedliches Zusammenleben gleichwohl notwendige polit. → Herrschaft werden über die philosophische Legitimationsfigur des Gesellschaftsvertrags (*Hobbes*, *Locke*, *Rousseau*, *Kant*) zusammengeführt. Insbes. *Lockes* in den *«Two Treatises of Government»* (1690) formulierte → Vertragstheorie erweist sich als richtungweisend für die weitere Entwicklung des liberalen Menschenrechts- und Staatsverständnisses. *Locke* geht davon aus, daß die Menschen im Naturzustand absolut frei und gleich sind. Die Unsicherheit des Naturzustands läßt es aber aus wohlverstandenem Eigeninteresse vernünftig erscheinen, im Rahmen eines allg. Vertragsschlusses wechselseitig auf einen Teil der Freiheit zu verzichten und einen für Gesetzgebung und Rechtsprechung zuständigen Staat zu gründen. Polit. Herrschaft wird jetzt durch die tatsächliche oder vermutete, individuelle Zustimmung zum Vertrag und die damit verbundene freiwillige Selbstverpflichtung legitimiert. Alleiniger Staatszweck ist die Sicherung der bis heute geltende Menschenrechtstrias von Leben, Freiheit und Eigentum. Um die M./B. zu garantieren und sie zuverlässig vor staatl. Übergriffen zu schützen, gilt es institutionelle Vorkehrungen zu treffen. Denn der Staat ist zugleich «Bedroher und Garant der Menschenrechte» (*Brugger* 1999: 87). *Locke* skizziert hierzu die notwendige Struktur staatl. Ordnung und entwickelt dabei bereits die Grundzüge der später von *Montesquieu* (1784) weiterentwickelten → Gewaltenteilung.

2. Angesichts der sich auf die M. berufenden → Revolutionen des ausgehenden 18. Jh.

verschärft sich die Kritik an der Idee der Menschenrechte. Ihre philosophische Begründbarkeit wie ihr Universalitätsanspruch werden bestritten. Sie unterliegen dem Ideologieverdacht. Drei Kritikstrategien sind auszumachen: (1) Die konservative Kritik verwirft den rationalen, universalistischen Anspruch der Menschenrechte. Es ist ein reaktionärer (a) von eine aufgeklärten (b) Grundtypus zu unterscheiden: (a) Für die Royalisten *Maistre* oder *Bonald* ist polit. Herrschaft keinesfalls von den Rechten der Individuen abhängig, sondern folgt aus der Tradition der Erbfolge die letztlich im Prinzip göttlicher Souveränität gründet. Die Selbstbestimmung des Individuums wird als selbst- und gesellschaftszerstörend wahrgenommen. Ebenso verwerfen die neu auftretenden Theorien des → Rassismus die Vorstellung menschlicher Gleichheit zugunsten biologistisch begründeter Ungleichheit. (b) Dagegen erkennt *E. Burke* in seinen *«Reflections on the Revolution in France»* (1790) die grundsätzliche Bedeutung von B. im Sinne der → Aufklärung an. Er polemisiert aber gegen die jakobinische Ideologie der M. als reine Vernunftkonstruktionen, welche in einem revolutionären Akt einzusetzen sind. Die B. seien vielmehr immer schon in Sitten, Gebräuchen und Traditionen eingelassen. Politik müsse die historisch-institutionellen Bedingungen der Entfaltung des Gesellschaftsvertrags berücksichtigen. Nur so könne sie die legitimen (alten) Rechte bewahren oder wiederherzustellen. (2) Auch der → Utilitarismus – obwohl selbst zur liberalen Theoriefamilie gehörend – bemängelt die natur- oder vernunftrechtliche Letztbegründung der Menschenrechte. So kritisiert *J. Bentham* die Vorstellung, daß Menschen noch andere – unveräußerliche, angeborene – Rechte außer denjenigen besitzen, die das positive Recht ihnen zugesteht. Für eine konsequenzialistische Philosophie, die – wie *Bentham* – das größtmögliche Glück für die größtmögliche Zahl zum Programm erhebt, kann der absolute Vorrang individueller Rechte nur «gestelzter Unsinn» (vgl. *Waldron* 1987) sein. Nicht auszuschließen ist dann allerdings, daß einzelne dem → Gemeinwohl geopfert werden. (3) Der Rechtspositivismus weist M. als natürliche, vorstaatl. Rechte als Metaphysik zurück. Er orientiert sich allein an positivem, staatl. gesetztem Recht. (4) Schließlich entlarvt die sozialistische Kritik die liberalen M. als geschickte Verteidigung des Besitzindividualismus (*Macpherson* 1967). In seiner Schrift «Zur Judenfrage» (1843) kritisiert *Marx* die Einseitigkeit der liberalen Menschenrechtsidee. Sie sei lediglich der rechtl. Ausdruck des eigentumszentrierten Egoismus der bürgerlichen Gesellschaft. Diese Rechte isolieren die Individuen voneinander und verhindern dadurch die umfassende menschliche Emanzipation. Diese kann erst gelingen, wenn das privatrechtl. abgesicherte Gegeneinander der Besitzbürger (*bourgeois*) dem radikal-demokratischen Engagement eines mit der Gemeinschaft verbundenen Aktivbürgers (*citoyen*) weicht.

3. Die Positivierung von M. und B. in geschriebenen und ungeschriebenen Verfassungen ist aufs engste mit der Erosion tradierter Feudalstrukturen, der Entstehung der bürgerlichen Gesellschaft und dem Aufstieg des modernen, säkularen Staates verbunden. Als epochemachende Einschnitte gelten die amerikan. und die frz. Revolution. Erstmals kommt es im amerikan. Unabhängigkeitskrieg zur Proklamation allg., angeborener (*Virginia Bill of Rights)* und unveräußerlicher Rechte des Menschen (*Declaration of Independence*; beide 1776). Einerseits ist es der Bruch mit dem engl. Mutterland der zur Distanz zum *Common Law* und den Rechten eines Engländers zwingt und eine Berufung auf die natürlichen Rechte aller Menschen nahelegt. Andererseits inspiriert zweifellos die in England bereits fortgeschrittene Verfassungsentwicklung, die beginnend mit der *Magna Charta Libertatum* (1215) über die *Bill of Rights* (1689) einem zunehmend größeren Kreis der Bev. grundlegende Rechte garantierte und die Macht des Monarchen einhegte. Schließlich wird die amerikan. Menschenrechtsvorstellung durch die Ideen *Lockes* geprägt und Pioniersituation und Sozialstruktur in den Kolonien tragen dazu bei, das Individuum mit einem natürlichen Recht auf Leben, Freiheit und → Eigentum sowie dem Streben nach Glück zum Kern polit. Ordnungsvorstellungen zu machen. Noch größere historische Bedeutung für die natio-

nalstaatl. Implementierung der M. und B. erlangt die Französische Revolution. Mit der *Déclaration des droits de l'homme et du citoyen* (1789) wird das Streben nach bürgerlichen Freiheits-, polit. Mitwirkungs- und sozialen Teilhaberechten zu einer prägenden Kraft für die polit. Kultur in Europa und darüber hinaus. Mit der Proklamation der M. und B. sind diese Rechte aber noch längst nicht für alle Staatsangehörigen geschweige denn für *«all men»* oder *«chaque homme»* verwirklicht. Frauen, Besitzlose, religiöse, ethnische oder rassische → Minderheiten bleiben nach wie vor ausgeschlossen. Mit den großen revolutionären Umbrüchen des 18. Jh. ist aber eine Entwicklung angestoßen, die zu einer stetigen Ausweitung des Inhalts wie des Adressatenkreises der B. führt. Die zivilen Rechte wurden durch polit. und soziale Rechte ergänzt und zunehmend wurden die B. allen Gesellschaftsmitgliedern gleichermaßen zuerkannt (vgl. *Marshall* 1992). Dieser Prozeß verlief weder gleichförmig noch reibungslos, noch kann er als abgeschlossen betrachtet werden. Er ist das Resultat sozialer Konflikte. Sklavenbefreiung, Arbeiter-, Frauenrechts- und Bürgerrechtsbewegung sind Ausdruck entspr. Anerkennungskämpfe (vgl. *Shklar* 1991).

4. In D setzte sich mit der Paulskirchenverfassung von 1849 der Begriff der G. für die verfassungsmäßig kodifizierten M. und B. durch. Das revolutionäre Bürgertum verlangte in der Revolution von 1848/49 die Anerkennung der ihm bislang vorenthaltenen Freiheits- und Gleichheitsrechte. Mit dem «Gesetz betreffend der Grundrechte des deutschen Volkes» (1848) wurde ein umfangreicher Grundrechtskatalog erlassen. Er beinhaltet den Schutz der Freiheit der Person, des Eigentums und der Wohnung, die Freizügigkeit, das Briefgeheimnis, die Glaubensfreiheit, das Recht auf freie Meinungsäußerung, freie Berufswahl, das Vereins- und Versammlungsrecht sowie die Wissenschaftsfreiheit. Diese G. werden aber nicht als vorstaatl. gegebene M. gerechtfertigt. Die dt. ideengeschichtl. Tradition wie soziale und polit. Rahmenbedingungen führen zu einer diesbezüglichen, sich auch im Terminus G. ausdrückenden, Distanzierung von der frz. Menschen- und Bürgerrechtserklärung. Für die dt. Naturrechtslehre wie das gesamte Staatsdenken des 18 Jh. bleibt eine enge Verbindung von natürlichen Rechten und ebenso natürlichen Pflichten gegenüber Gott, sich selbst, den menschlichen Gemeinschaften und dem Staat kennzeichnend. Noch *Hegel* (1821) teilt in seiner rechtphilosophischen Begründung des Staatsrechts eine Abneigung gegen die M. als subjektive Besitztitel des Einzelnen gegenüber dem Staat, die sich bis zur Verfassungslehre *Carl Schmitts* (1928) durchhält. Nach dem Scheitern der Revolution von 1848 enthält erst wieder die Weimarer Reichsverfassung von 1919 einen Grundrechtskatalog. Dieser formuliert neben den klassischen Freiheits- und Gleichheitsrechten auch soziale Grundrechte (auf Arbeit und Wohnung) und Grundpflichten. Die dort verankerten Individualrechte waren aber nicht als einklagbare Rechte gestaltet. Sie wurden als bloße Programmsätze gesehen, die nur nach Maßgabe und im Rahmen einfacher Gesetze galten. Der → Nationalsozialismus setzt alle G. außer Kraft. Mit seiner totalitären Ideologie waren individuelle, die Privatsphäre schützende Freiheitsrechte und demokratische Partizipationsrechte nicht vereinbar. Das Grundgesetz (GG) der BRD (1949) verarbeitete das Scheitern der Weimarer Republik wie die menschenverachtende Barbarei des Dritten Reiches. Mit den Art. 1–19 wurde dem GG ein umfassender Grundrechtskatalog vorangestellt. Die G. sind jetzt Ausfluß der in Art. 1 GG als oberstes Leitprinzip der staatl. Ordnung festgelegten Unverletzlichkeit der Menschenwürde. Die Menschenwürde ist «unantastbar». Sie gilt als angeboren und unverlierbar. Der Staat hat alles zu unterlassen, was die Würde des Menschen beeinträchtigt, alles zu tun, um Verletzungen der Menschenwürde – auch durch Dritte – entgegenzuwirken und für die Verwirklichung der G. Sorge zu tragen. Im Ggs. zur Weimarer Verfassung binden die G. «Gesetzgebung, vollziehende Gewalt und Rechtsprechung als unmittelbar geltendes Recht» (Art. 1. Abs. 3 GG). Der Rechtsweg bis hin zur Verfassungsbeschwerde steht jedem offen, der sich durch den Staat in seinen G. eingeschränkt fühlt. Darüber hinaus hat der Verfassungsgeber die G. in besonderem

Maße vor willkürlichem Zugriff geschützt, indem er die Art. 1 und 20 mit einer Ewigkeitsgarantie versah. Danach dürfen weder die in Art. 1 niedergelegten Grundsätze (Menschenwürde; Bekenntnis zu den M.; Bindung der staatl. Gewalt an die G.) noch die Strukturprinzipien der staatl. Ordnung (Demokratie, Rechtsstaat, Sozialstaat) geändert werden. Grundrechte können zwar dort eingeschränkt werden, wo sie mit einem Gesetzesvorbehalt versehen sind, aber «(i)n keinem Falle darf ein Grundrecht in seinem Wesensgehalt angetastet werden» (Art. 19 Abs. 2). Verfassungsimmanente Grenzen der G. ergeben sich dort, wo einzelne G. miteinander in Konflikt geraten. Der Grundrechtskatalog beinhaltet subjektive Abwehr-, Gleichheits- und Beteiligungsrechte (Freiheit der Person (Art. 2); Gleichheit vor dem Gesetz (Art. 3); Gewissensfreiheit (Art. 4); Meinungsfreiheit (Art. 5); Versammlungsfreiheit Art. 8); Vereinigungsfreiheit (Art. 9); Postgeheimnis (Art. 10) Freizügigkeit (Art. 11); Berufsfreiheit (Art. 12); Unverletzlichkeit der Wohnung (Art. 13); Eigentumsrecht (Art. 14); Staatsangehörigkeitsgarantie und Auslieferungsverbot (Art. 16); Asylrecht (Art. 16 a); Petitionsrecht (Art. 17)), verzichtet aber auf soziale Grundrechte. Diese sind nur indirekt über das Bekenntnis zur Menschenwürde, dem Sozialstaatsgebot oder andere GG-Artikeln (z. B. Art. 6 Schutz der Familie, Art. 7 Schulwesen usw.) ableitbar. Das GG unterscheidet zwischen G. als M. (z. B. Art. 3 Abs. 1 GG: «Alle Menschen sind vor dem Gesetz gleich») und G. als B. (z. B. Art. 11 Abs. 1 «Alle Deutschen genießen Freizügigkeit im gesamten Bundesgebiet»).

5. In den → Internationalen Beziehungen gewinnen die M. insbes. nach dem II. Weltkrieg an Bedeutung. Als ursächlich hierfür können gelten: (1) Das Entsetzen über die Barbarei des Nationalsozialismus, (2) die menschenrechtlich argumentierenden nat. Freiheitsbewegungen in den Kolonien, (3) der ideologische Streit des Kalten Krieges und schließlich (4) die steigende wirtschaftl. und kulturelle internat. Interaktion und Kommunikation verbunden mit wachsender transnat. Migration (Flucht- und Arbeitswanderung). Mit Gründung der Vereinten Nationen, deren Charta bereits eine allg. Verpflichtung der Mitgliedsstaaten zur Achtung der M. enthält, erleben die M. einen Positivierungsschub. Neben den Staaten werden erstmals Individuen als Völkerrechtssubjekte anerkannt. Als wichtigste Dokumente sind zu nennen: die Allg. Erklärung der Menschenrechte (1948), die internat. Pakte über bürgerliche, polit. wirtschaftl., soziale und kulturelle Rechte (1966), die Konventionen über das Verbot der Rassendiskriminierung (1966), zur Beseitigung jeder Form von Diskriminierung der Frau (1979) und über die Rechte des Kindes (1989). Unterhalb der Ebene der UN haben sich darüber hinaus regionale Menschenrechtssysteme herausgebildet: (1) die Europäische Konvention zum Schutz der M. und Grundfreiheiten (1950), (2) die Amerikan. Konvention über M. (1969) und schließlich die Afrikanische Charta der M. und Rechte der Völker (1981). Allg. werden drei Generationen von M. unterschieden: (1) Erstgenerationsrechte sind die klassischen Abwehrrechte gegen den Staat zum Schutz von Leben, Freiheit und Eigentum; (2) mit Rechten der zweiten Generation sind wirtschaftl., soziale und polit. Rechte gemeint; (3) schließlich werden religiöse, kulturelle und ethnische Minderheitenrechte als Rechte der dritten Generation bezeichnet. Die Durchsetzung der M. obliegt (a) internat. Organisationen (die UN selbst bzw. deren Unterorganisationen [ILO, UNESCO, UNHCR usw.] oder regionalen Zusammenschlüssen [Europarat usw.]), (b) souveränen Staaten und (c) sog. *Non Governmental Organisations* (→ NGOs) wie *Amnesty International* als Trägern der Menschenrechtspolitik. Die Durchsetzungsmittel reichen von den noch wenig ausgeprägten Formen gerichtlicher Entscheidung (z. B. Europäischer Gerichtshof für Menschenrechte) über polit. und wirtschaftl. Sanktionen bis zu militärischem Engagement. Die Analyse internat. → Regime zeigt, daß der Menschenrechtsdiskurs fester Bestandteil → Internationaler Politik geworden ist und sich kein Staat dem von ihm ausgehenden normativen Druck auf Dauer, gänzlich zu entziehen vermag (vgl. *Schaber* 1996). Allerdings bricht sich die juristische Durchsetzung und Sicherung der M. weiterhin am völkerrechtl. Gebot einzel-

staatl. Souveränität und der Tatsache, daß viele Staaten aus sozio-ökon., kulturellen oder ideologischen Gründen nicht Willens oder in der Lage sind, menschenrechtl. Standards zu verwirklichen.

6. In der Gegenwart wird die Auseinandersetzung um die Bedeutung der G. für den modernen Verfassungsstaat (a) von der Kritik des → Kommunitarismus an der individualistischen Grundrechtsfixierung des → Liberalismus, (b) von der Kritik des → Feminismus am sexistischen *bias* des männlich-individualistischen Grundrechtsverständnisses sowie (c) über den anhaltenden Streit zum Stellenwert sozialer und kultureller Rechte bestimmt.

(1) Der Kommunitarismus hält eine universelle Begründung der G. als M. für unmöglich (vgl. *MacIntyre* 1987: 98). Rechte sind als Ergebnis von sozialen Prozessen stets abhängig von einer spezifischen Kultur und Lebensform. Der Universalismus der M. gilt dem Kommunitarismus deshalb als anthropologisch verfehlt. Das dem liberalen Bürgerrechtsdiskurs inhärente, individualistische Menschenbild forciert nach Ansicht der Kommunitaristen die Vereinzelung, Atomisierung und Entsolidarisierung der Gesellschaftsmitglieder und untergräbt dabei die notwendigen Bedingungen der Freiheit. Der für Demokratie und → Sozialstaat unverzichtbare → Konsens wird gefährdert, die Partizipationsbereitschaft des Bürgers reduziert. Das Verhältnis von G., → Demokratie und → Gemeinwohl ist neu zu justieren. Gesellschaft und Staat sind aufgefordert, Werteerziehung wie → Politische Bildung zu fördern, mehr → Partizipation zuzulassen und neben den G. auch die entspr. Bürgerpflichten zu betonen. Der Kommunitarismus steht damit in der Tradition eines republikanisch-partizipatorischen Demokratiemodells. Die G. werden hier als Mittel für die Teilnahme an der Selbstregierung des Gemeinwesens betrachtet. Der Selbstregierung wird als solcher, und nicht nur aus instrumentellen Gründen, ein positiver Wert zugemessen (vgl. *Taylor* 1992). Demgegenüber beharrt der an *Rawls* orientierte klassische Liberalismus auf einem absoluten Vorrang des Rechten vor dem Guten. Demokratie und → Partizipation sind hier umgekehrt nur Mittel zur Durchsetzung und Sicherung moralisch gerechtfertigter Bürgerrechte. Eine vermittelnde Position nimmt *J. Habermas* (1992) ein, wenn er anknüpfend an seine Erörterungen zur → Diskurstheorie Demokratie und G. als sich wechselseitig voraussetzend begreift. Damit demokratische Entscheidungen als legitim betrachtet werden können, müssen den Mitgliedern priv. und öff. Autonomie rechtlich garantiert sein. Das dazu nötige System der G. kann aber wiederum nur demokratisch in Geltung gesetzt, ausgestaltet und interpretiert werden (→ Deliberative Demokratie).

(2) Die Grundrechtskritik der feministischen Politiktheorie kann in zwei Hauptströmungen unterschieden werden: (a) der liberale Feminismus fordert in der Tradition der engl. Aufklärerin *Mary Wollstonecraft* (1792) die Beseitigung von geschlechtsspezifischer Diskriminierung und die Verwirklichung voller Gleichberechtigung durch die Präzisierung und Erweiterung bestehender Grundrechtskataloge; dagegen bestreitet (b) die radikale, postmoderne Variante des Feminismus die Möglichkeit, Gleichberechtigung innerhalb des von Männern definierten, auf individuelle Chancengleichheit ausgerichteten Rechtsarrangements zu verwirklichen (→ Postmoderne). In ihrem Verständnis perpetuieren die liberalen Freiheits- und Gleichheitsrechte die prinzipielle Benachteiligung der Frauen, weil sie Ausdruck der an männlichen Standards orientierten, industriegesellschaftl. Arbeitsteilung wie der sie begleitenden Spaltung priv. und öff. Lebensbereiche sind. Sie propagieren ein Recht auf Differenz (vgl. *Gerhard* u. a. 1990; *Habermas* 1992: 512; *Young* 1990), das die individualistische Verkürzung des Rechtsbegriffs überwindet und die speziellen, aus der Geschlechterdifferenz folgenden Lebenslagen von Frauen berücksichtigt.

(3) Inhaltlich wird (a) vor dem Hintergrund der Krise des Sozialstaats weiterhin über Gehalt und Reichweite sozialer G. nachgedacht. Dabei stehen sowohl die klassisch sozialdemokratische Forderung nach sozialer Gleichheit wie die neoliberale Aversion gegen jegliche soziale Rechte und deren Überbetonung individueller, ökon. Freiheit in der Kritik. *J. Rawls* war es 1971 in seiner auf

Locke und *Kant* rekurrierenden → Vertragstheorie gelungen, soziale Rechte aus den individualistischen Grundannahmen des Liberalismus abzuleiten. Die Zustimmung aller potentiellen Vertragspartner kann eine Rechtsgemeinschaft nur dann erwarten, wenn sie einerseits Freiheitssphären abgrenzt und Leben, Freiheit und Eigentum der Bürger schützt, andererseits aber den erwirtschafteten Reichtum so umverteilt, daß diese Freiheiten auch für alle einen Wert haben. Es bedarf gesellschaftl. Institutionen, welche die gleiche Freiheit aller garantieren, → Chancengleichheit eröffnen und soziale Ungleichheit nur insofern zulassen, als sie auch den Schwächsten nützt (→ Gemeinwohl). Die Rechtfertigung des sozialdemokratischen Wohlfahrtsstaats durch *Rawls* u. a. (*Ackerman* 1980, *Dworkin* 1990) wurde durch *Nozick* u. a. (*Buchanan* 1984) einer scharfen Kritik unterzogen. Für *Nozick* sind allein die liberalen Freiheitsrechte legitimierbar. Jegliche staatl. Umverteilung erscheint als Eingriff in die natürlichen (Eigentums-) Rechte der Menschen. Der eigentumszentrierte Freiheitsbegriff und das darauf verkürzte Grundrechtsverständnis erlangte im Rahmen der neoliberalen Politik der 1980er Jahre erhebliche praktische Relevanz. Gegenwärtig werden vor dem Hintergrund der Schwächen des sozialdemokratischen → Wohlfahrtsstaats wie der Auswüchse neoliberaler Privatisierungstrategien Strategien des → «Dritten Wegs» favorisiert. Diese zielen einerseits darauf, Freiheitsrechte zu sichern und auszubauen, bestehen andererseits aber darauf, daß dies nur über eine angemessene soziale Grundsicherung und vermehrtes bürgerschaftliches Engagement möglich ist. Politikphilosophisch zeichnen sich dabei zwei Argumentationsstrategien ab. Einerseits wird die Kritik am Egalitarismus fortgesetzt und die Nachrangigkeit sozialer Rechte betont (*Kersting* 2000; *Krebs* 2000), gleichzeitig aber die instrumentelle Bedeutung sozialer G. für die zivilen und polit. Freiheitsrechte wieder anerkannt. Andererseits hat *F. Nullmeier* eine «Politische Theorie des Sozialstaats» vorgelegt, die soziale G. und damit Sozialstaatlichkeit als etwas «ebenso Grundlegendes, Genuines und Unaufgebbares» auszeichnet, wie Rechtsstaatlichkeit und Demokratie (*Nullmeier* 2000: 12; vgl. auch *Höffe* 1999: 74 ff.). Soziale G. sind so zu gestalten, daß sie sowohl Ungleichheit als Voraussetzung konkurrenzorientierter Handlungen zulassen als auch allg. Wertschätzung ermöglichen. (b) Multikulturelle Gesellschaften stehen zudem vor dem Problem, ob die klassischen zivilen, polit. und sozialen G. nicht durch kulturelle Rechte für religiöse, ethnische und rassische Minderheiten ergänzt werden müssen, um die Würde des einzelnen, seine Selbstbestimmung und Chancengleichheit zu verwirklichen. Insbes. der Kommunitarismus hat den Blick dafür geschärft, daß Freiheit als Wahlmöglichkeit sich nicht in der Abwesenheit von Zwang (negative Freiheit) erschöpft, sondern daß Freiheit Werteorientierung und kulturelle Identitäten voraussetzt (positive Freiheit: vgl. *Berlin* 1993). Weil aber Werte und stabile kulturelle Identitäten nur über die Zugehörigkeit zu Wertegemeinschaften erworben werden können, bedürfen die entspr. Gruppen des rechtl. Schutzes (Antidiskriminierungsgesetze usw.) wie der staatl. Förderung (Quotierung; zweite Amtssprache; Kulturförderung usw.). Zu unterscheiden sind eine radikale von einer liberalen Variante des → Multikulturalismus. Erstere fordern Gruppenrechte (vgl. *Baker* 1994), welche auf eine weitgehende polit. Selbstbestimmung zielen und die Geltung individueller G. aushebeln. Dagegen insistieren letztere darauf, daß Minderheitenrechte allein mit dem Anspruch auf Freiheit und Wohlergehen der Individuen zu rechtfertigen sind und sie deshalb in das bestehende System der G. integriert werden müssen (vgl. *Kymlicka* 1995).

7. Im Bereich der internat. Politik wird vor dem Hintergrund einer beschleunigten → Globalisierung erneut über die universale Geltung der M. gestritten. Insbes. asiatische und afrikanische Staaten weisen den westl.-liberalen Individualismus der M. mit Verweis auf eigene, stärker familienbezogene, kommunitäre und solidarische Traditionen als eine neue Form der Kolonialisierung zurück. Sie setzen sich dabei allerdings selbst dem Verdacht aus, traditionelle Werte machtpolit. zu instrumentalisieren. Unterstützt wird ihre Position von kulturrelativi-

stischen Theorien der Postmoderne, welche in ihrer Skepsis gegenüber Metaerzählungen auch im Universalitätsanspruch der M. die potentiell totalitären Konsequenzen der Moderne zu erkennen glauben. Demgegenüber gibt es zahlreiche neuere Versuche die kulturunabhängige Geltung der M. zu begründen. (a) O. *Höffe* rechtfertigt die M. über die kantische Legitimationsfigur des «transzendentalen Tauschs». Menschenrechte in Form negativer Freiheitsrechte wie positiver Sozialrechte folgen aus den «notwendigen Bedingungen menschlicher Handlungsfähigkeit». Entspr. Bedingungen – vom Schutz für Leib und Leben bis zur materiellen Grundversorgung – können, unabhängig von der jeweiligen kulturellen Prägung, vernünftigerweise nicht in Frage gestellt werden. Sie liegen im Interesse aller Menschen. Sie sind zum allseitigen Vorteil. (b) *M. C. Nussbaum* (1999) und *A. Sen* (2000) hingegen berufen sich auf die aristotelische Tradition, wenn sie kulturübergreifenden Standards aus der «Natur des Menschen» folgern. Inspiriert durch ihre Entwicklungsländerforschung spezifizieren sie bestimmte Grundfähigkeiten des Menschen (Leben, Gesundheit, Wahrnehmung, Denken, Lebensplanung, Individualität, Solidarität usw.) deren Entwicklung und Erhalt Aufgabe und Ziel jeder Politik sein muß. (c) Schließlich wird die von *Rawls* wiederbelebte Vertragstheorie auf Fragen internat. Gerechtigkeit angewandt. Dabei gelangt die individualistische Ausgestaltung der Vertragssituation (*Beitz* 1979; *Pogge* 1994) zu weitreichenden menschenrechtl. Forderungen, die eine tiefgreifende Umverteilung materiellen Reichtums i. S. internat. Verteilungsgerechtigkeit erfordern. Demgegenüber vertritt *Rawls* (2000) selbst eine minimalistische Version der Menschenrechte. Vertragspartner zur Begründung eines → Völkerrechts sind hier nicht Individuen sondern Nationen. Die M. haben eine rein funktionale Bedeutung. Sie sind der kritische Maßstab für die Anerkennung von Staaten als souveräne, gleichberechtigte Partner. Sie markieren Notwendigkeit und Grenzen der Toleranz liberaler Staaten in der internat. Politik. Sie bieten Entscheidungsrichtlinien zur Rechtfertigung polit. wie militärischer Intervention, im Falle eines Krieges oder zur Notwendigkeit internat. Hilfsprogramme. Erkennt man kulturelle und polit. Selbstbestimmung als Grundbedürfnis des Menschen an, so müssen M. als inner- und zwischenstaatl. Minimalstandard formuliert werden. Inhaltlich gesättigte B. bzw. G. sind innerhalb der von den M. gezogenen Grenzen in demokratischer Selbstbestimmung, abhängig von den jeweiligen kulturellen und sozio-ökon. Bedingungen zu gestalten (vgl. *Walzer* 1994).

Lit.: *Ackerman, B. A.* 1980: Social Justice in the Liberal State, New Haven/L. *Alexy, R.* [2]1994: Theorie der Grundrechte, Ffm. (zuerst 1985). *Avenarius, H.* 1997: Die Rechtsordnung der Bundesrepublik Deutschland, Bonn. *Baker, J.* (Hrsg.) 1994: Group Rights, Tor. u. a. *Ballestrem, K. Graf* 2001: Internationale Gerechtigkeit, Opl. *Beitz, C. R.* 1979: Political Theory and International Relations, Princeton. *Berlin, I.* 1993: Zwei Freiheitsbegriffe, in: Dtsch. Z. Philos. 41, 741–775. *Brugger, W.* 1999: Liberalismus, Pluralismus, Kommunitarismus. Studien zur Legitimation des Grundgesetzes, Baden-Baden. *Brunkhorst, H.* u. a. 1999: Recht auf Menschenrechte, Ffm. *Buchanan, J. M.* 1984: Die Grenzen der Freiheit, Tüb. (engl. 1975). *Bundeszentrale für politische Bildung* (Hrsg.) 1996: Menschenrechte, Bonn. *Dworkin, R.* 1990: Bürgerrechte ernstgenommen, Ffm. (dt. zuerst 1984; engl. 1978). *Gosepath, S./Lohmann, G.* (Hrsg.) 1999: Philosophie der Menschenrechte, Ffm. *Höffe, O.* 1999: Demokratie im Zeitalter der Globalisierung, Mchn. *Höffe, O.* 1999a: Gibt es ein interkulturelles Strafrecht?, Ffm. *Ilting, K.-H.* 1978: Naturrecht, in: *Brunner, O* u. a. (Hrsg.): Geschichtliche Grundbegriffe, Bd. 4, 245–313. *Kersting, W.* 2000: Theorien der sozialen Gerechtigkeit, Stg. *Krebs, A.* (Hrsg.) 2000: Gleichheit oder Gerechtigkeit, Ffm. *Kleinheyer, G.* 1979: Grundrechte, in: *Brunner, O.* u. a. (Hrsg.): Geschichtliche Grundbegriffe, Bd. 2, Stg., 1047–1082. *Koselleck, R./Schreiner, K.* (Hrsg.) 1994: Bürgerschaft. Rezeption und Innovation der Begrifflichkeit vom Hohen Mittelalter bis ins 19. Jahrhundert, Stg. *Kymlicka, W.* 1995: Multicultural Citizenship, Ox. *Macpherson, C. B.* 1967: Die politische Theorie des Besitzindividualismus, Ffm. (engl. 1962). *Marshall, T.H.* 1992: Bürgerrechte und soziale Klassen, Ffm./NY. (engl. 1950). *Nozick, R.* 1976: Anarchie. Staat. Utopia, Mchn. (engl. 1974). *Nullmeier, F.* 2000: Politische Theorie des Sozialstaats, Ffm./NY. *Nussbaum, M.C.* 1999: Gerechtigkeit oder Das gute Leben, Ffm. *Perry, M.J.* 1998: The Idea of Human Rights, NY u.a. *Pogge, T. W.* 1994: An Egalitarian Law of Peoples, in: Philosophy & Public Affairs, Jg. 23, 195–224. *Rawls, J.* [11]2000: Eine Theorie der Gerechtigkeit, Ffm. (zuerst 1975; engl. 1971). *Rawls, J.* [2]2000: The Law of Peoples, NY (zuerst 1999). *Schaber, T.* 1996: Internationale Verrechtlichung der Menschenrechte, Baden-Baden. *Schwinger, E.* 2001: Angewandte Ethik, Mchn./Wien. *Sen, A.* 2000: Ökonomie für Menschen, Mchn./Wien. *Shute, S./Hurley, S.* (Hrsg.) 1996: Die Idee der Menschenrechte, Ffm. (engl. 1993). *Shklar, J.N.* 1991: American Citizenship, Camb./Mass. *Taylor, C.* 1992: Negative Freiheit, Ffm. *Walzer, M.* 1994: Lokale Kritik – globale Standards, Hamb. (engl. 1994). *Weber-Fas, R.* 2001: Grundrechte Lexikon, Tüb. *Young, I.M.* 1990: Justice and the Politics of Difference, Princeton.

Günter Rieger

Mentalität, allg. milieubedingte kollektive psychische Dispositionen, in denen Denken und Fühlen eines jeden Individuums einer Gesellschaft, Klasse, Schicht oder Gruppe enthalten sind.

M. beinhalten nach *Th. Geiger* (1932) Wege des Denkens und des Fühlens als Ergebnis der Gesamtheit der Lebenserfahrungen und Milieueindrücke, denen einzelne Individuen oder eine soziale Gruppe im Laufe ihrer Entwicklung ausgesetzt sind. M. können wie → Ideologien handlungsanleitend sein, grenzen sich aber begrifflich und politiktheoretisch von ihnen ab. Nach *J.J. Linz* (2000: 132f.) ist M. begrifflich u.a. intellektuelle Haltung, Ideologie intellektueller Inhalt, M. psychische Voraussetzung und Bereitschaft, Ideologie Reflexion und Selbstinterpretation; M. ist formlos, fließend und der im Ggs. dazu fest geformten Ideologie vorgelagert; M. sind, von der Vergangenheit geprägt, näher an der Gegenwart, Ideologien sind eher zukunftsorientiert und haben ein stark utopisches Element. M. und Ideologien können jedoch in einem Wechselverhältnis stehen, insofern als Ideologien aus den bestimmten Lebensverhältnissen entstammenden M. hervorgehen, die ihrerseits auf die mentalen Tiefenstrukturen einwirken können, was ermöglicht, «innerhalb veränderter Sozialsituationen ideologische Restbestände auch im neuen Milieu möglichst lange zu bewahren» (*Lenk* 1969: 690). *Linz* hat als ein Kriterium der Unterscheidung zwischen totalitären und → Autoritären Regimen das Begriffspaar Ideologie und M. gewählt und die geringe Mobilisierungsfähigkeit autoritärer Regime an ihrem Ideologiemangel festgemacht. Politiktheoretisch widerspricht M. als mehr emotional denn rational begründetes Handlungsmovens der Vorstellung von intentional gesteuerter Politik, d.h. von bewußter Sinngebung der Politik durch die handelnden Akteure.

→ Politische Kulturforschung; Qualitative Methoden.

Lit.: *Geiger, Th.* 1932: Die soziale Schichtung des deutschen Volkes, Stg. *Lenk, K.* 1961: Ideologie, Neuwied. *Lenk, K.* 1969: Mentalität, in: *Bernsdorf, W.* (Hrsg.): Wörterbuch der Soziologie, Stg., 689–691. *Linz, J.J.* 2000: Totalitäre und autoritäre Regime, Bln.

Dieter Nohlen

Meritokratie, i.e.S. eine Staatsform, in der die Herrschenden nach ihren Leistungen bzw. Verdiensten (Meriten) ausgewählt werden.

Allg. charakterisiert M. ein auf individueller Leistung beruhendes System der Statuszuweisung und Elitenauswahl. Laufbahnen und Karrieren müssen den nach Begabung und Qualifikationen Fähigen offen stehen. → Macht, Wohlstand und Prestige dürfen nicht an Abstammung gebunden sein oder über → Patronage bzw. Los- oder Wahlverfahren vergeben werden. Das Bildungssystem, als für den Qualifikationserwerb entscheidende Instanz, muß den Anforderungen formaler → Chancengleichheit genügen. Weil sie unweigerlich Ungleichheit produzieren, stehen meritokratische Selektionsmechanismen in einem Spannungsverhältnis zum demokratischen Gleichheitspostulat.

→ Elite/Eliten; Freiheit; Gleichheit; Herrschaft.

Lit.: *Young, M.* 1961: Es lebe die Ungleichheit. Auf dem Wege zur Meritokratie, Düss. (engl. 1958). *Gross, B. R.* 1978: Discrimination in Reserve: Is Turnabout Fair Play?, NY.

Günter Rieger

Meritorische Güter, eine im Kontext des Ende der 1950er Jahre von *R. A. Musgrave* für die Finanzwiss. begründeten Metorik-Konzepts bestimmte, von → Privaten und → Öffentlichen Gütern abgrenzbare Güterklasse.

Eine trennscharfe Definition konnte bislang jedoch nicht geleistet werden, weil m. G. quer zu den beiden anderen Güterklassen liegen und sich das Konzept nicht in den Rahmen des individualistischen Ansatzes der Ökonomischen Theorie fügt. Allg. Kennzeichen m. G. ist es, daß ihr → Wert nicht aus individuellen Kosten-Nutzen-Kalkülen folgt, sondern auf davon unabhängigen Werturteilen beruht. Sie dienen auch nicht wie → Kollektive Güter in ,erster Linie dem Ausgleich von → Marktversagen, sondern der in normativer Hinsicht wünschenswerten Korrektur verzerrter individueller Präferenzen. (De-)Meritorisches staatl. Handeln durch Verbot, Besteuerung, → Subvention oder Güterzuteilung (Drogenverbot; Tabaksteuer; Theatersubvention; Versorgung mit einem Mindestmaß an Bildung und Grundgütern) suspendiert die Konsumentensouveränität und legitimiert die entspr. Konsumförderung bzw. -einschränkung, indem es sich auf «*community preferences*» oder höhere Werte beruft.

→ Gut/Güter; Finanzpolitik; Marktwirtschaft; Wirtschaftspolitik.

Lit.: *Musgrave, R. A.* 1987: Merit Goods, in: *Eatwell, J.* u. a. (Hrsg.): The New Palgrave: A Dictionary of Economics, Bd. 3, L. u. a., 452–453.

Günter Rieger

Merkantilismus (von lat. *mercari* = Handel treiben), in der 2. Hälfte des 18. Jh. von *Adam Smith* entwickelter Begriff für die Lehre und Praxis der fiskalischen Wirtschaftspolitik der Staaten des → Absolutismus im 17. und 18. Jh.; i. w. S. wirtschaftswiss.-politikwiss. Bezeichnung für jegliche fiskalistisch-interventionistische Wirtschaftspolitik. Ziel ist die staatl. Förderung des Wohlstands der Nation.

Die Entstehung des M. geht auf den wachsenden Finanzbedarf des frühmodernen Staates zurück, den dieser nach seiner einmaligen Bereicherung durch das bzw. Teile des Kirchengut(s) (Reformation, Landeskirchentum) und vor Durchsetzung der ständigen Steuer mittels Förderung großgewerblicher Produktion (Manufaktur, Fabrik), protektionistischem Im- und Export, Abnahmezwang, Privilegienvergabe und Monopolen, aber auch durch Fernhandel (günstigen Rohstoffimport, Erschließung neuer Absatzmärkte) und Erleichterung der Binnenwirtschaft (d. h. faktisch: Schaffung eines einheitlichen, eigenen Wirtschaftsraums) zu befriedigen suchte. Der in sich nie völlig geschlossenen Theorie des M., die sich seit Anfang des 17. Jh. ausbildete und partiell zur Verbesserung der Praxis des M. beitrug, lagen v. a. die Überzeugung einer grundsätzlichen Begrenztheit der → Ressourcen, demzufolge die Notwendigkeit der Sicherung eines möglichst großen Anteils an diesen Ressourcen für den eigenen Staat sowie die Wertbestimmung des Geldes prinzipiell von dessen Edelmetallgehalt her zugrunde.

In D stand sie in enger Verbindung mit dem Kameralismus (Steigerung der staatl. Einnahmen durch Optimierung des Ertrags der monarchischen Domäne und Fiskalisierung aller monarchischen Rechte). Wiewohl im absolutistischen Frankreich des Praktikers *J. B. Colbert* und der Theoretiker *J. Bodin* und *A. de Montchrétien* zur höchsten Blüte entwickelt, erwies sich die merkantilistische

Politik der Privilegierung, Protektion und → Subvention auf Dauer dem → Freihandel und der liberalen Wirtschaftspolitik, wie sie zuerst die Niederlande und England hervorbrachten, nicht gewachsen. Dennoch setzten v. a. zu Beginn des 20. Jh. auch fortgeschrittene Industriestaaten zu protektionistischen Zwecken vorübergehend entspr. Mittel ein (sog. neomerkantilistische Kondratieff-Welle ca. 1895–1913) und sind selbst in der Gegenwart ähnliche Maßnahmen nicht unüblich. Einen spezifischen Problemkomplex bildet die Politik der → Importsubstitution, zu welcher mit mehr oder weniger großem bzw. dauerhaftem Erfolg weltmarktorientierte Entwicklungsländer greifen. Die ungünstigen Konsequenzen des M., v. a. die Schwächung unternehmerischer Risikobereitschaft und Innovationsaktivität, ferner die Ausweitung der Staatswirtschaft und Erhöhung der Beamtenkorruption, lassen auch diese heutigen Neo-Merkantilismen wenig erfolgsträchtig erscheinen.

→ Protektionismus.

Lit.: *Bae, J.-Y.* 1990: Importsubstitution im weltmarktorientierten Entwicklungsland, Bln. *Heckscher, E. F.* 1994: Mercantilism, 2 Bde., L. u. a. *Helmer, H. J.* 1986: Merkantilismus und Kapitalismus im modernen Rationalisierungsprozeß, Ffm. *Magnusson, L.* 1994: Mercantilism: The Shaping of a Language, L. u. a. *Tribe, K.* 1995: Strategies of Economic Order: German Economic Discourse 1750–1950, Camb. u. a.

Wolfgang Weber

Meso-Ebene → Mehrebenen-Analyse

Messen/Messung, die entspr. spezifischer Regeln erfolgende Zuordnung von Symbolen (z. B. Zahlenwerten) zu Objekten oder Ereignissen zum Zweck der Erfassung ihrer Merkmalsausprägungen auf einer Dimension oder auf mehreren (den Objekten oder Ereignissen gemeinsamen) Dimensionen.

Die einfachste Form des M. ist die → Klassifikation von Objekten nach sich gegenseitig ausschließenden qualitativen Merkmalen (z. B. die Zuordnung von Personen auf die Merkmalsausprägungen männlich/weiblich). Komplexere Formen des M. basieren auf höheren Meßniveaus, wie z. B. Rangreihung (die Angaben über Relationen wie «gleich», «größer als» und «kleiner als» erlaubt) oder Intervallskalen (die, wie z. B. Temperaturskalen nach Celsius, Angaben nicht nur über Ordnungsrelationen, sondern auch über Differenzen enthalten).

M. sind das Bindeglied zwischen theoretischen Begriffen bzw. deren empirischen Indikatoren und den Zahlen der Statistik. Eine elementare Forderung an jede M. besagt, daß die Relationen der numerischen Werte die Relationen zwischen den Eigenschaften der Objekte angemessen abbilden. Mit dieser Forderung sind größere und z. T. ungelöste Probleme verbunden: (1) das Problem der → Validität einer M. (die Frage, ob das gemessen wird, was gemessen werden soll); (2) das Problem der Zuverlässigkeit einer M. (→ Reliabilität); (3) das Meßfehler-Problem, das dadurch entsteht, daß nahezu jede M. mit Beobachtungsfehlern systematischer oder zufälliger Art behaftet ist, so daß die beobachteten Meßwerte von den wahren Meßwerten abweichen. Der Meßfehler-Theorie fällt die Aufgabe zu, Verfahren zu entwikkeln, mit denen auf der Basis der beobachteten Meßwerten die wahren Werte möglichst genau geschätzt werden können.

→ Operationalisierung; Skalierung.

Lit.: → Skalierung.

Manfred G. Schmidt

Metatheorien, Theorien über → Theorien als das Ergebnis einer reflexiven Selbstthematisierung von Wissenschaft.

Gegenstand sind nicht die Objekte und Objektbereiche, auf die sich wiss. Theorien beziehen, sondern diese Theorien selbst: ihre logischen Regeln und Strukturen, ihre Axiome und Prinzipien, ihr begriffliches Instrumentarium; in einem weiter gefaßten Sinne die → Methoden und Forschungsstrategien, die zu ihrer Erzeugung und Validierung führen; in einem noch weiteren Sinne die Entstehungsbedingungen ebenso wie die Finalisierung und Verwertung von Wissenschaft. Der Differenziertheit dieses Tableaus entspricht die fachliche Zuordnung der M. zur Wissenschafts- und Erkenntnistheorie, zur Thematisierung von Wiss. durch spezielle wiss. Disziplinen (z. B. Soziologie und Psychologie der Wiss.), aber auch zur Metaphysik und sogar zu → Ideologien. Innerhalb der Politikwiss. sind diese unterschiedlichen Dimensionen in der Teildisziplin → Politische Theorie institutionalisiert. Von bes. Bedeutung sind im 20. Jh. metatheoretische Thematisierungen – und d. h. funktional: Begründungen, Interpretationen, Normierungen – der Politikwiss. durch normativ-ontologische oder kritisch-emanzipatorische Theorien, durch logisch-sprachanalytische und pragmatische Rekonstruktionen sowie durch Kontextualisierungen der Politikwiss. in lebensweltlichen, kulturellen, geistesgeschichtl. und systemischen Zusammenhängen.

→ Erkenntnisinteresse.
Lit.: → Methode; Theorie.

Ulrich Weiß

Methode (griech. *méthodos* = Weg zu etwas hin), bezeichnet den Weg (bzw. die Wege) des Vorgehens, um zu wiss. Erkenntnissen oder praktischen Ergebnissen zu gelangen. Dies schließt alle Regeln und Handlungsanleitungen, Forschungsmittel und technischen Verfahrensweisen ein, mit deren Hilfe man ein bestimmtes Problem erfassen, eine bestimmte Fragestellung entwickeln, eine bestimmte Theorie anwenden, überprüfen oder hervorbringen und damit ein bestimmtes Forschungs-/Erkenntnisziel erreichen kann.
M. lassen den Forscher planmäßig und zielgerichtet vorgehen. Dieses Vorgehen hat überlegt und zu einem gewissen Grade standardisiert und routinisiert zu sein, ohne dadurch methodologische Kreativität und Innovation zu verhindern. Entscheidend ist die Überprüfbarkeit des Untersuchungsganges, also die Möglichkeit nachzuvollziehen, wie vorgegangen wurde.

1. Die M. eines Faches sind weder vorgegeben noch entstehen sie beziehungslos, quasi im luftleeren Raum. Sie sind vielmehr – wie Wiss. überhaupt – kontextabhängig, d. h. durch → Entstehungs- und → Verwertungszusammenhang sowie wissenschaftsintern durch den → Begründungszusammenhang von Wiss. bestimmt; sie ergeben sich in praktischer Forschung und folgen aus theoretischer Beschäftigung. Die Methodologie als Lehre von den M. einer Disziplin basiert dabei sowohl auf den Ergebnissen der aus der Philosophie ausdifferenzierten Erkenntnis- und Wissenschaftstheorie (auch als allg. Methodologie wiss. Forschung bezeichnet) wie aus der fachspezifischen Methodologie.
Von der Wissenschaftstheorie werden gemeinhin bestimmte M. bestimmten Wissenschaftsbereichen zugeordnet: die → Deduktive Methode der Mathematik; die → Induktive Methode den Naturwiss.; → Hermeneutik, → Phänomenologie, → Historische (philologische) Methode den → Geisteswissenschaften, während den → Sozialwissenschaften sowohl naturwiss.-induktive als auch geisteswiss.-hermeneutische Vorgehensweisen zugeschrieben werden. Solche erkenntnis- und wissenschaftstheoretischen → Klassifikationen sind indes äußerst fragwürdig, zumal dann, wenn sich mit ihnen einheitswiss. Ansprüche und Methodenrigorismus verbinden sollten. Sie sind heute selbst für die Naturwiss. kaum aufrechtzuerhalten, geschweige denn für die Sozialwiss., die weder auf ein Erkenntnisziel noch auf ein Wissenschaftsprogramm noch auf eine M. oder gar Forschungstechnik festgelegt werden können.
Wird das Ziel von Wiss. allein in der Formulierung von Theorien möglichst großer Erklärungskraft und Reichweite gesehen, wird den Sozialwiss. allein das Ziel der Generierung von möglichst allg. Gesetzeshypothesen und deren empirischer Überprüfung i. S. des logischen → Empirismus und/oder des → Kritischen Rationalismus vorgegeben, wird die Politikwiss. auf das Wissenschafts-

programm des → Behavioralismus festzulegen versucht, so wird die Realität der Forschungspraxis verfehlt, der Vielfalt der Aufgabenstellungen politikwiss. Forschung nicht entsprochen und eine Vielzahl von Forschungsarbeiten als vor- bzw. unwiss. ausgegrenzt. Dies fordert Methodenstreit geradezu heraus, der auf Dauer gesehen nur zu ebenso sterilen wie überflüssigen Kontroversen führt und Identität wie Existenz des Faches gefährdet.

2. Was für Gegenstände, Theorien wie erkenntnisleitende Interessen und Erkenntnisziel gilt, trifft auch für die M. zu. Konstitutiv für die Politikwiss. ist die Vielfalt der Wissenschaftsprogramme, → Ansätze, M. und Forschungstechniken. Politikwiss. wird betrieben im Spannungsverhältnis zwischen naturwiss. *science* und geisteswiss. *liberal arts*. Es geht um → Erklären *und* → Verstehen, um Deskription und Prognose, um Generalisierung und Einzelfallanalyse, um quantitative wie qualitative M.; es geht um Konzept- und Typenbildung, Klassifikation und Vergleich, Vorgehensweisen, denen in der Politikwiss. bes. Bedeutung zukommt. Denn diese methodischen Verfahren greifen auch dort, wo aufgrund der Fallzahl und Datenlage statistische Verfahren nicht sinnvoll angewandt und idiographische Verfahren der sozialwiss. Zielsetzung der Politikwiss. nicht gerecht werden können.

Methodik, Forschungsdesign und Verfahrenstechnik sind also weder *a priori* vorgegeben noch aus den Erkenntnissen der allg. Methodologie theoretisch ableitbar. Denn welche M. der Forscher wählt, hängt wesentlich ab von → Erkenntnisinteresse und Abstraktionsniveau der → Analyse, von Untersuchungsgegenstand, Fokus und Fragestellung, von der Datenlage, schließlich von der Theorie, welche die Forschung anleitet und/oder durch die Untersuchung überprüft wird. Erforderlich sind folglich methodische Flexibilität und ggf. → Methodenmix. Wie Gegenstand, Erkenntnisziel und M. sinnvoll aufeinander zu beziehen sind, ist vom Forscher in jedem Fall einzeln zu entscheiden. Diese Entscheidung ist abhängig vom je historisch konkreten Kontext. Methodenvielfalt rechtfertigt allerdings nicht Beliebigkeit. Im Gegenteil, sie fordert vom Forscher ein hohes Maß an handwerklichen Fähigkeiten, die Kenntnis unterschiedlicher M., ein ausgeprägtes Methodenbewußtsein und selbstkritischen Methodeneinsatz, der sich primär an den Erfordernissen des Gegenstandes orientiert.

→ Methodenprobleme in der Empirischen Sozialforschung; Qualitative Methoden; Theorie, Typus/Typologie; Vergleichende Methode.

Lit.: *Alemann, U. von* (Hrsg.) 1995: Politikwissenschaftliche Methoden, Opl. *Berg-Schlosser, D./Müller-Rommel, F.* (Hrsg.) [3]1997: Vergleichende Politikwissenschaft, Opl. *König, R.* (Hrsg.) [3]1973 ff: Handbuch der empirischen Sozialforschung, 14 Bde., Stg. *Kriz, J.* 1981: Methodenkritik empirischer Sozialforschung, Stg. *Kriz, J./Nohlen, D./Schultze, R-O.* (Hrsg.) 1994: Politikwissenschaftliche Methoden (= Lexikon der Politik, Bd. 2), Mchn. *Lorenz, C.* 1997: Konstruktion der Vergangenheit, Köln u. a. *Opp, K.-D.* [4]1999: Methodologie der Sozialwissenschaften, Wsb. *Patzelt, W. J.* [3]1997: Einführung in die Politikwissenschaft, Passau. *Seiffert, H.*: Einführung in die Wissenschaftstheorie, 4 Bde., Mchn.; versch. Auflagen, versch. Jahre. Wagschal, U. 1999: Statistik für Politikwissenschaftler, Mchn. → Methodenprobleme; Theorie; Vergleichende Methode.

Dieter Nohlen/Rainer-Olaf Schultze

Methode der kleinsten Quadrate → Regressionsanalyse

Methode des kritischen Pfades → Pfadanalyse

Methoden-Mix, in der Forschungspraxis die Kombination verschiedener → Methoden zur Untersuchung eines Gegenstands oder innerhalb eines Forschungsbereichs.

M.-M. fußt auf auf der Erkenntnis, daß die Anwendung einer Methode allein nicht ausreicht, um angemessene Ergebnisse zu erzielen, da einzelne Methoden nur partielle Erkenntnisse liefern. Im Vordergrund steht die Kombination quantitativer und → Qualitativer Methoden, die geeignet ist, die häufig metatheoretisch begründete Entweder-oder-Position und darin liegende Einseitigkeiten zu überwinden.

Lit.: *Albert, H.* 1972: Konstruktion und Kritik, Hamb.

Dieter Nohlen

Methodenartefakt (auch: Forschungsartefakt), in der empirischen Forschung die Bezeichnung für eine Ergebnis-Aussage, die nicht den realen Sachverhalt wiedergibt, sondern aufgrund von methodischen Mängeln entstanden ist.

Mängel können dabei sowohl bei der Datenerhebung (z.B. unklare Fragen, Beeinflussung der Befragten usw.) als auch bei der Auswertung (Rechenfehler, Verstoß gegen Voraussetzungen der statistischen → Modelle, kausale Interpretation von → Korrelationen usw.) auftreten.

→ Erhebungstechniken; Methodenprobleme in der empirischen Sozialforschung.

Jürgen Kriz

Methodenprobleme in der empirischen Sozialforschung, wichtiger Bereich in der an empirischer Forschung orientierten sozialwiss. Diskussion, in dem die Vorgehensweisen, mit denen man zu Aussagen und Ergebnissen gelangt, kritisch reflektiert und typische Schwächen im Vorgehen (→ Methoden) aufgezeigt werden.

Diese Reflexion über methodische und methodologische Probleme in den Sozialwiss. hat sich in letzter Zeit von eher prinzipiellen Fragen, wie der Diskussion im sog. Methodenstreit um die grundsätzliche Zulässigkeit bestimmter Methoden, stärker auf eine Analyse der Ursachen für Mängel im Forschungsprozeß verlagert. In diesem Zusammenhang spielen sog. Forschungsartefakte (→ Methodenartefakte) eine wichtige Rolle: Forschung ist eine schrittweise Abfolge von Handlungen und Entscheidungen, die in den einzelnen Forschungsphasen vollzogen werden – von der Hypothesenbildung über die Erhebung von Information (→ Daten) mittels empirischer Sozialforschung, die Systematisierung und Verarbeitung dieser Information mittels Statistik und Datenverarbeitung bis hin zur Ergebnisinterpretation. Forschungsartefakte ergeben sich, wenn durch Mängel in diesem Prozeß die letztlich erhaltenen Ergebnisaussagen keine adäquate Beantwortung der urspr. Forschungsfrage zulassen. Es handelt sich also um methodisch induzierte «Kunstprodukte», wobei der Untersuchungsgegenstand so erfaßt und dargestellt wird, daß zutreffende → Prognosen und erfolgreiches soziales Handeln nicht möglich sind.

1. Üblicherweise bleibt die Erörterung der Artefakte-Problematik auf eine systematische Darstellung häufig vorkommender Fehlerquellen bei der Erhebung (z. B. *Bungard/Lück* 1974) und bei der Auswertung (z.B. *Guttmann* 1977, *Stelzl* 1982) beschränkt. Zu den ersteren, den Erhebungs-Artefakten, gehören insbes.: (1) Halo-Effekt: Hierunter versteht man die Auswirkung einzelner Teile von vorgelegtem Material auf die Interpretation (und damit die Beantwortung) anderer Teile. (2) *Response sets* sind hingegen Antwortmuster, die relativ unabhängig vom spezifischen Inhalt bevorzugt werden. So wirkt sich bei der Vergabe von Ja/Nein-Antworten oft die «Ja-Sager-Tendenz» *(aquiescence)* aus (= bevorzugtes Ankreuzen der Ja-Kategorie). Zu den *response sets* gehört auch die Bevorzugung von Mittelkategorien oder aber die von Extremkategorien. (3) *Social desirability* (soziale Erwünschtheit): Hierunter wird die bevorzugte Wahl sozial wünschenswerter Eigenschaften, Einstellungen und Verhaltensweisen verstanden. (4) Versuchsleiter-Effekt bezeichnet die (meist unbewußten) Beeinflussungen der Untersuchten durch den Untersucher i.S. seiner Erwartungen und Hypothesen. (5) Protokollfehler: Zahlreiche Untersuchungen zeigen, daß bei der Protokollierung der Erhebungssituation und Regi-

strierung bestimmter Ergebnisse Fehler überzufällig häufig i. S. der Erwartungen und Hypothesen auftreten. (6) Sozial-demographische Effekte: Alter, Geschlecht, soziale Herkunft, Sprache, Hautfarbe etc. spielen in der Erhebungssituation eine nicht zu unterschätzende Rolle. Auch ist die Erreichbarkeit (und damit die Berücksichtigung in der Stichprobe) von Personen in ländlichen Gegenden, nicht-berufstätigen Frauen, Verheirateten und älteren Menschen größer als von anderen. Ferner ist die Weigerung, an einer Erhebung teilzunehmen, nicht zufällig über die Bev. verteilt – das gilt auch für die Verweigerung einzelner Fragen, die oft implizit über «weiß nicht», «unentschieden» etc. erfolgt. Die «Ja-Sager-Tendenz» kommt je nach ethnischer Gruppe und sozialer Schicht unterschiedlich zum Tragen. (7) *Self-destroying* bzw. *self-fulfilling prophecy* (sich selbst zerstörende bzw. erfüllende Vorhersage): Prognosen (oder auch Umfrageergebnisse von prognostischem Charakter) können ggf. allein schon durch ihr Bekanntwerden den Effekt hervorrufen, daß ihr Eintreten verhindert oder aber bes. gefördert wird. Ursache ist, daß sich Prognosen i. d. R. auf jene sozialen Strukturen auswirken, auf die sie sich als Gegenstandsbereich selbst beziehen, und so ihre eigene Geltung beeinflussen können. Prognosen haben somit unabhängig von ihrer Richtigkeit zu dem Zeitpunkt, an dem sie aufgestellt werden, soziale Konsequenzen, die ggf. mit dem Prognosebereich interferieren.

2. Zur zweiten Gruppe, den Datenauswertungs-Artefakten, gehören insbes.: (1) Unvollständige Information: Das erhobene Datenmaterial und die darin enthaltenen Strukturen sind i. d. R. sehr viel umfangreicher als das, was zur Auswertung herangezogen oder gar später publiziert wird. Auch wenn man bewußtes Manipulieren und Weglassen von unerwünschten Daten außer acht läßt, ergibt sich aus der Wirkung der Forscher-Erwartung auf dessen Wahrnehmung, daß eher solche Strukturen aufgenommen werden, die ins Konzept passen, und andere übersehen werden. (2) Korrelations-Interpretation: Nicht selten werden Korrelations-Koeffizienten (= Maße für den statistischen Zusammenhang zweier oder mehrerer Variablen) *kausal* interpretiert. Ein anderer verbreiteter Trugschluß unterstellt, daß zwei sehr hoch miteinander korrelierende Variablen weitgehend das gleiche messen. Dies *kann* zwar der Fall sein, *muß* aber nicht: Es läßt sich zeigen, daß zwei hoch korrelierende Variablen mit einer dritten jeweils sehr unterschiedlich hoch korrelieren können. Diese Fehlannahme kommt bes. in der Faktorenanalyse zum Tragen, wo Bündel hoch korrelierender Variablen gesucht werden, die auf denselben Faktor zurückgehen, d. h. konzeptionell angeblich dasselbe messen sollen. (3) Signifikanztests: Da jede Wiss. nicht einzelne Daten sammeln, sondern zu möglichst weitreichenden Aussagen kommen will, sind die erhobenen Daten meist nur notwendige Informationsbasis, um über allgemeinere Hypothesen zu entscheiden. Das formale Modell, das solchen Entscheidungen zugrunde liegt, heißt Signifikanztest. Oft werden Signifikanztests aber nicht als Entscheidungsmodell verwendet, sondern fälschlicherweise als ein Verfahren, das Effekte feststellen oder gar die Höhe der Signifikanz (= Bedeutsamkeit) messen könnte (was sich dann durch variable Signifikanzniveaus in Publikationen niederschlägt).

3. Es ist zweifellos notwendig, in der Diskussion um Methodenprobleme auf diese (und andere) Einzelprobleme hinzuweisen. Eine Analyse sozialwiss. Forschungspraxis zeigt allerdings, daß nicht so sehr solche einzelnen Fehlerquellen ursächlich für Mängel in den Ergebnissen sind, sondern daß diese Fehlerquellen sich selbst wieder als Manifestationen grundlegender Probleme und methodologischer Mißverständnisse des Forschungsprozesses deuten lassen (*Kriz* 1981, 1988). Danach läßt sich zunächst die Betrachtung sozialwiss. Forschungsartefakte analytisch drei Ebenen zuordnen: (1) Auf der Ebene der konkreten empirischen Forschungsarbeiten, wie sie in einschlägiger Literatur publiziert werden, zeigt sich, daß Sozialforscher und ihre *scientific community* (Kollegen, Herausgeber, Beirat, Leser) selbst gravierende inhaltliche Widersprüche und Unsinnigkeiten der Ergebnisse kaum bemerken, wenn diese Ergebnisse mit scheinbar objektiven Methoden erbracht wurden. Fragt man nach den Ursachen, so zeigt sich (2) auf der me-

thodischen Ebene, daß der Stellenwert des methodischen Instrumentariums im Forschungsprozeß falsch eingeschätzt wird. Hierdurch werden nicht selten durchaus sinnvolle Konzepte (z. B. Signifikanz, Korrelation usw.) aus dem Handlungszusammenhang, der ihnen jeweils Sinn gibt, herausgelöst und kontextunabhängig behandelt. Unter der rein methodischen Perspektive sind dies die oben genannten Fehlerquellen. Die Formulierung «falsche Einschätzung des methodischen Instrumentariums» und die Verwendung des Begriffs «sinnvoll» verweisen (3) auf eine weitere, die methodologische Ebene, auf welcher der eigentliche Sinn und die Funktion des Instrumentariums im Prozeß empirischer Forschung zu klären ist: Wiss. läßt sich verstehen als eine spezifische Fortentwicklung alltagsweltlich bewährter sozialer Koordinierungs- und Differenzierungsleistungen, um spezifische Aufgaben zu lösen. Forschung ist dabei ein interaktiver Prozeß, und methodische Konzepte haben darin die Aufgabe, bestimmte Handlungen und Erfahrungen interindividuell nacherfahrbar zu machen sowie bestimmte Aspekte zu optimieren (z. B. durch Transformation von empirischen Beziehungen auf Zahlenrelationen) und durch Algorithmisierung einzelner Prozesse eine stärkere räumlich/zeitlich/kulturelle Invarianz von Erkenntnis zu gewährleisten.

4. Methodische Konzepte vereinfachen den Diskurs der Forscher, ersetzen ihn aber nicht. Sozialwiss. hat somit nicht nur soziale Prozesse zum Gegenstand, sondern findet selbst immer schon als sozialer Prozeß statt, in dem ein spezifisches Segment von Wirklichkeit von allen Beteiligten ausgehandelt wird (dies allerdings vor dem Hintergrund einer bereits von allen als ausgehandelt akzeptierten intersubjektiven Alltagswelt). Dieser aktive Anteil des Forschers bei der Konstitution seiner untersuchten Wirklichkeit wird in der Erhebungssituation bes. durch die Wahl des Ansatzes deutlich: Bei der Untersuchung eines bestimmten Gegenstandes liefern Inhaltsanalysen von Presseberichten, Befragungen der Bev., teilnehmende Beobachtung, Betroffenen-Diskussion jeweils unterschiedliche Perspektiven desselben Gegenstandes. Ebenso ergeben sich bei der Weiterverarbeitung der erhobenen Information je nachdem, welche Strukturen der Forscher als Ergebnisse (Figur) aus dem überaus komplexen Datenmaterial (Grund) herausschält, unterschiedliche Aspekte. Nicht die empirischen und statistischen Methoden schaffen Objektivität, sondern gerade die Vielfalt der Perspektiven, und es bedarf daher des Diskurses der Forscher, damit subjektiv gemeinter Sinn zu objektiver Faktizität wird (*Berger/Luckmann* 1992).

Der Forschungsprozeß – von der Fragestellung über Datenerhebung und Datenauswertung bis hin zur Ergebnisaussage – stellt somit eine Sequenz von Entscheidungen dar, bei denen bestimmte Perspektiven eingenommen werden und die daher den Kontextrahmen bestimmen, in dem letztlich der Ergebnisaussage eine Bedeutung zukommt. Diese Entscheidungen wären explizit darzustellen und hinsichtlich der Forschungsfrage (und des intendierten Verwendungszusammenhanges) im Diskurs zu begründen. Statt dessen werden aber Ergebnisse in den Publikationen i. d. R. so dargestellt, als ob sie stringent aus der Forschungsfrage bei Verwendung richtiger Methoden folgen würden, d. h. als sei der Forschungsprozeß keine Entscheidungsfolge, sondern ein Algorithmus. Nicht zufällig spricht man in diesem Zusammenhang auch mißverständlich von Erhebungs- und Auswertungs*methoden* statt von *-modellen*: Während Modelle noch auf dahinterstehende Relevanz-Perspektiven verweisen, die den Untersuchungsgegenstand erst im Diskurs und in Auseinandersetzung mit anderen Perspektiven zu intersubjektiv verwertbarer Faktizität werden lassen, suggerieren Methoden einen bereits ausgehandelten Konsens, dessen objektive Wirklichkeit nicht hinterfragt werden muß. Vor diesem Hintergrund sind Forschungsartefakte somit nicht einfach falsche Ergebnisse, sondern solche Aussagen, für die ein inadäquater Kontextrahmen entwickelt wurde bzw. für die – bei häufig überhaupt nicht hinreichender Explizierung eines solchen Rahmens – der zwangsläufig herangezogene *common sense* inadäquat ist. In einer detaillierten Re-Analyse empirischer Publikationen wurde gezeigt (*Kriz* 1981, 1988), daß Artefakte bes. dort entstehen, wo die gewählten Perspektiven und getroffenen Entscheidungen als solche nicht reflektiert wurden, sondern das Bemühen vorherrschte, mittels Algorithmen «abgesicherte», «richtige» und «objektive» Ergebnisse zu präsentieren. Wenn geglaubt wird, den Diskurs nicht führen zu müssen, sondern sich auf Methoden *per se* verlassen zu können, lullt diese falsch verstandene Funktion des Instrumentariums den Forscher (und die *scientific community,* welche diese Arbeiten akzeptiert) oft so sehr in die Scheinsicherheit eines vermeintlichen Konsenses ein, daß nicht einmal mehr eklatante Widersprüche und Unsinnigkeiten bemerkt werden.

→ Empirische Sozialforschung; Korrelationsrechnung; Methode; Politikwissenschaft; Qualitative Politikforschung; Signifikanztest; Statistik.

Lit.: *Berger, P. L./Luckmann, Th.* 1992: Die gesellschaftliche Konstruktion der Wirklichkeit, Ffm. (zuerst 1969). *Bungard, W./Lück, H. E.* 1974: Forschungsartefakte und nichtreaktive Meßverfahren, Stg. *Guttmann, L.* 1977: What is not what in Statistics?, in: The Statistician 26, 81–107. *Kriz, J.* 1981: Methodenkritik empirischer Sozialforschung, Stg. *Kriz, J.* 1988: Facts and Artefacts in Social Science, Hamb./NY. *Rosnow,R. L./Rosenthal, R.* 1997: People Studying People: Artifacts and Ethics in Behavioral Research, NY. *Stelzl, L.* 1982: Fehler und Fallen der Statistik, Bern. *Webb, E. J.* ²2000: Unobtrusive Measures, Thousand Oaks u. a.

Jürgen Kriz

Methodologie, umfaßt die Regeln des methodischen Zugriffs auf die Untersuchungsgegenstände sowie die Reflexion über die Leistungsfähigkeit wiss. → Methoden.

Lit.: → Methoden.

Dieter Nohlen

Methodologischer Individualismus, eine Strategie zur → Erklärung sozialer Phänomene aufgrund von Handlungen und Handlungsmustern individueller Akteure, d. h. ihrer Handlungsdispositionen: Intentionen, Ziele, Neigungen, Verhaltensweisen, etc.
In der aufgeklärten Anwendung dieser Erklärungsstrategie werden sowohl die Handlungskontexte als auch die beabsichtigten und die nicht-beabsichtigten Folgen individueller Handlungen berücksichtigt.

Politikwiss. bedeutendstes Beispiel für den strengen m. I. ist die Zurückführung komplexer sozialer Phänomene auf Kosten-Nutzen-Kalküle von Individuen. Im → Homo oeconomicus wird die Beschreibung individueller Handlungsdispositionen zu einer allg. Standarddisposition von Akteuren verdichtet und etwa zur Erklärung des Wahlverhaltens verwandt. Mit der Gegenposition, dem → Methodologischen Kollektivismus, teilt der m. I. das Charakteristikum einer reduktionistischen Erklärung sozialer Wirklichkeit. Gegen solchen → Reduktionsmus wenden sich Kombinationen beider Erklärungsstrategien.

Dieter Nohlen

Methodologischer Kollektivismus, sozialwiss. Erklärungsstrategie, die im Ggs. zum → Methodologischen Individualismus die soziale Wirklichkeit durch → Institutionen bzw. Strukturen sozialer Systeme bestimmt sieht.

Institutionen eröffnen oder begrenzen strategische Handlungsmöglichkeiten von Akteuren, so daß letztendlich individuelles Verhalten und individuelle Einstellungen von nicht-intentionalen Struktureigenschaften sozialer Systeme geprägt sind. Die → Erklärung sozialer Phänomene wird im m. K. folglich in deren Funktionszusammnenhang mit dem Gesamtsystem gesehen. Beispielsweise wird Unterentwicklung im Rahmen der → Dependencia durch die Funktion der Länder der → Dritten Welt erklärt, die sie in der → Internationalen Arbeitsteilung einnehmen, wie sie im → Zentrum-Peripherie-Modell abgebildet wurde. Ebenso wie der methodologische Individualismus hat sich der m. K. als alllzu reduktionistische Erklärungsstrategie erwiesen. Als Alternative bewähren sich

Verbindungen von Handlungs- und Systemperspektive.

Dieter Nohlen

Methodologischer Szientismus → Szientismus

Michigan School, in der → Wahlforschung die Bezeichnung einer Forschergruppe am *Institute for Social Research* der University of Michigan in Ann Arbor, die seit 1948 regelmäßig nat. Umfragen zur Untersuchung der Determinanten der Wahlentscheidung bei US-amerikan. Präsidentschafts- und Kongreßwahlen durchgeführt hat.

Als Hauptbeitrag der Gruppe zur Theorie des → Wählerverhaltens gilt das Konzept der langfristigen psychischen Bindung der Wähler an bestimmte Parteien (→ Parteiidentifikation) und der Charakterisierung von Wahlen auf der Aggregatebene als → Normalwahlen (im Zweiparteiensystem gleichen sich die kurzfristigen Einflüsse in ihrer Wirkung aus), als abweichende Wahlen (→ *Deviating elections*), bei denen die kurzfristigen Einflüsse sich stark zugunsten einer Partei auswirken, ohne daß sich die Parteiidentifikation der Wähler grundsätzlich ändert, und als «*realigning elections*», bei denen sich auch die zugrundeliegende Parteiidentifikation ändert und so neue Mehrheitsverhältnisse auf Dauer entstehen.

→ Bezugsgruppenansatz.

Franz Urban Pappi

Migration, umfaßt alle Wanderungsbewegungen, gleich welcher Verursachung, mit denen Gruppen oder Individuen ihren Wohnsitz vorübergehend oder ständig verändern.

Stets ist M. ein Versuch, die eigene → Lebenslage zu verbessern bzw. den widrigen Bedingungen der jeweiligen natürlichen wie sozialen Umwelt zu entkommen. Idealtypisch unterscheidet die Migrationsforschung (1) hinsichtlich der Migrationsmotivation zwischen Flucht und Arbeitsmigration und (2) in bezug auf die betroffenen polit. Einheiten zwischen grenzüberschreitender M. (Einwanderungs-; Asylpolitik) und Binnenmigration. Die Massenmigration der Gegenwart ist Teil des weltweiten Modernisierungsprozesses, der mit der → Globalisierung von Wirtschaft und Kultur (a) → Mobilität erzwingt, (b) traditionale Bindungen löst und (c) Transportmöglichkeiten revolutioniert, als dessen negative Begleiterscheinung aber ebenso (d) gewaltsame Konflikte sowie (e) ökolog. Katastrophen eskalieren. *Push-* (Übervölkerung; Armut; Verfolgung usw.) und *Pull*-Faktoren (Wohlstand; → Freiheit; → Sicherheit; Migrationsnetzwerke usw.) steuern Ausmaß und Richtung der Migration.

→ Flüchtlinge/Flüchtlingspolitik; Staatsbürgerschaft.

Günter Rieger

Migrationsforschung, interdisziplinärer Forschungszweig mit dezidiert länderspezifischen Schwerpunkten, der sich politikwiss. vorwiegend beschäftigt mit den *policies* Ein-/Zuwanderung und Asylmigration, der soziopol. → Integration von Zuwanderern und ihren Nachkommen sowie den dazugehörigen *politics*. Politikwiss. M. hebt sich dadurch von der dominant ökon. M. (*Push-Pull*-Paradigma) ab, daß national- und supranationalstaatl. Politik trotz ihrer Einbettung in historische, demographische, ökon. und soziale Kontexte nennenswerte Steuerungsmöglichkeiten zugesprochen werden.

Während M. bis in die 1970er Jahre auf die sog. «klassischen» Einwanderungsländer – und damit auch primär auf die Geschichtswiss. und Soziologie – beschränkt blieb, führte die zunächst ungewollte, infolge von Zuzugsbeschränkungen (z. B. Anwerbestopp 1973) jedoch dauerhafte Niederlassung rekrutierter «Gastarbeiter» in zahlreichen europ. Ländern zur wiss. Beschäftigung mit deren Folgen. Parallel zur Gastarbeiterfrage wurden Zuzüge aus ehem. Kolonien in europ. Staaten thematisiert; beide Entwicklungen gingen mit der Blüte des neomarxistischen Migrationsparadigmas einher, das der Regierungspolitik der Gastarbeiter- und Kolonialländer vorwiegend Erfüllungsgehilfencharakter ökon. Interessen attestierte. Sowohl die klassische M. als auch die soziologisch dominierte Integrationsforschung bemühen sich seit den 1980er Jahren um differenziertere Migrationsanalysen, die einerseits die *rational choice* des Individuums (*Esser* 1980; *G. Borjas* in *Cohen* 1996), andererseits aber räumlich-systemische (*Kritz* u. a. 1992) sowie länder- und migrationstypspezifische Kontexte (*A. Portes/J. Böröcz* in *Cohen* 1996; *Castles/Miller* 1998) stärker berücksichtigen. Die ethnisch-kulturelle Diversifizierung der Migrationsbewegungen und damit auch der allochtonen Bev. vieler westl. Demokratien hat zudem infolge des Endes des Kalten Krieges und der einsetzenden Diskussion über Folgen der → Globalisierung eine intensive Beschäftigung mit der nat. → Identität (abstrakt) und der Staatsbürgerschaft (konkret) in den Zuwanderungsländern entfacht (*Brubaker* 1992; *Joppke* 1999).

Zu Beginn des neuen «Zeitalters der Migration» (*Castles/Miller* 1998) bemühten sich Vertreter der verschiedenen wiss. Disziplinen zunächst darum, Migrationsbewegungen den aus nationalstaatl. Sicht wahrgenommenen bedrohlichen Charakter zu nehmen; nennenswert sind in diesem Zusammenhang in D insbes. die Arbeiten des Historikers *K. Bade*. Ende der 1980er und zu Beginn der 1990er Jahre prägte in nahezu allen Zuwanderungsländern → Multikulturalismus den Diskurs der M., der in einigen Ländern (v. a. Kanada, Australien, Schweden) auch zur Implementation multikultureller Regierungsprogramme führte. Während die zeitgleich geführte Asyl- und Aussiedlerdebatte ein dt. Spezifikum blieb, kontrastierten in der ersten Hälfte der 1990er Jahre Minderheitenkonflikte und Übergriffe auf Migranten die Multikulturalismusdiskussion. Seit Ende der 1990er Jahre ist thematische Konvergenz der M. und der Migrationspolitik zu beobachten: während vermeintlich progressive Einwanderungsländer Förderprogramme ethnisch-kultureller Diversität und staatl. Leistungen für Einwanderer einschränken, hat insbes. D begonnen, sein ethnisch-kulturell beschränktes Selbstverständnis aufzugeben, das Staatsangehörigkeitsrecht reformiert und über Parteigrenzen hinweg grundlegende gesetzliche Regelungen der Einwanderung eruiert. Angesichts der Terroranschläge in den USA vom 11. September 2001 ist zu erwarten, daß die durch *M. Weiner* (1993) forcierte Debatte über → Migration und → Nationale Sicherheit für die M. erheblich an Bedeutung gewinnen wird.

Die M. hat sich seit den 1960er Jahren von einem kleinen Kreis vernetzter Experten zu einer kaum noch zu überblickenden Wachstumsbranche entwickelt. Aus einer ganzen Reihe von Fachzeitschriften und Periodika sind der jährl. systematische und komparative OECD-Bericht zur Migration (SOPEMI), Publikationen der *International Labor Organisation* (ILO), der *International Migration Review* (IMR) sowie in D die Schriftenreihe des Instituts für Migrationsforschung und Interkulturelle Studien (IMIS) hervorzuheben.

→ Flüchtlinge/Flüchtlingspolitik; Staatsbürgerschaft.

Lit.: *Bade, K. J.* 2000: Europa in Bewegung, Mchn. *Bös, M.* 1997: Migration als Problem offener Gesellschaften, Opl. *Brubaker, R.* 1992: Citizenship and Nationhood in France and Germany, Camb./Mass. *Castles, S./Miller, M. J.* ²1998: The Age of Migration, L. *Cohen, R.* (Hrsg.) 1996 ff.: The International Library of Studies on Migration, Cheltenham, 10 Bde. *Esser, H.* 1980: Aspekte der Wanderungssoziologie, Darmst. *Joppke, C.* 1999: Immigration and the Nation-State, Ox. *Han, P.* 2000: Soziologie der Migration, Stg. *Kritz, M. M.* u. a. (Hrsg.) 1992: International Migration Systems, Ox. *Treibel, A.* ²1999: Migration in modernen Gesellschaften, Weinheim/Mchn. *Weiner, M.* (Hrsg.) 1993: International Migration and Security, Boulder/Col.

Andreas M. Wüst

Mikro-Ebene → Mehrebenen – Analyse

Mikro-Makro-Analyse (von griech. *makrós* = lang, groß, hoch; *mikrós* = klein), Unterscheidung der Forschung nach Ebenen oder Gegenstandsbereichen, auf die sie sich bezieht. Die Makro-Analyse ist auf die Untersuchung relativ großer Prozesse und Zusammenhänge gerichtet (in der Politikwiss. sind das z. B. die Entwicklung der → Demokratie, des → Kapitalismus, des → Politischen Systems), die Mikro-Analyse auf jene relativ kleiner und begrenzter sozialer Bereiche bzw. von Individuen.

In der Politikwiss. wird in einigen Forschungszweigen (z. B. → Korporatismus) noch die weitere Unterscheidung einer Meso-Ebene (von griech. *mésos* = in der Mitte befindlich) getroffen. Die Trias beginnt sich für die Bezeichnung der Ebenen Individuen/Wähler (Mikro), Parteien/Verbände (Meso) sowie Staat und darüber (Makro) durchzusetzen. Mit der Unterscheidung zwischen Makro und Mikro gehen i. d. R. methodische Differenzen einher. Die Makro-Analyse basiert auf → Aggregatdaten, sei es solchen, die auf Aggregierung von → Individualdaten (Durchschnittswerte oder Prozentsätze) beruhen, oder solchen, die sich nicht auf Informationen über die Eigenschaften der einzelnen Elemente stützen (Daten der historischen Entwicklung oder Strukturdaten der Wirtschafts-, Sozial- und Wahlstatistik). Die Mikro-Analyse bedient sich der Individualdaten (Daten der Umfrageforschung). In der Mikrosoziologie spielt die soziale Gruppe, die Kleingruppe, eine beherrschende Rolle. In der Makrosoziologie werden die Entwicklungstendenzen und die grundlegenden Strukturveränderungen ganzer Gesellschaften empirisch vergleichend untersucht. Diese in der Nähe zur Geschichtswiss. angesiedelte Forschungsrichtung hat durch die Anlage großer statistischer Datensammlungen in den letzten Jahrzehnten einen großen Aufschwung genommen. In der Politikwiss. sind insbes. die Modernisierungsforschung (→ Modernisierungstheorie) und die → Historische Wahlforschung hervorzuheben.

Die Begriffe Makro und Mikro lassen sich nur schwerlich mit Theorietypen verbinden, da Makrophänomene durchaus mit mikromethodischen Ansätzen zu erklären versucht werden, wie z. B. durch den → Methodologischen Individualismus. In der → Mehrebenen – Analyse sind freilich die Grenzen der Aussagekraft von auf einer Ebene gesammelten Daten für die andere zu beachten. Klassisches Beispiel ist hier der → Ökologische Fehlschluß, der Schluß von mikrosoziologischen Daten des Individualverhaltens auf Makroeinheiten.

Lit.: *Scheuch, E. K.* [3]1973: Entwicklungsrichtungen bei der Analyse sozialwissenschaftlicher Daten, in: *König, R.* (Hrsg.): Hdb. der empirischen Sozialforschung, Stg., Bd. 1, 161–237.

Dieter Nohlen

Milieu, aus der frz. Soziologie der Jahrhundertwende übernommener Begriff zur Bezeichnung der Umwelt i. S. der Gesamtheit der äußeren (z. B. auch geographischen) und sozialkulturellen Faktoren, die auf eine Person oder soziale Gruppierung einwirken.

In der älteren → Wahlforschung wird der Begriff des sozialen Milieus manchmal i. S. der persönlichen → Netzwerke einer Person, bestehend aus Familienangehörigen, Arbeitskollegen und Freunden, verstanden. Dafür ist in der → Columbia-School auch der Begriff Primärgruppe gebräuchlich, heute spricht man eher von egozentrierten sozialen Netzwerken.

→ Kontext/Kontextanalyse.

Franz Urban Pappi

Milieuanalyse → Qualitative Methode

Militärdiktatur → Diktatur; Militärregime

Militärisch-industrieller Komplex, als Schlagwort durch die Abschiedsrede des US-amerikan. Präsidenten *D. Eisenhower* 1961 bekannt geworden, geht der Begriff als analytisches Konzept v. a. auf *C. Wright Mills'* Werk «The Power Elite» zurück, in dem er darauf hinwies, daß im Zusammenhang mit der Aufrüstung während des → Kalten Krieges eine Koalition von militärischen Institutionen und Rüstungsbetrieben erheblichen gesellschaftl. und polit. Einfluß in den USA und der westl. Welt gewonnen habe.

Dieser Einfluß führe nicht nur dazu, daß immer mehr und immer teurere Waffensysteme angeschafft würden, sondern zwinge der → Außenpolitik eine Perspektive auf, die einen objektiven Blick auf die Realität – und insbes. für die Chancen zur Abrüstung und Verständigung – verbaue. Dieses Konzept fand Anfang der 1970er Jahre verbreitete Anwendung auf die US-Politik im Kalten Krieg, verlor dann aber weitgehend an Bedeutung. Die wiss. Debatte um den M. erhielt jedoch Anfang der 1990er Jahre neue Impulse, als v. a. die US-amerikan. Interventionen in Panama 1989 und am Golf 1991 Fragen aufwarfen, die nach Ansicht einiger Kritiker im Kontext der vorherrschenden (neo-)realistischen Schule der → Internationalen Beziehungen nicht angemessen zu beantworten waren. Sie verwiesen darauf, daß in diesen Fällen eine direkte Gefahr für die amerikan. Sicherheit nie bestanden habe, eine Intervention also überflüssig gewesen sei. Gehe man aber davon aus, daß das amerikan. Militär nach dem Ende des → Ost-West-Konflikts nach einer neuen Begründung für seine Existenz gesucht habe, so lasse sich das amerikan. Verhalten wesentlich besser erklären.

→ Realistische Schule; Rüstung; Sozial-industrieller Komplex.

Lit.: *Gibbs, D. N.* 1996: The Military-Industrial Complex, Sectorial Conflict, and the Study of U. S. Foreign Policy, in: *Cox, R. W.* (Hrsg.): Business and the State in International Relations, Boulder, 41–56. *Mills, C. W.* 1956: The Power Elite, NY. *Sychla, H.* 1984: Militärisch-industrieller Komplex, in: *Boeckh, A.* (Hrsg.): Internationale Beziehungen. Theorien – Organisationen – Konflikte (Pipers Wörterbuch zur Politik, 5), Mchn., 318–322.

Dieter Wolf

Militärpolitik, Bezeichnung für jenes Politikfeld am Schnittpunkt zwischen → Außenpolitik und → Innenpolitik, in dem es um die die Streitkräfte betreffenden strategischen und strukturellen Fragen geht.

Die strategische Dimension der M. umfaßt zum einen Entscheidungen über die Stärke und die Zusammensetzung der Streitkräfte, ihre Einsatzbereitschaft und ihre Ausrüstung, zum anderen Entscheidungen über ihren Einsatz und die militärischen Planungen hierfür. Zur strukturellen Dimension der M. gehören insbes. die Entscheidungen über die Verteilung von Ressourcen für die Streitkräfte, ihre personelle Ausstattung und ihre Organisation. Mit dem Begriff der M. wird somit mehr erfaßt als mit dem der Rüstungspolitik, der in der Forschung zur Rüstungsdynamik verbreitet ist.

→ Rüstungspolitik.

Lit.: *Huntington, S. P.* 1961: The Common Defense. Strategic Programs in National Politics, NY. *Schlotter, P.* 1990: Militärpolitik und äußere Sicherheit, in: *Beyme, K. von/Schmidt, M. G.* (Hrsg.): Politik in der Bundesrepublik Deutschland, Opl., 99–123. *Woyke, W.* 2001: Militärpolitik, in: *Nohlen, D.* (Hrsg.): Kleines Lexikon der Politik, Mchn., 304–305.

Peter Rudolf

Militärregime, Klasse autoritärer → Politischer Systeme, in denen die Herrschaft durch das Militär als Institution oder durch führende Vertreter des Militärs ausgeübt wird.

Wie alle → Autoritären Regime kann man M. danach unterscheiden, welche substantiellen polit. Ziele sie verfolgen, ob und ggf. in welcher Weise sie polit. → Partizipation zulassen bzw. auf welche gesellschaftl. Gruppen sie sich zwecks Legitimation ihrer → Herrschaft stützen, ob sie sich selbst als kurzzeitige Übergangsform in einer polit.-gesellschaftl. Krisensituation rechtfertigen, die lediglich den Zweck hat, den Weg zu einer zivilen (demokratischen) Regierungsweise zu bahnen, oder ob sie als relativ dauerhafte Herrschaftsform konzipiert sind. Die Unterscheidung zwischen «traditionellen» und «neuen» M. hebt auf genetische und strukturelle Merkmale ab. Traditionelle M. dienen im wesentlichen der Herrschaftssicherung einzelner Personen oder «Clans», wobei die Armee über eine geringe institutionelle Autonomie verfügt. Die neuen M., die v. a. in Lateinamerika in den 1960er und 1970er Jahren entstanden, zeichneten sich demgegenüber dadurch aus, daß in ihnen das Militär als Institution (wenngleich z. T. mit einem exponierten Führer, wie *A. Pinochet* in Chile) die Macht mit dem erklärten Anspruch ergriff, tiefgreifende Strukturprobleme des betreffenden Landes, die sich in einer permanenten wirtschaftl. Krise, extremen sozialen Konflikten und eventuell einer revolutionären Bedrohung der bestehenden Gesellschaftsordnung äußerten, durch eine umfassende wirtschaftl., gesellschaftl. und polit.-institutionelle Neugestaltung zu lösen. Fast alle neuen M. sind mit diesem Anspruch gescheitert. Die Forschung über die Ursachen des Entstehens der neuen M. löste intensive Debatten über den Zusammenhang zwischen → Entwicklung bzw. → Modernisierung und → Demokratie aus (→ Bürokratischer Autoritarismus).

Lit.: *Collier, D.* (Hrsg.) 1979: The New Authoritarianism in Latin America, Princeton. *Harbeson, J. W.* (Hrsg.) 1987: The Military in African Politics, NY. *Steinweg, R.* (Hrsg.) 1989: Militärregime und Entwicklungspolitik, Ffm.

Bernhard Thibaut

Minderheit, ganz allg. (und umgangssprachlich) die zahlenmäßig geringere Gruppe. Dabei interessiert weder ihre soziale Zusammensetzung, noch ob sie gesellschaftl. oder polit. dominiert oder unterlegen ist. Der polit. und sozialwiss. gebräuchlichere Begriff stellt M. als beständige Gruppe von Menschen dar, die sich rassisch, ethnisch, kulturell, sprachlich oder religiös von der Mehrheit der Population oder anderen Bevölkerungsteilen eines Landes unterscheidet.

1. Im allg. politikwiss. Verständnis bezeichnet M. die der Mehrheit gegenüber stehende Gruppierung in der Wählerschaft, in repräsentativen Körperschaften (→ Opposition), in Verbänden und Parteien etc., die im Prinzip dem polit. Wechsel unterliegt, dem Wechselspiel von Mehrheit und Minderheit. Sie kann jedoch im konkreten Fall durchaus relativ dauerhaft sein (auf der Ebene von → Parteiensystemen etwa infolge des Einfrierens der → *Cleavages*).
2. Im heute polit. und politikwiss. meist verwandten Sinne sind M. durch Merkmale gekennzeichnet, die relativ stabil sind, entspr. der Definition des Untersuchungsausschusses der Kommission für Menschenrechte der Vereinten Nationen von 1950, die Forderungen mit einschließt, von deren Erfüllung die polit. Anerkennung als M. abhängig gemacht wird: «Der Ausdruck M. erfaßt (1) nur jene nicht herrschenden Gruppen einer Bev., die stabile ethnische, religiöse oder sprachliche Traditionen aufweisen und zu erhalten wünschen, welche sich von denen der übrigen Bev. deutlich unterscheiden; (2) solche M. sollen eine Anzahl von Personen umfassen, die genügend groß ist, um die Entwicklung solcher Merkmale zu ermöglichen, (3) Angehörige solcher M. müssen dem Staat gegenüber, dessen Bürger sie sind, loyal sein.»
Im staatsrechtlichen Kontext stellen sich für M. Probleme ihrer Integration/Assimilation aus der Sicht der Mehrheit, ihrer Bestandserhaltung/Separierung aus der Sicht der nicht integrations-/assimilationsbereiten Minderheit. Ihrer Sicht zufolge erhoben die M. Forderungen nach Anerkennung als ethnisch/religiöse/nat. M. und Rechtsschutz, nach Aufrechterhaltung oder Gewährung von Sonderrechten (Gebrauch der eigenen Sprache, entspr. Spracherziehung, Ausübung der Religion, Pflege der Tradition), ggf. nach polit. Selbstverwaltung (→ Autonomie), nach Schutz vor Majorisierung (etwa durch Migrationsprozesse), nach sozialer Gleichstel-

lung, etc. Die in diesen Forderungen beschlossene Minderheitenproblematik trat insbes. im Zusammenhang der Bildung der → Nationalstaaten im 19 Jh. auf und verschärfte sich mit der → Demokratisierung des Wahlrechts (v. a. im Vielvölkerstaat Österreich-Ungarn). Die Veränderungen der polit. Landkarte nach dem I. Weltkrieg und die → Dekolonisation in Afrika und Asien auf der Grundlage der territorialen Grenzziehung von Seiten der Kolonialmächte, die ohne Rücksichtnahme auf die Siedlungsräume der Völkerschaften erfolgt war, weiteten die Problematik erheblich aus. Nach dem Umbruch von 1989/90 in Osteuropa und der nachfolgenden Auflösung der Sowjetunion wurde auch in der dortigen Staatenwelt und inbes. im ehem. Jugoslawien die Minderheitenproblematik virulent. Der Rechtsbegriff der M. basiert zwar, ebenso wie das Selbstbestimmungsrecht der Völker, auf dem subjektiven Indentitätsbewußtsein, im Ggs. zu letzterem aber weist er keinen Territorialbezug auf, sondern hebt auf das kulturelle Selbstverständnis einer Gruppe ab. Im Rahmen der Vereinten Nationen wurde im Hinblick auf den Minderheitenschutz zunächst eine Gewährleistung der Individualrechte im Rahmen einer rechtsstaatl. Ordnung für ausreichend gehalten. Die aktuelle Debatte dagegen konzentriert sich zunehmend auf die Garantie von Gruppenrechten (Wiener Menschenrechtskonferenz 1993; Rechte für indigene Völker).

3. Wesentlich für den Minderheitsbegriff der Gegenwart ist, daß sich die darunter gefaßten Personengruppen als benachteiligt, nicht gleichberechtigt, faktisch nicht gleichgestellt oder als sozial ausgegrenzt betrachten, kurzum diskriminiert fühlen und i. d. R. faktisch auch sind. Eine solche M. kann rein zahlenmäßig durchaus eine Mehrheit bilden (etwa Frauen oder die Farbigen in der Republik Südafrika), i. d. R. sind es jedoch zahlenmäßige M.: rassische, ethnische, kulturelle, sprachliche oder religiöse M., Randgruppen (etwa Obdachlose), Ausländer oder Immigranten, gesellschaftl. um Anerkennung ringende Gruppen (etwa Homosexuelle) sowie gesellschaftl. ins Abseits gestellte Gruppen (etwa HIV–Infizierte). Die Vielfalt der Lebensformen und der sozialen Lagen der unter M. subsumierten Gruppen lassen kaum minderheitenübergreifende Aussagen zu. Mal geht es um rechtliche, mal um faktische Gleichstellung, mal um differenzmarkierende → Identität, mal um differenzaufhebende Berücksichtigung und Ebenbürtigkeit. Mal werden von M. primär Forderungen an die Gesellschaft, mal von der Gesellschaft an die M. gestellt. Im Kontext der → Globalisierung hat sich durch → Migrationen und Akzeptanzprobleme gegenüber einwandernden M. die Komplexität noch erhöht. Bislang relativ homogene Gesellschaften verwandeln sich in multikulturelle, sind mit erheblichen Anpassungsproblemen an die neue Wirklichkeit konfrontiert. Maßnahmen zur Überwindung der Benachteiligung von M. wurden mit der *Affirmative action* ergriffen, der gezielten Begünstigung von M. zwecks Herstellung der → Gleichheit und Verbesserung der Integration. Weitere Entwicklungen werden auf der philosophisch-politikwiss. Ebene diskutiert, etwa im Konzept der → Anerkennungspolitik, die allerdings weniger auf die Gleichheit hinzielt als auf die Anerkennung der Differenz, ihrer Bewahrung und Förderung.

→ Menschenrechte/Grundrechte/Bürgerrechte.

Lit.: *Brunner, G.* 1993: Nationalitätenprobleme und Minderheitskonflikte in Osteuropa, Gütersloh. *Ermacora, F.* 1964: Minderheitenschutz in der Arbeit der Vereinten Nationen, Wien. *Gurr, T. R.* 1993: Minorities at Risk, Washington, D. C. *Heintze, H.-J.* (Hrsg.) 1997: Selbstbestimmung der Völker – Herausforderung für die Staatenwelt, Bonn. *Heintze, H.-J.* (Hrsg.) 1998: Moderner Minderheitenschutz, Bonn. *Kraus, P. A.* 1997: Minderheiten, in: *Nohlen, D./Waldmann, P./Ziemer, K.* (Hrsg.): Die östlichen und südlichen Länder (= Lexikon der Politik, Bd. 4), Mchn., 369–379. *Volger, H.* 1994: Reform des Minderheitenschutzes in den Vereinten Nationen, in: *Hüfner, K.* (Hrsg.): Die Reform der Vereinten Nationen, Opl., 173–204. → Anerkennungspolitik.

Dieter Nohlen

Minimal-winning-coalition, engl. Begriff aus der Koalitionstheorie, der die rechnerisch kleinstmögliche Regierungskoalition bezeichnet: Verläßt ein Mitglied das Bündnis, geht die Mehrheit verloren. Die Positionsvorteile der errungenen Regierungsmacht sollen zwischen so wenigen Partnern wie möglich geteilt werden.

Ausgehend von der Annahme, Koalitionäre verhielten sich ausschließlich gemäß der Maxime der eigenen Nutzenmehrung, müßte die M. logisch die am häufigsten vorkommende Form der Koalitionsbildung sein. Empirisch ist dies jedoch nicht zutreffend, denn oft stehen andere Ziele, z. B. inhaltliche Politikgestaltung und Schaffung polit. Akzeptanz, oder andere Kriterien, z. B. ideologische Übereinstimmung, bei der Auswahl der Koalitionspartner im Vordergrund, die durch das Rationalitätsprinzip der formalen Koalitionstheorie nicht erfaßt werden.

→ Koalition/Koalitionsbildung.
Lit.: → Koalition/Koalitionsbildung.

Suzanne S. Schüttemeyer

Minimalstaat, Bezeichnung für einen → Staat, (1) der seine Tätigkeit auf wenige, eng begrenzte Aufgaben zu beschränken versucht, v. a. auf die Garantie innerer und äußerer → Sicherheit, den Schutz individueller Bürgerrechte, die Gewährleistung der friedlichen Konkurrenz der Gesellschaftsmitglieder, und (2) der sich (Vorstellungen des → Ordoliberalismus folgend) insbes. aus dem Wirtschaftsgeschehen weitgehend heraushält, allein die Rahmenbedingungen setzt und auch nur wenige → Öffentliche Güter (im Bereich der Infrastruktur), aber keine → Meritorischen Güter produziert.

Der authentischste Politiktheoretiker des M. ist gegenwärtig *R. Nozick* (1976: 11), der (im Ggs. zu liberalen und sozialdemokratischen Verfechtern des aktiven Staates, z. B auch *J. Rawls*) die Funktionen des Staates begrenzt wissen will auf den «Schutz gegen Gewalt, Diebstahl, Betrug oder die Durchsetzung von Verträgen», da «jeder darüber hinausgehende Staat Rechte der Menschen, zu gewissen Dingen nicht gezwungen zu werden, verletzt und damit ungerechtfertigt ist». Tatsächlich sind jedoch die Einwirkungen des Staates auf Wirtschaft und Gesellschaft, wenngleich selektiv, zu allen Zeiten weit darüber hinausgegangen – und zwar selbst während des liberalen → Nachtwächterstaats des 19. Jh., so daß die Trennung von Staat und Gesellschaft folglich immer Fiktion gewesen ist.

→ Markt; Liberalismus; Staatstätigkeit; Staatstheorie.
Lit.: *Nozick, R.* 1976: Anarchie, Staat, Utopia, Mchn. (engl. zuerst 1974). *Rawls, J.* [11]2000: Eine Theorie der Gerechtigkeit, Ffm. (engl. 1971). → Staatstheorie.

Rainer-Olaf Schultze

Minimax-Theorem, von *J. von Neumann* bewiesenes erstes Lösungskonzept der klassischen → Spieltheorie. Es besagt, daß für jedes Zwei-Personen-→ Nullsummenspiel ein sog. Sattelpunkt existiert, d. h. eine Kombination der → Maximin-Strategien der beiden Spieler, die eine stabile Lösung des Spiels bildet.

Das M. ist als Spezialfall des → Nash-Gleichgewichts ein überzeugendes Lösungskonzept für Zwei-Personen-Nullsummenspiele. Da es aber auf Nicht-Nullsummenspiele und Mehrpersonenspiele nicht übertragbar ist, spielt das M.-T. heute in der → Spieltheorie keine große Rolle mehr.

Lit.: → Spieltheorie.

Katharina Holzinger

Minister/Ministerium → Regieren/Regierungsorganisation

Ministerverantwortlichkeit, Verantwortung der Minister für die Angelegenheiten ihres jeweiligen Ressorts gegenüber dem → Parlament in der von der Absetzbarkeit der Regierung gekennzeichneten parlamentarischen Demokratie.

Die Ministeranklage ersetzend, begründet M. die Rechenschaftspflicht des Ministers in der Sache, v. a. aber die polit.-symbolische Verantwortung für die Handlungen seines Ministeriums; er ist insoweit polit. Stellvertreter der parlamentarisch nicht zu belangenden Ministerialbeamten. Konkretisiert wird die M. durch Herbeirufungs-, Frage- und weitere Informations- sowie Kontrollrechte des Parlaments, nicht aber notwendigerweise durch die Möglichkeit des Mißtrauensvotums gegen einzelne Minister. Diese Parlamentsbefugnis (z. B. in der Weimarer Reichsverfassung vorgesehen) wird im Bundestag ersetzt durch informelle Kontrollmechanismen innerhalb der Regierungsmehrheit bzw. der → Fraktionen. Dadurch wird das Recht zu Mißbilligungsanträgen für die Parlamentsmehrheit i. d. R. entbehrlich, für die → Opposition zum Instrument öffentlichkeitswirksamer Regierungskritik, das allerdings ohne rechtliche Folgen bleibt.

→ Parlamentarisches Regierungssystem; Regieren/Regierungsorganisation.

Suzanne S. Schüttemeyer

Mißtrauensvotum → Konstruktives Mißtrauensvotum

Mitbestimmung/Mitbestimmungspolitik, allg. eine wirksame Beteiligung der von wirtschaftl. oder polit. Entscheidungen Betroffenen am Zustandekommen dieser Entscheidungen, etwa durch eine (eventuell mit Veto-Rechten ausgestattete) Vertretung in Leitungs- und/oder Kontrollgremien.

In der → Arbeitspolitik bezeichnet M. die institutionalisierte Beteiligung der Arbeitnehmer an betrieblichen Entscheidungen als «strukturelle Begrenzung der unternehmerischen Dispositionsbefugnisse über die Arbeitskraft» (*Keller* 1997: 79). Sie erfolgt in der BRD nach Maßgabe des Betriebsverfassungsgesetzes über einen gewählten Betriebsrat, dessen Mitwirkungs- und Kontrollrechte sich v. a. auf soziale und personelle Aspekte (Arbeitszeitregelung, Arbeitsschutz, Weiterbildung etc.) erstrecken, in zentralen wirtschaftl. Fragen der Unternehmensführung hingegen nur schwach ausgeprägt sind. Die M. ist eines der herausragenden Elemente der im internat. Vergleich kooperativen → Arbeitsbeziehungen in der BRD. Unter Mitbestimmungspolitik versteht man Maßnahmen, die auf eine Regelung der Formen und des sachlichen Bereichs der M. abzielen.

Lit.: → Betriebsverfassung.

Bernhard Thibaut

Mitgliederpartei, Parteitypus, der im Ggs. zur Wähler- oder → Honoratiorenpartei eine breite Mitgliederbasis und feste Parteiorganisation besitzt.

In der politikwiss. Literatur wird meist der definitorisch schärfere Begriff der modernen Massen- oder → Massenintegrationspartei vorgezogen. Nach *O. Kirchheimers* weitverbreiteter These (1965) wandelte sich die Massenintegrationspartei auf Klassen- und Konfessionsbasis hin zur *catch-all party* oder → Volkspartei, womit ein Strategiewandel zur → Stimmenmaximierung einherging. Gelegentlich hebt der Begriff der M. auf die → Innerparteiliche Demokratie ab; er bezeichnet dann Parteien, deren Mitglieder im Zentrum der innerparteilichen Entscheidungsfindung stehen und die außerparteilichen Angelegenheiten weitgehend selbst regeln. Die Entwicklung zur Volkspartei entwertete nach *Kirchheimer* jedoch die Mitglieder und verlagerte die meisten Entscheidungen auf die Ebene der Parteiführung.

→ Partei; Parteiensystem; Parteitypen.
Lit.: *Kirchheimer*, O. 1965: Der Wandel des westeuropäischen Parteiensystems, in: PVS 6, 20–41. → Parteitypen; Volkspartei.

Petra Bendel

Mitte, im polit. Alltag gern und häufig verwandter, weil eingängiger, aber auch bes. unspezifischer und unpräziser, ja schillernder Begriff. Als Handlungsbegriff steht er für Vermittlung, Mäßigung, Ausgleich, für polit. Stile, die auf Verhandlung und → Konsens setzen. Als normativer, polit. Ordnungsbegriff knüpft er an das → Gleichgewichtsdenken und an das auf *Aristoteles* zurückgehende Konzept der → Gemischten Verfassung an. Als polit.-ideologischer Richtungsbegriff meint er die zentristischen, gemäßigten polit. Kräfte zwischen den beiden Polen von → Rechts und Links.

Soziologisch bezeichnet er die Mittelschicht(en) der Gesellschaft, u. a. den alten Mittelstand der Selbständigen und Freien Berufe, den neuen Mittelstand der Angestellten und Beamten, die Mittelklasse nach Einkommen und Vermögen, die gesellschaftl. Leistungsträger der neuen Mitte. Polit.-soziologisch zählen zur M. die Wähler, die sich auf der → Links-Rechts-Skala selbst in der M. ansiedeln, die Wähler ohne feste → Parteiidentifikation, die vielbeschworenen, als modern, mobil und polit. bes. interessiert geltenden → Wechselwähler der M., denen in der Öff. wahlentscheidender Einfluß zuerkannt wird. Allerdings bilden die Wechselwähler keine sozial oder polit.-ideologisch homogene Gruppe. Hier zeigt sich, daß der Begriff der M. analytisch kaum brauchbar und als polit. Kampfbegriff fast beliebig einsetzbar ist.

Lit.: *Gralher, M.* 1997: Mitte – Mischung – Mäßigung, in: *Haungs, P.* (Hrsg.): Res Publica. Studien zum Verfassungswesen, Mchn., 82–114. *Guggenberger, B./Hansen, K.* (Hrsg.) 1993: Die Mitte. Vermessungen in Politik und Kultur, Opl.

Rainer-Olaf Schultze

Mittelwert → Univariate Statistik

Mixed economy (gemischtwirtschaftl. System), wird meist sowohl auf die Art der Wirtschaftslenkung (→ Marktwirtschaft vs. → Planwirtschaft) als auch auf die Eigentumsformen (Unternehmen in priv. oder öff. Eigentum) bezogen.

In einem weiten Begriffsverständnis zählen alle realen Systeme zur *M. e.*, da z. B. auch in → Marktwirtschaften → Kollektive Güter auf der Basis kollektiver polit. Entscheidungen produziert werden. Die entscheidende, umstrittene Frage ist allerdings, ob das Mischungsverhältnis beliebig ist, oder ob die jeweilige Systemlogik (→ Ordnungspolitik) zu beachten ist, wenn gravierende Funktionsmängel vermieden werden sollen, und wo die spezifischen Toleranzgrenzen liegen.

→ Kapitalismus; Keynesianismus; Politische Steuerung; Staatsinterventionismus.
Lit.: → Marktwirtschaft.

Uwe Andersen

Mixed government → Gemischte Verfassung

Mobilisierung, allg. in den Sozialwiss. Begriff für Vorgänge der erwünschten oder gelenkten Veränderung, des Wandels und der Anpassung, i. d. R. an Leistungsprofile und Normen, die als der → Industriegesellschaft und der → Demokratie immanent begriffen werden.

(1) Im Kontext der in den 1950er und 1960er Jahren entwickelten → Modernisierungstheorien bezeichnet soziale M. den umfassenden Wandlungsprozeß, bei dem alte soziale und psychologische Bindungen gelöst und die Grundlagen für neue Bindungsformen gelegt werden (vgl. *Deutsch* 1969). Prozesse wie Wohnsitzwechsel, Berufswechsel, Ansteigen des Bildungsniveaus sowie Änderungen von Erwartungen, Handlungsweisen und Lebenseinstellungen sind Symptome der Mobilisierung. Der Grad der M. einer Gesellschaft läßt sich danach an Indikatoren wie dem Anteil der Stadtbev., Pro-Kopf-Einkommen, Personen mit Elementarbildung, Nutzungsgrad von → Massenmedien usw. ablesen. Auf der individuellen Ebene ist für den Wandel vom traditionellen zum modernen Menschentyp «Empathie»

(*Lerner* 1958) erforderlich, d.h. die Fähigkeit eines Individuums, sein Persönlichkeitssystem in kurzer Zeit an neue Lebenssituationen anzupassen. Nach *Lerner* geht mit sozialer M. auch erhöhte polit. → Partizipation einher. Das durch den Mobilisierungsprozeß veränderte polit. Verhalten kann somit auch Auswirkungen auf das → Politische System und dessen Stabilität haben (vgl. *Huntington* 1968).

(2) Aufgrund der steigenden polit. Bedeutung neuer → Sozialer Bewegungen ist in den 1970er Jahren der Begriff der M. auch auf die westl. Industriegesellschaften übertragen worden. Die Mobilisierungsleistung der neuen sozialen Bewegungen und der erhöhte Grad unkonventioneller polit. Partizipation (→ Unkonventionelles Verhalten) wird auf die Verschiebung der Wertprioritäten in der Bev. (→ Wertewandel) zurückgeführt, für den zum einen Prozesse der → Modernisierung und Kommerzialisierung sowie der generell erhöhte Lebensstandard, zum anderen die spürbaren Folgekosten ökon. Wachstums verantwortlich gemacht werden.

(3) Im Kontext konventioneller polit. → Partizipation wird M. als Synonym für → Wahlbeteiligung und als Gegensatzbegriff zu Wahlenthaltung (→ Nichtwähler) gebraucht. Der Mobilisierungsgrad gilt als Indikator für den Erfolg der polit. → Parteien bei der Werbung um Wähler, ist jedoch auch von der (subjektiven oder objektiven) Rangordnung der jeweiligen Wahlebene sowie von strukturellen Bedingungen abhängig. Umstritten ist, welche Aussagekraft er für die → Politische Kultur bzw. für die Integrationsleistung des polit. Systems besitzt: Hohe M. läßt sich als krisenhafte Politisierung wie auch als starke Identifikation mit dem polit. System deuten, niedrige M. als Ausdruck großer Zufriedenheit oder als → Entfremdung und Distanz zur → Parteiendemokratie.

Lit.: *Deutsch, K. W.* 1969: Soziale Mobilisierung und polit. Entwicklung, in: *Zapf, W.* (Hrsg.): Theorien des sozialen Wandels, Köln, 329–250. *Huntington, S. P.* 1968: Political Order in Changing Societies, New Haven. *Lerner, D.* 1958: The Passing of Traditional Society. Modernizing the Middle East, Glencoe. → Soziale Bewegungen; Wahlbeteiligung; Wertewandel.

Hans-Jürgen Hoffmann/
Tanja Zinterer

Mobilität, allg. die Bewegung von Personen oder Personengruppen aus einer gesellschaftl. Position in eine andere. Dabei geht es allerdings meist nicht um die M. ganzer gesellschaftl. Gruppen, also um die Positionsveränderung von Kollektiven oder um kollektive M., sondern i. d. R. um die M. von Einzelpersonen, also um individuelle Mobilität.

Je nach Art der Positionen kann man unterscheiden zwischen Berufs-, Arbeitsstellen-, Einkommens-, Vermögensmobilität. Um räumliche/geographische/regionale M. handelt es sich bei der Bewegung oder Wanderung (→ Migration) von Individuen, Gruppen, ganzen Bev., wirtschaftl. Einheiten, mit der der zeitweilige oder dauerhafte Wechsel des Standortes verbunden ist. Sie bildet den wichtigsten Aspekt der horizontalen M., unter der man jedwede Positionsveränderung versteht, mit der keine Statusveränderung verknüpft ist.

Soziale M. i. e. S. meint jedoch vertikale M. und damit die mit Statuswechsel verbundene Positionsveränderung. Vorrangig untersucht werden zwei Mobilitätsarten: Intergenerationale M., also die Positionsveränderungen zwischen den → Generationen, i. d. R. von Eltern und Kindern, indem z. B. beider Bildungsniveau, Berufsposition, → Parteiidentifikation in Abstrom (*outflow*, aus der Perspektive der Eltern) und Zustrom (*inflow*, aus der Perspektive der Kinder) verglichen werden; intragenerationale M., die sich mit den Positionswechseln innerhalb einer Generation befaßt und u. a. individuelle (z. B. Berufs-)Karrieren untersucht (deshalb auch Karrieremobilität). In beiden Fällen interessiert insbes. der Aspekt des sozialen Auf- bzw. Abstiegs.

Die polit. Relevanz sozialer M. resultiert insbes. aus den folgenden Tatbeständen: (1) Soziale M. dient nicht allein als analytisches Konzept. Sie zielt nicht nur darauf, das Ausmaß an sozialer Dynamik oder Statik, an Offenheit oder Geschlossenheit zu bestimmen. Sie ist zugleich deren Kriterium. (2) Soziale M. und → Klassenstruktur gelten dabei nicht nur im marxistischen Verständnis als Gegensatz. Einerseits behindert soziale M. die Klassenformierung (und zwar der «Klasse an sich» wie der «Klasse für sich»). Andererseits geht nach liberaler Auffassung mit steigender M. eine Abnahme der Klassenauseinandersetzungen einher, ist hohe M. ein Zeichen geringer Klassenstrukturen und folgt die Klassenbildung aus fehlender Mobilität. (3) Kontrovers beurteilt wird auch das Verhältnis von sozialer M. und gesellschaftl. Stabilität. So folgt für die einen aus steigender M. ein höheres Maß an gesellschaftl. → Integration und polit. Identifikation, während andere in zu starker M. Gefahren für den notwendigen Zusammenhalt gesellschaftl. (Sub-)Gruppen und damit auch für die gesamtgesellschaftl. → Solidarität und Stabilität sehen. (4) Auf jeden Fall aber stellt soziale M. ein zentrales Element im Selbstverständnis von Gesellschaften dar, deren Existenz sich auf → Markt, → Arbeitsteilung und industrielle Produktion gründet. Sie ist Bestandteil der (materiellen) Legitimation, deren je konkrete Ausprägung demokratisch bestellte Regierungen in ihren polit. Entscheidungen berücksichtigen müssen.

→ Elite; Klasse.

Lit.: *Bolte, K. M./Recker, H.* [2]1976: Vertikale Mobilität, in: *König, R.* (Hrsg.): Hdb. der empirischen Sozialforschung, Bd. 5, Stg., 40–103. *Erikson, R./Goldthorpe, J. H.* 1992: The Constant Flux. A Study of Class Mobility in Industrial Societies, Ox. *Giddens, A.* 1973: The Class Structure of Advanced Societies, L. *Herzog, D.* 1982: Polit. Führungsgruppen, Darmst. *Kaelble, H.* 1978: Historische Mobilitätsforschung, Darmst. *Lipset, S. M./Zetterberg, L.* 1968: Eine Theorie der sozialen Mobilität, in: *Seidel, B./Jenkner, S.* (Hrsg.): Klassenbildung und Sozialschichtung, Darmst. (engl. 1956). *Müller, W.* 1986: Soziale Mobilität. Die Bundesrepublik im internationalen Vergleich, in: *Kaase, M.* (Hrsg.): Polit. Wissenschaft und polit. Ordnung, Opl., 339–354. *Parkin, F.* 1979: Marxism and Class Theory: A Bourgeois Critique, L.

Rainer-Olaf Schultze

Modalwert → Univariate Statistik

Modell, die gedanklich konstruierte, für einen bestimmten Zweck entworfene, bewußt vereinfachende Nachbildung grundlegender Merkmale eines Sachverhalts oder Vorgangs, oder, mit anderen Worten, die «stilisierende Rekonstruktion von Realitätsausschnitten, die den Zusammenhang oder Ablauf beobachtbarer Phänomene stark vereinfachend wiedergibt» (*Zapf* 1969: 14).

M. dienen vielen Zwecken; mitunter sind sie Beispielgeber oder Referenzwert für Vergleiche. Im Forschungsprozeß wird das Untersuchungsobjekt v. a. dann durch sein M. ersetzt, wenn die Erforschung des Objekts selbst erschwert oder gänzlich unmöglich ist. Die Modellierung realer Prozesse erfaßt die Realität, insbes. die Kontextvariablen nicht vollständig, so daß für die empirische Forschung das Problem besteht, inwieweit das M. die realen Prozesse abbildet bzw. inwieweit seine Konzepte, Annahmen und Aussagen den realen Eigenschaften, Relationen und Sachverhalten entsprechen. Das Ähnlichkeitsverhältnis von M. und Untersuchungsobjekt ist die Voraussetzung für die Übertragung der Kenntnisse vom M. auf den Forschungsgegenstand.

Man unterscheidet in der Methodenlehre u. a. (1) nach dem vorrangigen Verwendungszweck zwischen beschreibenden, erklärenden und der Prognose dienenden M.; (2) nach der Zeitperspektive zwischen statischem und dynamischem M.; (3) nach ihrem Bestimmtheitsgrad deterministische und probabilistische M.; (4) nach der Zahl der → Variablen zwischen Zwei-Variablen- und Mehr-Variablen-M.; (5) nach der Art der erfaßten Zusammenhänge zwischen linearem und nicht-linearem M.; (6) nach der Art der Merkmale, die abgebildet werden: substantielles M., Strukturmodelle, funktionales M., kybernetisches M.; (7) nach dem Geltungsbereich zwischen universalen Erklärungsmodellen und M. mit begrenzter Reichweite.

→ Entwicklungsmodell; Modellplatonismus; Vergleichende Methode.

Lit.: *Bunge, M.* 1957: Method, Model and Matter, Boston. *Mayntz, R.* (Hrsg.) 1967: Formalisierte Modelle in der Soziologie, Neuwied u. a. *Stachowiak, H./Seiffert, H.* 1992: Modelle, in: *Seiffert, H./Radnitzky, G.* (Hrsg.): Handlexikon der Wissenschaftstheorie, Mchn., 219–222. *Zapf, W.* (Hrsg.) 1969: Theorien des sozialen Wandels, Köln/Bln.

Dieter Nohlen/Manfred G. Schmidt

Modell-Platonismus, von seiten des → Kritischen Rationalismus verwendeter Terminus zur Bezeichnung eines Denkstils, der dem → Modell bzw. der Modellbildung absoluten Vorrang einräumt gegenüber der → Kontingenz und erfahrungswiss. → Analyse.

Der Streitbegriff wendet sich gegen eine erkenntnistheoretische Auffassung, derzufolge ein «von allen sozialen und emotionalen Bindungen freies Erkenntnissubjekt dem zu erforschenden Gegenstandsbereich unmittelbar (...) gegenübertritt (...) und das in der Lage ist, ein jeweils ideales System des Wissens über diesen Bereich von sicheren Fundamenten her mit Hilfe irgendwelcher irrtumsfreier Verfahrensweisen – induktiv, deduktiv, reduktiv oder auch intuitiv oder interpretativ – so aufzubauen, daß Wissen, Wahrheit und Gewißheit (...) in ihm zusammenfallen» (*Albert* 1972: 198). Für M.-P. sind typisch eine große Distanz zwischen Theoriebildung und → Empirie, so daß die → Theorie keinen Zugang zu den tatsächlichen Problemsituationen mehr gestattet, und die Abschirmung bzw. Immunisierung der Theorie mittels Hilfshypothesen, Adhoc-Annahmen, Alibi-Klauseln und Umdeutungen gegenüber Kritik und kritischer Prüfung. Demgegenüber favorisiert der Kritische Rationalismus die Erforschung der Wirklichkeit mit Theorien, die informativen Gehalt und Erklärungskraft besitzen, jedoch grundsätzlich fehlbar sind und im Wege der Überprüfung an der Realität Gelegenheit erhalten zu scheitern (Falsifikationismus).

Lit.: *Albert, H.* 1972: Konstruktion und Kritik, Hamb.

Dieter Nohlen

Moderne, Begriff, dessen unmittelbare Bedeutungen schwanken zwischen gegenwärtig (im Ggs. zu vorherig), neu (im Ggs. zu alt) und vorübergehend (im Ggs. zu ewig; *Gumbrecht* 1978).

1. Was modern heißt, bestimmt sich in einem zeitlichen Rahmen; das qualitative Verhältnis von Alt und Neu scheint bes. wichtig. Modern kann heißen, (a) dem jeweils Neuen vor dem bisherigen Alten den Vorzug zu geben (s. die zeitlose Reihe der Moden), (b) das Neue als Fortsetzung des Alten und zugleich als Fortschritt über das Alte hinaus aufzufassen (so die *moderni* des 12. Jh.), (c) dann aber auch – gegen alles Alte – das Neue als Anfang überhaupt und von Grund auf zu begreifen (so das neuzeitliche Selbstbewußtsein seit dem 17. Jh.). Seit diesem epochalen Bruch entfaltet die M. eine Dynamik, die ihr zentrales Charakteristikum jenseits aller inhaltlichen Spezifik darstellt. Sie entwickelt Programme zu ihrer Gestaltung und wendet sich reflexiv auf sich selbst zurück, um daraus neue Modernitätsschübe zu gewinnen. Solche Selbstthematisierungen dienen einerseits der affirmativen Selbstvergewisserung; andererseits stellen sie das bisherige Modernisierungsniveau immer radikaler in Frage, wobei auch Rückgriffe auf vormoderne Positionen in das Kritikpotential einbezogen werden können. Ein Beispiel liefert *Rousseau*, der – in einer «zweiten Welle» der M. (*Strauss* 1975) – die neuzeitlichen Leitprinzipien von Wissen, → Macht und → Eigentum einer radikalen Kulturkritik unterzog, sich aber bewußt war, die beschworenen Gegenmodelle römischer Bürgertugenden und der ganzheitlichen Existenzform eines «natürlichen» Menschen nur im Medium moderner Reflexivität gewinnen zu können (→ Bourgeois; Citoyen).

2. Damit profilieren sich zwei einander überlagernde Annäherungen an die M.: (1) Eine erste Strategie beschreibt die M. als einen Prozeß fortschreitender Entfaltung von modernitätsspezifischen Tendenzen (*Münch* 1986): (a) Rationalisierung (Szientifizierung, Technisierung, Säkularisierung, funktionale → Differenzierung autonomer → Subsysteme), (b) Universalisierung (für alle Menschen gleichermaßen gültige ethische Normen und → Menschenrechte), (c) Individualisierung (freie Verfügung jedes einzelnen über sein Denken und Handeln) und (d) einem Aktivismus der Welt- und menschlichen Selbstveränderung. Für die moderne Politik bedeuten diese Merkmale: Legalisierung, Formalisierung, Bürokratisierung und → Professionalisierung; → Grundrechte; Potentiale reformerischer und revolutionärer Art. Das Konzept der → Modernisierung im Rahmen der → Entwicklungs(länder)theorie ist in seiner Orientierung am technisch-ökon. Fortschritt eher als Engführung der umfassenden Thematik der M. zu betrachten. (2) Die andere Strategie arbeitet aus den konkreten Erfahrungen mit dem Projekt der M. dessen Widersprüche und Zerstörungspotential heraus. Können die Widersprüche – etwa in dialektischen Theorien – noch als Triebkräfte zu fortschrittlichen Lösungen interpretiert werden, so führen Katastrophenerfahrungen ökologischer und moralisch-polit. Art zur Einsicht in die fundamentale, abgründige Ambivalenz der M. (*Bauman* 1992). Diese Begrenzungen erzwingen eine postmoderne → Dekonstruktion der urspr. Ansprüche von universaler Vernunft, normativem Humanismus, universalgeschichtl. → Fortschritt. Freilich erweist sich die → Postmoderne selbst als höchst modern, indem sie das Potential der M. um das Plurale, das Diskontinuierliche, die Brüche und Antinomien erweitert (→ Pluralismus) und damit auf die revolutionären Veränderungen des Modernisierungsprozesses reagiert. So produziert der technisch-ökon. Fortschritt Risiken, die zu einer gemeinsamen → Risikogesellschaft jenseits traditioneller Unterscheidungen in → Klassen, → Nationen etc. führen (*Beck* 1986, 1993). Diese reflexive Modernisierung – eine sich schleichend vollziehende, gleichwohl revolutionäre Änderung der → Industriegesellschaft, ihrer Handlungsmuster und Systembildungen – weist Wege in andere nicht-prognostizierbare Modernen, mobilisiert aber auch eine «Gegenmodernisierung» (*Beck* 1993).

3. Moderne Politik beinhaltet internat. gegenläufige und ineinander verschlungene Tendenzen zur → Globalisierung und Partikularisierung. Innerstaatl. wird der → Staat als überlegene Instanz allgemeinverbindlicher Entscheidungen zugunsten einer Pluralität sozialer Systeme in Frage gestellt. Einer Entpolitisierung des Staates entspricht eine Neuerfindung des Politischen in einer → Subpolitik (*Beck* 1993: 162f.), wo neue soziale und individuelle Akteure zum Spiel der staatl. und korporatistischen Politik hinzukommen (→ Soziale Bewegungen). In diesem laufenden Realexperiment geraten die Begriffe unserer Weltinterpretation ins Gleiten (*Giddens* 1996). Das gilt auch für das Politische, das heute in seinem Sinn umstrittener ist denn je.

→ Evolution; Postmoderne und Politik; Rationalismus/Rationalität; Universalismus.

Lit.: *Bauman, Z.* 1992: Moderne und Ambivalenz, Hamb. (engl. 1991). *Beck, U.* 1986: Risikogesellschaft, Ffm. *Beck, U.* 1993: Die Erfindung des Politischen, Ffm. *Giddens, A.* 1996: Konsequenzen der Moderne, Ffm. (engl. 1990). *Gumbrecht, H. U.* 1978: Modern, Modernität, Moderne, in: *Brunner, O.* u. a. (Hrsg.): Geschichtliche Grundbegriffe, Bd. 4, Stg., 93–131. *Lefebvre, H.* 1978: Einführung in die Modernität. Zwölf Präludien, Ffm. (frz. 1962). *Luhmann, N.* 1992: Beobachtungen der Moderne, Opl. *Münch, R.* 1986: Die Kultur der Moderne, 2 Bde., Ffm. *Strauss, L.* 1975: The Three Waves of Modernity, in: *Gildin, H.* (Hrsg.): Political Philosophy. Six Essays by Leo Strauss, Indianapolis u. a., 81–98. *Welsch, W.* 4 1993: Unsere postmoderne Moderne, Weinheim (zuerst 1985). *Vattimo, G.* 1990: Das Ende der Moderne, Stg. (ital. 1985).

Ulrich Weiß

Modernisierung/Modernisierungstheorien, allg. der Prozeß der Anpassung von Einheiten wie Betrieb, Wirtschaft,

Verwaltung etc. an für modern und notwendig erachtete Standards technischen → Fortschritts, wirtschaftl. Wachstums und rationaler Verwaltung. Historisch der Prozeß gesamtgesellschaftl. Wandels, der seinen Ursprung im 18. Jh. in der → Industriellen Revolution in England und polit. in der Französischen Revolution hatte. Es ist der Prozeß der Rationalisierung, → Differenzierung, Säkularisierung, sozialer → Mobilisierung mit dem Ergebnis der Wohlfahrtssteigerung der Nationen und der Verbesserung der allg. Lebensbedingungen der Menschen.

Modernisierungstheorien (Mt.) sind → Theorien über die → Entwicklung der Entwicklungsländer (EL), die von einem Prozeß der Nachahmung und der Angleichung unterentwickelter Gesellschaften an die entwickelten Gesellschaften der westl. Industrieländer (IL) ausgehen. Für den Modernisierungsprozeß markieren die Begriffe Tradition und → Moderne Ausgangs- und Endpunkt des Weges, den die Entwicklungsgesellschaften zu durchlaufen haben. Im Laufe dieses Prozesses, der von außen, exogen, in Gang gesetzt wird, werden die traditionellen Werte, Denk- und Verhaltensweisen, gesellschaftl. Strukturen dynamisiert und modernisiert. Einzelne Bereiche der Politik und verschiedene wiss. Disziplinen haben es mit den Teilbereichen des Modernisierungsprozesses zu tun (kulturelle, wirtschaftl., gesellschaftl., polit.-institutionelle, technologische M.), den die Modernisierungstheoretiker sich urspr. uniform (für alle EL gleich) und unilinear (nur geradlinig auf eine gesellschaftl. Zielvorstellung zulaufend) vorstellten. Von dieser sehr engen Bestimmung, die sich u. a. auf die Fragwürdigkeit der Schlüsselbegriffe gründete (unter Tradition wurde alles das verstanden, was nicht modern war, und die Modernität der westl. Industriegesellschaften als Leitbild der Entwicklung absolutiert), rückten die Mt. später ab. Die Vielfalt alternativer Entwicklungswege wurde anerkannt.

1. Für die Mt. sind folgende Vorstellungen und Grundannahmen kennzeichnend: (1) Theoretische Verortung des Problems: Unterentwicklung ist ein Frühstadium gesellschaftl. Entwicklung. Unterentwickelte Gesellschaften entsprechen → Übergangsgesellschaften auf dem Wege von der Tradition zur Moderne. (2) Entstehung des Problems: Die Frage der Verursachung von Unterentwicklung wird von den Mt. kaum gestellt. Sie gehen vom Tatbestand der Unterentwicklung aus und fragen nach den Faktoren, welche → Sozialen Wandel hindern, wobei diese Faktoren hauptsächlich endogen verortet werden. Mt. betonen die internen Bedingungen für Unterentwicklung. Externe Einflüsse erhalten im wesentlichen positive Funktionen (als Vorbild, dynamische Elemente, → *Inputs*) und werden nicht danach befragt, inwieweit sie Unterentwicklung mitverursachten bzw. mitaufrechterhalten. (3) Definition des Beziehungsmusters zwischen EL und IL: Für die Mt. bilden die IL das Vorbild und Ziel des Entwicklungsprozesses als Nachahmung. (4) Konzeptualisierung der internen Strukturprobleme unterentwikkelter Gesellschaften: Die interne Struktur der EL ist dualistisch, es gibt moderne und traditionelle Sektoren (Räume, Branchen etc.) und Verhaltensweisen. Sie existieren relativ beziehungslos nebeneinander. (5) Konzeptualisierung des Entwicklungsprozesses: Die heute unterentwickelten Länder vollziehen die Entwicklung der heute entwickelten Länder in vergleichbaren Schritten nach, wobei Unterschiede in der Faktorausstattung (Ressourcen, Kapital, Arbeit) und ihre Inwertsetzung das Tempo des Entwicklungsprozesses bestimmen (Meßbarkeit anhand von sozialen → Indikatoren). Durch → Akkulturation, Ausdehnung der städtischen Kultur des modernen Sektors auf die traditionellen Segmente und Räume, per Durchkapitalisierung der Volkswirtschaft und durch das Erreichen des *take off* wird der interne → Dualismus und damit Unterentwicklung überwunden.

2. Im Rahmen der Mt. gingen Forschungen neben Fragestellungen wirtschaftl. Wachstums und sozialen Wandels, die schon vor deren Aufkommen bearbeitet wurden und sich problemlos in die modernisierungstheoretische Perspektive integrieren ließen, von folgenden Ansätzen aus: (1) Sozialpsycholo-

gische Ansätze: Studien zur Leistungsmotivation, mobilen Persönlichkeit und mobilen Gesellschaft, angewandt v. a. auf gesellschaftl. → Eliten zur Erforschung ihrer Fähigkeit, Innovationen einzuleiten; Begriff der Empathie: die Fähigkeit, sich selber in der Situation eines anderen zu sehen; (2) kommunikationstheoretische Ansätze: Studien zum Kommunikationswandel in traditionellen und modernen Gesellschaften; Wandel von personaler, direkter Kommunikation zu, über Medien (Presse, Rundfunk, Fernsehen) vermittelter, indirekter Kommunikation, etc.; (3) *Nation building*-Ansätze: Studien zur Nationwerdung von EL und Übertragung lokalgebundener (parochialer) Loyalitäten auf das Gemeinwesen, d. h. Schaffung eines nat. Bewußtseins bzw. einer nat. Identität; (4) *Political culture*-Ansätze: Studien zur strukturellen Anpassung → Politischer Systeme an moderne Erfordernisse hinsichtlich verschiedener notwendiger Fähigkeiten bzw. Leistungskriterien: Handlungs-, Beteiligungs-, Wohlfahrts- und Umverteilungskapazität etc. Innerhalb der verschiedenen Ansätze wurden unterschiedliche, sich mitunter widersprechende Teiltheorien der M. aufgestellt. Ein Beispiel bildet der Problembereich polit. → Partizipation, für den einerseits festgestellt wurde, daß polit. Beteiligung mit zur notwendigen Ausdifferenzierung polit. Systeme im Modernisierungsprozeß gehört, andererseits von *S. Huntington* (1968) die These vorgebracht wurde, daß, wenn polit. Partizipation der polit. Institutionalisierung zu weit voranschreitet, polit. Instabilität und Militärregime (→ Autoritäre Regime) die Folge sind. → Militärregime ihrerseits widersprechen einerseits der → Politischen Kultur westl. Demokratien, die dem Modernisierungsprozeß der EL als Leitbild dient; andererseits wurde das Militär als Modernisierungselite bezeichnet. Die Kontroversen der Teiltheorien stehen jedoch auf dem Boden eines von allen Modernisierungstheoretikern geteilten empirisch-analytischen Wissenschaftsverständnisses. Die Theorierichtung der M. hebt auf mikrosoziologische und behavioralistische Forschung ab – im Ggs. zur → Dependencia, die makrosoziologisch und auf Strukturfragen hin orientiert war.

Lit.: *Almond, G. A./Coleman, S.* 1960: The Politics of Developing Areas, Princeton. *Apter, D. F.* 1965: The Politics of Modernization, Chic. *Eisenstadt, S. N.* 1979: Tradition, Wandel und Modernität, Ffm. *Huntington, S. P.* 1968: Political Order in Changing Societies, New Haven/L. *Mansilla, H. C. F.* 1978: Entwicklung als Nachahmung, Meisenheim. *Wehler, H.-U.* 1975: Modernisierungstheorie und Geschichte, Gött. *Zapf, W.* (Hrsg.) 1969: Theorien des sozialen Wandels, Köln/Bln.

Dieter Nohlen

Monarchie (aus griech. *monarchía* = Alleinherrschaft), Bezeichnung für diejenige Staatsform, in der im Ggs. zu → Demokratie und → Aristokratie bzw. → Republik eine einzige, spezifisch legitimierte Person eigenständig und auf Dauer die höchste Staatsgewalt ausübt.

In der traditionellen Staatstheorie als bes. dauerhaft angesehen, weil sie das höchste Staatsamt dem polit. Streit entziehe, eine höchste neutrale und ggf. ausgleichende Gewalt vorsehe und die unerläßliche gesellschaftlich-polit. Einheit symbolisiere, erscheint die M. seit der Französischen Revolution (1789) bzw. dem Ende des I. Weltkriegs (1918) jedoch nur noch in bes. Fällen mit demokratisch-parlamentarischen Prinzipien vereinbar (z. B. GB, Spanien). Die Diskussion ihrer Vor- und Nachteile sowie ihrer, nach der Legitimierung des Monarchen (Gottesgnadentum, Geblütslegitimität), dessen Bestellung ins Amt (Erbfolge, Wahl), Herrschaftsgrundlagen und -befugnisse (→ Konstitutionelle Demokratie, → Absolutismus) sowie nach dem Verhältnis des Herrscherhandelns zum → Gemeinwohl und zu Recht und Moral unterschiedenen Erscheinungsformen dient daher hauptsächlich der theoretischen und historischen Klärung. In Präsidialsystemen werden hingegen Amt und Machtfülle des Präsidenten häufig als monarchisches Element interpretiert (→ Präsidentialismus).

→ Herrschaft; Staatsformen.

Lit.: *Dreitzel, H.* 1991: Monarchiebegriffe in

der Fürstengesellschaft. Semantik und Theorie der Einherrschaft von der Reformation bis zum Vormärz, Köln u. a. *Loewenstein, K.* 1952: Die Monarchie im modernen Staat, Ffm. *Boldt, H.* 1978: Monarchie, in: *Brunner, O.* u. a., Geschichtliche Grundbegriffe, Bd. 4, Stg., 133–214.

Wolfgang Weber

Monetarismus (von engl. *monetarism*, Theorie der Geldmengensteuerung), eine wirtschaftswiss. Gegenposition zur «keynesianischen Revolution» und deren → Nachfrageorientierter Wirtschaftspolitik (→ Keynesianismus). Ihre Verfechter wie *M. Friedman* halten den Versuch einer antizyklischen → Konjunkturpolitik für einen krisenauslösenden bzw. -verschärfenden Faktor und sehen im Ggs. zu *J. M. Keynes* nicht in der → Fiskalpolitik, sondern in der → Geldpolitik den entscheidenden Faktor der wirtschaftl. Entwicklung.

Die Skepsis der Monetaristen gegenüber einer diskretionären → Wirtschaftspolitik, die sich auch auf ein ausgeprägtes Vertrauen in die inhärente Stabilität einer → Marktwirtschaft stützt, macht allerdings auch vor der Geldpolitik nicht halt. Sie plädieren daher für eine Regelbindung und empfehlen eine mittelfristig ausgerichtete Geldmengensteuerung, die sich am Wachstumspotential einer Volkswirtschaft orientiert und für eine entspr. konstant wachsende Geldmenge sorgt. Die «monetaristische Gegenrevolution» hat nicht nur die Wirtschaftswiss., sondern auch die Wirtschaftspolitik stark beeinflußt. So machte z. B. die Deutsche Bundesbank nach 1974 ihr jährliches Geldmengenziel vorab bekannt, lehnte allerdings eine strikte Regelbindung ab.

Lit.: *Ehrlicher, W./Becker, W.-D.* 1978: Die Monetarismus-Kontroverse. Eine Zwischenbilanz, in: Beihefte zu Kredit und Kapital, H. 4, Bln. *Friedman, M.* 1970: Die optimale Geldmenge und andere Essays, Mchn. *Kalmbach, P.* (Hrsg.) 1973: Der neue Monetarismus, Mchn.

Uwe Andersen

Monopol, Konstellation am → Markt, bei der nur ein Anbieter (Nachfrager) vorhanden ist.

In der ökon. geprägten Monopoltheorie (übertragbar z. B. auch auf die Politik; → Politischer Markt) werden die Folgen für das Marktverhalten und die Ergebnisse analysiert. Auch wenn Monopolunternehmen bei ihren Entscheidungen u. a. die Nachfrageelastizität und das Risiko neuer Konkurrenten – dynamische Komponente bei M. auf Zeit z. B. bei neuen Produkten – zu berücksichtigen haben, verfügen sie wegen des fehlenden Wettbewerbs über eine erhebliche Marktmacht, die zus. mit den angenommenen Wohlfahrtsverlusten überwiegend negativ bewertet wird. Z. B. fordert der → Ordoliberalismus eine rigorose staatl. Wettbewerbspolitik zur Verhinderung von M. bzw. bei unvermeidlichen M. eine strenge Monopolaufsicht, deren Durchsetzbarkeit aber u. a. wegen der polit. Macht von M. bezweifelt wird.

→ Markt; Marktversagen; Marktwirtschaft; Oligopol.

Lit.: → Konzentration/Konzentrations- und Wettbewerbspolitik.

Uwe Andersen

Monopolkapitalismus, auf *V. I. Lenin* zurückgehende Bezeichnung für Entwicklungstendenzen im → Kapitalismus.

Der von *Marx* analysierte Kapitalismus wird als Kapitalismus der freien Konkurrenz bezeichnet, und dieser sei zu Beginn des 20. Jh. schrittweise in eine neue historische Phase hineingewachsen und zwar aufgrund dauernder wiss.-technischer Revolutionen, einer höheren Form der Vergesellschaftung und Verwissenschaftlichung der Arbeit sowie einer damit einhergehenden Zentralisation und Konzentration des Kapitals in Form multinat. Konzerne (→ Monopole). Diese könnten sich, v. a. mit Hilfe institutionalisierter → Staatsinterventionen, langfristig von der Wirkung des Wertgesetzes und der Konkurrenz befreien und sich auch dem → Gesetz des tendenziellen Falls der Profitrate entziehen. Ihr Verwertungsproblem bestehe darin, jeweils profitable Anlagemöglichkeiten für ihren immer stärker anwachsenden Profit zu finden (Gesetz von der steigenden Tendenz des *surplus*).

→ Imperialismus; Klassengesellschaft; Marxismus; STAMOKAP.

Lit.: *Lenin, V. I.* 1960: Der Imperialismus als höchstes Stadium des Kapitalismus, in: Lenin Werke, Bd. 22, Bln. (zuerst 1917), 189–309. *Baran, P. A./Sweezy, P. M.* 1970: Monopolkapitalismus: Ein Essay über die amerikan. Wirtschafts- und Gesellschaftsordnung, Ffm.

Josef Esser

Most different/most similar systems approach/design, gegensätzliche Forschungsstrategien innerhalb der → Vergleichenden Politikwissenschaft.

1. Der *most different systems approach*, die Berücksichtigung auch von extrem unterschiedlichen Fällen (nicht zu verwechseln mit → Differenzmethode), liegt – beabsichtigt oder nicht – in Untersuchungen vor, die global möglichst alle Fälle in quantitativer Analyse erfassen. Beispielhaft dafür sind die internat. Datensammlungen und die sie nutzenden Untersuchungen, die ein Phänomen (z. B. die → Wahlbeteiligung, die Mitgliedschaft in → Gewerkschaften oder die Streikhäufigkeit) vergleichend betrachten, es möglicherweise mit einem oder weiteren Phänomenen (z. B. Datum der Einführung des allg. → Wahlrechts, Stärke der Arbeiterparteien in Prozent der Stimmen oder der Parlamentssitze) zum Zwecke von Erklärungen in Verbindung bringen, ohne andere, insbes. historisch kontingente Variablen einzelner Länder bzw. Ländergruppen zu berücksichtigen. Annahme ist, daß für den Zusammenhang zweier Variablen entschieden die Tatsache spricht, wenn er sich gerade bei gänzlich unterschiedlicher Ausprägung (Heterogenität) der Kontextvariablen herstellt.

2. Im *most similar systems approach* (auch *comparable cases strategy* genannt) werden für den Vergleich solche Fälle ausgesucht, die sich in einer großen Zahl wesentlicher Merkmale (Kontextvariablen) entsprechen, so daß diejenigen (d. h. operativen) Variablen besser untersucht werden können, über deren Beziehung zueinander eine Hypothese gebildet wurde (*Lijphart* 1975: 159). Grundlage des Forschungs*designs* sind demnach bekannte gemeinsame Merkmale (Homogenität) der nicht untersuchten Variablen; Konkordanz und Differenz in den operativen Variablen werden für den qualitativen Vergleich (durchaus ebenfalls auf statistisch-quantitativer Grundlage) in ein für den Erkenntnisgewinn günstiges Verhältnis gebracht.

→ *Cross-national studies*; Vergleichende Methode.

Lit.: *Lijphart, A.* 1975: The Comparable-Cases Strategy in Comparative Research, in: CPS 8, 158–175. *Przeworski, A./Teune, H.* 1970: The Logic of Comparative Social Inquiry, NY.

Dieter Nohlen

Muddling-through → Inkrementalismus

Multidimensionale Skalierung → Skalierung

Multikulturalismus, theoriegeleitete Reflexion wie polit.-praktische Umsetzung alternativer Integrations- und Ordnungsmodelle für moderne Einwanderungsgesellschaften jenseits der → Ideologie des *melting pot*.

Grundanliegen des M. ist die Frage, wie das Zusammenleben in rassisch, ethnisch, kulturell wie religiös pluralen Gesellschaften bei Abwesenheit eines allg. anerkannten Wertekanons gleichberechtigt und friedlich, in wechselseitiger Anerkennung zu gestalten ist. Prinzipiell können zwei Formen des M. unterschieden werden: (1) Der liberale M. fordert die Beseitigung rechtlicher, polit. und sozialer Diskriminierung und unterstützt die jeweiligen Gruppen in ihrem Bemühen, die eigene kulturelle → Identität zu bewahren; er betont aber gleichzeitig, daß (a) eine funktionierende Gesellschaft auf eine gemeinsame → Politische Kultur angewiesen bleibt,

(b) der M. allein mit dem Wohlergehen der Individuen zu rechtfertigen ist und er deshalb (c) auf die Bürger- bzw. → Menschenrechte verpflichtetet sein muß. (2) Der radikale M. behauptet dagegen die existentielle Bedeutung der je unterschiedlichen Gruppenidentitäten. Er will das Überleben spezifischer Kulturen garantieren und fordert hierzu die Anerkennung von Gruppenrechten im öffentlich-polit. Raum sowie weitgehende polit. Selbstbestimmung.
Chancen und Gefahren einer Multikulturalismuspolitik sind z. B. in Kanada und Australien zu studieren. Die dort seit den 1970er Jahren verabschiedeten Regierungsprogramme sind i. S. eines liberalen M. an der Trennung zwischen priv. und öff. Bereich ausgerichtet. Antidiskriminierungsgesetze und die Förderung individueller → Chancengleicheit gelten als wichtige Instrumente dieser Politik. Es zeigt sich jedoch, daß die Multikulturalismuspolitik bei einem Teil der autochthonen Bev. wie der Einwanderungsminderheiten im Verteilungskampf um knappe → Ressourcen eine Eigendynamik zugunsten separatistischer Tendenzen entfaltet, so daß es zunehmend schwerfällt, den für alle Gruppen verbindlichen Minimalkonsens festzuschreiben.

→ Ethnie; Ethnozentrismus; Migration; Minderheit; Political Correctness; Rassismus; Seperatismus.

Lit.: *Bade, K. J.* (Hrsg.) 1996: Die multikulturelle Herausforderung, Mchn. *Fleras, A./Elliott, J. L.* 1992: Multiculturalism in Canada. The Challenge of Diversity, Scarborough. *Gutmann, A.* 1995: Das Problem des Multikulturalismus in der polit. Ethik, in: Dtsch. Z. Philos. 43, 273–305 (engl. 1994). *Hawkins, F.* 1989: Critical Years in Immigration. Canada and Australia, Kingston u. a. *Kymlicka, W.* 1995: Multicultural Citizenship, Ox. *Raz, J.* 1995: Multikulturalismus: eine liberale Perspektive, in: Dtsch. Z. Philos., Jg. 43, 307–327 (engl. 1994). *Schulte, A.* 1990: Multikulturelle Gesellschaft: Chance, Ideologie oder Bedrohung?, in: APuZ, B 23–24/90, 3–15. *Taylor, C.* 1993: Multikulturalismus und die Politik der Anerkennung, Ffm. (engl. 1992).

Günter Rieger

Multikollinearität → Regressionsanalyse

Multimodale Verteilung, in der → Deskriptiven Statistik die zwei- oder mehrgipflige Verteilung von Werten, deren Dichte mehrere relative Maxima aufweist.

→ Häufigkeitsverteilung.

Rainer-Olaf Schultze

Multinationale Konzerne → Transnationale Konzerne

Multi-phase-sample → Auswahlverfahren

Multiple Regression, auch «mehrfache» Regression, die mathematisch-statistische «Zurückführung» einer → Variablen, Y, als Funktion mehrerer anderer, $X_1, X_2, X_3, \ldots X_n$, im Zusammenhang mit Schätz- oder in Erklärungsmodellen. Im elementarsten (und häufigsten) Fall werden lineare Funktionen verwendet, so daß der Ansatz lautet:

$$Y = b_1X_1 + b_2X_2 + \ldots + b_nX_n$$

→ Inferenzstatistik; Multivariate Statistik; Regressionsanalyse; Wahrscheinlichkeitsverteilungen.

Jürgen Kriz

Multipolarität, eine Form der Machtverteilung zwischen den Akteuren des Systems → Internationaler Beziehungen.

Im Ggs. zur → Bipolarität verteilt sich die → Macht auf mehr als zwei Akteure: Echte Multipolarität besteht erst dann, wenn mindestens fünf Machtpole existieren. In multipolaren Systemen ist die Wahrscheinlichkeit von Allianzbildungen sehr hoch, die zu einer quasi-bipolaren Lagerbildung führen können. Bes. Bedeutung gewinnt in diesem

Fall der «*balancer*», der die Machtverteilung entscheidend zugunsten des einen oder anderen Lagers verändern kann. Bestes Beispiel einer multipolaren Machtverteilung war das sog. lange 19. Jh. zwischen der Französischen Revolution und dem I. Weltkrieg, in dem fünf bis acht Großmächte miteinander um die Vormachtstellung konkurrierten und GB die Machtbalance zu bewahren versuchte.

→ Bipolarität; Gleichgewicht; Polyzentrismus; Realistische Schule.
Lit.: → Bipolarität.

Lars Brozus

Multivariate Statistik, Fachausdruck für die statistischen Kennziffern oder die statistischen Methoden einer Mehrvariablen-Analyse, also einer Untersuchung der Zusammenhänge zwischen mehr als zwei Variablen (Multikausalität). Dafür gibt es eine Vielzahl von statistischen Analyseverfahren, die – im Ggs. zu bivariaten (auf zwei Variablen beschränkten) Auswertungen – die Richtung, Stärke und Signifikanz der Zusammenhänge zwischen einer (oder mehreren) zu erklärenden Veränderlichen und mehreren erklärenden Variablen (ggf. unter Berücksichtigung der Zusammenhänge innerhalb dieser Variablengruppe) ermitteln.

Die einfachste Form der multivariaten Analyse ist ein Drei-Variablen-Modell, bei dem geprüft wird, ob sich durch Hinzufügung einer Test-Variable Z («intervenierende Variable») eine urspr. beobachtete Korrelation zwischen X und Y bestätigt, oder ob diese Korrelation abgeschwächt wird oder gänzlich verschwindet.

Im letzteren Fall wäre eine sog. «Scheinkorrelation» (engl. *spurious correlation*) zwischen X und Y aufgedeckt worden. M. S. werden bes. häufig in Form der multiplen Regressionsanalyse (eine zu erklärende Variable und mehrere Erklärungsvariablen) verwendet.

Mit m. S. können im Prinzip komplexere Abhängigkeits-, Interdependenz- und Kausalstrukturen beschrieben und Aussagen über solche Strukturen getestet werden. Auch kann mit dieser Methode geklärt werden, welchen anteiligen Erklärungseffekt jede einzelne erklärende Variable – unter Berücksichtigung des Prägeeffekts der anderen Prädikatoren – aufweist, und wieviel Erklärungskraft allen erklärenden Variablen zusammen zukommt (gemessen am Anteil der durch diese Größen statistisch erklärten Variation der abhängigen Variable). Komplexere Formen der multivariaten Analyse sind die (linearen oder nichtlinearen) Regressions-, Pfad-, Faktoren-, Diskriminanz- und Kanonischen Korrelations-Analysen sowie die einschlägigen Verfahren multivariater Zeitserienanalysen. Mittlerweile sind Verfahren der multivariaten Analyse nicht nur für intervall- und ratioskalierte Variablen, sondern auch für ordinal- und nominalskalierte Meßniveaus entwickelt worden. Während ältere Varianten der m. S. auf sog. rekursiven Modellen beruhen (ohne Erfassung von direkten oder indirekten Rückkoppelungseffekten, z. B. von der abhängigen auf die unabhängige Variable), werden mittlerweile häufig auch Verfahren verwendet, die direkte oder indirekte Rückkoppelungen erfassen (nichtrekursive Modelle).

Die Hauptbedeutung der multivariaten Analyse liegt in der Bereitstellung von Hilfsmitteln für die systematische, eine Fülle von Daten auf grundlegende Strukturen reduzierende Technik der kontrollierten Informationsverarbeitung sowie für die Formulierung und Prüfung komplexer wiss. Aussagen. Multivariate Analysen sind heute allg. Bestandteil der Auswertung von Daten in der empirisch-analytischen Politikwissenschaft. Bes. häufig verwendet werden sie zur Prüfung der Wirkung einer dritten, vierten usw. Variablen, zum statistischen Konstanthalten einer zweiten, dritten, vierten usw. Variablen (hierbei stellen sie zugleich einen Ersatz für ein Labor- oder ein natürliches Experiment dar), zum Zweck der Datenreduktion (insbes. mit Hilfe von Faktorenanalyse und kanonischer Korrelation), für exploratorische Zwecke und zur systematischen, komplexen Erklärung und Prognose.

→ Bivariate Statistik; Faktorenanalyse; Pfadanalyse; Regressionsanalyse.

Lit.: *Opp, K.-D./Schmidt, P.* 1976: Einführung in die Mehrvariablenanalyse, Rbk. *Wagschal, U.* 1999: Statistik für Politikwissenschaftler, Mchn./Wien.

Manfred G. Schmidt

Mythos → Politischer Mythos

Aus dem Verlagsprogramm

Politik und Zeitgeschehen in der Beck'schen Reihe

Faruk Sen/Hayrettin Aydin
Islam in Deutschland
2002. 127 Seiten. Paperback
Beck'sche Reihe Band 1466

Bassam Tibi
Die fundamentalistische Herausforderung
Der Islam und die Weltpolitik
3., völlig überarbeitete Auflage. 2002. Etwa 280 Seiten. Paperback
Beck'sche Reihe Band 484

Werner Link
Die Neuordnung der Weltpolitik
Grundprobleme globaler Politik an der Schwelle zum 21. Jahrhundert
3., durchgesehene und um ein Nachwort erweiterte Auflage. 2001. 202 Seiten
mit 2 Karten und 9 Tabellen. Paperback
Beck'sche Reihe Band 1277

Gregor Schöllgen
Die Außenpolitik der Bundesrepublik Deutschland
Von den Anfängen bis zur Gegenwart
2. Auflage. 2001. 249 Seiten. Paperback
Beck'sche Reihe Band 1291

Hans Maier/Horst Denzer (Hrsg.)
Klassiker des politischen Denkens
Band I: Von Plato bis Hobbes
2001. 256 Seiten. Paperback
Beck'sche Reihe Band 1361
Band II: Von Locke bis Max Weber
2001. 251 Seiten. Paperback
Beck'sche Reihe Band 1362

Emil Hübner
Das politische System der USA
Eine Einführung
4., vollständig überarbeitete und aktualisierte Auflage. 2001. 199 Seiten mit
1 Karte und 8 Tabellen. Paperback
Beck'sche Reihe Band 395

Verlag C.H. Beck München